国家社科基金
GUOJIA SHEKE JIJIN HOUQI ZIZHU XIANGMU
后期资助项目

書林清話箋證

The Notes and Commentaries on *Shulin Qinghua*

任莉莉 ／箋證

上海古籍出版社

2012 年度國家社科基金後期資助項目

（項目編號：12FZS002）

國家社科基金後期資助項目
出版説明

　　後期資助項目是國家社科基金設立的一類重要項目,旨在鼓勵廣大社科研究者潛心治學,支持基礎研究多出優秀成果。它是經過嚴格評審,從接近完成的科研成果中遴選立項的。爲擴大後期資助項目的影響,更好地推動學術發展,促進成果轉化,全國哲學社會科學工作辦公室按照"統一設計、統一標識、統一版式、形成系列"的總體要求,組織出版國家社科基金後期資助項目成果。

全國哲學社會科學工作辦公室

目　　録

自　序

　　對於《書林清話》的關注和研讀，緣於攻讀博士學位期間導師嚴佐之先生的啓發與指導。在"版本目録學"課上，嚴先生在爲我們講述版本之學的源流時娓娓道來，"版本學成爲一門獨立的學科是在清代"，"版本學學科結構體系的明晰，緣自清末民初學者葉德輝《書林清話》"，"《書林清話》是第一部版本學學術專著"云云。這些論斷，引導我將眼光集中到《書林清話》這部在版本學史上具有開創意義的學術專著上。認真研讀之後，我始知《書林清話》可謂是中國版本學發展史上的里程碑。其撰者葉德輝是清末民初的藏書家、刻書家、版本目録學家，凡四部要籍無不搜羅宏富，業界奉爲碩學通儒，一時"名動天下"。《書林清話》對"版本之學"作了前所未有的精彩詮釋。它的問世，凝結了葉德輝的心血和汗水，讀者可以從中領略撰者寬廣的學術視野和扎實的治學功底，對古典文獻學專業的學者來説的確是一大幸事。傅增湘先生曾説葉德輝"所撰《書林清話》《郋園讀書記》，於版刻校讎之學考辨詳賅，當世奉爲圭臬"。"書林"之名誠實不虛，對我國後來一系列版本學著作的問世，産生了深遠的影響。

　　我們知道，傳統的版本學是依附於目録學慢慢發展並獨立出來的。在《書林清話》這部書中，葉德輝用讀書劄記體裁記録了個人對版本研究的收穫，從家藏所見"諸儒説部筆記""諸家目録題跋"中，掇拾"涉於刻書之事者"，"隨筆書之，積久成帙"，實在是別具匠心，是繼承中的一大創新。誠如晚清著名目録版本學家繆荃孫評價的那樣："此《書林清話》一編，仿君家鞠裳之《語石》編，比俞理初之《米鹽簿》，所以紹往哲之書，開後學之派別，均在此矣。""紹往哲之書，開後學之派別"，此論可謂中肯。該書雖然屬於筆記著述體例，但不影響它成爲一個部類詳明、安排恰當的關於版本的大系統，堪稱版本學研究的學術富礦，真乃一大寶藏。

　　第一，該書逾十二萬言，設立十卷，分爲一百二十六個小節，所引諸家目録題跋書籍達七十餘種，散點引用頻次爲二千二百餘次，信息量巨大，是閲讀治學尤其是研究版本目録學的重要指導書目。

第二，《書林清話》的篇目序次、卷帙分合還算是有所考究的，如卷一專門進行刻板緣起及其名稱概念的考證，卷三、卷六專述宋代刻書，卷四金元刻書，卷五、卷七介紹明代刻書，卷九介紹清代刻書，活字板、套印書、繪圖本、類書叢書刻本等歸併於卷八。該書對圖書的結構、系統、版本、出版機構、出版時代、出版地點、雕刻印刷技術、木牌特徵等均分專題進行著錄，"書種文種，存此萌芽"，其時間維度、空間維度、人物維度安排比較得當，善本圖書定位分明。

第三，葉德輝在《書林清話》中提出了一套詳備的善本觀。他在自序中總結了唐至宋，書籍"分三類：曰官刻本，曰私宅本，曰坊行本"，"南宋人重北宋本，元明人重宋本，國朝收藏家並重元明本。舊刻愈稀，則近刻亦貴"。葉德輝重視古本，但不佞古。比如對於宋刻本，他提出"宋刻書多訛舛"，"元刻書之勝於宋本"，"宋元刻僞本始於前朝（按，指明代）"云云，尊重實際，全面、客觀地評價歷代古籍之優劣，形成了自己的一套標準。

第四，葉德輝謹守學術規範，凡諸家題跋，"必皆註明原書"，確係撰者"衡量古今，斟酌去取，幾經詳審，始得成書"，因而該書具有嚮導作用，具有工具書的可檢性。該書"足以沾溉學林。採錄雖簡，引伸無窮，雖非窺豹全斑，要可嘗鼎一臠"。百餘年來的版本目錄學研究與實踐，大都不能邁過《書林清話》而空談版本。

學界對於葉氏《書林清話》的研究，大多肯定了其在版本目錄學史上的價值，肯定了其書對歷代板刻書研究的貢獻及其在中國早期的傳播學、出版史、印刷史上不可磨滅的地位。但是，該書也有其自身的不準確、不完善之處。嚴佐之先生曾講道："《書林清話》在構建學科的系統性、完整性方面，仍然無法挣脱筆記體例的束縛和限制，雖於'書籍鏤刻源流，尤能貫串'，於版本細枝末節，尤多考覈，但終究未能明晰構架出版本學的學科結構體系。這是《書林清話》筆記體例的先天不足之處。"誠然，葉德輝雖學殖豐贍、造詣圓熟，然而百密難免一疏。限於見聞，囿於時代，《書林清話》尚存在不少疏誤或語焉不詳之處。葉氏身後，李淼撰寫了《〈書林清話〉校補》，補正了《書林清話》中的一些缺失，僅二卷，遺憾的是爲未完之作。日本著名漢學家長澤規矩也撰寫了《〈書林清話〉糾繆并補遺》，以糾正引文訛誤爲主。但是，這兩種著作，同樣沒有做到盡善盡美。

針對葉德輝在史料考證、採用方面存在的一些疏漏和錯誤（如引文不確、誤引、所記非實、徵引待補等），筆者對《書林清話》做了具體的考證和箋注，在廣泛核查目驗有關文獻資料的基礎上，著力於目錄版本學相關內容的疏通與闡明，略者詳之，訛者糾之，補其未備，并廣收衆説，以備參稽，力求言必有據,信而有徵。葉德輝自注凡詮釋不明者,亦爲之疏解。原書撰者徵引故實疏於檢點處,或書寫文字訛於亥豕處,悉於箋中一一正之。近些年來,筆者圍繞葉德輝《書林清話》這一主題,進行了一些思考與研究,先後發表了《試論古代私家藏書文化與目録版本校勘學》《〈書林清話〉疑誤舉隅》《葉德輝與〈書林清話〉》《〈葉德輝評傳〉芻議》等,對於更好地完成箋證工作有所裨益。本人相信,《〈書林清話〉箋證》一書的結成,對於讀者更好地閱讀和使用《書林清話》,具有一定的補遺和校正作用。

値得指出的是,筆者經過細緻梳理,專門考察了葉德輝《書林清話》引録文獻的規範性、準確性,查閱了書中所涉及的七十餘種書目題跋文獻,凡能够目驗者,均標明其出處,製作了《〈書林清話〉徵引書目題跋文獻來源情況表》,提供了具體的卷次信息,讀者據以查詢、考證有關文獻資料,可省翻檢之勞。

此項箋證工作尚屬淺顯,有待做深入的研究。

任莉莉

2023 年 12 月於滬上

前　言

　　研究湖湘文化，不能不提到一位重要的代表人物，那就是清末民初的葉德輝。葉氏字奐彬（一作煥彬），號直山，一號郎園，生於 1864 年，卒於 1927年，湖南湘潭縣人。光緒十八年（1892 年）進士，授吏部主事，與張元濟、李希聖等爲同年，不久辭歸。此後的三十餘年間，湖南一直是他研經治學、參政議政的舞臺。① 其先世爲江蘇吳江人，至其祖父葉世業，纔於道光末年因避兵亂移居湖南，故葉德輝亦自稱吳人，且曾主持修纂過《吳中葉氏族譜》。又自言其姓出於楚之葉公，世家南陽，自宋南渡，方遷越遷吳。② 葉德輝政治思想上竭力維護封建帝制，反對維新變法，仇視辛亥革命，編撰《覺迷要録》，爲袁世凱復辟帝制效勞。由於他始終逆革命潮流而上，最終爲大革命所鎮壓。長期以來，對於葉氏的研究，還是相對薄弱的，在一些方面甚至還是空白。改革開放以來，國内學術界開始重視對葉氏的研究，探索範圍不斷拓展，涉及内容也更加深入。基本形成共識的是：葉德輝作爲藏書家、刻書家和版本目録學家的地位及其著述之富、成就之大均值得充分肯定。

一、葉德輝之學與《書林清話》

　　葉氏一生致力於古書的收藏和校勘，在經學、史學、文字學、版本目録學、校勘學諸方面俱有很深的功力。他的弟子劉肇隅説：

　　　　吾師著作等身，於經學、小學、乙部、百家之書，無不淹貫宏通，發前人未發之藴。而於目録版本之學寢饋數十寒暑，儲藏既富，聞見尤多，

---

① 參見《清代傳記叢刊·名人類》所收湯志鈞編《戊戌變法人物傳稿》，臺北明文書局，1985年，第 273—275 頁；《清代傳記叢刊·綜録類》所收閔爾昌纂録《碑傳集補》第 427—429頁、蔡冠洛編纂《清代七百名人傳》第 3 册，第 502—503 頁；《清代傳記叢刊·儒林類》所收許崇熙《郎園先生墓誌銘》第 509—511 頁、失名《葉郎園事略》第 513—517 頁。

② 見《校輯〈鬻子〉序》，《郎園先生全書》。

故於各書,一目了然,偶然隨筆所書,動中竅竅。①

他著書、刻書和校書多達一百餘種,内容涵蓋經、史、子、集四部。經部的著述有《六書古微》《同聲假借字考》《〈説文〉讀若字考》《〈説文〉讀同字考》《〈説文〉籀文考證》《〈周禮〉鄭注改字考》《〈儀禮〉鄭注改字考》《〈禮記〉鄭注改字考》《天文本單經〈論語〉校勘記》,并輯有《月令章句》《孟子章句》等。史部的著述有《漢律疏證》《古今夏時表》《郎園書寓目記》《郎園書畫題跋記》《〈四庫全書總目提要〉版本考》,編輯《趙忠定奏疏》等。子部的著述有《明辨録》《遊藝卮言》《古泉雜詠》《郎園論學書札》,校輯《鶡子》《傅子》《淮南鴻烈閒詁》等。集部的著述有《古泉雜詠》《觀畫百詠》《消夏百一詩》《郎園詩文集》《郎園山居文録》《郎園北游文存》等。他在古籍整理方面的貢獻卓著,單憑這一系列書名,就可以看出葉氏的博學多能了。

其所刊刻亦近百種,包括《觀古堂彙刻書》《觀古堂所刊書》《三家詩補遺》《爾雅圖贊》《山海經圖贊》《爾雅補注》《〈説文〉段注校三種》《徐星伯〈説文〉段注札記》《龔定菴〈説文〉段注札記》《桂未谷〈説文〉段注鈔》《華陽陶隱居内傳》《華陽陶隱居集》《沈下賢文集》《金陵百詠》《嘉禾百詠》《曝書亭删餘詞》《曝書亭手稿》《嚴冬有詩集》《疑雨集》《古今書刻》《南雍志經籍考》《萬卷堂書目》《絳雲樓書目補遺》《静惕堂書目》《竹崦盦傳鈔書目》《結一廬書目》《巖下放言》《唐女郎魚玄機詩》《雙梅景闇叢書》《麗廔叢書》等,實際上無愧於大出版家之名。

當然,在葉氏的著述中精粹固存,但糟粕之作亦在所不免,如《翼教叢編》《覺迷要録》等即是。

在葉德輝廣泛涉獵的學術領域,唯以版本目録學所取得的成就爲多爲重,其著述如《〈四庫全書總目提要〉版本考》《〈隋書·經籍志〉考證》《藏書十約》《觀古堂藏書目》《書林清話》《郎園讀書志》等,均有較高的學術研究價值,其中尤以《書林清話》影響最大。本書即以此爲專題來作研究。

葉德輝的侄子葉啓發説他"不樂仕進,日以搜訪舊書、刻書爲事,勤於考據之學"。② 他自己則説:"版本之學,爲考據之先河,一字千金,何可鮮視?昔賢嘗以一字聚訟紛紜,故予每得一書,必廣求衆本,考其異同,蓋不如是不足以言考據也。"③"平日遇宋、元、明刻舊本,多手自勘定,題跋精詳。"④其

① 見《郎園讀書志》序。
② 葉啓發:《郎園讀書志》跋。
③ 葉啓發:《郎園讀書志》跋。
④ 葉啓倬:《觀古堂藏書目》跋。

版本學之精正由此日積月累而成。繆荃孫在《書林清話》序中對其造詣予以高度評價："焕彬於書籍鏤刻源流尤能貫串，上溯李唐，下迄今兹，旁求海外舊刻精鈔、藏家名印，何本最先，何本最備，如探諸喉，如指諸掌。此《書林清話》一編，仿君家鞠裳之《語石編》，比俞理初之《米鹽簿》，所以紹往哲之書，開後學之派别，均在此矣。"①當代著名文獻學家張舜徽先生也看重葉德輝的版本學："惟所撰《書林清話》及《餘話》，稱述藏家故實，廣采名流燕語，揚榷得失，語多精闢。知其一生所長，仍在版本之學。故其所撰《〈四庫全書總目〉版本考》《郎園讀書志》諸書，方較他作爲勝……獨其版本之學，中外重之。"②

　　葉德輝開創性地提出了"版本之學"的説法，對後世一系列版本學著作的問世，産生了深遠的影響。錢基博的《版本通義》、毛春翔的《古書版本常談》、姚伯岳的《中國版本學》、戴南海的《版本學概論》等接踵而起，無不於其書多加徵引，諸書在史料運用方面，没有超出《書林清話》搜羅範圍的，後出轉精的地方只是體例的重新編排與内容的愈益深化而已，藉以生發的材料很少有葉氏未曾齒及的，這更加證明了《書林清話》一書在中國近代版本學史上導夫先路、沾溉後人的重要作用。

二、《書林清話》的編撰緣起與撰著體制

（一）編撰緣起

　　葉德輝擁有豐富的藏書，這爲他編纂《藏書十約》奠定了基礎。他自言："生平購求之所獲，耳目之所接，既撰《藏書十約》，挈其大綱，其有未詳者，隨筆書之，積久成帙，逾十二萬言，編爲十卷。"《藏書十約》成書于 1911 年，篇幅短小精煉，分爲購置、鑒別、裝潢、陳列、抄補、傳録、校勘、題跋、收藏、印記十個專題來展開介紹。可以説，《藏書十約》爲《書林清話》的編纂提供了大致框架。在此基礎上，葉德輝又查閱了大量的書目題跋類文獻進行充實，重新編纂體例，定爲十卷，名曰《書林清話》。但實質上，據《書林清話》自叙，葉氏之所以要撰寫《書林清話》，是覺得葉昌熾的《藏書記事詩》"不及刻書源流與夫校勘家掌故，是固覽者所亟欲補其缺略者"，因而發願另寫一部書來補其不足。其實，葉德輝對《藏書記事詩》的評價並不中肯，葉昌熾以人爲單位來展開叙述，而葉德輝則是分專題來論述刻書源流及其掌故的。實際上，刻書源流與校勘家掌故，《藏書記事詩》也多有涉及，只是不及《書林

①　葉德輝：《書林清話》繆序，岳麓書社，1999 年。
②　張舜徽：《清儒學記》，齊魯書社，1991 年，第 365 頁。

清話》分專題論述來得集中和詳盡罷了。

不管葉德輝對《藏書記事詩》的看法是否存在偏頗,他的確是以“欲補其缺略”的意圖來“設計”他的《書林清話》的。他取目録題跋文獻中有關版本的著録,爬羅抉剔,取精用弘,一部奠基性的書史著作《書林清話》由此問世①,對“版本之學”做了前此未有的精彩詮釋。

這本書出自葉德輝之手絶非偶然。在著手編著前,他曾做過大量的資料收集整理工作。據《觀古堂藏書目》序記載,其祖先流傳下的書籍,有昆山顧氏、元和惠氏、嘉定錢氏等名家藏書。他從小諷誦,得窺堂奧。自光緒十一年(1885年)起,他搜羅到湘潭袁芳瑛卧雪廬、河南商丘宋氏緯蕭草堂、山東曲阜孔氏紅櫚書屋、湖南善化張氏等著名藏書家流散的珍善書籍數萬卷。至1911年,葉氏觀古堂藏書已達四千餘部、二十萬卷之多。葉氏之子葉啓倬在《觀古堂藏書目》跋中説:“家君每歲歸來,必有新刻舊本書多櫥,充斥廊廡間,檢之彌月不能罄,生平好書之癖,雖流離顛沛,固不易其常度也。”觀古堂汗牛充棟的藏書,爲葉德輝編撰《書林清話》提供了充足的史料來源。

此外,他從家藏所見“諸儒説部筆記”“諸家目録題跋”中,掇拾“涉於刻書之事者”,“隨筆書之,積久成帙”②,所費日力可知。《書林清話》能够成書,是與葉德輝自身的孜孜矻矻分不開的。

(二) 撰述體裁

《書林清話》爲補目驗之不足,開創了博采前人書目題跋文獻資其所用的筆記體例,較爲系統地論述了古代圖書的源流發展,特別是提供了雕版印刷的一系列重要史實,例如歷代刻書的機構、書籍裝幀的形制、活字印刷和彩色套印的發明及其發展。此外,《書林清話》還提及了不少著名鈔本、刻本的掌故軼聞。

其侄葉啓鑒論其書曰:

> 於刻本之得失,鈔本之異同,撮其要領,補其闕遺。推而及於宋元明官刻書前牒文、校勘諸人姓名、版刻名稱,或一版而轉鬻數人,雖至坊估之微,如有涉於掌故者,援引舊記,按語益以加詳。凡自來藏書家所未措意者,靡不博考周稽,條分縷晰。此在東漢劉、班,南宋晁、陳以外,別自開一蹊徑也。③

① 譚卓垣:《清代藏書樓發展史》,遼寧人民出版社,1988年,第64頁。
② 見《書林清話》自序。
③ 見《書林清話》跋。

葉德輝所著眼的是古書的形式及其流傳,而這些都是只注重內容的劉、班、晁、陳所不曾留意的。葉啓畯之語,當是指此而言。葉德輝採用的筆記體是《困學紀聞》《廿二史劄記》《癸巳類稿》等以類相從的體例,不取雜亂無章的那一類,實際上已接近後來的著述體例了。目錄學與版本學在書中有機地結合在一起。這一體例,既有自身的靈活性,又有工具書的可檢性,但局限性也在所不免。下面均會有所論及。

(三) 內容結構

全書共十卷,分爲 126 小節,以"官刻""私刻""坊刻"爲三大脈絡,分不同的朝代來展開敍述。"如卷一專作刻板緣起及其名稱概念的考證,卷三、卷六專述宋代刻書,卷四金元刻書,卷五、卷七明代刻書,卷九清代刻書,活字板、套印書、繪圖本、類書叢書刻本等歸并於卷八。"①該書佈局合理,系統連貫,各成章節,有始有終。

我們可以看出,在十卷中,葉氏著力最多的是卷三"宋司庫州軍郡府縣書院刻書"一節。他歷舉宋代司庫州軍郡府縣書院的刻書單位多達 38 種,有崇文院本、秘書監本、德壽殿本、左廊司局本、兩浙東路茶鹽司本、兩浙西路茶鹽司本、兩浙東路安撫使本、浙東庾司本、浙右漕司本、浙西提刑司本、福建轉運司本、潼州轉運使本、建安漕司本、福建漕司本、淮南東路轉運司本、荊湖北路安撫使本、湖北茶鹽司本、廣西漕司本、江東倉臺本、江西計臺本、江西漕臺本、淮南漕廨本、廣東漕司本、江東漕院本、江西提刑司本、公使庫本、州軍學本、郡齋本、郡庠本、郡府學本、縣齋本、縣學本、學宮本、類宮本、學舍本、大醫局本、書院本、祠堂本,涉及中央到地方的一系列刻書機構,而每一刻書機構之下又舉所刻書之傳世者若干種,考證比較精確,資料十分珍貴,反映出宋代文化尤其是出版事業的高度發展。

(四) 史料來源

大量利用書目題跋文獻來考證版本狀況,是《書林清話》成書的一大特色。這是開卷即可知見的,其缺陷是判斷的準確性有賴於前人著錄的可靠性。

全書共引用題跋類文獻 70 多種,2 200 餘次。各卷所引情況大略如下:卷一 46 次,卷二 164 次,卷三 490 次,卷四 495 次,卷五 404 次,卷六 99 次,卷七 52 次,卷八 103 次,卷九 142 次,卷十 149 次。這樣表述,優勢之一是史料充分,優勢之二是説服力强。葉氏涉獵較多的書目題跋文獻,有毛晉的《汲古閣珍藏秘本書目》,錢曾的《讀書敏求記》,吳焯的《繡谷亭薰習錄》,于敏中等的《天祿琳琅書目》,紀昀等的《四庫全書總目提要》,王宣望的《浙江

---

① 錢基博:《版本通義》,嚴佐之導讀、毛文鼇注,上海古籍出版社,2007 年,第 3 頁。

采集遺書總録》,范懋柱的《天一閣書目》,錢大昕的《竹汀先生日記鈔》,彭元瑞等的《天禄琳琅書目後編》《知聖道齋讀書跋》,吳壽暘的《拜經樓藏書題跋記》,孫星衍的《平津館鑒藏書籍記》《補遺》《續編》,陳鱣的《簡莊隨筆》《經籍跋文》,黄丕烈的《百宋一廛賦注》《書録》和《士禮居藏書題跋記》《續記》《再續記》,阮元的《揅經室外集》,張金吾的《愛日精廬藏書志》《續志》,錢泰吉的《曝書雜記》,朱緒曾的《開有益齋讀書志》,瞿鏞的《鐵琴銅劍樓藏書目録》,森立之的《經籍訪古志》《補遺》,邵懿辰的《增訂四庫簡明目録標注》,莫友芝的《宋元舊本經眼録》《郘亭知見傳本書目》,蔣光煦的《東湖叢記》,袁芳瑛的《卧雪廬藏書簿》,丁日昌的《持静齋書目》,朱學勤的《結一廬書目》,楊紹和的《楹書隅録》《續録》,陳樹杓的《帶經堂書目》,丁丙的《善本書室藏書志》,陸心源的《皕宋樓藏書志》《續志》和《儀顧堂題跋》《續跋》《儀顧堂集》,楊守敬的《日本訪書志》《留真譜》,繆荃孫的《藝風藏書記》《續記》《學部圖書館善本書目》,陳宗彝的《廉石居藏書記》等。而引用較多的書目題跋中,又以體屬"藏書志"者居多。

嚴佐之先生曾經指出:

　　"藏書志"是清代目録學家長期目録實踐和經驗積累的結果。順、康、雍、乾、嘉五朝近二百年來,書目著録版本漸趨詳備規範,賞鑒書跋日受藏家寵愛,輯録序跋、叙録提要重振門楣,各種目録競相"争艷",碩果纍纍。①

同時,他還説"藏書志"的體例特點有三:一是書志負載信息點逐漸增多;二是書志收書範圍逐步擴大;三是書志適用對象有推而廣之之勢。也正由於藏書志有此優長,可資己用,葉德輝在取材方面自然會青睞此類文獻。

三、《書林清話》的傳播與研究

(一)版本源流

《書林清話》殺青於 1911 年,民國六年(1917 年)初刻於葉氏觀古堂。後經三次修改,民國九年(1920 年)又出新版,葉德輝殁後被收入《郋園先生全書》者即此本。之後又有上海掃葉山房本及其他影印本。筆者曾就近百年來《書林清話》的版本狀况做過梳理,今分别簡述如下:

---

① 詳見《中華文史論叢》(第六十九期),嚴佐之先生《"開聚書之門徑","標讀書之脈絡":論"藏書志"目録體制結構》一文。

　　1. 綫裝古籍。

　　《書林清話》出版於民國六年(1917 年),筆者耳目所及,約有:

　　(1) 1917 年觀古堂刻本,朱印,國家圖書館藏本。

　　(2) 1919 年石印本,國家圖書館、上海圖書館藏本。

　　任按,此本遼寧省圖書館編《東北地區古籍綫裝書聯合目録》誤據葉氏序言著録爲"清宣統三年石印本"。

　　(3) 1920 年觀古堂刻本。

　　《販書偶記》著録"《書林清話》十卷,長沙葉德輝撰,宣統庚申觀古堂刊"。遼寧省圖書館編《東北地區古籍綫裝書聯合目録》著録"《書林清話》十卷,葉德輝撰,民國觀古堂刻本(遼寧、瀋陽、大連、鞍山、遼大、醫大、吉林、長春、吉市、吉大、東師、黑龍江、哈市、雞西、黑大、哈師、黑社)"。

　　目驗其版式特徵:黑格,黑口,雙魚尾,左右雙欄,半葉十一行,行二十二字,框高 18.2 釐米,廣 13.3 釐米。原書有《書林清話》叙,分別爲"宣統辛亥歲除,葉德輝自叙"和"歲在著雍敦牂日長至,江陰繆荃孫序"。書後有《書林清話》跋,"歲在屠維協洽餘月,從子啓崟謹識"。書中牌記如下:"書經三次修改校對,的無差譌。翻版本干例禁,照律罰應重苛。抑或改名射利,與前所犯同科。書坊各宜自愛,告追定受嚴苛。庚申季春月,觀古堂主人謹咨。"書中有藏書印章。

　　(4) 1935 年《郋園先生全書》本。

　　《中國叢書綜録》、遼寧省圖書館編《東北地區古籍綫裝書聯合目録》著録"《書林清話》十卷,(民國)葉德輝撰,《郋園先生全書》本"。

　　目驗其版式特徵:黑格,黑口,雙魚尾,左右雙欄,半葉十一行,行二十二字,框高 18 釐米,廣 13.2 釐米。書中序跋、牌記同 1920 年觀古堂刻本。

　　(5) 1928 年於滬上澹園鉛字排印本《書林餘話》。

　　《販書偶記》著録"《書林餘話》二卷,南陽葉德輝撰"。王紹曾主編《清史稿藝文志拾遺》著録"《書林餘話》二卷,葉德輝撰,中華書局排印本(附《書林清話》後),山大"。遼寧省圖書館編《東北地區古籍綫裝書聯合目録》著録"《書林餘話》二卷,葉德輝撰,民國十七年滬上澹園鉛印本(遼寧、大連、遼大、醫大、吉林、吉大、東師)"。

　　2. 影印本。

　　(1) 1919 年影印本。

　　遼寧省圖書館編《東北地區古籍綫裝書聯合目録》著録"《書林清話》十卷,葉德輝撰,民國八年影印本(吉林、吉大、黑龍江)"。

（2）1973 年文史哲出版社影印本。

包括《書林清話》《書林餘話》二種。書中有"昌彼得印""邢效先印"。繆序在前，自叙在後。總目篇目下標有頁碼，方便讀者檢閱。

（3）1989 年臺北新文豐出版公司《叢書集成續編》本。

（4）1990 年《民國叢書》本。

上海書店出版的《民國叢書》第二編第五十册載有《書林清話》《書林餘話》。自叙在前，繆序在後，目録後無頁碼。

目驗其版式特徵：黑格，黑口，雙魚尾，左右雙欄，半葉十一行，行二十二字，框高 16.2 釐米，廣 12 釐米。書中序跋同民國九年觀古堂刻本，無牌記。

3. 整理本。

此以 1957 年古籍出版社本爲最早。該本據 1920 年長沙葉氏觀古堂本爲底本斷句鉛印，并附有李淼的《〈書林清話〉校補》。1987 年再版。

1957 年，中華書局影印古籍出版社同年版。1999 年再版。

1988 年，楊家駱主編《中國學術名著》，其書第 3 輯《中國目録學名著》第 2 輯第 1 册收入《書林清話》《書林餘話》，由臺灣世界書局斷句出版。末附李淼《〈書林清話〉校補》與長澤規矩也《〈書林清話〉糾繆并補遺》。

1988 年臺北世界書局本，末附李淼《〈書林清話〉校補》。2010 年再版。

自 1998 年始，新式標點本相繼問世，主要有以下版本：

1998 年，浙江人民出版社出版李慶西標校《葉德輝書話》本。收葉德輝著述三種：《藏書十約》《書林清話》《書林餘話》。其底本，《書林清話》取 1935 年長沙觀古堂《郋園先生全書》本，《書林餘話》取中華書局影印本。

1998 年，遼寧教育出版社出版劉發、王申、王之江校點《新世紀萬有文庫》本。底本爲 1920 年長沙觀古堂第三次修正本。末附李淼的《〈書林清話〉校補》、長澤規矩也《〈書林清話〉糾繆并補遺（摘要）》。

1999 年岳麓書社排印本，末附李淼《〈書林清話〉校補》。

1999 年北京燕山出版社紫石點校本，拆碎李氏、長澤氏二文，改爲小注，别無增益。後附《書林餘話》《藏書十約》。

2004 年，山東畫報出版社出版楊成凱整理本。

2007 年，廣陵書社出版插圖本。

2008 年，上海古籍出版社出版插圖本，末附李淼的《〈書林清話〉校補》。書中配有歷代版刻插圖 150 餘幅。

2008 年復旦大學出版社本，是 1998 年浙江人民出版社李慶西標校的再版。

2009 年，國家圖書館出版社出版耿素麗點校本。

2010 年，岳麓書社出版《葉德輝詩文集》，收入張晶萍點校整理本《書林清話》。

2012 年，華文出版社出版吳國武、桂梟整理本。

2012 年，上海古籍出版社再次整理出版，編入《世紀人文系列叢書·世紀文庫》。

2016 年，浙江人民美術出版社出版陳小林點校本。

2018 年，北京聯合出版公司出版漆永祥點校本。

《書林清話》一版再版，流傳一百餘年，特別是近些年來學人尤其致力於此，足見隨着學術、文化的發展，此書越來越爲人們所重視。

（二）後世評價與研究

葉德輝《書林清話》問世後，受到國內外學者的重視。單就國內來看，一些知名學者對它多加讚賞或引用，如：梁啓超先生在《國學入門書要目及其讀法》中，將《書林清話》與葉昌熾的《語石》相提並論，認爲《書林清話》"論刻書源流及掌故甚好"；陳垣先生將《書林清話》與葉昌熾的《藏書紀事詩》相提並論，對《書林清話》給予好評；姚明達先生的《中國目錄學史》、來新夏先生的《古典目錄學淺說》等，也徵引該書所提供的資料。一些著述和學術刊物提及《書林清話》，有論其價值者，也有辨其舛誤者，但較爲零星分散，但及一隅，未論其全。茲略舉數例如下：

譚卓垣《清代藏書樓發展史》（遼寧人民出版社，1988 年版）第 64 頁云：

> 葉德輝是晚清的一位大藏書家和愛書家，他的古籍知識極爲豐富，憑此足可發現書肆裏的所有的珍善本。他以自家的藏書和他同時的一些藏書家的藏書爲基礎進行研究，成功地叙述了中國雕刻版的歷史、各代刻書的優劣以及關於圖書的掌故。從他所作的注釋和説明來看，如果他不是自己擁有一套系統的書目的話，也必定是參考了官書局和私人藏書的書目。這是因爲葉氏的許多創見正是建立在對各個條目的仔細比較和研究之上，從而商榷了以前學者關於雕版發明的不少結論的。雖然該書僅有五卷，但顯然作者是花費了很多的時間的。《書林清話》引文較少，文筆流暢，當時它的讀者一定比現在還要多，而且一旦有人要撰寫中國書史和雕版印書史的話，那麼《書林清話》仍不失爲一部傑出的參考書。

黃永年《古籍版本學》（江蘇教育出版社，2005 年版）第 75 頁云：

　　《書林清話》卷三"宋司庫州軍郡府縣書院刻書"條和"宋州府縣刻書"條也收集了許多資料,但多據前人書目而很少出於目睹,頗有錯誤,只可供參考而不能完全信據。《清話》中所謂"司庫"即是指茶鹽司、轉運司等的公使庫而言,這種公使庫在宋代"諸道監帥司及邊縣州軍與戎帥皆有之,蓋祖宗時以前代牧伯皆斂於民,以佐厨傳,是以制公使錢以給其費,懼及民也"(《建炎以來朝野雜記》卷一七),但實際上成了地方文武官員的一大財源,有的除自己裝腰包外還用庫裏的錢來刻書。上面所列舉的官刻本中有的注明是公使庫所刊刻,實際上也就是該衙門或其主管官員用公款所刊刻,當時本來是公私不分的。……我認爲《書林清話》要比《藏書紀要》寫得好。因爲《藏書紀要》只講清初人的觀感,距離我們太遠,而且也欠具體。《書林清話》則距我們還不出一百年,而且所用的資料都是從清人的藏書志裏搜輯出來的,多數原物還未遺失,看起來比較實在。

李致忠《古書版本鑒定》(文物出版社,1997 年版)第 67 頁云:

　　葉氏引證這段話,雖然以爲"持本"之"本"就是册葉裝之書根了。因爲他認爲,折疊式的裝幀制式早在秦漢間就發生了,所以到劉向奉詔校理群書時,書籍就都是折疊式的書册了,因而才有"持本"之謂。事情當真是這樣嗎? 可以肯定地講,當真不是這樣。中國書籍的經折裝,的確是由改造卷軸裝而來,但這個改造發生在手寫書盛行卷軸裝的唐代後期,而決不可能發生在近千年前的秦漢間。這早已爲大量的事實所證明。

文鳴《葉德輝傳》(岳麓書社,2019 年版)第 223 頁至 224 頁云:

　　從書史的角度來看,《書林清話》是一部有實用價值的總結性著作。它全面、系統地對中國書史的各個方面進行了論述。……從目錄學角度來看,《書林清話》是一部大規模的綜合利用古典目錄而編成的集大成主題著作,是一部版本目錄學指南。葉德輝從多年的研究中認識到:目錄不僅是治學的鑰匙,還是一個獨特而又豐富的史料寶庫。他把這些史料巧加編排,組織了一篇又一篇史論結合,血肉豐滿的專題。其中有各朝各代刻書之概況,有各種版本之考訂,有考版權,有查書價,有考藏書典故,有查藏書名家遺文軼事,内容豐富,舉不勝舉。葉德輝這種花樣翻新、獨闢蹊徑的做法，很值得稱道。在各類專題中，凡引用各書都在其後標明版本情況，便於讀者考證，使這種集成式的主體彙編，又添加了一層版本目錄的色彩，這不能不説是葉德輝的一大貢獻。

同時，文鳴也列舉了《書林清話》的特色，如"體裁的創新""題材的拓展""研究具有深度""多附按語"等，予以高度評價。

以上評論都是較爲中肯的。

下面，筆者對近四十年來有關《書林清話》及其撰者的研究成果略加分析。

近些年來，研究葉氏及其學術思想的著作較多，比較有代表性的有杜邁之、張承宗的《葉德輝評傳》，蔡芳定的《葉德輝觀古堂藏書研究》，王逸明主編的《葉德輝集》，張晶萍的《葉德輝生平及學術思想研究》，王逸明、李璞的《葉德輝年譜》，沈俊平的《葉德輝文獻學考論》，文鳴的《葉德輝傳》等，對於我們更好地瞭解和理解葉德輝及其學術大有裨益。特別值得指出的是，蔡芳定先生的《葉德輝〈書林清話〉研究》，刊在《古典文獻研究輯刊》十三編第九册，全書分九章，介紹了研究的目的、方法等，以及葉氏的生平事迹、政治立場、生命情調，總結其學術活動與成就，探討了《書林清話》編撰的動機、體例，評述了其內容，評價了其價值與影響，是研究《書林清話》的重要參考書目。

袁逸《評〈書林清話〉》①認爲，《書林清話》不僅提供了豐富而系統的有關圖書科學的知識，訂正了諸多書目中的謬誤，爲後人的使用提供了便利，其最大的貢獻還在於勇於探索、勇於創新、嚴謹求實的治學精神，在目錄學研究領域開闢了一條嶄新的研究途徑。

黎曉群《〈書林清話〉的史料價值》②一文從四個方面論述了《書林清話》的史料價值，認爲它是中國書史研究的重要資料集，又創造性地闢出一條研究和利用中國古典目錄的新途徑，開發出古典目錄的新的學術價值。同時，葉德輝在書中成功地實踐了中國書史研究的方法論，從而深刻地影響了後來學者在中國書史方面的研究活動。

彭清深《〈書林清話〉得失談》③一文認爲，《書林清話》一書雖有若干失誤之處，但仍是一部很好的"國學入門書"，是一部集版本、目錄、書志三學於

① 袁逸：《評〈書林清話〉》，《圖書館雜誌》1983 年第 4 期。
② 黎曉群：《〈書林清話〉的史料價值》，《圖書館》1991 年第 2 期。
③ 彭清深：《〈書林清話〉得失談》，《青海民族學院學報》1993 年第 3 期。

一體的綜合力作。對待葉氏的評價應堅持"一分爲二"的觀點,"人有可議而學有可取","既不諱其德,又不以人廢言"。彭清深撰寫的另一篇論文《葉德輝及其所編三部書:〈雙楳景闇叢書〉〈書林清話〉〈書林餘話〉》①,對葉德輝所著的三部著作進行了論述,拈出了其中的一些缺失。他指出,對《書林清話》應認真看待、認真研究,視作中國古代文化的寶貴遺産。

彭玲《葉德輝〈雙梅景闇叢書〉及〈書林清話〉〈書林餘話〉評述》②一文介紹了葉德輝的生平事蹟,詳盡評述了其所著三部書的内容、作用及其價值。

戚福康《從〈書林清話〉看葉德輝的出版思想》③一文主要從刻書有益、辨版精校、翻版例禁、書坊刻書、活字印書等方面來論述葉德輝豐富的出版思想。

沈俊平《從〈書林清話〉看葉德輝對古代印書緣起與發展的認識》④一文,據葉德輝的《書林清話》來討論其對這個古代印書緣起與發展的認識,亦配合今人的有關研究來論證葉德輝對該領域的貢獻與缺失。

那成英《評清末目録學名作〈書林清話〉》⑤一文從目録學的角度分析了《書林清話》體裁、題材及研究深度方面的創新性,認爲《書林清話》是一部大規模的綜合利用古典目録而編成的集成式的主題彙編,亦是一部版本目録學的指南。

袁慶述《葉德輝和他的〈書林清話〉》⑥一文從歷史的角度分析了《書林清話》的成就和不足,充分肯定了該書在版本目録學史上所起到的無可替代的作用。

蕭小雲《論葉德輝〈書林清話〉的文獻學價值》⑦一文主要從《書林清話》在目録版本學上的價值、對歷代刻板刻書研究的成就等方面來總結《書林清話》在中國文獻學中,尤其是在中國早期傳播學和中國早期出版史、印刷史上具有的不可磨滅的貢獻和十分巨大的影響。

王曉娟《〈書林清話〉管窺》⑧一文主要論述了《書林清話》的版本目録學價值及其失誤之處,認爲《書林清話》是一部集版本目録學及書志學於一

① 彭清深:《葉德輝及其所編三部書:〈雙楳景闇叢書〉〈書林清話〉〈書林餘話〉》,《社會科學戰綫》1995 年第 3 期。
② 彭玲:《葉德輝〈雙梅景闇叢書〉及〈書林清話〉〈書林餘話〉評述》,《圖書與情報》1995 年第 2 期。
③ 戚福康:《從〈書林清話〉看葉德輝的出版思想》,《學海》2001 年第 6 期。
④ 沈俊平:《從〈書林清話〉看葉德輝對古代印書緣起與發展的認識》,《"國家"圖書館館刊》2001 年第 12 期。
⑤ 那成英:《評清末目録學名作〈書林清話〉》,《青海民族研究》2002 年第 2 期。
⑥ 袁慶述:《葉德輝和他的〈書林清話〉》,《中國文學研究》2003 年第 1 期。
⑦ 蕭小雲:《論葉德輝〈書林清話〉的文獻學價值》,《湖南大學學報》2005 年第 2 期。
⑧ 王曉娟:《〈書林清話〉管窺》,《康定民族師範高等專科學校學報》2006 年第 6 期。

身的綜合性著作,也是一部不可多得的國學入門書。對於書中的觀點要辯證地看待,既要認真研究,利用其豐富的史料,又要善於發現問題,進行多方的考證,這樣才能充分發掘其學術價值。

莊欣華《〈書林清話〉中所呈現的宋代出版文化》①一文,就《書林清話》的内容研究宋代書籍出版的相關現象,試圖從書中所涉及的以"宋"爲條目名稱的 40 條内容之中,一窺宋代圖書出版的概況,梳理出宋代出版文化特色。

江曦《〈書林清話〉與古籍版本學》②一文認爲,《書林清話》是中國版本學史上第一部系統、集中探討版本學問題的專著,重視對明清版本的探討,對我們今天的版本學研究具有重要的啓示意義。

王友勝、彭文静《論〈書林清話〉的學術價值及其他》③一文認爲,《書林清話》作爲研究中國古代典籍的開山之作,記載了一些著名刻書家、藏書家的軼事趣聞,表彰了一批名不見經傳的書商、寫工、裝訂工及鈔書女子,爲後人研究古代校書、刻書、抄書、賣書、藏書及書坊情況提供了豐富的資料。葉德輝在徵引史料時,多附案語,糾誤補缺,頗有資於文史研究者。

吳國武《宋元書院本雜考——以〈書林清話〉著録爲中心》④認爲,葉德輝《書林清話》一書較早地系統總結了書院本的基本情況,但是問題也不少。細檢現存的宋元書院本,詳辨宋元刻書的史料,可以訂正其譌誤、增補其缺漏。

拙文《〈書林清話〉疑誤舉隅》⑤肯定了《書林清話》在版本學史上的重要學術地位,亦復核其所徵引書目題跋文獻,略舉其疏漏不實之處數例。

師宇明、安美榮《1979—2012 年〈書林清話〉研究述評》⑥一文認爲,《書林清話》一直是我國學術界的熱點問題,以 1979—2012 年爲時間段,從版本學、目録學、校勘學、藏書學、刻書學、輯佚學、編輯出版學和書史學等不同研究視角對《書林清話》的研究現狀做了回顧和系統總結,并給予相應的評價。

管仲樂《試論〈書林清話〉的版本學成就》⑦一文,通過對《書林清話》的成書及其編撰體例進行分析,歸納總結出其重視刻書、重視版本、重視明清刻本以及版權制度等方面的成就。

還有一些碩士學位論文以《書林清話》爲研究對象,值得借鑒。如:武漢大學劉孝平的《葉德輝文獻學研究》、湖南師範大學王曉娟的《〈書林清

① 莊欣華:《〈書林清話〉中所呈現的宋代出版文化》,《彰化師大國文學誌》2008 年第 6 期。
② 江曦:《〈書林清話〉與古籍版本學》,《四川圖書館學報》2009 年第 6 期。
③ 王友勝、彭文静:《論〈書林清話〉的學術價值及其他》,《圖書館》2010 年第 4 期。
④ 吳國武:《宋元書院本雜考——以〈書林清話〉著録爲中心》,《湖南大學學報》2011 年第 6 期。
⑤ 任莉莉:《〈書林清話〉疑誤舉隅》,《文獻》2011 年第 4 期。
⑥ 師宇明、安美榮:《1979—2012 年〈書林清話〉研究述評》,《圖書館學刊》2013 年第 1 期。
⑦ 管仲樂:《試論〈書林清話〉的版本學成就》,《綏化學院學報》2015 年第 3 期。

話〉研究》、河北大學孫曦之的《〈書林清話〉研究》、湖北大學張鳳蓮的《葉德輝〈書林清話〉略論》、華中師範大學江瑞芹的《葉德輝〈書林清話〉版本學思想研究》、鄭州大學杜少霞的《民國時期古籍版本學研究》等等,大都肯定了《書林清話》在版本目録學史上的價值,肯定了其書對歷代板刻書研究的貢獻及其在中國早期傳播學、出版史、印刷史上的不可磨滅的地位,可以看出,學界對於葉德輝《書林清話》的研究範圍日益擴大,研究深度日益增加,研究的專業性、系統性日益明顯,同時也説明了《書林清話》這部書史經典的價值大、利用率高,影響深遠。

(三)李洣《〈書林清話〉校補》與長澤規矩也《〈書林清話〉糾繆并補遺》

葉氏身後,雖有李洣的《〈書林清話〉校補》和日本學者長澤規矩也的《〈書林清話〉糾繆并補遺》①,而前者爲未完之作,後者則以糾正引文譌誤爲主,且二者均有失誤。如《書林清話》卷一"總論刻書之益"一節云:

> 明焦竑《筆乘續》四云:"蜀相毋公,蒲津人。先爲布衣,嘗從人借《文選》《初學記》,多有難色。公歎曰:'恨余貧,不能力致,他日稍達,願刻板印之,庶及天下學者。'後公果顯於蜀,乃曰:'今可以酬宿願矣。'因命工日夜雕板,印成二書,復雕九經、諸史,兩蜀文字由此大興。洎蜀歸宋,豪族以財賄禍其家者什八九。會藝祖好書,命使盡取蜀文籍諸印本歸闕,忽見卷尾有毋氏姓名,以問歐陽炯。炯曰:'此毋氏家錢自造。'藝祖甚悦,即命以板還毋氏,是時其書遍於海内。初在蜀雕印之日,衆多嗤笑,後家累千金,子孫禄食,嗤笑者往往從而假貸焉。左拾遺孫逢吉詳言其事如此。"按,此爲宋人記載,惜原引未著書名。

今考此實出宋無名氏《分門古今類事》卷十九《毋公印書》條。《筆乘》"命使盡取蜀文籍及諸印本歸闕,忽見卷尾有毋氏姓名",此書"印本"作"印板","卷尾"作"板後",當從之。而李洣《〈書林清話〉校補》曰:"左拾遺孫逢吉:案,孫逢吉字從之,吉州龍泉人。紹熙間官右正言,著直聲,與朱子同列慶元黨禁。《宋史》有傳,但不言其曾爲左拾遺耳。"任按,清吴任臣《十國

① 李洣,近代學者,曾主修過《象山縣志》,又與康有爲等同爲《雁蕩山志》作序。其1936年刊載於《文瀾學報》上的《〈書林清話〉校補》,補正了《書林清話》中的一些缺失,僅二卷,爲未完稿。對於《書林清話》的研究者來説,該書具有開啓山林的意義。長澤規矩也(1902—1980年),日本近現代著名的漢學家,畢生致力於和漢文獻學及中國古代文學研究。深諳目録版本之學,著述宏富,如《中國版本目録學書籍解題》《越刊八行本注疏考》《長澤規矩也著作集》等。其作《〈書林清話〉糾繆并補遺》,1933年發表於日本《書志學》雜誌,後經翻譯傳入我國。

春秋》卷五十二記毋昭裔"令門人句中正、孫逢吉書《文選》《初學記》《白氏六帖》刻版行之";又宋李燾《續資治通鑑長編》卷七載乾德四年宋太祖"遣右拾遺孫逢吉至成都收僞蜀圖書法物",則孫爲北宋初人,非南宋之孫逢吉。李洣之説實誤。

又如《書林清話》卷二"宋建安余氏刻書"一節云:

> 《國朝名臣事略》十五卷,目録後有"元統乙亥余志安刊於勤有書堂",見張《志》、瞿《目》、陸《志》、陸《集》。按,元統止癸酉、甲戌二年,乙亥乃至元元年,此誤。

長澤規矩也《〈書林清話〉糾繆并補遺》云:"按,陸《集》有《校元本〈名臣事略〉書後》一文,未言及木記。"實際上,陸心源《儀顧堂集》卷十六上文後明明有云:"舊云元本每葉廿六行,每行廿四字,《目録》後有'元統乙亥余志安刊於勤有書堂'十三字。"長澤規矩也檢書未細,率爾下斷,致以不誤爲誤。

四、《書林清話》的成就與局限

(一) 學術意義與價值

葉德輝認爲,版本學是在目録學中產生的。他對版本學在學術研究中的地位十分重視,首先提出了"版本之學"的概念。同時,他認爲版本學又不同於目録學,"而近人言藏書者,分目録、板本爲兩種學派。大約官家之書,自《崇文總目》以下,至乾隆所修《四庫全書總目提要》,是爲目録之學。私家之藏,自宋尤袤《遂初堂》、明毛晉《汲古閣》,及康雍乾嘉以來各藏書家,斷斷于宋元本舊鈔,是爲板本之學。然二者皆兼校讎,是又爲校勘之學。本朝文治超軼宋元,皆此三者爲之根柢,固不得謂爲無益之事也。"[①]其實,洪亮吉早在《北江詩話》中指出:"藏書家有數等:錢少詹大昕、戴吉士震爲考訂家,盧學士文弨、翁閣學方綱爲校讎家,鄞縣范氏天一閣、錢唐吳氏瓶花

---

① 見《書林清話》卷一"板本之名稱"。來新夏對此提出疑義:"把目録、校勘、版本三學作爲清學根柢,似欠全面。因爲清學不能只以此三者爲之根柢,即以張之洞《書目答問》所附清代學術家姓名粗略劃分就有經學、史學、理學、小學、算學、地理、校勘、金石等等,何一不可作爲根柢;若他所謂的清學是專指考據學而言,則音韻、訓詁等學也稱根柢,不過從他這種説法中可見版本之學在清學中的地位及其興盛狀況。"(來新夏:《古籍整理講義》,鷺江出版社,2003年,第81頁。)李致忠對此也持批判的態度,他認爲:"這段話説的模棱兩可,不負責任。誰從這裏也難以歸納出科學的版本學論證。但他把目録、版本、校勘三者提了出來,並謂'本朝文治超軼宋元,皆此三者爲之根柢',則在實際上提出了目録、版本、校勘三者的關係,這對我們研究什麼是版本也不無啓發。"(李致忠:《古書版本鑒定》,文物出版社,1997年,第70頁。)

齋、昆山徐氏傳是樓爲收藏家，吳門黃主事丕烈、鄞鎮鮑處士廷博爲賞鑒家，吳門書估錢景開、陶五柳、湖南書估施漢英爲掠販家。"洪氏僅説明了各等藏書家有其不同之旨趣。這些説法，雖各有道理，但均有抓住一點不及其餘之嫌，並不能如實反映每位藏書家的實際情況。從我國私家藏書的傳統來看，絕大多數藏書家所走的道路不外乎三步：一是不遺餘力地廣泛搜羅書籍，既爲誦讀之資、學問之本，又保存了書籍。二是利用藏書進行校勘或者著述，既提高了書籍的文獻價值，又催生了新的書籍。三是刊刻自己的藏書，或珍善孤本，或經校勘的新本，既使書籍延年益壽，又化身千百，流傳後世，裨益學林。總之，這些藏書家對於我國古代典籍的保存和流傳，有着不可磨滅的貢獻。① 葉德輝認爲，藏書這一行爲催化出目録學和版本學，而目録學和版本學又孕育出了校勘學，這三學成爲清學的根柢。儘管有人不同意他的這一觀點，但還是得到了當代許多學者的充分肯定，嚴佐之先生的觀點尤爲深刻明晰：

　　　　回顧學術史可以知道，傳統版本學是依附在目録學裏慢慢發展、成熟起來的，及至明末清初，講究、研究版本在藏書界、學術界已蔚然成風，并逐步積累、形成一套治學的方法、理論，於是，版本研究遂得脱離目録學而獨立成爲一門專學。然而最初的版本學，在知識結構、學術範疇上，可説是與目録學作了切割，但其研究的表現形態還未能完全從母體中剥離出來，換言之，即其研究方式乃至成果形式，依然需要通過書目（包括藏書題跋等）作爲載體來表現，大家熟知的清代那些專講版本的"版本目録"，實際也就是屬於版本學範疇的學術文獻，而這種狀況一直要延續到清末民初，才因《書林清話》的出現而告打破。

　　　　《書林清話》是葉德輝用讀書札記體裁來記録版本研究心得的學術專著，是他從家藏所見"諸儒説部筆記""諸家目録題跋"中，掇拾"涉於刻書之事者"，"隨筆書之，積久成帙"②。筆記體裁，由來久矣，清人治學，最好用之，成果斐然，蔚爲大觀，如閻若璩之《潛丘札記》、錢大昕之《廿二史考異》等，乃其翹楚。……繆氏謂其"仿"之，是説《書林清話》同樣開創了用非書目體著述專治版本的先例，是賞識葉德輝對這二部學術筆記的紹述和借鑒，造就了《書林清話》在版本學上的開派之功。③

---

① 劉尚恒：《徽州刻書與藏書》，廣陵書社，2003 年，第 286 頁。

② 參見《書林清話》自序。

③ 錢基博：《版本通義》，嚴佐之導讀、毛文鰲注，上海古籍出版社，2007 年，第 2 頁。

　　這就啓迪後世學人,從事學術研究,若無版本學知識,不對所依據的版本進行考辨,則架空立説,結論就難免出錯。

　　來新夏在《古籍整理講義》中更加明確地指出:

　　　　由於有許多不同的本子,就會出現彼此間在文字、印刷、裝幀等等方面的差別,也會有各種版本的源流,相互關係等等複雜現象。爲了研究和鑒別這些差別並從許多複雜現象中尋求共同規律,於是漸漸形成所謂"版本之學"。①

　　葉德輝好書而不佞宋,他批判藏書家們厚古薄今的"佞宋"之風,提出了對待宋版圖書應有的態度。首先,他肯定了宋刻具有可資校勘的作用,例如北宋蜀刻諸經因源於唐蜀《石經》,故彌足珍貴。其次,他也指出"宋以來儒者但求義理,於字句多不校勘。其書即屬宋版精雕,只可供賞玩之資,不足供校讎之用",故宋本不可盡據。他引王士禎《居易録》云:

　　　　如錢牧齋所定《杜集》"九日寄岑參"詩,從宋刻作"兩腳但如舊",而注其下云:陳本作"雨"。此甚可笑。《冷齋夜話》云:老杜詩"雨腳泥滑滑",世俗乃作"兩腳泥滑滑"。此類當時已辨之,然猶不如前句之必不可通也。②

　　又舉各家書目題跋中的例子,如:

　　　　錢《日記》載宋蔡夢弼刻《史記》,目録後題識稱"乾道七月春王正上日書",七月"月"字,爲"年"之譌。繆《續記》載宋阮仲猷種德堂本《春秋經傳集解》,書前牌子方印文"了無窒礙","窒"誤作"室"。此雖小誤,則其校讎不善可知,且又安知書中如此類者,不爲佞宋者所諱言乎? 古今藏書家奉宋槧如金科玉律,亦惑溺之甚矣。③

　　他認爲"宋板不必盡是,時板不必盡非","但從善本可耳"。宋本以下,元本亦有可取之處。④ 在"元刻書之勝於宋本"一節中,葉氏一連舉了八個

---

① 來新夏:《古籍整理講義》,鷺江出版社,2003 年,第 77 頁。
② 見《書林清話》卷六"宋刻書多譌舛"。
③ 同上。
④ 同上。

例子證明經、史、子、集四部中，皆有元刻勝宋刻者。從實際出發，尊古而不泥古，求是而不盲從，葉氏嚴謹的治學態度於此可見一斑。他十分推崇張之洞《書目答問》以清刻爲主、不列宋元舊刻的做法。於明清善本、孤本兼收並蓄，極爲留心，較之前代藏書家對版本的厚古薄今，眼界更爲開闊，態度更爲客觀，這對於版本學的發展無疑是具有進步意義的。

《書林清話》是在清末民初版本之學已經取得長足進步的背景下誕生的。當時，不僅私人目録盛談版本，公家目録亦然。同時，版本學研究的範圍愈來愈廣，它不單注意版式，版本的時代、刊刻地、收藏者、印記等無不列入著録範圍。這就爲版本學發展成一種專門的學科體系奠定了基礎。《書林清話》就是這一時代這門學問的高度總結。自此，版本之學更爲人們所重視，以至後世隨之而來的一系列版本目録學專著的出現，都與《書林清話》一書的推動有着千絲萬縷的關係。

（二）局限與疏誤

《書林清話》雖有開派之功，成爲研究版本目録學領域不可或缺的學術專著，但它在撰著體裁、材料取證以及治學思想方面，有着自身的局限，這些都是阻礙其不能將"版本之學"升華爲版本學理論體系的關鍵所在。

嚴佐之先生论及此書時説：

> "隨筆書之，積久成帙"的筆記著述體例，適宜於散點式的考證發明，卻難以作貫通式的全局觀照。《書林清話》在構建學科的系統性、完整性方面，仍然無法掙脱筆記體例的束縛和限制，雖於"書籍鏤刻源流，尤能貫通"，於版本細枝末節，尤多考覈，但終究未能明晰構架出版本學的學科體系。這是《書林清話》筆記體例的先天不足之處。①

誠然，由於其書是篳路藍縷之作，限於見聞，囿於時代，尚存在不少疏誤或語焉不詳之處。例如，葉氏云"顏色套印書始於明季、盛於清道咸以後"②，這是葉氏根據當時所能見到的實物資料得出的結論。但據現今所見，我國最早的木刻套印本是元代至元六年（1340 年）中興路（今湖北江陵）資福寺無聞和尚刻印的《金剛般若波羅密經注解》。其經文圈點及卷首《靈芝圖》均用朱色，注文用墨色。葉德輝無緣寓目，故以爲"顏色套印書始於明季"，判斷難免失誤。

又如，《九經三傳沿革例》的作者，舊皆題宋岳珂所撰。如《天禄琳琅書

---

① 錢基博：《版本通義》，嚴佐之導讀、毛文鰲注，上海古籍出版社，2007 年，第 3 頁。
② 見《書林清話》卷八"顏色套印書始於明季盛於清道咸以後"。

目》卷一《宋版·經部》著録《春秋經傳集解》，云："蓋南宋岳珂乃飛孫，本相州湯陰人，故以相臺表望。南渡後，徙常州，今宜興有珂父霖墓，故家塾以荆溪名。珂校刊《九經三傳》，著《沿革例》，讎勘最爲精覈。"然據今人張政烺先生等考證，此書實爲元時義興岳浚主持刊刻，據廖瑩中"《總例》增補成《九經三傳沿革例》，刻之家塾，自與宋時岳珂無關"①。對此，李慧玲曾做過深入研究，進行了翔實的論證。她認爲，阮元曾説"有宋十行本注疏者，即南宋岳珂《九經三傳沿革例》所載'建本附釋音注疏'也"。是以南宋岳珂爲《九經三傳沿革例》之作者。持此看法者，并非自阮元始，亦并非至阮元止，亦不僅限於中國學者。早於阮元的，如錢謙益《牧齋初學集》、朱彝尊《經義考》以及《四庫全書總目》等，就已經把《九經三傳沿革例》作者定爲岳珂。②晚於阮元的，就更多了。例如，王國維《觀堂集林》卷二十一《宋越州本〈禮記正義〉跋》云："南海潘氏藏《禮記正義》七十卷，乃浙東漕司所刊，即岳倦翁（按，倦翁，珂號）所謂'越中舊本注疏'也。"③葉德輝也不例外，《書林清話》卷二《刻書有圈點之始》云："刻本書之有圈點，始於宋中葉以後。岳珂《九經三傳沿革例》有'圈點必校'之語，此其明證也。"④非獨此也，日本學者長澤規矩也於20世紀80年代寫的《越刊八行本注疏考》也沿襲誤説："岳珂的《九經三傳沿革例》將此稱爲'越中舊本注疏'。"⑤由於自阮本《十三經注疏》問世以來，近二百年來被學者尊爲善本，幾乎人手一編。所以後世學者襲謬承誤，多多少少都和阮元有關。葉氏以爲是岳珂之書而多處徵引，以元時之書證宋代刻書，自然不妥。

　　《書林清話》中還有把書坊刻本誤爲私家刻本的嫌疑。嚴佐之先生《古籍版本學概論》中"建陽私家刻本質疑"一節曾説：

　　　　宋代福建的官刻本很少，……相比之下，著録作建陽私家刻本的卻

---

① 見《中國版刻圖録》元岳氏荆溪家塾刻本《春秋經傳集解》。參見李慧玲《阮刻〈毛詩注疏〉底本諸説之辨正》，發表於《中華文史論叢》2008年第1期，總第八十九輯。該文云："《中國版刻圖録》的這番話并没有引起文史學界的普遍注意，所以從20世紀60年代至今，多數人仍持誤説。大約是有鑑於積重難返，此後，張政烺先生又發表《讀〈相臺書塾刊正九經三傳沿革例〉》長文，首先刊載於《中國與日本文化研究》第一集，後收入《張政烺文史論集》。張文寫得很精彩，將此事梳理得非常清楚，論證嚴謹，讓人心悦誠服。"

② 錢謙益：《牧齋初學集·讀左傳隨筆》，上海古籍出版社，1985年，第1747頁；朱彝尊：《經義考》卷二四四，臺北"中研院"中國文哲研究所，1999年，第405頁；永瑢等撰：《四庫全書總目》卷三三，中華書局，1965年，第271頁下。

③ 王國維：《觀堂集林》，中華書局，1959年，第1039頁。

④ 葉德輝：《書林清話》，中華書局，1959年，第33頁。

⑤ 長澤規矩也：《越刊八行本注疏考》，第39頁。

不少,如乾道年間福建麻沙鎮水南劉仲吉宅刻印的宋黄庭堅《類編增廣黄先生大全文集》,建溪三峰蔡夢弼傳卿於乾道七年(1171 年)刻印的《史記集解索隱》,建安虞平齋務本書堂刻印的《增刊校正王狀元集注分類東坡先生詩》……當然還有最出名的建安黄善夫刻本《史記索隱正義》和《後漢書注》《王狀元集百家注分類東坡先生詩》等等。若按葉德輝《書林清話》的統計,那就更多了,如建安王氏世翰堂、建安蔡子文東塾之敬堂、麻沙鎮南齋虞千里、建安陳彦甫家塾、建安魏仲舉家塾、建安魏仲立宅、建安劉日新宅、建寧府麻沙鎮虞叔異宅、建安劉叔剛宅、建安王懋甫桂堂、建安曾氏家塾等等。其他版刻史著作的引述皆無異議,只有王欣夫先生在《文獻學講義》里提出疑問,他認爲在世傳的建陽私家刻本中“偶有誤入的,如麻沙鎮劉仲吉、虞千里兩家,可能是書坊”。這確實是一個可以探討的問題。……如何正確區分私家刻本和書坊刻本,還有待於進一步的研究,但在歷來已認定的宋代建陽私家刻本中,則肯定有不恰當的,有王欣夫先生懷疑之外的誤入者。

黄永年《古籍版本學》中也曾指出:

> 南宋浙本和浙本系統的刻本中也有家刻,但數量遠不如官刻之多。而最有名的則是宋季廖瑩中的世綵堂所刻。廖是權相賈似道的門客,在杭州刻書甚多。同時人周密在《癸辛雜識》中對他所刻的書作了評論,説《九經》本最佳,凡以數十種比較,百餘人校正而後成……這些書中現存的有韓、柳文即《昌黎先生集》和《河東先生集》,有“世綵堂廖氏刻梓家塾”小篆牌記,確實刻印得特別精工。但有一點要注意,并非凡有“家塾”字樣就一定是家刻本,尤其是建本中所謂“×××刻梓於家塾”“×××刊於家塾”者其實統統是坊本。《書林清話》卷三“宋私宅家塾刻書”條把許多題爲“家塾”的坊刻本當作家刻本,而“宋坊刻書之盛”條反把這些本子排除在外,是錯誤的。①

諸如此類的錯誤和疏漏,書中還有不少,而爲人指出者尚鮮,學界大多人云亦云,没有真正從書目題跋文獻入手糾謬補缺,這些還有待於我們深入考證和仔細爬梳。

在考察葉德輝《書林清話》引録文獻的規範性、準確性時,筆者查閱了書

---

① 黄永年:《古籍版本學》,江蘇教育出版社,2005 年,第 75 頁。

中所涉及的70多種書目題跋文獻,凡能够目驗者,均標明其出處(詳見附録表三)。總體來説,葉氏引用題跋文獻在前五卷中比較規範,但在第六卷以後就顯得愈來愈亂。同時,采用的史料也存在一些疏漏和錯誤,可歸結爲五類,略述如下。

1. 引文不確者。

(1)《書林清話》卷一"書之稱册"一節云:"臣所編《書集傳》壹拾貳卷,《集傳或問》三卷,繕寫成壹拾伍卷。"據瞿鏞《鐵琴銅劍樓藏書目録》卷二《經部·書類》,"卷"當爲"册"。卷、册有别,這點葉氏自己書中已表達得十分清楚。

(2)卷一"刻板盛於五代"一節云:"陳振孫《書録解題》稱:'《疑獄》三卷,上卷爲凝書,中、下二卷爲嶧所續。今本四卷,疑後人所分。'"任按,《疑獄》一書,實見陳振孫《直齋書録解題》卷七《傳記類》:"《折獄龜鑑》三卷。初,五代宰相和凝有《疑獄集》,其子水部郎和嶧續爲三卷,六十七條。因和氏之書分爲二十門推廣之,凡二百七十六條,三百九十五事,起鄭子産,迄於本朝。"葉氏所云與原文大異。

(3)卷三"宋司庫州軍郡府縣書院刻書"一節云:"廣東漕司本。寶慶乙酉,元年。刻《新刊校定集注杜詩》三十六卷,見《天禄琳琅》三、黃《賦注》、黃《書録》、瞿《目》。"所引《新刊校定集注杜詩》,當爲《九家集注杜詩》,見《天禄琳琅書目》卷三《宋版·集部》。

(4)卷三"宋坊刻書之盛"一節云:"閩山阮仲猷種德堂。無年號刻《楊氏家傳方》二十卷,見森《志》。"任按,森《志》中無《楊氏家傳方》。森《志》補遺則著録宋槧本楓山秘府藏《楊氏家藏方》,書名誤。又,葉氏每云"見陸《志》",實見諸陸《續志》;"見森《志》",實森《志》之補遺。此類現象較多,不再一一列舉。

(5)卷二"宋陳起父子刻書之不同"一節云:顧修刻《南宋群賢小集》著録林同《孝詩》一卷,云書後有木記"臨安府棚北睦親坊陳解元書籍鋪刊行",經檢,實爲"臨安府棚北大街睦親坊南陳解元宅書籍鋪刊行"。

(6)卷七"明人刻書載寫書生姓名"一節云:"張《志》、瞿《目》明刻楊維楨《鐵崖文集》五卷,卷末有"姑蘇楊鳳書於揚州之正誼書院"一行。皆誤元刻。"任按,張《志》卷三十四《集部·别集類》誠誤爲"元刊本",而瞿《目》卷二十二《集部·别集類》著録則明言爲"明刊本",云:"張氏《藏書志》謂元刊本,以未見馮、朱二序故也。"葉德輝云"皆誤元刻",可謂厚誣瞿氏矣。

2. 誤引者。

(1)卷一"板片之名稱"一節云:"繆《續記》有元趙汸《春秋屬辭》二十

五卷。"任按,繆《續記》著録《春秋屬辭》一十五卷,與葉氏所引"二十五卷"不符。考之文淵閣《四庫全書》,《春秋屬辭》亦爲十五卷,知葉氏筆誤。

(2)卷一"刊刻之名義"一節云:"張《志》宋刊本趙汝愚《國朝名臣奏議》一百五十卷。"任按,書名誤。張金吾《愛日精廬藏書志》卷十二《史部·詔令奏議類》作"《國朝諸臣奏議》"。

(3)卷二"巾箱本之始"一節云:"《名公增修標注隋書詳節》二十卷……見繆《續記》。"任按,長澤規矩也《〈書林清話〉糾繆并補遺》僅云"繆《續記》未載",未作深究。實則其書著録在繆《記》卷四《史學第五》。

(4)卷二"宋陳起父子刻書之不同"一節,謂"臨安府棚北大街睦親坊南陳宅書籍鋪刊行"者有唐《韋蘇州集》十卷,《唐求詩》一卷,見楊《録》宋刻本、丁《志》明仿宋刻本。任按,楊《録》卷四《集部》著録《宋本韋蘇州集》,云:"即《百宋一廛賦注》所謂'臨安府睦親坊南陳氏書棚本'也。"王紹曾考證曰:"題宋陳氏書棚本,經鑒定實爲明刻。現藏山東省博物館。"丁《志》卷二十四《集部·別集類》著録《韋蘇州集》,亦未言"仿陳氏書棚本"。

(5)卷三"宋司庫州軍郡府縣書院刻書"一節云:"淳熙乙巳十二年。至丁未,十四年。全州軍州學刻《集韻》十卷,見森《志》、楊《志》。"任按,森《志》卷二《經部》著録宋刊本《集韻》十卷,南宋淳熙間刊本,未言爲"全州軍州學"刻。

(6)同上云:"淳熙丙午,十三年。嚴州州學刻《唐柳先生集》四十五卷,《外集》一卷,《附録》一卷,嘉定改元重刻。見森《志》。"任按,森《志》卷六《集部·別集類》著録宋槧本《唐柳先生文集》,未言爲"嚴州州學刻"。

(7)卷三"宋坊刻書之盛"一節云:"建寧書鋪蔡琪純父一經堂。嘉定戊辰,元年。刻《漢書》一百二十卷,見楊《録》、丁《志》。刻《後漢書》一百二十卷,見張《志》、黃《賦注》、黃《書録》、陸《續志》、陸《跋》。"任按,丁《志》卷六《史部》著録者爲拜經樓吳氏藏宋嘉定建安蔡琪刊本《漢書殘本》十四卷,云係列傳。又張《志》卷八《史部·正史類》著録北宋刊本和宋刊元修本《後漢書》一百二十卷,皆未言爲"蔡琪"所刻,顯然誤將宋嘉定刊《後漢書殘本》五十八卷視作全帙矣。

(8)卷三"宋司庫州軍郡府縣書院刻書"一節云:"左廊司局本。淳熙三年刻《春秋經傳集解》三十卷,見《天禄琳琅後編》三、陳鱣《簡莊隨筆》。"任按,陳鱣《簡莊隨筆》中未見著録左廊司局本《春秋經傳集解》,僅有閩山阮仲猷種德堂刊麻沙本及北宋本。

(9)卷四"金時平水刻書之盛"一節云:"平水中和軒王宅。……大德丙午,十年。刻《新刊韻略》五卷,見張《志》、瞿《目》、莫《録》、陸《續跋》、繆

《記》。"任按,《新刊韻略》,莫《録》未嘗著録,實見於莫友芝《邵亭知見傳本書目》卷三《經部·小學類》。

（10）卷三"宋司庫州軍郡府縣書院刻書"一節云:"建安漕司本。紹興癸酉,二十三年。黄訒刻其父伯思《東觀餘論》,不分卷,每葉二十行,每行二十字。見傅沅叔增湘藏書。"任按,傅增湘《藏園群書經眼録》卷九《子部·雜家類》著録《東觀餘論》,云:"黄長睿父《東觀餘論》,紹興丁卯其子訒刊於建安漕司,嘉定間攻媿樓氏復以川本參校,即今所傳本也。"非葉氏所引"紹興癸酉,二十三年"本。

（11）卷四"元監署各路儒學書院醫院刻書"一節云:"寧國路儒學,刻洪适《隸釋》二十七卷,《隸續》七卷,見《四庫書目提要》、瞿《目》。舊鈔本。"任按,《四庫全書總目提要》卷八十六《史部·目録類》著録《隸釋》二十七卷,未云爲寧國路儒學刻;又著録浙江巡撫采進本《隸續》二十一卷,非葉氏所引"七卷",云:"考(朱)彝尊所云七卷之本,乃元泰定乙丑寧國路儒學所刻,較今所行揚州本譌誤差少,然殘闕太甚。今仍録揚州之本,而以泰定本詳校異同,其殘闕者無可考補,則姑仍之焉。"

（12）同上云:"集慶路儒學刻奉元路學古書院山長張鉉《金陵新志》十九卷,見孫《記》、張《志》、朱《志》、瞿《目》、陸《志》、丁《目》。"任按,孫《記》卷一《宋版》著録《金陵新志》十五卷,非"十九卷"。

（13）卷四"元時書坊刻書之盛"一節云:"胡氏古林書堂。至元己卯,十六年。刻《新刊補注釋文黄帝内經素問》十二卷,見孫《記》、張《志》、瞿《目》、森《志》。"任按,張《志》中未見著録。

（14）卷五"明人刻書之精品"一節云:"吳郡袁褧嘉趣堂。嘉靖癸巳,十二年。仿宋刻《大戴禮記》十三卷,見《天禄琳琅》九、孫《記》。"任按,《天禄琳琅》卷九著録皆"明版子部",又《天禄琳琅》卷七《明版·經部》有《大戴禮記》,《天禄琳琅後編》卷二亦有《大戴禮記》,然均未言爲"吳郡袁褧嘉趣堂嘉靖癸巳,十二年"本。

（15）同上云:"餘姚聞人詮。嘉靖己亥,十八年。刻《舊唐書》二百卷,見《天禄琳琅》九、孫《記》、丁《志》。"任按,《天禄琳琅》卷九著録皆"明版子部",而該書實著録於《天禄琳琅》卷八"明版史部"。

3. 所記非實者。

（1）卷二"刻書有圈點之始"一節云:"森《志》、丁《志》、楊《志》宋刻吕祖謙《古文關鍵》二卷。"任按,檢森立之《經籍訪古志》、丁丙《善本書室藏書志》和楊守敬《日本訪書志》均未著録該書,當屬誤引。

（2）卷二"宋建安余氏刻書"一節,引《儀顧堂續跋》云:"鼎書成於至大戊申,至延祐戊申而余仁仲刊於勤有堂。至正甲午,劉廷佐刊於翠巖精舍,皆建寧府麻沙坊本也。"加按語曰:"延祐有戊午無戊申,陸蓋誤記。且刻書者爲余志安,非余仁仲也。"任按,查陸心源《儀顧堂續跋》卷一《元槧〈書集傳纂疏〉跋》條,僅著録"後有木記二行曰'泰定丁卯陽月梅溪書院新刊'十二字,蓋是書初刊本也",並未見葉氏所引。

(3)卷三"宋司庫州軍郡府縣書院刻書"一節云:"崇文院本。咸平三年,刻《吳志》三十卷,見黃《記》、陸《志》。"任按,考黃丕烈《士禮居藏書題跋記》卷二《史類》著録宋咸平刊本《吳志》,但未言爲崇文院本。又陸心源《皕宋樓藏書志》卷十八《史部·正史類》亦著録宋咸平刊本《吳志》,亦未言係"崇文院本"。

(4)卷三"宋司庫州軍郡府縣書院刻書"一節云:"荆湖北路安撫使本。紹興十八年,刻《建康實録》二十卷,見張《志》、楊《録》、陸《志》、丁《志》。"任按,檢張金吾《愛日精廬藏書志》卷十一《史部·別史類》,著録舊抄本《建康實録》二十卷,僅言"嘉祐三年開造《建康實録》,校正官張庖民等銜名七行,紹興十八年重雕,校勘官韓軫等銜名九行",未言爲"荆湖北路安撫使本"。

(5)卷三"宋司庫州軍郡府縣書院刻書"一節云:"江西提刑司本。嘉定壬申,五年。刻洪邁《容齋隨筆》十六卷,《續筆》十六卷,《三筆》十六卷,《四筆》十六卷,《五筆》十卷,見陸《志》"。任按,《容齋隨筆》見陸心源《皕宋樓藏書志》卷五十六《子部·雜家類》著録,但未言爲"江西提刑司本"。

(6)同上云:"嘉定丙子,九年。興國軍學刻《春秋經傳集解》三十卷,附陸德明《音義》五卷,聞人模《經傳識異》三卷,見《天禄琳琅》一、楊《志》、楊《譜》。"任按,考《天禄琳琅書目》卷一《春秋經傳集解》,僅言"相臺書塾《刊正九經三傳沿革例》云:'世所傳《九經》,有建安余氏、興國于氏,二本皆稱其善。'"並未言《春秋經傳集解》乃"興國軍學"所刻,不知葉氏何據。

(7)同上云:"嘉定甲申,十七年。武岡軍軍學刻《溫國文正司馬公文集》八十卷,見黃《記》。"任按,黃丕烈《士禮居藏書題跋記》卷五《集類》著録《溫國文正司馬公文集》,云:"又有嘉定甲申金華應謙之,并有門生文林郎差充武岡軍軍學教授陳冠兩跋,皆云公裔孫出泉本重刊。"未云其書爲"武岡軍軍學刻"。

(8)同上云:"咸淳辛未,七年。邵武軍學補修,乾道七年,刻廖剛《高峰集》十二卷,見陸《志》。舊鈔本。"任按,陸心源《皕宋樓藏書志》卷八十四《集部·別集類》著録舊抄本《高峰集》,未言爲"邵武軍學補修"。

(9)同上云:"嘉定甲申,十七年。新安郡齋汪綱刻《吳越春秋》十卷,見張《志》。影宋鈔本。"任按,張金吾《愛日精廬藏書志》卷十四《史部·載記類》著録《吴越春秋》,但未言爲"新安郡齋刻"。

(10)卷四"元監署各路儒學書院醫院刻書"一節云:"至正丁亥,七年。福州路儒學刻《禮書》一百五十卷,見陸《志》。"任按,陸《志》卷七《禮類》二著録袁壽階舊藏宋刊元修本《禮書》一百五十卷,未云爲"福州路儒學"所刻。

(11)卷四"元私宅家塾刻書"一節云:"平水曹氏進德齋。……至大庚戌,三年。刻《翰苑英華中州集》十卷……見張《志》、瞿《目》、影元鈔本。陸《志》、陸《續跋》。元刻本。"任按,張《志》卷三十五《集部·總集類》著録元至大刊本《中州集》十卷,未言爲"平水曹氏進德齋"刻本。

(12)卷四"元建安葉氏刻書"一節云:"葉日增廣勤堂,自元至明,刻書最夥,亦有得余板而改易其姓名堂記者,如元天曆庚午是年改元至順。仲夏,刻《新刊王叔和脈經》十卷,見張《志》、森《志》補遺。"任按,森《志》補遺未及此事。

(13)卷五"明時諸藩府刻書之盛"一節云:"晉府寶賢堂,亦稱志道堂,亦稱虛益堂,又稱養德書院。嘉靖乙酉,四年。重刻元張伯顔本《文選注》六十卷,見繆《續記》。"任按,繆《續記》卷六《詩文第八》著録張伯顔本《文選注》六十卷,未言爲"晉府寶賢堂"所刻。

(14)卷五"明人刻書之精品"一節云:"隆慶六年,刻陶穀《清異録》二卷,見張《志》、瞿《目》。"任按,張《志》中未見著録《清異録》。

(15)同上云:"震澤王延喆恩褒四世之堂。嘉靖丁亥,六年。刻《史記集解索隱正義》一百三十卷,見朱《目》、丁《志》、陸《志》、繆《續記》。"任按,《史記集解索隱正義》,朱學勤《結一廬書目》中未見著録。

(16)卷五"明人私刻坊刻書"一節云:"許宗魯宜静書屋。……無年號刻《爾雅注》三卷,見范《目》、丁《志》。"任按,丁《志》卷五《經部·小學類》著録《爾雅》《爾雅注》多種,未見許宗魯宜静書屋刻本。

4. 徵引可補者。

(1)卷四"元監署各路儒學書院醫院刻書"一節,《困學紀聞》諸刻,可補入楊《録》卷六《子部》所著録。

(2)卷四"元時坊刻書之盛"一節,《禮部韻略》諸刻,可補入繆荃孫《學部館目》所著録。

(3)卷四"元建安葉氏刻書"一節,《初學記》諸刻,可補入楊《譜》卷六《子部》所著録。《鍼灸資生經》諸刻,可補入傅增湘《藏園群書經眼録》卷七《子部》所著録。

(4)卷五"明時諸藩府刻書之盛"一節,《貞觀政要》諸刻,可補入范

《目》卷二之一《史部·雜史類》所著録。又《文選》諸刻,可補入范《目》卷四之三《集部·總集類》所著録。

(5) 卷五"明時諸藩府刻書之盛"一節,《宋文鑑》諸刻,可補入范《目》卷四之三《集部·總集類》和楊《志》卷十三所著録。《初學記》諸刻,可補入陸《志》卷五十九《子部·類書類》一和范《目》卷三之三《子部·類書類》所著録。

(6) 卷五"明人刻書之精品"一節,《顔魯公文集》諸刻,可補入朱《目》舊版和丁《目》卷上所著録。

(7) 卷五"明人刻書之精品"一節,《王子年拾遺記》諸刻,可增補傅增湘《藏園群書經眼録》卷九《子部·小説家類》所著録。

(8) 卷五"明人私刻坊刻書"一節,《初學記》諸刻,可補入《學部圖書館目·子部·類書類》所著録。

5. 其他。

卷三"宋司庫州軍郡府縣書院刻書"一節,亦可增刻書一例,未見於葉氏所列三十八種之内:南海漕臺本。淳熙八年,刻《新刊校正集注杜詩》三十六卷、《目録》一卷。見錢曾《讀書敏求記》卷四,云:"今蜀本引趙注最詳,重摹刊於南海之漕臺。開板洪爽,刻鏤精工,乃宋本中之絶佳者。"《天禄琳琅書目》卷三宋版集部著録《九家集注杜詩》,云:"其書刻於宋孝宗淳熙八年,至理宗寶慶元年,曾噩爲廣南東路轉運判官,重爲校刊,序稱'蜀士趙次公,爲少陵忠臣。蜀本引趙注最詳,所恨紙惡字缺,不滿人意。兹摹蜀本,刊於南海漕臺,會士友以正其脱誤'云云。"可見,南海漕臺本亦爲"宋司庫州軍郡府縣書院刻書"不可或闕之一種。

凡　例

一、以《郎園先生全書》本爲底本，以觀古堂初刻本、掃葉山房石印本爲對校本，以北京古籍出版社 1957 年整理本等爲參校本。

二、本書目標讀者主要是古典文獻專業人員，故對常見詞彙、人名略而不注。箋證主要着力於與目録版本學相關内容，略者詳之，訛者糾之，補其未備，并廣收衆説，以備參稽，詳注依據所在，力求言必有據，信而有徵。

三、爲方便讀者起見，於冷僻典故、生僻字眼亦間加注釋。葉氏自注中，其詮釋不明者，亦爲之疏解。原書作者或徵引故實，疏於檢點，或書寫文字訛於亥豕處，一一正之。

四、於前賢時彥之説多所采擷，所采必注明出处，如李淼、長澤規矩也的校補，引用時简称“李《校》”“長《補》”。個人愚見則標“任按”以別之。諸家釋校論説之誤者，亦加辨析。

五、諸家書目題跋文獻爲此書所常用，同一書有引用多次者，於首次出現處用全稱，後則皆用簡稱。另外，關於書目題跋文獻中節引問題，悉遵作者之意，不再一一標注省略號。

六、異體字一般徑改爲通行正體字。古人刻板用字“己、已、巳”不分據文意定其是非；“衹、祇、祗”不辨處凡用今字“只”意者，均改爲“衹”；“寧、甯”各家題跋書目習慣有別，通改爲“寧”。“按、案”二字，不同的書目題跋文獻中，撰者的習慣不同，各有使用，箋證中各仍其舊照録。

七、古人避諱文字，如一些書名、人名等中將“玄”改作“元”的，徑改用“玄”，餘皆類推。如“王士禎”，全改爲“王士禎”。

八、牌記中文字悉遵原樣録入。如其中遇到書名的，加上書名號；文字特別多的，加以句讀，便於今人理解。如：“首題‘《尚書》卷第一’，次頂格題‘《堯典》第一’，越數格題‘《虞書》’，又越數格題‘孔氏《傳》’。以下篇式同前。”

九、以新式標點斷句（有專名號及書名號）。一些史書，如：“前後漢書”，標作“前、後《漢書》”；“新舊唐志”，標作“新、舊《唐志》”；“東西晉書”，標作“東、西《晉書》”；“南北史”，標作“南、北《史》”；而“遼金宋史”，則標作“《遼》《金》《宋》史”。餘者仿此處理。

十、《〈書林清話〉箋證》後附《書林餘話》。另編製附錄，包括李渼《〈書林清話〉校補》、長澤規矩也《〈書林清話〉糾謬并補遺》《〈書林清話〉所涉書目題跋簡全稱對照表》《〈書林清話〉各卷所涉書目題跋引用次數表》《〈書林清話〉各卷涉及書目題跋來源表》、《〈書林清話〉研究論文目錄》及《參考書目》等。

書林清話叙

　　書籍自唐時鏤版以來，至天水一朝，號爲極盛。而其間分三類：曰官刻本，曰私宅本，曰坊行本。當時士大夫言藏書者，即已視爲秘笈瑤函，争相寶貴。觀于尤氏《遂初堂書目》，複收衆本之多，岳氏刻《九經三傳沿革例》，折衷各本之善，則當時之風尚，概可知矣。南宋人重北宋本，元、明人重宋本，國朝收藏家并重元、明本。舊刻愈稀，則近刻亦貴。猶之鑒賞書畫，宣和二《譜》多收六朝、唐人，吳氏《消夏記》、陶氏《紅豆樹館書畫記》兼取近代。後之視今，猶今之視昔，理固然已。往者宗人鞠裳編修昌熾撰《藏書紀事詩》七卷，於古今藏書家，上至天潢，下至方外、坊估、淮妓，搜其遺聞佚事，詳注詩中，發潛德之幽光，爲先賢所未有。即使諸藏書家目録有時散逸，而姓名不至滅如，甚盛德事也。顧其書限於本例，不及刻書源流與夫校勘家掌故，是固覽者所亟欲補其缺略者。吾家累代楹書，足資取證。而生平購求之所獲，耳目之所接，既撰《藏書十約》，挈其大綱，其有未詳者，隨筆書之。積久成帙，逾十二萬言，編爲十卷。引用諸家目録、題跋，必皆注明原書。而於吾所私藏，非諸家所闕，概不闌入。蓋一人獨賞之物，不如千人共見之物之足徵信，非秘藏亦非稗販，固不欲貽人口實焉耳。二十年前，撰《四庫全書板本考》一書，已成經、史、子三部，而集久未定。以《四庫》著録之詩文集，但次時代，不別條流，且有應收未收、不應收而收及禁毀銷毀之功令。濫登不可，割愛不能，一擲雲霄，幾將覆瓿。然宋、元、明刻，約具此編。國朝彙刻仿雕，則有南皮張文襄《書目答問》、福山王文敏懿榮《補編彙刻書目》二書，十得七八，可備參考。吾書雖廢於半途，藏書家固不患無考證也。嗟乎！五十無聞，河清難俟，書種文種，存此萌芽。當今天翻地覆之時，實有秦火胡灰之厄。語同夢囈，癡類書魔，賢者閔其癖好而糾其繆誤，不亦可乎！宣統辛亥歲除，葉德輝自叙。

書林清話序

　　姑蘇之山峗岉而秀潤,太湖之水清駚而柔膩。故其人物穎異,風氣敦樸。子美卜滄浪而居,貽上以漁洋自號,籍隸他省者,尚戀戀不忘兹土,况木本水源之所自出乎!葉焕彬吏部,宋石林先生之裔,世居洞庭東山。封公於道、咸之交,避粤寇之亂,貿遷湖南,而卜居於會城長沙。焕彬以湘潭籍成進士,觀政天官而不樂仕進。養親家居,精研經義、字學、輿地、文詞,旁及星命、醫術、堪輿、梵夾,無不貫通,凡經籍、金石、書畫、陶磁、錢幣無不羅致。手闢郎園,擅水木明瑟之勝。兄弟子侄,相與賞鑒,爲人生第一樂事。海内知好,莫不羨其清福。近歲湘省兵亂,湘民遷徙靡常,而焕彬遂還蘇垣故居焉。夫蘇垣,固學術一大都會也。考訂家自惠氏父子至宋于庭、陳碩甫,校勘家自陳景雲至顧千里、張紹安,收藏家自徐傳是至黄蕘圃、汪閬原,均非天下人所幾及。焕彬於書籍鏤刻源流,尤能貫串,上溯李唐,下迄今兹,旁求海外。舊刻精鈔,藏家名印,何本最先,何本最備,如探諸喉,如指諸掌。此《書林清話》一編,仿君家鞠裳之《語石編》,比俞理初之《米鹽簿》,所以紹往哲之書,開後學之派別,均在此矣。荃孫於版本之學,亦有同嗜。丁卯川闈,策問《文選》一條,受知李順德師,以目録之學相勗。孜孜矻矻五十餘年,未嘗稍懈。讀君《清話》所已言者,無不如吾所欲言,亦間有未及知者。守宋廛一民之微旨,薄重論文齋之陋説,則心心相印也。焕彬不以避兵爲苦,而以還鄉爲樂。草窗僑居苕上,猶成《鵲華》之圖;百詩久貫山陽,復以潛邱自號。昔人羈旅天涯,且寄慨於故里,如君實踐,能有幾人!然蘇省學術,今已中衰,得君振而起之,是所望也。歲在著雍敦牂日長至,江陰繆荃孫序。

書林清話箋證卷一

總論刻書之益

昔宋司馬温公云："積金以遺子孫，子孫未必能盡守；積書以遺子孫，子孫未必能盡讀。不如積陰德於冥冥之中，以爲子孫無窮之計。"吾按，此數語，元孔行素《至正直記》亦引之，世皆奉爲箴言[一]。然積德而子孫昌大，或金根伏獵之見譏，亦非詒謀之善[二]。故余謂積德、積書二者當并重。且温公雖有是言，而其好書亦有深癖。

宋費袞《梁谿漫志》云："温公獨樂園之讀書堂，文史萬餘卷。而公晨夕所常閲者，雖累數十年，皆新若手未觸者。嘗謂其子公休曰：'賈豎藏貨貝，儒家惟此耳！然當知寶惜。吾每歲以上伏及重陽間，視天氣晴明日，即設几案於當日所，側群書其上，以曝其腦。所以年月雖深，終不損動。至於啓卷，必先視几案潔净，藉以茵褥，然後端坐看之。或欲行看，即承以方版，未嘗敢空手捧之，非惟手汗漬及，亦慮觸動其腦，每至看竟一版，即側右手大指面襯其沿，而覆以次指撚面，撚而挾過，故得不至揉熟其紙。每見汝輩多以指爪撮起，甚非吾意。今浮圖、老氏猶知尊敬其書，豈以吾儒反不如乎？當宜志之[三]。'"是則温公愛書，可云篤至。其諄諄垂誡，又何嘗不爲子孫計哉！

雖然，吾有一説焉："積金不如積書，積書不如積陰德。"是固然矣。今有一事，積書與積陰德皆兼之，而又與積金無異，則刻書是也。

宋王明清《揮麈餘話》云："毋邱儉按，毋昭裔之誤，不知王氏原誤耶，抑刻者誤耶？貧賤時，嘗借《文選》於交游間，其人有難色。發憤異日若貴，當板以鏤之遺學者。後仕至蜀爲宰，遂踐其言刊之。印行書籍，創見於此。載陶岳《五代史補》。按，今通行汲古閣刻《五代史補》無此文，王氏所見當是原本。後唐平蜀，明宗命太學博士李鍔書《五經》，仿其製作，刊板於國子監，監中印書之始。今則盛行於天下，蜀中爲最。明清家有鍔書印本《五經》存焉，後題長興二年也[四]。”按，李鍔亦誤。日本有覆宋大字本《爾雅郭注》三卷，末題一行云“將仕郎守國子四門博士臣李鶚書”，蓋宋時重刻蜀本也。然則“李鍔”爲“李鶚”，斷可知也。今此書有黎庶昌《古佚叢書》仿北宋刻本[五]。

明焦竑《筆乘續》四云：“蜀相毋公，蒲津人。先爲布衣，嘗從人借《文選》《初學記》，多有難色。公歎曰：‘恨余貧，不能力致，他日稍達，願刻板印之，庶及天下學者。’後公果顯於蜀，乃曰：‘今可以酬宿願矣。’因命工日夜雕板，印成二書，復雕《九經》、諸史，兩蜀文字由此大興。泊蜀歸宋，豪族以財賄禍其家者什八九。會藝祖好書，命使盡取蜀文籍諸印本歸闕，忽見卷尾有毋氏姓名，以問歐陽炯。炯曰：‘此毋氏家錢自造。’藝祖甚悅，即命以板還毋氏，是時其書遍於海內。初在蜀雕印之日，衆多嗤笑。後家累千金，子孫祿食，嗤笑者往往從而假貸焉。左拾遺孫逢吉詳言其事如此。”按，此爲宋人記載，惜原引未著書名[六]。

朱彝尊等《徵刻唐宋秘本書目·凡例》云：“大梁周子梨莊，櫟園司農長公。司農世以書爲業，嘉隆以來，雕板行世，周氏實始其事。遊宦所至，訪求不遺餘力。閩謝在杭先生萬曆中鈔書秘閣，後盡歸司農。兩遭患難，數世所積，化爲烏有。獨此繕寫秘本二百餘種，梨莊極力珍護，巋然獨存，大抵皆今世所不數見者[七]。”

陳瑚《爲毛潛在隱居乞言小傳》云：“毛氏居昆湖之濱，以孝弟力田世其家。祖心湖，父虛吾，皆有隱德。子晉生而篤謹，好書籍。自其垂髫時即好鋟書，有屈、陶二《集》之刻。客有言於虛吾者，曰：‘公拮據半生以成厥家，今有子不事生產，日召梓工弄刀筆，不急是務，家殖將落。’母戈孺人解之曰：‘即不幸以鋟書廢家，猶賢於撺蒱六博也。’迺出橐中金助成之。書成，而雕鏤精工，字絕魯亥，四方之士，購者雲集。於是向之非且笑者，轉而嘆羨之矣[八]。”

徐康《前塵夢影錄》云：“汲古閣在虞山郭外十餘里，藏書刊書皆於是，今析隸昭邑界。剞劂工陶洪、湖孰、方山、溧水人居多。開工於萬曆中葉，至啓禎時，留都沿江觝觝。毛氏廣招刻工，以《十三經》《十七史》爲主。其時銀串，每兩不及七百文，三分銀刻一百字。所刻經、史、子、集、道經、釋典，品類甚繁。當時盜賊蜂起，賴工多保家。至國初，家亦因此中落。有子曰扆、曰褒、曰表。扆字斧季，最著名。即鈔本亦精校影寫，風流文采，照映一時。下至童奴青衣，亦能鈔録，所藏書多秘笈。三十年前，在紫珊齋中見汲古閣圖山水挂屏，頗有名人筆意，惜忘爲何人所繪矣[九]。"

按，此因刻書，或子孫食其禄，或亂世保其家，或數百年板本流傳，令人景仰。故張文襄之洞《書目答問》附"勸人刻書説"云："凡有力好事之人，若自揣德業學問不足過人，而欲求不朽者，莫如刊布古書一法。其書終古不廢，則刻書之人終古不泯，如歙之鮑、吳之黃、南海之伍、金山之錢，可決其五百年中必不泯滅，豈不勝於自著書、自刻集乎[一〇]？且刻書者，傳先哲之精藴，啓後學之困蒙，亦利濟之先務，積善之雅談也。"文襄倡此言，故光緒以來，海内刻書之風幾視乾嘉時相倍。而文襄僅在粵督任内刻《廣雅叢書》百數十種，自後移節兩湖幾二十年，吾屢以續刻爲請，公絶不措意[一一]。蓋是時朝野上下，爭以舍舊圖新、變法强國爲媒進，一倡百和。公亦不免隨波逐流，忽忽至於暮年，亡羊補牢，興學存古，進退失據，喪其生平。七十生辰自撰《抱冰堂弟子記》，叙述本心欲學司馬温公，已官中丞，居洛著書[一二]。嗟乎！温公好書之誠且敬，人不可及，安敢效其居官著書，俯仰古今，益歎宋賢夐乎遠矣。

【箋證】

[一] 考今存司馬光著述中無此語。《至正直記》卷二《别業蓄書》條引之，亦未言爲司馬光語。明初王直《抑庵文集·後集》卷三十六《司馬温公家訓後》稱之爲家訓，言"晉江人有染絲織公此訓以傳世"。明韓雍《襄毅文集》卷九《蓺溪草堂記》、孫緒《沙溪集》卷十一《無用閒談》、張岱《快園道古》卷四《言語部》、清艾衲居士《豆棚閑話》第四則《藩伯子散宅興家》亦言爲司馬光語。

[二] 金根，《劉賓客嘉話録》云："昌黎生，名父之子，雖教有義方，而性頗暗劣。嘗爲集賢校理，史傳中有説金根車處，皆臆斷之曰：'豈其誤歟？必

金銀車也。'悉改'根'字爲'銀'字。至除拾遺，果爲諫院不受，俄有以故人之子滑之者，因辟爲鹿門從事。"《天中記》卷二十九言即韓愈子韓昶事。伏獵，《舊唐書》卷九十九《嚴挺之傳》載："(李)林甫引蕭炅爲戶部侍郎，嘗與挺之同行慶弔，客次有《禮記》，蕭炅讀之曰'蒸嘗伏獵'，炅早從官，無學術，不識伏臘之意，誤讀之。挺之戲問，炅對如初。挺之白九齡曰：'省中豈有伏獵侍郎？'由是出爲岐州刺史。"

　　[三] 所引見《梁谿漫志》卷七。長澤規矩也曰："覆以次指撚面。明刊本、《學海類編》本、《知不足齋》本、《常州先哲遺書》本《梁谿漫志》皆無'撚'字。"

　　[四] 所引見《揮麈餘話》卷二。按，"毋邱儉"爲"毋昭裔"之誤，王士禛早已指出。《居易錄》卷七云："予考常熟毛氏刻《五代史補》無此條，吳太史任臣《十國春秋·蜀毋昭裔傳》：'請後主鏤板印《九經》，又令門人句中正、孫逢吉書《文選》《初學記》《白氏六帖》刻板行之。'《錄》誤'昭裔'爲'毋邱儉'耳。"又按，宋葉某《愛日齋叢鈔》卷一引《揮麈錄》此條作毋昭裔事。

　　[五] 李洣曰："日本覆宋大字本《爾雅》。案，《容齋續筆》卷十四舊監本《周禮》，其末云：大周廣順三年癸丑五月，雕造《九經》畢，前鄉貢三禮郭嶠書。《經典釋文》末云：顯德六年己未三月，太廟室長朱延熙書。此日本覆宋大字本《爾雅》，末有'將仕郎守國子四門博士李鶚書'一行，款式與《周禮》《經典釋文》同，但佚年月字，蓋源出五代監本也。且《揮麈餘話》亦謂後唐明宗命太學博士李鶚(原書誤"鍔")書《五經》，仿蜀製作，刊版於國子監。則鶚所書者，其爲監本而非蜀刻，又一顯證。葉氏稱是書爲宋覆蜀本，殆承森立之、楊守敬之譌而不能舉正耳。又是書'慎'字闕畫，顯出孝宗以後翻雕。葉氏謂《古逸叢書》仿北宋刻本，亦誤。"按，楊守敬《日本訪書志》卷三著錄《爾雅注》爲影鈔蜀大字本；《經籍訪古志》卷二則著錄爲舊版覆宋大字本，云"後唐蜀本面目之僅存者可知，北宋時有覆刻李本者"，"間有南宋孝宗時補刊"。黎庶昌《古逸叢書》卷首著錄此本爲"影宋蜀大字本《爾雅》"，言"爲蜀本真面目，最可貴，宋諱闕'慎'字，其爲孝宗後繙刻無疑"。王國維《五代兩宋監本考》卷上曰："其本避南宋諱，當是南渡後重翻五代監本，或翻北宋時遞翻之本。"可從。

　　[六] 此爲宋人記載，惜原引未著書名。考此出宋無名氏《分門古今類事》卷十九《毋公印書》條。"命使盡取蜀文籍及諸印本歸闕。忽見卷尾有毋氏姓名"，"印本"作"印板"，"卷尾"作"板後"，當從之。李洣曰："左拾遺孫逢吉。案，孫逢吉字從之，吉州龍泉人。紹熙間官右正言，著直聲，與朱子

同列慶元黨禁。《宋史》有傳,但不言其曾爲左拾遺耳。"按,李洣之說實誤。清吳任臣《十國春秋》卷五十二記毋昭裔"令門人句中正、孫逢吉書《文選》《初學記》《白氏六帖》刻版行之";又宋李燾《續資治通鑑長編》卷七載乾德四年宋太祖"遣右拾遺孫逢吉至成都收僞蜀圖書法物",則孫爲北宋初人,非南宋之孫逢吉。

[七]按,《徵刻唐宋秘本書目》一書收入《郋園先生叢書》。

[八]按,《爲毛潛在隱居乞言小傳》一文收入陳瑚《確庵文稿》卷十六。

[九]按,此條見徐康《前塵夢影錄》卷下。李洣曰:"汲古閣刻書。案,鄭德懋撰《汲古閣校刻書目》《汲古閣刻板存亡考》各二卷。顧湘刊入《小石山房叢書》。"

[一〇]按,題當爲《勸刻書説》。歙之鮑,指鮑廷博,刻有《知不足齋叢書》等;吳之黃,指黃丕烈,刻有《士禮居叢書》等;南海之伍,指伍崇曜,刻有《南海遺書》《粵雅堂叢書》等;金山之錢,指金山錢氏家族數代,最著者有錢樹本、錢熙祚、錢培名等,刻有《春秋》三傳、《守山閣叢書》《指海》《小萬卷樓叢書》等。

[一一]《廣雅叢書》卷首民國九年徐紹棨《廣雅書局叢書總叙》云:"南皮張文襄公督粵,首建廣雅書院以課士,嶺海文風,蒸蒸日上。復於城南南園之側建設廣雅書局,校勘群籍。……珍異孤本,莫不廬聚紛來,復經諸通人辨別,故所刊者無俗本、無劣工,選擇之精、校讎之善,當世久有定論。……棨於民國六年冬董理圖書館事,勉竭駑鈍,從事清理,殫二年之力,略有條緒,今擇其板式一律者凡一百五十餘種,彙爲《廣雅叢書》。"其後附目錄,計之得一百五十三種。而徐氏《廣雅書局及學海堂等版片述略》中則列爲一百五十五種。《中國叢書綜錄》著錄一百五十七種。

[一二]自撰《抱冰堂弟子記》,見《張之洞全集》卷二百九十八。近人羅惇曧《賓退隨筆》云:"張文襄督鄂時,有《抱冰堂弟子記》,述其生平行事甚悉。託名弟子,實其自撰也。"其說亦見近人黃濬《花隨人聖庵摭憶》。

古今藏書家紀板本

古人私家藏書,必自撰目録。今世所傳,宋晁公武《郡齋讀書志》、袁州本四卷、《後志》二卷,宋趙希弁《考異》一卷、《附志》一卷。一康熙壬寅海昌陳氏刻本,一道光十年裔孫貽端刻本。又衢州本二十卷,嘉慶己卯汪士鐘刻本。陳振孫《直齋書録解題》二十二卷。一武英殿聚珍版本，一浙江重刻武英殿聚珍版袖珍本。是也。其時，有李淑《邯鄲圖書志》十卷，載晁《志》、陳《録》；荆南田鎬《田氏書目》六卷，載晁《志》；董逌《廣川藏書志》二十六卷、濡須《秦氏書目》一卷、莆田李氏《藏六堂書目》一卷、漳浦吳權《吳氏書目》一卷、莆田鄭寅《鄭氏書目》七卷，并載陳《録》。諸家所藏，多者三萬卷，少者一二萬卷，無所謂異本、重本也。

　　自鏤板興，於是兼言板本，其例創於宋尤袤《遂初堂書目》，一卷。一元陶九成《説郛》本，一道光丙午潘仕誠《海山仙館叢書》本，一光緒丙申盛宣懷《常州先哲遺書》本。目中所録，一書多至數本，有成都石經本、秘閣本、舊監本、京本、江西本、吉州本、杭本、舊杭本、嚴州本、越州本、湖北本、川本、川大字本、川小字本、高麗本。此類書以正經正史爲多，大約皆州郡公使庫本也。同時岳珂刻《九經三傳》，其《沿革例》所稱，有監本、唐石刻本、按，此“開成石經”。晉天福銅版本、京師大字舊本、紹興初監本、監中現行本、蜀大字舊本、蜀學重刻大字本、中字本、中字有句讀附音本、潭州舊本、撫州舊本、建大字本、原注：俗稱“無比九經”。俞紹經家本、又中字凡四本、婺州舊本、併興國于氏、建余仁仲凡二十本，又越中注疏舊本、建有音釋注疏本、蜀注疏本，合二十三本。知辨別板本，宋末士大夫已開其風。明毛扆《汲古閣珍藏秘本書目》，一卷。黄丕烈《士禮居叢書》刻本。注有宋本、元本、舊抄、影宋、校宋本等字，此乃售書於潘稼堂末，不得不詳爲記載，以備受書者之取證，非其藏書全目也。當時豐道生爲華夏撰《真賞齋賦》，一卷。繆氏雲自在龕刻本。不專叙宋、元板書。江陰李鶚翀《得月樓書目》，一卷。一金氏《粟香室叢書》本，一《常州先哲遺書》重編刻本。亦注宋板、元板、鈔本字。國初季振宜《季滄葦書目》，一卷。一嘉慶十年黄丕烈《士禮居叢書》刻本，一光緒乙亥伍紹棠《續刻粵雅堂叢書》本。錢曾《述古堂藏書目》，四卷。道光庚戌伍崇曜刻《粵雅堂叢書》本。卷首均別爲宋板書目。徐乾學《傳是樓宋元本書目》，一卷。光緒乙酉吳丙湘《傳硯齋叢書》刻本。至以專名屬之。顧不詳其刻於何地何時，猶是抔飲汙尊之意。明范氏《天一閣書目》，十卷。嘉慶中阮元編，文選樓刻本。又六卷，光緒乙酉薛福成編刻本，板存寧波。載宋、元、明刻及鈔本字頗詳，顧編撰出自後人，非范氏原例。錢曾《讀書敏求記》，《四庫全書總目提要存目》著録，四卷。雍正四年趙孟升刻本、乾隆十年沈尚傑刻本、乾隆六十年沈氏重刻本,卷同。道光乙酉阮福文選樓刻本,據嚴氏書福樓本多數十種,又增《補遺》一卷。道光丙午潘仕誠《海山仙館叢書》合校沈、阮兩刻本,亦四卷。號爲賞鑒家,《四庫存目提要》謂其"但論繕寫刊刻之工拙,於考證不甚留意",誠哉是言。吾謂即論繕刻亦擇焉不精,猶門外也。

　　自康、雍以來,宋元舊刻日稀,而搢紳士林佞宋、秘宋之風,遂成一時佳話。乾隆四十年,大學士于敏中奉敕編《天禄琳琅書目》十卷,分列宋板、元板、明板、影宋等類,於刊刻時地、收藏姓名、印記,一一爲之考證。嘉慶二年,以《前編》未盡及書成以後所得,敕彭元瑞等爲《後編》二十卷,光緒甲申長沙王先謙合刻前、後《編》。是爲官書言板本之始。《四庫全書提要》《浙江采集遺書總録》、十卷。《閩集》,一卷。乾隆三十九年浙江布政使王亶望編刻本。亦偶及之。其後臣民之家,孫星衍有《祠堂書目内編》、四卷。《外編》,三卷。嘉慶庚午蘭陵孫忠潛祠刻板。宋元舊板并同時所刻,分別注明。自爲《平津館鑒藏書籍記》、三卷。《補遺》、一卷。《續編》。一卷。陳宗彝又爲之編《廉石居藏書記》,二卷。光緒甲申章氏《式訓堂叢書》刻本。吳焯有《繡谷亭薰習録》,殘稿本。存經部《易》一卷,集部三卷,近仁和吳昌綬校刻。吳壽暘有《拜經樓藏書題跋記》、五卷。《附録》,一卷。一道光己亥蔣光煦《涉聞梓舊》刻本,一光緒庚辰《式訓堂叢書》本。黃丕烈有《士禮居藏書題跋記》、六卷。光緒十年潘祖蔭刻本。《續記》、二卷。光緒二十一年江標刻本。《再續》、二卷。近日袖珍活字本。《百宋一廛書録》,一卷。殘稿本,近有《適園叢書》刻本。顧廣圻爲作《百宋一廛賦》,一卷。丕烈自爲注。一嘉慶乙丑丕烈手書《士禮居叢書》本,一光緒三年吳縣潘氏重刻本。張金吾有《愛日精廬藏書志》、三十六卷。《續志》,四卷。一道光丁亥家刻本,一光緒丁亥吳縣徐氏活字排印本。陳鱣有《經籍跋文》、一卷。一道光丁酉《涉聞梓舊》本,一光緒庚辰《式訓堂叢書》本。《簡莊隨筆》,一卷。鈔本。彭元瑞有《知聖道齋讀書跋尾》,二卷。一家刻《恩餘堂經進稿》附刻本,一《式訓堂叢書》本。瞿中溶有《古泉山館題跋》,一卷。光緒戊申江陰繆氏《藕香零拾》刻本。錢泰吉有《曝書雜記》,三卷。一家刻《甘泉鄉人稿》本,一道光丁酉蔣光煦《別下齋叢書》本,一同治戊辰莫友芝刻本,一光緒甲申《式訓堂叢書》本。朱緒曾有《開有益齋讀書志》、六卷。《續》、一卷。附《金石記》,一卷。光緒庚辰緒曾子崇嶧刻本。陳樹杓有《帶經堂書目》,五卷。近鄧氏風雨樓活字印本。朱學勤有《結一廬書目》,四卷。光緒壬寅德輝刻本。

邵懿辰有《批注四庫全書簡明目》，二十卷。無刻本。莫友芝《知見傳本書目》即據以爲底本。袁芳瑛有《卧雪廬藏書簿》，四本。家藏底本。瞿鏞有《鐵琴銅劍樓書目》，二十四卷。光緒三十四年鏞孫啓甲刻本。丁丙有《善本書室藏書志》，四十卷。光緒辛丑家刻本。丁日昌有《持静齋書目》、四卷。《續》，一卷。家刻本，無年月。莫友芝有《宋元舊本書經眼録》，三卷，《附録》一卷。同治癸酉友芝子繩孫刻。又有《邵亭知見傳本書目》，四卷。宣統己酉日本田中慶活字印本。楊紹和有《楹書隅録》、五卷。《續編》，五卷。光緒甲午家刻本。陸心源有《皕宋樓藏書志》、一百二十卷。光緒壬午家刻本。《續志》，四卷。光緒壬辰刻本。又有《儀顧堂題跋》、十六卷。光緒庚辰家刻本。《續跋》，十六卷。光緒壬辰刻本。楊守敬有《日本訪書志》，十六卷。光緒丁酉家刻本。又有《留真譜》，十二册。光緒辛丑摸印本。繆荃孫有《藝風堂藏書記》、八卷。光緒辛丑家刻本。《續記》，八卷。癸丑家刻本。又編《學部圖書館善本書目》，四卷。癸丑鄧氏活字印本。此外，傅沅叔增湘、況夔笙周頤、何厚甫培元，收藏與過眼頗多，均有存目，尚未編定。蓋自乾、嘉至光、宣，百年以來，談此學者，咸視爲身心性命之事，斯豈長恩有靈與？何沆瀣相承不絶如是也！

外此，諸家文集、日記、雜誌亦多涉之，如王士禎《居易録》，三十四卷。康熙辛巳刻《漁洋全集》本。朱彝尊《曝書亭集》，中多鈔本書跋。何焯《義門讀書記》、五十八卷。校書僅數種，乾隆辛未刻本。《校注通志堂經解目録》，一卷。一翁方綱《蘇齋叢書》刻本，一咸豐癸丑《粵雅堂叢書》本。盧文弨《群書拾補》，三十八種。乾隆庚戌抱經堂刻本。又《抱經堂集》，三十四卷。乾隆乙卯刻本。錢大昕《竹汀日記鈔》，三卷。一何氏夢華館編刻本，一章氏《式訓堂叢書》本。顧廣圻《思適齋文集》，十八卷。道光己酉徐渭仁《春暉堂叢書》刻。錢泰吉《甘泉鄉人稿》，二十四卷。一咸豐甲寅海昌刻本，一同治壬申刻本。阮元《揅經室外集》，五卷。即《四庫未收書目》，《文選樓叢書》刻本。蔣光煦《東湖叢記》，六卷。咸豐元年別下齋刻本，光緒九年繆氏雲自在龕重刻本。陸心源《儀顧堂集》，十六卷。同治甲戌刻本。大抵於所見古書，非有考據，即有題記。浸淫及於日本，如森立之《經籍訪古志》、六卷。《補遺》，二卷。光緒乙酉活字印本。島田翰《古文舊書考》，四卷。明治甲辰刻本。皆於宋元古鈔各書，考訂至爲精析。而西儒如法人伯希和，得敦煌鳴沙山石室古書，乃能辨析卷數之異同、刊刻之時代。上虞羅振玉撰

《鳴沙山石室秘録》,述其問答之詞,讀之令人驚歎。吾同年友王仁俊撰《敦煌石室真蹟録》甲、乙、丙、丁、戊、己六卷。序稱英印度總督派員司待訥,搜石室梵夾文載歸。然則此種學術,將來且光被東西,裨助文化,豈止儒生占畢之業哉!

書 之 稱 册

古書止有竹簡,曰汗簡,曰殺青。汗者,去其竹汁;殺青者,去其青皮。漢劉向《別録》云:“殺青者,直治竹作簡書之耳。新竹有汗,善朽蠹,凡作簡者,皆於火上炙乾之,陳、楚間謂之汗。汗者,去其汁也。”而其用有二:一爲刀刻,《説文解字》云“八體之刻符”是也。一爲漆書,《後漢書·杜林傳》:“於西州得漆書《古文尚書》一卷。”《晉書·束皙傳》:“太康二年,汲郡人發塚,得竹書數十車,皆簡編科斗文字,雜寫經史。”又云“時人於嵩山下得竹簡一枚,上兩行科斗書”是也。大抵秦、漢公牘文多是刀刻,故《史記》稱蕭何爲秦之刀筆吏。漆寫多中秘書,故漢時經師,有賄蘭台令史改漆書經文之事。刀刻不能改,漆書則易改,此二者所以有分別。然因此推見,周、秦以前竹書之用甚廣。《説文解字》篆、籀等字,即其明證。如篆曰“引書”,籀曰“讀書”,籍曰“簿書”,箋曰“識書”,皆從竹而各諧聲。《漢志》稱書曰多少篇,篇亦從竹。《説文》:“篇,書也。一曰關西謂‘榜’曰‘篇’。”而册部,“扁,署也。從户册者,署門户之文也。”榜篇之篇,即扁之通借字。凡類於書者,皆可以從竹之字例之。《漢志》又云:“劉向以中古文校歐陽、大、小夏侯三家經文,《酒誥》脱簡一,《召誥》脱簡二,率簡二十五字者,脱亦二十五字,簡二十二字者,脱亦二十二字。”《春秋左傳·杜預序》疏引鄭氏《論語序》:“《鉤命決》云:‘《春秋》二尺四寸書之,《孝經》一尺二寸書之。’”《儀禮·聘禮》疏引鄭氏《論語序》云:“《易》《詩》《書》《春秋》《禮》《樂》册皆尺二寸,當依《左傳》疏引作二尺四寸。《孝經》謙半之,《論語》八寸,策者三分居一,又謙焉。”是班、鄭所見古簡策書,其大小雖不一,而稱書爲一册,必由簡策之册而來。《説文解字》：“册，符命也，諸侯進受於王也，象其札一長一短，中有二編之形。笧，古文册，從竹。”又竹部：“符，信也。漢制以竹長六寸，分而相合，從竹，付聲。”蓋一長一短相比謂之册，六寸分合謂之符。故册可推稱於符命，而符不可轉稱爲書册。凡竹簡必編以繩，亦護以革。《史記》：“孔子晚喜《易》，韋編三絶。”唐虞世南《北堂書鈔》引劉向《別録》：“孫子書以同已殺青簡，編以縹絲繩。”《南史·王僧虔傳》：“楚王塚書青絲編。”然則今人言編輯，固猶沿其舊稱矣。册，本通作策。《説文解字》：“策，馬箠也。”別爲一義。然漢人通借策作册。《禮記·中庸》：“文武之政，布在方策。”《周禮·内史》：“凡命諸侯及孤卿大夫，則策命之。”《左傳·僖二十八年》：“王命尹氏及王子虎内史叔興父策命晉侯爲侯伯。”《昭三年》：“鄭伯如晉，晉侯嘉焉，授之以策。”是册即策之證。至漢末則通行以策爲册。蔡邕《獨斷》云：“策者，簡也。《禮》曰：‘不滿百文，不書於策。’其制長二尺，短者半之。王充《論衡》云：“短書俗記，即策之短者。”劉向《戰國策叙録》云：“或曰《國策》，或曰《國事》，或曰《短長》，或曰《事語》，或曰《長書》，或曰《修書》。”余意當時以一國之事爲一策，而其策有長有短，故又謂之短長。劉向又謂爲游士策謀，蓋不知策爲簡策之義。其次一長一短，兩編。書下附篆書，起年月日，稱‘皇帝曰’，以命諸侯王。”劉熙《釋名》：“策，書教令於上，所以驅策諸下也。”《儀禮·聘禮》記：“百名以上書於策。”鄭注：“策，簡也。”《正義》：“策是衆簡相連之稱。”然則古書以衆簡相連而成册，今人則以線裝分釘而成册，沿其稱而失其義矣。程大昌《演繁露》七：《張蒼傳》：‘主柱下方書。’如淳曰：‘方，版也。’《中庸》：‘文武之政，布在方册。’方册云者，書之於版，亦或書之竹簡也。通版爲方，連版爲册。近者太學課試，曾出《文武之政布在方册賦》，試者皆謂册爲今之書册，不知今之書册乃唐世葉子，古未有是也。”宋陳大猷《書集傳》十二卷、《或問》二卷，前有進表云：“臣所編《書集傳》壹拾貳卷，《集傳或問》三卷，繕寫成壹拾伍卷。蓋每卷爲一册。”見瞿《目》。瞿鏞《鐵琴銅劍樓目》，詳見前。兹省稱，他目仿此。是以一卷爲一册，自宋以來如此[一]。北宋刻《史記》分三十册，版心注數目。紹興二年，劉嶠刻《溫國文正司馬公集》八十卷，前有《進書表》云：“八十卷，計十有七册。”宋本陳暘《樂書》前有《進表》云：“并《目録》二百二十卷，謹繕寫成一百二十册。”影寫宋刊本唐許嵩《建康實録》二十卷，末有記云：“江寧府嘉祐三年十一月開造

《建康實録》，并案《三國志》，東、西《晉書》并南、北《史》校勘，至嘉祐四年五月畢工。凡二十卷，總二十五萬七千五百七十七字，計一十策。”並見陸《志》[二]。《白氏六帖類聚》三十卷，宋仁宗時刊本，分十二册，卷一、二爲第一册，卷三、四爲第二册，卷五、六爲第三册，卷七、八爲第四册，卷九、十爲第五册，十一、十二爲第六册，十三、十四、十五爲第七册，十六、十七、十八爲第八册，十九、二十、二十一爲第九册，卷廿二、廿三爲第十册，廿四、廿五、廿六、廿七爲第十一册，廿八、廿九、三十爲第十二册，版心有“帖一”至“帖十二”等字。見陸《跋》。當時裝訂有以一卷爲一册者，有以數卷爲一册者，必視其書之厚薄爲之[三]。元時書册亦如此。孔行素《至正直記》云：“江西學館讀書，皆有成式。《四書集注》作一册釘，《經傳》作一册釘。《少微通鑒詳節》横馳作一册釘，《詩苑叢珠》作一册釘，《禮部韻略》增注本作一册釘。”觀此，則册、策二字，在宋元間時固猶通用也。

【箋證】

[一] 瞿鏞《鐵琴銅劍樓藏書目録》（以下簡稱“瞿《目》”。）卷二《經部·書類》記載，葉德輝所引“繕寫成壹拾伍卷”，當爲“繕寫成壹拾伍册”。《廣雅》：“笧，著也。笧，古文册，從竹也。”《左氏傳序疏》：“單執一札，謂之爲簡；連編諸簡，乃名爲策。”又云：“策，或作册。”

[二] 陸心源《皕宋樓藏書志》（以下簡稱“陸《志》”。）未見著録劉嶠刻《温國文正司馬公集》。宋本陳暘《樂書》，見陸《志》卷一一《經部·樂類》著録，原書名爲《三山陳先生樂書》，凡二百卷、《目録》二十卷，宋刊本，建安楊文敏公舊藏。陸《志》云：“案，此宋刊元修本，每葉二十六行，每行二十一字，版心有字數，卷首有‘建安楊氏家藏之書’八字朱文長印，蓋明正統中大學士楊榮藏書也。此書明時其版尚存南監，見《古今書刻》。”影寫宋刊本唐許嵩《建康實録》，見陸《志》卷二三《史部·別史類》。

[三] 此條見陸心源《儀顧堂題跋》（以下簡稱“陸《跋》”。）卷八“宋槧白氏六帖類聚序跋”，略有删節。陸氏云：“余見常熟瞿氏北宋本《史記》分三十册，版心亦如此，蓋北宋時舊式，至南宋而無此式矣。案，是書原名《白氏經史事類》，見《新唐書·藝文志》。‘六帖’者，時人以爲括帖之用而名之。”

書 之 稱 卷

　　卷子因於竹帛之帛。竹謂簡，帛謂紙也。《墨子》云：“以其所行，書於竹帛。”《漢書·東方朔傳》：“箸於竹帛。”王充《論衡》：“短書俗記，竹帛胤俗本作亂。文，非儒者所見，衆多非一。”是竹帛本漢時通用物矣。帛之爲書，便於舒卷，故一書謂之幾卷。凡古書，以一篇作一卷。《漢書·藝文志》有稱若干篇者，竹也。有稱若干卷者，帛也。如《六經》漢人注本，皆小題在上、大題在下。如《易》，首《乾卦》；《書》，《堯典》在上、《虞書》在下；《詩》，《關雎訓詁傳》在上、詩名在下；皆是。果爲通連，則當大題在上、小題在下矣。卷之心必轉以圓輥，兩頭稍長出於卷，餘出如車軸然。《隋書·經籍志》云：“煬帝即位，秘閣之書分爲三品：上品紅琉璃軸，中品紺琉璃軸，下品漆軸。”《舊唐書·經籍志》：“集賢院御書，經庫皆鈿白牙軸，黄縹帶，紅牙籤；史庫鈿青牙軸，縹帶，緑牙籤；子庫雕紫檀軸，紫帶，碧牙籤；集庫緑牙軸，朱帶，白牙籤。”蓋隋唐間簡册已亡，存者止卷軸，故一書又謂之幾軸。_{韓愈詩：“鄴侯家多書，插架三萬軸。——懸牙籤，新若手未觸。”三萬軸即三萬卷也。}其卷長短隨其紙料，亦便於雜鈔。吾嘗謂《吕氏春秋》每卷月令十二紀後，雜入他文四五篇，其義絶不可曉。後始悟所書月令後有餘幅，故以他文接鈔。迨改爲刻本，遂仍其舊。又悟大、小二《戴記》之分析，初本無所去取。特兄弟分執數卷，習之日久，各自爲學。而《小戴》先列學官，《大戴》遂微。然觀《大戴》三十九篇中，又雜出《曾子》十篇，益信古人鈔書，取便誦習。自卷并爲本，此義益無可考見矣。

書 之 稱 本

　　書之稱本，必有所因。《説文解字》云“木下曰本”，而今人稱書之下邊曰書根，乃知本者，因根而計數之詞。北齊顔之推《顔氏家訓·書證篇》云：《漢書》“中外禔福”，字當從“示”，而江南書本多誤從“手”。《後漢書·酷吏·樊曄傳》“寧見乳虎穴”，江南書本

"穴"皆誤作"六"。杜臺卿《玉燭寶典》引《字訓》解"瀹"字云："其字或草下，或水旁，或火旁，皆依書本。"《漢書·孔光傳》"犬馬齒歲"，顏師古注："讀與'齯'同。今書本有作'截'字者，俗寫誤也。"又《外戚·孝成趙皇后傳》"赫蹏紙"，顏師古注："今書本'赫'字或作'擊'。"是書本之稱，由來已久。至宋刻板大行，名義遂定。如岳珂《九經三傳沿革例》以書本爲一例，是也。日本島田翰因謂書本爲墨版之稱，實爲大誤。說見後"書有刻板之始"條。吾謂書本由卷子折疊而成，卷不如折本翻閱之便，其制當興于秦漢間。《戰國策》劉向《叙錄》云："或曰《國策》，或曰《國事》，或曰《短長》，或曰《事語》，或曰《長書》，或曰《修書》。"意其時以一國爲一策，隨其策之長短，而名之以短長書。亦有改策爲本者，《戰國策序》高誘注云："六國時縱橫之説，一曰《短長書》，一曰《國本》。"蓋以一國爲一本，猶之以前策式，以一國爲一策也。《太平御覽·學部》六百七卷。"正謬誤"類引劉向《別傳》曰："讎校者，一人持本，一人讀析，若怨家相對，故曰讎也。"夫不曰"持卷"，而曰"持本"，則爲折本可知。魏晉以後，佛經梵夾大行於世，而其用益宏。唐釋道宣《廣弘明集》引梁阮孝緒《七錄序》，其稱《七略》《漢書·藝文志》曰若干種、若干家、若干卷，引袁山松《後漢書·藝文志》亦然。至稱《晉中經簿》，始云四部書若干部、若干卷，稱晉《義熙秘閣書目》以下，始云若干帙、帙即袠字。若干卷。所謂帙者，合數卷爲之，則折疊之制，在晉時已通行。而唐人試卷之式，亦本此而爲之。宋趙彥衛《雲麓漫鈔》三云："釋氏寫經，一行以十七字爲准。故國朝試童行誦經，計其紙數，以十七字爲行，二十五行爲一紙。"程大昌《演繁露》七云："唐人舉進士，必行卷者爲緘軸，錄其所著文以獻主司也。其式見《李義山集》。《新書序》曰：治紙工率一幅以墨爲邊准，原注：今俗呼解行也。用十六行式，原注云：一幅改爲墨邊十六行也。率一行不過十一字。原注：此式至本朝不用。"是唐宋以下試卷之式，即本佛經，故一本一卷，遂爲今日之定號。宋黃庭堅《山谷別集》十一跋張持義所藏吳彩鸞《唐韻》云："右仙人吳彩鸞書孫愐《唐韻》，凡三十七葉。此唐人所謂葉子者也。按，彩鸞隱居在鍾陵西山下，所書《唐韻》，民間多有，余所見凡六本。此一本二十九葉彩鸞書，其八葉後人所補。"宋張邦基《墨莊漫録》云：“裴鉶《傳奇》載，成都古仙人吳彩鸞，善書小字，嘗書《唐韻》鬻之。今蜀中導江迎祥院經藏，世稱藏中《佛本行經》六十卷，乃彩鸞所書，亦異物也。今世間所傳《唐韻》，猶有□旋風葉，字畫清勁，人間往往有之。”而《演繁露》十五。云：“古書不以簡策縑帛，皆爲卷軸，至唐始爲葉子，今書册是也。然古竹牒已用疊簡爲名，顧唐始以縑紙卷軸改爲册葉耳。”然則今之書册，乃唐時葉子舊稱，因是而變蝴蝶裝。蝴蝶裝者，不用線釘，但以糊粘書背，夾以堅硬護面。以板心向内，單口向外，揭之若蝴蝶翼然。阮文達元仿宋刻《繪圖古列女傳》，其原書即如此裝式。森立之《經籍訪古志補遺》“《秘傳眼科龍木總論》十卷”云：“應永二十七年舊粘葉本。”據云“此本爲狩谷望之舊藏，册不線釘，紙心粘裝，宋人所謂蝴蝶裝也”。吾按，此等裝式，至元初猶存。吾藏有王應麟《王會解注》《踐阼解注》，粘糊至今如故。後人刻地圖書，因合葉不便橫閲，多有仿其裝式者。然據阮刻《繪圖列女傳》跋云：“卷末有籤條云‘一本，永樂二年七月二十五日蘇敬叔買’。”是無論線裝、蝴蝶裝，皆得通稱爲本矣[一]。

【箋證】

[一] 任按，此條爲葉德輝用森立之語解釋書籍的裝幀形式蝴蝶裝，見森立之《經籍訪古志補遺·醫部》（以下簡稱“森《志》補遺”），“舊粘葉本”當爲“舊鈔粘葉本，躋壽館藏”。島田翰《古文舊書考》卷一亦云：“蓋古者書册皆裝爲卷子，其後以卷舒之難，因而爲旋風摺葉，久而褪斷，乃以糊粘其摺折處，因以爲册子，謂之蝴蝶裝也。夫如今之册頁，作兩翼相合對之形，是代糊以絲，則其制當然也。而蝴蝶裝則反折之，如兩翼相背，而皆倒摺，四周外向，蝴蝶裝之名，蓋由是起也。而以粘其腦，又謂之粘葉。”

書 之 稱 葉

今俗稱書一紙爲一頁。按《説文解字·頁部》：“首，云頭也，從頁從几。古文䭫首如此。”是頁爲“䭫首”之“䭫”本字，於書無與也。其字又作葉，自有書本，即有此名。《墨莊漫録》稱吳彩鸞所書《唐韻》爲旋風葉是也。但《説文解字·艸部》：“葉，艸木之葉也。

從艸，枼聲。”於“書葉”之“葉”亦不相類。蓋其本字當作“枼”。《説文解字·木部》：“枼，楄也。枼，薄也。從木，世聲。”而“楄”下云：“楄部，方木也。從木，扁聲。《春秋傳》曰：‘楄部薦幹。’”按，今《左·昭二十五年傳》作“楄柎藉幹”。杜注：“楄柎，棺中笭床也。幹，骸骨也。”自是“枼”之本義。其云“枼，薄也”，則爲“書葉”之“葉”。古者簡籍之式，或用竹，或用木。竹以一簡爲一策，木以一版爲一枼。《説文解字·竹部》：“策，籥也；從竹，枼聲。籥，書僮竹笿也；從竹，龠聲。”此竹簡從“策”之證也。又《片部》：“牒，札也。從片，枼聲。”《木部》：“札，牒也。從木，乙聲。”此札牒從“木”之證也。牒之木多用“柹”。《顏氏家訓·書證篇》云：“《後漢書·楊由傳》云‘風吹削肺’，此是削札牘之柹耳。古者書誤則削之，故《左傳》云‘削而投之’是也。或即謂‘札’爲‘削’。王褒《童約》‘書削代牘’，蘇竟書云‘昔以磨研編削之才’，皆其證也。《詩》‘伐木滸滸’，毛傳云：‘滸滸，柹貌也。’史家假借爲‘肝肺’字，俗本悉作‘脯腊’之‘脯’，或爲‘反哺’之‘哺’。學士因解云‘削脯，是屏障之名’，既無證據，亦爲妄矣。此是風角占候耳。《風角書》曰：‘庶人風者，拂地揚塵轉削。’若是屏障，何由可轉也。”觀黃門所辨，知札牒之木爲柹木。又知木牒之牒，其制甚薄，故風可吹亦可轉。六書枼一訓薄，薄則便於翻檢，故一翻爲一枼。段玉裁注“策”字云：“小兒所書寫，每一笿謂之一策。今書一紙謂之一頁，或作葉，其實當作此策。”按，段氏知其一不知其二。策之與牒，皆從枼聲，是枼字在策牒之前明矣。竹簡之書，僅能成行，不能成牒。書僮之笿，又其小者，何能謂之葉？不知策字專爲竹笿一策之稱，牒則木牘一版之稱。“一葉”之“葉”本當作“枼”，亦取其薄而借用之，非其本義如此也。吾嘗疑葉名之緣起，當本於佛經之梵貝書。釋氏書言西域無紙，以貝多樹葉寫經，亦稱經文爲梵夾書。此則以一翻爲一葉，其名實頗符。不然，艸木之葉，於典冊之式何涉哉！

書之稱部

今人言書曰某部，又曰幾部。按，漢史游《急就章》云：“分別部居,不雜厠。"《説文解字序》亦云:"分别部居,不相雜厠。"此以分類爲分部,故稱某類爲某部。因而以一種爲一部,義得相同。然吾以爲本是篰字。《説文·竹部》:"篰,滿爰也。"此爰書之名。下文云:"等,齊簡也,从竹从寺。寺,官曹之等平也。""笵,法也。从竹。竹簡書也,氾聲。古法有竹刑。"爰書爲案牘文,其類至多,故以篰稱。滿即滿字,今人以盈數爲滿,古亦如之。自後人以部爲篰稱,而篰之本字,人罕知之矣。

書之稱函

書稱函者,義當取於函人之函,謂護書也。漢時卷子裹之以袟,其名曰袠。《説文解字》:"袠,書衣也。"《後漢書·楊厚傳》:"祖父春卿,善圖讖學,爲公孫述將。漢兵平蜀,春卿自殺,臨命,戒子統曰:'吾綈袠中有先祖所傳《秘記》,爲漢家用,爾其修之。'"《太平御覽六百六卷·文部·袠類》引宋謝靈運《書袠銘》:"懷幽卷賾,戢妙抱密。用舍以道,舒卷不失。亮唯勤翫,無或暇逸。"又引梁昭明太子《詠書袠詩》曰:"擢影兔園池,挺莖淇水側。幸雜緗囊用,聊因班女織。"是其製以竹織成,與後書所云綈帙者有别。然則同一護書,則竹織者當稱函矣。敦煌石室所藏卷子,外皆以細織竹簾包之,蓋即竹帙之一種。見羅振玉《鳴沙山石室秘録》。《太平御覽》引《晉中經簿》:"盛書有縑袠、青縑袠、布袠、絹袠。"既曰盛,則亦用函明甚。然則阮孝緒《七録》所稱若干袠,殆亦函矣。自改卷爲折,而後盛之以函,因是而有書囊。《隋書·經籍志》所謂魏秘書監荀勖"分爲四部,盛以縹囊"是也。古書大率以五卷或十卷爲一袠。晉葛洪《西京雜記》云:"劉子駿《漢書》一百卷,無首尾。始甲終癸,爲十袟。袟十卷,合爲百卷。"《梁昭明太子集》前有梁簡文帝《序》云:"凡二袟,二十卷。"《北堂書鈔》引阮《七録》云:大抵五卷以上爲一袠。《隋志》云:《周易》一袠十卷。陸德明《經典釋文叙録》:"《毛詩故訓傳》二十卷,鄭氏箋。"下接"馬融注十卷"云,無下袠。蓋失後袠之十卷也。唐魏徵《群書治要》五十卷,《目録》分五袠,亦以十卷爲一裹。宋刻書尚同。黄《記》宋咸平國子監專刻本《吴志》二十卷云:"閲其目録牒文,自一卷至十卷分爲上袠,十一卷至二十卷分爲下袠。"真德秀《大學衍義》前有進表云:"臣書適成,爲卷四十有三,爲帙十有二。"是以四卷爲一帙,蓋亦視本之厚薄多少定之。總而論之,梁以前袠以裹書,梁以後袠以函書。故袠之名微,而函之名著矣。

書有刻板之始

書有刻本,世皆以爲始於五代馮道,其實唐僖宗中和年間已有之。據唐《柳玭家訓序》諸書稱引多作《柳玭訓序》,無家字。此殿本薛《五代史·唐書·明宗紀》注引。云:"中和三年癸卯夏,鑾輿在蜀之三年也。余爲中書舍人。旬休,閲書於重城之東南。其書多陰陽雜記、占夢相宅、九宫五緯之流,又有字書小學,率雕板印紙,浸染不可曉。"是爲書有刻板之始。先六世祖宋少保公《石林燕語》八。云:"世言雕板印書始馮道,此不然。但監本《五經》板,道爲之爾。《柳玭訓序》言其在蜀時,嘗閲書肆,云'字書小學,率雕板印紙',則唐固有之矣,但恐不如今之工。"此雖節載《訓序》之文,固信以爲唐有刻板書之證,特當時所刻印者,非經典四部及有用之書,故世人不甚稱述耳。宋朱翌《猗覺寮雜記》云:"雕印文字,唐以前無之。唐末益州始有墨版,後唐方鏤《九經》。悉收人間所收經史,以鏤板爲正。見《兩朝國史》。"據朱氏亦謂刻板實始於唐矣。近日本島田翰撰《雕板淵源考》[一],所撰《古文舊書考》之一。據《顏氏家訓》稱"江南書本",謂書本之爲言,乃對墨版而言之。又據陸深《河汾燕閒録》引隋開皇十三年十二月八日敕"廢像遺經,悉令雕板"之語,謂雕板興於六朝。然陸氏此語本隋費長房《三寶記》,其文本曰"廢像遺經,悉令雕撰",意謂廢像則重雕,遺經則重撰耳。阮吾山《茶餘客話》亦誤以"雕像"爲"雕板"。而島田翰必欲傅合陸説,遂謂陸氏明人,逮見舊本,必以雕撰爲雕板。不思經可雕板,廢像亦可雕板乎?島田翰又歷引《顏氏家訓》"江南書本";《玉燭寶典》引

《字訓》解“淪”字曰“皆依書本”，宋晁公武《古文尚書訓詁傳》引隋劉炫《尚書述議》曰“四隩既宅，今書本隩皆作墺”。謂“書本”是墨板，爲北齊以前有刻板之證。上虞羅振玉作《鳴沙山石室秘錄》，記於雕本《一切如來尊勝陀羅尼經》下，亦從其説。吾以爲，謂雕板始於唐，不獨如前所舉唐《柳玭訓序》可爲確證。唐元微之爲白居易《長慶集》作序，有“繕寫模勒，衒賣於市井”之語，司空圖《一鳴集》九載有《爲東都敬愛寺講律僧惠確化募雕刻律疏》。可見唐時刻板書之大行，更在僖宗以前矣。若以諸書稱本，定爲墨版之證，則劉向《別傳》“校讎者一人持本”，後漢章帝賜黃香《淮南子》《孟子》各一本，亦得謂墨板始於兩漢乎？島田氏謂在北齊以前，其所援據止諸書稱本之詞，陸氏誤字之語，則吾未敢附和也。

【箋證】

[一] 任按，葉氏此語摘自島田翰《古文舊書考》卷二《雕板淵源考》，云：“《顏氏家訓》曰‘江南書本，“穴”皆誤作“六”’，夫書本之爲言，乃對墨版而言之也。顏之推，北齊人，則北齊時既知雕版矣。《玉燭寶典》引《字訓》解‘淪’字曰‘皆依書本’，亦可以證其對墨版也，是隋以前有墨版之證。”葉氏與島田翰於此顯有歧見。魏隱儒《中國古籍印刷史》云：“島田翰説始於北齊，但顏之推只説‘江南書本’，并未説明是刻本。葉德輝駁島田翰説：如果凡以諸書稱本的就算是刻本的證據的話，那么劉向《別錄》所謂校讎者一人持‘本’，後漢章帝賜黃香《淮南子》《孟子》各一‘本’，豈不成了雕版印刷術始於兩漢的證據了嗎？所以島田翰的理由也不充分。”嚴佐之先生《古籍版本學概論》云：“我國雕版印書的歷史起源於唐，興盛於宋。是世界上最先發明印刷術的國家，在公元七世紀初即已發明了使用雕刻木板來印刷書籍。不過這一嶄新的科學技術最初只流行於民間，只限於應用在佛經、字書、曆書以及陰陽雜記、占夢相宅、九宮五緯之類的低檔書，既登不了官府私第的堂室，也不准涉足正經正史等正統圖書的圈內。直到五代後唐宰相馮道倡刻《長興監本九經》，才使這項新的先進技術獲得了國家的權威承認、保護和支持，從而開始了突飛猛進的發展。”嚴先生此論，可發明葉氏在“書有刻板之始”這一問題上所持的觀點。

刻板盛於五代

雕板肇祖于唐，而盛行於五代。薛《五代史·唐書·明宗紀》："長興三年二月辛未，中書奏請依《石經》文字刻《九經》印板，從之。"宋王溥《五代會要》八《經籍》云："後唐長興三年二月，中書門下奏請依《石經》文字刻《九經》印板。敕令國子監集博士儒徒，將西京《石經》本，各以所業本經句度鈔寫注出，子細看讀。然後顧召能雕字匠人，各部隨帙刻印板，廣頒天下。如諸色人要寫經書，並須依所印敕本，不得更便雜本交錯。其年四月，敕差太子賓客馬縞、太常丞陳觀、太常博士段顒、路船、尚書屯田員外郎田敏充詳勘官。兼委國子監於諸色選人中召能書人，端楷寫出，旋付匠人雕刻。每日五紙，與減一選，如無選，可減等第，據與改轉官資。"又《漢書·隱帝紀》："乾祐元年五月己酉朔，國子監奏《周禮》《儀禮》《公羊》《穀梁》四經未有印板，欲集學官考校雕造，從之。"《五代會要》云："漢乾祐元年閏五月，國子監奏，見在雕印板《九經》內，有《周禮》《儀禮》《公羊》《穀梁》四經未有印本，今欲集學官校勘四經文字鏤板，從之。"宋王溥《五代會要》卷八《經籍》："周廣順六年六月，尚書左丞兼判國子監事田敏，進印板《九經》書、《五經文字》《九經字樣》各二部，一百三十册。"按，《會要》所采多薛《史》，此亦薛《史·周本紀》文，今本薛《史》輯自《永樂大典》，原文本多殘缺，故《會要》所引周漢事亦較薛《史》爲詳，或亦薛《史》原文也。王應麟《玉海》引《中興書目》云："《字樣》一卷，開成丁巳歲唐元度撰，大曆十年司業張參纂《五經文字》，以類相從。開成中，翰林待詔唐元度加《九經字樣》，補所不載。晉開運末，祭酒田敏合二者爲一編。後周廣順三年，田敏進印板《九經》書、《五經文字樣》各二部。"按，應麟所記與《會要》微有不同。《會要》言田敏所進爲《五經文字》《九經字樣》，而應麟謂田敏二者爲一編。據陳振孫《直齋書錄解題》云："《九經字樣》一卷，往宰南城，出謁。有持故紙鬻於道者，得此書。乃古京本，五代開運丙午所刻也，遂爲家藏書籍之最古者。"是振孫所見舊刻《五經文字》《九經字樣》，各自爲書，未嘗合編也[一]。應麟稱引，與《會要》《書錄》皆不符，非《中興書目》之誤，即所見爲流俗本也。"顯德二年二月，中書門下奏國子監祭酒尹拙狀稱：'准敕校勘《經典釋文》三十卷，雕造印板，欲請兵部尚書張昭、太常卿田敏同校勘。'敕：'其《經典釋文》已經本監官員校勘外，宜差張昭、田敏詳校。'"按，顯德二年，周世宗即位之二年也。疑亦薛《史》舊文。當五代兵戈俶擾，禪代朝露之際，而其君若臣，猶能崇尚經典，刻板印行，不得謂非盛美事也。夫上有好者，下必有甚。其時士大夫之好事者，如《宋史·毋守素傳》云："毋昭裔在成都,令門人句中正、孫逢吉書《文選》《初學記》《白氏六帖》鏤版,守素齋至中朝,行於世。"其嘉惠士林,固有足多者。至自刻己集,如薛《史·和凝傳》云:"平生爲文章,長於短歌豔曲,尤好聲譽。有集百卷,自篆於版,模印數百帙,分惠於人焉。"又貫休《禪月集》,有王衍乾德五年曇域後序,稱"檢尋藁草及闇記憶者,約一千首,雕刻成部"。可見其時刻板風行,舉之甚易。故上自公卿,下至方外,皆得刻其私集,流播一時。今和凝僅傳《宮詞》、《宋朝類苑》(殿本薛《史》本傳注引)和魯公凝有豔詞一編,名《香奩集》,凝後貴,乃嫁其名爲韓偓。今世傳韓偓《香奩集》,乃凝所爲也。凝生平著述,分爲《演綸》《游藝》《孝悌》《疑獄》《香奩》《籯金》六集。自爲《游藝集序》云:"予有《香奩》《籯金》二集,不行於世。"凝在政府避議論,諱其名。又欲後人知,故于《游藝集序》實之。此凝之意也。《疑獄集》。四卷。《四庫全書·法家類》著録云:"五代和凝與其子㠑同撰。陳振孫《書録解題》稱:'《疑獄》三卷,上卷爲凝書,中、下二卷爲㠑所續。'今本四卷,疑後人所分。"而貫休《禪月集》,乃哀然有二十卷傳世,則固有幸有不幸也。若其時諸書刻本,自來未聞藏書家收藏。光緒庚子,甘肅敦煌縣鳴沙山石室出《唐韻》《切韻》二種,爲五代細書小板刊本。載羅振玉《鳴沙山石室秘録》。惜爲法人伯希和所收,今已入巴黎圖書館。吾國失此瓌寶,豈非守土者之過歟[二]?

【箋證】

[一]《直齋書録解題》卷三《經解類》著録:"《九經字樣》一卷,唐沔王友翰林待詔唐玄度撰。補張參之所不載,開成中上之。二書却當在小學類,以其專爲經設,故亦附見於此。(四庫館臣案,《文獻通考》有唐玄度《五經字樣》,《唐書·藝文志》不載。蓋以其就張參《五經文字》校正,惟《九經字樣》爲新加者,此因與張參書并附見,故云二書。)往宰南城,出謁,有持故紙鬻於道者,得此書,乃古京本,五代開運丙午所刻也,遂爲家藏書籍之最古者。"

[二] 任按,葉氏引文不够確切。《疑獄》一書,原見陳振孫《直齋書録解題》卷七《史部·傳記類·折獄龜鑑》條下:"《折獄龜鑑》三卷(四庫館臣案,《文獻通考》作《決獄龜鑑》二十卷)。初,五代宰相和凝有《疑獄集》,其子水部郎和㠑續爲三卷,六十七條。因和氏之書分爲二十門推廣之,凡二百七十六條,三百九十五事。起鄭子產,迄於本朝。"晁公武《郡齋讀書志》卷八《儀注類》著録:"《疑獄》三卷,袁本《前志》卷二下《刑法類》第二:右晉和

凝撰。纂史傳決疑獄事。其上卷,凝書也。下、中卷,凝子嶸所續。"孫猛考證曰:"《疑獄》三卷,《宛委》本'疑'譌作'凝'。按,此書《崇文總目》卷二、《宋志》卷三、《通志·藝文略》卷三《刑法類》及今本多題《疑獄集》三卷,唯《四庫總目》卷一〇一《法家類》著録爲四卷,非和氏之舊,朱緒曾嘗詳考是書諸本,見《開有益齋讀書志》卷四。"陸《跋》卷三著録朱彝尊鈔奉王士禎之影元鈔本三卷云:"上、中二卷,題曰'贈中書令右僕射平章事魯國公和凝集',下卷題曰'將仕郎太子中允男和嶸述'。""是書原本百條,勒成四輯,前二卷爲凝所集,後二卷爲嶸所續,南宋時已佚一卷,故晁公武《郡齋讀書志》亦以三卷本著録。"又曰:"昭德所著録當即此本所從出,《讀書志》謂上卷爲凝書,中、下爲嶸所續者,誤也。"

《唐韻》《切韻》二種,見羅振玉《鳴沙山石室秘録·雕本第二》。

唐天祐刻書之僞

日本水野梅曉行笥中,有《文選》《歸去來辭》,卷尾刻"大唐天祐二年秋九月八日餘杭龍興寺沙門无遠刊行"字一行。德清傅雲龍《纂喜廬叢書》中刻有此種殘本,黎庶昌跋盛稱之。據島田翰云,是彼國大阪西村某贗刻三種之一。三種者:一延喜十三年《文選》,一即《歸去來辭》,一忘其名[一]。用寫經故紙,集寫經舊字活字擺印。水野所藏,正是此種。傅、黎當梯航四達之時,而猶受欺如此,則又無怪錢遵王以日本正平本《論語集解》當高麗本,而詫爲書庫中奇寶也。

【箋證】

[一] 任按,島田翰所言,未見於其所著《古文舊書考》中,俟考。

刀刻原於金石

凡物之初,無不簡樸。草衣卉服,而後有冠裳;巢居穴處,而後有宮室;汙尊抔飲,而後有樽罍;結繩畫卦,而後有文字。惟刻工亦然,刻竹削牘,鏤金勒石,皆以刀作字之先河。然紀事多用竹木,《漢書·東方朔傳》：“奏三千奏牘。”此古人公牘用木刻字之證。又姚方興於大航頭得《舜典》二十字，此亦木刻之僅存者。**紀功專用金石**。古鼎彝金器字，有範鑄者，有刀刻者，漢印亦然。今之所謂單刀法者，即當時刻印字也。**劃然二途，各有體也**。漢末，蔡邕書《九經》，刻石鴻都太學，是爲以石刻經之始。自後魏三體之《尚書》《左傳》，唐石臺之隸書《孝經》，皆在開成十二經之先，以其時未知刻版之利便也。唐開元御書《道德經》，今易州石刻，乃其舊本。以石刻子，殆始於此時。然實胚胎於六朝厓峪石幢之刻佛經。蓋魏晉以後，佛老大行。其刻《道德經》，乃重釋老，非刻諸子也。故論有唐一代文治之盛，全在初盛之時。石刻既繁，木版亦因之而出。《柳玭訓序》所云，蜀時書肆，字書小學，率雕版印紙，可見當時蜀刻之廣。迨乎末造，五季雕匠人役，學有專門。《六經》《文選》大部書，亦遂層出不窮，非復墨搨紙鈔之多所濡滯矣。夫石刻氈椎，曠工廢日；裝潢褾背，費亦不貲。因是群趨於刻板之一途，遂開書坊之利藪，此亦文治藝術由漸而進之效也。吾嘗言漢儒以後，有功經傳者三人：一爲劉歆，一爲蔡邕，一爲馮道。有劉歆之《七略》，班固乃得因之爲《藝文志》，於是經師不傳之本，可以睹其目而知其人，此功之至大者也。其次則蔡邕之刻石，俾士人得睹全經。馮道之刻板，俾諸經各有讀本。兩廡特豚之祀，與其爲語錄空談之儒所竊據，何若進此三人之曆人心志哉！雖然，此三人者，一則臣事王莽，一則失身董卓，一則爲五姓恩榮之長樂老。至今爲人口實，不得稍爲之寬假，是則出處之際，又不可不自審已。

板本之名稱

先祖宋少保公《石林燕語》八。云：“唐以前，凡書籍皆寫本，未有模印之法，人以藏書爲貴。人不多有，而藏者精於讎對，故往往皆有善本。學者以傳錄之艱，故其誦讀亦精詳。五代馮道始奏請官鏤《六經》板印行。國朝淳化中，復以《史記》，前、後《漢》付有司摹印。自是書籍刊鏤者益多，士大夫不復以藏書爲意。學者易於得書，其誦讀亦因滅裂。然板本初不是正，不無譌誤。世既一以板本爲正，而藏本日亡，其譌謬者遂不可正，甚可惜也。余襄公靖爲

秘書丞,嘗言《前漢書》本謬甚,詔與王原叔同取秘閣古本參校,遂
爲《刊誤》三十卷。其後劉原父兄弟,兩《漢》皆有刊誤。余在許
昌,得宋景文用監本手校《西漢》一部,末題用十三本校,中間有脱
兩行者,惜乎今亡之矣。"據此而論,雕板謂之板,藏本謂之本。藏
本者,官私所藏未雕之善本也。自雕板盛行,於是板本二字合爲一
名。宋岳珂《九經三傳沿革例》,"書本"内列有晉天福銅版本,此"板本"二字相連之
文。然珂爲南宋末人,是時版本之稱沿用久矣[一]。而近人言藏書者,分目録、
板本爲兩種學派。大約官家之書,自《崇文總目》以下,至乾隆所修
《四庫全書總目提要》,是爲目録之學。私家之藏,自宋尤袤《遂初
堂》、明毛晉《汲古閣》,及康雍乾嘉以來各藏書家,斷斷於宋元本
舊鈔,是爲板本之學。然二者皆兼校讎,是又爲校勘之學。本朝
文治超軼宋元,皆此三者爲之根柢,固不得謂爲無益之事也。昔
顧澗薲跋《蔡中郎文集》云:"書以彌古爲彌善,可不待智者而後
知矣。乃世間有一等人,其人,蕘翁門下士也。必謂書毋庸講本子。
噫! 將自欺耶,欺人耶? 敢書此以質蕘翁。"跋載黄《記》。蕘翁
有此門下,亦可謂失傳衣鉢矣。同年友某嘗與吾笑談,謂平生不知
板本,但見其書有字即讀。吾戲語之曰: 君所讀書皆無字,是亦各
明一義矣。

【箋證】

　　[一] 任按,《九經三傳沿革例》一書,舊皆題宋岳珂撰,如《天禄琳琅書
目》卷一《宋版經部》著録《春秋經傳集解》云:"蓋南宋岳珂乃飛孫,本相州
湯陰人,故以相臺表望。南渡後,徙常州,今宜興有珂父霖墓,故家塾以荆溪
名。珂校刊《九經三傳》,著《沿革例》,讎勘最爲精覈。"葉德輝亦從之。然
據今人張政烺先生等考證,此書實爲元時義興岳浚主持刊刻,爲義興岳氏據
廖瑩中《總例》增補成《九經三傳沿革例》刻之家塾,自與宋時岳珂無關"
(見《中國版刻圖録》元岳氏荆溪家塾刻本《春秋經傳集解》、《張政烺文史論
集·讀〈相臺書塾刊正九經三傳沿革例〉》)。吕友仁先生《〈古漢語語法學
資料彙編〉正誤一則——〈九經三傳沿革例〉的作者不是岳珂》一文(2007 年
《中國語文》第 2 期)云:"《九經三傳沿革例》的作者不是南宋相臺(今河南
安陽)的岳珂,而是元初荆溪(今江蘇宜興)的岳浚。因爲《九經三傳沿革
例》的主體是南宋廖瑩中的《九經總例》,而且一字不差,學者習慣引用的恰

恰是《九經三傳沿革例》的主體部分，所以，與其説你徵引的是岳浚《九經三傳沿革例》，還不如説你徵引的是廖瑩中的《九經總例》，這樣更合乎實際。"論證更覈。張氏之前，無人拈出。如森立之《經籍訪古志》(以下簡稱"森《志》")卷一《經部》著録《周禮鄭氏注》時亦云："此本附釋音，卷一、卷八尾共有'相臺岳氏刻梓荆谿家塾記'在亞字形内，知依岳珂本傳鈔者，卷首有吉氏家藏印。"葉德輝以《九經三傳沿革例》爲岳珂之書而一引再引，以元時之書證宋代之刻書，從時人之誤耳。

版片之名稱

陸《志》有元馮福京《昌國州圖志》七卷，福京跋後有字數行云："《昌國州圖志》板五十六片，雙面五十四，單面二，計印紙一百零十副，永爲昌國州官物，相沿交割者。大德二年十一月長至日畢工[一]。"繆《續記》有元趙汸《春秋屬辭》二十五卷、《春秋補注》十卷、《春秋師説》二卷，後有洪武元年程性謹書云："右《春秋屬辭》二十五卷，序目跋尾共該板三百二十三片。《左氏傳補注》十卷，共該板一百片。《春秋師説》三卷、《附録》二卷，共該板六十九片。總計板四百九十二片。初，商山義塾奉命以是書刻梓。自庚子迄癸卯，計會廩膳、賦輸之餘，謄本鳩工刻板一百一十片，皆直學黄權視工[二]。"此板之稱片，習見於元明諸書。而明《南雍經籍考》之載板片數目，蓋相沿久矣。

【箋證】

[一] 見陸《志》卷三二《史部·地理類》著録影寫元刊本《昌國州圖志》。

[二] 葉氏記作"元趙汸"。繆荃孫《藝風堂藏書續記》(以下簡稱"繆《續記》")卷一《經學第一》有記載："明洪武元年海寧商山義塾校刻本。明趙汸撰。半葉十三行，行二十七字，字跡古雅。"又，繆《續記》著録"右《春秋屬辭》一十五卷"與葉氏引"右《春秋屬辭》二十五卷"不符。汪氏手跋曰："於是《春秋屬辭》十有五卷，與序目俱完，可模印。"又，程跋云："其《集傳》一十五卷，又謀陸續梓行，以備一家之言。"考之文淵閣《四庫全書》，亦著録《春秋屬辭》十五卷，知葉氏筆誤，將"十五卷"作"二十五卷"。

刊刻之名義

刻板盛於趙宋，其名甚繁。今據各書考之，曰雕、曰新雕、曰刊、曰新刊、曰開雕、曰開板、曰開造、曰雕造、曰鏤板、曰鋟板、曰鋟木、曰鋟梓、曰刻梓、曰刻木、曰刻板、曰鑱木、曰繡梓、曰模刻、曰校刻、曰刊行、曰板行，皆隨時行文之辭，久而成爲習語。

其曰“雕”者，瞿《目》宋刊本杜佑《通典》二百卷，一百五、六、八、九卷末有“鹽官縣雕”是也[一]。

又曰“新雕”，乃別於舊板之名。瞿《目》校宋本《管子》二十四卷，每卷末有墨圖記云“瞿源、蔡潛道墨寶堂新雕印”是也[二]。

其曰“刊”者，瞿《目》影宋鈔本《作邑自箴》十卷，末有“淳熙己亥中元浙西提刑司刊”是也[三]。

又曰“新刊”，亦別於舊板之名。《天禄琳琅》三“慶元六禩孟春建安魏仲舉家塾刻《新刊五百家注音辨昌黎先生文集》”是也[四]。

其曰“開雕”者，黃《書錄》宋紹興九年刻《文粹》一百卷，末有刊刻地名、年月、官銜，云“臨安府今重行開雕《唐文粹》”是也[五]。

其曰“開板”者，張《志》、瞿《目》影宋本《聖宋皇祐新樂圖記》三卷，後有“皇祐五年十月初三日奉聖旨開板印造”二行是也[六]。

其曰“開造”者，陸《志》影宋本《建康實錄》二十卷，後記“江寧府嘉祐三年十一月開造《建康實錄》，並案《三國志》，東、西《晉書》並南、北《史》校勘，至嘉祐四年五月畢工”是也[七]。

其曰“雕造”者，瞿《目》影鈔宋本孫奭《律》十二卷、《音義》一卷，末有“天聖七年四月日准敕送崇文院雕造”一行是也[八]。

其曰“鏤板”者，瞿《目》宋刊本《資治通鑑》二百九十四卷，“元祐元年十月四日奉聖旨下杭州鏤板”是也[九]。

其曰“鋟板”者，瞿《目》影宋本《補漢兵志》一卷，有嘉定乙亥門人王大昌跋，別行記云“大昌於是年九月鋟板漕廨，益廣其傳”是也[一〇]。

其曰“鋟木”者，瞿《目》宋刊本《漢雋》十卷，末有嘉定辛未趙時侃題記云"訪求舊本,再鋟木於郡齋"是也[一一]。

其曰"鋟梓"者,黄《書録》、丁《志》宋刊本陸游《渭南文集》五十卷,游子遹跋云"鋟梓溧陽學宫"是也[一二]。

其曰"刻梓"者,《天禄琳琅》一宋廖氏世綵堂本《春秋經傳集解》三十卷,卷末有印記曰"世綵廖氏刻梓家塾"是也[一三]。

其曰"刻木"者,張《志》乾道丁亥會稽太守洪适刻王充《論衡》三十卷,云"刻之木,藏諸蓬萊閣"是也[一四]。

其曰"刻板"者,黄《書録》宋刊本《産科備要》八卷跋云"淳熙甲辰刻板南康郡齋"是也[一五]。

其曰"鑱木"者,楊《録》宋麻沙本《類編增廣黄先生大全集》五十卷,有麻沙鎮水南劉仲吉宅牌記云"不欲私藏,庸鑱木以廣其傳"是也[一六]。

其曰"繡梓"者,張《志》宋刊本趙汝愚《國朝名臣奏議》一百五十卷,末有淳祐庚戌諸王孫希瀞跋云"屬泮宫以繡諸梓"是也[一七]。

其曰"模刻"者,阮氏文選樓仿刊宋《繪圖列女傳》卷八,末有白文墨地木印記云"建安余氏模刻"是也[一八]。

其曰"校刻"者,張《志》、錢《日記》宋蔡夢弼刻《史記》一百三十卷,《三皇本紀》後有"建溪蔡夢弼傅卿親校刻梓於東塾"是也[一九]。

其曰"刊行"者,繆《記》宋魏仲立刻本《新唐書》二百二十五卷,目後有牌子云"建安魏仲立宅刊行,士大夫幸詳察之"是也[二○]。

其曰"板行"者。瞿《目》校宋本《管子》二十四卷,卷終有圖記二行云"瞿源、蔡潛道宅板行"是也[二一]。

其餘官書,有曰"校勘",有曰"監雕",有曰"印造"。坊塾刻本,有曰"校正",有曰"録正",有曰"印行"。皆刊刻前後之職,亦因事立名,各有所本。在唐末、宋初習見者,曰"鏤板",《宋史·毋守素傳》"毋昭裔在成都,令門人句中正、孫逢吉書《文選》《初學記》《六帖》鏤版"是也。曰"雕版",唐《柳玭訓序》言在蜀時嘗閱書肆,云"字書小學,率雕板印紙"是也。曰"印板",宋王溥《五代會要》云"後唐長興三年二月,中書門下奏請依石經文字刻《九經》印板”是也。蓋鏤板、雕板、印板皆當時通俗之名稱。其寫樣本,則曰“篆板”,《舊五代史·和凝傳》“有集百卷,自篆於板,模印數百帙”是也。其印行本,則曰“墨板”,宋朱翌《猗覺寮雜記》云“唐末益州始有墨板”是也。元明坊刻習用者,多曰“繡梓”,陸《續跋》“《新刊惠民御院藥方》二十卷”,末有“南溪精舍鼎新繡梓”八字[二二]。楊《錄》建陽書林劉克常刻《新箋決科古今源流至論前集》十卷、《後集》十卷、《續集》十卷、《別集》十卷,目錄後牌記有“近因回禄之變,重新繡梓”等語[二三]。楊《志》、楊《譜》元刊本《大廣益會玉篇》三十卷,目錄後方木記云“建安鄭氏鼎新繡梓”[二四]。孫《記·元版》:“《唐詩始音輯注》一卷、《正音輯注》六卷、《遺響輯注》七卷。”目錄後有木長印云“建安葉氏鼎新繡梓”。按,此非元版,蓋入明後刻版[二五]。

　　蓋一時風氣,喜用何種文辭,遂相率而爲雷同之語。勝代至今四五百年,書坊刻書,皆曰“繡梓”,亦有用“新刊”字者。知此類字通行日久,習而相忘,宜其不知有“雕”“鏤”“鋟”“鐫”等字之用矣[二六]。

【箋證】

　　[一] 瞿《目》卷十二《史部·政書類》著錄宋刊本杜佑《通典》,云:“宋鹽官屬兩浙路臨安府,今爲杭州府海寧州治。尚刻於北宋時也,舊爲傳是樓藏書,繼入吳中故家,後爲嘉興金響庭所得。五十年後,復歸吳郡,亦良緣也。惜鈔補者非出善本,尚多譌字。卷首有‘徐乾學印’‘健庵’二朱記。”

　　[二] 見瞿《目》卷十四《子部·法家類》。用“新雕”字者甚多,瞿《目》卷十八《子部·道家類》“《新雕洞靈真經》”、卷十八《集部·總集類》“《新雕聖宋文海》”,《天禄琳琅書目》卷十《明版集部》著錄《六家文選》“末葉有‘吳郡袁氏善本新雕’隸書木記”,皆其例也。國家圖書館藏(下簡稱“國圖藏”)有蒙古刻本《新雕尚書纂圖》一卷。清同治八年,湖北崇文書局刻本《戰國策》,目錄題“新雕重校戰國策”。

　　[三] 見瞿《目》卷十二《史部·職官類》。

　　[四]《天禄琳琅書目》卷三《宋版集部》著錄《新刊五百家注音辨昌黎先生文集》,云:“宋人刻梓家塾之書,多有款識,如宋版《春秋經傳集解》二部,一曰‘相臺岳氏刻梓家塾’,一曰‘世綵廖氏刻梓家塾’,皆有木記,亦此

例也。"新刊例甚多,如瞿《目》卷十《史部·傳記類》"宋刊本《新刊名臣碑傳琬琰之集》"、卷十五《子部·天文算法類》"元刊本《新刊範圍數》"等。國圖藏有明抄本《新刊魯府秘方》、清乾隆間刻本《新刊五百家注音辨昌黎先生文集》、明刻本《新刊爾雅翼》等。

[五]"開雕"字,亦見《天禄琳琅書目》卷二《方輿勝覽》,云:"是書當是咸淳二年開雕,成於三年。"《天禄琳琅書目後編》卷七著録《文選》,云"此本贛州郡齋開雕者,流傳頗少。"國圖藏此類古籍頗多,如:清刻本《續禮記集説》,牌記題"浙江書局光緒乙未冬開雕,甲辰秋工竣",據清光緒二十一年至三十年(1895—1904年)刻版後印。清刻本《續通鑑紀事本末》,牌記題"光緒癸卯開雕,丙午夏仲竣工武威李氏藏板",據清光緒二十九年至三十二年(1903—1906年)刻版後印。張壽鏞輯《四明叢書第一集》牌記題"四明張氏約園開雕"。清王榮撰《麟角集》牌記題"光緒十年冬福山王氏天壤閣開雕,與影宋本《黄御史集》合刻版刊家塾"。章炳麟撰《章氏叢書》,牌記題"民國六年開雕,八年告成",黄紙本。清刻本《北堂書鈔》牌記題"光緒戊子正月開雕,十月告竣",書名頁題"南海孔氏三十有三萬卷堂校注重刊",鈐"閩中韜庵陳氏珍藏"等印。刻本《憑花館瑣筆》牌記題"光緒二十六年歲次庚子三月百花生日開雕,通奉大夫第藏板"。清刻本《皇朝瑣屑録》牌記題"光緒二十三年丁酉孟春開雕,書前序及凡例、目録爲朱印,本宅藏板"。清刻本《梅叟閑評》牌記題"光緒十年歲在甲申東路廳署開雕,麗書堂藏板"。

[六]見張金吾《愛日精廬藏書志》(以下簡稱"張《志》")、瞿《目》卷六《經部·樂類》。亦見於陸《志》卷一一《經部·樂類》,記載較詳,惟不見"開板印造"字。錢曾《讀書敏求記》卷一《禮樂》亦有"《聖宋皇祐新樂圖記》三卷",章鈺《校證》曰:"題詞本有。《述古目》作'阮逸、胡瑗《皇祐新樂圖記》三卷',注'閣宋本影鈔'五字。黄録《采遺》云:'阮逸、胡瑗同撰。據《周禮》及歷代史志,詳定樂律鐘尺,彙爲圖説,共十二篇,有元吳素民、明趙清常跋語。'"

[七]見陸《志》卷二三《史部·別史類》。

[八]瞿《目》卷十二《史部·政書類》著録云:"《律》十二卷,《音義》一卷,影鈔宋本。《律》文不題名。《音義》題'翰林侍講學士、中大夫、尚書兵部侍郎兼群牧使、判國子監、太常禮院、上柱國、樂安郡開國公、食邑二千二百户、食實封四百户、賜紫金魚袋臣孫奭等撰'。"國圖藏有日本昭和十二年(1937年)京都便利堂鉛印暨影印本大屋德城編《高麗續藏雕造考圖版》。

[九]瞿《目》卷九《史部·編年類》著録云:"此書原闕廿五卷又十九葉,鈔補全。此本似即紹興時所刻,然書中'慎''敦''郭'字皆闕筆,疑出寧

宗時修版印行也。每半葉十一行,行廿一字,版刻清朗,楮墨如新,允爲宋刻致佳本。舊藏郡中汪氏。"國圖藏清乾隆間(1736—1795年)《禹貢圖説》爲端溪書院鏤板。

[一〇]見瞿《目》卷十二《史部·政書類》。張《志》卷十九《史部·政書類》亦有著録,爲"舊抄本,玉蘭堂藏書"。國圖藏陳垣撰《清初僧諍記》牌記題"民國二十三年夏勵耘書屋鏤板"。清光緒九年(1883年)浙江書局刻本《續資治通鑑長編拾補》牌記題"光緒癸未浙江書局鏤板",鈐"國子監印",與《續資治通鑑長編》合印。清光緒八年(1882年)刻本《寶善堂遺稿》牌記題"光緒壬年秋中平安越堂鏤板"。張惠言撰《虞氏易禮》書名頁題"光緒癸未春月",牌記題"蛟川清湖張氏鏤板"。

[一一]瞿《目》卷十《史部·史鈔類》著録此書,云"宋林鉞撰并序,又魏汝功後序。此嘉定間趙氏原刻本,版印楮墨俱極精好"。鏤木者,亦見《天禄琳琅書目》卷七所著録《埤雅》條,云:"此本與前《爾雅》,板式字畫如出一手,蓋書賈鏤木,祇謂《埤雅》爲《爾雅》之輔,遂將郭璞所注並刊,而不知佃自有《爾雅新義》一書。"國圖藏北京中國書店1995年影印本《營造法式》,牌記題"依據影抄紹興本按崇寧本格式校刻,並附《大木作制度圖樣今釋》二卷,《彩畫作制度圖樣填色》二卷,《附録》一卷,鏤木影石"。周邵蓮撰《詩考異字箋餘》牌記題"德化李氏木犀軒鏤"。李嘉績藏並編《五萬卷閣書目記》牌記題"光緒三十年夏華清官舍鏤木"。湯震撰《危言》牌記題"光緒十六年六月鏤木,廿一年六月石印陶濬宣署",鈐"編書局藏書印"。

[一二]黃丕烈《百宋一廛書録》(以下簡稱"黃《書録》"。)謂此書爲"宋版中之杰出者",又曰:"末題'嘉定十有三年十一月壬寅,幼子丞事郎知建康溧陽縣主管勸農公事子遹謹書'。蓋《渭南文集》之初刻本也。明華氏曾用活字本印行,行款相同,字句略誤矣。毛氏取與《劍南詩稿》合刊者,非復此五十卷本矣。"丁丙《善本書室藏書志》(以下簡稱"丁《志》"。)卷三十著録《渭南文集》三條,均未言明是宋刊本。一爲明弘治華氏活字本,陳簡莊藏書;一爲五十二卷,明正德刊本,邵二雲藏書;一爲五十二卷,明萬曆刊本。葉氏引書似有疏誤。陸《志》卷八七《集部·別集類》亦有朱竹垞舊藏明刊活字本《渭南文集》五十卷,傳是樓舊藏明刊本《渭南文集》五十二卷。《天禄琳琅書目》卷十有"《渭南文集》一函,八册",《天禄琳琅書目後編》卷十一有"《渭南文集》四函,二十四册",均未言明版本狀況。鏤梓者,又見《天禄琳琅書目》卷八:"《文公先生資治通鑑綱目》,宋朱子編,五十九卷。蓋凡例從宋王柏識語,有'鏤梓於涵古堂,與同志共之'之語,書賈得是書,不知克寬、濟爲明人,欲借柏識語以充宋刊耳。"

　　[一三]《天禄琳琅書目》卷一《宋版經部》著録云："《春秋經傳集解》二函，十五册。相臺書塾《刊正九經三傳沿革例》云：‘世所傳《九經》，有建余氏、興國于氏二本，皆稱其善。而廖氏以余氏不免誤舛，于氏未爲的當，合諸本參訂，爲最精。板行之初，天下寶之。’又云：‘廖本《春秋》無《年表》《歸一圖》。’"刻梓者，另見森《志》卷一《經部》著録云："《周禮鄭氏注》十二卷，舊鈔本，求古樓藏。此本附釋音，卷一、卷八尾共有‘相臺岳氏刻梓荆谿家塾記’在亞字形内，知依岳珂本傳鈔者，卷首有吉氏家藏印。"又，卷八《南唐書》："陳振孫《書録解題》稱‘其書略備紀傳體，而亦言徐鉉、湯悦之疎略’焉。此書雖係坊間刻梓，而字畫清朗，紙墨精潔，亦足爲插架之珍也。"國圖藏明嘉靖間（1522—1566年）震澤王氏恩褒四世之堂刻《史記》三家注本，牌記題"震澤王氏刻於恩褒四世之堂""震澤王氏刻梓"，鈐"晉陵唐氏珍藏經史圖書""會稽内史孫""子潛之印"等。

　　[一四]見張《志》卷二十四《子部·雜家類》著録元至元刊本《新刊王充論衡殘本》。

　　[一五]"刻板"字，亦見錢曾《讀書敏求記》卷三《醫家類》著録《産科備要》，云："淳熙甲辰歲刻版南康郡齋，楮墨精好可愛。"國圖藏嘉業堂刻《吳興叢書》牌記題"吳興劉氏嘉業堂刊""據民國間吳興劉承幹嘉業堂刻板後印"。民國間據民國十一年（1922年）秋浦周氏刻板影印《周愨慎公全集》牌記題"民國十一年孟春秋浦周氏校刻"，鈐"紫江朱氏存素堂所藏圖書"印，鈐"建設總署收藏圖書之章"藍印。清光緒二十四年（1898年）西林岑春蓂刻張之洞撰《勸學篇》，牌記題"光緒二十四年七月，二品頂戴署湖北按察使漢黄德道岑春蓂刻板，存襄陽府鹿門書院"。

　　[一六]楊紹和《楹書隅録》（以下簡稱"楊《録》"）卷五《集部》著録宋本《類編增廣黄先生大全文集》，云："五十卷，十六册二函。"傅增湘《藏園群書經眼録》卷十三《集部》二亦著録，云："宋乾道麻沙鎮水南劉仲吉宅刊本，半葉十五行，每行二十六字，細黑口，四周單欄。前有門目，大字，半葉十行，細黑口，左右雙欄，次《目録》二卷，半葉十五行，亦左右雙欄。目録卷下末葉後有牌子，文曰：‘麻沙鎮水南劉仲吉宅近求到《類編增廣黄先生大全文集》計五十卷，比之先印行者增三分之一，不欲私藏，庸鑱木以廣其傳，幸學士詳鑒焉。乾道端午識。’後有黄丕烈跋：‘《山谷大全集》，諸家書目皆不著録，惟《絳雲樓目》有之，只廿六卷，此其全者，係沈茶園先生故物，後人因營葬，始用贈人。適余有他種書籍銷去，遂摒擋得之。’"另，《北京大學圖書館藏李氏書目》亦有著録。

　　[一七]張《志》卷一二《史部·詔令奏議類》云："《國朝諸臣奏議》一百

五十卷,宋淳祐刊本。"葉氏誤引爲"《國朝名臣奏議》"。陸《志》卷二五、瞿《目》卷九,均有著録。國圖藏清刻本《皇朝臨安圖》摹寫牌記"玉峰葉氏緑竹堂中繡梓印行"。明刻本《繡梓尺牘雙魚》。明萬曆間余氏衍慶堂刻本《新鍥太倉王衡增修名賢定論綱鑑實録》,牌記題"萬曆歲仲冬月衍慶堂余祥繡梓",鈐"學部圖書之印""綿澤堂印"。

[一八] 模刻,亦見國圖藏清光緒十三年(1887年)浙江書局刻《欽定續文獻通考》,牌記"光緒十三年浙江書局上版",牌記題"頭品頂戴兵部侍郎兼都察院右副都御史浙江巡撫臣衛榮光敬謹模刻",鈐"國子監印"。

[一九] 見張《志》卷八《史部·正史類》。錢大昕《竹汀先生日記鈔》(以下簡稱"錢《日記》"。)卷一。任按,葉氏所引爲"親校刻梓",欲舉"校刻"例,不若引《隋書》宋本原跋:"翰林院編修臣映斗謹言:'右《隋書》八十五卷,奉敕校刻者。'"國圖亦藏《春秋述義拾遺》牌記題"光緒十七年正月廣雅書局校刻"。知不足齋校刻《寶繪録》、宣統壬戌潛樓校刻《屠光禄奏疏》、民國十一年孟春秋浦周氏校刻《易理匯參》等。

[二〇] 繆《續記》卷四《史部·正史類》著録:"《新唐書》二百二十五卷,宋刊本。本紀表志題'翰林學士兼龍圖閣朝散大夫給事中知制誥充史館修撰判秘閣臣歐陽修奉敕撰',大題在下,每半葉十行,每行十九字。白口。目後有牌子,云'建安魏仲立宅刊行,士大夫幸詳察之'行書兩行,是南宋閩本。惟英宗以上諱闕維、謹,英宗以下不避,從北宋本出也。收藏有'項氏萬卷堂圖籍印'朱文長方印,汲古閣舊裝《藝芸書舍宋元書目》內有此物。"國圖藏有民國二十四年刻《重訂滿洲祭神祭天典禮》牌記頁題"康得二年九月蕙園精舍刊行"。日本昭和十四年(1939年)刻《尚書正義》牌記題"東方文化研究所研究報告第十四册昭和十四年刊行"。陳垣撰勵耘書屋叢刻《元典章校補》牌記題"民國二十年二月國立北京大學研究所國學門刊行"。

[二一] 見瞿《目》卷十四《子部·法家類》。

[二二] 陸心源《儀顧堂續跋》(以下簡稱"陸《續跋》"。)卷九元槧《御院藥方跋》《新刊惠民御藥院方》二十卷,云:"前有高鳴叙次目録,目後有南溪書院香爐印及鐘形印,卷末有'南溪精舍鼎新綉梓'八字木記。"綉梓者,又見《天禄琳琅書目》卷七:"《改併五音類聚四聲篇》金韓道昭著,十五卷。此本爲明成化十年所刊,憲宗序稱,其上下橫律度精密,有益學者,特命工繡梓以廣其傳。故橅印精良,迥殊坊本。"亦見陸《志》卷三十五《史部·政書類》"增人諸儒議論杜氏《通典》詳節"條,目録後有"至元丙戌重新繡梓"木記。

　　[二三] 見楊《録》卷三《子部》。

　　[二四] 楊守敬《日本訪書志》(以下簡稱"楊《志》"。)卷三云："此本版式校至順本稍贏，行款亦同，唯標題彼作大字，跨兩行，此則只占一行。目録後有鼎形木記，中有篆書'宗文'二字，下有'建安鄭氏鼎新綉梓'方木記。相其字體，蓋亦元代刊本，其中與張刻宋本參差之迹，已略見至順本跋中，今復比較之：如目録，宋本三十卷分爲上、中、下三冊，每十卷爲一冊，每冊有十卷之總目，非也。"楊守敬《留真譜》(以下簡稱"楊《譜》"。)卷三有書影，有"建安鄭氏鼎新綉梓"字樣。

　　[二五] 見孫星衍《平津館鑒藏書籍記》(以下簡稱"孫《記》"。)卷一，木記爲"廣勤堂鼎式木印建安葉氏鼎新繡梓"木長印。

　　[二六]《天禄琳琅書目》卷一《宋版經部》著録《監本纂圖重言重意互注點校毛詩》，云："首《毛詩圖譜》，正文全録漢毛萇傳、鄭康成箋，附唐陸德明音義，復加重言、重意、互注三例，共二十卷。朱彝尊《經義考》載《纂圖互注毛詩》二十卷，引陸元輔語曰：'此書不知何人編輯，鋟刻甚精。'"同書卷五《元版史部》著録《資治通鑑綱目》，云："是書綱、目並列，係照宋廬陵本刊梓，然版之尺寸較縮，字畫紙墨亦遠不相及。此宋槧所爲可寶也。"宋濂《文憲集》卷七《杏庭摘稿序》："存心以四方之士多願觀之，俾濂摘其今古詩若干首，鋟梓以傳。"《太平御覽》李廷允跋云："募工鋟木，以廣斯文之傳。廷允獲與校讎。"環谷精舍募助刊書疏："冀捐金而勸相，將繡木以鐫雕。"

　　此外，還有新鋟、重鐫、代鋟、梓、鐫、鐫板、重刻、重雕、刊板等一系列刊刻之名義，國圖均有館藏。如：清刻本《費氏遺書三種》牌記題"大關唐氏怡蘭堂校刊於成都，怡蘭堂藏板"。清刻本《詩句題解韻編》書名頁題"道光丁酉新鋟，棠芬書屋藏板"。清刻《洋防輯要》書名頁題"道光戊戌仲夏月重鐫"，鈐"國子監印"，來鹿堂藏板。越南刻本《御製越史總詠》牌記題"維新五年辛亥春重鐫"，鈐"會安葉同源號經售"印，柳文堂藏板。清刻《天中記》牌記題"光緒戊寅年孟秋月聽雨山房重鐫"，本衙藏板。清刻《史記探源》卷末版下鐫"湖册文光齋大房刻字書坊王聯升代鋟"，牌記題"庚戌冬仲吳俊卿"，觶廬藏板。清刻《書》牌記原題"莆陽鄭氏訂本金陵奎壁齋梓，文成堂藏板"。清刻《竹書紀年集證》書名頁題"嘉慶癸酉春鐫，裘露軒藏板"。清刻《史案》書名頁題"光緒庚辰鐫，大成堂藏板"。清刻《大清中樞備覽》書名頁題"榮禄堂鐫板"。清王弘撰刻本《山志》牌記題"光緒庚子季春重刻，有墨筆眉批，敬義堂藏板"。清刻《定香亭筆談》牌記題"光緒己亥九月浙江書局重雕"，書名頁題"揚州阮氏琅嬛僊館刊板"。清江南書局刻《湘軍記》有朱筆圈點，鈐"國子監之印"，牌記題"光緒己丑仲秋江南書局刊板"。清刻

《策學淵萃》書名頁題“光緒戊寅雕,藤花小舫藏板”。清刻《禹貢會箋》牌記題“同治甲戌夏五慈溪何氏重刊,常惺惺齋藏板”。清刻《公餘隨録》書名頁題“同治九年新鐫,嘉樂堂藏板”。清刻《三廉贈別録》書名頁題“同治六年新鐫,海門書院藏板”。

書林清話箋證卷二

書節鈔本之始

古書無刻本，故一切出於手鈔，或節其要以便流觀。如《隋志》所載梁庾仲容《子鈔》，其書雖佚不傳，而唐魏徵《羣書治要》、馬總《意林》，固其流派也。宋有曾慥《類説》、無撰人之《續談助》，元有陶九成《説郛》，明有陸楫《古今説海》，其體例頗相類，而於卷帙少者，無所消删。周亮工《書影》："余幼時在金陵，聞舊曲中老寇四家有《説郛》全部，以四大廚貯之。近見虎林刻本纔十六套，每一種爲數少者尚全鐫，多者咸爲逸去，每一集有存不四五葉者。陶氏當時即有去取，未必如此之簡。此刻未出時，博古之士多有就寇氏鈔録者。及此刻出，不知者以爲《説郛》盡於此，更不知求其全。余嘗言：'自刻本《説郛》出，而《説郛》亡矣。'"《四庫全書提要》入之子雜家、雜纂、雜編之屬，蓋本《隋志》之例。至刻本書之節鈔者，宋坊行有《十七史詳節》，託名於吕祖謙，然未有及於他書者。魏了翁節録《五經正義》爲《五經要義》，是爲節鈔《義疏》之始。正以《義疏》過繁，故摘其要以便省覽，然未有及於經文者。乃周密《癸辛雜識》云："廖羣玉《九經》本最佳，凡以數十種比校，百餘人校正而後成。然或者惜其删落諸經注，反不若韓柳文爲精妙。又有《三禮節》《左傳節》《諸史要略》及建寧所開《文選》，其後又欲開手節《十三經注疏》，姚氏《戰國策》《注坡詩》，皆未及入梓，而國事異矣。"竊謂吾人讀書，正苦浩博。鉤玄提要，如魏氏之節鈔《五經正義》，亦未始不可爲課程。若删節《三禮》《左傳》并及其他古書，此三家村學究之所爲，而不謂南宋末已有此陋習。然則明人如胡文焕、陳繼儒之流，又何責焉。

巾箱本之始

巾箱本之名,不始於有刻本時也。晉葛洪集《西京雜記》二卷,序云:"劉子駿《漢書》一百卷,無首尾,始甲終癸,爲十帙。帙十卷,合爲百卷。今鈔出爲二卷,以裨《漢書》之闕。爾後洪家遭火,書籍都盡。此二卷在巾箱中,嘗以自隨,故得猶在。"《南史》:"齊衡陽王鈞手自細書寫《五經》,部爲一卷,置於巾箱中,以備遺忘。諸王聞而爭效爲巾箱《五經》。"此蓋小袤,便於隨行之本。南宋書坊始以刻本之小者爲巾箱本。宋戴埴《鼠璞》下云:"今之刊印小册謂巾箱,起於南齊衡陽王鈞手寫《五經》置巾箱中,諸王從而效之。古未有刊本,雖親王亦手自鈔録,今巾箱刊本無所不備。嘉定間,從學官楊璘之奏,禁毀小板。近又盛行,第挾書非備巾箱之藏也。"觀此則宋刻巾箱全爲士子懷挾之用,誣此美名矣。近世所傳各經,宋版最小者有不分卷《九經》,見《天禄琳琅後編》三[一]。一爲婺州本《點校重言重意互注尚書》,卷止四寸,寬不及三寸,見瞿《目》[二]。一爲《纂圖附音重言重意互注周禮》鄭注,長三寸一分,幅二寸,見森《志》[三]。一爲京本《點校附音重言重意互注禮記》,長三寸半,寬二寸半,見楊《譜》[四]。一爲淳熙三年阮氏種德堂刻《春秋經傳集解》三十卷,宋刻十行本,行十八字,注文雙行二十二字。高四寸八分,廣三寸四分。一爲《名公增修標注隋書詳節》二十卷,宋刻十行本,行二十字。高三寸半,寬二寸,均見繆《續記》[五]。吾所藏明刻小板,有《永嘉八面鋒》,長止今工部尺二寸六分,寬一寸七分。近則乾隆十三年姚培謙刻《世説》八卷,五行十一字本,長止今工部尺一寸八分,寬一寸一分。又乾隆中蘇州彭氏刻有《論》《孟》注疏兩種,行字極細密,長止今工部尺二寸,寬一寸七分。此皆至近時刻本。往年京師廠肆出一部,前無彭序,福山王文敏懿榮詫爲宋槧,以重價得之,後始悟之,已傳爲笑柄也。

【箋證】

[一]《天禄琳琅書目後編》卷三《宋版經部》著録云:"《九經》四函,十

六冊。巾箱本，不分卷。《易》《書》共一冊，《詩》二冊，《周禮》二冊，《禮記》三冊，《左傳》六冊，《孝經》《論語》共一冊，《孟子》一冊，音義皆附上方。諱‘眘’不諱‘惇’，淳熙、乾道間刻也。”

巾箱本者，《欽定天祿琳琅書目》卷二著錄巾箱本《南華真經》云：“宋戴埴曰：‘今之刊印小冊，謂巾箱本，起於南齊衡陽王鈞手寫《五經》，置巾箱中。賀玠曰：“家有墳索，何須蠅頭細書？”答曰：“檢閱既易，且手寫不忘。”諸王從而效之。古未有刊本，雖親王亦手自鈔錄，今巾箱刊本，無所不備。’是宋時巾箱本盛行於世。此書版高不及半尺，較之經部中《五經》及《東萊家塾讀詩記》尺寸尤縮小，而字畫倍加纖朗，紙質墨光亦極瑩緻，乃巾箱本之最佳者。”

［二］瞿《目》卷二《經部·書類》著錄《婺本點校重言重意互注尚書》，云：“首題‘《尚書》卷第一’，次頂格題‘《堯典》第一’，越數格題‘《虞書》’，又越數格題‘孔氏《傳》’。以下篇式同前。《尚書》序次行載‘唐國子博士吳縣開國男陸德明《釋文》附’，以後《傳》下即入《釋文》，不加識別。《釋文》下即入重言、重意、互注等，皆標以陰文。漢孔氏《序》云：‘凡五十九篇，爲四十六卷。’然《隋志》著錄已作十三卷，《釋文》載徐云：‘本《虞書》總爲一卷，凡十二卷。今依《七志》《七錄》爲十三卷。’則合併已在隋前矣。其題‘婺本’者，宋時刻書，多舉其地首一字，如建本、杭本、明本之類。岳氏《九經三傳沿革例》有所謂‘婺州舊本’者，此蓋其所自出也。曰‘重言’者，本經相同之句；曰‘重意’者，句似而意同之文；曰‘互注’者，他經所引之語。陸元輔謂宋人帖括之書每如此。然經、傳多與《唐石經》、相臺本合，其經之異於今本者，陳仲魚氏已悉舉之，載其所著《經籍跋文》中。自北宋末合刻注疏，單注本流傳遂少，惟岳本最稱精善，而此本尤足與之互相參證，蓋亦僅見者矣。卷止四寸，寬不及三寸。每半葉十行，行廿字。傳用夾注。‘匡’‘恒’‘慎’‘敦’等字皆闕筆。每葉左方欄線外標篇名。嚮爲吾邑錢楚殷藏本。楚殷名沅，遵王子也。卷首鈐一圜印云‘傳家一卷帝王書’，其珍重如此。卷中有‘彭城楚殷讀書記’‘仲魚圖象’二朱記。”

［三］森《志》卷一《經部》上著錄足利學藏宋槧巾箱本《周禮鄭氏注》，云：“此本‘附音重言重意’，每半版九行，行十七字，或十五六字，注雙行，行十八字，左右雙邊，界長三寸一分，幅二寸，烏絲外標題，乃與昌平學所藏《周易》《禮記》同種版式，正符首題‘萬秀山正宗寺公用’，尾題‘正宗寺書院’。欄上記‘下野州足利莊學校常住文安六年己巳六月晦洛陽僧砼愚置之’，據此，當推知其所傳來矣。”楊《志》卷一亦載此條。

［四］見楊《譜》卷一《經部》，正如葉氏所云。

[五] 繆荃孫《藝風藏書續記》（以下簡稱"繆《續記》"。）卷一著録宋刊本《春秋經傳集解》，云："每半葉十行，行十八字。注文雙行，行二十二字。中版高四寸八分，廣三寸四分。白口，單邊。淳熙三年閩山阮氏種德堂刊本。與阮文達《校勘記》所載淳熙小字本正同。惟是本前序後載有《春秋圖説》。阮本止有《名號歸一圖》二卷，且附於末，與識語所稱兼列圖表於卷首者不合，似不若是本爲完整矣，皆足證明監本及坊本之失，阮氏定爲宋刻善本，有以也。此書瞿氏《書目》極其推重，近人輕視之。然雖非宋印，而補版無多，佳字全在，亦屬宋本乙等。序缺半葉，鈔配。有'兩罍子'朱文、'吳雲平齋過眼金石文字書畫印'白文兩方印。"

任按，葉德輝誤言《名公增修標注隋書詳節》載於繆《續記》。長《補》注僅云"繆《續記》未載"而未深探。考此書實著録於繆《記》中，見繆《記》卷四《史學第五》，云："宋刻巾箱本。題'唐特進魏徵撰'，'徵'闕末筆。前有世系圖、地理圖。首葉闌外記'高祖一'。卷一眉上標事由。每年及'史臣曰'皆白文。每半葉十字，每行二十字。收藏有'海虞鮑氏珍藏金石書畫之章'朱文長印。"此外，瞿《目》卷四著録明刊本《禮記集説》，云："此巾箱本刊於嘉靖庚寅，爲後來十卷本之祖。"國圖藏有巾箱本如下：清刻本《康熙字典》，八行大中小字，單雙行不等，白口，四周雙邊，雙魚尾，黃紙本。清影印本《陶淵明文集》十卷，九行十五字，白口，左右雙邊，單魚尾，白紙本。《新刊巾箱蔡伯喈琵琶記》二卷，民國間武進董氏誦芬室據明刻本影印。商務印書館影印本《毛詩》，十行十七字，小字雙行二十二字，白口，四周雙邊，雙魚尾，牌記題"上海涵芬樓借常熟瞿氏鐵琴銅劍樓藏宋刊巾箱本影印，原書版框高營造尺四寸四分，寬三寸二分"。日本鍾香園刻《明清名家巾箱畫譜》。江南書局浙江書局《儀禮識誤》《老子道德經》，均九行二十一字，小字雙行，白口，四周雙邊，單魚尾。巾箱本《繡像桃花記》，版心題"桃花記"，已經金鑲玉改裝，書名據書名頁題，十行二十三字，白口，四周單邊，單魚尾，黃紙本。《新刻忠孝節義王清明投親合同記全部》書名頁題"新刻王清明投親合同記全傳"，巾箱本，十一行三十一字，白口，四周單邊，單魚尾，黃紙本。《新編玉鴛鴦》書名頁題"新刻秘本玉鴛鴦"，版心題"玉鴛鴦"，巾箱本，十一行三十一字，白口，四周單邊，單魚尾，黃紙本。

書肆之緣起

揚子《法言·吾子》二："好書而不要諸仲尼，書肆也；好説而不要諸仲尼，説鈴也。"此"書肆"二字見於文士著述之始。《後漢書·王充傳》："常游洛陽市肆，閲所賣書，一見輒能誦憶。"此後漢時有書肆也。梁任昉《答劉居士詩》"才同文錦，學非書肆"，此六朝時有書肆也。唐《柳玭訓序》，言其在蜀時嘗閲書肆，云"字書小學，率雕板印紙"。又呂温《衡州集》中《上官昭容書樓歌》："君不見洛陽南市賣書肆，有人買得《研神記》。"此唐時有書肆也。馬令《南唐書·魯崇範傳》："崇範雖窶，《九經》、子、史，世藏於家。刺史賈皓就取之，薦其名不報，皓以己緡償其直。崇範笑曰：'典墳，天下公器，世亂藏於家，世治藏于國，其實一也。吾非書肆，何估直以償耶！'卻之。"此五代時有書肆也。至宋則建陽、麻沙之書林、書堂，南宋臨安之書棚、書鋪，風行一時。迄今如乾嘉間錢景開萃古齋，陶正祥、珠、琳父子五柳居，以及李文藻《琉璃廠書肆記》中韋氏瑞錦堂，舊名鑑古堂。劉氏延慶堂，一經文人品題，遂得附名千古。章學誠《文史通義》援周長發之言，目此輩爲"橫通"，著《橫通篇》以寓諷焉，亦可謂善於題目也已。

刻書有圈點之始

刻本書之有圈點，始於宋中葉以後。岳珂《九經三傳沿革例》有圈點必校之語，此其明證也[一]。孫《記·宋版》"《西山先生真文忠公文章正宗》二十四卷"，旁有句讀圈點[二]。瞿《目》明刊本謝枋得《文章軌範》七卷，目録後有門人王淵濟跋，謂"此集惟《送孟東野序》《前赤壁賦》係先生親筆批點，其他篇僅有圈點而無批注，若《歸去來辭》《出師表》并圈點亦無之"[三]。森《志》、丁《志》、楊《志》宋刻呂祖謙《古文關鍵》二卷，元刻謝枋得《文章軌範》七卷[四]，又孫《記·元版》"《增刊校正王狀元集注分類東坡先生詩》二十五卷"，廬陵須溪劉辰翁批點，皆有墨圈點注[五]。劉辰翁，字會孟，一生評點之書甚多。同時方虛谷回，亦好評點唐宋人説部詩集。坊估刻以射利，士林靡然向風。有元以來，遂及經史，如繆《記》元刻葉時《禮經會元》四卷，何焯校《通志堂經解目》程端禮

《春秋本義》三十卷,有句讀圈點[六]。大抵此風濫觴於南宋,流極於元、明。丁《志》有明嘉靖丙辰三十五年。刻《檀弓叢訓》二卷,則託名於謝疊山批點矣[七]。繆《續記》有明刻蘇批《孟子》二卷,則託名於蘇老泉朱墨矣[八]。至於《史漢評林》,竟成史書善本,歸評《史記》,遂爲古文正宗。習俗移人,賢者不免。因是愈推愈密,愈刻愈精。有朱墨套印焉,有三色套印焉,有四色套印焉,有五色套印焉,至是而槧刻之能事畢矣。

【箋證】

[一] 按,《九經三傳沿革例》作者,見卷一"板片之名稱"注。本書涉此甚多,茲不復贅。

句讀圈點之語,見《九經三傳沿革例序》云:"世所傳《九經》,自監、蜀、京、杭而下,有建安余氏、興國于氏二本,皆分句讀,稱爲善本。廖氏又以余氏不免誤舛,于氏未爲的當,合諸本參訂,爲最精。板行之初,天下寶之,流布未久,元板散落,不復存。嘗博求諸藏書之家,凡聚數帙,僅成全書,懼其久而無傳也。爰倣成例,乃命良工刻梓家塾,如字畫,如注文,如音釋,如句讀,悉循其舊,且與明經老儒分卷校勘,而又證以許慎《說文》、毛晃《韻略》,非敢有所增損於前。偏旁必辨,圈點必校,不使有毫釐譌錯,視廖氏世綵堂本加詳焉,舊有《總例》存以爲證。"又《九經三傳沿革例·句讀》:"監蜀諸本,皆無句讀,惟建本始倣館閣校書式,從旁加圈點,開卷瞭然,於學者爲便。然亦但句讀經文而已,惟蜀中字本、興國本併點注文,益爲周盡,而其間亦有於大義未爲的當者。今就其是者,而去其未安者,大指皆依注疏。雖儒先章句行於世者,亦不敢雜於其間,若疏義及《釋文》,揆之所見,而有未安者,則亦不敢盡從也。"

[二] 孫《記》卷一著録《西山先生真文忠公文章正宗》,云:"二十四卷,《目録》一卷,前當有序文,此本已失。書分辭命、議論、叙事、詩賦四類,黑口版,每葉廿行,行廿一字,旁有句讀圈點。與《天禄琳瑯》寬行大字宋本不同,收藏有'實樹借觀'朱文方印。"

[三] 瞿《目》卷二十三《集部·總集類》著録明刊本《文章軌範》,云:"題'疊山謝枋得君直批點'。目録後,有門人王淵濟跋,謂此集惟《送孟東野序》《前赤壁賦》係先生親筆批點,其他篇僅有圈點而無批注,若《歸去來辭》《出師表》并圈點亦無之。可知書有圈點,始於宋末也。此明嘉靖辛酉東吳郭邦藩重刻本,後附《論學統宗》一卷,乃邦藩以己意選宋人論數篇。前

有正德丙寅王守仁序。”

　　[四] 按，森《志》、丁《志》和楊《志》均未著録“吕祖謙《古文關鍵》”，葉德輝誤引。元刻謝枋得《文章軌範》，丁《志》卷三十八《集部·總集類》著録，云：“《疊山先生批點文章軌範》七卷，元刊本，陳仲魚藏書。廣信疊山先生謝枋得君直編次。《疊山文集》已散佚不全，所選《文章軌範》分‘放膽’‘小心’二門，選擇頗精，目録後有門人王淵濟識云：‘右集惟《送孟東野序》《前赤壁賦》爲先生親筆批點。其他篇僅有圈點而無批注，若《歸去來辭》與《出師表》併無圈點，蓋漢丞相、晉處士之大義清節，乃先生所深致意者也。今不敢妄自增益，姑闕之，以俟來者。’此本爲元時所刊，以‘侯王將相有種乎’七字分標七卷，有‘陳仲魚手校’一印。”另見於《四庫全書總目提要》卷三十七《經部·書類存目》，云：“《蘇評孟子》二卷，兵部侍郎紀昀家藏本。舊本題宋蘇洵評。考是書，《宋志》不著録。孫緒《無用閒談》稱其論文頗精，而摘其中引洪邁之語，在洵以後，知出依託，則正德中是書已行矣。此本爲康熙三十三年杭州沈季雲所校，其子心友刻之。然無所謂洪邁語者，豈經緒指摘，故削之以滅跡耶？抑併非孫緒所見之本，又僞本中之重儓耶？宋人讀書，於切要處率以筆抹。故《朱子語類》論讀書法云：‘先以某色筆抹出，再以某色筆抹出。’吕祖謙《古文關鍵》、樓昉《迂齋評注古文》，亦皆用抹，其明例也。謝枋得《文章軌範》、方回《瀛奎律髓》、羅椅《放翁詩選》始稍稍具圈點，是盛於南宋末矣。此本有大圈，有小圈，有連圈，有重圈，有三角圈，已斷非北宋人筆。其評語全以時文之法行之，詞意庸淺，不但非洵之語，亦斷非宋人語也。”此條《日本訪書志》卷十三亦有著録。瞿《目》卷二十三《集部·總集類》斷曰：“可知書有圈點，始於宋末也。”

　　[五] 孫《記》卷一《元版》著録《增刊校正王狀元集注分類東坡先生詩》，云：“題‘宋禮部尚書端明殿學士兼侍讀學士贈太師諡文忠公蘇軾、廬陵須溪劉辰翁批點’。前有《東坡先生詩序》，王十朋一篇，趙公爕一篇。集注姓氏題‘狀元王公十朋龜齡纂集’，後有‘廬陵□□□□書堂新刊’十字長木印。《東坡紀年録》題‘遷溪傳藻編纂’。《目録》一卷，黑口版，每葉廿四行，行廿一字。旁有黑圈點，注中有增刪者，用黑蓋子別之，亦間載批語。邵長蘅作《王注正譌》，謂此書非十朋所作，《四庫全書》王氏注本三十二卷，分廿九類，此本分七十六類，與《天禄琳琅》本同。而内府本姓氏後長木印作‘汪氏誠意齋集書堂新刊’十字，與此本又異。收藏有‘退翁’白文方印、‘虚寂齋’朱文方印。”

　　[六] 繆荃孫《藝風藏書記》（以下簡稱“繆《記》”。）卷一著録《禮經會元》，云：“四卷，元刊本。有至正乙巳潘元明序、至正丙午陳基序。本傳後有六世孫葉廣居識。每半葉十一行，每行二十四字，小黑口。收藏有‘吳興李

敬仲氏家藏'朱文長印。"

　　[七] 丁《志》卷二《經部·禮類》著録《檀弓叢訓》，云："二卷，明嘉靖丙辰姚安府刊本。書目下題'附謝疊山批點'六字，夾注'批見注後，點箋文傍'八字。前有嘉靖丙申永昌張含序，稱楊子用修居滇，含手吾翁少司徒所綴宋疊山謝氏點勘《檀弓》以似，則曰：'兹録奇矣，所病遺耳。舊詁如康成之簡、穎達之明，奚弗取？澔之《集説》之雜，奚弗汰？澄之《纂言》旁通，奚故而廢？'乃以爲《叢訓》。姚安太守柳濱吳君、安寧貳守有蓮張君、鹺司玉峰李君謂'弗可弗梓'。讎校書墨，則張應極含也。後有楊慎自叙。上卷一百二十二條，下卷九十二條，末有弘治壬戌永昌張志淳題云：'此本圈批前俱有，至"季武"章起，止有圈而無批，前亦有不盡然者。'至於所以然之意，復有去取不可曉者。今雖少爲增補，而卒亦草草也。"

　　[八] 繆《續記·經學第一》載《蘇批孟子》二卷，云："明刻本。原分朱墨筆，今一概墨印，以◎△□□爲朱，以○、一丨爲墨以別之。"

刻書分宋元體字之始

　　今世刻書字體，有一種橫輕直重者，謂之爲"宋字"；一種楷書圓美者，謂之爲"元字"。世皆不得其緣起。吾謂北宋蜀刻經史及官刻監本諸書，其字皆顔、柳體，其人皆能書之人。其時家塾書坊，雖不能一致，大都筆法整齊，氣味古樸。如瞿《目》影鈔宋本《古文苑》九卷，孫岷自手跋曰："趙凡夫藏宋刻《古文苑》一部，紙墨鮮明，字畫端楷。靈均鉤摹一本，友人葉林宗見而異之，亦録成一册，藏之家塾。辛巳夏，同陸敕先假歸，分諸童子，三日夜鈔畢，但存其款式耳。其宋字形體，葉本已失之也。"[一] 又黃《記》殘宋刻本《禮記》二十卷所云"字畫整齊，楮墨精雅"[二]。又宋刻本《史載之方》二卷所云"字畫斬方，神氣蕭穆"[三]。又校宋鈔本《春秋繁露》十七卷所云"鈔本爲影宋，字畫斬方，一筆不苟"[四]。又殘宋刻本《圖畫見聞志》六卷所云"字畫方板"，南宋書棚本如許丁卯、羅昭諫唐人諸集"字畫方板，皆如是"是也[五]，則南宋時已開今日宋體之風。光宗以後，漸趨於圓活一派。如《天禄琳琅》一《宋版》類光宗時刻《周易》十卷所云"字畫圓活，刻手精整"[六]。陸《續跋》宋槧宋印建本《北史》一百卷,光宗時刻本所云"字體秀勁"[七]。此已近於今日之元體字。而有元一代官私刻本,皆尚趙松雪字,此則元體字之所濫觴也。前明中葉以後,於是專有寫匡廓宋字之人,相沿至今,各圖簡易。杭世駿《欣託齋藏書記》云:"宋刻兩《漢書》板縮而行密,字畫活脱,注有遺落,可以補入。此真所謂宋字也,汪文盛猶得其遺意。元大德板幅廣而行疏,鍾人傑、陳明卿稍縮小,今人錯呼爲宋字,拘板不靈,而紙墨之神氣薄矣。"錢泳《履園叢話·藝能類》刻書一則云:"刻書以宋刻爲上,至元時翻宋,尚有佳者。有明中葉,寫書匠改爲方筆,非顔非歐,已不成字。近時則愈惡劣,無筆畫可尋矣。"錢泰吉《曝書雜記》論刻書用宋體字,亦引杭説,謂:"宋字濫觴於明季。汪琬、薛熙刻《明文在·凡例》云:'古本均係能書之士各隨字體書之,無有所謂宋字也。明季始有書工專寫膚廓字樣,謂之宋體,庸劣不堪。'余嘗以此言驗所見書,成化以前刻本,雖美惡不齊,從未有今所謂宋字者,知《明文在·凡例》之言不謬。"吾按,杭氏所論,尚不知宋、元兩體之變遷。蓋宋刻,一種整齊方板,故流爲明體之膚廓;一種圓活秀勁,故流爲元體之流動。世傳明萬曆戊午四十六年。趙用賢刻《管子》《韓子》,已用今之所謂宋體字,想其時宋體字刻書已通行。然雖橫輕直粗,猶有楷書風範。毛氏汲古閣刻《十三經》亦然。其他各種,則多近於今刻書之宋字。古今藝術之良否,其風氣不操之於搢紳,而操之于營營衣食之輩。然則今之倡言改革大政、變更法律者,吾知其長此擾攘,不至於禮俗淪亡、文字消滅未已也。

【箋證】

[一] 瞿《目》卷二十三《集部·總集類》著録《古文苑》,云:"九卷,影鈔宋本。唐無名氏編。淳熙六年韓元吉刻,有跋。舊爲趙凡夫所藏,孫岷自陸敕先生假得葉林宗鈔自趙本者傳録;又從錢遵王假舊鈔本參校,遂爲是書善本。今陽湖孫氏所刻,即從此出。有孫岷自手跋曰:'趙凡夫藏宋刻《古文苑》一部,紙墨鮮明,字畫端楷。靈均鉤摹一本,友人葉林宗見而異之,亦録成一册,藏之家塾。辛巳夏,同陸敕先假歸,分諸童子,三日夜鈔畢,但存其款式耳。其宋字形體,葉本已失之也。'又陸敕先手跋曰:'戊戌五月,借錢遵王鈔本校一過,其筆畫異同處,標識於首,以俟再考。'又跋曰:'趙靈均臨摹

本亦歸林宗。五月十二日并假再校,略無魯魚之謬矣。'卷首有'陸貽典印' '陸氏敕先收藏書籍''廣圻審定''顧澗蘋藏書'諸朱記。"

[二]黃丕烈《士禮居藏書題跋記》(以下簡稱"黃《記》")卷一《經類》著録校宋本《禮記鄭注》二十卷,云:"道光甲申春季,書友以周香巖家藏殘宋刻《禮記》卷第五《月令》一册示余,索直十餅。因留之,竭一日力校之注,周本多是,字有異者記之,有與舊校合者偶記之,舉一以概其餘,不數數記也。筆畫精妙,無逾此者,亦未能悉記也。"

[三]黃《記》卷三《子類》著録宋本《史載之方》二十卷,云:"至於版刻之爲北宋,確然可信,字畫斬方,神氣肅穆,在宋槧中不多覯,其避諱若'昇'字尤他刻所罕。千里艷稱於前,夢華作合於後,余於此書可云奇遇。余喜讀未見書。若此書,各家書目所未收,惟《宋史新編》有云'《史載之方》二卷'。'戰'者以'載'字形近而譌,無可疑者,余重其書之秘,出白金三十兩易得,重加裝潢,遇上方切去原紙處,悉以宋紙補之。尾葉原填'闕'字,亦以宋紙易去。命工仍録其文,想前人必非無知妄作者也。"《天禄琳琅書目》卷一《宋版經部》著録《監本纂圖重言重意互注點校毛詩》言:"朱彝尊《經義考》載《纂圖互注毛詩》二十卷,引陸元輔語曰:'此書不知何人編輯,鋟刻甚精。首之以《毛詩舉要圖》二十五,次之以《毛詩》篇目。其卷一至終,則全録大小序、毛傳、鄭箋、陸氏釋文,而采《左傳》《三禮》有及於《詩》者爲互注。又標詩句之同者爲重言,詩意之同者爲重意。蓋唐宋人帖括之書也。'此本證以所言,雖無圖目,而體例適符。惟書中於篇目相同者爲重篇,詩句相似者爲似句,乃元輔所未及。蓋因書名未經標出,遂不加詳考耳。至其字畫流美,紙墨亦佳,信爲鋟本之精者。"

[四]黃《記》卷一《經類》著録校本《春秋繁露》十七卷,云:"袁壽階借得揚州秦太史藏鈔本,而余轉假以手自校讎也。鈔本爲影宋,遇宋諱間有闕者,字畫斬方,一筆不苟,信屬宋刻精本。每卷首尾葉最末一行欄格外,有細楷書十字,曰'虞山錢遵王述古堂藏書',蓋猶述古舊物矣。余以《永樂大典》本證之,多與此合,知兩本同一源,唯纂輯時稍加點竄,不如此鈔本爲宋刻真面目,若明刻,則有毫釐千里之分矣。"

[五]黃《記》卷三《子類》著録《圖畫見聞志》六卷,云:"蓋余舊藏此書元人鈔本,止前三卷,香巖亦所素知,故敢丐此以爲尾之續也。及攜歸與澗蘋同觀,亦認爲翻宋本,遂取前所收者勘之,行款雖同,而楮墨俱饒古氣,細辨字畫,遇宋諱皆闕筆,翻本不如是也。爰揭去舊時背紙,見原楮皆羅紋闊簾而橫印者,始信宋刻宋印。以翻本行款證之,此即所謂臨安府陳道人書籍鋪刊行本也。且余所藏南宋書棚本如許丁卯、羅昭諫唐人諸集,字畫方板皆

如是,益信其爲宋本無疑,率作一律,酬香巖以志謝。”

[六] 見《天祿琳琅書目》卷一《宋版經部》,正如葉氏所云。

[七] 陸《續跋》卷五宋槧宋印建本《北史跋》云:“每葉二十行,每行十八字,左線外有篇名,版心有字數,宋諱避至‘敦’字止,蓋光宗時刊本。紙白如玉,字體秀勁,與福建蔡氏所刊《史記》《草堂詩箋》《陸狀元通鑑內簡尺牘》相似,當亦蔡行父文子輩所刊。校讎不精,譌屢所不能免,在宋刊中未爲上乘。”

翻板有例禁始於宋人

書籍翻板,宋以來即有禁例。吾藏五松閣仿宋程舍人宅刻本王偁《東都事略》一百三十卷,目錄後有長方牌記云:“眉山程舍人宅刊行,已申上司,不許覆板。”其申文格式不載本書,其詳不可得知也。此本今恒見。五松閣,未知何人,後板歸蘇城寶華堂。莫《目》所云“蘇城汪氏有宋眉山程氏刊本,每葉二十四行,每行二十四字”者,即原本也[一]。陸《志》、丁《目》均有之[二]。楊《志》宋槧本祝穆《方輿勝覽前集》四十三卷、《後集》七卷、《續集》二十卷、《拾遺》一卷,自序後有兩浙轉運司錄白:“據祝太傅宅幹人吳吉狀: 本宅見刊《方輿勝覽》及《四六寶苑》《事文類聚》凡數書,並係本宅貢士私自編輯,積歲辛勤,今來雕板,所費浩瀚。竊恐書市嗜利之徒,輒將上件書版翻開,或改換名目,或以節略《輿地紀勝》等書爲名,翻開攙奪,致本宅徒勞心力,枉費錢本,委實切害,照得雕書。合經以下別起提行。使臺申明,乞行約束,庶絕翻板之患。乞給榜下衢婺州雕書籍處張掛曉示,如有此色,容本宅陳告,乞追人毀版,斷治施行。奉台判,備榜須至指揮。以下別起提行。右令出榜衢婺州雕書籍去處張掛曉示,各令知悉。如有似此之人,仰經所屬陳告追究,毀版施行,故榜。以下元號年月日一行。嘉熙貳年拾貳月下空二格。日榜。以下別起提行。衢婺州雕書籍去處張掛,以下別起提行。轉運副使曾下空六格。台押。以下別起提行。福建路轉運司狀,乞給榜約束所屬,不得翻開上件書版,並同前式,更不再錄白。”[三]張《志》舊鈔本宋段昌武《叢桂毛詩集解》三十卷,前有“行在國子監禁止翻版公據”曰:“行在國子監據迪功郎新贛州會昌縣丞段維清狀：維清先叔朝奉昌武，以《詩經》而兩魁秋貢，以累舉而擢第春官，學者咸宗師之。印山羅史君瀛。嘗遣其子姪來學，先叔以《毛氏詩》口講指畫，筆以成編。本之東萊《詩記》，參以晦庵《詩傳》，以至近世諸儒，一話一言，苟足發明，率以錄焉，名曰《叢桂毛詩集解》。獨羅氏得其繕本，校讎最爲精密，今其姪漕貢樾。鋟梓，以廣其傳。維清竊惟先叔刻志窮經，平生精力畢於此書。倘或其他書肆嗜利翻板，則必竄易首尾，增損音義。非惟有辜羅貢士鋟梓之意，亦重爲先叔明經之玷。今狀披陳，乞備牒兩浙福建路運司備詞約束，乞給據付羅貢士爲照。未敢自專，伏候台旨。呈奉台判牒，仍給本監。除已備牒兩浙路福建路運司備詞約束所屬書肆，取責知委文狀回申外，如有不遵約束違戾之人，仰執此經所屬陳乞，追板劈毀，斷罪施行。須至給據者，以下別起提行。右出給公據付羅貢士樾。收執照應。淳祐八年七月日給。"[四]竊謂此等括帖之書，本無關於功令，當時幹人門下，不過意圖壟斷漁利，假官牒文字以遂其罔利之私，此亦自來書坊禁人翻雕己書之故智也。至其他官刻諸書，則從無此禁例。如雍熙三年敕准雕印許慎《說文解字》，末附中書門下牒文云："中書門下以下空四格。牒，徐鉉等以下別爲一行，低三格再起。新校定《說文解字》以下別起提行。牒。奉以下別起提行。敕，許慎《說文》起於東漢，歷代傳寫，譌謬實多。六書之蹤，無所取法。若不重加刊正，漸恐失其原流。爰命儒學之臣，共詳篆籀之跡。右散騎常侍徐鉉等，深明舊史，多識前言，果能商榷是非，補正闕漏。書成上奏，克副朕心，宜遣雕鐫，用廣流布，自我朝之垂范，俾永世以作程。其書宜付史館，仍令國子監雕爲印版。依《九經》書例，許人納紙墨價錢收贖。兼委徐鉉等點檢書寫雕造，無令差錯，致誤後人。牒至准以下別起提行。敕。故牒。以下元號年月日一行。雍熙三年十一月以下空二格。日牒。以下官銜人名列三行。給事中參知政事辛仲甫、給事中參知政事呂蒙正、中書侍郎兼工部尚書平章事李昉。"毛晉《汲古閣》、額勒布《藤花榭》、孫星衍《平津館》仿宋刊本，均載此牒。

乾興元年補刻《後漢志》，中書門下牒文云："中書門下牒，國子監翰林侍講學士尚書工部侍郎知審官院事兼判國子監孫奭奏：'臣忝膺朝命，獲次近班，思有補於化文，輒干塵於睿覽。竊以先王

典訓,在述作以惟明;歷代憲章,微簡册而何見。鋪觀載籍,博考前
聞。制禮作樂之功,世存沿襲;天文地理之説,率有異同。馬遷八
書,於焉咸在;班固十志,得以備詳。光武嗣西漢而興,范曄繼東觀
之作,成當世之茂典,列三史以並行。克由聖朝,刊布天下。雖紀
傳之類,與遷、固以皆同;書志之間,在簡編而或闕。臣竊見劉昭注
補《後漢志》三十卷,蓋范曄作之於前,劉昭述之於後。始因亡逸,
終遂補全。綴以遺文,申之奧義。至於輿服之品,具載規程;職官
之宜,各存制度。倘加鉛槧,仍俾雕鏤。庶成一家之書,以備前史
之闕。伏□《晉》、《宋書》等,例各有《志》,獨前、後《漢》有所未全。
其《後漢志》三十卷,欲望聖慈許令校勘雕印。如允臣所奏,乞差臣
與各官同共校勘,兼乞差劉崇超都大管勾,伏候敕旨。'牒,奉敕:
'宜令國子監依孫奭所奏施行。'牒至准敕。故牒。乾興元年十一
月十四日牒。右諫議大夫參知政事魯、給事中參知政事吕、中書侍
郎兼禮部尚書平章事王、守司徒兼侍中……"蔣光煦《東湖叢記》載此牒。
案,李燾《資治通鑑長編》:真宗乾興元年秋七月辛未,王曾加中書侍郎平章事,吕夷簡
爲給事中,魯宗道爲右諫議大夫並參知政事。據此,則牒尾魯爲宗道,吕爲夷簡,王爲
曾,惟守司徒兼侍中以下有缺,不能詳爲何人。又,是年十二月乙巳,以内殿崇班皇甫繼
明同勾管三館秘閣公事。咸平中,初命劉崇超監三館秘閣圖籍,其後因循與判館聯署掌
事,時論非之。崇超素與王欽若厚善,丁謂爲相,惡之。用繼明以分其權,更號監圖籍曰
勾當公事[五]。

　　紹聖三年開雕《千金翼方》《金匱要略方》《王氏脈經》《補注本
草》《圖經本草》等五件醫書,末附國子監牒文云:"國子監以下提行。
准以下空一格。監關准尚書禮部符,准紹聖元年六月二十五日以下提
行。敕。中書省尚書省送到禮部狀,據國子監狀,據翰林醫學本監
三學看治任仲言狀。伏睹本監先准以下提行。朝旨,開雕小字《聖惠
方》等共五部出賣,并每節鎮各十部,餘州各五部,本處出賣。今有
《千金翼方》《金匱要略方》《王氏脈經》《補注本草》《圖經本草》等
五件醫書,日用而不可闕。本監雖見印賣,皆是大字,醫人往往無
錢請買,兼外州軍尤不可得,欲乞開作小字,重行校對出賣,及降外
州軍施行。本部看詳,欲依國子監申請事理施行,伏候指揮。六月
二十三日奉以下提行。聖旨,依奉敕如右,牒到奉行。都省前批六月
二十六日未時付禮部施行,仍關合屬去處主者,一依以下提行。敕命

指揮施行。以下元號年月日一行。紹聖三年六月以下空二格。日雕。以下列官銜人名八行。集慶軍節度推官監國子監書庫向宗恕、承務郎監國子監書庫曾繰、延安府臨真縣令監國子監書庫鄧平、潁川萬壽縣令監國子監書庫郭直卿、宣義郎國子監主簿王仲藝、通直郎國子監丞武騎尉檀宗益、朝散郎守國子監司業上輕車都尉賜緋魚袋趙挺之、朝奉郎守國子司業兼侍講雲騎尉龔原。"光緒癸巳，宜都楊守敬爲宗人某仿宋嘉定何大任刊本載此牒。又紹興壬子福建庾司刻《六經疏義》，後載三山黃唐識語云："《六經疏義》，自京監蜀本皆省正文及注，又篇章散亂，覽者病焉。本司舊刊《易》《書》《周禮》正經注疏，萃見一書，便於披繹，它經獨闕。紹興辛亥仲冬，唐備員司庾，遂取《毛詩》《禮記》疏義，如前三經編彙，精加讎正，用鋟諸木，庶廣前人之所未備。乃若《春秋》一經，顧力未暇，姑以貽同志云。壬子秋八月三山黃唐謹識。"載森《志》足利學藏宋槧本《尚書注疏》二十卷[六]。楊《志》亦載此書，云是紹熙壬子，《七經考文》於《禮記》後誤"熙"爲"興"[七]。阮氏《十三經校勘記》遂謂合疏於注，在南、北宋之間，又爲山井鼎之所誤也。余按，日本山井鼎《七經孟子考文》，物觀《補遺·左傳》下云：《禮記》有三山黃唐跋，其言曰："本司舊刊《易》《書》《周禮》正經注疏，萃見一書，便於披繹，它經獨闕。紹興辛亥，遂取《毛詩》《禮記》疏義，如前三經編彙，精加讎正。乃若《春秋》一經，顧力未暇，姑以貽同志。"此與《尚書》後識語同作"紹興"，並非"紹熙"之譌。楊氏所見本有補鈔，殆傳寫誤耳。

嘉定丙子興國軍學刻《五經》，聞人模書後云："本學《五經》舊板，乃僉樞鄭公仲熊分教之日所刊，實紹興壬申歲也。歷時浸久，字畫漫滅，且缺《春秋》一經。嘉定甲戌夏，有孫緝來貳郡，嘗商略及此。但爲費浩瀚，未易遽就。越明年，司直趙公師夏，易符是邦。模因有請，慨然領略。即相與捐金出粟，模亦撙節廩士之餘，督工鋟木。書將成，奏院葉公凱下車觀此。且惜《五經》舊板之不稱，_模於是併請於守貳，復得工費，更帥主學糧幕掾沈景淵同計置而更新之，迺按監本及參諸路本而校勘，其一二舛誤，併考諸家字說而訂正。其偏旁點畫，粗得大概，庶或有補於觀者云。嘉定丙子年正月望日聞人模敬書。"載楊守敬《留真譜》。

凡若此者，大都叙述刻書之由，並無禁人翻板之語。可見當時一二私家刻書，陳乞地方有司禁約書坊翻板，並非載在令甲，人人之所必遵。特有力之家，聲氣廣通，可以得行其志耳。雖然，此風一開,元以來私塾刻書,遂相沿以爲律例。吾藏元陳宷刊黃公紹《古今韻會舉要》三十卷,前有長方木牌記云:"宷昨承先師架閣黃公在軒先生委刊《古今韻會舉要》,凡三十卷。古今字畫音義,瞭然在目,誠千百年間未睹之秘也。今繡諸梓,三復讎校,並無譌誤,願與天下士大夫共之。但是編係私著之文,與書肆所刊見成文籍不同。竊恐嗜利之徒改換名目,節略翻刻,纖毫爭差,致誤學者,已經所屬陳告,乞行禁約外,收書君子,伏幸藻鑒。後學陳宷謹白。"陸《志》、繆《記》並同[八]。是則肆估翻刻他人書板,誠有害於士林。宋時文網甚寬,故官書均未申禁。世風日降,遇有風行善本,無不輾轉翻雕,則又無怪刻書者之防範增嚴矣。

【箋證】

[一] 莫友芝《郘亭知見傳本書目》(以下簡稱"莫《目》"。) 卷四《史部·別史類》著録《東都事略》,云:"一百三十卷,宋王稱撰,五峰閣刊本,掃葉山房本。汪鈍翁外稿有《東都事略跋》三卷,蘇城汪氏有宋眉山程氏刊本,每葉二十四行,行二十四字,許增亦有此宋本大半部,豐城丁禹生收郁氏宜稼堂藏陳仲魚舊藏本,目録後有楷書二行木記,云'眉山程舍人宅刊行,已申上(任按:"上",莫《目》誤作"工",據葉氏原文和陸《志》等改。) 司,不許覆版',初印極精好,薄棉紙,三邊甚寬。有'薛紹彭''劉涇'二印及'仲魚圖象印'。"

[二] 陸《志》卷二三《史部·別史類》著録《東都事略》:"案,目後有'眉山程舍人宅刊行,已申上司,不許覆版'木記,每頁二十四行,每行二十四字,版心間有字數,覆本即從此出。"又見丁日昌《持靜齋藏書紀要》卷上著録《東都事略》:"一百三十卷,宋王稱撰進。宋眉州刊本。半頁十二行,行二十四字。目録卷尾有楷書二行木記,云'眉山程舍人宅刊行,已申上司,不許覆板'。初印極精好,薄縣紙,四端甚寬,此書康、雍間有覆本,亦可,對此便無足觀。有薛紹彭、劉涇二印,首有陳鱣録《讀書敏求記》及鱣圖像印,又經藏上海郁氏宜稼堂。偁,眉州人,故其鄉里首爲刊板。此本紙墨之善,與《綱目》巨編,皆海内所稀見,史部之甲丁也。"

[三] 楊《志》卷六有宋槧本《方輿勝覽前集》《後集》《續集》《拾遺》,云:"首呂午序,次祝穆自序,行書。序后有兩浙轉運司録白,蓋祝氏恐人翻雕,故請官爲給榜。《初集》自'浙西路'起至'海外四州'止,凡四十三卷。《後集》自淮東路、淮西兩路。《續集》自'成都路'起至'利西路'止。《拾遺》則自'臨安府'至'紹熙府',每府州各補數條。此蓋和父原本,其分數次

開雕者,當因資費不足,隨雕隨印行,非別爲起訖也。每半葉大字七行,小字十四行,行廿五字。每卷標題'新編四六必用《方輿勝覽》',蓋本爲備四六之用也。首卷又有引用文集目,亦分類載之。"劉尚恒《徽州刻書與藏書》以此錄白,爲版權保護之體現,云:"這份版權保護文獻,明確記載爲嘉熙二年(1238年),申報人乃祝太傅宅幹人吳吉,其主人爲祝穆,經兩浙轉運司批准,并經福建路轉運司發布牒文,張掛衢州、婺州書坊集中地。他人若有翻版,損害祝氏利益,則祝氏可以據此'追人毀版,斷治施行',給人嚴厲懲治。這份我國乃至世界上最早、最完整的版權文獻,充分有力地證明了我國是世界上最早實行版權保護的國家。"亦見於《天祿琳琅書目》卷二:"宋祝穆編,七十卷。呂午序,祝穆自序,祝洙跋,卷首有引用文集目一卷。書首有咸淳二年六月福建轉運使司禁止麻沙書坊翻版榜文。祝穆跋爲咸淳丁卯季春。丁卯係咸淳三年。是書當是咸淳二年開雕,成於三年,因洙重訂是書,故禁坊間翻刻舊版。洙稱:'先君子《方輿勝覽》行於世者三十餘年,版老字漫,遣工新之。重整《凡例》,分爲七十卷。'又云:'元本《拾遺》,各入本州之下,新增五百餘條並標出。'是此書不盡爲祝穆之舊矣。編次首浙西,訖利州,凡十七路,每州郡分標事要二十門。考穆字和甫,嘗從朱子受業,以儒學昌其家。子洙,寶祐中進士。景定間,爲涵江書院山長,郡守徐直諒薦其'趨向不凡,學問有本'。《宋史》載呂午,字伯可,歙縣人。嘉定時進士,官至中奉大夫。"

[四] 見張《續志》卷三《經部·詩類》著錄"《叢桂毛詩集解》"條。

[五] 蔣光煦《東湖叢記》(以下簡稱"蔣《記》")卷五有《後漢書志》牒文:"吳縣黃蕘圃主事丕烈《讀未見齋書目》有宋刻《後漢書》六十四冊,八函。有本紀、列傳,無志。劉原起本。下注云:《曝書亭集·題跋》云:'相傳宋孫宣公奭判國子監校勘官書,遂以司馬氏《志》入之。范《書》中雖有是説,未得確證。'"蔣光煦認爲,據此條牒文,"可據以證竹垞跋語"。

[六] 森《志》卷一著錄《尚書注疏》:"每半版八行,行十七八字,注雙行,行十九字,界長七寸一分,幅五寸四分。卷首有'松竹清風'印,欄外有'此書不許出學校闌外''憲實花押'及'足利學校公用'數字。又,行間題'上杉安房守藤原憲實寄進',俱係憲實真蹟。"森《志》并未言《六經疏義》乃紹興壬子福建庾司刻。

[七] 楊《志》卷一著錄《尚書注疏》云:"南宋紹熙間三山黃唐題識,稱'《六經疏義》,自京監蜀本皆省正文及注,又篇章散亂,覽者病焉。本司舊刊《易》《書》《周禮》正經注疏,萃見一書,便於披繹'云云。故各經後皆有此跋,是合疏於注自此本始。十行本又在其後。十行本板至明猶存,世多傳本,此則中土久已亡,唯日本山井鼎《七經孟子考文》得見之,以校明刊本,多

所是正。顧其原書在海外，經師徵引，疑信參半。余至日本，竭力搜訪，久之，乃聞在西京大阪收藏家。余囑書估信致求之，往返數四，議價不成。及差滿歸國，道出神戶，迺親乘輪車至大阪物色之，其人乃居奇不肯售。余以爲日本古籍，有所見志在必得，況此宋槧經書，爲海内孤本，交臂失之，留此遺憾。幸歸裝尚有餘金，迺破慳得之，攜書歸。時同行者方詫余獨自入大阪，及攜書歸舟，把玩不置，莫不竊笑癖而且癡，而余不顧也。書凡裝十冊，缺二冊，鈔補亦是以原書影摹，字體行款，毫無移易，固不害爲全書也。黃唐跋是紹熙壬子，《七經考文》於《禮記》後誤‘熙’爲‘興’，阮氏《十三經校勘記》遂謂合疏于注有南北宋之間，又爲山井鼎之所誤也。”

[八] 見陸《志》卷十七《經部·小學類》“《古今韻會舉要》”條。又，繆《記》卷一《小學第二》亦著錄：“《古今韻會舉要》三十卷，元刊本。前有壬辰劉辰翁《韻會序》、丁酉熊忠序，均行書；孛朮魯翀序，余謙題識，則正書也。有《凡例》一卷，題‘昭武黃公紹直翁編輯，昭武熊忠子中舉要’，又有《禮部韻略七音三十六母通考》一卷。熊序稱‘同郡在軒先生黃公公紹作《古今韻會》，僕惜其編帙浩瀚，隱屏以來，因取《禮部韻略》，增以毛、劉二《韻》，及經傳當收未載之字，別爲《韻會舉要》一編’，是《舉要》爲熊氏所撰無疑。熊序後刻有陳宷告白云：‘宷昨承先師架閣黃公在軒先生委刊《古今韻會舉要》，凡三十卷。古今字畫音義，瞭然在目，誠千百年未睹之秘也。今繡諸梓，三復讎校，並無譌誤，願與天下士大夫共之。但是編係私著之文，與書鋪所刊見成文籍不同。竊恐嗜利之徒改換名目，節略翻刊，致誤學者，已經所屬陳告，乞行禁約外，收書君子，伏幸藻鑑。後學陳宷謹白。’四方牌子，十行，行十三字。是宷以此書爲黃氏原書。孛朮魯翀序稱‘文宗皇帝御奎章閣，得昭武黃氏《韻略舉要》寫本。至順二年春，敕應奉翰林文字余謙校正’，亦與宷同，皆不考之過。每半葉八行，小字雙行，行二十二字。黑口。《平津藏書記》以爲葉二十二行者，乃《通考》行數，非本書也。首葉有‘千元十駕人家藏本’朱文長方印、‘鍾印文烝’白文、‘子勤’朱文兩小方印、‘魏塘鍾氏文烝庚申以後所得書’朱文大方印。蓋本吳兔牀藏書，後歸鍾子勤者。又有‘紫雪堂’朱文橢圓印、‘金葳之印’白文、‘愚三氏’朱文兩小方印。陳宷告白，杜人翻刻，乞官長禁約，已開近人風氣。”

宋建安余氏刻書

閩中造紙印書，宋時極盛。岳珂《九經三傳沿革例》，即有“建本”之名。乾隆四十年正月丙寅,諭軍機大臣等:“近日閱米芾墨蹟,其紙幅有‘勤有’二字印記,未能悉其來歷。及閱內府所藏舊版《千家注杜詩》,向稱爲宋槧者,卷後有‘皇慶壬子余氏刊於勤有堂’數字。皇慶爲元仁宗年號,則其版是元非宋;繼閱宋版《古列女傳》,書末亦有‘建安余氏靖安刊於勤有堂’字樣,則宋時已有此堂。因考之宋岳珂相臺家塾論書板之精者,稱‘建安余仁仲’,雖未刊有堂名,可見閩中余板,在南宋久已著名,但未知北宋時即行勤有堂名否? 又他書所載,明季余氏建版猶盛行,是其世業流傳甚久。近日是否相沿,並其家刊書始自何年,及勤有堂名所自,詢之閩人之官於朝者,罕知其詳。若在本處查考,尚非難事。著傳諭鍾音,於建寧府所屬訪查余氏子孫,見在是否尚習刊書之業,並建安余氏自宋以來刊印書板源流,及勤有堂昉於何代何年,今尚存否? 或遺跡已無可考,僅存其名,並其家在宋曾否造紙,有無印記之處,或考之志乘,或徵之傳聞,逐一查明,遇便覆奏。此係考訂文墨舊聞,無關政治。鍾音宜選派誠妥之員,善爲詢訪,不得稍涉張皇,尤不得令胥役等藉端滋擾,將此隨該督奏摺之便,諭令知之。”尋據覆奏,“余氏後人余廷勷等呈出族譜,載其先世自北宋建陽縣之書林,即以刊書爲業。彼時外省板少,余氏獨於他處購選紙料,印記‘勤有’二字,紙板俱佳。是以建安書籍盛行,至‘勤有堂’名,相沿已久。宋理宗時,有余文興,號‘勤有居士’,亦係襲舊有堂名爲號,今余姓見行紹慶堂書集,據稱即勤有堂故址,其年已不可考”云云。此當時鍾音覆奏大略也。

　　《天禄琳琅後編》二《儀禮圖》:“序後刻‘崇化余志安刊於勤有堂’。按,宋板《列女傳》載‘建安余氏靖安刊於勤有堂’,乃南北朝余祖煥,始居閩中,十四世徙建安書林,習其業。二十五世余文興,以舊有勤有堂之名,號‘勤有居士’。蓋建安自唐爲書肆所萃,余氏世業之,仁仲最著,岳珂所稱‘建余氏本’也。”[一]

　　吾按,余氏所刻之書,今有翻板可考者:

　　一、孫星衍仿刻《唐律疏議》前釋文序後有“至正辛卯十一年重校”一行,又有長方木印記云“崇化余志安刊於勤有堂”,《疏議序》後有草書“至順壬申五月印”一行,卷終有“考亭書院學生余資編校”一行。

一、阮文達元仿刻《繪圖古列女傳》，目録後有外方内圓木印記，中刻草書“建安余氏”四字，卷二、卷三後有“静庵余氏模刻”一行，卷五後有“余氏勤有堂刊”一行，卷八後有墨地白文木記“建安余氏模刻”一行。

一、汪中仿刻《春秋公羊經傳解詁》，卷首何休序後有合刻《公》《穀》二傳緣起六行，末題云“紹熙辛亥二年。孟冬朔日建安余仁仲敬書”；卷一後有經若干字、注若干字、音義若干字三行，又“余氏刊於萬卷堂”一行；卷二有“余仁仲刊於家塾”一行，字數如前；卷三至末無餘地，字數刻匡邊外，無校刊一行；卷四有“仁仲比校訖”一行，字數如前；卷五至末無餘地，字數作兩行擠刻本行下，無校刊一行；卷六有“余仁仲刊於家塾”一行，字數如前；卷七有“仁仲比校訖”一行，字數如前；卷八至末餘二行，字數兩行擠小刻一行，“仁仲比校訖”一行；卷九有“余仁仲刊於家塾”一行，字數如前；卷十至末餘二行，字數擠小作兩行刻本行下，無校刊一行；卷十一、卷十二有“仁仲比校訖”一行，字數如前。

一、黎庶昌仿刻《春秋穀梁經傳》范寧集解，序後有隸書小木印記，曰“余氏萬卷堂藏書記”；卷一字數三行，又“仁仲比校訖”一行；卷二有“余仁仲刊於家塾”一行，字數如前；卷三有“仁仲比校訖”一行，字數如前；卷四有“余仁仲刊於家塾”一行，字數如前；卷五、卷六均如前；卷七、卷八有“仁仲比校訖”一行，字數如前；卷九至末餘二行，字數及“余仁仲刊於家塾”二行；卷十有“仁仲比校訖一行”，字數如前；卷十一至末餘二行，字數及“余仁仲比校訖”刻二行；卷十二字數三行，後有“國學進士余仁仲校正，國學進士劉子庚同校，國學進士陳幾同校，國學進士張甫同校”四行，又頂格刻“奉議郎簽書武安軍節度判官廳公事陳應行參校”一行，餘地有隸書小木印記，曰“余氏萬卷堂藏書記”，下又有“癸丑按，癸丑爲紹熙四年。仲秋重校訖”一行。

又有他書可證者：

一、宋板《周禮鄭注陸音義》十二卷，每卷後或載“余仁仲比校”，或“余氏刊于萬卷堂”，或“余仁仲刊於家塾”，卷末記經、注、音義字數,見《天禄琳琅》一[二]。

一、宋板《禮記》,每卷有"余氏刊於萬卷堂",或"余仁仲刊於家塾",或"仁仲比校訖",見《天禄琳琅後編》二。此雖未載刊刻年月,蓋必與《公》《穀》同時,所謂余氏《九經》本也[三]。

一、宋黄倫《尚書精義》五十卷,前有"建安余氏萬卷堂刊行"小序,又有"淳熙庚子七年。臘月朔旦建安余氏萬卷堂謹書",見張《志》、瞿《目》、陸《志》、陸《跋》。文淵閣傳鈔本[四]。

一、宋高承《重修事物紀原》二十六卷、《目録》二卷,末云"慶元丁巳之歲建安余氏刊",見陸《志》,此南宋時刻也[五]。

一、《增注太平惠民和劑局方》三十卷,末有"大德甲辰八年。余志安刊於勤有書堂"一行,見楊《譜》[六]。

一、元板《分類補注李太白詩集》二十五卷,目録後有"建安余志安刊"篆書木記,板心有"至大辛亥四年。三月刊"字,見陳編《廉石居記》、張《續志》、瞿《目》、丁《志》、森《志》。《志》"辛亥"作"庚戌"[七]。

一、《集千家注分類杜工部詩》二十五卷,門類目録後有"皇慶壬子元年。"鐘式木記、"勤有堂"鑪式木記,傳序碑銘後有"建安余氏勤有堂刊"篆記,詩題、目録、卷二十五後,皆別行刊"皇慶壬子余志安刊於勤有堂",見《天禄琳琅》六、孫《記》、瞿《目》[八]。

一、《書蔡氏傳輯録纂注》六卷,引用諸家姓氏後有鐘形圖記曰"延祐戊午五年。"、鼎形圖記曰"勤有堂",皆篆書;《綱領》末葉板心有"延祐己未正月印"七字行書,後半葉有"建安余氏勤有堂刊"八字篆書墨圖記。卷末有"男真卿編校,侄濟卿、登卿同校,建安余志安刊行"三行,見瞿《目》、莫《録》、陸《志》。云:按,元翠巖精舍刊本,引用諸書後有"建安後學余安定編校"一行。《儀顧堂續跋》云:"鼎書成於至大戊申,至延祐戊申而余仁仲刊於勤有堂。至正甲午(十四年),劉廷佐刊於翠巖精舍,皆建寧府麻沙坊本也。"按,延祐有戊午,無戊申,陸蓋誤記。且刻書者爲余志安,非余仁仲也[九]。

一、《國朝名臣事略》十五卷,目録後有"元統乙亥余志安刊於勤有書堂",見張《志》、瞿《目》、陸《志》、陸《集》[一〇]。按,元統止癸酉、甲戌二年,乙亥乃至元元年,此誤。

一、《輔廣詩童子問》十卷,末有"至正甲申四年。上元"印記,又有"崇化余志安刻於勤有堂"印記,見森《志》[一一]。

一、《書蔡氏傳旁通》六卷,卷目後有墨記云"崇化余志安刻於勤有堂",末又有"至正乙酉五年。歲四月余氏勤有堂印行"墨記,見張《志》、瞿《目》、陸《跋》[一二]。

一、《漢書考正》《後漢書考正》六册,卷末有"至正三年勤有堂刊"木記,見丁《志》。影元本[一三]。此元時刻也。

一、《儀禮圖》十七卷、《儀禮旁通圖》一卷,自序後有"崇化余志安刊於勤有堂",見張《志》[一四]。

一、宋葛長庚《瓊琯白玉蟾集》八卷,前題"建安余氏刊於静庵","静庵"與"靖庵",疑即一人。見瞿《目》、丁《志》,此亦元刻無年月者也[一五]。

吾因悟余氏刻書堂名,各有分別,如萬卷堂則爲余仁仲刊書之記,勤有堂則爲余志安刊書之記,其刻《列女傳》之靖庵亦題勤有堂,則或爲志安別號也。宋時又有建安余恭禮宅,於嘉定丙子九年。刻《活人事證方》二十卷;建安余唐卿宅,於寶祐癸丑元年。刻《許學士類證普濟本事方》十卷,又《後集》十卷,則稱夏淵余氏明經堂,均見森《志》、楊《志》[一六]。元時有建安余氏勤德堂,於至正甲申四年。仲夏刊《增修互注禮部韻略》五卷,亦稱余氏勤德書堂,刻《廣韻》五卷,無元號刊刻年月,均見森《志》、楊《譜》[一七]。又有建安余氏雙桂書堂,刻《廣韻》五卷,見陸《續跋》、楊《譜》[一八]。疑皆子孫分肆,世業有名者也。

夫宋刻書之盛,首推閩中。而閩中尤以建安爲最,建安尤以余氏爲最。且當時官刻書亦多由其刊印。觀瞿《目》載胡炳文《朱子四書通》二十六卷,後有張存中跋,稱"泰定三年,存中奉浙江儒學提舉志行楊先生命,以胡先生《四書通》大有功於朱子,委令齎付建寧路建陽縣書坊刊印,志安余君命工繡梓,度越三稔始克就"云云[一九]。可證余氏刻書爲當時推重,宜其流傳之書,爲收藏家所寶貴矣。

【箋證】

[一]《天禄琳琅書目後編》卷二《宋版經部》著録《儀禮圖》,云:"宋楊復撰。復字茂才,號信齋,福州人。贈文林郎。書十七卷,用鄭康成注,附《音義》,間采疏説,其斷以己意者用'今按'云云。凡圖即附句後,爲圖二百有五,末《旁通圖》分三門,曰宫廟,曰冕弁,曰牲鼎。禮器爲圖三十有五,前

冠晦庵朱文公《乞修三禮奏劄》，次紹定戊子復自序，復爲朱門弟子，趙彥肅嘗作《特牲》《少牢》二禮圖質諸朱熹，熹曰：'更得冠、昏圖及堂室制度并考之，乃爲佳爾。'復故因其師説以成此書。是本序後刻'崇化余志安刊於勤有堂'。按，宋版《列女傳》載'建安余氏靖菴刻於勤有堂'，乃南北朝余祖焕始居閩中，十四世徙建安書林，習其業二十五世。余文興以舊有'勤有堂'之名，號'勤有居士'。蓋建安自唐爲書肆所萃，余氏世業之，仁仲最著，岳珂所稱建余氏本也。"另，建安余氏刻書，亦著録於《天禄琳琅書目》卷六《元版集部》，如《分類補注李太白詩集》，云："書中有'建安余氏勤有堂刊'篆書木記，目録末葉板心記'至大辛亥三月刊'。按，辛亥爲元武宗至大四年，其時勤有堂之名尚存，蓋建安余氏子孫皆世守其業者也。"又，《天禄琳琅書目》卷五《元版經部》："後附《儀禮旁通圖》一卷，前載朱子《乞修三禮奏劄》、復自序、陳普序。朱彝尊《經義考》載是書，引明曾棨曰：'楊復因朱子之意，取《儀禮》十七篇，悉爲之圖，制度名物，粲然畢備，以圖考書，如指諸掌。西山真德秀稱爲"千古不刊之典焉"。'又引桂萼曰：'《儀禮》，經朱子考證已定，楊復圖尤爲明便，其文雖屬難讀，然因圖以指經，因經以求義，斯了然矣。'凌迪知《萬姓統譜》載：'復，長溪人，受業朱子，與黃幹相友善，著《祭禮》十四卷、《儀禮圖》十四帙，又有《家禮雜説附著》二説。'書首復自序稱'復曩從先師朱文公讀《儀禮》，求其解而不可得，則擬爲圖以象之。今所圖者，則高堂生十七篇之書也。釐爲家、鄉、邦國、王朝諸禮，則因先師《經傳通解》之義例也。附《儀禮旁通圖》於其後，則制度名物之總要也'云云。序作於紹定戊子。按，'戊子'爲宋理宗紹定元年。後有陳普序，未詳其人。刊刻體式，亦仿宋版，而紙質黝厚，非宋製也。"

［二］《天禄琳琅書目》卷一《宋版經部》著録《周禮》云："世傳《九經》，自建、蜀、京、杭而下，有建余氏本，分句讀，稱爲善本云云。此書每卷後或載'余仁仲比校'，或'余氏刊於萬卷堂'，或'余仁仲刊於家塾'，所謂建余氏也。句讀處，亦與所言相合。又卷末各詳記經注、音義字數。點畫完好，紙色極佳。"此條實出於南宋荆溪岳氏《刊正九經三傳沿革例·公羊穀梁傳》："《春秋》三傳於經互有發明，世所傳十一經，蓋合三《傳》并稱。乾淳間，毛居正嘗參校六經、三《傳》，當時皆稱其精確，刊修未竟，中輟。廖氏刊《九經》，未暇及《公羊》《穀梁》二傳，或者惜其闕焉，因取建余氏本合諸本再加考訂，與《九經》并刊，句讀、字畫悉用廖氏例，惟是余仁仲本於陸氏釋音，字或與正文字不同，如'釀喃'作'讓'，'曰莬'作'庱'之類，并兩存之。參他本皆然，今亦不敢輒有更定。"

［三］《天禄琳琅書目後編》卷二《宋版經部》著録《禮記》："今行陳澔《集

説》,涂改經文甚多,其注疏監本校之,此本不同者多處,皆足證監本之誤。"

[四]《尚書精義》,見張《志》卷二《經部·書類》。瞿《目》卷二《經部·書類》亦著録,云:"前有淳熙庚子龍溪張鳳序,又建安余氏萬卷堂刊板識語。其書編集諸儒之解以成。每節首列張氏九成之説,蓋取諸《尚書詳説》。案,無垢此書,《經義考》注云未見,《惟一齋書目》有之,則流傳已鮮,轉賴是本以存。他若顔氏復、張氏綱之《講義》,吳氏孜之《大義》,胡氏伸之《解義》,王氏安石及其子雱《新經義》,黃氏君俞之《關言》,楊氏繪之《九意》,孫氏覺之《十述》,陳氏鵬飛、王氏當、王氏日休之《解》,孔氏武仲、張氏沂之《説》,上官氏公裕之《解説》,顧氏臨之《集解》,今皆不存,僅見此書。"陸《跋》卷一:"《尚書精義》五十卷,宋黃倫撰。《提要》云:'宋史·藝文志》載有是書十六卷。'陳振孫《書録解題》亦著於録,稱爲三山黃倫彝卿所編之,爲閩人。此本前有建安余氏萬卷堂刊行小序。"此外,《四庫全書總目》卷十一"《尚書精義》"條亦有著録。

[五]陸《志》卷五十九《子部·類書類》著録:"《重修事物紀原》二十六卷,目録二卷,宋刊本,五硯樓舊藏。宋高承撰。此書求到京本,將出處逐一比校,使無差謬,重修寫作大板雕開,並無一字誤落。時慶元丁巳之歲,建安余氏刊。案,此南宋刊本《儀顧堂集》有跋。"

[六]見楊《譜》卷八《醫部》。又見《百宋一廛賦注》,云:"建安余氏勤有堂本《古烈女傳》七卷、《續》一卷,每傳有圖,傳在圖之左右及下方,行字之數不畫一。"

[七]陳宗彝《廉石居藏書記·內篇》卷上著録《李太白詩》十八卷,云:"《分類補注李太白詩》,署楊齊賢集注,蕭士贇補注,前有元至元間士贇序,稱'得巴陵李粹甫家藏。左縣所刊楊齊賢子見注本,惜其博而不能約,因取其本類此者,爲之節文,擇其善者存之。注所未盡者,以予所知附其後,混爲一注。全集有賦八篇,子見本無注,此則併注之'云云,是此本士贇增賦補注,紙版甚精致。《天禄琳琅》本末葉板心記'至大辛亥三月刊',書中有'建安余氏勤有堂'刊篆記。蓋元武宗至大四年本。"又見張《續志》卷四《集部·別集類》。瞿《目》卷十九亦有著録:"《分類補注李太白詩》二十五卷,元刊本。宋春陵楊齊賢子見集注,元章貢蕭士贇粹可補注並序。楊注單本不傳,此則蕭氏所刪補者,注明'齊賢曰''士贇曰'以別之。書成於至元辛卯,旋即刊行,目後有墨圖記云'建安余氏勤有書堂刊'。"丁《志》卷二十四云:"元至大辛亥刊本,錢叔蓋藏書。目録後有'建安余氏勤有堂刊'篆文木記,目録末葉版心記'至大辛亥三月刊'。按,《天禄琳琅》所收元刊本,前載唐李陽冰、宋樂史、宋敏求、曾鞏、毛漸五序,劉全白《李君碣記》。此本並佚,

有‘錢松叔蓋印信’白文方印。松，字叔蓋，號耐青，晚號西郭外史，錢塘人，工篆刻書畫，殉粵寇之難。”森《志》卷六亦著録云：“《分類補注李太白詩》二十五卷，元槧本，楓山官庫藏。紙墨完好，卷中有舊人朱筆校點，目録後有‘建安余志安刊’篆文木記。卷末有‘至大庚戌余志安刊於勤有堂’記。張金吾《藏書續志》所載，即此本也。”此外，另見《天禄琳琅書目》卷六《元版集部》著録，云：“今觀此本，首卷録賦八篇，餘二十四卷皆載歌詩，並無雜著，與振孫所見諸本不惟卷數參差，亦且所收反少。雖載陽冰諸人之序，而皆不妨其舊矣。書中有‘建安余氏勤有堂刊’篆書木記，目録末葉板心記‘至大辛亥三月刊’。按，辛亥爲元武宗至大四年。其時勤有堂之名尚存，蓋建安余氏子孫皆世守其業者也。楊齊賢，無考。蕭士贇，字粹可，寧都人，篤學工詩，與吳澄友善，所著有《冰崖集》，見《西江志》。”孫《記》卷一《宋版》云：“目録後有‘建安余氏勤有堂刊’八字篆書長木印。”

[八]《天禄琳琅書目》卷六《元版集部》著録《集千家注分類杜工部詩》，云：“書中門類目録後有‘皇慶壬子’鐘式木記、‘勤有堂’鑪式木記，傳序碑銘後有‘建安余氏勤有堂刊’篆書木記，詩題、目録及卷二十五後皆別行刊‘皇慶壬子余志安刊於勤有堂’。按，皇慶壬子爲元仁宗皇慶元年。前余氏所刊《李太白集》係至大辛亥，與此刻僅隔一年，蓋欲以李、杜《詩集》並行於時，故刻手印工亦復相等也。”瞿《目》卷十九《集部·別集類》著録元刊本《集千家注分類杜工部詩》：“題‘東萊徐居仁編次，臨川黃鶴補注’。目録後有《注杜詩姓氏》一卷，《年譜》一卷，其傳、序、碑、銘一卷已闕，此即皇慶元年余氏勤有堂刊本，後廣勤書堂得其板，附以《文集》二卷，故所刊字蹟迥異。而目録後及卷二十五末葉，原有‘皇慶壬子余志安刊於勤有堂’一條，亦已剷去不存。余氏歷宋及元，世以刻書爲業，勤有堂之號亦相承弗替。是本與《分類補注李太白詩》同時刊行，繕刻清朗，檢校無譌，雖出後印，亦足貴也。卷首有‘鳩林書巢’朱記。”

孫《記》卷一《宋版》著録《集千家注分類杜工部詩》均爲“廣勤書堂新刊”，並非此處所講“建安余氏勤有堂刊”，乍看當判葉氏誤引矣。此二家刊書機構，字眼上有大不同，以葉氏之學問淹博，必知非一家也。何以卻著録若此？想必觀古堂所藏宋版《集千家注分類杜工部詩》則另有其本，即爲建安余氏勤有堂所刻者，非市面流通之廣勤書堂新刊。然則仍與孫《記》所著録者不能相符，其中必有原因。今讀《天禄琳琅書目》卷六，其中著録《集千家注分類杜工部詩》，乃知圖書作僞已有歷史。《天禄琳琅書目》云“此書即前版，惟將傳序碑銘後‘建安余氏’篆書木記剷去，別刊‘廣勤書堂新刊’木記”。可見，以廣勤書堂代勤有堂木記的問題，掩蓋了圖書的本來刊刻機構的面目。蓋葉氏明知孫《記》在字眼上著録爲"廣勤書堂",依然斷定其爲宋版建安余氏刻本當無異議,此見葉氏眼光專業老辣,亦見其實事求是的治學精神。他能够透過現象看本質,因此在他眼裏,孫《記》所録亦不算錯,名與實"相符",不過是將錯就錯而已。葉氏堅持自己的判斷,以此物即彼物,其雖遭改易,不妨礙葉氏可窺其本有精神。此亦見葉氏對知識產權有强烈的保護意識。然而葉氏於此處未作闡明,爲後來讀者留下了想象的餘地。有識之士,祈教正之。

另見丁《志》卷二十四《集部・別集類》著録《集千家注分類杜工部詩》二十五卷,云:"明汪諒翻元刊本。題元時有數例:一爲建安余氏勤有堂刊,目録後有'皇慶壬子'鐘式木印、'勤有堂'鼎式木印。一爲'廣勤書堂新刊',有'三峰書舍'鐘式木印、'廣勤堂'鼎式木印。又有'至正戊子潘屏山刊於圭山書院'者,此爲明汪諒所翻,行款字數與元刊無異,惟筆畫稍肥耳。刷印用明時官牘殘紙,頗多古趣。汪諒乃金臺書估,柯氏《史記》、張氏《文選》,皆其所刊者。"又見,森《志》卷六著録:"元槧本,酌源堂藏。闕一、二兩卷,每半板十二行,行二十一字,注二十六字,界長六寸六分,半幅四寸四分。序末記'建安余氏勤有堂刊',目録末記'皇慶壬子勤有堂'。每卷尾有'皇慶壬子余志安刊於勤有堂'記,格外有文龜題言。"

此外,尚有作僞而宜加注意者:據《天禄琳琅書目》卷六所著録《集千家注分類杜工部詩》,云:"此書即前版,惟將傳、序、碑、銘後'建安余氏'篆書木記鑱去,別刊'廣勤書堂新刊'木記。門類目録後鐘式、鑪式二木記尚存,而以'皇慶壬子'易刊'三峰書舍','勤有堂'易刊'廣勤堂'。其詩題目録後別行所刊之'皇慶壬子余志安刊於勤有堂'十二字,雖亦鑱去,而卷二十五後所刊者,當時竟未檢及,失於削補。所增附之《文集》二卷,橅印草草,較之前二十五卷亦不相類。此拙工所爲,雖欲作僞,亦安能自掩也耶?"又,"此本與前第二部爲一時橅印之書,其卷二十五後雖亦無'皇慶壬子余志安刊於勤有堂'一行,乃用別紙黏接,非由板中鑱去,係後之鬻書者知其作僞未周,又從而彌縫之耳"。又,"此書乃以前版重加翻刻,故將'建安余氏'前後所列之名盡爲削去,其'廣勤書堂新刊'木記亦復不存,惟以鐘式木記中'三峰書舍'四字易刊'汪諒重刊',而鑪式木記中之'廣勤堂'則仍其舊。汪諒,無考。觀其去'廣勤書堂新刊'木記,則是堂亦非汪諒所有矣。書中注字本小,一經翻刻,筆畫未免較肥,然紙質印工實出前二部之上"。以上均書賈牟利竄改之例也。

[九]瞿《目》卷二《經部・書類》著録《書蔡氏傳輯録纂注》,云:"六卷,元刊本。其引用諸家姓氏後有鐘形墨圖記曰'延祐戊午',鼎形墨圖記曰

'勤有堂'，皆篆書。《綱領》末葉，板心有'延祐己未正月印'七字，作行書。後半葉有'建安余氏勤有堂刊'八字，篆書墨圖記。卷末有'男真卿編校'，'姪濟卿、登卿同校'，'建安余志安刊行'三行。全書皆朱筆點勘，劇有手眼。"又莫友芝《宋元舊本書經眼録》卷一著録《書傳輯録纂疏》，云："六卷，《書序》一卷，元董鼎撰。至大戊申十二月自序，延祐戊午其子真卿於閩坊刊行。其《綱領》末後半葉有篆文二行，木記云'建安余氏勤有堂刊'。"又見於陸《志》卷四《經部·書類》著録《書蔡氏傳輯録纂注》條末。

此外，《天禄琳琅書目後編》卷八《元版經部》亦著録《書傳輯録纂注》，云："元董鼎撰。鼎，字季亨，鄱陽人，黄幹門人。書六卷。首列蔡《傳》，又取朱子之説爲輯録，諸家之説爲纂注，各以白文標之。前有蔡沈《集傳序》，又《朱子説書綱領》，又《書序綱領》，後有'建安余氏勤有堂刊'墨記。是書槧手精工，雖宋本亦稱佳者，以書中宋諱皆不闕筆，而勤有堂世守其業，至今不廢，故列之《元版》。項篤壽萬卷樓藏本。"丁日昌《持静齋藏書紀要》亦著録《尚書蔡氏傳輯録纂注》，云："末葉有'建安余氏勤有堂刊'篆文二行木記。"

葉德輝所引"鼎書成於至大戊申，至延祐戊申而余仁仲刊於勤有堂。至正甲午（十四年），劉廷佐刊於翠巖精舍，皆建寧府麻沙坊本也"，實見陸《續跋》卷一元槧《尚書輯録纂注跋》。

[一〇] 張《志》卷十三《史部·傳記類》著録《國朝名臣事略》，云："十五卷，元元統刊本。元趙郡蘇天爵伯修輯。目録後有'元統乙亥余志安刊於勤有書堂'一條，中多闕文，據淡生堂抄本校補。"瞿《目》卷十《史部·傳記類》亦著録元刊本《國朝名臣事略》："凡名臣四十七人，采録事蹟，皆標出處。發端於爲胄子日，成書於至順間，久而後就此其初刻本也。有許有壬、歐陽玄、王理、王守誠等序。目後有'元統乙亥余志安刊於勤有書堂'一條。案，元統止癸酉、甲戌二年，乙亥乃至元元年，書林不知改元而誤記耳。天爵又有遼、金紀年，見王理序，今其書不傳。此本舊爲郡人吳伊仲藏書，繼歸執經堂張氏、士禮居黄氏、愛日精廬張氏。卷首有'伊仲枚庵校覽所及''吳巷張氏執經堂藏''士禮居藏'諸朱記。"又見陸《志》卷二十七著録《國朝明臣事略》："目録後有'元統乙亥余志安刊于勤有書堂'一條。"

另，長《補》云："按，陸《集》有《校元本〈名臣事略〉書後》一文，未言及木記。"實則《儀顧堂集》（以下簡稱"陸《集》"。）卷十六上文後明記"目録後有'元統乙亥余志安刊于勤有書堂'十三字"，長澤規矩也檢書未細也。

此外，繆《記》卷四亦著録《國朝名臣事略》，云："十五卷，舊影元鈔本。目録後有'元統乙亥余志安刊于勤有書堂'一行。武英殿本所脱卷二兩葉、卷九一葉、卷十一六葉均在，可稱善本。每半葉十三行，每行二十三字。收藏有‘滄葦’朱文大方印、‘佛桑仙館’白文方印、‘瑯環福地張氏藏’白文方印、‘泰峰所得善本’朱文方印。李氏手跋曰：‘武英殿聚珍本頗有譌舛，譌字亦百數。聚珍本已稱難得，此本更爲僅見之書。得好事者重依此本刊之，以流傳於世，則古書之幸也。芙川其有意乎？道光十五年正月李兆洛識。’沈氏手跋曰：‘海上藏書家爲吾門郁君泰峰最富。道光辛丑秋七月，英吉利再陷定海。江蘇戒嚴，余奉大府檄，協理上海，防堵局務。因出是書，屬校讀。時作輟，凡五閱月而三終卷。共得鈔誤二百六十九字，疑者三十六字，闕脱者三十五字。用朱識於每册尾。其字從俗寫者，即標注每葉之上，而原校之字不與焉。余學識淺陋，舟中又未攜書，故於地理人名概未深考。校既畢，將以還泰峰。因識其緣起於簡首，並以自愧云。時道光癸卯四月上旬，桐鄉沈炳垣手書於吳門寓館。’又舊寫本，亦有‘元統乙亥余志安刊于勤有書堂’一行。而每半葉十行，每行二十一字，與前書不同，疑非影寫。收藏有‘武林汪泰玄家藏典籍’朱文方印、‘孫輔元讀書’白文方印、‘汪襄’白文方印、‘檢亭’朱文長方印、‘盧橘山房’朱文長印。荃孫校讎並摹脱葉補足。”

[一一]森《志》卷一《經部·詩類》著録崇蘭館藏元槧本《詩童子問》，云：“宋輔廣撰。首有至正癸未會稽胡一中序，卷末有咸淳七年嗣孫之望跋，又有‘崇化余志安刻于勤有堂’記及‘至正甲申上元印’記，卷首有‘善慧軒印’。”

[一二]見張《志》卷二《經部·書類》。瞿《目》卷二亦予著録，云：“《書蔡氏傳旁通》六卷，影元鈔本。題‘後學東滙澤陳師凱撰并序’。案，陳氏，即雲莊先生之子，易象、樂律皆有著述，見危太樸撰《雲莊墓誌》。又《千頃堂書目》注云：浮梁人，至治辛酉爲此書。凡傳中所引名物度數，必詳所出，有功《蔡傳》甚大。此從元刊本傳録。卷目後有墨記云‘崇化余志安刻於勤有堂’。末又有‘至正乙酉歲四月余氏勤有堂印行’墨記。通志堂本即從此出。”又，陸《跋》卷一亦有著録。

[一三]丁《志》卷六《史部·正史類》著録稽瑞樓藏影元本《漢書考證》《後漢書考證》，云：“右書不著撰人姓名，前後亦無序跋，卷末有‘至正三年勤有堂刊’木記。當從元刻本影鈔者，諸家書目罕見著録。”

[一四]張《志》卷四《經部·禮類》著録《儀禮圖》《儀禮旁通圖》。

[一五]瞿《目》卷二十一《集部·別集類》著録元刊本《瓊琯白玉蟾武夷集》，云：“八卷，宋葛長庚撰。《文》三卷，《詩》五卷。前有沛郡憑虛子序，亦道家流也。目録前有‘建安余氏新刊’一行。卷首末有‘秀野草堂’‘顧氏藏書印’朱記。”丁《志》卷三十一《集部》十亦著録：“《瓊琯白玉蟾上清集》八卷，元刊本。宋葛長庚撰。長庚，字白叟，福之閩清人。初母夢食一物如

蟾蜍,覺而分娩時,大父有興董教瓊琚,是生於瓊,蓋紹熙甲寅三月十五日也。七歲能詩賦,背誦《九經》,父亡棄家游海上,號海蟾子。至雷州繼白氏後,名玉蟾。有《上清武夷玉隆》三集,往見明弘治間所刻者,前有端平時推官潘枋之序,別有《文集》正、續八卷,爲矅仙序,此則其一種也,前題'建安余氏刊于静庵',殆麻沙坊所刻。有'吴趨小園印''停雲得意'二小印,文氏屢用之;又'大石山人''顧元慶印'二圖記。"

[一六] 森《志》補遺著録《活人事證方》,云:"二十卷,宋槧本,酌源堂藏。總目首墨籤内有信甫題言,次有嘉定丙子葉麟之序,八行,行十四字。序後有'建安余恭禮宅刻梓'木記。每半版高六寸五分,幅四寸二分,十一行,行廿一字。"又"《類證普濟本事方》十卷,《類證普濟本事方後集》十卷,宋槧本。缺九至十五,補寫,楓山秘府藏。首有自序,序後云'寶祐癸丑良月,夏淵余氏刊於明經堂'。首云'儀真許叔微述'。《後集》首題云'許學士親述'。目録後有'建安余唐卿宅刻梓'八字。每半板高六寸四分,幅四寸四分。十三行,行廿一字。按,此本寬政中京醫堅田絨造所獻,實爲罕覯之秘笈。懷仙閣藏宋槧《後集》十卷,全與此本同,今歸躋壽館。又按,是書前、後《集》蓋本別行,故古鈔本少合併者,乾隆中王陳梁所刻,止十卷,間有節文。"楊《志》卷十著録《普濟本事方》,未見著録《活人事證方》。楊《譜》卷八《醫部》亦著録。

[一七] 森《志》卷二著録寶素堂藏元槧本《廣韻》,云:"體式亦與至正刊本同,但板樣縮小,注中删略尤多。卷末有'建安余氏雙柱書堂鼎新鋟梓'木記,卷首有'雲伯古潭昌清無聞鹿苑寺酒水園之數'印記。"又,"《增修互注禮部韻略》五卷,元至正乙未刊本,容安書院藏。首有'擬進《增修互注禮部韻略表》第一',末有'至正乙未仲夏日新書堂重刊'木記。楓山官庫及足利學亦藏此本。"楊《譜》卷三著録《廣韻》,後有木記"余氏勤德書堂鼎新刊行"。又,"至正甲申仲夏余氏勤德堂刊《增修互注禮部韻略》"。

[一八] 陸《續跋》卷四元槧《廣韻跋》云:"《廣韻》五卷,前有陳州司馬孫愐《廣韻序》,序後有木記兩行,文曰'至正丙午菊節南山書院刊行'。每葉二十四行,每行小字二十五,大字約十五六,元刻元印本也。明永樂甲辰廣成書堂、弘治壬子詹氏進德精舍皆有翻本,行款悉同,而刻工甚劣,譌謬更多。又别有至順庚午刊本,每頁二十六行,每行約十八九字,小字雙行,每行三十字。序末有'至順庚午敏德堂刊'木記及'辛未菊節後十日'印七字。又有建安余氏刊本,行款與至順本同,而板式縮小似巾箱本,末有'建安余氏雙桂書堂鼎新鋟梓'木記,注更多删節,均不如此本之善也。以黎薳齋新覆泰定乙丑圓沙書院本校一過,行款版式無一不同,而此本微有奪落,蓋泰定

乙丑前乎？至正丙午四十二年，當爲此本所祖，宜乎奪譌較少矣。明內府本每葉十八行，每行小字三十三，顧亭林校刊本每葉十六行，每行小字廿四，似皆非元版行款。是書相傳以爲陸法言原本，朱竹垞以爲即重修本，而爲明中涓所刪削。《提要》據明德堂刊駁之，足以執竹垞之口，不意元刊竟有五六本之多也。"另，楊《譜》二編卷一著錄《廣韻》，後附"至順庚午敏德堂刊"篆書長方木記。

[一九] 瞿《目》卷六《經部·四書類》著錄《四書通》，云："二十六卷，元刊本。題'朱子章句集注，後學胡炳文通'。前有泰定戊辰自序，次列鄧文原序，次列泰定甲子自序，《朱子四書》引用姓氏，《四書通》引用姓氏及新安張存中跋。通志堂本即從此出。跋謂'泰定三年，存中奉浙江儒學提舉志行楊先生命，以胡先生《四書通》能刪《纂疏》《集成》之所未刪，能發《纂疏》《集成》之所未發，大有功於朱子，委令資付建寧路建陽縣書坊刊印。志安余君命工繡梓，度越三稔始克就'云云。此書第一刻本也。"

南宋臨安陳氏刻書之一

南宋臨安業書者，以陳姓爲最著。諸家藏書志、目、記、跋，載睦親坊棚北大街陳解元，或陳道人，或陳宅書籍鋪刊行印行者，以唐宋人詩文小集爲最多。元方回《瀛奎律髓》四十二"寄贈類"劉克莊《贈陳起》云："陳侯生長繁華地，卻似芸居自沐薰。鍊句豈非林處士，鬻書莫是穆參軍。雨簷兀坐忘春去，雪屋清談至夜分。何日我閑君閉肆，扁舟同泛北山雲。"注："此所謂賣書陳彥才，亦曰陳道人。寶慶初，以'秋雨梧桐皇子府，春風楊柳相公橋'詩，爲史彌遠所黶。詩禍之興，捕敕器之、劉潛夫等下大理獄。時鄭清之在瑣闈，止之。予及識此老，屢造其肆。別有小陳道人，亦爲賈似道編管。"宋周密《齊東野語》：寶慶間，李知孝爲言官，與曾極景建有隙，每欲尋釁以扳之。適極有《春》詩云："九十日春晴日少，一千年事亂時多。"刊之《江湖集》中，因復改劉子翬《汴京紀事》一聯云"秋雨梧桐皇子宅，春風楊柳相公橋"，以爲指巴陵及史丞相。及劉潛夫《黃巢戰場》詩曰："未必朱三能跋扈，只緣鄭五欠經綸。"遂皆指爲謗訕，同時被累者，如敖陶孫、周之璞、趙師秀及刊詩陳起，皆不免焉。又趙師秀《贈賣書陳秀才》云："四圍皆古今，永日坐中心。門對官河水，簷依柳樹陰。每留名士飲，屢索老夫吟。最感春燒盡，時容借檢尋。"注："陳起，字宗之。睦親坊賣書開肆，予丁未至行在所，至辛亥凡五年，猶識其人，且識其子。今近四十年，肆燬人亡，不可見矣。”方回以睦親坊陳道人爲陳宗之起，乃親識其人，確有可據。影宋本周弼《汶陽端平詩雋》四卷，爲菏澤李龏和父選，前有李序云：“伯弼十七八時，即博聞強記，侍乃翁晉仙，已好吟。洎長，而四十年間宦游吳、楚、江、漢，足跡所到，聲騰名振。但卷帙稍多，因摘其坦然者兼集外所得者近二百首，目爲《端平詩雋》，續芸陳君書塾入梓，同好者便於看誦云云。”序後有“臨安府棚北大街陳解元書籍鋪印行”一條。顧修《南宋群賢小集》二十一册。丁《志》並同[一]。據此，則陳解元號續芸，與陳彥才起別爲一人，不待辨矣。考起所開書肆，名芸居樓。吳文英《夢窗丙稿·丹鳳吟賦贈陳宗之芸居樓》云：“麗錦長安人海，避影繁華，結廬深寂。燈窗雪户，光映夜寒東壁。心雕鬢改，鏤冰刻水，縹簡離離，風籤索索。怕遣花蟲蠹粉，自采香芸薰架，香泛纖碧。更上新梯，窈宛暮山，淡著城外色，舊雨江湖遠。問桐陰門巷，燕曾相識。吟壺天小，不覺翠蓬雲隔。桂斧月宮三萬手，計元和通籍。軟紅滿路，誰聘幽素客。”則“續芸”爲“續芸居”而名，即此可證，且可斷定即芸居之子。何也？宋危積《巽齋小集》顧刻《小集》第一册。有《贈書肆陳解元》云：“巽齋幸自少人知，飯飽官閒睡轉宜。剛被傍人去饒舌，刺桐花下客求詩。兀坐書林自切磋，閱人應似閱書多。未知買得君書去，不負君書人幾何？”又朱繼芳《靜佳乙稿》顧刻《小集》十二册。《贈續芸》云：“誰謂芸居死，餘香解返魂。六丁將不去，孤子續猶存。科斗三生債，蟬魚再世冤。向來詩作祟，揮淚對人言。”是續芸爲芸居子，朱詩已明言之。但有謂即陳思者，顧修刻《南宋群賢小集》題‘宋陳起編’，前有王昶序云：“起父子又撰《寶刻叢編》《寶刻彙編》二書，皆能收采古今碑版，頗爲淵博。”按，王昶云“起父子”，不知何所指名，亦不知何所依據。今世行《寶刻彙編》不題撰人，而《寶刻叢編》則題‘宋陳思撰’。王殆以起、思爲父子耳。姚覲元刻宋岳珂《棠湖詩稿》附錢儀吉跋云：“卷末稱‘臨安府棚北大街陳氏印行’者，即書坊陳起解元也。曹斯棟《稗販》以《南宋名賢遺集》刊於臨安棚北大街者爲陳思，而謂陳起自居睦親坊。然余所見名賢諸集，亦有稱‘棚北大街睦親坊陳解元書籍鋪印

行’者,是不爲二地,且起之字芸居,思之字續芸,又疑思爲起之後
人也。”按,續芸爲陳起之子,證以朱繼芳詩,固無可疑。但是否即
思,則無確證。且以南宋諸人贈起詩,及思所著書諸名人序首考
之,皆無所推輓。許棐《梅屋稿》顧刻《小集》第四册。《贈陳宗之》云:
“六月長安熱似焚,鄽中清趣總輸君。買書人散桐陰晚,卧看風行
水上文。”又《梅屋四稿》顧刻《小集》第四册。有《陳宗之疊寄書籍小詩
爲謝》云:“江海歸來二十春,閉門爲學轉辛勤。自憐兩鬢空成白,
猶喜雙眸未肯昏。君有新刊須寄我,我逢佳處必思君。城南昨夜
聞秋雨,又拜新涼到骨恩。”簡齋詩:“一涼恩到骨。”又《融居小綴》顧刻《小
集》第四册。有《宗之惠梅窠冰玉牋》云:“百幅吳冰千蕊雪,對吟終日
不成詩。憶君同在孤山下,商略春風弄筆時。”葉紹翁《靖逸小集》
顧刻《小集》第七册。《贈陳宗之》云:“官河深水綠悠悠,門外梧桐數葉
秋。中有武林陳學士,吟詩消遣一生愁。十載京塵染布衣,西湖煙
雨與心違。隨車尚有書千卷,擬向君家賣卻歸。”又《夏日從陳宗之
借書偶成》五律一首云:“自從春去後,少省出柴扉。樹暗鴉巢隱,
簷空燕跡稀。憶山憐有夢,當暑詠無衣。案上書堆滿,多應借得
歸。”《前賢小集拾遺》顧刻本大題下云“錢唐陳起宗之編”。鄭立之斯立《贈
陳宗之》云:“昔人耽隱約,屠酤身亦安。矧伊叢古書,枕籍於其間。
讀書博詩趣,鬻書奉親歡。君能有此樂,冷淡世所難。我本抱孤
尚,爲貧賦彈冠。欲和南熏琴,秋風歘戒寒。恬無分外想,剩有日
晷間。閱書於市廛,得君覊思寬。誦其所爲詩,刻苦雕肺肝。陶韋
淡不俗,郊島深以艱。君勇欲兼之,日夜吟辛酸。京華聲利窟,車
馬如浪翻。淡妝誰爲容,古曲誰爲彈?桐陰覆月色,静夜獨往還。
人皆掉臂過,我自刮眼看。百年適志耳,豈必身是官。不見林和
靖,清名載孤山。”又黃佑甫順之《贈陳宗之》云:“羨君家闕下,不
踏九衢塵。萬卷書中坐,一生閒裏身。貪詩疑有債,閱世欲無人。
昨日相思處,桐花爛漫春。”又杜子野耒《贈陳宗之》云:“往年曾見
趙天樂,數説君家書滿床。成卷好詩人借看,盈壺名酒母先嘗。對
門欲見桐陰合,隔壁應聞芸葉香。老不愛文空手出,從今煩爲蓄仙
方。”又周晉仙文璞《贈陳宗之》云:“伊吾聲裏過年年,收拾旁行亦
可憐。頻嗅芸香心欲醉,爲尋脈望眼應穿。哦詩苦似悲秋客,收價

清於賣卜錢。吳下異書渾未就，每逢佳處輒流連。"又黃元易簡《秋懷寄陳宗之》云："秋聲四壁動，寒事日駸駸。紅剥林間子，青除架底陰。積閑殊有味，安拙本無心。獨愧陳徵士，賒書不問金。"又起編《江湖後集》二十二俞桂《謝芸居惠歙石廣香》云："家無長物祇書卷，又無良田惟破硯。寥寥此道人共嗤，君獨相憐復相善。鄴侯架上三萬籤，半是平生未曾見。一癡容借印疑似，留客談玄坐忘倦。探懷忽出片石方，雙池絲刷□□□。□□溪深古坑遠，論新品舊殊未遑。慷慨珍□意何永，更配番禺心字餅。歸來喜歡舉廢典，春雨書樓閟深静。手鈔羲經誤未刊，塵清商鬲灰久寒。使燒團煤炙雲母，旋滴清泉凝露溥。點朱塗黃細商榷，時有煙絲嫋風幕。心融終日游聖涯，恍若置身天禄閣。"又十五徐從善《呈芸居》云："生來稽古心，文士獨知音。世事隨年懶，詩愁入鬢深。夢抛三尺組，書敵幾籯金。何以謀清隱，湖山風月林。"又三周端臣《奉謝芸居清供之招》云："生平愧彼蒼，得飽非耘種。自揆蔑寸長，居然叨薄俸。竭來桂玉地，幸了藜藿奉。日昨訪芸居，見我如伯仲。劇談闢幽荒，妙論洗沈痛。呼僮張樽罍，芳醪啓春甕。乃約屏羶葷，初筵俱清供。珠櫻映翠莢，光色交浮動。佳境喜漸入，愷之未癡蠢。屬厭薦春萌，雋永咀秋蒭。黃獨復登俎，味借蜂蜜重。翻憐少陵翁，山雪入吟諷。早韭晚菘輩，吾家所售用。列品不自珍，而與友朋共。雕盤放手空，適口頗恣縱。日暮雨催返，虛窗結清夢。寄語五侯鯖，從兹勿勞送。"宗之雖一書估，而聲氣廣通。故詩獄賴鄭丞相之力，僅坐流罪，流後不久，即蒙赦還。據朱繼芳《挽芸居》云："不得來書久，那知是古人。近吟丞相喜，往事諫官嗔。身死留名在，堂空著影新。平生聞笛感，爲此一沾巾。"丞相當謂清之，諫官當謂李知孝興詩獄事。又《江湖後集》三周端臣《挽芸居》二首云："天地英靈在，江湖名姓香。良田書滿屋，樂事酒盈觴。字畫堪追晉，詩刊欲遍唐。音容今已矣，老我倍凄凉。""詩思閒逾健，儀容老更清。遽聞身染患，不見子成名。易簀終昏娶，求棺達死生。典型無復睹，空有淚如傾。"又黃文雷《挽芸居》云："海内交遊三十年，臨分我到卧床前。西湖一葉驚先落，淚盡秋風松下阡。長安道上細哦詩，如此相思更有誰。芸葉一窗千古在，好將事業付佳兒。"又釋芳庭《芸居秘校》五律云："世上名猶在，閒情豈足悲。自憐吟日少，誰恨識君遲。蘭閣人亡後，寒林月上時。十年青史夢，唯有老夫知。"合此數詩考之，陳起一生行實，可得其大概。其云"詩刊欲遍唐"者，今世所存書棚本《唐人詩集》，後題"臨安府棚北大街睦親坊陳道人書籍鋪"，亦云"陳宅書籍鋪"印行刊行者，多爲起所刊也。其云"不見子成名"，是稱陳解元之續芸，起死時尚未領解。其云"好將事業付佳兒"，是續芸已可繼其業矣。而獨不能定其爲陳思者，按思所著《寶刻叢編》前有紹定二年鶴山翁、紹定辛卯四年、陳伯玉二序。鶴山稱爲"鬻書人陳思"，陳伯玉則云"都人陳思，賣書於都市"。又有殘缺無撰人，序中存文數行，稱思曰"陳道人思"。又著《書苑菁華》二十卷，亦鶴山翁序，仍稱鬻書人陳思。思又著《書小史》十卷，前有謝愈修序，稱爲中都陳道人。思又著《海棠譜》三卷，百川學海本。題"錢唐陳思"。又著《小字錄》一卷，明萬曆己未沈弘正刻本。題銜云"成忠郎緝熙殿國史實錄院秘書搜訪"，則思曾爲殿院採書人。所著《寶刻叢編》前鶴山序在紹定二年，《海棠譜》自序在開慶改元，鶴山翁即魏了翁。《四庫全書提要》載《兩宋名賢小集》，爲陳思編者，前有魏了翁叙。此叙即以《書苑菁華》之鶴山翁僞改，知鶴山翁即了翁。據《瀛奎律髓》載趙師秀贈起詩方回附注云："予丁未至行在所，至辛亥凡五年，猶識其人，且識其子。今近四十年，肆毀人亡，不可見矣。"以回語推之，丁未爲宋理宗淳祐七年，遞下四十年，則在元世祖至元二十四年丁亥。回著《虛谷集》中有《丙申正旦壽牟獻之詩》，云與獻之同庚，回蓋生於理宗寶慶三年丁亥。丁未在行在識起時，方二十一歲。至元世祖至元丁亥，年六十一歲，是時宋亡已八年。《書苑菁華》鶴山序雖不題年月，以《鶴山文集》中《書鶴山書院始末》考之，書院建於寧宗開禧二年，丁本生父憂之時，自後遂稱鶴山，則此序作於臨安，應在理宗寶慶初年還朝後。《寶刻叢編》陳伯玉序題"紹定辛卯四年"。《書小史》謝愈修題"咸淳丁卯"，《海棠譜》自序題"開慶改元"，皆在理宗前後三十七年之間。是時思既官成忠郎，又與名賢往來，何以周端臣詩有"不見子成名"之語？如此則思非起子，不待辨而明矣。《天祿琳琅書目後編》五《宋板》類《書苑菁華》下云："陳思，臨安人。其子起，刊《江湖集》。"[二]顛倒前後,是又謬誤之尤。顧起、思同爲一時人,不獨起刻唐詩,思自著各書可以引據。如今世行顧刻《南宋群賢小集》稱陳起編,附刻《江湖後集》亦陳起編。而《四庫全書》著録《江湖小集》九十五卷云舊本題宋陳起編;《江湖後集》二十四卷云"宋陳起編,原本久佚,從《永樂大典》録出"。又《兩宋名賢小集》三百八十卷云"舊題宋陳思編,元陳世隆補,凡一百五十七家",與顧云"陳起編"者不合,且顧刻《小集》中有《端平詩雋》,則其子續芸編刻。朱繼芳《靜佳乙稿》中即有《挽芸居》詩,《江湖後集》有周端臣、黃文雷《挽芸居》詩,則非起編原本,自不待言。起自著《芸居乙稿》一卷,亦在其內。既有《乙稿》,宜有《甲稿》在前,何以附刻己書不完不備,可見世行《群賢》《江湖》諸集,屢經傳録,殘缺不全。《四庫全書》於《乙稿》外,搜采《永樂大典》,得詩五十餘首入《補遺》,或即《甲稿》之佚,未可知也。大抵臨安府棚北大街睦親坊陳宅書籍鋪,爲陳起父子所開。其云陳道人者,當屬之芸居。其云陳解元者,當屬之續芸。至於陳思,但賣書開肆及自刻所著書,世行宋書棚本各書,於思無與也。睦親坊在御街西首。宋周淙《乾道臨安志》二《坊市》:"左二廂:睦親坊、官巷。"又云:"樂衆坊、南棚巷,定民坊、中棚巷。"又施諤《淳祐臨安志》七《坊巷》:"城內左二廂:定民坊、中棚巷,睦親坊、宗學巷。"又潛説友《咸淳臨安志》十九《府城》:"左二廂:睦親坊、定民坊相對,俗呼宗學巷;定民坊、戒民坊相對,俗呼中棚巷。并在御街西首一帶。"吳自牧《夢粱録》七"禁城九廂坊巷"條:"左二廂所管坊巷,定民坊即中棚巷,睦親坊俗呼宗學巷。以上在御街西首一帶。"據此,知陳宅書鋪在御街西北,故其刻書印記稱"睦親坊南"。趙師秀贈詩云"門對官河水",葉紹翁贈詩云"官河深水綠悠悠",蓋即施《志》之所謂西河,南至旱河頭直、北至衆安橋止者也。

潛《志·京城圖》睦親坊與近民坊平列,中隔御街。御街之對面即戒民坊一帶。戒民坊一帶之後即御河。河有棚橋,故此一帶街巷皆以棚名。其街甚長,故分南棚、中棚兩巷,尾至棚北大街。施、周兩《志》屬錢唐縣界小河。棚橋睦親坊,明時猶存,屬仁和縣。明嘉靖己西沈朝宣《仁和縣誌》一《街巷》,東自義和坊,西自壽安坊,自南至北,中間一直大道,乃宋時御街。其街東自南至北轉西抵中正橋，其街西自南至北轉西抵中正橋。而戒民坊、睦親坊名隸屬於下。睦親坊下注：今立弼教坊，宋時有宗學。其時宗學多立如此。故近處多書坊，而陳姓尤盛。同時有臨安府鞔鼓橋南河西岸陳宅書籍鋪，刻《容齋三筆》十六卷，見《天禄琳琅》二[三]。《五筆》當刻全，此僅存《三筆》耳。又有臨安府洪橋子南河西岸陳宅書籍鋪者，刻唐李建勳《丞相集》二卷，見瞿《目》[四]。周《志·橋梁類》有洪橋、鞔鼓橋。施《志》城内西河有鞔鼓橋，無洪橋。潛《志》二《京城圖》亦止有鞔鼓橋，無洪橋。周《志》列洪橋於都亭驛橋、州橋二橋之後，阜民橋、過軍橋、通江橋諸橋之前。施《志》城内大河六部橋注云“舊稱都亭驛橋”，過軍橋注云“小堰門裏州橋”。州橋後有安永橋，注云“執政府前”。安永橋後有國清橋，國清橋後有通江橋。潛《志》圖六部橋後爲州橋，爲通江橋。疑安永橋即洪橋易名，國清橋即阜民橋易名。至潛修《志》時，二橋久廢，故不列於圖也。二陳疑起、思一家，惜不知其名字。他日倘於宋人詩文集說部遇之，當爲陳氏作世譜。如余氏勤有堂、萬卷堂之外，有勤德堂、雙桂書堂、余唐卿宅之類，豈非南宋閩、越書林兩大世家也耶。

【箋證】

［一］丁《志》卷三十二《集部·別集類》著録舊影宋本《汶陽端平詩雋》四卷，云：“按，文璞，字晉仙，陽穀人，有《方泉集》四卷。《提要》不詳其仕履。子弼，字伯弼，嘗手刊《端平集》十二卷行於世。寶祐丁巳菏澤李鼐和父序稱：‘伯弼十七八時，即博聞强記，侍乃翁晉仙，已好吟詠。而四十年間宦游吳、楚、江、漢，足跡所到，聲騰名振。但卷帙稍多，因摘其坦然者，兼集外所得者近二百首，目爲《端平詩雋》，續芸陳君書塾入梓，庶同好者，便於看誦’云。序後有‘臨安府棚北大街陳解元書籍鋪印’一條，猶不失宋時舊式。”

［二］瞿《目》卷十五著録《書院菁華》二十卷，云：“舊抄本。宋陳思撰，魏了翁序。思爲臨安書賈，亦喜撰述，嘗著《寶刻叢編》流傳於世，金石家稱之。是編輯漢、魏以來論書之説，雖標目未盡允當，而搜羅亦博，可供臨池之助，與朱樂圃《墨池編》相伯仲也。舊爲洞庭徐氏物，從宋刻傳録。末有萬曆七年徐玄佐跋。”

［三］《天禄琳琅書目》卷二《宋版子部》著録《容齋三筆》，云：“宋洪邁著，十六卷。陳振孫《書録解題》云：‘《容齋隨筆》《續筆》《三筆》《四筆》各

十六卷，《五筆》十卷。每編皆有小序，《五筆》未成書。'此《三筆》自序成於慶元二年，凡二百四十八則，目録後記'臨安府鞭鼓橋南河西岸陳宅書籍鋪印'。考《杭州府志》，鞭鼓橋，屬仁和縣境，今橋名尚沿其舊，與洪福橋、馬家橋相次，在杭州府城內西北隅。按，魏了翁《鶴山集·書苑菁華序》云：臨安鬻書人陳思，集漢魏以來論書者爲一編，最爲該博。又《南宋六十家小集》，亦陳思彙編，書尾皆識'臨安府棚北大街陳氏書籍鋪刊行'。方回《瀛奎律髓》載：陳起，睦親坊開書肆，自稱陳道人。起，字宗之，能詩，凡江湖詩人皆與之善，嘗刊《江湖集》以售。時又有賣書者號'小陳道人'。據此，則當時臨安書肆陳氏多有著名，惟陳思在大街，陳起在睦親坊，即今弼教坊，皆非鞭鼓橋之書鋪也。"

[四]瞿《目》卷十九《集部·別集類》著録宋刊本《李丞相集》，云："此亦書棚本，每半葉十行，行十八字。卷上末有'臨安府洪橋子南河西岸陳宅書籍鋪印'一行。"

南宋臨安陳氏刻書之二

陳思有從孫名世隆，字彥高者，著有《宋詩拾遺》二十三卷，陸《志》、丁《志》均有舊鈔本。陸云："世隆，字彥高，錢唐人。宋末書估陳思之從孫。順帝至正中，館嘉興陶氏，没於兵。所著詩文皆不傳，惟《宋詩補遺》八卷與《北軒筆記》一卷僅存。見《北軒筆記》所附小傳。今此本二十三卷完善無缺，尚是明人抄本，則小傳所云八卷，尚未見全書也。伏讀《四庫提要》云，'今《宋詩補遺》亦無傳本'，則是書之罕見可知。"[一]丁《志》又有舊鈔本《聖宋高僧詩選》三卷、《後集》三卷、《續集》一卷，錢唐陳起宗之編，末《宋僧詩補》三卷，乃宗之之孫彥高所輯。又精鈔本《增廣聖宋高僧詩選》五卷，錢唐陳起編。按，今顧刻止有起所編《增廣聖宋高僧詩選前集》一卷，板心題"僧甲"二字；《增廣聖宋高僧詩選後集》三卷，板心有"僧後上""僧後中""僧後下"字；《增廣聖宋高僧詩選續集》一卷，板心題"僧續"二字，核與丁《志》所載不同。而丁有《宋僧詩補》三卷，謂彥高爲起孫，亦屬誤記。丁於《宋詩拾遺》二十三卷云："世隆爲睦親坊書估陳氏之從孫行。"不名起，亦不名思，但混稱之曰陳氏,可知丁《志》不如陸《志》引據之有根,顧刻又不如舊鈔之完備[二]。聞《四庫全書》奉天行宮、浙江文瀾閣均有其全,惜不得好事者一鈔出之,重刻行世也。

【箋證】

〔一〕見陸《志》卷一一五《集部·總集類》。丁《志》卷三十八亦予著録《宋詩拾遺》二十三卷,云:"舊鈔本,錢塘陳世隆彥高選輯。世隆爲宋睦親坊書坊陳氏之從孫行,其選輯當代詩篇,猶承《江湖集》遺派,故題曰'拾遺'。嘗館嘉禾陶氏,至正間没於兵。厲樊榭撰《宋詩紀事》亦未見是書,其中失收甚多也。"

〔二〕《聖宋高僧詩選》《後集》《續集》《增廣聖宋高僧詩選》,丁《志》卷三十八《集部·總集類》俱有著録。

宋陳起父子刻書之不同

臨安書棚陳氏所刻書,每卷後均刻字一行,其文亦詳略不一。吾據宋李龏選周弼《汶陽詩雋序》,以稱"陳解元書籍鋪""經籍鋪"者,屬之起之子續芸。因推知單稱"陳道人""陳宅書籍鋪""經籍鋪"者,屬之起。以宋人書證宋時事,似乎不謬。姑就今所傳本見於藏書家志、記、目録、題跋者考之,有云"臨安府棚北睦親坊陳解元書籍鋪刊行"者,宋鄭清之《安晚堂集》七卷,見浙《録》、丁《志》影宋本,原十二卷,缺前五卷。《四庫》同[一]。宋林同《孝詩》一卷,見顧刻《小集》、吳《跋》、丁《志》。影宋鈔本[二]。宋林希逸《竹溪十一稿詩選》一卷、陳必復《山居存稿》一卷、劉翼《心游摘稿》一卷、李龏《梅花衲》一卷,見顧刻《小集》[三]。有云"臨安府棚北大街睦親坊南陳解元書籍鋪刊印"者,宋張至龍《雪林删餘》一卷,見顧刻《小集》[四]。有云"臨安府棚北大街陳解元書籍鋪印行"者,宋周弼《汶陽端平詩雋》四卷,見顧刻《小集》、丁《志》。舊影宋本。李龏《翦綃集》一卷,見顧刻《小集》[五]。有云"臨安府棚北睦親坊巷口陳解元宅刊行"者,唐《王建集》十卷,見繆《續記》。宋刻本[六]。有云"臨安府陳道人書籍鋪刊行"者,漢劉熙《釋名》八卷,見張《志》、宋刻本。

孫《記》、陸《志》。明仿宋刻本[七]。唐康駢《劇談録》二卷,見《四庫書目提要》。子部小説,影宋鈔本[八]。宋釋文瑩《湘山野録》三卷、《續》一卷,見黄《賦注》。元鈔補宋刻本[九]。宋鄧椿《畫繼》五卷,見《天禄琳琅後編》五。宋板類[一〇]。宋郭若虚《圖畫見聞志》六卷,見瞿《目》、黄《書録》。宋刻本[一一]。有云“臨安府陳道人書鋪刊行”者,宋孔平仲《續世説》十二卷,見張元濟藏書。影宋鈔本,“臨安府陳道人書鋪刊行”十字,爲隸書木牌記[一二]。有云“陳道人書籍鋪刊行”者,宋無撰人《燈下閒談》二卷,見瞿《目》《學部館目》。傳寫宋本[一三]。以上確爲續芸所刻。有云“臨安府棚北大街睦親坊南陳宅書籍鋪刊行”者,唐《韋蘇州集》十卷,《唐求詩》一卷,見楊《録》、宋刻本。丁《志》。明仿宋刻本[一四]。宋李龏《梅花衲》一卷,見瞿《目》。此别一本,與顧刻不同[一五]。劉過《龍洲集》一卷,見顧刻《小集》[一六]。有云“臨安府棚前睦親坊南陳宅書籍鋪刊行”者,唐《李群玉詩集》三卷、《後集》五卷,見張《志》、瞿《目》。影宋鈔本[一七]。有云“臨安府棚北大街陳宅書籍鋪刊行”者,宋姜夔《白石道人詩集》一卷,見孫《記補遺》影宋鈔本[一八]。宋王琮《雅林小稿》一卷,戴復古《石屏詩續集》四卷,見丁《志》。均影宋鈔本[一九]。有云“臨安府陳氏書籍鋪刊行”者,宋俞桂《漁溪詩稿》二卷,見丁《志》。影宋鈔本[二〇]。有云“臨安府棚北大街睦親坊南陳宅書籍鋪印”者,唐《張蠙詩集》一卷,見瞿《目》、舊鈔本。黄《賦注》。宋刻本[二一]。有云“臨安府棚北睦親坊南陳宅書籍鋪印”者,唐《周賀詩集》一卷,見瞿《目》、宋刻本。陸《志》、丁《志》。均影宋鈔本[二二]。李中《碧雲集》三卷,見張《志》、陸《志》。宋刻本[二三]。《唐女郎魚玄機詩》一卷,見黄《賦注》、宋刻本。丁《志》。影宋鈔本[二四]。按,是書嘉慶庚午雲間沈氏有仿刻本,光緒甲午元和江氏亦仿刻,己亥德輝又據宋本影刻。有云“臨安府睦親坊南棚前北陳宅書籍鋪印”者,宋陳允平《西麓詩稿》一卷,見顧刻《小集》[二五]。有云“臨安府棚前北睦親坊南陳宅經籍鋪印”者,梁《江文通集》十卷,見陸《續跋》。宋本[二六]。唐《李賀歌詩編》四卷、《集外詩》一卷,見瞿《目》。影宋鈔本[二七]。《孟東野詩集》十卷,見黄《記》、校宋舊鈔本。丁《志》、明弘治翻宋刻本。黄《續記》、明初墨格綿紙鈔本。陸《續跋》、陸《志》。毛氏影宋鈔本,每葉二十行,行十八字[二八]。韋莊《浣花集》十卷,見陸《續跋》宋刻本[二九]。有云

“臨安府棚北大街睦親坊南陳宅書籍鋪印行”者，唐《羅昭諫甲乙集》十卷，見楊《録》[三〇]。有云“臨安府睦親坊陳宅經籍鋪印”者，唐《朱慶餘詩集》一卷，見黃《賦注》、黃《書録》、瞿《目》。宋刻本[三一]。宋趙與時《賓退録》十卷，見劉喜海評本錢大昕《竹汀日記》、陸《志》、丁《志》、影鈔宋本。繆《記》。近已仿刻入《對雨樓叢書》中[三二]。有云“臨安府棚北大街陳宅書籍鋪印行”者，唐李咸用《李推官披沙集》六卷，見楊《志》、楊《譜》。宋刻本[三三]。宋岳珂《棠湖詩稿》一卷，見瞿《目》、影宋鈔本。丁《志》。宋刻本[三四]。宋高九萬《菊澗小集》一卷，戴復古《石屏詩續集》四卷，見顧刻《小集》[三五]。戴《集》，前丁《志》作“刊行”，恐係影鈔之誤。有云“臨安府棚北大街睦親坊南陳宅刊印”者，唐《常建詩集》二卷，見《天禄琳琅後編》六。宋刻本[三六]。以上確爲起所刻。蓋續芸所刻多説部、宋人集；起所刻多唐人集，以周端臣挽起詩“詩刊欲遍唐”之句，可取證也。至“道人”雖起、思二人之通稱，然二人刻書大有分別，且“道人”爲鬻書者之通稱，不必專爲思，亦不必專爲起。《瀛奎律髓》方回注，當時爲賈似道編管者，又一小陳道人。然則陳宅之起，不能混解元之續芸，亦顯然矣。《天禄琳琅》二於《容齋隨筆》下云：“陳思在大街，陳起在睦親坊，即今彌教坊。”[三七]此由未得盡見起父子所刻諸書，故爲此意度之詞耳。

【箋證】

　　[一]《浙江采集遺書總録》（以下簡稱“《浙録》”。）云：“《安晚堂集》十二卷，寫本，宋左丞相鄞縣鄭清之撰。案，《集》本六十卷，宋臨安陳解元刊本。此本原闕卷一之五。故《四庫》著録作‘七卷’，詳見《提要》。”又見丁《志》卷三十一《集部·別集類》：“《安晚堂詩集》七卷，影宋本。宋鄭清之撰，清之初名燮，字文叔，後改今名，字德源，鄞縣人。其庶母將臨蓐，三日甑鳴，嫡母欲不舉，嫂請於舅姑，乳之，貌鸞瘁且短小。嘉定四年進士，爲太學博士兼教授。寧宗崩，丞相史彌遠入，定策詔旨皆其手定。理宗即位，遷宗正寺丞。六年彌遠卒，清之爲右丞相，擢用正人，時號小元祐，時金雖亡而入洛之師大潰，上疏乞罷，不可，進左丞相兼樞密使，封申國公，進齊國公，追封魏郡王，謚忠定。安晚，其自號也。《集》本六十卷，乃臨安府棚北睦親坊陳解元書籍鋪刊行。宋刻久佚，此影鈔本，惟存第六卷至十二卷止，雖不全，亦

罕覯也。吳江金之俊《遊洞庭西山記》曰：'東明山有宋相鄭清之墓，古松二株，狀如虬龍。'"經查，《四庫全書總目提要》中未言明《安晚堂集》乃"臨安府棚北睦親坊陳解元書籍鋪刊行"。

[二] 顧修刻《南宋群賢小集》（以下簡稱"顧刻《小集》"。）著錄林同《孝詩》一卷，書後有木記"臨安府棚北大街睦親坊南陳解元宅書籍鋪刊行"一行。葉德輝引時多有疏誤，非原書之貌，故而分類亦不明晰。

吳壽暘《拜經樓藏書題跋記》（以下簡稱"吳《記》"。）卷五著錄《孝詩》，云："林同撰，一卷，劉克莊序。查初白先生從崑山徐氏借千頃堂鈔本傳錄。前有'臨安府棚北大街睦親坊南陳解元宅書籍鋪刊行'一條。初白先生記云：'此金陸黃氏千頃堂鈔本，乙丑，余客都下，會於俞邰，案頭見之，今歸玉峰季子。甲午九月借鈔畢附識，初白翁。'"又丁《志》卷三十一《集部》十《別集類》九著錄云："林同《孝詩》一卷，舊鈔，書棚本。同，字子真，福清人，寶章閣瓈之孫，寒齋高士公遇之嗣也。至元十三年，元兵至閩，執之，大罵不屈而死。其題壁詩云：'生爲忠義臣，死爲忠義鬼。草間足可活，吾不忍爲爾。諸君何爲者，自古皆有死云云。'。同妹亦死難。淳祐庚戌，劉克莊序曰：'同摭載籍以來孝於父母者，事爲一詩，詩具一意，各二韻二十字，積至三百首。起邃古迄叔季兼取，明天理未嘗泯也；自賢聖至夷狄異類並錄，見天性未嘗異也。事陳而意新，辭約而義溥，賢於煙雲月露之作遠矣。'劉序後有'臨安府棚北大街睦親坊南陳解元宅書籍鋪刊行'一條，末葉記宋版原本在錢塘吳石倉家。此從趙谷林處傳鈔，海内得傳鈔本者，惟揚州馬嶰谷、天津查心穀而已，乃松石先生題詞也。"

此外，丁《志》著錄汪魚亭藏影宋鈔本林同《孝詩》，亦有"臨安府棚北大街睦親坊南陳解元宅書籍鋪刊行"一條。

[三] 顧刻《小集》有宋林希逸《竹溪十一稿詩選》一卷，書後有"臨安府棚北大街睦親坊南陳解元宅書籍鋪刊行"一行。陳必復《山居存稿》一卷，序後亦有上述木記一行。劉翼《心游摘稿》一卷，書後有"臨安府棚北大街睦親坊南陳解元書籍鋪刊行"一行。李龏《梅花衲》一卷，序後有"臨安府棚北大街睦親坊南陳宅書籍鋪印"一行。

任按，臨安府棚北大街睦親坊刻書印記，諸著錄所載不盡相同，葉德輝混而一之，未當。

[四] 顧刻《小集》有宋張至龍《雪林刪餘》一卷，書前、後均有牌記云"臨安府棚北大街睦親坊南陳解元書籍鋪刊印"。

[五] 丁《志》卷三十二《集部》十一《別集類》十著錄舊影宋本《汶陽端平詩雋》，云："後有'臨安府棚北大街陳解元書籍鋪印'一條，猶不失宋時舊

式。"顧刻《小集》著録宋周弼《汶陽端平詩雋》書前、李龏《剪綃集》書後，印記同。

　　[六]繆《續記》卷六云："《王建集》十卷，宋刻本。唐王建撰。每半葉十行，行十八字。目録後有'臨安府棚北睦親坊巷口陳解元宅刊行'一行。目録首葉有'宋本'朱文腰圓印、'汪士鐘曾讀'朱文長方印，首葉有'湘雲館'朱文方印。"

　　[七]孫《記》卷一《宋版》著録《釋名》八卷，云："《館閣書目》云'漢徵士北海劉熙字成國撰，推揆事源釋號，致意精微'。《崇文總目》云'熙即物名以釋義，凡廿七目'。臨安府陳道人書籍鋪刊行六十字，每葉廿行，行廿字。"又，張《志》卷七《經部·小學類》和陸《志》卷十二亦著録，所言與孫《記》略同。

　　[八]《四庫全書總目提要》卷一百四十二《子部·小説家》著録《劇談録》，云："二卷，唐康駢撰。王定保《摭言》作'唐軿'，蓋傳寫之譌。《唐書·藝文志》作'康軿'，以其字駕言證之，二字義皆相合，未詳孰是。諸書引之皆作'駢'，疑亦唐《志》誤也。駢，池陽人，乾符四年登進士第，官至崇文館校書郎。是書成於乾寧二年，皆記天寶以來瑣事，亦間以議論附之，凡四十條，今以《太平廣記》勘之，一一相合，非當時全部收入，即後人從《廣記》鈔合也。此本末有'臨安府陳道人書籍鋪刊行'字，蓋猶影鈔宋本。"

　　[九]《百宋一廛賦注云》："文瑩《湘山》，元鈔未并。《揮塵》結衙，朝請明清。認諱《圖畫》，添序《茅亭》。津逮率爾，革秘之名。釋文瑩重雕改正《湘山野録》三卷，《續》一卷，每半葉九行，每行廿字，宋刻上卷三葉起至中卷二十三葉止，凡四十七葉，餘五十三葉元人補抄，有跋云：至正十九年六月十九日覽訖。殘本《揮塵後録》所存僅第一、第二兩卷，《三録》三卷全，每半葉十一行，每行廿字，卷首題'朝請大夫主管台州崇道觀汝陰王明清'一行。臨安府陳道人書籍鋪刊行本郭若虛《圖畫見聞志》六卷，每半葉十一行，每行廿字，遇宋諱皆闕筆，翻本不如是矣。黃休復《茅亭客話》十卷，每半葉九行，每行十八字，末有石京後序一篇。以上四種，皆經汲古毛氏刊入津逮中，然《湘山野録》斧季重用前本手勘者，今亦在予家，錯誤無慮數十百處也。其餘大率類是，故居士以爲秘書之名，即革之斯可矣。"

　　[一〇]《天禄琳琅書目後編》卷五《宋版子部》著録《畫繼》，云："序後有'臨安府陳道人書籍鋪刊行'字。按，方回《瀛奎律髓》注云：'陳起，睦親坊開書肆，自稱陳道人。'又云：'陳起宗之，能詩，凡江湖詩人皆與之善，刊《江湖集》以售。'"

　　[一一]瞿《目》卷十五《子部·藝術類》著録《圖畫見聞誌》，云："六卷，

元鈔本三卷,宋刊本三卷。宋郭若虛撰。前三卷係元人手錄,每半葉十四行,行廿四字。前有郭若虛自序,以明翻宋陳道人刊本校之,頗有不同。後三卷爲宋臨安府陳道人書籍鋪刊行本,每半葉十一行,行二十字,與明翻本行款悉同,惟'匡''貞''搆''購'等字皆闕筆,翻本則不盡然。其紙皆羅紋闊簾,信是宋刻宋印也。元鈔序、目補闕,爲秦西巖手筆,且有'楊夢羽氏'印,知爲吾鄉萬卷樓舊物。歷三百年復歸故地,雖失其半,而復得黃蕘圃氏以宋刊補之,既喜珠還,且成璧合矣。"又黃《書錄》:"予初蓄《圖畫見聞志》有一至三三卷,爲元人手鈔。後得翻宋本,質諸周香巖。香巖云:'余亦有一刻本,未知即是此本否?'及出以相示,而楮墨俱饒古氣,細辨字畫,遇宋諱皆闕筆,翻本不如是也。爰揭去舊時背紙,皆羅紋闊連而橫印者,始知爲宋刻宋印。以翻本行款證之,此即所謂臨安府陳道人書籍鋪刊行本也。爰從香巖乞得,與元鈔合裝,可稱雙璧矣。"此外,傅增湘《藏園群書經眼錄》卷七《子部》一著錄《圖畫見聞志》:"宋郭若虛撰,明翻宋本,十一行二十字。前郭若虛序,次標目。目後有'臨安府陳道人書籍鋪刊行'一行。"

[一二]宋孔平仲《續世說》,未見出於張元濟何書,俟考。

[一三]瞿《目》卷十七《子部·小説類》著錄舊鈔本《燈下閒談》,云:"二卷,不著撰人。各家書目未載,惟見《館閣書目》,所記皆唐及五代時異聞,當出宋人所作。目後有'陳道人書籍鋪刊行'一行,是宋時有刊本也。卷後屠守居士題識云:'崇禎甲戌借葉林宗本錄,仲昭所書。'"繆荃孫《學部圖書館善本書目·子部·小説類》著錄亦同。

[一四]楊《錄》卷四《集部》上著錄宋本《韋蘇州集》,云:"歲辛亥,獲此本於袁江。每半葉十行,行十八字。與余前收黃復翁藏本《唐山人詩》款式正合,即《百宋一廛賦注》所謂'臨安府睦親坊南陳氏書棚本'也。臨安陳氏書棚本,唐人集最多,在宋槧中亦最精善。"王紹曾考證曰:"此本係楊敬夫在天津出售二十六種之一,輾轉爲王獻唐所得,歸山東省立圖書館,題宋陳氏書棚本,經鑒定實爲明刻。現藏山東省博物館。"丁《志》卷二十四著錄《韋蘇州集》:"宋刊配元本,周松靄藏書。嘉祐元年,太原王欽臣取諸本校定十卷。此前四卷,宋刊本,每半葉十行,行十八字,當即棚本,行款乃項氏、席氏翻雕祖本。後六卷配元刊校點本。"

楊《錄》卷四《集部》上著錄《唐求詩》,云:"此本與《韋蘇州集》同一行式,皆臨安府棚北大街睦親坊南陳宅書籍鋪刊行,所謂書棚本是也。"王紹曾補曰:"此本散出後先歸周叔弢,轉歸北圖,《自莊嚴堪善本書目》《北京圖書館善本書目》均有記載。"亦見黃《記》卷五《集類·唐求詩》條。

[一五]瞿《目》卷二十一《集部·別集類》著錄《梅花衲》,云:"一卷,影

鈔宋本。宋李龏撰。龏有《翦綃集》，見《四庫書目》，皆集唐人之作，是編集唐、宋人詠梅詩成七言絕句百首。有劉宰序。卷末有'臨安府棚北大街睦親坊南陳宅書籍鋪刊行'一行，蓋從宋本傳録。"

　　[一六]顧刻《小集》著録劉過《龍洲道人詩集》一卷，書後有"臨安府棚北大街睦親坊南陳宅書籍鋪刊行"一行。

　　[一七]張《志》卷二十九《集部·別集類》著録《李群玉詩集》，云："三卷，《後集》五卷，影寫宋刊本。後有'臨安府棚前睦親坊南陳宅書籍鋪刊行'一行。"另，精鈔本《李群玉詩集》後亦有著録："後有'臨安府棚北大街睦親坊南陳解元宅經籍鋪印'兩行，蓋從宋刊本傳録者。"又，瞿《目》卷十九："《李群玉詩集》三卷，《後集》五卷，影鈔宋本。舊無題名，前有《進書表》《敕旨》《薦狀》《制詞》，後有'臨安府棚前睦親坊南陳宅書籍鋪刊行'一行，亦從士禮居所藏宋本影寫。黄氏云：'毛刻統前後爲三卷，亦非出自此本也。'"此外，錢曾《讀書敏求記》卷四之中亦著録《李群玉詩集》。章鈺校證曰："群玉字文山，澧州人。曠達不樂仕進，專以吟詩自適。詩筆妍麗，才力遒健。好吹笙弄筆翰。親友强赴舉，一上而止。裴休廉察湖南，延郡中。大中八年來京師，進詩三百首。休復論薦，授弘文館校書郎。《集》後附《進詩表》并《除官制廣記》，所載黄陵廟事甚異，絕句在焉。入《述古目》。〔補〕黄丕烈云舊鈔本。鈺案，瞿《目》藏士禮居影寫宋本，後有'臨安府棚前睦親坊南陳宅經籍鋪刊行'一行。宋本今藏江寧鄧氏群碧樓。"

　　[一八]孫星衍《平津館鑒藏書籍記補遺》（以下簡稱"孫《記》補遺"。）著録《白石道人詩集》，云："一卷。題鄱陽姜夔堯章，前有夔自序二首，不題年月姓名。序後有'臨安府棚北大街陳宅書籍鋪刊行'十四字，只從宋本影寫，附《補遺》一卷。末有俞蘭跋，引王漁洋《香祖筆記》，是近人所附，每葉廿行，行十八字。"

　　[一九]丁《志》卷三十《集部·別集類》著録《雅林小稾》，云："影鈔宋本。按，有《雅林小稾》選詩三首，即在是《集》。此卷後有'臨安府棚北大街陳氏書籍鋪刊行'一條。"又見，《石屏續集》四卷，影寫書棚本。後有"臨安府棚北大街陳宅書籍鋪刊行"二行，當爲袁廣微所選，陳芸居所刻。

　　[二〇]丁《志》卷三十著録澹生堂藏影鈔宋本《漁溪詩稿》，云："卷後題'臨安府陳氏書籍鋪刊行'，卷首有'山陰祁氏藏書'之章，'曠翁手識'圖記。"

　　[二一]瞿《目》卷十九《集部·別集類》著録舊鈔本《張蠙詩集》，云："案，《唐才子傳》：蠙，字象文，清河人。乾寧二年趙觀文榜進士及第，爲校書郎，調櫟陽尉，遷犀浦令，蜀王建開國，爲膳郎、員外郎，復爲金堂令，有詩

集二卷。此從宋本寫出，止有一卷。卷末有‘臨安府棚北大街睦親坊南陳宅書籍鋪印’一行。黃丈蕘圃云‘書棚本皆廿行，行十八字’，所見宋刻《唐人小集》皆如是。舊爲金孝章藏本。義門何氏得之，復以宋本校過。册首有‘俊明明懷’‘不寐道人’二朱記。”經查驗，《百宋一廛賦注》中未見述及“臨安府棚北大街睦親坊南陳宅書籍鋪印行”《張蠙詩集》，卻見“《朱慶餘集》一卷，每半葉十行，每行十八字，皆‘臨安府棚北大街睦親坊南陳宅書籍鋪印’記，所謂書棚本是也”。

[二二] 瞿《目》卷十九著録宋刊本《周賀詩集》，云：“此亦書棚本。每半葉十行，行十八字。卷末有‘臨安府棚北睦親坊南陳宅書籍鋪印’一行。義門何氏有手跋云：‘東海司寇所有宋槧唐人詩集五十餘家，悉爲揚州大賈項景原所得。此册經手人朱生乞以分潤。後歸憩閑堂主人，予之表舅也。知余嘗購之，因而輟贈。籤是王伯穀先生所題。壬辰冬日何焯記於賚研齋。’按，商務印書館《四部叢刊續編》影印本，家塾珂羅版影印本。”又見，陸《志》卷七十《集部·別集類》五著録：“《周賀詩集》影寫宋刊本。此本亦藏茂倫家，末後有‘臨安府棚北睦親坊南陳宅書籍鋪印’細字一行，確是宋版。”丁《志》卷二十五亦有著録，大意與陸《志》同，蓋相互傳抄耳。

[二三] 張《志》卷二十九《集部·別集類》著録《碧雲集》，云：“三卷，影寫宋刊本，目録後有‘臨安府棚北睦親坊南陳宅書籍鋪’印一行。”又，黃《記》卷五《集類》著録毛鈔本《碧雲集》三卷，曰：“予見毛刻《碧雲集》多闕文，及見宋刻，初不解毛氏何以有闕，適坊友以毛藏舊鈔來，始知毛刻據元本，故所闕如此。鈔本中多子晉手校字，可與宋本並儲，古香古色，益動人珍重前賢手跡之意。”陸《志》卷七十《別集類》四云：“《碧雲集》三卷，影寫宋刊本。目録後有‘臨安府棚北睦親坊南陳宅書籍鋪印’一行。”

[二四]《百宋一廛賦注》云：“《唐山人詩》一卷，《女郎魚玄機詩》一卷，《甲乙集》十卷，《許丁卯集》二卷；《朱慶餘集》一卷，每半葉十行，每行十八字，皆臨安府棚北大街睦親坊南陳宅書籍鋪印行，所謂書棚本是也。”又，丁《志》卷二十五《集部·別集類》：“《唐女郎魚玄機詩》一卷，影宋本。後有‘臨安府棚北睦親坊南陳宅書籍鋪印’一條，黃蕘圃得而取宋刊洪邁《唐人絕句》、韋穀《才調集》校其異同，又與薛濤詩《楊太后宮詞》合刻之。卷端有‘汪士鐘印’、‘閬源甫三十五’‘峰園主人所藏’三印，蓋即影寫棚本並繪元機小影於末。余按，嘉靖間唐詩百家有此一種，對看不差毫髮，後題元‘玄機善吟詠美風調，未免涉於多情而幽柔融雅，有足悲焉。婦人之集，其僅存者豈多見邪，予憫其無傳也，今刻之，惜蕘翁未之見也。’”

[二五] 顧刻《小集》有宋陳允平《西麓詩稿》一卷，書後有“臨安府睦親

坊南棚前北陳宅書籍鋪印”十六字。

[二六] 陸《續跋》卷十二南宋書棚本《江文通集跋》云：“行款字數，框格大小，又與臨安睦親坊陳宅本《孟東野集》《浣花集》同。當亦宋季臨安書鋪所刊，爲北宋以來相傳舊本，其題梁江文通者，必所刊晉、唐、六朝人集尚多，非一集故耳。較汪士賢本多《知己賦》一首，較張溥本多《蕭讓大傳揚州牧表》一首。此外，字句之間勝汪、張二本處甚多。七閣著錄未見此本，可見流傳之少矣。”

[二七] 瞿《目》卷十九著錄《歌詩編》，云：“四卷，《集外詩》一卷，影鈔宋本。題‘隴西李賀’。案，長吉詩，吳正子、錢遵王俱曰京師本無後卷，有者，鮑本也。又薛季宣曰蜀本無《外集》，宣城本有之。此述古堂影寫宋本，前有杜牧序，卷末有‘臨安府棚前北睦親坊南陳宅經籍鋪印’一行。寫手工整，楮墨如新，想見當日彭城氏之本，率精好如此。卷末有‘虞山錢曾遵王藏書’朱記。”此外，另見錢曾《讀書敏求記》卷四之中亦有著錄，章鈺校證曰：“《讀書志》卷數同。《直齋》作‘《李長吉集》一卷’。勞權云，恬裕藏遵王影宋鈔本，前有杜牧序，卷末有‘臨安府棚前北睦親坊南陳宅經籍鋪印行’一行。”

[二八] 黃《記》卷五《集類》著錄校宋舊抄本《孟東野詩集》十卷，云：“黃復翁於乾隆甲寅秋得小字宋刊《孟東野集》十卷於蔣賓嵋處，雖宋時已經修版，然在諸刻中爲最善。細校一過。又有舊鈔，黑格棉紙，首題《孟東野詩集》，結銜題‘山南西道節度參謀試大理評事平昌孟郊’，亦十卷，無總目，末題‘臨安府棚前北睦親坊南陳宅經籍鋪印’。”又見丁《志》卷二十五《集部》著錄《孟東野詩集》十卷，云：“明弘治仿宋刊本，黃蕘圃《百宋一廛》藏有北宋蜀本，每葉二十四行，行二十一字。陸存齋《儀顧堂續跋》載藏汲古閣影宋精本，題銜作‘平昌’，不作‘武康’，與此同。後有宋敏求題，題後有‘臨安府棚前北睦親坊南陳宅經籍鋪印’一行，前有目錄，每葉二十行，行十八字。此本亦前有目錄，後有宋敏求題，每葉二十行，行十八字，惟無‘臨安府棚前’一行耳，其爲翻雕棚本無疑。”黃丕烈《士里居藏書題跋續記》卷下末題“臨安府棚前北睦親坊南陳宅經籍鋪印，蓋亦從宋本錄出也。取對此刻，大同小異。”陸《續跋》卷十二影宋《孟東野集跋》云：“《孟東野詩集》十卷，題‘山南西道節度參謀試大理評事平昌孟郊’，後有宋敏求題。題後有‘臨安府棚前北睦親坊南陳宅經籍鋪印’一行，前有目錄，每葉二十行，每行十八字，版心有字數，汲古閣影宋精抄本。”

[二九] 陸《續跋》卷十二宋槧《浣花集跋》云：“《浣花集》十卷，題曰‘杜陵韋莊’，前有癸亥年六月九日莊弟韋藹序，宋諱有缺，有不缺，每葉二十

行,每行十八字,與臨安睦親坊陳宅本《孟東野集》行款匡格皆同,當亦南宋書棚本也。宋刊存卷四至十,前三卷黄蕘圃以影宋本抄補,每卷有'葉陽生'白文方印,後有陽生跋,每册有'士禮居'朱文方印,前後有蕘圃三跋、陸損之跋。"

[三〇]楊《録》卷四《集部》上著録宋本羅昭諫《甲乙集》,云:"每半葉十行,行十八字。卷首卷尾有木記云'臨安府棚北大街睦親坊南陳宅書籍鋪印行'。"此外,《百宋一廛賦注》亦有著録。

[三一]《百宋一廛賦注》著録《朱慶餘集》一卷,云:"每半葉十行,每行十八字,皆'臨安府棚北大街睦親坊南陳宅書籍鋪印'記,所謂書棚本是也。"亦見黄《書録》:"余所藏《朱慶餘詩集》有二本:一爲舊鈔本,而崇禎年間葉奕苞校者。一爲柳大中鈔本,而爲毛豹孫藏者。葉所據校,謂出於柳氏原本,悉用朱筆校正。然余以柳本核之,實多不合,未知葉所據云何也。宋刻間有墨釘,余所藏宋刻諸唐人集多如是,此《集》兩鈔本亦復然。此刻多爲妄人填補,因裱托在先,未便改易,明眼人讀之自辨可爾。書凡目録五葉,詩三十四葉,兩鈔本以'目終'二字寫於第四葉後,遂比宋刻少一葉,非詩有缺也。末有'臨安府睦親坊陳宅經籍鋪印墨書'一行,所云書棚本者。是書舊爲文氏藏本,故有玉蘭堂諸印,徐健菴、季振宜亦藏之,惟'張雋之印''一字文通'二圖記,余未知其人。"

瞿《目》卷十九著録《朱慶餘詩集》,云:"一卷,宋刊本。此南宋書棚本。卷末有'臨安府睦親坊陳宅經籍鋪印'一行。案,席刻《唐百家詩》亦有是《集》,行款相同,而校勘字句,此本實異。"

[三二]錢大昕《竹汀先生日記鈔》考證曰:"余得《賓退録》鈔本,卷十後有'臨安府睦親坊陳宅經籍鋪印'一行十二字,知爲影宋本過録者。前序蔣蜀瞻八分書。蔣名繼軾,號西圃,江南江都人,康熙癸巳進士,官編修。有璜川吳氏收藏圖書。吳名泰來,號企晉,江蘇太倉州人,官内閣中書,其藏書處曰璜川書屋。"陸《志》卷五十六《史部·雜家類》二著録影宋鈔本,顧千里、何義門校《賓退録》:"案,卷末有'臨安府睦親坊陳宅經籍鋪印'。"又見丁《志》卷十八著録《賓退録》:"前有自序云:'余里居待次,賓客日相過。平生聞見所及,喜爲客誦之,意之所至。賓退,或筆於牘,聞見滋久,不覺盈架,欲棄不忍,因稍稍傅益,析爲十卷,而題以《賓退録》。'後自續記云:'録中及近世諸公,或書謚,或書字,或書自號,不得已者,傍注其名,惟事涉君上,則直名之。蓋君前臣名之義,末有寶祐五年陳宗禮序,稱君字德行,嘗從慈湖先生問學。''臨安府睦親坊南陳宅經籍鋪印'一條在卷尾。"另,繆《記》中著録《賓退録》,并未言及"臨安府睦親坊南陳宅經籍鋪印"木記。

　　［三三］楊《志》卷十四著録宋槧本《李推官披沙集》，云："每半葉十行，行十八字。首有紹熙四年楊萬里序，序後有'臨安府棚北大街陳宅書籍鋪印行'，世謂之'府棚本'。蓋陳氏在臨安刊書最多而且精也。今觀此本，刻印雅潔，全書復完美無缺，信可寶也。《披沙集》，《四庫》未著録。據誠齋序，推挹甚至，當爲晚唐一作手。明朱警刻《百家唐詩》，稱皆以宋本裒刻，所收咸用詩，即據此本。行款亦同，唯删其卷首總目，其中間有墨丁、譌字。席氏《百唐詩集》又源于朱本，皆補填之，而誤字尤多。"另，楊《譜》卷十有"臨安府棚北大街陳宅書籍鋪印行"木記。

　　［三四］瞿《目》卷二十一《集部·別集類》著録《棠湖詩稿》，云："是書爲《宮詞》一百首，卷末有'臨安府棚北大街陳宅書籍鋪印行'小字二行。每半葉十行，行十八字。案，此書原刻本舊藏汲古毛氏，今在嘉興錢衎石給諫家，見其所題《寶真齋法帖詩》注，此影鈔本即出毛氏。紀文達疑爲厲樊榭作《北宋雜事詩》，而好事者僞託岳氏以傳，其説非也。"又見丁《志》卷三十一《集部》亦有著録，大意同瞿《目》。

　　［三五］顧刻《小集》有宋高九萬《菊澗小集》一卷，書後有"臨安府棚北大街陳宅書籍鋪印行"一行。又有戴復古《石屏續集》四卷，書後有"臨安府棚北大街陳宅書籍鋪印行"兩行。

　　［三六］《天禄琳琅書目後編》卷六著録《常建詩集》，云："上卷末刻'臨安府棚北大街睦親坊南陳宅刊印'，即陳道人書坊也。《唐書·藝文志》載《建集》一卷，《書録解題》尚仍之。此本乃陳起宗之書肆所鐫，作二卷，蓋其所分。近毛晉汲古閣所刊乃三卷，其爲元明人所分，不可考矣。明楊士奇家藏。"

　　［三七］見《天禄琳琅書目》卷二著録《容齋三筆》條。

書林清話箋證卷三

宋司庫州軍郡府縣書院刻書

宋時官刻書有國子監本，歷朝刻經、史、子部見於諸家書目者，不可悉舉，而醫書尤其所重。如王叔和《脈經》《千金翼方》《金匱要略方》《補注本草》《圖經本草》五書，於紹聖元年牒准奉聖旨開雕，於三年刻成。當時所謂小字本，今傳者有《脈經》一種，見阮《外集》[一]。紹興年間重刊，仍發各州郡學售賣。既見其刻書之慎重，又可知監款之充盈。天水右文，固超逸元、明兩代矣。此外有：

崇文院本。咸平三年刻《吳志》三十卷，見黃《記》、陸《志》[二]。天聖二年刻《隋書》八十五卷，見陸《志》[三]。天聖中刻《齊民要術》十卷，見楊《志》[四]。存殘本三卷。天聖七年准敕雕造孫奭等《律文》十二卷、《音義》一卷，見阮《外集》、瞿《目》。影鈔宋本[五]。寶元二年刻賈昌朝《群經音辨》七卷，見彭《跋》[六]。

秘書監本。元豐七年趙彦若校刻《張邱建算經》三卷，唐王孝通《緝古算經》一卷，見《四庫書目提要》[七]。

德壽殿本。刻劉球《隸韻》十卷，見阮《外集》。云："第十卷末行有'御前應奉沈亨刊'七字。董其昌定爲德壽殿本，似未真確。"德輝按，董說是也，沈亨當是御前供奉刻字匠人[八]。

左廊司局本。淳熙三年刻《春秋經傳集解》三十卷，見《天禄琳琅後編》三、陳鱣《簡莊隨筆》[九]。後刻印記云："淳熙三年四月十七日，左廊司局内曹掌典秦玉楨等奏聞：《壁經》《春秋》《左傳》《國語》《史記》等書，多爲蠹魚傷牘，不敢備進上覽。奉敕用棗木、椒紙各造十部，四年九月進覽。監造臣曹棟校梓，司局臣郭慶驗牘。"

兩浙東路茶鹽司本。熙寧二年刻《外臺秘要方》四十卷，見黃

《書録》、陸《志》、陸《跋》[一〇]。紹興三年刻《資治通鑑》二百九十四卷,見瞿《目》、丁《志》[一一]。刻揚雄《太玄經》十卷,見《四庫書目提要》[一二]。紹興丙辰,六年。刻《事類賦》三十卷,見楊《譜》[一三]。無年號刻《唐書》二百卷,見黃《書録》、瞿《目》。宋刻殘本[一四]。

兩浙西路茶鹽司本。紹興辛未,二十一年。刻《臨川王先生文集》一百卷,見瞿《目》、宋刻本。丁《志》。元刊本[一五]。

兩浙東路安撫使本。乾道戊子,四年。洪适刻《元氏長慶集》六十卷,見陸《志》、丁《志》。明仿宋本[一六]。

浙東庾司本。無年號刻桑世昌《蘭亭考》十二卷,見瞿《目》。影鈔宋本[一七]。

浙右漕司本。劉敏士刻劉牧《易數鈎隱圖》三卷,附《遺論九事》一卷,見《四庫書目提要》[一八]。

浙西提刑司本。淳熙己亥,六年。刻《作邑自箴》十卷,見瞿《目》、繆《續記》。影鈔宋本,云卷末有“淳熙己亥中元浙西提刑司刊”一行[一九]。

福建轉運司本。紹興十七年刻《太平聖惠方》一百卷,見丁《志》[二〇]。依宋刻鈔本,云:“太平興國三年,内出親驗名方千餘首,更詔醫局各上家傳方書,命王懷隱等校勘編類,淳化三年書成。”紹興中刻本,末載:福建路轉運司命將國子監《太平聖惠方》一部,一百卷,二十六册,計三千五百三十九版,對證内有用藥分兩及脱漏差誤共壹萬餘字,各已修改開版,並無譌舛,於本司公使庫印行。紹興十七年四月日。次列校刊各官名。

潼州轉運使(任按,“使”當作“司”。)本。淳熙乙巳,十二年。刻大字本《三國志》,見豐道生《真賞齋賦》。未詳卷數[二一]。

建安漕司本。紹興癸酉,二十三年。黃訥刻其父伯思《東觀餘論》不分卷,每葉二十行,每行二十字。見傅沅叔增湘藏書[二二]。嘉定庚午,三年。刻黃伯思《東觀餘論》二卷,見孫《記》。明項篤壽萬卷堂仿宋刻本,云後有“建安漕司刻梓”六字[二三]。開慶改元,湯漢刻《西山先生真文忠公讀書記甲集》三十七卷,《乙集》十六卷、《丁集》八卷,見陸《志》[二四]。

福建漕司本。無年號吳堅刻《胡子知言》一卷、《後録》一卷,見《天禄琳琅》六。元翻宋本[二五]。《張子語録》三卷、《後録》三卷,《龜山先生語録》四卷、《後録》二卷,見瞿《目》。云卷末有“後學天台吳堅刊於福建漕治”二行[二六]。

淮南東路轉運司本。淳祐庚戌,十年。刻徐積《節孝先生文集》

三十卷,見《天禄琳琅後編》六。前有王夬亨序,結銜稱"淮南東路提點刑獄公事兼淮南東路轉運判官"[二七]。

荆湖北路安撫使本。紹興十八年,刻《建康實録》二十卷,見張《志》、楊《録》、陸《志》、丁《志》。明影宋本[二八]。

湖北茶鹽司本,亦稱湖北庚司本。慶元二年修、淳熙二年補刻紹熙茶鹽提舉司本《漢書》一百二十卷,見錢《日記》、陸《志》、陸《跋》[二九]。

廣西漕司本。紹聖三年,刻王叔和《脈經》十卷,見楊《志》[三〇]。

江東倉臺本。淳熙庚子,七年。刻洪适《隸續》二卷,見《四庫書目提要》。云:"乾道戊子,始刻十卷於越。淳熙丁酉,范成大又爲刻四卷於蜀。其後二年己亥,德清李彥穎又爲增刻五卷於越。其明年庚子,尤袤又爲刻二卷于江東倉臺。輦其版歸之越,前後合爲二十一卷。"[三一]

江西計臺本。淳熙八年,錢佃刻《荀子》楊倞注二十卷,見黃《書録》[三二]。

江西漕臺本。淳熙九年,尤袤刻荀悦《申鑒》一卷,見陸《志》。明翻宋本[三三]。邱宗卿刻《吕氏家塾讀詩記》三十二卷,見《天禄琳琅後編》二、瞿《目》[三四]。

淮南漕廨本。嘉定乙亥,八年。王大昌刻錢文子《補漢兵志》一卷,見鮑廷博知不足齋重刻本[三五]。

廣東漕司本。寶慶乙酉,元年。刻《新刊校定集注杜詩》三十六卷,見《天禄琳琅》三、黃《賦注》、黃《書録》、瞿《目》。云即陳氏《書録》所謂福清曾噩刻板五羊漕司載爲善本者也,每卷末有"寶慶乙酉廣東漕司鋟梓"及校勘各官銜名[三六]。

江東漕院本。紹定辛卯,四年。趙善湘刻衛湜《禮記集説》一百六十卷,見毛《目》、影鈔宋本。《四庫書目提要》、丁《志》。影宋鈔本[三七]。

江西提刑司本。嘉定壬申,五年。刻洪邁《容齋隨筆》十六卷,《續筆》十六卷,《三筆》十六卷,《四筆》十六卷,《五筆》十卷,見陸《志》[三八]。明會通館活字本。

以上各本,皆可稱爲:

公使庫本。元符改元,蘇州公使庫刻朱長文《吳郡圖經續記》三卷,見黃《書録》[三九]。云紹興四年孫佑補葺。宣和四年,吉州公使庫刻歐陽文忠《六一居士集》五十卷,又《續刻》五十卷,見《天禄琳琅》三^[四〇]。紹興十九年，明州公庫刻《騎省徐公集》三十卷，見張《志》、陸《志》。校宋鈔本^[四一]。紹興戊寅，二十八年。沅州公使庫刻孔平仲《續世説》十二卷，見阮《外集》^[四二]。淳熙三年，舒州公使庫刻曾穜《大易粹言》十二卷，見《四庫書目提要》《天禄琳琅後編》二^[四三]。淳熙四年，撫州公使庫刻《禮記鄭注》二十卷，見楊《録》，嘉慶丙寅張敦仁翻刻^[四四]。附《釋文》四卷，見瞿《目》、顧《集》^[四五]。淳熙六年，舂陵郡庫刻《河南程氏文集》十卷，見陸《志》。明刊本^[四六]。淳熙七年，台州公庫刻《顔氏家訓》七卷，見錢《日記》、黄《書録》。廉臺田家刻本^[四七]。淳熙八年，台州公使庫刻《荀子》二十卷，見森《志》。光緒乙酉，黎庶昌《古逸叢書》翻刻^[四八]。淳熙九年，信州公使庫刻李復《潏水集》十六卷，見丁《志》。舊鈔本^[四九]。淳熙十年，泉州公使庫印書局刻《司馬太師温國文正公傳家集》八十卷，見瞿《目》、黄《記》^[五〇]。淳熙十四年，鄂州公使庫刻《花間集》十卷，見楊《録》。已翻刻^[五一]。凡此皆支領庫錢所刻也。

各州軍郡府縣亦然。故有：

州軍學本。天聖七年，江陰軍學刻《國語》韋昭注二十一卷，宋庠《國語音》三卷，見陸《志》、陸《跋》。嘉慶五年，黄丕烈士禮居已仿刻，但未刻《音》^[五二]。紹興十年，宣州軍州學刻梅聖俞《宛陵集》六十卷，見陸《志》。明翻宋本^[五三]。紹興十七年，黄州州學刻王禹偁《小畜集》三十卷，見陸《志》。明影宋本^[五四]。又婺州州學教授沈斐校刻蘇洵《嘉祐集》十六卷，見《四庫書目提要》、瞿《目》、楊《録》、陸《跋》。校宋鈔本^[五五]。紹興二十一年，惠州軍州學刻《眉山唐先生文集》三十卷，見陸《志》。舊鈔本^[五六]。紹興壬申，二十二年。撫州州學刻謝薖《竹友集》十卷，見《四庫書目提要》^[五七]。云州守趙士鵬勒其書於學宫。紹興二十七年，南劍州州學刻孫甫《唐史論斷》三卷，見《四庫書目提要》《天禄琳琅後編》八^[五八]。又廬州州學刻《孝肅包公奏議集》十卷，見張《志》、明刊本。瞿《目》。明崇藩刻本^[五九]。乾道初元，建昌軍學刻黄裳《演山集》六十卷，見《四庫書目提要》、云裳之季子玠裒輯，建昌軍教授廖挺校訂刻。陸《志》。影宋鈔本^[六〇]。乾道二年，揚州州學教授湯修年刻沈括《夢溪筆談》二十六卷，見陸《志》^[六一]。乾道四年，興化軍學教授蔣邕校刻《蔡忠惠集》三十六卷，見《四庫書目提要》^[六二]。乾道七年，衢州軍州學刻王溥《五代會要》三十卷，見陸《志》。影宋鈔本^[六三]。邵武軍學刻廖剛《高峰集》十二卷，見陸《志》。舊鈔本^[六四]。淳熙二年，撫州軍學刻《謝幼槃集》十卷，見陸《志》。舊鈔本^[六五]。淳熙三年，泉州軍州學刻沈與求《沈忠敏公龜溪集》十二卷，見陸《志》。明刊本^[六六]。淳熙辛丑，八年。泉州軍州學刻程大昌《演繁露》六卷，見《天禄琳琅》二^[六七]。又潭州州學刻賈誼《新書》十卷，見陸《志》。明翻宋本^[六八]。淳熙乙巳十二年。至丁未，十四年。全州軍州學刻《集韻》十卷，見森《志》、楊《志》^[六九]。淳熙丙午，十三年。嚴州州學刻《唐柳先生集》四十五卷，《外集》一卷，《附錄》一卷，嘉定改元重刻。見森《志》^[七〇]。又象州軍州學刻慕容彦逢《摘文堂集》十五卷，見陸《志》。傳鈔閣本^[七一]。紹熙壬子，三年。高郵軍學刻秦觀《淮海集》四十九卷，見《天禄琳琅後編》七^[七二]。慶元庚申，六年。建昌軍學南豐縣主簿林宇沖刻《樂書》二百卷，見森《志》^[七三]。嘉定改元，台州州學刻林師蒧《天台前集》三卷，嘉定十六年，刻林民表《別編》一卷，《拾遺》一卷。淳祐戊申，刻《續集》二卷，庚戌刻《補遺》一卷，合前三卷。又《拾遺》一卷，《別編》一卷。見陸《志》^[七四]。嘉定壬申，五年。沈圻刻《范忠宣集》二十卷，見陸《志》、陸《續跋》^[七五]。嘉定丙子，九年。興國軍學刻《春秋經傳集解》三十卷，附陸德明《音義》五卷，聞人模《經傳識異》三卷，見《天禄琳琅》一、楊《志》、楊《譜》^[七六]。嘉定甲申，十七年。武岡軍軍學刻《溫國文正司馬公文集》八十卷，見黃《記》^[七七]。紹定癸巳，六年。臨江軍學刻《朱文公校正昌黎先生集》四十卷，《外集》十卷，《遺文》一卷，見《天禄琳琅後編》六^[七八]。端平元年，臨江軍學刻張洽《春秋集注》十一卷，見《天禄琳琅後編》三^[七九]。淳祐三年，袁州軍學刻程公說《春秋分紀》九十卷，附《例要》，其弟公許刻。見陸《志》。舊鈔本^[八〇]。開慶元年，福州州學刻《西山真文忠讀書記甲集》三十六卷，《乙集》下二十卷，《丁集》八卷，見《四庫書目提要》、陸《跋》^[八一]。云板心有“延祐五年補刊”六字及刊工名。德輝按，見前建安漕司本下，據陸《志》載入，與此實同一刻本。景定甲子，五年。淮安州學刻徐積《節孝先生集》三十卷，見《四庫書目提要》、陸《志》。明刊本^[八二]。咸淳辛未，七年。邵武軍學補修，乾道七年，刻廖剛《高峰集》十二卷，見陸《志》。舊鈔本^[八三]。無年號衢州州學刻《三國志》六十五卷，見陸《志》[八四]。贛州州學張之綱刻《文選》六十卷，見《天禄琳琅》十、又《後編》七、瞿《目》、朱《目》、丁《志》、明嘉靖己酉袁褧嘉趣堂仿宋刻本。陸《志》。宋本[八五]。袁州軍學萍鄉主簿主管學事江泰刻小字本《漢書》一百二十卷，見森《志》[八六]。

郡齋本。嘉祐四年，姑蘇郡齋王琪刻《杜工部集》二十卷，附《補遺》，見陸《志》。毛鈔影宋本[八七]。宣和五年，舂陵郡齋刻《寇萊公詩集》三卷，見陸《志》。隆興元年重刻，鮑淥飲校本[八八]。紹興元年，會稽郡齋刻鮑彪《戰國策》十卷，見《天禄琳琅》二[八九]。紹興四年，高郵郡齋刻孫覺《春秋經解》十五卷，慶元改元，張顔補刻，周麟之跋。嘉定丙子補刻，楊時序。見陸《跋》。鈔本[九○]。臨川郡齋詹大和刻王安石《臨川集》一百卷，見《四庫書目提要》[九一]。紹興二十八年，宣州郡齋樓炤刻《謝宣城集》五卷，嘉定十三年洪伋重刻。見《天禄琳琅》三[九二]。紹興三十一年，贛郡齋刻陳襄《古靈先生集》二十五卷，《年譜》一卷，《附録》一卷，見瞿《目》、陸《志》[九三]。隆興二年，盱江郡齋刻鄭俠《西塘集》二十卷，見陸《跋》。明刻十卷本[九四]。乾道丙戌，二年。泉南郡齋刻宋《孔傳六帖》二十卷，見《天禄琳琅後編》五[九五]。吳郡齋刻呂本中《東萊先生詩集》二十卷，見丁《志》。舊鈔本[九六]。乾道三年，澂江郡齋刻《宣和奉使高麗圖經》四十卷，見丁《志》。舊鈔本[九七]。潙山郡齋刻《增廣注釋音辨唐柳先生集》四十三卷，《別集》二卷，《外集》二卷，《附録》一卷，見《天禄琳琅》六、陸《志》[九八]。鄱陽郡齋刻《范文正公集》二十卷，《別集》四卷，《尺牘》二卷，見陸《志》[九九]。九江郡齋刻鄭俠《西塘集》二十卷，見陸《志》。明刻本[一○○]。乾道庚寅，六年。刻《集驗方》五卷，見瞿《目》、宋刊本。陸《志》。影宋鈔本[一○一]。婺州郡齋李衡自刻《周易義海撮要》十二卷，見《四庫書目提要》[一○二]。乾道辛卯，七年。姑熟郡齋刻《傷寒要旨》一卷，《藥方》一卷，見黃《賦注》、黃《書録》[一○三]。乾道壬辰，八年。姑熟郡齋刻楊侃《兩漢博聞》十二卷，見瞿《目》、舊鈔本。丁《志》、明翻宋本。楊《録》[一○四]。淳熙乙未，二年。建安郡齋韓元吉刻《大戴禮記》十三卷，見《天禄琳琅後編》二、丁《志》。元翻宋本[一○五]。淳熙丙申，三年。張杅守桐川，用蜀小字本《史記》改中字本，重雕於廣德郡齋。越二年，趙山甫蒞郡，取褚少孫所續別爲一帙。至辛丑，八年。澄江耿秉始次其卷第，合而印之：見陸《志》、陸《跋》、楊《録》[一〇六]。括蒼郡齋刻劉安世《元城先生盡言集》十三卷，見張《志》、陸《志》。均明刊本[一〇七]。淳熙六年，吳興郡齋刻《魏鄭公諫録》五卷，見瞿《目》。舊鈔本[一〇八]。筠陽郡齋蘇詡刻蘇轍《欒城集》八十四卷，見《天禄琳琅》三[一〇九]。開禧三年丁卯蘇森重刻本。淳熙八年，池陽郡齋尤袤刻《文選》李善注六十卷，《考異》一卷，見陸《志》、《志》止《考異》一種，尤跋并及全書。瞿《目》[一一〇]。宋刊殘本二十九卷，《考異》一卷。《文選雙字》三卷、《昭明太子集》五卷，見《天禄琳琅後編》六、宋刊本。陸《志》、明仿宋本。丁《志》。寫本[一一一]。淳熙甲辰，十一年。南康郡齋朱端章自刻《衛生家寶産科備要》八卷，見錢《日記》、黃《記》、黃《賦注》、黃《書録》、瞿《目》、均宋刊本。陸《志》。影宋鈔本[一一二]。紹熙改元，襄陽郡齋吳琚刻《襄陽耆舊集》一卷，見張《志》、陸《志》。明五雲溪活字本[一一三]。紹熙辛亥，二年。會稽郡齋刻鮑彪《戰國策校注》十卷，見瞿《目》。云卷末有紹興辛亥括蒼王信刻板跋。德輝按，紹興辛亥爲元年，據彪《自序》，書成於紹興十七年，安有書未成而有刻板之理，則"紹興"明爲"紹熙"之誤[一一四]。紹熙壬子，三年。邵陽郡齋胡澄刻賀鑄《慶湖遺老詩集》九卷，《拾遺》一卷，《補遺》一卷，見張《志》。舊鈔本[一一五]。南康郡齋曾集刻《陶淵明集》一卷，無四八目。見瞿《目》[一一六]。紹熙四禩，高郵郡齋刻龍學孫公《春秋經解》十五卷，見陸《志》。舊鈔本，有嘉定丙子郡守汪綱跋[一一七]。慶元乙卯，元年。邵陽郡齋黃沃刻其父公度《知稼翁集》十二卷，見陸《志》、繆《續記》。影宋鈔本[一一八]。慶元丙辰，沔陽郡齋刻王璆《續添是齋百一選方》二十卷，見陸《志》。日本仿宋刊本[一一九]。慶元三年，臨汀郡齋刻陳襄《使遼語録》一卷，見陸《志》。明鈔本，後有襄孫曄跋云，附《先正文哲公家集》二十五卷後[一二〇]。慶元己未，五年。全州郡齋陳虔英刻吳仁傑《兩漢刊誤補遺》十卷，見《四庫書目提要》[一二一]。慶元六年，四明郡齋刻陳舜俞《都官集》十四卷，見陸《志》。傳鈔閣本[一二二]。潯陽郡齋刻《方言》十三卷，見陸《續志》。影宋鈔本[一二三]。懷安郡齋刻《唐詩紀事》八十一卷，見《天禄琳琅》九[一二四]。嘉泰辛酉，元年。筠陽郡齋刻米芾《寶晉山林集拾遺》八卷，《詩》四卷，《寶章待訪録》一卷，《書史》一卷，《畫史》一卷，《硯史》一卷。見楊《録》、宋刊本。丁《志》、陸《志》。影宋鈔本[一二五]。嘉泰甲子,四年。新安郡齋沈有開刻吕祖謙《皇朝文鑑》一百五十卷,見張《志》、舊鈔本。瞿《目》、陸《志》、陸《續跋》。宋刊本[一二六]。開禧乙丑,元年。南劍郡齋葉筠刻《石林春秋傳》二十卷,見浙《録》[一二七]。開禧丙寅,二年。天台郡齋葉筬刻《石林奏議》十五卷,見黃《賦注》、黃《書録》,云末有跋云:“叔祖左丞,蓋以文學被遇三朝,爰自禁塗,寖登二府,此《奏議》之所獻納論思也。”又云:“頗多總集不載,往往□見者,爲之興歎。因鋟木天台郡□以廣其傳。末題‘開禧丙寅六月既望,姪孫朝奉大夫改差權知台州軍州兼管内勸農事借紫筬謹書’。”[一二八]又新安郡齋趙彦衛自刻《雲麓漫鈔》十五卷,見陸《志》。影宋鈔本[一二九]。嘉定戊辰,元年。永嘉郡齋施柣刻陳傅良《止齋集》五十二卷,見陸《志》、丁《志》。均明翻宋本[一三〇]。嘉定庚午,三年。高郵郡齋汪綱刻陳旉《農書》三卷、秦觀《蠶書》一卷,見《天禄琳琅》二[一三一]。嘉定辛未,四年。宜春郡齋刻《唐摭言》十五卷,見丁《志》。舊鈔本[一三二]。□□郡齋刻林鉞《漢雋》十卷,見瞿《目》[一三三]。嘉定壬申,五年。永嘉郡齋刻陳傅良《止齋集》四十卷,見張《志》、陸《志》、丁《志》。明正德改元刻本[一三四]。鄱陽郡齋重修、乾道丁亥三年。刻《范文正公集》二十卷、《別集》四卷、《尺牘》二卷,見陸《志》。是年并刻《范忠宣公集》,丁《志》有殘宋刻本五卷[一三五]。嘉定癸酉,六年。泉州郡齋刻《梁溪先生集》一百八十卷,《附録》六卷,見陸《志》。鈔本[一三六]。舒州郡齋張嗣古修補淳熙三年舒州公使庫曾穜《大易粹言》十卷,見《四庫書目提要》[一三七]。□貢郡齋刻朱子《楚辭集注》八卷,《辨證》二卷,見瞿《目》[一三八]。嘉定甲戌,七年。真州郡齋刻陳旉《農書》三卷、秦觀《蠶書》一卷,見陸《志》。鈔本[一三九]。嘉定十一年,衡陽郡齋刻胡致堂《讀史管見》三十卷,見瞿《目》、陸《跋》[一四〇]。嘉定庚辰,十三年。春陵郡齋刻張浚《紫巖易傳》十卷,見陸《志》。舊鈔本[一四一]。嘉定癸未,十六年。新安郡齋刻葉適《習學記言》五十卷,見張《續志》[一四二]。鄱陽郡齋、會稽郡齋合刻洪邁《唐人萬首絶句》一百一卷,見《天禄琳琅後編》七[一四三]。嘉定甲申,十七年。新安郡齋汪綱刻《吳越春秋》十卷,見張《志》。影宋鈔本[一四四]。刻《越絶書》十五卷,見張《志》、瞿《目》、陸《志》、陸《續跋》。明翻宋本[一四五]。寶慶丙戌,二年。建安郡齋葉岜刻曾慥《類説》六十卷,見張《志》、陸《志》。明鈔本[一四六]。寶慶丁亥,三年。南劍州郡齋刻《朱文公校昌黎先生文集》四十卷,《外集》十卷,《集傳》一卷,《遺文》一卷,見陸《志》。宋麻沙坊刻本[一四七]。紹定元年,台州郡齋陸遹刻其父游《老學庵筆記》十卷,見丁《志》。明刊本[一四八]。嚴州郡齋刻潘閬《逍遥詞》一卷,見陸《志》。舊鈔本[一四九]。紹定己丑,二年。婺州郡齋刻吕本中《童蒙訓》三卷,見瞿《目》。末有墨圖記云:"紹定己丑,郡守眉山李埴,得此本於詳刑使者東萊吕公祖烈,因鋟木於玉山堂,以惠後學。"[一五〇]端平初元,新安郡齋重修,嘉定壬午,十五年。補修,嘉泰甲子沈有開刻《皇朝文鑑》一百五十卷,見陸《志》、陸《續跋》[一五一]。九江郡齋趙善璙自刻《自警編》不分卷,見《天禄琳琅後編》五、陸《志》、陸《集》[一五二]。淳祐三年,宜春郡齋即袁州軍學本,已見前。程公許刻其兄公説《春秋分紀》九十卷,見《四庫書目提要》《天禄琳琅》一[一五三]。淳祐九年,衢州郡齋游鈞刻晁公武《郡齋讀書志》二十卷,見丁《志》。述古堂鈔本[一五四]。又莆田郡齋刻劉克莊《後村居士集》五十卷,見陸《志》[一五五]。淳祐壬子,十二年。當塗郡齋馬光祖刻《四書章句集注》二十六卷,見瞿《目》[一五六]。寶祐元年,廬陵郡齋刻楊仲良《皇朝通鑑紀事本末》一百五十卷,見阮《外集》、丁《志》。鈔本[一五七]。寶祐丙辰,四年。臨川郡齋刻謝采伯《密齋筆記》五卷,《續》一卷,見張《志》、鈔本。陸《志》。傳鈔閣本[一五八]。寶祐五年,嚴陵郡齋刻袁樞《通鑑紀事本末》四十二卷,見瞿《目》。云"淳熙小字本編二百九十卷,此大字本,乃汴梁趙與籌重併卷第[一五九]"。咸淳己巳,五年。崇陽郡齋刻張詠《乖崖先生文集》十二卷,見黃《賦注》、黃《書録》[一六〇]。咸淳庚午,六年。盱江郡齋黎靖德刻《朱子語類》一百四十卷,見《天禄琳琅後編》五、陸《志》[一六一]。無年號桐川郡齋曾槃自刻《絳帖釋文》二卷,見瞿《目》[一六二]。

郡庠本。紹興初元,泉南郡庠韓仲通刻《孔氏六帖》三十卷,見《天禄琳琅後編》五[一六三]。紹興戊午,八年。吴興郡庠刻《新唐書糾繆》二十卷,見《天禄琳琅》二[一六四]。紹興庚辰,三十年。宜春郡庠刻唐盧肇《文標集》三卷,見陸《志》。舊鈔本[一六五]。乾道改元,永州郡庠葉桯刻唐柳宗元《柳州集》三十卷,《外集》一卷,見光緒五年,李濱刻《外集》跋[一六六]。乾道二年,揚州郡庠刻沈括《夢溪筆談》二十六卷,見陸《續跋》。亦見前州軍學本[一六七]。乾道三年,臨汀郡庠刻晁說之《嵩山文集》二十卷,見陸《志》、丁《志》。舊鈔本[一六八]。福唐郡庠刻《漢書》一百二十卷,見丁《志》[一六九]。乾道四年,温陵郡庠刻蔡襄《忠惠集》三十六卷,見楊《録》。亦見前州軍學本[一七〇]。臨汀郡庠刻《錢唐韋先生集》十八卷,見張《志》、鈔本。瞿《目》、陸《志》、陸《集》、明刊本。丁《志》。舊鈔本[一七一]。乾道己丑,五年。臨汝郡庠刻徐積《節孝語録》一卷,見陸《志》。明翻宋本[一七二]。乾道癸巳,九年。高郵郡庠刻秦觀《淮海集》四十九卷,見《天禄琳琅後編》七[一七三]。淳熙三年,蘄春郡庠刻王蘋《著作王先生集》八卷,見陸《志》[一七四]。淳熙壬寅,九年。泉州郡庠刻《潛虚》一卷,見《天禄琳琅後編》十。元翻宋本[一七五]。嘉泰改元,東寧郡庠刻龔頤正《芥隱筆記》一卷,見陸《志》。明仿宋本[一七六]。紹定戊子,元年。桐江郡庠刻《老學庵筆記》十卷,見瞿《目》[一七七]。咸淳癸酉,九年。衢州郡庠趙淇刻《四書朱子集注》二十六卷,見《天禄琳琅》一[一七八]。無年號贛州郡庠陸墾刻其五世祖佃《埤雅》二十卷,見丁《志》。明刊本[一七九]。

郡府學本。紹興九年,臨安府學刻賈昌朝《群經音辨》七卷,見《天禄琳琅後編》三、彭《跋》、陸《志》、陸《續跋》[一八〇]。乾道六年,平江府學刻《韋蘇州集》十卷,見《天禄琳琅後編》六[一八一]。淳熙乙未,二年。嚴州府學刻袁樞《通鑑紀事本末》二百九十卷,見瞿《目》、宋刻本。陸《志》、陸《續跋》[一八二]。淳熙丙辰,三年。安陸郡學刻鄭獬《郧溪集》二十八卷,見瞿《目》。鈔本[一八三]。紹熙二年,池州郡學張釜刻其祖綱《華陽集》四十卷,見張《志》[一八四]。慶元五年,池陽郡學刻胡銓《忠簡先生文選》九卷,見張《志》。精鈔本[一八五]。端平元年,泉州府學刻真德秀《心經》一卷,見《四庫書目提要》[一八六]。咸淳乙丑,元年。鎮江府學教授李士忱刻《説苑》二十卷,見黃《記》、瞿《目》[一八七]。寶祐四年,刻《建康實録》二十卷,見陸《志》。影宋鈔本[一八八]。

縣齋本。紹熙甲寅,五年。當塗縣齋刻周渭《彈冠必用集》一卷,見瞿《目》。云影宋鈔本,卷末有“紹熙甲寅當塗縣令沈邲刊於正己堂”二行[一八九]。嘉定乙亥,八年。六峰縣齋劉昌詩自刻《蘆浦筆記》十卷,見張《志》。舊鈔本[一九〇]。嘉定辛巳,十四年。高安縣齋刻范祖禹《帝學》八卷,見《天禄琳琅後編》五[一九一]。端平改元,大庾縣齋趙時棣刻真德秀《政經》一卷，見陸《志》、陸《跋》[一九二]。淳祐壬子，十二年。建陽縣齋刻《晦庵先生朱文公易説》二十三卷，見瞿《目》[一九三]。咸淳丁卯，三年。湘陰縣齋向文龍刻朱子《楚辭集注》八卷，應有《辨證》二卷，《後語》六卷，此殘本不全。見《天禄琳琅》三[一九四]。咸淳己巳，五年。崇陽縣齋伊賡刻《乖崖先生文集》十二卷，《附錄》一卷，見楊《錄》。德輝按，此黄《書録》所載之崇陽郡齋本，此云"縣齋"，誤[一九五]。

縣學本。紹興十二年，汀州寧化縣學刻《群經音辨》七卷，見《天禄琳琅後編》三、彭《跋》、陸《續跋》[一九六]。淳熙元年，黄巖縣學刻張九成《横浦心傳錄》三卷，《横浦日新》一卷，見陸《志》。明刊本[一九七]。淳熙癸卯，十年。象山縣學刻林鉞《漢雋》十卷，見《天禄琳琅後編》四[一九八]。慶元六年，華亭縣學刻晉二俊《陸士衡集》十卷、《陸士龍集》十卷，見陸《志》、陸《跋》、丁《志》。明正德刊本[一九九]。淳祐辛亥，十一年。崑山縣學刻《玉峰志》三卷，《續》一卷，見繆《記》[二〇〇]。寶祐五年，永福縣學刻徐自明《宋宰輔編年錄》二十卷，見張《志》、陸《志》、明刊本。丁《志》。鈔本[二〇一]。

學宮本。淳熙四年，泉州學宮彭椿年刻程大昌《禹貢山川地理圖》二卷，見丁《志》。鈔本[二〇二]。嘉定庚午，三年。溧陽學宮刻陸游《渭南文集》五十卷，見黄《賦注》、黄《書錄》、宋刊本。丁《志》。明活字本[二〇三]。紹定戊子，元年。桐江學宮刻《開元天寶遺事》二卷，見黄《記》、陸《志》。舊鈔本[二〇四]。端平乙未，八年。富川學宮刻朱鑑《詩傳遺説》六卷，見《四庫書目提要》[二〇五]。淳祐甲辰，四年。衢州學宮刻楊伯巖《六帖補》二十卷，見瞿《目》。影宋鈔本[二〇六]。

頖宮本。淳熙六年，湖州頖宮刻蔡節《論語集説》十卷，見《天禄琳琅》四。影宋鈔本[二〇七]。淳熙庚子，七年。舒州頖宮刻蔡邕《獨斷》二卷，見瞿《目》、明翻宋本。陸《志》。宋刊本[二〇八]。咸淳丙寅，二年。鄞縣頖宮刻《朱子讀書法》四卷，見陸《志》[二〇九]。

學舍本。嘉定壬申，五年。吴郡學舍刻吕祖謙《大事記》十二卷，《通釋》三卷，《解題》十二卷，見《四庫書目提要》、陸《志》[二一〇]。其餘有：

大醫局本。嘉定丙午，按，嘉定無丙午，三年爲庚午，九年爲丙子，十五年爲壬午。刻《小兒衛生總微論方》二十卷，見丁《志》。明刊本[二一一]。

書院本。紹定庚寅,三年。婺州麗澤書院重刻司馬光《切韻指掌圖》二卷,見陸《志》。影宋鈔本[二一二]。無年號刻吕祖謙《新唐書略》三十五卷,見范《目》[二一三]。紹定四年,象山書院刻袁燮《絜齋家塾書鈔》十二卷,見《四庫書目提要》[二一四]。淳祐丙午,六年。泳澤書院刻大字本朱子《四書集注》十九卷,見浙《録》、陳《跋》[二一五]。淳祐戊申,八年。龍溪書院刻陳淳《北溪集》五十卷、《外集》一卷,見《四庫書目提要》、浙《録》宋刊本、瞿《目》。舊鈔本[二一六]。寶祐五年,竹溪書院刻方岳《秋崖先生小藁》八十三卷,見丁《志》。明鈔本[二一七]。景定甲子,五年。環溪書院刻《仁齋直指方論》二十六卷,《小兒方論》五卷,《傷寒類書活人總括》七卷,《醫學真經》一卷,見森《志》補遺[二一八]。咸淳元年,建寧府建安書院刻《晦庵先生朱文公文集》一百卷,《續集》十卷,《別集》十一卷,見陸《志》[二一九]。無年號鷺洲書院刻《漢書》一百二十卷,見莫《録》。云與蔡琪所刻《後漢書》行格相同,但鷺州在吉安府城,宋淳祐間始建書院。蔡琪,建寧人,莫《録》疑爲一時人,殊誤。不知兩本同爲重雕北宋景祐八行本,故行格亦正相同也[二二〇]。

祠堂本。嘉定八年,金華吕氏祠堂刻吕本中《童蒙訓》二卷,見《天禄琳琅》七。明翻宋本。據原序云:“金華太守邱長雋刻置祠堂。”[二二一]嘉定辛巳,十四年。嚴陵趙氏祠堂刻趙彦肅《復齋易説》六卷,見《天禄琳琅》四。影宋鈔本,云嚴陵守許興裔刻置祠堂[二二二]。

至今槧本流傳,歷爲收藏家寶貴,不知當日官師提倡之力,固如此之盛也。

【箋證】

[一] 阮元《揅經室外集》(以下簡稱“阮《外集》”。)卷三著録:“《脈經》十卷,西晉王叔和撰,宋林億等校定。叔和,高平人,官太醫令。甘伯宗《名醫傳》稱叔和‘博通經方,精義診處,尤好著述’。是編從宋嘉定何大任刻本影抄,前有宋國子博士高保衡尚書、屯田郎中孫奇、光禄卿直秘閣林億等校。上序卷末載熙寧二年及二年進書銜名,又紹聖三年六月國子監雕版札子及各銜名。案,林億序云:‘臣等博求衆本,據經爲斷,去取非私。’又云:‘今考以《素問》《靈樞》《太素》《難經》《甲乙》、仲景之書,并《千金方》及《翼説脈》之篇以校之,除去重複,補其脱漏云云。’用力可爲勤摯。世傳叔和《脈訣》一卷,乃後人依託爲之,與此絶不相同也。”

　　[二] 黃《記》卷二《史類》著錄宋咸平刊本《吳志》,但未言明是崇文院本,葉德輝所引不知何據。陸《志》卷十八《史部·正史類》亦著錄宋咸平刊本《吳志》三十卷,云:"每葉二十八行,每行二十三字。《三國志》表後即按吳書云云,是當時專刻本,即《百宋一廛賦》中所謂孤行《吳志》數册,仍六者也。"

　　[三] 陸《志》卷十八著錄宋刊配元覆本《隋書》:"天聖二年五月十一日,上御藥供奉藍元用奉傳聖旨,齋禁中《隋書》一部付崇文院,至六月五日敕差官校勘,仍内出版式刊造。按,每葉二十行,每行十九字,左線外有篇名,'敬''慎''貞''恒''桓''構'皆缺避,南宋時官刊本也。"由此可見,在版本鑒别中,交付崇文院刊造者,均可定性爲崇文院本。丁丙《善本書室藏書志》卷六亦有著錄。

　　[四] 楊《志》卷七著錄北宋天聖刊本《齊民要術》:"殘本三卷,高山寺藏,每半葉八行,行十七字,注雙行,行二十五字。'竟''玄''通'字等闕末筆。按,胡震亨《秘册彙函》刊本即毛氏《津逮》本,有紹興甲子葛祐之刊是書序,云:'此書乃天聖中崇文院板本,非朝廷要人不可得。此本"通"字闕筆,故知是天聖官刊本也。'同治戊辰,高州陳荔秋先生致書何小宋撫軍,薦余入崇文書局。適方刻此書,所據即《津逮》本。"

　　[五] 阮《外集》卷四著錄:"孫奭《律文》,'天聖七年四月日准敕,送崇文院雕造'十五字,據此則爲北宋所刊無疑矣。"又,瞿《目》卷十二載影鈔宋本《律》十二卷,《音義》一卷:"案,《玉海》載:'天聖七年四月,刊《律文音義》於國子監。孫奭言:准詔校定《律文》及疏,《律》疏與刑統不同,疏依《律》生文,刑統參用後敕,雖盡引疏義,頗有增損。今校爲定本,須依原疏爲主。其刑統衍文者、損闕文者,益以遵用舊制,與刑統兼行。又舊本多用俗字,改從正體,作《律文音義》一卷,文義不同,即加訓解。詔崇文院雕印,與《律文》並行。先是,四年十一月,奭言:諸科惟明法一科,《律文》及疏未有印本,舉人難得真本習讀。詔國子直講楊安國、趙希言、王圭、公孫覺、宋祁、楊中和校勘,判監孫奭、馮元詳校。至七年十二月畢,鏤板頒行,即此本也。'末又有'天聖七年四月日准敕送崇文院雕造'一行。"

　　[六] 彭元瑞《知聖道齋讀書跋》(以下簡稱"彭《跋》"。)卷一著錄《群經音辨》:"小學必不可少之書。讀一字,於未注者,記出何經何句,亦温書一法。是書宋凡三刻,寶元二年崇文院開雕,慶曆三年畢工,文元親與其事。紹興九年己未,臨安府學重雕。十二年壬戌,汀州寧化縣學再重雕。余所見二本,皆南宋時刻。其次序,首中書門下牒,次自序,次本書七卷,次慶曆進呈銜名,次臨安學銜名,次王觀國後序,寧化縣學銜名。此翻雕亦出寧化,雖

校頗精審。而序牒銜名顛倒特甚，至以己未銜名連刻壬戌之後，未免爲裝潢者所誤，徒形率爾矣。"是書亦見著録於《天禄琳琅書目後編》卷三，云"是書中書門下奉敕牒，崇文院雕印"。

[七]《四庫全書總目提要》卷一百七《子部·天文算法類》著録《張邱建算經》："蓋猶北宋時秘書監趙彥若等校定刊行之本。"王孝通《緝古算經》："此乃宋元豐七年秘書監趙彥若等校定刊行舊本。常熟毛扆得之章邱李氏而影抄傳之者。今詳加勘正，其文間有脱闕，不敢妄補，謹撮取其義，別加圖説，附諸本文之左，以便觀覽云。"另，李洣《校補》曰："'秘書監本'應作'秘書省本'，監則省之長官也。再案，《張邱建算經》毛扆跋：'扆從章邱李氏得《周髀》《緝古》二種，後從黄俞邰又得《九章》，皆元豐七年秘書省刊版，每卷後有秘書省官銜姓名一幅。又一幅宰輔大臣，自司馬相公而下俱列名於後云云。'葉氏僅數《張邱建》《緝古》二種，餘皆漏之，應補。至毛扆跋所稱算書七種，《孫子》《五曹》《張邱建》《緝古》四部，鮑廷博據汲古閣影宋鈔本，刻入《知不足齋叢書》，卷末均載鏤板年月及秘書監趙彥若等、宰輔司馬光等銜名。《周髀》《九章》《夏侯陽》三部，則有聚珍版本，孔繼涵又合《海島》《五經》《綴術》三部，刻爲《算經十書》也。"

[八]見阮《外集》卷四著録劉球《隸韻》。

[九]《天禄琳琅書目後編》卷三著録《春秋經傳集解》："按，書中字句，間有一二與傳刻監本同者，然大指尚不舛誤。據識，乃孝宗年所刻，以備宣索者，棗木刻，世尚知用，若印以椒紙，後來無此精工也。"經查，陳鱣《簡莊隨筆》中未見左廊司局本《春秋經傳集解》，僅著録閩山阮仲猷種德堂刊麻沙本和北宋本。葉氏誤引矣。

[一〇]黄《書録》云："《外臺秘要》四十卷，今所存者，目録及第二十二卷耳。其序文及表俱鈔補。卷首標題'朝散大夫守光禄卿直秘閣判登聞檢院上護軍臣林億等上進'，卷末題'右迪功郎充兩浙東路提舉茶鹽司幹辦公事張寔校正'。書雖殘闕，歷經名家收藏，《目録》一册，有曹溶之印。第二十二卷有'武林高瑞南家藏書畫印'，則此書固有自來矣。"

又，陸《志》卷四十四《子部·醫家類》云："按，此熙寧二年刊本，爲是書最初祖本，每葉二十六行，每行二十四字。神宗以前帝諱嫌名皆缺避，哲宗以後不避。版心有刻工姓名，每卷有目連屬正文，卷末或題'右從事郎充兩浙東路提舉茶鹽司幹辦公事趙子孟校勘'，或題'右迪功郎充兩浙東路提舉茶鹽司幹辦公事張寔校勘'。"

又，陸《跋》卷七北宋本《外臺秘要跋》，大意同陸《志》所言。李洣《校補》曰："陸《志》是書，雖載有熙寧二年五月二日奉旨鏤版奉札銜名，然每卷末或題'右從侍郎充兩浙東路提舉茶鹽司幹辦公事趙子孟校勘',或題'右迪功郎充兩浙東路提舉茶鹽司幹辦公事張寔校勘',黃《書録》張寔銜名同。卷一末則有'朝奉郎提舉藥局兼太醫令醫學博士裴宗元校正'一行,宗元即大觀中奉敕編校《太平惠民和劑局方》者。陸《志》又有元刊本《局方》,有奏議郎守太醫令兼措置藥局檢閱方書裴宗元銜名,繆《續記》影元鈔本同。今以兩書結銜考之,其校正《秘要》當在《局方》之後。上溯熙寧二年初刻,已四十載,當時宗元未必曾與校正之事。蓋宗元所校《秘要》,乃國子監重刊熙寧本,而陸《志》是書又爲南宋翻刻,故各卷均列司幹銜名,惟卷一猶存底本舊款耳。不然,建炎後避高宗諱,始改'勾當公事'爲'幹辦公事',南渡以前之本,安得有趙子孟等結銜耶? 陸《跋》認爲熙寧二年祖本,既未稽核時代,又不詳考職官,何其陋也。至謂是書哲宗以後諱字不避,更欺人之談,無徵不信矣。葉氏蓋承其譌而不自知。再案,陸《志》稱是書四十卷,完善如新。卷中'武林高瑞南家藏書畫記',朱文長印。而黃《書録》及《賦注》載,是書藏本爲目録及第二十二卷亦有高氏印記,然則陸氏所謂'完善'者,亦誑語也。"

　　[一一] 見瞿《目》卷九著録宋刊本《資治通鑑》。又,"紹興二年七月初一日,兩浙東路提舉茶鹽司公使庫下紹興府餘姚縣刊板","紹興三年十二月二十日畢工印造"。丁《志》卷七《史部·編年類》著録元刊明修本《資治通鑑》,云:"紹興二年,兩浙東路提舉鹽茶司公使庫下紹興府餘姚縣刊版。"瞿《目》和丁《志》均著録兩浙東路提舉鹽茶司公使庫下紹興府餘姚縣刊版《資治通鑑》,一言宋刊本,一言元刊明修本,確實令人費解。

　　[一二]《太玄經》,因清時避康熙諱,四庫館臣著録爲《太元經》。《四庫全書總目提要》卷一百八《子部·術數類》著録編修勵守謙家藏本《太元經》十卷:"末附題一行云'右迪功郎充兩浙東路提舉茶鹽司幹辦公事張寔校勘',則附記或出於實歟。其《釋文》一卷亦不著名氏,考鄭樵《通志·太元經釋文》一卷,亦林瑀撰,疑實刊是書時,併以涯之説、瑀之釋文冠於編首也。"

　　[一三] 楊《譜》卷六著録《事類賦》,有"浙東提舉茶鹽司幹辦公端民校勘"一行。

　　[一四] 黃《書録》云:"此殘宋本《唐書》,劉昫等修,每卷末有'左奉議郎充紹興府府學教授朱倬校正',又有'左從政郎紹興府録事參軍徐俊卿校勘','右文林郎充浙東路提舉茶鹽司幹辦公事霍文昭校勘','右文林郎充兩浙東路提舉茶鹽司幹辦公事蘇三勒校勘','左從政郎紹興府録事參軍張嘉賓校勘',又有'紹興府鎮越堂官書'硃印,則此書刻在紹興府而又藏於紹

興府者也。明時翻刻，行款相同，而優孟衣冠，全無神氣矣。"瞿《目》卷八《史部·正史類》亦有著録。此外，國家圖書館有《禮記正義》《尚書正義》《周易注疏》《周禮疏》等，均屬兩浙東路茶鹽司本。

　　〔一五〕瞿《目》卷二十《集部·別集類》著録宋刊本《臨川王先生文集》："紹興辛未孟秋旦日右朝散大夫提舉兩浙西路常平茶鹽公事王珏謹題。"又，丁《志》卷二十七載元刊本《臨川先生文集》："安石曾孫右朝散大夫提舉兩浙西路常平鹽茶公事王珏於紹興辛未孟秋旦日謹題。"

　　〔一六〕陸《志》卷七十《集部·別集類》有嘉靖壬子董氏覆宋本《元氏長慶集》："乾道四年，歲在甲子，二月二十四日，觀文殿學士左通奉大夫知紹興府兩浙東路安撫使鄱陽郡公洪适景伯書。"丁《志》卷二十五著録明翻宋本《元氏長慶集》亦著録，大意同陸《志》。

　　〔一七〕瞿《目》卷十二《史部·目録類》云："《蘭亭考》十二卷，影鈔宋本。初刻名《博議》，十五卷；其後重刊於浙東庾司，加以删節，而'博議本'遂佚。後有檇李項氏本，脱譌尤多。此茶夢主人藏本，出自宋刻，行款悉仍其舊。歙鮑氏得柳大中影宋本，同此本也。卷首有'姚舜咨印''茶夢圜庵'二朱記。"

　　〔一八〕《四庫全書總目提要》卷二《經部·易類》著録浙江吳玉墀家藏本《易數鈎隱圖》三卷，附《遺論九事》一卷："南宋時劉敏士嘗刻於浙右漕司，前有歐陽修序。"

　　〔一九〕瞿《目》卷十二《史部·職官類》著録《作邑自箴》："十卷，影鈔宋本。宋李元弼撰并序。是書論爲政之要，自一至四卷，分《正己》《治家》《處事》三門，凡一百三十餘條。其下四卷，列《規矩》一門，百有餘條。第九卷爲《判狀》《印版》，第十卷爲《登途須知》《備急藥方》。作於政和中，刊於淳熙中，傳本甚稀。見《直齋書録》《文淵閣書目》。卷末有'淳熙己亥中元浙西提刑司刊'一條。每半葉十一行，行十九字。舊爲稽瑞樓藏本。"繆《記》卷四亦同。

　　〔二〇〕見丁《志》卷十六《子部·醫家類》。此外，森《志》補遺亦著録《大宋新修太平聖惠方》："福建路轉運司今將國子監《太平聖惠方》一部，一百卷，二十六册，計三千五百三十九板對證，内有用藥分兩及脱漏差誤共有一萬餘字，各已修改，開板並無譌舛，於本司公使庫印行。紹興十七年四月日。"

　　〔二一〕明郁逢慶撰《書畫題跋記》卷五載豐道生《真賞齋賦》，云："《三國志》大字本，淳熙乙巳刊于潼川轉運司公帑。"

　　〔二二〕傅增湘《藏園群書經眼録》卷九《子部·雜家類》著録《東觀餘

論》不分卷,云:"宋刊本,半葉十行,每行二十字,白口,左右雙闌。版心記'東觀'二字,或一'東'字,下記刊工姓名……後有勞權跋:'黄長睿父《東觀餘論》,紹興丁卯其子訥刊於建安漕司,嘉定間攻媿樓氏復以川本參校,即今所傳本也。'"其後,著録明末汲古閣刊《津逮秘書》本,亦云"紹興丁卯其子訥刊於建安漕司"。均非葉氏所引"紹興癸酉二十三年"刻,蓋葉氏誤矣。

[二三]見孫《記》卷二《明版》著録《東觀餘論》。另,《天禄琳琅書目》卷九亦有著録:"此書在宋嘉定間,樓鑰刻之建安漕司。此是明項篤壽翻刻樓本,故存其序。總目及上下卷標題下,皆刊'篤壽'名,而'嘉禾項氏萬卷堂梓'方圓木記凡四見於書中。第以出自翻版,撫印不能工整。"

[二四]陸《志》卷四十《子部·儒家類》著録宋刊本《西山先生真文忠公讀書記》:"開慶改元十月初吉門人番陽湯漢謹書。案,此宋開慶元年福州官刊本,每葉十八行,每行十六字,雙行每行二十四字,字體方勁,有歐、柳筆書。"任按,"福州官刊本"疑即"建安漕司本"。

[二五]《天禄琳琅書目》卷六云:"《胡子知言》,宋胡宏著。前宋張栻序。按,張栻嘗從宏遊,其序作于孝宗乾道四年,極推崇之意。《朱子語録》有曰:'因與諸子論湖湘學者,崇尚胡子《知言》。'曰《知言》固有好處,然亦大有差失。而吕祖謙謂《知言》勝似《正蒙》,則又過於稱許焉。此書兩卷,後別行,皆刻'後學天台吳堅刊於福建漕治'。此書係元時翻刻,雖不能精,而宋槧規矩猶存,尚屬元版之佳者。"

[二六]瞿《目》卷十三《子部·儒家類》著録宋刊本《張子語録》:"卷末有'後學天台吳堅刊於福建漕治'二行。每半葉十行,行十八字。板心注字數及刊工人名。'敦'字闕筆,光宗後刻本也。舊爲汲古毛氏藏書。卷首末有'奏叔''汲古閣圖書記'朱記。"瞿《目》卷十三亦著録:"《龜山先生語録》四卷,《後録》二卷,宋刊本。此亦福建漕治刻本,與《張子語録》行款悉同,後題字亦同。"

[二七]見《天禄琳琅書目後編》卷六《宋版集部》所著録。

[二八]張《志》卷十一《史部·別史類》著録舊抄本《建康實録》二十卷,僅述及"嘉祐三年開造《建康實録》,校正官張庖民等銜名七行,紹興十八年重雕,校勘官韓軨等銜名九行",未云其爲"荆湖北路安撫使本"。

楊《録》卷二《史部》著録:"宋本《建康實録》二十卷,每半葉十一行,行大二十字,小三十字。卷末題'嘉祐三年江寧府開造歲月字策銜名'及'紹興十八年(據周叔弢鑒別,"十八年"下有"十一月"三字。)荆湖北路安撫使司重别雕印銜名'。蓋南宋初以北宋本重刊,中遇'禎'字皆旁注'今上御名',正沿北宋本之舊式也。是書引據廣博,多出正史之外。自唐以來,考六朝遺事者,莫不援以爲徵,故《新唐書·藝文志》、晁公武《郡齋讀書志》、馬端臨《經籍考》、鄭樵《通志略》,咸著録之。然宋時舊槧流傳殊少,絶未聞有收弆者,惟此本載在《延令》《崑山》兩書目中。"王紹曾補曰:"此本散出後,於一九二九年至一九三一年間先歸周叔弢,轉歸北圖。《自莊嚴堪善本書目》《北京圖書館善本書目》著録,題宋紹興十年荆湖北路安撫使司刻遞修本。"《中國版刻圖録·叙録》謂"近代抄本多轉從此帙傳録,此爲傳世最古刻本。"

　　陸《志》卷二十三《史部·別史類》著録:"影寫宋刊本《建康實録》,紹興十八年十一月□日,荆湖北路安撫使司重別雕印。"又,丁《志》卷七大意同陸《志》所述。

　　[二九] 錢《日記》卷一云:"黄蕘圃過談,言所觀《漢書》,宋板,湖北庾司本,有紹熙二年張孝曾跋及梅世昌諸人題銜。每葉廿八行,行廿四字。"陸《志》卷十八《史部·正史類》著録:"湖北提舉茶鹽司新刊《前漢書》宋淳熙刊本,陳白陽舊藏。"《儀顧堂題跋》卷二宋槧湖北庾司本《漢書跋》云:"紹興初刊于湖北鹽茶提舉司。淳熙二年,梅世昌爲提舉,版已漫漶,命三山黄杲升、宜興沈綸言重校,刊二百二十七版。慶元二年,梁季秘爲守,又命郭洵直重刊一百七十版,此則慶元間初印本也。以今所通行《漢書評林》汲古閣、明監本互校,勝處頗多。余於常熟故家得之,慶元距今七百年,紙墨如新,完善無缺,誠吾家史部第一等秘笈也。"

　　[三〇] 楊《志》卷九著録宋嘉定何氏本《脈經》十卷,王叔和《脈經》十卷,云:"《隋志》已著録,《新唐志》同,而《舊唐志》僅有二卷之本,此宋林億等所謂好事之家僅有存者,故五代高陽生《脈訣》得而托之。然自熙寧頒布以後,《脈訣》仍自盛行,直至元戴啓宗爲《刊誤》,始昭然知《脈訣》非叔和書。顧《脈經》雖一刊於熙寧,再刊於紹聖,三刊於廣西漕司,四刊於濠梁何氏,元泰定間,又刊於龍興儒學,而傳習者終稀。據諸家叙録可見,良以經旨淵奥,非貫穿《素》《靈》、扁、佗者未易領取。明代畢玉、袁表、沈際飛諸本,皆從泰定出,而奪誤尤甚。唯吳勉學《醫統正脈》所收,取源于何氏,至今尚有存者。而《四庫提要》乃未收此書,殊不可解。嘉慶間,阮文達公始得影鈔何氏本,著於《未收書目》中,惜未翻雕傳世。金山錢氏又從袁刻録入,亦未爲善本。坊間所行,更無論矣。余從日本得宋刻何氏原本,又兼得元、明以來諸本,乃盡發古醫經書與之互相比勘,凡有關經旨者,悉標於簡端,非唯可據諸經證此書,亦可據此書訂諸經。"

　　[三一] 見《四庫全書總目提要》卷八十六《史部·目録類》著録《隸續》條。葉德輝誤引"刻洪适《隸續》二卷",與其後所引"前後合爲二十一卷"不符,應改之。

〔三二〕黄《書録》著録《荀子》云："《讀書敏求記》所載《荀子》有二本：其一爲淳熙八年六月吳郡錢佃得元豐國子監本，并二浙、西蜀諸本參校，刊於江西計臺本。其二爲吕夏卿重校本，從宋刻摹寫者。予嘗見香巖書屋影宋鈔本，字大悦目，不殊遵王所言。"

〔三三〕陸《志》卷三十九《子部·儒家類》著録《申鑑》："明萬曆刊本。蓋有志於經世者，其自著《漢紀》當載其略，而范曄《東漢書》亦摘其篇首數百言，見之《悦傳》。今《漢紀·會稽郡》已版行，而此書則世罕見全本，余家有之。因刻置江西漕臺，但簡編脱繆，字畫差舛者不一，不敢以意增損，疑則闕之，以俟知者。淳熙九年冬十月己亥錫山尤袤。"

〔三四〕《天禄琳琅書目後編》卷二著録宋巾箱本《吕氏家塾讀詩記》："後跋亦云，今束州士子家寶其書，而篇帙既多，傳寫易誤。建寧所刻，又益闕遺。其友邱侯宗卿惜其傳之未廣，始鋟木於江西漕臺。據此，則是書本有建寧坊本，邱宗卿乃爲重刻此帙也。"又見瞿《目》卷三《經部·詩類》："《吕氏家塾讀詩記》三十二卷，宋刊本，宋吕祖謙撰。前有朱子序，後有尤袤序。是書在宋有建寧巾箱本，又有蜀本，又有顧氏起元序，刻於萬曆間，即出陸本，益多譌脱。"瞿《目》言及江西漕臺本，大意與《天禄琳琅書目後編》合。

〔三五〕錢文子《補漢兵制》，詳見鮑廷博《知不足齋叢書》《四庫全書》及《二十五史補編》中。朱彝尊《曝書亭集》卷四十五《書錢氏〈補漢兵志〉後》云："嘉定中，鋟板於淮南漕廨。予所抄者，虞山錢曾藏本也。"

〔三六〕葉氏所引《新刊校定集注杜詩》，據查，實指《天禄琳琅書目》卷三《宋版集部》著録《九家集注杜詩》，云："其書刻於宋孝宗淳熙八年，至理宗寶慶元年，曾噩爲廣南東路轉運判官，重爲校刊，序稱'蜀士趙次公，爲少陵忠臣。蜀本引趙注最詳，所恨紙惡字缺，不滿人意。兹摹蜀本，刊於南海漕臺，會士友以正其脱誤'云云。書後有承議郎、通判韶州軍州事劉鎔，潮州州學賓辛安中，進士陳大信同校勘，銜名列於噩銜之右。御題：'平生結習最於詩，老杜真堪作我師。書出曾鋟寔郭集，本仍寶慶及淳熙。九家正注宜存耳，餘氏支辭概去之。適以遺編搜四庫，乃斯古刻見漕司。希珍際遇殊驚晚，尤物闇章固有時。重以琳琅續天禄，幾閱萬遍讀何辭。'"

又，《百宋一廛賦注》云："九家杜注，寶慶漕鋟。自有連城，蝕甚勿嫌。殘本《新刊校定集注杜詩》每半葉九行，每行十六字，所存五十五葉，即寶慶乙酉曾噩子肅重摹淳熙成都本，刊於南海之漕臺者也。《敏求記》稱其開板宏爽，刻鏤精工，洵然，惜缺損已甚耳。自有連城者，斷章於遺山詩。"黄《書録》亦著録《新刊校定集注杜詩》："《九家注杜詩》鋟板成都者，未之見也。寶慶乙酉，曾噩子肅重摹刊於南海之漕臺，開板宏爽，刻鏤精工，余嘗見之小讀書堆,然亦不全。兹嘉定瞿木夫以一册見遺,卷端有'楊氏家藏書畫私印',標題下及板心俱割去卷幾字樣,不知其何卷矣。"

瞿《目》卷十九著録宋刊本《新刊校定集注杜詩》:"《四庫提要》有淳熙八年知達《自序》,寶慶元年曾噩《重刊序》,此本二序已佚。詩分體編次,《目》中有注新添者。陳氏《書録》謂:'福清曾噩刻板五羊漕司,載爲善本。'即此書也。原本缺卷十九、廿五、廿六、三十五、三十六,鈔補全。每卷後有'寶慶乙酉廣東漕司鋟板'一行,'朝議大夫廣東路轉運判官曾噩、承議郎前通判韶州軍州事劉鎔、潮州州學賓辛安中、進士陳大信同校勘'四行。《容齋隨筆》云:'蜀本刻杜《集》,以《老杜事實》爲東坡所作,遂以入注,殊誤後生云云。'此本但取王文公、宋景文、黃豫章、王原叔、薛夢符、杜時可、鮑文虎、師民瞻、趙彥材,凡九家,而不取僞蘇注,其鑒裁有識矣。字體端勁,雕鏤精善,尤宋板之最佳者。案,黃鶴補注,後此書三十餘年,而未嘗引及之;《集千家注》僅載王洙、王安石、胡宗憲、蔡夢弼四序,而未載知達序,豈亦未見此書耶?"

[三七]毛晉《汲古閣珍藏秘本書目》著録影抄宋本《禮記集説》:"紹定辛卯,江東漕莞大資政趙公善湘見余《集説》,欣然捐貲鋟木。綿紙舊鈔,二十兩。"又,《四庫全書總目提要》卷二十一《經部·禮類》著録宋衛湜撰《禮記集説》一百六十卷,云:"其書始作於開禧、嘉定間,《自序》言,日編月削,幾二十餘載而後成。寶慶二年,官武進令時,表上於朝,得擢直秘閣,後終於朝散大夫、直寶謨閣、知袁州。紹定辛卯,趙善湘爲鋟版於江東漕院。越九年,湜復加校訂,定爲此本。"另,丁《志》卷二《經部·禮類》亦著録,其後述及此書的流傳去處甚詳。

[三八]見陸《志》卷五十六《子部·雜家類》著録,但未言明其乃"江西提刑司本"。

[三九]黃《書録》著録《吳郡圖經續記》:"臨邛常安民《書圖經續記後序》,一爲元祐七年十二月朔,大雲編户林處序,一爲祝安上書。祝云:元符改元,安上以不才濫綰倅符,而得此書於公之子耘,惜其可傳而未傳也。於是不敢自秘,偶以承乏郡事,俾鏤板於公庫,以示久遠。則此書在宋有兩刻,今本乃重刊本也。明錢罄室曾用此本翻雕,而行款不同,且譌舛誠復不少,愈知宋刻之可寶矣。"

[四〇]《天禄琳琅書目》卷三《宋版集部》著録《居士集》:"宋歐陽修著。九十九卷,後附《祭修文》及《行狀》、《謚議》、《墓誌銘》一卷,共一百卷。前宋祝庇民序。卷五十後載'吉州公使庫開到《六一居士集》,計五十卷。宣和四年九月記',則是書之爲北宋刊本,信而有徵矣。"

　　[四一] 張《志》卷三十《集部·別集類》著録《徐公文集》，云："偶得善本，使公庫鏤版以傳。"又，陸《志》卷七十二亦有著録。

　　[四二] 阮《外集》卷一云："《續世説》十二卷，宋孔平仲撰。取宋、齊、梁、陳、隋、唐、五代事迹，依劉義慶《世説》之目，而分隸之，成書十二卷。見於《宋史》本傳及《藝文志·小説家類》，卷帙相同，《書録解題》《文獻通考》皆録其書，而近代儲藏家罕有著録者。後有沅州公使庫總計紙版數目，并印造紙墨裱褙工食錢數目。蓋校勘之時，不免有私爲竄改之弊，必非平仲元本之誤也。"

　　[四三]《四庫全書總目提要》卷三《經部·易類》著録江蘇蔣曾瑩家藏本《大易粹言》，言及"初刻版置郡齋，後摹印漫漶，張嗣古、陳造先後修之"。未言"公使庫刻本"，此乃葉氏誤引。又，《天禄琳琅書目後編》卷二云："《大易粹言》宋曾穜撰。淳熙三年雕本，後牒二通：舒州公使庫雕造所，本所依奉台旨校正到《大易粹言》。令具《大易粹言》一部，計二十册，合用紙數，印造上墨錢。本庫印造，見成出賣，每部價錢八貫文足。淳熙三年正月日，雕造所貼司胡至和具。杭州路儒學教授李清孫校勘無差。是此本即穜知舒州時書成刊印，至嘉定癸酉，張嗣古以漫漶重修，則在後矣。每册前後有蒙古篆文官印，册末紙背印記云'國子監崇文閣書籍，借讀者必須愛護，損壞闕污，典掌者不許收受'。按，《元史·仁宗紀》：'皇慶元年二月朔，徙大都學所置周宣王石鼓於國子監。二年六月建崇文閣於國子監。'《明太學志》：'崇文閣，元藏書所。今東講堂有碑存。'然則宋籍元藏，與石鼓同時庋置，可云古矣。"

　　[四四] 楊《録》卷一著録宋本《禮記》："此撫州公使庫刻本《禮記》，是南宋淳熙四年官書，於今日爲最古矣。"王紹曾補曰："此本爲北圖收購天津鹽業銀行九十二種之一，《北京圖書館善本書目》著録，題宋淳熙四年撫州公使庫刻本，顧廣圻跋。楊氏四經四史之齋宋本四經之一。"傅沅叔《海源閣藏書紀略》云："宋撫州本《禮記》，初印，紙潔如玉，墨光如漆，張敦仁所刻之底本。"此外，《藏園群書經眼録》卷一亦著録此書。

　　[四五] 瞿《目》卷四《經部·禮類》著録《禮記釋文》，云："此淳熙四年撫州公使庫刻本，附《禮記》二十卷後。蓋宋槧之最精者，舊藏小讀書堆顧氏。"另，顧廣圻《思適齋集》卷十四《書撫州公使庫禮記釋文後》中亦有著録。

　　[四六] 陸《志》卷一百十三著録《河南程氏文集》："《程氏遺書》，長沙本最善，而字頗小，閲歲之久，板已漫漶。教授王君混出示五羊本參校，既精大字，亦便觀覽。然無外書襲之，乃模鋟于舂陵郡庫（任按，"庫"疑爲"庠"

字之誤），又取長沙所刻外書附刻焉，願與同志者共學。淳祐六年立秋日，東川李襲之謹題。案，末有‘成化丙申廣信府刊’木記。”

[四七] 錢《日記》卷一云：“讀《顏氏家訓》淳熙槧本，凡七卷。前有序一篇，不題姓名，當是唐人手筆。後有淳熙七年二月沈揆跋云‘去年春來守天台郡’及《考證》一卷。後列朝奉郎權知台州軍州事沈揆、朝請郎通判軍州事管銃、承議郎添差通判軍州事樓鑰、迪功郎州學教授史昌祖同校。又有監刊同校諸人銜，皆以左爲上，蓋台州公庫本也。而前序後，又有長記云‘廉臺田家印’，則是宋槧元印，故于宋諱間有不缺筆者耳。”又，黃《書錄》著錄：“《顏氏家訓》，鮑氏《知不足齋叢書》所刊本，以爲用述古堂影宋本重雕，前序目有‘廉臺田家印’可證也。今此宋刻，即爲影宋本所自出，通七卷，末附《考證》一卷，淳熙七年春二月嘉興沈揆所刊本也。此向所未經表見者，故備著於此。後以示錢少詹，少詹云此淳熙台州公庫本，卷中於‘構’字注太上御名而闕其文，以其時光堯尚在德壽宮也。前序末有長記‘廉臺田家印’五字。考元制，各道置廉訪司，爲行臺所屬。廉臺之名，實昉於此。此本蓋宋槧而元印者。余以此與長記有考證，亦附誌之。”

此外，《百宋一廛賦注》亦有著錄：“《黃門家訓》，篇廿卷七。欣遇考證，檢度繕密。縮述古而稍布，窘邊幅之小失。恢逸聞於書院，謂共山其無匹。淳熙台州公庫本《顏氏家訓》七卷，每半葉十二行，每行十八字，後附嘉興沈揆《考證》一卷，凡三冊，每冊首尾有‘省齋’一印、‘共山書院’一印。省齋未詳，共山書院有藏書目錄，柳待制爲之序，稱汲郡張公，不詳其名。延祐三年，參議中書省錢少詹大昕《補元史藝文志》載之者也。又每冊首尾紙背有一長方鈐記，云‘國子監崇文閣官書，借讀者必須愛護，損壞闕失，典掌者不許收受’，皆逸聞也。末有何義門跋，云此書爲沈虞卿所刊。近長塘鮑氏已用述古堂影鈔本刊入《知不足齋叢書》第十一集，然就其叢書爲大小邊幅，失之窘矣。”

[四八] 見森《志》卷四著錄宋槧大字本《荀子》。

[四九] 丁《志》卷二十八《集部·別集類》六著錄舊鈔本《灊水集》：“淳熙九年，守信州，乃刻於公庫，以成先志。金谿危素奉供翰林時，獲公《集》，猶是賈似道家故籍，遂摹以序。永樂間，錄入《大典》有以哉。歲久又佚，館臣輯爲十六卷，此鈔本筆致疏朗愜目，尤可珍也。”此外，陸《跋》卷十一《灊水集》云：“宋李復撰，原本久佚，此則乾隆中館臣從《永樂大典》錄出者，《提要》極推重之。案，復爲陝西戎幕，以抗論忤童貫，金人犯關中，年高且病，強起守秦州，卒死于賊。見樓《攻媿集》、方《桐江集》，是灊水歿於王事，不但文學政事卓然可傳也。其孫龜朋，字才翁者，南渡後寓居台州，爲錢象祖師，

授以是《集》。象祖守信州刊于公庫,元時舒彬重刊之,危大樸爲之序,見《説學齋稿》。"

[五〇] 瞿《目》卷二十著録宋刊本《温國文正司馬公文集》八十卷,云:"題'温國文正司馬公文集',與世行本稱《傳家集》者不合。其編次亦異。每半葉十二行,行二十字。書中'桓'字注'淵聖御名','構'字注'御名',是紹興初年刻本也。前有紹興二年劉嶠《刊板序》及《進書表》,今世行《傳家集》誤'劉嶠'爲'劉隨',并節去序文首尾及年號、官銜,《表》亦不載。"黄《記》卷五《集類》亦著録:"世行本以《傳家集》爲最古,今見此紹興初刻,題曰'《温國文正司馬公文集》'則傳家之名,非其最初。及觀周香巖所藏舊鈔本,亦爲卷八十,而標題則曰'《司馬太師温國文正公傳家集》',卷末有'泉州公使庫印書局淳熙十年正月内印造到'云云,又有嘉定甲申金華應謙之并有門生文林郎差充武岡軍軍學教授陳冠兩跋,皆云公裔孫出泉本重刊,是《傳家》又重刊本矣。"

[五一] 楊《録》卷五《集部》下著録宋本《花間集》,云:"《四庫》所收《花間集》十卷,爲汲古閣毛氏刊本。子晉所刊各書,往往與所藏宋本不合,此猶其精審者也。此本爲宋淳熙十四年丁未鄂州使庫所刊,板印精良,其紙則皆鄂州使庫公文册也。《花間》一集爲詞家之祖,斯刻則又是《集》之祖也。温庭筠以下十八人,凡詞五百首,與《書録解題》所言合。"王紹曾補曰:"此本散出後,先歸周叔弢,轉歸北圖。《自莊嚴堪善本書目》《北京圖書館善本書目》著録,題'宋刻遞修公文紙印本',楊保彝題款。王鵬運四印齋刻本,即據此本影刻。"另,繆荃孫《藝風堂文集》卷七亦著録宋刻鄂州本《花間集跋》。

[五二] 陸《志》卷二十四《史部·雜史類》著録汲古閣毛氏影寫宋天聖明道本《國語》二十卷:"末有'明道二年四月初五日得真本'一行,'天聖七年七月二十日開印'一行,'江陰軍鄉貢進士葛惟肖'一行,'鎮東軍權節度掌書記魏庭堅'一行。汲古本即黄氏士禮居刊本所祖也。"又見於《儀顧堂題跋》卷三毛鈔天聖明道本《國語跋》,云:"每葉二十二行,每行二十一字,小字雙行,每行三十一字。嘉慶中黄蕘圃影摹版行,絲毫不爽,此則其祖本也。此書從絳雲樓北宋本影寫,原裝五本,見《汲古閣秘本書目》,後歸潘稼堂太史,乾嘉間爲黄蕘圃所得。黄不能守,歸於汪士鐘,亂後歸金匱蔡廷相。余以番佛百枚得之,毛氏影宋本尚有精於此者,此則以宋本久亡,世無二本,故尤爲錢竹汀、段懋堂諸公所重耳。"

[五三] 見陸《志》卷七十五《集部·別集類》著録《宛陵先生文集》。

[五四] 陸《志》卷七十二《集部·別集類》六著録沈辨之舊藏明影宋本

王黄州《小畜集》:"黄州契勘諸路州軍間有印書籍去處,竊見王黄州《小畜集》文章典雅,有益後學,所在未曾開板,今得舊本檢準,紹興令諸私雕印文書,先納所屬申轉運司選官詳定,有益學者。"

[五五]《四庫全書總目提要》卷一百五十三《集部·別集類》六著録:"《嘉祐集》十六卷,《附録》二卷。宋蘇洵撰。是本爲徐乾學家傳是樓所藏,卷末題'紹興十七年四月晦日婺州州學雕',紙墨頗爲精好。又有康熙間蘇州邵仁泓所刊,亦稱從宋本校正。然二本並十六卷,均與宋人所記不同。又《附録》二卷,爲奏議郎充婺州學教授沈斐所輯。"

瞿《目》卷二十云:"《嘉祐新集》十六卷,校宋本。宋蘇明允集。宋時有二本:一名《嘉祐集》,一名《嘉祐新集》。此馮己蒼氏以家藏明刻悉依宋本改正,增鈔《附録》一卷,末有'紹興十七年四月晦日婺州州學雕,教授沈裴校'二行。又有朱筆題記云:'乙酉夏避兵城東之洋蕩村,借錢頤仲宋本增。村中無事,十日而畢。六月二十七日屠守老人記。'卷首有'上黨大馮收藏圖書記'朱記。"

楊《録》卷五《集部》下著録明本蘇老泉《嘉祐集》:"按,老泉《集》在宋時凡四本:曾南豐撰《墓誌》稱二十卷,公武、直齋所載皆十五卷;徐氏傳是樓藏紹興十七年婺州刊本作十六卷,《附録》二卷;康熙間邵仁泓翻雕宋本亦十六卷;其十四卷者,惟《天禄琳琅書目》《延陵季氏書目》著録。《天禄》本云:'其版仿宋巾箱本式,而字體較大。視此本正同。但稱標題不仍嘉祐之名,則又與此本未合。老泉《集》佳刻頗尟,此本雖非宋元舊帙,然尚饒有古意,當是明初開梓者,故亟存之。彦合記。'卷末有'朱之赤印''臥菴所藏'二印。"王紹曾補曰:"此本爲北圖收購天津鹽業銀行九十二種之一,《北京圖書館善本書目》著録,題明刻本。"陸《跋》中未見著録此書。

[五六]見陸《志》卷七十九《集部·別集類》著録《眉山唐先生文集》,應爲"明抄本"。

[五七]《四庫全書總目提要》卷一百五十五《集部·別集類》云:"《竹友集》十卷,宋謝薖撰。薖,字幼槃,臨川人。《宋史·藝文志》、陳振孫《書録解題》載薖《竹友集》俱作十卷,而世所行本止四卷,又有詩無文,蓋流傳僅存,已多闕佚。此本乃明謝肇淛從内府鈔出,凡古詩四卷,律詩三卷,雜文三卷,與宋時卷數相合,蓋猶舊本。卷末有紹興壬申撫州州學教授建康苗昌言題識,稱:'二謝《文集》合三卷,邦之學士欲刊之而未能。朝議大夫趙士鵬來守是邦,始命勒其書於學宫,以稱邦人之美意。'"

[五八]《四庫全書總目提要》卷八十八《史部·史評類》著録:"《唐史論斷》三卷,宋孫甫撰。陳振孫《書録解題》稱:'甫以劉昫《唐書》煩冗遺略,

多失體法，乃改用編年體。創始於康定元年，蔵事於嘉祐元年，勒成《唐紀》七十五卷。其間善惡分明可爲龜鑑者，各繫以論，凡九十二篇。甫没後，《唐紀》宣取留禁中。其從子察，嘗録副本遺司馬光，世亦罕見。惟《論斷》獨傳。紹興二十七年，嘗鋟板於劍州。後蜀板不存，端平乙未，黄準復刻於東陽。'"余嘉錫有駁云："孫甫所著書名《唐史記》，不名《唐記》。《總目》改書名爲《唐記》，失其實。所謂蜀版者，乃《唐史記》七十五卷之全書，非指紹興二十七年劍州所刻之《論斷》，《論斷》自張敦頤始付刻，《唐史記》則久無傳本。自宋以後，官私書目，均不著録，疑振孫所謂蜀有刻本，系傳聞之誤。"《天禄琳琅書目後編》卷八著録："又紹興丁丑張敦頤刻書跋，南劍州州學牒，列知州許興古、通判王以詠、王筠及敦頤等學官四人。又端平乙未黄準重刻跋。按，跋，敦頤始刻於南劍州庠，後有劉和甫家刻本，最後黄準鋟版於東陽倅廳。此所影東陽本也。"

[五九] 見張《志》卷十二《史部·詔令奏議類》著録明正統刊本《孝肅包公奏議集》。瞿《目》卷九亦著録明刊本《孝肅包公奏議集》："紹興二十七年，廬州學教授吳祇若刻板郡學旋燬。淳熙二年，合肥守東平趙磻老復跋而刻之。明正統間，合肥方正又有重刻本，有胡儼序及正跋。此則嘉靖間崇藩刻本。卷中遇'陸下''聖慈'等字，每空格，蓋輾轉相承，猶不改舊本之式。有舊序跋及嘉靖二十二年崇藩序。"

[六〇]《四庫全書總目提要》卷一百五十五《集部·別集類》著録《演山集》，云："兹編爲乾道初其季子玠哀輯，建昌軍教授廖挺訂其舛誤，刻於軍學，前有王說序，亦稱其淵源六經，議論悉出於正云。"又，陸《志》卷七十八《集部·別集類》十二著録小草齋舊藏影寫宋刊本《演山先生文集》六十卷，云："迄乾道改元初夏，玠被命來守是邦，會鄉人廖挺爲軍學教授，惜其文之不傳，請校勘舛譌，鏤板於軍學，庶傳之永久，爲學者矜式，玠敢不敬從其請，而書其後云'乾道丙戌孟夏玠謹識'。案，此謝在杭影宋鈔本，每葉二十行，每行二十字，版心有'小草齋鈔本'五字。卷中有'晉安謝氏家藏圖書'朱文大方印、'周元亮抄本'白文方印、'曾在李鹿山處'朱文長印，蓋此書本謝在杭所抄，入本朝歸周亮工，後又歸李鹿山。余則得之楊雪滄中翰，皆閩人也。三百年前抄帙完善如新，亦可貴矣。"

[六一] 陸《志》卷五十七《子部·雜家類》三著録宋刊本《夢溪筆談》，云："乾道二年六月日，左迪功郎充揚州州學教授湯修年跋。案，此書相傳爲宋刊本，語涉宋帝皆空格，惟不避宋諱爲可疑。每葉二十四行，每行十八字，小黑口。"

[六二]《四庫全書總目提要》卷一百五十二《集部·別集類》五著録：

“《蔡忠惠集》三十六卷，宋蔡襄撰。然其初本世不甚傳，乾道四年王十朋出知泉州，已求其本而不得，後屬知興化軍鍾離松訪得其書，重編爲三十六卷，與教授蔣邕校正鋟版，乃復行於世。陳振孫《書録解題》惟載十朋三十六卷之本，與史不符，蓋以此也。”余嘉錫駁曰：“《郡齋讀書志》卷十九也作《蔡君謨集》十七卷。《通考》從晁氏之説，亦作十七卷。《總目》乃以與《宋志》不合，遂疑《通考》爲傳刻之誤，不知一書數本，多寡不同，事所常有。”

　　［六三］見陸《志》卷三十五《史部·政書類》影寫宋刊本《五代會要》。

　　［六四］見陸《志》卷八十四《集部·別集類》十八著録舊抄本《高峰集》。

　　［六五］見陸《志》卷七十八《集部·別集類》十二著録舊抄本《謝幼槃文集》。

　　［六六］見陸《志》卷八十一《集部·別集類》十五著録明刊本《沈忠敏公龜溪集》。

　　［六七］《天禄琳琅書目》卷二著録《程氏演繁露》：“此書有泉州州學教授陳應行跋，稱淳熙庚子，分教温陵，始得其《禹貢圖論》，繼又得其《考古編》《演繁露》二書，亟命繕寫鋟木以傳，於淳熙辛丑竣事。按，辛丑，爲淳熙八年，合之《宋史》，大昌出知泉州當在其時。宋陳振孫《書録解題》載《演繁露》十四卷、《續》六卷，今書祇六卷，乃十四卷已佚，而此特其續者。明焦竑藏本，有印記。”

　　［六八］陸《志》卷三十九《子部·儒家類》著録明正德刊本《新書》，云：“案，黄寶序稱，陸公得舊版補刊，或者疑舊版即陳給事淳熙中所刊，但書中宋諱皆不缺筆，必非宋版可知，觀其字體，當是元末明初本耳，吉府重刊本行款悉同，惟册首蓋‘吉府圖書’朱文方印，後楊節跋。查陸氏修于正德九年，吉府本據楊跋重刊于正德十年，相距甚近，疑陸宗相所修之版後歸吉府，改頭换面，掩爲重刻耳。明人往往有此，不足怪也，陸本皆明朗，吉府本則卷六多模糊處。第三葉十一、十二、十三行陸本有空白處，吉本則否，挖補痕跡顯然，尤爲陸本即吉本之明証。”

　　［六九］森《志》卷二《經部》著録：“宋槧本《集韻》十卷，南宋淳熙間刊本，大版大字，四方寬廣，紙質完厚，卷末有田世卿跋曰：‘此版久已磨滅，不復有也。前年蒙恩將屯安康，偶得蜀本，字多舛誤，間亦脱漏，嘗從暇日委官校正。’又記：淳熙乙巳九月至丁未五月，僅能畢工。每卷有‘金澤文庫’及‘蟠桃院’印記。”未見葉德輝所言“全州軍州學刻”。楊《志》卷四著録大意與森《志》同，提及“武功大夫高州刺史充金州駐劄御前諸軍都統制田世卿跋”。

[七〇] 森《志》卷六《集部·別集類》著録宋槧殘本《唐柳先生文集》，云："卷末記永州今重雕《唐柳先生文集》一部，計三十二卷，并《外集》一卷，乾道元年十二月十五日畢工。又有紹熙辛亥永州州學教授錢重跋。"未見葉氏所提"嚴州州學刻"。

[七一] 陸《志》卷七十九《集部·別集類》十三著録文瀾閣傳抄本《摛文堂集》十五卷，云："搜訪所得，尚及千篇，分爲三十卷。命工鏤版，目以文友公《摛文堂集》。時淳熙十四年，歲次丁未下元日，第四孫朝奉郎權知象州軍州兼管内勸農事借紫綸書。"

[七二]《天禄琳琅書目後編》卷七《宋版集部》："《淮海集》宋秦觀撰。觀，字少游，高郵人。以薦授太學博士，遷國史院編修官，見《宋史·文苑傳》。書凡《正集》四十卷，《後集》六卷，《長短句》三卷。末有乾道癸巳林機跋，略云：'里人王公之牧是邦，搜訪遺逸，校集成編，總七百二十篇，釐爲四十九卷，版置郡庠。'後記《淮海集》版數、紙數、貫陌，列銜'右承事郎權發遣高郵軍主管學事兼管内勸農營田屯田事王定國，左修職郎高郵軍録事參軍兼推官兼教授趙伯膚，軍學諭韓濤、林涇楫校勘'。又紹熙壬子謝雲跋，稱以蜀本校，增字六十有五，去字二十有四，易誤字三百有奇。雲爲高郵軍學教授，所重校也。後大書'謝君以理學名家而留意字學，商榷此書，遂爲善本。尚恨其惜版，不悉改竄，然知書者亦可以類推。陽羨邵輯書於郡齋'。'叢書堂'，乃吳寬印，後歸常熟毛氏。"

[七三] 森《志》卷二著録昌平學藏宋槧本《樂書》二百卷，云："首載慶元庚申楊萬里序，建中靖國元年禮部劄子進表并序表，首署宣德郎秘書省正字臣陳暘上進目録，首題'迪功郎建昌軍南豐縣主簿林宇冲校勘'字。每半版十三行，行二十一字，中間多元明補刊。"

[七四] 葉氏言"見陸《志》"，實見諸陸心源《皕宋樓藏書志續志》，卷四《醫家類》著録影寫宋刊本《天台前集》。

[七五] 見陸《志》卷七十六《集部·別集類》著録元天歷刊本《范忠宣公文集》。又見，陸《續跋》卷十二宋嘉定永州槧《范忠宣集跋》云："前有樓鑰序，後有嘉定辛未范之柔跋，壬申沈坰、廖視、陳宗道跋。每葉二十四行，每行二十字。是《集》南宋以前未經板行，嘉定壬申吳興沈坰知永州，始從公之元姪孫之柔得家藏本，命教授陳宗道校正，刻于永州。語涉宋帝皆提行，宋嘉定中永州刊本也。若因字體不工，疑非宋刊。不知永州地居偏僻，刊工不精，無足怪者。有'季振宜藏書'朱文長印、'滄葦'朱文方印、'季振宜'朱文方印。"

[七六]《天禄琳琅書目》卷一《春秋經傳集解》中僅提到："相臺書塾

《刊正九經三傳沿革例》云：‘世所傳《九經》，有建余氏、興國于氏，二本皆稱其善。’此書每卷末有木記，曰‘世綵廖氏刻梓家塾’。”其中并未言及《春秋經傳集解》乃“興國軍學”所刻，不知葉德輝所引何據也？另，宋聞人模《經傳識異》見《天禄琳琅書目》卷一載陸德明《春秋左氏音義》條：“按，此即德明《經典釋文》之一《左氏釋文》。宋嘉定時興國學刊本。興國軍隸江南西路，亦江西諸郡書版也。又有教授聞人模跋，載本學補刊《春秋》，更新《五經》之由。蓋當時刻《春秋》而附以陸氏《音義》，今獨存《音義》耳。”

　　楊《志》卷一亦著録宋槧本《春秋經傳集解》：“宋嘉定丙子興國軍教授聞人模校刊。末有《經傳識異》數十事，又有校刊諸人官銜及聞人模跋。每半葉八行，行十七字，不附《釋音》，藏楓山官庫，蓋即毛居正《六經正誤》所稱興國本。余以《正誤》所引十三條對校，一一相合。又以山井鼎《考文》照之，則彼所稱足利、宋本者亦無一不合；而山井鼎不言是興國本者，以所見本無末題識數葉耳。按，岳氏《九經三傳沿革例》稱興國本爲于氏所刊，此本並無于氏之名。又稱于氏本每數葉後附《釋音》，此本無《釋音》。又稱于氏本有圈點、句讀，併點注文，此本無句讀，則非于氏本無疑。蓋興國舊板始於紹興鄭仲熊，只有《五經》，聞人重刊《左傳》，並修他板，亦只《五經》詳見聞人跋，至于氏始增刻《九經》。其《五經》經注文字雖仍舊本，而增刻《釋文》、句讀。故同爲興國本，而實非一本也。大抵南宋之初，諸道所刊經傳，尚不附《釋音》，至南宋末，則無不附《釋音》者。岳氏既稱前輩以興國于氏本爲最善，而又議于氏經注有遺脱，余嘗通校此本，則經注並無遺脱。或于氏重刊此書，失於檢照而有遺脱耶？于氏增《釋音》、句讀已非以原書覆板，重寫時，保無改其行款？故有遺脱之弊。且嘗以岳本互勘，皆此本爲勝。不特岳本，凡阮氏《校勘記》所載宋本亦均不及之。然則今世所存宋本《左傳》，無有善於此者。余在日本，曾勸星使黎公刻之，以費不足而止。竊羨聞人以校官慫恿當事者，既刻此書，又修《五經》板；余亦校官，攜此書歸來數年，口焦唇幹，卒無應之者。古今人不相及，讀聞人跋，彌滋愧已。”又，楊《譜》卷一有“迪功郎興國軍軍教授聞人模刊”木記。

　　［七七］黄《記》卷五《集類》著録《温國文正司馬公文集》：“又有嘉定甲申金華應謙之并有門生文林郎差充武岡軍軍學教授陳冠兩跋，皆云公裔孫出泉本重刊。”此并未云其書爲武岡軍軍學刻。

　　［七八］《天禄琳琅書目後編》卷六《宋版集部》著録《朱文公校昌黎先生集》，云：“汪季路書有白文‘紹定癸巳臨江軍學刊本’字。”

　　［七九］《天禄琳琅書目後編》卷三《宋版經部》著録《春秋集注》：“張洽注。洽，字元德，清江人。朱門子弟。嘉定中進士，官至著作佐郎。此書既

上進，除知寶章閣。會洽卒，謚文憲。書十一卷。前端平元年九月臨江軍牒，次端平元年八月省劄，次端平元年九月洽請繕寫狀，次二年七月洽追狀，次洽申諱字覆黃小貼子，次《春秋綱領》。按，明初定科舉制，《春秋》用胡安國傳及洽集注，此書列於學官，與朱、蔡、胡、陳并行。後來學者日趨簡便，遂廢不行，惟通志堂有新刻。似此宋本，稀如星鳳矣。"

[八〇] 見陸《志》卷八《經部·春秋類》著錄朱竹垞舊藏舊抄本《春秋分紀》。

[八一]《四庫全書總目提要》卷九十二《子部·儒家類》著錄《讀書記》六十一卷，宋真德秀撰。據言知《乙集》："漢從其子仁夫鈔得，釐爲二十二卷，而刊之福州。"陸《跋》卷六宋本《真西山讀書記跋》云："宋福州學刊本。半頁九行，行十六字，小字雙行，行二十四字。前有開慶元年湯漢序，《丁集》末有監雕福清縣學主張奎、通判福州黃巖孫、福建安撫使參議官涂等銜名。元修之頁，版心有'延祐五年補刊'六字及刊工名。是書近有閩中祠堂刊本，脫落譌謬，幾不可讀。此乃南宋初刊祖本，字畫清朗，體兼顏、歐，尚存北宋官刊典型，非麻沙坊本所能及也。《丙集》未見傳本，愚觀《心經》《政經》，雜采前人之說，體例與《衍義》《讀書記》相近，意者其即《丙集》乎?"

[八二]《四庫全書總目提要》卷一百五十三《集部·別集類》著錄《節孝集》三十卷，《附錄》一卷，宋徐積撰。"景定甲子淮安州學教授翁蒙正合編刊行，明嘉靖間淮安兵備副使劉祐又因翁本重刊。今《語錄》已別本孤行，不更復載。惟附錄其《事實》一卷，備考核焉。"陸《志》卷七十五《別集類》九載明刊本《節孝先生集》三十卷，《事實》一卷。"目後有'迪功郎淮安州州學教授翁蒙正景定甲子孟秋初吉重行編次校正'二行。"

[八三] 見陸《志》卷八十四《集部·別集類》著錄舊抄本《高峰集》，云："案，書中遇宋帝皆空格，每行廿四五字不等，當以宋元舊本影寫，今從武林丁松生大令借錄。原本卷八有闕文，借吾鄉丁月湖殘舊鈔本補足，通校一過。"

[八四] 陸《志》卷十八《史部·正史類》著錄宋衢州刊本《三國志》六十五卷："按，卷後有'右修職郎衢州錄事參軍蔡宙校正兼監鏤版，右迪功郎衢州州學教授陸俊民校正'兩行。"

[八五] 經查，《天祿琳琅書目》卷十未見著錄"贛州州學刻《文選》"。《天祿琳琅書目後編》卷七《明版經部》著錄《文選》："通部闕筆嫌名半字，俱極清晰。每卷末列校對、校勘、覆勘銜名，或三人，或四人。其覆勘張之綱官贛州州學教授，李盛官贛州司户參軍，蕭倬官贛州石城縣尉，鄒敦禮官贛州觀察推官，皆一時章貢僚屬。是此本贛州郡齋開雕者，流轉頗少。"

瞿《目》卷二十三《集部·總集類》著錄宋刊本《文選》，云："每半葉九行,行十五、十四字不等,分注每行二十字。板心有刊工姓名,宋諱字減筆。卷末列校對、校勘、覆對諸人姓名。舊傳趙松雪、王弇州所藏宋槧本,今入□內府,外間不可得見。是本同出一板,而摹印稍後,字書未能清朗,然大小字俱有顏平原筆法,楮墨古香,固自可珍。潛研錢氏所見僅六卷,即此本也。若竹垞朱氏所見王氏賜書堂藏本,乃崇寧五年鏤板至政和元年畢工者,五臣注在前,李注在後,又吳郡袁氏本所自出也。"陸《志》卷一百十二《集部·總集類》著錄朱臥庵舊藏宋贛州學刊本《文選》:"每卷有'左從政郎充贛州州學教授張之綱覆校,州學司書蕭鵬校對'兩行。"

另,朱學勤《結一廬書目》(以下簡稱"朱《目》"。)未題宋刊本《文選》爲贛州州學張之綱刻。丁《志》卷三十八《總集類》著錄《文選》多部,均非宋刊本。陸《集》亦有所述。

[八六]森《志》卷三崇蘭館藏宋槧小字殘本《漢書》:"現存《列傳》三十五卷,卷首署'正議大夫行秘書少監琅邪縣開國子顏師古注',每半板十二行,行二十二字。七十卷末記'迪功郎新袁州萍鄉縣主簿主管學事江泰校正'。"

[八七]見陸《志》卷六十八《集部·別集類》著錄汲古閣藏影寫宋刊本《杜工部集》。

[八八]見陸《志》卷七十二《集部·別集類》著錄鮑淥隱校本《寇忠愍公詩集》。

[八九]《天祿琳琅書目》卷二《宋版史部》著錄宋鮑彪注《戰國策》:"陳振孫《書錄解題》云:'以西周正統所在,易爲卷首。其注凡四易藁乃定。'王信序曰:'鄉先生鮑公《戰國策注》,余得其本,刊之會稽郡齋。'序爲紹興辛亥作。考《宋史》,王信,字誠之,處州麗水人。紹興進士,官至通議大夫。嘗以集賢殿修撰知紹興府,此書蓋即知紹興時所刊也。"

[九○]陸《續跋》卷二《春秋經解跋》云:"紹熙於前是書未經版行,至紹熙四年邵輯知高郵,始刻於郡齋。慶元改元,張顏補刊周麟之跋於後。嘉定丙子汪綱知高郵,又補刊楊時序,每葉二十行,每行十九字,蓋從邵輯刊本影寫者。今本作十二卷,又經後人合併矣。"

[九一]《四庫全書總目提要》卷一百五十三《集部·別集類》著錄《臨川集》,云:"今世所行本實止一百卷,乃紹興十年郡守桐廬詹大和校定重刻,而豫章黃次山爲之序。次山謂集原有閩、浙二本,殆刊板不一,著錄者各據所見,故卷數互異歟?"余嘉錫《四庫提要辯證》云:"黃次山作紹興重刊《臨川文集叙》云:'進歲諸賢舊集,其鄉郡皆悉刊行,而丞相之文流行閩、浙,此郡獨因循不暇,而詹子所爲奮然成之者也。'其意不過謂安石之文,閩、浙皆

有刊版,而臨川獨無,故不得不重刊耳,未嘗言兩郡刊本有何異同也。又明言詹大和但取兩本互校,其文字雖有譌舛,但無本可據,則不能,尤不敢移易其先後。可知其所刊既爲一百卷,則閩、浙本必皆一百卷。《總目》疑及閩、浙刊版不一,此未細讀原序之過也。"

[九二]《天禄琳琅書目》卷三《宋版集部》著録《謝宣城詩集》,云:"此書序中稱'至郡視事之暇,鋟版傳之'云云,蓋即知宣州時所定。考其年月,係宋高宗紹興二十八年。陳振孫《書録解題》云:'《集》本十卷,樓炤知宣州,止以上五卷賦與詩刊之,下五卷皆當時應用之文,襄世之事。可采者,已見本傳及《文選》。餘視詩劣焉,無傳可也。'所言皆本於炤序,序後有嘉定庚辰鄱陽洪伋識。庚辰,爲宋寧宗嘉定十三年,故伋稱'樞密樓公鋟本,距今六十四年,字畫漫毁,幾不可讀用,再刻於郡齋。'又考宋周必大《洪文惠公神道碑銘》,載适孫十人,伋奉議郎、荊湖南路提舉茶鹽司幹辦公事,未載其知宣州。蓋必大爲其祖适作碑銘,時尚在伋守郡前耳。"

[九三]瞿《目》卷二十《集部·別集類》著録宋刊本《古靈先生文集》,云:"宋陳襄撰,其子紹夫編,後有《附録》一卷。先是同里徐世昌刻之,有紹興五年李剛序。紹興三十一年,族裔輝重刻於贛之郡齋,有後跋。輝子曄編《年譜》附後。《集》首冠以紹興元年求賢手詔并熙寧經筵論薦司馬光等三十三人章稿。漁洋山人所見小草齋謝氏鈔本僅二十卷,非全帙也。是本字近柳體,每半葉十行,行十八字。板心有字數,與海寧吳槎客藏本同。末有《使遼語録》一卷。卷首有'梁溪顧氏朝泰珍藏'朱記。"陸《志》卷七十四《集部·別集類》八亦有著録:"案,此紹興三十年重刊本,每葉二十行,每行十八字,版心有字數及刻工姓名,'擴'字缺筆,避寧宗嫌名,當是紹興刻而寧宗時修補者,字畫遒勁,是南宋槧之精者。目録第四有'贈''剗''縣''過''項''秘''丞''頊'字不作缺筆字,竟注'神宗廟諱'四字。據李忠定序,是《集》爲紹夫所輯,刻於紹興五年,不應獨於'神宗廟諱'注字,蓋據稿本也,或據此以爲北宋刊則謬矣。卷中有'拜經樓吳氏藏書'朱文方印。"

[九四]陸《跋》卷十一著録明萬曆刊本《西塘集跋》云:"《西塘先生文集》,宋鄭俠撰。原本二十卷,爲先生之孫嘉正所輯,刊於旴江郡齋。隆興二年,黃祖舜爲之序。據黃序,則先生著述散佚已多,嘉正所輯僅得十之三四。乾道丁亥,林簡肅栗删其代人作者,又爲《言行録》,附於末,鋟于九江郡齋。淳熙改元,史浩又刊於四明。嘉定庚午,嘉正之孫元清又刊於金陵。是先生之《集》在南宋凡四刊,至明而已不可得。"

[九五]《天禄琳琅書目後編》卷五《宋版子部》著録:"《孔氏六帖》,宋孔傳撰。傳,字世文,孔子四十七代孫,中丞道輔之孫。從孔端友南遷,居衢

州。官朝散大夫，知撫州。書三十卷，凡一千三百七十一條。前有乾道丙戌韓仲通序，稱：紹興之初，書始成，余守泉南，集此邦儒士周芹、雍希稷、余宗黃氏、林仁壽相與校讎，刊於郡庠云。今所行《白孔六帖》，合兩家書爲一百卷，而《文獻通考》載《白帖》三十卷，《後六帖》孔傳撰，亦三十卷。其合爲百卷，不知出自何人。而《玉海》載，孔傳亦有《六帖》，今合爲一書，則南宋末已併行矣。此本三十卷，與《通考》符，乃書成初刻本。"

[九六] 丁《志》卷三十《集部·別集類》著録馬衍齋藏舊鈔本《東萊先生詩集》："是書前有慶元二年山陰陸游序，乾道二年贛川曾幾後序。曾序稱是《集》沈公雅編，公雅於公爲通家子，且從之游，時出守吳郡，暇日裒集公詩，刻置郡齋。是曾序在先也。陸序稱公所爲詩已孤行於世，其嗣孫祖平又盡裒他文若干卷，屬游爲序，則陸之序別有《文集》一編。今觀幾序數百言，宛轉低徊，曾不以不入派爲慊，可見古人用心之厚。此鈔本有'古鹽官花山馬衍齋圖書'一印。"

[九七] 丁《志》卷十二《史部·地理類》著録舊鈔本《宣和奉使高麗圖經》，云："前有兢序，又乾道三年，兢姪藏識云：'追補圖而不果，姑刻澂江郡齋。'後有《宋故尚書刑部員外郎徐公行狀》。"

[九八]《天禄琳琅書目》卷六《元版子部》著録《增廣注釋音辯唐柳先生集》："陸之淵序作於宋孝宗乾道三年，稱'予至灊山郡齋，雲間潘廣文攜音訓數帙示予，比於祝充之注《昌黎集》'云云。是書亦係翻刻宋本，字畫猶存其概，而紙質墨香則不相侔矣。"陸《志》卷六十九《集部·別集類》三亦著録述古堂舊藏宋刊本《增廣注釋音辯唐柳先生集》，叙述甚詳。

[九九] 陸《志》卷七十三《集部·別集類》著録宋乾道刊本《范文正公集》，云："鄱陽郡齋州學有《文正范公文集奏議》，歲久板多漫滅，殆不可讀判。"而同條目中，朱子跋："案，此南宋乾道中饒州路刊本，每葉二十四行，每行二十字，版心有字數及刻工姓名，綦煥跋後有'嘉定壬申仲夏重修'一行。蓋宋乾道刊本，淳熙補刻，嘉定又修補也。元天曆刊本即從此出，行款皆同，惟字體有方圓之別，卷中有'季振宜藏書'朱文長印，'季振宜印'朱文大方印，'滄葦'朱文方印。"

[一〇〇] 陸《志》卷七十七《集部·別集類》著録明刊本《西塘先生文集》，云："乾道丁亥，簡肅侍郎林公出鎮九江，就《集》中删其代人作者，又録高大父之言行附於末，鋟版郡齋。"

[一〇一] 瞿《目》卷十四《子部·醫家類》著録宋刊本《洪氏集驗方》五卷，云："後有跋云：'《古集驗方》五卷，皆余平生用之有著驗或雖未及用而傳聞之審者，刻之姑孰，與衆共之。乾道庚寅十二月十日鄱陽洪遵書。'每半

葉九行,行十六字。其書以淳熙七、八兩年官册紙背所印,中鈐官印,惜不可識。"陸《志》卷四十六《子部・醫家類》亦著録影寫宋刊本。

[一〇二]《四庫全書總目提要》卷三《經部・易類》著録:"《周易義海撮要》十二卷,宋李衡撰。摘取專明人事者百家,上起鄭玄,下迄王安石,編爲一集,仍以孔穎達《正義》冠之,其有異同疑似,則各加評議,附之篇末,名曰《周易義海》共一百卷。衡因其義意重複,文辭冗瑣,删削釐定,以爲此書,故名曰'撮要'。其程子、蘇軾、朱震三家之説,則原本未收,衡所續入,第十二卷《雜論》亦衡所補綴,故婺州教授朱汝能、樓鍔《跋》稱'卷計以百,今十有一',蓋專指所删房本也。《書録解題》作十卷,又傳寫之誤矣。是書成於紹興三十年,至乾道六年衡以御史守婺州,始鋟於木。自唐以來,唯李鼎祚《周易集解》合漢以後三十五家之説,略稱該備,繼之者審權《義海》而已。然考《宋史・藝文志》但有衡書而無審權書,陳振孫《書録解題》亦惟載殘本四卷,豈卷帙重大,當時即已散佚,抑衡書出而審權書遂廢歟? 然則采擷精華,使古書不没於後世,衡亦可謂有功矣。"

[一〇三]《百宋一廛賦注》著録:"醫藥方論,載綱載羅。乾道《傷寒》,淳熙《産科》。專門誰覺,遑計其他。李檉《傷寒要旨》二卷,每半葉九行,每行十六字,末葉有二行,云:'右《傷寒要旨》一卷,《藥方》一卷,乾道辛卯歲刻於姑孰郡齋。'此書載《書録解題》,陳氏曰皆不外仲景也。"黄《書録》亦著録:"此宋刻《傷寒要旨藥方》,首尾俱有殘缺。余檢陳氏《書録解題》,有《傷寒要旨》二卷,李檉撰。列方於前,而類證於後,皆不外仲景。今此書首缺三葉半,無序文可考。而第二卷尾葉有墨刻二行,云'右《傷寒要旨》一卷,《藥方》一卷,乾道辛卯歲刻於姑孰郡齋',則分卷正與陳氏所云合,當即李檉書也。楮墨瑩潔,字畫瘦削,宋刻之不易辨者。惟白隄錢聽默定爲宋刻,可稱老眼無花云。"

[一〇四]瞿《目》卷十《史部・史鈔類》著録舊鈔本《兩漢博聞》:"案,晁氏《讀書志》作楊侃撰。侃以避真宗諱,後改名大雅,亦見《東都事略》。是書明黄省曾刻本流傳頗多。此從宋刻録出者。卷末有題記云:'元質頃游三館,蒐覽載籍,得《兩漢博聞》一書,記事纂言,真得提鉤之要,惜其傳之不廣也。爰是正而芟約之,刻板於姑敦郡齋。乾道壬辰十月旦日吴郡胡元質書。'"丁《志》卷十《史部》亦著録明嘉靖刊本《兩漢博聞》,云"刻版於姑孰郡齋"。

楊《録》卷二著録宋本《兩漢博聞》:"是書無撰人名氏,《四庫總目》據晁公武《讀書志》定爲宋楊侃編。然《四庫》著録者,乃明時黄省曾刊本,此則南宋初胡元質之精雕也。卷尾元質跋云:'刻板(下缺二字)姑孰郡齋(下缺三字)

辰十月旦日。'又元質所撰《左氏摘奇》末題云:'乾道癸巳鋟木於當涂道院。'此本後跋所記,自是'乾道壬辰刻於姑孰郡齋',蓋亦知太平時所梓也。"王紹曾補曰:"此本爲北圖收購天津鹽業銀行九十二種之一,《北圖收購始末記》云:楊《目》原題宋刻本,卷五至六及卷十缺葉,前人抄補。《北京圖書館善本書目》著錄,題宋乾道八年胡元質姑孰郡齋刻本,配清抄本。"此外,傅增湘《藏園群書經眼錄》卷六云:"宋乾道八年壬辰胡元質姑孰郡齋刊本。半葉十行,行十九字,白口,左右雙闌,版心下記刊工姓名。字體瘦勁,初印精湛,麻紙細潔可愛。卷中避宋諱亦謹。海源閣書,辛未二月十二日觀於天津鹽業銀行庫房。"

[一○五]《天禄琳琅書目後編》卷二《宋版經部》著錄《大戴禮記》:"漢戴德撰,後周盧辯注。篇後間注章數、字數。前有韓元吉序,蓋淳熙乙未刻於建安郡齋時作也。"丁《志》卷二《經部·禮類》著錄元至正刊本《大戴禮記》:"蓋淳熙乙未刻於建安郡齋。寧宗時,官吏部尚書明袁裒有翻宋本,傳亦甚罕。此爲至正甲午嘉興路總管劉貞所梓,鄭元祐有序。每半葉十行,行二十字,版心刊大小字數刻工姓名,篇後間注章數、字數,卷端有伊王親宗之章圖記,伊藩朱諟鐋(明太祖曾孫)成化十一年封,正德三年薨,謚曰定。"

[一○六]陸《志》卷十八《史部·正史類》著錄黄堯圃舊藏宋淳熙耿秉刊《史記殘本》:"淳熙丙申,郡守張介仲刊《太史公書》於郡齋,凡褚少孫所續悉削去,尊正史也。學者謂非全書,懷不滿意,且病其譌舛。"《儀顧堂題跋》卷二《宋耿秉槧本史記跋》云:"《史記》一百三十卷,宋槧本,每頁二十二行,行二十五字。版心有字數及刊工姓名。淳熙丙申,張杆介父守桐川,以蜀小字本《史記》改寫中字,刊於郡齋,而削褚少孫所補。趙山甫爲守,取褚少孫書別刊爲一帙。淳熙辛丑,耿秉爲郡,復以褚書依次第補刊之,集解之。後繼以《索隱》,而無《正義》,校以王延喆、柯維熊、毛子晉及官刊本,頗有勝處。"楊《錄》卷二著錄宋本《史記》:"此本乃淳熙丙申廣漢張杆守桐川時用屬小字本重雕。越二年,趙山甫莅郡,復取褚少孫所續別爲一帙。至八年辛丑,澄江耿秉以覽者弗便,始次其卷第,合而印之,並是正譌脱一千九百九字。錢曉徵詹事《養新錄》云:'予所見《史記》宋槧本,吳門顧抱冲所藏澄江耿秉刊於廣德郡齋者,紙墨最精善。'又所著《三史拾遺》,《史記》多據此本勘校,並附刻介仲、直之兩跋於後,固極以此本爲佳矣。先公平生深於史學,尤愛讀龍門之書,嘗欲廣稽諸本,訂其異同,重爲刊正,故訪購宋元明以來善本頗多,而藏於四經四史齋之宋槧凡三,此其第二也。道光己酉,以三百金得之吳門,每册毛子晉、季滄葦、徐健菴印記累累。《延令書目》宋板中著錄《史記》二十四本者即此。卷中遇'軒轅'二字輒缺筆。錢詹事考之李氏《通

鑑長編》,蓋遵大中祥符七年六月禁内外文字不得斥用黄帝名號故事,其經典舊文不可避者闕之之詔也。《宋史·真宗紀》亦載禁斥黄帝名號事。同治甲子三月上巳東郡楊紹和識。"王紹曾補曰:"此本散出後先歸劉少山,轉歸北圖。《北京圖書館善本書目》著録《史記集解索隱》一百三十卷,宋淳熙三年張杅桐川郡齋刻八年耿秉重修本,二十四册。爲楊氏四經四史之齋舊藏《史記》第二部,楊氏自云《史記》'宋槧凡三',然第三部《隅録》未見著録。紹曾案,《史記》宋本第三部,散出後歸李木齋,轉歸北京大學圖書館。《北京大學圖書館藏李氏書目》著録《史記集解》一百三十卷,宋刻本。另詳《楹書隅録補遺》。"

　　[一〇七]見張《志》卷十二《史部·詔令奏議類》著録明刊本《元城先生盡言集》,叙述甚詳。陸《志》卷二十五詔令奏議類亦著録,大意略同。

　　[一〇八]瞿《目》卷十《史部·傳記類》著録鈔本《魏鄭公諫録》:"《唐志》曰《魏徵諫事》,《通鑑》書目曰《魏元成故事》,即此書也。《容齋隨筆》所引亦作《魏鄭公諫録》。淳熙己亥吴興李某得本於陳叔進舍人,屬其客馬萬頃叔度校正謬誤,刻於郡齋。正德二年,吴中刻本,有李、馬二跋,今秀野草堂本遺去馬跋矣。此依正德本校過。"

　　[一〇九]《天禄琳瑯書目》卷三《宋版集部》著録《欒城集》,云:"宋蘇轍著。轍曾孫詡跋云:'《欒城公集》刊行於時者,如建安本頗多缺謬,其在麻沙者尤甚,蜀本舛誤亦不免。今以家藏舊本並第三集,合爲八十四卷,皆曾祖自編類者,謹與同官及小兒輩校讎數過,鋟版於筠之公帑。'紀年爲淳熙己亥。按,己亥,爲宋孝宗淳熙六年。轍四世孫森跋云:'先文定公《欒城集》,先君吏部淳熙己亥守筠陽日,以遺藁校定,命工刊之。森無所肖似,濫承人乏,到官之初,重念先人所刊家集,其版以歲久漫滅。今撙節浮費,乃一新之。'紀年爲開禧丁卯。按,丁卯,爲宋寧宗開禧三年。距詡鋟版之時,歷二十九載。父教於前,子新於後,宜其毫髮無遺,爲宋刊《欒城集》之冠。且祖孫五世,三治筠陽,俾版刻常新,此中亦有天幸。觀詡、森書跋之字,家法猶存,亦可稱象賢矣。"

　　[一一〇]見陸《志》卷一百十二《集部·總集類》所著録《文選》。瞿《目》卷二十三亦著録宋刊殘本《文選》二十九卷,附《李善與五臣同異》一卷。

　　[一一一]《天禄琳瑯書目後編》卷六《宋版集部》著録《梁昭明太子文集》,云:"梁蕭統撰。書五卷。賦二首,古樂府七首,詩十八首,讚一首,啓六首,錦帶書十二首,書五首,疏一首,議一首,序二首,解義二首。前有劉孝綽序,後有淳熙八年袁説友跋,稱池陽郡齋既刻《文選》與《雙字》二書,今又得《昭明文集》五卷而併刊焉。説友,字起巖,建安人。隆興元年進士,官至同

知樞密院事、參知政事。其時方爲池郡刺史也。按,《昭明集》,《梁書》本傳及隋、唐兩《志》并云二十卷,《宋史·藝文志》僅載五卷,《文獻通考》併不著録,是宋末已佚。此本五卷,乃淳熙八年池郡所刻,尚係南渡初傳本。至明葉紹泰所刊詩賦一卷、雜文五卷,又張溥所輯入《百三家集》中者,俱出明人攟摭,不若此本,雖非原書,尚屬宋舊也。"陸《志》卷六十七《集部·別集類》亦著録明正德刊本《梁昭明太子集》,叙述頗詳。丁《志》卷二十三《別集類》著録寫本《梁昭明太子文集》,云:"《梁書》本傳與隋、唐二《志》均載《昭明集》二十卷,《宋藝文志》五卷。此本先爲淳熙八年池陽郡齋袁説友所刻,時説友方刺史池郡也,有梁劉孝綽序。明嘉靖乙卯,雲南按察使前進士成都周滿得其書於皇甫百泉,正之於楊升庵,周木涇刻之,并采梁簡文帝《昭明集序》,蓋原書所無也,又《上昭明集別傳等表》、梁蕭子範《求撰昭明太子集表》三篇列於前。今從而影寫之也。"

[一一二] 錢《日記》卷一云:"讀宋槧本《衛生家寶産科備要》八卷,凡六册。末卷有題記三行,云'長樂朱端章以所藏《諸家産科經驗方》編成八卷,刻板南康郡齋,淳熙甲辰歲十二月初十日'。其目録末一頁有'翰林醫學差充南康軍駐泊張永校勘'字。"

黃《記》卷三《子類》著録宋刻本《衛生家寶産科備要》八卷,云:"頃從陳仲魚處借得《敏求記》,檢醫家有《産科備要》八卷,所載長樂云云,與後跋同,特少'十二月初十日'六字,而'淳熙甲辰歲'五字在'刻板南康郡齋'六字上,殆少易原文,入於《記》中爾。曾云楮墨精好可愛,與余所收正同,想亦是宋版也。"《百宋一廛賦注》亦云:"朱端章《衛生家寶産科備要》八卷,每半葉九行,每行十五字。末卷有三行云:'長樂朱端章以所藏《諸家産科經驗方》編成八卷,刻版南康郡齋,淳熙甲辰歲十二月初十日。'"《百宋一廛書録》曰:"此書載於《讀書敏求記》,以爲紙墨精好可愛。余所得本正與遵王之説合。全書無序有目,題曰《衛生家寶産科方》,分八卷,目録有結銜一行云'翰林醫學差充南康軍駐泊張永校勘'。每卷題曰"衛生家寶産科備要",末卷有跋語三行,云:'長樂朱端章以所藏《諸家産科經驗方》編成八卷,刻版南康郡齋,淳熙甲辰歲十二月初十日。'蓋是書猶是淳熙原刻也。"

瞿《目》卷十四《子部·醫家類》著録宋刊本《衛生家寶産科備要》:"宋朱端章編。是書集《諸家産科經驗方》成帙。首列入《月産圖》,中有借地、禁草、禁水、逐月安産法。《書録解題》所載《産寶諸方》一卷,以《十二月産圖》冠之,疑即此書也。目録後有'翰林醫學差充南康軍駐泊張永校勘'一行。卷末有自記三行云,'長樂朱端章以所藏《諸家産科經驗方》編成八卷,刻版南康郡齋,淳熙甲辰歲十二月初十日'云云。"

陸《志》卷四十六《子部·醫家類》亦著録影寫宋刊本《衛生家寶産科備要》。

［一一三］見張《志》卷十三《史部·傳記類》明五雲溪活字本《襄陽耆舊傳》，云："所叙人物上起周秦，下迄五代，蓋宋人因習鑿齒原本重編者。版心有'五雲溪活字'兩行，系右漕司舊有。此版歲久漫不可讀，於是鋟木者郡齋，庶幾流風遺跡，來者易考焉。紹熙改元初伏日，襄陽守延陵吳琚識。"陸《志》卷二十六《史部·傳記類》亦著録，與張《志》叙述略同。

［一一四］瞿《目》卷九《史部·雜史類》著録宋刊本鮑氏《國策》："前有紹興十七年彪自序，次以曾鞏舊序、劉向《進書序》。劉序後有記云：'彪校此書，四易稿而後繕寫云云。'卷末，又有記云：'庚午晦重校，脱誤猶數十處，此書手所撰次書也而若此，是以知校正之難也。'後有刻板跋云：'《國策》舊有高誘注，甚略。吾鄉先生鮑公彪，守習孤學，老而益堅，取班、馬二史及諸家書比輯而爲之注，條其篇目，辯其譌謬，缺則補，衍則削，乖次者悉是正之，時出己意論説。四易稿始成，其用功亦厪矣，而世罕傳。余得其本，刊之會稽郡齋，使學者知前輩讀書不苟如此。公妙年甲進士第，恥求人知，嘗有"此身甘作老文林"之句，其志操可見。白首始爲郎，即挂冠歸田里，杜門著書，有《書解》及《杜詩注》行於世。紹興辛亥日南至括蒼王信書。'每半葉十一行，行二十字，注字同。書中'慎'字有減筆，孝宗後刻本，非紹興原刻也。明嘉靖龔雷刻本，行款相同，無王信跋，而有李文叔、王覺《書後》二篇，惟展卷一二葉，即有譌字。"

［一一五］見張《志》卷三十《集部·別集類》著録舊抄本《慶湖遺老詩集》。

［一一六］瞿《目》卷十九著録宋刊本《陶淵明集》："宋曾集刊。每半葉十行，行十六字，不分卷，無序目。其稱宋本者，蓋即宋元憲所傳江本也。考明《江西通志·南康府名宦傳》：'曾集，字致虚，章貢人。紹熙間，知南康軍，勤理庶務，篤信仁賢，修劉渙墓亭，割公田以奉其祀。朱子稱其有尊賢尚德之心，爲政知所先後，其事詳見朱子《莊節亭記》及《冰玉堂記》。'二《記》並作於紹熙三年，而是《集》之刻，自題'紹熙壬子'，即是年也。蓋既葺劉公墓，又作堂於其故居，復以南康爲淵明舊游處，因刊是《集》，以補軼事。"另，毛氏《汲古閣珍藏秘書目録》亦有著録。

［一一七］見陸《志》卷八《經部·春秋類》著録朱竹垞藏舊抄本《龍學孫公春秋經解》。

［一一八］見陸《志》卷八十三《集部·別集類》著録《莆陽知稼翁集》。繆《續記》卷六亦著録舊鈔本《莆陽知稼翁集》："前有陳俊卿序、洪邁序，後

有子沃跋。詞前有曾豐序,目錄後接詩文。原出於宋,每半葉十行,行十八字。卷六、卷十二有'孫迪功新泉州惠安縣主簿虞擢校勘'一行。詞末有'慶元乙卯,假守邵陽逾年,謹刊《知稼翁集》於郡齋,併以詞一卷系其後。嘉平之月,其日戊午,沃謹識'。"

[一一九] 見陸《志》卷四十六《子部·醫家類》著錄東洋覆宋本《新刊續添是齋百一選方》。

[一二〇] 見陸《志》卷三十四《史部·地理類》著錄明鈔本《神宗皇帝即位使遼語錄》。

[一二一]《四庫全書總目提要》卷四十五《史部·正史類》著錄《兩漢刊誤補遺》:"十卷,宋吳仁傑撰。是書前有淳熙己酉曾絳序,稱'仁傑知羅田縣時自刊板'。又卷末有慶元己未林瀹跋,稱'陳虔英爲刊於全州郡齋'。殆初欲刊而未果,抑虔英又重刊歟?舊刻久佚,此本乃朱彝尊之子昆田鈔自山東李開先家,因傳於世。"

[一二二] 見陸《志》卷七十四《集部·別集類》著錄文瀾閣傳抄本《都官文集》。

[一二三] 見陸心源《皕宋樓藏書續志》(以下簡稱"陸《續志》")卷三《經部·四書類》著錄《方言》。

[一二四]《天祿琳琅書目》卷九著錄《唐詩紀事》:"今觀其書中自序,識爲臨卬,則知有功乃蜀人也。王禧序作於嘉定甲申歲,稱慶元辛酉始得是書,立命數十吏傳錄。繙閱累年,手自讎校,十是正其七八,乃鋟之於懷安郡齋。是此書初刻,係出於王禧之手,而張子立又爲重校覆刊,因作識語於其後也。"

[一二五] 楊《錄》卷五《集部》下著錄華氏真賞齋宋本《寶晉山林集拾遺》:"案,陳氏《書錄解題》所載《寶晉集》十四卷,《四庫提要》謂疑即岳珂編綴之本。《四庫》所收八卷本,名《寶晉英光集》。余齋向得黃氏復翁手校本,祇六卷,云出自吳文定公舊鈔,校語頗多疏漏。此本爲嘉泰辛酉筠陽郡齋所刊,《詩集》四卷,《寶章待訪集》一卷,《書史》《畫史》《硯史》各一卷,可證岳本之誤者十餘條,據以見各本之妄改詩句者復廿餘字,洵僅見之秘本也。"王紹曾補曰:"此本爲北圖收購鹽業九十二種之一,《北京圖書館善本書目》著錄,題宋嘉泰元年筠陽郡齋刻本,豐坊跋,十冊。《宋存書室宋元秘本書目》《海源閣宋元秘本書目》均作八冊,誤。"丁《志》卷二十八《集部·別集類》著錄影宋嘉泰刊本《寶晉山林集拾遺》"鏤版於筠州郡齋,題曰《拾遺》。"陸《志》卷七十七《別集類》著錄舊抄本《寶晉山林集拾遺》。另,傅增湘《藏園群書經眼錄》卷十三云:"宋嘉泰辛酉筠陽郡齋刊本,大版心,半葉

十行，行十六字，白口，左右雙闌，版心上記字數，下記刊工人名。前蔡肇墓誌，後有嘉泰改元嗣孫米憲手跡，以行書上版，字疏放，猶有祖風。此書世無二帙，明華氏真賞齋故物，有嘉靖己酉豐道生坊識語。海源閣書，辛未三月十二日觀於天津鹽業銀行庫房。"此外，周叔弢《楹書隅錄批注》和《中國版刻圖錄》均有著錄。

　　[一二六] 張《志》卷三十五《集部·總集類》著錄舊抄本《端平重修皇朝文鑑》："《皇朝文鑑》一書，諸處未見有刊行善本，惟建寧書坊有之，而文字多脱誤，開卷不快人意。新安號出紙墨，乃無佳書，因爲參校訂正，鋟版於郡齋。嘉泰甲子重陽口，郡守梁溪沈有開。"瞿《目》卷二十三《集部·總集類》亦著錄宋刊本《皇朝文鑑》，云："是書嘉泰間新安郡齋刊行，嘉定間趙彥适修之，端平初，劉炳又新之。""又《菉竹堂鈔本目錄》中有'端平重修'四字，此本無之。足知其爲嘉泰原本，非端平重修。卷首《謝表》後有題識二行云：'此尚是嘉泰時初印本，在未經重修前。宋刻致佳，絕無僅有，良足寶貴。盥手展讀，心目俱開。崇禎甲戌秋際僊王闓借觀。'"陸《志》卷一百一十三亦著錄宋刊大字本《端平重修皇朝文鑑》。另，《儀顧堂續跋》卷十四《宋槧宋朝文鑑跋》，語略同張《志》。

　　[一二七] 浙《錄》乙集著錄餘姚黃氏續鈔堂藏寫本《春秋傳》，言"刊於南劍郡齋"。

　　[一二八]《百宋一廛賦注》云："石林之《奏議》，欝剝落而生芒。葉夢得《石林奏議》十五卷，每半葉十行，每行廿字，每卷次行題'模編'二字，後有跋，末署'開禧丙寅六月既望姪孫朝奉大夫改差權知台州軍州兼管内勸農事借紫箋謹書'。此書陳直齋著於錄，近《汲古閣秘本目》載影宋精鈔，此較勝之矣。居士頗惜其紙，板有欝剝落處也。"《百宋一廛書錄》亦云："《石林奏議》十五卷，每卷次行有'模編'二字，無序文，有後跋，跋已剝落，首云'叔祖左丞騷以文學被遇，三朝口自禁塗寢登二府'，此奏議之所獻納論思也。又云頗多總集不載，往往口見者爲之興歎，因鋟木天台郡口，以廣其傳。末題'開禧丙寅六月既望姪孫朝奉大夫改差權知台州軍州兼管内勸農事借紫箋謹書'。是編與刻非出一人矣。《汲古閣珍藏秘本書目》僅載影宋本精鈔，此較爲勝。"

　　[一二九] 陸《志》卷五十七《子部·雜家類》著錄影寫宋刊本《雲麓漫鈔》。

　　[一三〇] 見陸《志》卷八十六《集部·別集類》著錄明正德刊本、周香巖校本《止齋先生文集》，云："周氏手跋曰：戊辰正月二十四日，從書坊五柳居陶君琅軒處借得宋刊《陳止齋文集》，因將明刻對校半月而畢。明刻從内

閣鈔出，亦原於宋本，尚無大謬。然已多脱句脱字誤字。此宋本之所以可貴也，内有四卷半照明本鈔全，則從闕如。嘉慶十三年二月八日，香巖居士周錫瓚書於通津山房。”丁《志》卷三十《集部·别集類》著録明正德刊本《止齋先生文集》，云：“此爲嘉定壬申博士徐鳳鋟版於永嘉郡齋。宋刊而後，此本爲最古矣。”張《志》卷三十一亦著録此書，并言其爲“永嘉郡齋刊”。臺灣世界書局本《書林清話》與中華書局本不同，此處爲“見陸《志》、張《志》”。

［一三一］《天禄琳琅書目》卷二《宋版史部》著録《農蠶書》，云：“宋陳旉《農書》三卷，秦觀《蠶書》一卷，附樓璹《耕織圖詩》。按，《宋史·藝文志》：‘陳旉《農書》三卷。’陳振孫《書録解題》云：‘《農書》三卷，稱西山隱居全真子陳旉撰，未詳何人。其書曰《田》、曰《牛》、曰《蠶》。洪慶善爲之後序。’慶善，係洪興祖字。又云：‘秦少游《蠶書》，見少游《淮海集》第六卷云云。’此本二書合刻，係宋江綱守高郵時所編，其跋《農書》，略云：‘高沙素稱沃壤，每遇豐歲，則長淮所賴以儲蓄者糴於此，以取足焉。余曩得《農書》一帙，凡耕桑種植之法，纖悉無遺。竭來守此，視事之初，急鋟諸木，以爲邦人勸。’”

［一三二］見丁《志》卷二十一《子部·小説家》著録舊抄本《唐摭言》。

［一三三］瞿《目》卷十《史部·史鈔類》著録宋刊本《漢雋》：“此嘉定間趙氏原刻本，板印楮墨俱極精好。卷末有浚儀趙時侃題記云：‘右《漢雋》十卷，亦厄於開禧兵燼。余既重刊慶曆前後集，因訪求舊本，再鋟木於郡齋。嘉定辛未中秋日。’書法工雅，殆出手蹟。”

［一三四］張《志》、陸《志》、丁《志》所著録，均見本節注［一三〇］條。

［一三五］見本節注［九九］條。

［一三六］見陸《志》卷八十《集部·别集類》著録手抄本《梁溪先生文集》。

［一三七］《四庫全書總目提要》卷三《經部·易類》著録《大易粹言》：“宋方聞一編。聞一，舒州人。淳熙中爲郡博士。時温陵曾穜守舒州，命聞一輯爲是書，舊序甚明。朱彝尊《經義考》承《宋志》之誤，以爲穜作，非也。其書《宋志》作十卷，《經義考》作七十卷，又《總論》五卷，蓋原本每卦每傳皆各爲一篇，刊板不相聯屬，故從其分篇之數，稱七十有五。然宋刻明標卷一至卷十，則《經義考》又誤也。所采凡二程子、張子、楊時、游酢、郭忠孝及穜師郭雍七家之説。今忠孝之書已不傳，惟賴是書以存。穜初刻板置郡齋，後摹印漫漶，張嗣古、陳造先後修之。此本出蘇州蔣曾瑩家，即嗣古嘉定癸酉所補刻，佚穜自序一篇，而移嗣古之跋冠其首。”

［一三八］瞿《目》卷十九《集部·楚辭類》著録宋刊本《楚辭集注》：“前有嘉定癸酉三月甲子□陽王涔序云：‘刊於□□貢郡齋，俾學者□《風雅》之變云。’則嘉定六年刊本也。舊爲太倉陸氏藏書。”

　　[一三九] 見陸《志》卷四十二《子部·農家類》著録舊抄本《農書》。

　　[一四〇] 瞿《目》卷十二《史部·史評類》著録宋刊本《致堂讀史管見》："宋胡寅撰。是書作於紹興二十五年，逮嘉定十一年，衡陽郡守孫某刻於學署，有猶子大狀序，即此本也。每半葉十二行，行二十三字。宋諱'慎''惇'字有減筆。案，《姚牧庵集》序此書，謂宋時江南宣郡有刻板，入元，歸興文署，宣之學官，劉安重刻之。牧庵嘗得致堂手稿數紙，令摹諸卷首。是宋、元時絶重其書也。"陸《跋》卷五宋板《讀史管見跋》云："淳熙以前無刊本，至大正官温陵始刊于州治之中和堂，乃此書初刊本也。其後嘉定十一年，其孫某守衡陽刊於郡齋，并爲三十卷，與《書録解題》合。有猶子大壯序，明季有重刊本，即《四庫》附存其目之本也。《姚牧庵集》有此書序，謂宋時江南宣郡有刊版，入元版歸興文署，學官劉安重刊之，牧庵嘗得致堂手藁數紙，今摹諸卷首。是此書在宋凡三刊，元人又重刊之，其爲當時所重可知。"

　　[一四一] 見陸《志》卷一《經部·易類》著録舊抄本《紫巖居士易傳》。

　　[一四二] 見張《續志》卷三《子部·雜家類》著録舊抄本《習學記言序目》。

　　[一四三]《天禄琳琅書目後編》卷七著録《萬首唐人絶句》："目録後有嘉定辛未吳格跋，稱公守會稽，刊之郡齋，後三十年已漫漶，命工修補。又嘉定癸未汪綱跋，稱是書半刻會稽，半刻鄱陽，綱守越，遂揭鄱陽本併刻之。邁初刻七言二十六卷，五言二十卷，凡五千四百篇。餘俱奉祠歸後續編付刻，至綱始爲成書，但吳格跋署嘉定辛亥。按，嘉定起元年戊辰，迄十七年甲申，中無辛亥，或校對之疏，以所云三十年計之，當是辛巳之譌耳。"此外，另見於《天禄琳琅書目》卷十，著録甚詳。

　　[一四四] 見張《志》卷十四《史部·載記類》著録《吳越春秋》。

　　[一四五] 張《志》卷十四《史部·載記類》著録。瞿《目》卷十《史部·載記類》著録明刊本《越絶書》："不著撰人。隋、唐《志》云'子貢作'。《四庫書目》云'會稽袁康撰，同郡吳平所定'。書多異聞，謂舜'兄狂弟傲'，舜之有兄，惟見是書。宋紹興、嘉定，元大德間，皆有刻板，有無名氏跋及丁黼汪綱跋，此明時翻刻本也。"陸《志》卷二十八《載記類》亦著録。陸《續跋》卷七明仿宋汪綱本《越絶書跋》云："嘉定庚辰，以秘閣本參校刊于夔州。嘉定壬申，汪綱得丁文伯本覆刊於紹興郡齋。"

　　[一四六] 見張《志》卷二十五《子部·雜家類》著録舊抄本《類説》。陸《志》卷五十八《子部·雜家類》亦著録明抄本《類説》，大意同張《志》。

　　[一四七] 見陸《志》卷六十九《集部·別集類》三著録周九松藏宋麻沙刊本《朱文公校昌黎先生文集》，云："案，此宋刊宋印本，每葉十六行，每行

二十三字,大黑口,卷中有'周良金印'朱文方印、'毗陵周氏九松遇叟藏書記'朱文長印。此書明覆本甚多,行款皆同,此則宋刊本也。"

　　[一四八] 見丁《志》卷十九《子部·雜家類》著錄明刊本《老學菴筆記》。此外,另見於瞿《目》卷十六著錄校宋本《老學菴筆記》:"宋陸游撰。毛氏刻本有脱譌處,刊成後,子晉子奏叔借得蕭瑶彩藏舊鈔本校正,已不及追改矣。卷末錄舊跋數行云:'《老學菴筆記》,先太史淳熙間所著也。紹定戊子刻之桐江郡庠,幼子奉議郎權知嚴州軍事兼管内勸農事借紫子遹謹書。'"

　　[一四九] 陸《志》卷一百一十九《集部·詞曲類》著錄舊抄本《逍遥詞》,云:"謹刻梓於郡齋,以與有志斯道者共之。"

　　[一五〇] 瞿《目》卷十三《子部·儒家類》著錄舊鈔本《童蒙訓》:"宋吕本中撰。樓昉序。其書歷述師友遺聞,多格言至論。宋時重之,其本不一刻。此邑人王嗣賢所錄宋本原書。卷末有墨圖記四行,其文云:'紹定己丑,郡守眉山李塈得此本於詳刑使者東萊吕公祖烈,因鋟木於玉山堂,以惠後學。'"

　　[一五一] 陸《志》卷一百一十三《集部·總集類》著錄宋刊大字本《端平重修皇朝文鑑》,叙述甚詳。又陸《續跋》卷十四宋槧《宋朝文鑑跋》云:"後有沈有開跋,趙彦适序,每葉二十行,每行十九字,版心有字數及刊工姓名。先是此書祇有建寧書坊刊本,文字脱誤。嘉泰甲子,梁溪沈有開知徽州,參校訂正,刊於郡齋。嘉定十五年辛巳,趙彦适以東萊家本改補三萬餘字,刊而新之。端平元年,四明劉炳守新安,又于東萊家塾得正誤續本,命新安錄事劉崇卿參以他集,删改三千有奇。見沈有開、趙彦适、劉炳序跋,與嚴州刊小字本多所不同,小字本當出建寧坊本,此則以吕氏家塾稿訂正者也。嚴州本,前明版刊尚存,藏書家多有之,此本則前明正德中已罕流傳。"此外,張《志》卷三十五《集部·總集類》亦有著錄。

　　[一五二]《天禄琳琅書目後編》卷五《宋版子部》著錄《自警編》:"宋趙善璙撰。善璙,字德純,太祖七世孫,家於南海,端平中嘗知江州,累官尚書郎。書不分卷。前有嘉定甲申善璙自序,後有善璙再序,時端平元年鋟木於九江郡齋。"又,陸《志》卷五十八《子部·雜家類》著錄宋刊本《自警編》云"遂鋟木於九江郡齋"。陸《集》卷二十宋板《自警編跋》云:"《自警編》不分卷,每葉二十行,行二十字。語涉宋帝皆提行,宋諱或缺或否。前有嘉定甲申正月望漢國趙善璙序,後有端平元年三月善璙再書,云客有好事者,從予抄錄,遂鋟木於九江郡齋。蓋寧宗時刊本也。"

　　[一五三]《四庫全書總目提要》卷二十七《經部·春秋類》著錄:"《春

秋分紀》九十卷,宋程公説撰。是書前有開禧乙丑自序。淳祐三年,其弟公許刊於宜春。"《天禄琳琅書目》卷一亦著録《春秋分記》:"宋淳祐三年,程公許守宜春,刻是書於郡齋。陳振孫《書録解題》盛稱之。此本卷中多有元時鈐用官印,且於首尾紙背用紅字條記,係大德十年江浙等處行中書省奉中書省取備國子監書籍令,儒學副提舉陳公舉校勘申解。考《元史》,世祖至元十二年,括江西諸郡書板。宜春隸江西,蓋至元詔取而大德始上。此即宋刊元印之本。"

[一五四]丁《志》卷十四《史部·目録類》著録錢遵王鈔本《衢本昭德先生郡齋讀書志》。此外,《四庫全書總目提要》卷八十五亦有著録。

[一五五]見陸《志》卷九十《集部·別集類》著録宋刊宋印本《後村居士集》。

[一五六]瞿《目》卷六《經部·四書類》著録宋刊本《四書章句集注》:"《大學章句》一卷,《中庸章句》一卷,《論語集注》十卷,《孟子集注》十四卷。《大學》卷末,題'從政郎提領江淮茶鹽所準備差遣劉夢高校正'一行。後有跋云:'當塗郡齋舊有文公《語》《孟》集注,注與本文皆大字,於老眼爲宜。蓋正肅吳公所刊,見謂善本。光祖揭來假守,依做規製,取《中庸》《大學》章句併刊之,足成《四書》。《語》《孟》歲月浸久,間有漫滅,就加整治。'每半葉八行,行十五字。經文皆頂格,注文亦作大字,低一格。是本爲諸家所未見,故并無題識及收藏印記,而間有妄加塗改之處,然楮墨完好,字大悦目,真宋槧之上品也。"

[一五七]阮《外集》卷一著録《皇宋通鑑長編紀事本末》一百五十卷,云:"宋楊仲良撰。案,李燾取北宋九朝事實,仿司馬光《長編》之體,編年述事,爲續《資治通鑑長編》,成書一百五十卷。然其書不見於《宋史·藝文志》,而趙希弁、陳振孫、馬端臨諸家亦皆不著録,近代藏書家惟季振宜、徐乾學兩家有之。據守道序:'此書寶祐元年,刻於廬陵郡齋,貢士徐琥重爲校刻,則寶祐五年也。'"另,丁《志》卷七《史部·紀事本末類》亦著録鈔本《皇朝通鑑長編紀事本末》:"前有廬陵歐陽守道序云:'《皇朝紀事本末》:寶祐元年,直徽猷閣謝侯守廬陵始,以家藏書刊於郡齋,貢士徐君琥重爲傳刻,其間多所舛譌,又得大字蜀本參校工畢。歲在丁巳,然不言著書人姓名,或另有序,而闕失也。"

[一五八]見張《志》卷二十四《子部·雜家類》著録《密齋筆記》。陸《志》卷五十七《雜家類》亦著録《密齋筆記》。

[一五九]瞿《目》卷九《史部·紀事本末類》著録宋刊本《通鑑紀事本末》:"是書初刻於淳熙乙未,爲嚴陵小字本,編二百九十卷。此大字本,迺汴

趙節齋與蕘重併卷第，刻於寶祐五年後。延祐六年，節齋之孫明安置之嘉禾學宫，遞有修板，此猶元時印本也。每半葉十一行，行十九字。板心有字數及梓人姓名。書中遇宋諱字皆減筆。前有淳熙元年楊萬里序，寶祐丁巳趙與蕘序，延祐六年陳良弼序。"

[一六○]《百宋一廛賦注》云："殘本《乖崖先生文集》每半葉十行，每行廿字，所存一卷至六卷，以下至卷十二，皆賜書樓舊鈔本也。《讀書志》十卷，陳直齋云近時郭森卿宰崇陽刻此集，舊本十卷，增廣并語録爲十二卷，今此本前有咸淳己巳中春朔，邑子朝散大夫特差荆湖安杭大吏司主管機宜文字、權澧州軍州事賜緋龔夢龍序，云前令君天台郭公森卿嘗刊置郡齋，己未兵燬，遂爲煨燼。今令史左綿伊公賡以儒術飾吏，復鋟梓以壽其傳。是郭本之重刻於崇陽者也。"

《百宋一廛書録》亦著録："《乖崖先生文集》相傳宋代有二本：一本十卷，一本十二卷。十二卷之本，蓋郭森卿官崇陽刻者也。今所得即郭本，而又爲後人重刻。"

[一六一]《天禄琳琅書目後編》卷五《宋版子部》著録《朱子語類》，云："宋黎靖德編。靖德，永嘉人。書百四十卷，二十六門。咸淳庚午靖德行盱江郡事，刻之郡齋再序也，次考訂八條，乃删增校改之例。宋人尊信朱子，單文隻語皆爲著録，至此書而集大全也。"陸《志》卷三十九《子部·儒家類》亦著録宋刊元修本《朱子語類》。

[一六二]瞿《目》卷十二《史部·目録類》著録元鈔本《絳帖釋文》："其末自識云：'《絳帖》石本磨滅，學者每患難通，擬作釋文。會有以北人所著見界，因附益以舊所考證，刻之桐川郡齋。'此從宋刻影寫，楮墨甚舊，當出元人。案，《絳帖釋文》，相傳有汪立中、榮芑所作，今皆不可見。此本流傳亦稀，世之好古者，當合姜白石《絳帖平》共刻之也。舊爲稽瑞樓藏書。"又，丁《志》卷二十《目録類》亦著録鈔本《絳帖釋文》。

[一六三]見本節注[九五]。

[一六四]《天禄琳琅書目》卷二《宋版史部》著録《新唐書糾謬》："宋吳縝撰，二十卷。前自序，後載縝《進書表》、宋吳元美後序。宋晁公武《郡齋讀書志》曰：'吳縝，字廷珍，成都人。仕至郡守。數《新書》初修之時，其失有八類，其舛誤二十門，凡四百餘事。'又宋王明清《揮麈後録》載，嘉祐中，詔宋景文、歐陽文忠諸公重修《唐書》，時有蜀人吳縝者，初登第，因范景仁而請於文忠，願預官屬之末。上書文忠，言甚懇切，文忠以其年少輕佻，拒之，縝鞅鞅而去。逮夫《新書》之成，乃從其間指摘瑕疵，爲《糾謬》一書。至元祐中，縝遊宦蹉跎，老爲郡守，與《五代史纂誤》俱刊行之。紹興中，福唐吳仲

實元美爲湖州教授,復刻於郡庠,且作後序,以爲'鍼膏肓,起廢疾,杜預實爲《左史》之忠臣',然不知禛著書之本意也。是書元美作後序,時爲紹興戊午,乃宋高宗紹興八年。序稱:'直寶文閣宇文時中自蜀來守吳興,以郡庠有《新唐書》《五代史》版本,而吳君此書不可不附見,遂令併刻之云云。'此本密行小字,楮墨甚精,實宋刊本之佳者。"

[一六五]見陸《志》卷七十《集部・別集類》著録舊鈔本《文標集》"鏤木於郡庠,以貽永久"。

[一六六]光緒五年,李濱刻唐柳宗元《柳州外集》跋,俟考。

[一六七]陸《續跋》卷十宋槧《夢溪筆談跋》云:"是書揚州公庫先有刊本,乾道二年周某知揚州,復刊版置郡庠,此其初印本也。毛氏《津逮秘書》本即從此出,惟語涉宋帝不空格。商氏《稗海》本及馬氏單刊本,有補《筆談》,《續筆談》所據當別一本。張氏《學津討原》本《筆談》二十六卷,即《津逮》舊板,其《補筆談》二卷、《續筆談》一卷則據《稗海》本補入,非毛刊所有也。"

[一六八]陸《志》卷七十七《集部・別集類》著録舊抄本《嵩山集》:"紹興初,子健編《集》,所得之文,止成十二卷,但竊記所亡書目於後,及既宦游江、浙、蜀、淮、荆、襄,往來博訪,所得加多,重編爲二十卷,而東南之士多未之見,謹用鋟木於臨汀郡庠,以廣其傳。"丁《志》卷二十八亦著録舊鈔校本《嵩山文集》,云:"此本行款悉依宋録,不知誰氏通部丹筆點校,可寶也。"

[一六九]丁《志》卷六《史部・正史類》著録宋福唐刊明修本《漢書》:"是書首行小名在上,班固二字在中,大名在下,次行顏注銜名。每葉二十行,行十九字,注二十五字至二十八字不等。宋諱有缺筆,版心注'大德至大延祐元統補刊',蓋宋刊元修之本。卷末有天順五年孟冬讓修刊福唐郡庠書版跋,云:'予奉命來鎮福建,福庠書集版刻年深,詢知模糊殘缺過半,不便觀覽,心獨惻然,鳩工市版補刻云云。'始知宋刻於福唐者,兼收並蓄之益,固如是耶。"其實,宋刊元修本《漢書》,張《志》卷八《史部・正史類》早有著録,但叙述較爲簡略,不及丁《志》詳備耳。

[一七〇]楊《録》中未見著録《忠惠集》。

[一七一]張《志》卷三十《集部・別集類》著録:"抄本《錢塘韋先生文集》十八卷,宋韋驤撰。原闕一、二兩卷,後附墓誌銘,陳師錫撰。先大父文稿二十卷,家藏日久,中以季父參議携往別塾,最後二卷遺失,不可復得。能定大懼歲月寖遠,復有亡逸,以隳先志。謹命工鋟木於臨汀郡庠,時乾道四年五月中瀚孫右奉直大夫知汀州軍州主管學事兼管内勸農使能定謹題。"瞿《目》卷二十著録:"舊鈔本《錢塘韋先生集》十六卷,宋韋驤撰。卷一至九爲

詩,卷十至十八爲文。原書十八卷,其前二卷已闕。較《四庫》著録本尚多二卷,謹命工鋟木於臨汀郡庠。"陸《集》卷十七《錢唐集跋》云:"影宋鈔本《錢唐韋先生集》十六卷,宋乾道刊本。是《集》原本二十卷,後爲其子失去二卷,其孫能定求之不得,遂於乾道四年以十八卷刊於臨汀郡庠,見其孫右奉直大夫知汀州軍州事能定跋中'乾隆中開四庫館臣所據之本'。"此條又見陸《志》卷七十七《集部·別集類》十一,丁《志》卷二十七《集部·別集類》著録吳氏瓶花齋藏舊鈔本《錢塘韋先生文集》,叙述較簡略,大意均與張《志》同。

[一七二]陸《志》卷三十九《子部·儒家類》著録明刊本《節孝語録》:"右《節孝先生語》一卷,得之番陽洪公紫微手抄,舊以東坡先生《志林》語冠於首,因以吕氏《童蒙訓》語附其後,刊之臨汝郡庠。"

[一七三]見本節注[七二]。

[一七四]見陸《志》卷八十二《集部·別集類》十六著録舊抄本《著作王先生集》。

[一七五]《天禄琳琅書目後編》卷十《元版子部》著録《潛虛》,云:"宋司馬光撰。後有淳熙壬寅陳應行跋,稱以邵武舊本參刻郡庠,是時應行爲泉州教授。"

[一七六]見陸《志》卷五十六《子部·雜家類》明仿宋刊本《芥隱筆記》。

[一七七]見本節注[一四八]丁《志》條。

[一七八]《天禄琳琅書目》卷一《宋版經部》著録《四書》,云:"咸淳癸酉,衢守長沙趙淇刊於郡庠,每版中有'衢州官書'四字。《中興館閣續録》:秘書郎莫叔光上言:'今承平滋久,四方之人益以典籍爲重。凡搢紳家世所藏善本外之,監司郡守搜訪得之,往往鋟板以爲官書。其所在,各自版行。'宋時郡守刻書,於此可證。此本,淇爲衢守所刊,時度宗九年。"

[一七九]見丁《志》卷五《經部·小學類》著録明嘉靖修成化刊本《埤雅》。

[一八○]《天禄琳琅書目後編》卷三《宋版經部》著録《群經音辨》,云:"臨安府府學,今將國子監舊本重雕,逐一校正,即無舛誤。紹興九年五月日。後刻紹興壬戌王觀國序,汀州寧化縣學鏤版。蓋是書初刻於仁宗時,昌朝親與其事。南渡後再刻於臨安國學,時紹興九年己未。越三年,紹興十二年壬戌,汀州寧化縣鏤版,知縣事王觀國爲後序,蓋宋時第三刻也。"彭《跋》卷一亦著録《群經音辨》:"小學必不可少之書。讀一字,於未注者,記出何經何句,亦溫書一法。是書宋凡三刻,寶元二年,崇文院開雕,慶曆三年畢工,文元親與其事。紹興九年己未,臨安府學重雕。十二年壬戌,汀州寧化

縣學再重雕。余所見二本,皆南宋時刻。其次序,首中書門下牒,次自序,次本書七卷,次慶曆進呈銜名,次臨安學銜名,次王觀國後序,寧化縣學銜名。此翻雕亦出寧化,讎校頗精審。而後牒銜名顛倒特甚,至以己未銜名連刻壬戌之後,未免爲裝潢者所誤,徒形率爾矣。"陸《志》卷十二《經部・小學類》著録汲古影宋本和臧鏞堂手校本《群經音辨》均著録"臨安府學重雕"。另見陸《續跋》卷四影宋《群經音辨跋》。

[一八一]《天禄琳琅書目後編》卷六《宋版集部》著録《韋蘇州集》,云:"後有熙寧九年葛蘩後序,稱昌黎韓公知蘇州事,得晁文元家藏《韋氏全集》,俾僚屬賓佐參校而終於蘩,鏤版傳之。後列銜三人,長洲尉王昌彦、州學教授霍漢英,而蘩則知吳縣事也。又紹興昭陽作噩姚寬《書蘩校韋蘇州集後》一。又乾道辛卯平江府學教授胡觀國跋一,崔敦禮跋二,皆稱丞相觀文魏公守平江,鏤版以傳,署曰'重刊',蓋即葛蘩所校本也。"

[一八二]瞿《目》同本節注[一五九]條。陸《志》卷二十二《史部・紀事本末類》著録徐虹亭舊藏宋刊細字本《通鑑紀事本末》殘本二十九卷:"是書刊於淳熙乙未,修於端平甲午,重修於淳祐丙午。"陸《續跋》卷七淳熙嚴州本《通鑑紀事本末跋》,大意略同。

[一八三]瞿《目》卷二十《集部・別集類》著録鈔本《郢溪集》,云:"宋鄭獬撰。前有建康秦焴序。原書五十卷,淳熙丙辰刻於安陸郡學,其本久佚。此□閣本從《永樂大典》録得,凡文二十四卷,詩四卷。"

[一八四]見張《志》卷三十一《集部・別集類》著録舊抄本《華陽集》。

[一八五]見張《志》卷三十一《別集類》著録精鈔本《胡忠簡先生文選》。

[一八六]《四庫全書總目提要》卷九十二《子部・儒家類》著録《心經》,云:"是編集聖賢論心格言,而以諸家議論爲之注。末附四言贊一首,端平元年顏若愚鋟於泉州府學。有跋一首,稱其'築室粵山之下,雖晏息之地,常如君父之臨其前。'淳祐二年,大庾令趙時棣又以此書與《政經》合刻。《文獻通考》作《心經法語》,與《書録解題》相合。蓋一書而二名耳。明程敏政嘗爲作注,而疑其中有引及《真西山讀書記》者,非德秀之原文。殆後人又有所附益,非舊本矣。"

[一八七]黄《記》卷三《子類》著録宋本《説苑》。瞿《目》卷十三《子部・儒家類》著録校宋本《説苑》:"前有向《進書序》,繼以《總目》,目後有曾鞏《進書序》,後有'咸淳乙丑九月,鄉貢進士直學胡逵之際役,迪功郎改差充鎮江府府學教授徐沂、迪功郎特差充鎮江府府學教授李士愧命工重刊'三行。是書元刻,脱譌甚多。宋本與明程榮本次序無異。"

[一八八]見陸《志》卷二十三《史部・別史類》著録影寫本宋刊本《建

康實録》。

[一八九] 瞿《目》卷十五《子部·術數類》著録影鈔宋本《彈冠必用集》，云：“宋周渭撰并序。渭，鄱陽人。《文獻通考》譌作‘謂’。此書亦見《書録解題》，謂專爲宦游擇日而設。凡三十篇。後有乾道乙酉廬山唐汝舟跋。末附漢南張昌詩‘兀日別法’二條，又昌詩跋。卷末有‘紹熙甲寅歲當塗縣令沈邠刊於正己堂’二行。此本明人鈔自宋刻，亦秘笈也。”

[一九〇] 張《志》卷二十四《子部·雜家類》著録《蘆浦筆記》，云：“觀《石林燕語》，多故實舊聞，或古今嘉言善行，可謂博洽矣。而懷玉汪先生每事辨其誤，信乎，述作之難也。昌詩讀不多，託子墨以自試，好事者間欲得之，而筆札或不給。後二年乙亥秋，輟清俸鋟梓于六峰縣齋，非敢以傳世也。”

[一九一]《天禄琳琅書目後編》卷五《宋版子部》著録《帝學》，云：“八卷前有嘉定辛巳齊礪序，稱祖禹五世孫擇能宰高安，刊置縣齋，未幾散逸。户曹玉牒汝洋得元本鋟木，是再刻本也。”《天禄琳琅書目》卷二早已有著録，叙述甚詳。葉氏不引《天禄琳琅》，而引《後編》，不知何故？

[一九二] 見陸《志》卷四十《子部·儒家類》著録孫馮翼舊藏宋刊宋印本《真文忠公政經》。陸《跋》卷六宋槧《政經跋》云：“宋真德秀撰。宋刊本，每葉二十行，每行十八字，版心有刊工姓名，前有淳祐二年王邁序。《宋史·藝文志》《文獻通考》《書録解題》皆無其書，明《文淵閣書目》始著于録。案，是書爲西山守泉州日所著，門人趙時棣宗華爲大庾令，梓于縣齋，以文瀾閣傳抄本參校，大略多同，惟缺王邁序耳。”

[一九三] 瞿《目》卷一《經部·易類》著録宋刊本《晦庵先生朱文公易説》：“前有淳祐壬子題詞，謂取諸門人記録問答之語，與《啓蒙》《本義》交相發揮。又云假守富川時所會粹，建陽令趙君刊於縣齋，鑑嘗爲之序，今復以付之書市，使鋟梓以廣其傳。是宋時有二刻，此即淳祐本。卷中有宋諱闕筆字，每半葉十三行，行廿一字。此書昔藏邑中張氏，載《愛日精廬藏書續志》，即云‘卷一鈔補’。蓋其闕已久，後從郡中汪氏轉入余家，未幾，又從郡中物色得舊刻首册，其裝訂款式、毛氏圓章無不與全書脗合，真所謂在處有神物護持者邪！因喜而識之。卷中有‘汲古閣毛氏’朱記。”

[一九四]《天禄琳琅書目》卷三《宋版集部》著録《楚辭》：“宋陳振孫《書録解題》謂：朱子‘以王逸、洪興祖注或迂滯而遠於事情，或迫切而害於義理，遂別爲之注。其訓詁文義之外有當考者，則見《辯證》，所以袪前注之蔽陋，而發明屈子之微意於千載之下，具於《九歌》《九章》，尤爲明白痛快’。公爲此注，在慶元退居之時，蓋有感而託。其篇第，視舊本益賈誼二

《賦》，而去《諫》《歎》《懷》《思》。屈子所著二十五篇爲《離騷》，而宋玉以下則曰《續離騷》。是書刻於咸淳丁卯，係宋度宗三年。所繪《汨羅山水圖》中有清烈公廟及墓，考《宋史》，秘書監何志同言：'諸州祠廟多有封爵未正之處，如屈原廟，在歸州者封清烈公，在潭州者封忠潔侯之類，宜加稽考，取一高爵爲定，悉改正之云云。'蓋宋祀典封爵，初封侯，再封公，當時既經改正，潭州之廟宜亦稱清烈公。又按，汨羅，在湘陰縣北，宋爲潭州所屬。施南向文龍序，稱學製湘陰，汨羅隸焉。欲索《楚辭集注》善本，與邑之賢士大夫共讀之則未之有，乃輟俸刻梓於縣齋。廬陵羅荷者，時爲文學掾，故亦爲序之。其刻是書，蓋欲求爲善本，宜其雕槧精良也。"

[一九五]楊《録》卷五《集部》下著録宋本《乖崖先生文集》："是《集》宋時有兩本：一見於趙希弁《讀書附志》，所稱錢易《墓誌》、李畋《語録》附於後者，凡十卷；一見於陳振孫《書録解題》，所稱郭森卿宰崇陽，取舊本十卷并以《語録》者，凡十二卷。此本首載咸淳己巳朝散大夫特差荊湖安撫大使司主管機宜文字權澧州軍州事賜緋龔夢龍序云：'前令尹天台郭公森卿常刊置縣齋，己未兵燬，遂爲煨燼。今令尹左綿伊公賡以儒術飾吏，復鋟梓以壽其傳。'是即郭本之重刻於崇陽者也。每半葉十行，行二十字。卷七至末舊鈔補，版心有'賜書樓'三字，卷前有'樸學齋'印、黃氏各印，蕘圃《百宋一廛賦》著録。"王紹曾補曰："此本爲北圖收購天津鹽業銀行九十二種之一，《北京圖書館善本書目》著録，題宋咸淳五年伊賡崇陽縣齋刻本，卷七至十二《附録》配明賜書樓抄本。黃丕烈抄補并跋。"此外，《百宋一廛賦注》和傅增湘《藏園群書經眼録》卷十三亦有著録。

[一九六]紹興十二年，汀州寧化縣學刻《群經音辨》同本節注[一八〇]條"臨安府學刻"。

[一九七]見陸《志》卷四十《子部·儒家類》著録明刊本《重刊無垢先生橫浦心傳録》三卷，《橫浦日新》一卷。

[一九八]《天禄琳琅書目後編》卷四《宋版史部》著録《漢雋》："前紹興壬午銊自序，後淳熙戊戌魏汝功序，又淳熙十年楊王休題，又記'象山縣學《漢雋》，每部二册，見賣錢六百文足，印造用紙一百六十幅，碧紙二幅，賃版錢一百文足，工墨裝背錢一百六十文足'。按，淳熙戊戌，乃五年，距銊成書甫十七年。魏汝功守徐州，命工刊之。至十年癸卯，蔣鷁又刻，置象山縣學。楊王休題云：善本鋟木，儲之縣庠。且藉工墨贏餘，爲養士之助。故書末詳臚工價。宋、元郡庠書院，多以刻書印鬻供膏火，不同坊賈居奇。此本乃象山刻，非滁州本也。其後，元延祐庚申袁桷重刻，有跋。至明凌迪知彙刊《文林綺繡》，取銊此書，而自增范《書》雋語，易名《兩漢雋言》，非其舊也。"

[一九九] 見陸《志》卷六十七《集部·別集類》著錄明正德刊本《陸士衡文集》。又,陸《跋》卷一宋刊《晉二俊集跋》。丁《志》卷二十三《集部·別集類》亦著錄,大意略同。

[二〇〇] 繆《記》卷三著錄傳鈔本《玉峰志》三卷,《續志》一卷,云:"淳祐辛亥五月修,壬子二月刊於縣學。"

[二〇一] 見張《志》卷十八《史部·職官類》著錄汲古閣藏明刊本《宋宰輔編年錄》。陸《志》卷三十六和丁《志》卷十三《職官類》亦著錄,叙述甚詳。

[二〇二] 丁《志》卷一《經部·書類》著錄鈔本《禹貢山川地理圖》:"淳熙四年,詔付秘閣舶使彭椿年嘗刊於泉州學宮,今諸論存而圖已佚,朱氏《經義考》亦未之見。《通志堂》祇刊前後論而不及圖。館臣從《永樂大典》中錄出二十八圖,僅闕《九州山川實證》及《禹河漢河對出圖》,誠自明以來未觀之本也。"

[二〇三]《百宋一廛賦注》云:"《渭南文集》五十卷,每半葉十行,每行十七字。前有序一首,署嘉定十有三年十一月壬寅幼子承事郎知建康府溧陽縣主管勸農公事子遹謹書。此是家刻,故'游'字皆去末筆。白堤錢聽默,書賈之多聞者也,語予曰:相傳庚寅一炬之先,放翁示夢於汲古主人,曰有《渭南文集》一部在某所,可往借之。遂免於厄。噫!文人結習有如是哉。通體完好,中有闕葉,錢叔寶手鈔補足。"《百宋一廛書錄》著錄:"此書爲任蔣橋顧氏物,顧後質於蔣,蔣後歸於陶,余即從陶五柳得之,楮墨精妙,宋板中之傑出者。書刻於放翁之子遹,故遇'游'字皆避諱作'游'。前有序云,蓋今學者皆熟誦劍南之詩,續稿雖家藏,世亦多傳本,惟遺文自先太史未病時故已編輯,而名以'渭南'矣。第學者多未之見,今别爲五十卷,凡命名及次第之旨,皆出遺意,今不敢紊,乃鋟梓溧陽學宮,以廣其傳。渭南者,晚封渭南伯,因自號爲陸渭南。嘗謂子遹曰:'劍南乃詩家事,不可施於文,故别名渭南云云。'末題嘉定十有三年十一月壬寅幼子承事郎知建康府溧陽縣主管勸農公事子遹謹書,蓋《渭南文集》之初刻本也。明華氏曾用活字本印行,行款相同,字句略誤矣。毛氏取與《劍南詩稿》合刊者,非復此五十卷本矣。通體完好,其中闕葉,識是錢罄室手鈔,間有紅筆校字處,當亦罄室筆。宋刻書之無殘闕無點汙者,此種爲最,當亦放翁之精靈有以呵護之乎。"丁《志》卷三十《別集類》亦著錄。

[二〇四] 黃《記》卷四《子類》著錄舊抄本《開元天寶遺事》二卷,云:"此活字本也,宋有'紹定戊子刊之桐江學宮,山陰陸子遹書',必從宋本出矣。適檢《新定續志·書籍門》有此書,知即紹定刊本也。古書原委,悉藉他書疏通證明之,有如是者。"陸《志》卷六十二《小説類》亦著錄,語同黃《記》,

蓋黃《記》由陸《志》中抄出。

[二〇五]《四庫全書總目提要》卷十五《經部·詩類》著録《詩傳遺說》，云："是編乃理宗端平乙未，鑑以承議郎權知興國軍事時所成。蓋因重槧朱子《集傳》，而取《文集》《語録》所載論詩之語，足與《集傳》相發明者，彙而編之，故曰《遺說》。以朱子之說，明朱子未竟之義，猶所編易傳例也。鑑自序有曰：'先文公《詩集傳》，豫章、長沙、後山皆有本，而後山校讎最精，第初脫稿時，音訓間有未備。刻板已竟，不容增益，欲著補脫，終弗克就。仍用舊板，葺爲全書，補綴趕那，久將漫漶。楬來富川，郡事餘暇，輒取家本，親加是正，刻置學宮云云。'"

[二〇六] 瞿《目》卷十七《子部·類書類》著録影宋鈔本《六帖補》："是書增補白、孔之未備，徵引宋代逸事及詩句爲多。此依宋刻本傳録。卷末列校正諸人姓名。當時刻於衢州學宮者，有竹坡呂午序、淳祐甲辰俞仕禮後跋。"

[二〇七]《天禄琳琅書目》卷四《影宋鈔經部》著録蔡節《論語集說》，云："是書於淳祐五年經進。節表後結銜爲朝散郎、試太府卿兼樞密副都承旨。姜文龍序作於淳祐六年，云刊是書於湖頖，自置爲文學掾，皆省志所未載。影鈔字畫，通體勻整，其摹姜序行書，學黃庭堅筆法，尤得神理。"

[二〇八] 瞿《目》卷十六《子部·雜家類》著録明刊本《獨斷》，云："嘉祐中，俞擇中嘗校正舛錯，釋以己說，今已不傳。此弘治間安成劉氏以舊本覆刻。末仍舊跋二行，其文云：'右蔡氏《獨斷》一編，古之制度文爲於此乎？考録本多舛，今稍是正而刻之。淳熙庚子六月初吉江都呂宗孟書。'《百川學海》本亦出自呂刻，抱經盧氏謂異於時刻者，祇在綱與目分合之間耳。"陸《志》卷五十五《子部·雜家類》亦著録。

[二〇九] 見陸《志》卷四十一《子部·儒家類》著録舊抄本《朱子讀書法》。

[二一〇]《四庫全書總目提要》卷四十七《史部·編年類》著録《大事記》十二卷，《通釋》三卷，《解題》十二卷。云："是書取司馬遷《年表》所書，編年系月以紀春秋後事，復采輯諸書以廣之。始周敬王三十九年，迄漢武帝征和三年，書法皆祖太史公。所録不盡用《策書·凡例》，《朱子語録》所謂'伯恭子約宗太史公之學，以爲非漢儒所及者'，此亦一證也。其書作於淳熙七年。每以一日排比一年之事。所附《通釋》，《文獻通考》作一卷，此本乃宋嘉定壬申吳郡學舍所刻，實分三卷，《通考》蓋傳寫之誤云。"陸《志》卷二十《史部·編年類》亦著録。

[二一一] 丁《志》卷十六《子部·醫家類》著録明弘治刊本《小兒衛生總微論方》："前有嘉定丙午立春和安大夫特差判太醫局何大任序，曰：'先君有《小兒衛生總微論方》二十卷，家藏六十餘載，不知作者爲誰。自嬰孩初

育以至成童,所謂保衛其生,總括精微,視古今方書,極爲詳盡。錄於行在太醫局,以廣其傳。'"

[二一二] 陸《志》卷十六《經部·小學類》著録影抄本《切韻指掌圖》:"近印本於婺之麗澤書院,深有補于學者,謹重刊于越之讀書堂,紹定庚寅三月朔四世從孫敬書于卷末。案,此影抄宋紹定刊本每半葉十一行,每行十六字,版心有刻工姓名。"

[二一三] 見范懋柱《天一閣書目》卷二之一《史部·史鈔類》鈔本《新唐書略》,云:"藍絲闌鈔本。太守度支趙公因命錄木,置之麗澤書院。"

[二一四]《四庫全書總目提要》卷十一《經部·書類》著録《絜齋家塾書抄》:"是編大旨在於發明本心,反覆引申,頗能暢其師説。而於帝王治蹟,尤參酌古今,一一標舉其要領。其書《宋史·藝文志》作十卷,陳振孫《書録解題》稱爲爕子喬録其家庭所聞,至《君奭》而止,則當時本未竟之書,且非手著。紹定四年,其子甫刻置象山書院,蓋重其家學,不以未成完帙而廢之。明葉盛《菉竹堂書目》尚存其名,而諸家説《尚書》者罕聞引證,知傳本亦稀,故朱彝尊作《經義考》注云'未見'。"

[二一五] 浙《録》中未見著録《朱子四書集注》。

陳鱣《經籍跋文》云:"《大學》序後有跋云:'《四書》家藏人誦,而版行者類多細字,不無謬舛。今得燕山嘉氏所刻宣城舊本於京師,經注字等,實便觀讀。於是補其殘缺,置諸泳澤書院,嘉與學者共之。'"

[二一六]《四庫全書總目提要》卷一百六十一《集部·別集類》著録《北溪大全集》五十卷,《外集》一卷。云:"淳祐戊辰郡倅薛季良爲錄版龍溪書院,歲久散佚。元至元乙亥、明弘治庚戌,又兩經翻刻。今所傳者,蓋猶弘治本云。"

浙《録》著録元刊本《北溪集》五十卷,云其錄梓於"龍江書院"。

瞿《目》卷二十一《集部·別集類》著録舊鈔本《北溪先生大全文集》:"前有至元改元漳州路儒學教授莆王環翁序,略謂是書初刻於淳祐戊申,板藏龍江書院(任按:疑當爲"龍溪書院")。,歲久佚壞,至元乙亥漳州守張某委學録黃元淵重刻於郡學,此即從元刻本傳録。舊爲顧俠君藏書。"此外,《天禄琳琅書目後編》卷十六著録《童蒙訓》亦見"龍溪學刻"。

[二一七] 見丁《志》卷三十一《集部·別集類》著録宋賓王校藏明嘉靖刊本《秋崖先生小稿》。

[二一八] 森《志》補遺著録宋槧本《仁齋直指方論》二十六卷,《小兒方論》五卷,《傷寒類書活人總括》七卷,《醫學真經》一卷,云:"目録首有'環溪書院刊行'六字。按,此本紙刻精良,當是景定原刻。"

［二一九］見陸《志》卷八十五《集部·別集類》著録《晦庵先生朱文公文集》，云："咸淳元年六月朔迪功郎建寧府建安書院山長黄鏞謹書。案，此宋刊明印本每葉二十行，每行十八字，版心有字數及刻工姓名，卷中有'張履祥印'白文方印。"

［二二○］莫友芝《宋元舊本書經眼録》卷一著録宋鷺洲書院大字殘本《漢書》："始刊於南宋末，畢工於元至正間。其卷末記甲子可考，字較景祐本尤爽目。鷺洲乃吉安府城東贛江中長數里之白鷺洲。宋淳祐間，知吉州江萬里建書院其上，以教俊秀，歐陽守道爲之記。"此外，張《志》和黃《記》均有著録。

［二二一］《天禄琳琅書目》卷七著録《童蒙訓》："宋吕本中著。上下二卷。前宋樓昉序。昉序作於宋寧宗嘉定八年，稱金華太守邱公長儁出錢五萬，鐫刻於吕氏祠堂。此本書末別行刊'紹定己丑，郡守眉山李埴得此本於詳刑使東萊吕公祖烈，因鋟木於玉山堂，以惠後學'。此本又從李版翻出，樵刻再三，故字畫不能圓勁，紙亦不佳，係坊間所印行者也。"另，《天禄琳琅書目後編》卷十六亦有著録。

［二二二］《天禄琳琅書目》卷四《影宋鈔經部》著録《復齋易説》，云："朱彝尊《經義考》載：朱子語曰：'子欽《易説》，爲説太精，取義太密，或傷簡易之趣。'書後彦肅門人喻仲可跋云：'公卒後二十有六年，郡太守許公取是書刊焉。'又許興裔跋云：'余假守嚴陵，屬喻君校勘，刊置公之祠堂，與志學者共之。'跋後紀年爲嘉定辛巳。按，辛巳，係宋寧宗嘉定十四年。當時校刊既成，其版入祠堂中，或流傳不廣，世罕其書，幸有影鈔而善本亦可長存矣。"

任按，"宋司庫州軍郡府縣書院刻書"一節亦可增刻書一例：南海漕臺本。淳熙八年刻《新刊校正集注杜詩》三十六卷、《目録》一卷。見錢曾《讀書敏求記》卷四之中，云："今蜀本引趙注最詳，重摹刊於南海之漕臺。開板洪爽，刻鏤精工，乃宋本中之絶佳者"。又，《天禄琳琅書目》卷三宋版集部著録《九家集注杜詩》，云："序稱'蜀士趙次公，爲少陵忠臣。蜀本引趙注最詳，所恨紙惡字缺，不滿人意。兹摹蜀本，刊於南海漕臺，會士友以正其脱誤云云。'"可見，南海漕臺本亦爲"宋司庫州軍郡府縣書院刻書"不可或闕之一種，葉氏未列入，特補於此。

宋州府縣刻書

宋刻有僅以某州某府稱者，曰：

江寧府本。嘉祐三年，開造《建康實録》二十卷，至四年五月畢工。見陸《志》、莫《録》。影宋鈔本[一]。

杭州本。嘉祐五年，中書省奉旨下杭州鏤《新唐書》二百五十卷，見陸《跋》[二]。元祐元年，杭州路奉旨刻《資治通鑑》二百九十四卷，見瞿《目》[三]。紹興己未，九年。刻《文粹》一百卷，見黄《書録》、宋刊本。瞿《目》、丁《志》。元翻宋本[四]。

明州本。紹興十九年，刻徐鉉《騎省集》三十卷，見陸《集》。宋本跋[五]。廿八年，刻《文選》六十卷，見彭《跋》[六]。無年號刻《九經排字直音前集》一卷，《後集》一卷，見陸《集》。元翻宋本[七]。

温陵州本。淳熙壬寅，九年。刻胡致堂《讀史管見》八十卷，見丁《志》、陸《跋》。云：據胡大正序，淳熙以前無刊本，至大正官温陵，始刊於州治之中和堂[八]。

吉州本。嘉定二年，刻《張先生校正楊寶學易傳》二十卷，見瞿《目》。云"題'廬陵楊萬里廷秀撰，門人張敬之顯父校正'。蓋最初之本，每半葉十行，行大字廿一，小字廿六"[九]。

紹興府本。紹興九年，刻《毛詩正義》四十卷，見繆《續記》。云：此單疏本，前列校勘各官名外，有"紹興九年九月十五日紹興府雕造"字一行[一〇]。嘉泰元年，刻施宿《會稽志》二十卷，見陸《志》。明正德刊本[一一]。

臨安府本。紹興九年，刻《群經音辨》七卷，見《天禄琳琅後編》三[一二]。刻《漢官儀》三卷，見《天禄琳琅後編》五、云：末有"紹興九年三月臨安府雕印"字。阮《外集》[一三]。刻《文粹》一百卷，見黄《賦注》、黄《書録》、宋本，云：末有刊刻地名年月官銜，云"臨安府今重行開雕《唐文粹》壹部，計二十策。已委官校正訖，紹興九年正月□日，右文林郎臨安府觀察推官林憼"。此其一也，下尚有多人。丁《志》。元刊本[一四]。十年，刻《西漢文類》五卷，見瞿《目》、云：卷後有"紹興十年四月日臨安府雕印"一行。張《志》[一五]。

平江府本。紹興十五年，刻李誡《營造法式》三十四卷，見張《志》、陸《志》、陸《跋》、丁《志》。影宋鈔本[一六]。

嚴州本。淳熙丙申，三年。刻袁樞《通鑑紀事本末》四十二卷，見《四庫書目提要》。德輝按，小字本二百九十卷，此據寶祐重刻大字本卷數[一七]。

餘姚縣本。紹興二年，印造《資治通鑑》二百九十四卷，見孫《記》[一八]。

鹽官縣本。無年號刻《通典》二百卷，見瞿《目》。云：北宋刻本，鹽官屬兩浙路臨安府[一九]。

眉山本。紹興十四年,刻《宋書》一百卷,《魏書》一百十四卷,《梁書》五十六卷,《南齊書》五十九卷,《北齊書》五十卷,《周書》五十卷,《陳書》三十六卷,見陸《續跋》、云:每葉十八行,每行十七字,板心有字數、刻工姓名。自元至明,板存南監,遞有修補。按,此七史,世謂之“眉山七史”,蓋北宋時蜀刻也。邵注《四庫簡明目》。云九行邋遢本[二〇]。大抵出於江浙者爲多,蓋亦當時官刻也。

【箋證】

[一] 陸《志》卷二十三《史部·別史類》著録影寫本宋刊本《建康實録》,云:“總四百年間著東夏之事,勒成二十卷,名曰《建康實録》。江寧府嘉祐三年十一月開造《建康實録》,並案《三國志》,東、西《晉書》并南、北《史》校勘,至嘉祐四年五月畢工,凡二十卷,總二十五萬七千五百七十七字,計一十策。”莫友芝《宋元舊本經眼録》(以下簡稱“莫《録》”)卷三亦著録,大意與陸《志》同。

[二] 陸《跋》卷二宋嘉祐杭州刊本《新唐書跋》云:“宋本《新唐書》,每葉二十八行,行二十五字,板心有刊匠姓名,紀、志、表、傳各分起訖,前有嘉祐五年六月曾公亮《進書表》,蓋嘉祐進書時刊本也。”《天禄琳琅書目》卷二《宋板》著録《唐書》,云:“按,宋葉夢得論天下印書,有‘杭州爲上,蜀本次之,福建最下’之語,意當時《新唐書》成,朝廷重其事,故特下杭州鏤版。詳閱此本,行密字整,結構精嚴。且於仁宗以上諱及嫌名缺筆甚謹,不及英宗以下,其即爲嘉祐奉敕所刊之本無疑。印紙堅緻瑩潔,每葉有‘武侯之裔’篆文紅印,在紙背者十之九,似是造紙家印記,其姓爲諸葛氏。考宣城諸葛筆最著,而《唐書》載宣城紙筆並入土貢。唐張彥遠《歷代名畫記》亦稱,好事家宜置宣紙百幅,用法蠟之,以備摹寫,則宣城諸葛氏,亦或精於造紙也。”

[三] 瞿《目》卷九著録宋刊本《資治通鑑》:“此書原闕廿五卷又十九葉,鈔補全。又‘元豐八年九月十七日准尚書省劄子奉聖旨重行校定’,‘元祐元年十月四日奉聖旨下杭州鏤板’。又‘紹興二年七月初一日兩浙東路提舉茶鹽司公使庫下紹興府餘姚縣刊板’,‘紹興三年十二月二十日畢工印造’。此本似即紹興時所刻,然書中‘慎’‘敦’‘郭’字皆闕筆,疑出寧宗時修板印行也。每半葉十一行,行廿一字,板刻清朗,楮墨如新,允爲宋刻致佳本。舊藏郡中汪氏。”

[四] 黃《書録》云:“此宋本《文粹》,得於繆宜亭進士家,通體完善,序文後即接卷第一,有‘宋本’橢圓印,‘玉蘭堂’小方印,‘季振宜印’‘滄葦’

二小方印，‘乾學’‘徐健菴’二小方印，‘季振宜讀書’印。目録二本，較本書字形略魁而肥，并無諸家圖書，不知何時補全，中有缺葉，余復借同邑蔣藝萱藏本影寫補之，未全，止得其半，爲故相國宋德宜家物，余欲易之而未果，今猶在其家。此本楮墨精妙，筆劃斬方，猶有北宋風味。末有刊刻地名、年月、官銜，云臨安府今重行開雕《唐文粹》一部，計二十策，已委官校正訖。紹興九年正月□日。觀其校之是，寫之工，鏤之善，勤亦至矣。是此本蓋孟琪所刊本也。”瞿《目》卷二十三著録元刊本《文粹》：“明刊本已改行款，是本猶仍宋刻之舊。書名無‘唐’字，其《賦》《頌》等總幾首，即在首行書名下。次行撰人姓名，次二行《聖德》與《含元殿賦》等并列，不分兩行。每半葉十五行，行二十五字。吳中孫古雲家藏宋刻殘本，覈之悉同，惟宋本後有‘臨安府今重行開雕《唐文粹》壹部，計貳拾策，已委官校正訖。紹興九年正月日’一條。”丁《志》卷三十八亦有著録。此外，《百宋一廛賦注》云：“《文粹》一百篇，每半葉十五行，每行廿六字不等，末題云‘臨安府今重行開雕《唐文粹》壹部，計貳拾策，已委官校正訖，紹興九年正月□日’。其名銜文繁不録。嘗見何義門小山兄弟嘗用此以校明刻本，朱印爛然，至於盈紙。”

［五］見陸《集》卷十七《影宋明州本騎省集跋》。

［六］彭《跋》卷二著録《昭明文選》：“古今書籍版行之盛者，莫如《文選》，予所見宋本夥矣。細校字畫、款式、題識。確然無疑者凡四。”主要有國子監本、贛州本、明州本、廣都本。至於明州本，彭《跋》云：“有識云‘右《文選》，版歲久漫滅殆甚。紹興二十八年冬十月，直閣趙工來鎮是邦。下車之初，以儒雅飾吏事，首加修正，字畫爲之一新，俾學者開卷免魯魚亥豕之譌，且欲垂斯文於無窮云，右迪功郎明州司法參軍兼監盧欽謹書’。”

［七］陸《集》卷六著録重刊明本《排字九經直音序》：“《宋史·藝文志》《文獻通考》皆不載，明《文淵閣書目》始著於録。”陸《集》卷十六著録元板明本《排字九經直音跋》云：“明本《九經排字直音前集》一卷、《後集》一卷、《補遺》一葉，每葉二十八行，每行二十二字。其曰：明本者，《提要》以爲宋時明州本也。古來釋音正讀之書，莫善於《經典釋文》。而反切之法卒不易，悟是書，易反切爲直音，尤便初學。惜明以後刊本罕見，治經家多從閣本傳鈔，譌舛頗夥。此猶元刊元印耳。”

［八］見陸《跋》卷五宋板《讀史管見跋》。丁《志》中未見著録。

［九］見瞿《目》卷一《經部·易類》著録宋刊本《張先生校正楊寶學易傳》。

［一〇］見繆《續記》卷一《經學第一》著録影宋鈔本《毛詩正義》四十六卷，云：“每半葉十五行，行廿五字。高七寸四分，廣五寸。原書藏日本東京竹添井井居士家。此爲中土未有之書。屬其影鈔，越二年始成。庋之齋中，

寶同球璧。”

[一一]陸《志》卷三十《史部・地理類》二著録明正德刊本《會稽志》：“紹興府今刊《會稽志》一部，二十卷，用印書紙八百幅，古經紙一十幅，副葉紙二十幅，背古經紙平表一十幅，工墨錢八百文，每册裝背。”

[一二]《天禄琳琅書目後編》卷三《宋版經部》著録《群經音辨》，云：“宋賈昌朝撰。書首刻寶元二年十一月牒，乃丁度修《集韻》時奏取是書，中書門下奉敕牒崇文院雕印。又刻‘臨安府府學，今將國子監舊本重雕，逐一校正，即無舛誤。紹興九年五月日’，後刻紹興壬戌王觀國序，汀州寧化縣學鏤版。蓋是書初刻於仁宗時，昌朝親與其事。南渡後再刻於臨安國學，時紹興九年己未。越三年，紹興十二年壬戌，汀州寧化縣鏤版，知縣事王觀國爲後序，蓋宋時第三刻也。”

[一三]《天禄琳琅書目後編》卷五《宋版子部》著録《漢官儀》，云：“不著撰人名氏。書三卷。末有《書後》一篇，稱吾幼年集西漢士大夫遷官故事爲博戲。仲原父爲之序。原父乃劉敞字，益非應劭之《漢官儀》、衛宏之《漢官舊儀》也。書末有‘紹興九年三月臨安府雕印’字。其書乃進士采選之流，諸家書目不載。”阮《外集》卷一著録《漢官儀》三卷，云：“晁公武《郡齋讀書後志》以爲劉敞所撰，非也。《宋史・藝文志》亦沿其誤。此書有敞自跋，謂幼年時所爲，仲原父爲之序，至爲亳州守，因復增損之，此可以證《讀書志》之誤。此從影宋鈔本繕寫，書後有一行云‘紹興九年三月臨安府雕印’，知爲南宋初刻本也。”

[一四]此條與本節注[四]重復引用，可合并之。

[一五]瞿《目》卷二十三《集部・總集類》著録宋刊殘本《西漢文類》，云：“是書晁氏《讀書志》著録作二十卷。此本原書四十卷，今存卷第三十六至四十。卷末有‘紹興十年四月日臨安府雕印’一行。每半業十三行，行二十四字，分注二十五至三十字不等。紙面衿‘清遠堂’三字朱記，當是南宋時紙鋪號也。舊藏愛日精廬張氏。”張《志》卷三十五《集部・總集類》著録宋紹興刊本《西漢文類》，云：“殘本五卷，宋陶叔獻編。唐柳宗直有《西漢文類》二十卷，宋時其書失傳，叔獻重加編纂，見《郡齋讀書志》。原四十卷，今存卷三十六至末五卷，後有‘紹興十年四月日臨安府彫印’一條。每頁紙面俱有‘清遠堂’印記，字畫清朗，紙色瑩潔，蓋宋刊宋印本也。”

[一六]張《志》卷十九《史部・政書類》著録影寫宋刊本《營造法式》：“平江府今得紹聖《營造法式》舊本并目録，看詳其一十四册。紹興十五年五月十一日校勘重刊。”葉氏所引陸《志》不確，實際應見陸《續志》卷三《政書類》影宋抄本《營造法式》，叙述甚詳。又見，陸《跋》卷四影宋鈔《營造法

式跋》。丁《志》卷十三《史部·政書類》著録影宋本《營造法式》,所言大略相同。另見於《讀書敏求記》卷二上亦有所著録。

[一七]《四庫全書總目提要》卷四十九《史部·紀事本末類》著録通行本《通鑑紀事本末》:"王應麟《玉海》稱'淳熙三年十一月,參政龔茂良言,樞所編《紀事》有益見聞。詔嚴州摹印十部,仍先以繕木上之。'"

[一八]見孫《記》卷一所著録元版《資治通鑑》。

[一九]瞿《目》卷十二《史部·政書類》著録宋刊本《通典》:"前有貞元十年《進書表》及李翰序、自序。序後接每門之目,目後即接本文。原本存一百廿卷,餘鈔補全。每半葉十五行,行二十八字。一百五、六、八、九卷末,有'鹽官縣雕'四字。案,宋鹽官屬兩浙路臨安府,今爲杭州府海寧州治。書中'貞''徵''敬''殷''恒''桓''完'字有闕筆,而'搆'字不闕,尚刻於北宋時也。舊爲傳是樓藏書,繼入吳中故家,後爲嘉興金彝庭所得。五十年後,復歸吳郡,亦良緣也。惜鈔補者非出善本,尚多譌字。卷首有'徐乾學印''健庵'二朱記。"

[二〇]見陸《續跋》卷五宋槧明修《宋書跋》,亦見於邵注《增訂四庫簡明目録標注》卷五《史部·正史類》。

宋私宅家塾刻書

宋時家塾刻本,其名姓亦甚繁多,今所最著如岳珂之相臺家塾刻《九經三傳》,廖瑩中之世綵堂刻《五經》、韓、柳《集》,皆至今爲人傳誦。岳刻存於今者,《五經》有武英殿翻雕本,及各直省書局、私宅重翻殿本。又有《論語何晏集解》附《音義》十卷,見《天禄琳琅後編》三[一]。《孟子》趙歧注附《音義》十卷,見孔繼涵微波榭刻本跋。廖刻存於今者,有《春秋經傳集解》三十卷,見《天禄琳琅》一。卷末有木記曰:"世綵廖氏刻梓家塾。"[二]《論語》二十卷,《孟子》十四卷。卷末有"盱郡廖氏重刻善本"八字方形印,或亞字印中有"廖氏"二字記。見《後編》八[三]。又有《韓昌黎集》四十卷,《外集》十卷,見莫《録》、丁《目》。明徐氏東雅堂刻本,即翻此本[四]。《柳河東集》四十四卷,《外集》二卷,《龍城録》二卷、《附録》二卷,有明郭雲鵬濟美堂翻雕本。此本行字板式與徐氏東雅堂刻《韓集》同,據元周密《志雅堂雜鈔》有《韓》《柳》並刻之語,知亦出廖刻[五]。其他則有:

蜀廣都費氏進修堂。刻大字本《資治通鑑》二百九十四卷，即世稱爲"龍爪本"者。見瞿《目》、陸《跋》[六]。

臨安進士孟琪。寶元二年，刻姚鉉《文粹》一百卷，見黃《書錄》、紹興九年重刻本。丁《志》。元刻本。云：每葉三十行，每行二十五字[七]。

京臺岳氏。慶曆六年，新雕《詩品》三卷，見瞿《目》。影宋鈔本[八]。

建邑王氏世翰堂。嘉祐二年，刻《史記索隱》三十卷，即中統二年，平陽道參幕段君子成刻《史記集解》附《索隱》一百三十卷之祖本也。見《天禄琳琅後編》四[九]。

建安蔡子文東塾之敬室。治平丙午，三年。刻邵子《擊壤集》十五卷，見楊《録》[一〇]。

寇宅。宣和元年，寇約刻其叔宗奭《本草衍義》二十卷，見孫《記》、吳《記》、陸《續跋》、楊《譜》[一一]。

瞿源蔡潛道宅墨寶堂。紹興壬申，二十二年。刻《管子》二十四卷，見黃《記》、此本今有仿刻本，并刻黃丕烈跋。瞿《目》[一二]。

清渭何通直宅萬卷堂。紹興乙亥，二十五年。刻《漢雋》七册，見《天禄琳琅後編》十五。明仿宋本[一三]。

麻沙鎮水南劉仲吉宅。紹興庚辰，三十年。刻《新唐書》二百二十五卷，見錢《日記》[一四]。乾道端午，刻《增廣黃先生大全文集》五十卷，見黃《記》、張《續志》、楊《録》。按，此無年月，乾道歲名不值午，則端午亦不誤。宋刻草率可笑[一五]。

麻沙鎮南齋虞千里。乾道己丑，五年。刻王先生《十七史蒙求》十六卷，見康熙庚寅程宗琠仿刻本。卷中有木印記"麻沙鎮南齋虞公千里先生校正，的無差誤，乾道己丑刊行"等字[一六]。

建溪三峰蔡夢弼傅卿家塾。乾道七年，刻《史記》一百三十卷，見張《志》、錢《日記》。云目録後有一行云："三峰樵隱蔡夢弼傅卿校正。"《三皇本紀》後有二行云："建溪蔡夢弼傅卿親校，刻於東塾，時乾道七月春王正上日書。"又《五帝本紀》有墨長印二行云："建溪三峰蔡夢弼傅卿親校，謹梓於望道亭。"德輝按，此家塾刻書之矜慎者，然誤"七年"爲"七月"，則亦失檢之甚矣[一七]。

吳興施元之三衢坐嘯齋。乾道壬辰，八年。刻蘇頌《新儀象法要》三卷，見《四庫書目提要》、張《志》、瞿《目》。影寫宋刊本[一八]。

王撫幹宅。乾道壬辰，八年。刻王灼《頤堂先生文集》五卷，見丁《志》、繆《續記》。影宋鈔本[一九]。

錦溪張監稅宅。淳熙改元，刻桓寬《鹽鐵論》十卷，見丁《目》、莫《録》。德輝按，明涂禎刻本即從此本出。今顧千里廣圻爲張敦仁校刻，乃明人重刻十行本，非涂刻原本[二〇]。

武溪游孝恭德菜登俊齋。淳熙丙申，三年。刻蜀本《三蘇文粹》六十二卷，見《天禄琳琅後編》六。云卷末有木條記一行云：“淳熙丙申冬至日刊於登俊齋。”[二一]

廉臺田家。淳熙七年，刻台州公使庫本《顏氏家訓》七卷，見黃《賦注》、黃《書録》、錢《記》。云：序後有長木記云“廉臺田家印”，宋諱間不缺筆。德輝按，既是公使庫刻，則不應題田家私記，此蓋田家翻公使庫本，故宋諱缺筆不備。或係南宋末年刻本，若公使庫本，則避諱謹嚴矣[二二]。

吉州東岡劉宅梅溪書院。淳熙丁未，十四年。刻王庭珪《盧溪先生集》五十卷，見丁《志》。鈔本[二三]。

建安陳彥甫家塾。慶元丙辰，二年。刻葉賛《聖宋名賢四六叢珠》一百卷，見陸《志》。舊鈔本[二四]。

梅山蔡建侯行父家塾。慶元三禩，刻《陸狀元集百家注資治通鑑詳節》一百二十卷，見黃《賦注》、張《志》、陸《續志》、陸《續跋》[二五]。刻《李學士新注孫尚書尺牘》十六卷，見黃《記再續》、黃《書録》、云：目録後有“蔡氏家塾校正”隸書木記。序文云：“慶元三禩閏餘之月，梅山蔡建侯行甫謹序。”蓋與《通鑑詳節》同時所刻。瞿《目》[二六]。

建安黃善夫宗仁家塾之敬室。刻《史記正義》一百三十卷。慶元嗣元刻《前漢書》一百二十卷，見森《志》。云：引用書目後有“慶元嗣歲端陽建安劉之問謹識”記，《列傳》第一卷末有“建安黃善夫刊於家塾之敬室”[二七]。

建安劉元起家塾之敬室。刻《後漢書》一百二十卷，見黃《記》、黃《賦注》、黃《書録》、錢《日記》。云：目録後題“建安劉元起刊於家塾之敬室”。德輝按，此兩《漢書》爲劉元起、黃善夫二人合貲所刊，諸家題跋往往不能分辨[二八]。

建安魏仲舉家塾。慶元六禩，刻《新刊五百家注音辨昌黎先生文集》四十卷、《外集》十卷、《別集》一卷，《論語筆解》十卷；卷首《昌黎先生序傳碑記》一卷，《看韓文綱目》一卷，《引用書目》一卷，《評論詁訓音釋諸儒名氏》一卷，《韓文類譜》七卷；德輝按，即《年譜》。雍正己酉，祁門馬曰璐得殘本宋刻韓、柳二先生《集》，即魏仲舉本，并《柳集》中宋文安禮《柳先生年譜》一卷合刻，題曰《韓柳年譜》。《四庫·史部·傳記類》存目。後附許渤序。《昌黎文集後序》五篇,見《天禄琳琅》三、按,《天禄琳琅》載二部。
其前一部,前缺《昌黎先生序傳碑記》一卷,《看韓文綱目》一卷;中缺《別集》一卷,《論語
筆解》十卷;後缺許渤等序五篇;目録後有木記曰:"慶元六禩孟春,建安魏仲舉刻梓於家
塾。"其後一部,前缺《韓文類譜》七卷。兹參合二部詳著之。《四庫書目提要》、
云:"《五百家注音辨昌黎先生文集》四十卷,内府藏本。宋魏仲舉編。仲舉,建安人,書
前題'慶元六年刻於家塾',實當時坊本也。首列《評論詁訓音釋諸儒名氏》一篇,自唐燕
山劉氏迄穎人王氏共一百四十八家。又附以新添集注五十家,補注五十家,廣注五十
家,釋事二十家,補音二十家,協音十家,正誤二十家,考異十家,統計祇三百六十八家,
不足五百之數。而所云新添諸家,皆不著名氏,大抵虛構其目,務以炫博,非實有其書。
即所列一百四十八家,如皇甫湜、孟郊、張籍等,皆同時唱和之人,劉昫、宋祁、范祖禹亦
僅撰述唐史,均未嘗詮釋《文集》。乃引其片語,即列爲一家,亦殊牽合。蓋與所刊五百
家注《柳集》,均一書肆之習氣。"又云:"朱彝尊稱此書尚有宋槧本,在長洲文氏,後歸李
日華家。《正集》之外,尚有《外集》十卷,《別集》一卷,《論語筆解》十卷。此本止四十
卷,而《外集》《別集》不與焉。蓋流傳既久,又有所闕佚矣。"德輝按,《四庫》著録五百家
音注韓、柳二《集》,皆注内府藏本。據《柳集提要》稱《柳》爲宋版,與《昌黎集注》先後同
歸秘府,則此《韓集》亦爲宋版無疑,乃卷帙不參考《天禄琳琅》二部,詳載其全,是則編撰
諸臣之疏漏矣。丁《志》。缺《別集》一卷,《論語筆解》十卷[二九]。又刻《新刊五
百家注音辨唐柳先生文集》二十一卷,《附録》二卷,《外集》二卷,
《新編外集》一卷,《龍城録》二卷;前載《看柳文綱目》一卷,宋文安
禮《柳先生年譜》一卷,《評論詁訓諸儒名氏》一卷;後附《柳先生序
傳碑記紀》一卷,《文集後序》五篇,亦見《天禄琳琅》三、《四庫書目
提要》。云:"《五百家注音辨柳先生文集》二十一卷、《外集》二卷、《新編外集》一卷,
《龍城録》二卷、《附録》二卷,内府藏本。宋魏仲舉編,其版式廣狹,字畫肥瘠,與所刻
《五百家注昌黎集》纖毫不爽,蓋二《集》一時並出也。前有《評論訓詁諸儒姓氏》,檢核
亦不足五百家。"又云:"書中所引又不及《韓集》之博,蓋論韓者多,論柳者較少,故所取
不過如此,特姑以五百家之名與《韓集》相配云爾。"又云:"其本槧鍥精工,在宋版中亦稱
善本。今流傳五六百年,而紙墨如新,神明焕發,復得與《昌黎集注》先後同歸秘府,有類
乎珠還合浦,劍會延津,尤可爲寶貴矣[三〇]。"

　　建安魏仲立宅。刻《新唐書》二百二十五卷,見繆《記》。云:"目
後有碑記云'建安魏仲立宅刊行,士大夫幸詳察之。'"德輝按,此與魏仲舉或兄
弟也[三一]。

　　建安劉日新宅。開禧更元,刻王宗傳《童溪易傳》三十卷,見
《天禄琳琅後編》二。云自序後有墨印三:一曰"大易發明";一曰"建安劉日新宅
鍥梓於三桂堂";一曰"經學之寶"[三二]。

　　吉州周少傅府。嘉泰元年,刻《文苑英華》一千卷,見張《志》、

陸《志》。舊鈔本,後有刻書具文云:"吉州致政周少傅府,昨於嘉泰元年春,選委成忠郎新差充筠州臨江軍巡轄馬遞鋪權本府使臣王思恭,專一手鈔《文苑英華》,并校正重複,提督雕匠。今已成書,計一千卷,其紙札工墨等費並係本州印匠承攬,本府並無干預,今聲説照會。四年八月一日權幹辦府張時舉具。"[三三]

祝太傅宅。嘉熙己亥,三年。刻祝穆《方輿勝覽前集》四十三卷,《後集》七卷,《續集》二十卷,《拾遺》一卷,見孫《記》、丁《志》、宋刊本,七十卷。楊《志》。前録有祝太傅宅幹人吳吉《申兩浙轉運司禁書肆翻板約牒文》[三四]。

建寧府麻沙鎮虞叔異宅。刻《括異志》十卷,見瞿《目》。舊鈔本,云:目録後有"建寧府麻沙鎮虞叔異宅刊行"一行[三五]。

秀巖山堂。太歲丙辰仲夏,刻《增修互注禮部韻略》五卷,見《四庫書目提要》。云:理宗寶祐四年,蜀中所刻[三六]。

建安劉叔剛宅。刻《附釋音禮記注疏》六十三卷,見孫《記》。云:和珅翻刻。德輝按,宋刻本七十卷。和珅本與惠棟校宋本同,恐非宋刻原本。吾有此本,字畫流動,非宋體也[三七]。刻《附釋音毛詩注疏》二十卷,見森《志》。云:"序後有木印記云'劉氏文府叔剛桂軒一經堂'。"[三八]

建安王懋甫桂堂。刻宋人《選青賦箋》十卷,見《天禄琳琅》三。云目録後有"建安王懋甫刻梓於桂堂"木記[三九]。

建安曾氏家塾。刻《文場資用分門近思録》二十卷,《後録》十四卷,見莫《録》[四〇]。

建安虞氏家塾。刻老子《道德經》四卷,見黃《書録》、瞿《目》。云:目録後有"建安虞氏刊於家塾"一條[四一]。

眉山文中。刻《淮海先生文集》二十六卷,見瞿《目》。云板心有"眉山文中刊"五字[四二]。

眉山程舍人宅。刻《東都事略》一百三十卷,見森《志》、陸《志》、陸《續跋》[四三]。

姑蘇鄭定。刻《重校添注柳文》四十五卷,《外集》二卷,見瞿《目》、黃《記》。殘宋本。《五百家音辨唐柳先生文集》下云"姑蘇鄭定刊於嘉興"[四四]。

錢唐王叔邊家。刻《前漢書》一百二十卷,《後漢書》一百二十卷,見楊《録》。云目録後有叔邊咨云"本家今將前、後《漢》鋟板"云云[四五]。

婺州市門巷唐宅。刻《周禮鄭注》十二卷,見楊《志》、楊《譜》[四六]。

婺州義烏酥溪蔣宅崇知齋。刻巾箱本《禮記》五卷,見瞿

《目》、張《志》。存《月令》一卷^[四七]。

婺州東陽胡倉王宅桂堂。刻《三蘇文粹》七十卷，見瞿《目》。云目錄後有真書圖記云“婺州東陽胡倉王宅桂堂刊行”^[四八]。

劉氏學禮堂。癸未刻《履齋示兒編》二十三卷，見楊《録》。云：癸未爲嘉定十六年^[四九]。

隱士王氏取瑟堂。刻《中説》十卷，見瞿《目》。云：目錄後有“隱士王氏取瑟堂刊”一行，朗、恒、徵、慎減筆，南宋初刻本也^[五○]。

畢萬裔宅富學堂。刻李燾《經進六朝通鑑博議》十卷，見瞿《目》、云：《劄子》後有正書圖記云“畢萬裔宅刻梓於富學堂”。丁《志》。舊鈔本^[五一]。

胡元質當涂道院。乾道癸巳，九年。自刻《左氏摘奇》十二卷，見阮《外集》。云：後有元質自記一條云：“《左氏摘奇》皆手所約，鋟木於當涂道院，與同志者共之。乾道癸巳元日書。”^[五二]

杭州净戒院。刻唐趙蕤《長短經》十卷，見《四庫書目提要》。云：十卷，僅存九卷。每卷末皆題“杭州净戒院新印”七字^[五三]。

嚴陵詹義民。嘉定壬申，五年。刻《歐公本末》四卷，見陸《跋》^[五四]。

茶陵譚叔端。刻《新刊淮南鴻烈解》二十一卷，見繆《續記》。云：每卷後有“茶陵譚叔端纂校”一行。目錄後有三墨印：一小方印，兩字不可識；一大方印，“耘香譚氏”朱文；一香爐形，“書鄉”二字^[五五]。又刻《新刊精選諸儒奧論策學統宗前編》五卷，見阮《外集》；云：標題下列名“‘心易譚巽中叔剛校正，存理譚金孫叔金選次，桂山譚正叔孫端訂定’。三譚皆冠以‘古雲後學’，三人姓名既不經見，‘古雲’亦不知其何地。”德輝按，“古雲”爲茶陵之別名，見《茶陵州志》^[五六]。《後集》八卷，《續集》七卷，《別集》五卷，見《四庫存目》。云：“元譚金孫編。金孫字叔金，號存理，自稱‘古雲人’，不知‘古雲’爲何地也。文理冗贅，殆麻沙庸陋書賈所爲^[五七]。”

大抵槧刻風行，精雕細校，於官刻本外儼若附庸之國矣。

【箋證】

[一] 見《天禄琳琅書目後編》卷三《宋版經部》著録《論語》，云：“魏何晏集解，附《音義》。書十卷。前鄭沖等序。每卷末印記‘相臺岳氏刻梓’‘荆溪家塾’，或亞字形，或條印。其字或小篆，或八分，蓋岳珂所刻，珂所著《沿革例》乃爲刊正《九經三傳》而作，其家梓不獨《五經》也。”

[二]《天禄琳琅書目》卷一《宋版經部》著録《春秋經傳集解》，云：“諸

卷末有木記,曰'相臺岳氏刻梓家塾',或曰'相臺岳氏刻梓荆谿家塾'。"又著錄別本,云"此書每卷末有木記,曰'世綵廖氏刻梓家塾',爲長方、橢圓、亞字諸式,具篆文、八分,而不載《年表》《歸一圖》。蓋岳珂所稱者,即爲此本。"

[三]《天禄琳琅書目後編》卷八《影宋鈔諸部》著錄《論語》,云:"每卷末有'盱郡重刊廖氏善本'方印,或亞字形。廖氏,即廖瑩中,世所傳世綵堂最爲佳刻也。"其書著錄《孟子》,卷末亦有"盱郡重刊廖氏善本"。

[四]莫《錄》卷一著錄宋世綵堂本《韓昌黎集》五十一卷,云:"相傳明東雅堂徐氏翻刻廖氏世綵堂韓文,一仍舊式,而不著其所從來。今觀此本信然。每葉中縫下截悉有'世綵堂'字,徐氏悉以'東雅'字易之。傳目錄後有'世綵廖氏刻梓家塾'篆字木印,徐氏各卷尾亦仿之。此初印本,紙墨精好,字體在歐、褚間,徐本猶未能畢肖也。"

丁日昌《持靜齋書目》著錄世綵堂《韓昌黎集注》四十卷,《外集》十卷,《遺文》一卷,《附集傳》一卷,云:"唐韓愈撰,宋廖瑩中輯注。刊版初印,紙墨精絶,項氏萬卷樓舊藏,又經藏汪士鐘、郁松年。每卷尾有'世綵堂廖氏刊梓家塾'篆書兩行木記,每頁心下端有'世綵堂'字。明萬曆中,長洲徐時泰翻刻此書,悉以'東雅'易頁心'世綵'字,卷尾木記皆易之,世謂'東雅堂本'。舊印亦精工可觀,而以此木視之,直奄奄無生氣,尚未到唐臨晉帖也。海内集部佳本,斷當推此第一。"

[五]明郭雲鵬濟美堂翻雕本《柳河東集》,俟考。

[六]瞿《目》卷九《史部·編年類》著錄宋刊殘本《資治通鑑》,云:"存《魏記》六、七兩卷,《唐紀》二十六一卷。每卷首無題銜字,紀年下注干支二小字,間附音義於本文。每半葉十一行,行十九字。案,胡景參《釋文辨誤》附載海陵本、費本各條,核此本音義,知即爲蜀廣都費氏進修堂刻板,世所謂'龍爪本'是也。音義與史本微有不同。"陸《跋》卷七亦有著錄。

[七]此條同"宋州府縣刻書"一節注[四]。丁《志》卷三十八《集部·總集類》亦著錄之。

[八]瞿《目》卷二十四《集部·詩文評類》著錄影鈔宋本《新雕詩品》,云:"梁鍾嶸撰。此書見《隋志》,作三卷,唐、宋《志》皆譌作'詩評',《宋志》譌作一卷。此本卷後有墨圖記云,'慶曆六年京臺岳氏新雕',乃原出北宋刊本。又有'嘉靖六年杏月玉蘭堂主人命錄'一行,蓋文氏藏書也。每半葉十行,行十八字。有吳映奎手跋曰:'鍾氏《詩品》三卷,與劉氏《文心雕龍》並爲評騭詩文之倡,其妙達文理,亦與抗衡。是册在乾隆丙午館生水草堂時從書賈購得,首尾俱有前人藏印,格闌外又有"玉蘭堂錄"四字,蓋猶是文氏小胥影鈔宋槧之本。字蹟雖不工,尚有古意,因手爲補綴重裝,漫書卷尾。'"

[九]《天禄琳琅書目後編》卷四《宋版史部》著録《史記索隱》,云:"唐司馬貞注。末卷載'嘉祐二年,建邑王氏世翰堂鏤版'。前有刻書序,不著名氏,云'平陽道參幕段君子成求到善本募工刊行',蓋重刊者也。"

[一〇]楊《録》卷五《集部》下著録北宋本《康節先生擊壤集》,云:"元明皆有刊本,均作二十卷。汲古閣毛氏所刻,源出《道藏》,而舛漏殊甚。按,《四庫》所收即汲古本也。元槧本較毛本多詩五十餘首,藏書家謂爲善本,余齋亦有之。此本作《内集》十二卷、《外集》三卷。前有治平丙午中秋自序,編次與各本迥異。序後有蔡氏弼題語一則,蓋有公手訂二十卷本,重編爲此本。卷一前後木記題'建安蔡子文刊于東塾之敬室'。細行密字,鐫印至精。《龜山語録》所稱'須信畫前原有《易》,自從删後更無《詩》'一聯,諸本所佚者,此本在卷十二中。每半葉十三行,行二十二三字不等。卷首末有'曲阿孫育'印,丙寅初秋獲於都門,詒晉齋故物也。"王紹曾補曰:"此本系楊敬夫在天津出售二十六種之一,歸大連圖書館,一九四五年大連解放時尚存該館,由于種種原因,竟遭散失。"

[一一]孫《記》卷一《宋版》著録《本草衍義》二十卷,云:"書本二十卷、《目録》作十七卷,未知其故。黑口版,每葉廿四行,行廿一字。"吳壽暘《拜經樓藏書題跋記》卷四亦著録《本草衍義》,大意同孫《記》。陸《續跋》卷九宋槧《本草衍義跋》言此寇宅刻本"猶宋時單行本也"。楊《譜》卷八《醫部》亦著録。

[一二]黃《記》卷三《子類》著録宋本《管子》,云:"二十四卷。《管子》世鮮善本,往時曾見陸敕先校宋本在小讀書堆。後於任蔣橋顧氏借得小字宋本,其卷一後有長方印記,其文云'瞿源蔡潛道宅墨寶堂新雕印',驗其款式,當在南宋末年。中缺十三至十九卷,即其存者,取與陸校本對,亦多不同,蓋非最善之本也。"

瞿《目》卷十四《子部·法家類》著録校宋本《管子》:"此鄉先賢趙文毅刻本,有趙自序及王世貞序。顧澗薲氏以殘宋本校,殘宋本自卷十三至十九缺。每卷末有墨圖記二行,其文曰:'瞿源蔡潛道墨寶堂新雕印。'其卷終又有圖記二行云:'瞿源蔡潛道宅板行,紹興壬申孟春朔題。'澗翁又以朱筆録惠松崖徵君疏證語於上方。"此外,楊守敬《楹書隅録》卷三《子部》亦有著録,叙述甚詳。

[一三]《天禄琳琅書目後編》卷十五《明版史部》著録《漢雋》:"每卷標'宋括蒼郡林越國鎮輯',卷一末刻'清渭何通直宅萬卷堂本,紹興乙亥刊',乃明翻宋本也。"

[一四]錢《日記》卷一云:"又《新唐書》一部,卷末有墨記一方,云'麻

沙鎮水南劉仲吉宅紹興庚辰□月誌。"

[一五] 楊守敬《楹書隅錄》卷五《集部》下著錄宋本《類編增廣黃先生大全文集》,云:"每半葉十五行,行二十七字。目錄後有碑牌云:'麻沙鎮水南劉仲吉宅近求到《類編增廣黃先生大全文集》五十卷,比之先印行者增三分之一,不欲私藏庸鐫木以廣其傳,幸學士詳鑒焉。乾道端午識。'"

見黃《記》卷五《集類》、張《續志》卷四《集部·別集類》亦著錄。

傅增湘《藏園群書經眼錄》卷十三《集部·別集類》云:"宋乾道麻沙鎮水南劉仲吉宅刊本,半葉十五行,每行二十六字,細黑口,四周單闌。前有門目,大字,半葉十行,細黑口,左右雙闌,次《目錄》二卷,半葉十五行,亦左右雙闌。目錄卷下末葉後有牌子,後有黃丕烈跋(牌子及黃跋從略)。李木齋先生藏。"

[一六] 康熙庚寅程宗琜坊刻本《王先生十七史蒙求》,俟考。

陳振孫《直齋書錄解題》卷十四《史部·目錄類》亦著錄"《十七史蒙求》一卷,題王先生,不著名氏,或云王令也。四庫館臣案,《文獻通考》作'二卷'。"

[一七] 張《志》卷八《史部·正史類》著錄懷古堂藏宋乾道蔡夢弼刊本《史記》,云:"後有'建谿三峰蔡夢弼傅卿親校,謹刻梓於望道亭'兩行。每葉二十四行,行二十二字,注二十八字,字畫精朗,古香可愛,蓋宋版中之絕佳者。卷末有題識云'共計三十本,辛丑年孟春重裝,懷古堂識'。又有題識云'泰興縣季振宜滄葦氏珍藏',蓋錢求赤藏本後歸季滄葦者。"錢《日記》卷一云:"黃蕘圃過談,言《史記》有宋乾道蔡夢弼本及耿氏本。余藏百衲《史記》中即有蔡夢弼本。"

[一八]《四庫全書總目提要》卷一百零六《子部·天文算法類》著錄《新儀象法要》,云:"是書爲重修渾儀而作,事在元祐間。而尤袤《遂初堂書目》稱爲《紹聖儀象法要》。宋《藝文志》有《儀象法要》一卷,亦注云紹聖中編,蓋其書成於紹聖初也。南宋以後,流傳甚稀。此本爲明錢曾所藏,後有'乾道壬辰九月九日吳興施元之刻本於三衢坐嘯齋'字兩行,蓋從宋槧影摹者。《讀書敏求記》載入是書,自稱'圖樣界畫,不爽毫髮,凡數月而後成。楮墨精妙絕倫,不數宋本'。"張《志》卷二十三《子部·天文算法類》亦有著錄。瞿《目》卷十五著錄影鈔宋本《新儀象法要》:"宋蘇頌撰。是書爲重修渾儀而作。始於元祐間,成於紹聖中,故《遂初堂書目》謂爲《紹聖儀象法要》,首列《進書狀》,卷各有圖,圖各有說,當時奉敕撰進者。宋槧本卷末有'乾道壬辰九月九日吳興施元之刻本於三衢坐嘯齋'兩行。元之,字德初,即注蘇詩行世者。此相傳影摹本,圖樣界畫,不爽毫髮,不減遵王氏藏本也。"

[一九] 丁《志》卷三十《集部·別集類》著錄宋乾道刊本《頤堂先生文

集》。繆《續記》卷六著録《頤堂先生文集》五卷,云:"影宋寫本。宋王頤撰。每半葉十行,行十八字。高六寸,廣四寸五分。單邊,白口。板心記'頤堂集幾'。卷一爲古賦,卷二、三、四爲古詩,卷五爲近體。一卷後有'乾道壬辰六月王撫幹宅謹記'一行。書刻圓湛,洵宋刻之上駟。絳雲樓有此書而無卷數,《敏求記》載《頤堂集》五卷,或即遵王之所藏者。附鈔文二篇、詞一卷。"

[二〇]丁日昌《持靜齋書目》著録《鹽鐵論》十卷,云:"漢桓寬撰,宋刊本。每半葉十行,行十八字,末卷尾有'淳熙改元錦谿張監税宅善本'二行楷書木記。"

莫友芝《宋元舊本書經眼録》卷一著録宋本《鹽鐵論》十卷:"每半葉九行,行十八字。第十卷末葉有'淳熙改元錦谿張監税宅善本'二行楷書木記,紙墨亦精雅。乙丑春,上海市出豐順丁禹生觀察所收,暇當取家藏明本一校。"

[二一]《天禄琳琅書目後編》卷六《宋版集部》著録《蜀本標題三蘇文》。

[二二]《百宋一廛賦注》云:"黃門《家訓》,篇廿卷七。欣遇考證,檢度繕密。縮述古而稍布,窘邊幅之小失。恢逸聞於書院,謂共山其無匹。淳熙台州公庫本《顔氏家訓》七卷,每半葉十二行,每行十八字,後附嘉興沈揆《考證》一卷,凡三册,每册首尾有'省齋'一印,'共山書院'一印。省齋未詳,共山書院有《藏書目録》,柳待制爲之序,稱汲郡張公,不詳其名,延祐三年參議中書省,錢少詹大昕《補元史藝文志》載之者也。又每册首尾紙背有一長方鈐記,云:'國子監崇文閣官書,借讀者必須愛護,損壞闕失,典掌者不許收受。'皆逸聞也。末有何義門跋云:'此書爲沈虞卿所刊,虞卿紹熙中嘗以中大夫秘閣修撰知吾郡,見范《志》牧守題名。'又云:'虞卿自號欣遇,見楊廷秀《朝天集》。'近長塘鮑氏已用述古堂影鈔本刊入《知不足齋叢書》第十一集,然就其叢書爲大小,邊幅失之窘矣。"

黃《書録》著録《顔氏家訓》:"鮑氏《知不足齋叢書》所刊本,以爲用述古堂影宋本重雕,前序目有'廉臺田家印'可證也。今此宋刻,即爲影宋本所自出,通七卷,末附《考證》一卷。淳熙七年春二月,嘉興沈揆所刊本也。末有義門野士何焯跋,跋云:'此書爲沈虞卿所刊,虞卿紹熙中嘗以中大夫秘閣修撰知吾郡,見范《志》牧守題名。'此書向爲汲古舊藏,後歸北客。康熙甲午義門以厚直購而獲焉。陽湖孫淵如觀察宦於山左,得之,後以歸余,余考是書源流,自元以來,班班可考。書分三册,於每册卷首及尾皆有'省齋'一印、'共山書院'一印,雖省齋不知何人,而共山書院則元代也。近嘉定錢少詹撰《補元史藝文志》,載有《共山書院藏書目録》,此即所藏之書可知。每册首尾紙背有長方鈐記,其文云:'國子監崇文閣官書,借讀者必須愛護,損壞闕失，典掌者不許收受。’皆楷書朱記。以余所見，何小山校本《經典釋文·左氏春秋音義》末摹有是印，其文正同，且識云印長二指四寸五分，闊不一指，一寸六分，其度適合。此向所未經表見者，故備著於此。後以示錢少詹，少詹云，此淳熙台州公庫本，卷中於‘構’字注太上御名而闕其文，以其時光堯尚在德壽宮也。前序末有長記‘廉臺田家印’五字。考元制，各道置廉訪司，爲行臺所屬。廉臺之名，實昉於此。此本蓋宋槧而元印者。余以此與長記有考證，亦附誌之。”

錢曾《讀書敏求記》卷三之上著録《顏氏家訓》七卷，未言“廉臺田家”刊刻。

［二三］見丁《志》卷二十九著録袁又愷、陳仲魚藏謝氏鈔本《廬溪先生文集》。

［二四］陸《志》卷六十《子部·類書類》著録兼牧堂舊藏舊鈔本《聖宋名賢四六叢珠》：“案，目後有‘建安陳彥甫刻梓于家塾’兩行。四庫館中當亦未見全本，其書之罕見可知。此本影宋寫有‘陳彥甫刊梓’兩行，當從宋刻。其書剽竊割裂，體例紛如，疑當時書坊所刊。惟采摭繁富，遺文遺句亦賴以存，披沙揀金往往見寶，且百卷巨帙，首尾完具，不必以兔園册子薄之也。”

［二五］任按，《百宋一廛賦注》中未見。張《志》卷九《史部·編年類》著録宋刊本《陸狀元集百家注資治通鑑詳節》：“集注姓氏後有‘蔡氏家塾校正’六字。案《百宋一廛賦注》云：‘《孫尚書内簡尺牘》十六卷，目後有‘蔡氏家塾校正’六字。予向有趙靈均校元本，首有鈔補序一通，云‘慶元三祀閏餘之月，梅山蔡建侯行父謹序’云云。知是本爲寧宗時蔡建侯刊本也。”又見陸《續志》卷三著録宋刊本《陸狀元集百家注資治通鑑詳節》。陸《續跋》卷六宋蔡氏家塾槧《陸狀元通鑑跋》云：“建安蔡氏喜刻書，乾道中，蔡夢弼字傅卿者，曾刊《史記》一百三十卷，又刊《杜工部草堂詩箋》，輯《草堂詩話》。此蔡氏不署名，考宋刊《孫尚書内簡尺牘》，目後有‘蔡氏家塾校正’六字，前有慶元三祀梅山蔡建侯行父序，見《百宋一廛賦注》。慶元，爲寧宗年號。則此書亦行父所刊歟。”

［二六］黄丕烈《士禮居藏書題跋記再續》著録校宋本《内閣尺牘》，云：“末一葉有‘蔡氏家塾校正’六字。合諸此本鈔補序文，有云‘慶元三祀閏餘之月梅山蔡建侯行甫謹序’云云。未知即此否也。”

黄《書録》著録《李學士新注孫尚書内簡尺牘》：“余向藏《孫尚書内簡尺牘》係成化刊本，趙靈均取元刻本校過，後爲葉石君收藏，可稱善本矣。最後得此宋本於郡故家，無刻書年月，於分類之目末葉，有‘蔡氏家塾校正’六字。合諸葉本鈔補序文，有云‘慶元三祀閏餘之月，梅山蔡建侯行甫謹序’云云，未知即此蔡氏否也。葉本校語云‘元英宗天曆庚午刻本，分十六卷，而宋本分卷卻合，然遇宋諱皆闕筆，則非即英宗時本可知。’安知元翻宋本分卷不仍其舊耶？余嘗取以覆校，實有勝於葉本處，可知宋刻定勝元刻也。”瞿《目》卷二十一著録校宋本《李學士新注孫尚書内簡尺牘》：“宋刻本與成化本分卷行款俱不同。每半葉十二行，行二十字，注每行二十五字。目録多分類之目二葉。有墨圖記隸書文云‘蔡氏家塾校正’。此本一一照改，出稽瑞樓陳氏。”

[二七] 見森《志》卷三著録米澤上杉氏藏宋槧本《史記》和《漢書》。

[二八] 黄《記》卷二《史類》著録元大德本《後漢書》：“《後漢書》本宋刻佳者，淳化不可得見，景祐本殘者有之。此外如建安劉原起刊於家塾散室本，又有一大字，皆名爲宋，而實則不及元、明刊本。何以明之？蓋所從出本異也。惟正統本最稱善，以所從出爲淳化本也。大德本亦自淳化本出。此又有景祐間余秘丞書者，乃翻淳化本耳。景祐至大德，大德至弘治，遞爲修補，故版刻字樣各有不同，非如正統十年一例專刻也。”

黄《書録》云：“此二十行十八字本《後漢書》，有《帝紀》《列傳》而無《志》，目録第一葉缺前半葉，有‘御史之章’‘季振宜印’‘滄葦’三圖記，則其鈔有自矣。第三葉亦鈔補，自三葉以下，俱刻小數，即三號起，皆《列傳》八十卷也。細玩痕跡，似非向有《志》而今以補綴滅其痕者，當是孫宣公未請以劉昭注補十《志》入范《書》以前本也。目後有碑牌一題，云‘建安劉元起刊於家塾之敬室’，知非坊間尋常雕本，然已附劉放等語，非如景祐本之專存章懷注也。此本紙瑩如玉，墨凝若漆，洵宋本之精緻者。間有缺卷缺葉，亦精楷繕録。書賈自雲間購歸，云是張得天家故物。士禮居重爲裝之。”《百宋一廛賦注》云：“《後漢》翻雕，秘書指蹤。牒互孫宣，班范關通。建塾敬室，至美罕同。兼收並蓄，矩疊規重。殘本《後漢書》每半葉十行，每行大二十字，小廿四字，僅存《紀》八、《志》三、《列傳》十五卷而已，乃北宋年間翻雕景祐本也，故行款正同。又殘本二，皆缺損已甚，嘉定戊辰，蔡琪純父所刻也。前仍列秘書丞余靖上言，而行款改爲八行十六字矣。景祐校班、范二《書》，同時雕印，予所藏班《書》前互入乾興元年中書門下牒國子監文一通，即孫奭以劉昭注、司馬彪志，補章懷注、范《書》故事也。《曝書亭集》謂，此不自奭始。以今考之，則以彪補范誠始于劉，而以昭補賢實始於孫，朱說疏矣。又殘本二，一但缺《志》，一缺損已甚。而其中有《志》第二十二，又第二十四至末，凡八卷，每半葉十行，每行十八字，目録後題云‘建安劉元起刊於家塾之敬室’，乃南宋精雕也。此一書三刻，而殘本共五。”

錢《日記》卷一亦云：“黄蕘圃示宋刻《後漢書》，第一本目録後題‘建安劉元起刊於家塾之敬室'。每葉二十行,行十八字。注中附劉放考證,與監本同,但有《紀》《傳》而無《志》耳。"

[二九]《天禄琳琅書目》卷三《宋版集部》著録《新刊五百家注音辨昌黎先生文集》,云:"《宋史·藝文志》及宋馬端臨《文獻通考》皆不載是書,書中亦無纂集人名氏,惟《正集》目録後有木記曰'慶元六禩孟春建安魏仲舉刻梓於家塾',應即爲仲舉集注,當時係《韓》《柳》並刊。《柳集·引用書目》中載仲舉,名懷忠。按,宋人刻梓家塾之書,多有款識,如宋版《春秋經傳集解》二部,一曰'相臺岳氏刻梓家塾',一曰'世綵廖氏刻梓家塾',皆有木記,亦此例也。韓、柳二《集》,其所引書係合爲一目,標曰《韓柳先生文集引用書目》,有後一部可證。此本挖去'韓''柳'二字,改爲'昌黎',乃書賈未得《柳集》,因而僞爲。"《四庫全書總目提要》卷一百五十《集部·別集類》著録《五百家注音辨昌黎先生文集》四十卷:"宋魏仲舉編。書前題'慶元六年刻於家塾',實當時坊本也。蓋與所刊《五百家注柳集》,均一書肆之習氣。原書世多失傳,猶賴此以獲見一二,亦不可謂非仲舉之功也。朱彝尊稱此書尚有宋槧本在長洲文氏,後歸李日華家。"丁《志》卷二十四《集部·別集類》亦著録。

[三〇]《天禄琳琅書目》卷三《宋版集部》著録《新刊五百家注音辨唐柳先生文集》:"宗元《正集》四十五卷,此書自廿二卷以下皆闕,書賈將'目録終'三字移補廿一卷後,故無魏仲舉木記。然版式字體與《韓集》同,實爲宋本。且《正集》尚存其半,而《外集》諸種卷帙完好,亦足珍也。御題:'《五百家注昌黎集》實宋槧之佳者,《柳子厚集》雖亦五百家注,版式行款標題並同,而紙色墨香遜《韓集》遠甚,且《正集》廿二卷以下至末皆闕,又改'目録終'以彌縫之,更非完善。第《柳集》注刊本,今鮮存者,亦覺片羽可珍,惟當居《韓》之次耳。附識題《韓集》詩之後,並書冠此《集》卷端。"

《四庫全書總目提要》卷一百五十《集部·別集類》著録《五百家注音辨柳先生文集》二十一卷,《外集》二卷,《新編外集》一卷,《龍城録》二卷,《附録》八卷,云:"宋魏仲舉編。其板式廣狹,字畫肥瘠,與所刻《五百家注昌黎集》纖毫不爽,蓋二《集》一時并出也。且其本槧鋟精工,在宋版中亦稱善本。今流傳五六百年而紙墨如新,神明焕發,復得與《昌黎集注》先後同歸秘府,有類乎珠還合浦,劍會延津,是尤可爲寶貴矣。"

[三一]繆《記》卷四著録宋刊本《新唐書》:"大題在下,每半葉十行,每行十九字。白口。目後有牌子,云'建安魏仲立宅刊行,士大夫幸詳察之'行書兩行,是南宋閩本。惟英宗以上諱闕維謹,英宗以下不避,從北宋本出也。收藏有'項氏萬卷堂圖書印'朱文長方印、'毛褒華父'連珠小印、'在在處處

有神物護持'白文方印。每卷有'汪印士鍾'白文、'閬源真賞'朱文兩印。汲古閣舊裝《藝芸書舍宋元書目》內有此書。"

[三二]《天禄琳琅書目後編》卷二《宋版經部》著錄《童溪王先生易傳》,云:"前有宗傳自序。第二十七卷前又序云:歲在戊戌,著《易》,計三十卷。其於《繫辭》《序卦》《雜卦》未暇也。越三載辛丑,蒙恩賜第還鄉,作《續傳》。然《續傳》僅有《繫辭》上下傳而止,其書終未成也。自序後有墨印三:一曰'大易發明',一曰'建安劉日新宅鋟梓於三桂堂',一曰'經學之寶'。又有林焞炳叔序,自稱與童谿生同方學同學,同及辛丑第。開禧更元,劉君日新將以《童谿易傳》膏馥天下後世。是書纂於孝宗朝,刊於寧宗朝,此其付梓時所序也。"

[三三]見張《志》卷三十五《集部·總集類》著錄舊抄本《文苑英華》。陸《志》卷一百一十二《集部·總集類》亦著錄。

[三四]孫《記》卷一《宋版》著錄《新編方輿勝覽》七十卷,云:"題'建安祝穆和父編'。前有嘉熙己亥呂午序、嘉熙己亥祝穆序。所述止南宋版圖。首載建置沿革,此事要,分十八子目。末四六聯句,皆備南京幕府酬應之用。黑口板,每葉小字廿八行,行廿八字。收藏有'高卧樓'白文方印、'臣璐私印'朱文方印、'半查'朱文方印、'叢書樓'白文長方印、'李氏寒香閣藏書記'朱文方印。"

丁《志》卷十一《史部·地理類》著錄宋刊本《新編方輿勝覽》七十卷,未見所云。楊《志》卷六著錄宋槧本《方輿勝覽前集》:"序后有兩浙轉運司錄白,蓋祝氏恐人翻雕,故請官爲給榜。據祝太傅宅幹人吳吉狀:'本宅見刊《方輿勝覽》及《四六寶苑》《事文類聚》,凡數書,並係本宅貢士私自編輯,積歲辛勤。今來雕板,所費浩瀚,竊恐書市嗜利之徒,輒將上件書版翻開,或改換名目,或以《節略輿地紀勝》等書爲名,翻開攙奪,致本宅徒勞心力,枉費錢本,委實切害。照得雕書合經使臺申明,乞行約束,庶絕翻版之患,乞給榜下衢、婺州雕書籍處張掛曉示。如有此色,容本宅陳告,乞追人毀版,斷治施行。奉臺判備榜,須至指揮。'"

[三五]瞿《目》卷十七著錄舊鈔本《括異志》:"此書惟見陳氏《書錄》,尚有《後志》十卷,惜無之,所記皆北宋名臣異事。每段末注'聞之某某',或云'某筆以相示',則師正亦北宋時人也。目錄後有'建寧府麻沙鎮虞叔異宅刊行'一行。卷末有'正德十年歲次乙亥仲春癸丑日虞山逸民俞洪重錄畢'二行。卷首末有'祝仲子承緒父''南陽叔子藏本'二朱記。"

[三六]《四庫全書總目提要》卷四十二《經部·小學類》著錄《增修互注禮部韻略》,云:"宋毛晃增注,其子居正校勘重增。諸家所稱《增韻》,即

此書也。晁嘗作《禹貢指南》,居正嘗作《六經正誤》,皆別著録。是書因《禮部韻略》收字太狹,乃蒐采典籍,依韻增附。又《韻略》之例,凡字有別體、別音者,皆以墨闌圈其四圍,亦往往舛漏。晁併爲釐定,於音義字畫之誤,皆一一辨證。明代刊版,頗多譌舛。此本凡宋代年號皆空一格,猶存舊式;末題'太歲丙辰仲夏秀巖山堂重刊',蓋理宗寶祐四年蜀中所刻,視近本特爲精善云。"傅增湘《藏園群書題記》著録宋本《增修互注禮部韻略跋》云:"《總目》謂理宗淳祐四年蜀中所刻,然考之年表,丙午實淳祐六年,疑涉筆偶誤耳。"

[三七] 孫《記》卷一《宋版》著録《附釋音禮記注疏》六十三卷,云:"黑口版,每葉廿行,行十七字,小字行廿三字。有明正德、嘉靖時暨不注年代補刻葉。此本與故相國和珅翻刻宋本行款相同,惟彼本孔穎達序後有'建安劉叔剛宅鋟梓'木長印。此本原序已缺,無從考證。收藏有'孫潛之印'白文方印。"

[三八] 森《志》卷一著録昌平學藏南宋槧本《附釋音毛詩注疏》二十卷,云:"首載《毛詩正義序》屬明代補刊,次有《詩譜序》,序後有'劉氏文府叔剛桂軒式經堂記',卷端首行題'附釋音毛詩注疏卷第一',次行'毛詩國風鄭氏箋、孔穎達疏',每半葉十行,行十八字,注雙行界長六寸二分,幅四寸二分,左右雙邊,烏絲外標題。"

[三九] 《天禄琳琅書目》卷三《宋版集部》著録《選青賦箋》,云:"《宋史·藝文志》及《文獻通考·經籍考》皆不載是書。卷中所録,盡當時省試之作,目録後有'建安王懋甫刻梓於桂堂'木記,乃書賈所輯以版行者。如陳振孫《書録解題》謂《指南賦箋》五十五卷,《指南賦經》八卷,皆書坊編集,即係此類。小版細書,作巾箱本,其製甚精,亦宋時佳槧,足供秘玩者也。御題:'此宋人省試諸賦選本,即唐人試帖及今館課之類,蓋一時坊刻也。特筆法精鑱,爲宋本中絶佳者。卷首末俱有文氏"停雲"印,良可珍秘。乾隆甲子秋分日,御識。'鈐寶二:曰'乾隆宸翰',曰'稽古右文之璽'。明文徵明停雲館藏本。"

[四〇] 莫友芝《宋元舊本書經眼録》卷一著録宋本《文場資用分門近思録》,云:"海寧查氏藏本,蓋南宋末坊刊。朱子序後有'建安曾氏刊於家塾'二行木記,以朱子書分爲百二十一目,破析瑣碎,直不成書。"

[四一] 黃《書録》云:"此《老子道德經河上公章句》,分《道經》《德經》,共八十一篇,爲建安虞氏刊於家塾,卷中有'葉氏菉竹堂藏書'圓印,雖非宋刻上駟,亦古本也。《異俗篇》'如春登臺'尚不誤,合於易州石刻,因知此本之佳。惜墨敝紙渝,且遭俗工裝裱,殊不耐觀。"瞿《目》卷十八《子部·道家類》著録宋刊本《老子道德經》:"目録後有'建安虞氏刊於家塾'一條。

每半葉十行,行十七字。注字雙行,行廿四字。書中'慎'字有減筆,當是孝宗後刻本。案,《纂圖互注》本,亦河上公注,而句多增損,遜此舊本之精。卷首有'葉氏菉竹堂藏書'及'鳳臺家藏''士禮居藏''蕘圃卅年精力所聚'諸朱記。"

[四二] 瞿《目》卷二十《集部·別集類》著録宋刊殘本《淮海先生文集》,云:"前有自序云:'元豐七年冬,余將赴京師,索文稿於囊中,得數百篇。辭鄙而悖於理者,輒删去之。其可存者,古律體詩百十有二,雜文四十有九,從游之詩附見者四十有六,合二百一十七篇。次爲十卷,號《淮海閒居集》云。'序後又有無名氏題記云:'右學士秦公元豐間自序云耳,故存而不廢;今又采拾遺文而增廣之,合爲四十有六卷。大概見於後序,覽者悉焉。'惜後序亦已闕矣。每半葉九行,行十五字。首葉板心有'眉山文中刊'五字。'慎''敦''廓'字闕筆。寧宗時蜀中刻本也。以明嘉靖間張綖刻本對校,張本譌字甚多。"

[四三] 森《志》卷三《史部·別史類》著録求古樓藏宋槧本《東都事略》,云:"目録末有'眉山程舍人宅刊行,已申上司,不許覆板'木記。"陸《志》卷十八《史部·別史類》亦著録宋刊配明覆本《東都事略》,叙述較詳。陸《續跋》卷七宋槧《東都事略跋》云:"目録後有木記曰'眉山程宅刊行,已申上司,不許覆版'兩行,每葉二十四行,每行二十三、四、五字不等,語涉宋帝皆空格,蓋光宗時刊本也。"

[四四] 瞿《目》中未見著録。黄《記》卷五《集類》著録殘宋本《五百家注音辨唐柳先生文集》:"余向聞《柳文》以吳門鄭氏本爲最善。東城五聖閣顧氏有殘本,數年前書買曾以示余,索重值,且未定其爲鄭本與否,故未之得,時往來於心不能釋。自遷居縣橋,去顧所居不遠,跡之,書主人已作古,無從問津矣。今兹五柳主人以此二册贈余,欣喜之至,蓋即前所見物也。書存十六至二十一,三十七至四十一,卷第之原不可知。因檢近刻《自齋書録解題》,見有'《重校添注柳文》四十五卷,《外集》二卷。姑蘇鄭定刊於嘉興,以諸家所注輯爲一編,曰集注、曰補注、曰章、曰孫、曰韓、曰張、曰董氏,而皆不著其名。其曰重校、曰添注,則其所附益也'云云。按諸是本,庶幾近之,然亦有不同者,每卷題'五百家注音辨唐柳先生文集',(或加"新刊"於其前)不云"重校""添注"也。卷中曰集注、曰補注外,又有曰舊注者,曰章、曰孫、曰韓、曰張、曰董(此本"董"作"童")外,又有曰汪、曰黄、曰劉者,未知直齋所解題者,即此否也。世傳《增廣注釋音辨柳集》亦多矣,大抵元、明刻本,惟此殘宋槧十一卷,楮精墨妙,實出宋刻宋印。"

[四五] 楊《録》卷二著録宋本《後漢書》,云:"每半葉十三行,行二十三

四字不等。目録後木記云：‘本家今將前後《漢書》精加校證，並寫作大字鋟版刊行，的無差錯，收書英傑，伏望炳察。錢唐王叔邊謹咨。’”王紹曾補曰：“此本爲北圖收購天津鹽業銀行九十二種之一，楊氏四經四史之齋宋本《後漢書》第一部。《北圖收購始末記》作一百二十卷，四十册，四函。《北京圖書館善本書目》著録《後漢書注》九十卷、《志注補》三十卷，宋王叔邊刻本，卷四十下配另一宋刻本，四十册。”傅增湘《藏園群書經眼録》卷三云：“宋王叔邊刊本，半葉十三行，行二十三字至二十四字不等，線黑口，左右雙闌，版心記‘後漢紀’字，目録後有木記，録後：‘本家今將前後《漢書》精加校正，並寫作大字鋟版刊行，的無差錯，收書英傑，伏望炳察。錢唐王叔邊謹咨。’後隔三行題‘武夷吳驥仲逸校正’。鈐有汲古閣毛氏父子、季振宜、徐乾學、周良金諸家印記，又楊氏諸印。按，此海源閣楊氏四經四史之一，字體秀勁，與乾道蔡夢弼本《史記》相類，蓋閩本之最佳者，惜未能假校。”

[四六] 楊《志》卷一著録南宋槧巾箱本《周禮鄭氏注》：“宋刊巾箱本《周禮》，唯齊次風《石經考文提要》猶及見之，近來著録家未之聞。阮氏《校勘記》亦不載，知傳世鮮矣。中有‘重言’無‘重意’，故標題略之。其文字往往與岳本及明刊徐氏本合，注疏本皆不及也。江陰繆筱珊編修愛不釋手，乃影摹一通，而以原本歸之。”楊《譜》卷二《經部》亦載之。

[四七] 瞿《目》卷四《經部·禮類》著録宋刊殘本《禮記》：“是書卷長四寸，寬三寸，僅存卷一至卷五。每半葉十行，行二十至二十四字不等。注雙行，行二十八字。每卷終記經注字數。卷一後有楷書墨圖記云：‘婺州義烏酥溪蔣宅崇知齋刊。’”又見張《志》卷四《經部·禮類》著録汲古閣藏巾箱本《禮記·月令》。

[四八] 瞿《目》卷二十三《集部·總集類》著録宋刊本《三蘇文粹》：“不著纂輯姓氏。前有標目，無序跋。選老泉文六十八首，東坡文二百七十九首，潁濱文三百十二首。目後有真書墨圖記云‘婺州東陽胡倉王宅桂堂刊行’，與《歐陽文粹》板式相同，當是同時所刊。紀文達未見宋本，謂認明人輯録，故不獲與《歐陽文粹》並列。每半葉十九行，行二十六字。‘敬’‘殷’‘匡’‘恒’‘貞’‘徵’‘讓’‘樹’‘桓’‘構’‘慎’字皆闕筆，而‘惇’字不闕，光宗前刻本也。”

[四九] 楊《録》卷三《子部》著録宋本《新刊履齋示兒編》：“右宋劉氏學禮堂刊本，己卯十月閬源汪君見示，且云錢遵王記字説闕文六條，似與此本不全合。予按，姚舜咨所鈔空六行，蓋錢本亦然。核之此本，乃複衍三行又大半行，因鈔者始改每條跳行，故爲六行也。又因其複衍而不復寫入，故爲闕文也。鈔本通部行款與刻差殊，非獨明潘方凱板不循舊格，遵王既未見此

刻,宜所言不諦矣。向在辛未歲,鮑以翁開雕是書,爲予據姚鈔所校。今乃獲重讀一過,訂正如此類者實多。"

[五〇]瞿《目》卷十三《子部·儒家類》著録宋刊本《中説》:"前有逸序及篇目。每篇爲一卷,目後有'隱士王氏取瑟堂刊'一行。每半葉十一行,行二十字,注字雙行,行二十五字。'朗''恒''徵''慎'字減筆。卷中有朱筆校語,較元刻釋音本爲勝。"

[五一]瞿《目》卷十二《史部·史評類》著録宋刊本《李侍郎經進六朝通鑑博議》,云:"卷首有《三國晉南朝北朝譜系圖》《六朝建都》《六朝攻守圖》四葉。前有紹熙三載秀國陳之賢序、《乞尚史學劄子》。每半葉十二行,行廿二字。書中無闕筆字。惟'殷浩'作'商浩','桓温'作'元温'。《劄子》後有正書墨圖記曰'畢萬裔宅刻梓於富學堂'。舊藏邑中陳氏。每卷有'稽瑞樓'朱記。"丁《志》卷十四亦著録汪氏振綺堂藏舊鈔本《李侍郎經進六朝通鑑博議》,言此書"後有畢萬裔宅刻梓於富學堂木記,似出於麻沙版刻也"。

[五二]阮《外集》卷一著録《左氏摘奇》十二卷,云:"宋胡元質撰。元質,字長文,吳郡人,官給事中。考《宋史·藝文志》於《史部》下載《西漢字類》五卷,注胡元質撰。而於《經部·春秋類》下載《左氏摘奇》十二卷,則注不知作者,此疑當日或傳刻者失之。惟陳振孫《直齋書録解題》中載此稍爲詳悉,其姓氏爵里,實與今本相合。此本從吳中藏書家影宋鈔録,卷後有元質自記一條,云:'《左氏摘奇》皆手所約,鋟木於當涂道院,與同志者共之。乾道癸巳元日書。'當係原刊所識。"

[五三]《四庫全書總目提要》卷一百十七《子部·雜家類》著録《長短經》九卷,云:"惟書名作《長短要術》爲少異。蓋一書二名也。是書皆談王伯經權之要,成於開元四年。自序稱凡六十三篇,合爲十卷。《唐志》與晁公武《讀書志》卷數并同。今久無刊本。王士禎《居易録》記徐乾學嘗得宋槧於臨清。此本前有'傳是樓'一印,又有'健菴收藏圖書'一印,後有'乾學'名印。每卷之末皆題'杭州净戒院新印'七字,猶南宋舊刻,蓋即士禎所言之本。劉向序《戰國策》,稱或題曰《長短》。此書辨析事勢,其源蓋出於縱横家,故以'長短'爲名。雖因時制變,不免爲事功之學,而大旨主於實用,非策士詭譎之謀。其言固不悖於儒者,其文格亦頗近荀卿《申鑒》、劉邵《人物志》,猶有魏晉之遺。唐人著述,世遠漸稀,雖佚十分之一,固當全璧視之矣。"

[五四]陸《跋》卷二宋板《歐公本末跋》云:"宋吕祖謙編,每頁十八行,每行十八字,版心有字數及刊匠姓名,後有嘉定壬申嚴陵詹又民刻版。《書録解題》《文獻通考》皆著於録,明以後收藏家無著録者。"

[五五] 繆《續記》卷二著録《新刊淮南鴻烈解》："宋刻本。每半葉十行，行十八字。高五寸五分，廣四寸。白口，單邊。首行'新刊淮南鴻烈解卷第一'，次行'太尉祭酒臣許慎記上'。注甚簡。每卷末有'茶陵後學譚叔端纂校'一行。似是坊刻，羅紋紙，淺黃色，淫墨，印極古雅，中多删節。《道藏》刊本，又各家書目未載。書估以爲寶，因亦以重值收之。惟《讀書雜志》所記佳字尚存一二處，宋諱缺筆亦不少。後有裝書記兩行，無藏印。"

[五六] 見阮《外集》卷三著録《新刊精選諸儒奧論策學統宗》。

[五七]《四庫全書總目提要》卷一百九十一《集部·總集類》著録《殘本諸儒奧論策學統宗》二十卷，云："是編雜選宋人議論之文，分類編輯，以備程試之用。凡《後集》八卷，《續集》七卷，《別集》五卷，而闕其《前集》，蓋不完之本。原本又以陳繹曾《文筌》、石桓《詩小譜》冠於卷首，而總題曰《新刊諸儒奧論策學統宗》。增入《文筌》《詩譜》，文理冗贅，殆麻沙庸陋書賈所爲。今析《文筌》《詩譜》別入《詩文評類》，而此書亦復其本名，庶不相淆焉。"

宋坊刻書之盛

宋時坊刻，前有建安余氏，後有臨安陳氏，余已別爲之考矣。顧其他散見諸藏書家志、目、題記，不可不彙而録之，以存天水一朝之文獻。如閩中則有：

建寧府黃三八郎書鋪。乾道改元刻《韓非子》二十卷，見顧《集》。吳騫仿宋刻本跋[一]。乾道己丑刻《鉅宋重修廣韻》五卷，見森《志》、楊《志》、楊《譜》[二]。

建陽麻沙書坊。紹興庚申，十年。刻曾慥《類説》五十卷，見陸《續跋》[三]。紹興癸酉，二十三年。刻《新雕皇宋事實類苑》七十八卷，見丁《志》、繆《記》。日本活字印本[四]。無年號刻魏天應《論學繩尺》十卷，見《四庫書目提要》。云建陽書肆所刊[五]。無年號刻《十先生奧論》四十卷，見《四庫書目提要》。云："不著編輯者名氏，亦無刊書年月。驗其版式，乃南宋建陽麻沙坊本也[六]。"

建寧書鋪蔡琪純父一經堂。嘉定戊辰，元年。刻《漢書》一百二十卷，見楊《録》、丁《志》[七]。刻《後漢書》一百二十卷，見張《志》、黃《賦注》、黃《書録》、陸《續志》、陸《跋》[八]。

武夷詹光祖月厓書堂。淳祐中，刻《資治通鑑綱目》五十九卷，見張《續志》、瞿《目》[九]。

崇川余氏。刻《新纂門目五臣音注揚子法言》十卷，見《天禄琳琅後編》五。序後刻記云："謹將監本寫作大字刊行，校證無誤，專用上等好紙印造，與他本不同，收書賢士幸詳鑒焉。崇川余氏家藏。"[一〇]

建寧府陳八郎書鋪。刻賈誼《新書》十卷，見丁《志》、陸《志》、陸《跋》。吴元恭校宋本[一一]。

建安江仲達群玉堂。刻宋麻沙坊本《二十先生回瀾文鑑》十五卷，《後集》八卷，見丁《志》。日本重刻本[一二]。

浙中則有：

杭州大隱坊。政和八年，刻重校正朱肱《南陽活人書》十八卷，見張《志》、瞿《目》、影宋鈔本。陸《志》。宋刻本[一三]。

臨安府太廟前尹家書籍鋪。刻《釣磯立談》一卷，見《四庫書目提要》。《史部·載記》云："葉林宗從錢曾家宋刻鈔出，後題'臨安府太廟前尹家書籍鋪刊行'。"[一四]刻《澠水燕談録》十卷，見丁《志》。校宋鈔本[一五]。《北戶録》三卷，見《天禄琳琅》六、張《志》、瞿《目》、丁《志》。明刻，黄丕烈校宋本[一六]。《茅亭客話》十卷，見黄《記》、朱《目》[一七]。《卻掃編》三卷，見朱《目》、丁《志》、影宋本。繆《續記》。影宋鈔本[一八]。《續幽怪録》四卷，見黄《記》、瞿《目》[一九]。《篋中集》一卷，見丁《志》。影鈔宋本[二〇]。《曲洧舊聞》十卷，見《四庫書目提要》、繆《續記》。影宋刻本[二一]。《述異記》二卷，見繆《續記》、影宋刻本，云序後有"臨安府太廟前經籍鋪尹家刊行"一行。丁《志》。依宋鈔本[二二]。

杭州錢塘門裏車橋南大街郭宅□鋪。刻《寒山拾得詩》一卷，見黄《記》。云《寒山詩》後有一條云云。德輝按，瞿《目》有明刻本，"宅"下是"紙"字，蓋即翻此刻也[二三]。

臨安府金氏。刻《甲乙集》十卷，見瞿《目》。云："後記刊板處已漫漶，僅存'臨安府'三字，末'金氏'二字，餘不可辨。"又云："每卷題名一行，下有詩字一行低二格，詩題低三格，每半葉十行，行十八字。"德輝按，此即南宋書棚本，末一行爲"臨安府棚北大街睦親坊南陳宅書籍鋪印行"十七字，此存"鋪"之半爲"金"，"印"之半似"氏"耳[二四]。

金華雙桂堂。景定辛酉，二年。刻宋伯仁《梅花喜神譜》二卷，見錢《日記》、黄《賦注》、云：此書亦載足本《敏求記》，其初刻在嘉熙戊戌。德輝按，今有嘉慶□□松江沈綺堂仿刻本，嘉慶庚午鮑廷博《知不足齋叢書》本，咸豐乙卯漢陽葉志詵仿宋刻本。阮《外集》[二五]。

江西則有：

臨江府新喻吾氏。無元號丁未刻《增廣太平惠民和劑局方》十卷，見森《志》補遺[二六]。蜀中則有：

西蜀崔氏書肆。刻王雱《南華真經注》二十卷，附《拾遺》一卷，見瞿《目》。舊鈔本，云：無名序謂得完本於西蜀陳襄之家，以授崔氏書肆命工刊行[二七]。

南劍州雕匠葉昌。紹興三十一年，刻程俱《班左誨蒙》三卷，見張《志》[二八]。

秦中則有：

咸陽書隱齋。慶元丁巳，三年。《新刊國朝二百家名賢文粹》一百九十七卷，見楊《錄》[二九]。

晉中則有：

汾陽博濟堂。慶元乙卯，元年。刻《十便良方》四十卷，見黃《賦注》、黃《書錄》、瞿《目》[三〇]。

又有不詳其地者，爲：

隸斐軒。刻《新增詞林要韻》一卷，見阮《外集》。云：書中標題則曰《詞林韻釋》，分十九部，而以上、去二部依部列於平聲之後，而入聲不獨爲部。凡入聲之作平聲、作上聲、作去聲者，文各依類分隸於平、上、去之後。要皆統於平聲十九部之內。其書出於南宋無疑[三一]。

葛氏傳棨書堂。紹興三年，壬子。刻《溫公書儀》十卷，序後有木記二：曰"傳棨書堂"，曰"稚川世家"。見《天祿琳琅後編》二。雍正三年汪亮采有翻宋刻，日本又翻汪本[三二]。

有宋時書坊至元時猶存者爲：

閩山阮仲猷種德堂。淳熙柔兆涒灘，三年丙申。刻《春秋經傳集解》三十卷，見《天祿琳琅後編》三、錢《日記》、陳《隨筆》、瞿《目》、莫《錄》、森《志》、繆《續記》、楊《譜》[三三]。無年號刻《楊氏家傳方》二十卷，見森《志》[三四]。丙辰，三年。刻《說文解字韻譜》五卷，見《天祿琳琅後編》三、瞿《目》。云卷一後有墨圖記二行云"丙辰菖節種德堂刊"，蓋延祐三年槧本[三五]。其刻本之流傳至今，雖爲人鑒賞，然雕鏤不如官刻之精，校勘不如家塾之審，收藏家若概以甲本推之，抑亦未免愛無差等矣。

【箋證】

〔一〕見顧廣圻《思適齋集》卷九著録《韓非子識誤序》。

〔二〕森《志》卷二著録《鉅宋重修廣韻》："每版十二行,行二十一字,注雙行三十四字,界長六寸七分强,幅四寸八分,左右雙邊,版心記大小字數,'玄''敬''弘''匡''胤'等字闕筆,序末題'己丑建寧府黄三八郎書鋪印行'十三字。每卷首有'兼葭堂藏書印'及'兼葭藏書'二印。按,此本册上題云'皇祐元年刊本',蓋後人據序末'己丑'語記者,今就紙質字樣考之,絶不似北宋本。"又云："殆元至元二十六年己丑所刊與? 元人以好古自居,遂改'文欣'爲'文殷',尚忘去'鉅宋'字,抑亦何也? 時宋亡僅十年,宋板元印,當在此際。"

楊《志》卷三著録刻入《古逸叢書》中北宋刊本《廣韻》："此即張氏澤存堂刊本所從出也。原爲日本寺田望南所藏,後歸町田久成。余多方購之未得。會黎公使欲重刻之,堅不肯出,而町田久成喜鎸刻,見余所藏《漢印譜》數種,亦垂涎不已,因議交易之,以西法影照而上木。原本謬譌不少,張氏校改撲塵之功,誠不可没。然亦有本不誤而以爲誤者,有顯然譌誤而未校出者,有宜存而徑改者。余初議刻此書,盡從原本,即明知其誤亦不改,以明張氏校刻之功過,而黎公使必欲從張氏校改,故《古逸叢書》皆守敬一手審定,唯此書及《老子》是黎公使據余校本爲札記,然往往有當存疑而徑改者。日本收藏家於古字書最多,余盡數購求之不遺餘力。自宋本外,凡得元刻本《玉篇》《廣韻》各四五通,明初刻本各三四通,各不同板;而明中涽大字本不數焉。其中異同差池,不可枚舉,元、明本亦有足訂宋本者。意欲歸後合諸本校之,重刊此二書,詳爲札記,而力薄願奢,終不可副。昔顧澗𧶃憾張本校刊不審,深惜傳是樓原宋本不傳,不能盡刊潘氏轉寫張氏之誤,孰知今日宋本之外,更有互證之本如是其多也。"楊《譜·經部》卷三著録《鉅宋重修廣韻》,五卷末有"乙丑建寧府黄三八郎書鋪印行"一行字。

〔三〕陸《續跋》卷十秦酉巖影宋寶慶本《類説跋》云："《類説》五十卷,前有紹興六年曾慥序,寶慶丙戌葉時序。子卷與清思軒本同,每卷有目,連屬篇目書名,下間不著撰人,每條之目接連本文,以墨線隔之,每葉二十行,每行十八字。《書録解題》卷數同,《郡齋讀書志》作'五十六卷'。明天啓六年,岳鍾秀刊本分爲六十卷,删削羼亂甚多,非足本。《四庫》著録之本亦分六十卷,蓋皆以子卷隨意分析耳。是書先有紹興麻沙刊本,寶慶中葉時知建州,思得大字善本,遍令搜訪,知併小字版亦不存。因以所藏是正,鋟板郡齋,此即從葉本傳録者,其序尚摹時手書也,與清思軒本互勘,分卷既不盡合,去取微有參差,想皆葉時所更定者。《提要》云:'麻沙坊本,其板亡佚,葉時重鋟亦不可復見。'則舊本之罕見可知。余既有傳録麻沙小字本,又得影寫寶慶本,何快如之!卷一有'酉巖山人藏書'朱文長印,卷四末有'姑蘇吳岫珍藏'白文方印,蓋先爲秦酉巖所藏,後歸吳方山者。"又,《四庫全書總目提要》卷一百二十三亦著録曾慥《類説》六十卷,叙述較詳。

[四]丁《志》卷十九《子部·雜家類》著録東瀛翻宋麻沙本《新雕皇宋事實類苑》七十八卷,"左朝請大夫權發遣吉州軍州事江少虞撰"。又云:"《四庫》著録止六十三卷,遺其'談諧戲謔'以下四門,此有日本元和七年前南禪寺僧瑞保後跋。蓋是年六月,彼土鑄造銅字數萬,刷印是書,賜幕府公卿諸臣者,目録標題'麻沙新雕皇朝類苑',末記'紹興二十三年癸酉歲中元日麻沙書坊印行'。每半版十三行,行二十字。"繆《記》卷五亦著録日本活字照宋麻沙印行本《新雕皇宋事實類苑》七十八卷、目三卷,"《四庫》缺'談諧戲謔'以下四門,止存六十三卷。"

[五]《四庫全書總目提要》卷一百八十七《集部·總集類》著録《論學繩尺》,云:"是編輯當時場屋應試之論,冠以《論訣》一卷。所録之文,分爲十卷。蓋建陽書肆所刊,歲久頗殘闕失次。明福建提學僉事游明訪得舊本,重爲校補,又以原注多所譌誤,併爲考核增損,付書坊刊行。何喬新《椒邱集》有是書序,今本不載,蓋佚脱也。"

[六]《四庫全書總目提要》卷一百八十七《集部·總集類》著録《十先生奧論》四十卷,云:"不著編輯者名氏,亦無刊書年月。驗其版式,乃南宋建陽麻沙坊本也。書中集程子、張耒、楊時、朱子、張栻、吕祖謙、楊萬里、胡寅、方恬、陳傅良、葉適、劉穆元、戴溪、張震、陳武、鄭湜諸人所作之論,分類編之,加以注釋。"

[七]楊《録》卷二《史部》著録宋本《漢書》:"一百二十卷,六十册,六函。此先公四經四史齋所藏《漢書》第一本也。每半葉八行,行大十六字,小二十一字。目録前木記云'建安蔡琪純父刻梓於家塾'。每卷首行小名在上,大名在下;次行題'漢護軍班固撰';三行題'唐正議大夫行秘書少監琅邪縣開國子顏師古集注'。每卷末識云:'右將監本、杭本、越本及三劉、宋祁諸本參校,其有同異並附於古注之下。'又正文若干字,注文若干字。考黃堯圃《百宋一廛賦·後漢書》注云:'殘本二,嘉定戊辰蔡琪純父所刻。'此本自是同時授梓者。《志》第九、《列傳》第四十五、第四十六、第四十七上、第六十九上中,均以別本配補。每半葉十行,行大十九字,小二十二字。每卷末識云:'右宋景文公手校辨疑並見注内,或云右宋景文公參校諸本,手所是正,並附古注之下,每卷均微有異同。無正文注文字數及卷首撰注兩行,即慶元嗣歲劉之同本也。近時瞿木夫中溶《奕載堂集》、吳槎客騫《愚谷文

存》、錢警石泰吉《甘泉鄉人稿》，皆載有蔡刻殘卷，頗疑爲之同本，蓋未見卷首木記耳。"王紹曾補曰："此本爲北圖收購天津銀行九十二種之一，楊氏四經四史齋舊藏宋本《漢書》第一本。《北京圖書館善本書目》著録，題《漢書集注》一百卷，宋蔡琪家塾刻本。"傅增湘《海源閣藏書記略》云："大字妍美，鐵畫銀鈎，八行十六字。"《中國版刻圖録》（《叙録》第八頁，《圖版》一八五）云："匡高二十一點一厘米，廣十三點一厘米，八行，行十六字。注文雙行，行二十一字、二十二字不等。細黑口，四周雙邊。楊氏四經四史之齋舊藏宋本四史之一。宋諱缺筆至'慎'字。初印精湛，紙墨如新，可稱建本上乘。目録後有'建安蔡琪純父刻梓於家塾'牌記，不記刻書年月，以蔡氏一經堂本《後漢書》，刻於嘉定元年例之，疑亦嘉定前後刻本。"

葉氏所言丁《志》卷六中《漢書》一百二十卷係"建寧書鋪蔡琪純父一經堂"刻，誤也。實際上，丁《志》著録爲宋福唐刊明修本，非蔡琪刊本。經查，丁《志》卷六《史部》著録拜經樓吳氏藏宋嘉定建安蔡琪刊本《漢書殘本》十四卷，云："漢護軍班固撰，唐正議大夫行秘書少監琅邪縣開國子顏師古集注。《拜經樓藏書題跋》云：'《前漢書·列傳》十四卷，每葉十六行，行大十六字，小二十一字。每卷首小名在上，大名在下。卷末書右將杭本、越本及三劉宋祁諸本參校，其有同異並附於古注之下。又載正文若干字，注若干字，筆畫工整，紙墨古雅，洵宋刻之最佳者。'楊氏海源閣《楹書隅録》載藏是書，行款悉符目録。前有木記云'建安蔡琪純父所刻'。陸氏《儀顧堂題跋》'宋槧蔡琪一經堂本《後漢書》'，核與兔牀拜經樓所藏《前漢列傳》十四卷，款式相和，則爲蔡刻無疑矣。諸家跋印不及備載。"

陸《跋》卷二宋槧蔡琪一經堂本《後漢書跋》云："蔡琪所刻，尚有《前漢書》，行款悉同（任按，當爲《後漢書》。）。吳兔牀拜經樓藏有《列傳》十四卷，珍同球璧，不能指爲何本。核其款式，即蔡本也。是書刻手精良，字大悦目，有'浙右項篤壽子長藏書'朱文方印，'叢書堂'朱文長印。'叢書堂'爲明吳文定藏書之所，項子長，嘉興人，子京之兄也。"

[八] 張《志》卷八《史部·正史類》著録北宋刊本及宋刊元修本《後漢書》一百二十卷，皆未提及蔡琪純父所刻，葉氏引書不審，誤將宋嘉定刊《後漢書殘本》五十八卷視作《後漢書》一百二十卷，乃張冠李戴也。

《百宋一廛賦注》云："殘本《後漢書》每半葉十行，每行大二十字，小廿四字，僅存《紀》八、《志》三、《列傳》十五卷而已，乃北宋年間翻雕景祐本也，故行款正同。又殘本二（任按，張《志》卷八著録《後漢書》殘本五十八卷、《後漢書》殘本二十八卷。），皆缺損已甚，嘉定戊辰，蔡琪純父所刻也。"

黃《書録》云："此十六行十六字本《後漢書》，字大悦目，前有'景祐元年九月秘書丞余靖上言'云云,中有二年九月校畢語,蓋即景祐二年本也。據目錄後有一碑牌一,其文云'時嘉定戊辰季春既望蔡琪純父謹咨',則坊間雕本矣。"

　　見陸《續志》卷三著錄宋嘉定中蔡琪一經堂刊本《後漢書》。又見陸《跋》卷二宋槧蔡琪一經堂本《後漢書跋》一百二十卷,云:"小題在上,大題在下,每頁十六行,每行十六字。小字雙行,每行二十一字,闌外有篇名,宋諱有缺筆,有不缺筆至寧宗諱止。蓋嘉定戊辰建寧書鋪蔡琪純父一經堂刊本。范《書》無志,劉昭注范《書》,以司馬紹統《續漢書志》補其闕,淳化中刻。章懷注范《書》九十卷,乾興中允孫宣公之奏以劉注司馬《續志》補之琪,不辨源委,概題蔚宗章懷之名,誠爲荒謬,然所據淳化原刻勝於今通行本甚多。"

　　[九] 見張《續志》卷二《史部·編年類》著錄季滄葦藏書宋淳祐刊本《資治通鑑綱目》。又,瞿《目》卷九《史部·編年類》著錄宋刊本《資治通鑑綱目》五十九卷,云:"宋朱子撰。目錄後有'武夷詹光祖重刊於月崖書堂'一行。卷一與卷五十九後俱有'建安宋慈惠父校勘'一行。張月霄氏謂惠父即編《提刑洗冤集錄》者,爲淳祐間人,遂定爲淳祐刊本。是書即月霄所藏也。每半葉十行,行十六字。目用雙行,行廿二字。'匡''恒''貞''偵''朗''桓''完''構''慎'字皆闕筆,字畫清朗,楮印如新,與所藏《資治通鑑》本相似,可謂雙璧矣。卷首有'御史之章''季振宜印''滄葦''乾學徐健庵''天官冢宰'諸朱記。"

　　[一〇] 見《天禄琳琅書目後編》卷五《宋版子部》著錄《新纂門目五臣音注揚子法言》,言"蓋南宋坊本,而字畫槧法俱精工。"

　　[一一] 丁《志》卷十五《子部·儒家類》著錄明刊本、盧抱經校宋本《新書》十卷,云:"目後有'建寧府陳八郎書鋪印'一行,殆即吳元恭所校之本也。後補錄《太傅小傳》,并撰《書後》一篇,洵可謂善本矣。"又見陸《志》卷三十九《儒家類》一著錄吳元恭校宋本新雕賈誼《新書》。陸《跋》卷六宋本賈誼《新書跋》云:"新雕賈誼《新書》十卷,題曰梁大傅賈誼撰,宋刊本。目後有'建寧府陳八郎書鋪印'一行,蓋南宋麻沙本也。"

　　[一二] 丁《志》卷三十八《集部·總集類》著錄宋麻沙刊本《二十先生回瀾文鑑》十五卷、《後集》八卷云:"是書目錄後有'建安江仲達刊於群玉堂'長方木記,後有'二十先生行實'一葉。每葉二十四行,行十九字。宋諱有缺有不缺,蓋麻沙坊刻也。"

　　[一三] 張《志》卷二十二《子部·醫家類》著錄影寫宋刊本《重校證活人書》十八卷,云:"宋朱肱撰。《直齋書錄解題》著錄'十八卷',與此本合。

《郡齋讀書志》及《進表》皆云'二十卷',未詳孰是。僕乙未秋以罪去國,明年就領宮祠以歸,過方城見同年范内翰云《活人書》詳矣,比《百問》十倍。然《證與方》分爲兩卷,倉卒難檢耳。及至灘陽,又見王先生云《活人書》,京師、成都、湖南、福建、兩浙,凡五處印行,惜其不曾校勘,錯誤頗多。遂取繕本重爲參詳,改一百餘處。及并《證與方》爲一卷,因命工于杭州大隱坊鏤板,作中字印行,庶幾緩急,易以檢閱。然方術之士,能以此本游諸聚落,悉爲改證,使人讀誦,廣説流布,不爲俗醫妄投藥餌,其爲功德,獲福無量。政和八年季夏朔,朝奉郎提點洞霄宮朱肱重校。"

瞿《目》卷十四《子部·醫家類》著録影鈔宋本《重校證活人書》:"宋朱肱撰并序。前有《進書表》《謝表》《謝啓》。案,《書録解題》云,肱字翼中,吳興人,秘丞臨之子,中書舍人服之弟。登進士科,以張仲景《傷寒方論》,各以類聚,爲之問答,本號《無求子傷寒百問方》,武夷張藏作序,易此名。晁氏《讀書志》所載亦合,惟作二十卷。《文獻通考》亦作二十卷,惟《書録解題》卷數與此本同。而此本《進書表》中亦云二十卷。刻時當有删併,故少二卷也。政和八年,刊於杭州大隱坊。每半葉八行,行十五字。嚮藏邑中孫氏。卷中有'天真閣'朱記。"

陸《志》卷四十五《子部·醫家類》著録宋刊宋印本《重校證活人書》"命工于杭州大隱坊鏤板"。按,此南宋刊本,每葉二十行,每行十九字。版心有刻工姓名,每卷有目連屬篇目。有'兼牧藏書記'白文方印,《百宋一廛》祇有殘本三卷,此本惟首卷影鈔補餘完善,真罕覯之秘笈也。

[一四]《四庫全書總目提要》卷六十六《史部·載記類》著録《釣磯立談》:"是書世有二本。此本爲葉林宗從錢曾家宋刻鈔出,後題'臨安府太廟前尹家書籍鋪刊行',不著撰人名氏。别一本爲曹寅所刊,卷首佚其自序,又卷首有'楊氏奄有江淮''趙王李德誠'二條,其餘亦多異同,而題曰'史虚白撰',蓋據《宋史·藝文志》之文。又南宋費樞亦嘗撰《釣磯立談》,今尚載陶宗儀《説郛》中,其文與此迥别,則又名同而實異者矣。其書雜録南唐事蹟,附以論斷,其中'徐鉉'一條,稱鉉方奉詔與湯悦書江南事,慮鉉與潘佑不協,或誣以他詞,則亦雜史中之不失是非者也。"

[一五]見丁《志》卷二十一《子部·小説類》所著録黄蕘圃舊藏校宋刊本《澠水燕談録》,云:"目録後有'臨安府太廟前尹家書鋪刊行'一條,黄蕘圃更以宋刻校正,宋刻每葉十八行,行十八字,有'蕘圃手校''蕘翁藉讀''何元錫印''夢華館藏書'諸印。"

[一六]《天禄琳琅書目》卷六《元版子部》著録《北户録》,云:"其書皆采嶺南民風土俗、飲食衣製、歌謡哀樂有異於中夏者,録而志之。至於草木

果蔬蟲魚羽毛之類,有瑰形詭狀者,亦莫不畢載。謂之‘北户録’者,蓋取《淮南子》云‘南方之極,自北户之界至炎風之野,赤帝祝融之所司也’。”又,“書中目録後別行刊‘臨安府太廟前尹家書籍鋪刊行’,則知是書先有宋槧,此本規仿爲之,意欲僞充宋刊,故猶存尹家之名耳。”另見張《志》卷十七《史部・地理類》載文瀾閣傳抄本《北户録》。瞿《目》卷十一《史部・地理類》著録舊鈔本《北户録》:“題‘萬年縣尉段公路纂,登仕郎前京兆府參軍崔龜圖注。’有陸希聲序。公路是書,作於廣州,皆紀其地物産。案,《史記・秦紀》‘南盡北户’,顏師古注《漢書》日南郡:‘在日之南,所謂開北户以向日者。’書名‘北户’,以此。別本題名中,脱去‘崔’字,遂致誤仞公路同族。此本目録後有‘臨安府太廟前尹家書籍鋪刊行’一行,是從宋本傳録者。”丁《志》卷十二著録黃蕘圃藏明刊校宋本《北户録》,大意同瞿《目》。

　　[一七]黃《記》卷四《子類》著録明鈔校宋本《茅亭客話》十卷,云:“惟毛氏《津逮》中有之,舊本世不多見,鈔本則載於《汲古閣珍藏秘本書目》。余於去秋曾得一宋刻,即《讀書敏求記》所云‘太廟前尹家書籍鋪刊行本’也。取校毛刻,多所改正,兼多石京後序一篇,信稱善本。茲又從吳枚菴家得錢馨室藏本,行款雖與宋刻不同,而字之誤者不到十分之一,有一二衍字,或以意擅改,字亦皆與宋刻舊校合,蓋宋刻已經俗人塗抹,後來傳録多本於此,故適同耳。余破兩夜力,復用宋刻真本校勘一過,因題數語於卷尾。”朱《目》卷三《子部・小説類》亦著録《茅亭客話》十卷,爲影寫宋尹家書籍鋪刊本。

　　[一八]朱《目》卷三《子部・雜家類》著録季滄葦藏《卻掃編》三卷,云:“宋臨安尹家書籍鋪刊本,每半頁九行,行十八字。”又見丁《志》卷十九載汪閬源藏影宋本《卻掃編》。繆《續記》卷二亦載之。此外,黃《記》亦有著録。

　　[一九]黃《記》卷四《子類》著録宋本《續幽怪録》,云:“此臨安府太廟前尹家書籍鋪刊行本也。余所得《茅亭客話》亦爲尹家刊本,行字多寡,與此正同,然《茅亭》曾經遵王記之,而此書絶未有著於録者,可云奇秘矣。此録續牛僧孺書,本名‘玄怪’,見於陳、晁兩家之書,其云‘幽怪’者,殆避宋諱與?陳云‘五卷’,晁云‘十卷’,今多於陳而少於晁,其分卷當出更定。晁又云分《仙術》《感應》三門,此不分卷者,殆合并而去其門類也。尹氏所見,諒已不全,就其所載事核之,僅二十三則耳。《述古書目》所收鈔本止三卷,較此更少矣。近《彙刻書目》云《稽古堂日鈔》亦列其名,未知其卷若何,然以宋刻爲據,此四卷者,固足以覘前此之梗概,而訂後來之疏略矣。余喜讀未見書,若此小種,依然舊刻,豈不可備《百宋一廛書録》之續乎?”瞿《目》卷十七著録宋刊本《續幽怪録》:“題‘李復言編’。目録後有‘臨安府太廟前尹家

書籍鋪刊行'一行。每半葉九行,行十八字。'樹''慎''廓'字有闕筆。案,晁、陳兩書,俱謂李復言《續玄怪録》,續牛僧孺《玄怪録》而作也。分'仙術''感應'二門。此則總二十三則,不分門。晁云'十卷',陳云'五卷',《述古堂書目》又作'三卷',俱與此本不合,殆尹氏得其書重編以刻者。'玄'改作'幽',避宋諱也。書中'殺'字俱作'煞'字。卷中有'鄭印敷教'之章,乃桐庵先生故物也。"

[二〇] 丁《志》卷三十八《集部·總集類》著録影鈔宋本《篋中集》,"末有'臨安府太廟前大街尹家書籍鋪刊行'一條,實影宋本耳。"

[二一]《四庫全書總目提要》卷一百二十一《子部·雜家類》著録《曲洧舊聞》十卷,云:"宋朱弁撰。然此本從宋槧影鈔,每卷末皆有'臨安府太廟前尹家書籍鋪刊'字。又'惇'字避光宗諱,皆缺筆。蓋南宋舊刊,不應有誤。"繆《續記》中著録:"每半葉十行,行十八字。高五寸八分,廣四寸三分。卷一後有'臨安府太廟前尹家書籍鋪刊本'一行。"

[二二]《述異記》,見繆《續記》卷八。丁《志》卷二十一《子部·小說類》亦著録依宋鈔本,均言乃"臨安府太廟前經籍鋪尹家刊行"。

[二三] 黃《記》卷五《集類》著録影宋鈔本《寒山拾得詩》一卷:"載諸《讀書敏求記》,此從宋刻摹寫。余向收一精鈔本,似與遵王藏本相類,當亦宋刻摹寫者也,惜首尾略有殘闕耳。後五柳主人自都中寄一本示余,楮墨古雅,甚爲可愛。細視之,乃系外洋板刻,惜通體覆背俱用字紙,殊不耐觀。頃命工重裝,知有失去半葉者共四處,以洋紙補之。復取向所收者核其文理,始信二本互異,詩之次序有先後,分七言於五言之外,洋板所獨。惜遵王所記,但云傳世少,豈知宋刻摹寫之外,尚有他刻流傳於世耶? 此刻似系洋板,然《寒山詩》後有一條云'杭州錢塘門裏車橋南大街郭宅口鋪印行',則又不知此刻之果爲何地本矣,俟與藏書家驗之。"

[二四] 見瞿《目》卷十九《集部·別集類》著録宋刊本《甲乙集》。

[二五] 錢《日記》卷一:"讀宋伯仁《梅花喜神譜》,景定辛酉金華雙桂堂重鐫本。前有伯仁自序,自稱'雪巖耕田夫',後有向士璧後序及嘉熙二年葉紹翁跋。蓋初刻於嘉熙戊戌,重鐫于景定辛酉也。其譜蓓蕾四枝、小蕊十六枝、大蕊八枝、欲開八枝、大開十四枝、爛嫚二十八枝、欲謝十六枝、就實六枝,凡百圖。圖後各綴五言絕一首。題曰'喜神',蓋宋時俗語,以寫像爲喜神也。"《百宋一廛賦注》中未見著録。

阮《外集》卷一著録《梅花喜神譜》二卷,云:"宋宋伯仁撰。伯仁,字器之,湖州人。《四庫全書》已著録此書,《宋史·藝文志》及諸家書目皆不載,惟錢曾《述古堂書目》中有之。每圖各綴五言絕句,曰喜神者,殆寫生之意。

兹從宋板影鈔，前有伯仁自序，後有向士璧、葉紹翁序跋。書初刻於嘉熙戊戌，此其景定辛酉金華雙桂堂重刻之本也。”

[二六] 森《志》補遺中聿修堂藏元廬陵古林書堂刊本《增廣太平惠民和劑局方》十卷，《指南總論》三卷，《圖經本草》一卷中云：“是書元以來刻本不一，元板則有余志安本，有臨江錢氏本，崇蘭館藏第五卷末有‘臨江新喻吾山錢氏丁未春月校正梓行’木記。”

[二七] 瞿《目》卷十八《子部·道家類》著錄云：“《南華真經新傳》二十卷，附《拾遺》一卷，舊鈔本。卷首有自序及無名氏序，謂王元澤待制《莊子》舊無完解，元豐中始得完本於西蜀陳襄氏之家，乃以其書親加校對，以授崔氏書肆，命工刊行。舊有孫應龜序，此本已佚。”

[二八] 見張《志》卷二十六《子部·類書類》所著錄抄本《班左誨蒙》。

[二九] 楊守敬《楹書隅錄》卷五《集部》著錄：“宋本《新刊國朝二百家名賢文粹》一百九十七卷，六十冊六函。每半葉十四行，行二十四字。不著編輯者姓名。首載慶元丙辰朝散大夫直秘閣知邛州軍州兼管内勸農事、眉山王稱季平父序，末有慶元丁巳咸陽書隱齋跋，稱‘文章莫盛於國朝。近歲傳於世者，詩有選，經濟有錄，播芳、琬琰皆有集，獨其著述論議，所以經緯天人，發明道學，該貫今古者或罕其傳。此書旁搜類聚，總括精華’云云。當即編輯者之自序，其體例已可概見。《秘閣書目》作三百卷，似誤。《國史經籍志》《竹堂書目》皆著錄。卷首有‘鼎元’‘伯雅’二印及‘普福常住藏書之記’‘筠生’各印。蓋王弇州先生藏本也。”王紹曾補曰：“此本散出後先歸周叔弢，轉歸北圖。《自莊嚴堪善本書目》《北京圖書館善本書目》著錄，題宋慶元三年書隱齋刻本，存一百九十七卷，六十冊，與此合。”

[三○] 《百宋一廛賦注》云：“殘本《十便良方》每半葉十三行，每行廿二字，所存十一至十七，又廿一至廿三，凡十卷，其目尚存，蓋本四十卷，僅得四之一耳。其序乃鈔補，稱附益紹熙孫稽仲所集《大衍方》，果得其便，凡十焉。末署‘慶元乙卯十月二十四日汾陽博濟堂書’，作者姓名未詳。孫名紹遠，《大衍方》載《書錄解題》。”黃《書錄》亦著錄：“《十便良方》四册，序鈔目刻，全書共四十卷，今存者，十一至十七、廿一至廿三耳，僅得四分之一，然已罕秘之至。考鈔補之序文，爲時慶元乙卯十月二十四日，汾陽博濟堂書。並未著作書者姓名。序中稱紹熙辛亥東南漕使孫公稽仲有所集方書一編，名曰‘大衍’，第惜其太略，於是因仍其法，遍搜方論，覃思累年，摘其簡而至切、迅而不暴，與時運相宜者，以附益公之不足，果得其便，凡十焉。今檢《書錄解題》，但有《大衍方》，而《十便良方》不傳，可知此書之罕秘矣。”

瞿《目》卷十四《子部·醫家類》著錄云：“宋刊殘本《新編近時十便良

方》九卷,不著撰人。前有慶元乙卯汾陽博濟堂序,略謂紹熙辛亥東南漕使孫公稽仲有所集方書一編,目曰'大衍',惜其太略,於是遍搜方論,摘其簡而至切、迅而不暴,與時運相宜者,以附益公之不足。所謂'十便'者,藥材止六十四種,易於儲蓄,一便也;世所常用,無難致之物,二便也;各市少許,置藥籠中,不妨行李帶挈,三便也;古今方論,安能一一討尋,今惟取必效之方,不勞遍閱,四便也;凡有病即有方,有方即有藥,不致倉皇失措,五便也;治疾如救焚,此書用藥簡當,而和劑不勞,六便也;或宦游僻縣,地少醫藥,緩急有以支梧,七便也;行旅野宿,猝有不虞之證,不致坐困,八便也;深山窮谷,去城市遠,即得應用,九便也;仁人君子,於困窮疾病,欲探囊施與,無方藥不備之歉,十便也。原書四十卷,今存卷十一至十七、卷二十一至二十二,凡十卷。卷首有《古今方論總目》,所引古方凡六十六種。末有墨圖記云:'萬卷堂作十三行大字刊行,庶便檢用,請詳鑒'十八字。又有《總類》一卷,標用藥治疾之目。《目錄》一卷,標藥名、方名之目。每半葉十三行,行廿二字。"

[三一]阮《外集》卷三著錄《新贈詞林要韻》一卷,云:"此書不分卷,不知撰人姓名。書縫有'菉斐軒'三字。"

[三二]《天禄琳琅書目後編》卷二《宋版經部》著錄《司馬氏書儀》:"宋司馬光撰。十卷。分七門:曰表奏,曰公文,曰私書,曰家書,曰冠儀,曰昏儀,曰喪儀。前有刻書序,無名氏。按,書中'敦'字闕筆,乃光宗以後刻,其曰'歲壬子'即光宗之紹熙三年也。又刻墨圖記曰'傳棨書堂',曰'稚川世家',其人或葛姓也。近有影宋刻本,甚工細。按,其闕空,即從此本影出。"

[三三]《天禄琳琅書目後編》卷三《宋版經部》著錄《春秋經傳集解》:"杜預集解,附《音義》。書三十卷。前預自序,《春秋諸國地理圖》《三皇五帝三代春秋諸國世次》《春秋名號歸一圖》《諸侯興廢》《春秋總例》《春秋始終》《春秋傳授次第》,總名爲《春秋圖説》。後預自序。按,《名號歸一圖》,五代馮繼先撰;《諸國地理圖》,取之宋僞蘇軾《地理指掌圖》中。餘不知撰自何氏。宋麻沙本,末刻印記云:'謹依監本寫作大字,附以《釋文》,三復校正刊行,如履通衢,了亡窒礙,誠可嘉矣。兼列圖表於卷首,迹夫唐虞三代之本末源流,雖千載之久,豁然如一日矣。其明經之指南歟! 以是衍傳,願垂清鑑。淳熙柔兆涒灘中夏初吉,閩山阮仲猷種德堂刊。'據此,則岳珂謂監本《釋文》自爲一書益信。而明代傳刻附入《釋文》者,皆沿麻沙而非宋監本之舊,宜字句之多舛耳。"

錢《日記》中未見著錄。

陳鱣《簡莊隨筆》著錄麻沙刻《春秋經傳集解》,云:"謹依監本寫作大字,附以《釋文》,三復校證刊行,兼刻圖表於卷。淳熙柔兆涒灘中夏初吉,閩山阮仲猷種德堂刊。"

瞿《目》卷五《經部·春秋類》著録宋刊本《春秋經傳集解》三十卷,云:"首題'《春秋》序',次題'唐國子博士兼太子中允贈徐州刺史吳縣開國男陸德明釋文附'。分卷同《唐石經》。首行題'《春秋經傳集解·隱公》第一',下接《釋文》,至三行止。四行低八格,題'杜氏',越二格,題'盡十一年'。每半葉十行,行十八字。注文雙行,行廿二字。卷末有墨圍識語八行云:'謹依監本寫作大字,附以《釋文》,三復校正刊行,如履通衢,了亡室疑"窒"之誤。礙處,誠可嘉矣。兼列圖表于卷首,迹夫唐虞三代之本末源流,雖千歲之久,豁然如一日矣。其明經之指南歟! 以是衍傳,願垂清鑑。淳熙柔兆涒灘中夏初吉,閩山阮仲猷種德堂刊。'案,柔兆涒灘爲丙申,乃宋孝宗淳熙三年也。與阮氏《校勘記》所載淳熙小字本正同。惟是本前序後載有《春秋圖説》。阮本止有《名號歸一圖》二卷,且附於末,與識語所稱'兼列圖表於卷首'者不合,似不若是本爲完整矣。是本佳處,黃琴六丈廷鑑嘗爲之跋。阮氏定爲宋刻善本,有以也。卷首末有'董其昌印'朱記。"

莫《録》卷一宋淳熙小字本《春秋經傳集解》三十卷,云:"每半葉十行,行大十八字,小二十二字。版心高今營造尺五寸弱,第三十卷後有楷書八行木記。蓋閩阮氏種德堂書肆所刊,較巾箱本縱橫稍闊寸許。其謂依監本寫作大字,知臨安舊有巾箱監本,因而小拓之也。"

森《志》卷二《經部·春秋類》著録賜蘆文庫藏宋淳熙丙申刊本《春秋經傳集解》,云:"淳熙柔兆涒灘中夏初吉,閩山阮仲猷種德堂刊。每半板十行,行十八字。注雙行,行二十二字。界長五寸一分,幅三寸五分。左右雙邊,青歸書屋所藏明刊本即覆刻此本者,卷末木記亦全同。但'淳熙'以下十九字改作'□□丙戌孟冬之吉書林宗文堂樂齋鄭希善刊'已。"

繆《續記》卷一著録宋刊本《春秋經傳集解》:"每半葉十行,行十八字。注文雙行,行二十二字。中版高四寸八分,廣三寸四分。白口,單邊。淳熙三年閩山阮氏種德堂刊本。"

楊《譜》卷一著録《春秋經傳集解》,卷尾木記云"淳熙柔兆涒灘中夏初吉,閩山阮仲猷種德堂刊"。

[三四] 經查,森《志》中未見《楊氏家傳方》。而森《志》補遺著録宋槧本楓山秘府藏《楊氏家藏方》,非《楊氏家傳方》也。森《志》補遺云:"首載淳熙五年三月自序,九行十六字。末載淳熙乙巳延璽跋。五行十二字。每半板高七寸、幅五寸強,左右雙邊。□行,行□□。按,秘府又有元板,卷九至十四補寫。序後有'阮仲猷刊於種德堂'木記。是書《四庫提要》稱今未見,益可貴重也。"

［三五］《天禄琳琅書目後編》卷三《宋版經部》著録《説文解字韻譜》，云：“南唐徐鍇撰。鍇，字楚金，廣陵人。舉進士，官集賢殿學士。書五卷，依韻分部。前其兄鉉序。按，鉉《騎省集》，尚有此書後序，未載。末有墨印‘丙辰菖節種德堂刊’。”

瞿《目》卷七《經部·小學類》著録元刊本《説文解字韻譜》：“是書傳本甚少，《四庫》著録者爲明巡撫李顯刻本。是本卷一後有墨圖記二行云，‘丙辰菖節種德堂刊’，當是元延祐三年槧本也。卷末有題識云：‘篆隸四聲韻，皆經予手自校補者，三四始完，而板刻模糊者，猶十一二，好書之難得也如此。儼山記於中和堂。’卷末有‘子鼎印’朱記。”

書林清話箋證卷四

金時平水刻書之盛

金源分割中原不久,乘以干戈,惟平水不當要衝,故書坊時萃於此。而他處私宅刊本,亦間有之。今可考者如:

書軒陳氏。大定丙午,二十六年,當宋淳熙十三年。刻《銅人腧穴針灸圖經》五卷,序云：時大定丙午歲,平水閑邪瞶叟述。有"書軒陳氏印行"六字。見森《志》。貴池劉世珩已影刊[一]。

李子文。大定己酉,二十九年,當宋淳熙十六年。刻《重刊增廣分門類林雜説》十五卷,見瞿《目》。鈔本,目未詳,吾見原書[二]。

張謙。明昌壬子,三年,當宋紹熙三年。刻《新刊圖解校正地理新書》十五卷。見楊《録》、影金鈔本。丁《目》。金刊本,日本島田翰《皕宋樓藏書源流考》云："所謂金刊,實元刻[三]。"

平水中和軒王宅。正大戊子,五年,當宋紹定元年。刻《道德寶章》一卷,見楊《録》[四]。大德丙午,十年。刻《新刊韻略》五卷,見張《志》、瞿《目》、莫《録》、陸《續跋》、繆《記》[五]。元統甲戌,二年。刻《瀧水文集》二十卷,見楊《續録》。云：其源亦出金晦明軒本。德輝按,是時金已爲元所滅,中和軒猶存[六]。

晦明軒張宅。泰和甲子,四年,當宋嘉泰四年。刻《經史證類大觀本草》三十卷,見《四庫書目提要》、彭《跋》、陸《續跋》[七]。泰和丙寅,六年,當宋開禧二年。刻《丹淵集》四十卷,《拾遺》二卷,《附録》一卷,見楊《録》[八]。外此則:

嵩州福昌孫夏氏書籍鋪。貞祐甲戌,二年,當宋嘉定七年。刻《經史證類大全本草》三十一卷,《本草衍義》二十卷,見瞿《目》[九]。

碣石趙衎。無元號丙辰刻《李賀歌詩編》四卷，見黃《記》、瞿《目》。云序末題"丙辰秋日碣石趙衎刊"。按，金有兩丙辰：一天會十四年，當宋紹興六年；一明昌六年，當宋慶元二年[一〇]。則又平水以外之書坊，存其名，亦足爲考古之談助也。

【箋證】

[一] 葉氏云"見森《志》"，實見森《志》補遺，載寄所寄樓藏元板不記刊行年月《新刊補注銅人腧穴鍼灸圖經》五卷，所述"書軒陳氏"，詳如葉氏引言："每半板十行，行二十字。此本首有夏竦序及王惟一署名。然其所謂補注者，不云成於何人，無仰伏等圖，第三卷《避忌人神圖》後有《鍼灸避忌太一之圖序》，云：'時大定丙午歲，平水閑邪瞋曳述。'序後有'書軒陳氏印行'六字。序半板六行十二字行書。序中稱僕誠非沽名者，以年齒衰朽，恐身歿之後，聖人之法湮没於世，因編此《圖》，發明欽旨，命工鑴石，傳其不朽。知是瞋曳本刻之於石，而陳氏取附是書，以併板行也。今檢其板式，似元初物。然中間或有補刻，且譌謬甚多，非校以他本則不能讀焉。"

[二] 瞿《目》卷十七《子部・類書類》著錄舊鈔本《重刊增廣分門類林雜説》，云："金王朋壽編并序。朋壽，字魯老，平陽人，事蹟未詳。是書即唐于立政《類林》而增益之。案，于氏書見《玉海》，目分五十，此則廣至百門，起'孝行'，止'禽獸蟲魚'，每門繫以贊語。其徵引之書，史部爲多，有今已亡佚者。如《東觀漢紀》、謝承《後漢書》、司馬彪《續漢書》、蕭廣濟《孝子傳》、《陳留風俗傳》《會稽典錄》《洛陽宮殿簿》《石虎鄴中記》之類。曾刊於大定間，明人依其式以鈔者。舊爲吳方山藏書。卷末有'姑蘇吳岫家藏'朱記。"

[三] 楊《錄》卷三《子部》著錄影金精鈔本《重校正地理新書》，云："每半葉十七行，行三十字。蓋自唐貞觀中，太常博士呂才撰《陰陽書》五十卷，其八篇《地理》也；宋司天監史序等輯《乾坤寶典》四百五十篇，其三十篇《地理》也。至景祐時，司天監丞王承用指其闕誤，乃詔太子中允、集賢校理嵇穎、冬官正張遜、太卜署令秦弁與承用覆校同異，五年而畢，付太常，命司天少監楊惟德詳其可否。惟德泊遜，斟酌新曆，修正舛繆，別成三十篇，曰《地理新書》。皇祐三年，集賢校理曾公又奏以淺漏疏略，無益於世。復詔洙等泊公置局，刪修爲《地事》二十篇、《葬事》十篇、《地圖》一篇、《目錄》一篇，共三十二篇，於是始得成書。顧兵火之餘，監本久失，履道泊謙因先後訪求善本，較正添補，並爲之圖考注釋，用以刊行，故有補完目錄前標題'監本補完地理新書'。重校之目也。考《秘閣書目》《國史經籍志》《菉竹堂書目》，均載有

《地理新書》，疑即此本。而近來收藏者，則絶少著録，亦術數家之枕中秘矣。卷末有‘愛日精廬藏書’一印，即著《藏書志》之昭文張君金吾也。”

丁《目》卷上著録金刊本《圖解校正地理新書》，云：“宋初，因唐吕才《陰陽書》中《地理》八篇，增輯爲《乾坤寶典》。景祐初，命修正舛驁，別成三十五篇，賜名《地理新書》。皇祐三年，復詔王洙等勾管删修，勒成三十二篇。事具洙《進書序》。金世宗大定甲辰，宋淳熙十一年，平陽畢履道校正，爲之圖解；章宗明昌壬子，當宋紹熙三年。古戴鄙夫張謙更爲精校以行，此本即其時刻也。《四庫》未收，各家書目亦未著録，亦術數家古笈僅存者矣。汪士鐘、黃丕烈皆經藏，半頁十七行，行三十字，其雙行細注，皆刻劃分明。”另，莫《目》《子部》七《術數類》亦有著録。

［四］楊《録》卷三《子部》著録來青閣珍藏金本《道德寶章》一卷，云：“昔得諸京師市肆。書高二尺一寸有奇，字徑一寸五六分，作歐、虞體，古秀遒勁，鐫印極精。卷首尾有木記題：‘金正大戊子平水中和軒王宅重刊。’蓋即竹汀居士《潛研堂跋尾》中所謂平水書局本也。平水本各書，元大德反刻者，偶或遇之，若金源舊槧，則致爲罕遘。此本古香馥郁，可珍也。丙寅六月，宋存書室主人跋。每半葉六行，行十六字。有‘清容居士’‘焦氏弱侯’‘文寵之印’‘耿會侯珍賞書畫之印’‘明善堂藏書印’各印記。”

［五］張《志》卷七《經部·小學類》著録元大德刊本《新刊韻略》五卷，云：“金王文郁撰。卷末有‘大德丙午重刊新本平水中和軒王宅印’木印。是書世無傳本，諸家書目亦從無著録者。此本猶是元時舊槧，首尾完善，泃韻學中有一無二之秘籍也。正大六年己丑季夏中旬，中大夫前行右司諫致仕，河間許古道真書於嵩郡隱者之中和軒。錢氏手跋曰：‘向讀崑山顧氏、秀水朱氏、蕭山毛氏、毗陵邵氏論韻，謂今韻之併，始於平水劉淵，其書名《壬子新刊禮部韻略》。訪求藏書家，邈不可得，未審劉淵何許人、平水何地也。頃吳門黃蕘圃孝廉，得《平水新刊韻略》元槧本，亟假歸讀之，前載“正大六年許道真序”，知此書爲平水書籍王文郁所定。卷末有墨閣記二行，其文云“大德丙午重刊新本平水中和軒王宅印”，是此書初刻於金正大己丑，重刻於元大德丙午中和軒王宅，或即文郁之後耶。其前列聖朝頒降貢舉程式，則延祐設科以後，書坊逐漸添入。又御名廟諱一條，稱英宗爲今上皇帝，可證此書爲至治間印本也。又附《壬子新增分毫點畫正誤字》三葉、《壬子新雕禮部分毫字樣》三葉。此壬子者，未知其爲淳祐壬子與？抑皇慶之壬子與？考正大己丑，在宋淳祐壬子前二十有四年，而其時已併上下平聲各爲十五，上聲十九，去聲廿，入聲十七，則不得云併韻始於劉淵，豈淵竊見文郁書而翻刻之耶？又其時，南北分裂，王與劉既非一姓，刊板又不同時，何以皆稱平水？論

者又謂平水韻併四聲爲一百七部，陰時夫始併上聲"拯"韻入"迥"韻。據此本則"迥"與"拯"韻之併，平水韻已然矣。'又曰：'許序稱平水書籍王文郁，初不可解。頃讀《金史·地理志》，平陽府有書籍，其倚郭平陽縣有平水。案，《金史·地理志》平陽府臨汾縣注有平水平陽，蓋臨汾之誤。是平水即平陽也。史言有書籍者，蓋置局設官於此。元太宗八年，用耶律楚材言，立經籍所於平陽，當是因金之舊。然則平水書籍者，殆文郁之官稱耳。'"

瞿《目》卷七《經部·小學類》著録影鈔元本《新刊韻略》云："此書不著撰人姓氏。簡首有許古道真序，作於正大六年，云'平水書籍王文郁攜《新韻》見頤菴老人'云云。卷末有墨圖記二行云，'大德丙午重刊新本平水中和軒王宅印'，是出王氏後人所刻，已非文郁之舊矣。卷首有貢舉三試程式及'章表回避'字樣，并及於皇慶三年、延祐元年云云，是又大德後補刊者。前人皆謂併韻始劉氏淵，《壬子新刊禮部韻略》爲一百七部，皆據黄氏《韻會》。此書已併爲一百六韻，疑出自劉書之後。且《韻會》明言《禮部韻略》與劉氏判然二本。"

葉氏云"莫《録》"著録《新刊韻略》，實見莫《目》卷三《經部·小學類》著録："《新刊韻略》五卷，金王文郁撰，併舊韻二百六部爲一百六部。所併之韻，韻首一字以魚尾隔之。是書金正大己丑初刊，尚有元大德刊本。其成書先劉淵一十四年。就《韻會》所引考之，蓋襲取文郁書而稍增損之。卷末有'大德丙午重刊新本平水中和軒王宅印'木印。黄蕘圃藏，錢竹汀跋。"張《志》卷七《經部·小學類》亦著録元大德刊本《新刊韻略》，叙述甚詳，乃莫友芝過録耳。

陸《續跋》卷四影元抄《平水韻略跋》云："新刻《平水韻略》五卷，前有至大六年河間許道古真序，每頁二十六行，每行大字十六，小字三十二，每韻後有'新添重添'之字，以黑質白章隔之，卷五後有木圖記二行，其文云'大德丙午重刊新本平水中和軒王宅印影寫元刊本'。"

繆《記》卷一《小學第二》著録影鈔元本《新刻韻略》（任按，葉氏作《新刊韻略》。）："此書不著撰人姓氏，簡首有許古道真序，作於正大六年，云'平水書籍王文郁攜新韻見頤庵老人'云云。卷末有墨記二行云：'大德丙午重刊新本平水中和軒王宅印。'是書王氏後人所刻，已非文郁之舊。卷首有貢舉三試程式及'章表回避'字樣，并及於皇慶三年、延祐元年云云，是又大德後補刊者。按，《金史·地理志》：平陽府有書籍。其倚郭平陽縣有平水，是平水即平陽，史言有書籍，蓋置局設官於此。元太宗八年，用耶律楚材言，立經籍所於平陽，當是因金之舊耳。每半葉十六行，行二十字。"

[六] 楊《續録》卷四《集部》著録《影金精鈔本滏水文集》："予齋舊藏閒

閴老人《滏水集》十八卷，後二卷缺，乃元元統甲戌平水中和軒王宅刊。其源亦出金晦明軒本，其稱三十卷者，蓋合《外集》而言。微特金元精槧不易得，即舊鈔亦殊罕遘。此本影寫極工雅，久經名流珍弄，殊可寶也。宋存書室主人跋。均在卷末。"王紹曾補云："此本散出後去向不明。"《海源閣宋元秘本書目》佚名批注云："歸濟寧潘氏。"

　　[七]《四庫全書總目提要》卷一百三《子部·醫家類》著録《證類本草》三十卷，云："宋唐慎微撰。案，陳振孫《書録解題》載此書三十卷，名《大觀本草》。晁公武《讀書志》則作《證類本草》三十二卷，亦題唐慎微撰。是宋時已有兩本矣。《玉海》載紹興二十七年八月十五日，王繼先上校定《大觀本草》三十二卷，《釋音》一卷。詔秘書省修潤，付胄監鏤板行之。則南宋且有官本，然皆未見其原刊。今行於世者，亦有兩本：一爲明萬曆丁丑翻刻元大德壬寅宗文書院本，前有大觀二年仁和縣尉艾晟序，稱其書三十一卷，目録一卷，集賢孫公得其本而善之，命官校正鏤板，以廣其傳。慎微，不知何許人，傳其書者失其邑里族氏，故不載焉。陳氏所見蓋此本，故題曰《大觀本草》；一爲明成化戊子翻刻金泰和甲子晦明軒本。前有宋政和六年提舉醫學曹孝忠序，稱'欽奉玉音，使臣楊戩總工刊寫，繼又命孝忠校正潤色之'，其改稱《政和本草》，蓋由於此，實一書也。書末又有金皇統三年翰林學士宇文虛中跋稱：'慎微，字審元，成都華陽人。治病百不失一，爲士人療病，不取一錢，但以名方秘錄爲請，以此士人尤喜之。每於經史諸書中得一藥名、一方論，必錄以告，遂集爲此書。尚書左丞蒲傳正欲以執政恩例奏與一官，拒而不受。'又稱：'元祐間，虛中爲兒童時，見慎微治其父風毒，預期某年月日再發。緘方以俟，臨期服之神驗。'則慎微始末，虛中述之甚明。蓋靖康以後，內府圖籍悉入於金。故陳振孫未見此本，不知慎微何許人。而晁公武所云三十二卷者，殆合目録計之，亦未見政和所刻也。然考趙與峕《賓退錄》，則稱'唐慎微，蜀州晉原人。世爲醫，深於經方。元祐間蜀帥李端伯招之，居成都。嘗著《證類備急本草》三十一卷。艾晟序其書，謂慎微不知何許人，故爲表出。蜀州今爲崇慶府'云云。所序履貫小異，豈虛中兒時見之，但知其寄籍歟。大德中，所刻《大觀》本作三十一卷，與艾晟所言合。泰和中所刻政和本，則以第三十一卷移於三十卷之前，合爲一卷，已非大觀之舊。又有大定己酉麻革序及劉祁跋，并稱平陽張存惠增入寇宗奭《本草衍義》，則益非慎微之舊。然考大德所刻《大觀》本，亦增入宗奭《衍義》，與泰和本同。蓋元代重刻，又從金本録入也。今以二本互校，大德本於朱書墨蓋案，原本每條稱墨蓋以下爲慎微所續，其式如今刻工所稱之魚尾。較爲分明，泰和本則多與條例不相應。然刊刻清整，首末序跋完具，則泰和本爲勝。今以泰和本著録，大德

本則附見其名於此,不別存目焉。"

　　彭《跋》卷二著録《重修政和經史證類備用本草》云:"《證類本草》一書,乃元時所鎸,有麻革信之序,署年乙酉。刻者張存惠,字魏卿,平陽人。其自識云:'泰和甲子下己酉歲日南至,晦明軒謹記。'考金章宗泰和三年甲子,越三十年。天興四年甲午,哀宗自焚于蔡。是時,元定宗雖未紀年號,而金之爲元至乙酉,已十有五年矣。信之,金源名士,與元好問裕之、劉祁京叔齊名。"

　　陸《續跋》卷九宋槧《大觀本草跋》云:"《經史證類大觀本草》三十一卷,間有題《經史證類大全本草》者,次行題唐慎微纂。此書有大觀二年孫氏刊本,有宋紹興二十七年王繼先校定國子監刊本,有金泰和甲子晦明軒刊本,有元大德壬寅宗文書院刊本、大德丙午許氏刊本。金泰和本名《重修政和經史證類備用本草》,附寇宗奭《衍義》。元大德丙午本亦附《衍義》,此本不附《衍義》,非紹興官刊本,即麻沙書坊翻大觀本也。所采書二百四十六種,今存者不及五十種耳。"

　　[八]楊《録》卷五《集部》下著録《明修金本丹淵集》四十卷,《拾遺》二卷,《附録》一卷,云:"《丹淵集》,明刊者已不易得,此本爲金泰和間從宋慶元四年戊午家誠之邛州本重梓。卷末木記云'金泰和丙辰晦明軒張宅記'。惟卷中板號有注大德、至正、正統者,蓋經元明補修之本也。每半葉九行,行十八字。有'王士禄印''王士禛印''貽上''漁洋山人''錢大昕''辛楣''安樂堂藏書記''明善堂鑒定書畫印記''何紹基''何紹業觀'各印記。"

　　[九]瞿《目》卷十四《子部·醫家類》著録金刊本《經史證類大觀本草》三十一卷,附《本草衍義》二十卷,云:"宋唐慎微撰。是本卷數與《書録解題》合。《郡齋讀書志》及《玉海》俱作三十二卷,合目録并數也。金泰和中晦明軒所刻,并爲三十卷,已改《大觀》舊第。此本未經竄亂,卷首有艾晟序,後有墨圖記云:'《經史證類大全本草》三十一卷,附《本草衍義》二十卷,貞祐二年嵩州福昌孫夏氏書籍鋪印行。'考金宣宗貞祐二年,乃宋寧宗嘉定七年。每半葉十二行,行二十字。後來,元大德壬寅宗文書院刊本,當即從此本出。而明萬曆丁丑本,又依元本刊也。《本草衍義》,《文獻通考》作《廣義》,其卷數同。《書録解題》作'十卷',與此本不合。每卷有'錢氏家藏'朱記。"

　　[一〇]黃《記》卷五《集類》著録金刻本《李賀歌詩編》四卷,云:"余去年得何義門手校者,始知世有其書,諸家藏書目未之載也。何云:碣石趙衍刊本,每葉二十行,行二十字。頃見是本正合,其爲金刻無疑。最後序文,何校未録,但云龍山先生所藏舊本,乃司馬溫公物。今觀全文,語亦符合,且可

補何校所未備,因急收之。”

瞿《目》卷十九《集部·別集類》著録金刊本《歌詩編》,後有“丙辰秋日碬石趙衍題”。何義門考謂:“按,長吉《歌詩編》以臨安書棚本爲最善,以此本核之,有互異處。”

元監署各路儒學書院醫院刻書

《元史·百官志》云:“至元二十四年,國子監置生員二百人。延祐二年,增置百人。興文署掌刊刻經史,皆屬集賢院。”又云:“至元二十七年,立興文署,召工刻經史子板,以《資治通鑑》爲起端。”元《秘書監志》云:“至元十年,太保大司農奏,興文署雕印文書,屬秘書監。本署設官三員,令一員,丞三員,校理四員,楷書一員,掌紀一員,鐫字匠四十名,作頭一,匠户十九,印匠十六。”又:“至元十四年十二月,中書省奏,奉旨省併,衙名興文,併入翰林院。”故元時官刻首推:

國子監本。元祐三年,刻小字本《傷寒論》十卷,見楊《志》[一]。次則:

興文署本。至元二十七年,刻《資治通鑑》二百九十四卷,見瞿《目》、陸《跋》、莫《録》[二]。刻胡三省《通鑒釋文辨誤》十三卷,見陸《跋》[三]。又次則:

各路儒學本。至元己卯,十六年,當宋帝昺祥興二年。中興路儒學刻沈棐《春秋比事》二十卷,見陸《續志》、陸《續跋》。影元刊本[四]。至元壬辰,二十九年。贛州路儒學刻張栻《南軒易説》三卷,見《四庫書目提要》。云曹溶傳寫本[五]。大德乙巳,九年。太平路儒學刻《漢書》百二十卷,見《天禄琳琅》五、張《志》、瞿《目》[六]。寧國路儒學刻《後漢書》一百二十卷,見張《志》、瞿《目》、陸《志》、丁《志》、楊《録》[七]。瑞州路儒學刻《隋書》八十五卷,見瞿《目》、丁《志》、陸《志》、陸《跋》。云:板心有路學(瑞州儒學)、浮學(浮梁縣學)、堯學(“堯”,“饒”省文,饒州學)、番泮(“番”,“鄱”省文,鄱陽學)、餘干(餘干學)、樂平(樂平州學)、平州(即樂平)、忠定(趙汝愚書院)、錦江(書院)、長薌(書院)、初庵(書院)等字[八]。當時各路刊書,牒書院之有餘貲者與其役。建康路儒學刻《新唐書》二百二十五卷,見丁《志》[九]。大德丙午,十年。池州路儒學刻《三國志》六十五卷,見張《志》、莫《目》、丁《志》[一〇]。紹興路儒學刻《越絕書》十五卷,《吳越春秋》十卷,見《四庫書目提要》[一一]。紹興路儒學刻徐天祜《吳越春秋音注》十卷,見陸《志》、陸《跋》[一二]。信州路儒學刻《北史》一百卷,見錢《日記》、瞿《目》、丁《志》、繆《記》、陸《志》、陸《跋》。板心有"信州路儒學刊""信州象山刊""象山書院刊""道一書院刊""稼軒書院刊""藍山書院刊""玉山縣學刊""弋陽縣學刊""貴溪縣學刊""上饒學刊"等字[一三]。《南史》八十卷,見丁《志》、陸《跋》[一四]。大德丁未,十一年。無錫儒學刻《風俗通義》十卷,《附錄》一卷,見《四庫書目提要》[一五]。至大辛亥,四年。嘉興路儒學刻《陸宣公集》二十二卷,見陸《志》[一六]。皇慶二年,武昌路儒學刻王申子《大易緝說》十卷,見《四庫書目提要》[一七]。延祐甲寅,元年。臨江路儒學刻張洽《春秋集傳》二十二卷,見《天禄琳琅後編》三、元板類。張《志》、鈔本。陸《志》、陸《續跋》。影元刊本[一八]。至治壬戌,二年。嘉興路儒學刻《王秋澗先生全集》一百卷,見張《志》、舊鈔本。陸《志》、陸《續跋》。明翻宋本[一九]。泰定初元,龍興路儒學刻《唐律疏議》三十卷,見楊《志》。云重刻。雍正乙卯勵廷儀仿元刻本[二〇]。泰定乙丑,二年。慶元路儒學刻《困學紀聞》二十卷,見《天禄琳琅》六、孫《記》、張《志》、瞿《目》、陸《志》、陸《續跋》[二一]。南京路轉運使刻《貞觀政要》十卷,見楊《志》[二二]。寧國路儒學刻洪适《隸釋》二十七卷,《隸續》七卷,見《四庫書目提要》、瞿《目》。舊鈔本[二三]。泰定四年,龍興路儒學刻《脈經》十卷,見楊《志》。景鈔元刊本[二四]。至順四年,即元統元年。集慶路儒學刻王構《修詞鑑衡》二卷,見陸《志》[二五]。至元改元,漳州路儒學刻陳淳《北溪先生大全文集》五十卷,見瞿《目》、陸《志》[二六]。後至元三年,婺州路儒學刻金履祥《論孟集注考證》十卷,見陸《志》。舊鈔本[二七]。至元四年,嘉興路儒學刻元沙克什《河防通議》二卷,見瞿《目》。鈔本[二八]。至元五年,揚州路儒學刻《馬石田文集》十五卷,見張《志》、瞿《目》、元刊本。丁《志》。小山堂鈔本[二九]。至元己卯,五年。中興路儒學刻宋沈文伯《春秋比事》二十卷,見陸《續志》[三〇]。後至元庚辰,六年。慶元路儒學刻《玉海》二百卷,附《詞學指南》四卷,見孫《記》、瞿《目》、莫《錄》、陸《續跋》[三一]。至正三年,杭州路儒學奉旨刻《遼史》一百六十卷,見丁《志》;《金史》一百三十五卷,見瞿《目》[三二]。集慶路儒學刻奉元路學古書院山長張鉉《金陵新志》十九卷,見孫《記》、張《志》、朱《志》、瞿《目》、陸《志》、丁《目》[三三]。饒州路儒學刻《金石例》十卷,見陸《志》[三四]。至正五年,撫州路儒學刻《道園類稿》五十卷,見張《志》[三五]。至正丙戌,六年。嘉興路儒學刻《呂氏春秋》二十六卷,見孫《記》、吳《記》、瞿《目》、陸《志》[三六]。杭州路儒學刻《宋史》四百九十六卷,見陸《志》[三七]。江北淮東道本路儒學刻蕭斛《勤齋集》八卷,見丁《志》、陸《志》[三八]。至正丁亥,七年。福州路儒學刻《禮書》一百五十卷,見陸《志》[三九]。至正八年,江浙省本路儒學刻宋裒《燕石集》十五卷,見張《志》、陸《志》。影元刊本[四〇]。至正九年,嘉興路儒學刻劉因《静修先生文集》三十卷,見張《志》、陸《志》。明弘治刊本[四一]。至正十年,集慶路儒學刻丁復《檜亭集》九卷,見陸《志》;《樂書》二百卷,見楊《錄》[四二]。至正甲午,十四年。嘉興路儒學刻《大戴禮記》十三卷,見丁《志》[四三]。至正乙巳,二十五年。平江路儒學即藍山書院刻本。刻吳師道校正《鮑彪注國策》十卷,見《天禄琳琅後編》九、森《志》、丁《志》、陸《志》、陸《跋》[四四]。至正二十五年,江浙儒學刻宋葉時《禮經會元》四卷,見陸《志》[四五]。無元號甲申,臨川路刻張鉉《金陵新志》十五卷,見孫《記》、陸《志》[四六]。無元號丁未刻《通典》二百卷,見陸《志》、陸《跋》。即臨汝書院本[四七]。亦稱:

郡學本。大德乙巳,九年。無錫郡學刻《白虎通德論》十卷,《風俗通義》十卷,見瞿《目》[四八]。延祐庚申,七年。婺郡學刻戴侗《六書故》三十三卷。至正四年,嘉興郡學刻宋林至《易裨傳》二卷,見瞿《目》。舊鈔本[四九]。

郡庠本。至治二禩,福州路三山郡庠刻《通志》二百卷,見《天禄琳琅》五、吳《記》、孫《記》補遺、瞿《目》、丁《志》、陸《續跋》[五〇]。至正壬寅,二十二年。吳郡庠刻宋沈樞《通鑑總類》二十卷,見瞿《目》、陸《志》、楊《錄》[五一]。無年號吉水郡庠刻劉岳申《申齋劉先生文集》十五卷,見張《志》。鈔本[五二]。

府學本。無年號贛州路府學刻《南軒易説》三卷,見浙《錄》[五三]。

儒司本。至大戊申,元年。刻《唐詩鼓吹》十卷,見丁《志》[五四]。

又有：

書院本。前至元癸未，二十年。盧陵興賢書院刻王若虛《滹南遺老集》四十五卷，見張《志》。文瀾閣傳鈔本[五五]。大德己亥，三年。廣信書院刻《稼軒長短句》十二卷，見楊《錄》[五六]。大德壬寅，六年。宗文書院刻《經史證類大觀本草》三十一卷、《目錄》一卷，見《四庫書目提要》、錢《日記》、孫《記》續編、森《志》補遺、丁《志》、陸《志》[五七]。無年號刻《本草衍義》二十卷，見陸《志》[五八]。刻《五代史記》七十五卷，見張《志》、瞿《目》、朱《目》[五九]。大德丁未，十一年。梅溪書院刻《校正千金翼方》三十卷、《目錄》一卷，見森《志》、楊《譜》、繆《續記》。日本仿刻宋本[六〇]。龍集乙卯，當爲延祐二年。圓沙書院刻《大廣益會玉篇》三十卷，見楊《錄》[六一]。延祐丁巳，四年。刻《新箋決科古今源流至論前集》十卷，《後集》十卷，《續集》十卷，《別集》十卷，見瞿《目》、繆《記》[六二]。刻林駉《皇鑒箋要》六十卷，見朱《目》[六三]。延祐庚申，七年。刻《山堂考索前集》六十六卷，《後集》六十五卷，《續集》五十六卷，《別集》二十五卷，見瞿《目》、朱《目》、陸《志》、陸《續跋》[六四]。泰定甲子，元年。梅溪書院刻馬括《類編標注文公先生經濟文衡前集》二十五卷，《後集》二十五卷，《續集》二十二卷，見《天禄琳琅》六[六五]。西湖書院刻馬端臨《文獻通考》三百四十八卷，見瞿《目》[六六]。又蒼巖書院刻《標題句解孔子家語》三卷，見森《志》[六七]。泰定乙丑，二年。圓沙書院刻《廣韻》五卷，見森《志》、楊《譜》；刻《記纂淵海》一百九十五卷，見浙《錄》[六八]。泰定丙寅，三年。盧陵武溪書院重刻宋淳祐丙午六年。《新編古今事文類聚前集》六十卷，《後集》五十卷，《續集》二十八卷，《別集》三十二卷，《新集》三十六卷，《外集》十五卷，《遺集》十五卷，見孫《記》、丁《志》、陸《志》、繆《記》[六九]。泰定丁卯，四年。梅溪書院刻陳櫟《書集傳纂疏》六卷，見張《志》、森《志》、陸《志》、陸《續跋》[七〇]。至順四年，癸酉，是年改元元統元年。龜山書院刻李心傳《道命錄》十卷，見《天禄琳琅》六[七一]。元統甲戌，二年。梅溪書院刻《韻府群玉》二十卷，見□□[七二]。後至元丁丑，三年。梅溪書院刻《皇元風雅》三十卷，見瞿《目》[七三]。至元又五年，西湖書院重刻馬端臨《文獻通考》三百四十八卷，見陸《志》、陸《續跋》、云至元初余謙刊。瞿《目》。云："初刻於泰定元年,置板西湖書院,後有缺失。至正五年,江浙儒學提舉余謙訪得原稿於其子志仁,重爲訂正補刊,印行於世。"按,此本實後至元五年所刊,非至正五年也,瞿《目》有誤[七四]。至正壬午,二年。刻《國朝文類》七十卷、《目錄》三卷,見瞿《目》、朱《目》、陸《志》、丁《志》、楊《錄》。重修至元四年刊本[七五]。至正己丑,九年。建寧建安書院刻趙居信《蜀漢本末》三卷,見瞿《目》[七六]。至正庚子,二十年。屏山書院刻陳傅良《止齋先生文集》五十二卷,見瞿《目》;刻《方是閑居士小稿》二卷,見丁《志》、陸《志》。影元鈔本[七七]。至正癸卯,二十三年。西湖書院刻岳珂《金陀粹編》二十八卷,《續編》三十卷,見吳《記》、張《志》、瞿《目》、按,本書朱元佑序云"書院即岳氏故第"。陸《志》[七八]。至正乙巳,二十五年。沙陽豫章書院刻《豫章羅先生文集》十七卷,見瞿《目》、丁《志》[七九]。至正丙午,二十六年。南山書院刻《廣韻》五卷,見森《志》、陸《續跋》、楊《譜》[八〇]。無元號丁未歲,撫州路臨汝書院刻唐杜佑《通典》二百卷,見陸《跋》。按,元有兩丁未:一大德丁未;一至正丁未,元亡。此當是大德丁未也[八一]。無年號茶陵桂山書院刻《孔叢子》七卷,見《天禄琳琅後編》十[八二]。梅隱書院刻《書集傳》六卷,見楊《譜》。序後有"梅隱書院鼎新繡梓"木牌記[八三]。雪窗書院刻《爾雅郭注》三卷,見張《志》、朱《目》[八四]。又有:

太醫院本。大德四年,刻《聖濟總錄》二百卷、《目錄》一卷,見森《志》補遺[八五]。

官醫提舉本。至元五年,江西官醫提舉司刻《世醫得效方》二十卷,見《四庫書目提要》[八六]。大德丙午,十年。湖廣官醫提舉刻《風科集驗名方》二十八卷,見陸《續志》、森《志》[八七]。至元五年,建寧路官醫提領刻《世醫得效方》二十卷、《目錄》一卷,見瞿《目》、森《志》。明翻宋本[八八]。此元官刻書大概也。有名爲書院而實則私刻者:

方回虛谷書院。大德己亥,三年。刻《筠溪牧潛集》七類,不分卷,見陸《續跋》[八九]。

茶陵東山陳仁子古迂書院。大德己亥,三年。刻《增補文選六臣注》六十卷,見丁《志》。明翻元本[九〇]。大德乙巳,九年。刻宋沈括《夢溪筆談》二十六卷,見丁《志》[九一]。無年號刻《文選補遺》四十卷,見《天禄琳琅》十。云目録後有"茶陵東山書院刊行"木記^[九二]。

詹氏建陽書院。大德中,刻《古今源流至論前集》十卷,《後集》十卷,《續集》十卷,《別集》十卷,見浙《録》^[九三]。

潘屏山圭山書院。至正戊子,八年。刻《集千家注分類杜工部集》二十五卷,見森《志》、陸《續跋》。云亦題"積慶堂"^[九四]。

平江路天心橋南劉氏梅谿書院。無年號刻《鄭所南先生文集》十六篇一卷,《清雋集》一卷,《百二十圖詩》一卷,《錦殘餘笑》一卷,見臨桂況周頤蕙風簃藏書。傳鈔本^[九五]。

鄭玉師山書院。無年號自刻《春秋經傳闕疑》四十五卷,見瞿《目》^[九六]。此皆私宅坊估之堂名牌記而托於書院之名,以元時講學之風大昌,各路各學官私書院林立。故習俗移人,爭相模仿,觀其刻本流傳,固可分別得其主名矣。

【箋證】

[一] 楊《志》卷九著録影北宋本《傷寒論》,序云:"國子監准尚書禮部元祐三年八月八日符。元祐三年八月七日酉時,准都省送下當月六日敕中書省勘會:'下項醫書册數重大,紙墨價高,民間難以買置。'八月一日奉聖旨:'令國子監别作小字雕印。内有浙路小字本者,令所屬官司校對,别無差錯,即摹印雕版,並候了日,廣行印造。只收官紙工墨本價,許民間請買,仍送諸路出賣。奉敕如右,牒到奉行。'前批八月七日未時付禮部施行,續准禮部符。元祐三年九月二十日,准都省送下當月十七日敕中書省、尚書省送到國子監狀據書庫狀,准朝旨雕印小字《傷寒論》等醫書出賣,契勘工錢,約支用五千餘貫,未委於是何官錢支給應副使用。本監比欲依雕《四子》等體例,於書庫賣書錢内借支。又緣所降朝旨,候雕造了,令只收官紙工墨本價,即别不收息,慮日後難以撥還,欲乞朝廷特賜應副上件錢數支使。候指揮。尚書省勘當,欲用本監見在賣書錢,候將來成書出賣,每部只收息壹分,餘依元降指揮。奉聖旨依國子監主者一依敕命指揮施行。"

[二] 瞿《目》卷九《史部·正史類》著録元刊本《資治通鑑》,云:"此元時興文署刻本。案,至元二十七年正月,立興文署,召集良工刊刻諸經子史版本,以《通鑑》爲起端,是官刻善本也。後有温公《進書表》,元豐七年獎諭詔書,元祐元年奉旨下杭州鏤版校定諸人銜名,紹興二年兩浙東路提舉茶鹽司公使庫下紹興府餘姚縣刊版、校勘、監視諸人銜名。"

陸《跋》卷三元版《資治通鑑跋》云:"前有興文署刊版,翰林學士王磐序、仁宗御製序、胡三省音注序。後有温公《進書表》,同修劉攽、劉恕、范祖禹,檢閲文字司馬康等銜名及元豐七年奬論詔書,元祐元年奉旨下杭州鏤版校定范祖禹等銜名,紹興二年兩浙東路提舉茶鹽司公使庫王然等紹興府餘姚縣刊板銜名,校勘監視張九成等銜名。元刊本,每頁二十行,行二十字,小字雙行,版心有刊工姓名及字數。案,元至元二十七年正月,立興文署,召集良工刊刻諸經子史,板本以《通鑑》爲起端,爲胡梅磵注之祖本,亦元時官刊最善之本也。閩中李鹿山舊藏有'曾在李鹿山處'朱文長印,後歸汪士鐘,有'汪士鐘曾讀'朱文長印、'長洲汪文琛鑑藏書畫印'白文長印。"

莫《録》卷二著録元興文署本《資治通鑑》,云:"是刻字體多波折,四邊線極粗,嘉靖間鄱陽仿刻亦稱善本,而未能畢似也。明正、嘉以來,是版歸南監,遞有修補,此本則元末板未漫漶時印,雖丹墨礙目,其質地實極精美。"

[三] 陸《跋》卷三元板《通鑑釋文辨誤跋》云:"題曰'天台胡三省身之元興文署刊本',每頁二十行,行二十字,小字雙行,版心有字數及刊工姓名。後有三省自序,其書辨史炤《釋文》之誤,而海陵本、廣都費氏本亦間及之,力證司馬公休海陵本《釋文》之僞。案,范祖禹《太史集》卷四十一有《直集賢院提舉西山崇福宫司馬君墓誌銘》,載公休卒於元祐五年九月。述所著書祇有《孟子解》二卷,《文集》十卷,並無《通鑑釋文》,可爲身之得一確証,司馬季思既不辨其僞而刊之,陳直齋《書録解題》亦不辨其僞而録之,誠可笑也。"

[四] 陸《續志》卷二著録影寫元刊本《春秋比事》。陸《續跋》卷三影元本《春秋比事跋》云:"每頁二十行,每行二十字,前有至元乙卯中興路儒學教授王顯仁序。"

[五] 《四庫全書總目提要》卷三《經部·易類》著録内府藏本《南軒易説》三卷,云:"此本乃嘉興曹溶從至元壬辰贛州路儒學學正胡順父刊本傳寫,并六十四卦皆佚之,僅始於《繫辭》'天一地二'一章,較真卿所見彌爲殘闕。然卷端題曰'《繫辭》上卷下',而順父序稱'魯人東泉王公,分司廉訪章貢等路,公餘講論,嘗誦《伊川易傳》,特闕《繫辭》,留心訪求,因得南軒解説《易·繫》,繕寫家藏,儻合以并傳,斯爲完書。乃出示知事吴將仕,刊之學宫,以補遺闕,使與《周易程氏傳》大字舊本同傳於世'云云,是初刊此書,亦僅託始於《繫辭》,溶所傳寫,僅佚其上卷之上耳。序末有鉤摹舊本三小印:一作'謙卦';一曰'贛州胡氏',知順父即贛人;一曰'和卿',蓋其字也。"

[六] 《天禄琳琅書目》卷五《元版史部》著録《漢書》,云:"孔文聲跋云:'江東建康道肅政廉訪司以十七史書艱得善本,從太平路學官之請,遍牒九路,令本路以《西漢書》率先,俾諸路咸取而式之。置局于尊經閣,致工於武

林。三復對讀者,耆儒姚和中輩十有五人;重校修補者,學正蔡泰亨。版用二千七百七十五面,工費具載學記,茲不重出。始大德乙巳仲夏六日,終是歲十有二月廿四日,太平路儒學教授曲阜孔文聲謹書。"張《志》卷八《史部·正史類》著録元大德刊本《太平路學新刊漢書》,語同《天禄琳琅書目》。又瞿《目》卷八《史部·正史類》亦著録元刊本《太平路新刊漢書》:"一百卷,前有師古叙例,又余靖上言。首題'景祐刊誤本'五字。是書刊於大德乙巳歲十有二月,目後有太平路儒學教授曲阜孔文聲跋。其書出自景祐本,故謬誤尚少。"

[七]見張《志》卷八《史部·正史類》著録元大德刊本《後漢書》。瞿《目》卷八《史部·正史類》著録元刊本《後漢書》,云:"一百二十卷。首行題'《光武帝紀》第一上',下越三格題'范曄'二字,又越二格題'《後漢書》一上',次行題'唐章懷太子賢注'。《志》三十卷,題'劉昭注補'。案,《志》實司馬彪作,漢末諸儒所傳,而述於晉初。劉氏自序甚明。是本卷首列景祐元年九月秘書丞余靖上言,末有'大德九年十一月望日寧國路儒學□教授任内刊'二行。每卷末題'張槖王鰲叟校正',其有不題者,成化時補板也。嘉靖間刻監本注經删削,此猶出自景祐本,尚爲完書,謬誤亦少。"又見,陸《志》卷十八《史部·正史類》著録張月霄藏宋刊元修本《後漢書》,云:"每卷後間有'寧國路學正王師道校正'十字。"丁《志》卷六《史部·正史類》著録明人重刊元大德寧國路學本《後漢書》一百三十卷,云:"每半葉十行,行二十二字,與《前漢書》款式相同,《前漢》係翻太平路學本,此當翻自寧國路本也。按,寧國路本,有大德九年乙巳河南雲謙跋,云:'江東憲副伯都公語議曰,浙西十一經已有全版,獨十七史則未也,今文移有司,董其役,庶幾有成。'謙應曰:'此盛舉也。宛陵郡學分刊《後漢書》,自大德乙巳孟夏刻梓,至仲冬書成,版計二千二百四十有奇,字計一百二十餘萬。'郡侯謹齋夏公力贊其成,今此跋未見重刊,姑記此以見元刻之源流焉。"楊《録》亦云:"景祐《校正後漢書狀》後有'大德九年十一月望日,寧國路儒學教授任内刊'一條,爲書賈裁去,行式與太平路所刊《漢書》同。有'金氏圖書''清白吏之子孫'兩印。"

[八]瞿《目》卷八《史部·正史類》著録元刊本《隋書》八十五卷,云:"元至順間,瑞州路學刻本,與宋本式無異,校讎無譌,元刻中之善者。汲古本於《經籍志》最多譌字,今據是本全校之。"丁《志》卷六亦著録元大德瑞州路刊本《隋書》,云:"《天禄琳琅》有南宋嘉定刊本,此本每半葉十行,行廿二字,版心間有'堯學''浮學''雙溪''番泮''樂平'等字。堯學,爲饒州學之省文。浮學,爲浮梁縣學。番泮,爲鄱陽學。樂平,爲樂平州學。雙溪,殆爲書院名,是屬元大德乙巳瑞州路所奉刊,而從北宋本出者也。愛日精廬所藏

即是此本。"陸《志》卷十八《史部·正史類》著録元瑞州路學刊本《隋書》，云："每葉二十行，每行二十二字，從天聖本出，儀顧堂二《集》有跋。"陸《跋》卷二亦有元瑞州路《隋書跋》，叙述甚詳。

[九] 丁《志》卷六《史部·正史類》著録元大德建康路刊本《唐書》二百二十五卷，云："此書爲元大德九年建康路明道書院監刊，有建康路學録戚明瑞序。"

[一〇] 張《志》卷八《史部·正史類》著録元大德刊本《三國志》六十五卷，云："江左憲臺命諸路學校分派十七史鋟梓，池庠所刊者《三國志》，池之爲郡，上類率多貧窶，學計歲入寡羸，是舉幾至中輟，總管王公亢宗奧學宏才，慨然以化今傳後爲己任。"莫《目》卷四《史部·正史類》著録："《三國志》六十五卷，晉陳壽撰，宋裴松之注。元大德本《三國志》末有大德丙午日南志前進士朱天錫跋，謂江左憲臺命諸路學校，分派十七史鐫梓。池庠所刊者《三國志》，池郡士多貧窶，是舉幾中輟。總管王公表倡之，竣事。"丁《志》卷六《史部·正史類》亦著録元大德丙午池州路刊本《三國志》。

[一一]《四庫全書總目提要》卷六十六《史部·載記類》著録《越絶書》十五卷，云："不著撰人名氏。此本與《吳越春秋》皆大德丙午紹興路所刊。卷末一跋，諸本所無，惟申明復仇之義，不著姓名，詳其詞意，或南宋人所題耶。按，《崇文總目》稱，《越絶書》舊有内記八、外傳十七，今文題闕舛，裁二十篇。是此書在北宋之初已佚五篇（胡玉縉云，此書實失於南宋之末，非北宋之初。）。"又，著録《吳越春秋》十卷，云："此本爲元大德十年丙午所刊，後有題識云'前文林郎國子監書庫官徐天祐音注'，然後知注中稱'徐天祐曰'者，即注者之自名，非援引他書之語。惟其後又列紹興路儒學學録留堅、學正陳昺伯、教授梁相、正議大夫紹興路總管提調學校官劉克昌四人，不知序出誰手耳。（胡玉縉云："陸心源《藏書志》有元刊本，并載徐天祐受之序，凡隋、唐《經籍志》云云皆在其中，是序爲天祐所作甚明，不解《總目》同據是本，何以又作疑辭，豈其有缺頁耶？"）"

[一二] 見陸《志》卷二十八《史部·載記類》著録元刊本《吳越春秋》。陸《跋》卷四元板《吳越春秋跋》云："《吳越春秋》十卷，題曰後漢趙曄撰，前有徐天祐序，卷十末有'大德十年歲在丙午三月音注，越六月書成，刊板十二月畢工'兩行。前文林郎國子監書庫官徐天祐音注一行，正議大夫紹興路總管提調學校官劉克昌及儒學梁相等銜名四行，每頁十八行，每行十八字，小字雙行，每行廿六、七字不等，版心分上、下兩卷，明覆本款式及卷末題名同，惟每頁十六行，每行十七字，板心分十卷，異於元槧耳。是書有宋汪綱刊本，行數字數與元刻同。《四庫》所收序存而缺徐天祐姓名，致不辨爲何人所作。

《漢魏叢書》本、《古今逸史》本皆并爲六卷，仍用天祐注，不著其名，並削其序，最不足據。此本首尾完具，模印精良，雖不及宋本，亦是書之善本也。卷中有‘張紹仁印’白文方印、‘學安’朱文方印，蓋吳中張學安舊藏也。”

　　［一三］錢《日記》卷一：“《北史》舊本，板心有‘信州路儒學刊’，或但云‘信州儒學’。每葉二十行，行二十二字。刻手不工，然自是元刻。”

　　瞿《目》卷八《史部·正史類》著録元刊本《北史》一百卷，云：“此元大德間刊本，版心有‘信州路儒學刊’，或但云‘信州儒學’。每半葉十行，行二十二字，‘匡’‘恒’字皆減筆，蓋出自宋本，較明監本、汲古本自勝。此本與魏收書同，足正諸本之誤。”丁《志》卷六著録元大德信州路刊本《北史》：“此本首行大題在下，每半葉十行，行廿二字，與《南史》版匡一式，版心間有‘刊削未盡之信州路學刊本’等字，蓋亦元大德間九路所刊之一。”

　　繆《記》卷四著録元大德信州路刊本《北史》一百卷，云：“每半葉十行，每行二十二字。首行大題在下，板心有‘信州路儒學刊’‘信州象山刊’‘象山書院刊’‘道一書院刊’‘稼軒書院刊’‘藍山書院刊’‘玉山縣學刊’‘弋陽縣學刊’‘貴溪學刊’‘上饒學刊’等字。徐元歎藏本。徐氏手跋曰：此書尚有南監本，係至正年信州路刊刻，糊突脫敗，幾不可讀。嘉靖元年增補十分之一，新陳錯雜，日就刓落。秀水馮夢禎爲祭酒，復用全刻，其功甚大。然與《廿一史》兼行，不能獨購。波家貧，難致全書。從坊間覓得此書，復闕《魏紀》之二，中有闕落亦不少。輒往親故家借來鈔録，劣得疏通。閱自天啓乙丑歲暮，卒業於丙寅四月初十日。奔走事故，廢學日多，動淹時序，有媿古人。徐波識。”

　　陸《志》卷十九《史部·正史類》元信州路學刊本《北史》，云：“每卷後有方治、周益、劉粹然等校正各字。版心有‘信州路學刊’‘信州學刊’等字。每葉二十行，行二十二字。”

　　陸《跋》卷二元板《北史跋》云：“《北史》一百卷，元大德間刊本。首行大題在下，尚存宋本舊式，版心有‘信州路儒學刊’等字。每頁二十行，行二十二字，版心有字數及刊工名，間有嘉靖元年二修版，蓋版入南監以後所印也，較明北監本及汲古閣本頗有勝處。”

　　［一四］丁《志》卷六著録元大德丙午刊本《南史》，未見乃“信州路學刊”。陸《跋》卷二元板《南史跋》云：“《南史》八十卷，每卷次行題曰‘李延壽’。首行大名在下，每半頁十行，行廿二字，元大德刊本，版心間有字數及嘉靖十年修板。雖刊手不佳，較以汲古閣本，乃知此本之善。”亦未見“信州路學刊”字樣。

　　［一五］《四庫全書總目提要》卷一百二十《子部·雜家類》著録《風俗

通義》十卷，《附録》一卷，云："宋陳彭年等修《廣韻》，王應麟作《姓氏急就篇》，多引《風俗通·姓氏篇》，是此篇至宋末猶存，今本無之，不知何時散佚。然考元大德丁未無錫儒學刊本，前有李果序，後有宋嘉定十三年丁黼跋，稱'余在餘杭，借本於會稽陳正卿，正卿蓋得於中書徐淵子，譌舛已甚，殆不可讀。愛其近古，鈔録藏之。攜至中都，得館中本及孔復君寺丞本，互加參考，始可句讀。今刻之於夔子，好古者或得舊本，從而增改，是所望云。'則宋寧宗時之本已同今本，不知王氏何以得見是篇，或即從《廣韻注》中輾轉援引歟？《永樂大典·通字韻》中尚載有《風俗通·姓氏》一篇，首題'馬總意林'字。所載與《廣韻注》多同，而不及《廣韻注》之詳，蓋馬總節本也。然今本《意林》無此文，當又屬佚脱。今采附《風俗通》之末，存梗概焉。"

[一六]　陸《志》卷六十九《集部·別集類》著録元至大刊本《唐陸宣公集》，云："案，此元嘉興路學刊本，每葉二十行，每行十七字。"

[一七]　《四庫全書總目提要》卷四《經部·易類》著録《大易緝説》十卷，云："元王申子撰。申子，字巽卿，邛州人。其始末未詳。據卷首載田澤刊書始末，惟稱其皇慶二年行省劄付充武昌路南陽書院山長，又稱其寓居慈利州天門山，垂三十年，始成《春秋類傳》及此書，澤爲申送行省，咨都省移翰林國史院勘定，令本處儒學印造而已。"

[一八]　《天禄琳琅書目後編》卷三《宋版經部》著録："《春秋集注》，張洽注。洽，字元德，清江人。朱門弟子。嘉定中進士，官至著作佐郎。此書既上進，除知寶章閣。會洽卒，諡文憲。書十一卷。前端平元年九月臨江軍牒，次端平元年八月省劄，次端平元年九月洽請繕寫狀，次二年七月洽追狀，次洽申諱字覆黃小帖子，次《春秋綱領》。按，明初定科舉制，《春秋》用胡安國《傳》及洽《集注》，此書列於學官，與朱、蔡、胡、陳並行。後來學者日趨簡便，遂廢不行，惟通知堂有新刻。似此宋本，稀如星鳳矣。"

張《志》卷五《經部·春秋類》著録抄本《春秋集傳》云："後有'延祐甲寅李教授捐俸補刊於臨江路學'兩行。"又見，陸《志》卷八著録影寫元刊本《春秋集傳》，叙述始末源流較詳。

陸《續跋》卷三《春秋集傳跋》云："前有端平二年七月朝奉郎直秘閣主管建康府崇禧觀賜緋魚袋張洽《進狀》，後有《綱領》《進狀》，後有'延祐甲寅李教授捐俸補刊於臨江路學'兩行，末有木記五行云：'路學所刊《集傳》無《綱領》，庭堅延祐甲寅承命校正，遂以此請李廣文並刊，方爲全書。諸費皆廣文自爲規畫，不申支，不題助，故事成而人不知。第《集注》沿革未刊，庭堅繼今圖之，百拜謹識。'每葉二十二行，每行二十二字，影寫元刊本。"

[一九]　見張《志》卷三十三《集部·別集類》著録舊抄本《秋澗先生大

全文集》，叙述甚詳。陸《志》卷九十七亦著録季滄葦舊藏元刊元印本《秋澗先生大全文集》云："案，此元刊元印本，每葉二十四行，每行二十字，版心有字數及刻工姓名，卷中有'張'字朱文圓印、'孟弼'朱文方印、'諫'字朱文方印、'季振宜印'朱文方印、'滄葦'朱文方印、'御史之章'白文大方印、'季振宜印'朱文大方印、'滄葦'朱文大方印，至治改元公儀跋。張氏《藏書志》所未有也。"陸《續跋》卷十三弘治本《王秋澗全集跋》云："《秋澗先生大全文集》一百卷，每葉二十四行，每行二十字，明弘治刊本，行款與元至治壬戌嘉興路刊本同，當即以元刊翻雕者，惟元刊前有王構序，王士熙、王公儀、羅應龍跋，明刊皆缺。元刊《制辭》《哀挽》《墓誌》皆列總目之後、目録之前。版心刊'目録'二字，未免眉目不清，明刊則改列於後，版心刊'附録'二字，較爲允當耳。"

　　[二〇]楊《志》卷五著録日本刊本《唐律疏議》三十卷，云："首有雍正乙卯刑部尚書勵廷儀序。以孫氏岱南閣所刊元余志安本較之，有柳贇序，而無貰冶子《釋文》，亦無王元亮《纂例》、諸《表》，而顧千里所舉卷三、卷十七、卷二十六、卷二十八所載《釋文》删除不盡者，此本亦同，而目録前多出議刊官職名氏一葉，有'龍興路儒學某某'與柳贇序，云'刊于龍興'者合，則是此本即泰定初刊本，故《疏義》與《纂例》《釋文》別行，而余志安乃合刊之。唯柳序稱'廉訪使師公而議刊'，廉訪使乃是朶州禿，豈師唱於前而朶爲後任與？此本雖不能無誤，而足以訂正余本者不下數百字，孫氏當日竟未見此本，亦一缺事也。又余收得日本人校本一通。以孫氏刊本硃識其上，其所出《疏義》多與此本合；而所校《釋文》異同尤多，則不知竟出何本，豈泰定所刊《釋文》，日本別有傳録與？"

　　[二一]《天禄琳琅書目》卷六著録王應麟《困學紀聞》二十卷，云："前應麟自識，元牟應龍、袁桷序，後陸晉之序。考《宋史》，王應麟，字伯厚，慶元府人。九歲通《六經》，淳祐元年舉進士。寶祐四年，又中博學宏詞科。歷官禮部侍郎，尋轉尚書兼給事中，以左丞相留夢炎用徐囊、黃萬石等，遂東歸。後二十年，卒。所著書甚多，《困學紀聞》其一也。牟應龍序作於元英宗至治二年。袁桷序作於泰定帝泰定二年。《元史》列傳：應龍，字伯成，其先蜀人，後徙居吳興。應龍幼警敏，日記數千言。擢咸淳進士第，賈似道招之，拒不見，不得置上第，調光州定城尉。沿海制置司辟爲屬，以疾辭，不仕，而宋亡矣。已而起家教授溧陽州，晚以上元縣主簿致仕。泰定元年卒，年七十八。袁桷，字伯長，慶元人。以薦爲翰林國史館檢閲官，屢遷至侍講學士。泰定初，辭歸。四年，卒，追封陳留郡公，諡文清。陸晉之，吳郡人，《元史》無傳，其結銜爲'慶元路儒學教授'。序中有'鳩工度費，給以學儲，本學官及

岱山長共助以足其用'云云。按,顧炎武《日知録》引陸深《金臺記聞》曰:'元時州縣皆有學田,所入謂之學租,以供師生廩餼;餘則刻書,工大者合數處爲之,故讎校刻畫頗有精者。'今證以晉之所言,適相吻合,第此書橅印不佳耳。"

孫《記》卷一《元版》著録《困學紀聞》二十卷,云:"黑口版,每葉廿行,行十八字。此書後泰定二年十二月癸卯,慶元路儒學教授吳郡陸晉之叙,今缺。"

張《志》卷二十四《雜家類》著録元泰定刊本《困學紀聞》,云:"宋浚儀王應麟伯厚撰。卷末有'孫厚孫、寧孫校正''慶元路儒學學正胡禾監刊'二條。"

瞿《目》卷十六《子部·雜家類》著録元刊本《困學紀聞》,云:"宋王應麟撰。案本傳,宋亡,厚齋年五十四,杜門不出,朝夕坐堂上,取經史講解論辨,所撰諸書,當俱成於是時。是書自題有'晚遇艱屯',可證也。歿於元元貞二年,年七十有四。此泰定二年弟子袁清容序而刻於慶元路學,距歿時三十年,爲是書初刻本,有牟應龍、陸晉之序,目後有'伯厚父''深寧居士'墨圖記二方。卷末有'孫厚孫、寧孫校正''慶元路儒學學正胡禾監刊'二行。舊藏太倉陸氏。卷首有'陸時化印''潤之所藏'二朱記。"

陸《志》卷五十六《雜家類》著録云:"案,此元泰定刊本,每葉二十行,每行十八字,大黑口,卷末有'孫厚孫、寧孫校正''慶元路儒學學正胡禾監刊'"。

陸《續跋》卷十槧《困學紀聞跋》云:"泰定二年十二月癸卯,慶元路儒學教授吳郡陸晉之後叙。每葉二十行,每行十八字。蓋是書初無刊本。泰定中,馬勿速爲浙江廉訪副使、保定孫揖爲僉事,分治慶元。以袁桷等呈請,始命慶元學以學儲刊行,而桷倡助刻資,學官陸晉之等繼之,乃始有成。蓋初刊祖本也。"

此外,楊《志》卷七《子部》著録元刊本《困學紀聞》,題"慶元路儒學學正胡禾監刊",又題"泰定二年陸晉之跋"。稱此本最善,唯誤"慶元"爲"應元"。

[二二] 楊《志》卷五著録《貞觀政要》十卷,一爲古抄本,一爲舊抄本,一爲影舊抄本,未見云其乃"南京路轉運使刻"。

[二三]《四庫全書總目提要》卷八十六《史部·目録類》著録《隸釋》二十七卷,未見云"寧國路儒學刻"。又,同書中浙江巡撫采進本《隸續》二十一卷(任按,非葉氏所引"七卷"。),云:"考彝尊所云七卷之本,乃元泰定乙丑寧國路儒學所刻,較今所行揚州本,譌誤差少,然殘闕太甚。今仍録揚州之本,而以泰定本詳校異同,其殘闕者無可考補,則姑仍之焉。"

《瞿目》卷十二著録舊鈔本《隸釋》二十七卷,云:"宋洪适撰并序。此從元刊本影寫，卷六、卷七末葉並有‘泰定乙丑寧國路儒學重刊’一行，又有‘丁亥年重校’一行，較萬曆間王鷺刻本爲勝。舊爲孫石芝藏書，有無名氏跋曰：‘此書予以萬曆四年丙子春從錢君叔寶借録，嘗一再校。其上題字，錢君筆也。’又孫從沾手跋曰：‘予藏此書，從汲古毛氏所得。戊子年，歸鼎臣兄借鈔未還。今乾隆戊寅春三月復購得，子孫保之。石芝記。’卷首末有‘孫石芝珍藏’‘曾經幔亭手校’二朱記。”其後亦著録舊鈔本《隸續》：“顧云美氏影鈔元刊本，摹寫甚精。卷四末葉有‘泰定乙丑寧國路儒學重刊’一行。秀水朱氏云，范氏天一閣、曹氏古林、徐氏傳是樓、含經堂皆止七卷本，今揚州刊二十一卷，乃從汲古毛氏得舊鈔本合併成之，非淳熙原刻之舊。卷首末有‘塔影園客’朱記。”

　　[二四] 楊《志》卷九著録影鈔元刊本《脈經》十卷：“元泰定四年，龍興路醫學教授謝縉翁刊本，前有東陽柳贇序，又有謝縉翁自序，並載有‘移文’一首。據縉翁後序稱，以官本及廣西漕司本，又得鄉人黃南牖家本合校。柳贇序云：‘今以校何大任本，互有異同，而不知何本之勝，唯劃條提行，此本又較勝之。後來袁表、沈際飛等，皆從此本出也。又有成化十年畢玉重刊此本，則譌謬尤多。云此本爲日本醫學提舉多紀氏所藏，即著聿修堂各醫書之家也。’”

　　[二五] 見陸《志》卷一百一十八《集部·詩文評類》著録舊抄本《修辭鑑衡》。

　　[二六] 瞿《目》卷二十一《集部·別集類》著録舊鈔本《北溪先生大全文集》五十卷，云：“前有至元改元漳州路儒學教授莆王環翁序，略謂是書初刻於淳祐戊申，板藏龍江書院，歲久佚壞，至元乙亥漳州守張某委學録黃元淵重刻於郡學，此即從元刻本傳録。舊爲顧俠君藏書。卷首有‘秀野草堂’‘顧氏藏書印’‘顧嗣立印’‘俠君’諸朱記。”陸《志》卷八十八《集部·別集類》二十二亦著録。

　　[二七] 見陸《志》卷十《經部·四書類》著録舊抄本《論孟集注考證》。

　　[二八] 瞿《目》卷十一《史部·地理類》著録鈔本《河防通議》二卷，云：“元沙克什撰并序。金人有此書，不著撰者姓氏，又有汴本，題沈立撰。沙克什彙二本而釐訂之，書成於至治元年。至元四年，嘉興路總管元昇序而刻於學。”

　　[二九] 見張《志》卷三十三《集部·別集類》著録《馬石田文集》。瞿《目》卷二十二《集部·別集類》著録元刊本《馬石田文集》十五卷，云：“元馬祖常撰，王守誠、陳旅、蘇天爵序。前有至元五年淮東道肅政廉訪司事下揚州路總管府刊板牒，後有虞集《桐鄉阡碑》、許有壬《神道碑》、自作《石田山

房記》爲附録一卷。太倉陸氏藏書,卷首有'陸潤之鑒藏'朱記。"丁《志》卷三十三《集部·别集類》著録振綺堂藏小山堂鈔本《馬石田文集》十五卷,云:"前有至元五年九月下揚州路總管府發儒學刊版傳市牒文。"

[三〇] 見陸《續志》卷二著録影寫元刊本《春秋比事》。

[三一] 孫《記》卷一《元版》著録《玉海》二百卷,末附《詞學指南》四卷,云:"目録後有'慶元路儒學刊造《玉海》'。每葉廿行,行廿字。《玉海》原版藏江寧府學,近年始燬於火,據乾隆五十六年補版印本,元板僅見一二。此本雖亦有正德二年、嘉靖庚戌至丁巳補葉,以視近世行本,真不啻天淵之隔矣。"瞿《目》卷十七《子部·類書類》著録元刊本《玉海》二百卷,附《詞學指南》四卷,云:"宋王應麟撰。元至元六年,浙東道宣慰使司都元帥也乞里不花刊板於慶元路儒學。公之孫厚孫、寧孫承命校勘。書寫者爲王秉、王陞、楊德載三人。并刻《詩考》《詩地理考》《漢藝文志考》《通鑑地理通釋》《踐阼篇補注》《急就篇補注》《王會篇補注》《漢制考》《小學紺珠姓氏》《急就篇》《六經天文編》《鄭氏易注》《通鑑答問》十三種附於後。當時修改未竟,逮至正十二年慶元路總管阿殷圖復命厚孫校正誤漏六萬字,遂爲完書。明代以板置國子監,遞有修補,入國朝尚存。此猶元時印本也。目録後列慶元路儒學刊造《玉海》書籍提調官姓氏。卷首有自題四言韻語,及至元三年浙東道宣慰使司都元帥府牒,又厚孫跋。胡助、李桓、阿殷圖、王介序,薛元德後序。"

莫《録》卷二著録元至元刻本《玉海》二百卷,云:"行款與今通行本同,特版心稍大,字體秀勁,近趙吴興。首有胡助、李桓、阿殷圖墊堂、王介四序,及至正三年慶元路刊行文牒,及薛元德後序。"

陸《續跋》卷十一元刊元印《玉海跋》:"每葉二十行,每行二十字,目録後有慶元路儒學校正。"

[三二] 丁《志》卷六《史部·正史類》著録黄堯圃汪閬原藏元至正刊本《遼史》一百六十卷,云:"此書每葉二十行,行二十一字,版心列刊工姓名,乃浙江行省杭州府刊版也。"

瞿《目》卷八著録元刊本《金史》一百三十五卷,云:"題名亦與《宋史》同。前有《進書表》及史官銜名。中書省令鋟梓印造咨文。此元至正間杭州路刊本。每半葉十行,行二十二字。明監本卷三十三及卷七十八俱有闕文,此本尚全。"

[三三] 孫《記》卷一《元版》著録《金陵新志》十五卷(非葉氏所引"十九卷"),云:"末題'前奉元路學古書院山長張鉉輯',末有督刊姓氏。此即元至正四年刊本也。内亦有明補刊,葉十八行,行十八字。"又見,張《志》卷

十六《史部·地理類》著録陳眉公藏元至正刊本《金陵新志》。

朱緒曾《開有益齋讀書志》（以下簡稱"朱《志》"）卷三亦著録《金陵新志》十五卷。

瞿《目》卷十一《史部·地理類》著録元刊本《金陵新志》，云："題'前奉元路學古書院山長張鉉輯。'有索元岱序。書成於至正三年，明年，本路儒學刊板。首列《修志文移》《修志本末》及《引用書目》，此猶原本也。舊藏金壇蔣氏，卷首有'内翰金壇蔣超藏書'朱記。"

見陸《志》卷三十二《史部·地理類》著録張文貞舊藏元刊元印本《金陵新志》十五卷。

丁《目》卷之下著録《至大金陵志》十五卷："元張鉉撰。依閣鈔本。"

[三四] 見陸《志》卷一百一十八《集部·詩文評類》著録季滄葦舊藏元至正刊本《倉崖先生金石例》十卷。

[三五] 見張《志》卷三十三《集部·別集類》著録明人抄本《雍虞先生道園類稿》。

[三六] 孫《記》卷一《元板》著録《吕氏春秋》二十六卷，云："前有遂昌鄭元祐序，後有'嘉興路儒學教授陳華（任按，陳華，疑爲"陳泰"之誤。）至正（下有闕字。）吴興謝盛之刊'一行，即所謂元嘉禾學宫本也。目録後有《鏡湖遺老記》，稱'此本從太清樓本校定，故視他本爲善'。每葉廿行，行廿字。"

吴《記》卷四著録元刻本《吕氏春秋》云："卷首有遂昌鄭元祐序，序後有'嘉興路儒學教授陳泰至正十（下缺）吴興謝盛之刊'一行。每葉二十行，每行大小字俱二十。"

瞿《目》卷十六《子部·雜家類》著録元刊本《吕氏春秋》，云："題秦吕不韋撰，高氏訓解。此元至正間嘉興路總管劉貞得東牟王氏校本所刊。每半葉十行，行二十字。序後有'嘉興路儒學教授陳泰校吴興謝盛之刊'一行。有鄭元祐序。"

又見《陸》志卷五十五《子部·雜家》著録元刊本《吕氏春秋》。此外，楊《譜》卷五《子部》著録弘治十一年秋河南開封府許州重刊《吕氏春秋》，題"嘉興路儒學教授陳泰至正六□□"。

[三七] 陸《志》卷十九《史部·正史類》著録元刊元印本《宋史》："案，此元杭州路刊本，每葉二十行，每行二十字。大題在下，版心小黑口，魚尾上左'宋史'二小字，右字數，魚尾下左寫人姓名，右刻工姓名，《孝宗紀》一葉不缺。"

[三八] 丁《志》卷三十三《集部·別集類》著録舊鈔本《勤齋集》云："元蕭𣂏撰。𣂏，字維斗，奉元人，歷官集賢學士、國子祭酒，諡貞敏。《元史》入

儒林傳，所著詩文卒後散失。至正四年，蘇天爵官西臺，始蒐其遺文八十篇、詩二百六十首、樂府二十八篇，分十五卷。官爲鏤版，有‘江北淮東肅政廉訪司下本路刊印’牒文。自元迄明，《集》久失傳。四庫館輯自《永樂大典》，詩數相符，文衹得半，釐爲八卷，冠以奉元儒學教授張沖、國子監丞李繡兩序。”亦見陸《志》卷九十九《集部・別集類》三十三著錄文瀾閣傳抄本《勤齋集》。

　　[三九] 陸《志》卷七《禮類二》著錄季滄葦舊藏元刊本《禮書》一百五十卷。

　　[四〇] 見張《志》卷三十四《集部・別集類》著錄抄本《燕石集》。陸《志》卷一百二《集部・別集類》三十六亦著錄影寫元刊本《燕石集》。

　　[四一] 見張《志》卷三十二《集部・別集類》著錄明弘治刊本《靜修先生文集》。陸《志》卷九十六亦著錄。

　　[四二] 陸《志》卷一百一《集部・別集類》著錄明徐興公舊藏元刊本《檜亭稿》九卷，云：“此元刊元印本，每葉二十行，每行二十字。面籤徐興公手書丁（任按，丁復仲。）《檜亭集》。徐氏汗竹巢珍藏本，元板十四字，卷中有‘閩中徐惟起藏書印’朱文長印、‘徐興公’白文方印、‘晉安徐興公家藏書印’朱文長印、‘薩德相藏書印’朱文長印、‘薩守印’白文方印。”

　　楊《錄》卷一著錄元本《樂書》二百卷，目錄二十卷，附《樂書正誤》一卷，云：“行式與《禮書》同，《孫祠書目》《曝書雜記》均作宋刻，或未見至正間林氏《後序》耶。《樂書正誤》影鈔補，極工整。”王紹曾補曰：“此爲北圖收購天津鹽業銀行九十二種之一，《北京圖書館善本書目》著錄，題元至正七年福州路儒學刻，明修本。卷一百二十七至一百三十五、《正誤》配清抄本。”

　　[四三] 丁《志》卷二《經部・禮類》著錄伊藩舊藏元至正刊本《大戴禮記》十三卷，云：“此爲至正甲午嘉興路總管劉貞所梓，鄭元祐有序。每半葉十行，行二十字，版心刊大小字數，刻工姓名，篇後間注章數、字數。”

　　[四四]《天祿琳琅書目後編》卷九《元版史部》著錄鮑彪注、吳師道校正《戰國策》十卷，云：“卷四、卷五、卷六末俱刻‘至正乙巳前藍山書院山長劉鏞校勘’，卷八、卷十俱刻‘平江路儒學正徐昭文校勘’。”經查，森《志》卷三著錄昌平學藏朝鮮國刊本、嘉靖壬子刊本、元槧本《戰國策》，均未言及“平江路儒學刻”。丁《志》卷八《史部・雜史類》著錄元至正刊本《戰國策校注》十卷，云：“是爲注《國策》最善之本矣。末有‘至正乙巳前藍山書院山長劉埔重校刊’一行，第八、九、十卷末有‘平江路儒學正徐昭文校勘’一行。”陸《志》卷二十四《史部・雜史類》亦著錄。

　　陸《跋》卷三元槧《戰國策校注跋》云：“每頁二十二行，每行二十字，注雙行。至正平江路刊本。元時已有重刊本，行款不同。成化中，有坊刊小字本。嘉靖中,張一鯤與《國語》同刊,皆有譌舛,此則其祖本也。"

[四五] 見陸《志》卷六《經部·禮類》著録元刊本《禮經會元》。

[四六] 見孫《記》卷一《元版》。陸《志》卷三十二《史部·地理類》亦著録張文貞舊藏元刊元印本《金陵新志》十五卷。

[四七] 見陸《續志》卷三(任按,非葉氏謂"見陸《志》"。)《史部·政書類》著録宋刊本《通典》二百卷。陸《跋》卷四元槧《通典跋》云:"蓋元成宗時刊本也。是書北宋時有監官縣雕本,至元而版已亡,臨川路總管楊錦山乃命諸學刊成,見李仁甫跋。每葉二十八行,每行二十六字,版心有'第幾册'三字及刻工姓名,共分四十册。監官本每葉二十行,每行二十八字,當即此本所從出。國初爲季滄葦所藏,有'江左'朱文方印、'季振宜藏書'朱文長印、'御史之章'白文方印、'季振宜印'朱文方印、'滄葦'朱文方印。嘉慶中,歸袁又愷,有'袁又愷書'朱文長印、'袁廷檮印'朱文方印、'五硯主人'朱文方印、'蘇州袁氏五硯樓藏金石圖書'朱文方印。"

[四八] 瞿《目》卷十六《子部·雜家類》著録元刊本《白虎通德論》十卷,云:"題'臣班固纂集'。陳氏《書録》作'十卷',此大德九年劉平父刻本,卷數與陳氏合。每半葉九行,行十七字。明嘉靖元年遼陽傅鑰刻於太平者,云依此本,而卷分上、下。近莊氏、盧氏校刻本作'四卷',追各分上、下,刻成始見十卷之本,不及追改矣。書中每多古字通用,如'由''猶''如''而''中',與《詩考》所引合,猶存古本之真焉。有嚴度、張楷序。"

另,瞿《目》卷十六亦著録元刊本《風俗通義》十卷,云:"題漢太山太守應劭。此大德丁未刻本,與《白虎通》同刻於無錫學中,行款悉同。明程氏、胡氏本皆作'四卷',胡本尤多脱誤,此猶古本。有劭自序及李果、謝居仁序,丁黼跋。"

[四九] 瞿《目》卷七《經部·小學類》著録明刊本《六書故》三十三卷,云:"宋戴侗撰并序。首列《六書通釋》一卷,延祐庚申婺郡守趙鳳儀得其家藏本,序而刻置郡學,此明人重刊本也。"瞿《目》卷一亦著録舊鈔本《易裨傳》二卷,云:"宋林至撰,并自序。其書主於發明《大傳》,題曰《裨傳》者,蓋取《史記·鄒衍傳》'裨海'之義,謂《大傳》若大瀛海,此如小海之分列九州。《索隱》注:'裨,小海也。'《宋史·藝文志》作'一卷',《書録解題》作'二卷,《外篇》一卷'。是本第二卷,即《外篇》,蓋合上卷爲一也。此從至正十五年陳泰刊本傳録。序後有識云:(案,《經義考》引作陳泰語,然陳泰刊置後此一年,又題別行,故不從朱氏。)'先生字德久,宋淳熙釋褐魁,官至秘書。登晦庵先生之門。松江府人,事載《郡乘》。是書乃庸田使康公出授士子,今太守劉公命鋟嘉興郡學,傳示學者云。至正四年十月朔日識。'據此,是秘書爲松江人,而

《書錄解題》稱爲'檇李',檇李是嘉興舊名,或疑其異。然考《中興館閣續録》,云'林至,嘉興府華亭人',蓋華亭在宋爲縣,屬兩浙路嘉興府,元陞縣爲華亭府,尋改松江。是宋稱'檇李',元稱'松江',皆舉其郡言之,初非有異,而《館閣續録》則尤爲詳核焉。"

[五〇]《天禄琳琅書目》卷五《元版史部》著録《通志》二百卷,云:"前樵自序,元吳繹序並《進書疏》。馬端臨《文獻通考》云:'按,此書刊本元無卷數,止是逐略分爲一二耳。《中興四朝藝文志·別史類》著録《通志》二百卷。其後叙述云:'中興初,鄭樵采歷代史及他書,自三皇迄隋,爲書曰《通志》,倣遷、固爲紀傳,而改表爲譜、志爲略,則其爲書似是節鈔删正歷代之正史,如高峻之《小史》、蘇轍之《古史》,而非此《二十略》之書也。但《二十略》序文後言,於紀傳即其舊文,從而損益,制誥、書疏,置之別録。《唐書》《五代史》,本朝大臣所修,非微臣敢議,故紀傳及隋。若禮、樂、刑、政,務存因革,故引而至唐云,則亦略言其作書之意。豈彼二百卷者自爲一書,亦名之曰《通志》,而於此序附言其意耶? 或并《二十略》共爲一書耶云云。'今以歷代刊本《通志》考之,係併《二十略》爲一書,共成二百卷,並非別有所謂《通志》者。端臨所見刊本,蓋僅有《二十略》耳。是書吳繹序作於元英宗至治二年。繹,《元史》無傳,其結銜爲'福州路總管'。考《江西志》,吳繹,字思可,信都人。泰定間,曾守吉州。序稱'是集梓於三山郡庠,北方學者猶未之見,迺募僚屬捐己俸,摹印五十部,散之江北諸郡'云云。疏後別行載'至治三年九月印造',則知此本亦非吳繹所刊,當屬元初開雕於閩中者也。"

吳《記》卷二著録:"《通志》二百卷,元刻本。每葉十八行,行二十一字,字大悦目,前有吳繹序云:'是集繡梓於三山郡庠,亦既獻之天府,藏之秘閣,然北方學者猶未之見。余叨守福唐,洪惟文軌,會同斯文,豈宜專美一方。'紙墨精好,首葉有'談氏延恩樓收藏印'圖記。"

孫《記》補遺《元版》著録《通志》,云:"後有'至治二年九月印造'、福州路總管府所委提調官福州路録事司判官蓋從杞等七人銜名。此書是元初刻於閩中,繹摹印頒行,記歲月於後,非繹所刊也。大字本,每葉十八行,行廿一字。"

瞿《目》卷九《史部·別史類》著録元刊本《通志》:"題'右迪功郎鄭樵撰并序'。元三山郡庠刻本。每半葉九行,行二十一字。至治初,郡守吳繹嘗捐俸摹印數十部,散之江北諸郡。序後有'至治二年九月印造'一條,并列當時福州路銜名七行。"丁《志》卷七《別史類》亦著録。

陸《續跋》卷七元板《通志跋》云:"是書雖于淳熙中經進,宋時並未板行,故《郡齋讀書志》《直齋書録解題》皆不得見。至宋季而《二十略》始有刊本,亦不分卷,見馬端臨《文獻通考》。元有南服始牒行省刊板福州郡庠,而流傳未廣。至治二年,知福州吳繹捐俸摹印五十部,散之江北諸郡。明初板歸南京國子監,而後書乃通行。修至萬曆中,止此本爲萬曆十七年所摹印,修板不過千分之一,餘皆元刊,實是書祖本也。明惟《二十略》有刊本,全書無重刊者。乾隆中始與《通典》《通考》同刻,雖祖元本,而吳繹序疏均不存矣。”

　　[五一] 瞿《目》卷十《史部·史鈔類》著錄校宋本《通鑑總類》二十卷,云:“宋沈樞撰。此書舊有嘉定中潮陽刻本,元至正癸卯復刻於蘇州郡庠。前有周伯琦序。是書即元刻,而紙墨不古,已爲明時印本矣。宋刊本每半葉十一行,行廿三字。行款與茲同,惟板心注字數,書中無圈句,爲稍異爾。”

　　見陸《志》卷二十八《史部·史鈔類》著錄章紫伯舊藏明刊本《通鑑總類》。

　　楊《錄》卷二《史部》著錄《宋本通鑑總類》:“是書爲宋沈憲敏公所編,嘉定元年四明樓鑰序而刊之。元至正二十二年,《天乙閣書目》作十二年。江浙行中書省左丞海陵蔣德明分省於吳,命郡庠重刊,且令都事錢逵求序於周伯琦。至明,則成化十六年鎮守雲南御用監太監錢能久及萬曆乙未吳郡申時行復先後授梓。又蘇杭提督織造乾清宮近侍司禮監管監事太監三河孫隆嘗以是書進御神宗,欲鏤之尚方,不果。及出督織造,乃刊之吳中,亦萬曆間事也。此本猶是嘉定初憲敏季子守潮陽鋟板之原帙,鐫印精佳,古香襲人,眉宇且首尾完善,無一闕損,宋槧中尤極罕覯,洵乙部之甲觀矣。道光癸卯,先公陳橐隴西,漢陽葉東卿先生志詵自京師寄贈者也。憲敏字持要,安吉州人。其事迹不著於史,惟官華文閣學士見《周益公集》。同治二年季夏,東郡楊紹和識。每半葉十一行,行二十三字。有‘東卿’印。”

　　[五二] 見張《志》卷三十三《集部·別集類》著錄抄本《申齋劉先生文集》。

　　[五三] 浙《錄》甲集著錄寫本《南軒易説》三卷,云:“此編《宋史》及《文獻通考》俱不載,朱氏《經義考》亦云未見。今本雖僅存《繫辭》以下,而書以人重,彌足珍也。後跋云‘廉使東泉王氏傳授正本,贛州路總管府知事吳將仕樟董刊。’”

　　[五四] 見丁《志》卷三十八《集部》著錄元至大戊申江浙儒司刊本《注唐詩鼓吹》。

　　[五五] 見張《志》卷三十二《集部·別集類》著錄文瀾閣傳抄本《湋南遺老集》。

　　[五六] 楊《錄》卷五著錄《元本稼軒長短句》云:“每半葉九行,行十六

字。卷末題款云：‘大德己亥中呂月刊畢於廣信書院。後學孫粹然，同職張公俊。’”《中國版刻圖錄》云：“匡高二十二·七厘米，廣十六·五厘米。九行，行十六字。白口，左右雙邊。卷十二後有‘大德己亥中呂月刊畢于廣信書院，後學孫粹然同識張公俊’兩行，知爲廣信書院刻本。稼軒南渡後，居鉛山、上饒最久，開禧三年卒於鉛山。此云廣信書院，疑即鉛山之稼軒書院。此本酬和贈送范先之詞共十首，別有宋時甲乙丙丁四卷本八首都作‘廓之’，餘二首不著姓名。案，范先之原名當作‘廓之’，四卷本刻於宋寧宗趙擴即位前，故用本名。此本祖本則刻於寧宗朝，或已在稼軒身後，故刻時避寧宗諱嫌名改‘廓之’爲‘先之’。可見此本淵源之古。此本流傳最廣，明嘉靖十五年王詔刻之，二十四年何孟倫再刻之。毛氏汲古閣雖合併爲四卷，事實上亦源出此本。清光緒間王鵬運四印齋刻本，一九五九年中華書局印本，均據此帙翻印。”（《叙錄》第五八，《圖版》第三○七。）

[五七] 見本卷“金時平水刻書之盛”一節注 [七]。

錢《日記》卷一：“前有大觀二年十月朔，通仕郎、行杭州仁和縣尉、管句學事艾晟序，云：‘謹微姓唐，不知何許人。’傳其書者失其邑里族氏，故不及載。而予家所藏《政和新修經史證類備用本草》，則稱爲‘成都唐慎微審元’，此其互異者。大約政和本乃奉敕校刊，《大觀》本則杭州漕司所刻也。其書本名《經史證類備急本草》，宋《藝文志》作‘《大觀經史證類備急本草》三十二卷’，殆并目錄計之歟？此本題‘春穀王秋捐資，資命男大獻、大成同校錄’，而艾晟序後有一方記云‘大德壬寅孟春宗文書院刊行’，殆明人翻元刻也。”

孫《記》續編《明版》著錄《重刊經史證類大全本草》，云：“下有‘大德壬寅孟春宗文書院刊行’木記，大版，每葉廿四行，行廿三字。收藏有‘高淳孔氏耕餘堂印’朱文長印、‘孔繼先次歐氏原字體祖’朱文方長印。”

森《志》補遺亦著錄聿修堂藏元大德壬寅宗文書院刊本《經史證類大觀本草》三十一卷、《目錄》一卷，云：“宋唐慎微纂。首載大觀二年艾晟序，序後筐子記‘大德壬寅孟春宗文書院刊行’。每半板六寸八分強，幅四寸七分強。按，錢大昕《養新錄》曰‘是書初刊於杭州漕司’，艾晟序謂：‘慎微，不知何許人。其云《大觀本草》者，因校刊之年題之也。’”

丁《志》卷十六《子部·醫家類》著錄明萬曆重刊大德本《重刊經史證類大全本草》三十一卷，云：“‘大德壬寅孟春宗文書院刊行’木記，蓋知南陵縣事楚武昌朱朝望據元本重梓者也。”

又，陸《志》卷四十五《子部·醫家類》載元大德刊本《經史證類大觀本草》云：“此元刊元印本，序後有‘大德壬寅孟春宗文書院刊行’木印，每葉二十行,行二十字,小黑口,衍義別行,明刊以衍義散入各條下,與元本小有異同。"

此外,楊《譜》二編卷六《醫部》著録《經史證類大全本草》《政和新修證類備用本草》,後皆附"大德壬寅孟春宗文書院刊行"長方木記。

[五八] 陸《志》卷四十五《子部・醫家類》著録元刊本《本草衍義》二十卷,云:"《書録解題》曰:'《本草衍義》十卷,通直郎寇宗奭撰,接引辨証,頗可觀采。'案,此元宗文書院刊本,與《証類本草》同刊,每葉二十四行,每行二十一字,小字雙行,小黑口。《文獻通考》'二十卷',與此本合。《書録解題》脱'二'字耳。"

[五九] 見張《志》卷八《史部・正史類》著録元宗文書院刊本《五代史記》。瞿《目》卷八著録元刊本《五代史記》七十四卷,云:"此元時宗文書院刻本,明萬曆間余有丁校刻,南雍本即從此出。義門何氏謂勝於汲古本也。有陳師錫序。"朱《目》卷二《史部・正史類》亦著録元崇文書院刊本《五代史記》。

[六〇] 森《志》補遺著録元板聿修堂藏《千金翼方》三十卷、《目録》一卷,云:"首載校正表次,自序末有校正,後序卷尾有'大德丁未良月梅溪書院刻梓'十二字。每半板高六寸八分,幅四寸四分,十三行,行廿三字。按,此本原係城東市醫白貞菴秘藏,天明中爲聿修堂物,文政己丑醫官數輩醵金模刻,以藏於醫學。蓋是書世唯傳王肯堂本,而譌字脱文不一而足,此本則稍爲完善,然校之諸書,所引舛誤仍多,故新刊作《考異》二卷,以附於後。"

楊《譜》卷七《醫部》著録《校正千金翼方》,附"大德丁未良月梅溪書院刻梓"二行長方木記。

繆《續記》卷二著録日本影元刻本《千金翼方》三十卷,云:"每半葉十三行,行二十五字。後有'大德丁未良月梅溪書院付梓'長方牌子,文政己丑杉木良跋。《敏求記》云後列《禁經》二卷,凡二十二篇,今本無。"

[六一] 楊《録》卷一《經部》著録元本《大廣益會玉篇》三十卷,云:"是書今世所行凡三:一澤存堂本,一揚州詩局本,一明内府本。張、曹兩本無一字異,明内府本則字數視張、曹本同,而每部之中次序不同,注文稍略,此本當即明内府本之所祖也。然明内府本與所刊《廣韻》核之祖本,均未免譌誤。而此本遇'匡'字、'貞'字,亦如元槧《廣韻》,'匡'字紐下尚闕,避宋諱。蓋二書雖元槧,其源實皆出宋時舊槧,非今世所易覯者。即張、曹兩本得此互校,是正良多,可珍已。至張本亦屬重修,乃删重修之牒,詭稱上元本,《四庫全書總目》詳辨之,兹不贅。彦合記,時甲子桂月。每半葉十二行,行大二十一字,小二十七八字不等。卷末木記云'龍集乙卯菊節圓沙書院新

刊'，乃元仁宗延祐二年也。有'南齊世家之印''緣督齋''壽五''夢廬借觀'各印。"

[六二] 瞿《目》卷十七著録元刊本《新箋決科古今源流至論前集》十卷、《後集》十卷、《續集》十卷、《別集》十卷，云："前、後、續三《集》，題'閩川林駉德頌'。《別集》題'前進士三山黃履翁吉父編'。吉父與德頌同爲三山人，亦同時，故既序其書，而復補作《別集》。明刊本以《前集》《續集》互倒，且於《太極論》前增《太極圖》及《朱子太極圖解》，全失原本之舊矣。此本《前集》目後有正書墨圖記，云：'延祐丁巳孟冬圓沙書院刊行。'又有鐘式記云'延祐丁巳'，鼎式篆文記云'圓沙書院'，板印清朗，元刻佳本也。"

繆《記》卷五《類書第七》著録"元延祐丁巳孟冬圓沙書院刊本。每半葉十五行，行二十五字，小黑口"。

[六三] 朱《目》卷三《子部·類書類》著録《皇鑑箋要》六十卷，云："元延祐四年圓沙書院刊本。"

[六四] 瞿《目》卷十七《子部·類書類》著録元刊本《山堂先生群書考索前集》六十六卷，《後集》六十五卷，《續集》五十六卷，《別集》二十五卷，云："宋章如愚撰。南宋率多類事之家，是書最爲精博。此元刊小字巾箱本，雕槧亦工，不同麻沙書肆所刻。案，其標目分合，與《四庫》本絶異，當是俊卿舊第也。目後有墨圖記，云：'延祐庚申圓沙書院新刊。'每半葉十五行，行二十四字。舊爲邑中浦氏藏書。卷首有'浦玉田藏書'朱記。"

朱《目》卷三亦著録《山堂考索》，云乃"元延祐五年圓沙書院刊本"。

陸《志》卷六十《子部·類書類》亦云此爲元刊元印本，云："目後有'延祐庚申圓沙書院新刊'木記，每半頁十五行，每行二十四字。"

陸《續跋》卷十一元槧《山堂考索跋》云："目後有'延祐庚申圓沙書院新刊'木記，每半葉十五行，每行二十四字。標目別以黑質白章，以明正德戊辰劉洪慎獨齋刊本互勘，明本頗有删削移易處。此爲初刊祖本，不久即毁於火，故流傳甚少，見慎獨齋鄭京叙，勝慎獨本遠甚。中有'趙賢'白文方印、'藤蔭館'白文方印、'胡爾塽印'朱文方印、'豫波'朱文方印、'胡氏豫波家藏圖書'朱文方印。胡爾塽，字篷江，平湖人，嘉道中藏書家也。"

[六五]《天禄琳琅書目》卷六《元版子部》著録《類編標注文公先生經濟文衡》，云："書中蓋取朱子所著論者類而編之，加以標注。馬括當時纂輯此書，似未刻梓。是本《前集》總目後有'時泰定甲子春刊於梅溪書院'木記。按，泰定甲子，爲元泰定帝御極之元年。版式係仿宋巾箱本，而未能如宋槧之工也。"

[六六] 瞿《目》卷十二《史部·政書類》著録元刊本《文獻通考》三百四

十八卷,云:"宋馬端臨撰并序。前有王壽衍《進書表》,又李謹思序。初刻於泰定元年,置板西湖書院,後有闕失。至正五年,江浙儒學提舉余謙訪得原稿於其子志仁,重爲訂正補刊,印行於世。是本舊藏崑山葉氏。每卷有'葉文莊公家世藏'朱記。"

[六七] 森《志》卷四《子部·儒家類》著録容安書院藏朝鮮國活字刊本《標題句解孔子家語》三卷,云:"目録末記'泰定甲子秋蒼巖書院刊行',下卷末記'延祐丁巳陳實夫刻於精一書舍'。"

[六八] 森《志》卷二《經部·小學類》著録求古樓藏金槧本《廣韻》五卷,云:"有'泰定乙丑菊節圓沙書院刊行'木記。"

楊《譜》卷三《小學部》亦著録同上。

浙《録》著録天一閣寫本《紀纂淵海》一百九十五卷,其書尾著"泰定乙丑圓沙書院刊行"。

[六九] 孫《記》卷一《元版》著録《新編古今事文類聚前集》六十卷,《後集》五十卷,《續集》二十八卷,《別集》二十二卷,云:"目録後有'泰定丙寅廬陵武溪書院新刊'木長印,巾箱本,黑口板,每葉廿六行,行廿四字,收藏有'莊秀卿家藏圖籍私印'朱文方印、'子孫世享'朱文方印。"丁《志》卷二十《子部·類書類》亦著録元刊本《新編古今事文類聚》,云:"巾箱黑口版,每葉廿八行,行廿八字。淳祐丙午爲宋理宗六年,孫氏廉石居藏此書,《外集》目録後有木條題'泰定丙寅廬陵武溪書院新刊'一條。"又,陸《志》卷六十《子部·類書類》亦著録。

繆《記》卷五《類書第七》著録云:"元泰定丙寅廬陵武溪書院新刊。每半葉十四行,每行二十六字。收藏有'怡府世宝'朱文方印、'明善堂覽書畫印記'朱文長方印、'安樂堂藏書記'朱文大長方印。"

[七〇] 張《志》卷二《經部·書類》著録汲古閣藏元泰定刊本《書蔡氏傳纂疏》六卷,云:"蔡氏序後有'泰定丁卯陽月梅溪書院新刊'木記,卷首有'毛晉私印''汲古主人'兩印。"

森《志》卷一《經部·書類》著録昌平學藏元槧本《書集傳纂疏》六卷,云:"每半版十一行,行二十一字,注雙行,界長六寸八分弱,幅四寸三分弱,四周雙邊。蔡序後有'泰定丁卯陽月梅溪書院新刊'木記。"

陸《志》卷四《經部·書類》著録汲古閣舊藏元泰定刊本《書蔡氏傳纂疏》六卷,云:"此元刊元印本,每半紙十一行,行二十一字,小字雙行。後有'泰定丁卯陽月梅溪書院新刊'木記,卷首有'毛晉私印''汲古主人'朱文方印。"

陸《續跋》卷一元槧《書集傳纂疏跋》云:"每頁二十二行,每行二十一字，小字雙行，篆疏以墨長圖隔之，蔡序後有木記二行曰‘泰定丁卯陽月梅溪書院新刊’十二字，蓋是書初刊本也。”

此外，楊《譜》初編卷一《經部》著錄《書集傳》，末附木記二行云“泰定丁卯陽月梅溪書院新刊”。

［七一］《天禄琳琅書目》卷六著錄《道命錄》：“宋李心傳輯，元程榮秀釐正，分十卷。前心傳序、宋朱申序、榮秀序。考《宋史》，李心傳，字微之，隆州井研人。慶元二年，薦於鄉，既下第，絕意不復應舉，閉户著書。晚因崔與之、魏了翁等之薦，爲史館校勘，賜進士出身，累官至工部侍郎。以言去，奉祠潮州。淳祐三年，致仕，卒。載所著成書甚多，内有《道命錄》五卷。心傳自序，係作於理宗嘉熙三年。朱申之序，乃淳祐十一年知江州時爲之刻梓而作，其書尚仍五卷之舊。榮秀序稱‘《道命錄》五卷，刻梓在江州，燬於兵。榮秀嘗得而讀之，疑爲初稿尚欲刪定而未成者。齋居之暇，略加釐正，彙次爲十卷，重刻於龜山書院，而識其後’云云。當時刻手印工咸出上選，紙潔墨瑩，幾與宋槧無異，誠元刻之佳本也。榮秀序闕末數行，以明萬曆間丁元薦刊本校之。御題：‘《道命錄》十卷，宋嘉熙間編次濂、洛、關、閩五先生進退黜陟之所由，而終以謚議，贈恤制詔。元時重刻於龜山書院，則又續增，作書後所有事實及元代追崇典册之文也。其云“道命”者，蓋言道之行與廢皆命云爾。此書猶是元龜山書院初本。乾隆甲子秋日，御識。’”

［七二］《韻府群玉》二十卷，中華書局本此處爲“見□□”，臺灣世界書局本爲“森《志》”。經查，森《志》卷五《子部·類書類》著錄求古樓藏元槧本《韻府群玉》二十卷，云：“每半板十行，行十五字，注二十九字，界長六寸九分，幅四寸四分。目錄末有‘元統甲戌春梅溪書院刊’木記，每卷首有‘魚躍館藏書印’。”

［七三］瞿《目》卷二十三《集部·總集類》著錄元刊本《皇元風雅》三十卷，云：“此書惟見焦氏《經籍志》《文淵閣書目》。天一閣藏本祗存二册。是本始劉夢吉、終陳梓卿，凡一百五十五家，獨爲完善。刻於至元三年。目錄後有墨圖記曰‘梅溪書院’。”

［七四］見陸《志》卷三十五《史部·政書類》著錄元刊元印本《文獻通考》，云：“泰定元年，江浙省雕置於西湖書院。案，每葉二十六行，每行二十六字，小黑口。卷中有‘錢穀’朱文方印、‘叔寶’朱文方印、‘錢氏藏’朱文方印、‘天樹印信’白文方印、‘可嘉’朱文方印。”

陸《續跋》卷七元槧《文獻通考跋》云：“每葉二十六行，每行二十六字，版心有字數，間有刊工姓名。自壽衍進書之後，泰定元年，江浙行省始刊版於杭州之西湖書院，尚有譌缺。至元初，余謙爲江浙儒學提舉，乃命貴與之壻楊元,就其子馬志仁家借本,與西湖山長方員同校,俾葉森董工,始成完書。"

瞿《目》卷十二《史部·政書類》亦有著録。

[七五] 瞿《目》卷二十三《集部·總集類》著録元刊本《國朝文類》七十卷,云:"元蘇天爵編。此至正二年杭州路西湖書院所刻大字本。前有准中書省請刻咨文,移咨江南行省於贍學錢糧内鋟梓,王理、陳旅序,王守誠跋,是此書初刻本也。目録後有'儒士葉森點對'一行。"

朱《目》卷四《集部·詩文評類》亦著録元至正二年西湖書院刊本《國朝文類》。又陸《志》卷十六《集部·總集類》著録玉蘭堂舊藏元刊元印本,叙述甚詳。

丁《志》卷三十八《集部》著録元至正刊本《國朝文類》七十卷,云:"元蘇天爵編。前有元統三年王守誠序云:'昔在胄館,見伯修手鈔近世名公及當代聞人逸士述作,日無倦容,積以歲年,今始克就編。'按,天爵所録,自元初迄延祐,正元文極盛之際,分四十三類。至正二年杭州路西湖書院所刻。前有准中書省請刻咨文,移咨江南行省鋟梓,指揮王理、陳(任按,"陳",丁《志》誤作"李",據《元文類》陳旅序改。)旅、王守誠皆有序,目録後有'儒士葉森點校'一行,有'秉德堂'印。"

楊《録》卷五《集部》下著録《元本國朝文類》:"是書元刊最著者有二:一爲翠巖精舍小字本,一爲西湖書院大字本。而鑑藏家尤重翠巖,蓋小字本固勝於大字本也。此本每半葉十三行,行二十四字,板式、字體均與翠巖本無異。目録不分卷,卷四十一《經世大典軍制》以下全缺,亦同翠巖。惟卷十八《李節婦贊》、卷三十一《建陽縣江源復一堂記》、卷六十九《李節婦傳》、卷七十《高氏偰氏家傳》,皆翠巖本所無。而《李節婦傳》,則西湖本亦有之。考翠巖本,但載元統二年王理序,當是最初刻。西湖本,至元初刻已補入陳旅序、王守誠跋。至正二年復修補一十八板九千三百九十餘字。又於目録及各卷内校正九十三板,脱漏差誤一百三十餘字,於是四十一卷始成完帙。見西湖本至正二年中書省下杭州路西湖書院公文。此本殆從翠巖本翻雕,而刊時在西湖本初刻之後、未補之前,故陳、王序跋均依西湖本補入,《軍制》以下之文,則仍闕如也。至《李節婦贊》諸篇,想又由他本蒐輯者。葉氏《水東日記》曰:'嘗見至正初浙省元刻大字本,有陳旅序。此本則有書坊自增《考亭書院記》《建陽縣江源復一堂記》《高昌偰氏家傳》云云,殊不盡然。葉氏所見僅西湖本,不知《考亭書院記》翠巖本已有之矣。況元刊諸本互有差池,自是各從所據,非出一源,不得謂西湖本所無者,即屬書坊妄益也。此本雖不著刊書年月,而紙墨俱舊,鏤鍥尤工,決係元槧無疑,可與翠巖、西湖相

爲鼎峙矣。明時晉藩、修德堂亦先後同梓。晉藩本予未收,修德堂本則入
《海源閣書目》中。彦合主人識。在卷末有‘禹績’‘顧盦’‘敏求齋圖書印’
各印。”王紹曾補云:“此本散出後歸北圖。《北京圖書館善本書目》著録,題
明刻本,《附録》一卷清抄本,顧廣圻校並跋。”冀淑英先生《十覆王紹曾書》
云:“此書在北圖,並非元本,編目時改訂爲明刻本,其別卷附録卷,清抄本。
顧廣圻校並跋,有‘宋存書室’‘楊氏海源閣藏’等印。”

[七六] 瞿《目》卷九《史部·別史類》著録元刊本《蜀漢本末》三卷,云:
“題趙居信集録。居信,號東溪,信都人。此書作於至元戊子,首列漢帝世
次: 始高帝,終帝禪,又《世系圖》亦然,意以蜀繼漢爲正統。紀事之體,亦依
《綱目》,而叙述較詳。每條後附諸儒胡氏、真氏、尹氏、蕭氏之論,末自爲
《總論》一篇,美昭烈復漢之功,而以史臣進曹魏、抑昭烈爲厚誣曲諱。《論》
後又有自跋。至正己丑嗣子某守建寧,出其書,示建安書院山長黃君復,刻
之。君復有跋。卷末有‘建安詹璟刊’一行,元刻致佳本也。”

[七七] 瞿《目》卷二十一《集部·別集類》著録元刊本《止齋先生文集》
五十二卷,云:“宋陳傅良撰。門人曹叔遠編爲五十一卷,刻於嘉定戊辰,前
後皆有叔遠序。是本爲元至正間重刻,多《附録》一卷,爲《神道碑》《行狀》
《墓誌》及《雜文》八篇,合五十二卷。末有白文二行云‘至正庚子仲冬屏山
書院重刊’。《四庫提要》謂《附録》一卷,不知誰所續入。據弘治乙丑王瓚
序,稱澤州張璡欲掇拾遺逸以爲《外集》,其璡重刊所附入歟? 是未見元
刊也。”

丁《志》卷三十一《集部·別集類》著録汪魚亭藏影寫元本《方是閒居士
小稿》二卷,云:“至正庚子仲冬,屏山書院重刊此影寫本。有‘汪魚亭藏閱
書’一印。”陸《志》卷八十九《別集類》亦著録是集舊抄本,云“後有‘至正庚
子仲冬,屏山書院重刊’木記”,叙述尤詳。

[七八] 吳《記》卷二著録舊刻本《金陀粹編》二十八卷,《續編》三十卷,
云:“按,辛楣宮詹《潛研堂文集跋》云:‘《初編》刻於檇李,《續編》刻於南徐
端平,甲午又合刻,藏於廟墊,皆有倦翁自序。元季重刻於杭州西湖書院,則
有臨海陳基、會稽戴洙二序。明嘉靖壬寅,晉江洪富刊於兩浙運司。後十七
年,莆田黃日敬復修補其漫漶者,然中多斷簡脱葉,惜無善本是正也。”

見張《志》卷十三《史部·傳記類》著録元刊本《鄂公金佗粹編》二十八
卷,《續編》三十卷。

瞿《目》卷十《史部·傳記類》著録元刊本《鄂國金陀粹編》二十八卷,
《續編》三十卷,云:“題孫奉議郎權發遣嘉興軍府兼管内勸農事岳珂。有自
序、後序、戴洙序。《續編》有自序及跋。此書舊有嘉禾刻本,歲久脱壞。至

正二十三年，朱元祐求得其本，參互考訂，重刻於西湖書院，陳基爲之序，較舊刻爲詳，即是本也。中有闕文，一仍其舊，蓋當時已殘佚，無從補輯矣。內《序目》至第四卷，皆鈔補。"陸《志》卷二十六《史部・傳記類》亦著録。

　　[七九] 瞿《目》卷二十一著録元刊本《豫章羅先生文集》十七卷，云："宋羅從彥撰。卷首《經解》已闕，《集録》九卷，《雜著》二卷，《詩》一卷，《附録》三卷，《外集》一卷。至正三年，延平沙邑曹道振編，並撰《年譜》一卷。道振有跋。目録後有墨圖記云：'至正乙巳秋沙陽豫章書院刊。'後有至正二十七年福建儒學提舉卓説序，前冠以永樂元年沙縣知縣錫山倪峻《重建豫章先生祠堂記》，蓋後人所增也。"又見丁《志》卷二十九《集部・別集類》著録至正乙巳刊本《豫章羅先生文集》。

　　[八〇] 森《志》卷二《經部・小學類》著録昌平學藏元至正丙午刊本《廣韻》五卷，云："每半板十二行，行二十字，注雙行二十七字，界長七寸一分強，幅五寸四分，四周雙邊。孫序後有'至正丙午菊節南山書院刊行'木記，卷五缺，以至順庚午刊本補足。"

　　陸《續跋》卷四元槧《廣韻跋》云："前有陳州司馬孫愐《廣韻序》，序後有木記兩行，文曰'至正丙午菊節南山書院刊行'。每葉二十四行，每行小字二十五，大字約十五六，元刻元印本也。明永樂甲辰廣成書堂、弘治壬子詹氏進德精舍皆有翻本，行款悉同，而刻工甚劣，譌謬更多。"

　　楊《譜》初編卷三《小學部》著録《廣韻》，有'至正丙午菊節南山書院刊行'二行木記。

　　[八一] 陸《跋》卷四元槧《通典跋》云："是書北宋時有監官縣雕本，至元而版已亡，臨川路總管楊錦山乃命諸學刊成，見李仁甫跋。卷二十六至卷一百，爲撫州臨汝書院所刊，每卷有'撫州路臨汝書院新刊，湘中李仁甫校正'兩行。每葉二十八行，每行二十六字，版心有'第幾册'三字及刻工姓名，共分四十册。監官本每葉二十行，每行二十八字，當即此本所從出。國初爲季滄葦所藏，有'江左'朱文方印、'季振宜藏書'朱文方印、'滄葦'朱文方印。嘉慶中歸袁又愷，有'袁又愷書'朱文長印、'袁廷檮印'朱文方印、'五硯主人'朱文方印、'蘇州袁氏五硯樓藏金石圖書'朱文方印。"

　　[八二]《天禄琳琅書目後編》卷十《元板子部》著録《孔叢子》七卷，云："宋宋咸注，書七卷，凡二十三篇。前有咸序及嘉祐三年《進書表》，四年《謝賜金紫表》，後有後序，末墨記'茶陵桂山書院校正版行'。"

　　[八三] 楊《譜》卷一著録《書集傳》六卷，書後有"梅隱書院鼎新綉梓"木記。

　　[八四] 見張《志》卷七《經部・小學類》著録元雪窻書院刊本《爾雅》。

朱《目》卷一《小學類》亦著録。

　　［八五］見森《志》補遺著録吉田氏稱意館藏元大德四年刊本《大德重校聖濟總録》二百卷、《目録》一卷。僅言“癸酉醫官子弟捐資活字印行”，未見言明乃“太醫院本”。

　　［八六］《四庫全書總目提要》卷一百四《子部·醫家類》著録《世醫得效方》二十卷，云：“元危亦林撰。亦林字達齋，南豐人，官本州醫學教授。是編積其高祖以下五世所集醫方，合而成書。自序稱，創始於天曆元年，訖功於後至元三年，其用力亦云勤篤。前有至元五年太醫院題識，蓋江西官醫提舉司以是書牒醫院，下諸路提舉司重校，覆白於醫院，而後刊行，亦頗矜慎。”

　　［八七］陸《續志》卷四《子部·醫家類》著録元大德刻本《風科集驗名方》二十八卷，云：“大德十年歲次丙午孟夏上旬有十日，前湖廣官醫提舉頤齋劉世榮寓杭鋟梓。”又見森《志》補遺著録京師福井榕亭藏元板《新刊風科集驗名方》，云：“此本大板大字，紙刻精良，元版中罕有其儔，又聿修堂藏有《風科本草》二卷，即見本草類。”

　　［八八］瞿《目》卷十四《子部·醫家類》著録元刊本《世醫得效方》二十卷，云：“元危亦林撰。以先世相傳經驗之方，分十三科録之。後附《孫真人養生法》一卷，有自序及王充耘序。至正五年，建寧路官醫提領陳志刊，有序。又有太醫院題識云：‘南豐危亦林《世醫得效方》編次有法，科目無遺。江西提舉司校正之，牒上於院，下諸路提舉司重校之，復白于院，院之長貳僚屬皆曰善，付其屬，俾繡梓焉云云。’後列太醫院官二十三人銜名，掾史一人，其檢校詳慎可知。”

　　又見森《志》補遺著録元板《世醫得效方》二十卷、《目録》一卷，云：“每半板高六寸強，幅三寸七分強，十一行，行廿二字。按，至元年劄子曰，裝成一十二帙。此本十二册，蓋仿元時舊式也。”

　　［八九］陸《續跋》卷十三元槧《牧潛集跋》云：“《筠溪牧潛集》一卷，次行題‘高安釋圓’。至前有大德三年方回序，以手書上版。下有‘西齋’陽文長印、‘方萬里父’陽文方印、‘虛谷書院’陽文方印。後有大德三年，天目雲松子洪喬祖跋。其書不分卷，每葉二十四行，每行二十一字，元大德刊本，至明刻始分爲七卷。《四庫》本即以明刻著録，此則元刻祖本也，前後有‘錢天樹印’白文方印、‘曾藏錢夢廬家’朱文長印。”

　　［九〇］見丁《志》卷三十八《集部·總集類》著録明翻茶陵陳氏刊本《增補六臣注文選》六十卷，云：“後有‘茶陵東山陳氏古遇書院刊行’木記。”

　　［九一］丁《志》卷十九著録明刊本《夢溪筆談》二十六卷，云：“乾道二年，揚州學教授湯修年承周侯開藩之雅，刊於泮宮，爲養士無窮之利，著爲跋

語。元大德乙巳，茶陵陳古迂又序，刊於東山書院。"

　　[九二]《天禄琳琅書目》卷十《元版子部》著録《文選補遺》四十卷，云："書中每卷標題下稱'茶陵陳仁子輯誦'，次行稱'門人魯達臣纂類'。目録後有'茶陵東山書院刊行'木記。按，所言'東山書院'，既與木記相符，而書之卷帙亦與此本適合，則仁子爲天福之子無疑。此本爲明時翻刻，橅印極精，惟自十四卷至十七卷與前後紙色迥别，則從别本取出補入者。"

　　[九三]浙《録》著録元刊本《古今源流至論》四十卷，云："皆論古今理學制度本末。題曰《新箋決科古今源流至論》，係大德間建陽書院詹氏重刊本。"

　　[九四]森《志》卷六《集部·别集類》著録求古樓藏元槧本《集千家注分類杜工部集》二十五卷，云："序末題'積慶堂刊'，卷尾有'至正戊子潘屏山刊於圭山書院'記。"陸《續跋》卷十二元槧《黄鶴注杜詩跋》云："《目録》卷二十五，後有'至正戊子潘屏山刊於圭山書院'一行，每葉二十四行，每行二十字，小字雙行，每行二十六字。"

　　[九五]臨桂況周頤蕙風簃藏傳鈔本《鄭所南先生文集》十六篇一卷，《清雋集》一卷，《百二十圖詩》一卷，《錦錢餘笑》一卷，俟考。

　　[九六]瞿《目》卷五《經部·春秋類》著録舊鈔本《春秋經傳闕疑》四十五卷，云："自謂《經》有殘闕，則考諸《傳》以補其遺；《傳》有舛誤，則稽諸《經》以正其謬。與其强通所不通，以取譏於當世，孰若闕所當闕，以俟知於後人，故曰'闕疑'。後有裔孫獻文序，其書世無刊本，此猶明人所録。舊藏吳中錢叔寶家，後歸太倉張西銘太史。嘉定陸元輔嘗乞得之，後復失去，思之如喪良朋。有跋語見《經義考》，所謂版心有'師山書院'四字者，即是本也。卷首有'錢穀''叔寶'二朱記。"

元私宅家塾刻書

　　元時私宅刻書之風，亦不讓於天水，如：

　　平陽府梁宅。元貞丙申，二年。刻《論語注疏》二十卷，見楊《譜》。云每卷有"平陽府梁宅刊""堯都梁宅刊""大元元貞丙申刊"木牌記。德輝按，此書光緒丁未劉世珩翻刻[一]。

　　平水許宅。大德丙午，十年。刻《重修政和經史類證備用本草》三十卷、《目録》一卷，見森《志》補遺、陸《志》。明仿元本。德輝按，此據元重刻金泰和本再翻[二]。

建安鄭明德宅。天曆戊辰,_{元年。}刻陳灝《禮記集説》十六卷,見陳《跋》、森《志》、丁《志》。_{明正統經廠本[三]。}

陳忠甫宅。天曆庚午,_{三年。}刻《楚辭朱子集注》八卷,《辨證》二卷,《後語》六卷,見況周頤蕙風簃藏書。_{半葉十一行,行二十字,小注雙行,行二十四字[四]。}

花谿沈氏家塾。後至元己卯,_{五年。}刻趙孟頫《松雪齋集》十卷,《外集》一卷,《附錄》一卷,見《天祿琳琅後編》十一、陸《志》、丁《志》、繆《記》。_{云目錄有"至元後己卯花谿沈氏伯玉刻於家塾"等字[五]。}

古迁陳氏家塾。刻《尹文子》二卷,見張《志》。_{云宋刊本。按,此疑刻《六臣注文選》之陳氏古迁書院,張《志》列入宋本,誤[六]。}

雲坡家塾。無年號刻《類編層瀾文選前集》十卷,《後集》十卷,《續集》十卷,《別集》十卷,見《天祿琳琅》六[七]。

安成郡彭寅翁崇道精舍。無年號刻《史記集解索隱正義》一百三十卷,見張《志》、瞿《目》、森《志》、楊《譜》。_{《年表》後有墨圖記云"安成郡彭寅翁鼎新刊行"[八]。}

虞氏南谿精舍明復齋。至正乙酉,_{五年。}刻《書集傳鄒季友音釋》六卷;_{序末有"南谿精舍"及"至正乙酉"鐘式、"明復齋"鼎式墨印,末刻"至正乙酉菊節虞氏明復齋刊"一行。}至正辛卯,_{十一年。}刻《春秋諸傳會通》二十四卷,_{後有"至正辛卯仲冬虞氏明復齋刊"及"南谿精舍"兩墨記。}見《天祿琳琅後編》八、吳《記》[九]。無年號刻《新刊惠民御院藥方》二十卷,見陸《續跋》。_{云:末有"南溪精舍鼎新繡梓"八字,目錄後有"南溪書院"香爐式及鐘形印。德輝按:此與虞氏南谿書院之谿字各不同,未知是一是二,姑屬於此[一○]。}

平水曹氏進德齋。大德己亥,_{三年。}刻巾箱本《爾雅郭注》三卷,見錢《日記》、瞿《目》、朱《志》[一一]。至大庚戌,_{三年。}刻《翰苑英華中州集》十卷,《中州樂府》一卷,見張《志》、瞿《目》、_{影元鈔本。}陸《志》、陸《續跋》。_{元刻本[一二]。}

存存齋。至正戊子,_{八年。}俞琰自刻《周易集説》十卷,見陸《續跋》。_{云板心有"存存齋刊"四字[一三]。}

孫存吾如山家塾益友書堂。至元庚辰,_{六年。}刻《范德機詩集》七卷,見瞿《目》、丁《志》、陸《志》。_{云目錄後有"至元庚辰良月益友書堂新刊"木記,又有"儒學學正孫存吾如山校刊"墨圖記[一四]。}刻虞集《新編翰林珠玉》六卷,見瞿《目》、陸《志》、陸《續跋》^[一五]。刻《皇元風雅前集》六卷,《後集》六卷,見森《志》、莫《録》、丁《志》。<small>影元鈔本</small>^[一六]。

孝永堂。大德甲辰,<small>八年。</small>刻《傷寒論注解》十卷,見孫《記》補遺^[一七]。

平水高昂霄尊賢堂。皇慶癸丑,<small>二年。</small>刻《河汾諸老詩集》八卷,見繆《續記》。<small>云後有"皇慶癸丑六月吉日尊賢堂高昂霄告白"一行</small>^[一八]。

范氏歲寒堂。天曆戊辰,<small>元年。</small>刻《范文正集》二十卷,《別集》四卷,見瞿《目》、楊《録》^[一九]。元統甲戌,<small>二年。</small>刻《政府奏議》二卷,見張《志》、丁《志》、陸《續跋》。<small>云目録後有篆書圖記云:"天曆戊辰改元,襃賢世家重刻於家塾歲寒堂。"</small>^[二〇]

復古堂。後至元丁丑,<small>三年。</small>二月朔日,刻《李長吉歌詩》四卷,《外集》一卷,見張《續志》。<small>影元鈔本</small>^[二一]。

叢桂堂。至正壬寅,<small>二十二年。</small>刻陳桱《通鑑續編》二十四卷,見《圖書館書目》^[二二]。

嚴氏存耕堂。無元號壬午仲春,刻《和濟局方圖注本草藥性歌括總論》四卷,見森《志》補遺^[二三]。

平陽司家頤真堂。無元號癸巳,新刊《御藥院方》十一卷,見森《志》補遺、楊《志》。<small>朝鮮重刻本</small>^[二四]。

唐氏齊芳堂。無年號刻金履祥《尚書表注》二卷,見張《志》。<small>云板心有"齊芳堂""存耕堂""章林書院""訥齋"等字。德輝按,《金仁山集》附録云:"晚年館唐氏之齊芳書院,成《通鑒前編》《濂洛風雅》等書。"齊芳堂,當即唐氏齊芳書院</small>^[二五]。

汪氏誠意齋集書堂。無年號刻《增刊校正王狀元集注分類東坡先生詩集》三十二卷,《紀年録》一卷,見《天禄琳琅》六^[二六]。

余彥國勵賢堂。無年號刻《新編類要圖注本草》四十二卷,《序例》五卷,目録一卷,見森《志》補遺^[二七]。

麻沙劉通判宅仰高堂。無年號刻《纂圖分門類題注荀子》二十卷,見《天禄琳琅》六。<small>云卷後木記有"關中劉旦校正"一行</small>^[二八]。

精一書舍。延祐丁巳,<small>四年。</small>陳實夫刻《孔子家語》三卷,見森《志》^[二九]。

熊禾武夷書室。至元己丑,<small>二十六年。</small>刻胡方平《易學啓蒙通釋》二卷,見《四庫書目提要》^[三〇]。

崇川書府。至正辛卯，十一年。刻李廉《春秋諸傳會通》二十四卷，見張《志》、瞿《目》、陸《志》、陸《續跋》。云序後有"至正辛卯臘月崇川書府重刊"木記[三一]。

商山書塾。至正甲辰，二十四年。刻趙汸《春秋屬辭》十八卷，《春秋左傳補注》十卷，《春秋師説》三卷，見瞿《目》、陸《續跋》、丁《志》。《春秋屬辭》十五卷，見丁《志》[三二]。

溪山道人田紫芝英淑。至元癸巳，卅年。刻《山海經》十卷，見楊《録》[三三]。至治改元刻《四書疑節》十二卷，見浙《録》。云卷中有"至治改元，溪山家塾"字[三四]。

平陽道參幕段君子成。中統二年，刻《史記集解附索隱》一百三十一卷，見《天禄琳琅後編》四、錢《日記》、吳《記》、莫《録》。云："董浦序云'平陽道參幕段君子成'求到《索隱》善本，募工刊行[三五]。"

云衢張氏。至治癸亥，三年。刻《宋季三朝政要》六卷，見森《志》[三六]。刻劉時舉《續宋中興編年資治通鑑》十五卷，見陸《跋》[三七]。刻李燾《續宋編年資治通鑑》十八卷，見莫《録》、元本。繆《記》。影元本[三八]。

盱南孫氏。無元號丁未，刻《詳音句讀明本大字毛詩》四卷，見瞿《目》。云卷末有"盱南孫氏丁未孟夏刊行"一條。丁未，非大德十一年，即至正二十七年[三九]。

建安蔡氏。無年號刻《玉篇》三十卷，見森《志》、楊《譜》。云《總目》末有"梅坡"鼎式印，"建安蔡氏鼎新繡梓"木記[四〇]。

建安劉承父。無元號癸未，按，至元二十年、至正三年，皆癸未歲。《新刊續添是齋百一選方》二十卷，見森《志》、楊《志》、陸《志》、陸《跋》[四一]。

建安詹璟。至正己丑，九年。刻趙居信《蜀漢本末》三卷，見瞿《目》。云卷末有"建安詹璟刊"一行[四二]。

劉震卿。大德丙午，十年。刻《漢書》一百二十卷，見森《志》[四三]。

龍山趙氏國寶。至大庚戌，三年。刻《翰苑英華中州集》十卷，見繆《續記》。德輝按，是年平水曹氏進德齋亦刻是書，附《中州樂府》一卷，不知一時兩刻，抑以刻板轉售，亦或同時翻刻，疑莫能明也[四四]。以上各家，多者刻數種，少者或一二種，皆極鏤板之工，亞於宋槧一等。有閲兩朝而猶存者：

其一，劉君佐翠巖精舍。始元延祐至明成化。延祐甲寅，元年。刻《周易傳義》十卷，見森《志》[四五]。泰定丁卯，四年。刻胡一桂《朱子詩集傳附録纂疏》二十卷，見錢《日記》、張《志》、瞿《目》、陳《目》、莫《録》、陸《志》、陸《集》。前序末稱"盱江揭祐民從年父書於建東陽翠巖劉氏家塾"[四六]。刻王應麟《三家詩考》六卷，見楊《録》[四七]。天曆己巳，二年。刻《新編古賦解題前集》十卷，《後集》八卷，見《天禄琳琅》六[四八]。至正甲午，十四年。刻董鼎《尚書輯録纂注》六卷，見陸《志》、陸《續跋》[四九]。刻宋郎曄《注陸宣公奏議》十五卷，見張《志》、阮《外集》、朱《目》、朱《志》、瞿《目》、丁《志》、陸《志》[五〇]。至正丙申，十六年。刻《大廣益會玉篇》三十卷，見森《志》[五一]。永樂戊戌，十六年。刻宋陳元靚《纂圖新增群書類要事林廣記前集》二卷，《後集》二卷，《續集》二卷，《別集》二卷，《新集》二卷，《外集》二卷，見陸《志》、陸《續跋》[五二]。成化己丑，五年。刻《通真子補注王叔和脈訣》三卷，《脈要秘括》二卷，見森《志》[五三]。

其一，西園精舍。始元至正迄明永樂。至正甲辰，二十四年。刻元仇舜臣《詩苑珠叢》三十卷，見《天禄琳琅》六[五四]。永樂丙申，十四年。刻劉向《説苑》二十卷，見森《志》[五五]。

其一，梅軒蔡氏。始元至元迄明弘治。至元戊寅，前至元戊寅爲十五年，當宋帝昺祥興元年；後至元戊寅則順帝四年。未知是前是後。刻《群書通要》七十三卷，見阮《外集》。云不著撰人姓氏，有"至元戊寅菖節梅軒蔡氏刊行"圖記[五六]。至元庚辰，六年。刻元嚴毅《增修詩學集成押韻淵海》二十卷，見《天禄琳琅後編》十、丁《志》[五七]。弘治甲寅，七年。刻《精選東萊先生左氏傳博議句解》十六卷，見丁《志》。云後有"弘治甲寅孟秋梅軒蔡氏新刊"十二字[五八]。此其世業近者百年，久者百五六十年，子孫繼守書香。比於宋之余氏勤有、元之葉氏廣勤，見下一則。抑亦書林之耆獻歟。

【箋證】

　　[一] 楊《譜》卷二著録《論語注疏》，後有木記"平陽府梁宅刊"在卷四後，"大元元貞丙申刊"在卷五後，"平陽府梁宅刊"在卷八後，"大元元貞丙申刊"在卷九後，"堯都梁宅刊"在卷十後。

　　[二]森《志》補遺著録聿修堂藏明成化重刊元大德丙午刊本《重修政和經史證類備用本草》三十卷、《目録》一卷，云："大德丙午歲仲冬望日平水許宅印"。陸《志》卷四十五《子部·醫家類》亦著録明覆金刊本《重修政和經史證類備用本草》。

　　[三]陳《跋》著録《元本禮記集説跋》："此本首卷後識云'天曆戊辰建安鄭明德宅刊行'。天曆戊辰爲文宗元年，上距壬戌相距五年，殆至是始爲刊行耳。"

　　森《志》卷一著録求古樓藏元槧本《禮記集説》十六卷，云："每半葉十一行，行二十一字，界長六寸八分，幅四寸一分，四周雙邊。卷一末有'天曆戊辰建安鄭明德宅新刊'木記，聞足利學又藏元槧本，卷末有'延德一年'記，不知與此同種否？"

　　丁《志》卷二著録明正統經廠本《禮記集説》十六卷，云："陳仲魚有元刊本。首題'禮記卷第幾'，次題'後學東匯澤陳澔集説，爲天曆戊辰建安鄭明德宅刊行'。此書標題卷第與元刊合，惟無'後學東匯澤'五字。"又，《天禄琳琅書目》亦著録此書。

　　[四]況周頤蕙風簃藏《楚辭朱子集注》八卷，《辨證》二卷，《後語》六卷，俟考。

　　[五]《天禄琳琅後編》卷十一《元版集部》著録趙孟頫《松雪齋文集》十卷，《外集》一卷，《附録》一卷，云："前有大德戊戌戴表元序，至元後己卯何貞立序，目録後刻'至元後己卯花谿沈氏伯玉刻於家塾'。"

　　陸《志》卷九十六《集部·別集類》著録元刊元印本《松雪齋文集》十卷，《外集》一卷，《附録》一卷，云："案，此元刊元印本，每葉二十四行，每行二十二字，大黑口，《行狀》後有'花溪沈璜伯玉校刊'一行。"

　　丁《志》卷三十三《集部·別集類》著録陳西畇藏元至元刊本《松雪齋文集》十卷，《外集》一卷。

　　繆《記》卷七亦著録元至元刊本《松雪齋集》十卷，《外集》一卷，云："每葉二十四行，每行二十二字，大黑口。前有大德戊戌戴表元序，後有至元己卯何貞立跋。卷十後有跋云：'松雪翁詞翰妙天下，片言隻字，人輒傳玩。公薨幾二十年矣，而生平所爲詩文猶未鏤板。今從公子仲穆求假全集，與原誠鄭君再加校正，亟鋟諸梓，置之家塾，俾識者得共觀焉。至元後己卯良月十日花溪沈璜伯玉書。'是《松雪集》最初刻本，紙墨俱精。而序前半葉及《外集》目録均失去。疑售者因有先世藏印而去之耳。收藏有'咸豐庚申以後收藏'朱文長印、'烏程蔣維基記'朱文方印。"

　　[六]張《志》卷二十四《子部·名家類》著録宋刊本《古迂陳氏家塾尹

文子》。

[七]《天禄琳琅書目》卷六《元版集部》著録《類編層瀾文選前集》十卷,《後集》十卷,《續集》十卷,《別集》十卷,云:"此書前後俱無序跋。《前集》目録前有木記識語,稱'將舊《集》所選古文重加增録,分爲前、後、續、別四《集》。《前集》類編賦詩、雜語、雜著,以便初學者誦習。後、續、別三《集》,類編記傳等作,以便作文者披閱'云云。其書始自楚《騷》,終于北宋,每卷標題下別行刊'雲坡家塾鼎新刊行',係當時帖括之書,書賈刻以謀利者,故仿宋巾箱本式,取易售耳。"

[八]張《志》卷八《史部·正史類》著録元刊本《史記殘本》七十六卷,云:"後有木印云'安成郡彭寅翁鼎新刊行',不著年月,驗其板式,蓋元刊本也。舊本《史記》載《正義》者絶少,此本有《正義》,差可貴也。"

瞿《目》卷八《史部·正史類》著録元刊殘本《史記》七十六卷,云:"宋裴駰《集解》、唐司馬貞《索隱》、張守節《正義》,全書一百三十卷,今存《本紀》四至六,《表》一至四、七至十,《書》一至八,《世家》八至十二,《列傳》二十九至七十。《集解》《索隱》《正義》合刻者,始於宋淳熙時。是本一遵其舊,其《十二諸侯年表》後有墨圖記云'安成郡彭寅翁鼎新刊行'。舊藏愛日精廬張氏。"

森《志》卷三著録求古樓藏元至正戊子刊本《史記》,云:"每半板十行,行十六至十七八字,界長六寸一二分,幅四寸一二分,左右雙邊。目録末雙邊框中題'安成郡彭寅翁刊於崇道精舍'。按,楓山官庫亦藏元槧足本,卷末有'至元戊子菖節吉州安福彭寅翁新刊於崇道精舍'木記,即與此同種。朝鮮國刊本及今行活字板,俱原此本。"

楊《譜》卷四著録元槧金中統本《史記》,有"安成郡彭寅翁刊於崇道精舍"二行隸書木記。亦載《史記正義》《史記索隱》,後附"寅翁"篆書方印。

[九]《天禄琳琅書目後編》卷八《元版經部》著録《春秋諸傳會通》二十四卷,云:"元李廉撰。此本序佚,鋟工古雅,元版最上乘。卷末有'至正辛卯仲冬虞氏明復齋刊''南谿精舍'兩墨記。"

吳《記》卷一《群經小學類》著録《春秋諸傳會通》云:"《諸傳會通》二十四卷,後有'至正辛卯仲冬虞氏明復齋刊'長墨印,'南谿精舍'小墨印。每葉二十四行,行二十二字,元刻之最精者。前有'何焯之印',後有'蝨書堂印'二圖記,蓋爲匏翁、義門二先生所藏弄者。書側題識精整,猶義門先生手筆。"

[一〇]陸《續跋》卷九元槧《御院藥方跋》云:"《新刊惠民御藥院方》二十卷,前有高鳴叙次目録,目後有'南溪書院'香爐印及鐘形印,卷末有'南

溪精舍鼎新綉梓'八字木記。每葉二十四行，每行二十二字，每方別以黑質白章，凡分十七門。此本首尾完具，紙墨如新，即愛日精廬所著録者也。"

[一一] 錢《日記》卷一云："又見《爾雅疏》単行本，與袁氏所藏本行款悉同。"

瞿《目》卷七《經部·小學類》著録元刊本《爾雅》三卷，云："此元時所刻巾箱本，題郭璞注。首載郭序，後有《音釋》，與宋本俱同。其中字句異於吳元恭本者亦同，即出自南宋初本也。序後有墨長記云：'一物不知，儒者所耻，聞患乎寡，而不患乎多也。《爾雅》之書，漢初嘗立博士矣，其所載精粗鉅細畢備，是以博物君子有取焉。今得郭景純集注善本，精加訂正，殆無毫髮譌舛，用授諸梓，與四方學者共之。大德己亥平水曹氏進德齋謹誌。'今以宋本覈勘一過，知其言信然。全書無後人竄亂處。郭注中某音某者，完善無闕。近之釋經家，皆以吳本、雪窗本爲單經注之善本，而皆未見此本也。"

朱《志》卷一小學類著録《元平水曹氏爾雅注》，云："今得郭景純集注善本，精加訂正，殆無毫髮譌舛，用錄諸梓，與四方學者共之。大德己亥平水曹氏進德齋謹誌。"

[一二] 張《志》卷三十五《集部·總集類》著録元至大刊本《中州集》十卷，云："金元好問編。《總目》題《翰苑英華中州集》，'翰苑英華'四字，似是後來改題，痕迹顯然。自序又題'中州鼓吹翰苑英華'六字（任按，"六字"應爲"八字"之誤），亦似刊改，未知原書作何標題，俟續考。每頁三十行，行二十八字，是本與影元抄本《中州樂府》款式相同，知亦至大刊本也。"未見言及"平水曹氏進德齋"刻本。又，張《志》卷三十六《集部·樂府類》著録毛氏影寫元至大本《中州樂府》一卷，云："宗室文卿從郁、張信甫中孚、王元佐澹三人俱有小傳，毛本刪去。案，子晉跋云：'小叙已見《詩集》中，不更贅。'向嘗疑樂府三十六人皆有小傳，且妄以爲必有與《中州集》詳略互見之處，甚以毛氏刪之爲惜。今得此本，乃知小傳止有三篇，其人俱《中州集》未載者，蓋以補詩集之闕也。毛氏云云，殆偶未詳考歟？後有'至大庚戌良月平水進德齋刊'木印。"

瞿《目》卷二十三《集部·總集類》著録元刊本《中州集》十卷，云："金元好問撰并序。是書初刻，有龍山趙國寶本，爲至大庚戌武宗三年也。此本爲仁宗延祐二年再刻。汲古毛氏所刻《列朝詩集》，行款依此式也。卷末有蕘圃跋。卷首有'雲間顧氏''君澹閱藏'二朱記。"又著録影鈔元本《中州樂府》一卷，云："此本舊附《中州集》後，原出初刻。士禮居以毛氏鈔本重録，又借濂溪坊蔣氏本校録異字於後。卷末舊墨圖記云'至大庚戌良月平水進德齋刊'。"

陸《志》卷一百一十五《集部·總集類》著録元至大刊本《翰苑英華中州集》十卷，《中州樂府》一卷，云："案，此元刊元印本，每葉三十行，每行二十八字。卷末有木記曰'至大庚戌良月平水進德齋刊'。"

陸《續跋》卷十四元槧《中州集跋》云："卷末有'至大庚戌平水進修堂刊'木記，每葉三十行，每行二十八字，版心有字數，皆宋本舊式也。平水，在平陽府，見《金史·地理志》。元太宗八年，用耶律楚材言，立經籍所於平陽，見《元史》。進修堂，當是書坊之名，猶建安之有勤有堂、萬卷堂耳。宋元之際，坊刻南有麻沙，北有平水，遥遥相對。然麻沙刊本流傳尚多，平水刊本此外惟《平水韻略》，蓋亦難能而可貴矣。"

［一三］陸《續跋》卷一元槧《周易集説跋》云："前有泰定元年黃溍題辭，元貞丙申琰自序。後有皇慶癸丑琰後序，序後摹方印三：一曰'俞琰玉吾'，一曰'石澗'，皆陽文。一曰'林屋山人'，雙鈎陽文。每葉二十四行，每行二十一字，版心間有'存存齋刊'四字，經頂格，説低一格，引諸家説以黑質白章別之。"案，《四庫全書總目提要》卷三《經部·易類》著録該書爲"四十卷"，陸氏云"不知何人所分析矣"。

［一四］瞿《目》卷二十二《集部·別集類》著録元刊本《范德機詩集》七卷，云："題范椁撰，臨川葛雝仲穆編次，儒學學正孫存吾如山校刊。目録後有墨圖記云：'至元庚辰良月益友書堂新刊。'此即錢氏遵王所見之本也。卷首有'秀野草堂藏書印''許瀚之印''許子楞'諸朱記。"

丁《志》卷三十三《集部·別集類》十一著録怡府藏元至元庚辰刊本《范德機詩集》，云："目後有'至元庚辰良月益友書堂新刊'木記。《讀書敏求記》所藏者即是也。有'明善堂覽書畫印記''安樂堂藏書記'二印。"

陸《志》卷一百《集部·別集類》三十四亦有著録。

［一五］瞿《目》卷二十二《集部·別集類》著録舊鈔校本《新編翰林珠玉》六卷，云："首行題'儒學學正孫存善（任按，"善"當作"吾"。）如山家塾刊'，次行題'邵庵虞集伯生父全集'。案，楊氏椿序《道園遺稿》有云：'《道園學古録》板行後，湖海好事者復輯公詩，另爲一編，與《學古録》所載時有得失。'即謂此本也。所録《在朝稿》，視《學古録》爲多。又《道園遺稿》亦有失載者，如《趙千里出峽圖》《董元夏景山口待渡圖》二首。汲古毛氏刻《虞詩》八卷，但依《學古録》，亦未見此本也。此從石門吕氏藏本傳録，前有雍正癸卯西泠吳焯跋，復以元刻本校過，遂爲此書善本矣。"

陸《志》卷一百《集部·別集類》著録黃蕘圃舊藏元刊元印本《新編翰林珠玉》六卷，云："儒學學正孫存吾如山家塾刊。案，此元刊元印本，每葉二十二行，每行二十字，大黑口。卷中有'黃丕烈印'白文方印、'復翁'白文方印。"

陸《續跋》卷十三元槧《翰林珠玉跋》云:"次行題'儒學學正孫存吾如山家塾刊'三行,題'邵菴虞集''伯生父全集',前有目録。觀是書款式,所選似不止一家,今衹存伯生一家耳。有'黃丕烈印'白文方印、'復翁'白文方印、'白堤錢聽默經眼'朱文長印,後有蕘圃兩跋。"

[一六] 森《志》卷六《集部·總集類》著録求古樓藏舊刊本《皇元風雅前集》六卷,《後集》六卷,云:"《前集》首有至元二年虞集伯生題辭,卷首題盰江梅谷傳習説卿(任按,"傳習説卿",當作"傳習説卿"。森《志》刻板有誤。《續文獻通考》卷一百九十七曰:"傳習,字説卿,清江人,仕履無考。")采集,儒學學生(任按,"學生"當爲"學正"之誤。)孫存吾如山編類,奎章學士虞集伯生校選。每半板十三行,行二十一字,界長五寸六分,幅三寸八分,卷末有謝升孫序。此本蓋翻雕元槧者,每卷有'艮岳院'朱印,余語氏所藏舊刊本,亦與此同種。"

見丁《志》卷三十八《集部·總集類》著録影元鈔本《皇元風雅前集》。

[一七] 孫《記》補遺著録元版《傷寒論注解》十卷,云:"後有'大德甲辰歲孝永堂重刊'木長印,每卷後俱有釋音。"

[一八] 繆《續記》卷六《詩文第八上》著録影元寫本《河汾諸老詩集》八卷,云:"元房祺撰。每半葉十行,行十七字。高六寸七分,廣三寸九分。單邊,白口。有大德辛丑房祺後序,皇慶癸巳六月吉日尊賢堂高昂霄具白。此書行世只有汲古本,是從林古度、周浩若、智林寺僧三鈔本互校鈔刊行。首有明弘治車璽序,未見元刻。此本字畫古雋,二、三、四、五連卷,亦後來刻板所無。郝先生序雖佚,詩有二百一首,與房序合,不止如《提要》所云'一百七十七首'也。原本楊惺吾同年得自日本,今歸柯愻庵侍郎。尊賢堂是平陽書鋪名,此亦平水本之一種。"

[一九] 瞿《目》卷二十《集部·別集類》著録元刊本《范文正公集》二十卷,《別集》四卷,云:"宋范仲淹撰。淳熙間綦焕校定,有蘇軾序、俞翊跋及綦焕跋,《別集》後附忠宣兄弟遺文,此元時重刻本。《序》後有墨圖記篆書云:'天曆戊辰改元褒賢世家重刻於家塾歲寒堂。'殆文正後人即依原本繙雕,故寫刻皆古雅,與宋本款式無異。卷首有'毛晉私印''子晉'二朱記。"

楊《録》卷五《集部》下著録宋本《范文正公集》二十卷,《別集》四卷,云:"《愛日精廬藏書志》著録《文正集》二十卷,後附《遺文》一卷,乃元天曆刊本。《序》末有'天曆戊辰刻於家塾歲寒堂'木記。此本爲南宋初番陽郡齋所槧州學原本,每半葉十二行,行二十字。余齋舊藏宋本唐人集,有元'翰林國史院官書'印者數種。繼得殘本《姚少監集》,板式略小,與此印記正

同,皆元内府藏本也。此本字大悦目,體式古雅,剞劂尤精。"王紹曾補曰:
"此本散出後,周叔弢曾經眼,題元刻本,去向不明。"

[二〇] 張《志》卷十二《史部·詔令奏議類》著録毗陵周氏九松迁叟藏
元元統刊本《范文正公政府奏議》二卷,云:"目録後有'元統甲戌褒賢世家
歲寒堂刊'木印。"丁《志》卷八亦載。

陸《續跋》卷七元槧《政府奏議跋》云:"每葉二十四行,每行二十二字,
版心有字數。首爲目録,目録後有'元統甲戌褒賢世家歲寒堂刊'篆文方長
木記。"

[二一] 張《續志》卷四《集部·別集類》著録抄本《李長吉歌詩》四卷,
《外集》一卷。言:"至正丁丑二月朔日復古堂識。"

[二二]《圖書館書目·史部上·編年類》著録元刊本《通鑑續編》二十
四卷,云:"每半葉十行,行二十二字。高六寸八分,寬四寸八分。黑線口,單
邊。下有刻工姓名,前有周伯琦序,陳基序,姜□序,陳樫自序。至正二十二
年歲次壬寅叢桂堂識。"

[二三] 森《志》補遺著録聿修堂藏元刊本《和濟局方圖注本草藥性歌
括總論》四卷,云:"卷末有'壬午仲春嚴氏存耕堂新刊'記。"

[二四] 森《志》補遺著録楓山秘府藏朝鮮國活字本《癸巳新刊御藥院
方》十一卷,云:"首載至元丁卯河東高鳴序,目録末有鐘樣'頤真堂記'、琴
樣'平陽府司家印'二印。按,是書檪窻先生審考爲元許國禎所著,寬政戊午
醫官千賀芳久活字印行。"

楊《志》卷十著録朝鮮刊本《御藥院方》十一卷,云:"朝鮮國活字本。不
題撰人名氏,首有高鳴序。據序,稱太醫提點榮禄許公所撰集,日本多紀檪
窗考爲元許國楨,當得其實。首題'癸巳新刊御藥院方卷之第一',目録末有
鐘形木記曰'頤真堂記';又有琴形木記曰'平陽府司家印'。此本有'日本
寬政戊午醫官千賀芳久活字印行'。又按,此書有元至元刊本,有二十四卷,
舊爲張月霄所藏,今在歸安陸氏。"

[二五] 張《志》卷二《經部·書類》著録顧伊人藏宋刊本《尚書表注》二
卷,云:"宋金履祥撰。不分卷,中遇宋諱,間有缺筆。蓋宋末元初刊本也,板
心有'齊芳堂''存耕堂''章林書院訥齋'等字。"

[二六]《天禄琳琅書目》卷六《元版集部》著録《增刊校正王狀元集注
分類東坡先生詩》,云:"宋蘇軾著,王十朋集注,劉會孟批點。二十五卷。前
十朋序、趙夔序,并《注詩姓氏》、傅藻撰《東坡紀年録》一卷。毗陵邵長蘅作
《王注正譌》,稱王十朋《分類蘇詩注》三十二卷,注中引用故事謬誤實多,有
極淺陋可爲失笑者。十朋爲南渡名臣,著《梅溪集》行世,史稱其天資穎悟,

廷對萬餘言，淹通經史，其所注《蘇詩》，何至紕繆乃爾？又作《注蘇例言》，稱‘永嘉王氏注本孤行，其失大要有三，一曰分門別類失之陋。西蜀趙夔舊序自言，此書分五十門，金華吕氏省爲三十二門，而王氏因之，玩其標目，了無意義，且就分門之中，亦必顛倒次第’云云。是王氏所分之三十二門，已不免後人訾議。今觀此書僅二十五卷，並非王氏三十二卷之舊，而所分門類多至七十有六，數且不止於倍之。其間篇章之割裂，名目之犯複，殆有甚焉。而乃於標題下署十朋之名，抑何妄耶？《注詩姓氏》後有‘汪氏誠意齋集書堂新刊’木記，假名妄作，必是此人。特以其書規仿宋槧，橅印清朗，尚屬元刻之善者，故存之。元柯九思藏本，明項元汴、本朝季振宜俱經收藏。”

[二七] 森《志》補遺著録聿修堂藏建安余彥國刊本《新編類要圖注本草》四十二卷、《序例》五卷、《目録》一卷云：“宋桃谿儒醫劉信甫校正。卷首有許洪校正字。目録末記‘建安余彥國刊於勵賢堂’，每半板高六寸四分，幅四寸四分，十行，行十九字。每卷捺‘金澤文庫’印。或有勝於大德本，蓋別有所祖也。聿修堂又有潢紙舊鈔本，卷末或云福清縣江陰里姚寶峰抄，或云大明國人王氏月軒謹書。月軒在萬曆間歸化於我，此本即天正間人就其鈔本而傳録者也。”

[二八]《天禄琳琅書目》卷六《元版子部》著録《纂圖分門類題注荀子》云：“周荀況撰，三十二篇；唐楊倞注，分二十卷。前載楊序並《新增麗澤編集荀子事實品題》一卷，不著纂人姓氏。又宋陳傅良輯《荀子門類題目》一卷。此當時帖括之書也，其《門類題目》一卷，於標題次行刊‘永嘉先生陳傅良編，所分門類始曰天地，終曰五常，共四十門’，末又附《拾遺》并《事要總類》二條，皆擇書中之可作題目者，分類摘句，以取便於觀覽。卷後別行刊‘麻沙劉通判宅刻梓於仰高堂’十二字，卷一之後亦於別行刊‘關中劉旦校正’，所謂劉通判者，當即是人。第書首標題爲‘纂圖分門類題注荀子’，書前仍當有圖，蓋已失之矣。至所載《荀子事實品題》一卷，觀其識語，稱‘舊本《荀揚圖說》不過具文，今得麗澤堂編次品題，凡卿、雲事實顛末歷歷可考’云云。則是荀、揚合刊之書，非此本中所應有，乃書買割取《荀子事實》以冠於書首耳。且書中自卷九之卷十三及卷十五共六卷，標題祇稱《荀子》；卷十六、卷二十兩卷，標題又稱《監本音注荀子》。書名既不畫一，板式亦復懸殊，係以三刻湊成一書。其標稱《荀子》者，橅印甚精，紙墨俱佳，實爲宋槧；餘則元時所刊，遠不相及。然宋本流傳者絶少，今尚存吉光片羽於元刻之中，雖出湊合，亦可寶也。明文徵明、毛晉藏本。本朝泰興季氏亦經收藏。”

[二九] 森《志》卷四《子部·儒家類》著録容安書院藏朝鮮國活字刊本《標題句解孔子家語》云：“目録及卷首一葉缺。上卷末題‘標題句解孔子家

語卷上’,卷末有後序及《孔安國傳》,末附‘《新刊素王事紀》一卷,孔子廟式
目錄’,末記‘泰定甲子秋蒼巖書院刊行’。下卷末記‘延祐丁巳陳實夫刻於
精一書舍’。”

[三〇]《四庫總目提要》卷三《經部·易類》著録《易學啓蒙通釋》二
卷,云:“宋胡方平撰。方平,字師魯,號玉齋,婺源人。據董真卿《周易會
通》載,是書有方平至元己丑自序,則入元已十四年矣。然考熊禾跋,稱‘己
丑春讀書武夷山中,有新安胡君庭芳來訪,出其父書一編,曰《易學啓蒙通
釋》’。又劉涇跋亦稱,‘一日約退齋熊君訪雲谷遺跡,適新安胡君庭芳來
訪,出《易學啓蒙通釋》一編,謂其父玉齋平生精力盡在此書,輒爲刻置書
室’云云。則己丑乃禾與涇刊書作跋之年,非方平自序之年,真卿誤也。方
平之學出於董夢程,夢程之學出於黃幹。幹,朱子壻也,故方平及其子一桂,
皆篤守朱子之說。此書即發明朱子《易學啓蒙》之旨。”

[三一]張《志》卷五《經部·春秋類》著録元至正刊本《春秋諸傳會通》,
云:“元廬陵進士李廉輯。自序後有‘至正辛卯臘月崇川書府重刊’木印。”

瞿《目》卷五《經部·春秋類》著録元刊本《春秋諸傳會通》,云:“題‘廬
陵進士李廉輯’。自序謂讀經三十年而成書。前有《凡例》及《讀春秋綱
領》。刊於至正九年,通志堂本即其所出。自序後有墨記云‘至正辛卯臘月
崇川書府重刊’。”

陸《志》卷九《經部·春秋類》著録元至正刊本《春秋諸傳會通》,云:
“案,此元刊元印本,每葉二十四行,每行二十二字,小字雙行。李廉序後有
‘至正辛卯臘月崇川書院重刊’木記。卷中有‘堯峰山人讀過’朱文長印。”

陸《續跋》卷三元槧《春秋諸傳會通跋》云:“題‘廬陵進士李廉輯’。前
有摹刊至正九年廉手書序,下有印曰‘李氏行簡’(任按,《千頃堂書目》卷二
云:“字行簡,安福人。元至正壬午,以是經舉三甲進士,官至贛州路信豐
令。”)。序後有‘至正辛卯臘月崇川書府重刊’木記兩行。次《凡例》十條,
次《讀春秋綱領》,次杜預《左傳序》、何休《公羊傳序》、范寧《穀梁傳序》、程
子序、《胡氏傳》序、胡氏《進春秋表》、樓鑰陳氏後傳序。每葉二十四行,每
行二十二字。小字雙行。其集諸家之說,先左氏,次公羊,次穀梁,次胡氏,
次陳氏,次張氏。胡氏者,胡安國《春秋傳》也;陳氏者,陳傅良《春秋後傳》
也;張氏者,張洽《春秋傳》也。皆以墨質白章別之。左氏用杜注,公羊用何
注,穀梁用范寧,皆兼及疏。自下己意者,又低於六家説二格,以‘案’字別
之。程朱諸說及制度之應考究者、是非之應辨正者,皆見於案語之下,注疏
以小字墨質白章別之,或以方圜圍之。三《傳》異文注於經文之下。”

[三二]《春秋屬辭》,瞿《目》卷五《經部·春秋類》著録元刊本十五卷

（任按，葉氏謂之“十八卷”，陸《續跋》亦謂“十八卷”，丁《志》則云“十五卷”。），云：“題‘新安趙汸學并序’，《屬辭》有金華宋濂序，又有太平黃倫總題辭。《屬辭》卷末列三行‘金居敬覆校，倪尚誼校對，朱升校正’，後附汪文、程性跋。《屬辭》刊於海寧商山義塾，始至正二十年庚子至二十四年甲辰，而成居敬校定之本。入明後，板刻有闕。弘治六年太平黃倫重完之。”陸《續跋》卷三元槧《春秋屬辭跋》云：“題曰‘新安趙汸學’。前有宋濂序、汸自序及識語，後有洪武元年程性跋，每葉二十六行，每行二十七字，版心有字數及刊工姓名，間記刻板之月。卷十五後有‘前鄉貢進士池州路儒學學正朱升校正、學生倪尚誼校對、金居正（任按，“金居正”，當爲“金居敬”之誤。）覆校’三行。程性跋云：商山書塾刻是書，自庚子訖癸卯，刻版一百十片，至甲辰告成。案，庚子爲至正二十年，甲辰爲至正二十四年。程性跋雖作於洪武元年，版則元代所刊也，字皆趙體，刻手甚工，即通志堂刻本所祖。”丁《志》卷三《經部·春秋類》著錄明葉氏篆竹堂藏元刊本《春秋屬辭》十五卷，言及商山書塾刊語。詳見《春秋左傳補注》一條。

《春秋左傳補注》，瞿《目》卷五《經部·春秋類》著錄元刊本，與《屬辭》同載一篇。陸《續跋》卷三元槧《春秋左氏傳補注跋》云：“每葉二十二行，每行二十四字，注雙行，版心有字數及刊工姓名。前有汸自序。商山書塾與《屬辭》同刻，始於至正庚辰，乙巳畢工，見程性跋。其書出經文一句，而補注於下。雖以陳止齋《春秋章旨》爲宗，兼采孔氏穎達、劉氏敞、葉氏夢得諸家之説，附益之。至名物、度數、訓詁、地理，固不若近儒之精也。朱竹垞《經義考》有汸門人金居敬總序，此本已缺。”丁《志》卷三《經部·春秋類》著錄元刊本《春秋左氏傳注》，云：“至正二十四年，與《春秋屬辭》同刊於海寧商山書塾，每半葉十二行，行二十四字，注雙行，版心有字數及刊工姓名，卷尾有‘商山諸生汪文題識’‘海寧趙月卿刊’‘胡仲永重修’等字。”

《春秋師説》，瞿《目》卷五《經部·春秋類》著錄元刊本，與《屬辭》同載一篇。陸《續跋》卷三《春秋師説跋》云：“行款、字數、版心皆與《春秋屬辭》同，至正甲辰商山書塾與《左傳補注》同刊，見程性跋。”丁《志》卷三《經部·春秋類》著錄元刊本，云：“卷端有至正戊子八月既望門人趙汸敬題。汸嘗師九江黃楚望，其初得《六經疑義》十餘條，後得口授六十四卦大義與學《春秋》之要，故題曰‘師説’，明不忘所自也。按，楚望名澤，資州人，嘗爲景星、東湖兩書院山長。此書上卷論《春秋》述作本旨、魯史《策書》遺法、三《傳》得失、古注得失；中卷論漢唐宋諸儒得失；下卷論《春秋》之要、經旨舉略。後有金居敬序，每葉二十六行，行二十七字，字皆趙體，刻字甚工。海寧商山書塾所梓也，有‘瞿良’一印。”

[三三] 楊《録》卷三《子部》著録明鈔本《山海經》，云："'是書予手録，始於成化乙酉十二月一日，畢於明年正月六日。元本得之方菴先生，先生蓋從内閣録出云。吳寬識。'在卷末。卷首有至元癸巳溪山道人田紫芝英淑題語，云：'近求到士大夫家藏郭璞《山海經》，命高手工匠刻梓印行。'故匏翁以爲從元本録出也。楷法精雅，古香襲人，洵是匏翁手迹無疑，珍之珍之。卷中有'吳氏''原博''叢書堂印''臣植''戴芝農藏書印'（任按，楊紹和校記云：據周叔弢鑒別，"戴芝農藏書印"實爲"戴芝農收藏書畫印"。）、'功甫借觀'各印記。"楊氏補曰：周叔弢云"白棉紙，半葉九行，廿二字，抄本書中上乘"。

[三四]《浙録·四書類》著録《四書疑節》十二卷，云："寫本，元袁俊翁撰。署'溪山家塾刊行'。元行科舉，首以《四書疑》。經史發策，故所録皆公試私課，蓋爲場屋而作也。今本或係重定，亦未可知也。按，《經義考》云'未見'。"

[三五]《天禄琳琅書目後編》卷四《宋版史部》著録《史記索隱》，云："唐司馬貞注。末卷載'嘉祐二年建邑王氏世翰堂鏤版'。前有刻書序，不著名氏，云'平陽道參幕段君子成求到善本募工刊行'，蓋重刊者也。"

錢《日記》卷一云："海寧吳槎客，以元中統二年刻《史記索隱》本見示。首有校理董浦序，云'平陽道僉幕段君子成募工刊行'者也。"

吳《記》卷二《正史載記類》著録《史記》，云："錢辛楣宫詹《養新録》云，予所見《史記》宋槧本，吳門顧抱沖所藏，澄江耿秉刊於廣德郡齋者，紙墨最精善，此淳熙辛丑官本也。黃蕘圃所藏三山蔡夢弼刊本，亦在淳熙間。海寧吳槎客所藏元中統刊本，計其時在南宋之季。此三本皆有《索隱》，而無《正義》。明嘉靖四年莆田柯維熊校本（金臺汪諒刻），始合《索隱》《正義》爲一書。前有費懋中序，稱陝西翻宋本無《正義》，江西白鹿本有《正義》，是柯本出於白鹿本矣。同時，震澤王氏亦有翻宋本，大約與柯本不異。《史記》《索隱》《正義》皆各自爲書，不與本書比附。宋南渡後，始有合《索隱》於《史記》者，朔自蜀本，繼有桐川、三山兩本，皆在淳熙以前。其時《正義》猶單行也。白鹿本未審刻於何年，以意揆之，必在淳熙以後。蓋以《索隱》爲主，而《正義》輔之。凡《正義》之文與《索隱》同者，悉從删汰，自是《正義》無單行本，而守節之元文不可考矣。先君子云，元中統刻《史記索隱》，有中統二年校理董浦序。按，元世祖中統二年爲宋理宗景定二年辛酉，然則此書雖署元號年，其實宋刻也。汲古閣專刻《史記索隱》，世稱善本，餘刻皆芟節不全，此本校毛刻注尤備。卷首有'史類''正史''史記'三朱印，蓋山陰祁氏澹生堂藏書。"

莫《錄》卷二著錄元中統本《史記集解》附《索隱》一百三十一卷,云:"海寧查氏藏。半葉十四行,行二十五字。注雙行,字同。有中統二年董浦序,謂'平陽道參幕段君子成求到《索隱》善本募工刊行',則刊者段氏也,是年當宋理宗景定二年,尚稱蒙古,未有元號。或覆刊,或易其行,皆遠不及,惜印遲不能完好耳。"

[三六] 森《志》卷三《史部·編年類》著錄昌平學藏元槧本《宋季三朝政要》,云:"卷首載目錄,有行書識語云:'理宗國史載之,過北無復可考。今將理、度兩朝聖政及幼主本末纂集成書,以備它日史官之采擇云。'此書卷一至卷三記理宗事,卷四度宗,卷五幼主,卷六廣王,不題撰人名氏。卷端頁頭題'雲衢張鼎新繡梓',目錄末有'至治癸亥張氏新刊'木記。每半板十五行,行二十四字。"

[三七] 陸《跋》卷三跋鈔本《續宋中興通鑑》云:"《續宋中興編年資治通鑑》十五卷。題曰'通直郎戶部架閣國史實錄院檢討兼編修官劉時舉撰',是書元刊所見凡三本。一爲雲衢張氏刊本,與李燾《續中興資治通鑑》十八卷本同刊。李書題爲前集,是書題爲後集。前集錄後有'雲衢張氏鼎新刊行'一行。每葉三十行,每行二十四字。一本不著刻書人姓氏,行款與張本同;一爲陳氏餘慶堂刊,亦與李燾十八卷本及《宋季三朝政要》同刊,每葉二十六行,每行二十字,目錄後有'陳氏餘慶堂刊'一行及墨圖記五行,即是本所從出也。蕘圃校語謂元本、無木碑,蓋由未見餘慶本也。"

[三八] 莫《錄》卷二著錄上海徐氏藏舊本《續宋編年資治通鑑》十八卷,云:"《四庫》著在《存目》。半葉十五行,行二十四字,寫刻整滿,是宋元密行善者。卷目之末有'雲衢張氏鼎新刊行'二木記。"

繆《續記》(任按,非繆《記》。)卷四《史部第五》著錄影元鈔本《續宋編年資治通鑑》,云:"是編所載自太祖建隆元年迄欽宗靖康二年九月朝事蹟,體例與《宋史》大略相同。目錄有'雲衢張氏鼎新刊行'兩行,更有《宋朝世系之圖》《中興世系之圖》,大約坊賈託名之書也。"

[三九] 瞿《目》卷三《經部·詩類》著錄元刊本《詳音句讀明本大字毛詩》,云:"不著撰人名氏,亦無序跋。惟刻經文。篇首冠以《小序》。明本者,明州板刻也。明本有《九經直音》,悉遵《釋文》,字有數音,亦兼存之。此則止載一音,亦不盡從《釋文》。卷末有'盱南孫氏丁未孟夏刊行'一條。元時丁未,非成宗大德十一年,即順帝至正二十七年也。"

[四〇] 森《志》卷二《經部·小學類》著錄元槧本《重修玉篇》三十卷,云:"首有大中祥符六年牒、《新編正誤玉篇廣韻指南》及總目。卷首題《大廣益會玉篇》卷第一,凡八部。一部第一,凡八字。此本比前木板樣縮小,

《指南》後有百三十餘字,行草識語。總目末有‘梅坡鼎印’及‘建安蔡氏鼎新繡梓’木記。卷尾有‘建安蔡氏鼎新刊行’八字。”

楊《譜》初編卷三《小學部》著録《大廣益會玉篇》,末有“文宗”篆書鼎式印及“建安鄭氏鼎新繡梓”(任按,葉氏謂爲“建安蔡氏鼎新繡梓”。)二行木記。

[四一] 任按,京師荻子元藏元板《新刊續添是齋百一選方》二十卷,實見森《志》補遺著録,云:“首有慶元丙辰天台章楫序,目録首有篋子云‘歲在癸未,端陽前一日,建安劉承父謹咨’。按,是書曩唯傳鈔本,寬政己未,醫官千田子敬將校刻行世。會子元應召來江户,言藏有元板,因改取此本以刊,且以陳造序文冠其首,事載於櫟窗先生跋中。又按,躋壽館亦藏元板,係細川桃庵舊藏,不記刊行年月,比之前刻,文字稍劣。”

楊《志》卷十著録元刻本《新刊續添是齋百一選方》二十卷,云:“宋山陰王璆孟玉撰。首有慶元丙辰天台章楫序。目録首有筐子云載劉承父咨。每半葉十行,行二十二字。按,此書《四庫》不著録,《宋志》‘二十八卷’,《書録解題》‘三十卷’,《曝書亭集》稱‘所藏元本僅二十卷’,遂疑爲後人所選擇。然按劉承父所咨,則此爲是齋全本,《解題》《宋志》皆誤也。”

陸《志》卷四十六《子部・醫家類》亦著録東洋覆宋本《新刊續添是齋百一選方》。

陸《跋》卷七著録《是齋百一選方跋》,云:“《新刊續添是齋百一選方》二十卷,宋王璆撰,東洋覆元本。《書録解題》《宋史・藝文志》皆著於録,《解題》‘三十卷’,宋《志》‘二十八卷’。朱竹垞所藏元本,亦作‘二十卷’。《曝書亭集》有跋,與此本合。宋《志》及《解題》殆傳寫之譌耳。前有‘慶元丙辰章楫序’及‘歲在癸未劉承父刊梓’木記。《四庫全書》未收,阮文達亦未進呈。案,紹興山陰人,字孟玉,號是齋。淳熙中爲淮西幕官十六年,奉檄和州。慶元三年,官漢陽守,見本書及《江湖長翁集》。其書分三十一門,方一千有餘。凡方之傳授、治之勁驗,記述甚詳。在宋人方書中,足稱善本,非王衮《博濟方》、嚴氏《濟生方》所能及也。凡續添之方,皆注明‘續添’二字,其爲是齋所續,或爲承父所添,則不可考矣。”

[四二] 見本卷“元監署各路儒學書院醫院刻書”一節注[七六]條。

[四三] 森《志》卷三《史部・正史類》著録昌平學藏元槧本《漢書》一百二十卷,云:“第四卷内十六、十七二頁,縫心有‘大德十年刻劉震卿’八字。每半板十行,十九字,注二十七八字,界長七寸,幅四寸八分。此本係市野光彦舊藏,光彦手跋云‘《前漢書》百十八卷,爲元時印本’。”

[四四] 繆《續記》卷六著録元刻本《翰苑英華中州集》十卷,云:“每葉

三十行,每行二十八字。高六寸五分,廣四寸三分。白口,雙邊。至大庚戌龍山趙氏國寶刻本。惜《中州樂府》一卷已佚去。前有'傳是樓'三字朱文方印、'健庵考藏圖書'朱文方印。"

[四五] 森《志》卷一《經部·易類》著錄昌平學藏元槧本《周易傳義》十卷,云:"後有'延祐甲寅孟冬翠巖精舍新刊'木記,卷首有'嚴璠'朱印,卷末亦有一朱印(印文未考)。四周雙邊,每半葉十一行,行二十一字,注二十五字,界長六寸七分半,幅四寸二分半。"

[四六] 錢《日記》卷一云:"讀元儒雙湖胡氏《詩傳附錄纂疏》二十卷,泰定丁卯建安劉君佐翠巖精舍刊本。有旴江揭祐民從年序,其書前有《綱領》,後有《詩序辨説》,一遵朱文公元文。其音叶爲後人妄去者尤多。"

張《志》卷三《經部·詩類》著錄汲古閣藏元泰定刊本《詩集傳附錄纂疏》二十卷,云:"是書以朱子《集傳》爲宗,取《語錄》《文集》之及於《詩》者,謂之'附錄'。諸儒説詩之合於《集傳》者,謂之'纂疏'。其朱説有未安者,間亦旁參他説。蓋雖不敢顯違朱子,而亦隱示不墨守朱子也。是本元刊元印,首尾完善。後有'泰定丁卯仲冬翠巖精舍新刊'木印,卷首有'毛子晉''毛斧季'印記。"

瞿《目》卷三《經部·詩類》著錄元刊本《詩集傳附錄纂疏》二十卷,云:"題'朱子集傳新安後學胡一桂附錄纂疏'。案,雙湖所著《易本義附錄纂疏》《易學》(《元史》作《本義》)、《啓蒙翼傳》,已皆著錄《四庫》。此書流傳絕稀,未經采進。朱氏《經義考》、錢氏《補元史藝文志》俱作八卷,朱氏又倒其名爲'纂疏附錄',蓋皆承黃氏《千頃堂書目》之譌。雙湖之學,出於其父玉齋先生方平,玉齋師介軒董氏夢程,介軒學於勉齋黃氏幹、槃潤董氏銖,淵源有自,謹守師傳。故所著書,一以朱子爲宗。是編體例與其所著《易本義附錄纂疏》悉同,采朱子《文集》《語錄》之及於《詩》者,附於《集傳》,謂之'附錄'。又采諸儒之説輔翼《集傳》者,次於《附錄》,謂之'纂疏'。有與《集傳》異者,間一取之,注云'姑備參考'。至自下己意,則加'愚案''愚謂'以別之。蓋雖宗《集傳》,亦自具識解。前有揭祐民序、建安劉君佐《刻書識語》,又有文及翁、王應麟《韓魯齊三家詩考序》,惜附刻之,《詩考》已佚,不知何時得合也。卷首有'泰定丁卯仲冬翠巖精舍新刊'墨記。舊藏汲古閣毛氏,後歸愛日精廬張氏,其説之已詳《藏書志》者,兹不復及。每卷有'毛子晉''毛扆''斧季'諸朱記。"

陳樹杓《帶經堂書目》未見,俟考。

莫《錄》卷二著錄元刊本《詩集傳附錄纂疏》云:"新安胡一桂撰。此書《四庫全書》未著錄。每葉二十二行,每行大字二十,小字雙行則二十四。後有篆文爲二行木記云‘泰定丁卯仲冬翠巖精舍新刊’。”

陸《志》卷五《經部·詩類》著録元泰定刊本《朱子詩傳纂集大成》二十卷，云：“宋新安後學胡一桂《附録纂疏》。後有‘泰定丁卯仲冬翠巖精舍新刊’篆字木記，每葉二十二行，每行二十字，小字雙行，每行二十三字，小黑口。”

陸《集》卷十六《元板詩集傳附録纂疏跋》，云：“目録後有‘泰定丁卯建安劉君佐識’，語録輯要後有‘泰定丁卯仲冬翠巖精舍新刊’木記。每葉廿二行，每行大字二十，小字二十四五不等。”

［四七］楊《録》卷一《經部》著録元本《韓魯齊三家詩考》六卷，云：“每半葉十一行，行二十二字。元刻元印，楮墨絶佳。張氏《藏書志》云：‘刊附胡氏《詩集傳纂疏》後，《韓詩·韓奕》：“幹正也，謂以其議非而正之。”《玉海》本闕下一句，餘異同處頗多。《玉海》通爲一卷，此本六卷，猶是王氏舊第。《纂疏》卷前有“泰定丁卯仲冬翠巖精舍新刊”木記。’即此本也。是書刻入《玉海》者，舛謬錯出，世無善本。山陽儉卿丁丈晏，先公同年友也，嘗著《詩禮七編》，先公序而梓之。中有《詩考補注》二卷、《補遺》一卷，頗多訂正，惟當時未得此本一爲勘校耳。盧抱經學士《增校詩考序》謂：‘是書本不分卷，今以所益者多，因分之爲四卷，是亦未見此本矣。’惜《纂疏》不知何時散佚，未識有録尚能作延津之合否？”

傅增湘《藏園群書經眼録》卷一《詩類》著録元刊本《韓魯齊三家詩考》六卷，云：“按，以張金吾《藏書志》考之，知爲胡一桂《詩集傳纂疏》所附刊，有‘泰定丁卯仲冬翠巖精舍新刊’木記在目録後。楊協卿盛稱此本，而詆《玉海》通行本之謬。頃假出以浙本勘之，《玉海》本通爲一卷，此爲六卷，當是王氏舊第。至文字異同，僅《韓詩·韓奕》‘幹正也’下多‘謂以其義非而正之’一句爲勝異，餘則脱佚滿紙，疑爲胡氏妄删，遠在《玉海》本下也。胡氏《纂疏》元刊流傳頗多，昔在廠市曾見二部，昨游日本，於前田氏尊經閣亦見一部，頗爲精善。”

又，傅增湘《藏園群書題記》卷一云：“元本《韓魯齊三家詩考跋》云：《詩考》六卷，王應麟著。元刊本，半葉十一行，每行二十二字，黑口，四周雙闌。前有景定五年古涪文及翁伯學序，次應麟自序，次延祐甲寅胡一桂序。初印精湛，楮墨皆佳。以張金吾《藏書志》考之，知爲胡氏《詩集傳纂疏》所附刊，有‘泰定丁卯仲冬翠巖精舍新刊’木記在書目録後。是帙爲海源閣舊藏，《楹書隅録》所著録。有‘元本’腰圓朱文印、‘汪士鐘藏’白文印，楊氏協卿盛稱此本異同頗多，而詆《玉海》通行本舛謬百出。”

［四八］《天禄琳琅書目》卷六《元版集部》著録《新編古賦題》，云：

"《前集》十卷、《後集》八卷，共十八卷。無編集人名姓氏。此與前部同類之書也。亦仿巾箱本式，標題下別行刊'翠巖劉氏家塾新編'。兩集目錄後均有木記、識語，紀年爲天曆己巳、庚午，係元文宗初年刊行之本。其書於經、史、子、集中類纂賦題，各疏本末於下，蓋爲應試者揣摩之用，《前集》仍有未備，爰纂《後集》以補之。"

[四九] 陸《志》卷四《經部·書類》著録元刊本《書集傳輯録纂注》六卷，云："按，此元翠巖精舍刊本。每半葉十一行，每行二十字，小字雙行，每行二十五字。序後有'□□甲午孟夏翠巖精舍新刊'木記。引用諸書後有'建安後學余安定編校'一行。元至正十四年歲在甲午，所缺蓋'至正'二字也。"

陸《續跋》卷一元槧《尚書輯録纂注跋》云："《書》六卷，每卷次行題曰'朱子訂定，蔡氏集傳'，三行題曰'後學鄱陽董鼎拜録纂注'。後有'建安後學余安定編校'一行，綱領末有'至正甲午翠巖精舍新刊'木記二行。鼎書成于至大戊申，至延祐戊申而余仁仲刊于勤有堂，常熟瞿氏恬裕齋今有其書。至至正甲午，而劉廷佐刊于翠巖精舍，皆建寧府麻沙坊本也。"

[五〇] 任按，張《志》卷十二《史部·詔令奏議類》中未見著録《注陸宣公奏議》。

阮《外集》卷五著録《唐陸宣公奏議注》云："兹從元至正甲午翠巖精舍重刊宋本影寫。"

朱《目》卷四《集部》著録《注陸宣公奏議》十五卷，云："宋郎曄注。元至正十四年翠巖精舍刊本。"

朱《志》卷二著録《陸宣公奏議注》，云："元至正甲午翠巖精舍刊本。"

瞿《目》卷九《史部·詔令奏議類》著録元刊本《注陸宣公奏議》，云："唐陸贄撰。宋郎曄注。案，曄，字晦之，爲嵊縣主簿，嘗注《宣公奏議》及《三蘇文》投進，見周煇《清波雜志》。此本前有紹興二年八月初七日進表，而表中有'至尊壽皇帝'云云，則'紹興'乃'紹熙'之譌也。又有權德輿原序，蘇軾《進讀劄子》。卷一後有墨圖記云'至正甲午仲夏翠巖精舍重刊'，卷首有'敬父'二字朱記。"

丁《志》卷八《史部》著録元至正翠巖精舍刊本《注陸宣公奏議》，云："前有權德輿《陸宣公文集序》、蘇軾《進讀奏議劄子》，又紹興二年八月初七日迪功郎、紹興府嵊縣主簿臣曄經進表文。又木記云：'《中興奏議》，本堂舊刊，盛行於世。近因回禄之變，所幸元收謝疊山先生經進批點正本猶存，於是重新繡梓。切見棘闈天開，策以經世時務。是書也，陳古今之得失，酌時務之切宜，故願與天下共之。幼學壯行之士倘熟乎此，則他日敷奏大廷，禹皋陳謨不外是矣。至正甲午仲夏翠巖精舍謹志。'"

又見陸《志》卷二十五《史部・詔令奏議類》著録元至正刊本《注陸宣公奏議》。

[五一] 森《志》卷二《經部・小學類》著録求古樓藏元至正丙申刊本《重修玉篇》,云:"目録及第一卷末有'至正丙申孟夏翠巖精舍新刊'記。卷首有'千手眼大士璽寶'印。上有'龍形如北條虎'印。又有'下谷金杉壽永寺'印。"

此外,楊《譜》卷三《小學部》著録《大廣益會玉篇》,附"至正丙申孟夏翠巖精舍新刊"二行木記。

[五二] 陸《志》卷六十《子部・類書類》著録汲古閣舊藏明永樂刊本《纂圖增新群書類要事林廣記前集》二卷,《後集》二卷,《續集》二卷,《別集》二卷,《新集》二卷,《外集》二卷,云:"疑此書在當時取便流俗通用,自元而明屢刊屢增,即其所分子目,恐亦非元靚之舊矣。目録後有'永樂戊戌孟春翠巖精舍新刊'木記。卷中有'毛晉'二字朱文連珠印、'汲古主人'朱文方印、'汲古閣'朱文長印。"

陸《續跋》卷十一永樂槧《事林廣記跋》云:"《前集》目録後有'永樂戊戌孟春翠巖精舍新刊'木記,《外集》末有'吳氏玉融書堂刊'人形木記。每葉三十八行,每行三十二字。中有'毛晉'二字朱文連珠印、'汲古主人'朱文方印、'汲古閣'三字朱文長印、'東吳毛氏圖書'朱文長印、'子晉'朱文方印、'毛氏子晉'朱文方印、'毛晉私印'朱文方印、'子晉書印'朱文方印。書雖明刊,流傳極少,各家書目未著録。汲古閣秘本書目有其名,注曰明硃格抄本,當即從此本抄出者。"

[五三] 森《志》補遺著録酌源堂藏舊鈔本《新刊注王叔和脈訣》三卷,云:"首載王叔和序,次元祐五年盧陵通真子劉元賓序,次目録,次《通真子補注脈要秘括目録》,次《左右手脈圖》(成化本脱此圖)。此本無界欄,高六寸一分,幅四寸八分,每半頁九行,行廿字。"未如葉氏所言爲"劉君佐翠巖精舍"刊刻。

[五四] 《天禄琳琅書目》卷六《元版子部》著録《詩苑叢珠》三十卷,云:"元仇舜臣編,曹彦文增輯。三十卷。前曹輓序。輓序作於大德己亥。按,己亥,爲元成宗大德三年。序後有'至正甲辰菊節西園精舍新刊'木記。按,至正甲辰,爲元順帝至正二十四年,距輓作序之時已逾六十六載。書分三十六門,皆采摘成語,取其二三字,集成對偶,并附詩聯以備初學撏撦之用,係餖飣之書,故不顯于當世。歷年既久,書賈得之,始爲開雕,宜其刊印草草也。舜臣、彦文、輓,俱無考。"

[五五] 森《志》卷四《子部・儒家類》著録求古樓藏明永樂丙申刊本《説苑》二十卷,云:"第十一卷以下闕,卷首曾鞏序,目録後劉向校語云:'號曰《新苑》。'每半板十三行,行二十四字,曾序八行,行十七字。目録末有

‘永樂丙申孟春西園精舍新刊’木記。序首有‘嘉靖丙辰’‘尹春年藏’‘贈尹希定’三印。”

　　[五六] 阮《外集》卷三著録《群書通要》七十三卷，云：“不著撰人姓氏，是編藏書家未著録。此依元至正間重刊本影寫。前有大德己亥王淵濟序，稱‘蒙翁因嘿齋于君所輯之本，旁搜博采，增至數十卷。凡詩家之一字一意悉羅致之，視初本殆將十倍，命其子彌高壽梓’云云。所謂蒙翁、嘿齋，未詳其人。其書自甲集‘天文’至庚集‘譬喻’，凡三十七門。每十卷爲一集，捃摭經傳子史及前人詩文中成語，分類排纂，頗藉以有考，視明人類書餖飣稗販者，大相徑庭。辛、壬、癸三集，即《元混一方輿勝覽》，疑重刊時所增。故淵濟序中未及其書。且有‘至元戊寅菖節梅軒蔡氏刊行’圖記。詹事錢大昕云，《勝覽》於澤州無陵川縣，解州無芮城縣。而書中又有冀寧之名，係大德中所改。則書成之後，別有竄易，皆肆書射利者爲之，而不知其牴牾也。”

　　[五七]《天禄琳琅書目後編》卷十《元版子部》著録《增修詩學集成押韻淵海》，云：“元嚴毅撰。毅，字子仁，建安人。仕履無考。書二十卷，依上下平韻，三江有録無書。首活套，次體字，次事類，次詩料，以爲初學押韻之用。前有後至元庚辰張復序，稱書肆舊刊廬陵胡氏、建安丁氏《詩學活套押韻大成》未善，故增修是書云。末刻‘至元庚辰菊節梅軒蔡氏新刊’。”

　　丁《志》卷二十《子部》著録元至元刊本《詩學集成押韻淵海》，云：“建安後學嚴毅子仁編輯。前有後至元庚辰前進士張復序，又《凡例》四條，末有‘至元庚辰菊節梅軒蔡氏新刊’木記，惟二十卷，祇有上下平聲，且無‘三江’一韻。前人譏其體例未善，有以也。有‘梁溪秦玉齋藏書’印。”

　　[五八] 丁《志》卷三《經部》著録明弘治刊本《精選東萊先生左氏傳博議句解》，云：“後有‘弘治甲寅孟秋梅軒蔡氏新刊’十二字，殆從元刊覆雕者。‘桓’皆作‘威’，尚承宋刻之遺，惟原本一百六十八篇，此僅八十六篇。其篇目下列‘出處’二字，即傳文也。‘主意’二字，即議之綱領也。不知何人所增删，當自元代已然。故楊士奇曰：‘考《東萊先生年譜》，乾道戊子成此書。吾家所有十五卷，曰“精選”。’黄虞稷曰：‘世所行《東萊博議》皆删節，惟正德刊本二十五卷獨全。’則由來已舊矣。”

元時書坊刻書之盛

　　元時書坊所刻之書，較之宋刻尤夥。蓋世愈近則傳本多，利愈厚則業者衆，理固然也。今舉其見有傳本者列之，如：

劉錦文日新堂。後至元戊寅，_{四年。}刻俞皋《春秋集傳釋義大成》十二卷，見森《志》、楊《譜》^[一]。後至元庚辰，_{六年。}刻《揭曼碩詩》三卷，見張《志》^[二]。刻《伯生詩續編》三卷，見莫《録》^[三]。至正丙戌，_{六年。}刻《漢唐事箋對策機要前集》十二卷，《後集》八卷，見張《志》、瞿《目》。_{云目録後有正書墨圖記云"至正丙戌日新堂刊"}^[四]。至正丁亥，_{七年。}刻朱倬《詩經疑問》七卷，《附録》一卷，見瞿《目》、_{云目録後有墨記云"至正丁亥菖節刻"。}莫《録》。_{云建安書林劉錦文叔簡刻}^[五]。至正戊子，_{八年。}刻汪克寬《春秋胡氏傳纂疏》三十卷，見陸《續志》、瞿《目》、莫《録》。_{云凡例後有墨圖記云"建安劉叔簡刊於日新堂"}^[六]。至正己丑，_{九年。}刻元趙麟《太平金鏡策》八卷，見浙《録》。_{云有劉錦文跋，署}"至正己丑建安日新堂志"^[七]。至正壬辰，_{十二年。}刻劉瑾《詩傳通釋》二十卷，見《天禄琳琅》五、_{云書中《詩傳綱領》葉於劉瑾署名次行有"建安劉氏日新堂校刊"九字，卷一末又有"至正壬辰仲春日新堂刻梓"木記。}張《志》、瞿《目》、丁《志》、_{日本翻刻。}森《志》、陸《志》、陸《續跋》、繆《續記》^[八]。至正丙申，_{十六年。}刻《新增説文韻府群玉》二十卷，見《天禄琳琅後編》十、楊《譜》^[九]。至正癸丑，_{已入明洪武六年，蓋猶奉元正朔。}刻《春秋金鑰匙》一卷，見丁《志》。_{影元刊本，卷末有"至正癸丑日新堂刊"八字}^[一〇]。無年號刻宋王宗傳《童溪先生易傳》三十卷，見《天禄琳琅後編》二。_{云自序後有墨印記曰"建安劉日新宅梓於三桂堂"}^[一一]。無年號刻《新編方輿勝覽》七十卷，見楊《譜》^[一二]。

高氏日新堂。無元號丙午，刻《增廣太平惠民和劑局方》十卷，見森《志》補遺、陸《志》。_{云目後有"建安丙午年高氏日新堂刊行"一行}^[一三]。

平陽張存惠堂。至元初元，刻《經史證類大觀本草》三十卷，見楊《志》^[一四]。

燕山竇氏活濟堂。至大辛亥，_{四年。}《新刊黄帝明堂鍼灸經》一卷，《傷寒百證經絡圖》九卷，見森《志》補遺^[一五]。《鍼灸四書》八卷：一、南唐何若愚《流注指微鍼賦》金閻明廣注，合閻撰《子午流注鍼經》三卷；一、宋竇傑《鍼經指南》一卷；一、《黄帝明堂灸經》三卷；一、宋莊綽《灸膏肓腧穴法》一卷，見張《志》、瞿《目》。_{云："元竇桂芳編，序目後有墨圖記二行曰'至大辛亥春月燕山活濟堂刊'。活濟，竇氏藥室名，游達齋親書以贈，見桂芳《自序》}^[一六]。"

建安陳氏餘慶堂。皇慶壬子，元年。刻《宋季三朝政要》五卷，《附録》一卷，見森《志》、丁《志》、陸《續跋》[一七]。無年號刻劉時舉《續宋中興編年資治通鑑後集》十五卷，見張《志》、瞿《目》、陸《志》、陸《跋》、陸《續跋》、丁《志》《學部館目》。云目録後有木記云"陳氏餘慶堂刊"一行。刻李燾《續宋編年資治通鑑》十八卷，見陸《志》、陸《續跋》、云《世系圖表》後有木記云"建安陳氏餘慶堂刊"。森《志》。"陳氏"，誤作"劉氏"[一八]。

建安朱氏與耕堂。無年號刻《大廣益會玉篇》三十卷，見吳《記》、陸《志》。云永樂初刻本，相傳以爲元刊者誤。德輝按，此實元末刻本，非明永樂刻也[一九]。刻李燾《續宋編年資治通鑑》十八卷，見瞿《目》、丁《志》、陸《續跋》[二〇]。

建安同文堂。至正辛卯，十一年。刻《四書經疑問對》八卷，見吳《記》[二一]。

建安萬卷堂。無年號刻《王狀元集百家注分類東坡先生詩》二十五卷，附《東坡紀年録》一卷，見吳《記》、森《志》[二二]。

麻沙萬卷堂。延祐甲寅，元年。刻《孟子集注》十四卷，見森《志》[二三]。

董氏萬卷堂。無年號刻《唐國史補》三卷，見《天禄琳琅》五。云目録後有"董氏萬卷堂本"篆書木記[二四]。刻《隆平集》二十卷，見《天禄琳琅後編》四、誤作宋本。瞿《目》、陸《志》[二五]。

雲衢會文堂。無元號戊申孟冬，按，戊申當是至大元年。刻《集千家注批點杜工部詩集》二十卷，《文集》二卷，《附録》一卷，見森《志》[二六]。

積慶堂。至正戊子，八年。刻《集千家注分類杜工部詩集》二十五卷，見張《續志》、陸《志》。德輝按，此即潘屏山圭山書院本[二七]。

德星堂。至正辛卯，十一年。刻《重刊明本書集傳附音釋》六卷，見張《志》、瞿《目》。云明本，即宋之明州本，凡例後有墨圖記曰"至正辛卯孟夏德星堂重刊"[二八]。

萬玉堂。至元五年，刻《分類補注李太白詩》廿五卷，見《天禄琳琅後編》十一[二九]。無年號刻《太玄經》十卷，見繆《續記》。明翻宋本[三〇]。

胡氏古林書堂。至元己卯，十六年。刻《新刊補注釋文黃帝内經素問》十二卷,見孫《記》、張《志》、瞿《目》、森《志》[三一]。刻《新刊黃帝靈樞經》十二卷,見張《志》、瞿《目》、森《志》[三二]。刻《增廣太平惠民和濟局方》十卷,《指南總論》三卷,《圖經本草》一卷,見森《志》。云首葉木格内題“廬陵古林書堂”六字[三三]。

日新書堂。至元辛巳,十八年。刻《五百家注音辨昌黎先生文集》四十卷,見森《志》[三四]。至正元年辛巳,刻《朱子成書》十卷,見瞿《目》《學部館目》。云有木牌子云“至正元年辛巳日新書堂刊行”[三五]。至正乙未,十五年。刻《增修互注禮部韻略》五卷,見森《志》、楊《志》[三六]。至正丁酉,十七年。刻《明州本排字九經直音》二卷,見森《志》[三七]。

梅隱書堂。至元丁亥,二十四年。刻《明州本排字九經直音》二卷,見《四庫書目提要》、莫《錄》。孫奕《九經直音》十五卷下,誤以“梅隱書堂”爲“書隱堂”[三八]。

妃仙陳氏書堂。無元號歲次癸丑,刻劉河間《傷寒直格》三卷,《後集》一卷,《續集》一卷,《別集》一卷,見瞿《目》。云:癸丑乃仁宗皇慶二年[三九]。

葉曾南阜書堂。延祐庚申,七年。刻《東坡樂府》二卷,見黃《記》、楊《錄》。按,此本光緒戊子桂林王鵬運四印齋已重刻,前有括蒼葉曾序,云“識于南阜書堂”[四〇]。

敏德書堂。泰定丙寅,三年。刻元朱祖義《直音傍訓周易句解》十卷,見森《志》[四一]。至順庚午,元年。刻《廣韻》五卷,見森《志》、楊《志》、□□、陸《續跋》[四二]。無年號刻《直音傍訓尚書句解》□卷,見楊《譜》[四三]。

李氏建安書堂。後至元丙子,二年。刻《皇元風雅前集》六卷,《後集》六卷。《前集》傅習撰,《後集》儒學學正孫存吾如山類編、奎章學士虞集校選,見陸《志》。按,此重刻益友書堂本[四四]。

富沙碧灣吳氏德新書堂。後至元丁丑,三年。刻《四書章圖纂釋》二十卷,見森《志》。云亦稱“德新堂”[四五]。

桃谿居敬書堂。至正壬午,二年。刻董楷《周易程朱先生傳義附錄》十七卷,見吳《記》、張《續志》、陳《目》。作“十四卷”[四六]。

廬陵泰宇書堂。至正癸未,三年。刻《增修妙選群英草堂詩餘前集》卷上、《後集》卷下。見仁和吳印臣鈐轄昌綬藏書。後有墨圖記云"至正癸未新刊廬陵泰宇書堂"十二字。德輝按，即洪武遵正書堂本之祖[四七]。

積德書堂。至正九年，刻《伊川易解》六卷，《繫辭精義》二卷，見楊《志》。德輝按，光緒乙酉，黎庶昌刻《古逸叢書》本即翻此本[四八]。

雙桂書堂。至正辛卯，十一年。刻《詩集傳音釋》二十卷，見張《志》、瞿《目》。德輝按，建安余氏雙桂書堂刻有《廣韻》五卷，見陸《續跋》、楊《譜》，已載前"閩中余氏"條。兹以不稱余氏，故分別列此[四九]。

一山書堂。至正壬辰，十二年。刻《文場備用排字禮部韻注》五卷，見錢《日記》[五〇]。

妃僊興慶書堂。至正辛丑，二十一年。刻毛晃《增修互注禮部韻略》五卷，見張《志》、瞿《目》。德輝藏本末有"至正辛丑妃僊興慶書堂新刊"墨圖記[五一]。

秀巖書堂。無元號太歲丙午，按，有兩"丙午"，前丙午爲大德十年，後丙午爲至正二十六年。刻《增修互注禮部韻略》五卷，見□□、楊《譜》，戊申刻《韻府群玉》二十篇，見楊《志》[五二]。

雲莊書堂。無年號刻《古今事文類聚前集》六十卷，《後集》五十卷，《續集》二十八卷，《別集》三十二卷，《新集》三十六卷，《外集》十五卷，見森《志》[五三]。

麻沙劉氏南澗書堂。無年號刻《書集傳》六卷，見森《志》、楊《譜》。序後有木記云"麻沙劉氏南澗書堂新刊"，亦稱"建安劉氏南澗書堂"云[五四]。刻《論語集注》十卷，見森《志》[五五]。

三衢石林葉敦。至正癸未，三年。刻《新刊冷齋夜話》十卷，見《天祿琳琅後編》十、陸《志》、陸《續跋》。云後有"三衢石林葉敦印"一行[五六]。

書市劉衡甫。至正己丑，九年。刻劉楨《聯新事備詩學大成》三十卷，見丁《志》[五七]。

聞德坊周家書肆。元初，刻李心傳《丙子學易編》一卷，見《四庫書目提要》。云元初俞琰所鈔[五八]。

建陽劉氏書肆。至正癸卯，二十三年。刻《楚國文憲公雪樓程先生文集》三十卷，《附錄》一卷，見丁《志》、陸《續跋》[五九]。

建陽書林劉克常。無元號疆圉協洽，丁未。刻《新箋決科古今源流至論前集》十卷，《後集》十卷，《續集》十卷，《別集》十卷，見楊

《録》、云目録後碑牌題"疆圉協洽之歲"，年號二字爲書估挖去。予舊藏至正甲午建陽翠巖精舍所刊《陸宣公奏議》卷一末碑牌中，有"近因回禄之變重新繡梓"云云，與此本所稱"先因回禄"一語正脗合，由是推之，當是至正之丁未也。丁《志》。云目録後有"大德丁未建陽書林劉克常識"，與楊《録》碑牌異，未可據[六〇]。以上刻本傳世，足供十駕之求，其間歷元明兩朝而世其業者，莫如：

建安虞氏務本書堂。至元辛巳，十八年。刻《趙子昂詩集》七卷，見陸《志》、陸《續跋》[六一]。泰定丁卯，四年。刻元蕭鎰《新編四書待問》二十二卷，見陸《志》。云目録後有"泰定丁卯仲春虞氏務本堂"一行[六二]。至正丙戌，六年。刻《周易程朱傳義》十四卷，附吕祖謙《音訓》，《毛詩朱氏集傳》八卷，見北京廠肆韓氏翰文齋書肆。序後有墨印記云"至正丙戌良月虞氏務本堂刊"。序十行，行二十一字；經文十二行，行二十一字；小字雙行，行二十五字[六三]。無年號刻河間劉守貞《傷寒直格方》三卷，《後集》一卷。《續集》一卷。張子和《心鏡》一卷，見瞿《目》、陸《志》、陸《續跋》。云後有墨圖記云"臨川葛雍校正建安虞氏刊行"[六四]。又刻《增刊校正王狀元集注分類東坡先生詩》二十五卷，見《天禄琳琅後編》六、誤入宋版，云後有篆書條記"建安虞平齋務本書坊刊"。案，"坊"爲"堂"之誤。楊《録》[六五]。刻《道德經河上公章句》四卷，見瞿《目》。目録後有"建安虞氏刊於家塾"一行[六六]。洪武二十一年，刻元董真卿《易傳會通》十四卷，見朱《目》。云建安務本堂刊[六七]。此由元至元辛巳，下至明洪武二十一年戊辰，凡百有餘年矣。又有：

建安鄭天澤宗文書堂。至順庚午，元年。刻元劉因《靜修集》二十二卷，《補遺》二卷，見張《志》、瞿《目》、陸《志》。宋賓王鈔本[六八]。刻《增廣太平惠民和劑局方》十卷，《指南總論》三卷，見瞿《目》、森《志》、繆《續記》。云目録後有"建安宗文書堂鄭天澤新刊"一行。□□當是至正元號[六九]。丙戌六年。刻《春秋經傳集解》三十卷，見森《志》。云末有識云"□□丙戌孟冬之吉書林宗文堂樂齋鄭希善刊"[七〇]。無年號刻《大廣益會玉篇》三十卷，見楊《志》、楊《譜》。云目録後有鼎形木記篆書"宗文"二字，下有"建安鄭氏鼎新繡梓"方木記[七一]。刻《鼎雕銅人腧穴鍼灸圖經》三卷，見孫《記》。云題"書林宗文堂繡梓"[七二]。正德丙寅，元年。刻明宣宗《五倫書》六十二卷，見《天禄琳琅後編》十六。云"正德元年丙寅孟冬宗文書堂新刊"[七三]。嘉靖甲申，三年。刻《蔡中郎伯喈文集》十卷，《外集》一卷，

《詩集》二卷,《獨斷》二卷,見繆《記》。云後有木牌記云"嘉靖甲申孟冬月宗文堂鄭氏新刻"[七四]。嘉靖丁酉,十六年。刻《初學記》三十卷,見森《志》。云後有木印記題"書林宗文堂刊行",跋有書林鄭逸叟姓名[七五]。無年號刻《藝文類聚》一百卷,見陸《志》、陸《續跋》。云後有無名氏跋云:"今書坊宗文堂購得是書,即便命工刊行,溥傳海宇,售播四方賢哲士夫,以廣斯文,幸鑒。"德輝按,此必刻《初學記》同時所刻。明嘉靖七年有陸采刻本,行款字數與此同,每葉二十八行,每行二十八字,蓋同出元刻本。宗文書堂雖爲元時書林,而此書之刻,則後於陸采本。陸《續跋》以爲元槧,非也[七六]。此由元至順庚午,下至明嘉靖丁酉,凡二百餘年,視虞氏世業倍之,亦書林所僅見者也。又有:

楊氏清江書堂。刻書雖少,亦始元末迄明初,所刻《通鑑綱目大全》五十卷,合尹起莘《發明》、劉友益《書法》、王幼學《集覽》、汪克寬《考異》、徐昭文《考證》五書刻之。徐昭文《考證自序》題至正己亥,十九年。則在元末矣。序文後有小榜,云"楊氏清江書堂新刊"。見錢《日記》[七七]。宣德辛亥,六年。刻《大廣益會玉篇》三十卷,見楊《譜》。云後有木牌記,云"宣德辛亥孟冬清江書堂新刊"[七八]。此由元至正己亥至明宣德辛亥,雖僅七十餘年,然時經鼎革,屹然與虞、鄭二氏鼎足而存,固亦書林碩果矣。大抵有元一代,坊行所刻,無經史大部及諸子善本,惟醫書及帖括經義淺陋之書傳刻最多。由其時朝廷以道學籠絡南人,士子進身儒學與雜流並進。百年國祚,簡陋成風,觀於所刻之書,可以覘一代之治忽矣。

【箋證】

[一] 森《志》卷二《經部》著錄求古樓藏元槧本《春秋集傳釋義大成》,云:"泰定丁卯吳徵序。序後有臨川吳徵及白青父印記。凡例後筐中有'至元戊寅日新堂刊行'十字(任按,當作"至元後戊寅日新堂刊行",森《志》脱一"後"字)。《讀書敏求記》所載,蓋此本也。每半板十行,行二十字,注二十七字,界長六寸六分,幅四寸七分,四周雙邊,烏絲外標題。每卷有'官庫'及'佐野氏珍藏印'。"

楊《譜》卷一《經部》著錄《春秋集傳釋義》,附'至元後戊寅日新堂刊行'二行木記。

[二] 張《志》卷三十三《集部·別集類》著錄影寫元刊本《揭曼碩詩集》三卷,云:"元揭傒斯撰。門生前進士變理溥化校錄。目錄後有'至元庚辰季春日新堂印行'一行,錢氏《補元史藝文志》有《揭傒斯詩》三卷,當即是本。"

[三] 莫《録》卷二著録元本《伯生詩續編》三卷,云:"吳門黄氏士禮居舊藏,今歸海寧查氏,目録首行題《伯生詩續編》,其每卷端又題云伯生詩後。半葉十行,行十五字,行書甚精雅。目録後題四行云:'是集乃學士晚年所作,比常作尤爲得意。敬刻梓與騷壇共之,時至元後庚辰劉氏日新堂謹識。'"

[四] 張《志》卷二十六《子部·類書類》著録元至正刊本《漢唐事箋對策機要前集》十二卷,《後集》八卷,云:"元進士盱黎朱禮德嘉著。是書取漢唐事實有關治體者分門編載,隨事箋釋。《前集》專論漢事,《後集》專論唐事,體例與《源流至論》同,叙述詳明,議論精核。蓋將陳往古之治道,爲當時之法戒,不僅供場屋采掇之用也。《文淵閣書目》《季滄葦書目》俱著録。目録後有'至正丙戌日新堂刊'木記。"

瞿《目》卷十七《子部·類書類》著録元刊本《漢唐事箋對策機要》,云:"題'進士盱黎朱禮德嘉著'。有至正元年盱江謝升孫序。禮事實無考。盱黎爲建昌城地,建昌江一名盱江,新城就黎灘鎮置縣,亦號黎川。考《江西通志·科目》,無朱禮名,此所稱進士,殆鄉貢進士也。其書取漢、唐政典,分門纂記,加以論斷,并爲箋釋。《前集》皆屬漢事,《後集》皆屬唐事。叙次貫穿,議論平允,實有裨於經世之學,不徒供科舉之用也。按,謝序云:'《漢唐事要》,吾友朱君所作。'是此書原名《漢唐事要》。其所爲'對策機要'者,想當時刊書人所加,以邀易售,故《前集》第七卷又有《新箋事要策場足用》之名。書估無識,妄改名目,絶可哂也。目録後有正書墨圖記曰'至正丙戌日新堂刊'。舊爲泰興季氏藏本,見《延令書目》。"

[五] 瞿《目》卷三《經部·詩類》著録元刊本《詩經疑問》七卷、《附録》一卷,云:"題'進士盱黎朱倬孟章編'。《附編》題'豫章後學趙惪編'。此本爲建安書林劉錦文叔簡所刻。繹叔簡序,殆其所合編者。書中頗多有問無答,蓋刻時已脱,故闕處皆留有空行也。趙氏著有《詩辨疑》(《經義考》作"說")七卷,見《千頃堂書目》。此所附者,其即摘録是書歟?通志堂刻即出此本。首葉序文脱去下方十餘字,通志本所闕正同。其作墨丁者,皆此本所漫漶。惟卷七首條答詞'所謂恭敬齊莊,以昭先王之德者也',諦審此本,'昭'字當是'發'。考此文見《小雅》,《集傳》正作'發',通志本臆定爲'昭',失之矣。目録後有墨記云'至正丁亥菖節刻',又有朱記云:'嘉靖己亥大溪書屋置。'卷中有'過氏從正''大溪書屋''海虞毛晉''子晉圖書記''汲古主人'諸朱記。"莫《録》中未見著録。

[六] 見陸《續志》卷二《經部·春秋類》著録影寫元刊本《春秋胡氏傳纂疏》。

瞿《目》卷五《經部·春秋類》著録元刊本《春秋胡氏傳纂疏》云："前有至元再元之四年新安汪澤民序，至正元年雍虞集序。又《凡例》及《引用書目》。《凡例》後有墨圖記云'建安劉叔簡刊於日新堂'。後有至正八年紫陽吳國英跋，謂書甫成編，而劉君鋟諸梓以廣其傳。又《環谷集》中有《答劉叔簡啓》，即商量刻書事也。"

莫《録》卷二著録元本《春秋胡氏傳纂疏》三十卷，云："元汪克寬撰。每半葉十行，行二十一字。傳低一格，有至正戊寅汪澤民、至正辛巳虞集兩序，至正戊子刊於建安跋。書甫成編，國英宦游四方，越十五年，始覯同志鈔謄善本，而建安劉君叔簡將鋟諸梓，以廣其傳，則不惟諸生獲《春秋》經學之階梯。"

［七］浙《録》著録《太平金鏡策》八卷，云："元布衣東平趙天麟撰，皆時務策也。劉錦文跋云'相傳以爲貢士曾堅子白之所編'，署至正己丑建安日新堂誌。劉錦文，書坊人也。"

［八］《天禄琳琅書目》卷五《元版經部》著録《詩傳通釋》云："元劉瑾輯。二十卷。前載朱子《詩集傳序》《詩序辨説》，又《詩傳綱領》並《外綱領》。《吉安府志》載：劉瑾，安福人。肆力治《詩》，其説宗朱子，而間出其所自得。又考正諸國世次、作者時世，察其源流，辨其音韻，審《詩》《樂》之合，窮删定之由，爲《詩傳通釋》一書，能闡發朱子之蘊。今按，書中《詩傳綱領》首葉，於劉瑾署名次行有'建安劉氏日新堂校刊'九字。卷一末又有'至正壬辰仲春日新堂刻梓'木記。考至正壬辰，爲元順帝十二年。劉氏，未詳其名，想亦當時書賈也。"

張《志》卷三《經部·詩類》著録元至正刊本《詩傳通釋》二十卷附《詩傳綱領》，云："朱子集傳，元後學安成劉瑾通釋。卷一後有'至正壬辰仲春日新堂梓'木印。"

瞿《目》卷三《經部》著録元刊本《詩傳通釋》云："題'朱子集傳，後學安成劉瑾通釋。'卷一後有正書墨圖記云'至正壬辰仲春日新堂梓'。"

丁《志》卷二《經部·詩類》著録東瀛刊本《詩傳通釋》云："元至正壬辰日新堂有刻本。此則日本所刊，有遷喬館之藏書印，恐亦彼土藏書家也。"

森《志》卷一《經部·詩類》著録昌平學藏元槧本《詩集傳通釋》云："卷端首行題'詩卷第一'，次行'朱子集傳'，第三行'後學安成劉瑾通釋'。一卷末有'至正壬辰仲春日新書堂刻梓'木記。卷首有'備前州豐原縣靈松山瑞雲寺常住'記。"

見陸《志》卷五《經部·詩類》著録元至正刊本《詩傳通釋》，云："卷一後有'至正壬辰仲春日新堂梓'木印。"

陸《續跋》卷二元槧《詩傳通釋跋》云："《詩傳通釋》二十卷。次行題'朱子集傳'，三行題'後學安成劉瑾通釋'。卷一後有'至正壬辰仲春日新堂梓'木印。每葉二十四行，每行二十三字。經頂格，《集傳》低一格，《通釋》雙行，諸説以黑質白章別之。自爲之説，標以'愚按'二字，亦以黑質白章別之。經文無譌字，反切不改直音，朱子説無删削，多與宋刊《集傳》同，足以正俗本之譌。"

繆《續記》卷一著録元刊本《詩傳通釋》二十卷，云："元劉瑾撰。每半葉十二行，行二十一字，高六寸三分，廣四寸一分。黑口，雙邊。首行'詩卷第一'，次行'朱子集傳'，三行'後學安成劉瑾通釋'。首有綱領序及愚案，引用書均作陰文。第一卷後有'至正壬辰仲春日新書堂刻'牌子兩行。"

[九]《天禄琳琅書目後編》卷十《元版子部》著録《韻府群玉》云："元陰時夫撰，中夫注。二十卷。前有翰林滕玉霄序，次至大庚戌姚雲序，次趙孟頫題語，次陰竹野序，署'大德丁未春前進士竹野倦翁八十四歲書於聚德樓'，次中夫序，署'延祐改元甲寅秋鄉試後五日，幼達書'，次時夫自識，署'時遇謹白'，次目録，次事類總目，次凡例。後有墨記，略云：'瑞陽陰君所編《韻府群玉》，以事繫韻，以韻摘事，乃韻書而兼類書。今將原本重加校正，每事音切下增許氏《説文》，事未備者補之，重刻梓行云云。'款'至正丙申暮春劉氏日新堂謹白'。刊手精整，摹印匀净，當爲元版無疑。黃虞稷《千頃堂書目》云：'此至正中刊版，猶時夫原書。近坊間惟傳《韻玉》定本，乃河間知府徐可先之婦謝瑛所删。舊籍更稀見矣。'"

楊《譜》卷三亦著録《新增説文韻府群玉》，款題"至正丙申暮春劉氏日新堂謹白"。

[一〇]丁《志》卷三《經部》著録武原醉經堂黃氏藏書影元刊本《春秋金鎖匙》，云："是書撮舉聖人之特筆與《春秋》之大例，以事之相類者，互相推勘，究其異同，而申明其正變大旨，與《春秋比事》相埒，此更簡且明耳。卷末有'至正癸丑日新堂刊'八字，此蓋從而影寫者也。有'黃氏晉康''錫蕃武原醉經樓''黃氏珍藏'三印。"

[一一]《天禄琳琅後編》卷二《宋版經部》著録《童溪王先生易傳》云："宋王宗傳撰。宗傳，字景孟，寧德人。淳熙八年進士。書三十卷。揭銜'迪功郎前韶州州學教授王宗傳景孟撰'。前二十六卷上、下二經，後四卷《繫辭》上下傳。前有宗傳自序。第二十七卷前又序云：'歲在戊戌，著《易》，計三十卷。其於《繫辭》《序卦》《雜卦》未暇也。越三載辛丑，蒙恩賜第還鄉，作《續傳》。'然《續傳》僅有《繫辭》上下傳而止，其書終未成也。自序後有墨印三：一曰'大易發明'，一曰'建安劉日新宅鋟梓於三桂堂'，一曰'經學之寶'。"

〔一二〕楊《譜》卷四著録《新編方輿勝覽》，未見"建安劉氏日新堂"刊。

〔一三〕森《志》補遺著録聿修堂藏元廬陵古林書堂刊本（缺總論上卷）《增廣太平惠民和劑局方》十卷，《指南總論》三卷，《圖經本草》一卷，云："每半版高六寸一分，幅四寸九分。十三行，行廿二字。首載陳師文等上表，首頁木格内題'廬陵古林書堂'六字。按，是書元以來刻本不一，元版則有余志安本，有臨江錢氏本，有高氏日新堂本。（聿修堂藏目録後題"建安丙午年高氏日新堂刊行"十二字。考其干支，當是大德十年。序中宋主及"朝"字並提頭，稍存宋本之體。）"

陸《志》卷四十六《子部·醫家類》著録元刊本《增廣太平惠民和劑局方》云："按，目後有'建安丙午年高氏日新堂刊行'一行。此書元有兩刊：一爲建安宗文書堂鄭新澤刊，一爲高氏日新堂刊。此則高氏刊本也，每葉二十八行，每行二十二字，大黑口。舊爲荻溪章紫伯明經所藏，後歸於余。"

〔一四〕楊《志》卷九著録元刊本《經史證類大觀本草》云："元大德壬寅刊本，不附寇宗奭《本草衍義》，避孝宗嫌名，蓋原於宋刻，爲愼徽原書。按，此書有兩本：一名《大觀本草》，三十一卷，艾晟所序，刻於大觀二年者，即此本也；一名《政和本草》三十一卷，以第三十一卷移於三十卷之前，合爲一卷，而刪其所引十六家《本草義例》，最謬。政和六年曹孝忠奉敕校刊者，二本皆不附入寇氏《衍義》。至元初，平陽張存惠重刻政和本，始增入《衍義》及藥有異名者，注於目録之下。首有木記，稱'泰和甲子下己酉冬南至晦明軒記'。錢竹汀考爲元定宗後稱制之年，其說至確。《提要》以爲金泰和刻本，誤。余別有詳考，載入成化刻《政和本草》之首。至明萬曆丁丑，宣城王大獻始以成化重刻政和之本，依其家所藏宗文書院《大觀》本之篇題，合二本爲一書，卷末有王大獻後序，自記甚明。並去政和本諸序跋，獨留'大觀艾晟序'及'宗文書院'木記。按其名則'大觀'，考其書則'政和'，無知妄作，莫此爲甚。又有萬曆庚子巡按兩淮鹽課御史彭端吾據王本重刊，並去艾晟序、'宗文'木記。《提要》所稱大德本及錢竹汀所録皆是此種。《提要》見此本亦增入《衍義》，遂謂元代重刊，又從金本録入，而不知大德原本並無《衍義》也。又有朝鮮國翻刻本，一依宗文本，不增改一字，較明人爲謹飭焉。此書集《本草》之大成，最足依據。至李時珍《本草綱目》，頗傷龐雜，不爲典要。顧《大觀》《政和》兩本糅雜不清，前人未見古本，多不能分別，故爲之詳疏如此。"

〔一五〕森《志》補遺著録躋壽館藏北宋槧本《黃帝明堂灸經》一卷云："每半板高七寸四分，幅三寸。十三行，行廿二三字。卷首捺'長門光永寺'墨印。按，此書并序，舊係《聖惠方》第一百卷，其實唐以前書，王懷隱等編書時所采入。首行空五字位，蓋是刪去'太平聖惠方'字以單行者耳。至大辛亥,燕山活濟堂所刊《鍼灸四書》中亦載有此書,分《正背側人圖》及《小兒灸方》爲三卷,大失古色,酌源堂亦藏此本,紙墨頗精,捺'吉氏家藏'印。"

森《志》補遺亦著録聿修堂藏元槧本《傷寒百問經絡圖》(任按,葉氏謂《傷寒百證經絡圖》。)云:"每半板十一行,行二十字。界長五寸五分,幅三寸九分。此本不記刊行年月,然紙刻精朗,實元代鋟本之佳者。柳沜先生跋曰:朱氏《傷寒百問讀書後志》作三卷,若其《經絡圖》一卷,見於《通志·藝文略》。此本則合以二書,更析爲九卷,非朱氏之舊也。卷首葉面上層有'燕山活濟堂刊'六字。據竇桂芳《鍼灸四書序》,活濟堂,其父漢卿藥室也。此本以板式、紙質定之,當屬元刊。卷首又有嘉定六年張松之序,是弁於其所編究原方者,不知何以移在於此。張書世失其傳,今籍得見,其輯方之書,抑亦奇也。"

[一六] 張《志》卷二十二《子部·醫家類》著録影寫元刊本《鍼灸四書》八卷云:"元建安竇桂芳編。《文淵閣書目》著録凡四種:一曰《流注指微鍼賦》,金南唐何若愚撰集,常山閻明廣注。若愚、明廣,仕履俱未詳。案,序云:近有南唐何公撰《指微論》,又云近於貞元癸酉收何公所作《指微鍼賦》,貞元癸酉,金海陵王貞元元年也,則若愚、明廣俱金人可知。賦後即附明廣《子午流注鍼經》,合三卷。一曰《鍼經指南》一卷,金竇傑撰。傑,字漢卿,肥鄉人,宋金時有兩竇漢卿,同時同名而字,而且同以醫顯。金之漢卿仕至太師,即撰《鍼經指南》者;宋之漢卿隱居不仕,即竇桂芳之父也。一曰《黄帝明堂灸經》凡三卷。一曰《灸膏肓腧穴法》一卷,宋清源莊綽季裕撰。《宋史·藝文志》著録,合四種爲《鍼灸四書》,凡八卷。桂芳序後有'皇慶壬子中元燕山活劑堂刊'木記。"

瞿《目》卷十四《子部·醫家類》著録舊鈔本《鍼灸四書》八卷云:"元竇桂芳編并序。案,桂芳,字静齋,建寧人,漢卿之子,父子皆隱於醫。四書者:一爲金閻明廣《子午流注鍼經》三卷,首冠以何若愚《流注指微鍼賦》而爲之注,有閻明廣序。一爲宋竇傑《鍼經指南》一卷,有朱良能序。傑,亦字漢卿,與桂芳父同字,合肥人,仕至太師。時有兩竇漢卿,皆以醫學顯者。桂芳得其書合刻之,并附以家藏《黄帝明堂灸經》三卷,有無名氏序。宋莊綽《灸膏肓腧穴法》一卷,有自序。合而編之,目爲《鍼灸四書》。序、目後有墨圖記二行,曰'至大辛亥春月燕山活濟堂刊'。活濟,竇氏藥室名,游達齋親書以贈,見桂芳自序。是本從元刊影寫,嚮藏愛日精廬張氏。"

[一七] 森《志》卷三《史部·編年類》著録明刊本《宋季三朝政要》六卷,云"體例行款一與前本(任按,指同卷著録之昌平學藏元槧本。)同,蓋依前本重刊者,目録首有'陳氏餘慶堂刊'六字"。

丁《志》卷七《史部》著録陳仲魚、馬二槎藏袁壽階校鈔本《宋季三朝政要》六卷，云："卷首題云：理宗國史，載之過北，無復可考。今將理、度二朝聖政及幼主本末纂集成書，以備他日史官之采擇云。罟里瞿氏藏元刊本目録後有墨圖記云'至治癸亥張氏新刊'一條，此帙目録後有'皇慶壬子'四字，距宋亡已三十四年，先至治癸亥亦十一年，世稱理宗以後國史，修《宋史》者實見之。故本紀所載反詳於是書，其實理宗國史當日必載入北，而此書先爲宋之遺老成之，或慮忌諱，故不著撰人姓名，所序宋末軼事，有史所不載者，足備參考耳。後有嘉慶十五年陳鱣手記云：是本世罕流傳，今得吳中袁氏貞節堂所鈔，其關涉朝廷字皆空格，蓋照元本録出者，中用朱筆校刊，係吾友壽階手跡。壽階名廷檮，收藏甚富，校録甚勤，惜乎中年辭世，後人不克守之，大半散失，閱此憮然。有海寧陳鱣仲魚圖像、'得此書費辛苦，後之人其監我''仲魚'諸印。又有'海昌馬氏漢晉齋收藏經籍記''二槎藏本'二印。"

陸《續跋》卷六元餘慶堂槧《宋季三朝政要跋》云："目前有'陳氏餘慶刊'一行。又有記云：理宗國史，載之過北，無復可考。今將理、度兩朝聖政及幼主本末纂集成書，以備他日史官之采擇云。目後有'皇慶壬子'四字，附録題'廣王本末，陳仲微述'。每葉二十六行，每行二十二字，版心題'正要'等字。"

［一八］《續宋中興編年資治通鑑》（任按，葉氏謂之《續宋中興編年資治通鑑後集》。），張《志》卷九《史部·編年類》著録池北書庫藏書元刊本，云："宋通直郎戶部架閣國史實録院檢討兼編修官劉時舉撰。目録後有'陳氏餘慶堂刊'六字。是編繫年有考據，載事有本末，增入諸儒□（任按，以丁《志》校過，此處空缺一"集"字。）議，三復校正，一新刊行。宋朝中興，自高宗至於寧宗四朝，政治之得失、國勢之安危，一開卷間，瞭然在目矣。"

瞿《目》卷九《史部·編年類》著録元刊本《續宋中興編年資治通鑑》，云："題'通直郎戶部架閣國史實録院檢討兼編修官劉時舉撰'。卷首題宋時職名，而書中有元太祖爲成吉思皇帝一語，是入元後所作矣。始高宗建炎元年，迄寧宗嘉定十七年，叙述有體要。秀水朱氏謂其條理勝王宗沐、薛應旂之書。上方有提要及中所録議論低一字別之者，乃刊書人附入，非劉氏原書也。目録後有'陳氏餘慶堂刊'一行。舊爲吳方山藏書，卷首有'吳岫'朱記。"

陸《志》卷二十一《史部·編年類》著録元刊本云："目録後有'陳氏餘慶堂刊'六字，無名氏跋曰：'是編繫年有考據，載事有本末，增入諸儒□（任按，以丁《志》校過，此處空缺一"集"字。）議，三復校正，一新刊行，宋朝中興，自高宗至於寧宗四朝，政治之得失、國勢之安危，一開卷閒瞭然在目矣，幸鑒。'案，是書元時有兩刊：一爲張氏日新堂，一爲陳氏餘慶堂，此則陳氏刊也。每葉二十六行，每行二十二字。"

陸《跋》已著錄，詳見本卷第三節注[三七]。

陸《續跋》卷六元餘慶堂槧《續資治通鑑後集跋》云："目後有'陳氏餘慶堂刊'一行。每卷首行下有'後集'二字。每葉二十六行，每行二十二字，版心有字數，或題'宋鑑'，或題'宋鑑後'等字。以《學津討原》刊本校一過，《學津》本有缺葉，或漫漶，或殘破。此本既無漫漶，亦無缺葉，蓋元刊之初印者。"

丁《志》卷七《史部·編年類》著錄徐紫珊藏元刊本《續宋中興編年資治通鑑》，云："目錄後有'陳氏餘慶堂刊'六字。又有木記云：'是編繫年有考據，載事有本末，增入諸儒集議，三復校正，一新刊行。宋朝中興，自高宗至於寧宗四朝，政治之得失、國勢之安危，一開卷閒瞭然在目矣，幸鑒。'則爲麻沙坊刻矣。有'曾爲徐紫珊所藏'一印。紫珊，名渭仁，字文臺，上海人，家有春暉堂藏書，多古刻。"

《學部館目·史部上·編年類》亦有著錄，末有"建安陳氏餘慶堂刊"二行（任按，非葉氏所云"一行"。）木記。

陸《志》卷二十《史部·編年類》著錄元刊本《續宋編年資治通鑑》十八卷，云："目後有'建安陳氏餘慶堂刊'方木印。案，是書元有兩刻：一爲日新堂張氏，一爲餘慶堂陳氏。此則陳刊本也。《四庫》不收，附存其目，其進表即《通鑑長編進表》。"陸《續跋》卷六著錄元餘慶堂槧《續資治通鑑跋》，云："《續宋編年資治通鑑》十八卷。題'朝散郎尚書禮部員外郎兼國史院編修官李燾經進'。前載《通鑑長編》一百八卷進表，次目錄，次世系圖表。後有木記云'建安陳氏餘慶堂刊'，目後有'武夷主奉劉深源校定'一行。每葉二十六行，每行二十二字，眉間有'標'字，版心有'宋鑑'等字，提要以《宋史·藝文志》及本傳，惟載燾《續通鑑長編》，而無此書之名，定爲麻沙坊託名，故附存其目，洵爲篤論。惟《長編》從《大典》錄出，缺徽、欽兩朝，又佚。熙寧紹聖七年之事，此本雖出依託，多取裁於《長編》，徽、欽兩朝記錄頗多，尚可考見於百一也。"森《志》卷三著錄崇蘭館藏元槧本，云卷末有"建安劉氏餘慶堂刊"木記，葉氏考據已詳，"陳氏"誤作"劉氏"。

[一九] 吳《記》卷一《群經小學類》著錄《大廣益會玉篇》云："右三十卷，元刻本，每葉二十四行，行二十一字。前有'朱氏與耕書堂'長墨印，又有'永樂丙申至嘉靖改元一百七年重裝'墨筆一條及'錫山施金貢先'諸圖記。"

陸《志》卷十三《經部·小學類》著録吳兔牀舊藏元刊本《大廣益會玉篇》，云：“案，此永樂初朱氏與畊書堂刊本，相傳以爲元刊者，誤也。每葉二十四行，每行小字二十八字。《指南》後有‘朱氏’爵形墨記、‘與畊書堂’鬲形印記。”

[二〇]《續宋編年資治通鑑》，瞿《目》卷九《史部·編年類》著録元刊本，云：“題‘朝散郎尚書禮部員外郎兼國史院編修官李燾經進’。前列《進通鑑長編表》一篇，目後有‘武夷主奉劉深源校定’一行，蓋元時刻書人也。案，文簡，惟不敢續《通鑑》，故曰《續通鑑長編》。此書紀太祖至欽宗事蹟皆疎略，其出後人僞撰可知。”（任按，瞿《目》中《續宋編年資治通鑑》條并未言及“朱氏與耕書堂”。）丁《志》卷七《史部·編年類》亦著録元刊本，云：“目録後有‘武夷主奉劉深源校定’一行，亦無所考。更有宋朝世系之圖、中興世系之圖一葉，又‘建安朱氏與耕堂刊’木記，大約麻沙坊賈託名之書也。”陸《續跋》卷六元餘慶堂槧《續資治通鑑跋》亦有著録。

[二一]吳《記》卷一《群經小學類》著録元刻《四書經疑問對》，云：“每葉二十二行，行二十一字，後有‘建安同文堂刊’。書跋云：‘右《四書疑》八卷，其中多所發明，相傳以爲進士董彝宗文所編。第恐石氏所録程子之説未免有殊，已專書達本人，冀有以補其未備，訂其譌舛，而求真是之歸，幸甚。至正辛卯仲夏建安同文堂謹咨。’先君子云：‘按，宗文，樂平人，至正間領鄉薦，授慶元學正，洪武初爲國子學，録《經義存亡考》，以此書爲成化進士。’常熟董彝撰，蓋以姓氏偶同而誤耳。周松靄大令云：‘觀此猶可想見有元一代取士之規模也。’又《經義考》於元之董彝別著《經疑問對》十卷，蓋以未見此書而誤，別有跋一篇，刻《愚谷文存續編》中。”

[二二]吳《記》卷五《集部·別集類》著録宋刻《王梅溪集百家注東坡先生詩集》，云：“每葉二十行，每行大字十九，小字夾注二十五。前有‘建安萬卷堂刊梓於家塾’長墨印，卷首有‘慶元路題學副使曬理書籍關防’鈐記及‘濮陽李廷相雙檜堂書畫私印’圖記。”

森《志》卷六《集部·別集類》著録寶素堂藏宋槧本《王狀元集百家注分類東坡先生詩》二十五卷，云：“無序跋及梓行歲月。卷首題‘前禮部尚書端明殿學士兼侍讀學士贈太師謚文忠公蘇軾’。每半板十三行，行二十二字，注二十七字。界長六寸八分，幅四寸三分，左右雙邊，紙刻俱佳，‘玄’‘慎’‘弘’‘構’‘樹’等闕末筆。卷中用劉氏批點本，校訂頗密，朱墨爛熳，不詳出於何人。卷末墨書‘性之’二字，或即是人歟？卷首有‘平安堀氏時習齋藏’印。”

[二三]森《志》卷二《經部》著録求古樓藏元槧本《孟子集注》十四卷，

云：“首載朱熹《集注序說》本文，首題‘孟子卷之一朱熹集注’。每半板十二行，行二十四字，界長六寸七分強，幅四寸三分強，四周雙邊。《序說》後有‘延祐甲寅良月麻沙萬卷堂刊’木記。”

[二四]《天禄琳琅書目》卷五《元版史部》著録《唐國史補》云：“唐李肇撰。分上、中、下三卷。前肇自序。晁公武《郡齋讀書志》曰，唐李肇撰《國史補》，‘起開元，止長慶間事。初，劉餗記元魏迄唐開元事，名曰《國朝傳記》，故肇續之。’考《崇文總目》，於肇《國史補》外，又載林恩《補國史》六卷，高若拙《後史補》三卷。而晁氏《讀書志》中皆不載，是當時所重者，惟肇所補之書。此本密行小字，製甚工整，雖墨光稍遜，而刊手印工咸出上選。目録後有‘董氏萬卷堂本’篆書木記，較元槧他書木記獨精，此書賈中不苟於刻梓者。”

[二五]《天禄琳琅書目後編》卷四《宋版史部》著録《隆平集》云：“宋曾鞏撰。書二十卷，述太祖至英宗五朝君臣事蹟。鞏爲左史日撰進之書也，分三十八門。前有紹興十二年趙伯衛序，稱當時頒付史館，副存於家。曾大父淄王昔典宗正，曾授此書，不敢顯秘，乃刻時書序也。伯衛，太祖八世孫。其曾大父淄王名世雄，熙寧中曾請營都宅以處疏屬，立三舍以訓學者，詔置兩京敦宗院，六宮皆建學。徽宗即位，以世雄於太祖之宗最爲行尊，襲安定郡王，知大宗正事。後贈太尉，追封淄王，謚恭憲。序後有篆文‘董氏萬卷堂本’條記。”

瞿《目》卷九《史部・別史類》著録明刊本《隆平集》，云：“題‘南豐曾鞏集’。晁氏《讀書志》疑其書出依託，非南豐所撰，然趙伯衛序謂其爲左史日撰集以進，且云‘曾大父昔典宗正，嘗授此書’，又似無可疑者。序作於紹興十二年，其曾大父當亦元祐間人也。今通行本多謬誤。此江西曾氏刻本，差勝。序後有墨圖記云‘董氏萬卷堂本’。卷中多朱筆校正譌字，末有題記一行云：‘乾隆五十年夏四月二十五日雨窗校訖。篛溪老人記。’”見陸《志》卷二十三《史部・別史類》亦著録明翻董氏萬卷堂本。

[二六]森《志》卷六《集部・別集類》著録求古樓藏元槧本《集千家注批點杜工部詩集》二十卷，《文集》二卷，《附録》一卷，云：“卷首并目録首題‘須溪先生劉會孟評點’。每半板十四行，行廿四字或五六字，注雙行，界長七寸二分，幅四寸六分。目録末有‘雲衢會文堂戊申孟冬刊’木記。考戊申乃大德十二年，是歲改元至大，隔劉序之時僅數歲，則此本當楚芳原刊。每卷有‘梵后大寧松雪齋’等數印，他文不可讀，容安書院、寶素堂俱藏元槧零本，板式一與此本同。孫氏《祠堂書目》載大德刊本，蓋亦與此同種。”

[二七]張《續志》卷四《集部・別集類》著録元刊元印本《集千家注分

類杜工部詩》,云:"後有'積慶堂刊'木印。是頁板心有'至正戊子二月印'一條。"

陸《志》卷六十八《集部·別集類》亦著録元刊元印本《集千家注分類杜工部詩》二十五卷,云"後有'積慶堂刊'木印。是頁板心有'至正戊子二月印'一條",語悉同張《續志》。又云:"案,此元刊元印本,每葉二十二行,每行二十字。"

[二八]《重刊明本書集傳附音釋》,張《志》卷二《子部·書類》著録元至正刊本《尚書經傳音釋》六卷、《序》一卷,附《尚書纂圖》,云:"朱子訂定,蔡氏集傳,鄱陽鄒季友音釋。按,凡例云,《集傳》元無是釋,今用鄱陽鄒氏經傳音釋,附於各段之末。是音釋本自單行,德星書堂刊板時附入蔡傳者。是書雖以蔡傳爲主,而糾正蔡傳者甚夥。"

瞿《目》卷二著録元刊本《重刊明本書集傳》附《音釋》云:"題'朱子訂定,蔡氏集傳,鄱陽鄒季友音釋'。案,蔡氏書成於嘉定己巳。淳祐中,其子抗奏進後,遂有刻本。此云'明本',即宋之明州本。明州,今寧波府也。《凡例》後有墨圖記曰:'至正辛卯孟夏德星堂重刊。'舊爲邑中孫氏藏書,後歸張氏愛日精廬,載入《藏書志》,次諸元人之末,蓋以鄒氏《音釋》爲主。然凡經傳附釋文,皆不從陸氏時代,故今以《集傳》爲主,改列於此,而單行本一卷,則仍叙諸元人中焉。每卷末有'虞山孫仲孝維收藏圖書'朱記。"

[二九]《天禄琳琅書目後編》卷十一《元版集部》著録《分類補注李太白詩》,云:"目録後有空墨印一。按,下一部係'至元五年萬玉堂刊'八字,蓋市賈故爲漏印,以贋宋本耳。"

[三〇]繆《記》(任按,葉氏引爲"繆《續記》"。)卷二《子部·醫家類》著録《太玄經》云:"萬玉堂刻本。每半葉八行,每行十七字。板心有'萬玉堂'三字。白口。是明人翻宋刻最善之書,莫氏《經眼録》以爲宋刻,誤矣。"

[三一]孫《記》卷一《元版》著録《新刊補注釋文黄帝内經素問》十二卷,云:"《總目》一卷,後題云:元本,廿四卷,今併爲一十二卷刊行。總目前有'本堂今求到元豐孫校正家藏善本重加訂正分爲一十二卷'云云木長印,《總目》後亦有木長印,字已滅去。卷十二後'至元己卯菖節古林書堂新刊'十二字木長印。洪頤煊曰,晁氏《讀書志》、陳氏《書録解題》此書廿四卷,《四庫全書》本亦廿四卷,皆與此本異。黑口版,每葉廿三行,行廿三字。"

張《志》中未見著録,蓋葉氏誤引矣。

瞿《目》卷十四《子部·醫家類》著録元刊本《新刊補注釋文黄帝内經素問》云:"題啓元子次注,林億、孫奇、高保衡等奉敕校正,孫兆重改誤。啓元子,唐太僕令王冰也。《文獻通考》及《郡齋讀書志》作'王砅'。林億、高保衡,宋嘉祐中人。隋全元起舊有注八卷,佚其第七,冰得其本,爲之補注。億等既校正謬誤,復增注二千餘條,遂爲完書。有保衡《進書表》及冰序。此至元刻本,目錄後有'原本二十四卷,今併爲一十二卷刊行'。卷末有墨圖記二行,云'至元己卯菖節古林書堂新刊'。卷中有'葉樹廉印''石君''樸學齋''歸來草堂''張氏壁甫'諸朱記。"

森《志》補遺(任按,葉氏引爲森《志》,不確。)著録聿脩堂藏元至元己卯古林書堂刊本《新刊補注釋文黄帝内經素問》十二卷,云:"總目後有木記曰:'是書乃醫家至切至要之文,惜乎舊本譌舛漏落,有誤學者,本堂今求元豐孫校正家藏善本重加訂正,分爲一十二卷,以便檢閲,衛生君子幸垂藻鑑。'又目錄後有木蓋子題曰'元本二十四卷,今併爲一十二卷刊行'。又末有木記題'至元己卯菖節古林書堂新刊'。"

[三二] 張《志》卷二十二《子部・醫家類》著録元至元刊本《靈樞經》十二卷,云:"目錄後有'至元己卯古林胡氏新刊'一條。卷一後又有'至元庚辰菖節古林書堂印行'兩行。"

瞿《目》卷十四《子部・醫家類》著録元刊木《新刻皇帝靈樞經》云:"晁氏《讀書志》曰'王冰撰',謂即《漢志》'《黄帝内經》十八卷'之九。世謂王冰僞託,又謂即唐《志》'《黄帝九靈經》十二卷',王冰更其名曰《靈樞經》,此與《素問》同時刻本。目錄後有'至元己卯古林胡氏新刊'一行。卷一後有墨圖記二行云'至元庚辰菖節古林書堂印行'。"

森《志》補遺(任按,葉氏引爲森《志》,不確。)著録聿脩堂藏元至元己卯古林書堂刊本《黄帝内經靈樞》云:"《靈樞》首載史崧序。目錄後題'元作二十四卷,今併爲十二卷,計八十一篇'。墨筐題'至元己卯古林胡氏新刊'。第一卷末題'至元庚辰菖節古林書堂印行'。目錄及卷二題云《黄帝素問靈樞集注》,每注末附音釋。有'公忠鄭氏書府印''妙覺寺常住日典及盛方院印'。"

[三三] 實見森《志》補遺。同本節注[一三]。

[三四] 森《志》卷六《集部・別集類》著録元槧本《五百家注音辨昌黎先生文集》云:"卷首題'晦庵朱先生考異,留耕王先生音釋'。朱序後有'至元辛巳日新書堂重刊'木記。每卷有'雲林院藏書'印。"

[三五] 瞿《目》卷十三《子部・儒家類》著録元刊本《朱子成書》,云:"題'廬陵後學黄瑞節附録'。案,瑞節,字觀樂,元時以薦授泰和州學正,未赴。爲學得朱門傳授,輯朱子書在《四書》外者共十種,曰《太極圖説》《通書》《西銘》《正蒙》諸解、《易學啓蒙》《家禮校正》《律吕新書》《皇極經世指要》《周易參同契解》《校正陰符經》,每種爲一卷。前有大德乙巳廬陵劉將

孫序,目録後有墨圖記曰‘至正元年辛巳日新書堂刊行’。”繆荃孫《學部館目·子部·儒家類》著録《朱子成書》,云:“元刊本,每半葉十一行,行十一字,高六寸,寬三寸。黑口雙邊。”書後有“至正元年辛巳日新書堂刊行”二行木記。

此外,繆荃孫《學部館目》著録《禮部韻略》五卷,云:“元刊本,每半葉十一行,行大十四,小二十八字,高六寸八分,廣四寸五分。黑口單邊,首行題‘增修互注禮部韻略卷第幾次’三行,與宋本同,建安劉氏書林本也。”書後有“至正乙未仲夏日新書堂重刊”二行木記。

［三六］森《志》卷二著録容安書院藏元至正乙未刊本《增修互注禮部韻略》五卷,云:“首有擬進《增修互注禮部韻略表》,第一卷末有‘至正乙未仲夏日新書堂重刊’木記。楓山官庫及足利學亦藏此本。”

楊《志》卷四著録元刊本《增修互注禮部韻略》云:“每半葉十一行,大字行十四字,小字行二十八字。末有‘至正乙未仲夏日新書堂重刊’木記。”

［三七］森《志》卷二著録元槧本《明本排字九經直音》云:“此書分前後二集。卷端木格題‘熊氏博雅堂刊’五字,不著撰人名氏。首載《孝經音》。卷末有‘至正丁酉日新書堂繡梓’印記。卷首有‘天師明經儒’印,知係清氏舊藏。”

［三八］《四庫全書總目提要》卷三十三《經部·五經總義類》著録江蘇巡撫采進本《明本排字九經直音》二卷,云:“不著撰人名氏。書中《春秋傳》‘素王’二字下引宋真宗《宣聖讚》,但標真宗,不稱宋,又稱‘御製’,則爲宋人所著可知。卷首題曰‘明本’者,宋時刊版多舉其地之首一字,如建本、杭本之類,此蓋明州所刊本,即今寧波府也。末題‘歲次丁亥梅隱書堂新刊’,不著年號。考丁亥爲元世祖至元二十四年,是元初刊本矣。其書不用反切而用直音,頗染鄉塾陋習,然所音俱根據《經典釋文》,猶爲近古。《釋文》一字數音者,皆并存之。”

莫《録》卷一亦著録該書宋本,云:“半葉十三行,行二十二三字不等。巾箱本大小,如今秦氏覆宋《九經》此音,蓋即刊附《九經》後者也。《四庫》又收明州本,宋人《排字九經直音》二卷,爲元至元丁亥書隱堂刊者。”

［三九］瞿《目》卷十四《子部·醫家類》著録元刊本劉河間《傷寒直格》三卷,《後集》一卷,《續集》一卷,《別集》一卷,云:“題‘金劉完素撰’。臨川葛雍輯其‘論傷寒’一門爲此書,附以劉洪《傷寒心要》爲《後集》,馬宗素《傷寒醫鑒》爲《續集》,張子和《心鏡》第三卷爲《別集》。是本與錢遵王《讀書敏求記》所載合。卷首有無名氏序,序後有墨圖記一行云:‘臨川葛雍校正,建安虞氏刊行。’而目録前又有圖記五行云:‘傷寒方論,自漢長沙張仲景之

後，惟前金河間劉守真深究厥旨，著爲《傷寒直格》一書，誠有益於世。今求到江北善本，迺臨川葛仲穆編校，敬刻梓行，嘉與天下衛生君子共之。歲次癸丑仲冬妃仙陳氏書堂刊.'據此，則是本當從建安本出，而'歲次癸丑'乃元仁宗皇慶二年也。卷首有'錢氏仲實'朱記。"

[四〇] 黃《記》著錄元本《東坡樂府》云："今秋顧千里自黎川歸，余訪之城南思適齋，千里曰：'聞子欲賣詞，余反有一詞欲子買之。'余曰：'此必宋刻矣。'千里曰：'非宋刻，卻勝於宋刻。昔錢遵王已云，宋刻殊不足觀，則元本信亦可寶。'請觀之，則延祐庚申刻《東坡樂府》也。其時需值卅金，余以囊澀未及購取。後思余欲去詞，《辛詞》本欲留存，且蘇、辛本爲並稱，合之實爲雙璧。因檢書一二種，售之友人，得銀二十四金，千里猶不足，余力實無餘，復益以日本刻《簡齋集》，如前需數，而交易始成。余遂擡以書歸，取毛鈔《東坡詞》勘之，非一本，二卷雖同，其序次前後，字句歧異，當兩存之。鈔本附《東坡詞拾遺》一卷，有紹興辛未孟冬至游居士曾慥跋，謂'東坡先生長短句既鏤板，復得張賓老所編并載於蜀本者，悉收之'，似前二卷亦係曾刊。而《直齋解題》但云'《東坡詞》二卷'，不云有《拾遺》，似非此本；然《直齋》云'集中戚氏叙穆天子、西王母事'，今毛鈔本亦有此語，似宋刻即毛鈔所自出，而此刻戚氏下無此注釋文，蓋錢所云穿鑿附會者也。且毛鈔遇注釋處，往往云'公舊注'云云，俱與此刻合。而其餘多不同，或彼有此無，或彼無此有。余以毛鈔注釋多標明'公舊注'，則此刻之注釋乃其舊文，遵王欲棄宋留元，未始無意。此書未必迷古舊藏，前明迷經文、王兩家收藏，本朝又爲健菴、滄葦鑒賞，宜此書之益增聲價矣。"

楊《錄》卷五《集部》下亦有著錄，叙述與黃《記》略同，又云"每半葉十行，行十八字"。王紹曾補曰："此本散出後先歸周叔弢，轉歸北圖，《自莊嚴堪善本書目》《北京圖書館善本書目》均有著錄，題'元祐七年葉曾南皐書堂刻本，黃丕烈跋'。"

《中國版刻圖錄》云：匡高十八·四厘米，廣十一·六厘米。十行，行十八字。白口，左右雙邊。元祐七年葉曾刻於雲間南皐書室。

[四一] 森《志》卷一《經部·易類》著錄昌平學藏元槧本《直音傍訓周易句解》十卷，云："元盧陵朱祖義子由撰。末題'敏德書堂新刊''泰定丙寅菊月印行'。每半葉十二行，行二十三字左右。雙邊，界長五寸五分，幅三寸五分弱。首有'玄昌'朱印。"

此外，楊《譜》二編卷一《經部》亦著錄。

[四二] 森《志》卷二著錄容安書院藏元至順庚午刊本《廣韻》五卷，云："體式一與至正刊本同。每半板十三行，行十九字，注雙行三十字，界長六寸

一分,幅四寸左右,雙邊。序末有‘至順庚午敏德堂刊’木記,又有‘辛未菊節後十日印’七(任按,“七”,當爲“八”字之訛。)字。”

楊《志》卷三著録元刊本《廣韻》云:“首載陳州司馬法孫恛《唐韻序》。《序》後有‘至順庚午敏德堂刊’篆書木記,木記後又有‘辛未菊節後十日印’。校刊此書,首尾年餘,宜其刻印俱精。此本校張士俊澤存堂所刊重修本,注文殊簡,而與顧亭林刊本略同。”

陸《續跋》卷四元槧《廣韻跋》云:“有至順庚午刊本,每頁二十六行,每行約十八九字。小字雙行,每行三十字。序末有‘至順庚午敏德堂刊’木記及‘辛未菊節後十日印’七(任按,“七”,當爲“八”字之訛。)字。”

[四三] 楊《譜》初編、二編卷一《經部》均著録《直音傍訓尚書句解》,後有‘敏德書堂刊行’二行木記。

[四四] 見陸《志》卷一百一十六《集部·總集類》著録影寫元刊本《皇元風雅前集》六卷、《後集》六卷。

[四五] 森《志》卷二《經部》著録昌平學藏元槧本《四書章圖纂釋》二十卷,云:“前有凡例、朝貴題贈序文、總目及大德壬寅程復心大字行書序。每卷首題‘新安林隱程復心子見經進朝貴題贈序文’。後有‘富沙碧灣吳氏德新書堂印行’木記。《大學》卷末有‘至元歲次丁丑菊節德新堂印’木記。按,楓山秘府,又藏元代刊本與此同種。”

[四六] 吳《記》卷一《群經小學類》著録元刻本《周易傳義附録》十四卷,云:“每葉二十四行,行二十二字。末有‘至正壬午桃溪居敬堂刊行’方印,蓋元刻之佳者。”

張《續志》卷一《經部·易類》著録元至正刊本《周易程朱先生傳義附録》十七卷,云:“宋後學天台董楷纂集。分卷與通志堂本異。凡例後有‘至正壬午桃溪居敬書堂刊行’木印。”

陳樹杓《帶經堂書目》未見,俟考。

[四七] 仁和吳印臣鈐轄昌綏藏《增修妙選群英草堂詩餘前集》卷上、《後集》卷下,俟考。

[四八] 見楊《志》卷一著録元至正己丑積德書堂刊本《伊川易解》六卷、《繫辭精義》二卷,云:“中缺宋諱,當爲重翻宋本。”

[四九] 《詩集傳音釋》,見張《志》卷三《經部·詩類》著録元至正刊本。瞿《目》卷三《詩類》亦著録元刊本云:“題‘東陽許謙名物鈔音釋,後學廬陵羅復纂輯’。黃氏《千頃堂書目》始著於録,流傳頗少。凡例後有墨圖記云‘至正辛卯孟夏雙桂書堂重刊’,猶元時舊帙也。其書全載《集傳》,俱雙行,夾注音釋,即次《集傳》末,墨圍‘音釋’二字以別之。前後無序跋。惟凡例

中有云,廬陵羅君中行,博學而善記,慮學者稽考之難,乃以金華許益之先生《名物鈔》會衆經及諸傳籍參互考訂,以爲音釋,録於經傳之左。"

此外,楊《譜》卷三《小學部》著録《廣韻》,後有"建安余氏雙桂書堂鼎新鋟梓"二行木記。

[五〇]《文場備用排字禮部韻注》五卷,錢《日記》中未見著録。《十駕齋養新録》卷三中有著録,云:"此至正壬辰徐氏一山書堂刊本。"

[五一]張《志》卷七《經部·小學類》著録元至正刊本《增修互注禮部韻略》云"卷一後有'至正辛丑妃僊興慶書堂新刊'木印"。

瞿《目》卷七《經部·小學類》著録元刊本《增修互注禮部韻略》,云:"題'衢州免解進士毛晃增注,男進士居正校勘重增'。前有紹興三十二年晃《進書表》,無序跋。此元至正二十一年翻刻寶祐四年蜀中刻本。第一卷末當有'至正辛丑妃僊興慶書堂新刊'墨圖記,以鈔補缺葉遺之。"

[五二]楊《譜》著録《增修互注禮部韻略》五卷,書後有"太歲丙午仲夏秀巖書堂重刊"二行木記。

楊《志》卷四著録元槧本《韻府群玉》云:"有戊申春東山秀巖書堂刊本。書首行題'韻府群玉卷之一',行下有陰文'上平聲'三字,次行題'晚學陰時夫勁弦編輯',三行題'新吳陰中夫復春編注'。按,《提要》録此書,云是大德間刊本。今考時夫之父陰竹野序爲大德丁未,陰復春序爲延祐甲寅,陰勁弦序雖不書年月,而言其書成時其父已没,是大德間此書尚未成,安得有刊本? 則所云大德本者,意斷之説也。"

[五三]森《志》卷五《子部》著録奈須氏久昌院藏元槧本,云:"首有淳祐丙午祝穆自序,各集首有木格識語,總目目録、每卷及目録首題'建安祝穆和父編新外兩集',首題'云南江富大用時可編'。每半板十三行,行二十四字。序六行十四字,總目七行,目録與本文同。界長六寸餘,幅三寸九分。《外集》末有缺行,刊行時月不可考。卷首木格内記'雲莊書堂'四字,紙刻精良,元槧之佳者。每册首有'道順藏'墨印。"

[五四]森《志》卷一《經部·書類》著録昌平學藏元槧麻沙本《書集傳》六卷,云:"卷端題'書卷第一,晦庵先生訂定,門人蔡沈集傳'。每半版十一行,行二十四字,注雙行。界長七寸或六寸八九分,幅四寸二三分。蔡沈序後有'麻沙劉氏南澗書堂新刊'木記,册皮裏面有'義俊'印。"

楊《譜》卷一《經部》著録《書集傳》,有'麻沙劉氏南澗書堂新刊'木記。

[五五]森《志》卷二《經部》著録昌平學藏元槧本《論語集注》,云:"每半板□行,行二十一字。烏絲欄外標題,朱序後有'建安劉氏南瀾書堂(任按,疑爲"南澗書堂"之誤。)新刊'木記。"

　　[五六]《天禄琳琅書目後編》卷十《元版子部》著録《冷齋夜話》十卷，云：“宋僧惠洪撰。惠洪，一名德洪，字覺範，筠州人，書十卷。凡百五十四條，紀所聞見，多論詩法。目録後有識云：‘舊本譌謬，以世本堂家藏善本訂證，繡諸梓。至正癸未春新刊，三衢石林葉敦印。’”

　　陸《志》卷五十七《子部·雜家類》著録鄭杰舊藏元刊本《冷齋夜話》十卷，云：“是書僧惠洪所編也。至正癸未春新刊，三衢石林葉敦印。案，此元刊本每葉十八行，每行十七字，卷有‘鄭杰之印’‘昌英珍藏’朱文兩方印、‘鄭氏注韓居珍藏記’朱文長印。”又，陸《續跋》卷十亦著録。

　　[五七]見丁《志》卷二十《子部·類書類》著録元刊本《聯新事備詩學大成》。

　　[五八]《四庫全書總目提要》卷三《經部·易類》著録兩江總督采進本《丙子學易編》一卷，云：“宋李心傳撰。心傳，字微之，號秀巖，隆州人。寶慶二年，以布衣召補從政郎，差充秘閣校勘，歷官至工部侍郎，兼秘書監，事蹟具《宋史·儒林傳》。此本爲元初俞琬所鈔，後有琬跋曰：‘此書係借聞德坊周家書肆所鬻者。天寒日短，老眼昏花，併日而鈔其可取者云云，蓋所存不及十之一矣。’”

　　[五九]見丁《志》卷三十三《集部·別集類》著録影鈔洪武刊本《楚國文憲公雪樓程先生文集》三十卷、《附録》一卷。

　　陸《續跋》卷十三洪武本《程雪樓集跋》云：“至正二十三年刊於建陽劉氏書肆，成十卷，而元亡肆毀。”

　　[六〇]楊《録》卷三《子部》著録元本《新箋決科古今源流至論前集》十卷，《後集》十卷，《續集》十卷，《別集》十卷，云：“此本乃元時建陽坊刻，目録後碑版題‘疆圉協洽之歲’，而年號二字爲書佔挖去。予舊藏至正甲午建陽翠巖精舍所刊《陸宣公奏議》，卷一末碑牌中有‘近因回禄之變重新繡梓’云云，與此本所稱‘先因回禄’一語正吻合，由是推之，當是至正之丁未也。下禮部，敕巡按提學將建陽書板釐正，則明時建書房亦嘗有回禄，然於此本無涉，故自別一事耳。《浙江采集遺書總録》載有大德間建陽書坊詹氏刊本，張氏《藏書志》亦有延祐丁巳本，或皆刻於回禄以前。顧此本遇‘大宋’‘國朝’等字多空格，雖出重雕，猶是宋槧本之舊矣。每半葉十五行，行二十三字。”王紹曾補曰：“此本爲北圖所購天津鹽業銀行九十二種之一，《北京圖書館善本書目》著録，題‘元至正二十七年書林劉克常刻本’。”

　　丁《志》卷二十《子部·類書類》著録怡府藏元刊本，云：“目録後有大德丁未建陽書林劉克常識云‘此書版行於世，因回禄殘缺，今求到校官孟聲董先生鏞鈔本，端請名儒參考無誤，仍分四集壽諸梓，與四方共之’木記，此麻沙坊刻,每葉三十行,行二十五字,愛日精廬所藏爲延祐丁巳圓沙書院刊,較此遲梓十年矣。”

[六一]　陸《志》卷九十六《集部・別集類》著録元至元刊本《趙子昂詩集》七卷,云:“案,此元刊元印本,每葉二十二行,每行二十一字,目後有‘至元辛巳春和建安虞氏務本堂編刊’一行。”又見陸《續跋》卷十三元槧《趙子昂詩集跋》,大意與陸《志》同。

[六二]　陸《志》卷十《經部・四書類》著録汪韓居舊藏舊抄本《新編四書待問》。

[六三]　《周易程朱傳義》十四卷,附吕祖謙《音訓》,《毛詩朱氏集傳》八卷,見北京廠肆韓氏翰文齋書肆。俟考。

[六四]　此條同本節注[三九]。

陸《志》卷四十七《子部・醫家類》著録元刊本《新刊河間劉守真傷寒直格》三卷,《後集》一卷,《續集》一卷,張子和《心鏡》一卷,云:“臨川葛雍校正,建安虞氏刊行。案,此元刊本,每葉二十六行,每行二十四字。”

陸《續跋》卷九元刊《傷寒直格方跋》云:“前有無名氏序,序後有‘建安虞氏刊行’一行,目録前有‘陳氏書堂刊’木記五行。”

[六五]　《天禄琳琅書目後編》卷六《宋版集部》著録《增刊校正王狀元集注分類東坡先生詩》二十五卷,云:“姓氏後有篆書條記‘建安虞平齋務本書坊刊’。版式尺寸相同。而另是一刻,故加‘增刊校正’字樣。”

楊《録》卷五《集部》下著録元本《增刊校正王狀元集注分類東坡先生詩》二十五卷,云:“《東坡詩》舊注,今所傳者,惟王氏、施氏二本。梅溪《集注》成於乾道間。施、顧之注,至嘉定初,德初之子宿始經刊行,已後《集注》三十餘年。每半葉十一行,行大十九字,小二十五字。卷首《集注》姓氏後有‘建安虞平齋務本書堂刊’木記、‘雙檜堂書畫私印’‘李廷相印’‘夢弼’‘平陽汪氏’各印。”王紹曾補曰:“此本散出後先歸周叔弢,後歸傅沅叔,轉歸北圖。《藏園群書經眼録》《北京圖書館善本書目》均有著録,題‘宋虞平齋務本堂刻本’,楊氏誤定元本,王晉卿《文録堂訪書記》仍沿《隅録》之誤,定爲元建刻本。”

[六六]　瞿《目》卷十八《子部・道家類》著録宋刊本《老子道德經》四卷,云:“題‘河上公章句’。分《道經》《德經》爲二。前有序及《河上公傳》,題‘太極左仙公葛元造’。目録後有‘建安虞氏刊於家塾’一條。每半葉十行,行十七字。注字雙行,行廿四字。書中‘慎’字有減筆,當是孝宗後刻本。案,《纂圖互注》本,亦河上公注,而句多增損,遜此舊本之精。卷首有‘葉氏菉竹堂藏書’及‘鳳臺家藏’‘士禮居臧’‘蕘圃卅年精力所聚’諸朱記。”

[六七] 朱《目》卷一著録云："明洪武廿一年,建安務本堂刻本。"

[六八] 張《志》卷三十二《集部·別集類》著録宋氏賓王手抄本《静修文集》二十二卷,云："卷一後注云'元刻',有'至順庚午孟秋宗文堂刻'十字,蓋從元刊本影寫者。宋氏賓王跋云:'明永樂間所刻《詩文遺集》《附録》分三十卷者,較之此本,詩文則有闕,無多譌字,脱漏則倍之。'"

瞿《目》卷二十二《集部·別集類》著録舊鈔本《静修先生文集》二十二卷,云："元劉因撰。明至順間宗文堂刻本,有李謙序,太倉宋蔚如從之影寫,復於《容城兩賢集》中補録《詩文》二卷附後。卷首有'宋賓王印''蔚如氏校''婁束錢義根覺士氏珍藏'諸朱記。"

陸《志》卷九十六《集部·別集類》三十亦著録舊抄本《静修集》二十二卷,《補遺》二卷,云："張氏月霄曰卷一後注云'元刻',有'至順庚午孟秋宗文堂刻'十字,蓋從元刊本影寫者。"

[六九] 瞿《目》卷十四《子部·醫家類》著録元刊本《太平惠民和劑局方》十卷,附《指南總論》三卷,云："此書首列《進書表》,末題'將仕郎措置藥局檢閲方書陳承、奉議郎守太醫令兼措置藥局檢閲方書裴宗元、朝奉郎守尚書庫部郎中提轄措置藥局陳師文謹上'三行。凡十四門,七百七十八方,與陳氏《書録》及《玉海》作五卷,爲二十一門、二百九十七方不合。蓋陳氏、王氏所載爲師文原本,此則紹興以後增修本也。《文獻通考》作十卷,殆即此本矣。目録後有'建安宗文書堂鄭天澤新刊'一行。曝書亭所藏,竹垞氏有跋者,爲建安高氏日新堂刊本,同爲元刻,别一本也。"

實見森《志》補遺,同本節注[一三]。

繆《續記》卷二著録《太平惠民和濟局方》十卷,《指南總論》二卷,云："影寫宋本,目録後有'建安宗文書堂鄭天澤新刊'一行,何願船、朱修伯藏。"

[七〇] 森《志》卷二著録賜盧文庫藏宋淳熙丙申刊本《春秋經傳集解》三十卷,云："每半板十行,行十八字,注雙行,行二十二字,界長五寸一分,幅三寸五分,左右雙邊。青歸書屋所藏明刊本,即覆刻此本者。卷末木記亦全同,但淳熙以下十九字,改作'□□丙戌孟冬之吉書林宗文堂樂齋鄭希善刊已'。"其實,此本《春秋經傳集解》,森《志》中云乃"淳熙柔兆涒灘中夏初吉閩山阮仲猷種德堂刊",蓋後由書賈改作"宗文堂"矣。

[七一] 楊《志》卷三著録元刊本《大廣益會玉篇》三十卷,云："此本板式校至順本稍嬴,行款亦同,唯標題彼作大字,跨兩行,此則只占一行。目録後有鼎形木記,中有篆字'宗文'二字,下有'建安鄭氏鼎新繡梓'方木記。相其字體,蓋亦元代刊本,其中與張刻宋本參差之跡,已略見至順本跋中。"

楊《譜》卷三《小學部》著録《大廣益會玉篇》,書後有"宗文"鐘形印,

"建安鄭氏鼎新繡梓"二行木記。

　　[七二] 孫《記》卷二《明版》著錄《鼎雕銅人腧穴鍼灸圖經》三卷,云:
"題'錦城紹錦徐三友校正,書林宗文堂繡梓'。前有正統八年御製序。晁
氏《讀書志》有此書,云'皇朝王維德撰'。據序文,宋天聖刻諸石,復範銅肖
人。於今四百餘年,石刻漫滅,銅像昏暗,乃命重作。此又坊間梓而行之,尚
是未改變原本,勝於今世所行七卷本多矣。每葉廿行,行廿五字。"

　　[七三]《天禄琳琅書目後編》卷十六《明版子部》著錄坊刻小字本《五
倫書》,云:"明宣宗御撰。書六十二卷。首《五倫總論》,以五倫分門:君道
二十二,臣道三十,父道二,子道三,夫婦、兄弟、朋友之道各二。每門分嘉
言、善行二目,君道分子目四十八,臣道分子目四十二,父道附母、伯叔、叔
母,子道附女、婦,兄弟附宗族,朋友附師生。"

　　[七四] 繆《記》卷六著錄《蔡中郎文集》十卷,《外傳》一卷,云:"明萬曆
陳留令徐子器刻本。題'漢左中郎將蔡邕伯喈傳',有歐靜序,又有萬曆元年
東陽王乾章序。徐子器,陳留令,此集即刻於陳留。《四庫》所收雍正中陳留
刊本并爲六卷,想此刻久不存矣。收藏有'怡怡草堂珍藏'朱文方印。"

　　[七五] 森《志》卷五《子部·類書類》著錄容安書院藏明嘉靖丁酉刊本
《初學記》三十卷,云:"卷末有嘉靖丙申冬壺雲子後跋,序後有'嘉靖丁酉歲
冬書林宗文堂刊行'木記,此本係市野光彦舊藏。"

　　此外,楊《譜》卷六《子部》亦著錄《初學記》,題"嘉靖丁酉歲冬書林宗文
堂刊行"。

　　[七六] 陸《志》卷五十九《子部·類書類》著錄徐興公舊藏元宗文堂刊
本《藝文類聚》一百卷,云:"今書坊宗文堂購得是書,即便命工刊行,溥傳海
宇,售播四方,賢哲士夫以廣斯文,幸鑑。案,元刊《劉靜修集》卷一後有墨記
云'至順庚午宗文堂刊'木記,則宗文堂爲元時書坊無疑。每葉二十八行,每
行二十八字,明小字本即從此出。"

　　陸《續跋》卷十元槧《藝文類聚跋》,大意同陸《志》。

　　[七七] 見錢《日記》卷一所著錄。

　　[七八] 楊《譜》卷三《小學部》著錄《大廣益會玉篇》一部,後附"宣德辛
亥孟冬清江書堂新刊"兩行木記。

元建安葉氏刻書

　　建安余氏書業,衰於元末明初。繼之者有葉日增廣勤堂,自元

至明,刻書最夥,亦有得余板而改易其姓名堂記者,如元天曆庚午是年改元"至順"。仲夏,刻《新刊王叔和脈經》十卷,見張《志》、森《志》補遺、《鍼灸資生經》下,元刊本。瞿《目》。舊鈔本[一]。明正統甲子九年。良月吉日,三峰葉氏廣勤堂刻《增廣太平惠民和劑局方》十卷,《指南總論》三卷,《圖經本草》一卷,見森《志》補遺[二]。正統十二年孟夏,三峰葉景逵刻《鍼灸資生經》七卷,有墨圖記云"廣勤書堂新刊",見瞿《目》、陸《續志》、丁《志》。誤作"元刻"。又有"三峰葉景逵謹咨"牌記,見森《志》、陸《志》、陸《續跋》[三]。成化九年歲次癸巳,刻《埤雅》二十卷,云"葉氏廣勤書堂新刊",見森《志》[四]。元版《唐詩始音輯注》一卷,《正音輯注》六卷,《遺響輯注》七卷,目錄後有"廣勤堂"鼎式木印,"建安葉氏鼎新繡梓"木長印,見孫《記》。按,此明時所刻[五]。此其自刻板也。日增、景逵當是父子相繼。《天禄琳琅》六《元板集部》'《千家注分類杜工部詩集》'中有一部,云將"皇慶壬子余氏"木記劖去,別刊"廣勤堂新刊"木記,其鐘式、爐式二木記尚存,而以"皇慶壬子"易刻"三峰書舍","勤有堂"易刻"廣勤堂"。目錄後"皇慶壬子余志安刊於勤有堂"十二字雖已劖去,而卷二十五後猶未劖補。《後編》一部,誤入《宋板》[六]。瞿《目》,元刊本《集千家注分類杜工部詩》二十五卷、附《文集》二卷,云此即皇慶元年余氏勤有堂刊本,後廣勤書堂得其板,附以《文集》二卷,故所刊字跡迥異;而目錄後及卷二十五末葉原有"皇慶壬子余志安刊於勤有堂"一條,亦已鑱去不存[七]。楊《錄》,元本《集千家注分類杜工部詩》二十五卷,《文集》二卷,云:"楊蟠《觀子美畫像詩》後,有'廣勤書堂新刊'木記,卷二十五後有'壬寅年孟春廣勤堂新刊'一行。"此壬寅當在至正二十二年,已在元末[八]。丁《志》有一部,云後有"廣勤書堂新刊"六字木記,門類後有"三峰書舍"四字鐘式木印;"廣勤堂"三字鼎式木印。蓋是時余板《杜詩》久歸廣勤堂,後又轉售金臺汪諒[九]。《天禄琳琅》六別一部云:削去"廣勤堂"木記,惟以"三峰書舍"四字易刊"汪諒重刊"四字。丁《志》二本皆有之,其一誤爲汪諒翻刻,丁云"行款字數與元刊無異,惟筆畫稍肥",不知筆畫肥由於久印低損,非出翻刻。汪諒,金臺書估,嘉靖四年爲柯維熊刻《史記》者。殆由葉而得其板,削去舊名,換以己名[一〇]。《天禄琳琅》十《明板》'《分類補注李太白詩集》二十五卷'，云："前元版中有是書，目録末葉板心，標'至大辛亥三月刊'，此本板式似之，而目録末葉板心則稱'正統己巳二月印'，當即由前板翻出者。"其所載"建安余氏勤有堂刊"木記，係仍元刻之舊，此余板李、杜《集》元、明間售歸廣勤堂之確證。其後屢經轉鬻，但改印記牌名。如前《天禄琳琅》六所載之一部，將"廣勤堂"削去，易"三峰書舍"印記爲"汪諒重刊"印記之例[一一]。蓋同一刻板而數易主名，否則豈有翻板時祇改元號年月不改堂名之理，是亦顯而易見者也。

【箋證】

[一] 張《志》卷二十二《子部·醫家類》著録影寫元刊本《新刊王氏脈經》十卷，云："晉王叔和撰。宋朝散大夫守光禄卿直秘閣判登聞檢院上護軍臣林億等類次，目録後有'天曆庚午誠廣勤葉氏刊'木記。"

森《志》補遺亦著録多種版本《脈經》，未見乃"廣勤堂刊"。

瞿《目》卷十四著録舊鈔本《新刊王氏脈經》十卷，云："晉王叔和撰并序。又何大任後序。案，叔和，高平人，官太醫令，世傳《叔和脈訣》一卷與此不同，乃僞作也。是編亦宋林億等校定。前有億《進書序》，末列高保衡、孫奇、林億銜名。宋紹聖、嘉定俱有刻本。此本目後有'天曆庚午歲廣勤葉氏刊'一行，蓋從元刻本鈔出。"

[二] 森《志》補遺著録聿修堂藏元盧陵古林書堂刊本《增廣太平惠民和劑局方》十卷，《指南總論》三卷，《圖經本草》一卷，云："每半版高六寸一分，幅四寸九分，十三行，行廿二字。首載陳師文等上表，首頁木格内題'盧陵古林書堂'六字。又按，是書元以來刻本不一，元板則有余志安本、臨江錢氏本、高氏日新堂本、鄭天澤本、不記年月本。明板則有葉氏廣勤堂本、熊氏種德堂本、袁元熙本。"

[三] 瞿《目》卷十四《子部·醫家類》著録元刊本《鍼灸資生經》七卷，云："不著撰人。案，嘉定庚辰徐正卿序，謂東嘉王叔權作，則亦宋時人也。目録前有'廣勤書堂刊'一行。其第一卷，專論人身諸穴，第二卷以下，列鍼灸諸法；其銅人圖式，非獨正背，兼具側形。考《唐志》有《黃帝十二經偃側人圖》十二卷，此或其遺法歟。卷首有'范文安藏書''張履和印'二朱記。"又見，陸《續志》卷四著録影寫元刻本《鍼灸資生經》。丁《志》卷十六《子部·醫家類》亦著録。

森《志》補遺著録聿修堂藏明正統丁卯刊本《鍼灸資生經》七卷，云："首載嘉定庚辰徐正卿序,目録後題'廣勤書堂新刊',又有'正統十二年孟夏三峰葉景達謹咨'木記,卷首有'大監王公編'五字。按,張金吾《藏書志》載元板《脈經跋》云:'先以《鍼灸資生經》梓行矣,今復刻《脈經》,時天曆庚午仲夏,建安葉日增誌於廣勤堂。'據此,則此本蓋取原于元刊本已。"

《鍼灸資生經》,陸《續跋》中未見著録。實見陸《跋》卷七《鍼灸資生經跋》,云:"影寫明正統間廣勤堂刊本。題曰'太監王公編'。每頁二十四行,每行二十二字。目録後有'正統十二年孟夏三峰景逵詳咨'木記,卷末有'三峰廣勤堂葉景達(任按,"達"應作"逵"。)重刊'一行。蓋明時麻沙刻本也。"

此外,傅增湘《藏園群書經眼録》卷七《子部·醫家類》亦有著録,云:"元刊元印本,十二行二十四字。題'太監王公編',目録後第二行有'廣勤書堂新刊'一行。"

[四] 森《志》卷二著録容安書院藏明成化九年刊本《埤雅》二十卷,云:"後有'成化九年歲次癸巳葉氏廣勤書堂新刊'木記,此本爲市野光彦舊藏。卷首有'吉氏家藏'及'稱意館藏書記印',又有'自演'方印。"

[五] 孫《記》卷一著録《唐詩始音輯注》一卷,《正音輯注》六卷,《遺響輯注》七卷,云:"目録後有'廣勤堂'鼎式木印,'建安葉氏鼎新繡梓'木長印。每集後有'鑑池春草''尚白齋'兩木印,黑口版。每葉廿行,行十八字。收藏有'季振宜印'朱文方印、'滄葦'朱文方印、'季滄葦圖書記'朱文長印。"

[六] 《天禄琳琅書目後編》卷六《宋板集部》亦著録《集千家注分類杜工部詩》,云:"卷首有'廣勤書堂新刊'字及墨印二:曰'三峰書舍',鐘式;曰'廣勤堂',鑪式,建陽書肆梓。"

[七] 瞿《目》卷十九《集部·別集類》著録元刊本《集千家注分類杜工部詩》二十五卷,附《文集》二卷,云:"此即皇慶元年余氏勤有堂刊本,後廣勤書堂得其板,附以《文集》二卷,故所刊字蹟迥異。而目録後及卷二十五末葉,原有'皇慶壬子余志安刊於勤有堂'一條,亦已剷去不存。余氏歷宋及元,世以刻書爲業,勤有堂之號亦相承弗替。是本與《分類補注李太白詩》同時刊行,繕刻清朗,檢校無譌,雖出後印,亦足貴也。卷首有'鳩林書巢'朱記。"

[八] 楊《録》卷四《集部》上著録元本《集千家注分類杜工部詩》二十五卷,附《文集》二卷,云:"李、杜詩,元時建陽書坊均有《分類集注》之本。《李集》,宋春陵楊齊賢子見集注,元蕭士贇梓可補注;《杜集》,即此本也。卷首題'東萊徐居仁編次,臨川黃鶴補注'。蓋分類分卷俱依居仁之舊,注則以叔似喬梓原本爲主,而續有補益。故黃氏所輯,注家止一百五十一人。而郭知

達《九家集注》成於淳熙辛丑,蔡夢弼《草堂詩箋》成於嘉泰甲子,或在其前三十餘年,或十餘年,殊未引及此本。姓氏中,則知達之九家及夢弼,均已采列,惟知達亦未載。並以時賢劉氏會孟殿之,凡一百五十六人。每半葉十二行,行大二十字、小二十六字。楊蟠《觀子美畫像詩》後有‘廣勤書堂新刊’木記。卷之二十五後有‘壬寅年孟春廣勤堂新刊’一行。按,元有兩壬寅,一大德六年,一至正二十二年,此不知爲大德爲至正也。自宋以來,惟《杜集》注者最多,而爲後人所攻駁者,亦惟《杜注》最甚。伏讀《四庫全書總目》,《集千家注杜詩》提要曰‘編中所集諸家之注,真贋錯雜,多爲後來所抨彈。然宋以來,注杜諸家,鮮有專本傳世,遺文緒論,頗賴此書以存,其篳路藍縷之功,亦未可盡廢’云云,洵稱篤論。顧《四庫》著録者,猶是劉須溪批本,諸注皆高楚芳所附入,已删節十之五六。此本乃當時完帙,雖譌舛誠不能免,而去古未遠,援據詳博,要爲注杜諸家之鼻祖也。特今世所見,悉明人從楚芳本覆出者。視楚芳本,又多謬誤,正如俗翻《東坡詩》之百家集注,全非本來面目矣。此本頗不數覯,《四庫總目》亦未之收載也。”

　　[九] 見丁《志》卷二十四《集部·別集類》著録明汪諒翻元刊本《集千家注分類杜工部詩》。

　　[一〇] 同本節注[六]。

　　[一一]《天禄琳琅書目》卷六《元版集部》著録《分類補注李太白詩集》,云:“書中有‘建安余氏勤有堂刊’篆書木記,目録末葉版心記‘至大辛亥三月刊’。按,辛亥,爲元武宗至大四年。其時,勤有堂之名尚存,蓋建安余氏子孫皆世守其業者也。”

廣勤堂刻萬寶詩山

　　世傳錢謙益絳雲樓所稱宋板《萬寶詩山》,後歸湖州陸心源皕宋樓。前有□□□□□此缺五字。雍作噩重九日,蒲陽余性初序云:“書林三峰葉景逵氏,掇拾類聚,繡梓以傳於世,目之曰《萬寶詩山》。”陸《續跋》以爲宋麻沙本,謂序“著雍”在戊,“作噩”在酉,戊酉不相值,非戊戌即己酉之譌。蓋理宗淳祐末年刊本。是書亦載莫《録》,云宋巾箱本。又載王聞遠《孝慈堂書目》,云宋袖珍本。日本島田翰作《皕宋樓藏書源流考》駁之,謂序所缺爲“宣德四年”四字,“著雍作噩”當是“屠維作噩”之偶然筆誤,不免爲書估所愚。

島田駁之誠是。不知"著雍屠維"四字,形近易誤,當刻書檢查時粗略致誤,非筆誤也。至所缺年號,即售於錢謙益時估人之所爲,非陸始受其愚,使錢當日得見正統三年景逵所刻各書,則無此誤謬矣。至孫《記》所載元本《唐詩始音輯注》等,目後有"廣勤堂"鼎式印、"建安葉氏鼎新繡梓"長木印,此似在《萬寶詩山》之前,然亦不出明代。何也? 如《始音》《正音》《遺響》等類,與分初、盛、中、晚唐詩者知解相同。初、盛、中、晚之別,始於明高棅編《唐詩品彙》《拾遺》。據其序,書成於洪武甲子十七年,而《拾遺》則補於癸酉。其書子目有大家、名家、羽翼、餘響諸類,區畫唐詩門户,風氣開自明初,元人無此例也。然則《詩山》及《始音》等集精刻本,埒於宋、元,故自來收藏家,不誤以爲宋,即誤以爲元,亦其魚目可以混珠故也。《萬寶詩山》亦載胡爾榮《破鐵網》,云:"宋板監省選編《萬寶詩山》三十八卷,季滄葦藏書。袖珍本,板心長約四寸,闊前後約六寸。首行大字所題即寫此名目,次行即云'書林葉氏廣勤堂新刊',有目無序。每葉共三十行,行十五字。詩俱分類,自'太極'至'蟲魚'類止,似今帖括之詩。每詩一首,連題三行,不著編次人姓名,並不詳作詩者爲誰氏。系吴門五柳居陶氏所藏,聞已歸維揚鮑氏。"按,此即絳雲樓故物,輾轉歸於日本岩崎氏,島田翰所見即此。吾曾見景寫本,誠如胡氏所云,蓋當時坊估射利之所爲,不足與于大雅之列。自來收藏家不知鑒別,以爲真宋槧奇書,亦由其校刻甚精,可以碔砆亂玉也。吾藏有廣勤堂刻李燾《通鑑宋元續編》殘卷,不知卷數多少。字體圓活,有南宋刻本遺風。首叙大題云《通鑑宋元續編》,叙云:"《宋元》一書乃李氏燾之所編也。其間治亂興亡之道,靡不備録,誠萬世史學之要法也。惜此書刊刻既多,差謬亦甚,爰取古本謄作大字,梓行於世。俾後之讀史者,不惟無扞格之患,亦且無魯魚亥豕之疑矣,夫豈曰小補之哉。"末題"嘉靖丙午歲季夏月祥旦葉氏廣勤堂謹識",又末一行云"宋元叙畢"。此書宋以來官私志目均不著録。李燾,宋人,著有《續資治通鑑長編》,固與此書無涉,且宋人安得編至元時。坊估無學,實形鄙陋,惟其板刻精美,爲坊肆當行。故雖牧翁、滄葦諸人,在二百年前已不能分其真贗,又無論胡、陸兩家之晚出矣。

書林清話箋證卷五

明時諸藩府刻書之盛

明時官刻書，推南、北京監本爲最盛。南監多存宋監、元路學舊板。其無正德以後修補者，品不亞於宋、元。觀《南雍經籍志》所載四部板片，真三朝文獻之所繫矣。北監多據南監本重刻，《十三經》、《二十一史》之外，罕見他書。據其時周弘祖《古今書刻》所錄北國子監書僅四十一種，而經史並不著錄。《書刻》漏略歟？抑弘祖時板已散逸歟？弘祖書世鮮傳本，吾已影寫重刻。其臚舉内府部院及直省司府州學所刻書，乃知當時刻書成爲一種例事。如北京都察院刻《三國志演義》《水滸傳奇》及《萬化玄機》《悟真篇》之類。又如《太古遺音》，則寧藩所著曲套；《神奇秘譜》，則寧藩所著棋經。堂堂風憲有司，而刻書如此之輕誕，是無怪《五經》《四書》《性理大全》等書乃爲司禮監專其事矣。司禮監所刻書見於《經廠書目》。世所傳經廠大字本《五經》《四書》，頗爲藏書家所詆斥，非盡謂其校勘不精也。夫以一代文教之事，以奄人主之，明政不綱，即此可見。惟諸藩時有佳刻，以其時被賜之書，多有宋元善本，可以繙雕，藩邸王孫又頗好學故也。今就所存之書錄之。如：

蜀府。洪武甲戌，二十七年。刻《自警編》九卷，見丁《志》[一]。刻劉向《説苑》二十卷，見陸《跋》。楚府刻《説苑》下，並刻《新序》十卷，載《古今書刻》[二]。成化己亥，十五年。刻《静修先生文集》三十卷，見丁《志》。弘治刊本[三]。嘉靖乙未，十四年。刻《史通》二十卷，見繆《續記》。即陸深刻本，云爲蜀藩刻[四]。萬曆丁丑，五年。刻《重修政和經史證類備用本草》三十卷，見《天禄琳琅》九[五]。

寧藩。明初刻《病機氣宜保命集》三卷,見瞿《目》[六]。正統間,刻《重編白玉蟾文集》六卷,《續集》二卷,見阮《外集》。云南極遐齡老人臞仙重編。臞仙乃明太祖第十六子寧獻王朱權之號[七]。

代府。天順間,刻《譚子化書》六卷,見瞿《目》[八]。

崇府。成化丙申,十二年。刻《貞觀政要》十卷,見丁《志》[九]。嘉靖癸卯,二十二年。刻《孝肅包公奏議集》十卷,見瞿《目》[一○]。

肅府。成化己亥,十五年。刻《劉因靜修先生集》三十卷,見陸《志》。明弘治重刻本。德輝按,此與蜀府刻本年月同,疑陸《志》誤[一一]。

唐府。成化丁未,二十三年。刻元張伯顔本《文選》六十卷,見瞿《目》、云有弘治元年唐世子跋。陸《續跋》、繆《續記》[一二]。

吉府。正德乙亥,十年。刻賈誼《新書》十卷,見張《志》、瞿《目》、陸《志》。云即正德九年陸氏刻本,板歸吉府[一三]。刻正統本《四書》二十六卷,見丁《志》[一四]。萬曆丁酉,二十五年。刻《楚辭集注》八卷、《辨證》二卷、《後語》六卷,見繆《記》[一五]。萬曆缺年月。刻《老子道德經》二卷,《關尹子文始真經》九篇。一卷,《亢倉子洞靈真經》九篇。一卷,《文子通玄真經》十二篇。一卷,《尸子》二篇。一卷,《子華子》二卷,《鷃子》十四篇。一卷,《墨子》十四篇。一卷,《公孫龍子》六篇。一卷,《鬼谷子》十三篇。一卷,《列子沖虛真經》二卷,《莊子南華經》二卷,《荀子》三卷,《揚子》十三篇。一卷,《文中子》十篇。一卷,《抱朴子》二卷,《劉子》五十五篇。一卷,《黃石公素書》六篇。一卷,《玄真子》三篇。一卷,《天隱子》八篇。一卷,《無能子》三十四篇。一卷。見袁《簿》[一六]。

晉府寶賢堂,亦稱志道堂,亦稱虛益堂,又稱養德書院。嘉靖乙酉,四年。重刻元張伯顔本《文選注》六十卷,見繆《續記》[一七]。嘉靖丙戌,五年。刻《宋文鑑》一百五十卷,見《天禄琳琅後編》二十、孫《記》、錢《日記》、丁《志》、陸《志》、莫《錄》[一八]。嘉靖己丑,八年。刻《唐文粹》一百卷,見《天禄琳琅後編》十九[一九]。嘉靖甲午,十三年。刻安國桂坡館《初學記》三十卷,見楊《志》、丁《志》[二○]。嘉靖丁酉,十六年。刻《元文類》七十卷,見丁《志》、繆《記》。德輝按,吾藏晉藩所刻書皆全,實非善本[二一]。

益府。嘉靖壬寅,二十一年。刻張九韶《理學類編》八卷。萬曆初元，刻《大廣益會玉篇》三十卷，見丁《志》[二二]。崇禎庚辰，十三年。刻宋陳敬《香譜》四卷。據元至治壬戌刻本重雕。《茶譜》十二卷，内分二十一種：唐陸羽《茶經》上中下三卷，全卷之一二三。唐張又新《煎茶水記》一卷，全卷之四。宋蔡襄《茶録》一卷，全卷之五。宋朱子安《東溪試茶録》一卷，全卷之六。吳文錫《茶略》一卷，内有孫大綬《茶賦》上下卷，全卷之七。末有“咸淳己巳五月夏至後五日審安老人書”一行，當是據宋本重刻。明屠本畯《茗笈》上下篇一卷，全卷之八。《香水清供録》一卷，全卷之九。曹士謨《茶事拾遺》一卷，全卷之十。《續集古今茶譜》五種，内宋黃儒《品茶要録》一卷，宋熊蕃《宣和北苑貢茶録》一卷，宋趙汝礪《北苑別録》一卷，宋沈括《本朝茶録》一卷，彰郡程百二《品茶要録補》一卷；全卷之十一。《續集古今茶譜》六種，内明許次紓《茶疏》一卷，明陸樹聲《茶寮記》七類一卷，明田崇衡《煮泉小品》一卷，明馮可賓《岕茶牋》一卷，明屠隆《茶牋》一卷，黃龍德《茶説》一卷，全卷之十二。見何厚甫培元《經眼書目》[二三]。

秦府。嘉靖甲午，十三年。刻黃善夫本《史記》一百三十卷，見《錢稿書跋》、繆《記》[二四]。嘉靖庚戌，二十九年。刻《天原發微》五卷，見陸《志》、丁《志》[二五]。嘉靖丁巳，三十六年。刻蔡沈《至書》一卷，見張《志》、陸《志》[二六]。隆慶六年，刻《千金寶要》六卷，見孫《記》[二七]。

周藩。洪武庚午，二十三年。刻《新刊袖珍方大全》四卷，見丁《志》。弘治翻本[二八]。嘉靖丁酉，十六年。刻宋董嗣杲《西湖百咏》一卷，見陸《志》。鈔本[二九]。

徽藩崇德書院。嘉靖乙未，十四年。刻會通館本《錦繡萬花谷前集》四十卷，《後集》四十卷，《續集》四十卷，見繆《續記》[三〇]。無年號刻《素書》一卷，《鶡子》一卷，《公孫龍子》一卷，《亢倉子》一卷，《元真子》一卷，《天隱子》一卷，《無能子》一卷，見陸《志》[三一]。

潘藩。嘉靖丙午，二十五年。刻宋張景《醫説》十卷，見森《志》、丁《志》[三二]。嘉靖辛酉，四十年。刻《焦氏易林》二卷，見丁《志》。云：前有潘藩西屏道人書於敕賜勉學書院之修業堂翻刊序，卷後有淳祐辛丑直齋題識[三三]。

伊府。嘉靖戊申，二十七年。刻《四書朱注》二十六卷，見丁《志》[三四]。

魯府敏學書院,亦稱承訓書院。嘉靖甲辰,二十三年。刻《誠齋易傳》二十卷,見繆《記》。云題"敏學書院刊"[三五]。嘉靖乙丑,四十四年。刻《抱朴子内篇》二十卷,《外篇》五十卷,見黄《記》、陸《志》、舊鈔本。丁《志》[三六]。

趙府居敬堂,亦稱味經堂。嘉靖柔兆執徐,丙辰三十五年。刻朱子《資治通鑑綱目》五十九卷,見袁《簿》。云板心有"趙府居敬堂"五字[三七]。無年號刻嚴粲《詩緝》三十六卷,劉三吾《書傳會選》六卷,見《天禄琳琅後編》十二、丁《志》[三八]。刻晁迥《法藏碎金録》十卷,見瞿《目》、丁《志》[三九]。刻《補注釋文黄帝内經素問》十二卷、《遺篇》一卷,《靈樞經》十二卷,板心有"趙府居敬堂"五字。刻明崔銑《洹詞》十二卷,板心有"趙府味經堂"五字。見丁《志》[四○]。刻《脈經》十卷。吾有藏本,板心有"趙府居敬堂"五字。

楚府。無年號刻劉向《説苑》二十卷,見陸《跋》。並刻《新序》十卷,載《古今書刻》[四一]。

遼國寶訓堂。無年號刻《昭明太子文集》五卷,見孫《記》、繆《記》。云首行云"大明遼國寶訓堂重梓"[四二]。

德藩最樂軒。無年號刻《漢書》一百卷,見莫《目》。余有藏本。小題在上,大題在下。板心上方有"德藩最樂軒"五字,下有刻工姓名。每葉二十行,行二十一字。白文無注[四三]。

潞藩。崇禎丙子,九年。刻《述古書法纂》十卷,見丁《志》[四四]。

大抵諸藩優游文史,黼黻太平。修學好古,則河間比肩;巾箱寫經,則衡陽接席。又不獨鄭藩世子載堉之通音律,西亭王孫樨睦之富藏書,爲足增光於玉牒也已。

【箋證】

[一] 丁《志》卷十九《子部·類書類》著録明刊校宋本《自警編》九卷,云:"前有宋嘉定甲申正月望漢國趙善璙自序曰:《詩》之《抑》,衛武公所以自警者,凡十二章。紬繹辭旨,反覆切至。予辛巳去國,屏跡龜溪,省愆餘暇,集我朝諸公言行。越三年而成編,名以《自警書》。端平改元再跋,遂鋟於九江郡齋。原分甲、乙、丙、丁、戊五卷。明洪武甲戌一梓於蜀藩,弘治壬戌再梓於嶺表。嘉靖四十年,吾鄉陳方伯善按察雲南,更刊於大理,改編九卷。萬曆元年,姑蘇徐栻巡撫江右,就滇本校刊。四年,移撫兩浙,重刊於壯

猷堂即此本,更借瞿氏宋本校補之。”

[二] 陸《跋》卷六《説苑跋》云:“明楚府刊大字本。半頁十行,行十九字。是書明凡五刻,有四川蜀府本、嘉靖何良俊本、程榮《漢魏叢書》本、何鏜《漢魏叢書》本,及此而五,何鏜本出於程榮,程榮本出於何良俊。此本字大悦目,與何良俊本互有得失。”

[三] 丁《志》卷三十三《集部・別集類》十一著録明弘治刊本《静修先生文集》。静修,元劉因號。丁《志》云:“因,字夢吉,保定容城人。三歲識書,六歲能詩,七歲能文,及長得周、程、張、邵、朱、吕之書,一見能發其微。嘗愛諸葛武侯‘静以修身’之語,表所居曰‘静修’。至元十九年,詔徵拜右贊善大夫,未幾,以母疾辭歸。二十八年,召爲集賢學士,以疾上書宰相固辭。三十年卒,年四十五,無子。延祐中追封容城郡公,謚文靖。至順間崇文堂刊《集》二十二卷,前有李謙序。明永樂癸卯,儀真陳立序稱,至正癸未哈刺那海僉浙西道事,刻版於嘉禾郡庠,有江南浙西道肅政廉訪司下嘉興路總管府刊行牒文,今越七十餘年。浙西僉憲龍公按臨於兹,覩版腐朽,謀於太守鹽城胡公重修之。而成化己亥,蜀藩又序刊之。此爲弘治辛酉刑科給事中慈溪周旋後序,云:吾邑侯崔君喬於先生爲同里,政事之暇,慨然有志。偶得善本,輒捐俸命工梓行,俾予序之。凡《丁亥集》六卷,内附《樵菴詞》;《遺文》六卷,《遺詩》六卷,《拾遺》七卷;楊俊民哀録《續集》三卷,房山賈彝編《附録》二卷,皆薦牘、壙記、墓表也。有‘三立堂’‘選淪齋’二印。”

[四] 繆《續記》卷四《史學第五》著録校本《史通》二十卷,云:“明嘉靖乙未,雲間陸儼齋深爲蜀藩取舊本重校付梓,是明時第一刻。内《因習篇》《曲筆篇》有兩跋,並著《史通會要》三卷。萬曆壬寅,長洲張鼎思復校陸本,《曲筆篇》增四百卅餘字,《鑒識篇》增三百餘字,而去其自他篇羼入者六十餘字,并删去儼齋兩跋,補改較多,稍爲可讀。今借得校本,孫潛夫菡園以朱筆過録葉石君校本,於張本并補失葉。嘉慶甲子,顧千里復以宋本校廿八條,又以嘉靖後校本補勘之,均用墨筆。荃孫舊藏嘉靖初印本,用半月功校畢。《提要》云:‘《史通》舊刻,傳世者稀。’《永樂大典》獨遺是書,而各家書目亦無以宋本著録者。盧抱經《群書拾補》止見華亭朱氏影鈔宋本,所校有出千里外者,不知千里所見又何本也。”

[五]《天禄琳琅書目》卷九《明版子部》著録《重修政和經史證類備用本草》云:“前有明周佽、王積、項廷吉、馬三才、商輅序五篇。按,商輅序,爲原傑刊本作;王積、項廷吉、馬三才三序,爲周玧刊本作;周佽序,則萬曆五年爲蜀府承奉正陳瑛校梓此書而作也。慎微本蜀人,蜀府爲刻其書,足稱盛事。獨惜槧印不精,較之前部相去不啻倍蓰矣。”

〔六〕瞿《目》卷十四《子部·醫家類》著録明刊本《病機氣宜保命集》，云："題'劉守真撰，李時珍辨'，爲金張元素之書，見《本草綱目》序例，中凡分三十二門，論議精要，次及處方用藥之法。金末楊威初刊行之。此明初寧藩刻本，原序已闕。"

〔七〕阮《外集》卷一著録《重編海瓊白玉蟾文集》六卷、《續集》二卷，云："宋葛長庚撰。按，長庚，字白叟，福之閩清人。七歲能詩賦，父亡母嫁，棄家遊海上，號海瓊子。至雷州，繼白氏後，改姓白，名玉蟾。傳以爲仙去，所著詩文集，凡四十卷，具詳《事實》中。此本乃明正統間，南極遐齡老人臞仙重編。前有宋端平時推官潘枋原序，及嘉熙元年耜所書《事實》（任按，彭耜于宋理宗嘉熙改元撰《海瓊玉蟾先生事實》。）一篇。黄虞稷《千頃堂書目》載是《集》。臞仙序中，述及玉蟾有《上清》《玉隆》《武夷》三集内未入者，皆收之。今重新校正，定爲八卷。《附緑》一册，及霞侣奉酬之元簡，仍綴諸卷末。而壽諸梓，以永其傳焉。臞仙乃明太祖第十六子寧獻王朱權之號，博古好學，凡群書有秘本，莫不刊布。著述之富，一時無有及者。"

〔八〕瞿《目》卷十六《子部·雜家類》著録明刊本《化書》，云："是書撰人，晁氏《讀書志》題'南唐宋齊邱'，此本題'紫霄真人譚景昇'，依宋碧虛子陳景元跋也。明天順間代府刊板，弘治時方士鄭常清重刻之。首有抱犢山人李紳序。景昇，名峭，道家。尊崇其先師，故不繫其名而繫其號焉。"

此外，《四庫全書總目》卷一一七《子部·雜家類》亦著録江西巡撫采進本《化書》六卷，云："舊本題曰齊邱子，稱南唐宋齊邱撰。宋張耒跋其書，遂謂齊邱犬鼠之雄，蓋不足道。晁公武亦以齊邱所撰著於録。然宋碧虛子陳景元跋，稱舊傳陳摶言譚峭景升在終南著《化書》。因游三茅，歷建康，見齊邱有道骨，因以授之。曰是書之化，其化無窮。願子序之，流於後世，於是杖䇲而去。齊邱遂奪爲己有而序之，則此書爲峭所撰，稱齊邱子者非也。《書》凡六篇，曰《道化》《術化》《德化》《仁化》《食化》《儉化》。其説多本黄老《道德》之旨，文筆亦簡勁奥質。元陸友仁《硯北雜志》稱譚景升書世未嘗見。他書言其論書道，鍾王而下一人而已。今考書道一條，見在《仁化》篇中，而友仁顧未之見，則元世流傳蓋已罕矣。明初代王府嘗爲刊行，後復有劉氏、申氏諸本，今仍題《化書》，而以陳景元跋附焉。"

〔九〕丁《志》卷八《史部·雜史類》著録明嘉靖葛氏藏書、成化丙申崇府刊本《貞觀政要》，云："唐衛尉少卿兼修國史、脩文館學士吳兢撰，戈直《集論》。兢，浚儀人，累官太子左庶子，貶荆州司馬，歷洪、舒三州刺史，入爲恒王傅。天寶初年八十卒，《唐書》有傳。兢於《太宗實録》外，采其與群臣問答之語，作爲此書，用備觀戒，總四十篇。《新唐書》著録十卷，均與今本合。元至順間，臨川戈直伯敬撰注，并采唐宋諸儒之説附之，名曰《集論》。前有兢自序及戈直序，前翰林學士吳澄題辭。至順四年，奎章閣大學士郭思貞序，明成化元年八月朔憲宗御製序，末有‘成化丙申崇府重刊’木記，有‘賜錦堂收藏圖書’‘嘉靖丙辰進士育菴葛邦典印’‘吳贊思印’‘吳宇關防’‘時還軒藏書記’‘鷗寄室王氏收藏’諸章。邦典，字叙卿，常熟人，官至汝寧知府。”

此外，范《目》卷二之一《史部·雜史類》亦著録刊本《貞觀政要》十卷，云：“唐吳兢撰，明成化御製序。”

[一〇] 瞿《目》卷九《史部·詔令奏議類》著録明刊本《孝肅包公奏議集》，云：“宋包拯撰。門人張田編。田題辭謂：公薨後三年，田守廬州，盡得公生平諫草於其嗣子大祝君，因取其大者，列三十門，凡一百七十一篇。紹興二十七年，廬州學教授吳祇若刻板郡學，旋燬。淳熙二年，合肥守東平趙磻老復跋而刻之。明正統間，合肥方正又有重刻本，有胡儼序及正跋，此則嘉靖間崇潘刻本。卷中遇‘陛下’‘聖慈’等字，每空格，蓋輾轉相承，猶不改舊本之式。有舊序跋及嘉靖二十二年崇藩序。”

[一一] 見陸《志》卷九十六《集部·別集類》三十著録明弘治刊本《静修先生集》。

[一二] 瞿《目》卷二十三《集部·總集類》著録明刊本《文選》，云：“題‘梁昭明太子選，唐文林郎守太子右内率府録事參軍事崇賢館直學士臣李善注上，元奉政大夫同知池州路總管府事張伯顏助率重刊’。此明成化間唐藩重刊張氏本。伯顏，長洲相城人，原名世昌，字正卿，成宗賜名伯顏，由將作院判官，累任慶元路同知。延祐七年，陞奉政大夫池州路同知，後遷漳州路，告老，以平江路總管致仕。見鄭元祐《僑吳集》。《文選》善注，淳熙辛丑尤延之刻本外，即推張本爲善，汲古閣本多脱誤。有昭明太子序、李善《上文選注表》、余璸序，又唐藩希古序，唐世子跋。”

又，陸《續跋》卷十三元張伯顏槧本《文選跋》，云：“元槧本，每頁二十行，每行大字二十。注雙行，行二十一字。每卷有目，連屬篇目。版心間有刻工姓名。卷一首葉有‘九華吳清床刀筆’七字。六十卷末有‘監造路吏劉晉英郡人葉誠’一行。行款與宋尤延之刊本同。其與尤本不同者，每卷首葉之第四行有‘奉政大夫同知池州府路總管府事張伯顏助率重刊’廿一字。”

繆《續記》卷六《詩文第八上》著録明唐藩覆元張伯顏本《文選》六十卷，云：“元本每半葉十行，行二十三字，此本二十二字，稍有分別。餘黑口面目悉同。張刻原本李善、張伯顏官銜，擠寫各一行，後刻改兩行。此從兩行本重雕，前有成化丁未唐藩序。‘希古’二字另行。下有‘唐國圖畫’墨印，後有弘治元年唐世子跋。"

此外，范《目》卷四之三《集部·總集類》亦著録刊本《文選》六十卷，云："明嘉靖癸未，李廷相識云：《文選》一書，古今學士大夫靡不重之，顧乏善本。近時所見，惟唐府版，而頗囏於得。旌德汪諒氏偶獲宋刻，鋟諸梓。濮陽李子爲之書而鐫諸首。"

［一三］見張《志》卷二十一《子部·儒家類》著録明正德乙亥吉府刊本《新書》，末有"楊節跋正德乙亥"七字。

瞿《目》卷十三《子部·儒家類》著録明刊本《新書》，云："漢賈誼撰。宋淳熙辛丑程漕使某攝潭州守，刻置學宮。明時，其板殘闕。弘治間，陸相爲長沙太守，嘗以黃都諫寶藏本修補印行。此則吉府重刊本，悉依宋刻。卷中有'吉府圖籍'朱記。"

陸《志》卷三十九《子部·儒家類》著録明正德刊本《新書》，云："案，黃寶序稱陸公得舊版補刊，或者疑舊版即陳給事淳熙中所刊，但書中宋諱皆不缺筆，必非宋版可知。觀其字體，當是元末明初本耳。吉府重刊本行款悉同，惟册首蓋'吉府圖書'朱文方印，後楊節跋。查陸氏修於正德九年，吉府本據楊跋重刊於正德十年，相距甚近，疑陸宗相所修之版後歸吉府，改頭換面，掩爲重刻耳。明人往往有此，不足怪也。陸本皆明朗，吉府本則卷六多模糊處。第三葉十一、十二、十三行陸本有空白處，吉本則否。挖補痕跡顯然，尤爲陸本即吉本之明証。"

［一四］丁《志》卷四《經部·四書類》著録明吉府翻正統經廠本《四書》，云："有'吉府圖書'大方印。按，周宏初輯《古今書刻》，吉府刊《四書集注》，當即翻正統司禮監刊本。故蓋印於每卷之前。"

［一五］繆《記》卷六《詩文第八上》著録《楚辭集注》八卷、《辨證》二卷、《後語》六卷，云："明萬曆丁酉季春月，吉府承奉司常山暘谷魏椿重刊。有陸長庚、莊□兩序。"

［一六］袁《簿》未見，俟考。

［一七］繆《續記》卷六《詩文第八上》著録張伯顏本《文選注》六十卷，未見云及"晉府寶賢堂"。

［一八］見《天禄琳琅書目後編》卷二十《明版集部》著録宋吕祖謙撰《宋文鑑》，知爲明晉藩刻本，署"敕賜養德書院"朱文方印。

孫《記》卷二《明版》著録《宋文鑑》，云："嘉靖七年，晉藩養德書院識。錢少詹《日記鈔》所見明嘉靖五年晉府至道堂刊本，前有周必大奉敕撰序及吕祖謙《進書劄子》《謝賜銀絹除直秘閣表》，此本無之。前有天順八年商輅序，亦係後人據別本鈔補，非此本所有。黑口板，每葉廿六行，行廿一字。"

　　錢《日記》卷一所言略同孫《記》,云:"讀《宋文鑑》一百五十卷,明嘉靖五年晉府志道堂刊本。前有周必大奉敕撰序及呂祖謙《進書劄子》《謝賜銀絹除直秘閣表》。"

　　丁《志》卷三十八《集部》著録嘉靖五年晉藩刊本《宋文鑑》,云:"嘉靖五年晉藩志道堂重刊序。七年晉藩書於養德書院後序。嘉靖八年五月十三日皇帝書復一道,及知烊恭謝璽書序文一道。"

　　陸《志》卷一百一十三《集部·總集類》著録世學楼舊藏宋刊明修本《新雕皇朝文鑑》條,未言及有"晉府寶賢堂"等字樣。

　　莫《録》附録一著録《宋文鑑》,云:"此選固不如《唐文粹》之善,而北宋諸名家當行文字亦庶幾備矣。頗有本集不存,猶籍考見一二者。有本集存,而集外可補一二者,甚有資於文苑。此明晉藩翻宋刻本,亦尚不惡。惜缺去四十餘卷,幸所存猶過三之二,已多平昔未見之篇,故聊收之。壬戌初春皖口行營邸亭。"

　　此外,范《目》卷四之三《集部·總集類》著録刊本《宋文鑑》一百五十卷,云:"宋呂祖謙奉敕編集,晉王知烊序。"又,楊《志》卷十三著録明天順刊本《皇朝文鑑》云:"又按,據成公《繳進劄》名《聖宋文海》,至周益公奉旨作序,始稱《皇朝文鑑》,此本惟商輅序題《新刊宋文鑑》及成公《劄子》前改'皇'字爲'宋'字。其他每卷題'文鑑卷第幾',皆上空二字,不補以'宋朝'二字。晉藩以下刻本,始直題爲《宋文鑑》。"

　　[一九]《天禄琳琅書目後編》卷十九《明版集部》著録兩種《唐文粹》。一云:"四函,四十册。明晉藩刻本。前有嘉靖八年璽書,蓋晉王知烊刻《文選》《文粹》《文鑑》《文類》《文衡》諸書上進,賜此褒美,因刻冠書首,并跋。又序著晉藩志道堂書於敕賜書院,末有後序。按,《明史·諸王傳》,端王知烊七歲而孤,有孝行,芝生寢宮。蓋太祖子晉王棡之六世孫也。"一云:"二函,十二册。同上,係一版摹印,其璽書、前後序,並佚。'養德書院',亦晉王知烊印。"

　　[二○]楊《志》卷十一著録明刊本《初學記》云:"明嘉靖甲午錫山安國刊本,首有秦金序,稱其與塾賓郭禾相與校讎鼇正,遂成完書。以後晉府刊本、徐守銘寧壽堂本、陳大科諸本皆源於此。古香齋刊本亦源此,而略有校訂。國朝嘉慶間,嚴鐵橋從孫淵如借得宋刊本,以安本對校。乃知其末數卷與宋本大異。鐵橋謂安國得不全本,倩郭禾補之。以秦金序證之,其語似不爲誣。又證以余所得明宗文堂刊本,益信嚴説之確。去年從上海得歸安陸氏所刊鐵橋所校《初學記札記》,一一過録於此本上。"

　　丁《志》卷二十《子部·類書類》著録明嘉靖晉藩刊本《初學記》云:"前

有宋紹興四年建陽縣丞福唐劉本撰序、明嘉靖甲午錫山秦金重刊序。是年晉藩虛益堂重刊序,云:伯考端王雅重文藝,將刻未就而逝。伯妣繼妃王夙嗜典籍,知此舉不可廢,令内典膳楊保、左長史馬朋,請於督學憲副曹公,嘉命教官張三畏,取刻本再加精校,以成先王之志。而伯考妣崇文樂善之意,可以永終譽矣。"

此外,陸《志》卷五十九《子部·類書類》著録明安國刊本《初學記》。又,范《目》卷三之二《子部·類書類》著録刊本《初學記》三十卷,云"明嘉靖錫山安國重校刊,錫山秦金序"。

[二一] 丁《志》卷三八《集部》著録元至正刊本《國朝文類》,云:"元蘇天爵編。前有元統三年王守誠序,云:'昔在胄館,見伯修手鈔近世名公及當代聞人逸士述作,日無倦容,積以歲年,今始克就編。'按,天爵所録,自元初迄延祐,正元文極盛之際,分四十三類。至正二年,杭州路西湖書院所刻,前有准中書省請刻咨文,移咨江南行省鋟梓。指揮王理、李旅、王守誠皆有序,目録後有'儒士葉森點校'一行,有'秉德堂'印。"此非葉氏所云晉府刻書。

又見繆《記》卷六《詩文第八上》著録明晉府刊本《元文類》七十卷。

[二二] 丁《志》卷十五《子部·儒家類》著録明嘉靖益府刊本《理學類編》,云:"臨江後學張九韶美和編輯。卷端載編輯大意,引用先儒姓氏書目及綱目。至正丙午,九韶自序。洪武甲子,孫張拱誌。嘉靖壬寅,勿齋益王重刊序。王諱厚燁,高皇帝六世孫、憲宗第四子後序,爲宣德癸丑三衢汪賓撰。先一刻爲成化辛卯掌淮安府事河南布政參政仁和揚杲序,後一刻爲七世孫克文、堯文刊,有臨川吳當序。"

《新刊大廣益會玉篇》,丁《志》卷五《經部·小學類》著録明益藩刊本,云:"此書前刻《玉篇廣韻指南》一卷,而無大中祥符六年牒文及顧野王序,啓惟首列萬曆初元益王一齋序文,云:我聖祖高皇帝命儒臣有《洪武正韻》之作,而於《玉篇》《廣韻》二書仍之不廢,第中多脱略。我先考端王取二書詳加校訂,正其譌謬,補其闕略。既統以四聲,復繫以韻母。而凡音釋、反切,簡明詳審,覽者不事窮探,而音義無餘蘊矣。是編較野王所著,增收三千七百字,題曰《增修玉篇》。編成,猶不敢自是,靳秘弗傳,未幾奄棄。我先兄莊王既序《廣韻》而梓之,獨是編猶有志未逮。予以寡昧,忝紹先封,檢閱藏書,手澤宛然,亟命工鐫行,與海内博文者共之,後有益。世孫翊鈏謹跋,殆足與原編參閱也。"

[二三] 何厚甫培元《經眼書目》未見,俟考。

[二四] 《錢稿書跋》著録《史記》,俟考。

繆《記》卷四《史學第五》著録明秦藩刊本《史記》,云:"宋裴駰《集解》、

唐司馬貞《索隱》、張守節《正義》合刻。有嘉靖十三年秦藩鑒抑道人序。以
《明史·諸王表》考之，乃定王惟焯也。又有嘉靖庚戌秦藩允中道人序，乃宣
王懷墧也。以《千文》爲次，自‘天’至‘往’，凡二十册，每卷有‘史若干字，注
若干字’兩行。《甘泉鄉人稿》云，板式與震澤王氏同，而秦藩爲勝。後濟南
黄臣跋，此本脱。”

[二五]見陸《志》卷五十《子部·術數類》二著録明刊本《天原發微》。

丁《志》卷十七《子部·術數類》著録明葉文莊、邵二雲藏明嘉靖秦藩刊
本《天原發微》，云：“魯齋鮑雲龍景翔編著，虚谷方回萬里校正，謐齋鮑寧庭
謐辨正。前有前至元庚寅紫陽後學鮑雲龍自序，又至元辛卯、元貞丙申方回
萬里兩序，元貞丙申曹涇跋。大德己亥剡源戴表元後序謂：‘新安方使君出
其故人鮑景翔《天原發微》，自太極渺茫之始，至於形之所倚、氣之所使、數之
所像、器之所擬，精粗内外，無所不紀。而綱提領挈，出於使君，指畫不一。
嘉靖庚戌，秦藩掌中道人重爲梓行並自序也。’有‘葉氏菉竹堂藏書’‘邵氏
二雲鳴野山房’各印。乾隆間，又有重刻本，雲間沈大成叙之。今亦罕見，則
此更可貴矣。”

[二六]張《志》卷二十一《子部·儒家類》著録明嘉靖刊本《至書》，云：
“宋蔡沈撰。《至書》者，至理之所載也。明秦王序曰：‘古昔聖賢以至理蘊
於心，則爲至德。以至德洩于言，則爲至論。以至論措於行，則爲至道。以
至道載于典籍，則爲至書。此《至書》之所由名也。遠取堯、舜、禹、湯、孔子、
曾子、子思、孟子之書，近述周子、程子、張子、朱子之論，彙集成編，以闢佛老
之所謂虚寂者。是書也，其爲學之本歟。’《宋史·藝文志》著録。秦府重刊
序嘉靖丁巳。”

又見陸《志》卷四十《子部·儒家類》二著録舊抄本《至書》，乃嘉靖丁巳
秦府重刊。

[二七]孫《記》卷二《明版》著録《千金寶要》云：“前有隆慶六年秦王守
中序，云：‘《千金寶要》者，宋徽猷閣直學士郭思按唐孫真人先生所集《千金
方》中纂要者也。’自《婦人》至《痔》，凡十七篇。此書宋宣和六年刻石於華
州，明景泰六年復易刊木板。秦王既刻諸梓，復刊石於耀州真人洞。此即耀
州石刻本，末有跋。後題‘委官李海立、生員謝沾書臬刻’。”

[二八]丁《志》卷十六《子部·醫家類》著録明弘治翻洪武本《新刊袖
珍方大全》，云：“《天禄琳琅書目》云不著撰人名氏。惟序稱周王纂命序梗
概，作序者自署名佑，而無姓。考明周定王棣有《普濟方》，或其所删節别行
者，書四卷，薈萃古今各方，分證類載，極爲精密。序後有識，盛稱是書之善。
而遠方難覯，里人劉文英於京師求得之，宗立校讎、付梓云云。熊宗立，字遊

軒,建陽人。此本爲建陽麻沙版式,或即宗立以《普濟方》摘爲是書也。今按,前有洪武二十四年八月望日周王序:‘邇來雲南一載有餘,詢及醫書,十無七八,察其人病,或祭神祀鬼,間有病者求藥。而里無良醫,或恣其偏僻之見,求爲殊異之方。造次用行,死者多矣。乃於暇日集録經驗諸方,始成一書,名之曰《袖珍》。命工刊梓,以廣其傳。’又序云:‘嘗集保生、餘録、普濟等方,方雖浩瀚,編輯多譌。至洪武庚午,寓居滇陽,得家傳應效者,令本府良醫編類,鋟諸小版,分爲四卷,方計三千七十七,門八十一,名曰《袖珍》。’其後序乃洪武壬子典寶臣瞿佑作也。末有正統十年熊宗立識語,又有‘弘治乙丑仲春吉旦集賢書堂校正新刊本’木記。蓋《天禄》所藏本遺去周王兩序及瞿佑序之後葉,致未詳叙耳。”

[二九] 陸《志》卷九三《集部·別集類》二七著録舊抄本《西湖百詠》。

[三〇] 繆《續記》卷五《類書》著録《錦繡萬花谷前集》四十卷,《後集》四十卷,《續集》四十卷,云:“明徽藩崇德書院重刻會通館本,仍存華燧前序、嘉靖十四年賈詠序。”

[三一] 見陸《志》卷四十二《子部·兵家類》著録明崇德書院刊本《素書》一卷;卷五十五《子部·雜家類》一著録明崇德書院刊本《鶡子》一卷,《公孫龍子》一卷;卷六十六《子部·道家類》著録明崇德書院刊本《亢倉子洞靈真經》一卷,《元真子》一卷,附《天隱子》一卷,《無能子》一卷。

[三二] 森《志》補遺著録聿修堂藏嘉靖丙午潘藩刊本《醫説》,云:“首載嘉靖丙午潘藩南山道人翻刻,叙及癸卯張子立序,以諸葛興跋爲序文,卷首署‘宋新安張景季明集’,卷首捺‘内庭藏書’及‘王□’二印。按,此本不知何所原,而文字與諸本大異。其改‘張杲’爲‘張景’,殆似有所避,且諸門亦頗有補入,豈翻刻諸葛興附益本者歟。”

丁《志》卷十六《子部·醫家類》著録明嘉靖丙午刊校宋本《醫説》,云:“明嘉靖癸卯有鄧正初校刊本,甲辰又有顧定芳刊本。前爲諸葛跋,末爲彭方江徐四跋。丙午潘藩又刊,有張子立序,高節後序,即此本也。今以黃蕘圃跋藏宋本校正之。”

[三三] 見丁《志》卷十七《子部·醫家類》著録明嘉靖刊本《焦氏易林》。

[三四] 葉氏所引《四書朱注》二十六卷,即丁《志》卷四所載明伊藩翻正統本《大學章句》一卷,《中庸章句》一卷,《論語集注》十卷,《孟子集注》十四卷。其云:“各書前均有朱子序及序説,又《讀論語孟子法》,並有嘉靖戊申十月,伊藩掌國正派體元子親筆撰序於欽賜正誼樓,云:‘予於嘉靖乙巳,奏請頒降《五經》《四書》等書,以備觀覽。既而小兒輩少知向學,紀善、

伴讀等官持南版《四書》以進,紙粗字譌,有誤後學。因命工正官將原頒官本《四書》翻刻,傳之子孫,貽於後世云。'所謂原頒官本《四書》,即正統間司禮監所刊之《五經四書》也,行寬字大,橅印頗精,翻刻悉仍舊觀,惟無《大學》《中庸》《或問》耳。"

[三五] 見繆《記》卷一《經學第一》著録明敏學書院刊本《誠齋易傳》二十卷。

[三六] 黃《記》卷四《子部》著録舊鈔本《抱朴子內篇》二十卷,《外篇》五十卷,云:"惟《抱朴子》一書,尚是舊鈔,且見卷末有'吳岫'小方印及'姑蘇吳岫塵外軒讀一過'小長方印,知卷中點閱亦係方山筆,洵舊本也。問其值,索青蚨三金,遂手攜以歸。余家子書多善本,惟《抱朴子》無之,向在都中見明魯藩本《內篇》二十卷,《外篇》五十卷,後爲陶五柳主人買歸;屬澗薲校其翻刻明烏程盧氏本,澗薲復借金閶袁氏所藏《道藏》本爲之校勘。澗薲嘗謂余曰:'《道藏》本爲最勝,此外無復有善本矣。'今因得此,遂從澗薲借魯藩本相對。雖行款不同,而大段無異,間有一二處與魯藩本異者,卻與《道藏》本合,則鈔先於刻,明甚。且魯藩本刻於嘉靖乙丑,而余藏《李文饒集》,爲嘉靖時人沈與文所藏,有云'壬戌五月,借方山吳上舍本校勘',則吳方山正嘉靖時人,而魯藩雖同在嘉靖時,其所記甲子較後於壬戌三年,此本不更在先耶? 爰珍之,以與諸子善本並藏焉。嘉慶丁巳十一月三日冬至前一夕,讀未見書齋主人黃丕烈書。"

陸《志》卷六十六《子部·道家類》著録黃蕘圃藏舊抄本《抱朴子內篇》二十卷,《外篇》五十卷,與黃《記》所述略同。

丁《志》卷二十二《子部·道家類》著録盧抱經校袁氏五硯樓藏明魯藩刊本《抱朴子內篇》二十卷,《外篇》五十卷,云:"晉丹陽葛洪稚川著。前列洪序。《內篇》論神仙、修煉、符籙、劾治諸事,純爲道家言;《外篇》論時政得失、人事臧否,多作排偶之體,而詞旨辨博,饒有名理。此明嘉靖乙丑魯藩從正統十年《道藏》本繡梓,版心題'敕賜承訓書院並爲刻序,明烏程盧氏又從而翻刻者也'。顧澗薲謂《外篇》中《百家》《文行》與《尚博》篇文有複出,應刪併改定,合自序恰得五十篇之舊。後孫淵如刻入《平津館叢書》即權輿是本,然亦祇刪《內篇》末之《別旨》一篇,及於《詰鮑》篇內二百七十字,疑當移易云云,餘則小小校正,無大異同也。後有袁廷檮手記云:'此從《道藏》本傳刻,字句及分卷無少異。其紅筆係抱經先生所校,不知所據何本。'有'河間章寶泉''筠房金石閣'諸印。"

[三七] 袁《簿》著録《資治通鑑綱目》五十九卷,俟考。

[三八]《天祿琳琅書目後編》卷十二《明版經部》著録《詩緝》,云:"宋

嚴粲撰。粲,字坦叔,號華谷,邵武人。官清湘令。書三十六卷。前有淳祐甲辰林希逸序,次戊申粲自序,次袁甫手帖,次《條例》,次《清濁音圖》,次《十五國風地理圖》,次《毛詩綱目》。其書以呂祖謙《讀詩記》爲主,而雜采諸説,以發明之。舊説未安,則斷以己意,而於音訓疑似、名物異同最爲精覈。《音圖》後刻‘趙府刊於居敬堂’,有‘趙府居敬堂’章。考《明史·諸王傳》,趙府六世襲,厚煜以孝聞。嘉靖七年,璽書褒予。性和厚,搆樓讀書,文藻瞻麗。蓋其所刻也。”又見丁《志》卷二《經部》著録明味經堂翻刊本《詩輯》。

味經堂刻《書傳會選》,見《天禄琳琅書目後編》卷十二《明版經部》著録。丁《志》卷一《經部》亦著録明味經堂刊本《書傳會選》六卷,云:“明翰林學士劉三吾等奉敕撰。考《明太祖實録》,洪武十年三月與群臣論蔡《傳》之失。二十七年四月詔修是書,成書則在九月。觀三吾叙,稱臣備員翰林,屢以其説上聞,乃詔天下儒士與臣等同校定之。凡蔡《傳》之合者存之,不合者改。所紏正凡六十六條,皆爲允愜。初亦頒示天下,迨《永樂大全》出,而此書遂廢。然《大全》之視此,猶莛與楹也。此書爲味經堂所刊者。”

[三九] 瞿《目》卷十八《子部·釋家類》著録明刊本《法藏碎金録》云:“宋晁迥撰并序。陳氏《書録》、晁氏《讀書志》,俱作《法藏碎金》。案,文元裔孫瑮跋語及此本板心亦無‘録’字,則卷首標題當是趙府臆加也。明嘉靖間瑮於館閣鈔得刻之,易名《伽談》。此本首列文元逸事數則,後有瑮跋,板心有‘趙府居敬堂’五字,蓋趙藩刻本仍從原名也。卷首有‘潤之所藏’朱記。”又,見丁《志》卷二十二《子部》著録季滄葦、黃蕘圃藏明趙府居敬堂刊本《法藏碎金録》。

[四〇] 見丁《志》卷十六《子部·醫家類》著録明趙府刊本《補注釋文黃帝内經素問》《遺篇》《黃帝素問靈樞經》,均言爲“趙府居敬堂刻本”。

[四一] 同本節注[二],陸《跋》卷六有《説苑跋》。

[四二] 孫《記》卷二《明版》著録《梁昭明太子文集》,云:“題‘梁昭明太子撰,大明遼國寶訓堂重梓,明成都楊慎、周滿,東吳周復俊、皇甫汸校刊’。前有梁簡文帝《昭明太子集序》、梁劉孝綽《昭明太子集序》、梁簡文帝《上昭明太子集別傳等表》、梁蕭子范求撰《昭明太子集表》,二表皆周滿補入,原編所無。末有淳熙八年袁説友跋。嘉靖乙卯周滿後序。《昭明集》,《宋志》本作五卷,別有明葉紹泰六卷本。收入《四庫全書》者,詩文參差互異,不及此本之古。每葉十六行,行十六字。”

繆《記》卷六《詩文第八上》著録《梁昭明太子文集》,云:“首行‘大明遼國寶訓堂重梓’,後有跋云‘池陽郡齋既刻《文選》與《雙字》二書,於以示敬事昭明之意。今又得《昭明文集》五卷,而併刊焉。嗚呼! 所以事於神者至矣。夫神與人相依而行也。吏既惟神之恭,神必惟吏之相。則神廟食、吏禄食斯兩無媿。淳熙八年,歲在辛丑八月望日,郡刺史建安袁說友識'八行,是遼府重刻宋池陽本。每半葉八行,每行十六字。《集》五卷,與《梁書》本傳云'《集》二十卷'者不合。所采不出《梁書》《文苑英華》《類聚》《廣弘明集》等書,亦出後人掇拾,非本書矣。惟源出於宋,究勝於明葉紹泰編輯六卷本。"

[四三] 見莫《目》卷第四《史部·正史類》著録《漢書》。

[四四] 丁《志》卷十七《子部·藝術類》著録明刊本《潞藩新刻述古書法纂》,云:"是書爲明潞王朱常芳撰。常芳,字敬一,穆宗之後。前有自序云:'《述古書法纂》者,乃學書之暇,隨筆集録,事皆雜出,語次不倫,聊以適志,非敢學古,時崇禎丙子七夕日,潞國敬一主人中和甫識。一曰書制源流,二歷朝書體,三名書形勢,四名筆書法,五名賢書論,六名家學書,七古書法帖,八名書姓氏,九書學須知,十纂古書志。'按,《書志》中記有崇禎癸酉春日,方臨帖興酣,而忽報流警,一時數至,雖未擱筆而想見小民焚掠之苦,因爲口號曰:'喜見春光暄麗日,忽驚烽火暗煙塵。可憐鐵馬金戈下,多少焦頭爛額人。'崇禎丙子距甲申僅八載。乙酉南都破,王在杭州獻城,降民稱'潞佛子',此書流傳甚稀,可與潞琴虎跑泉石上刻蘭花同傳故事矣。"

明人刻書之精品

明人家刻之書,其中爲收藏家向來珍賞者,如豐城游明大昇,翻雕元中統本《史記集解索隱》一百三十卷,見繆《記》、森《志》、陸《集》。云:"明正統九年舉人,景泰二年進士,天順末官福建提學僉事,又九年而後卒。是書行款紙質與建安余氏勤有書堂所刊相似,疑爲大昇官福建時所刊[一]。"刻《宋史全文續資治通鑑》三十六卷,附《宋季朝事實》二卷,見張《志》、森《志》、丁《志》[二]。

吳郡沈辨之野竹齋。刻《韓詩外傳》十卷,見陳編《廉石居記》、楊《譜》、丁《志》[三]。刻《畫鑒》一卷,見楊《續録》。沈辨之,名與文,明嘉靖間人。藏書家多誤以爲元刻。又沈刻書亦有繁露堂名,吾藏所刻顧璘《近書》一卷,前序有吳郡"沈與文校刻"五小字,在翻葉闌邊末有"吳郡沈氏繁露堂雕"亞形印[四]。

昆山葉氏菉竹堂。此文莊公盛後人,仍用先人堂名。刻《雲仙雜記》十卷,見《四庫書目提要》《廉石居記》、瞿《目》、丁《志》[五]。隆慶六年,刻陶穀《清異録》二卷,見張《志》、瞿《目》。後有"隆慶六年壬申葉氏菉竹堂繡梓印行"十五字[六]。

江陰涂禎。弘治辛酉,十四年。仿宋刻九行本桓寬《鹽鐵論》十卷,見森《志》。德輝按,孫《目》有影寫本,與顧千里校張敦仁刻本,皆明人重刻涂禎十行本也[七]。

錫山安國桂坡館。嘉靖癸未,二年。刻《顏魯公文集》十五卷、《補遺》一卷,見孫《記》[八]。嘉靖甲午,十三年。刻宋紹興本《初學記》三十卷,見范《目》《天禄琳琅》九、丁《志》、陸《志》、楊《志》。按,明晉藩及徐守銘寧壽堂本,皆從此出[九]。

震澤王延喆恩褒四世之堂。嘉靖丁亥,六年。刻《史記集解索隱正義》一百三十卷,見朱《目》、丁《志》、陸《志》、繆《續記》。據云後序目後有"震澤王氏刻梓"篆文木記,《集解》序後有"震澤王氏刻於恩褒四世之堂"隸文木記,《索隱》後序有延喆跋,末云"工始嘉靖乙酉臘月,迄丁亥之三月,林屋山人王延喆識於七十二峰深處"[一〇]。

吳郡金李澤遠堂。嘉靖戊子,七年。刻《國語韋昭解》二十一卷,見《邵注四庫目》。德輝按,此亦出宋本,較黃丕烈士禮居仿宋刻注文有多數字者[一一]。

吳門龔雷。嘉靖戊子,七年。刻鮑彪校注《戰國策》十卷,見瞿《目》。按,此與金李刻《國語》皆同時仿宋刻本,取校孔繼汾詩禮堂本,勝處頗多[一二]。

吳郡袁褧嘉趣堂。嘉靖癸巳,十二年。仿宋刻《大戴禮記》十三卷,見《天禄琳琅》九、孫《記》[一三]。嘉靖乙未,十四年。仿宋刻《世説新語》三卷,見《天禄琳琅後編》十六、陸《志》[一四]。嘉靖己酉,二十八年。仿宋張之綱本《文選注》六十卷,見《天禄琳琅》十、朱《目》、丁《志》、繆《記》[一五]。

顧春世德堂。嘉靖癸巳,十二年。刻《六子全書》:老子《道德經》二卷、《南華真經》十卷、《沖虛至德真經》八卷、《荀子》二十卷、《新纂門目五臣音注揚子法言》十卷、《中説》十卷,見孫《記》[一六]。嘉靖甲午,十三年。刻王子年《拾遺記》十卷,見楊《志》、楊《譜》[一七]。

澶淵晁瑮寶文堂。嘉靖甲午,十三年。刻《昭德新編》三卷,晁沖之《具茨集》一卷,見丁《志》[一八]。嘉靖丙午,二十五年。刻晁説之《晁氏客語》一卷、《晁氏儒語》一卷、晁迥《道院集要》三卷、《法藏碎金》十卷,見何厚甫培元《經眼書目》[一九]。

南平游居敬。嘉靖丙申，十五年。刻《韓文》四十卷、《外集》十卷、《集傳遺文》二卷，《柳文》四十三卷、《別集》二卷、《外集》二卷、《附錄》一卷，見丁《志》。德輝按，嘉靖丙辰三十五年莫如士重刻，卷數行格同，吾有藏本[二〇]。

餘姚聞人詮。嘉靖己亥，十八年。刻《舊唐書》二百卷，見《天禄琳琅》九、孫《記》、丁《志》[二一]。

金臺汪諒。嘉靖乙酉，四年。刻《史記索隱正義》一百三十卷，見錢《日記》《錢稿書跋》、朱《目》、丁《志》、陸《志》。錢大昕《養新録》"《史記》宋元本"一則云："明嘉靖四年莆田柯維熊校本，金臺汪諒刻，始合《索隱》《正義》爲一書。前有費懋中序稱，陝西翻宋本無《正義》，白鹿洞本有《正義》，是柯本出於白鹿本。同時震澤王氏亦有翻宋本，大約與柯本不異。"錢泰吉《甘泉鄉人稿》五"校《史記》雜誌"一則云："小題在上，大題在下，柯、王兩本皆然。然柯本大題旁注，不若王本並作大字，尤爲近古。"又云："柯本《索隱》序後有'紹興三年四月十二日右修職郎充提舉茶鹽司幹辦公事石公憲發刊，至四年十月二十日畢工'三十八字，凡三行，始知柯本從紹興本翻刻也。"又云："《福建通志》卷三十六，正德十二年舒芬榜進士柯維熊工部郎中。"[二二]

福建汪文盛。嘉靖己酉，二十八年。刻《前漢書》一百二十卷，《後漢書》一百二十二卷，見錢《日記》、孫《記》、丁《志》、繆《記》。丁云："《錢竹汀日記》云：《漢書》嘉靖本卷首題'福建按察司周采、提學副使周坑、巡海副使何喬校刊'，末題'嘉靖己酉年孟夏月吉旦侯官縣儒學署教諭事舉人廖言監修'。今細按，周采等銜名實自後加。其中汪文盛、高瀨、傅汝舟名字，尚有鏟削未盡者。瀨，字宗呂，號髯翁，侯官人，著有《石門詩集》。汝舟，字虛木，瀨同縣人，有《傅山人集》。"德輝按，汪本書名大題後云"漢班固撰，唐顏師古注，明汪文盛、高瀨、傅汝舟校"，凡十九字，作兩行書。其中各卷亦或題二周一何名，蓋汪、高、傅爲地方鄉紳，周、何則地方官也。官主刻，紳主校，故皆題名也。刻《五代史記》七十四卷，見丁《志》。書名大題後云"宋歐陽修撰，徐無黨注，明汪文盛、高瀨、傅汝舟校"。每葉二十四行，行二十二字。版式與所刊兩《漢書》同，惟字略肥。天一閣、皕宋樓所藏皆此本。文盛所刻《儀禮注疏》、兩《漢》及此書，皆高、傅兩人同校[二三]。

蘇獻可通津草堂。嘉靖己未，三十八年。刻王充《論衡》三十卷，見《天禄琳琅》九、孫《記》、朱《目》、陸《志》、森《志》、繆《續記》[二四]。刻《韓詩外傳》十卷，見莫《目》。德輝按，此與沈辨之野竹齋刻本實同一版本。細審野竹齋木記，似是將原有木記削去補刻，而通津本則出於自然。世皆以沈本誤作元刻，余竊疑其更在通津本之後。傳世已久，疑莫能明矣[二五]。

東吳郭雲鵬濟美堂。嘉靖癸卯，二十二年。刻《分類補注李太白詩集》三十卷,見丁《志》。云:後有雲鵬自跋,並"嘉靖癸卯春元月寶雲堂梓行"
小木記[二六]。嘉靖己未,三十八年。刻《曹子建集》十卷,見丁《志》[二七]。
無年號刻《河東先生集》四十五卷、《外集》二卷、《附録》二卷、《集
傳》一卷、《後序》一卷,見孫《記》、陸《志》、丁《志》。云:每卷尾有"東
吳郭雲鵬校壽梓"篆文木記,版心有"濟美堂"三字。德輝按,此與徐氏東雅堂《韓集》板
式行字相同,蓋同出宋廖瑩中世綵堂本,但《韓集》猶刻於《柳集》之後,而世盛稱東雅堂
《韓集》鮮稱此本者,何也[二八]。刻《歐陽先生文粹》二十卷、《補遺》十卷,
見《天禄琳琅》十、云:雲鵬跋,題寶善堂梓行。德輝按,此與所刻《李集》木記同,
非僅濟美堂矣。丁《志》。作《歐陽先生遺粹》[二九]。

俞憲鵝鳴館。嘉靖戊申,二十七年。刻《西溪叢語》三卷,見黃
《記》、陸《志》、陸《跋》、莫《録》、繆《記》[三〇]。

東吳徐氏。嘉靖間仿宋刻《儀禮注》十七卷,見陸《志》。德輝
按,徐刻三《禮》罕見。黃丕烈士禮居仿刻之《周禮注》,亦其一也。蓋三《禮》皆據宋本,
與武英殿仿岳氏《五經》之一《禮記》,行字相同。但岳本有釋音,徐本無釋音,以此爲異。
吾藏明刻《儀禮》與此同,《周禮》有釋音與《禮記》同,蓋翻岳本也[三一]。

東吳徐時泰東雅堂。刻宋廖瑩中世綵堂《韓昌黎集》四十卷、
《外集》十卷,見《天禄琳琅後編》十、陸《志》、繆《續記》、丁《志》。
云:眉間有雍正丁未長洲陳景雲記云:"近吳中徐氏東雅堂主人徐時泰,萬曆中進士,歷
官工部郎中。崇禎末,堂已易主,項宮詹煜居之。煜後以降賊名麗丹書,里人噪而焚其
宅,堂遂燬。今僅存池塘遺跡而已。"德輝按,據陳《記》,則時泰通籍在萬曆。其刻書必
在通籍後,而郭刻《柳集》疑當在時泰前,故天啓中柳氏有重刻本,韓板乾隆時猶存江蘇
洞庭東山王氏。吾藏二本,一本明印,一本後有乾隆十一年洞庭東山王金增師李氏修
板跋[三二]。

嘉禾項篤壽萬卷堂。隆慶庚午,四年。刻《鄭端簡奏議》十四
卷,見丁《志》、云:末有"隆慶庚午九月雕工畢"一條。繆《續記》[三三]。萬曆
甲申,十二年。刻《東觀餘論》三卷,見《天禄琳琅》九、孫《記》、陸
《續跋》、丁《志》[三四]。

嘉禾項德棻宛委堂。刻元陸友仁《研北雜識》二卷,見陸
《志》、丁《志》[三五]。天啓甲子,四年。刻《奇姓通》四十卷,見繆
《記》。德輝按,德棻疑篤壽兄弟之子。篤壽之兄名元淇;弟名元汴,字子京,流傳書畫
名跡所謂項墨林天籟閣是也。篤壽子德楨,萬曆己未進士。孫鼎鉉,萬曆辛丑進士;聲
國,崇禎甲戌進士,見《嘉興府志·進士題名》。元汴子穆,字德純;穆季弟德明,字鑒臺,
亦見《府志·列傳》。又德新字又新,見朱彝尊《明詩綜·小傳》。又德宏,見朱彝尊《曝

書亭集·蘭亭神龍本跋》。均以德爲名，則德棻必其從子行也[三六]。刻《避暑録話》四卷，見莫《目》[三七]。吾藏此本。

馬元調寶儉堂。萬曆甲辰，三十二年。刻元稹《長慶集》六十卷，白居易《長慶集》七十一卷，見森《志》、繆《記》[三八]。

鄧渼文遠堂。萬曆丁巳，四十五年。刻程大昌《演繁露》十六卷、《續》六卷，見丁《志》[三九]。無年號刻《唐文粹》一百卷，見孫《記》[四〇]。刻王禎《農書》三十六卷，見《天禄琳琅後編》十六[四一]。

高承埏稽古堂。刻《劉賓客佳話録》一卷，《劇談録》二卷，《雲仙散録》十卷，《隋唐佳話》三卷，見繆《記》[四二]。《南部新書》十卷，《友會叢談》十卷，見繆《續記》。德輝按，吾縣王山長岱《浮槎文集》五《高寓公先生傳》云："高公諱承埏，字澤外，號寓公，晚號鴻一居士。系出齊公子高後，以王父字爲氏，至宋武烈王諱瓊發跡於汴。至忠節公世，則隨蹕南渡。元末，九世孫文忠公遜志，自蕭縣避地嘉興，因繫籍焉。長補諸生，己卯得雋，庚辰捷南宫，廷對三甲，官終工部虞衡司主事。戊子，感懷賦詩，絶筆而逝，時年四十六。"傳甚詳，兹略摘其仕履。己卯爲崇禎四年，庚辰爲五年，卒於戊子，則順治五年。所刻書又有唐牛僧孺《玄怪録》，李復言《續玄怪録》，李濬《北窗續録》，梅彪《石藥爾雅》，元伊世珍《嫏嬛記》，高德基《平江紀事》，唐姓佚名《灌畦暇語》，明陳繼儒《偃曝餘談》《墨畦》，袁宏道《關中遊歷》等書。總題《稽古堂日鈔》，見顧修《彙刻書目》。以不見於諸家書目，附記於此。刻《子夏易傳》十一卷。吾藏此本[四三]。

吳氏西爽堂。無年號刻《晉書》一百三十卷，見楊《志》[四四]。刻《三國志》六十五卷，見繆《續記》[四五]。

萬玉堂。刻《太玄經》十卷，見《天禄琳琅後編》五、誤入宋版。瞿《目》、森《志》、繆《續記》[四六]。

吳郡杜詩。刻鮑彪《戰國策校注》十卷，見《天禄琳琅後編》四。誤入宋版[四七]。

元和吳元恭。刻《爾雅注》三卷，見顧廣圻《思適齋集》。顧有翻刻[四八]。此皆刻書有根據，不啻爲宋槧作千萬化身者也。其餘叢刻書，以顧元慶《四十家文房小説》爲最精，胡維新《兩京遺編》次之，程榮《漢魏叢書》又次之。吳琯《古今逸史》時有脱譌，何允中《增刻漢魏叢書》殊少抉擇。至晚季胡文焕《格致叢書》，陳繼儒《秘笈》之類，割裂首尾，改換頭面，直得謂之焚書，不得謂之刻書矣。

【箋證】

[一] 繆《記》卷四《史學第五》著録《史記》一百三十卷,云:"明翻宋本。宋裴駰《集解》、唐司馬貞《索隱》合刻。首《索隱》二序,次《集解》序并注,次唐張守節《正義》序,次《正義·論例》《謚法解》,次目録,次《補史記序》,次《補史記》。書前有三家序,而中只《集解》《索隱》兩家,字畫古雅。每半葉十四行,每行二十五字。有'豐城游明大昇校正'一行。游明,正統九年舉人,景泰二年進士,官福建提學僉事。《讀書雜志》曾引之,收藏有'王印履吉'朱文方印。"

森《志》卷三《史部·正史類》著録昌平學藏元槧本《史記》云:"注文載《集解》《索隱》,不載《正義》。首有中統二年董浦序。首並題'豐城游明大昇校正新增'十字。卷首題'五帝本紀第一卷史記一'。每半板十四行,行二十五字。董序首有'完山李氏圖書'印,或云韓人所印。又有'佐伯侯毛利高標字培松藏書畫之印'記,即爲佐伯侯獻本之一。"

陸《集》卷十六《游明本史記跋》云:"《史記集解索隱》合刊本,每葉廿八行,每行廿五字。從元中統刊本翻雕,世所謂元槧游明本也。愚以《江西通志》《選舉志》《人物志》考之,游明,字大昇,正統九年舉人,景泰二年進士,天順末官福建提學僉事。又九年而後卒。計其生已在元亡之後,安得謂之元本乎?是書行款紙質與建安余氏勤有堂所刊相似,疑爲大昇官福建時所刊,當有序跋,必爲書賈割去耳。明成化以前刊本,與元本款式相仿,書賈往往割裂,以充元槧。"

[二] 張《志》卷九《史部·編年類》著録元刊本《宋史全文續資治通鑑》三十六卷,附《宋季朝事實》二卷,云:"卷首題'豐城游大昇校正',蓋刊書者姓名也。《宋季朝事實》載度宗、少帝,益、廣二王事迹。李燾《進續資治通鑑長編表》。《宋史通鑑》一書,見刊行者節略太甚,讀者不無遺恨焉。本堂今得善本,乃名公所編者,前宋已盛行於世,今再綉諸梓,與天下士大夫共之,誠爲有用之書。回視他本,大有逕庭,具眼者必蒙賞音,幸鑑。"

森《志》卷三《史部·編年類》著録昌平學藏元槧本《宋史全文續資治通鑑》,云:"首載乾道四年李燾《進續資治通鑑長編表》及《宋朝玉裔》《宋朝傳授》。《續資治通鑑長編》目録卷首題:'《宋史全文續資治通鑑》卷之一,豐城游明大昇校正'。每半板十六行,行二十五字。末附《增入名儒講義續資治通鑑宋季朝事實》一卷(任按,此處"一卷"疑爲"二卷"之誤。),卷首有'居昌慎氏'印。"

見丁《志》卷七《史部》著録明刊本《宋史全文續資治通鑑》三十六卷,附《宋季朝事實》二卷,所述與張《志》略同。

[三]陳編《廉石居記》卷上《經學》著録元板本《韓詩外傳》,云:“前有至正十五年錢惟善序,稱海岱劉侯貞來守嘉禾,因以其先君子節齋先生手鈔所藏諸書,悉刊置郡庠。後有‘吳郡沈辨之野竹齋校雕’印。《明史》:‘惟善,錢塘人。至正元年,以省試《羅刹江賦》得名,官副提舉。張士誠據吳,遂不仕,蓋元末人。’吾友趙司馬懷玉偕盧學士文弨校刊一本,依據書傳,頗多改正之處。附《補遺》五版於後,誠爲善本,因並存之。”

楊《譜》卷一經部著録《韓詩外傳》序,云:“始余年少,讀《韓詩外傳》,疑其爲先詩學侯詩也。至正十五年龍集乙未八月,曲江錢惟善序。”後附“吳郡沈辨之野竹齋校雕”篆書印。

丁《志》卷二《經部·詩類》著録于氏南樓藏書明通津草堂刊《詩外傳》,云:“前有韓嬰小傳。至正十五年龍集乙未秋八月,曲江錢惟善序,稱‘海岱劉侯貞來守嘉禾,聽政之暇,因以所藏諸書悉刊郡庠’云云。弘治後,歷下薛來、新都唐琳、吳人蘇獻可及周廷宷先後傳刊,此則沈辨之通津草堂原刊初印也。其書雜引古事古語,證以時辭,與經義不相比附,所述多與周秦諸子相出入。卷前有‘周禮之印’‘拙庵一樂齋’‘何氏心遠堂珍藏書畫之章’‘何氏藏書’‘經襄印端書’‘于氏南樓藏書’‘允良’諸印。于允良,星子人,曾刻稽古樓巾箱本《十三經》者。”

[四]楊《續録》卷三《子部》著録校明鈔本《畫鑒》,云:“此册余舊藏有年矣,歷經名家收藏,并手校一過。頃從坊間又獲一舊鈔本,出自郡中賜書樓蔣氏,雖譌舛特甚,而字句間有可爲此本校勘佐證者,悉用别紙粘於上方,舊時校語,亦粘於别紙,即書校語於後,注云:‘蔣本續校者,皆余筆也。’古人審慎,多作意揣之詞,故未便輕改。兹得别本爲據,可釋然無疑矣。閒窗枯坐,破一日工夫,校此於百宋一廛之北窗下。時濃雲密布,天意釀寒,一種清冷之致,頗自得耳。辛未冬至後四日,復翁識。在卷末。版心有‘野竹齋校刻’五字。卷首末有‘姚伯子手校印’‘上黨馮氏藏本’‘馮彦淵收藏記’‘容十’‘姑餘吳岫家藏’‘方山’‘濠南居士’‘姑餘山人’‘沈與文印’各印記。《自莊嚴堪善本書目》云:九行十七字,黑格,白口,左右雙邊,板心下鎸‘野竹齋校刻’。辛未(嘉慶十六年)黄丕烈墨筆籤校蔣氏賜書樓藏舊抄本。有‘沈與文印’‘姑餘山人’‘方山’‘姑蘇吳軸’‘上黨馮彦淵收藏記’等印,歷經名家收藏,後歸海源閣。《楹書隅録續編》卷三著録。”

[五]《四庫全書總目提要》卷一四〇著録《雲仙雜記》,云:“舊本題‘唐金城馮贄撰’。此本爲葉盛菉竹堂所刊,較《説郛》諸書所載多原序一篇。其書未經删削,較他本獨爲完備。”

《廉石居藏書記》内篇卷上著録《雲仙雜記》十卷,云:“前有明隆慶時俞允文序,後題葉氏菉竹堂中梓行本。紀事瑣碎,無資考核,所引書目,今亦無存。雖説部最古之事,疑後人僞爲之。《書録解題》及《宋藝文志》俱作《雲仙散記》一卷。"

瞿《目》卷十七《子部·小説類》著録明刊本《雲仙雜記》,云:"題'唐金城馮贄編并序。'陳氏《書録》謂其出後人依託。所記古事,皆注所自出,俱不經見者,足供文人漁獵之資。崑山菉竹堂葉氏得舊本,倩友人俞質夫寫而刻之,有序。質夫,名允文,工書。"

丁《志》卷二十一《子部·小説類》亦著録。

[六] 張《志》中未見著録《清異録》。瞿《目》卷十七《子部·小説類》著録明刊本《清異録》二卷,云:"宋陶穀撰。後有'隆慶六年壬申葉氏菉竹堂繡梓印行'十五字。"

[七] 森《志》卷四《子部·儒家類》著録寶素堂藏明弘治辛酉刊本《鹽鐵論》十卷,云:"首有弘治十四年,歲在辛酉十月朔旦,吳郡都穆書新刊《鹽鐵論》一篇,稱'新淦涂禎手校,是書仍捐俸刻之'云云。次載目録,卷首題'鹽鐵論卷第一',次行題'漢桓寬撰',次行列篇目。第二卷以下無'桓氏題名'一行。每半板九行,行十八字,界長六寸三分,幅四寸。每册首有'冷泉府書'朱印,乃係藤惺窩先生舊藏。"

[八] 孫《記》卷二《明版》著録《顔魯公文集》十五卷、《補遺》一卷、《年譜》一卷、《行狀》一卷、《碑銘》一卷、《舊史本傳》一卷、《新史本傳》一卷。其云:"題'錫山安國刊'。前有嘉靖二年楊一清序,劉敞《顔魯公文集序》,後有留元剛序,嘉靖癸未都穆序。此《集》據劉敞序,本十五卷,後留元剛僅得十二卷,附以《補遺》《年譜》《行狀》。明都穆復重爲編次,仍作十五卷,以符舊《集》之數。《碑銘》、新舊《史》本傳,則又穆所附益也。每葉廿行,行廿字,版心上有'錫山安氏館'五字,收藏有'吳周之奭圖書'朱文方印,'吳周之奭'朱文方印,'周燕生氏'白文方印,'崑山周氏家藏經籍'朱文長印,'顧氏伯念'白文方印。"

此外,朱《目》卷四著録明安國刊本《顔魯公文集》十五卷、《補遺》一卷、《年譜》一卷、《附録》一卷。丁《目》卷上亦著録《顔魯公文集》,云:"明嘉靖二年錫山安氏刊。"

[九] 范《目》卷三之二《子部·類書類》著録刊本《初學記》三十卷,云:"唐東海郡開國公徐堅等奉敕撰。宋紹興甲寅建陽縣丞福堂劉本序云:'人生而不學,與無生同。學而不能文,與不學同。能文而不載乎道,與無文同。文之不可以已也如此。是以近世有摘六經、諸子百家之言而記之,凡三十卷。開卷而上下數百年之事,皆在其目前。可用以駢四儷六,協律諧呂,爲

今人之文,以載古人之道,真學者之初基也.'明嘉靖錫山安國重校刊,錫山
秦金序。"

《天禄琳琅書目》卷九《明版子部》著録《初學記》,云:"此書版心上方標
'安桂坡館',每卷標題之下又稱'錫山安國校刊'。其人所刊書籍甚夥,流
傳亦廣,而善本則不多得。此書版式字體與前二部相同,蓋取九州書屋之本
而翻刻之者。明焦竑藏本,有'澹園'印記,又有'范大澈印'。"

見丁《志》卷二十《子部·類書類》著録明嘉靖晉藩刊本《初學記》,同本
卷第一節注[二〇]所引。又見陸《志》卷五十九《類書類》著録明安國刊本
《初學記》。

楊《志》卷十一《子部·類書類》著録明宗文堂刊本《初學記》,云:"今世
行《初學記》以安國本爲最舊,其書刊於明嘉靖辛卯。其本亦有二:其一邊
口書'九洲書屋'者,安氏原刻,即《天禄琳琅》所載本;其一邊口書'安桂坡
館'者,覆安氏本也。其書中墨丁,一依安氏而較多,則刻梓人之爲。書首秦
金序,挖去'郭禾'二字。嘉靖十三年甲午晉藩又以安本重刻,墨丁一仍其
舊,而少劉本一序,有晉藩《刻書引》。又至萬曆丁亥,太學徐守銘又以安本
覆刻,有茅鹿門序,書中墨丁皆補刊,有以所引原書校補者,有憑臆填者。又
有陳大科刊本,亦安本之枝流也。又有萬曆丙午虎林沈宗培所刊巾箱本,前
亦録鹿門序,而截去'近代錫山'云云以下,蓋借名以行世也。其書分爲三十
二卷,每類'詩、賦',有據《藝文類聚》《太平御覽》增入者,顧誤字差少,蓋沈
氏以他書校改也。古香齋本似以安國之卷第,而據沈氏爲底本,然以嚴鐵橋
所舉宋本無不違異者,唯明嘉靖丁酉書林宗文堂刊本劉本序後有木記云:
'近將監本是正譌謬,重寫雕鏤,校讎精細,並無荒錯,買書君子,幸希詳鑒。'
其三十卷後有跋云:'《初學記》三十卷,宋後刻於麻沙,今歲書林鄭逸叟再
購以板其書。上天下地,明陽幽陰,貴人賤物,無不核也。經典史册,方言小
説,長賦短詩,無不取也。門分類綴,大且勤矣。以鈔本而贋字殘簡爲多,獻
觀於予,予謏隘弗敢讎也,敢求正於識奇字、記雜書,如揚子雲、鄭康成君子
云。時嘉靖丙申冬,壺雲子後跋。'其書題'《新刊初學記》',首卷有總目,每
卷無總目,而於每類下題,目録出附首卷。其'徐堅奉敕'下有'撰'字。"

楊《志》卷十一《子部·類書類》亦著録明刊本《初學記》,詳見本卷第一
節注[二〇]。

[一〇] 朱《目》中未見著録《史記集解索隱正義》。

丁《志》卷六《史部·正史類》著録明嘉靖震澤王氏刊本《史記》,云:"前
有《索隱序》《補史記序》《正義序》《集解序》《索隱後序》。目後有'震澤王
氏刻梓'篆文木記。《集解序》後有'震澤王氏刻於恩褒舊世之堂'隸文木

記。《索隱序》後有跋云：‘延喆不敏，嘗聞先文恪公曰：“《國語》《左傳》，經之翼也；遷《史》、班《書》，史之良也。”今吳中刻《左傳》，郢中刻《國語》，閩中刻《漢書》，而《史記》尚未版行。延喆因取舊藏宋刊《史記》重加校讎，翻刻於家塾，與三書並行於世。工始嘉靖乙酉臘月，迄丁亥之三月。林屋山人王延喆識於七十二峰深處。’按，錢警石學博《甘泉鄉人稿》云：‘《史記》明刻本《集解》《索隱》《正義》皆備者，以震澤王氏、莆田柯氏本爲善。王《跋》七行脱爛數字。《天禄琳琅》所藏亦然，且多爲書估割去，僞爲宋本。此本跋字獨不脱爛，可寶也。”

陸《志》卷十八《史部·正史類》著録明王延喆刊本《史記》，云：“案，目後有‘震澤王氏刻梓’木記。《集解序》後有‘震澤王氏刻於恩褒四世之堂’木記。”

繆《續記》卷四《史學第五》亦著録明嘉靖震澤王氏刊本《史記》，叙述同丁《志》。

此外，楊《譜》二編卷八《史部》著録《史記》，後附“震澤王氏刻於恩褒四世之堂”木記。

[一一]《邵注四庫目》卷五《史部·雜史類》著録吳韋昭注《國語》二十一卷，云：“明張一鯤刊本，翻刻甚多。明嘉靖戊子金李刊於澤遠堂本，十行，行二十字，與龔雷刊《國策》同時同式。明閩中葉邦榮刊本。黄氏仿宋明道二年刻本，附黄丕烈《札記》一卷，最善。又明許宗魯刊本，多古字。葛端調刊本、盧之頤刊本、清段玉裁校刊本、衍聖公刊本。朱修伯曰：‘曾見一明翻宋本，後附《補音》，於‘敬’字、‘讓’字並闕筆。每葉二十行，行二十字，刻印精妙。錢士興《臨惠松厓》識語於上下方。較之黄氏《札記》所引，惠校增多十之八九。’又曰：‘坊間所行《語》《策》合刻，多出嘉靖諸刻本，即嘉靖原本，亦不足重。’《國語》《國策》，均有明硃墨本，吳勉學刊《國語》《國策》白文。”

[一二] 瞿《目》卷九《史部·雜史類》著録明刊本《鮑氏戰國策注》，云：“題‘縉雲鮑彪校注有序’。此嘉靖翻宋本終卷後有《附記》一條云：‘庚午原闕二字晦重校，脱誤猶數十處，此書手所撰次書也而若此，是以知校正之難也。’知當時宋本得鮑氏手稿而刻者。是本卷末有篆書云，‘嘉靖戊子後學吳門龔雷校’，下有‘明威’二字墨記。舊爲太倉陸氏藏本。卷首有‘潤之所藏’朱記。”

[一三] 葉氏所謂“見《天禄琳琅》九”有仿宋刻《大戴禮記》十三卷，經查，卷九爲《明版子部》，蓋葉氏所引卷數有誤。又查《天禄琳琅》卷七《明版經部》有《大戴禮記》一條，《天禄琳琅後編》卷二《宋版經部》有《大戴禮記》三條，均未述及“吳郡袁褧嘉趣堂”“嘉靖癸巳十二年”等字眼，疑爲葉氏著

録之誤。

孫《記》卷二《明版》著録《大戴禮記》云：“題‘漢九江太守戴德撰’。前有淳熙乙未韓元吉序。每葉廿行，行十八字。宋諱俱有缺筆，末卷後有‘嘉靖癸巳吳郡袁氏嘉趣堂重雕’十三字。收藏有‘蔣士弘印’朱文方印、‘顧氏循吉’朱文方印。”

[一四]《天禄琳琅書目後編》卷十六《明版子部》著録《世説新語》，云：“宋劉義慶撰，梁劉孝標注，事俱具《南史》。書三卷，各分上下，凡三十六門。是書紹興八年董弅以家藏王原叔本及後得晏元獻本是正刊之，淳熙戊申陸游重刻於新定，皆有識。末刻‘嘉靖乙未歲，吳郡袁氏嘉趣堂重雕’，蓋從陸本翻刻者，猶屬完書，較之王世貞所刻删節注文者，此爲善本矣。前有袁褧自序。褧，字尚之，吳縣人。博學工詩，善書法，見《蘇州府志》。”

見陸《志》卷六十二《子部·小説類》著録明袁褧刊本《世説新語》。

[一五]《天禄琳琅書目》卷十《明版集部》著録《六家文選》，云：“梁昭明太子蕭統撰六十卷。唐李善、吕延濟、劉良、張銑、吕向、李周翰注。前蕭統序，次李善《上文選注表》并國子監奉刊《文選》詔旨，次吕延祚《進五臣集注文選表》，後明袁褧識語。此書撫刻甚精，校勘亦審，實與宋槧同工。序後標：‘此集精加校正，絶無舛誤，見在廣都縣北門裴宅印賣。’又五十二卷末葉標：‘毋昭裔貧時，常借《文選》不得，發憤曰：“異日若貴，當版鏤之，以遺學者。”後至宰相，遂踐其言。’其六十卷末葉有‘吳郡袁氏善本新雕’隸書木記，則袁褧所自標也。褧識語云：‘余家藏書百年，見購驚宋刻本《昭明文選》，有五臣、六臣、李善本、巾箱、白文大字小字，殆數十種。家有此本，甚稱精善，而注釋本以六家爲優，因命工翻雕。“匡”、“廓”字體未少改易。始於嘉靖甲午，成於己酉，計十六載云云。’其四十四卷末葉標：‘丁未六月初八日李宗信雕。’五十六卷末葉標：‘戊申孟夏十三日李清雕。’李宗信、李清，疑皆當日剞劂高手，故自署其名。而丁未爲甲午後之十三年，僅刻至四十四卷。戊申又丁未後之一年，僅刻至五十六卷。且其成也經十六載，則袁氏之擇工選藝，以求毫髮無憾之意，亦概可見矣。按，《蘇州府志》：袁褧，字尚文，吳縣諸生。循例入太學，善屬文，尤長於詩。繪花鳥有逸趣，書法擬元章。晚耕謝湖之上，自號‘謝湖’。”

朱《目》卷之四《集部·别集類》著録《文選》六十卷，云：“梁昭明太子蕭統編，唐李善并五臣注。明吳郡袁氏仿宋刊本，臨馮氏寶伯、陸氏敕先、何氏義門、惠氏定宇、顧氏澗薲校宋本，又無名氏據諸書校。”

丁《志》卷三十八《集部·總集類》亦著録明吳郡袁氏仿宋刊本《六家文選》頗詳，幾與《天禄琳琅書目》所載同，其云：“卷一第四行六臣名後剷去一行,惟存'皇明重刊'四字。第三十卷後有'皇明嘉靖壬寅四月立夏日,吳郡袁氏兩庚草堂善本雕'兩行。第四十卷後有'此蜀郡廣都縣裴氏善本,今重雕於吳郡袁氏之嘉趣堂。嘉靖丙午春日,國朝改廣都縣爲雙流縣,屬成都府'四行。第四十一卷後有'藏亭'二字。第五十二卷後有'毋昭裔貧時常借《文選》不得,發憤曰:"異日若貴,版鏤之,以遺學者。"後至宰相,遂踐其言,出《揮塵錄》'三行,'塵'誤'慶'字。第五十六後有'戊申孟夏十三日李清雕'一行。第六十卷後有'余家藏書百年,見購鬻宋刻本《昭明文選》,有五臣、六臣、李善本、巾箱本、白文小字大字,殆數十種。家有此本,甚稱精善。而注釋本以六家爲優,因命工翻雕。"匡""郭"字體未少改易。刻始於嘉靖甲午歲,成於己酉,計十六載而完。用費浩繁,梓人艱集。今模揭傳播海內,覽茲册者,毋曰開卷快然也。皇明嘉靖己酉春正月十六日,吳郡汝南袁生裘題於嘉趣堂'。"

繆《記》卷六《詩文第八上》著錄《六家文選》,與丁《志》敘述同,多處見"吳郡袁氏兩庚草堂善本雕""重雕於吳郡袁氏之嘉趣堂""皇明嘉靖己酉春正月十六日,吳郡汝南袁生裘題於嘉趣堂"等,云:"此刻乃祖崇寧五年鏤版,至政和元年畢工。五臣注在前,李注在後。朱竹垞所見賜書堂藏本,所自出也。"

此外,范《目》卷四之三《集部·總集類》亦著錄刊本《文選六臣注》云"明嘉靖己酉吳郡袁生裘校"。

[一六] 孫《記》卷二《明版》著錄《六子全書》,云:"大字本,每葉十六行,行十七字。版心上有'世德堂刊'四字。"《天禄琳琅書目》卷九《明版子部》著錄《六子全書》:"此書版心上方俱標'世德堂刊',乃爲六子合印全本也。"

[一七] 楊《志》卷八著錄明嘉靖甲午仿宋本《王子年拾遺記》,云:"明顧氏重刊,《目錄》二葉,目錄之後有'顧氏世德堂刊'八分書木記。首行題'王子年拾遺記卷第一',次行題'蕭綺序錄',以下重格序文。序後低三格分二行排寫'庖犧''神農''黃帝''少昊''高陽''高辛''唐堯''虞舜'八目,再下一行低四字題'春皇庖犧'。每半葉十行,每行十八字,左右雙邊。卷中避'弘''殷''讓''轄''禎'等字,'楨'字或記以'御名'二字,蓋原於宋仁宗時刊本也。末有嘉靖四年顧春跋,接刊於後序之後。程榮《漢魏叢書》即取原此本,而移蕭綺之序錄於目錄之前,又每卷删其總目,大失古式;亦間有臆改處,安得好事以此本重刊而還宋本之舊乎? 按,顧氏嘗刻《荀》《莊》《列》《楊》《文中子》,世稱《世德堂六子》本是也。愚謂《六子》本雖善,然多改換原刻面目,不如此本之精雅也。此書日本有二部,一爲狩谷望之所

藏,有明'錢穀叔寶'之印;余此本得之森立之,有'東石黃氏藏書籍'六字,立之甚寶愛,余屢求而後得之。"

見楊《譜》卷六《子部》著錄《王子年拾遺記》有"顧氏世德堂刊"二行木記。

此外,傅增湘《藏園群書經眼錄》卷九《子部·小說家類》亦著錄兩種,均爲明嘉靖顧氏世德堂刊本。一云:"十行十八字,白口,左右雙闌。首卷先蕭倚叙錄,叙錄後爲本卷目錄,目錄直接本書。卷中遇宋諱皆缺末筆,其款式是從舊本出者。後序附卷十末,鈐有'蒼巖山人書屋記'朱文長方印。梁清標舊藏。卷末有牌子,爲人剜去,僞作嘉定年號,以充宋刻。"一云:"毛斧季據舊錄本手校。所據凡二本,一爲十二行二十三字,一爲九行十八字。末有斧季手記兩行:'癸亥中秋前四日從舊錄本校勘。丙辰仲春春抄閱畢。'"

[一八]丁《志》卷十八《子部·雜家類》著錄明嘉靖刊本《昭德新編》云:"光祿大夫太子少傅上柱國澶淵晁迥撰。前有迥自序,又景祐三年,鎮國軍節度使檢校太尉駙馬都尉上柱國李遵勗撰序。目錄後有'慶元己未校官黃汝嘉刊''嘉靖戊午翰林院檢討中眷裔孫晁瑮重刊''禮部鑄印局儒士侯汀謄錄'三條。又卷尾木記'嘉靖甲午澶淵晁氏寶文堂刻'。"

《具茨晁先生詩集》一卷,丁《志》卷二十八《集部·別集類》著錄其書爲晁氏寶文堂刊本。

[一九]何厚甫培元《經眼書目》著錄《晁氏客語》一卷、《晁氏儒語》一卷、晁迥《道院集要》三卷、《法藏碎金》十卷,俟考。

[二〇]丁《志》卷二十四《集部·別集類》著錄明嘉靖合刊本《韓文》四十卷、《外集》十卷、《集傳遺文》二卷,云:"門人李漢編,明巡按直隸監察御史南平游居敬校。前有李漢序,並巡按直隸監察御史、前翰林院庶吉士南平游居敬合刻《韓柳文序》云:丙申冬,奉命按至寧國,諮於寧國黎守晨,洎宣城,知縣吳悌取蘇閩舊刻,稍加參校,命工梓焉。"

丁《志》卷二十四《集部·別集類》著錄明嘉靖游氏刊本《柳文》四十三卷、《別集》二卷、《外集》二卷、《附錄》一卷,云:"明巡按直隸監察御史南平游居敬校,前有劉序。按,兩書繕刻精湛。後二十年嘉靖丙辰,兩京國子司業旴江王材序,稱前侍御游君所刻,讎斠頗精,稱善本。沙濱莫君如京由翰林爲御史,出按南畿。寧國朱守自充以爲言,乃重加校梓,細審版刻,絲毫無異,實則因其版而易雕,莫之衒名耳。"

[二一]葉氏言"《舊唐書》二百卷,見《天祿琳琅書目》九",有誤。卷九爲《明版子部》,而《舊唐書》實著錄於《天祿琳琅書目》卷八《明版史部》,云:"石晉劉昫撰。二百卷。前明聞人銓、文徵明、楊循吉三序。聞人銓序

稱，'劉氏《唐書》鬱絕不傳，酷志刊復，苦無善本。逮弭節姑蘇，窮搜力索，吳令朱子得列傳於光禄張氏，長洲賀子得紀、志於守溪公，遺籍俱出宋時槧板。旬月之間，二美璧合，乃督同蘇庠嚴爲校刊，司訓沈子獨肩斯任，效勤四載，書幸成編。匱直千金，刻未竟業，石江歐陽公聞而助以厚鎰，午山馮子、西郭陳子以迨郡邑諸長貳，咸力輔以終事。筆工於嘉靖乙未，卒刻於嘉靖戊戌'云云。詮、循吉，《明史》無傳。按，朱彝尊《明詩綜》小序：'詮，字邦正，餘姚人。嘉靖丙戌進士，除寶應知縣，擢山西道御史，巡視兩關，歷湖廣按察副使，有《芷蘭集》。'今觀書中列銜稱'督學畿内'，彝尊作小序時未經考及。所云司訓沈子，名桐，嘉興人，詮之門人也。"

又見孫《記》卷二著録《舊唐書》。丁《志》卷六《史部·正史類》亦著録逸野王氏藏書明嘉靖刊本《舊唐書》。兩書均載"餘姚聞人詮校刻""嘉興沈桐同校"。

［二二］錢《日記》卷一著録明嘉靖四年金臺汪諒刻、莆田柯維熊校正《史記》，稱："費懋中序稱，先有陝西翻宋本，無《正義》。江西白鹿本有《正義》，而闕《天官》《封禪》三篇。"

朱《目》舊版著録明柯氏刊本《史記》。

丁《志》卷六《史部》著録明嘉靖柯維熊刊本《史記》云："前有嘉靖四年鉛山費懋中序，云：《史記》苦乏善本，雖陝西有翻宋本，江西有白鹿書院刊本，差強人意。余家故近白鹿，猶未能購。金臺汪諒得舊本，懇諸大行人柯君奇徵遍求諸本，參互考訂，兩歲始就。視陝本尤精絕，白鹿本無《正義》，陝本雖有之，而《封禪》《河渠》《平準》三書特缺焉，柯君悉增入焉。後有嘉靖六年上元曰：維熊自跋云，'凡一百三十卷，五十二萬六千五百言，併其注内讎校之者，亦未暇悉數。蓋信者正疑者，闕蔑敢苟焉耳矣'。目録後有'明嘉靖四年乙酉，金臺汪諒氏刊行'兩條。《甘泉鄉人稿》稱《索隱序》後有'紹興三年四月十二日右修職郎充提舉茶鹽司幹辦公事石公憲發刊至四年十月二十日畢工'三十八字，凡三行，始知柯本從紹興本翻刻也。此書《索隱序》適闕，僅能據《甘泉稿》語一證耳。維熊，正德十二年進士，官工部郎中。"

陸《志》卷十八《史部·正史類》著録明柯維熊校刊本《史記》云："按，目後有'明嘉靖四年乙酉金臺汪諒刊行'兩行。每卷標題下有'莆田柯維熊校正'七字。"

［二三］見錢《日記》卷一著録嘉靖本《漢書》。丁《志》卷六《史部·正史類》著録劉燕庭藏明嘉靖汪文盛刊本《前漢書》一百卷，云："漢班固撰，唐顏師古注，明汪文盛、高澍、傅汝舟校。《天禄後目》有麻沙小字本《前漢書考證》云：'舊祇稱《漢書》，此刻兩漢合刻，故標題版心者，加"前"字別之。

此本爲明嘉靖汪氏所刊。每葉二十四行,行二十二字。版心亦加"前"字,當出自元麻沙小字本。而麻沙本又從景祐本出。'《錢竹汀日記》云:'《漢書》嘉靖本,卷首題"福建按察司周采、提學副使周琉、巡海副使何喬校刊",末題"嘉靖己酉年孟夏月吉旦,侯官縣儒學署教諭事舉人廖言監修"。注中附三劉説,以白文"原父、貢父、仲馮曰"字別之。《趙廣漢傳》:"長老傳以爲漢興以來,治京兆者莫能及。"北宋乾興本無"以來"二字。此本雖有之,其增添痕跡分明,故知此本原出北宋本也。'"孫《記》卷二亦著録,大意同丁《志》,而與"汪文盛""嘉靖己酉"并不相涉。繆《記》卷四《史學第五》著録《漢書》兩本,一爲明正統翻刻宋淳化本,一爲明嘉靖丁酉廣東崇正書院刊本,均未見"汪文盛""嘉靖己酉"等字眼,竊謂即葉氏所引錢《日記》語狀。

丁《志》卷六《史部·正史類》著録朱竹君、劉燕庭藏明嘉靖汪文盛刊本《後漢書》。繆《記》卷四《史學第五》亦著録明汪文盛刊本。孫《記》卷二亦著録,而與"汪文盛""嘉靖己酉"并不相涉,不知是否如葉氏所云"鏟削"之故也。

丁《志》卷六《史部·正史類》著録明刊小字本《五代史記》,云:"每葉二十四行,行二十二字。版式與文盛所刊兩漢《書》同,惟字略肥。天一閣、皕宋樓藏皆此本,文盛所刻《儀禮注疏》、兩《漢》及此書,皆高、傅兩人同校也。"

[二四]《天禄琳琅書目》卷九《明版子部》著録《論衡》云:"漢王充著,三十卷。其序作於慶曆五年,稱'先得俗本七,率二十七卷,其一程氏西齋所貯。又得史館本,各三十卷,於是互質疑謬,沿造本源,又爲改正塗注,凡一萬一千二百五十九字,募工刊印'云云。今考晁公武、陳振孫、馬端臨諸家著録,卷目悉符,則文昌校刻之本爲可據矣。此本版心下方有'通津草堂'四字,紙質墨光係爲明製,蓋取文昌定本而重加校刻者。"

孫《記》卷二《明版》著録《論衡》云:"題'王充'二字。末有慶曆五年楊文昌序,稱'先得俗本七,率廿七卷。又得史館本二,各卅卷。然後互質疑謬,又爲改正塗注,凡一萬一千二百五十九字'。此本即從楊本翻雕。每葉廿行,行廿字。版心下有'通津草堂'四字,末卷後有'周慈寫、陸奎刻'六小字。收藏有'嘉靖己未進士夷齋沈瀚私印'朱文方印。"

朱《目》卷三《子部》著録《新刊王充論衡》三十卷,云:"計十二本,漢王充撰。是本合兩卷爲一卷,凡十五卷。元至元六年重刊。宋小字本又一部計六本,明通津草堂刊本。盧抱經學士據宋本校又一部計六本,明人鈔本。"

見陸《志》卷五十七《子部·雜家類》著録明通津草堂刊本《論衡》。

森《志》卷四《子部·雜家類》著録求古樓藏明刊本《論衡》云:"蓋依宋本刊者,每半板十行,行二十字。界長六寸四分,幅四寸七分。板心有'通津草堂'四字。卷末題曰'周慈寫'。考嘉靖中袁褧刻本《六家文選》,亦題'周慈寫’,則知此本亦嘉靖間所刊也。”

　　繆《續記》卷二《子部·雜家類》著録《論衡》云：“通津草堂刊本，漢王充撰。目録後有‘嘉靖乙未春後學吳郡蘇獻可校刊’一行。卷一七下一葉尚未脱，明刊以此爲最。”

　　[二五] 莫《目》卷二《經部·詩類》著録《韓詩外傳》十卷，云：“漢韓嬰撰。元至正十五年錢惟善刊本、沈辨之（按，原文脱“之”字，據前文補。）野竹齋刊本、明通津草堂本、嘉靖乙未吳人蘇獻可刊本、嘉靖初金臺汪諒刊本、嘉靖己亥歷下薛來刊本、明新都唐琳刊本、《漢魏叢書》本、《津逮》本、學津本、《漢魏遺書》本，近趙懷玉校本最善，又周廷寀注本亦可。《容齋二筆》卷八云：慶曆中，將作監主簿李用章序之，命工刊刻於杭，末題云‘蒙文相公改正’三十餘字。”

　　[二六] 丁《志》卷二十四《集部》著録明嘉靖刻本《分類補注李太白詩文集》，云：“前有唐宣州當塗令李陽冰序，次朝散大夫行尚書職方員外郎直史館上柱國樂史述別集序，次殿中侍御史李華《李公墓誌》，次尚書膳部員外郎劉全白撰《李君碣記》，次常山《宋敏後求記》，次南豐曾鞏《後序詩》二十五卷。先標楊齊賢、蕭士贇之名，以《文集》無兩家注故也。後有雲鵬自跋，並‘嘉靖癸卯春元月寶善堂梓行’小木記，樵印精潔，殊可珍也。”

　　[二七] 丁《志》卷二十三《集部·別集類》一著録明嘉靖刊本《曹子建集》，云：“按，植《集》，隋《經籍志》、唐《藝文志》均三十卷，又二十卷《通志·藝文略》，同陳氏《書録解題》二十卷，惟《文獻通考》作十卷，與此合。蓋宋末已有闕佚也。是本前有吳郡徐伯蚪序，稱郭子萬程雅好是《集》，刊布以傳，末有木記云：按，曹《集》十卷，吳中舊有活字印本，多舛錯脱漏，大夫士往往有慨歎焉。雲鵬雖不敏，雅嗜建安諸子。曹《集》之譌，竊嘗一正之。因梓於家，與好古者共傳焉。《集》端有序，不敢贅。謹識歲月於後，云‘時嘉靖壬寅春正月既望，吳下後學郭雲鵬跋’。雲鵬，閩清人，嘉靖己未進士，官刑部主事。”

　　[二八] 孫《記》卷二《明版》著録《河東先生集》，云：“前有劉禹錫《河東先生集序》，每卷後俱有‘東吳郭雲鵬校壽梓木’長印。宋刊本《唐柳先生集》四十三卷，此并入，非《國語》二卷，故四十五。《外集》增《處士段宏古墓誌》三篇，《附録》篇目與宋本不同。《龍城録》宋本所無也，注不題撰人名氏。郭雲鵬，明嘉靖時人。每半葉十八行，行十七字。板心下方有‘濟美堂’三字。”又見陸《志》卷六十九《集部·別集類》著録明郭雲鵬刊本《河東先生集》。丁《志》卷二十四《集部·別集類》亦著録羅鏡泉藏明濟美堂刊本，與孫《記》所載略同。

[二九]《天禄琳琅書目》卷十《明版集部》著録《歐陽先生文粹》,云:
"宋歐陽修著《文粹》二十卷、《遺粹》十卷。前宋蘇軾序,次《宋史》本傳,次
蘇轍撰《神道碑》,次韓琦撰《墓誌銘》,次蘇軾、王安石《祭文忠公文》。《文
粹》後有宋陳亮序,爲明人郭雲鵬所刊。《文粹》《遺粹》卷末俱有'吴會郭雲
鵬選輯附梓'木記,陳亮序後亦有木記,稱'吴會郭雲鵬校刊刻於寶善堂'。
按,選輯校勘之人,前後應有序跋,乃僅刊木記爲識,則不過沿廖氏世綵、余
氏勤有之舊,其爲刻梓售書而非自行操選者明矣。陳亮,字同父,永康人。
紹熙中進士第二,授僉書建康府判官廳公事,《宋史》有傳。"

丁《志》卷二十七《集部·別集類》著録明刊本《歐陽先生文粹》云:"右
爲吴會郭雲鵬校勘刻於寶善堂。目録後有'宋儒聚精'小木記,前列蘇子瞻
《祭歐文忠公文》二篇,曾子固、王介甫祭文各一篇,後列乾道癸巳九月朔陳
亮序,卷數疑雲鵬分編。《四庫》著録者此本也,有'雙石草堂印'。"

[三〇]葉氏所引"《西溪叢語》三卷",而黃《記》卷四《子部》著録兩
種:一爲校明鈔本,一爲明刊本,俱云"二卷"。後者即鵡鳴刻《西溪叢語》,
黃氏跋云:"此鵡鳴館刻《西溪叢語》,余亦有之。但貯諸家塾中,不以爲難
得之書,迨後見蔣壽松收顧氏書中有錢遵王家鈔本並手校者,始知即從是刻
鈔出,遂重之。錢本缺失多同,因視鵡鳴館刻爲難得,而登諸舊刻之列。後
余得嘉魚館鈔本,取刻本相校,鈔固勝刻。而刻亦有勝鈔之處,鈔因與刻並
藏。惜刻有缺失並糊塗處,復借張訒菴藏本補鈔寫全,可云盡美矣。頃湖估
來説,新開環經閣有舊刻《西溪叢語》,甚完全清爽。余曰:'是必鵡鳴館刻
本也。'屬爲取閱,果然,實勝向來所有之本,士遭俗子評點,瑜不掩瑕。余以
難得,故卒收之。易以家刻書三種,今而後鈔刻皆爲善本,可無遺憾。癸未
四月十有三日蕘夫記。"

陸《志》卷五十六《子部·雜家類》著録黃蕘圃舊藏明鵡鳴館刊本《西溪
叢語》,亦云"二卷",所述俱引自黃氏手跋。

陸《跋》卷八鵡鳴館本《西溪叢語跋》云:"《西溪叢語》二卷,題曰'宋剡
川姚寬撰'。板心有'鵡鳴館刻'四字。前有嘉靖戊申俞憲序。憲據西京馬
西玄抄本刊於武昌者也。"

見莫《録》卷二著録明嘉靖鵡鳴館刻本,亦爲"二卷"。

繆《記》卷二《子部·儒家類》著録士禮居藏書明鵡鳴館刻本《西溪叢
語》二卷,亦引黃氏手跋語,詳見本注黃《記》。

由上可知,葉氏所謂《西溪叢語》"三卷",實"二卷"之誤也。

[三一]見陸《志》卷六《經部·禮類》著録"明覆宋本《儀禮注》十七
卷",陸心源並未言明此本乃東吴徐氏所刊。結合葉德輝於此段中所作按語

來看，葉氏自謂“吾藏明刻《儀禮》與此同”，可知葉氏藏有此本，亦徐氏所刊印。葉氏瞭解此書源流，他在《郋園讀書志》卷一“《儀禮》十七卷”條中對該書版本有詳細著録，云：“明嘉靖徐氏覆宋刻《三禮》本。”此外，丁《志》卷二《經部》三亦著録“馮氏快雪堂舊藏明嘉靖翻宋本《儀禮》十七卷”，云：“首列《儀禮》卷第一，次行《士冠禮》第一，越三格《儀禮》，越二格鄭氏注。又次行經文起，注雙行，不附音釋。每葉十六行，行十七字，卷末夾注經幾字、注幾字。凡‘敬’字缺筆，而不避‘徵’‘讓’等字，疑出於宋天聖以前本，相傳爲明嘉靖間徐氏翻刻宋本《三禮》，此其一也。”

[三二]《天禄琳琅書目後編》卷十八（任按，非葉氏所云“卷十”。）《明版集部》著録《韓昌黎集》，云：“前有李漢序，《叙説》七條，《重校凡例》十條，《朱子編昌黎先生集傳》四篇。通部卷末俱刻‘東吳徐氏刻梓家塾’，或長方，或橢圓，或亞字形印。每葉版心俱刻‘東雅堂’，明徐時泰家刻也。是書乃宋廖瑩中世綵堂原本，時泰仿刊時以瑩中爲賈似道黨人，不足重，削去每葉‘世綵堂’字，改題‘東雅堂’，世遂稱爲《東雅堂韓文》，以爲書林甲觀。凡重雕者，以脱胎宋本爲重，此獨深没其文，可知視乎其人耳。時泰，長洲人，萬曆甲戌進士，官工部郎中。”

丁《志》卷二十四《集部·別集類》著録明徐氏刊本陳景雲手校稽瑞樓藏《昌黎先生集》云：“《叙説》七則，《凡例》十條，宋賈似道門客廖瑩中采建安魏仲舉《五百家注》，間引他書十之三，復删節朱子單行《考異》，散入各條下，所稱世綵堂本也。廖本舊在趙氏小山堂，屬樊樹有詩賦之輾轉歸丁雨生撫部。予曾與莫君子偲同玩之，與東雅堂刊者毫髮不差。雍正丁未，長洲陳景雲據以點勘，其子黄中重爲手録。硃墨爛然，字如蠅頭，古拙可愛。眉間記云：近吳中徐氏東雅堂主人徐時泰，萬曆中進士，歷官工部郎中。崇禎末，堂已易主，項宫詹煜居之。煜後以降賊名麗丹書，里人噪而焚其宅，堂遂燬，今僅存池塘遺跡而已。有‘陳仲魚手校’‘簡莊藝文’‘稽瑞樓’及‘桐鄉沈炳垣藏書’諸印。”

見陸《志》卷六十九《集部·別集類》著録明東雅堂刊本《昌黎先生集》四十卷，《外集》十卷，《遺文》一卷，《集傳》一卷。

又見繆《續記》卷六《詩文第八》著録明翻宋本萬曆中徐氏東雅主人徐時泰刊《昌黎先生集》四十卷，《外集》十卷，《遺文》一卷。

[三三]丁《志》卷八《史部·詔令奏議類》著録明刊本《鄭端簡公奏議》，云：“明鄭曉撰。項篤壽（任按，項篤壽，字子長，秀水人，嘉靖壬戌進士，入詞林，性好藏書，見秘册輒令小胥傳抄，儲之舍北萬卷樓，見《浙江志》。）叙而梓之。末有‘隆慶庚午九月雕工畢’一條。是書未進《四庫》，《天

一閣書目》止載《曉謝恩疏》一卷,不及其餘,則爲罕覯可知矣。"

見繆《續記》卷四《史學第五》著録明刊本《鄭端簡公奏議》,云:"闕卷鈔配。明鄭曉撰,門人項篤壽序,目後有'嘉禾項氏萬卷堂刊'篆書木印。"

[三四]《天禄琳琅書目》卷九《明版子部》著録《東觀餘論》云:"宋黄伯思著。二卷(任按,非葉氏所謂"三卷")。前總目,後有伯思自序,後宋樓鑰序。此書在宋嘉定間,樓鑰刻之建安漕司。此是明項篤壽翻刻樓本,故存其序。總目及上下卷標題下,皆刊'篤壽'名,而'嘉禾項氏萬卷堂梓'方圓木記凡四見於書中。第以出自翻板,橅印不能工整。考《宋史》,伯思,字長睿,邵武人。元符三年進士,累官秘書郎,自號雲林子,别字霄賓。"

孫《記》卷二《明版》著録《東觀餘論》二卷,云:"上卷題'法帖刊誤左朝奉郎行秘書省秘書郎黄伯思撰'。大題下俱題'秀水項篤壽重校'。總目前有嘉定年樓鑰序,末有紹興丁卯黄訥跋,序與每卷後有'建安漕司刻梓'六字。又前有序稱'川本去卅一篇'云云。後有跋,稱是書刊於庚午之秋,俱不題年月名氏,核以書中皆建安本所有,此本又明項篤壽從建安本翻雕,序、跋、卷尾有'嘉禾項氏萬卷堂梓'三長方木印、一圓木印、一方木印、一長圓木印。字畫精工,流傳絶少。內府天禄琳琅亦珍藏之。每葉十八行,行約十七字。"

陸《續跋》卷十明仿宋槧《東觀餘論跋》,云:"《東觀餘論》二卷。題左朝奉郎行秘書省秘書郎黄伯思撰。前有萬曆甲午項篤壽重刊引,後有紹興丁卯黄訥跋、嘉定□年樓鑰跋。後有莊夏跋、無名氏跋。每葉十八行,每行十八字。語涉宋帝皆提行。"

丁《志》卷十八《子部》著録馬笏齋藏明萬曆項氏刊本《東觀餘論》二卷,大意與《天禄琳琅書目》、孫《記》、陸《續跋》同。

[三五]見陸《志》卷五十八《子部·雜家類》著録明項氏宛委堂刊本《研北雜志》。

丁《志》卷十九《子部·雜家類》著録孫慶增、丁敬身舊藏明項氏刊本《研北雜志》,云:"此書元陸友仁撰。前自序云:'余生好游,足跡所至,喜從長老問,前言往行,必謹識之。元統元年冬,還自京師索居吳下,因追憶所欲言者,小子録藏焉。取段成式語,名曰《研北雜志》,庶幾賢於博弈爾。明年春二月,平原陸友仁卷中皆軼文瑣事,研北頗精賞鑒,亦工篆隸,故評論書畫古器者爲多。'《四庫提要》云,錢氏《讀書敏求記》載何(任按,《四庫提要》作"柯"。)柘湖校本、項藥師刊本,今皆未見,此即嘉禾項德棻宛委堂刊本也。後有寒玉堂、徐獻忠、董子元、錢叔寶、林應楨、陳繼儒、項德棻題記,更有孫慶增、丁敬身敬手跋,屬太鴻鶚、趙誠夫一清案語,洵爲善本也。慶增,常熟人,善醫術,著有《藏書紀要》。”

　　[三六] 繆《記》卷五著録《奇姓通》十四卷,云:“明刊本。首有薛敷政、
朱之蕃、周延儒、文震孟、王命新、吳亮采、張瑋、陳翼飛序及自序,李維楨跋。
天啓甲子宛委堂刊本,字體別方,然尚有致。”

　　[三七] 莫《目》卷十《子部·雜家類》著録明嘉靖項氏宛委堂刊本《避
暑録話》二卷。

　　[三八] 森《志》卷六《集部·別集部》著録寶素堂(任按,葉氏謂之“寶
儉堂”。)藏明萬曆甲辰馬元調刊本《元氏長慶集》六十卷、《目録》一卷、《補
遺》六卷、《附録》一卷,云:“首有萬曆甲辰吳郡婁堅序、宣和甲辰建安劉麟
序及重刊凡例。卷首題‘唐河南元稹微之著,明松江馬元調巽甫校此本’,分
卷次序一與宋槧同。凡例稱,《集》中編次悉依宋本,不敢更次是也。其《補
遺》六卷,載詩、詞、賦、啓、表、議、判、制、傳,凡六十九篇。《附録》一卷,載
新史本傳。白居易撰墓誌銘並馬氏所輯録也。卷首有‘茅津高氏監藏’‘島
範家藏’‘萬卷必端堂圖書記’‘不忍文庫’諸印。”又見繆《記》卷六著録明
萬曆甲辰馬元調寶儉堂刊本《元氏長慶集》,云:“封面有‘高陽單氏紹衣堂
印’朱文長方印。”

　　森《志》卷六《集部·別集部》著録明萬曆丙午馬元調刊本《白氏文集》,
云:“首有萬曆丙午婁堅序,體式行款一與《元氏集》同。二《集》合刻者,卷
首有讀耕齋家藏印記。”又見繆《記》卷六著録明萬曆甲辰馬元調寶儉堂刊
本《白氏長慶集》,云“封面有‘高陽單氏紹衣堂印’朱文長方印”。

　　[三九] 丁《志》卷十八《子部》著録明刊本《演繁露》十六卷、《續演繁
露》六卷,云:“宋龍圖閣學士宣奉大夫權吏部尚書新安程大昌著。前有淳熙
庚子大昌寓吳興自序曰:‘《演繁露》,非敢自列於董氏,以其董出而董名之,
自識其意焉耳。’後有‘嘉定庚辰男罩敬跋’。書中所演雖非董之本意,而名
物、典故考證詳明,實有資於小學。所引諸書,多注出某書某卷,亦可爲援據
之法。正編不分類,續編分制度、文類、詩事、談助四門。明萬曆丁巳建武鄧
渼得自謝耳伯,恨世不甚傳,因刻置文遠堂,以貽同好,并列《宋史》本傳。此
卷九至十六皆影原書補鈔,有‘欽獎世守陳編之家’一印’。”

　　[四〇] 葉氏所稱“無年號刻《唐文粹》一百卷”,孫《記》中惟卷二著録
明版《重校正唐文粹》一種,其云:“題‘吳興姚鉉纂’。目録前有鉉《文粹
序》。卷末有‘嘉靖六年張大輪’木長印,題識稱:‘《文粹》,閩坊舊本,舛不
可句。蘇州近本,視昔加善。’此本從蘇州本校刊。每葉廿八行,行廿五字。
收藏有‘黃燦之印’白文方印、‘惟含氏’朱文方印。”由此觀之,葉氏將《唐文
粹》置于“鄧渼文遠堂”條目下,不知何所據也。

[四一]《天禄琳琅書目後編》卷十六《明版子部》著録《王氏農書》云：“萬曆四十五年，建武鄧渼再刊本。渼，字遠游，新城人。萬曆戊戌進士，官巡撫順天、右僉都御史，有《南中》《紅泉》諸集。”

[四二]見繆《記》卷八《子部·小説第十》著録明高承埏稽古堂刊本《劉賓客嘉話録》《隋唐嘉話》。

《劇談録》二卷，見繆《續記》（任按，非葉氏稱“見繆《記》”。）卷八《子部·小説類》著録明稽古堂刻本。

繆《記》卷八《子部·小説類》著録《雲仙散録》云：“稽古堂刊本。收藏有‘檇李曹氏藏書’朱文橢圓印、‘退齋居士守素堂圖書印’‘櫟農鑑賞’朱文連珠印。”

[四三]繆《續記》卷八《子部·小説類》著録明稽古堂刻《南部新書》云：“宋錢易撰。首葉有‘退齋居士守素堂圖書印’‘櫟農鑑賞’朱文兩方印，次册有‘方氏子穎考藏印記’朱文長方印。”又於同卷類著録明稽古堂刊本宋上官融撰《友會談叢》（任按，非葉氏謂之“《友會叢談》”。）。

[四四]楊《志》卷五著録明刊本《晉書》云：“每卷後題‘西爽堂吳氏校刻’。首有黄汝亨序，簡端以嘉靖本、萬曆本及汲古閣本校其異同，最爲精密。每册首有‘留蠧書屋儲藏史編’印記。按，留蠧書屋爲吉漢宦藏書庫名，吉君有《論語考異》及《近聞寓筆》二書，蓋日本校訂名家。又有‘曾根書庫’印，未詳其人。載記末有‘歲癸亥長夏二十有五日校完，竹逕居士源元起’硃記。據此，則此書爲源君所校，非出吉君之手也。”

[四五]繆《續記》卷四《史學五》著録明刻本《三國志》云：“每卷有‘吳氏西爽堂校刊’一行。目分《魏志》三十卷、《蜀志》十五卷、《吳志》二十卷，未經合并，猶舊式也。末葉鈔配，似有刻書年月，爲書賈撤去，充舊帙耳。”

[四六]《天禄琳琅書目後編》卷五《宋版子部》著録《太玄經》云：“漢揚雄撰。晉范望解贊。書十卷。前有陸績《述玄》，又唐王涯《説玄》五篇，又《玄圖》一，又《釋文》一卷，説後刻‘右迪功郎充兩浙東路提舉茶鹽司幹辦公事張實校勘’，圖後刻‘萬玉堂’字，末有跋云：‘宋衷解詁，陸績釋文，共爲一注，范望折衷長短，或加新意就成此注，三家互有得失。跋無名氏，未審輯者何人也。’”

瞿《目》卷十五《子部·術數類》著録明刊本《太玄經》，云：“漢揚雄撰，晉范望解贊。舊有宋衷解詁，陸績釋文，范氏合二家注勒成一編。後有玄圖，分畫四重。卷端列陸績《述玄》，後有王涯《説玄》五篇。又《釋文》一卷，不著撰人。《通志》謂林瑀所撰。此明萬玉堂依宋槧本重雕，故‘玄’‘貞’字有減筆。卷末有‘海虞周潮書’五字。”

森《志》卷四《子部·術數類》著録松碕氏石經山房藏明代覆宋本《太玄經》，云："卷首題'晉范望字叔明解贊'，末附《説玄》五篇、《釋文》一卷、《説玄》一篇。《述玄》末題'右迪功郎充兩浙東路提舉茶鹽司幹辦公事張寔校勘'。每半面八行，行十七字。字大如錢，筆畫端正。'玄''貞'等字闕筆，板心有'萬玉堂'三字，審是明代覆刻宋本也。每卷有'傳世樓'印，知清康熙間健庵徐尚書舊藏。"

繆《續記》（任按，葉氏著録有誤，應爲"繆《記》"。）卷二著録明刊本《太玄經》，云："萬玉堂刻本。每半葉八行，每行十七字。版心有'萬玉堂'三字。白口。是明人翻宋刻最善之書，莫氏《經眼録》以爲宋刻，誤矣。"

［四七］《天禄琳琅書目後編》卷四《宋版史部》著録大字本《鮑氏國策》，云："王覺題云：'治平初，得錢塘顏氏印本，脱誤失真。丁未歲，在京師，借館閣諸公家藏數本參校，十正其六七，會有求予本以開版者，因以授之。是此書宋原有兩刻也。'末有'吳郡杜詩梓'字。"

［四八］見顧廣圻《思適齋集》卷十四《重刻吳元恭本爾雅跋》。

明人私刻坊刻書

明刻精本，已具於前。其他私刻坊刻之書，以年代相近，存於今者視宋、元刻本爲多。今以書院、精舍、書堂等類，分別記之。一曰書院。則有：

紫陽書院。成化三年，刻《瀛奎律髓》四十九卷，見楊《志》[一]。

義陽書院。嘉靖辛卯，十年。刻何景明《大復集》二十六卷，見莫《目》[二]。

無錫崇正書院。嘉靖壬辰，十一年。華麟祥刻《事類賦》三十卷，見《天禄琳琅》九、丁《志》[三]。

廣東崇正書院。嘉靖丙申，十五年。刻《四書集注》十四卷，見范《目》。范《目》誤"丙申"爲"丙辰"，又誤"書院"爲"書堂"[四]。嘉靖丁酉，十六年。刻《漢書》一百二十卷，見朱《目》、繆《記》[五]。刻《後漢書》一百二十卷，見范《目》、陸《志》、朱《目》、繆《記》、森《志》[六]。

九峰書院。嘉靖丙申，十五年。刻元好問《中州集》十卷，《中州樂府》一卷，見黃《記》、金本。丁《志》。舊鈔本[七]。

芸窗書院。嘉靖甲辰，二十二年。刻《侯鯖録》八卷，見繆《續記》、丁《志》。作"芸川書院"^[八]。無年號刻《荀子》二十卷,見《天禄琳琅後編》十六^[九]。刻《揚子》十卷、《文中子》十卷,見繆《記》。云板心有"芸窗書院刊"五字^[一〇]。

鼇峰書院。無年號刻《侯鯖録》八卷,見傅沅叔增湘藏書。云小字本,十一行,行二十一字,有"鼇峰書院之記"六字木記^[一一]。

籍山書院。萬曆庚子,十九年。重刊《經史證類大全本草》三十一卷,見丁《志》。云:"大觀二年艾晟序,後有'大德壬寅孟春宗文書院刊行'木記,蓋知南陵縣事楚武昌朱朝望據元本重梓者也^[一二]。"

正學書院。刻《國語補音》三卷,見楊《志》^[一三]。

東林書院。刻《龜山楊文靖集》三十五卷,見瞿《目》^[一四]。

龍川書院。刻《陳龍川先生集》三十卷,見丁《志》^[一五]。一曰精舍。則有:

建溪精舍。洪武壬戌,十五年。刻《傅汝礪詩集》八卷,見瞿《目》、陸《志》。云後有"洪武壬戌渝川百丈山前建溪精舍新刊"一行^[一六]。

詹氏進德精舍。弘治壬子,五年。翻刻南山書院本《廣韻》五卷,見森《志》、陸《續跋》^[一七]。

余有堂鳳山精舍。正德丁卯,二年。刻《論語集注》十卷,見森《志》^[一八]。

南星精舍。嘉靖乙酉,四年。刻《嵇中散集》十卷,見孫《記》、陸《志》。《志》作"南星書屋"^[一九]。

嵍西精舍。刻《宋之問集》二卷,見瞿《目》。云板心有"嵍西精舍"字^[二〇]。一曰書堂。則有:

古杭勤德書堂。洪武戊午,十一年。刻《皇元風雅前集》六卷、《後集》六卷,見楊《譜》、繆《續記》。誤作"元刻"^[二一]。刻楊輝《算書五種》七卷,見楊《志》^[二二]。

遵正書堂。洪武壬申,二十五年。刻《增修箋注妙選群英草堂詩餘前集》二卷、《後集》二卷,見繆《續記》。《記》載書中印記云:"洪武壬申孟夏遵正書堂新刊"兩行十二字。德輝按,此本從元泰宇書堂本翻刻^[二三]。

廣成書堂。永樂甲辰,二十三年。翻刻元南山書院本《廣韻》五卷,見森《志》、陸《續跋》、楊《志》、楊《譜》^[二四]。

書林魏氏仁實書堂。景泰六年,刻《性理大全》七十卷,刻王幼學《朱子資治通鑑綱目集覽》五十九卷,見孫《記》、云序例後有"歲在上章敦牂孟夏,書林魏氏仁實書堂新刊"分書木記。上章敦牂爲景泰六年庚午也。《天禄琳琅》五、瞿《目》。均誤作"元版"[二五]。弘治甲子,十七年。刻《楚辭集注》八卷、《後語》六卷、《辨證》二卷,見繆《續記》。云後有"書林魏氏仁實書堂重刊"一行[二六]。弘治乙丑,十八年。刻《道德經》二卷,列子《沖虛至德真經》八卷,見森《志》。每半版十二行,行二十六字,注雙行[二七]。

歙西鮑氏耕讀書堂。天順辛巳,五年。刻宋鮑雲《天原發微》五卷,見瞿《目》[二八]。

玉峰書堂。成化四年,刻明寇平《全幼心鑑》八卷,見繆《記》。云一小兒捧一牌,曰"玉峰書堂"四字[二九]。

郇陽書堂。成化四年,刻《長安志》二十卷、《長安志圖》三卷,見黃《記》、楊《録》[三〇]。

羅氏竹坪書堂。成化癸巳,九年。刻《子午流注經》三卷,見森《志》[三一]。

崇仁書堂。成化甲午,十年。刻《春秋胡傳》三十卷,見范《目》[三二]。

劉氏明德書堂。弘治七年,刻《衛生寶鑑》二十四卷、《補遺》一卷,見森《志》[三三]。無年號刻《大廣益會玉篇》三十卷,見楊《譜》、楊《志》。大題下跨行木記云"劉氏明德堂京本校正",卷末木記云"劉氏明德書堂新刊"[三四]。

劉氏文明書堂。弘治辛酉,十四年。刻《廣韻》五卷,見楊《志》[三五]。

集賢書堂。弘治乙丑,十八年。刻周藩《袖珍方大全》四卷,見丁《志》。云末有正統十年熊宗立識語,又有"弘治乙丑仲春吉旦集賢書堂新刊"木記[三六]。

陳氏存德書堂。正德戊辰,三年。刻《類證注釋錢氏小兒方訣》十卷,《陳氏小兒病原方論》四卷,見森《志》、繆《續記》[三七]。

錫山秦氏繡石書堂。嘉靖丙申,十五年。刻《錦繡萬花谷前集》四十卷、《後集》四十卷、《續集》四十卷、《別集》三十卷,見陸《志》、丁《志》、森《志》、繆《記》[三八]。無年號刻《漢武故事》二卷,見錢《記》[三九]。

崇文書堂。嘉靖戊申,二十七年。刻宋陳應行編《吟窗雜録》五十卷,見繆《續記》。云序末有"嘉靖戊申孟夏崇文書堂家藏宋本刊行"字[四〇]。

新賢書堂。嘉靖壬戌,四十一年。《新刊四明先生高明大字續資治通鑑》二十卷,見孫《記》[四一]。

吳氏玉融書堂。刻《事林廣記外集》二卷,見陸《續跋》[四二]。一曰書屋。則有:

南星書屋。嘉靖乙酉,四年,刻《嵇中散集》十卷,見陸《志》、孫《記》。孫作"南星精舍"[四三]。

許宗魯宜静書屋。嘉靖戊子,七年。刻《吕氏春秋》十六卷,見森《志》[四四]。無年號刻《爾雅注》三卷,見范《目》、丁《志》[四五]。刻《國語》二十一卷,見繆《記》、丁《志》。誤作"宜静書堂刊本"[四六]。刻吴棫《韻補》五卷,見瞿《目》。鈔本[四七]。

前山書屋。嘉靖甲午,十三年。黄省曾刻《水經》四十卷,《山海經》十八卷,見《天禄琳琅》八。云惟《山海經》板心上方有"前山書屋"四字,而《水經》無之[四八]。

義興沈氏楚山書屋。嘉靖中,刻宋朱弁《曲洧舊聞》十卷,見瞿《目》。云板心有"楚山書屋"四字[四九]。

九洲書屋。無年號刻《初學記》三十卷,見《天禄琳琅》九,又《後編》十七、繆《記》[五〇]。一曰堂。則有:

梁氏安定堂。正統丁巳,二年。刻《韻府群玉》二十卷,見森《志》[五一]。

善敬堂。正統戊辰,十三年。刻《增廣注釋音辨唐柳先生集》四十二卷、《别集》二卷、《外集》二卷、《附録》一卷,見森《志》[五二]。

鼇峰熊宗立種德堂。正統五年,刻《類證注釋小兒方訣》十卷,天順甲申,八年。刻《外科備要》三卷,末題"種德堂",未著姓名。刻《新編婦人良方補遺大全》二十四卷。成化二年,刻《增廣太平惠民和劑局方》十卷。己丑,當是成化四年。刻《增證陳氏小兒痘疹方論》二卷,見《森志》[五三]。刻《新刊補注釋文黄帝内經素問》十二卷,後有木記云"鼇峰熊氏種德堂識"八字。刻《素問入式運氣論奥》三卷,《素問内經遺編》一卷,見丁《志》[五四]。

葉氏南山堂。天順壬午,六年。刻《新增説文韻府群玉》二十卷,見丁《志》[五五]。

書林劉宗器安正堂。弘治甲子,十七年。刻《鍼灸資生經》七卷,見森《志》補遺^[五六]。正德六年,刻《新刊京本詳增補注東萊先生左氏博議》二十五卷,見張《續志》。無元號年月,吾藏本前有木牌記,末題"正德六年"^[五七]。正德丁丑,十二年。刻《類聚古今韻府群玉續編》四十卷,見孫《記》補遺。云序後有正德丁丑書林安正堂劉宗器題識,末卷後有"正德丁丑仲秋京兆劉氏安正書堂新增刊行"木長印^[五八]。正德己卯,十四年。刻《集千家注批點杜工部詩集》二十卷,見蕙風簃藏書。卷後有木牌記云"正德己卯仲夏月劉氏安正堂刊"^[五九]。辛巳,當是正德十六年。刻《象山先生集》二十八卷、《外集》五卷,見《天禄琳琅》六。誤入元版。云後有"辛巳歲孟冬月安正書堂重刊"木記^[六〇]。嘉靖二年,刻朱公遷《詩經疏義》二十卷,見吳《記》、瞿《目》、云前題"書林劉氏安正堂重刊",後有"癸未年仲夏安正堂刊"墨記。丁《志》^[六一]。嘉靖三年,重刊《宋濂學士文集》二十六卷、《附錄》一卷,見丁《志》。云序後有"嘉靖三年春月安正堂新刊行"一條^[六二]。丙戌,當是嘉靖五年。刻《增刊校正王狀元集諸家注分類東坡先生詩》三十卷,見陸《志》。誤作"元刻"。云目後有"龍集丙戌秋月劉安正堂刊木"一行,卷末有"丙戌歲孟冬月安正堂新刊"一行^[六三]。庚寅,當是嘉靖九年。刻《韓文正宗》二卷,見瞿《目》。云卷末有墨圖記,云"庚寅年季夏月安正堂新刊行"^[六四]。刻陳傅良《止齋集》二十六卷、《附錄》一卷、《遺文》一卷,見丁《志》^[六五]。嘉靖九年,刻明陳喆《春秋胡傳集解》三十卷。嘉靖壬辰,十一年,刻宋劉達可編《璧水群英待問會元選要》八十二卷,見范《目》^[六六]。萬曆壬辰,二十年。刻宋秦觀《淮海集》四十卷、《後集》六卷,見袁《簿》^[六七]。萬曆辛亥,三十九年。刻《新編事文類聚翰墨大全》一百二十五卷,見繆《續記》。云書前牌子末云"萬曆辛亥歲孟夏月重新整補好紙版,每部價銀壹兩整,安正堂梓"^[六八]。

皇甫氏世業堂。正統庚辰,十五年。刻《博雅》十卷,見《天禄琳琅後編》十二^[六九]。

贛州府清獻堂。嘉靖元年,刻《埤雅》二十卷,見范《目》^[七〇]。嘉靖癸未,二年。刻巾箱本《書經集注》十卷、《序》一卷,見丁《志》。云後有木楷書記二行,曰"嘉靖癸未季春月刊行於贛州府清獻堂"^[七一]。

南康府六老堂。嘉靖丁亥,六年。刻陳灝《禮記集説》三十卷,見范《目》、瞿《目》、丁《志》。不悉刊刻年月^[七二]。《四書集注》二十六卷,見范《目》^[七三]。

書林葉一蘭作德堂。嘉靖乙巳，二十四年。《新刊演山省翁活幼口議》二十卷，見森《志》補遺^[七四]。

雷氏文會堂。嘉靖乙□□□夏吉旦，新刊《濟世產寶論方》二卷，見森《志》。鈔本。德輝按，此書前有嘉靖己未王子沖序，則"乙"下缺字當是"卯"字，在作序前四年^[七五]。

浙江葉寶山堂。嘉靖癸丑，三十二年。刻《重訂校正唐荊川先生文集》十二卷，見繆《記》。云後有牌記兩行云"嘉靖癸丑仲冬浙江葉寶山堂"^[七六]。

張之象猗蘭堂。嘉靖甲寅，三十三年。刻自注《鹽鐵論》十二卷，見森《志》^[七七]。

寶雲堂。嘉靖十一年，趙繼宗刻宋趙偕《寶峰先生文集》二卷，見丁《志》。云版心上刊有"寶雲堂文藝"五字^[七八]。

陳奇泉積善堂。隆慶辛未，五年。刻《纂圖互注老莊列三子》二十卷，見森《志》^[七九]。萬曆己酉，三十七年。刻《京本排韻增廣事類氏族大全》二十八卷，見丁《志》^[八〇]。

徐守銘寧壽堂。萬曆丁亥，十五年。刻《初學記》三十卷，見孫《記》、森《志》^[八一]。刻吳淑《事類賦》三十卷，見《天禄琳琅》九、《學部圖書館目》。云項氏刻本，板心有"寧壽堂"三字。德輝按，此當是誤"徐"爲"項"，否則徐板項得之印行也^[八二]。

吳公宏寶古堂。萬曆癸卯，三十一年。刻《博古圖》三十卷，見《天禄琳琅》八^[八三]。

新都吳氏樹滋堂。萬曆丙午，三十四年。刻《秦漢印統》八卷，見《天禄琳琅》八、孫《記》^[八四]。

周氏博古堂。萬曆己酉，三十七年。刻《世説新語》三卷，見孫《記》、繆《記》^[八五]。

董氏萬卷堂。刻《隆平集》二十卷，見瞿《目》。云序後有墨圖記云"董氏萬卷堂本"^[八六]。

書林龍田劉氏喬山堂。萬曆辛亥，三十九年。刻《注解傷寒百證歌發微論》四卷。萬曆壬子四十年。刻《類證增注傷寒百問歌》四卷。見森《志》補遺^[八七]。

海虞三槐堂。天啓間，刻《侯鯖録》八卷，見丁《志》。引鮑以文跋^[八八]。

葉益蓀春畫堂。崇禎庚辰，十三年。刻《陶靖節集》六卷，見繆《續記》。云板心有"春畫堂"三字，葉益蓀刻，林有跋，異卿手書上板。後有"崇禎庚辰中秋既望閩中林寵異卿書於金陵清涼寺"兩行[八九]。

新都吳繼仕熙春堂。無年號刻《六經圖》六卷，見《天祿琳琅後編》十三。云卷後識云"圖像俱精，字紙兼美，一照宋本校刻無譌"[九〇]。

熊氏衛生堂。無年號刻《新刊銅人鍼灸經》七卷，見森《志》[九一]。

明德堂。無年號刻《衛生寶鑑》二十四卷、《補遺》一卷，見森《志》。云係萬曆間刊本，末有"皇明歲次乙未明德堂刊"記。德輝按，若萬曆刻本，乙未當在二十三年[九二]。

雙柏堂。無年號仿宋刻丁黼本《越絕書》十五卷，見陸《志》、陸《續跋》[九三]。

如隱堂。無年號刻《洛陽伽藍記》五卷，見張《續志》、瞿《目》、繆《續記》[九四]。一曰館。則有：

豫章王氏夫容館。隆慶辛未，五年。刻《楚辭章句》十七卷，見朱《目》、森《志》、楊《志》、繆《續記》[九五]。

翠巖館。萬曆戊子，十六年。刻《素書》一卷，見陸《志》[九六]。

潘元度玉峰青霞館。重刻《大唐新語》十卷，改題《唐世說新語》，見楊《志》[九七]。

辨疑館。刻《易林》四卷，見陸《志》。吾藏此本，不佳。明刻此書無善本[九八]。

清真館。刻《雲笈七籤》一百二十二卷，見瞿《目》、陸《志》、丁《志》[九九]。一曰齋。則有：

書戶劉洪慎獨齋。弘治戊午，十一年。刻《資治通鑑綱目》五十九卷，見范《目》[一〇〇]。正德戊辰，三年。刻《山堂群書考索前集》六十六卷、《後集》六十五卷、《續集》五十六卷、《別集》二十五卷，見《天祿琳琅後編》十七、丁《志》、陸《志》、繆《記》。是書前有正德戊辰莆田守鄭京序，稱"僉憲院賓出是書示區玉，玉以義士劉洪校讎督工，復劉徭役一年，以償其勞"。每卷有"建陽知縣區玉刊行""木石山人劉宏毅刊""正德十六年十一月書戶劉洪改刊"等字。十六年爲辛巳，蓋閱十年而始刊成[一〇一]。正德戊寅，十三年。刻《十七史詳節》二百七十三卷，見范《目》《天祿琳琅後編》十五、《廉石居記》、陸《志》、又《天祿琳琅後編》四。誤作"宋版"。是書前序後有墨圖記三，曰"慎獨齋"，曰"五忠後裔"，曰"精力史學"。每卷首或刻"建陽慎獨齋"，或刻

“建陽木石山人劉宏毅”,各卷不同[一〇二]。刻《文獻通考》三百四十八卷,見丁《志》、繆《記》[一〇三]。正德己巳,四年。刻《資治通鑑節要》二十卷,見孫《記》續編[一〇四]。正德辛巳,十六年。重刻《孫真人備急千金要方》三十卷、目録一卷,見森《志》[一〇五]。嘉靖癸未,二年。刻巾箱本《西漢文鑑》二十一卷,《東漢文鑑》十九卷,見繆《記》。云後有牌子,云“龍飛嘉靖癸未京兆慎獨齋刊”[一〇六]。嘉靖己丑,八年。刻《資治通鑑綱目》五十九卷,見森《志》。德輝按,是書據范《目》有弘治戊午刻本,此又複見,或前後重刻,或前板後修,皆未可知。惟吾在廠肆曾見弘治本,絶似元槧,惜未見嘉靖本也[一〇七]。嘉靖壬辰,十一年。刻宋劉達可《璧水群英待問會元》八十二卷,見丁《志》。宋本注[一〇八]。嘉靖甲午,十三年。刻明邵寶《容春堂集》六十六卷,見丁《志》[一〇九]。無年號刻胡寅《讀史管見》八十卷,見陸《志》。宋刊本跋[一一〇]。刻《明一統志》九十卷,見繆《記》[一一一]。

桂連西齋。正德庚午,五年。刻漢《董仲舒集》一卷,見《天禄琳琅後編》十八。云有“正德庚午桂連西齋印行”木記[一一二]。

顧起經奇字齋。嘉靖乙卯,刻《類箋王右丞詩集》十卷、《文集》四卷,見范《目》詩集類、又見繆《續記》。云後有“嘉靖三十四年涂月白分錫武陵家塾刻”一行[一一三]。萬曆元年,刻《標題補注蒙求》三卷,見丁《志》。云板心刊“奇字齋”三字[一一四]。

楊氏歸仁齋,亦稱清白堂。嘉靖丁巳,三十六年。刻《事文類聚》一百十七卷,見楊《志》、丁《志》[一一五]。按,《四庫》著録元麻沙本,《前集》六十卷,《後集》五十卷,《續集》二十八卷,《別集》三十二卷,《新集》三十六卷,《外集》十五卷,《遺集》十五卷。余藏萬曆丁未鄒可章重刻此本。刻陳子桱《資治通鑑綱目外紀》一卷,金履祥《通鑑前編》十八卷,朱子《通鑑綱目》五十九卷,商輅《通鑑續編》二十七卷,見丁《志》。明歸仁齋書林刻本[一一六]。

純白齋。萬曆元年,重刻《荆川先生文集》十七卷、《外集》三卷、《附録》一卷,見丁《志》[一一七]。

武林馮紹祖繩武觀妙齋。萬曆丙戌,十四年。刻《楚辭章句》十七卷,見丁《志》[一一八]。

泊如齋。萬曆戊子,十六年。刻《宣和博古圖》三十卷,見孫《記》、繆《續記》[一一九]。刻《考古圖》十卷,見《天禄琳琅》八、陸《續跋》[一二〇]。

豫章璩之璞燕石齋。萬曆乙未,二十三年。刻王世貞《蘇長公外紀》十卷,見繆《記》[一二一]。

真如齋。萬曆庚戌,三十八年。刻劉嵩《槎翁詩》八卷,見丁《志》。云目錄後有"萬曆庚戌王正吉山陰王應遴董父監梓於真如齋中"木記[一二二]。

喬可傳寄寄齋。萬曆辛亥,三十九年。刻《路史前紀》九卷、《後紀》十三卷、《國名紀》九卷、《發揮》五卷、《餘論》十卷,見繆《記》[一二三]。

雙甕齋。萬曆丙辰,四十四年。蔡達甫刻《蔡忠惠集》三十六卷,徐𤊹輯《外紀》十卷,見丁《志》。云板心有"雙甕齋"三字[一二四]。

金陵奎壁齋。崇禎六年,彙刻《忠經孝經小學》十卷,見繆《續記》。云前有崇禎六年諭旨,又有牌子云"莆陽鄭氏再訂金陵奎壁齋梓"十二字[一二五]。

單恂净名齋。崇禎戊寅,十一年。刻宋岳少保《忠武王集》一卷,見丁《志》。云華亭陳繼儒輯,門人單恂訂本,板心梓"净名齋"三字[一二六]。

歙巖鎮汪濟川主一齋。無年號刻《巢氏諸病源候總論》五十卷,見孫《記》、瞿《目》、誤作王氏。楊《志》、丁《志》[一二七]。

霏玉齋。無年號刻《重刊分類補注李詩全集》二十五卷、《文集》五卷,見繆《記》[一二八]。一曰山房。則有:

徐焴萬竹山房。嘉靖甲申,三年。刻《重校正唐文粹》一百卷,見繆《記》。云胡序板心有"萬竹山房"四字,目錄後有"姑蘇後學尤桂朱整同校正"字[一二九]。

喬世寧小丘山房。嘉靖甲辰,二十三年。刻《孫真人備急千金要方》九十三卷、《目錄》一卷,見森《志》、云板心有"喬氏世寧小丘山房刻行"等字。丁《志》[一三〇]。

武林馮念祖卧龍山房。萬曆丙戌,十四年。刻元徐天祐《吳越春秋音注》十卷,見《天祿琳琅》八。德輝按,目後有木牌記,云"萬曆丙戌之秋武林馮念祖重梓於卧龍山房"。後板歸楊爾曾,"丙戌"改"戊戌","馮名"改"楊名",二本吾皆有之[一三一]。一曰草堂。則有:

椒郡伍氏龍池草堂。嘉靖丁酉,二十五年。刻《張說之文集》二十五卷,見孫《記》、瞿《目》。云明初椒郡伍德手錄本,作記屬子孫付刻。至嘉靖間,其後裔刻之,序後有"嘉靖丁酉冬十月朔旦椒郡伍氏龍池草堂家藏本校刊"一行[一三二]。

玉蘭草堂。無年號刻陶九成《南村輟耕錄》三十卷,見繆《記》。云邊闌下每葉有"玉蘭草堂"四字,再下則載匠人姓名[一三三]。一曰書林。

則有：

書林劉寬。宣德乙卯，十年。刻朱子《資治通鑑綱目》五十九卷，見《天禄琳琅後編》十四[一三四]。

書林余氏。正統辛酉，六年。刻《十八史略》二卷，見森《志》[一三五]。

書林龔氏。正德己卯，十四年。刻黃震《黃氏日鈔》九十七卷，見浙《録》、楊《志》[一三六]。

書林童文舉。萬曆三年，重刻袁表校刻《脈經》十卷，見森《志》補遺[一三七]。

書林董思泉。萬曆辛巳，九年。刻《墨子》六卷，見楊《志》。云："首籤題'鹿門校刻墨子全編'，上層有書林董思泉識語，稱'得宋本，請茅鹿門讎校'。首有萬曆辛巳茅坤序，稱'別駕唐公得《墨子》原本，將歸而梓之'云云。然則鹿門第爲唐公作序，並未與讎校之役。其中古字古言，多爲書估所改。如'丌'本古'其'字，皆改爲'亦'字，可笑之甚。鹿門雖陋，恐不至此。"又云："日本寶曆七年，源儀重刻此本，以諸本之異同者校勘於書眉。不惟勝此本，且勝畢氏所據之道藏本，惜乎源氏無卓識，不刻其所引之一本，令人歎息也。"德輝按，吾有源刻本，又有嘉靖癸丑陸穩序唐堯臣刻本，乃知茅序即用陸序原文，改題茅坤姓名。書估作偽欺人，楊氏誤信之，殊可笑也[一三八]。

書林詹氏。無年號刻《京本校正注釋音文黃帝内經素問靈樞集注》十五卷，見丁《志》[一三九]。一曰鋪。則有：

國子監前趙鋪。弘治丁巳，十年。刻《澗谷精選陸放翁詩集前集》十卷、《須溪精選後集》八卷、《別集》一卷，見丁《志》[一四〇]。

正陽門内巡警鋪對門金臺書鋪。嘉靖元年，翻刻元張伯顏《文選》六十卷，見范《目》、丁《志》。德輝按，此即嘉靖四年同柯維熊刻《史記》之汪諒[一四一]。

杭州錢塘門裏車橋南大街郭宅紙鋪。無年號刻《寒山詩》一卷，《豐干拾得詩》一卷，附慈受《擬寒山詩》一卷，見瞿《目》。云明刻本。德輝按，黃《記》有宋本與此同，惟紙字空白。此必翻本，以街名牌記皆似宋式也[一四二]。其他牌記尚有：

藍山書舍。洪武庚辰，即建文二年。刻《武夷藍山先生詩集》八卷，見丁《志》。云序後刻有"洪武庚辰秋藍山書舍刊"長方木記。德輝按，成祖篡統，革除建文元號，此豈追改耶[一四三]。

劉氏博濟藥室。宣德癸丑，八年。刻《類證活人書括》四卷，見森《志》補遺[一四四]。

維楊資政左室。萬曆己卯,_{七年。}刻《呂氏春秋》二十六卷,見楊《譜》^[一四五]。

蔣德盛武林書室。萬曆庚子,_{二十八年。}刻《敬齋古今黈》十二卷,見陸《志》、繆《記》、舊鈔本。丁《志》。“書室”誤云“書屋”^[一四六]。

太元書室。刻桓寬《鹽鐵論》十卷,見黃《記》。校明鈔本^[一四七]。

尹耕療鶴亭。嘉靖壬寅,_{二十一年。}重刻《誠齋先生易傳》二十卷,見丁《志》、繆《記》^[一四八]。

顧汝達萬玉樓。嘉靖庚戌,_{二十九年。}刻宋本《南唐書》三十卷,見繆《記》^[一四九]。

贛郡蕭氏古翰樓。嘉靖間,刻《妙絕古今》四卷,見繆《續記》。云板心有“蕭氏古翰樓”五字^[一五〇]。

芙蓉泉屋。嘉靖十八年,刻《韓詩外傳》十卷,見陸《志》^[一五一]。

東里董氏茭門別墅。嘉靖壬子,_{三十一年。}翻刻宋紹興府洪适本《元氏長慶集》六十卷,見丁《志》^[一五二]。

龍邱桐源舒伯仁梁溪寓舍。萬曆二年,刻《中興以來絕妙好詞》十卷,見范《目》、瞿《目》、丁《志》。云末有墨圖記云“萬曆二年七月既望龍邱桐源舒氏伯明新雕梁溪寓舍印行”^[一五三]。

吳興花林東海居士茅一相文霞閣。萬曆庚辰,_{八年。}刻《蔡中郎集》十一卷,見丁《志》^[一五四]。

吳郡顧凝遠詩瘦閣。崇禎乙亥,_{八年。}仿宋刻《濟北晁先生雞肋集》七十卷,見《四庫書目提要》、丁《志》。云板心有“詩瘦閣”三字,卷後有“明吳郡顧氏於崇禎乙亥春照宋刻壽梓,至中秋工始竣”二行^[一五五]。

清平山堂。無年號刻葉祖榮《類編分類夷堅志》十一卷,見繆《續記》。云當是南宋建陽書肆類集刊本,明人重刻之,板心有“清平山堂”四字^[一五六]。

衆芳書齋。隆慶元年,刻《繪圖增編會真記》四卷,見繆《續記》^[一五七]。

清夢軒。無年號刻蘇轍《欒城集》五十卷、《後集》二十四卷、《三集》十卷、《應詔集》十二卷,見瞿《目》、丁《志》。云目錄後有“清夢軒藏板”五字^[一五八]。

三衢近峰夏相。嘉靖壬子,_{三十一年。}仿宋刻《古今合璧事類備要前集》六十九卷、《後集》八十一卷、《續集》五十六卷、《別集》九十四卷、《外集》六十六卷,見陸《志》、丁《志》、繆《記》^[一五九]。

揚州陳大科。萬曆丁酉,二十五年。刻《初學記》三十卷,見《邵注四庫目》。德輝按,吾藏此本,雕印甚精^[一六○]。

金陵王舉直。刻《雅頌正音》五卷,見黃《記》、云明初刻本。陸《志》^[一六一]。

金陵周對峰。萬曆辛卯,十九年。刻《新刊簪纓必用翰苑新書前集》十二卷、《後集》七卷、《別集》二卷、《續集》八卷,見丁《志》^[一六二]。

姑蘇葉氏戊甘。無年號刻《王狀元荆釵記》全卷,見黃《記再續》。云卷末有"姑蘇葉氏戊甘梓行"八字。德輝按,此書似是元末槧本,以葉氏名戊甘證之,亦元時人名俗尚^[一六三]。

沈啓南。無年號刻《晏子春秋》八卷,見楊《譜》。按,孫星衍爲畢沅校刻此書,及自刻《岱南閣叢書》,均據此本。據云萬曆乙酉年刻^[一六四]。以上或刻一種,或刻二三種。其中刻書獨多,爲劉洪慎獨齋、劉宗器安正堂,而皆建陽產。自宋至明六百年間,建陽書林擅天下之富,使有史家好事,當援貨殖傳之例增書林傳矣。

【箋證】

[一] 楊《志》卷十三著録《瀛奎律髓》四十九卷,云:"朝鮮重刊明成化本。首方回自序,序後有'成化三年仲春吉日紫陽書院刊行'木記。有圓點,注文雙行。末有皆居士跋,據其印章,知爲龍遵叙。末又有成化十一年朝鮮府尹尹孝孫跋,蓋即據成化本翻雕者也。據龍叙,知虛谷此書以前未有刊本。此雖非成化三年原本,而款式毫無改換,較吳之振本之移龍叙於卷首者,亦有間焉。"

[二] 莫《目》卷十五《集部·別集類》著録《大復集》三十八卷,云:"明何景明撰。嘉靖十年刊本三十七卷。五世姪孫洙源等刊本頃收嘉靖三年唐龍序。雅竹齋刊本二十六卷,又見嘉靖十年義陽書院刊本亦二十六卷,板式相同,有唐序、王廷相序。"

[三] 《天禄琳琅書目》卷九《明版子部》著録《事類賦》,云:"宋吳淑著。三十卷。前宋邊惇德序,次淑《進注事類賦狀》。考《宋史》,吳淑,字正儀,丹陽人。預修《太平御覽》《太平廣記》《文苑英華》,作《事類賦》百篇以獻,詔令注釋。淑分注成三十卷上之,官至職方員外郎。卒於咸平五年。此書卷三十後刊'宋紹興丙寅,右迪功郎、特差監潭州南嶽廟邊惇德,左儒林郎、紹興府觀察推官主管文字陳綬,右從政郎、充浙東提舉茶鹽司幹辦公事李端

民校梓’。觀此，則淑書成於咸平以前，上於太宗之朝，初無刊本，直至紹興末年，浙東官屬方爲付梓。而書中於每卷標題之下，吳淑銜名之次，標‘都事錫山華麟祥校刊’。麟祥，雖未詳其人，而版心上方刊‘崇正書院’四字。考《常州府志》，宋寶祐中，無錫令袁從爲祠以祀楊時、陸九淵、張栻、楊簡、袁燮、袁甫、喻樗、尤袤、蔣重珍，曰九先生祠。元教授虞薦廢去陸九淵、張栻、楊簡、袁燮、袁甫，益以李祥，名五先生祠。嘉靖八年，邑人華雲益以李綱、邵寶，爲七賢祠，而榜曰‘崇正書院’。夫崇正之名，始於嘉靖八年，則此書版行蓋出於嘉靖以後也。南康白鹿書院藏本，有印記。”

丁《志》卷二十《子部·類書類》著錄明刊本《事類賦》，云：“宋博士渤海吳涉撰注，此爲嘉靖壬辰無錫崇正書院刊，後有校刊諸生姓名。”

［四］范《目》卷一之二《經部·四書類》著錄刊本《四書集注》十四卷，云“明嘉靖丙辰廣東崇正堂刊行”，對此，葉氏書中修正已明。

［五］朱《目》卷之二《史部》著錄《漢書》一百二十卷，云：“計三十二本。漢班固撰。唐顏師古注。明嘉靖十六年廣東崇正書院刊本。”

繆《記》卷四《史學第五》著錄《漢書》，云：“明嘉靖丁酉廣東崇正書院刊本。首行‘高帝紀第一上’，雙行注‘師古曰’云云。空四格題‘漢書一’。次行低三格題‘正議大夫行秘書少監琅邪縣開國子顏師古注’。每半葉十行，每行二十二字。護葉有‘康熙壬子居江寧。十月初八日在書鋪廊，未時偶遇，即得藏之’，下押‘溫印闓口’白文小方印、‘良伯’朱文小圓印。收藏有‘果親王藏書圖記’朱文長方印、‘寓有庵陳氏藏書私記’‘鬻及借人爲不孝’朱文兩大方印。”

［六］范《目》卷二之一《史部·正史類》著錄刊本《後漢書》一百二十卷，云：“南宋范曄撰，唐章懷太子賢注。明嘉靖丁酉冬廣東崇正書院重刊。”

陸《志》卷十八《正史類》一著錄明嘉靖刊本何義門手校《後漢書》，云：“景祐二年，秘書丞余靖上言。何氏手跋曰：‘初讀此書，嫌其譌謬爲多，及觀劉氏刊誤諸條，乃知在北宋即罕善本，緣前人重之不如班《書》故也。嘉靖中，南京國子監開者注經刪削，此猶完書，故是一長，其舊本不差，此復滋謬之字，略爲隨文改定云。康熙辛巳中秋後題於保定行臺西序。焯按，余靖上言後有“嘉靖丁酉冬月廣東崇正書院重修”木記。’”

朱《目》卷之二《史部》著錄《後漢書》，云：“計三十二本。宋范曄撰，唐章懷太子賢注。《志》三十卷，晉司馬彪撰，梁劉昭注補，款式與《漢書》同，亦崇正書院刊本也。”

繆《記》卷四《史學第五》著錄《後漢書》，云：“明崇正書院刊本。題字、印章與《漢書》同。”

森《志》卷三《史部·正史類》著録青歸書屋藏明嘉靖丁酉刊本《後漢書》，云："景祐元年，余靖上言。後有'嘉靖丁酉冬月廣東崇正書院重修'記。每半板十行，行二十二字。界長六寸三分，幅四寸四分，四周雙邊，亦有單邊者，參錯不一。卷首有'瑯玕亭印'。"

[七] 黃《記》卷六《集類》著録金本《中州集》十卷云："毛氏刻《中州集》并《樂府》，觀其序跋，《中州集》有弘治人跋，謂出於前哲所自録；《中州樂府》有嘉靖人序，謂陸儼山刻之九峰書院，則子晉所梓，皆非元本矣。故取此及鈔本《樂府》勘之，多所不同，書必取其舊信然。獨怪《歷朝詩集》出於毛氏所刊，至於行款格式，無一不與元氏原刻《中州集》《樂府》合，影寫《中州樂府》，亦出於毛氏，何以所見皆真本，而所用以梓行者，皆屬後來之本，豈所見在後而所梓在先耶？"又，毛鈔本《中州樂府》一卷云："余應文選局之募，傭書於讀未見書齋，主人出毛鈔《中州樂府》，屬摹補目録及後碑牌於首尾。目録前即《中州集》之目録連刻者，兹祇就《樂府》目録補之，故前空數行；刊刻年月一葉即係第十八葉，兹因別書一葉，故附於後，不標小號云。嘉慶戊辰冬尹傳李德經識。"

丁《志》卷三十八《集部·總集類》著録舊鈔本《中州集》十卷、《中州樂府》一卷，云："河東人元好問裕之集。《詩集》前有弘治丙辰華容嚴永濬序，云：'裕之身任翰墨，蔚爲一代宗工。凡四方碑版、銘志盡趨其門。一時君臣上下遺言往行、篇章製作，訖無罅漏。今所傳《中州集》，蓋其纂述之一也。《集》以甲乙次第爲十卷，卷各取其人之出處表諸首，而以所作隸其下。末又以《樂府》終之，歷二十寒暑而始成。侍御沁水李公景仰鄉前哲所録，命爲刊誤云云。'次好問自叙後有頤齋張德輝耀卿序，又毛晉重刻識語。《樂府》前有嘉靖十五年漢嘉彭汝實序，稱'《中州樂府》凡三十六人，總一百二十四首，以其父明德翁終焉'。人有小序志之，蜀左轄儼山陸先生偶得是編，謀梓之。嘉定守貴陽高登，遂刻之九峰書院。後有屬吏毛鳳韶跋，又毛晉識語。此本皆依毛刻，細楷書成。嚴序後過何義門焯題，云'毛氏刻此書時，所見者止嚴氏重開之本，其行款俱不古'。"

[八] 繆《續記》卷八《小説十》著録《侯鯖録》，云："明芸窗書院刊本。宋趙令時撰。嘉靖甲辰仲夏涿鹿頓銳序，時銳爲高淳令，刊於南都。譌字盈紙，而有絶佳處可校鮑刻。前賢所謂不校之書，猶勝於專輒臆改者。"

丁《志》卷二十一《子部·小説類》著録鮑以文舊藏明芸川書院刊本《侯鯖録》，云："按，《知不足齋叢書》中鮑廷博識曰：'《侯鯖録》近惟稗海本行於世，誤書脱簡，殊不耐觀。予藏有三本：一芸川書院本，不知刊於何時，似商本所祖也；一明天啓間海虞三槐堂坊刻，密行細字；一舊鈔本，分上下卷，較諸本爲勝。暇日參合交訂，又檢他書，證其異同，較商刻則逕庭矣。'此芸川書院刊本，鮑氏用朱線筆一再校改，即刊叢書之底本也。"

此外，傅增湘《藏園群書經眼録》卷八《子部·雜家類》著録《侯鯖録》，云："明嘉靖二十三年芸窗書院刊本，八行十五字。前涿鹿頓銳序，序後有'嘉靖甲辰仲夏吉旦芸窗書院重刊'兩行。板心上方有'芸窗書院刊'五字。"

[九]《天禄琳琅書目後編》卷十六《明版子部》著録《荀子》，云："每葉版心有'芸窗書院刻'五字。"

[一○]繆《記》卷二著録明刊本《揚子》十卷、《文中子》十卷，俱云"版心有'芸窗書院刊'五字"。

[一一]傅增湘《藏園群書經眼録》卷八《子部·雜家類》著録《侯鯖録》，云："明鰲峰書院刊本，十一行二十一字，白口單闌，中板心，細字。有'鰲峰書院之記'楷書墨記。"

[一二]丁《志》卷十六《子部·醫家類》著録明萬曆重刊大德本《重刊經史證類大全本草》，云："大觀二年艾晟序。艾序後亦有'大德壬寅孟春宗文書院刊行'木記，蓋知南陵縣事楚武昌，朱朝望據元本重梓者也。又題春穀義民王秋原刊，庠生王大獻引禮，程文繡同校。卷二前則標春穀王秋捐貲，命男大獻、大成同校録，則皆出資刊刻之人矣。卷末有木記云'萬曆庚子秋七月重鋟於籍山書院'。"

[一三]楊《志》卷五著録《國語補音》云："宋元憲作《國語補音》，取官私所藏十五六本參校，得多失少。自明人附刊入《韋注》中，而單行本遂微。自黃蕘圃刻明道本，顧千里爲《札記》，汪小米爲《考異》，宋氏之書遂多疵議。傳世舊本，唯見孔氏《微波榭叢書》中。近日盱眙吳氏又從孔本翻刻於成都，末附錢保塘《札記》，稱以明修舊刻本校孔本，知孔本實從明本出，又以舊刻校正孔本數處。今以照此本，則與錢君所稱舊本多合。而錢君不言是明嘉靖正學書院刊本，豈錢君所據本佚趙仲一序耶？此本澀江道純舊藏，余從森立之得之。"

[一四]瞿《目》卷二十一《集部·別集類》著録明刊本《龜山楊文靖公集》，云："宋楊時撰。舊有咸淳間黃去疾作《年譜》一卷，續增《從祀孔廟議》、《宋史》本傳、胡文定《墓誌銘》、呂本中《行狀》，後附録《祭文》《賜謚敕》、葉水心作《舊宅記》。案，《文靖集》，宋時刊於延平郡齋，其本不傳。弘治刻本十六卷，常州東林書院本三十六卷，此則宜興所刻三十五卷本也。"

[一五]見丁《志》卷三十一《集部·別集類》著録王蓮涇藏明龍川書院刊本《龍川先生文集》。

[一六]瞿《目》卷二十二《集部·別集類》著録舊鈔本《傅與礪詩集》，

云：“題‘任邱宋應祥伯禎點校，弟傅若川次舟編刊’。前有天曆二年范椁序、元統三年揭傒斯序、至正辛巳虞集序、洪武壬戌胡行簡序；後有洪武癸亥傅若川跋，謂所有文集，陸續刊行。胡序後有‘洪武壬戌仲冬渝川百丈山前建溪精舍新刊’一行。舊爲海寧查氏藏本。”

陸《志》卷一〇三《集部·別集類》著録鮑渌飲舊藏舊抄本《傳與礪詩集》，云：“胡序後有‘洪武壬戌仲冬渝川百丈山前建溪精舍新刊’一行。”

［一七］森《志》卷二著録相關版本《廣韻》兩種。一爲昌平學藏元至正丙午刊本。其云“首有陳州司馬孫愐《唐韻序》。每半板十二行，行二十字。注雙行二十七字。界長七寸一分強，幅五寸四分。四周雙邊。孫序後有‘至正丙午菊節南山書院刊行’木記”。一爲明弘治壬子刊本，云“此再雕前本者。序末木記亦改題‘弘治壬子詹氏進德精舍新刊’”。

陸《續跋》卷四元槧《廣韻跋》云：“《廣韻》五卷。前有陳州司馬孫愐《廣韻序》，序後有木記兩行，文曰‘至正丙午菊節南山書院刊行’。每葉二十四行，每行小字二十五，大字約十五六。元刻元印本也，明永樂甲辰廣成書堂、弘治壬子詹氏進德精舍皆有翻本，行款悉同。而刻工甚劣，譌謬更多。又別有至順庚午刊本，每葉二十六行，每行約十八九字。小字雙行，每行三十字。序末有‘至順庚午敏德堂刊’木記及‘辛未菊節後十日印’七字。又有建安余氏刊本，行款與至順本同，而板式縮小似巾箱本。末有‘建安余氏雙桂書堂鼎新鋟梓’木記。注更多刪節，均不如此本之善也。以黎蒓齋新覆泰定乙丑圓沙書院本校一過，行款版式無一不同。而此本微有奪落，蓋泰定乙丑前乎。至正丙午四十二年，當爲此本所祖，宜乎奪譌較少矣。明内府本每葉十八行，每行小字三十三。顧亭林校刊本，每葉十六行，每行小字廿四，似皆非元版行款。是書相傳以爲陸法言原本，朱竹垞以爲即重修本，而爲明中涓所刪削，《提要》據明德堂刊駁之，足以執竹垞之口，不意元刊竟有五六本之多也。”

［一八］森《志》卷二著録求古樓藏明正德丁卯刊本《論語集注》，云：“卷首有‘正德丁卯孟春余氏鳳山精舍新刊’記。末有‘正德丁卯余有堂新刊記’。”

［一九］孫《記》卷二《明版》著録《嵇中散集》十卷，云：“每卷目録在前。前有嘉靖乙酉黄省曾序，稱‘校次瑤編，彙爲十卷’，疑此本爲黄氏所定。然考王楙客叢書已稱得毗陵賀方回家所藏繕寫十卷本。又詩六十六首，與王楙客所見本同，此本即從宋本翻雕。黄氏序文特誇言之耳。每葉廿二行，行廿字。板心下方有‘南星精舍’四字，收藏有‘世業堂印’白文方印、‘繡翰齋’朱文長圓印。”

見陸《志》卷六十七《集部・離騷類》著録明南星書屋刊本《嵇中散集》，云：“魏嵇康撰。嘉靖乙酉黄省曾序。”

［二〇］瞿《目》卷十九《集部・别集類》著録明刊本《宋之問集》二卷，云：“晁、陳二家書目俱載十卷，今存二卷，蓋明人掇拾之本也。板刻清朗，每板心有‘崦西精舍’四字。”

［二一］楊《譜》初編卷九《集部》著録《皇元風雅》，末附“本堂今求名公詩篇，隨得即刊，難以人品齒爵爲序，四方吟壇士友，幸勿責其錯綜之編。倘有佳章，勿惜附示，庶無滄海遺珠之嘆云。古杭勤德書堂謹咨”四行木記。

繆《續記》卷六《詩文》八著録《皇元風雅》，云：“元刻本。《前集》，旴江梅谷傅習説卿采集；《後集》，儒學學正孫存吾如山編類，奎章學士虞集伯生校選。每半葉十三行，行二十一字。高五寸五分，廣四寸。黑口。案，虞道園《翰林珠玉》，孫吾山所編輯，即其人也。此書古杭勤德書堂刻本，陸氏書則李氏建安書堂，《潛研文集》亦載李氏本，可見元時非一本也。”

［二二］楊《志》卷七著録朝鮮刊本《乘除通變算寶》二卷、《法算取用本末》一卷、《續古摘奇算法》二卷、《田畝比類乘除捷法》二卷，云：“宋楊輝撰。朝鮮翻雕明洪武刊本。每半葉十六行，行二十五字。首有楊輝自序三通。《乘除通變》目録題‘乘除通變算寶’，後有‘洪武戊午冬至勤德書堂新刊’木記，卷首題‘算法通變本末’，與總目稍異。卷上次行題‘錢塘楊輝編集’，卷中省楊輝姓名，題‘乘除通變算寶’。卷下題‘算法取用本末’，次行題‘錢塘楊輝史仲榮編集’，蓋二人之作。上《乘除通變》爲上、中、下三卷，此亦編書罕見之例。目録後有‘古杭余氏勤德書堂刊行’木記。《田畝比類》亦上、下二卷，目録後木記與《算法通變》所題同，卷末有宣德八年朝鮮朴彧跋，跋後有刊板監刻人等官銜。”

楊《志》著録楊輝自序云：“夫六藝之設，數學居其一焉。昔黄帝時大夫隸首創此藝，繼得周公著《九章》，戰國則有魏劉徽撰《海島》，至漢甄鸞注《周髀》《五經》，唐李淳風校正諸家算法。自昔歷代名賢皆以此藝爲重，迄于我宋，設科取士，亦以《九章》爲算經之首。輝所以尊尚此書，留意詳解。或者有云，無啓蒙之術，約學病之。又以乘、除、加、減爲法，秤、斗、尺、田爲問，目之曰《日用算法》。而學者粗知加減歸倍之法，而不知變通之用，遂易代乘、代除之術，增續新條，目曰《乘除通變本末》。及見中山劉先生益撰《議古根源演段鎖積》，有超古入神之妙，其可不爲發揚以裨後學？遂集爲《田畝算法》。通前共刊四集，自謂斯願滿矣。一日，忽有劉碧澗、丘虚谷攜諸家算法奇題及舊刊遺忘之文，求成爲集，願助工板刊行。遂添摭諸家奇題與夫繕本及可以續古法草，總爲一集，目之曰《續古摘奇算法》，與好事者共之,觀者幸勿罪其僭。時德祐改元冬至壬辰日錢塘楊輝謹識。

“夫算之數,起於九九;制算之法,出自乘除。法首從一者,則爲加爲減;題式無乙者,則乃折乃倍。以上加名九歸,以下損名下乘,並副乘除,羽翼算家之妙。學者惟知有加減歸損之術,而不知伸引變通之用。《金科賦》曰‘知非難而用爲難’,言不誣矣。今將諸術衍盤取用,標注圖草,目之曰《乘除算寶》。雖未盡前賢之闃奧,亦可爲後學之梯階,敬鋟梓以遠其傳。咸淳甲戌夏至錢塘楊輝序。

“爲《田畝算法》者,蓋萬物之體,變段終歸于田勢;諸題用術,變折皆歸於乘除。中山劉先生作《議古根源序》曰:‘入則諸門,出則直田。’蓋此義也。撰成《直田演段百問》。信知田體變化無窮,引用帶從、開方、正負、損益之法,前古之所未聞也。作術逾遠,罔究本源,非探賾索隱,而莫能知之。輝擇可作關鍵題問者,重爲詳悉著述,推廣劉君垂訓之意。《五曹算法》題術有未竊當者,僭爲刪改,以便後學君子,目之曰《田畝比類乘除捷法》,庶少裨汲引之梯徑云爾。時歲在乙亥德祐改元小暑節錢塘楊輝謹序。”

[二三] 繆《續記》卷七《集部》著錄明刻本《增修箋注妙選草堂詩餘前後集》四卷,云:“每集分上下卷,《前集》分春、夏、秋、冬四景,《後集》分節序、天文、地理、人物、人事、飲饌、器用、花禽七門,與至正癸未刻本大致相同。”末附“洪武壬申孟夏遵正書堂新刊”兩行牌記。

[二四] 森《志》卷二著錄昌平學藏明永樂甲辰刊本《廣韻》,云:“此係翻刻前本,序末木記改題‘永樂甲辰良月廣成書堂新刊’。”(任按,前本,指“元至正丙午刊本”。)森《志》著錄云:“每半板十二行,行二十字。注雙行二十七字,界長七寸一分強,幅五寸四分。四周雙邊,孫序後有‘至正丙午菊節南山書院刊行’木記。”

陸《續跋》所著錄,詳見本節注[一七]《元槧廣韻跋》。

楊《志》卷三著錄明刊本《廣韻》云:“標題改‘司法’爲‘司馬’,與元至正本同。序後木記云‘永樂甲辰良月廣成書堂新刊’。行款匡廓亦同至正本,而字體稍寬博,文字亦有異同。避宋諱處則皆與宋、元本同,則亦據舊本重翻者也。每卷有‘釋意芳印’,第一冊有‘多紀氏印’。按,多紀亦稱丹波元堅,字芷庭,三世爲醫,博通典籍,收藏極富。此本每卷籤題分書‘孫愐廣韻’,當是多紀氏之筆,蓋彼國人亦疑此爲孫書也。”

見楊《譜》卷三《小學類》著錄,末有“永樂甲辰良月廣成書堂新刊”木記。

[二五] 孫《記》補遺《明版》著錄《性理大全書》,云:“前有永樂十三年《御製性理大全書序》。永樂十三年,胡廣等《進書表》,引用先儒姓氏,纂修

胡廣等銜名。此書永樂十三年本與《五經》《四書》同修。故序、表俱稱二百
廿九卷。後人重刊是書,仍取原序、表冠之御製序後,有'大明景泰乙亥仲冬
書林魏氏仁實堂刊本'長印。黑口板,每葉廿二行,行廿二字。"

《天禄琳琅書目》卷五《元版史部》著錄《資治通鑑綱目》,云:"宋朱子
撰。五十九卷。元王幼學撰《集覽》,前載朱子及幼學序例各一篇。朱子
《資治通鑑綱目》,宋時廬陵刊本已載前矣。此爲幼學作《集覽》既成,刻梓
以行於世者。序例後有'歲在上章敦牂孟夏魏氏仁實書堂新刊'分書木記。
魏仁實,應是當時書賈姓字。幼學序稱,編始於大德己亥,迄於延祐戊午,積
二十年。七易稿,而編甫成。以其薈萃叢集,頗可省覽,因題之曰《通鑑綱目
集覽》云云。是幼學之作是書,用心良苦。考《安慶府志》,幼學,字行卿,望
江人。博覽經史,宗程朱之學。至元間,躬耕慈湖之坂,與學者講道不輟,時
稱爲慈湖先生。"

瞿《目》卷九《史部·編年類》著錄元刊本《資治通鑑綱目集覽》,先述幼
學生平及著書情況,語同《天禄琳琅》所載。又云:"陳濟有《集覽正誤》,瞿
佑有《集覽鐫誤》,糾正頗多。弘治間,莆田黃治中取其書,與尹氏《發明》、
劉氏《書法》、徐氏《考證》、陳氏《正誤》、馮氏《質實》、汪氏《考異》散入《綱
目》各條下,而是書遂無專刻矣。此猶初刻,原本有朱子原序、幼學自序。序
後有墨圖記八分書二行云'歲在上章敦牂孟夏魏氏仁實書堂新刊'。"

[二六] 繆《續記》卷六《詩文第八上》著錄明刊本《楚辭集注》八卷、《後
語》六卷、《辨證》二卷,云:"宋朱子撰。每半葉十行,行二十字,小字同。高
六寸四分,廣四寸一分。黑口,雙邊。卷一後有'書林魏氏仁實堂重刊'一
行。卷六'弘治十七年歲在甲子仲秋,書林魏氏仁實堂謹依京本,新刊楚辭
注解離騷經第六卷'二行,字畫古雅。疑翻宋元舊刻。魏氏仁實書堂在建
寧,學部圖書館《資治通鑑綱目集覽》即魏氏仁實書堂校刊也。"

[二七] 見森《志》卷五《子部·道家類》著錄昌平學藏明弘治乙丑仁實
書堂刊本《老子道德經》、列子《沖虛至德真經》。

[二八] 瞿《目》卷十五著錄明刊本《天原發微》五卷,云:"宋鮑雲龍撰
并序。舊有元元貞間刻本。明天順間,同里鮑寧加以辨正,重刻之。目錄後
有墨圖記云'天順辛巳歙西鮑氏耕讀書堂'。"

[二九] 繆《記》卷二《醫家》著錄《全幼心鑑》八卷,云:"明寇平撰。成
化四年刻本。平字衡美,選古方效於今日者,彙成一書。前列察病法,後具
用藥方,名曰《全幼心鑑》。牌子一小兒捧一牌,曰'玉峰書堂'四字。"

[三〇] 黃《記》卷二《史類》著錄明本《長安志》二十卷、《長安志圖》三
卷,云:"李好文《長安志圖》、宋敏求《長安志》,近日靈巖山館曾有刊本,其

所據依者乃汪文升家藏鈔本也,汪本藏吾郡香巖書屋中。香巖本雖出自是刻,然朱校紛如,已失其舊,安得似此之猶爲廬山真面目耶? 勿以明刻輕之,書之號稱祖本者,此即是也。《四庫全書總目·長安志》云:'晁公武《讀書志》載有趙彥茗序。今本無之。'又《長安志圖》云:'此本乃明西安府知府李經所錄,列於宋敏求《長安志》之首,合爲一編。然好文是書本不因敏求而作,强合爲一,世次紊越,既乖編録之體,且《圖》與《志》兩不相應,尤失古人著書之意。'此本首載趙序並未脱佚,而李經所錄即復翁跋中嘉靖辛卯刻本。且二書合刻,不過以類相從,卷目判然,各成部帙,亦未嘗互有竄併。或當日乃以好文之圖説附之宋《志》之末,而後來鈔刻誤冠於首耳,故仍依世次分著於録,云《志》二十卷,後有'成化四年孟秋郃陽書堂重刊'木記,每冊有'錢氏書印'等印。"

楊《録》卷二《史部》著録明本《長安志》,叙述與黃《記》同。周叔弢云:"白紙,大版心,四周寬邊,十二行廿二字。"(《楹書隅録》批注)《自莊嚴堪善本書目》云:"十二行二十二字,黑口,四周單邊,卷末有'成化四年孟秋郃陽書堂重刊'牌記。"《中國版刻圖録》云:"匡高二十四點七厘米,廣十七點八厘米,十二行,行二十二字。黑口,四周單邊。此書與元李好文《長安志圖》合刻,先《圖》後《志》。卷後有'成化四年孟秋郃陽書堂重刊'牌記兩行。郃陽書堂,未説何人創建。此爲傳世最早刻本。黃丕烈有《跋》,楊氏《楹書隅録》著録。"

[三一] 森《志》補遺著録寶素堂藏《新刊子午流注鍼經》三卷,云:"南唐何若愚撰,常山閻明廣注。《子午流注目録》後有'成化癸巳羅氏竹坪書堂新刊'木記。"

[三二] 范《目》卷一之二《經部·春秋類》著録《春秋胡傳》三十卷,云:"明成化壬寅劉憲序殘甲午崇仁書堂重刊。"

[三三] 森《志》補遺著録聿修堂藏弘治七年劉廷瓚刊本《衛生寶鑑》二十四卷、《補遺》一卷,云:"首載永樂十五年胡廣序、至元辛巳硯堅序,又癸未王惲叙及上東垣先生啓。末有永樂十五年韓夷跋、《補遺》劉廷瓚跋。按,此本有前人標記,審其筆意,似翠竹先生手書。又聿修堂藏有一本(首缺),載廷瓚跋。末有'皇明歲次乙未明德堂刊'記,蓋係萬曆間重刻。"

[三四] 見楊《譜》卷三《小學部》。楊《志》卷三著録明刊本《大廣益會玉篇》三十卷,云:"此本板式校永樂本稍縮,而行款相同。第一卷標題下有木記云'劉氏明德堂京本校正',第三十卷末又有木記云'劉氏明德書堂新刊'。案,《四庫提要》所著有明德堂刊本《廣韻》,余舊亦藏之,蓋《篇》《韻》合刊本,相其字體,當在明成化、弘治間。或以爲元槧本,誤也。"

　　[三五] 楊《志》卷三著録明刊本《廣韻》云："序後木記云'弘治辛酉劉氏文明書堂新刊'。四周雙邊，匡廓亦與至正本不殊，但字體略大，其中正俗文字不一。然其避宋諱處，宋、元本同，知其亦翻舊本，非重書上木也。首冊書眉有日本人以他本校字，往往此本爲是。此余所得舊本《廣韻》之第六冊，舊係日本寺田弘所藏，有'讀杜草堂'印記。"

　　[三六] 丁《志》卷十六《子部·醫家類》著録明弘治翻洪武本《新刊袖珍方大全》，云："後序乃洪武壬子典寶臣瞿佑作也。末有正統十年熊宗立識語，又有'弘治乙丑仲春吉旦集賢書堂校正新刊本'木記。"

　　[三七] 森《志》補遺著録明初小字刊本崇蘭館藏《類證注釋錢氏小兒方訣》十卷，云："首有正統五年熊宗立序及目録。每卷首題'門人閭孝忠編集，鼇峰熊宗立類證'。每半板十一行，行二十一字，不記刊行歲月。是書又有明初大字刊本（崇蘭館藏未見）、正德戊辰存德書堂重刊本（原本未見，酌源堂藏舊抄本誤字儘多）。世傳舊抄概依是諸本，而更有薛氏校注本數通（一嘉靖辛亥原刊一十六種本，一二十四種本，一寬永三年活板）。痘疹大全本俱改竄頗多，又有武英殿刊本未見。"又，繆《續記》卷二《醫家類》著録明刻本，云："卷末有'正德戊辰孟夏存德書堂新刊'十二字牌子。日本文政乙酉信恬君以菊潭吉醫官所藏古鈔本校訖，以朱筆改字，楷法工整。"

　　森《志》補遺著録酌源堂藏明正德戊辰陳氏存德堂刊本《陳氏小兒病源方論》，云："宋太醫陳文仲述，明鼇峰熊宗立類證，首有寶祐甲寅鄭全序。按，元禄癸酉刊本依此本，是書既經熊氏類證，分卷亦失宋時之舊況。是本非熊氏原刊，譌謬不少，然元禄本譌字更多，得據以訂正焉。"

　　[三八] 陸《志》卷五十九《子部·類書類》一著録明刊本，有"嘉靖丙申秦汴跋"。丁《志》卷二十《子部·類書類》著録郁泰峰藏明刊本《錦繡萬花谷前集》四十卷、《後集》四十卷、《續集》四十卷，云："不著撰人名氏。自序題淳熙十五年十月一日，明代有會通館刻本。嘉靖間，錫山秦汴得宋刻，重校之黃氏《千頃堂書目》，尚有《別集》三十卷，不見自序，當爲後人續增，故不爲雕傳也。"森《志》卷五著録明嘉靖丙申重雕宋本《錦繡萬花谷集》四十卷、《續集》四十卷。又，繆《記》卷五《類書第七》著録《錦繡萬花谷》，云："明錫山秦氏繡石書堂刊本，蓋刊於嘉靖丙申也。自序已失去。"陸《志》、丁《志》、森《志》中見"嘉靖丙申"，未見"繡石書堂"。僅於繆《記》中二者俱載，蓋葉氏據後者而類推之，歸爲一種版本也。

　　[三九] 錢曾《記》卷二《史部·傳記類》著録《漢武故事》，云："一是錫山秦汝操繡石書堂本，與新刻頗異。一是陳文燭晦伯家本，又與秦本互異。今兩存之。"

[四〇] 繆《續記》卷七《詩文第八下》著録明刻本《吟窗雜録》,云:"舊題'狀元陳應行編',前有紹興五年重陽後一日浩然子序,序末有'嘉靖戊申孟夏崇文書堂家藏宋本刊行'字。《提要》斥其僞書,屏之存目,然《直齋書録解題》已著録,與此本合。《提要》又云:'前列諸家詩話,惟鍾嶸《詩品》爲有據,而删削失真。其餘如李嶠、王昌齡、皎然、賈島、齊己、白居易、李商隱諸家之書,率出依託。'黃蕘圃校《詩品》,曾據此書補戴逵品語,謝琨名字,不爲無益。皎然《詩式》至今尚存,謂之悉出依託,亦不盡當。惟瑣碎蒐録,出於坊賈所爲,則不能爲之諱也。"

[四一] 孫《記》補遺著録《新刊四明先生高明大字續資治通鑑節要》,云:"題'賜進士第潮陽蔡亨嘉校正'。次行有'新刊'二字而無銜名,蓋坊間所刻也。前後無序跋。此本因四明陳桱《通鑑續編》删節其要以别行,各家皆未著録。末卷後有'嘉靖壬戌季春新賢書堂新刊'木長印。每葉廿四行,行廿六字。"

[四二] 陸《續跋》卷十一永樂槧《事林廣記跋》,云:"《纂圖增新群書類要事林廣記前集》二卷、《後集》二卷、《續集》二卷、《别集》二卷、《新集》二卷、《外集》二卷。《前集》題'西潁陳元靚編',餘皆不著撰人。元靚,仕履無考,當爲福建崇安人,廣寒先生之裔。廣寒先生,名字無考,墓在崇安。其子名遜,紹聖四年進士,元靚必遜之裔也。餘詳《歲時廣記序》。《前集》目録後有'永樂戊戌孟春翠巖精舍新刊'木記。《外集》末有'吳氏玉融書堂刊'人形木記。每葉三十八行,每行三十二字。"

此外,見楊《譜》卷六《子部》著録玉融書堂刊《新編排韻增廣事類氏族大全》一書。

[四三] 見陸《志》卷六十七《集部·别集類》著録明南星書屋刊本《嵇中散集》。

孫《記》卷二《明版》著録《嵇中散集》,詳見本節注[一九]。

[四四] "嘉靖戊子",葉氏原作"嘉静戊子"。森《志》卷四《子部·雜家類》著録求古樓藏明嘉靖戊子刊本《呂氏春秋》云:"每半板十行,行十八字。界長五寸八分,幅四寸二分。首有'嘉靖戊子許宗魯序'。"

[四五] 范《目》卷一之二《經部·小學類》著録刊本《爾雅》三卷,云:"晉郭璞注。自序明嘉靖許宗魯校刊并序。"

丁《志》卷五《經部·小學類》著録明景泰刊本、蕭山徐北溟藏書明刊本、日本影宋刊本、明刊本、元刊黑口本、葉氏得一居藏明間刊本等《爾雅》或《爾雅注》,均未見葉氏所云"許宗魯宜静書屋"刊。

[四六] 查繆《記》,未見葉氏所云。而繆《續記》卷四著録明刊本《國

語》，云：“嘉靖五年唐龍序，趙伸後序，云仕御史雨山郭公所刊。行密字緊，猶有古意。”

見丁《志》卷八《史部·雜史類》著録明刊本《國語》，云：“右爲樊川許氏宗魯宜静書堂刊本。”

[四七] 瞿《目》卷七《經部·小學類》著録鈔本《韻補》，云：“此本行款與宋刊本不同。是書以明許氏宗魯重刊本爲最善，以校此本，大致相同。然許本改用古字，篆籀兼登，雅俗并列，不知韻主審音，不主辨體，殊失吳氏之意。此本未經竄易，或尚出嘉禾舊刻歟。”

[四八]《天禄琳琅書目》卷八《明版史部》著録《水經》《山海經》，云：“《水經》，漢桑欽撰，魏酈道元注，四十卷。《山海經》，晉郭璞撰，十八卷。《山海經》前載璞原序并劉歆目録序，《水經》前有明黃省曾總序。黃省曾序云：二書版式字畫並同，惟《山海經》版心上方有‘前山書屋’四字而《水經》無之，或《水經》刊梓在先，其時尚未有此書屋額名也。”

[四九] 瞿《目》卷十六《子部·雜家類》著録明刊本《曲洧舊聞》，云：“此嘉靖間義興沈氏刻本，板心有‘楚山書屋’四字，題‘宋朱弁少張撰’。案，《仁和縣志》：朱弁，字少章，則名與字合，‘張’字疑譌。但錢遵王《讀書記》及各家書目，均仍作‘張’，因識之，以俟善本訂正焉。”

[五〇]《天禄琳琅書目》卷九《明版子部》著録《初學記》，云：“唐徐堅著，三十卷。前宋劉本序。劉本序作於紹興四年，不述刊刻始末。此本上方有‘九洲書屋’四字，觀其版式字體，蓋出明人所刊，樅印頗爲清朗。考《新唐書》：‘徐堅，字元固，湖州長城人。舉秀才及第，累官秘書監、左散騎常侍、集賢院學士。贈太子少保，謚曰文。’劉本，無考。收藏二印，未詳其人。”

《天禄琳琅書目後編》卷十七《明版子部》著録《初學記》，云：“明晉陵楊鑨重刊本，每葉版心刻‘九洲書屋’。”

繆《記》卷五《子部·類書類》著録《初學記》，云：“行款與安國本同。板心上有‘九州書屋’四字。”

[五一] 森《志》卷五《子部·類書類》著録寶素堂藏明正統丁巳刻本《新增説文韻府群玉》，云：“每卷題目冠‘新增説文’四字。每字據《説文·禮部韻》添入音義，更增注事件凡例，後述增修大意，且有識語云。瑞陽陰君所編《韻府群玉》，以事繫韻，以韻摘事，乃韻書而兼類書也。檢閲便益，觀者無不稱善。本嘗(任按，“嘗”，實“堂”字之誤，參見丁《志》卷二十《子部·類書類》著録《新增説文韻府群玉》。)今將元本重加校正，每字音切之下續增許氏《説文》以明之，間有事未備者以補之。韻書之編誠爲盡美矣。敬刻梓行，嘉與四方學者共之。正統丁巳孟春梁氏安定堂謹白。”

　　［五二］森《志》卷六《集部·別集類》著録明刊本《增廣注釋音辨唐柳先生集》四十三卷、《別集》二卷、《外集》二卷、《附録》一卷，云："依元槧重雕者，諸賢姓氏後有'正統戊辰善敬刊堂記'。"

　　［五三］森《志》補遺有崇蘭館藏明初小字刊本《類證注釋錢氏小兒方訣》十卷，詳見本節注［三七］。

　　葉氏所引《外科備要》，森《志》補遺著録爲《外科精要》，有楓山秘府藏舊鈔本。其云："宋寶唐習陳醫自明良甫編。首有趙汝暨序及景定癸亥自序。按，是書世唯傳熊均校本及薛已補注。熊本有二：其一，天順甲申種德堂原刻；其一，正德戊辰葉元昊重刊，俱稀流傳。此本文字端正，真爲陳氏原本。寬政丁巳，醫官津輕意伯（健壽）刊而行之，校以《醫方類聚》及鹿門望氏舊藏朝鮮本，事詳其跋中。"

　　森《志》補遺有存誠藥室藏天順八年刊本《新編婦人良方補遺大全》二十四卷，云："明鼇峰熊宗立道軒補遺，每卷末捺'瑞乾家藏'印。卷首有'片倉深甫'小印。"

　　森《志》補遺著録《增廣太平惠民和劑局方》，云："明板則有葉氏廣勤堂本，有熊氏種德堂本（聿修堂藏，目録末有"成化二年丙戌孟冬鼇峰熊氏種德堂刊"木記，此亦翻刻清江書堂本者），有袁元熙本。"

　　葉氏所引《增證陳氏小兒痘疹方論》，森《志》補遺著録爲舊鈔本《類證陳氏小兒痘疹方論》，云："宋太醫陳文中述，明鼇峰熊宗立類證。首有陳氏自序，目録後有'成化己丑熊氏種德堂刊行'記。按，今行元禄刊本，據正德戊辰陳氏存德堂重刊本，文字多誤。此猶從成化原刊鈔過者（京師荻野氏藏成化刊本，係東福寺玉峰和尚舊藏）。又有痘疹大全本、薛氏校注本數通，改竄更多（清刊小字本，附於《小兒直訣》後，亦依校注本）。"

　　［五四］丁《志》卷十六《子部·醫家類》著録明熊氏鼇峰刊本《新刊補注釋文黃帝内經素問》，云："前有唐寶應元年啓元子王冰序，序後題'將仕郎守殿中丞孫兆重改誤'。《總目》後有木記，云：'是書乃醫家至切至要之文，舊本昏蒙，譌舛漏落。本堂將家藏善本三復訂正，增入《運氣入室奥論》，重新繡梓，鼇峰熊氏種德堂識。'以《平津館鑑藏記》證之，乃依元至元己卯菖節古林書堂據元豐孫校正善本翻刊者，題稱'元本二十四卷，今併爲一十二卷刊行'，每半葉十三行，行二十三字，均與至元本合。鼇峰熊宗立，乃明成化正統間坊賈也。"

　　又，明成化刊本《素問入式運氣論奥》三卷，《黃帝内經素問遺篇》（任按，葉氏作《素問内經遺編》。）一卷，云："前有元符己卯溫舒自叙。凡繪五運六氣樞要、六十年紀運、十干起運、十二支司天，五行生死順逆論圖，綴以

《論説素問遺篇》。一爲第七十二《刺法論》，一爲第七十三《本病論》。孫淵如觀察謂，温舒太醫學官所得《内經》亡篇，必非無本者。明成化間亦爲龍峰種德書堂熊宗立重刊。”

［五五］丁《志》卷二十《子部·類書類》著録明天順刊本《新增説文韻府群玉》，云：“後有木記云：‘瑞陽陰君所編《韻府群玉》，以事繫韻，以韻摘事，乃韻書而兼類書也。檢閲便益，觀者無不稱善。本堂今將元本重加校正，每字音切之下續增許氏《説文》以明之，間有事未備者以補之。韻書之編誠爲盡美矣。敬刊梓行，嘉與四方學者共之，天順壬午孟冬葉氏南山堂（案，元刻爲“正統丁巳孟春梁氏安定堂”）謹白。’按，木記之語仍本之元刻，僅易年號而已。”

［五六］森《志》補遺著録聿修堂藏明正統丁卯刊本《鍼灸資生經》，云：“又按，寶素堂藏有舊鈔善本，宜就而補此本之缺。又寬文九年所刊，全據此本，有大德丁未蒲登辰序。序後記‘治狂獱所傷’一則六行。又有弘治甲子劉氏安正堂刊本，亦據此本。”

［五七］見張《續志》卷一《春秋類》著録明書林劉氏安正堂刊本《新刊京本詳增補注東萊先生左氏博議》。

［五八］孫《記》補遺《明版》著録《類聚古今韻府續編》四十卷，云：“題‘後學青田包瑜編輯’。前有弘治十二年張時序，弘治十二年潘琴序。《韻府續編·凡例》，正德癸酉《周禮序》，張時叙。序後有‘正德丁丑書林安正堂劉宗器題識’，末卷後有‘正德丁丑仲秋京兆劉氏安正書堂新增刊行’木長印。此本元陰氏《韻府群玉》原編，明包氏改依《洪武正韻》，增添至四十卷，故稱《續編》。《佩文韻府》本此而增廣之。黑口板，每葉廿二行，行廿九字，收藏有‘嘉興吴萬里氏印’朱文方印。”

［五九］蕙風簃藏《集千家注批點杜工部詩集》，俟考。

［六〇］《天禄琳琅書目》卷六《元版集部》著録《象山先生集》，云：“宋陸九淵著。《正集》二十八卷、《外集》五卷，共三十三卷。前宋楊簡、袁燮、吴杰三序。馬端臨《文獻通考》載《象山文集》二十八卷、《外集》四卷，并録袁燮序文。今觀此書，《外集》係五卷，其第五卷乃録孔煒、丁端祖所撰《謚議》二篇。然則九淵《外集》仍止四卷也。《文獻通考》不載楊簡、吴杰二序。按，簡序作於寧宗開禧元年，燮序作於寧宗嘉定五年，相去已越八年之久。吴杰序作於嘉定十三年，後燮序又經八載。燮序稱‘爲刊於倉司’，而杰序則云‘聞建安狀元陳公子孫喜與人同其善，敬送上件《文集》，請用刊行，仍以二賢《謚議》次於其後’云云。是端臨所見者，係袁燮刊行之本。此本爲陳氏所刊，《謚議》亦吴杰補録，非復袁本之舊矣。《外集》卷五後有‘辛巳歲孟

冬月安正書堂重刊'木記。按，嘉定十三年，歲在庚辰，則木記所記辛巳當爲嘉定十四年。但此書墨闇紙黝，決非宋本，當屬元時翻刻之書。"

[六一] 吳《記》卷一《群經小學類》著録《詩經疏義》，云："右凡二十卷。爲元番陽朱公遷所撰，而門下士補訂者。卷首列後學番陽朱公遷克升疏義、野谷門人王逢原夫輯録、松塢門人何英積中增釋，有至正丁亥公遷自序，復有明正統甲子何英後序。前有'嘉靖二年孟夏月安正堂重刊'長印，後有'癸未年仲夏安正書堂刊'長方印。蓋初刻於正統間，重刻於嘉靖二年。蓋是書雖刻於明之中葉，而猶爲元儒手筆，悉仍文公之舊，未經妄删者，洵可貴也。"

瞿《目》卷三《經部·詩類》著録明刊本《詩經疏義》，云："題'後學番陽朱公遷克升疏義，野谷門人王逢原夫輯録，松陰門人何英積中增釋'。前有至正丁亥陽所朱氏自序，次朱子《集傳》序并注，次正統甲子何氏序，次《讀詩·凡例》九條，皆推求經文句法；次《疏義·凡例》八條，皆辨正經文《集傳》誤字；次《外綱領》，則引用先儒姓氏也；次《詩序》《朱子辨説》，悉爲之注。又從《集傳》改定小序，皆仿《小序》之文。《國風》總繫各國後，《雅》《頌》總繫每什後。次《綱領》，則采諸經及諸儒論《詩》之語；次《大全圖》凡十九，其書專主《集傳》，故《集傳》用大字，而疏義、輯録、增釋皆以小字夾注於下，疏義用己意闡發，輯録、增釋則皆引舊説以證明之，其要於不失朱子《本義》則一也。前題'書林安正堂劉氏重刊'，後有'癸未年仲夏安正堂刊'墨記，蓋又重加訂正矣。"

又見，丁《志》卷二《經部·詩類》著録吳氏瓶花齋藏明刊配鈔本《詩經疏義會通》。

[六二] 丁《志》卷三十五《集部·別集類》著録怡邸藏書嘉靖刊本《重刊宋濂學士先生文集》二十六卷、《附録》二卷，云："此書即重刻天順間黄譽刻本，前有蕭山魏驥序。序後有'嘉靖三年春月安至堂（任按，"安至堂"當作"安正堂"。）新刊行'一條，多《附録》二卷，有'明善堂珍藏書畫印'記。"

[六三] 陸《志》卷七十六《集部·別集類》著録元刊本《增刊校正王狀元集諸家注分類東坡先生詩》，云："案，此元刊本。每葉二十四行，每行二十三字，小字雙行。目後有'龍集丙戌秋月劉安正堂刊木'一行。卷末有'丙戌歲孟冬月安正堂新刊'一行。"

[六四] 瞿《目》卷十九《集部·別集類》著録明刊本《韓文正宗》，云："是書無編輯姓氏。前有序，亦不題名。全用真氏《文章正宗》中韓文七十五篇，附以吕氏《關鍵》、謝氏《軌範》、樓氏《真寶》、虞氏《文選》中十有三篇，爲真氏所未及者。篇有圈點、評論，極爲詳明。蓋元明時家塾課本尚知

宗仰昌黎也。卷末有墨圖記云‘庚寅年季夏月安正堂新刊行’。卷首有‘雅爾哈善’朱記。”

[六五] 丁《志》卷三十《集部·別集類》著錄明嘉靖刊本《止齋先生文集》二十八卷,云:“《止齋集》,一爲五十卷,稱三山本,蔡幼學所刊。一爲五十二卷,曹叔遠所編,温州教授徐鳳刊於永嘉郡齋。兩本並刊於嘉定間,而蔡刻稍後,不見流傳。傳者惟曹本耳。明正德丙寅,温州同知林長繁傳刻,別增張璑所輯《集》外文八篇於曹編《附錄》之後。此本密行細字,併曹本爲二十六卷,無一删削,《附錄》一卷,《遺文》一卷,則仍其舊,爲嘉靖間安正堂刻本。安正堂者,當爲麻沙書肆之號,寫刻精良,卷中空格、提行,一遵宋式。後之林刻、陳刻,遠不及也。”

[六六] 范《目》卷一之二《經部·春秋類》著錄刊本《春秋胡傳集解》三十卷,云:“明正統六年海虞陳喆《集解》,嘉靖九年常熟鄧韍序。安正堂劉氏按京本刊行。”

范《目》卷三之二《子部·類書類》著錄《璧水群英待問會元選要》八十二卷,題下有“嘉靖壬辰慎獨齋刊行”。

[六七] 袁《簿》著錄《淮海集》,俟考。

[六八] 繆《續記》卷五《子部·類書類》著錄明刻本《新編事文類聚翰墨大全》,云:“書前牌子:‘舊刻《翰墨全書》流行天下,永利世用。然皆支離陳腐,蓋出於一時腐儒之所僭改,非劉氏之正宗也。本堂常有餘憾,遍求諸選部古沖李先生門下珍藏古本,分門別類,該洽詳慎,足以備游戲文墨者之觀。比之前刻,大逕庭也。謹重梓之,四方尚鑒焉。萬曆辛亥歲孟夏月,重新整補好紙板,每部價銀壹兩整。安正堂梓。’”

[六九]《天禄琳琅書目後編》卷十三(任按,葉氏引爲“卷十二”,誤矣。)《明版經部》著錄《博雅》,云:“魏張揖撰。揖,字稚讓,清河人。太和中博士。隋秘書學士曹憲音解,其書本名《廣雅》,憲避隋煬帝諱,改曰《博雅》,至今二名並稱,實一書也。書十卷。後有揖《上廣雅表》。又正德庚辰都穆跋,稱皇甫世庸出守大郡,政暇手校是書,欲刻未果。近户部任君子寶以監税留吳,爲之助刻,遂行於世。書中每卷刻‘吳郡皇甫錄校正’,末刻八分書‘皇甫氏世業堂繡梓’。”

[七〇] 范《目》卷一之二《經部·小學類》著錄《埤雅》二十卷,云:“宋陸佃撰。宣和七年陸佃之男陸宰序。明嘉靖元年贛州府清獻堂刊本。”

[七一] 丁《志》卷一《經部·書類》著錄嘉靖贛州刻巾箱本《書經集注》十卷、《序》一卷,云:“蔡沈集注。此書改《集傳》爲《集注》,分六卷爲十卷,與陽湖孫氏所藏元本合。惟元版係黑口本,附鄒氏《音釋》,且每句加一圈,

讀法作連圈。而此本删節音義，并削去其圈，似非全依元版者，後有木記楷書二行曰'嘉靖癸未季春月刊行於贛州府清獻堂'。"

［七二］范《目》卷一之二《經部·禮類》著録《禮記集説》三十卷，云："元陳澔注并自序。嘉靖丁亥南康府六老堂刊本。"

瞿《目》卷四《經部·禮類》著録明刊本《禮記集説》，云："卷首列澔自序及凡例，俱與元本合，惟分卷已失其舊。此本乃嘉靖間南康六老堂刻本，與《澹生堂》、《也是園書目》及《經義考》所載卷數俱合。今通行本作'十卷'，并凡例亦失之矣。卷末有'彭城金紫之章'朱記。"

丁《志》卷二《經部·禮類》著録明嘉靖翻元本《禮記集説》，云："書作三十卷，與《經義考》所載相符。每半葉二十行，行二十字。又與陳鱣《經籍跋文》所載元本合，當是嘉靖間南康逸老堂所刊。澔書成於至治壬戌，入元已四十三年。越五年，至天曆戊辰始刊行。自序言，書成甚欲就正於四方有道，而衰年多疾，遊歷良艱，姑俟來哲。自永樂中胡廣等修《五經大全》，《禮記》始用澔之《集説》爲主。頒行學宮四百年來，以之取士，亦運會使然也。今本併作十卷，並遺凡例，遠不及此矣。"

［七三］范《目》卷一之二《經部·四書類》著録《四書集注》，云："明嘉靖丁亥南康府六老堂刊。"

［七四］森《志》補遺著録京師伊良子藏嘉靖刊本《新刊演山省翁活幼口議》，云："首有嘉靖乙巳書林葉一蘭序，五行十二字。卷首記'書林葉氏作德堂新刊'。每半板十二行，行二十字。"

［七五］森《志》補遺著録聿書堂藏鈔本《濟世産寶論方》二卷，云："首有嘉靖己未雙峰王子冲序曰：'南都雷氏子鳴大震類集詩書間，嘗檢閱得宋板《醫書》一帙云云。'末有跋文曰：'吳郡均克明家藏宋板書也。'又曰：'嘉靖乙□□□夏吉旦文會堂雷氏新刊。'"

［七六］繆《記》卷七《集部》著録《重訂校正唐荆川先生文集》十二卷，云："明重刊無錫本。《集》後有牌子云'嘉靖癸丑仲冬浙江葉寶山堂'兩行。收藏有'好古堂圖書記'朱文長方印。"

［七七］森《志》卷四《子部·儒家類》著録求古樓藏明嘉靖甲寅刊本《鹽鐵論》十二卷，云："明張之象注。首有嘉靖癸丑張之象序。卷端題'漢汝南桓寬撰，明雲間張之象注'。卷末有'嘉靖甲寅春張氏猗蘭堂梓行'木記。"

［七八］丁《志》卷三十二《集部·別集類》著録振綺堂藏明嘉靖刊本《趙寶峰先生文集》，云："宋趙偕撰。偕，字子永，慈溪人。自以宋之宗室，入元不仕，隱居大寶山東麓。是《集》前有門人烏斯道序，稱先生早歲欲攻舉

子業,以不窺乎聖涯即棄去。與二三友讀楊文元公書,有覺。而從容山水間,益致其力,見益明,而守益固。一時之有志者,皆就而講學焉。先生謝世已久,其外孫顧恭編其散逸,屬書,其實明嘉靖十一年。嗣孫廣東僉事趙繼宗重梓,乃拾於兵燹之餘也。上卷治縣權宜,爲邑宰陳文昭設。果能依而行之,宰天下不難矣。下卷詩文。《四庫》僅得傳鈔本入錄,此乃嘉靖時刻帙。版心上刊有'寶雲堂文藝'五字,有'汪魚亭藏閱書'印。"

[七九] 森《志》卷五《子部·道家類》著錄求古樓藏明隆慶萬曆間刊本《纂圖互注老莊列三子》二十卷,云:"《老子》,河上公注。《莊子》,郭象注。《列子》,張湛注。《莊子》末有'萬曆四年仲秋刊行'記。列子末有'隆慶辛未季秋月積善堂陳奇泉梓'木記。每半板十二行,行廿六字。界長六寸四分,幅四寸二分。四周雙邊,板心有'六子'二字,知是係六子合刻者。"

[八〇] 丁《志》卷二十《子部·類書類》著錄明萬曆刊本《新刻京本排韻增廣事類氏族大全》,云:"書爲元代人所編,因所引事蹟止於南宋也。以韻排姓,以姓綴人,以人著傳,合一百九十三姓,計千八百九十一家。采摭既繁,頗資考證。前有萬曆二年德興北山徐渤序,後有'萬曆三十七年己酉歲秋月陳氏積善堂奇泉梓'木記。"

[八一] 孫《記》卷二著錄明版《初學記》云:"目錄前題'唐光禄大夫行右散騎常侍集賢院學士副知院事東海郡開國公徐堅等撰,大明萬曆丁亥太學生徐守銘重校於寧壽堂梓行'。前有茅坤序,稱'錫山安氏故有刻本,久且漫漶,而徐光禄父子別爲梓而傳之,此本即從安氏桂坡館本翻雕。余以元板本校之,知此本删改脱落荒謬殊甚。每葉十八行,行十八字。版心上有'寧壽堂'三字。"

森《志》卷五著錄求古樓藏明萬曆丁亥刊本《初學記》,云:"首有鹿門茅坤重刊序。目錄首題'大明萬曆丁亥大學生徐守銘重校於寧壽堂梓行'。每卷首記三吳徐守銘校刊,卷末有萬曆十五年丁亥徐壕跋。"

此外,《學部圖書館目·子部·類書類》著錄《初學記》,云:"唐徐堅等奉敕撰。明項氏刊本。板口有'寧壽堂'三字,有'華山馬仲安藏善本'朱文方印、'金星軺藏書記'朱文長方印"。

[八二]《天禄琳琅書目》卷九《明版子部》著錄《事類賦》,云:"此書係從前版(任按,係崇正書院本。)翻刻,其版心之'崇正書院'改刊'寧壽堂',其吳淑、華麟祥標名處改刊'三吳徐守銘警卿校梓,長洲杜大中子庸同梓',卷末亦鑱去邊惇德等銜名,蓋故爲變其面目,以圖鬻市之本。刻手拙劣,遠遜前部。所稱徐守銘、杜大中,未必非書賈借名也。明焦竑藏本,有'澹園焦氏'印。"《學部圖書館目》未見著錄。

[八三]《天禄琳琅書目》卷八《明版史部》著録《寶古堂重修宣和博古圖》,云:"宋徽宗御撰。三十卷。明吳公宏重刊。前明焦竑、洪世俊、蔣暘三序。按,蔣暘序作於嘉靖七年,言屬掌鹽司黃君景星翻刻。焦竑、洪世俊二序作於萬曆三十一年,俱言新安吳氏公宏重刻,則此書當是公宏所刊。緣其仿照蔣本,故載暘原序也。第宏序標題稱爲《考古博古二圖序》,且序中有'以《古玉圖》附焉'之語。今書則僅存《博古》,其《考古圖》《古玉圖》二種蓋已佚矣。考《明史・藝文志》,惟載程士莊《博古圖録》三十卷,而蔣、吳二家所刊均不著録,則此書之流傳希少,概可知也。是本橅刻極精,竑序作篆書,係出歐陽序之手,用筆深有古致。"

[八四]《天禄琳琅書目》卷八《明版史部》著録《秦漢印統》,云:"明羅王常編。吳元維、顧晉亨同刻,八卷。前明王穉登、黃姬水二序。按,考《松江志》稱,顧定芳,字世安,上海人。博綜典籍,尤深於醫。以夏文愍薦,授太醫院御醫,直至濟殿。今黃序稱御醫顧公,當即其人,晉亨,其別字也。《志》又稱顧從禮,字汝由,上海人,以夏文愍薦,修《承天府志》,特授翰林院典籍。累官光禄寺少卿。《松江志》又稱'汝由楷書偪鍾尚書,行草宗右軍父子,徑尺大字仿顏平原'云云。據此則顧氏世工書學,故於是書搜采宏富,摹刻獨臻妙品,羅氏所編特其藍本耳。其書並以朱印,古色瑩然,迴殊俗本。閱第一卷末行刊'萬曆丙午春王正月望日,新都吳氏樹滋堂繡梓',距萬曆乙亥穉登作序之年又三十二載。所稱'樹滋堂'是否即吳元維所居,惜無可考。然此書告竣,實在天錫爲詹事主簿之後,歲久功深,概可見也。"

孫《記》卷二《明版》著録《秦漢印統》八卷,云:"卷一後有'萬曆丙午春王正月望日,新都吳氏樹滋堂繡梓。新安程利見元龍、新安潘最茂卿同校'四行字,版心下有'吳氏樹滋堂'五字。"

[八五]孫《記》卷二《明版》著録《世説新語》,云:"序後有'時萬曆己酉春周氏博古堂刊'十二字。此書世無完本,張懋辰刻。正文與注俱多删落,唯此本特爲完善,每葉廿行,行廿字。"

見繆《記》卷八《子部・小説第十》著録明萬曆己酉周氏博古堂重刊袁本《世説新語》。

[八六]本注同卷三"元時書坊刻書之盛"一節注[二五]。

[八七]森《志》補遺著録萬曆辛亥刊本《注解傷寒百證歌發微論》四卷,云:"首有太醫院李存濟序。目録首題'重鐫校正注解仲景張先生傷寒百證歌發微論'。卷首題'宋白沙許叔微知可述,明清邑後學杏泉雷順春校'。卷末有'萬曆辛亥喬山堂劉龍田梓行'木記。"

又著録聿修堂藏明初刊本《類證增注傷寒百問歌》四卷,云:"首有至大己酉詹清子子敬序（七行，行十四字）及目録。第一卷載湯尹才《解惑論》，第二已下每卷首署‘建寧府通守錢聞禮撰’。每半板十一行，行二十一字。注雙行，無刊行歲月。今審明初人從至大刊本重雕者，寶素堂又藏舊鈔本，行款一與此同。又有萬曆壬子劉龍田刊本，題‘清邑後學杏泉雷順春集録’，蓋坊刻也。”

　　［八八］丁《志》卷二十一《子部·小説類》著録明天啓間海虞三槐堂坊刻《侯鯖録》，詳見本節注［八］。

　　［八九］繆《續記》卷六《詩文第八》著録明刊本《陶靖節集》，云：“版心有‘春晝堂’三字，葉益蕃刻，有跋。林異卿手書上板，字畫極雅，後有‘崇禎庚辰中秋既望，閩中林寵異卿書於金陵清涼寺’兩行。尾有‘以禮曾觀’白文方印，吾友傅節子所鈐也。”

　　［九〇］《天禄琳琅書目後編》卷十三《明版經部》著録《六經圖》，云：“每經目録下刻‘明新都吳繼仕考校’，卷首刻‘熙春堂藏版，摹刻宋版六經圖’，後云‘夙遘是書，如獲和璧，不忍私藏，今公海内。第圖象俱精，字紙兼美，一照宋版校刻無譌，視夫妄意增改者，奚啻懸殊？博雅君子當自鑒之’云云。末注‘改正二百八十九處’。繼仕，字公信，徽州人。所著有《音聲紀元》。是書摹刻之工，幾與宋槧莫辨，諸本多爲坊賈割補目下一行，以爲贗鼎。蓋因與宋本相近，易以售欺也。”

　　［九一］森《志》補遺著録聿修堂藏明熊氏衛生堂重雕《新刊銅人鍼灸經》七卷，云：“卷首捺吉氏家藏印，又東都鍼醫官山崎氏藏本。每半葉十三行，行二十一二字不等。按，此本翻刻元板者，舊係《聖惠方》第九十九卷，蓋《古鍼經》之遺文。王懷隱等編入者，後人分爲七卷，漫名曰《銅人鍼灸經》。《敏求記》并提要所載即是也。”

　　［九二］森《志》補遺著録聿修堂藏弘治七年劉廷瓚刊本《衛生寶鑑》二十四卷、《補遺》，詳見本節注［三三］。

　　［九三］見陸《志》卷二十八《史部·載記類》著録明雙栢堂刊本《越絶書》。

　　陸《續跋》卷七雙柏堂仿宋丁黼本《越絶書跋》云：“每葉十六行，每行十七字。版心有‘雙柏堂校’三字（任按，“三字”疑爲“四字”之誤。），是書明刊甚多，此本之外有趙恒本，有張佳允本，有吳琯《古今逸史》本，程榮《漢魏叢書》本，何鏜《漢魏叢書》本。論者以田汝成序本爲最善，愚謂以此本爲最善。”

　　［九四］張《續志》卷二《史部·地理類》著録明如隱堂刊本《洛陽伽藍記》，云：“魏撫軍府司馬楊衒之撰。板心有‘如隱堂’三字。《洛陽伽藍記》

以如隱堂本爲最善。"

瞿《目》卷十一《史部·地理類》著録明刊本《洛陽伽藍記》,云:"題'魏撫軍府楊衒之撰'。有自序,此如隱堂刻本,較緑君亭本爲佳。舊爲吳頊儒丈藏書。内第一卷、第二卷並有缺葉,以顧澗薲校本鈔補。卷首有'吳卓信印''頊儒'二朱記。"

繆《續記》卷三《輿地第四》著録《洛陽伽藍記》五卷,云:"吳真意堂活字本。長洲張認盦以如隱堂本校之,又從毛斧季手校家刻覆勘。書眉並記'如隱堂刻本'。每葉十八行,行十八字。首有'讀異齋從校正異本'白文方印、'長洲張氏執經堂藏'白文長印,末葉有'讀異齋'白文長方印、'張學安認盦'朱白文小方聯珠印,又有'蘇臺逸叟'起邊白文大方印。"

[九五] 朱《目》卷之四《集部·楚詞類》著録《楚辭章句》,云:"計六本。漢王逸撰。明豫章王氏芙蓉(任按,葉氏謂之"夫容",即芙蓉,荷花的别名。)館重刊宋本。"

森《志》卷六《集部·楚辭類》著録明隆慶辛未重雕宋本《楚辭章句》,云:"每半板八行,行十七字,注雙行。目録末題'隆慶辛未歲豫章夫容館宋板重雕',宋諱不闕筆。"

楊《志》卷十二著録明隆慶辛未刊本《楚辭章句》,云:"首王世貞序,次目録,次本傳,次班固序,次劉勰《辨騷》,目録後題'隆慶辛未歲豫章夫容館宋版重雕'。一卷後題'姑蘇錢世傑寫、章芝刻'。按,此本與明無名氏翻宋本體式相合,唯彼缺宋諱,此不缺諱。又四周雙邊,當爲重寫,並非影橅。然字體方正而清爽,猶與宋刻爲近。首行題'楚辭卷之一',次行題'漢劉向編集',三行題'王逸章句'。然則明刻别本題'校書郎王逸章句'者,特據《隋志》改題,未必舊本如此也。又按,晁公武《讀書志》稱王逸續爲《九思》,取班固二序附之,今此本班序不入卷中。又公武始以本傳冠首,則知此本編次出於公武之後。然《楚辭》莫古於是本。嘉慶間大雅堂雖重刻是本,而草率殊甚。近日武昌書局重刻洪氏《補注》及朱子《集注》,而此本傳世頗罕,亦缺事也。"

繆《續記》卷六《詩文八上》著録明翻宋本《楚詞》,云:"漢王逸章句。每半葉八行,行十七字。高六寸六分,廣四寸五分。白口,雙邊。目録後有'隆慶辛未歲豫章夫容館宋版重雕'一行。"

[九六] 見陸《志》卷四十二《子部·兵家類》著録明翠巖館《素書》。

[九七] 楊《志》卷八著録明刊本《大唐新語》,云:"《新唐志》注云,'元和中江都主簿劉肅撰'。此本爲馮夢禎序、潘元度刻。結銜題'登仕郎前守江州潯陽縣主簿',疑《唐志》爲傳寫之誤。唯自《唐志》以下諸家著録皆稱

《大唐新語》。此本劉肅自序首題‘唐世説新語序’，文中亦有‘世説’二字，最爲謬妄。馮序又稱是弇州校定。竊意開之、元美皆一時之傑，未必至此，當是潘氏子所爲。卷首標‘玉峰青霞館重摹宋板’。今以《稗海》本校之，則互有譌字，各爲正訂。其有二本並誤者，則據《廣記》等書校之。至‘《政能》第八’標目，此本亦誤刻於第四卷《持法篇》‘韋陟’條尾，而以第五卷《忠烈篇》爲第八，與《稗海》本同。唯卷首自序及卷末《總論》一篇爲《稗海》本所無，或是從宋本出耳。”

［九八］見陸《志》卷五十一《子部·術數類》三著録趙凡夫舊藏明辨疑館刊本《易林》。

［九九］瞿《目》卷十八《子部·道家類》著録明刊本《雲笈七籤》，云：“宋張君房輯并序。其書采掇精要，述而不作，考覈類例，悉著指歸，《道藏》菁華，略具於是。曰‘七籤’者，三洞、四輔，道家舊目也。明張萱刊本。萱自號清真居士，故板心有‘清真館’三字。舊爲秀野草堂顧氏藏書。卷首有‘秀野草堂顧氏藏書印’‘顧嗣立印’‘俠君’‘金守羆印’諸朱記。”

又見陸《志》卷六十六《子部·道家類》著録明清真館刊本。

丁《志》卷二十二《子部·道家類》著録玉蘭泉藏明刊本《雲笈七籤》。

［一〇〇］見范《目》卷二之一《史部·編年類》著録皇明弘治戊午歲書林慎獨齋刊《資治通鑑綱目》。

［一〇一］《天禄琳琅書目後編》卷十七《明版子部》著録《群書考索》，云：“宋章如愚撰。如愚，字俊卿，金華人。慶元中進士，官知貴州，入《宋史·儒林傳》。是書或署‘建陽知縣區玉刊行’，或署‘水石山人劉宏毅刊’。別本有正德戊辰莆田守鄭京序，稱僉憲阮賓出是書示區玉，玉以義士劉洪校讎督工，復劉徭役一年，以償其勞。書末刻記‘正德十六年十一月書户劉洪改刊’。洪，即宏毅官名也，此本佚。”

丁《志》卷二十《子部·類書類》著録怡府藏明正德劉洪慎獨齋刊本《群書考索前集》六十六卷、《後集》六十五卷、《續集》五十六卷、《別集》二十五卷，云：“山堂先生章俊卿編輯。前有正德戊辰七月鄉貢進士莆田守素軒鄭京序，曰：‘《山堂考索》一書，宋儒章公俊卿所編，版被回禄，失傳久矣。’吾閩僉憲阮公賓巡建陽，出是書示邑宰區公玉曰：‘是書大而天文、地理、君道、臣道、經史、禮樂，以至兵刑、制置、財用、官制、邊防，靡不深探本源，具載無遺。欲梓廣傳，區商諸書林義士劉君洪，兩越春秋，始克成書。《前集》分十三類，《後集》七類、《續集》十五類、《別集》十一類。引據博贍，考辨精核，非南宋類書所及。’卷端有‘明善堂’‘安樂堂’‘怡府世寶’諸印。”

陸《志》卷六十《子部·類書類》著録明正德劉洪毅慎獨齋刊本《群書考

索》，云：“目後有‘皇明正德戊寅慎獨書齋刊行’木記。”

繆《記》卷五《子部·類書類》著録《山堂考索》，云：“首題‘山堂先生章俊卿編輯，建陽知縣區玉刊行，縣丞管韶校正，正德戊辰鄭京序’。有小象目，後有‘皇明正德戊寅慎獨書齋刊行’木記。”

[一〇二] 范《目》卷二之一《史部·史鈔類》著録刊本《十七史詳節》二百七十四卷，云：“宋吕祖謙編，明正德戊寅長汀李堅校訂，有序。建陽慎獨齋劉宏毅刊行。”

《天禄琳琅書目後編》卷十五《明版史部》著録《十七史詳節》，云：“前有無名氏序，墨印三：‘慎獨齋’‘五忠後裔’‘精力史學’。每卷首或刻‘建陽劉克莊梓’，或刻‘建陽慎獨齋’，或刻‘建陽木石山人劉宏毅’，其例不一。建陽，自宋爲刻書之肆，劉氏慎獨齋世其業，而劉宏毅乃明時人，首標克莊著其先世名人耳。”

孫星衍撰、陳宗彝編《廉石居藏書記》内篇卷上著録《十七史詳節》，云：“右《十七史詳節》四十册，宋吕祖謙撰，明劉宏毅校正。前有正德時李堅叙，稱‘巡按程公時言，屬郡守張侯公瑞請堅校訂以行，刊於正德丙子’。宏毅自稱木石山人，江贄《通鑑節要》，亦其增注。後有宏毅跋，稱‘吕成公《十七史詳節》至永樂間，其版垦於回禄。正德七載，侍御李公如圭巡按至建陽，謀之縣尹戚君雄，屬宏毅捐貲刊梓。肇於本年癸酉，竣於今年丙子’云云。”

見陸《志》卷二十八《史部·載記類》著録爲明慎獨齋刊本，亦見《天禄琳琅後編》卷四《宋版史部》著録。

[一〇三] 丁《志》卷十三《史部·政書類》著録明刊本《文獻通考》，云：“前有至大戊申七月既望李謙思養吾序。延祐六年四月，王壽衍《進書表》。至治二年六月，饒州路總管府下樂平州刊印《通考》，指揮端臨自序目録。至元又五年三月，江浙等處儒學提舉余謙叙記。‘明正德戊寅慎獨精舍刊行’木記。版式狹小，每半葉十二行，行二十五字。王壽衍主佑聖觀，如趙子昂輩皆與往還也。”

繆《記》卷四《史部·史學第五》著録明慎獨齋刻本《文獻通考》，云：“目録後有牌子云‘皇明正德戊寅慎獨精舍刊行’兩行。”

[一〇四] 孫《記》續編《明版》著録《資治通鑑節要》廿卷，云：“題‘少微先生纂述，松鳴王逢釋義，仁齋劉剡增校，木石山人補注’。《續資治通鑑節要》卅卷，題‘先儒陳樫纂述，中和處士釋義，木石山人校正’。《資治通鑑外紀節要》五卷，題‘眉山史炤音釋，鄱陽王輯義，蕭山張維翰箋注，餘杭周禮校正’。前有《釋例》一卷、《通論》一卷、《讀法》一卷、《引用姓氏》一卷、《目録》一卷，正德四年劉吉序。末有‘正德己巳歲京兆慎獨齋校正新刊’木長

印。後跋一篇，年月、姓名已佚。據劉序，此本是建陽劉弘毅所刊。巾箱本。每葉廿六行，行廿二字。上有音訓，旁有圈點，收藏有‘見侯氏’白文方印。”

　　[一〇五] 森《志》補遺著録元板聿修堂藏《重刊孫真人備急千金要方》三十卷、《目録》一卷，云：“每半板高六寸強，幅四寸一分。十二行，行廿二字。按，此本不記刊行年月，然其爲元板無疑。比之宋槧，脱誤甚多。舊藏於木世肅兼葭堂。天明乙巳平安後，藤敏嘗刊行之。後世肅舉貽之櫟窻先生，此即是。又醫官傘溪岡氏及寶素堂、酌原堂、容安書院亦藏此本。又按，正德辛巳慎獨齋劉氏刊行本（聿修堂藏）末題‘江右金川復齋友善逸子余文達校謄’，其行款字數，全同元板，但板式狹小。”

　　[一〇六] 繆《記》卷六《詩文第八上》著録明刊巾箱本《西漢文鑑》二十一卷、《東漢文鑑》十九卷，云：“後有牌子云‘龍飛嘉靖癸未京兆慎獨齋刊’兩行。”

　　[一〇七] 森《志》卷三《史部·編年類》著録昌平學藏明嘉靖己丑刊本《資治通鑑綱目》五十九卷，云：“卷首題‘資治通鑑綱目卷之一’，次行列書後學新安汪克寬考異，後學上虞徐文昭考證，後學慈湖王幼學集覽，後學毗陵陳濟正誤，後學建陽劉弘毅質實，後學廬陵劉友益書法，後學遂昌尹起莘發明。每半板十行，行二十二字。卷尾有‘嘉靖己丑慎獨齋刊’木記。”

　　[一〇八] 丁《志》卷二十《子部·類書類》著録明陳白陽藏宋刊本《璧水群英待問會元》，云：“宋劉達可編。淳祐乙巳良月朔，前進士建安陳子和中甫序，仕履皆未詳。是書命意立題，分條析縷。凡帝王之政治、聖賢之性道、名臣碩德之建明、諸子百家之纂紀，靡不綴拾群言，鋪張宏議，爲太學諸生對策而設，故有《待問》之名。嘉靖壬辰慎獨齋刊有八十二卷本，乃正德四年王敕所序，沈淮所校。拾殘補脱名曰《選要》，初非原帙，此則天水初槧淳祐舊編，每葉二十二行，每行二十三字，精爽奪目，流覽愜心。”

　　[一〇九] 丁《志》卷三十六《集部·別集類》著録嘉靖刊本《容春堂全集》，云：“明邵寶撰。《四庫》著録《全集》二十卷、《後集》十四卷、《續集》十八卷、《別集》九卷。此本《前集》二十卷，正德中震澤王鏊、同邑浦瑾爲前序，莆田林俊爲後序，寶又自序。卷二十一起接《別集》九卷，卷三十至卷六十六不分後、續二《集》，較分四集本多五卷。末有‘嘉靖甲午歲慎獨齋刊行’木記。按，《千頃堂書目》四集之外，多《勿藥集》十四卷，豈此本爲初編未分之帙歟。”

　　[一一〇] 陸《志》卷三十八《史部·史評類》著録宋刊本《致堂先生讀史管見》，云：“每葉二十四行，每行二十二字。宋孝宗以前諱皆缺避，明慎獨齋刻本即從此出，版式又小耳。”

[一一一] 繆《記》卷三《地理第四》著録明慎獨齋小字本《大明一統志》,云:"是書義例一仍《元一統志》之舊,書名亦沿用之。官刊大字本外,刊本極多。此慎獨齋刻中板小字,字甚精緻。每半葉十行,每行二十二字,大小字同。"

[一一二]《天禄琳琅書目後編》卷十八《明版集部》著録《董仲舒集》,云:"不著刻者名氏。按,《隋書·經籍志》載《仲舒集》一卷,又注曰:'梁二卷,亡。'《舊唐書·經籍志》《唐書·藝文志》俱載'二卷',《宋史·藝文志》又作'一卷'。此本一卷,惟《賢良三策》《士不遇賦》《山川頌》《詣丞相公孫弘記室書》《高廟園災對》《雨雪對》《郊祀對》《乞種麥限田章》《粤有三仁對》九篇。前有集叙、目録,後刻'正德庚午桂連西齋印行'。今行世二本:一《董子文集》,乃正德乙亥巡按、御史盧雍所輯;一張溥所哀《百三家集》之一,雖采録較多,俱不及此,爲舊本,泰興季氏所藏。"

[一一三] 范《目》卷四之一《集部·別集類》(任按,葉氏謂之"詩集類",誤也。)著録刊本《類箋王右丞詩集》十卷、《文集》四卷,云:"明嘉靖二十四年顧起經首題小引。"

繆《續記》卷六《詩文第八上》著録明奇字齋刊本《類箋唐王右丞詩集》,云:"顧起經注,附《年譜》一卷,《凡例》《正譌》二卷。自序後有'嘉靖卅四年涂月白分錫武陵家墅刻'一行。"

[一一四] 丁《志》卷二十《子部·類書類》著録吳瑛川汪魚亭藏明萬曆刊本《標題補注蒙求》,云:"唐李翰撰。宋徐子光補注。明顧起綸補輯。翰,本作'瀚',晉人,非唐人也。《五代史·桑維翰傳》稱,瀚爲翰林學士,好飲而多酒過,晉高祖以爲浮薄。《書録解題》有《補注蒙求》八卷,徐子光撰。以瀚句爲注,注頗精核。後人併爲二卷,此明句吳顧元言起綸以中多佳事儷語,特著標目,復署類編次,改作三卷,并自爲序,時在萬曆元年。寫刻精工,版心刊'奇字齋'三字。有'瑛川吳氏收藏圖書''汪魚亭藏閲書''鳴野山房'三印。"

[一一五] 楊《志》卷十一著録元槧巾箱本《事文類聚翰墨全書殘本》(任按,葉氏著録爲《事文類聚》。),云:"元劉應李撰。《四庫提要存目》題爲宋人,誤也。首有大德十一年熊禾序,行書,當是熊氏手寫,稱應李與之講學武夷洪源山中十有二年,然則應李爲閩人。書分前、後二《集》,此本今存《前集》甲集十二卷,乙集九卷,丁集全缺,丙集十一卷,戊集十三卷,己集七卷,庚集二十四卷,辛集十卷,壬集十二卷、癸集十一卷;《後集》存乙集上、中、下三卷,丙集十二卷,戊集九卷,餘俱缺。卷中凡《事實》每半葉十二行,凡《文類》每半葉十行。按,此爲劉氏原書,惜缺數集,未知原本總若干卷,大

約一百三十卷以上。此後坊本所刻多竄亂,又併合卷數。有稱爲《啓制天章》者,改題爲《翰墨大全》者不可究結。余別藏明嘉靖丁巳清白堂楊氏歸仁齋刊本,則通前、後爲一百十七卷,《後集》至戊集而止。據此則原書《後集》似僅至戊集。其分卷與此不同者,《前》丙集併爲五卷,戊集亦併爲五卷,《後》丙集併爲六卷,首題爲'李古沖古本',其實亦改竄之本也。而《四庫存目》題爲一百二十五卷,則所據亦一本矣。《潛研堂文集》及《拜經樓藏書題跋》皆載此書,而不知爲劉氏書中之一種,且吳氏所載每葉二十四行,行二十字,一一與此本相應,則所見非有別本矣。"

丁《志》卷二十《子部・類書類》著録明翻元本《新編事文類聚》,未見葉氏所云"楊氏歸仁齋""清白堂"刊本。又著録元刊本《新編事文類聚翰墨全書》,云"《四庫》雖入存目,而傳本極稀……是元時麻沙坊刻",葉氏所謂"《四庫》著録元麻沙本",出於此乎? 查《四庫總目》,所著録者僅江西巡撫采進本《事文類聚》。

[一一六] 見丁《志》卷七《史部・編年類》著録明歸仁齋書林刊本《資治通鑑綱目外紀》一卷、《前編》十八卷、《綱目》五十九卷、《續編》二十七卷。稱"是書當是明麻沙坊賈併刻也"。

[一一七] 丁《志》卷三十七《集部・別集類》著録萬曆刊本《重刊荆川先生文集》十七卷、《外集》三卷、《附録》一卷,云:"謹按,《四庫》著録爲十二卷本。序後有'萬曆元年孟春吉旦重刻於純白齋'一行。"

[一一八] 丁《志》卷二十三《集部・楚辭類》著録明萬曆丙戌刊本《楚辭》,云:"漢劉向子政編集,王逸叔師章句。前有漢太史令龍門司馬遷撰《屈原傳》,此本題'明後學武林馮紹祖繩武校正',萬曆丙戌自序於觀妙齋。附録諸家楚辭書目、諸總評。又重校章句義例,並列音義於上方,皕宋樓所藏同是此槧,尚有黃汝亨一序。"

[一一九] 孫《記》卷二《明版》著録《泊如齋重修宣和博古圖録》,云:"前有萬曆戊子程士莊序。《天禄琳琅》有《泊如齋重修考古圖》,稱其'刊刻極精'。此書疑其同時並刻之本,面葉題'丁南羽、吳左千繪圖,劉季然書録'。南羽,丁雲鵬字也。叙説每葉十六行,行十七字。"

繆《續記》卷八《藝術第九》著録明泊如齋刻本《宣和博古圖》三十卷,云:"宋王黼撰。萬曆戊子程士莊序,丁南羽、吳左千繪圖,劉季然書録。佳刻也。"

[一二〇]《天禄琳琅書目》卷八《明版史部》著録《泊如齋重修考古圖》,云:"宋呂大臨輯,十卷,前大臨自序。此書刊刻極精,楷體仿二王書,篆法亦古,乃明版中傑出之本。第《考古圖》別本均有元大德二年茶陵陳才子、

翼子兄弟二序,才子序且云‘屬羅兄更翁臨本,刻以傳世’,是自元以後所刊者,方謂之重修,修書前應載其序,而此本無之,則書賈之所私汰也。”

陸《續跋》卷十著録元槧《考古圖跋》云:“前有吕大臨序。大德己亥茶陵陳才子、陳翼子題識。每卷有目,題‘默齋羅更翁考訂’。《提要》所舉卷一、卷四、卷六、卷八、卷九、卷十,缺文顛倒,皆同。蓋明泊如齋、寶古堂本皆從此出也。遵王,明季人,藏有完善宋刻。大德在遵王前幾四百年,完本必易求,乃以不全之本付梓,殊爲可惜。繪圖亦不及明刻之精,惟葉數缺處,皆留空葉,尚有形跡可尋。明刻連屬以泯其跡,則謬矣。”

[一二一]繆《記》卷四《史學第五》著録《蘇長公外紀》,云:“明王世貞撰。豫章璩之璞校定。燕石齋刊本,萬曆乙未重訂,序後有牌子。”

[一二二]丁《志》卷三十五《集部·別集類》著録明萬曆刊本《槎翁詩》八卷,云:“泰和劉嵩子高著,高安陳邦瞻德遠閲,新安余懋孳舜仲訂。目録後有‘萬曆庚戌王正吉山陰王應遴菫父監梓於真如齋中’木記。”

[一二三]繆《記》卷四《史學第五》著録,謂爲“明萬曆辛亥喬可傳寄寄齋刊本”。

[一二四]丁《志》卷二十六《集部·別集類》著録明萬曆刊本《宋蔡忠惠文集》三十六卷,《外紀》十卷,云:“萬曆丙辰,興化太守蔡達甫刻本,仍依原第,而附以徐興公熰所輯《別紀》十卷,版心作‘雙甕齋’三字,有晉江何喬遠、温陵黃國鼎、史繼偕諸序及善繼自序。槧印不苟,可珍也。”

[一二五]繆《續記》中未見著録《忠經·孝經·小學》十卷,俟考。

[一二六]丁《志》卷二十九《集部·別集類》著録鳴野山房藏明刊本《岳少保忠武王集》,云:“宋湯陰岳飛撰,明華亭陳繼儒輯,門人單恂訂。飛事蹟具詳《宋史》本傳。《武穆集》,《書録解題》作‘十卷’,佚已久。明徐階編止一卷。此册爲崇禎戊寅單恂訂本。版心梓‘净名齋’三字,有‘鳴野山房印’。”

[一二七]孫《記》卷二《明版》著録《重刊巢氏諸病源候總論》,云:“題‘隋太醫博士巢元方撰’。前有翰林學士宋綬序。晁氏《讀書志》稱:‘元方大業中被命與諸醫共論衆病所起之源。皇朝昭陵時,校本刻牘頒行,宋綬爲序。目録後有‘歙巖鎮汪氏主一齋校刊’木印。《四庫全書》所録爲明汪濟川、方鑛刊本。此本卷一巢元方銜名後當有汪、方二人名,已爲書賈剜去。每葉廿行,行十九字。”

瞿《目》卷十四《子部·醫家類》著録明刊本《巢氏諸病源候總論》,云:“隋太醫博士巢元方等奉詔撰。有宋綬序。陳氏《書録》云:‘《千金方》諸論多本是書,宋制每用以課試醫士也。’此明王氏主一齋刊本。”

楊《志》卷九著録影南宋本《諸病源候論》五十卷,云:"此本爲小島學古從宋本影摹者。按,《隋書·經籍志》有《諸病源候論》五卷、《目》一卷。吳景賢撰。舊唐《志》則作'五十卷,吳景撰',皆不言巢氏書,新、舊唐《志》則二書並載。《提要》疑當時本屬官書,元方與景,一爲監修,一爲編撰,故或題景名,或題元方名,實止一書。隋《志》'吳景'作'吳景賢','賢'或'監'之誤。其作'五卷',亦當脱一'十'字。如止五卷,不應《目録》有一卷。按,《提要》所云隋《志》五卷,'五'下脱'十'字,至確。又稱吳與巢同撰此書。今以宋本照之,題爲元方等撰,與晁公武《讀書志》所稱合,足見此書非元方一人之力。惟吳景賢之名,已見《隋書·麥鐵杖傳》。《提要》疑'賢'爲'監'之誤,未免失之。此書有明方鑛、汪濟川、吳勉學等刊本,近亦不多見。通行者嘉慶間胡益謙刊本。以此本校之,胡本之誤不下數千字,且有十數條脱漏者。"

丁《志》卷十六《子部·醫家類》著録明刊本《重刊巢氏諸病源候總論》五十卷,云:"明新安汪濟川、江瓘校刊也。"

[一二八] 見繆《記》卷六《詩文第八上》著録明霏玉齋重刻元本《重刊分類補注李詩全集》二十五卷、《文集》五卷。

[一二九] 繆《記》卷六《詩文第八上》著録《重校正唐文粹》,云:"明嘉靖甲申徐焴刊本。前汪偉、胡纘宗兩序,胡序板心有'萬竹山房'四字。目後有'姑蘇後學尤桂、朱整同校正'一行。"

[一三〇] 森《志》補遺(任按:葉氏引爲"森《志》",不確。)著録明嘉靖甲長喬世寧刊本《孫真人備急千金要方》九十三卷、《目録》一卷,云:"首有馬理喬世寧序。板心有'小丘山房及喬氏世定刻行'字。按,此本據《道藏》本者,故分卷殊多,其文譌脱頗夥。又萬曆甲辰方中聲刊本,以此本爲原,俱非佳刻。"

丁《志》卷十六《子部·醫家類》亦著録陳氏紅蕉館舊藏明嘉靖刊本《孫真人備急千金要方》九十三卷,云:"按,宋元本皆作三十卷、《目録》一卷。此據道藏本分卷,尚有字號。可按板心有'小丘山房及喬氏世定刻行'字。前列真人本傳,嘉靖二十二年三原馬理序曰:孫子之徒嘗刊是《方》於華表石上,豎之鑑山下,漆沮合流路隅,便人覽且鈔也。今石存《方》失,州人傳爲某醫家所毀,後遭雷禍,《方》亦不存。幸《道藏》無恙,予承乏吏部日,嘗鈔傳之。今萬石喬氏乃梓而傳之,非孫子勒《方》華表意耶。"

[一三一] 《天禄琳琅書目》卷八《明版史部》著録《吳越春秋》,云:"此本目録後有'萬曆丙戌之秋武林馮念祖重梓於卧龍山房'木記。考卧龍,爲越郡山名,則又因元版而翻刻於越中者。其橅印極精,固翻版最佳之本也。"

[一三二] 孫《記》卷二《明版》著録《張説之文集》二十五卷,云:"前有永樂七年伍德序,後有'嘉靖丁酉冬十月朔旦椒郡伍氏龍池草堂家藏本校刊'廿二字。又張九齡撰《燕國公墓誌銘》并序一篇。《新唐書·藝文志》、晁氏《讀書志》、陳氏《書録解題》,《集》本三十卷,此本止廿五卷。《四庫全書》蒐輯《唐文粹》《文苑英華》諸書所藏在此《集》之外者,得頌、箴、表、疏等六十一首,足證此本缺佚尚多。每葉廿行,行廿字。收藏有'落花三徑雨鳴鳥半牀書'朱文方印、'鷺水浪仙書籍之印'白文方印。"

瞿《目》卷十九《集部·別集類》著録明刊本《張説之文集》,云:"明初椒郡伍德手自録本,作《記》,屬子孫付刻。至嘉靖間,其後裔刻之。序後有'嘉靖丁酉冬十月朔旦椒郡伍氏龍池草堂家藏本校刊'一行,有項篤壽序、伍德跋。"

[一三三] 繆《記》卷八《小説第十》著録明刊本《南村輟耕録》三十卷,云:"此本於應擡寫之字均空格,邊闌下每葉有'玉蘭草堂'四字,再下匠人姓名。"

[一三四]《天禄琳琅書目後編》卷十四《明版史部》著録《資治通鑑綱目》,云:"次宣德己卯楊士奇序,蓋建陽知縣張光啓以尹氏《發明》、徐氏《考證》、王氏《集覽》、汪氏《考異》纂集於《綱目》書中,而附陳氏《正誤》於後,屬書林劉寬梓行時作"。

[一三五] 森《志》卷三《史部·別史類》著録求古樓藏舊板本《十八史略》,云:"此本分爲七卷,題云立齋先生標題解注音釋《十八史略》,正統辛酉孟夏書林余氏新刊,即翻雕明板者。今活板及通行諸本蓋原此本。"

[一三六] 浙《録》中著録《黄氏日鈔》乃正德己卯書林龔氏重刊本。

楊《志》卷七著録明刊本《黄氏日鈔》,云:"明正德刊本。首至元三年沈逵序,序後有'正德己卯孟秋書林龔氏重刊'木記。缺第九十二卷,第九十三卷尾亦有殘缺,蓋所據原本不全也。乾隆間汪氏刊本即據此重翻,故所缺亦同,汪氏自云從元本出者,誣也。每半葉十四行,行二十五字。"

[一三七] 森《志》補遺著録懷仙閣藏萬曆三年袁表校刊本《脈經》,云:"首有泰定諸序及萬曆三年徐中行手札題云'明晉安袁表景從甫類校',末有表跋及'書林童文舉謹識'木記。"

[一三八] 楊《志》卷七著録萬曆辛巳書坊刊本《墨子》,葉氏述評甚爲詳盡。

[一三九] 丁《志》卷十六《子部·醫家類》著録明刊本《京本校正注釋音文黄帝内經素問靈樞集注》,云:"隋全元起訓釋,唐王冰次注,宋林億奉敕校正,孫兆改誤,閩潭城趙植吾編,正福書林詹林所重梓。"

[一四〇] 丁《志》卷三十《集部·別集類》著録鳴野山房藏影寫弘治本《澗谷精選陸放翁詩集前集》十卷、《須溪精選後集》八卷、《別集》一卷,云:

“《別集》末有‘國子監前趙鋪新刊’一條。”

[一四一]見范《目》卷四之三《集部·總集類》著録明（任按，葉氏更爲“元”。）張伯顏刊《文選》六十卷，未見著録“正陽門内巡警鋪對門金臺書鋪”。

丁《志》卷三十八《集部·總集類》著録明汪諒翻元本《文選》六十卷，云：“此爲明嘉靖元年金臺汪諒新刊。前有濮陽李廷相序，稱旌德汪諒氏偶獲宋刻而鋟諸梓。非惟不知，尤并不知張矣。諒即正陽門内巡警鋪對面設金臺書鋪者。”

[一四二]瞿《目》卷十九《集部·別集類》著録明刻本《寒山詩》一卷，《豐干拾得詩》一卷，附慈受《擬寒山詩》一卷，云：“唐天台唐興縣寒巖僧號寒山子，豐干、拾得皆國清寺僧，其跡甚異。臺州守閭邱允録得其詩以傳。宋時名《三隱集》。此本板心有‘三隱’字，板刻甚舊，印用繭紙。後附慈受和尚名懷深《擬寒山詩》。自序作於建炎四年，謂結茅洞庭，擬其體，成一百四十八首。卷首有閭邱允序。《寒山詩》後有‘杭州錢塘門裏車橋南大街郭宅紙鋪印行’一行。末有‘比邱可立募衆刊行’一行，又有誰月軒人玉峰跋。”

黄《記》卷五《集類》亦著録影宋鈔本《寒山拾得詩》一卷，如葉氏所言。

[一四三]丁《志》卷三十五《集部·別集類》著録金星軺藏正統刊本《武夷藍山先生詩集》，云：“張絜序後刻有‘洪武庚辰秋藍山書舍刊’長方木記。”

[一四四]森《志》補遺著録聿修堂藏明宣德癸丑刊本《類證傷寒活人書括》四卷，云：“宋雙鐘處士李知先元象編次。此本目録後有‘宣德癸丑劉氏博濟藥室刊行’識語，據而考之，此分爲四卷者，亦非李氏舊面也。又熊宗立《活人書括指掌圖論》載，李氏自序，此本缺逸，宜從補録。”

[一四五]楊《譜》卷五《子部》著録《吕氏春秋》二十六卷，末題“萬曆己卯孟夏梓於維揚資政左室”二行。

[一四六]陸《志》卷五十八《子部·雜家類》著録舊抄本《敬齋先生古今黈》，云：“《四庫全書》著録本從《永樂大典》録出，此則原本也。後有‘萬曆庚子春三月之吉武林書室蔣德盛梓行’兩行，凡四百七十餘條。首尾完具，似無缺佚，所謂舊本四十卷者，恐傳寫之誤。”

繆《記》卷二《諸子第三》著録《敬齋古今黈》十二卷，云：“舊鈔足本。張月霄、黄堯圃舊藏。末有‘萬曆庚子春三月之吉武林書室蔣德盛刊行’兩行。收藏有‘士禮居藏’朱文分書長印、‘秘册’朱文小長印、‘張印月霄’朱文方印、‘愛日精廬藏書’朱文方印、‘閩中韜園陳氏珍藏’朱文長印。”

丁《志》卷十九《子部·雜家類》著録鈔本《敬齋先生古今黈》，云：“十二卷後有‘萬曆庚子春三月之吉武林書屋蔣德盛梓行’二行。《四庫》館從《永樂大典》中輯爲八卷,計三百九十二條。見於原本者,計二百二十四條。此本較《大典》本增多二百五十五條,其館本有而原本闕者六十九條。海虞黃廷鑑有跋,極詳核。"

[一四七]黃《記》卷三《子類》著録校明钞本《鹽鐵論》十卷,云:"太元書室刊本校,甲寅除夕前一日,澗蘋記。《鹽鐵論》十卷,系活字本,余借顧澗蘋影寫本傳録者。原本出於洞庭鈕匪石之友所藏,其用以校活字本者,則又崔氏所藏太元書室本也。雖經校勘,譌字尚多,俟以舊钞本正之。棘人黃丕烈。"

[一四八]丁《志》卷一《經部・易類》著録明嘉靖刊本《誠齋先生易傳》三十卷(任按,葉氏引爲"二十卷"。),云:"宋寶謨閣學士楊萬里廷秀著。前後自序。又嘉靖壬寅開州王崇慶朔野尹耕重刻兩序。版心刊'療鶴亭'三字,誠齋,吉水人,韓侂胄召之不起。開禧間,聞北伐憂憤不食,卒。事蹟具《宋史》。是書大旨,本程氏而參引本傳以證之。後儒深不滿其書,乃講學家門戶之見。有'景武堂徐氏孝重藏書''樂意軒吳氏藏書'諸印。"

繆《記》卷一《經學第一》亦有著録明嘉靖壬寅尹耕刻本《誠齋易傳》二十卷,云"板心有'療鶴亭'三字"。

[一四九]見繆《記》卷四《史學第五》著録明嘉靖庚戌顧汝達萬玉樓翻宋本《南唐書》。

[一五〇]繆《續記》卷六《詩文第八上》著録明刊本《妙絕古今》四卷,云:"宋林表民撰。宋寶祐間有刻本,嘉靖贛郡蕭氏古翰樓重刻。每半葉八行,每行十七字。版心有'蕭氏古翰樓'五字,字大悅目,宋式猶存,佳刻也。"

[一五一]見陸《志》卷五《經部・詩類》著録明芙蓉泉屋刊本《韓詩外傳》。

[一五二]丁《志》卷二十五《集部・別集類》著録明翻宋本《元氏長慶集》六十卷,云:"是帙又爲明嘉靖壬子仲春東里董氏用宋本翻雕於茭門別墅者。"

[一五三]范《目》卷四之四《集部・詞曲類》著録刊本《南宋中興以來絕妙詞選》十卷,云"萬曆二年中秋既望,龍邱桐源舒氏伯明新雕梁溪寓舍印行"。

瞿《目》卷二十四《集部・詞曲類》著録明刊本《中興以來絕妙好詞選》,云:"題'花庵詞客編集'。有淳祐己酉玉林自序。玉林,黃昇字也。後有無名氏題記云:'玉林此編姑據家藏文集之所有,朋遊聞見之所傳,嗣有所得,當續刊之。若其序次,亦隨得本之先後,非固爲之高下也云云。'據序謂親友劉誠甫謀刊諸梓,此記當是劉氏筆。卷末有墨圖記云:'萬曆二年七月既望,龍邱桐源泉舒氏伯明新雕,梁溪寓舍印行。'卷首有'二知齋手澤''粲書堂印'二朱記。"

丁《志》卷四十《集部·詞曲類》著録明刊本《中興以來絶妙詞選》，云："此即黄昇之《花庵詞選》後十卷也。昇，字叔暘，號玉林，自著《散花庵詞》一卷。又於淳祐己酉，選唐宋諸賢詞前後各十卷，云'萬曆二年龍邱桐源舒氏新雕本'。此則淳祐己酉所刻也，似當時各自別行，此本詞下亦間附評語，洵足以資考證。較之汲古所刊，差爲近古，其源當從淳祐本出也。"

[一五四]　丁《志》卷二十三《集部·別集類》著録明萬曆庚辰刊本《漢蔡中郎集》十一卷，云："此本前有天聖癸亥海陵西齋平陽歐静原序，嘉靖二十七年西京喬世寧、嘉靖戊申南都俞憲、萬曆元年東陽王乾章序，實爲吴興茅一相校刊。後有木記云：'萬曆庚辰秋七月既望，吴興花林東海居士刊於文霞閣中。'又記云：'《中郎集》，余得三本：一出無錫華氏，爲卷十一，得文七十有一首，前後錯雜，至不可句讀。再得陳子器本，襲華之舊。最後得俞氏汝成本，益文二十有一，而損卷爲六，其間亦稍稍補輯遺漏，今而後始覩中郎之完册云。'"

[一五五]　《四庫全書總目提要》卷一百五十四《集部·別集類》著録《雞肋集》七十卷，云："宋晁補之撰。補之，字无咎，鉅野人，元豐間舉進士。試開封及禮部別院，皆第一。元祐中，除校書郎。紹聖末落職，監信州酒税。大觀中，起知泗州，卒於官。後入元祐黨籍。事蹟具《宋史·文苑傳》。此本爲明崇禎乙亥蘇州顧凝遠依宋版重刊。前有元祐九年補之自序，後有紹興七年其弟謙之跋。序稱'哀而藏之，謂之《雞肋集》'。跋則稱'宣和以前，世莫敢傳。今所得者古賦、騷詞四十有三，古律詩六百三十有二，表啓、雜文六百九十有三。自捐館舍，迨今二十八年，始得編次爲七十卷'云云。蓋其稿爲元祐中補之自葺。雖有集名，尚非定本。後謙之乃裒合編次，續成此帙。故中有元祐以後所作，與補之原序年月多不相應云。"

丁《志》卷二十八《集部·別集類》著録怡府藏明仿宋刊本《濟北晁先生雞肋集》七十卷，云："版心有'詩瘦閣'三字，有'明善堂覽書畫印記''安樂堂藏書記'印。"

[一五六]　繆《續記》卷八《小説第十》著録《分類夷堅志》，云："建安葉祖榮類編。當是南宋建陽書肆類集刊本，明人重刻之。有田汝成序，版心有'清平山堂'四字。陸存齋極爲推重。荃孫得明鈔本，知《四庫》所云支甲至支戊五十卷，即巾箱本之二十卷。又新刻八十卷本，核其重複，分類十集，共六百四十二事。甲、乙、丙、丁四集得一百九十七事。巾箱本得七十事，舊輯各種書又得十二事，共二百九十九事。又餘三百六十三事，真秘本也。"

[一五七]　繆《續記》卷八《小説第十》著録《增編會真記》四卷，云："明顧玄緯輯，校記一卷，雜録四卷，圖繪字畫極精。隆慶元年衆芳書齋刊本。"

[一五八] 瞿《目》卷二十《集部·別集類》著録明刊本《欒城集》五十卷、《後集》二十四卷、《三集》十卷、《應詔集》十二卷,云:"此書淳熙、開禧間俱有刻本。晁、陳二家書目所載,卷數與此本合。前列本傳、《謚議》二篇,明人所增。目録後有'清夢軒藏板'五字,有鄧光跋及曾孫詡、四世孫森跋。"

丁《志》卷二十七《集部·別集類》著録明刊本,云:"此則王(案,明東吳王執禮子敬。)、顧(案,顧夫叙禮初。)兩氏同校,清夢軒藏版。首列本傳、《謚議》,舊有宋淳熙時鄧光及其曾孫詡,開禧時四世孫森跋語三則,此已闕。"

[一五九] 陸《志》卷六十《子部·類書類》著録明刊本《古今合璧事類備要前集》六十九卷、《後集》八十一卷、《續集》五十六卷、《別集》九十四卷、《外集》六十六卷,云:"按,目後有'嘉靖壬子春正月三衢近峰夏相宋板摹刻,丙辰冬十月事竣'兩行。"

亦見丁《志》卷二十《子部·類書類》著録明嘉靖夏氏重刊宋本,云'是書宋明兩代俱出於書賈之手也'。

繆《記》卷五《類書第七》著録明摹宋刊本,云:"有嘉靖丙辰顧可學序,後有宋黃叔度跋。目後有'嘉靖壬子春正月三衢近峰夏相宋板摹刻,至丙辰冬十月事竣'兩行。"

[一六○] 見《邵注四庫目》卷十四《子部·類書類》著録明萬曆陳大科刊本《初學記》。

[一六一] 黃《記》卷六《集類》著録明刊本《雅頌正音》五卷,云:"此刻信屬明初舊本,楮墨間猶饒元刻氣息,細玩卷末碑牌,知此爲前集,而所有後集今將編類,則成否未可卜,故志藝文者,不聞更有後集也。金陵王舉直系書坊籍貫姓氏,今金陵多書坊且多刻工,但剞劂不精,坊間亦無好事如舉直者,於此可以觀世變矣。是册出吳枚菴家,余以一番錢得之,稍有破損,兼爲字紙襯其腹,因命工重裝,以舊紙補綴之,工料費又加一番錢。愛明刻書如此,余不當自笑其愚邪。甲子二月清明前五日遣悶。蕘翁書。"

陸《志》卷一百一十七《集部·總集類》著録吳枚菴舊藏明洪武刊本《雅頌正音》五卷,所述與黃《記》同,惟末"案,卷末有'王舉直謹白'木記"。

[一六二] 丁《志》中未見著録《新刊簪纓必用翰苑新書》。

[一六三] 黃《記再續》卷下《集類》著録明本《王狀元荊釵記》,云:"是書卷末有'姑蘇葉氏戊廿梓行'八字。此則蓋郡中刊本也。然世鮮流傳者。故此書間有缺文,無別木可補。偶取坊間通行元曲本手補一二,已不全矣。書之難得如此,姑蘇葉氏有明一代崑山文莊家最著。此外,有洞庭葉家林宗昆仲是也。今'戊廿字'未知其的,誌之備詥來著。"

[一六四] 見楊《譜》卷五《子部》著録《晏子春秋》。

書林清話箋證卷六

宋監本書許人自印并定價出售

宋時國子監板，例許士人納紙墨錢自印。凡官刻書，亦有定價出售。今北宋本《説文解字》後，有雍熙三年中書門下牒徐鉉等新校定《説文解字》，牒文有"其書宜付史館，仍令國子監雕爲印板，依《九經》書例，許人納紙墨錢收贖"等語。南宋刻林鉞《漢雋》，有淳熙十年楊王休記後云："象山縣學《漢雋》，每部二册，見賣錢六百文足，印造用紙一百六十幅，碧紙二幅，賃板錢一百文足，工墨裝背錢一百六十文足。"又題云："善本鋟木，儲之縣庠，且藉工墨盈餘爲養士之助。"見《天禄琳琅後編》四[一]。淳熙三年，舒州公使庫刻本州軍州兼管内勸農營田屯田事曾穜《大易粹言》，牒文云："今具《大易粹言》壹部，計貳拾册，合用紙數印造工墨錢下項，紙副耗共壹仟三百張，裝背饒青紙叁拾張，背青白紙叁拾張，椶墨糊藥印背匠工食等錢共壹貫伍百文足，賃板錢壹貫貳百文足。庫本印造見成出賣，每部價錢捌貫文足。右具如前。淳熙三年正月日雕造所貼司胡至和具。"此牒在本書前，吾曾見宋刻原本，今《天禄琳琅後編》二載"壹、貳、叁"等字，均作"一、二、三"[二]，不知牒文原式數目字借用筆畫多者，乃防胥吏添改。若作省寫，失其意矣。明仿宋施宿等《會稽志》，前有記云："紹興府今刊《會稽志》一部，二十卷，用印書紙八百幅，古經紙一十幅，副葉紙二十幅，背古經紙平表一十幅，工墨錢八百文，每册裝背□□文。右具如前。嘉泰二年五月日，手分俞澄、王思忠具。"此書見陸《志》[三]，其數目字省寫，或由傳刻改之，或鈔手省寫所致，未可知也。又舊鈔本宋孔平仲《續世説》十二卷,前有記二則。其一云:"沅州公使庫重修整雕補到《續世説》壹部,壹拾貳卷,壹佰伍拾捌板,用紙叁百壹拾陸張。右具如前。"其一云:"今具印造《續世説》一部,計六冊,合用工食等錢如後:一印造紙墨工食錢,共五百三十四文足;大紙一百六十五張,計錢三十文足;工墨錢,計二百四文足。一褾褙青紙物料工食錢,共二百八十一文足;大青白紙共九張,計錢六十六文足;面蠟工錢,計二百一十五文足。以上共用錢八百一十五文足。右具在前。"又有紹興二十七年三月日校勘題名,見張《志》[四]。後一則數目用本字,或亦傳鈔所省也。明正德己卯,重刻宋慶元元年二月刊《二俊文集》,前有記云:"《二俊文集》一部,共四冊。印書紙共一百三十六張,書皮表背并副葉共大小二十張,工墨錢一百八十文,賃板錢一百八十六文,裝背工糊錢,按,此下有脫文。右具如前。二月日印匠諸成等具。"明影宋紹興十七年刻王黃州《小畜集》三十卷,前記一則云:"黃州契勘諸路州軍,間有印書籍去處。竊見王黃州《小畜集》,文章典雅,有益後學,所在未曾開板。今得舊本,計壹拾陸萬叁仟捌百肆拾捌字。檢准紹興令諸私雕印文書,先納所屬中轉運司選官詳定,有益學者聽印行。除依上條申明施行。今具雕造《小畜集》一部,共捌冊,計肆佰叁拾貳版。合用紙墨工價下印書紙并副板肆佰肆拾捌張,表背碧青紙壹拾壹張,大紙捌張,共錢貳佰陸拾文足。賃板楜墨錢伍百文足,裝印工食錢肆佰叁拾文足,除印書紙外共計壹貫壹佰叁拾陸文足。見成出賣,每部價錢伍貫文省。右具如前。紹興十七年七月日。"孫《記》舊影寫本有此書,數目字均用本字,文亦未全。以上諸書牒記,并載陸《志》,可見宋時刻印工價之廉,而士大夫便益學者之心,信非俗吏所能企及矣[五]。

【箋證】

　　[一]《天禄琳琅書目後編》卷四《宋版史部》著録《漢雋》,云:"宋林鉞撰。前紹興壬午鉞自序,後淳熙戊戌魏汝功序,又淳熙十年楊王休題,又記'象山縣學《漢雋》,每部二冊,見賣錢六百文足。印造用紙一百六十幅,碧紙二幅,賃版錢一百文足,工墨裝背錢一百六十文足'。列銜'從事郎、知明州象山縣主管勸農公事兼主管王泉,監場蔣鵾,迪功郎、明州象山縣主簿徐晟。鄉貢免解進士、縣學長章鎔校正,鄉貢進士門生樊三英校正'。按,淳熙

戊戌,乃五年,距鉞成書甫十七年。魏汝功守徐州,命工刊之,至十年癸卯,蔣鶚又刻置象山縣學。楊王休題云:'善本鋟木,儲之縣庠,且藉工墨贏餘,爲養士之助。故書末詳臚工價。宋、元郡庠書院,多以刻書印鬻供膏火,不同坊賈居奇,此本乃象山刻,非滁州本也。'其後,元延祐庚申袁桷重刻,有跋。至明淩迪知彙刊《文林綺繡》,取鉞此書,而自增范《書》雋語,易名《兩漢雋言》,非其舊也。"

［二］《天禄琳琅書目後編》卷二《宋版經部》著録《大易粹言》,云:"宋曾穜撰。穜,字獻之,温陵人。仕履無考。書十二卷。書中所采者,二程、張載、楊時、游酢、郭忠孝、郭雍七家之説。雍,即穜之師也。《四庫全書》改標'方聞一編',以穜序爲據,然聞一列名校勘,與作跋之程九萬、李祐之一列,正不必遠改《宋史·藝文志》,近駁朱彝尊《經義考》,而亦未嘗没聞一之名也。淳熙三年雕本,後牒二通:'舒州公使庫雕造所,本所依奉旨校正《大易粹言》,雕造了畢,右具如前。'又牒:'令具《大易粹言》一部,計二十册,合用紙數、印造上墨錢。下項紙副耗共一千三百張,裝背饒青紙三十張,背青白紙三十張,後墨糊藥印背匠工食等錢,共一貫五百文足,賃板錢一貫二百文足。本庫印造,見成出賣,每部價錢八貫文足。右具如前。淳熙三年正月日,雕造所貼司胡至和具。杭州路儒學教授李清孫校勘無差。'是此本即穜知舒州時書成刊印,至嘉定癸酉,張嗣古以漫漶重修,則在後矣。每册前、後有蒙古篆文官印,册末紙背印記云:'國子監崇文閣書籍,借讀者必須愛護,損壞闕污,典掌者不許收受。'按,《元史·仁宗紀》:'皇慶元年二月朔,徙大都學所置周宣王石鼓於國子監。二年六月建崇文閣於國子監。'《明太學志》:'崇文閣,元藏書所。今東講堂有碑存。'然則宋籍元藏,與石鼓同時庋置,可云古矣。"

［三］見陸《志》卷三十《史部·地理類》著録明正德刊本《會稽志》。

［四］張《志》卷二十七《子部·小説類》著録抄本《續世説》十二卷,云:"後有沅州公使庫總計紙板數目并印造紙墨褾褙工食錢數目。"

［五］見陸《志》卷七十二《集部·别集類》著録沈辨之舊藏明影宋本《王黄州小畜集》。《二俊文集》未見著録。

南宋補修監本書

先少保公云:"淳化中,以《史記》、前、後《漢》付有司摹印,自是書籍刊鏤者益多。"李心傳《建炎以來朝野雜記》云:"監本書籍,紹興末年所刊。國家艱難以來，固未暇及。九年九月，張彥實待制爲尚書郎，始請下諸道州學，取舊監本書籍鏤板頒行，從之。然所取者多有殘缺，故胄監刊六經無《禮記》，正史無《漢書》。二十一年五月，輔臣復以爲言。上謂秦益公曰：'監中其他闕書，亦令次第鏤板，雖重有費不惜也。'由是經籍復全。"蓋宋自淳化以後，歷朝皆刻書，版存國子監。紹興南渡，軍事倥傯，而高宗乃殷殷垂意於此，宜乎南宋文學之盛，不減於元祐也。

宋刻經注疏分合之別

北宋各經注疏皆單行，其合併爲一，阮文達元刻南昌學《注疏》後作《校勘記》，據日本山井鼎《七經孟子考文補遺》引黄唐刻《注疏》跋紹興題年，謂合注於疏在南北宋之間。按，《考文》，《左傳》一引《禮記》三山黄唐跋云："本司舊刊《易》《書》《周禮》，正經注疏，萃見一書，便於披繹，它經獨闕。紹興辛亥，遂取《毛詩》《禮記》疏義，如前三經編彙，精加讎正。乃若《春秋》一經，顧力未暇，姑以貽同志。"楊《志》載有宋槧《尚書注疏》二十卷，云："南宋紹熙間，三山黄唐題識。"是紹熙壬子刻，阮氏《校勘記》爲山井鼎所誤[一]。然森立之《經籍訪古志》亦載有此本[二]。卷末有題記，文獨完全，云："《六經》疏義，自京、監、蜀本皆省正文及注，又篇章散亂，覽者病焉。本司舊刊《易》《書》《周禮》，正經注疏，萃見一書，便於披繹，它經獨闕。紹興辛亥仲冬，唐備員司庾遂取《毛詩》《禮記疏義》，如前三經編彙，精加讎正，用鋟諸木，庶廣前人之所未備。乃若《春秋》一經，顧力未暇，姑以貽同志云。壬子秋八月，三山黄唐謹識。"其刊刻年號亦作"紹興辛亥"。識語題"壬子"，後刻書一年。其書即足利所藏，是森氏所見之書，爲當日山井所見之書，同一紹興所刻注疏，何至楊所見獨爲"紹熙"。辛亥、壬子相距一年，刻成始識，情事之常，而"紹熙"誤作"紹興"，則去之太遠。竊疑楊所見不甚可據，故誤"紹興"爲"紹熙"，非《考文》誤以"紹熙"爲"紹興"也。況楊所見十册內有鈔補二册，非森氏所見之全。則其所據之本不足以難阮氏，而楊之以不誤爲誤，不足令人徵信矣。

【箋證】

[一] 楊《志》卷一著録宋槧本《尚書注疏》二十卷,云:"南宋紹熙間三山黃唐題識,稱'《六經》疏義,自京監蜀本皆省正文及注,又篇章散亂,覽者病焉。本司舊刊《易》《書》《周禮》正經注疏,萃見一書,便於披繹'云云。故各經後皆有此跋,是合疏於注自此本始。十行本又在其後。十行本板至明猶存,世多傳本,此則中土久已亡,唯日本山井鼎《七經孟子考文》得見之,以校明刊本,多所是正。顧其原書在海外,經師征引,疑信參半。余至日本,竭力搜訪,久之,乃聞在西京大阪收藏家。余囑書估信致求之,往返數四,議價不成。及差滿歸國,道出神户,乃親乘輪車至大阪物色之,其人仍居奇不肯售。余以爲日本古籍,有所見志在必得,況此宋槧經書,爲海内孤本,交臂失之,留此遺憾。幸歸裝尚有餘金,乃破慳得之,攜書歸。時同行者方詫余獨自入大阪,及攜書歸舟,把玩不置,莫不竊笑癖而且癡,而余不顧也。書凡裝十册,缺二册,鈔補亦是以原書影摹,字體行款,毫無移易,固不害爲全書也。黃唐跋是紹熙壬子,《七經考文》於《禮記》後誤'熙'爲'興',阮氏《十三經校刊記》遂謂合疏於注在南北宋之間,又爲山井鼎之所誤也,附訂於此。此書今歸南皮張制府。"

[二] 森《志》卷一著録足利學藏宋槧本《尚書注疏》二十卷,云:"前有端拱元年孔維等上表、永徽四年無忌等上《五經正義表》及孔穎達《尚書正義序》。卷首題'《尚書正義》卷第一,國子祭酒上護軍曲阜縣開國子臣孔穎達等奉敕撰'。二卷以下,題云《尚書注疏》卷第幾,卷末記《六經》疏義。自京監蜀本皆省正文及注,又篇章散亂,覽者病焉。本司舊刊《易》《書》《周禮》正經注疏,萃見一書,便於披繹,它經獨闕。紹興辛亥仲冬,唐備員司庾遂取《毛詩》《禮記》疏義,如前三經編彙,精加讎正,用鋟諸木,庶廣前人之所未備,乃若《春秋》一經,顧力未暇,姑以貽同志云。壬子秋八月,三山黃唐謹識。每半版八行,行十七八字,注雙行,行十九字,界長七寸一分,幅五寸四分。卷首有'松竹清風'印,欄外有'此書不許出學校闑外',憲實花押及'足利學校公用'數字,又行間題'上杉安房守藤原憲實寄進',俱係憲實真蹟。"

宋蜀刻七史

"嘉祐中,以《宋》《齊》《梁》《陳》《魏》《北齊》《周書》舛謬亡闕,始詔館職讎校,曾鞏等以秘閣所藏多誤,不足憑以是正,請詔天下藏書之家悉上異本，久之始集。治平中，鞏校定《南齊》《梁》《陳》三書上之，劉恕等上《後魏書》，王安國上《北周書》。政和中，始皆畢，頒之學官，民間傳者尚少。未幾，遭靖康丙午之變，中原淪陷，此書幾亡。紹興十四年，井憲孟爲四州漕，始檄諸州學官求當日所頒本。時四川五十餘州皆不被兵，書頗有在者，然往往亡缺不全。收合補綴，獨少《後魏書》十許卷。最後得宇文季蒙家本，偶有所少者，於是七史遂全，因命眉山刊行。"語詳晁公武《郡齋讀書志·宋書》下。宋以來藏書家稱爲"蜀大字本"。元時板印模糊，遂稱之爲"九行邋遢本"，蓋其書半葉九行，每行十八字也。元以來遞有修板。明洪武時，取天下書板實之南京，此板遂入國子監，世遂稱爲"南監本"。洪武至嘉靖、萬曆、崇禎又疊經補修，原板所存無幾矣。入國朝，順、康、雍、乾四朝尚存江寧藩庫，間亦出以印行。嘉慶藩庫火，與吳《天發神讖碑》同付祝融一炬。計自紹興刻板至嘉慶火，幾七百年，木板之存於世者，未有久於此者也。物之成毀有定，豈不信歟！

宋監重刻醫書

宋國子監鏤刻經史外，最重醫書，且聽人購買。吾所藏明仿宋本王叔和《脈經》十卷，前有公牒，略云："國子監准監關准尚書禮部符，准紹聖元年六月二十五日敕，中書省、尚書省送到禮部狀，據國子監狀，據翰林醫學本監三學看治任仲言狀：伏睹本監先准朝旨，開雕小字《聖惠方》等共五部出賣，并每節鎮各十部，餘州各五部，本處出賣。今有《千金翼方》《金匱要略方》《王氏脈經》《補注本草》《圖經本草》等五件醫書，日用而不可缺。本監雖見出賣，皆是大字，醫人往往無錢請買，兼外州軍尤不可得。欲乞開作小字，重行校對出賣，及降外州軍施行。本部看詳，欲依國子監申請事理施行，伏候指揮。六月二十六日奉聖旨，依抄如右，牒刊奉行云云。"蓋當時朝廷本重醫學，故請乞必得依行。惜原刊五書，所謂大字本、小字本者，明人未得遍縮。僅存此《脈經》，略見其梗概而已。

宋刻纂圖互注經子

宋刻經、子,有"纂圖互注重言重意"標題者,大都出於坊刻,以供士人帖括之用。經有南宋刻巾箱本《纂圖附釋音重言重意互注周易》九卷,《略例》一卷,見森《志》。云半葉九行,行十七字,注雙行,行十八字,長三寸一分,幅二寸[一]。《纂圖附釋音重意重言互注尚書》十三卷,見《天禄琳琅後編》二。云麻沙本,闕筆至"惇"字止,乃光宗時刊[二]。婺州本《點校重言重意互注尚書》十三卷,見陳《跋》、瞿《目》、云長止四寸,寬不及三寸。每半葉十行,行二十字。匡、恒、慎、敦等字皆闕筆。黃《書録》。云上有"彭城楚殷氏讀書記"印,知是虞山故物。又有"傳家一卷帝王書"小圓印,亦若專爲《尚書》設者,是一奇也[三]。監本《纂圖重言重意互注點校尚書》十三卷,見繆《續記》。云半葉十行,行大字十九,小字二十四,高六寸六分,廣四寸二分,白口雙邊[四]。監本《纂圖重言重意互注點校毛詩》二十卷,見《天禄琳琅》一、陳《跋》、云每葉十二行,行十八字。德輝按,當作"每葉二十行"。黃《續記》、云宋刊本。楊《録》。云半葉十行,行大十八字,小二十四字,士禮居舊藏本殘三卷[五]。宋麻沙坊本《附釋音纂圖重言重意互注毛詩》德輝按,兼刻《箋》。二十卷,附《毛詩舉要圖》《毛詩篇目》,見張《志》。云傳、箋、釋文俱雙行小字,每葉二十四行,行大字二十一,小字二十五[六]。京本《附釋音纂圖互注重言重意周禮》十二卷,見《天禄琳琅》一、吳《跋》、陳《跋》、黃《記》、瞿《目》、陸《續跋》。《跋》有二部:一云宋刊巾箱本,每葉二十四行,每行二十三字,小字雙行;一云每葉二十四行,每行大字二十一,小字雙行,每行二十五六字不等[七]。宋巾箱本《纂圖附音重言重意互注周禮鄭注》十二卷,見森《志》。云半葉九行,行十七字,或十五六字。注雙行,十八字。長三寸一分,幅二寸[八]。京本《點校附音重言重意互注禮記》二十卷,見森《志》、楊《譜》。《譜》載:半葉十一行,每行大字十九字,小注雙行。長三寸半,寬二寸半[九]。監本《纂圖重言重意互注禮記》二十冊,見丁《志》。云宋刊本,存卷九《玉藻》《明堂位》、卷十《喪服小記》《大傳》《少儀》兩卷[一〇]。南宋麻沙本《纂圖互注禮記》二十卷,《禮記舉要圖》一卷,見陸《志》。云每半葉十一行,每行二十一字,小字雙行,每行二十五六字不等。鄭注下附陸氏《釋文》,《釋文》之後爲"重言重意"。"讓"字闕筆,蓋孝宗時刊本也[一一]。京本《纂圖附音重言重意互注春秋經傳集解》三十卷,見《天禄琳琅》一、陳編《廉石居記》、云序後有"紹定庚寅垂裕堂刊"。莫《録》。云南宋本,半葉十一行,行大二十字,小二十一字(小字雙行)^[一二]。監本《纂圖春秋經傳集解》三十卷,見丁《志》。云附《釋文》,每半葉十行,行二十字,夾注小字,行二十四字。中有重言、重意、似句、互注諸例,俱加方圍^[一三]。監本《纂圖重言重意互注論語》二十卷,見楊《譜》。《譜》載:半葉十行,行十九字。小字雙行,行二十四五字^[一四]。子有《纂圖互注荀子》二十卷,見《天禄琳琅》二、云標題爲"纂圖互注",書中於儌注外又加重意、重言、互注諸例。孫《記》、云宋版,重意、重言俱用墨蓋子別出,每葉二十二行,行二十一字。吳《跋》、云元版,每葉二十二行,每行大字二十一,小字二十五。陸《志》、陸《續跋》。云行款字數皆與《互注重言重意道德經》同。德輝按,《續跋》宋槧本《纂圖互注老子道德經》,每葉二十二行,每行二十一字,小字雙行,每行二十五字。宋景定刊本^[一五]。《纂圖互注揚子法言》十卷,見孫《記》、云重意、重言、互注俱用墨蓋子別出,黑口版,每葉二十二行,行二十一字。瞿《目》、云元刊本。丁《志》、云元刊本,每葉二十二行,每行二十四字。森《志》、云明代覆元刊本,每半版十一行,行二十一字,注二十五字。凡重言、重意、互注,皆以白字爲識別。陸《志》、陸《續跋》^[一六]。《纂圖互注老子道德經》二卷,見孫《記》、云宋版,卷中有重意、重言、互注,用墨蓋子別之。黑口版,每葉二十二行,每行二十一字。吳《跋》、云宋本,每葉二十四行,每行大字二十,小字二十三。德輝按,此別一宋刻,故與孫《記》不同。瞿《目》、云元刊本,書中句字與經籍相合者,標出之爲互注。莫《録》、云巾箱本,十三行,行二十三字。德輝按,此又別一元刊本。陸《志》、陸《續跋》。云宋槧本,每葉二十二行,每行二十一字。小字雙行,每行二十五字。宋景定刊本。其書先河上公注;次解,"解曰"二字,以黑質白章小字別之;次互注,"互注"二字,以黑質白章小字別之;次音釋,以圈圍之;次重言、重意,以黑質白章大字別之。音切皆本陸氏《釋文》而不全録。所稱"解曰"者,不著作者姓名。遍考各注,乃知出林希逸《鬳齋老子口義》^[一七]。《纂圖互注南華真經》十卷,見《天禄琳琅》二、孫《記》、云宋版,重意、重言、互注俱用墨蓋子別出,黑口版,每葉二十二行,每行二十一字。陸德明音義。瞿《目》、云元刊本,附刻陸氏音義於注中。丁《志》、云元刊本,蓋宋時麻沙本而元代重刻之。陸《志》、森《志》。云明初依閩中元版重雕,重言重意附釋音。每半板十一行,行二十一字^[一八]。《纂圖互注列子沖虛至德真經》八卷,見《天禄琳琅後編》五、云建陽麻沙本。孫《記》。同前^[一九]。《纂圖互注文中子》十卷,見吳《跋》、宋本,與前《纂圖互注老子》同。孫《記》。同前。云:"自《老子》以下巾箱本六子,皆南宋坊間所刻。據《法言》序後木印,纂圖互注監本大字止有四子。後改巾箱本,又添入重言重意暨《列子》《中説》,共爲六子。此册六子猶全。"[二〇]大抵經有七而子則四。《四庫全書提要》子雜家存目《五子纂圖互注》四十二卷,云:"宋龔士卨編,是書於《老子》用河上公注,凡二卷。於《莊子》用郭象注,附以陸德明音義,凡十卷。於《荀子》用楊倞注,凡十卷。於《揚子法言》用李軌、柳宗元、宋咸、吳秘、司馬光五家注,凡十卷。於《文中子中説》用阮逸注,凡十卷。每種前各有圖,而於原注之中增以互注,多引《五經》《四書》及諸子習見之語,未能有所發明。其於《文中子》則並無互注,體例殊未畫一。"德輝按,《文中子》爲後加,故體例獨異。《儀禮》《孟子》非場屋所用,故置之。《老》《莊》《荀》《揚》外,加入《列子》《文中子》,亦出當時坊估重刻之雜湊,非原有也。

【箋證】

　　[一] 森《志》卷一著録昌平學藏南宋槧巾箱本《周易》九卷,《周易略例》一卷,云:"每半葉九行,行十七字,注雙行,行十八字。四周雙邊,界長三寸一分,幅二寸。左方欄邊記卦名,若篇名略例,内脱末簡一葉。按,戴埴鼠璞曰:'今之刊印小册,謂"巾箱本",起於南齊衡陽王鈞。手寫《五經》,置巾箱中。賀玠曰:"家有墳索,何須蠅頭細書?"答曰:"檢閱既易,且手寫不忘。"諸王從而效之。古未有刊本,雖親王亦手自抄録。今巾箱刊本,無所不備。嘉定間,從學官楊璘之奏,禁毀小板,近又盛行第挾書,非備巾箱之藏也。'"

　　[二] 《天禄琳琅書目後編》卷二《宋版經部》著録《纂圖互注尚書》,云:"漢孔安國傳、序,唐陸德明音義。書十三卷。前標《尚書舉要圖》:曰《唐虞夏殷周譜系圖》,曰《律度量衡圖》,曰《堯制五服圖》,曰《禹弼五服圖》,曰《諸侯玉帛圖》,曰《有虞氏韶樂器圖》,曰《東坡禹迹圖》,曰《隨山濬川圖》,曰《商七廟之圖》,曰《商遷都之圖》,曰《周營洛邑圖》,曰《昭誥土中圖》,曰《諸儒傳授書學圖》,是爲纂圖。又取本書相同之字,如《堯典序》中'聰明文思'下注以'囧命聰明齊聖'之類,是爲重意。又取本書相同之句,如《堯典》'曰若稽古'下注以《舜典》'曰若稽古'之類,是爲重言。又取他書中所引《尚書》之文,如《堯典》'克明俊德'下注《記·大學》《帝典》曰"克明俊德"'之類,是爲互注,蓋經生便用之書也。麻沙本,闕筆至'惇'字,乃光宗時刊。按,漢、唐傳經以石,至五代始有木刻,至宋而重監本。然校對多疏,展轉致誤,此岳珂《九經三傳沿革例》、毛居正《六經正誤》多較正監本之譌,或取諸蜀本、越本、建本而從其善者。"

　　[三] 陳《跋》卷一《宋本尚書孔傳跋》云:"《尚書孔傳》十二卷,宋刊巾

箱本。題曰'婺本點校重言重意互注尚書'。每葉二十行,行三十字。《九經三傳沿革例》云:'婺州舊本,即婺所從出也。'每册前後有'彭城楚殷氏讀書'長方印,又有'傳家一卷帝王書'圓印,知爲錢氏舊藏,余得之吳間書肆。首尾完善,雕鏤精良,小可納懷,殊便展玩,惜乎。"

瞿《目》卷二《經部·書類》著録宋刊本《婺本點校重言重意互注尚書》十三卷,云:"釋文下即入重言、重意、互注等,皆標以陰文。漢孔氏序云:'凡五十九篇,爲四十六卷。'然隋《志》著録已作十三卷,《釋文》載:徐云本《虞書》總爲一卷,凡十二卷。今依《七志》《七録》爲十三卷,則合併已在隋前矣。其題'婺本'者,宋時刻書。多舉其地首一字,如建本、杭本、明本之類。岳氏《九經三傳沿革例》有所謂婺州舊本者,此蓋其所自出也。曰'重言'者,本經相同之句;曰'重意'者,句似而意同之文;曰'互注'者,他經所引之語。自北宋末合刻注疏,單注本流傳遂少,惟岳本最稱精善,而此本尤足與之互相參證,蓋亦僅見者矣。卷止四寸,寬不及三寸。每半葉十行,行廿字,《傳》用夾注。'匡''恒''慎''敦'等字皆闕筆。每葉左方欄線外標篇名,嚮爲吾邑錢楚殷藏本。"

黃《書録》著録《婺本點校重言重意互注尚書孔氏傳》,云:"余訪友虞山,偶於書坊得此,雖非宋刻上駟,然亦古本也。昔五柳主人自都中歸,攜得《左傳》注本一册,亦題曰'婺本'。此《尚書孔氏傳》正與之同,重言、重意、互注,宋人刻經往往有此,亦足見舊時面目。上有'彭城楚殷氏讀書記'一印,知是虞山故物。又有'傳家一卷帝王書'小圓印一,若專爲《尚書》設者,是一奇也。"

[四]繆《續記》卷一《經學第一》著録《監本纂圖重言重意互注點校尚書》十三卷,云:"宋刊宋印本。每半葉十行,行大字十九,小字二十四。高六寸六分,廣四寸二分。白口,雙邊。板心首葉末葉無字,中作'尚書一書一尚書一卷',並是行書。重言重意,互注釋文,皆用單線以別之。曰'重言'者,本經相同之句;曰'重意'者,句似而意同之文;曰'互注'者,他經所引之語。"

[五]《天禄琳琅書目》卷一《宋版經部》著録《監本纂圖重言重意互注點校毛詩》,云:"朱彝尊《經義考》載《纂圖互注毛詩》二十卷,引陸元輔語曰:'此書不知何人編輯,鋟刻甚精。首之以《毛詩舉要圖》二十五,次之以《毛詩》篇目。其卷一至終,則全録大小序、毛傳、鄭箋、陸氏釋文,而采《左傳》《三禮》有及於《詩》者爲互注。又標詩句之同者爲重言,詩意之同者爲重意。蓋唐宋人帖括之書也。'此本證以所言,雖無圖目,而體例適符。惟書中於篇目相同者爲重篇,詩句相似者爲似句,乃元輔所未及。蓋因書名未經

標出,遂不加詳考耳。至其字畫流美,紙墨亦佳,信爲錄本之精者。"

陳《跋》卷一《宋本毛詩跋》云:"《毛詩》二十卷,宋刻本。首題'監本纂圖重言重意互注毛詩'。每葉十二行,行十八字。凡重言、重意、互注俱用規識,凡釋文與傳箋相連,不加識別。與家藏宋本《尚書》體例略同。《尚書》乃婺州小字,此則監本中等字。所謂監本者,當即岳氏《沿革例》云'監中現行本'也。《經義考》載有宋刻《纂圖互注毛詩》,當即此本。惟彼前有《毛詩舉要》二十五圖,此但存《毛詩圖譜》,并不知何人所刻。宋時各經諸子皆有重言、重意,蓋經生帖括之書。此本刻畫工整,紙墨精良,且原於監本,斯爲可貴。"

見黃《續記》卷上《經類》著録宋刊本《監本纂圖重言重意互注毛詩》。

楊《録》卷一《經部》著録《宋本監本纂圖重言重意互注點校毛詩》,云:"《毛詩》二十卷,宋刻本。每葉二十行,行十八字。凡重言、重意、互注俱用規識,凡釋文與傳箋相連,不加識別,與家藏宋本《尚書》體例略同。《尚書》乃婺本小字,此則監本中等字。所謂監本者,當即岳氏《沿革例》云'監中現行本'也。《經義考》載有宋刻《纂圖互注毛詩》,當即此本。惟彼前有《毛詩舉要》二十五圖,此但存《毛詩圖譜》,並不知何人所刻。宋時各經諸子皆有重言、重意,蓋經生帖括之書。此本刻畫工整,紙墨精良,且原於監本,斯爲可貴。此本爲海寧陳仲魚先生鱣舊藏,仲魚與吳槎客騫題語均書於別紙,綴之卷末。辛酉遭寇亂,自第十二卷以下皆焚失。兹從別下齋所刻仲魚《經籍跋文》中録存如右,槎客跋則莫由補寫矣。謹考《天禄琳琅書目》著録宋本《毛詩》,載朱竹垞引陸元輔之説,謂證以此本,雖無圖目,而體例適符。惟書中於篇目相同者爲重篇,詩句相似者爲似句,乃元輔所未及。蓋因書名未經標出,遂不加詳考耳。字畫流美,紙墨亦佳,信爲錄本之精者,即此本也。東郡楊紹和識於四經四史齋。每半葉十行,行大十八字,小二十四字。有'玉堂學士''湖山清趣'、(上有舊印一,文不辨。)'鱣讀''仲魚圖象''得此書費辛苦後之人其鑒我'各印。"王紹曾補曰:"此本爲楊氏四經四史之齋宋本四經之一,散出後先歸周叔弢,轉歸北圖。《自莊嚴堪善本書目》《北京圖書館善本書目》均有著録,題宋刻本,存卷一至卷十一,又《圖譜》。"

[六] 張《志》卷三《經部·詩類》著録毗陵周氏九松迂叟藏宋刊本《纂圖互注毛詩》二十卷,附《毛詩舉要圖》《毛詩》篇目,云:"漢鄭氏箋。是書傳箋下附《釋文》及互注重言重意,蓋南宋麻沙坊本也。每頁二十四行,每行大二十一字,小二十五字,缺卷十一至十四鈔補,每册首末俱有'周良金印''毗陵周氏九松迂叟藏書記'兩印。"

[七]《天禄琳琅書目》卷一《宋版經部》著録《纂圖互注周禮》,云:"按,

宋陳祥道有《周禮纂圖》，其書已佚。此書纂圖不載撰人姓氏，而圖説多引祥道《禮書》之言，或本之祥道書，故仍其名。音義後，標重言、重意、互注，與前監本《毛詩》同，當亦唐宋人帖括之書。但標名無‘重言重意’四字，經文不施句讀，版尺寸亦較縮耳。又《經義考》載《周禮附音重言重意互注》十二卷，引繆泳謂元人所輯，並無指實，且與《纂圖互注毛詩》出唐宋人之説自相矛盾。此本的係宋槧，非明尹洪兩廣重刻本也。諸卷前後原有印記，不知何時割去，迹尚可辨。”

見吳《跋》卷一《群經小學類》著録宋刻本《周禮纂圖互注重言重意》，朱彝尊、黃丕烈、陳簡莊等均有跋述及。

陳《跋》卷一《宋本周禮注跋》云：“宋刻小字本，附載音義，首題‘纂圖互注周禮’。每葉二十四行，行二十一字，注行二十五字。”

黃《記》卷一《經類》著録宋刻京本《纂圖互注重言重意周禮》十二卷，云：“宋刻《周禮》所見有三本：一爲余仁仲本，藏於小讀書堆，係中版，獨缺《秋官》；倚樹吟軒有蜀本，止《秋官》二卷，則大版也，現爲余有；陶筠椒有纂圖互注本，卻無缺卷有缺葉，版子適中，惟此又係巾箱中本。余所見《左傳》題曰‘婺本’，此《周禮》題曰‘京本’，蓋同一例矣。惜少春、夏《官》，安得匯而叙之，如百衲作《史記》乎？爲古書發一歎云。抱沖作古，書籍不輕假人，筠椒以待賈而沽，未能借校。致令槎翁之書留余百宋一廛中，僅得與蜀殘本一校，未盡其善，又可惜也。還書之日，書數語於尾，以質諸槎翁，槎翁想亦同慨已。”

瞿《目》卷四《經部·禮類》著録宋刊本《纂圖互注周禮》十二卷，云：“是書首題‘纂圖互注周禮卷第一’，次行頂格題‘天官冢宰第一’，夾注音義，下越格題‘周禮’，又越格題‘鄭氏注’三行，經文起。以下卷式同。前列篇目，又圖説二十七葉，較海昌陳氏所藏宋刻小字本少八葉，而首尾已全，殆重刻有并置處耳。圖各有説，與陳氏《禮書》所云合，陳氏本有《周禮纂圖》也。每半葉十二行，行二十一字，注行二十五字。左方欄綫外刻篇名、卷書、葉數。注中重言、重意、互注字作飛白文。其經注勝於通行注疏本者，與宋刻巾箱本略同。”陸《續跋》卷二亦著録。

［八］森《志》卷一著録足利學藏宋槧巾箱本《周禮鄭氏注》十二卷，云：“此本附音、重言、重意。每半版九行，行十七字，或十五六字，注雙行，行十八字，左右雙邊，界長三寸一分，幅二寸，烏絲外標題，乃與昌平學所藏《周易》《禮記》同種板式正符，首題‘萬秀山正宗寺公用’，尾題‘正宗寺書院’。”

［九］森《志》卷一著録昌平學藏宋槧巾箱本《禮記鄭氏注》二十卷，云：“求古樓又藏一卷，題曰《京本點校附音重言重意互注禮記》，亦爲南宋槧巾

箱本一種,惜僅存第六一卷,蓋亦據前本稍大板式改題目者。每半板□行,行二十字,界長四寸三分,幅□寸□分,四周雙邊。"

楊《譜》卷一《經部》著録《京本點校附音重言重意互注禮記》。

[一〇]丁《志》卷二《經部·禮類》著録周九松藏宋刊本《監本纂圖重言重意互注禮記殘本》,云:"按,《傳是樓宋元版書目》有是書,凡二十册。此僅存卷第九、卷十兩卷耳。標'禮句之同者爲重言,禮意之同者爲重意',蓋唐宋人帖括之書也。《天禄琳琅》載有《監本纂圖重言重意互注點校毛詩》,與此正同。"

[一一]陸《志》卷七《經部·禮類》二著録季蒼葦舊藏宋刊宋印本《纂圖互注禮記》二十卷,《禮記舉要圖》一卷,云:"漢鄭氏注。按,此南宋麻沙本,每半葉十一行,每行二十一字,小字雙行,二十五六字不等。鄭注下附陸氏《釋文》,《釋文》之後爲'重言重意'。重言者,其文同也;重意者,其意同也。'讓'字缺筆,蓋孝宗時刊木也。字體與三山蔡氏《陸狀元通鑑》《北史》《新唐書》同,當是麻沙本之最精者。"

[一二]《天禄琳琅書目》卷一《宋版經部》著録《監本纂圖春秋經傳集解》,云:"是書與監本《纂圖重言重意互注點校毛詩》體例相同,字形槧式亦俱吻合,意唐宋人帖括之書,群經皆備,合之《纂圖互注周禮》,知爲當時所並行。"

陳宗彝《廉石居藏書記》内編卷上《經學》著録宋版《纂圖互注春秋經傳集解》三十卷,云:"後有'紹定庚寅垂裕堂刊'印記,書中引他經注證本書者曰互注,詞之複出者曰重言,體例相似者曰重意。"

莫《録》卷一著録宋巾箱本《春秋經傳集解》三十卷,云:"每半葉十一行,行大二十字,小二十一字。每卷書題云'京本點校重言重意春秋經傳集解某公某第某',亦有一二處題於'重意'下,多'互注'二字者,核卷中當句下標記有'重言''重意''互注''似句'四件,不能盡見書題也。經傳并句讀發四聲,而不及注,注下附陸氏音義,核字體似南宋元初刻。"

[一三]丁《志》卷三《經部·春秋類》著録宋刊本《監本纂圖春秋經傳集解》三十卷,云:"是書每半葉十行,行二十字,夾注小字行二十四字,中有重言、重意、似句、互注諸例,俱加方圍,每版左線外標'某公幾年'。凡句之同者爲重言,意之同者爲重意,句之似者爲似句,及見於他經者爲互注。末有預後序,蓋宋人帖括之書也。《天禄琳琅》載此目,并載監本《纂圖重言重意互注點校毛詩》,又《纂圖互注周禮》,稱其字畫流美,紙墨亦佳,信爲鋟本之精者,此本亦猶是耳。"

[一四]楊《譜》卷一《經部》著録《監本纂圖重言重意互注論語》。

　　[一五]《天禄琳琅書目》卷二《宋版子部》著録《纂圖互注荀子》二十卷,云:“宋陳振孫《書録解題》曰‘《漢志》作“孫卿子”者,避宣帝諱也。至楊倞始復改爲“荀”,分二十卷而注釋之。淳熙中,錢佃耕道用元豐監本參校,刊之江西漕司,其同異著之篇末,凡二百二十六條,視他本最爲完善’云云。據此,則宋時刊刻《荀子》已非一本。是書標爲‘纂圖互注’,書中於倞注外又加重言、重意、互注諸例,與經部宋本《毛詩》《周禮》《春秋經傳集解》三書正同,圖樣、字體、版式亦復相等,蓋當時帖括之書不獨有經也。”

　　孫《記》卷一《宋版》著録《纂圖互注荀子》二十卷,云:“前有元和十三年楊氏《荀子序》《荀子敊器圖》《天子大路圖》《龍旗九游圖》。重意、重言、互注俱用黑蓋子別出。黑口版,每葉廿二行,行廿一字。”

　　吳《跋》卷四《諸子雜家類》著録《荀子》,云:“元本《纂圖互注荀子》二十卷,每葉二十二行,每行大字二十一,小字二十五。序目不全,盧學士校刻《荀子》,曾借其讎校學士舊刻,叙此書云:‘元刻纂圖互注本,此乃當時坊間所梓,脱誤差舛,不一而足,然正以未經校改之,故其本真翻未盡失,書中頗多采用。’”

　　見陸《志》卷三十九《子部·儒家類》著録元刊本《纂圖互注荀子》。

　　陸《續跋》卷九《宋槧纂圖互注荀子跋》云:“王伯厚謂‘監本未必是,建本未必非’,則此本在宋時亦稱善本矣。”

　　[一六]孫《記》卷一《宋版》著録《纂圖互注揚子法言》十卷,云:“重意、重言、互注俱用黑蓋子別出。黑口版,每葉廿二行,行廿一字。宋咸序後有‘本宅今將監本四子纂圖互注附入重言重意,精加校正,并無謬謬’。”

　　瞿《目》卷十三《子部·儒家類》著録元刊本《纂圖互注揚子法言》十卷,云:“前列景祐三年宋咸序及《進書表》,又司馬光序,與世德堂本同。惟宋序後,有墨印六行云:‘本宅今將監本四子纂圖互注附入重言、重意,精加校正,並無謬謬,謄作大字刊行,務令學者得以參考,互相發明,誠爲益之大也。建安下空三字謹咨。’據此,則是本依宋監本授梓,故卷首宋咸題名上冠以‘聖宋’也。案,《法言》,舊有治平監本,係李軌單注,有音義,爲十三卷,此則合李注爲五家注,依宋咸本,爲卷十。”

　　丁《志》卷十五《子部·儒家類》亦著録。

　　森《志》卷四《子部·儒家類》著録懷仙樓藏明代覆元刊本《纂圖互注揚氏法言》十卷,云:“卷首題《纂圖互注揚子法言》卷第一,晉李軌、唐柳宗元注,聖宋宋咸、吳秘、司馬光重添注。每卷末題‘揚子法言’,卷幾不冠‘纂圖互注’四字。每半板十一行,行二十一字,注二十五字,界長五寸七分至六寸六分,幅三寸九分,四周雙邊,烏絲欄外標題或有或無,注中凡重言、重意、互注皆以白字爲識別。宋序後有識語云‘本字今將□監本□□四子纂圖互注附入重言重意，精加校正，兹無譌謬，謄作大字刊行，務令學者得以參考，互相發明，誠爲益之大也。建安□□□謹咨’。”

見陸《志》卷三十九《子部·儒家類》著録元刊本《纂圖互注揚子法言》。

見陸《續跋》卷九宋槧《纂圖互注揚子法言跋》。

[一七] 孫《記》卷一《宋版》著録《纂圖互注老子道德經》二卷，云：“題‘河上公章句注釋’。自《體道》至《顯質》八十一章，《目録》分作四卷。卷中有重意、重言、互注、解曰者，俱非本注，用黑蓋子別之。黑口版，每葉廿二行，行廿一字。”

吳《跋》卷四著録《纂圖互注老子》二卷，云：“卷首序題‘太極左仙公葛元造’，每葉二十四行，每行大字二十，小字二十三。”

瞿《目》卷十八《子部·道家類》著録元刊本《纂圖互注老子道德經》二卷，云：“題‘河上公章句注釋’。有太極左仙公葛玄序及景定改元石盧龔士㒟序。首列道家混元三寶及初真内觀靜定與金丹之圖，總名《老氏聖紀圖》，故曰‘纂圖’。書中句字與經籍相合者，標出之，爲互注。蓋南宋時《兔園册》本，元人依之重刻也。”

見莫《録》卷一著録嘉興唐氏藏《纂圖附釋文重言互注老子道德經》。

陸《志》卷六十六《子部·道家類》亦著録恬裕齋舊藏元刊本《纂圖互注老子道德經》。

陸《續跋》卷十一宋槧《纂圖互注老子道德經跋》云：“題曰‘河上公章句注釋’，每頁二十二行，每行二十一字，小字雙行，每行二十五字，宋景定刊本。蓋南宋國子監先有荀、揚、老、莊四子小字本，建安書坊加以纂圖互注，寫作大字，爲此本，號‘四子’，見揚子序後木記景定中龔士㒟又加文中、列子，爲六子耳，書亦建寧書坊所刊也。”

[一八]《天禄琳琅書目》卷二《宋版子部》著録《纂圖互注南華真經》。

孫《記》卷一《宋版》著録《纂圖互注南華真經》十卷，云：“重意、重言、互注俱用黑蓋子別出，黑口版，每葉廿二行，行廿一字。”

瞿《目》卷十八《子部·道家類》著録元刊本《纂圖互注南華真經》十卷，云：“晉郭象注并序。附刻陸氏音義於注中。卷首列《大宗師》‘天生地在太極之先’一段，即目爲莊子《太極説》，後繫以周子《太極圖》及《説》，蓋宋時書肆本，元代重刻之也。卷首有‘方泉山人洪子美印’‘吳中蔣氏珍藏’二朱記。”

丁《志》卷二十二《子部·道家類》亦著録元刊本《纂圖互注南華真經》十卷，云：“蓋宋時麻沙本，而元代重刻之也。”

見陸《志》卷六十六《子部·道家類》著録元刊本《纂圖互注南華真經》。

森《志》卷五《子部·道家類》著録求古樓藏明初刊本《纂圖互注南華真經》十卷，云：“重言、重意附釋音，每半板十一行，行二十一字，格外標題考板式，蓋明初閩中依元板重雕者。盧之頤本，疑原此本。卷首有‘本法寺’藏印。”

[一九]見《天禄琳琅書目後編》卷五《宋版子部》著録《纂圖互注六子全書》。孫《記》卷一《宋版》著録《沖虚至德真經》八卷，未見云“纂圖互注”耳。

[二〇]見吳《跋》卷四《諸子雜家類》著録《纂圖互注文中子》十卷。

孫《記》卷一《宋版》著録《中説》十卷，云：“題‘阮逸注’。黑口版，每葉廿二行，行廿一字。自《老子》以下巾箱本六子，皆南宋坊間所刻。據《法言序》後木印，纂圖互注監本大字，止有四子，後改巾箱本，又添入重言、重意，即《列子》《中説》共爲六子。《天禄琳琅》所藏纂圖互注本，止有《荀子》《南華真經》兩種，而此册六子猶全。”

宋刻書之牌記

宋人刻書，於書之首尾或序後、目録後，往往刻一墨圖記及牌記。其牌記亦謂之墨圍，以其外墨闌環之也。又謂之碑牌，以其形式如碑也。元、明以後，書坊刻書多效之，其文有詳有略。詳者如宋刊《春秋經傳集解》三十卷，卷末有墨圍識語八行云：“謹依監本寫作大字，附以《釋文》，三復校正刊行，如履通衢，了亡室“室”當爲“窒”之譌。礙處，誠可嘉矣。兼列圖表如卷首，跡夫唐、虞、三代之本末源流，雖千載之久，豁然如一日矣，其明經之指南歟。以是衍傳，願垂清鑒。淳熙柔兆涒灘中夏初吉，閩山阮仲猷種德堂刊。”按，“柔兆涒灘”爲丙申，孝宗淳熙三年。見楊《譜》、繆《續記》[一]。一、宋刊《東萊先生詩律武庫》三十卷，《前集》有碑牌四行云：“今得吕氏家塾手校《武庫》一帙，用是爲詩戰之具，固可以掃千軍而降勃敵。不欲秘藏，刻梓以原空。諸天下。收書君子，伏乞詳鑒。謹咨。”見黃《記》、陸《志》[二]。一、宋刊本《後漢書》一百二十卷，目録後有木記云：“本家今將前、後《漢書》精加校證，並寫作大字，鋟版刊行，的無差錯，收書英傑，伏望炳察。錢唐王叔遠謹咨。”見楊《録》[三]。一、宋刊本《類編增廣黃先生大全文集》五十卷，目録後有碑牌云："麻沙鎮水南劉仲吉宅，近求到《類編增廣黃先生大全文集》五十卷，比之先印行者增三分之一，不欲私藏，庸鑱木以廣其傳，幸學士詳鑒焉。乾道端午識。"見楊《録》[四]。一、宋麻沙本《纂圖互注揚子法言》十卷，後有木記云："本宅今將監本《四子》纂圖、互注附入重言、重意，精加校正，兹無譌謬，膳作大字刊行，務令學者得以參考，互相發明，誠爲益之大也。建安下空三字。謹咨。"見陸《續跋》、陸《志》、瞿《目》[五]。並云元刊本，陸《志》脱"謹咨"二字。按，此宋季麻沙坊本，建安下脱刻人姓名，因版轉鬻他人，故爾剜去。《四庫存目》子部雜家《纂圖互注五子》亦云宋刊本。此皆文之詳者也。略者如宋刊本《新編近時十便良方》十卷，末有墨圖記云："萬卷堂作十三行大字刊行，庶便檢用，請詳鑒。"見瞿《目》[六]。宋刊殘本。宋建安魏仲立刻《新唐書》二百五十卷，目後有牌記云："建安魏仲立宅刊行，士大夫幸詳察之。"見繆《記》[七]。此文之至簡者，然未若蔡琪刻《後漢書》一百二十卷，目録後有碑牌云："時嘉定戊辰季春既望，蔡琪純父謹咨。"見黃《書録》[八]。其牌記不言事實，但紀年月，而亦曰"謹咨"，則誠不知其取義。大抵此類木記牌識，見於坊肆刻本爲多。其近於官刻者，有宋刊本胡致堂先生《讀史管見》八十卷，目後刻有長木記四行，云："時淳熙壬寅中夏既望，刊修於州治之中和堂。奉議郎簽書平海軍節度判官廳公事兼南外宗正簿賜緋魚袋胡大正謹識。"見陸《志》[九]。此亦僅記刻書年月姓名之例而識之，與"咨"義正不同。然則蔡琪刻兩《漢書》，僅記年月姓名而亦曰"咨"者，偶爾效顰，未之深考耳。以後元明坊刻，見於各家目録題跋者，大要不出此詳略二牌。今但舉宋刻爲例，餘皆不具録焉。

【箋證】

[一] 見楊《譜》卷一《經部》著録阮仲猷種德堂刊《春秋經傳集解》，末附木記云"淳熙柔兆涒灘中夏初吉閩山阮仲猷種德堂刊"。楊守敬書旁手跋曰："此木記在卷尾。此即阮氏校刊記所稱淳熙小字本也，今藏楓山官庫。"

繆《續記》卷一《經學第一》著録宋刊本《春秋經傳集解》三十卷，云："每半葉十行，行十八字。注文雙行，行二十二字。中版高四寸八分，廣三寸四分。白口，單邊。淳熙三年閩山阮氏種德堂刊本。首題'春秋序'，次題'唐國子博士兼太子中允贈徐州刺史吳縣開國男陸德明釋文’,附分卷,同唐石經。此書瞿氏書目極其推重,近人輕視之。然雖非宋印,而補版無多,佳字全在,亦屬宋本乙等。序缺半葉,鈔配。”

　　[二] 黃《記》卷六《集類》著録校宋舊鈔本《東萊先生詩律武庫》三十卷,云:“宋板《詩律武庫》載諸《汲古閣珍藏秘本書目》,余所取以校是舊鈔者,殆即此刻也。宋刻前、後二《集》,卷各十五卷,皆題‘東萊先生詩律武庫’爲首行,各有‘目録’二字。次行題‘東萊呂氏編於麗澤書院’。其《前集》有碑牌四行云:‘今得呂氏家塾手校《武庫》一帙,用是爲詩戰之具,固可以掃千軍而降勍敵。不欲秘藏,刻梓以(原空)諸天下。收書君子,伏幸詳鑒。謹咨。’宋刻每葉二十二行,每行十九字,兹不校其行款者,因非一本,故兩存之。宋刻有鈔補或破損未全者,兹未著明,以此本亦有所自,非必不可信者也。”

　　陸《志》卷一百一十三《集部·總集類》著録汲古閣舊藏宋刊本《東萊先生分門詩律武庫前集》十五卷、《後集》十五卷,云:“宋東萊呂氏編於麗澤書院。案,此宋季麻沙刊本,每葉二十二行,每行十九字,語涉宋帝皆空格。卷中有‘平陽汪氏藏書印’朱文長印,《汲古閣秘本書目》著於録,《四庫》不收,附存其目。”

　　[三] 同《書林清話》卷三“宋私宅家塾刻書”一節注[四五]條。

　　[四] 楊《録》卷五《集部》下著録宋本《類編增廣黃先生大全文集》五十卷,云:“每半葉十五行,行二十七字。目録後有碑牌云:‘麻沙鎮水南劉仲吉宅,近求到《類編增廣黃先生大全文集》五十卷,比之先印行者增三分之一,不欲私藏,庸鑱木以廣其傳,幸學士詳鑒焉。乾道端午識。’傅增湘《藏園群書經眼録》卷十三云:宋乾道麻沙鎮水南劉仲吉宅刊本,半葉十五行,每行二十六字,細黑口,四周單闌。前有門目,大字,半葉十行,細黑口,左右雙闌,次《目録》二卷,半葉十五行,亦左右雙闌。目録卷下末葉後有牌子,後有黃丕烈跋。”

　　[五] 見陸《續跋》卷九宋槧《纂圖互注揚子法言跋》。又見陸《志》卷三十三《子部·儒家類》著録元刊本《纂圖互注揚子法言》。瞿《目》卷十三《子部·儒家類》著録元刊本《纂圖互注揚子法言》,同本卷“宋刻纂圖互注經子”一節注[一六]條。

　　[六] 瞿《目》卷十四《子部·醫家類》著録宋刊殘本《新編近時十便良方》十卷,云:“不著撰人。前有慶元乙卯汾陽博濟堂序,略謂,紹熙辛亥東南漕使孫公稽仲有所集方書一編,目曰‘大衍’,惜其太略,於是遍搜方論,摘其簡而至切、迅而不暴、與時運相宜者,以附益公之不足。所謂‘十便’者,藥材

止六十四種,易於儲蓄,一便也;世所常用,無難致之物,二便也;各市少許,置藥籠中,不妨行李帶挈,三便也;古今方論,安能一一討尋,今惟取必效之方,不勞遍閱,四便也;凡有病即有方,有方即有藥,不致倉皇失措,五便也;治疾如救焚,此書用藥簡當,而和劑不勞,六便也;或宦游僻縣,地少醫藥,緩急有以支梧,七便也;行旅野宿,猝有不虞之證,不致坐困,八便也;深山窮谷,去城市遠,即得應用,九便也;仁人君子,於困窮疾病,欲探囊施與,無方藥不備之歎,十便也。原書四十卷,今存卷十一至十七、卷二十一至二十二,凡十卷。卷首有《古今方論總目》,所引古方凡六十六種。末有墨圖記云'萬卷堂作十三行大字刊行,庶便檢用,請詳鑒'十八字。又有《總類》一卷,標用藥治疾之目。《目錄》一卷,標藥名、方名之目。每半葉十三行,行廿二字。"

［七］同《書林清話》卷三"宋私宅家塾刻書"一節注［三一］條。

［八］黄《書録》云:"此十六行十六字本《後漢書》,字大悦目,前有'景祐元年九月秘書丞余靖上言'云云,中有二年九月校畢語,蓋即景祐二年本也。據目錄後有碑牌一,其文云'時嘉定戊辰季春既望,蔡琪純父謹咨',則坊間雕本矣。於紀志傳下皆題'宋宣城太守范曄撰,唐章懷太子賢注',殊不知蔚宗有《志》未成,至梁世有剡令劉昭者補成之語矣。劉昭注補云者,注司馬彪《續漢書》之《志》以補蔚宗之缺也。"

［九］見陸《志》卷三十八《史部·史評類》著録宋刊本《致堂先生讀史管見》。

宋刻本一人手書

宋時刻書,多歐、柳、顏體字,故流傳至今,人爭寶藏。然當時有本人手書以上版者。瞿《目》有宋刊本吳説編《古今絶句》三卷,後自跋云:"手寫一本,鋟木流傳,以與天下後世有志於斯文者共之。"[一]陸《志》有宋岳珂《玉楮詩稿》八卷,後自記云:"此集既成,遣人謄録,寫法甚惡,俗不可觀,欲發興自爲手書,但不能暇。二月十日,偶然無事,遂以日書數紙。至望日,訪友過海寧,攜於舟中,日亦書數紙,迨歸而畢,通計一百零七版。肅之記。"按,肅之,珂字也。又有楊次山《歷代故事》十二卷云:"宋刊宋印本,其書乃次山手書付刊,書法娟秀可喜。"[二]張《志》有《文苑英華》一千卷,後有記云:"吉州致政周少傅府,昨於嘉泰元年春,選委成忠郎新差充筠州臨江軍巡轄馬遞鋪權本府使臣王思恭，專一手抄《文苑英華》，并校正重複，提督雕匠，今已成書，計一千卷。其紙札工墨等費，并係本州印匠承攬，本府並無干預，今申説照會。四年八月一日，權幹辦府張時舉具。"[三]此以一人之力寫千卷之書，較之蕭之自書己集，尤爲難得。惜陸所藏爲傳鈔本，今并售之東瀛，使當時有一卷之存留，不知藏書家於宋版甲印上，更將以何字別之，惜乎其不傳也。

【箋證】

[一]見瞿《目》卷二十三《集部·別集類》著録宋刊本《古今絶句》，云"每半葉十行，行十四字"。

[二]見陸《志》卷九十《集部·別集類》著録舊抄本《玉楮詩藁》。又，卷二十八《史部·史鈔類》著録宋刊宋印本《歷代故事》。

[三]見張《志》卷三十五《集部·總集類》著録舊抄本《文苑英華》。

宋刻書著名之寶

宋板書自來爲人珍貴者，一兩《漢書》、一《文選》、一《杜詩》，均爲元趙文敏松雪齋故物。兩《漢書》牒文前葉有文敏小像。明時歸王弇州世貞，跋稱："班、范二《漢書》，桑皮紙白潔如玉，四傍寬廣，字大者如錢，絶有歐、柳筆法。細書絲髮膚緻，墨色精純，奚、潘流瀋。蓋自真宗朝刻之秘閣，特賜兩府。而其人亦自寶惜，四百年而手若未觸者，當是吳興家物，入吳郡陸太宰，又轉入顧光禄，失，一莊得之。"後歸錢氏絳雲樓，後有謙益跋，稱："以千金從徽人贖出，藏弄二十餘年，今年鬻之四明謝象三。床頭黃金盡，生平第一殺風景事也。此書去我之日，殊難爲懷。李後主去國，聽教坊雜曲'揮淚別宮娥'一段，淒涼景色，約略相似。"又跋云："景山李維柱，字本石，本寧先生之弟也。書法橅顏魯公，嘗語余：'若得趙文敏家《漢書》，每日焚香禮拜，死則當以殉葬。'余深愧其言。"二跋載《初學集》。又跋稱："趙吳興家藏宋槧兩《漢書》，王弇州先生鬻一莊，得之陸水村太宰家，後歸於新安富人。余以千二百金，從黃尚寶購之，崇禎癸未，損二百金售諸四明謝氏。今年游武林，坦公司馬攜以見示，余聳臾勸亟取之，司馬家插架萬籤，居然爲壓庫物矣。”此跋末題“戊戌孟夏”，蓋在順治十五年矣。乾隆時，進入內府，甲子御題云：“雕鐫紙墨，並極精妙，實爲宋本之冠。”又《文選》亦在內府，二十三卷後有吳興小行楷書跋云：“霜月如雪，夜讀阮嗣宗《詠懷詩》，九咽皆作清冷氣，而是書玉楮銀鉤，若與鐙月相映，助我清吟之興不淺。至正二年仲冬三日夜，子昂識。”亦有弇州跋云：“余所見宋本《文選》，亡慮數種。此本繕刻極精，紙用澄心堂，墨用奚氏，舊爲趙承旨所寶。往見於同年生朱太史家，云得之徐太宰所。幾欲奪之，義不可而止。”又有萬曆甲戌人日王穉登書云：“此本紙墨鋟摹，並出良工之手，政與琅琊長公所藏《漢書》絕相類。《漢書》有趙魏公小像，此書有公手書，流傳至今僅三百年，而卷帙宛然。今歸朱司成象玄，出示諦賞。此本視《漢書》，亦猶蜀得其龍，吳得其虎矣。”又董其昌跋云“顏真卿書《送劉太沖序》後，有‘宋四家書派皆宗魯公’之語，則知北宋人學書，競習顏體，故摹刻者亦以此相尚，其鐫手於整齊之中寓流動之致，洵能不負佳書。至於紙質如玉，墨光如漆，無不各臻其妙，在北宋刊印中亦爲上品。”乾隆御題云：“此書董其昌所稱與《漢書》《杜詩》鼎足海內者也。紙潤如玉，南唐澄心堂法也。字跡精妙，北宋人筆意。《漢書》見在大內，與爲連璧，不知《杜詩》落何處矣。”按，《天祿琳琅》目載宋版書甚多，而御題又云若此者，亦不多得。嘉慶二年，武英殿災，目載之書同歸一爐，神物久歸天上。留此題跋，可見宋本書之精妙，古今人之愛護，心理相同。《文選》今尚有明袁褧仿宋裴氏本，國朝胡克家仿宋尤丞相本，可作虎賁中郎。《漢書》則形影無存，尤令人追思無已矣。

宋刻書字句不盡同古本

藏書貴宋本，人人知之矣。然宋本亦有不盡可據者，經如《四書》朱注本，不合於單注單疏也。其他《易》程傳、《書》蔡傳、《詩集傳》、《春秋》胡傳，其經文沿誤，大都異於唐、蜀《石經》及北宋蜀刻。宋以來儒者但求義理，於字句多不校勘。其書即屬宋版精雕，祇可爲賞玩之資，不足供校讎之用。南宋刻書最有名者，爲岳珂相臺家塾所刻《九經三傳》，別有《總例》，似乎審定極精。而取唐、蜀《石經》校之，往往彼長而此短。唐《石經》在西安，蜀《石經》有《毛詩傳箋》卷一、卷二殘本，刻入陳宗彝《獨抱廬叢書》。《左傳》杜注殘本、《公羊》何氏解詁殘卷、《穀梁》范寧集解殘卷，舊藏福山王文敏所，後歸他氏。繆藝風老人曾取以校注疏本，義長者最多。又黎庶昌《古佚叢書》中刻《爾雅》郭注三卷，原本亦出蜀《石經》，勝於宋、元諸刻。故北宋蜀刻諸經之可貴者，貴其源出唐、蜀《石經》也。宋本中，建安余氏所刻之書不能高出俗本者，爲其承監本、司漕本之舊也。至於史、子，亦以北宋蜀刻爲精。如《史記》《漢書》《後漢書》《三國志》，見於各藏書家題跋所稱引者，固可見其一班。子如《荀子》，熙寧呂夏卿刻本，勝於南宋淳熙江西漕司錢佃本。《世說新語》北宋刻十行本，注文完全，勝於南宋陸游本。此固未可概以爲宋刻而遂一例視之，不復知辨別也。

宋刻書多訛舛

　　王士禎《居易録》二云："今人但貴宋槧本，顧宋板亦多譌舛，但從善本可耳。如錢牧翁所定《杜集》'九日寄岑參'詩，從宋刻作'兩脚但如舊'，而注其下云'陳本作雨'。此甚可笑。《冷齋夜話》云：老杜詩'雨脚泥滑滑'，世俗乃作'兩脚泥滑滑'。此類當時已辨之，然猶不如前句之必不可通也。"吾謂不特此也。如盧文弨《抱經堂文集》所跋《白虎建德論》，宋刻二卷本開卷即譌"通德"爲"建德"。陸《志》載宋刻任淵注《山谷黃先生大全詩注》二十卷，前序稱"紹興鄱陽許尹叙"，"紹興"下脫年月，均爲可笑[一]。又陸《跋》宋本《王右丞集》十卷云："卷六末有跋，凡七十餘字，爲元以後刊本所無。卷五《送梓州李使君》'山中一半雨'，不作'山中一夜雨'，與《敏求記》所記宋本同。惟卷二《出塞作》脫二十一字，不免白璧微瑕耳。"然如此類，豈僅微瑕，實爲大謬[二]。錢《日記》載宋蔡夢弼刻《史記》目録後題識稱"乾道七月春王正上日書"，七月

“月”字爲“年”之譌[三]。繆《續記》載宋阮仲猷種德堂本《春秋經傳集解》，前牌子方印文“了無窒礙”，“窒”誤作“室”。此雖小誤，則其校讎不善可知，且又安知書中如此類者，不爲佞宋者所諱言乎？古今藏書家奉宋槧如金科玉律，亦惑溺之甚矣[四]。陸《續跋》有宋槧宋印建本《北史》一百卷，云：“光宗時刊本，紙白如玉，字體秀勁，與福建蔡氏所刊《草堂詩箋》《史記》《陸狀元通鑑》《內簡尺牘》相似，當亦蔡行父文子輩所刊，校讎不精，譌屚所不能免，在宋刊中未爲上乘。”[五]陸《志》有《管子》二十四卷，爲敕先貽典校宋本，其後跋云：“古今書籍，宋板不必盡是，時板不必盡非。然較是非以爲常，宋刻之非者居二三，時刻之是者無六七，則寧從其舊也[六]。余校此書，一遵宋本，再勘一過，復多改正。後之覽者，其毋以刻舟目之。康熙五年歲次丙午五月七日，敕先典再識。”然則前輩校書，並不偏於宋刻，是又吾人所當取法矣。

【箋證】

[一] 陸《志》卷七十六《集部·別集類》著錄宋刊本《山谷黃先生大全詩注》二十卷，云：“案，此宋季閩中重刊，紹興本。每葉二十二行，每行二十字，小字雙行，行二十四字。宋諱自‘惇’‘廓’以上皆缺避，蓋宋寧宗時刊本。許尹序，爲山谷《後山詩注》而作。紹興有紀元，而無歲月，皆坊刻疏漏之證也。”

[二] 陸《跋》卷十宋本《王右丞集跋》云：“宋刊本。每半頁十一行，每行二十字，版心有字數及刊工姓名，宋諱有缺有不缺，南宋麻沙坊本往往如此。”

[三] 錢《日記》卷一著錄宋蔡夢弼刻《史記》，云：“并見《史記》一部，目錄後有一行，云‘三峰樵隱蔡夢弼傅卿校正’。又《三皇本紀》末有二行，云‘建溪蔡夢弼傅卿親校，刻於東塾，時乾道七月春王正上日書’。”

[四] 見繆《續記》卷一著錄宋刊本《春秋經傳集解》牌記所云。

[五] 見陸《續跋》卷五宋槧宋印建本《北史跋》。

[六] 見陸《志》卷四十二《子部·兵家類》著錄陸敕先校宋本《管子》。

宋刻書行字之疏密

蕭山王端履晚聞先生宗炎子，嘉慶甲戌翰林。《重論文齋筆錄》五云：

"或謂余曰：'宋人刻書，每行字數如其行數。如每葉二十行，則每行各二十字；每葉二十二行，則每行各二十二字。'此亦不盡然。如《錢竹汀日記鈔》所載宋板《儀禮注》，每葉二十八行，行二十四字；宋刻《漢書》，每葉二十八行，行二十四字；宋刻《司馬溫公集》，每葉二十四行，行二十字；宋刻《史記》，每葉二十六行，行二十五字；又一本每葉十八行，每行十六或十七字；宋刻《列子》，每葉二十四行，行二十五字。略舉一二，餘不備載[一]。則其說不足據矣。近日書賈，無不作偽以欺世，新進後生皆當慎之。"又小注云："先君嘗言，'書賈惟吾可與周旋，爾等慎無與交，未有不被其愚弄者'。不特書賈也，即同學中如何夢華元錫、趙晉齋魏萆，亦莫不沾染其習氣。小瑯嬛仙館藏書，皆伊二人代購，恐將來半是不全之本也。嗣後何、趙以書來售，余皆婉辭謝之。"按，王氏云云，門外語也。宋本行字兩較，不甚參差。以全版計算，行多少二字似覺相懸，以半版計數，則出入僅一二字而已，於行式無損也。況彼所據錢《記》所載，乃宋本之少者乎。版片一事，自爲專門，文章家言向多隔膜之語。如陸《志》宋蜀大字本《三蘇先生文粹》七十卷，末有李申耆先生手跋云："此書有宋刊密字本，絕精美。此本疏朗，乃宋刊之別體，明時東雅堂、奇字齋所依仿也。補寫諸卷，雅潔足以相稱。珍賞家之於古書，如君子善成人美如此。李兆洛過眼因識。"[二]按，李氏舉奇字齋與東雅堂并論，亦非能識板刻之言。東雅堂出自宋廖瑩中世綵堂，字體不如原刻之工，而行款一仍舊式。若奇字齋刻雖精美，字體扁方，不如韓《集》之勁古。余藏其《王右丞文集》及《王右丞詩集補注》二種，所見《補注蒙求》一種，皆自出心裁，非仿宋也。至所摘何夢華、趙晉齋之事，此類行徑亦寒畯謀生之常。一代巨公如畢鎮洋、阮文達諸公，何嘗不精於賞鑒，而必假手於門生門客，豈非別有用意乎。近世宜都楊惺吾守敬，前則依黎蓴齋星使於日本，後則依南皮相國於鄂中，殆亦士人之習慣。與其爲錢遵王、季滄葦一輩人之刻薄，毋寧爲畢、阮、黎、張諸公之渾涵；與其爲杭董浦床下積青銅錢，又不如汪容甫以鑒別字畫分釐使鹽估之膏腴，爲取所當取也。宋板書，行少者每半葉四行，行八字；如寶祐五年陳蘭森所刻《干禄字書》。行多者每半葉二十行，行二十七八字至三十字不等。南宋刻

《九經》白文。吾友江建霞標，著有《宋元行格表》二卷，余爲校補，刻於長沙，言版片者當奉爲枕中鴻寶也已。

【箋證】

〔一〕見錢《日記》卷一所著録。

〔二〕陸《志》卷一百一十二《集部・總集類》著録季滄葦舊藏宋蜀大字本《三蘇先生文粹》七十卷，云：“不著編輯者姓氏。此北宋蜀中刊本，每頁二十四行，每行十八字，版心有字數及刊工姓名，語涉宋帝皆空格，‘桓’字以下諱不缺避，蓋北宋刊本也。卷中有‘季振宜藏書’朱文長印。”

宋刻書紙墨之佳

先文莊公《水東日記》十四云：“宋時所刻書，其匡廓中折行中，上下不留黑牌，首則刻工私記本板字數，次書名，次卷第數目，其末則刻工姓名以及字總數。余所見當時印本書如此。浦宗源郎中家有《司馬公傳家集》，往往皆然。又皆潔白厚紙所印，乃知古人於書籍，不惟雕鎪不苟，雖摹印亦不苟也。”明高濂《燕閒清賞箋・論藏書》云：“藏書以宋刻爲善。宋人之書，紙堅刻軟，字畫如寫，格用單邊，間多諱字，用墨稀薄。雖著水濕，燥無湮跡，開卷一種書香，自生異味。元刻仿宋，單邊，字畫不分粗細，較宋邊條闊多一線。紙鬆刻硬，用墨穢濁。中無諱字，開卷了無臭味。有種官券殘紙，背印更惡。宋板書以活襯紙爲佳，而鹽繭紙、鵠白紙、藤紙固美，而存遺不廣。若粘褙宋書則不佳矣。”孫從添《藏書紀要》云：“若果南、北宋刻本，紙質羅紋不同，字畫刻手古勁而雅，墨氣香淡，紙色蒼潤，展卷便有驚人之處。所謂墨香紙潤，秀雅古勁，宋刻之妙盡之矣。”按，《天禄琳琅》一宋版《周易》十卷云：“是書不載刊刻年月，而字法圓活，刻手清整，且於宋光宗以前諱皆缺筆。琴川毛晉藏書，於宋本印記之下復加‘甲’字印，乃宋槧之最佳者。”[一]又二宋版司馬光《資治通鑑考異》三十卷，元祐槧本，乾隆甲子御題云：“是書字體渾穆，具顏、柳筆意，紙質薄如蟬翼，而文理堅緻，爲宋代所制無疑。”[二]又宋版《南華真經》十卷云：“此書版高不及半尺,而字畫倍加纖朗,紙質墨光亦極瑩緻。乾隆御題云:'蠅頭細書,紙香墨古,誠寶蹟也。'"[三]又三《新刊訓詁唐昌黎先生文集》四十卷、《外集》十卷、《遺文》一卷,卷一下標"臨邛韓醇"四字,《訓詁柳先生集》亦出醇手。書後有記,作於孝宗淳熙丁酉,稱"世所傳昌黎文公文,雖屢經名儒手,余昔校以家《集》,其舛誤尚多"云云,則醇爲愈之裔可知。其家在臨邛,當即蜀中所刊。宋葉夢得以蜀本在建本之上,觀此書字精紙潔,刻印俱佳,洵不誣也。乾隆乙未御題云:"字畫精好,紙墨細潤,《天禄琳琅》所貯韓《集》,當以是本爲第一。"[四]又宋版姚鉉《唐文粹》一百卷,北宋寶元二年臨安孟琪刻。乾隆御題云:"字畫工楷,墨色如漆。"觀此知有宋一代文化之盛,物力之豐,與其工藝之精,斷非元以後所能得其仿佛[五]。黃《記》校宋本《姚少監文集》六卷,前録陸西屛寫《梅花草堂筆談》云:"有傳示宋刻者,其文鉤畫如繡,手摸之若窪窿然。故出紹興守家,其先副憲藏書也。問故,將質以償路符之費,且誠售者勿泄,有是哉。"[六]此等宋刻,求之今日,誠如鳳毛麟角之希見。近年京師、滬瀆偶出一宋季元初麻沙坊刻,動估千金。虎賁以代中郎,碔砆可充和璧,時無英雄,豎子成名。世間事何莫不然,豈獨阮籍有廣武之歎哉。

【箋證】

[一] 見《天禄琳琅書目》卷一《宋版經部》著録《周易》。

[二] 見《天禄琳琅書目》卷二《宋版史部》著録元祐槧本《資治通鑑考異》。

[三] 見《天禄琳琅書目》卷二《宋版子部》著録《南華真經》。

[四] 見《天禄琳琅書目》卷三《宋版集部》著録《新刊訓詁唐昌黎先生文集》。

[五]《天禄琳琅書目》卷三《宋版集部》著録《唐文粹》一百卷,云:"此乃臨安孟琪所刊,爲《文粹》一書初刻本。宋仁宗寶元二年,吳興施昌言後序稱'卷帙浩繁,人欲傳録,未易爲力。臨安進士孟琪,代襲儒素,家富文史,爰事摹印,以廣流布。觀其校之精、鏤之善,勤亦至矣。若夫述作之旨,悉於前序'云云。前序蓋鉉自述,今已闕,亦無目録。而相其紙墨,實爲北宋初印。御題:'《唐文粹》一百卷,五代姚右史鉉所纂。昔人稱其用意精博,世甚重之。乃翻刻既繁,流傳互異。是本字畫工楷,墨色如漆,猶見臨安孟琪原雕面目。'"

[六] 黄《記》卷五《集類》著録校宋本《姚少監文集》六卷,云:"宋本唐人文集,有'翰林國史院官書'朱印者,予所見者《劉賓客》《劉隨州》,係從陸西屏家得來。《水東日記》云:'宋時所刻書,其框廓中折行上下不留黑牌,首則刻工私記本板字數,次書名,次卷第數目,其末刻工姓名以及字總數。余所見當時印本如此,浦宗源家有司馬公《傳家集》,行款皆然,又潔白厚紙所印,乃知古書籍不惟雕鐫不苟,雖摹印亦不苟也。'《梅花草堂筆談》云:'有傳視宋刻者,其文鉤畫如繡,手摸之若窪窿然,故出紹興守家,其先憲副藏書也。問故將質以償路符之費,且戒售者勿泄有是哉(在末卷後)。'此二條係陸西屏所寫附於宋本後者,今并録之以備考。"

宋造紙印書之人

《天禄琳琅》二宋版類:"《唐書》二百二十五卷,嘉祐五年提舉曾公亮等奉敕刊印,紙堅緻瑩潔,每葉有'武侯之裔'篆文紅印在紙背者,十之九似是造紙家印記,其姓爲諸葛氏。考宣城諸葛筆最著,而《唐書》載宣城紙筆並入土貢。唐張彦遠《歷代名畫記》亦稱好事家宜置宣紙百幅,用法蠟之,以備模寫,則宣城諸葛氏亦或精於造紙也。"[一]瞿《目》宋刻《西漢文類》五卷殘本云:"紙面鈐'清遠堂'三字朱記,當是南宋時紙鋪號也。"[二]至建安余氏勤有堂之紙,遠在北宋初,迄於國朝乾隆時。經高廟諭閩督鍾音考查,而得其家世造紙印書之人,洵楮墨之至榮,亦太平之佳話也已。

【箋證】

[一]《天禄琳琅書目》卷二《宋版史部》著録《唐書》二百二十五卷,云:"考《宋史》,仁宗嘉祐五年六月,歐陽修等上《新唐書》。是書之末,前載嘉祐五年六月二十四日進書銜名:提舉爲曾公亮,刊修爲歐陽修、宋祁,編修官爲范鎮、王疇、宋敏求、吕夏卿、劉羲叟,後載是月二十六日准中書劄子,奉旨下杭州鏤版頒行,富弼、韓琦、曾公亮董其事,校勘官爲裴煜、陳薦、文同,校對官爲吳申、錢藻。按,宋葉夢得論天下印書,有'杭州爲上,蜀本次之,福建最下'之語。意當時《新唐書》成,朝廷重其事,故特下杭州鏤版。詳閱此本,行密字整,結構精嚴,且於仁宗以上諱及嫌名缺筆甚謹,不及英宗以下,其即爲嘉祐奉敕所刊之本無疑。印紙堅緻瑩潔,每葉有'武侯之裔'篆文紅

印,在紙背者十之九,似是造紙家印記,其姓爲諸葛氏。考宣城諸葛筆最著,而《唐書》載宣城紙筆並入土貢。唐張彥遠《歷代名畫記》亦稱好事家宜置宣紙百幅,用法蠟之,以備摹寫,則宣城諸葛氏亦或精於造紙也。泰興季氏、崑山徐氏藏本。又有'錢塘梁氏'及'李安詩''梅谷''樹德堂'諸印,無考。"

[二] 瞿《目》卷二十三《集部·別集類》著録宋刊殘本《西漢文類》五卷,云:"題陶叔獻編。是書晁氏《讀書志》著録作'二十卷'。此本原書四十卷,今存卷第三十六至四十。卷末有'紹興十年四月日臨安府雕印'一行。每半葉十三行,行二十四字,分注二十五至三十字不等。'敬''竟''殷''匡''貞''徵''桓''桓''完'等字減筆。紙面鈐'清遠堂'三字朱記,當是南宋時紙鋪號也。舊藏愛日精廬張氏。"

宋印書用椒紙

宋時印書紙,有一種椒紙,可以辟蠹。《天禄琳琅後編》三《宋版》類《春秋經傳集解》三十卷,杜預後序,又刻印記云:"淳熙三年四月十七日,左廊司局内曹掌典秦玉禎等奏聞,《壁經》《春秋》《左傳》《國語》《史記》等書,多爲蠹魚傷牘,不敢備進上覽。奉敕用棗木椒紙各造十部,四年九月進覽。監造臣曹棟校梓,司局臣郭慶驗牘。"按,此可考宋時進書之掌故。椒紙者,謂以椒染紙,取其可以殺蟲,永無蠹蝕之患也。其紙若古金粟牋,但較牋更薄而有光,以手揭之,力頗堅固。吾曾藏有陸佃《埤雅》二十卷,舊爲汲古閣、季滄葦、陳仲魚諸家收藏,每卷有諸人印記。相傳以爲金源刻本,似即以此種椒紙印者也。又縣人袁漱六芳瑛卧雪廬散出殘書中,有《史記》表傳數卷,亦是此紙印成,色有黃斑,無一蠹傷蟲蛀之處。是書今并歸吾架上,豈椒味數百年而不散歟。是皆與蝴蝶裝之粘連不解,歷久如新者,同一失傳之秘製也。

宋人鈔書印書之紙

五代之季,江南李氏有國,造澄心堂紙,百金不許市一枚。然其幅狹,不堪草詔。及李氏入宋,其紙遂流出人間。程大昌《演繁露》九：“江南李後主造澄心堂紙，前輩甚貴重之。江南平後六十年，其紙猶有存者，歐公嘗得之，以二軸贈梅聖俞。梅詩鋪叙其由而謝之曰：‘江南李氏有國日，百金不許市一枚。當時國破何所有，帑藏空竭生菱苔。但存圖書及此紙，棄置大屋牆角堆。幅狹不堪作詔命，聊備粗使供鸞臺。’因梅詩以想其製，必是紙製大佳而幅度低狹，不能與麻紙相及，故曰‘幅狹不堪作詔命’也。然一紙百金，亦已珍矣。”顧此紙本出江南，而江南反不甚用。宋王明清《揮麈後錄》云：“李煜有國日，樊若水與江氏子共謀。江年少而黠，時李主重佛法，即削髮投法眼禪師爲弟子，隨逐出入禁苑，凡國中虛實盡得之。先令若水赴闕下獻下江南之策，江爲内應。其後李主既俘，各命以官。江後累典名州，家於安陸。江氏名正，字元叔，江南人。嘗爲越州刺史，越有錢氏時書，正借本謄寫，遂并其本有之。及破江南，又得其逸書，兼吳越所得殆數萬卷。書多用由拳紙，方册如笏頭，青縑爲標，字體工拙不一。《史記》《晉書》或爲行書，筆墨尤勁。”據此，則元叔江南人，不用澄心紙而用由拳紙，則澄心之不便用，概可知矣。又陳師道《後山叢談》云：“余於丹陽高氏見楊行密節度淮南補將校牒紙，光潔如玉，膚如卵膜，今士大夫所有澄心堂紙不逮也。”然則澄心徒有虛名，故北宋本書從未有用此紙印者，殆不獨幅狹不合用也。明高濂《燕閒清賞箋·論藏書》云：“余見宋刻大板《漢書》，每本用澄心堂紙數幅爲副。”是止用以副書，未嘗印書也。王世貞跋趙松雪藏《文選》云：“紙用澄心堂，墨用奚氏。”恐是過譽之辭。乾隆御題云“紙潤如玉，南唐澄心堂法”，斯爲得之矣。當時又有一種雞林紙，雞林即高麗。黃伯思《東觀餘論》跋章草雞林紙卷後：“政和丁酉歲五月二十一日，於丹陽城南第曝舊書，得此雞林小紙一卷，已爲人以鄭衛辭書盈軸矣。顧紙背尚可作字，因以索靖體書章草《急就》一卷藏於家，庶幾顏文忠牒背書藥舊事云。”明張萱《疑耀》：“長睿得雞林小紙一卷，書章草《急就》，余嘗疑之。幸獲校秘閣書籍，每見宋板書多以官府文牒翻其背印以行，如治平《類篇》一部四十卷，皆元符二年及崇寧五年公私文牒箋啓之故紙也。其紙極堅厚，背面光澤如一，故可兩用，若今之紙不能也。”當時張氏所見宋板書式，亦雞林紙之類。又湖北蒲圻出紙，爲當時鈔印書籍所尚。宋徐度《卻掃編》云：“予所見藏書之富者，莫如南都王仲至侍郎家，其目至四萬三千卷。而類書之卷帙浩博，如《太平廣記》之類，皆不在其間。聞之其子彥朝云，其先人每得一書，必以廢紙草傳之，又求別本參校，至無差誤，乃繕寫之。必以鄂州蒲圻縣紙爲册，以其緊慢厚薄得中也。每册不過三四十葉，恐其厚而易壞也。此本傳以借人及子弟觀之。又別寫一本尤精好，以絹素背之，號鎮庫書，非己不得見也。鎮庫書不能盡有，纔五千餘卷。"陸游《老學庵筆記》："前輩傳書多用鄂州蒲圻縣紙，云厚薄緊慢皆得中，又性與麪粘相宜，能久不脱。"按，今蒲圻不聞産名紙，由拳即今嘉興，亦然。古今人物變遷，大率如此。南宋時則以撫州草鈔紙爲有名，周密《癸辛雜識》："廖群玉《九經》本最佳，以撫州草鈔紙、油煙墨印造，其裝褫至以泥金爲籤。"當時廖氏選紙之精，獨重撫州草鈔，可見此紙之勝於他産。吾向於丁雨生中丞日昌嗣君叔雅茂才惠康笥中，見所攜廖瑩中世綵堂刻《韓昌黎集》，紙不甚堅韌而光潔如新，墨若漆點，醉心悅目，如睹歐、褚法書。瑩中爲似道客，不知所用亦草鈔紙否。今撫州猶産紙，無此等工料矣。

宋元刻本歷朝之貴賤

　　宋元刻本，在明時尚不甚昂貴，觀毛扆《汲古閣珍藏秘本書目》所列之價目，在今日十倍而廉矣。中如宋版影鈔李鼎祚《周易集解》十本，價五兩。其時銀串每兩不及七百文。徐康《前塵夢影録》云："崇禎十三年，蘇城净錢一千值白銀五錢零，通行之錢止四錢五六。吾見明無撰人《啓禎記聞録》二卷，又六卷，順治二年乙酉，新鑄順治錢七百文，當銀一兩。"元板《周易兼義》八本，價四兩。綿紙抄本《禮記集説》四十二本，價二十兩[一]。名人墨抄，如秦西岩手抄《太和正音譜》二本，價二兩。周公謹弁陽山房抄本《絳帖平》二本，價一兩二錢。其餘一二本之抄本，皆三錢五錢。其中最貴者，宋板影抄《杜工部集》十本，價三十兩[二]。《宋詞一百家》精抄，價一百兩。然宋詞一家合一兩，仍不爲貴。而當時人稱"三百六十行生意，不如鬻書於毛氏"，可見其收入時能出善價，故人稱之云云。若以書目所載數目論之，則售出時固未嘗一索高值也。大抵明時宋元本書，本不十分昂貴。《天禄琳琅後編》三宋板徐鍇《説文解字韻譜》五卷,卷後墨蹟:"萬曆乙未年長至日,得於北京城隍廟,價銀十兩,子孫其世寶之。張誠父藏書記。"其時銀價,每銀一兩鑄錢六百九十文,市止每錢四百五十文換銀一兩,見明賀仲軾《兩宮鼎建記》上,蓋記萬曆三十四年丙辰建乾清、坤寧兩宮工費之事。董斯役者賀盛瑞,時爲營繕司郎中,即仲軾父也[三]。可見當日宋本書價不過如斯而已。明王世貞《弇州山人四部稿》一百二十九卷。前、後《漢書》後略云:"余生平所購《周易》《禮經》《毛詩》《左傳》《史記》《三國志》《唐書》之類,過二千餘卷,皆宋本精絶。最後班、范二《漢書》尤爲諸本之冠,前有趙吳興小像,當是吳興家物。入吳郡陸太宰,又轉入顧光禄,失,一莊而得之。"其書後歸錢謙益,《初學集》載跋略云:"趙文敏家藏前、後《漢書》爲宋槧本之冠,前有文敏公小像,太倉王司寇得之吳中陸太宰家。余以千金從徽人贖出,藏弄二十餘年,今年鬻之於四明謝象三。癸未中秋日書於半野堂。"以一書而破中人之産,似乎近於好事,然巋然兩巨部,又重以文敏、弇州之藏,猶非太過。國初康熙時書價漸貴,王士禛《分甘餘話》二云:"趙承旨家宋槧前、後《漢書》,錢牧齋大宗伯以千二百金購之新安賈人。後售於四明謝氏,後又歸新鄉張司馬坦公。康熙中有人攜至京師,索價甚高。真定梁蒼岩大司馬酬以五百金,不售,攜去,後不知歸誰何矣。"又《居易録》三十三。云:"《通鑑紀事本末》,宋刻大字,有尚寶司卿柳莊袁忠徹家藏印及陸子淵、項子京諸印,浙江人攜至京師,索價百二十金,留二日而還之。"是時銀價甚賤,《居易録》九云:'近自洋銅不至,錢日益貴,銀日益賤。今歲屢經條奏,九卿雜議,究無良策。即每銀一兩抵錢一千之令,户部再三申飭,亦不能行。'錢遵王《敏求記》云:"李誠《營造法式》三十六卷,以四十千從馮魚山購歸。"[四]黄《記》:"《賓退録》十卷,校宋鈔本,王聞遠跋:'今康熙六十有一年歲壬寅孟夏,書估王接三持宋槧五册來,索價十金。無力購之,留案二日,扃户屏客,細加校勘。'"[五]此由國初至康熙末年書價之可考者。至乾嘉時,宋元舊本多爲有力者收藏,其價已過康熙時十倍。錢泳《履園叢話·舊聞類》"銀價"一則云:"乾隆初年,每白銀一兩,換大錢七百文,後漸增至七二、七四、七六至八十、八十四文。余少時每白銀一兩,亦不過換錢八九百文。嘉慶元年,銀價頓貴,每兩可換錢一千三四百文,後又漸減,近歲洋錢盛行,則銀錢俱賤矣。"今以諸家題跋考之,惟黄《記》多詳載。《記》中如宋余仁仲《公羊解詁》十二卷,價一百二十兩;宋板

《春秋繁露》十七卷,價百兩;朱竹垞曝書亭藏本《輿地廣記》三十六卷,價一百二十兩;《新定續志》十卷,價三十兩;宋本《吳郡圖經續記》三卷,價五十兩;宋刻《歷代紀年》十卷,價二十兩;殘宋本章衡《編年通載》四卷,價四十兩;宋本孟元老《東京夢華録》十卷,價二十四兩;宋本《新序》十卷并宋小字本《列子》八卷,共價八十兩;北宋本《説苑》二十卷,價三十兩;校宋本《新序》十卷,值番餅四十二枚;宋本《管子》二十四卷,價一百二十兩;宋本《棠陰比事》一卷,價番餅十四枚;宋本《史載之方》二卷,價三十兩;舊抄本《緯略》十二卷,值十二番;舊抄本《珩璜新論》一卷,值番銀七餅;殘宋本《太平御覽》三百六十卷,價二百四十兩;宋本《陶靖節詩注》四卷,價百金之大半;宋本《三謝詩》三卷,價十六兩;宋本《王右丞集》十卷,價一百二十兩;宋本《孟浩然集》三卷,以京板《佩文韻府》相易,貼銀十四兩;宋本《甲乙集》十卷,價十六兩;宋本《朱慶餘集》不分卷,《目録》五葉、《詩》三十四葉,價番銀十圓;宋本《唐女郎魚玄機集》一卷十二葉,價五番;校宋本《林和靖詩集》四卷,價四兩;宋本《温國司馬文正公集》八十卷,價一百六十兩;宋本《參寥子詩集》十二卷,價三十兩;元本《吳禮部集》二十卷,價三十兩有奇;金本《中州集》十卷,價五十兩;元本《東坡樂府》二卷,價三十兩;元本《樂府新編陽春白雪》十卷,價五十一番[六]。又《續記》中,如錢穀手抄《游志續編》不分卷,價二十兩;影宋抄本《韓非子》二十卷,價三十兩;宋本《鑑誡録》二册,價番錢三十三圓;明活字本《曹子建集》十卷,價十兩;宋本《嘉祐集》十五卷,價四十兩;宋本《渭南文集》五十卷,價五十兩。許叔微《普濟本事方》殘本六卷,跋云:“僅存三册,索值六十金,中人須酬十金,余未及還價而罷。仲冬尚在某坊,問其直,元易爲洋矣。今日遂與議易,給以番餅二十枚,以他書貼之,合四十兩。細點葉數,共計一百四十四番,合每葉青蚨一百九十五文。近日書直昂貴,聞有無錫浦姓書賈持殘宋本《孟東野集》,索直每葉元銀二兩,故余戲以葉論,此書猶賤之至者也。”[七]又《再續》,宋本《魏鶴山集》一百二十卷,價六十兩。又《書録》宋本《楊誠齋易傳》二十卷,五柳居主人云:“昔年某王府許以二百金購此書。”又一宋本朱叔英跋:“索值一百六十金。”北宋本《漢書》云："余之得此，用朱提二百五十金。"宋本《李翰林全集》三十卷，以一百五十金得之繆氏。德輝按，此即繆曰芑仿宋刻李《集》之原本[八]。此外陳鱣《經籍跋文》載影宋本《周易集解》："《汲古閣秘本書目》以此居首，價銀五兩，余以三十金購之，較原價已加五倍。"[九]宋本《爾雅疏》，以白金四十兩購之。顧廣圻批《讀書敏求記》"《淮南鴻烈解》二十一卷"云："宋板，歸黃蕘翁，維揚得來，元八十兩。"嚴久能元照《悔庵集》書手録《儀禮要義》宋本後，略云："此書載於《聚樂堂書目》，朱錫鬯所未見者。予財弱冠，好宋刻書。杭州汪氏藏宋刻本二十册，索值五百金。予必欲得之，求之急，議價二十六萬錢。議既定，顧無以得如干錢，乃盡買家所有書得錢畀之。年來資用日絀，度此書不能長爲吾有，又寫此本校而藏之。"此乾嘉時書價見於記録之可考者也。嘉慶十七八年，銀價每兩九百文内外，見張廷濟壬申、癸酉兩年《日記》。至近時，宋板書本日希見，以吾見聞所及，張南皮以三百金購宋板《詩經朱子集傳》，徐梧生以三百金購北宋本《周易正義》，道州何氏所藏。此在光緒甲乙間事。年來北京拳亂以後，舊本愈稀，故家所藏，頗罹兵劫。猶聞京師書估以五百金售宋人李璧《雁湖集》，醴陵文氏所藏，海内孤本也。貴池劉某以番餅四百圓得汲古舊藏宋本《孔子家語》，縣人袁思亮以三千金購宋牧仲、翁潭溪所校殘宋本《施注蘇詩》。鬪富爭奇，視古書如古玩，此亦可以觀世變矣。

【箋證】

　　[一] 毛扆《汲古閣珍藏秘本書目》著録《禮記集説》，云："世無其書，止有此影抄宋本一部。今崑山所刻，借此寫樣。而新刻後半部，爲顧伊人紊亂次第，幸存此本爲正。公自跋云：'紹定辛卯，其備員江東漕莞大資政趙公善湘見余《集説》，欣然捐貲鋟木。次年秋，余秩滿而歸。迨嘉熙己亥，越九年矣。里居需次樓訪新聞，遇有可采，隨筆添入，視前所刊增十之三。竭來嚴瀬别刊此本，庚子六月跋也。所以有卷第幾之後添入幾條者，乃趙公刻後所增也。崑山刻書時，下半部乃伊人校對，竟將後添者移入前去，失之矣。幸賴此本獨存衛公之舊。綿紙舊鈔，二十兩。'"

　　[二]《汲古閣珍藏秘本書目》亦著録《杜工部集》，云："先君當年借得宋板影抄一部，謂扆曰：'世行杜《集》幾十種，必以此本爲祖，乃王原叔

本也。’”

[三]《天禄琳琅書目後編》卷三《宋版經部》著録《説文解字韻譜》,云:
“南唐徐鍇撰。鍇,字楚金,廣陵人。舉進士,官集賢殿學士。書五卷,依韻
分部。前其兄鉉序。按,鉉《騎省集》,尚有此書後序,未載。末有墨印‘丙
辰菖節種德堂刊’。第五卷後行墨蹟‘萬曆乙未年長至日,得於北京城隍廟,
價銀拾兩,子孫其世寶之。張誠父藏書記’。”

[四]見錢曾《讀書敏求記》卷二之上著録李誡《營造法式》。

[五]黄《記》卷四《子類》著録校宋鈔本《賓退録》十卷,云:“此校宋本
《退賓録》出於王蓮涇家,余藏之有年矣。此書雖有新刻,未敢取信,續又得
我法齋舊鈔本,因此已校宋,不敢取證。此頃鮑渌飲以是書毛鈔本屬其子歸
余,中途爲捷足者得之,同得者尚有毛鈔周公謹《蘋洲漁笛譜》。沈冠雲臨惠
氏父子校閲本《逸周書》,共十番。今欲倚價歸余,余之力亦同蓮涇,遂效蓮
涇故態,扃户屏客,細加校閲,用朱筆塗改,亦竭二日之力而畢。毛本云宋本
對録,則非影寫矣。與王見宋本時有歧異,而所云二百有二番及十行十八字
皆同,惟毛仍失序一番爾。中所校序次先後及增損字微異,未知同此一刻否
也,俟再訪之。丙寅孟夏,蕘翁識。”

[六]黄《記》卷一《經類》著録宋余仁仲本《公羊解詁》十二卷,云:“今
秋得此《春秋公羊經傳解詁》十二卷,完善無缺,實爲至寶。得之價白金一百
二十兩,不特書估居奇,亦余之愛書有以致此。”

黄《記》卷一《經類》著録校本《春秋繁露》十七卷,云:“袁壽階借得揚州
秦太史藏鈔本,而余轉假以手自校讎者也。鈔本爲影宋,遇宋諱間有缺者,
字畫斬方,一筆不苟,信屬宋刻精本。每卷首尾葉最末一行欄格外,有細楷
書十字,曰‘虞山錢遵王述古堂藏書’,蓋猶述古舊物矣。余以《永樂大典》
本證之,多與此合,知兩本同一源,唯纂輯時稍加點竄,不如此鈔本爲宋刻真
面目。若明刻,則有毫釐千里之分矣。鈔本述古後未知誰藏,(惟卷一格外
有墨書一行云:“休寧戴震觀於江都客邸。”)今歸秦太史。有‘秦恩復’‘秦
伯敦父’‘石研齋秦氏印’三圖記。通體有蠹蝕霉爛痕,已經裱托,幸不甚傷
字,故校讎時未及注出。嘉慶甲戌秋,偶過胥門經義齋書坊,坊友胡立群爲
余言,浙江人係歸班進士,謁選入都,云行篋中攜有宋版《春秋繁露》,字形類
顏、歐書,所印紙似澄心堂紙,裝四册,索值百金。因水道阻滯,急於趨程,不
能取閲,以所聞證所見,疑即影宋所自出也。筆諸是册尾,以紀奇書流傳在
天壤間,固自不乏,特未遇則不知耳。”

朱竹垞曝書亭藏校影宋本《輿地廣記》,見黄《記》卷二《史類》著録,云:
“此本鈔手惡劣,一依宋刻行款鈔,尚爲善本。余從顧明經抱沖處假得季侍

御滄葦所藏宋本二十一卷,校勘一過。其第十八卷改曰"建雄軍",以上全缺,當再訪善本補校,以成完璧。嘉慶戊午十一月長至後四日,香巖居士周錫瓚識。"又,"考《曝書亭集》宋本《輿地廣記》跋,知竹垞所藏仁和吳志伊藏本,闕首二卷,復從文淵閣本補寫。庚申春,余與海鹽友譚及云此本已於昨冬買出,歸乍浦韓配基,即竹垞舊時物也。壬戌春,余計偕北行,配基亦以辛酉選拔朝考入都,把晤於京邸,許以十八卷以前鈔寫寄余。後余被黜還南,配基亦未得高等,聞亦回浙,然彼此音問不通。余未悉配基住居何處,至今不能補全顧本所缺者,可慨也。古書難得即得矣,而又不令同時,雖訪得他本可補者,又以兩地阻隔,造物何不作美如是耶。丙寅縠日挑燈書。蕘翁"。"韓本所藏帶於行篋,(應京兆試入都,中丁卯科舉人。)近年五柳主人以伊弟京邸來札示余,知在京邸求售,索值朱提百金,久而未有復音,蓋余託過五柳也。去年主人進京師,首以此本爲屬,今始帶回,已爲余出百二十金購之。(蓋因京師風行宋刻之故。)喜甚,展卷一過,知竹垞藏本爲確,而宋刻則未經淳祐重修者也。周藏鈔本即出是刻,故殘缺並同,所勝於顧藏宋刻者,不第有三至十八卷爲可貴,即顧本之誤字,茲可悉正矣。見韓本方信周本之鈔尚出宋刻,并悉顧本之誤已屬重修。由此以觀,非合諸本竟不可定何本爲最勝。今有宋刻之僅缺二卷本以爲主,此所磨滅損失處以顧本十九至三十八卷爲之補,又以周本照未經重修宋刻鈔出之本爲之證,庶幾乎其盡善矣。若韓本爲竹垞舊藏,竹垞所補二卷云出於內閣本,今觀卷一末亦有'淳祐庚戌郡守朱申重修'一條,知出於重修本,似與宋刻原本非一,至所據以校宋刻者盡屬閣本,恐不足據矣,蕘翁記,己巳二月望日。""中春下澣七日,破幾日工夫粗校一過,其前十八卷,第一、第二卷仍缺,三卷至十八卷固得其真矣。十九卷至三十八卷,宋刻面目此殘本悉具,第三十二卷多缺少鈔刻同,幸顧本有可以補之。雖重修本,勝於無也,矧究爲宋刻乎!唯是朱藏宋刻,所補朱筆及墨筆盡出俗手,竟無一處可據,明明有字跡可辨,而校者已亂爲填改,實爲白玉之瑕。茲幸有顧藏宋刻可證,又有周藏舊鈔可校,尚得什之一二。擬將重付裝潢,獨留宋刻之真者一。朱墨之校,概據二本正之,豈不快乎?至內有閣本夾籤,其不可信,前跋已及之,可勿復論。復翁校畢記。(均在卷末。)""竹垞藏本序及首二卷從內閣鈔補,並未明言閣本之爲刻與鈔也。茲獲見竹垞舊藏,校此二卷於舊鈔本,上有彼此原鈔異者,但載其字,其有本同而校補或校改者,悉以朱校識之。蓋原用朱校,未知以意校抑別有所據,不可得而知矣。閣本似出宋刻重修本,據卷一末有'淳祐庚戌郡守朱申重修'一行,知非宋時原刻。此舊鈔似即從竹垞藏本鈔出,磨滅缺失多同,特前二卷或在宋刻未失時鈔出,或別本鈔補,俱不可知。茲與從閣本鈔出者相較,實非一本，行款改易處時見，恐反據閣本以失其面目，故前二卷擬存此舊鈔補宋刻所缺，或當日鈔在未失之先，則宋刻二卷不反藉舊鈔以傳乎？區區佞宋之心，苦爲分明，雖竹垞復生，宜有以諒我耳。己巳清明後一日，書於百宋一廛之北窗。復翁黃丕烈。”“此鈔本即從朱竹垞翁藏宋刻私本出，首二卷或在宋刻未失之先鈔出，故與朱本所補不同。余翻宋本仍用朱本所補者，從其書之原也。此本可證朱本之同，周校朱筆皆顧抱沖藏宋刻覆本，存之以見其異，可與宋刻並藏，以悉是書之源流。甲戌正月記。（均在卷首。）”

黃《記》卷二《史類》著録宋本《新定續志》十卷，云：“是書之來，湖人施錦章爲我向伊親陶士秀處訪來。所云故家，未知誰何，卷中有‘吳焯尺鳧’‘西泠吳氏’圖章，當是瓶花齋物也。先是士秀以番錢四枚買得宋刻《司馬溫公集》，易余六十金而去。今聞其得故家書有三間屋，價止青蚨二十四兩，令人可歎可笑。此書以白金卅金相易，則其他之值錢不從可推乎？然余謂書友之以書賺錢，原爲貿易常態，而此人頗不俗。蓋書友得書，總以完善爲妙，若此書自目録後俱全，且有圖章鈐於首，儻欲求盡善，何不可以破爛不全之序文而去之乎？即此以見其有識，爲誌其姓氏云。”

黃《記》卷二《史類》著録宋刻本《吳郡圖經續記》三卷，云：“余重其書之不易覯，遂以五十金得之。卷中有鈔補處，皆明人錢罄室手跡。余嘗見錢氏有刊本，云是從宋本校勘者。今取宋本對之，不特行款弗同，且譌舛誠復不少，則宋本之可珍益信。卷中又有新刻，以僞亂真者兩半葉，亦後人過於求全，固無損宋刻面目。今而後搜輯吾郡故實者，得此益徵詳備焉。乾隆六十年十二月醉司命日，郡中棘人黃丕烈書於讀未見書齋之北窗。”

黃《記》卷二《史類》著録宋本《歷代紀年》十卷，云：“此《歷代紀年》，述古堂舊物也。初，書友以是書求售，亦知其爲宋刻，需值二十金。余曰：‘此書誠哉宋刻，且係錢遵王所藏，然殘缺損污，究爲瑜不掩瑕。以青蚨四金易之可乎？’書友亦以余言爲不謬，遂交易而退。按，是書傳佈絕少，故知者頗希，余素檢《讀書敏求記》，留心述古舊物，故裝潢式樣一見即識。然遵王所記不甚了了，即如此書首缺第一卷，並未標明。其云始之以正統，而後以最歷代年號終焉，似首尾完善矣。然十卷外又有最《國朝典禮》五葉，此附録於本書者，而《記》未之及，何耶？又按，《書録解題》云：‘《歷代紀年》十卷，其自爲序，當紹興七年。’或者此缺第一卷，故自序不傳爾。余友陶蘊輝爲余言，向在京師見一鈔本，是完好者，未知尚在否也。俟其入都，當屬訪之。大清嘉慶元年清明前三日，棘人黃丕烈書於故居之養恬軒。”

黃《記》卷二《史類》著録殘宋本《編年通載》四卷，云：“章衡《編年通載》，世間向無傳本，偶於友人處見一書估，爲余言是書，友人亦爲余言此書之善,蓋書估先以此書質諸余友,而爲之評論其價值也。既而書友引至某坊,往取樣本示余,詭云有他人已先取觀,未敢與君議交易。問其緣由,本某坊物而爲伊所涉手者。余亦不辨其爲誰之物,第問其價,則同然一辭,必得白金五十兩而後可。余雖愛其書,然彼既以他人先取爲辭,未便持此樣本歸。越日,探知書賈已還某坊,遂從某坊得之,竟予以四十金。以四金勞書估,爲其先爲余言也。及交易後,某坊始爲余言,初不識此書之貴,四十金之數即君友人所定云。因誌其顛末如此。復翁。”“余既得章衡《編年通載》四卷殘本宋刻,爲之誌其顛末,并歷考自宋以來之書目爲之引證矣。欣喜之情,有不能已於言者。復爲之跋於尾曰:余性喜讀未見書,故以之名其齋,自後所見往往得未曾有,始信天之於人,必有以報之也。古人云:‘思之思之,鬼神通之。’余之於書,殆造斯境與。即如此書,雖歷載於宋人諸家目録及明朝收藏諸家,然世間絶無其書,今得見宋刻殘本,足徵古書授受源流,爲之拍案叫絶。一,卷數之可信。向傳十五卷,聞《通志略》云十卷,此序云列爲十卷,其可信者一。一,收藏之可信。《文淵閣書目》載有二部,一十册,一五册,此第三卷有‘文淵閣’印,其可信者二。一,殘闕之可信。十册、五册文淵閣,篆竹堂五册,所載如是。二册,内閣、絳雲樓、述古堂所載又如是。其裝四册者,或十册、五册之有所失,二册之有所分,其第五卷以下皆闕,與《内閣藏書目録》合,其可信者三。至於圖記之冠以南昌,標題之迄於西晉,皆向來藏弆之淵源,足以傳信者也。”

黃《記》卷二《史類》著録元印本幽蘭居士《東京夢華録》十卷,云:“此幽蘭居士《東京夢華録》十卷,東城顧桐井家藏書也。因顧質於張,余以白金二十四兩從張處贖得。裝潢精妙,楮墨古雅,板大而字細,人皆以爲宋刻,余獨謂不然,書中惟‘祖’‘宗’二字空格,餘字不避宋諱,當是元刻中之上駟。”

黃《記》卷三《子類》著録北宋本《新序》。

黃《記》卷三《子類》著録北宋本《説苑》二十卷,云:“余向藏宋刻《新序》,而《説苑》僅見小讀書堆所藏宋刻殘本,係咸淳乙丑九月重刊者,其本每葉十八行,每行十八字,所缺卷八至卷十三。余曾借校一過,此外又借錢遵王校宋本參之,蓋錢校即據咸淳重刊本,因所見本缺葉多同,特錢所校時未缺六卷耳。其中如卷四《立節篇》有‘尾生殺身以成其信’一句,卷六《復恩篇》多‘木門子高’一條,自明天順本以下皆無者,獨完好無缺,信稱善本矣。”

見黃《記》卷三《子類》著録校宋本《新序》。

黃《記》卷三《子類》著録宋本《管子》二十四卷,云:“古今書籍,宋板不必盡是,時刻不必盡非,然較是非以爲常,宋刻之非者居二三,時刻之是者無六七,則寧從其舊也。余校此書一遵宋本,再勘一過,復多改正,後之覽者,其毋以刻舟目之。康熙五年丙午五月七日,敕先典再識。(均在第十九卷末。)此宋刻《管子》二十四卷,原缺卷第十三至卷第十九,任蔣橋顧竹君藏書也。二十年前曾借校之,其佳處實多,因中有缺,心甚有歉,未爲全美。後京師某坊緘寄一宋刻,宋刻已糊塗,經俗人剗其糊塗處,以時本填之,多未可信,故卒未據以校藏本。近日宋廛宋刻子部並歸他人,重憶向所未愜之本,遂從顧氏後人歸之,而中所缺卷,余故友小讀書堆藏陸敕先校宋本,亦向伊後人借歸據補。陸校未記行款,兹就余所收宋刻行款約略爲之,未可據也。至於字句之間,他卷多同宋刻,則此所缺而陸校有,宋刻應亦可據,且陸校出毛斧季所藏宋刻,則尤可信。唯是校書如掃落葉,他卷之陸校證以余藏之宋刻,有脱至一句者,安知余所據之卷不有類是者耶? 不過以校宋補宋刻,稍勝時本耳。藏書之道,如是而已。”

黃《記》卷三《子類》著録宋本《棠陰比事》一卷,云:“此宋刻《棠陰比事》向藏試飲堂顧氏,傳是樓故物也。顧氏名珊,號聽玉者,余素與之好,其所藏間亦歸余,然未能盡觀。聽玉故後,其子姪輩邀余與一二識書者,盡發藏爲之區別高下,作三分俾各房守焉。是書雜諸租薄中,余拔而出之,定爲上等,後適屬諸有資不必謀售者,余往來於心久矣。近因各省大僚購求備貢之書,書主人獲善價稍稍散出,余因是得以入手,出番餅十四枚,誠快之至也。夫書之貴賤,以有用無用爲斷,并目名實相副者爲重。即如此書,世間非無傳本,然經吳訥删定,加以附録,雖有其名而無其實也,安得是書出,俾見廬山真面目乎? 頃陽湖孫伯淵觀察山東,覆刻元版《唐律疏義》《洗冤録》二書行世,擬慫恿併刻之以傳,豈不更快乎?”

黃《記》卷三《子類》著録宋本《史載之方》。

黃《記》卷四《子類》著録舊抄本《緯略》十二卷,云:“高似孫續古集諸《略》,今惟《子略》刻入《百川學海》中,餘不多見;《緯略》但見鈔本,然亦稀有。向曾見明人唐詩手鈔本,在角直嚴二酉家,又見一鈔本出杜國坊王氏,後爲郡人吳有堂所收,聞禾中一殘鈔本亦歸吳處。去春,有京師謝姓託友購此書,余轉商諸吳,索八金,并欲鈔還所缺者,未諧而止。今兹余欲購之,屬坊友之與吳稔者詢之,必如數而始付閲,屢議不果。頃忽有高姓書賈持此示余,其居奇之心遜於多矣,索值十二番,無可減者。余嘉其留心代購,並見書付銀,意差雅,猶市道之近情理者,遂如數與之。此書舊藏不知誰氏,鈔手半爲柳大中筆,校勘評閲朱筆,審是何義門,此又賈人所不及知而余所知者,此余雖善價,而猶以爲可喜者也。”

黃《記》卷四《子類》著録舊抄本《珩璜新論》一卷,云:“《珩璜新論》豈奇書,汲古珍藏至寶如。識是立齋相公筆,五錢估值待沽諸。(予取時用番銀七餅,貴賤懸殊一至於此。)七檜山房萬卷樓,楊家書籍莫家收。"

黃《記》卷四《子類》著録殘宋本《太平御覽》三百六十卷,云:"《太平御覽》爲類書淵藪,近時講實學者尤重之。余於數年前曾蓄三四部,非活字,即宋字本,最後得一舊鈔本,十三行爲半葉者,較諸本爲佳,然以未見宋刻爲憾。聞郡城香嚴書屋周君錫瓚家有宋刻殘本,遂因友人獲交周君,并得請觀其書。周君亦知余嗜古之深也,許以是書借校,且相約勿爲外人道。但余之校倩友人任其事,竟漏言同學中,自是欲轉借於余,余不之允,爰托人往假於周,亦未之允,復藉聲勢以挾制之。周頗憾余,而人更以是憾周。幾年之間,借書者踵相接,周於是書亦轉愛而爲惡矣。歲甲子冬,議值二百四十金,以余所藏他宋刻書抵其半,酬介者以十金,此書遂歸余。余得後借校者仍來,余惜書癖特甚,朋好多知之,自歸我家竟未出户。去冬始付裝潢,半年乃就,工費又數十金,凡破損及斷爛處,悉以宋紙補之,可謂好事之至,存卷數目,別紙疏於前,取易覽也。是書出郡中朱丈文游家。朱與惠徵君棟爲莫逆交,惠所著述,大半取材是書,故有'定宇借觀'圖記。至卷端文淵閣印一方,知是書爲明時内府所藏。不知何時散佚,僅存三分之一有强,然即此殘帙,已足珍奇。昔宋太宗日覽三卷,今存卷可備學者一日一卷之讀。《書》有云,'期三百有六旬有六日',蓋天三百六十五。度此書之存於天壤間者,幾乎近之,豈不異哉!"

見黃《記》卷五《集類》著録宋刻本《陶靖節先生詩注》。

黃《記》卷五《集類》著録宋刻本《三謝詩》一卷(任按,葉氏言"三卷",非。),云:"郭氏木葉齋鑒定宋本。(在卷首。)江左諸謝詩文見《文選》者六人,希逸無詩,宣遠、叔源有詩不工,今取靈運、惠連、元暉詩,合六十四篇爲《三謝詩》。是三人者詩,至元暉語益工,然蕭散自得之趣亦復少減,漸有唐風矣,於此可以觀世變也。唐子西書。康熙壬辰九月蔣杲録。郡中賜書樓蔣氏,余素聞其有宋刻《三謝詩》,去秋向主人索觀,以贋本相混,其真本則未之見也。今乙卯五月,書友吕邦惟攜此宋刻來,楮墨古雅,洵宋刻中上駟,卷端有'郭氏木葉齋鑒定宋本'九字,不知誰何所書;卷末有蔣篁亭墨跡數行,叙述是書原委頗悉。蓋其爲篁亭所藏,子孫故秘不肯出,而兹忽介書友以示余者,殆將求善賈而沽諸乎?問其值,果索白金十六兩,中人往反三四,而始以每葉白金二錢易得。宋刻之貴,至以葉數論價,亦貴之甚矣。顧念余生平無他嗜好,於書獨嗜好成癖,遇宋刻苟力可勉致,無不致之以爲快。矧此書世間罕有,存此宋刻,差足自豪。錢物可得,書不可得,雖費,當勿較耳,豈特也是翁宜有是言哉!至於是書爲唐庚子西所集,《通考》據《中興書目》云然。近時大興朱竹君曾得宋刻,詫爲稀有,舉以告五柳居陶君廷學曰:'此宣城本也。'余從廷學子蘊輝得是言,并誌之以傳信於後。"

黃《記》卷五《集類》著録宋刻本《王右丞集》十卷,云:"此宋刻《王右丞文集》十卷二册,頃余友陶蘊輝從都中寄來而得之者也。先是蘊輝在蘇時,余與商榷古書,《讀書敏求記》中物,須爲我購之。今兹八月中旬,有人自北來者,寄我三種書,此本而外,尚有元刻《許丁卯集》及宋刻小字本《説文》。來札云:《王右丞文集》即所謂'山中一半雨'本,《許丁卯集》即所謂校宋板,多詩,幾大半本。可見留心蒐訪,竟熟讀也是翁書,以爲左卷,而不負余託。惜以物主居奇,必與《説文》并售,索值白金百二,而余又以《説文》已置一部,不復重出。作書復之,許以二十六金得此兩書,往返再三,竟能如願,不特幸余得書之福,亦重感余友購書之力也。此書作'山中一半雨'本,向見劉須溪評點元刻,止詩六卷,現藏周香巖家。香巖又藏何義門校宋本,亦止詩無文,雖同出傳是樓,而叙次紊亂,字句不同,非一本矣。十月十三日,毛二榕坪過訪士禮居,余知其能識古書,出此相質。榕坪并爲余言,向見桐鄉金氏本板刻差大,詩中亦作'山中一半雨',文則無有也,與此更非一本。益見此刻最善,而爲余所藏,抑何幸與!"

黃《記》卷五《集類》著録宋本《孟浩然詩集》。

黃《記》卷五《集類》著録宋刻本《甲乙集》十卷,未見提及"價十六兩"。

黃《記》卷五《集類》著録宋刻本《朱慶餘詩集》一卷。

黃《記》卷五《集類》著録宋刻本《唐女郎魚玄機詩》一卷。

黃《記》卷五《集類》著録校宋本《西湖林和靖詩集》四卷。

黃《記》卷五《集類》著録宋刊本《温國文正司馬公文集》八十卷,云:"嘉慶丁巳夏,杭州書友以宋刻《温國公文正司馬公文集》介郡城學餘堂書肆示余。余取與案頭所貯鈔本相對,其標題《司馬太師温國文正公傳家集》,已與此不合,而序文節去首尾,并誤'劉嶠'爲'劉隨',不知其何本也。至於年號、官銜,概從闕略,俾考古者茫無依據,是可慨已。是刻序文一一完善,次列《進司馬温國公文集表》一篇,分卷序次,離合先後,多有不同,偶取校勘,雖文義未甚齟齬,而一字一句,總覺舊刻之妙,愛不忍釋矣。問其值,索白金一百六十兩,余以價昂,一時又無其資,還之。既而思此書爲明初人收藏本,卷首表文第一葉末餘紙有朱書一行,云'洪武丁巳秋八月收'八字;有小方印一,其文云'徐達左印',有大方印一,其文云'松雲道人徐良夫藏書';卷第八十後空葉有墨書三行,云:'國初吴儒徐松雲先生收藏《温公集》八十卷,缺九卷,雍謹鈔補以爲完書云。弘治乙丑秋九月望日,石湖盧雍謹記。'則此書本爲吴中藏書,不知何時轉入武林,而今又重歸合浦,此一奇也。且松雲收藏在洪武丁巳，而此書之來又在嘉慶丁巳，其間甲子屢更，顯晦亦復幾易，此奇之又奇也。今雖不能即得，或者遲之又久，必俟諸秋八月收，以符前賢之轍耶？閱月有五，學餘主人來云：‘此書出君家，遍示郡中藏書者，雖皆識爲宋刻，然所還之價，有不及無過者，曷於前四十之數而益其半乎？’余重是書之刻在宋爲最初本，兼重以徐、盧二公之手澤，使大弓寶玉有歸魯之日，未始非前賢實呵護之，故不惜重資購得。得之日，適在秋八月，何巧乃爾。爰志顛末，以示後之讀是書者，見奇書之出，造物若有以使之然，而聚散既有其地，顯晦又有其時，豈不異哉！讀未見書齋主人黃丕烈識。”

黃《記》卷五《集類》著録宋本《參寥子詩集》十二卷，云：“余友陶君蘊輝雅善識古，并稔知余之所好在古刻，昔余所收者，大半出其手，茲復以宋刻《參寥子詩集》相示，索值白鏹三十金，余亦無如之何，勉購以增書目之光云爾。世行本向傳有二，以法嗣、法穎編者爲勝，此其是也。惜余明刻本尋訪未得，無從證其同異。至於卷端序文，雖系鈔補，而以貴與《經籍考》證之，當不謬。若以爲此序是餞參寥禪師東歸序，而非《高僧參寥集》序，是并《通考》而昧之，奚足與論古哉。”

黃《記》卷六《集類》著録元刊本《吳禮部文集》二十卷，云：“此《吳禮部文集》，余於書友處得之，云是郡城故家物，真奇書也。讀《欽定四庫全書總目》：‘《禮部集》二十卷，元吳師道撰。凡詩九卷，文十一卷，流傳頗尟。此本乃新城王士禎寫自崑山徐秉義家，因行於世，是元刻元印之本，未易得也。’惟《延令書目·宋元板雜書文集》載之，今檢此書，有‘季振宜藏書’圖記，當即是《延令書目》中所載者歟？中有夾籤，爲傳録者竄改之處，觀此可見寫本之改易舊觀，實從此出。卷首序文脱落第一葉，尚留墨印痕，知原序遺失，非其本無，卷末有《元史》本傳，爲舊藏者鈔附便覽。近時寫本因序文脱落，竟以《元史》本傳弁諸首，俱非本來面目矣。惜十四卷中缺第十八葉，更無元本可補，爲恨事爾。聞此書先到袁氏五硯樓，主人以議價未妥，遂入余家。余以白金三十兩有奇易得，可知一書之歸宿，亦有定也。末册空葉有‘陶齋’二字圖書，未知是袁陶齋否，俟與綬階置諸。”

黃《記》卷六《集類》著録金本《中州集》十卷。

黃《記》卷六《集類》著録元本《東坡樂府》二卷。

黃《記》卷六《集類》著録元本《樂府新編陽春白雪》十卷，云：“余所見《陽春白雪》，共有三本：一爲影元鈔本，即從此出，已有失真者，或因印本模糊，以致傳録錯誤，或因閲者校勘，遂使面目兩歧。一爲殘元刻本，僅存二卷，多寡分合又與此本不同。一爲舊錢鈔本，似從殘元刻出，而稍有脱落。今擬以此刻爲主，而以殘元刻、舊鈔參補未備，則《陽春白雪》粲然可觀矣。

然觀此刻原校,似尚有殘元刻、舊鈔所未備者,是不知又何本也。古書難得,本子不同,爲之浩歎,當博訪之。"

[七] 黄《續記》卷上《史部》著録鈔本《游志續編》不分卷,云:"此錢罄室手鈔《游志續編》真蹟。去冬,陶五柳攜以示余,云是吳梅菴家所散出者,余愛之甚,因索值二十金,因循未即交易。至今春,始以家刻《國策》十部相易。蓋價亦約略可抵也。"又著録影宋抄本《韓非子》二十卷,叙述甚詳。

見黄《續記》卷上《子部》著録宋槧本《鑑誡録》。

黄《續記》卷下《集部》著録明活字本《曹子建集》十卷,云:"載諸《述古堂書目》,今未見其書,所見者以此本爲最古矣。此係活字版,當屬明本,余向亦有之,不知何時散逸,後爲書船友收得,付觀裝潢紙墨,毫無疑義。惜余於所藏書不盡加圖記,且余亦不自憶其何由而失,無可左證。而書友又認爲宋刻不可復收矣。適他坊有收得玉峰吳氏書者,此《集》與余舊藏同出一源,遂歸之。問其值,云佔十金,較以贋作,真者識見不侔,喜而著其緣起。"

黄《續記》卷下《集部》著録宋本《嘉祐集》十五卷。

黄《續記》卷下《集部》著録宋本《渭南文集》五十卷。

殘宋本《普濟方》,見黄《記》卷三《子部》著録。

[八] 黄《記》再續《集部》著録宋本《魏鶴山集》。又黄《書録》著録宋本《楊誠齋易傳》、北宋本《漢書》。

[九] 陳鱣《經籍跋文》著録宋本《周易集解跋》。

書林清話箋證卷七

元刻書之勝於宋本

宋本以下，元本次之。然元本源出於宋，故有宋刻善本已亡，而幸元本猶存，勝於宋刻者。經則元元貞丙申平陽梁宅本《論語注疏》，勝於宋十行本也。元大德平水曹氏進德齋本《爾雅郭璞音注》，勝於明吳元恭所從出之宋本也。史則元大德九年重刊宋景祐本《後漢書》，勝於宋建安劉元起之本也。黃《記》："此外如建安劉元起刊於家塾敬室本，又有一'大'字，皆名爲宋，而實則不及元、明刊本，蓋所從出本異已[一]。"子則元大德本《繪圖列女傳》，勝於阮氏文選樓所據刻之余氏勤有堂本也。阮本謂圖出晉顧凱之，頗爲附會。觀《孟母傳圖》刻有書院題字，則是宋坊估所爲也。元刻《纂圖互注揚子法言》，勝於宋治平監本也。集則元大德本《增廣音注丁卯詩集》，勝於宋版也。二卷。瞿《目》云："錢遵王云，元刻較宋板多詩太半[二]。"元張伯顏刻《文選李善注》，勝於南宋尤袤本也。胡克家仿刻宋本即尤本。孫《記》極稱張伯顏本之善。蔣《記》元板李善《文選注》跋云："錢遵王《讀書敏求記》云，善《注》有張伯顏重刊元板，不及宋板遠甚。以余所聞，中吳藏書家所有宋本已多不全，似未若斯之完善。"皆張本定論[三]。元延祐庚申葉曾南皇書堂刻本《東坡樂府》，勝於宋紹興辛未曾慥刻本也。黃《記》："顧千里曰：'非宋刻卻勝於宋刻。'昔錢遵王已云宋刻殊不足觀，則元本信可寶[四]。"舉此數者以概其餘，是不當震於宋刻之名，而謂元、明皆自檜以下也。

【箋證】

[一] 黃《記》卷二《史類》著録元大德本《後漢書》一百二十卷，云："《後漢書》本宋刻佳者，淳化不可得見，景祐本殘者有之。此外如建安劉元起（任按，黃《記》作"劉原起"。）刊於家塾散室本，又有一'大'字，皆名爲

宋,而實則不及元、明刊本。何以明之,蓋所從出本異也。惟正統本最稱善,以所從出爲淳化本也。大德本亦自淳化本出。此又有景祐間余秘丞書者,乃翻淳化本耳。景祐至大德,大德至弘治,遞爲修補,故版刻字樣各有不同,非如正統十年一例專刻也。"

　　[二]《纂圖互注揚子法言》,同《書林清話》卷六"宋刻纂圖互注經子"一節注[一六]條。

　　另,瞿《目》卷十九《集部·別集類》著録元刊本《增廣音注丁卯詩集》二卷,云:"唐許渾撰。元大德間刻本。錢遵王云:'元刻較宋板多詩太半,惟中有《寄桐江隱者》《送宋處士》絶句二首,前後複出。元時書肆本不檢,多如此。舊爲錢罄室藏書。卷首有"中吳錢氏收藏印""錢叔寶氏"二朱記。'"

　　[三]孫《記》卷一《元版》著録張伯顏刻《文選》六十卷,云:"此本爲元池州學所刊。黑口版,每葉廿行,行廿二字。"

　　見蔣《記》卷五《元本李善注文選跋》。

　　[四]見《書林清話》卷六"宋元刻本歷朝之貴賤"一節注[五]條。

元刻書多用趙松雪體字

　　徐康《前塵夢影録》云:"元代不但士大夫競學趙書,如鮮于困學、康里子山,即方外如伯雨輩亦刻意力追,且各存自己面目。其時如官本刻經史,私家刊詩文集,亦皆摹吳興體。至明初,吳中四傑高、楊、張、徐,尚沿其法,即刊板所見,如《茅山志》、周府《袖珍方》,皆狹行細字,宛然元刻,字形仍作趙體。沿至《匏庵家藏集》《東里文集》,仍不失元人遺意。至正德時,慎獨齋本《文獻通考》細字本,遠勝元人舊刻。大字巨册,僅壯觀耳。迨至萬曆季年,風行書帕禮書,不求足本,但取其名,如陳文莊、茅鹿門、鍾人傑輩,動用細評,句分字改,如評時文。然刻書至此,全失古人真面,顧千里擬之秦火,未爲苛論也。"按,徐康爲吳枚庵門人,故言板刻甚精核。《天禄琳琅》六《歐文忠公文集》一百五十三卷、《年譜》一卷、《附録》五卷,云:"此書字法,規仿鷗波,深得其妙。觀其槧印之精,非好古者不能爲此。"[一]陸《續跋》有元槧吳澄《禮記纂言》三十六卷,雕刊工整,字皆趙體[二]。黄《記》元本《稼軒長短句》十二卷:"是書舊刻,純乎元人松雪翁書。"又校元本張認庵跋云:"大德刊本,大字行書,流麗娟秀,如松雪翁體[三]。"又陸《志》有元刊元印《清容居士集》五十卷,云:"有趙子昂筆意,元版中上乘也。"又影寫元刊本《漢泉曹文貞公詩集》十卷,云:"宋賓王識略云,閱桃花塢文瑞堂所得秀野草堂顧氏藏《曹漢泉集》五卷,字畫端楷,直出松雪手書[四]。"元時名集動國帑鏤板,故得名手書文,良工刊刻。瞿《目》元刊本曹伯啓《漢泉曹文貞公詩集》十卷,云:"國子生浚儀胡益編錄,寫刻甚精,書法似趙文敏,殆即益所書也[五]。"吾藏元張伯顏刻《文選》、大德本《繪圖列女傳》,字體流動,而沈厚之氣溢於行間。《列女傳》繪圖尤精,確爲松雪家法,字含鍾繇筆意,當是五十以後所書。然不如所書《道德寶章》卷末題趙名者,信而有徵也。《四庫書目提要》:"內府藏本爲元本。"瞿《目》有明刊本,吾亦有之。道光戊戌施禹泉刊本摹仿亦精[六]。至世傳大定乙巳刻宋人編《兩漢策要》,十二卷。毛扆《珍藏秘本書目》載之,謂爲元人手鈔,與元人手鈔《古文苑》相次,云二書一筆趙字,或謂趙文敏手書而無款,不敢定之[七]。乾隆五十八年,如皋張氏以毛本重刻,摹仿極工,前附有翁方綱題,後附梁同書、寶光鼐、周駿發、朱鈺、姚棻、邵齊熊諸跋,但以爲元名手書,不敢定爲松雪親筆。惟邵跋援陸學士、秦中丞及簡齋先生,當是袁簡齋。定爲松雪手跡,謂非餘子能辦,吾亦信以爲然。蓋松雪平生工於寫字,亦勤於鈔書,世傳所書《道德經》,見於各家集帖收藏家題跋者,已十數本之多。明張丑《書畫見聞表》,列有《左傳》正文全部及《李太白集》。沈初《西清筆記》,有趙文敏小楷《四十二章經》《法華經》全部。可見趙鈔之未傳刻者正復不少,不僅元時一朝刻書風氣視此翁爲轉移也。

【箋證】

[一]《天祿琳琅書目》卷六《元版集部》著錄《歐陽文忠公文集》,云:"宋歐陽修著。此書字法規仿鷗波,深得其妙,定屬元時所重刊者。觀其樞印之精,非好古者不能爲。此書前應有序文,似是書賈欲充宋槧,遂妄爲割去,而不知其掩其善也。"

[二]陸《續跋》卷四著錄元槧《禮記纂言跋》,云:"每頁二十行,每行二十二字,經頂格,注低一格,蓋是書初刊本也。蓋先爲毛子晉所藏,分授其子表,表不能守,歸之泰興季振宜。道光中,歸於上海郁氏,余從郁氏得之。雕

刊工整,字皆趙體,元刊之最精者。"

　　[三] 見黄《記》卷六《集類》著録元本、校元本《稼軒長短句》。

　　[四] 陸《志》卷九十八《集部·别集類》著録元刊元印本《清容居士集》五十卷,云:"案,此元刊元印本,每葉二十行,每行十六字,字有趙子昂筆意,元版中上乘也。"又著録影寫元刊本《漢泉曹文貞公詩集》十卷,云:"宋氏手跋曰:'丁未春閲桃花塢文瑞樓所得秀野草堂顧氏藏《曹漢泉集》五卷,元版元印,字畫端楷,直出松雪手書。雖其中微有闕頁,而字俱完好,誠罕物也。披閲之下,見卷帙不符絳雲藏目,心竊疑之。迨借蓮涇王先生所藏抄補闕頁,乃松雪行書。'"

　　[五] 見瞿《目》卷二十二《集部·别集類》著録元刊本《漢泉曹文貞公詩集》,云:"寫刻甚精,書法似趙文敏,殆即益所書也。"

　　[六] 見《四庫全書總目提要》卷五十七《史部·傳記類》著録内府藏本《古列女傳》七卷、《續列女傳》一卷。

　　[七] 毛扆《汲古閣珍藏秘本書目》著録《兩漢策要》,云:"元人手抄二書,一筆趙字。或者謂趙文敏手書而無款,不敢信之,確是元人學趙字者爾。其筆法之妙,不可殫述,一見便知爾。"

元刻書多名手寫

　　元刻字體有倩名手書者,《天禄琳琅》五元板史部《山海經》十八卷,云:"字仿歐體,用筆整嚴,在元刻中洵爲善本。"乾隆御題云:"是本筆法,刻畫清峭,當爲元版之佳者[一]。"又《後編》十一《元版集部》曾鞏《元豐類稿》五十卷,云:"書法槧手,俱極古雅,麻紙濃墨,摹印精工,爲元刻上乘。"又《歐陽文忠公集》一百五十三卷,槧法精朗,紙墨俱佳,元版中甲觀[二]。陸《續跋》元槧周伯琦《六書正譌》五卷:"每葉八行,篆文約占小字六格,小字雙行,每行二十字。篆文圓勁,楷書遒麗,蓋以伯温手書上版者。"又元刊楊桓《書學正韻》三十六卷,分韻編排,先篆,次隸省,次譌體,條理周詳,字畫端整[三]。又元刊楊桓《六書統》二十卷、《六書溯源》十三卷,瞿《目》云:"桓夙工篆籀,全書皆其手寫,故世特重之[四]。又元刊本元吳萊《淵穎吳先生集》十二卷,云刻於至正二十六年,末有'金華後學宋璲謄寫'一行。璲工四體書,此書爲其手寫,古雅可愛,尤足珍也^[五]。”又元刊本劉大彬《茅山志》十五卷云：“明永樂刻本。胡儼序謂原本爲張雨所書，至爲精潔，即此本也^[六]。”此類元刻，其工者足與宋槧相頡頏，特以時代論，不免有高下之見耳。至陸《志》有元本俞琰《周易集説》不分卷，上下經、彖傳，後跋所載，皆其孫貞木、楨植繕寫，謹鋟梓於家之讀易樓^[七]。此家寫家刻本，尤爲千古佳話，宋元以來刻書中所罕見也。

【箋證】

［一］《天禄琳琅書目》卷五《元板史部》著録《山海經》十八卷，云：“此本字仿歐體，用筆整嚴，刻手雖未能盡得其妙，而摹印清朗，在元刻中洵爲善本。御題：‘《山海經》一書，流傳最古，而近世無善本。是本筆法刻書清峭，當爲元版之佳者。明吳郡黃氏省曾曾合刊《水經》《山經》爲上下集，其字跡仿佛相同，蓋以是刻爲藍本也。乾隆御識。’鈐寶二：曰‘稽古右文之璽’，曰‘乾隆宸翰’。本朝檇李曹溶藏本。”

［二］《天禄琳琅書目後編》卷十一《元版集部》著録《元豐類稿》五十卷，云：“宋曾鞏撰。書五十卷，與晁公武《郡齋讀書志》所載合。前有元豐八年王震序，後附録《行狀》《碑誌》《哀挽》一卷。大德甲辰丁思敬後序，有云假守是邦，獲拜祠墓，得文集善本，前邑令王斗齋繡梓，乃鳩工摹而新之。是本書法、槧手俱極古雅，麻紙、濃墨，摹印精工，爲元刻上乘。明成化時，南豐知縣楊參重雕，遠遜初刊矣。”

又著録《歐陽文忠公集》：“宋歐陽修撰。陳振孫《書録解題》謂修集徧行海内，而無善本，此周必大父子校本，至精審。其槧法精朗，紙墨俱佳，元版中甲觀。”

［三］見陸《續跋》卷四元槧《六書正譌跋》《元槧書學正韻跋》。又，《元槧六書統溯源跋》云：“《六書統溯源》十二卷，每頁十行，每行篆文約占小字四格，小字雙行，每行二十三四字不等，版心有字數及刊工姓名，中有闕葉。版心原缺二字，恐余謙修版時已缺矣，後有自序。《六書統》以《説文》爲主，而益以古籀。此則凡《説文》所無，或見于重文，或見于《玉篇》《廣韻》《集韻》《類編》者，各爲篆文，分指事、會意、形聲、轉注四門。子目亦與《六書統》同，其意蓋以《續説文》自居耳。《天一閣書目》有《六書統》《書學正韻》，而無此書，似明嘉靖時已難得矣。”

［四］瞿《目》卷七《經部·小學類》著録元刊本《六書統》二十卷，云：“劉泰序謂，朝廷特命馳驛往江浙行省刊版印書，以廣其傳，則當時甚重是書

也。《元史》本傳謂其所著諸書,推明許氏之説,而意加深;然後人議其所論'六書',喜出新義,不宗古訓。惟以夙工篆籀,全書皆其手寫,故世特重之。"

又著録元刊本《六書統溯源》十三卷,云:"題與《六書統》同。此取《説文》所無之字作爲篆籀,而以六書之義疏之,惟闕'象形'一門。全書亦其手自寫定以刊者。各家書目俱曰'《六書溯源》',原本有'統'字。"

[五]瞿《目》卷二十二《集部·別集類》著録元刊本《淵穎吳先生集》十二卷,云:"元吳萊撰,題'門人金華宋濂編'。原有胡翰、劉基、胡助序,已失。目後有男士諤跋,末有'金華後學宋璲膽寫'一行。卷後附録《宋文憲撰碑文謚議》一卷,刻於至正二十六年。後嘉靖元年有當塗祝鶯重刻本,此則第一刻本也。此書爲其手寫,古雅可愛,尤足珍也。舊爲張古餘藏書。卷首有'陽城張氏''省訓堂經籍記'朱記。"

[六]瞿《目》卷十一《史部·地理類》著録元刊本《茅山志》十五卷,云:"題'上清嗣宗師劉大彬造。'前有泰定甲子集賢大學士光禄大夫西秦趙世延序,泰定丁卯特進上卿元教大宗師吳全節序,天曆元年大彬自序。後有延祐七年前翰林學士承旨榮禄大夫知制誥兼修國史趙孟頫序,序後有'金華道士錢塘西湖隱真庵開山何道堅施梓'一行。是書復有永樂間姚少師刻本,胡氏儷序,謂原本爲句曲外史張雨所書,至爲精潔,即此本也。"

[七]陸《志》卷二《經部·易類》著録元刊元印本《周易集説》不分卷,云:"此元刊元印本上經抄補,每葉二十四行,每行二十字。版心間有'存存齋劾'四字,卷中有'汪士鐘曾讀'朱文長印。"此外,陸《續跋》卷一元槧《周易集説跋》,同《書林清話》卷四"元私宅家塾刻書"一節注[一三],此略。

元時官刻書由下陳請

元時官刻之書,多由中書省行江浙等路有錢糧學校瞻學田款內開支,有徑由各省守鎮分司呈請本道肅政廉訪使行文本路總管府事下儒學者,有由中書省所屬呈請奉准施行,轉經翰林國史院禮部詳議照准行文各路者,事不一例,然多在江浙間。今據各書存於今者考之,其由國子監呈本監牒呈中書省行浙東道宣慰使司都元帥府分派本路儒學召工開雕者,如至元三年,慶元路之刻《玉海》二百卷是也。其由翰林國史院待制應奉編修各官呈本院詳准呈中書省劄付禮部議准,仍由中書省行江浙等處行中書省下杭州路西湖書院開雕者,如至正二年,杭州路之刻蘇天爵《國朝文類》七十卷是也。其由各路守鎮分司司官議牒呈由本道肅政廉訪使司照准,委本路儒學教授校勘者,如至正二十五年,江南浙西道肅政廉訪使司據平江路守鎮分司司官僉事伯顔帖木兒嘉議牒之刻吳師道重校鮑彪注《戰國策》十卷是也。其由各道廉使議牒呈由本肅政廉訪使司移文本路儒學開雕者,如至正五年,江西湖東道肅政廉訪使司准本道廉使太中議牒,移文撫州路總管府行本路儒學刊行虞集《道園類稿》五十卷;至正丙戌,江北淮東道肅政廉訪使准本道廉使王正議牒,行本路儒學刊板蕭𣽎《勤齋集》八卷;至元二年,婺州路總管府經歷司鈔録到浙東海右道肅政廉訪司經歷司准經歷張登仕牒請,移文本路儒學刻金履祥《論語集注考證》十卷;又至元五年,江北淮東道肅政廉訪司准本道廉使蘇嘉議牒,移文揚州路總管府照行江淮儒學刻馬祖常《石田文集》十五卷;至正九年,江南浙西道肅政廉訪使司准本道僉事哈刺那海議牒,移文嘉興路總管府照驗行各路儒學刻劉因《靜修先生集》三十卷是也。其由御史臺據監察御史呈中書省送禮部議准,仍由中書省行各道發本路儒學刊行者,如至正八年,御史臺呈中書省據監察御史段弼、楊惠、王思順、蘇寧等呈行禮部議准行江浙各路刊行宋褧《燕石集》十五卷;至治辛酉壬戌,御史臺呈中書省,據監察御史呈行禮部議准行江浙或江西行省刊行王惲《秋澗先生大全文集》五十卷是也。其由集賢院呈中書省,劄付禮部議准咨各處行中書省本路刊行者,如延祐五年,江西等處行中書省發下所轄各路儒學梓行郝文忠《陵川集》三十九卷是也。然亦有由中書省奉聖旨徑下江浙江西發刊者,如至正五年,刻《遼》《金》二史,其前有牒江浙行中書省文云:"准中書省咨右丞相奏,去歲教纂修《遼》《金》《宋》三史,令浙江、江西二省開板。就彼有的學校錢内就用,疾早教各印造一百部。欽此。"見孫《記》、錢《記》。六年,刻《宋史》,前亦有此公牒云:"精選高手人匠就用,賷去净藁,依式鏤板,不致差譌。所用工物,本省貢士莊錢内應付。如果不敷,不拘是何錢内放支,年終照算,仍禁約合屬,毋得因而一概動擾違錯。工畢,用上色高紙印造一百部,裝潢完備,差官赴都解納。"見陸《志》。蓋此乃奉旨特修之書，故非由屬下議刻之件所得比例。然吾因此見元時江南學田之贍足，而諸人呈請發刻，亦未免各有所私。觀其呈刻別集如此之多，是亦近於濫費也已。

<h1>元時刻書之工價</h1>

元時刻書工價，據陳編《廉石居記》載，元張鉉《金陵新志》十五卷，前鈔錄御史臺等處文移，略云："宋景定十《志》舊板已經燒毀，元時重刊。先有郡士戚光妄更舊《志》。當時議因舊《志》之已成，增本朝之新創，故其書皆用《建康志》准式，凡壹拾伍卷，壹拾叁冊，分派溧陽州學刊雕五卷，溧水州學、明道書院各三卷，本路儒學刊造二卷，按，五卷、三卷、二卷等"卷"字，當是"册"字誤筆，若作"册"則合壹拾叁冊之數，作"卷"則少二卷。及序文圖本，照依元料工物合用價錢，於各學院錢糧內除破。共中統鈔壹佰肆拾叁定貳拾玖兩捌錢玖分玖釐，俱見序例所載。"按，定，即錠字，正本作鋌。《金史・食貨志》："舊例銀每鋌五十兩，其直百貫。民間或有截鑿之者，其價亦隨低昂，遂改鑄銀，名承安寶貨。一兩至十兩分五等，每兩折錢二貫，公私同見錢用。"陶九成《輟耕錄》："至元十三年，大兵回揚州，丞相伯顏號令搜檢將士行李，所得撒花銀子，銷鑄作錠，每重五十兩，歸朝獻納，後朝廷亦自鑄。至元十四年重四十九兩，十五年重四十八兩。"據此，則金、元幣制，一錠銀皆五十兩爲率。《金陵志》刻價果以五十兩一錠計算，則需實銀七千一百柒十玖兩捌錢九分玖釐，是每卷合用銀四百四十餘兩。古今刻書之工，恐未有貴於此者。即以五兩一錠計算，亦需實銀七百四十四兩捌錢玖分玖釐，以十五卷之書似不應有如許刻價。豈當時浮支冒領，亦如今日各省書局之不實不盡乎？元政不綱，於此可見。然一代刻書之費，全出於學院錢糧，則元代學糧之富足，又爲唐宋所未有矣。

【箋證】

陳宗彝《廉石居藏書記》內篇卷上著錄元張鉉《金陵新志》十五卷，云：

"前有江南諸道行御史臺都事索元岱序,又有鈔録御史臺等處文移,知'宋景定十《志》舊版已經燒毀,元時重刊。先有郡士戚光妄更舊《志》。當時議因舊《志》之已成,增本朝之新創,故其書皆用《建康志》准式,凡壹拾伍卷,壹拾叁册,分派溧陽州學刊雕五卷,溧水州學、明道書院各三卷,本路儒學刊造二卷及序文圖本。照依元料工物,合用價錢,於各學院錢糧內除破,共中統鈔壹佰肆拾叁定貳拾玖兩捌錢玖分玖釐,俱見序例。'據此知明黃佐《南雍志》所載紬書堂中存有《建康志》板,又爲元時翻本。此《志》亦元刻,而板不存,可寶也。"

明時官刻書只准翻刻不准另刻

明時官刻書,只准翻刻,不准另刻。世傳閩中刻《五經四書》,首有提刑按察司牒建寧府云:"福建等處提刑按察司爲書籍事,照得《五經四書》,士子第一切要之書,舊刻頗稱善本。近時書枋射利,改刻袖珍等版。款制褊狹,字多差謬,如'巽與'謬作'巽語','由古'謬作'猶古'之類。豈但有誤初學,雖士子在場屋,亦謬寫被黜,其爲誤亦已甚矣。刻本司看得書傳海內,板在閩中。若不精校另刊,以正書枋之謬,恐致益誤後學。議呈巡按察院詳允會督學道選委明經師生,將各書一遵欽頒官本,重複校讎。字畫句讀音釋,俱頗明的。《書》《詩》《禮記》《四書傳説》款識如舊。《易經》加刻《程傳》,恐只窮本義,涉偏廢也。《春秋》以《胡傳》爲主,而《左》《公》《穀》三傳附焉,資參考也。刻成合發刊布,爲此牒仰本府著落當該官吏,即將發出各書,轉發建陽縣。拘各刻書匠户到官,每給一部,嚴督務要照式翻刊,縣仍選委師生對同,方許刷賣。書尾就刻匠户姓名查考,再不許故違官式,另自改刊。如有違謬,拿問重罪,追版剗毀,決不輕貸。仍取匠户不致違謬結狀同依准繳來。嘉靖拾壹年拾貳月□□日,故牒建寧府。"按,此牒載所刻《春秋》四傳,又載《禮記集説》,見丁《志》。足見明時法制之嚴,刻書之慎。而建寧匠人之盛,自宋以來至明五六百年,流風不墜,觀於此牒,亦可想其專精雕鏤矣。

明時書帕本之謬

明時官吏奉使出差，回京必刻一書，以一書一帕相餽贈，世即謂之"書帕本"。語詳顧炎武《日知錄》。王士禛《居易錄》云："明時翰林官初上或奉使回，例以書籍送署中書庫，後無復此制矣。又如御史、巡鹽茶、學政、部郎、榷關等差，率出俸錢刊書，今亦罕見。宋王琪守蘇州，假庫錢數千緡，大修設廳。既成，漕司不肯破除。琪家有杜《集》善本，即俾公使庫鏤板印萬本。每部值千錢，士人爭買之。既償省庫，羨餘以給公廚。此又大裨帑費，不但文雅也。"按，明時官出俸錢刻書，本緣宋漕司郡齋好事之習。然校勘不善，譌謬滋多，至今藏書家，均視當時書帕本比之經廠坊肆，名低價賤，殆有過之。然則昔人所謂刻一書而書亡者，明人固不得辭其咎矣。

明人不知刻書

吾嘗言明人好刻書，而最不知刻書。郎瑛《七修類稿》云："世重宋版詩文，以其字不差謬。今刻不特謬，而且遺落多矣。予因林和靖詩而歎之，舊名止曰《漫稿》，上下兩卷，今分爲四卷。舊題如'送范寺丞仲淹'今改爲'送范仲淹寺丞'者最多，已非古人之意矣。今拾遺，'和運使陳學士游靈隱寺'古詩四章，宋刻首篇者也。今僅律絕多，而遂以此爲拾遺可乎。"丁《志》影宋本《和靖先生詩集》二卷下，引之不詳。然不獨林《集》爲然也。《四庫書目提要》集部詩文評類："《詩話總龜前集》四十八卷、《後集》五十卷，宋阮閱撰。案，胡仔《苕溪漁隱叢話》序曰：'舒城阮閱，昔爲郴江守，嘗編《詩總》，頗爲詳備。'則此書本名《詩總》，其改今名，不知出誰手也。此本爲明宗室月窗道人所刊，併改其名爲阮一閱，尤爲疏舛。其書《前集》分四十五門，所采書凡一百種；《後集》分六十一門，所采書亦一百種。分類瑣屑，頗有乖於體例。前有郴陽李易序，乃曰：'阮子舊集頗雜，月窗條而約之，彙次有義，棼結可尋。'然則此書已經改竄，非其舊目矣。"是雖天潢刻書,亦不可據。今阮氏原本已歸繆氏藝風堂,卷帙完全,與月窗所刻者迥別,以較《提要》所指摘者,皆非原書之文。可知朱明一朝刻書,非仿宋刻本,往往羼雜己注,或竄亂原文,如月窗之類,觸目皆是,不僅此二書然也。嗟乎! 明人虛僞之習,又豈獨刻書一事也哉。

明南監罰款修板之謬

明兩監書板,尤有不可爲訓者。如南監諸史,本合宋監及元各路儒學板湊合而成,年久漫漶,則罰諸生補修,以至草率不堪,並脫葉相連,亦不知其誤。北監即據南本重刊,謬種流傳,深可怪歎。吾不知當時祭酒司業諸人,亦何尸位素餐至於此也。或謂當時監款支絀,不得不借此項收入,略事補葺,且於節用之中,而見課士之嚴肅,其立法未爲不善。雖然,南監板片,皆有舊本可仿,使其如式影寫,雖補板亦自可貴。乃一任其板式淩雜,字體時方時圓,兼之刻成不復細勘,致令譌繆百出。然則監本即不燬於江寧藩庫之火,其書雖至今流傳,亦等於書帕坊行,不足貴重矣。

明人刻書改換名目之謬

明人刻書有一種惡習,往往刻一書而改頭換面,節刪易名。如唐劉肅《大唐新語》,馮夢禎刻本改爲《唐世說新語》;先少保公《巖下放言》,商維濬刻《稗海》本改爲鄭景望《蒙齋筆談》;郎奎金刻《釋名》,改作《逸雅》,以合"五雅"之目。全屬臆造,不知其意何居。又如陶九成《説郛》,《四庫書目提要》子部雜家雜纂之屬,《説郛》一百二十卷,云:"周亮工《因樹屋書影》稱,南曲寇四家,有宗儀《説郛》全部,凡四巨廚,世所行者非完本。弘治丙辰,上海郁文博改編百卷,竄改舊本,已非九成之舊。此本百二十卷,爲順治丁亥姚安陶珽所編,又非文博之舊矣。"[一]胡文煥《格致叢書》,黃《記》校元本《宋提刑洗冤錄》云:"胡文煥覆本,文理略同,殊多脫誤,且改易卷第。"又云:"明人喜刻書,而又不肯守其舊,故所刻往往戾於古。即如此書,能翻刻之,可謂善矣。而必欲改其卷第,添設條目,何耶?"[二]陳繼儒《秘笈新書》,《四庫書目提要》子雜家類,《野客叢書》三十卷附《野老記聞》一卷,云:"書本三十卷,見於自序。陳繼儒《秘笈》所刻僅十二卷,凡其精核之處,多遭刪削。今仍以原本著録,而繼儒謬本則不復存目。"[三]尤爲陋劣。然《説郛》爲後人一再改編,信非南村之病。胡文焕一坊估,無知妄作,亦不必論其是非。獨《秘笈》全出於欺世盜名,其智計與書帕房卷何異? 否則豈有自命文人,而爲此誣亂古人、疑誤後學之事者,此明季山人人品之卑下,即此刻書而可見矣。

【箋證】

[一]《四庫全書總目提要》卷一百二十三《子部·雜家類》著録陶九成《説郛》一百二十卷,云:"明陶宗儀編。蓋宗儀是書,實仿曾慥《類説》之例,每書略存大概,不必求全。亦有原本久亡,而從類書之中鈔合其文,以備一種者。故其體例與左圭《百川學海》迥殊。後人見其目録所列數盈千百,遂妄意求其全帙,當必積案盈箱。不知按籍而求,多歷代史志所不載,宗儀又何自得之乎? 都印《三餘贅筆》又稱'《説郛》本七十卷,後三十卷乃松江人取《百川學海》諸書足之'。與孫作、楊維楨所説又異,豈印時原書殘闕,僅存七十卷耶? 考弘治丙辰上海郁文博序,稱'與《百川學海》重出者三十六種,悉已刪除'。而今考《百川學海》所有,此本仍載。又卷首引黃平倩語,稱'所録子家數則,自有全書。經籍諸注,似無深味。宜刪此二号,以鹽官王氏所載《學》《庸》古本數種冠之'云云。今考此本已無子書、經注,而開卷即爲《大學石經》《大學古本》《中庸古本》三書。目録之下各注'補'字,是竟用其説,竄改舊本。蓋郁文博所編百卷,已非宗儀之舊。"

[二]《四庫全書總目提要》卷一百三十四《子部·雜家類》存目著録《格致叢書》,云:"明胡文焕編。是編爲萬曆、天啓間坊賈射利之本。雜采諸書,更易名目。古書一經其點竄,并庸惡陋劣,使人厭觀。且所列諸書,亦無定數。隨印數十種,即隨刻一目録。意在變幻,以新耳目,冀其多售。故世間所行之本,部部各殊,究不知其全書凡幾種。"

黃《記》卷三《子類》著録校元本《宋提刑洗冤録》五卷,云:"《洗冤録》舊刻不多見,得見覆刻本已鮮,世傳者非其本書矣。余家舊藏《宋提刑洗冤集録》五卷,前有'聖朝頒降新例'幾條,載大德云云,故定是元刻。兹胡文焕覆本,文理略同,殊多脱誤,且改易卷第,因手校之,庶可讀也。明人喜刻書而又不肯守其舊,故所刻往往戾於古。即如此書能翻刻之可謂善矣,而必欲改其卷第,添設條目,何耶? 余向檢《也是園書目》,於《律令門》載有《洗冤録》一卷、《無冤録》一卷、《平冤録》一卷。兹從此刻考之，殆即指是書，蓋書分上下，猶是一卷耳，故目云一卷也。”

[三]《四庫全書總目提要》卷一百三十八《子部·類書類》存目著録山西巡撫采進本《秘笈新書》十三卷、《別集》三卷，云：“明吳道南編。是書自序以爲本謝枋得未及付梓之書，爲之增補。然所載皆職官故實，故標題有‘簪纓必用’字。《別集》首卷爲‘君道’，二卷、三卷爲‘類姓’，割裂瑣碎，尤多挂漏，斷非枋得所作。蓋後人假其名以取重，道南未及詳考耳。”

《四庫全書總目提要》卷一百十八《子部·雜家類》著録《野客叢書》三十卷，附《野老記聞》一卷，云：“宋王楙撰。是書皆考證典籍異同。前有慶元元年自序，又有嘉泰二年自記一條，稱‘此書自慶元改元以來，凡三筆矣。繼觀他書，間有暗合，不免有所竄易’云云。蓋刻意自成一家之言，故書中頗譏洪邁《容齋隨筆》不免蹈襲，然如‘和嶠千丈松’一條，‘周顗阿奴火攻’一條，皆黃朝英《緗素雜記》之説。‘灰釘’一條，自云‘後見《藝苑雌黄》亦引此辨，與余暗合’，蓋删除尚有未盡也。陳繼儒《秘笈》所刻僅十二卷。凡其精核之處，多遭删削。今仍以原本著録，而繼儒謬本則不復存目，附糾其失於此焉。”

明人刻書添改脱誤

宋刻書遇脱字，添補字行之傍，或二字并作一格。吾見張栻所撰《諸葛武侯傳》大字宋刻本如此，明仿南宋八行十七字本兩《漢書》亦然。南宋有兩刻本，一爲嘉定戊辰建寧書鋪蔡琪一經堂刻，一爲無元號年月白鷺洲書院刻，皆重刻北宋嘉祐本。是脱字添改，在宋初已有之。明時有甘復《山窗餘藁》一卷，黃《記》云：“此刻遇衍字，加點於旁，或即以所改字注於旁，遇脱字亦如之，此法甚善。古書每行字不齊，故有時擠下幾字、拔疏幾字以遷就之，從未有如此刻例之旁注者。吾謂刻書之法，此可取，則省修板剜損之虞，且古帖有如此刻者，何獨不可施諸書耶。”吾謂黃氏亦過於好古之言，究竟刻書首在凝神校勘，以免脱誤。如宋本之一格兩字，苟其書文法甚古，幾何不使讀者致正文、注文之不分乎？經史子部，多有此病。至誤字添改於旁，尤有刺目之害。黃氏言古帖有如此者，不知古帖或由原本真跡，不可改迻，或由重刻裁行，致有奪字。然《蘭亭》因“曾不知老之將至”，奪“曾”添“曾”，於“曾”傍加“亻”，後遂誤“曾”爲“僧”。懷素《千文》“律召調陽”，因草“召”如“吕”，今竟譌“召”爲“吕”。安得考碑帖者人人如翁覃溪，讀古書者人人如王懷祖？黄氏所言，殆不可爲訓矣。

【箋證】

黄《記》卷六《集類》著録明刻本《山窗餘藁》一卷，云：“是書刻手古拙，想寫樣人亦出讀書人，故時帶行，然印本已後，故字跡筆畫多損壞，讀者當自辨也。後有割補處，鈔寫甚工，又有空行，不知所補何據、所空何故也。其間有墨釘無字處，想板損又無别本可補，故仍之。噫！一元集明刻本耳，尚如此難獲其全，書故可忽視哉！蓋余鈔此雖可笑，余鈔此書之意則甚有裨也。”

明許宗魯刻書用説文體字

明嘉靖間，閩中許宗魯刻書，好以《説文》寫正楷，亦是一弊。吾家有《國語》韋昭注一種，板心有“宜静書屋”四字，望之殊爲古雅。然宋岳珂《九經三傳沿革例》“字畫”一條云：“其有駭俗者，則通之以可識者。”注：“謂如‘宐’之爲‘宜’，‘晉’之爲‘晉’之類，皆取石經遺文。”又云：“非若近世眉山李肩吾從周所書《古韻》及文公《孝經刊誤》等書，純用古體也。”可知刻書字貴通俗，在宋已然，何况今日。許氏於嘉靖七年刻《吕氏春秋》，亦系古體字。畢氏沅經訓堂校刻吕書，其引據諸本目列之第三，云：“此從宋賀鑄舊校本，字多古體。”是畢氏直以許刻源本宋槧，而不知其自我作古也。顧此亦嘉靖間風氣如此，吾藏嘉靖十年陸鈛刻《吕氏家塾讀詩記》，亦係如此。在明人則又過於好古矣。

明刻書用古體字之陋

明中葉以後諸刻稿者，除七子及王、唐、羅、歸外，亦頗有可采取者。然多喜用古體字，即如海鹽馮、豐諸人尤甚。查他山先生見之曰："此不明六書之故，若能解釋得出《説文》，斷不敢用也。"雖然，查氏之説，未免高視明人。有明一代，爲《説文》之學者，僅有趙宧光一人，所爲《長箋》，猶多臆説。且其人已在末季，其時刻書用古體字之風，亦稍衰歇矣。吾嘗言，與明時刻書人言字學，但語以王安石《字説》，即可去其嗜古好奇之病。蓋王氏《字説》，多從真楷一體，以言六書則誠不免杜撰，以言刻書則可引之通俗，何必欲其解釋《説文》耶。

明時刻書工價之廉

蔡澄《雞窗叢話》云："先輩云，元時人刻書極難，如某地某人有著作，則其地之紳士呈詞於學使。學使以爲不可刻則已，如可，學使備文咨部，部議以爲可，則刊板行世，不可則止。故元人著作之存於今者，皆可傳也。前明書皆可私刻，刻工極廉。聞前輩何東海云：'刻一部古注《十三經》，費僅百餘金，故刻稿者紛紛矣。'嘗聞王遵巖、唐荆川兩先生相謂曰：'數十年讀書人能中一榜，必有一部刻稿；屠沽小兒身衣飽暖，殁時必有一篇墓誌。此等板籍，幸不久即滅，假使盡存，則雖以大地爲架子，亦貯不下矣。'又聞遵巖謂荆川曰：'近時之稿板，以祖龍手段施之，則南山柴炭必賤。'"按，明時刻字工價有可考者，陸《志》、丁《志》有明嘉靖甲寅，閩沙謝鸞識嶺南張泰刻《豫章羅先生文集》，目錄後有"刻板捌拾叄片，上下二帙，壹佰陸拾壹葉，繡梓工貲貳拾肆兩"木記。以一版兩葉平均計算，每葉合工貲壹錢伍分有奇，其價廉甚。至崇禎末年，江南刻工尚如此。徐康《前塵夢影錄》云："毛氏廣招刻工，以《十三經》《十七史》爲主。其時銀串每兩不及七百文，三分銀刻一百字，則每百字僅二十文矣。"今湖南刻書，光緒初元，每百字並寫刻木版工貲五六十文。中葉以後，漸增至八九十文，元體字小者百五十文，大者二百文，篆隸每字五文。至宣統初，已增至百三十文，以每葉五百字出入，每錢銀直百六十文計，每葉合銀叄錢畸零，視明末刻書已增一倍。然此在湖南永州一處則然。永州刻字多女工，其坊行書刻價每百字僅二三十文。江西、廣東亦然。價雖廉而譌謬不可收拾矣。

【箋證】

　　見陸《志》卷八十二《集部・別集類》著録明刊本《豫章羅先生文集》。丁《志》卷二十九《集部・別集類》亦著録明嘉靖刊本。

明人刻書載寫書生姓名

　　明人刻書，亦有極其慎重，必書刻並工者。如《天禄琳琅後編》十一《元版》此以“明版”誤作“元版”。《文心雕龍》十卷，末刻“吴人楊鳳繕寫”。弘治間衢州推官賀志同刻《續博物志》十卷，卷末有“開化庠生方衛謹録”一行[一]。張《志》、瞿《目》明刻楊維楨《鐵崖文集》五卷，卷末有“姑蘇楊鳳書於揚州之正誼書院”一行。皆誤“元刻”[二]。孫《記・明版》“《論衡》三十卷”，板心有“通津草堂”四字，末卷後有“周慈寫、陸奎刻”六字[三]。丁《志》、繆《記》明嘉靖王敦祥刻王楙《野客叢書》三十卷，卷末有“長洲吴曜書、黄周賢等刻”兩行，板心亦有黄周賢、嚴椿等刻工姓名。德輝按，莫友芝《邵亭知見書目》有此本，云“嘉靖壬戌王穀祥刊本”，以“敦祥”誤作“穀祥”。此本吾有之，乃細字刻本，實“王敦祥”，非“王穀祥”也[四]。瞿《目》先文莊菉竹堂刻《雲仙雜記》十卷，云“倩友俞質夫寫而刻之”。質夫名允文，工書[五]。黄《續記》舊刻本《文温州集》，云：“相傳爲其子徵明手書以付剞劂者，故于明人集中最爲珍重[六]。”繆《續記》崇禎庚辰葉益蓁春畫堂刻《陶靖節集》六卷，板心有“春畫堂”三字，“葉益蓁、林異卿手書上版[七]”。其他楊慎《升庵全集》、王世貞《弇州山人四部稿》，字體雅近歐、柳，首尾如一筆書，意當時必覓工楷法者爲之。惜如此巨編，而不著其姓氏名字。然則林吉人之寫《漁洋精華録》《午亭文編》《堯峰文鈔》，許翰屏爲胡果泉中丞影寫宋本《文選》，幸而記載流傳，俾讀者摩挲景仰。不然，没世無稱，亦枉抛心力也。

【箋證】

　　[一]《天禄琳琅書目後編》卷十一《元版集部》著録《文心雕龍》。《續

博物志》未見著録。

　　[二] 張《志》卷三十四《集部·别集類》著録元刊本《鐵崖文集》。瞿《目》卷二十二《集部·别集類》著録明刊本《鐵崖文集》五卷,云:"題'會稽楊維楨著,毗陵朱昱校正.' 文凡一百三十七首,前有《鐵崖先生傳》一篇。明弘治十四年御史馮允中以儲静夫藏本合朱昱先世藏稿校刻之,允中與昱皆有序。卷末有'姑蘇楊鳳書於揚州之正誼書院'一行。張氏《藏書志》謬元刊本,以未見馮、朱二序故也。"葉德輝云"皆誤元刻",不確,瞿《目》已言實明刊本。

　　[三] 孫《記》卷二《明版》著録《論衡》卅卷,云:"題'王充'二字。末有慶曆五年楊文昌序,稱:'先得俗本七,率廿七卷。又得史館本二,各卅卷。然後互質疑謬,又爲改正塗注,凡一萬一千二百五十九字.' 此本即從楊本翻雕,每葉廿行,行廿字,板心下有'通津草堂'四字,末卷後有'周慈寫陸奎刻'六小字。收藏有'嘉靖己未進士夷齋沈瀚私印'朱文方印。"

　　[四] 丁《志》卷十八《子部·雜家類》著録明嘉靖刊本《野客叢書》三十卷,附《野老記聞》一卷,云:"前有慶元改元三月槑自序,嘉泰二年十月槑再書於儀真郡齋。云此書自慶元以來,凡三筆矣。繼觀他書,間有暗合,不免爲之竄易。雕刻極精,長洲吳曜手寫也。"又,繆《記》卷二《諸子第三》亦著録。

　　[五] 瞿《目》卷十七《子部·小説類》著録明刊本《雲仙雜記》十卷,云:"題'唐金城馮贄編并序'。陳氏《書録》謂其出後人依託。所記古事,皆注所自出,俱不經見者,足供文人漁獵之資。崑山菉竹堂葉氏得舊本,倩友人俞質夫寫而刻之,有序。"

　　[六] 見黄《續記》卷下《集部》著録舊刻本《文温州集》。

　　[七] 繆《續記》卷六《詩文第八》著録明刊本《陶靖節集》六卷,云:"晉陶潛撰。版心有'春晝堂'三字,葉益蓁刻,有跋。林異卿手書上版,字畫極雅,後有'崇禎庚辰中秋既望,閩中林寵異卿書於金陵清涼寺'兩行。尾有'以禮曾觀'白文方印,吾友傅節子所鈐也。"

明人裝釘書之式

　　徐康《前塵夢影録》云:"余在玉峰,得《鴻慶居士大全集》,舊爲澹生堂鈔藏,計十帙。每本面葉有祁氏藏書銘、棉料紙,藍格,五色線釘,刀口不齊。據湖州書友云:明代人裝釘書籍,不解用大刀,

逐本裝釘。以此《集》相證，始信。"按，徐説甚確，吾藏明邱濬《大
學衍義補》爲成化初刻小字本，書用藍襟紙面，内用紙捻鈐釘之。
書之長短寬窄，微有出入，可悟其非一刀直截。然此猶册本多之書
也。又有萬曆乙酉，十三年。郭子章序刻之《秦漢圖記》，《三輔黄圖》六
卷、《西京雜記》六卷。書僅二本，裝釘如《大學衍義補》，而大小參差不
齊。是亦可證明人截書，一本爲一本。推而至於宋元本，亦無不
然。京師學部圖書館藏明内閣宋元本殘册甚多，或蝴蝶裝，或紙捻
釘，或線裝，皆無數本一刀截者。又古人理書，多不劃齊下邊闌線。
然紙有餘地，故重裝時猶可整齊。吾見宋元明以來原裝書，於此等
處均不甚經意，蓋所重在校勘，而不在外飾也。

明毛晉汲古閣刻書之一

　　明季藏書家，以常熟之毛晉汲古閣爲最著。當時遍刻《十三
經》《十七史》《津逮秘書》、唐宋元人別集，以至道藏、詞曲，無不搜
刻傳之。觀顧湘《汲古閣板本考》，秘笈琳琅，誠前代所未有矣。即
其刻《説文解字》一書，使元明兩朝未刻之本，一旦再出人間，其爲
功於小學，尤非淺鮮。然其刻書不據所藏宋元舊本，校勘亦不甚
精，數百年來，傳本雖多，不免貽佞宋者之口實。孫從添《藏書紀
要》云："毛氏汲古閣《十三經》《十七史》，校對草率，錯誤甚多。"又
云："毛氏所刻甚繁，好者僅數種。"黄《記》二。元大德本《後漢書》
載陳鱣跋云："蕘圃嘗曰：'汲古閣刻書富矣，每見所藏底本極精，曾
不一校，反多臆改，殊爲恨事。'"又校本陸游《南唐書》載顧澗薲臨
陸敕先校錢罄室本云："汲古閣初刻《南唐書》，舛誤特甚，此再刻
者，已多所改正。然如《讀書敏求記》所云'卷例俱遵《史》《漢》體，
首行書某紀某傳卷第幾，而注《南唐書》於下，今流俗本竟稱《南唐
書》本紀卷第一、卷二、卷三，《列傳》亦如之，開卷便見其謬'者，尚
未改去。其他沿襲舊譌，可知其不少矣。"又四宋刻本《湘山野録》
云："《湘山野録》曾刻入毛氏《津逮秘書》中，此宋刻元人補鈔本，
略取《津逮》本相校，知毛刻尚多譌脱，想當日付梓未及見此耳。繼

於顧五癡家見有毛斧季手校本,即在《津逮》本上,實見過此本。取對至卷中'時〇晏元獻爲翰林學士'一行前,竟脫落'備者惟陳康肅公堯咨可爲陳方以詞職進用'十八字。初亦不解其故,反覆展玩,乃知此十八字鈔時脫落,後復添寫於旁。斧季校時,猶及見此,而後來裝潢穿線過進,遂滅此一行。向非別見校本,何從指其脫落耶。爰重裝之,使倒折向內,覽之益爲醒目云。"又五宋刻《李群玉集》三卷、《後集》五卷云:"毛刻《李文山集》,迥然不同。曾取宋刻校毛刻,其異不可勝記,且其謬不可勝言,信知宋刻之佳矣。毛刻非出宋本,故以體分統前、後《集》併爲三卷,或以意改之。"段玉裁《汲古閣説文訂》自序,略云:"毛晉及其子扆,得宋小字本,以大字開雕。周錫瓚出初印本,有扆親署云'順治癸巳汲古閣校改弟五次本'。卷中旁書朱字,復以藍筆圈之,凡其所圈,一一剗改。考毛氏所得小字本,四次以前微有校改。至五次則校改特多,往往取諸小徐《繫傳》,亦間用他書。今世所存小徐本,乃宋張次立所更定,而非小徐真面目。而據次立剗改,又識見駑下,凡小徐佳處,少所采掇,而不必從者,乃多從之。學者得之,以爲拱璧,豈知其繆盭多端哉。"略舉黃、顧、陳、段諸家所糾,則其刻書之功,非獨不能掩過,而且流傳謬種,貽誤後人。今所刻《十三經》《十七史》《説文解字》傳本尤多,淺學者不知,或據其本以重雕,或奉其書爲秘笈。昔人謂明人刻書而書亡,吾於毛氏不能不爲賢者之責備矣。吾按,毛扆《汲古閣珍藏宋元秘本書目》北宋本《孔子家語》下云:"南宋本作'良藥苦口利於病',此本作'藥酒苦口利於病'。及讀《鹽鐵論》,亦作'藥酒苦口利於病',方知北宋本之善。"今汲古閣本仍作"良藥苦口利於病",是毛氏於家藏宋本全不依據,自道之而自蹈之矣。

明毛晉汲古閣刻書之二

毛氏刻書,至今尚遍天下,亦可見當時刊布之多、印行之廣矣。然其生平事實,人多有不知者。余按,陳瑚《爲毛潛在隱居乞言小傳》略云:"江南藏書之富,自玉峰菉竹堂、婁東萬卷樓後,近屈指海虞。然庚寅十月,絳雲不戒於火,而巋然獨存者,惟毛氏汲古閣。登其閣者,如入龍宮鮫肆,既怖急,又踴躍焉。其制,上下三楹,始子訖亥,分十二架,中藏四庫書及釋、道兩藏,皆南北宋内府所遺,紙理縝滑,墨光騰剡。又有金元人本,多好事家所未有。子晉日坐閣下,手繙諸部,讎其譌謬,次第行世。至滇南官長萬里遣幣以購毛氏書,一時載籍之盛,近古未有也。其所鋟諸書,一據宋本。或戲謂子晉曰:'人但多讀書耳,何必宋本爲?'子晉輒舉唐詩'種松皆老作龍鱗'爲證,曰:'讀宋本然後知今本老龍鱗之爲誤也。'子晉固有鉅才,家蓄奴婢二千指,同釜而炊,均平如一。躬耕宅旁田二頃有奇,區別樹藝,農師以爲不逮。竹頭木屑,規畫處置,自具分寸。即米鹽瑣碎時,或有貽一詩投一劄者,輒舉筆屬和,裁答如流。其治家也有法,旦望率諸子拜家廟,以次謁見師長,月以爲常。以故一家之中,能文章,嫻禮義,彬彬如也。崇禎壬午、癸未間,遍搜《宋遺民》《忠義》二録、《西臺慟哭記》,與《月泉吟社》《河汾》《谷音》諸詩,刻而廣之。未幾,遂有甲申、乙酉南北之事。每自歎人之精神意思所在,便有鬼物憑依其間,即余亦不知其何謂也。變革以後,杜門卻掃,著書自娱。歲大饑,則賑穀代粥,周鄰里之不火者。司李雷雨津贈之詩曰:'行野樵漁皆拜賜,入門僮僕盡鈔書。'人謂之實録云。"錢謙益《隱湖毛君墓誌銘》云:"子晉初名鳳苞,晚更名晉,世居虞山東湖。父清,孝弟力田,爲鄉三老。而子晉奮起爲儒,通明好古,强記博覽,不屑儷華鬬葉,爭妍削間。壯從余游,益深知學問之指意。謂經術之學,原本漢、唐,儒者遠祖新安,近考餘姚,不復知古人先河後海之義。代各有史,史各有事有文,雖東萊、武進以鉅儒事鉤纂,要以歧枝割剥,使人不得見宇宙之大全。故於經史全書,勘讎流布,務使學者窮其源流,審其津涉。其他訪佚典,搜秘文,皆用以裨輔其正學。於是縹囊緗帙,毛氏之書走天下,而知其標準者或鮮矣。經史既竣,則有事於佛藏,軍持在户,貝多濫幾,捐衣削食,終其身芒芒如也。蓋世之好學者有矣,其於内外二典世出世間之法,兼營并力,如飢渴之求飲食,殆未有如子晉者也。子晉爲人,孝友恭謹,遲重不洩,交知滿天下。與人交不翕翕熱,撫王德操之孤,卹吳去塵、沈璧甫之亡,皆有終始。娶范氏、康氏,繼嚴氏,生五子:襄、褒、袞、表、扆,襄、袞皆先卒。女四人,孫男女十一人。生於己亥歲之正月五日,卒於己亥歲之七月二十七日,卒年六十有一。"《誌銘》不全録，節其要者。又顧湘小石山房刻《汲古閣校刻書目》前，附有滎陽悔道人撰《汲古閣主人小傳》云："毛晉，原名鳳苞，字子晉，常熟縣人，世居迎春門外之七星橋。父清，以孝弟力田起家。當楊忠愍公漣爲常熟令時，察知邑中有幹識者十人，遇有災荒工務，倚以集事，清其首也。晉少爲諸生，蕭太常伯玉特賞之，晚乃謝去。以字行，性嗜卷軸。榜於門曰：'有以宋槧本至者，門內主人計葉酬錢，每葉出二佰；有以舊鈔本至者，每葉出四十；有以時下善本至者，别家出一千，主人出一千二百。'於是湖州書舶雲集於七星橋毛氏之門矣。邑中爲之諺曰：'三百六十行生意，不如鬻書於毛氏。'前後積至八萬四千册，構汲古閣、目耕樓以庋之。子晉患經、史、子、集率漫漶無善本，乃刻《十三經》《十七史》、古今百家及二氏書，至今學者寶之。方汲古閣之炳峙於七星橋也，南去十里爲唐市，楊彝鳳基樓在焉。東去二十里爲白茆市，某公紅豆莊在焉。是時海内勝流至常熟者，無不以三處爲歸。江干車馬，時時不絶。而應酬賓客如恐不及，汲古主人爲最。尤好行善，水道橋梁，多獨力成之。歲饑，則連舟載米，分給附近貧家。雷司理贈詩云：'行野田夫皆謝賑，入門僮僕盡鈔書。'蓋紀實也。子晉生於前明萬曆二十七年己亥歲之正月五日，至國朝順治十六年己亥歲七月二十七日卒，享年六十有一，葬於戈莊之祖塋。子五：襄、褒、裒、表、扆。扆字斧季，精於小學，最知名。"按，此傳本康熙《蘇州府志》而加詳。近人龐鴻文撰《常昭合志稿·毛鳳苞傳》云："藏書數萬卷，延名士校勘，開雕《十三經》《十七史》、古今百家及從未梓之書。所用紙歲從江西特造之，厚者曰毛邊，薄者曰毛太，至今猶沿其名不絶。所著書有《和古今人詩》《野外詩題跋》《虞鄉雜記》《隱湖小志》《海虞古今文苑》《毛詩名物考》《宋詞選》《明詩紀事》《詞苑英華》《僧宏秀集》《隱秀集》共數百卷。子五：褒，字伯華，號質庵；表，字奏叔，號正庵；扆，字斧季，陸貽典壻也，最知名，尤耽校讎，何義門輩皆推重之。"餘同錢《志》、鄭《傳》，不全録。蔣光煦《東湖叢記》："毛氏於宋元刊本之精者，以'宋本''元本'橢圓式印别之，又以'甲'字印鈐於首。其餘藏印，曰'毛晉秘篋審定真跡'，曰'毛氏藏書'，曰'東吳毛氏圖書'，曰'汲古閣世寶'，曰'子孫永寶'，曰'子孫世昌'，曰'在在處處有神物護持’,曰‘開卷一樂’,曰‘筆硯精良人生一樂’,曰‘旅溪’,曰‘弦歌草堂’,曰‘仲雍故國人家’,曰‘汲古主人’,曰‘汲古得修綆’。子五:襃,字伯華,號質庵;表,字奏叔,號正庵。季子扆,字斧季,陸貽典壻也,最知名,尤耽校讎,有‘海虞毛扆手校’及‘西河汲古後人’‘叔鄭後裔’朱記者,皆是也。兼精小學,何義門輩皆推重之。”餘同陳《傳》、錢《志》、顧《傳》者,不錄。楊紹和《楹書隅錄》影宋精鈔本《五經文字》三卷,有毛扆跋云:“吾家當日有印書作,聚印匠二十人,刷印經籍。扆一日往觀之,先君適至,呼扆曰:‘吾縮衣節食,遑遑然以刊書爲急務。今板逾十萬,亦云多矣,竊恐秘册之流傳尚十不及一也。汝曹習而不察,亦知印板始於何時乎?蓋權輿於李唐而盛於五代也。’後夏日納涼,請問其詳。先君曰:‘古人讀書,盡屬手鈔。至唐末,益州始有墨板,皆術數字學小書,而不及經傳。經傳之刻,在於後唐。’自後考之,後唐長興三年,詔用西京石經本,雇匠雕印,廣頒天下。見《五代會要》第八卷。宰臣馮道等奏曰:‘請依石經文字刻《九經》印板。’又按《國史志》,長興三年,詔儒臣田敏校《九經》,鏤本於國子監。扆購得《五經文字》一部,係從宋板影寫者,比大曆石本注益詳備,前有開運丙午九月十一日田敏序。按,丙午,開運三年也,則田敏之奉詔在後唐長興三年,越十六年至石敬塘之世而雕成印本。由此觀之,蓋祖五代本矣。石刻舉世有之,但剝蝕處杜撰增補,殊不足據,要必以此本爲正也。虞山毛扆識。”觀此,則扆之耽於小學,可以概知。而其父子殷殷刻書之心,信有至樂,宜今日爲藝林佳話也。子晉孫綏萬,亦有名,最工詩。王應奎《海虞詩苑》云:“綏萬,字嘉年,號破崖,汲古主人之孫也。生有異徵,前身爲吳閶白椎庵文照禪師,事見薛孝穆《重復庵記》。性耽吟詠,又好遊覽。所至登臨弔古,動成卷帙,著有《破崖居士詩稿》數卷。汲古孫行最盛,惟君知名於時。”按,晉有孫二十人,曾孫二十三人,見朱彝尊《曝書亭集·毛晉繼室嚴孺人墓誌銘》。晉子五,孺人出者四,曰襃、曰袞、曰表,存者扆也,並載《墓誌》。晉又一孫,未知何名,性嗜茗。鄭德懋《汲古閣刻板存亡考·四唐人集》下云:“相傳毛子晉有一孫,性嗜茗飲。購得洞庭山碧蘿春茶,虞山玉蟹泉水,獨患無美薪。因顧《四唐人集》板而歎

曰:'以此作薪煮茶,其味當倍佳也.'遂按日劈燒之.《四唐人集》
內,惟《唐英歌詩》一種,最爲善本.即如席氏《百家唐詩》內亦刻,
而空白多至二三百字,令人不可讀.然則汲古此本,真秘寶也."嗟
乎! 晉孫有綏萬,又有此孫,豈非大異事哉!

明毛晉汲古閣刻書之三

　　風氣二三十年而一變,古書亦二三十年而漸稀.曩余不喜毛
氏汲古閣所刻書,光緒初元,京師湖南舊書攤頭插架皆是.余所收
得《十三經》,一爲白紙初印;一爲毛泰紙印,全部爲乾嘉間歙縣鄭
文焯、鄭德仁父子以各家所據宋元善本通校.《十七史》亦毛泰紙
初印者.餘若《津逮秘書》《漢魏百三家》、郭茂倩《樂府詩集》《陸
放翁全集》《唐人選唐詩八種》《唐詩紀事》《六十家詞》《詞苑英
華》《詩詞雜俎》《六十種曲》,均陸續得之,皆以爲尋常之本.惟
《三唐人集》《四唐人集》《五唐人集》《六唐人集》《蘇門六君子集》
《元十家集》《元四家詩集》之類,向本稀見.余以有各家專集,未
暇搜全.至錢謙益《列朝詩集》,以乾隆修《四庫全書》,凡錢氏所
著及有序書,皆在禁燬之列,故其書流傳不多,而余亦收得兩部.
《八唐人集》據鄭德懋、顧湘《汲古閣刻板存亡考》,"爲山東趙秋谷
先生按,名執信.以白金二百易去".又引常州臧在東曰:"余在山東
畢中丞節署中,偶游濟南書肆,見新印《八唐人集》,字跡完好,與初
印相去不遠."是其板乾嘉時猶在山東,而傳本絕少,殆趙氏得板後
無力印行也.又明王象晉之《群芳譜》,在王士禎《漁洋全集》三十
六種中.今王書全者,京師廠肆插架尚多,其板何時歸王,則鄭、顧
考所未及.毛刻書余幸當年隨意獲之,又悔當年等夷視之,今雖備
數而未得選購初印之本,是亦失之眉睫之事也矣.

明毛晉汲古閣刻書之四

　　毛氏汲古閣藏書,當時欲售之潘稼堂太史末,以議價不果,後

遂歸季滄葦御史振宜。黃丕烈《士禮居叢書》中所刻毛扆《汲古閣珍藏秘本書目》所載價目，即其出售時所録也。至所刻《十三經注疏》板歸常熟小東門外東倉街席氏，《十七史》板歸蘇州掃葉山房，《三唐人文集》《六十家詞》板歸常熟小東門興賢橋邵氏，《八唐人詩》板歸山東趙秋谷執信，《陸放翁全集》板歸常熟張氏，《十元人集》板歸無錫華氏，《詩詞雜俎》《詞苑英華》板歸揚州商家，《説文解字》乾隆時板在蘇州錢景開萃古齋書肆。此鄭德懋《汲古閣書板存亡考》所載語可徵也。阮葵生《茶餘客話》六云："子晉家藏舊本亦夥。或云：'王駙馬以金錢輦之去，其板多在昆明。'駙馬者，吳三桂壻也。"阮以蘇人言蘇事，而考之不真如此，遑論其他。雖然，毛氏刻書爲江南一代文獻所繫，是則考古之士所當詳知者矣。

明毛晉汲古閣刻書之五

余藏初印本汲古閣《十七史》，前有毛晉自叙《重鎸〈十三經〉〈十七史〉緣起》云："毛晉草莽之臣，檮昧之質，何敢從事於經、史二大部？今斯剞劂告成，或有奬我爲功臣者，或有罪我爲僭分者，因自述重鎸始末，藏之家塾，示我子孫之能讀我書者。天啓丁卯，初入南闈，設妄想祈一夢。少選，夢登明遠樓，中蟠一龍，口吐雙珠，各隱隱籀文，唯頂光中一'山'字皎皎露出。仰見兩楹，分懸紅牌，金書'十三經十七史'六字，遂寤，三場復夢，夢無異，竊心異之。鎩羽之後，此夢時時往來胸中。是年，余居城南市。除夕，夢歸湖南載德堂，柱頭亦懸'十三經''十七史'二牌，焕然一新，紅光出户。元旦拜母，備告三夢如一之奇，母忻然曰：'夢神不過教子讀盡經史耳。須亟還湖南舊廬，掩關謝客。雖窮通有命，庶不失爲醇儒。'遂舉曆選吉，忽憬然大悟曰：太歲戊辰，崇禎改元，龍即辰也；珠頂露山，即崇字也。奇驗至此，遂誓願自今伊始，每歲訂正經史各一部，壽之梨棗。及築簡方興，同人聞風而起，議連天下文社，列十三人任經部，十七人任史部。更有欲益四人，并合二十一部者。築舍紛紛，卒無定局，余唯閉户自課已耳。且幸天假奇緣，身無疾病，家無外侮，密邇自娛，十三年如一日。迨至庚辰除夕，十三部板斬新插架。賴鉅公淵匠，不惜玄晏，流布寰宇。不意辛巳、壬午兩歲災祲，資斧告竭，亟棄負郭田三百畝以充之。甲申春仲，史亦哀然成帙矣。豈料兵興寇發，危如累卵。分貯板籍於湖邊岩畔茆庵艸舍中，水火魚鼠，十傷二三。呼天號地，莫可誰何。猶幸數年以往，村居稍寧。扶病引雛，收其放失，補其遺亡，一十七部連床架屋，仍復舊觀。然較之全經，其費倍蓰，奚止十年之田而不償也。回首丁卯至今三十年，卷帙從衡，丹黃紛雜，夏不知暑，冬不知寒，晝不知出戶，夜不知掩扉。迄今頭顱如雪，目睛如霧，尚矻矻不休者，惟懼負吾母讀盡之一言也。而今而後，可無憾矣。竊笑棘闈假寐，猶夫牧人一夢耳。何崇禎之改元，十三年之安堵，十七年之改步，如鏡鏡相照，不爽秋毫耶。至如獎我罪我，不過夢中説夢，余又豈願人人與我同夢耶？順治丙申年丙申月丙申日丙申時題於七星橋西之汲古閣中。"按，此刻書緣起，他處未載。觀當時集事之爲難，知亂世藏山之不易。黍油麥秀，感慨繫之，蓋距明亡已十有三年矣。

明毛晉汲古閣刻書之六

毛氏刻書，板心題"汲古閣"三字，人人知之矣。然間有稱"緑君亭"者，吾所藏《二家宮詞》《三家宮詞》《浣花集》三種皆如此。尚有《洛陽伽藍記》，載莫友芝《知見傳本書目》。是否爲毛氏書堂，抑受板於他氏，此亦考毛氏掌故所當知者矣。

明毛晉汲古閣刻書之七

《四庫全書總目》子部雜家類雜編之屬存目《津逮秘書》提要云："此爲毛晉所纂叢書，分十五集，凡一百三十九種。中《金石録》《墨池編》有録無書，實一百三十七種。卷首有胡震亨序，震亨初刻所藏古笈爲《秘册彙函》，未成而燬於火，因以殘版歸晉，晉增爲此編。凡版心書名在魚尾下用宋版舊式者,皆震亨之舊。書名在魚尾上而下刻'汲古閣'字者,皆晉所增也。晉家富藏書,又所與遊者多博雅之士,故較他家叢書,去取頗有條理。而所收近時僞本,如《詩傳》《詩說》《歲華紀麗》《瑯環記》《雜事秘辛》之類,尚有數種。又《經典釋文》割裂《周易》一卷,尤不可解。其題跋二十家,皆鈔撮於全集之中,亦屬無謂。今仍分著於錄,而存其總名於此,以不没其蒐輯刊刻之功焉。"按,《秘册彙函》,其未經歸并《津逮秘書》以前,印本傳布頗稀。吾曾藏有多種,《歲華紀麗》《瑯環記》實在其内,則其所收蕪雜,咎不屬子晉一人。且有高似孫《緯略》一種,爲《津逮》所未收,而《唐音統籤》,板式亦復相合。是否爲《秘册》舊有,事無可考,今則收藏家惟知有《津逮秘書》矣。

明毛晉刻六十家詞以後繼刻者

彙刻詞集,自毛晉汲古閣刻《六十家詞》始。當時擬刻百家,後四十家未刻者,其鈔本流傳,載彭元瑞《讀書跋》。光緒間,桂林王鵬運四印齋補刻未全,長沙張祖同續刻,板存思賢書局,然皆後人增損,非毛鈔四十家之舊也。國初,無錫侯氏新刊《十家樂府》:南唐二主、中主四首、後主三十三首。馮延巳《陽春集》、宋嘉祐陳世修序,序謂"二馮遠圖長策,不矜不伐"云云。子野、張先。東湖、賀鑄。信齋、葛剡。竹洲、吳儆。虛齋、趙以夫,有淳祐己酉芝山老人自序。松雪、趙孟頫。天錫、薩都刺。古山,張埜,邯鄲人,有至治初元臨川李長翁序。皆在毛氏《宋詞六十家》之外,載王士禛《居易錄》十三。此刻世不多見,《彙刻書目》既未臚載,《邵注四庫簡明目》亦未及見。然其詞今皆爲王、張二刻所有,亦足爲止渴之梅矣。

書林清話箋證卷八

宋以來活字板

　　活字板印書之製，吾竊疑始於五代。晉天福銅板本載宋岳珂《九經三傳沿革例》，此銅版殆即銅活字版之名稱。而孫從添《藏書紀要》云："宋刻有銅字刻本、活字本，分銅字、活字爲二，惜岳氏未及注明，不得詳其製也。"明陸深《金臺紀聞》云："毗陵人初用鉛字，視板印尤巧妙。"此爲今日鉛字活板之濫觴。宋慶曆中，畢昇造膠泥活字板，其法用膠泥刻字，薄如錢唇，每字爲一印，火燒令堅，先設一鐵版，其上以松脂蠟和紙灰之類冒之。欲印，則以一鐵範置鐵版上，乃密布字印，滿紙鐵範爲一版，持就火煬之。藥稍融，則以一平板按其面，則字平如砥。若止印三二本，未爲簡易，若印數十百千本，則極爲神速。詳宋沈括《夢溪筆談》。吾藏《韋蘇州集》十卷，即此板。其書紙薄如細繭，墨印若漆光，惟字畫時若齾缺，蓋泥字不如銅鉛之堅，其形製可想而知也。《天禄琳琅後編》二有《毛詩》四卷，云是"南宋季年本，然'家伯維宰降予卿士'之類，從古本，與後來諸本不同"。又云"宋活字本，《唐風》内'自'字橫置可證，模印字用藍色，尤稀見"[一]。繆《續記》載范祖禹《帝學》八卷，宋活字本，末有印書緣起，爲嘉定辛巳，十四年。季夏望日青社齊礪書。書中"宋"字、"玉音"字抬頭。又云"訪得元本，因俾鋟木"[二]。據此，則活字印書已盛行於兩宋，刻泥刻木，精益求精，此勢之必然者。元時活字印書雖不傳，然明嘉靖庚寅，九年。山東布政司李酷、顧應祥刻元王楨《農書》三十六卷，後有文移一通，内稱"梨版刻字畫匠工食銀兩，於司庫貯泰山頂廟香錢内動支"。王士禛《居易録》二十九云："吾鄉泰山收碧霞元君祠香稅,自明正德十一年從鎮守太監言始。"《通訣》後載:"槙前任宣州旌德縣尹時,方撰《農書》,因字數太多,難於刊印,故尚已意,命匠創活字,二年而畢工,試用一如刊版。古今此法未有所傳,故編錄於此,以待後之好事者,爲印書省便之法,本爲《農書》而作,因附於後"。然則元時活字用木刻,即此可知。但謂古今此法未有所傳,則未知兩宋已有此法也。明以來,活字板盛行。弘治間,錫山華氏蘭雪堂、會通館印書尤多,爲世珍秘,吾別爲之考矣。又有吳郡孫鳳印宋陳思《小字錄》一卷,見瞿《目》[三]。建業張氏印《開元天寶遺事》二卷,見黃《記》、楊《錄》、丁《志》[四]。_{鈔本}云:前有"建業張氏銅版印行"一條。錫山安國印《顏魯公集》十五卷、《補遺》一卷,《魏鶴山先生大全集》一百九卷,見張《續志》、瞿《目》、陸《志》、丁《志》、繆《續記》。云板心有"錫山安氏館"五字[五]。金蘭館印《石湖居士集》三十四卷,_{弘治癸亥(十六年)印。}見朱《目》、瞿《目》、丁《志》[六]。五雲溪館印《襄陽耆舊集》一卷,見張《志》、陸《志》[七]。《玉臺新詠》十卷,見袁《簿》[八]。蜀府嘉靖辛丑,_{二十年。}印蘇轍《欒城集》五十卷、《後集》二十四卷、《三集》十卷,見繆《記》[九]。芝城嘉靖壬子,_{三十一年。}藍印《墨子》十五卷,見森《志》、黃《記》;後藏楊以增海源閣,見楊《錄》。_{按,明唐藩莊王名芝址,弟芝塊、芝坄并好古,有令譽。此芝城亦疑唐藩兄弟}[一〇]。浙人倪燦萬曆元年印《太平御覽》一千卷,_{前有黃正色序。}見錢《日記》[一一]。無名氏印《杜審言集》二卷,見陸《志》。_{云:明初活字印本}[一二]。《曹子建集》十卷,見丁《志》。_{郭雲鵬刻《曹集》跋}[一三]。《劉漫塘先生文集》二十二卷,見繆《記》。_{云:《天禄琳琅後目》推爲宋版者}[一四]。《唐太宗皇帝集》二卷,《玄宗皇帝集》二卷,《李嶠集》三卷,《張說之集》八卷,《錢考功集》十卷,《劉隨州集》十卷,《戴叔倫集》二卷,《羊士諤集》二卷,《二皇甫集》五卷,《李嘉祐集》二卷,并見丁《志》[一五]。崑山吳大有印《小字錄》不分卷,見黃《記》。_{云"陳思纂次"一行後,有"崑山後學吳大有較刊"一行}[一六]。瞿《目》云:"吳郡孫鳳以活字本印行,此板後歸崑山吳氏,於'陳思纂次'一行添出'崑山後學吳大有校刊'一行,書中剜改之跡顯然。"[一七]_{按,瞿說非是。活字印本隨聚隨散,安有以板歸人之理。}此明爲兩人,一以活字印行,一即據活字本重刊,瞿誤以二本爲一本耳。明人如此類活字印本,傳世甚多。至國朝乾隆時,《四庫全書》告成,以活字印行者,《武英殿聚珍版叢書》。《御製題武英殿聚珍板十韻》有序:"校輯《永樂大典》內之散簡零編,並蒐訪天下遺籍,不下萬餘種,彙爲《四庫全書》。擇人所robmust觀,有裨世道人心及足資考鏡者,剞劂流傳,嘉惠來學。第種類多則付雕非易,董武英殿事金簡,以活字法爲請。既不濫費棗梨,又不久淹歲月,用力省而程功速,至簡且捷。考昔沈括《筆談》,記宋慶曆中,有畢昇爲活版,以膠泥燒成。而陸深《金臺紀聞》則云,毗陵人初用鉛字,視版印尤巧便,斯皆活版之權輿。顧埏泥體粗,鎔鉛質軟,俱不及鋟木之工緻。茲刻單字計二十五萬餘,雖數百十種之書,悉可取給。而校讎之精,今更有勝於古所云者。第活字之名不雅馴,因以聚珍名之,而系以詩:'稽古搜四庫,於今突五車。開鐫思壽世,積版或充閭。張帖唐院集,周文梁代餘。同爲製活字,用以印全書。精越鶡冠體,昨歲江南所進之書,有《鶡冠子》,即活字版,第字體不工,且多譌謬耳。富過鄴架儲。機圓省雕氏,功倍謝鈔胥。聯腋事堪例,埏泥法似疏。毀銅昔悔彼,康熙年間編纂《古今圖書集成》,刻銅字爲活版。排印藏功,貯之武英殿。歷年既久,銅字或被竊缺少。司事者懼干咎,適值乾隆初年,京師錢貴,遂請毀銅字供鑄,從之。所得有限,而所耗甚多,已爲非計。且使銅字尚存,則今之印書不更事半功倍乎。深爲惜之。刊木此慚予。既復羨梨棗,還教慎魯魚。成編示來學,嘉惠志符初。'乾隆甲午仲夏。"德輝按,姚元之《竹葉亭雜記》四:"乾隆三十九年,金侍郎簡請廣《四庫全書》中善本,因仿宋人活字板式,鐫木單字二十五萬餘。高宗以活字版之名不雅馴,賜名曰'聚珍板'。"自後,嘉道以來,民間則有吳門汪昌序嘉慶丙寅,十一年。印《太平御覽》一千卷。每卷後間題"吳興陳杰、沈宸,儀徵畢貴生分校"等字,頗罕見。璜川吳志忠嘉慶辛未,十六年。印五代邱光庭《兼明書》五卷,元廼賢《河朔訪古記》二卷,《洛陽伽藍記》五卷。朱麟書白鹿山房嘉慶壬申,十七年。印《中吳紀聞》六卷,高似孫《緯略》十二卷。張金吾愛日精廬嘉慶己卯,二十四年。印宋李燾《續資治通鑑長編》五百二十卷。成都龍變堂萬育嘉慶十四年印《天下郡國利病書》一百二十卷,道光三年印《讀史方輿紀要》一百三十卷,《形勢紀要》九卷。此二書後均重刻。京師琉璃廠半松居士印《南疆繹史》二十四卷,《摭遺》十八卷,《卹諡考》八卷,《南略》十八卷,《北略》二十四卷。留雲居士印《明季稗史》十六種,共二十七卷。咸同間,則有仁和胡珽琳琅秘室印《琳琅秘室叢書》五集。五集尤罕見。江夏童和豫朝宗書屋印明嚴衍《資治通鑑補》二百九十四卷、附《刊誤》二卷,宋袁樞《資治通鑑紀事本末》四十二卷,明陳邦瞻《宋史紀事本末》二十六卷,《元史紀事本末》四卷,谷應泰《明史紀事本末》八十卷,馬驌《左傳事緯》十二卷、《附錄》八卷,《陳思王集》十卷。光緒間,則有董金鑒重印《琳琅秘室叢書》四集。吳門書坊印日本《佚存叢書》全集。光緒戊子,姚覲元印《北堂書鈔》七十餘卷,功未竟而覲元歿,板遂散佚。余見一殘本,前有“光緒己丑集福懷儉齋以活字印行”字兩行。凡此皆以木刻活字印書者也。其他書坊射利,時亦有之。吾藏活字印偽本蘇過《斜川集》六卷,方岳《秋崖詩集》三十八卷,無擺印人姓名。《邵注四庫書目》,《秋崖詩集》目爲乾隆本。其書無直闌,其字近楷體,似是國初時坊本。然此類書隨印隨散,爲吾輩所不及見者多矣。

【箋證】

[一]《天禄琳琅書目後編》卷二《宋版經部》著録《毛詩》四卷,云:“不依風、雅、頌分卷,祇列詩序、經文,其《小雅》分什依《集傳》,是南宋季年本,然‘家伯維宰’‘降予卿士’之類尚從古本,與後來諸本不同。”又云:“宋活字本,《唐風》內‘自’字橫置可證。考沈括《夢溪筆談》,慶曆中,有畢昇爲活版,以膠泥燒成。而陸深《金臺紀聞》云‘毗陵人’。初用鉛字,視版印尤巧。則活字版,實昉宋時矣。模印字用藍色,尤稀見。”

[二]繆《續記》卷二《諸子第三》著録宋活字本《帝學》八卷,云:“每半葉十行,行十九字。高六寸,廣五寸。白口,單邊。口上有大小字數。紙堅緻,墨光潤,宋本之至佳者。首篇有鄒振明‘衛民氏書畫印’朱文大方印、‘兩京國子博士’朱文長方印,次葉有‘嚴氏我斯’白文大方印。”又云:“玉音嘉納,緝熙光明,於斯爲盛。其五世孫擇能宰高安,刊置縣齋。未幾,散逸。户曹玉牒汝洋一日訪得元本,因俾鋟木,以補道院之闕,庶永其傳。嘉定辛巳季夏望日,青社齊礪書。”

[三]瞿《目》卷十七《子部·類書類》著録明活字本《小字録》,云:“宋陳思撰。起魏武帝小字阿瞞,止蘇穎濱子遲小字梁、適小字羅,蓋即陸魯望書而增益之。小字,即小名也。宋有刊本。此明弘治間吳郡孫鳳以活字板印行,後有黃蕘圃跋。據蕘翁跋語,知此板後歸崑山吳氏。於‘陳思纂次’一行後,添出‘崑山後學吳大有校刊’一行。書中剜改之跡顯然,此尚是初印本也。卷首尾有‘康瓠齋秘笈’‘蜀石經一卷有半人家’‘王氏子鼎珍藏書畫印’‘士禮居藏’‘黃印丕烈’‘蕘圃’‘平江黃氏圖書’‘蕘圃手校’諸朱記。”

[四]黃《記》卷四《子類》著録《開元天寶遺事》有三種:一爲銅活字本,一爲明刻本,一爲舊鈔本。首一種云:“古書自宋、元板刻而外,其最可信者,莫如銅板活字,蓋所據皆舊本,刻亦在先也。諸書中有會通館、蘭雪堂、

錫山安氏館等名目,皆活字本也。此建業張氏本僅見是書,余收之,與《西京雜記》並儲,漢、唐遺跡,略具一二矣。"又云:"此書舊藏周丈香嚴書屋中,余於嘉慶壬申歲借校一過,所校者爲埭川顧氏家塾梓行本,彼此互有得失,惟是覆嚴州本,故重視之。卷中向有舊校之字,大約據顧本。"次一種云:"六月上旬,借得周丈藏本,乃活字本也,卷上次行云'建業張氏銅板印行'是可證矣。卷下有'紹定戊子刊之桐江學宮,山陰陸子通書',當必從宋本出,適檢《新定續志·書籍門》,有云《開元天寶遺事》,從宋本出無疑。取勘顧本,互有短長,書經翻刻,不無少誤耳。"末一種云:"此活字本也,宋有'紹定戊子刊之桐江學宮,山陰陸子通書',必從宋本出矣。適檢《新定續志·書籍門》,有此書,知即紹定刊本也。古書原委,悉藉他書疏通證明之,有如是者。"

楊《續錄》卷三《子部》著錄明銅活字本《開元天寶遺事》,蓋鈔自黃《記》,與黃《記》著錄銅活字本《開元天寶遺事》語同。

丁《志》卷二十一《子部·小說類》著錄精鈔本《開元天寶遺事》,云:"右五代王仁裕撰。仁裕,初仕蜀,爲翰林學士。蜀亡後,棲寓長安,得民間所傳玄宗時遺事,記爲此書,凡一百五十九條。後有記云:'此書所載明皇時事最詳,至一話言一行事,後之所引大抵出於此書者多矣。紹定戊子刊之桐江學宮。山陰陸子通書。'前有'建業張氏銅版印行'一條。後黃堯圃識語四則云:'《顧氏文房小說》本在汲古閣毛氏時已珍之,宜此時視爲罕秘矣。'"

[五]張《續志》中未見著錄《顏魯公集》。瞿《目》卷十九《集部·別集類》著錄明活字本《顏魯公文集》十五卷,云:"原書已失,嘉祐中,宋次道嘗集其刊於金石者成十五卷,劉原父序又謂吳興沈氏有輯本,後留元剛刻於永嘉,序云沈本即宋本,不知何據。此明錫山安國以活字銅版印行者,板心有'錫山安氏館'五字,較萬曆間魯公裔孫允祚刻本獨完善,殆出留氏舊本。惟《補遺》一卷有目無書,《年譜》一卷亦闕。"又見陸《志》卷六十八《集部·別集類》著錄錫山活字本《顏魯公文集》十五卷、《補遺》一卷、《年譜》一卷。丁《志》卷二十四《集部·別集類》著錄明活字本《顏魯公文集》十五卷、《補遺》一卷,云:"錫山安國刊。明嘉靖癸未吳郡都穆重爲編訂,以奏議第一,表次之,碑銘次之,書序與記之類又次之,而以詩終焉。卷仍十五,以符舊數。毗陵安民泰梓之,石淙楊公序之,即此本也。版心有'錫山安氏館'五字。按,田裕齋瞿氏書目,亦安氏本,亦缺《年譜》《行狀》《碑銘》,豈當時先印正《集》,流通以後未將《附錄》復合歟?"繆《續記》卷六亦著錄明活字本《顏魯公文集》十五卷,云:"口上有'錫山安氏館'五字,《年譜》《行狀》《碑碣》均有。後留元剛序,則大字也。"

　　張《續志》卷四《集部·別集類》著録影寫明安國本《重校鶴山先生大全文集》。瞿《目》卷二十一《集部·別集類》著録明活字本《重校鶴山先生大全文集》一百九卷，云："明錫山安國校刊。板心有'錫山安氏館'五字。潛研錢氏於士禮居黄氏見宋刻本，即此本所自出。"又見陸《志》卷八十八《集部·別集類》二十二著録周亮工舊藏明安國活字本。丁《志》卷三十一《集部·別集類》著録季滄葦藏明活字本，云："錫山安國重刊。錢大昕所見黄丕烈所藏宋本亦同，舊有姑蘇、温溪兩本，皆止百卷。明嘉靖辛丑，四川兵備副使高翀始以《周禮》折衷師友，雅言并增他文爲一百九卷，題曰'重校刻於邛州'。同時，太子少保李公以平江撫治故，爲鶴山賜第尤切，仰止嘗求，所著《九經要義》不可得，得其文集若干卷。知無錫縣隴西楊華請摹以行，末綴一跋。而錫山安國即以活字印傳，今傳本亦罕矣，此即是也。"又，繆《續記》卷六《詩文第八》著録影鈔錫山安國本《重校鶴山先生大全集》一百九卷。

　　[六] 朱《目》卷四《集部》著録《石湖居士集》三十四卷，云："計十本，宋范成大撰。明弘治十六年金蘭館刊本。蓮涇王氏藏書。"瞿《目》卷二十一《集部·別集類》亦著録明活字本《石湖居士集》，云："此本用活字擺印，板心有'弘治癸亥金蘭館刻'八字，與舊鈔本間有小異處。卷首有'季振宜藏書''季滄葦圖書記'二朱記。"又，丁《志》卷三十《集部·別集類》著録陳楞山校本《石湖居士詩集》三十四卷，云："明弘治癸亥金蘭館以活字印行，止三十四卷。此本雖爲吳郡顧氏重訂，而卷端有楞山小印，知曾爲陳撰所校也。楞山書畫秀逸，手筆益可珍玩。"

　　[七] 張《志》卷十三《史部·傳記類》著録明五雲溪活字本《襄陽耆舊傳》一卷，云："所叙人物上起周秦，下迄五代，蓋宋人因習鑿齒原本重編者，板心有'五雲溪活字'兩行。系右漕司舊有，此版歲久漫不可讀，於是鋟木者郡齋，庶幾流風遺跡，來者易考焉。紹熙改元初伏日，襄陽守延陵吳琚識。"陸《志》卷二十六《史部·傳記類》亦著録明五雲溪活字本，所述俱與張《志》同。

　　[八] 袁《簿》著録《玉臺新詠》十卷，俟考。

　　[九] 見繆《記》卷六《詩文第八》著録明嘉靖辛丑蜀府活字本《欒城集》五十卷、《後集》二十四卷、《三集》十卷，云："明嘉靖壬子歲中元乙未芝城銅版活字本，吉田安校刊活字。"

　　[一〇] 森《志》卷四《子部·雜家類》著録求古樓藏明刊藍楊本《墨子》。黄《記》卷四《子類》亦著録校明藍印銅活字本，云："《墨子》向無善本，往時顧抱沖訪書海鹽張氏，曾得明藍印本，歸其從弟千里，歎爲絶佳，自後無所遇，因從千里借吳匏菴鈔本，傳録一本，以備誦讀。頃香巖周丈有伊

親託售之書,內有藍印《墨子》,遂丐歸余。其來札云:'此刻與畢刻稍異,彼據《道藏》本,此出自內府,皆本於宋刻,未易優劣也。'余復取吳鈔本相勘,大段同此,而鈔所自出,雖未知其何,從其年代較先於此,或可互證也。家藏子書極多宋刻,惟《晏子》《墨子》皆明本之善者,是可喜已。嘉慶丙辰春三月七日,從友人齋頭賞牡丹歸,燒燭書此。菉翁。"又,楊《續錄》卷三《子部》著錄校舊鈔本《墨子》三卷,云:"《讀書敏求記》載潛溪《諸子辨》云:'《墨子》三卷,戰國時宋大夫墨翟撰。上卷七篇,號曰《經》,中卷、下卷六篇,號曰《論》,共十三篇。'據此,則是書兩行於此者也。蓋《墨子》十五卷,《道藏》收之。余所藏嘉靖時刻有二本,皆十五卷。取《道藏》本勘之,無大異者。惟此字句間有不同,當必所自出殊矣。"

[一一] 錢《日記》卷一云:"《太平御覽》活字板,萬曆元年刻成。有黃正色序,前有宋慶元五年成都路轉運判官蒲叔獻序。"

[一二] 見陸《志》卷六十八《集部·別集類》著錄葉石君舊藏明初活字本《杜審言集》二卷。

[一三] 丁《志》卷二十三《集部·別集類》著錄明嘉靖刊本《曹子建集》,云:"按,植《集》,隋《經籍志》、唐《藝文志》均三十卷。又二十卷。《通志·藝文略》同陳氏《書錄解題》二十卷。惟《文獻通考》作十卷,與此合。蓋宋末已有闕佚也。是本前有吳郡徐伯虯序,稱郭子萬程雅好是《集》,刊布以傳。末有木記云:按,曹《集》十卷,吳中舊有活字印本,多舛錯脫漏,大夫士往往有慨歎焉。雲鵬雖不敏,雅嗜建安諸子,曹《集》之譌,竊以嘗一正之。因梓於家,與好古者共傳焉。《集》端有序,不敢贅,謹識歲月於後,云'明嘉靖壬寅春正月既望,吳下後學郭雲鵬跋'。雲鵬,閩清人,嘉靖己未進士,官刑部主事,末有曹《集》疑字、音釋二葉,每葉十八行,行十七字。"

[一四] 繆《記》卷六《詩文第八》著錄《漫塘劉先生文集》二十二卷,云:"宋嘉熙四年趙葵序,即《天祿後目》所推爲宋版者。然字形微帶方體,又係活字,不敢遽定爲宋刻。疑《天祿》所收爲真宋本,此則明人以活字印行者。第紙墨俱古,大字活板亦決不在化、治以下,仍可貴也。收藏有'儉德齋記'朱文、'李慎勤伯甫家藏'白文兩方印。"

[一五] 丁《志》卷二十四《集部·別集類》著錄何夢華藏明活字刊本《唐太宗皇帝集》二卷,云:"按,《天一閣書目》作一卷。明淮海朱應辰訂梓。北江聞人洽序,吳郡都穆跋。云:太常邊廷實館閣書目有《文皇詩》一卷,凡六十九首。今以《詩》按之,正符此數。但其中《望春臺》乃明皇詩餞中書侍郎,《來濟》乃宋之問詩。當是後人誤入,非館閣之舊。是本前有《感應賦》《臨層臺賦》《小池賦》三篇,詩六十七首。所謂《望春臺》及《餞來濟》二首,

均不列入，正合前數。較朱應辰刻本爲佳，有‘何元錫印’‘夢華館藏書’
二印。”

　　《唐玄宗皇帝集》二卷，丁《志》卷二十四《集部·别集類》著録何夢華藏
明活字本《唐元宗皇帝集》，避玄宗諱故，亦有“‘何元錫印’‘夢華館藏書’
二印。”

　　丁《志》卷二十四《集部·别集類》著録明活字本《李嶠集》三卷。

　　丁《志》卷二十四《集部·别集類》著録何元錫藏明活字本《張説之集》八
卷，云：“當從宋時單刊詩本重刻也，有‘夢花館（任按，即夢華館。）藏書印’。”

　　丁《志》卷二十四《集部·别集類》著録何東甫藏明活字本《錢考功集》
十卷，云：“錢起撰。起，字仲文，吳興人，天寶十載進士，授秘書郎，終於考功
郎中。大曆中與郎士元齊名，士林爲之語曰：‘前有沈宋，後有錢郎。’蜀本作
前、後《集》十三卷。晁《目》作二卷，陳《目》作十卷。錢遵王云，仲文詩佳本
絶少，此於雜言、往體、近體諸篇，編次極當，尤爲舊集。席氏即依之上版，右
活字本亦十卷，分五古、七古、五律、五言、長律、七律、五絶、七絶，較席刻尤
爲整齊，有‘何琪印’、‘小山居藏書印記’。”

　　丁《志》卷二十四《集部·别集類》著録何夢華藏明活字本《劉隨州詩
集》十卷。

　　丁《志》卷二十四《集部·别集類》著録何夢華藏明活字本《戴叔倫集》
二卷。

　　丁《志》卷二十四《集部·别集類》著録何夢華藏明活字本《羊士諤集》
二卷。

　　丁《志》卷三十八《集部·别集類》著録明活字本《二皇甫集》五卷。

　　丁《志》卷二十四《集部·别集類》著録何夢華藏明活字本《李嘉祐集》
二卷。

　　[一六] 黄《記》卷四《子類》著録明活字本《小字録》不分卷，云：“余向
藏《古賢小字録》，係昭文邵腴僊贈余者，云以青蚨三星得之書攤者。‘陳思
纂次’一行後，多‘崑山後學吳大有校刊’一行，此册無之。始猶疑其板刻有
異，細審之，皆活字版，而前所得者爲後印，兹所得者爲初印也。何以明之，
蓋此板後歸吳氏，故增入一行，其改易原書一行，以‘姓劉’二字移‘宋高祖
武帝’下，而去‘氏’字，又去小注‘宋本紀’三字，以遷就之，其痕跡顯然。兹
册古色古香，初入眼疑爲舊刻，故書友欲以充宋、元板，余亦因其古而出番餅
二枚易之，重付裝潢，可謂好事矣。辛未十月二十有五日，復翁記。”

　　[一七] 瞿《目》卷十七《子部·類書類》著録明活字本《小字録》，詳見
本節注[三]。

明錫山華氏活字板

明人活字版，以錫山華氏爲最有名。活字擺印，固不能如刻印之多，而流傳至今四五百年，蟲鼠之傷殘，兵燹之銷燬，愈久而愈稀。此藏書家所以比之如宋槧名鈔，爭相寶尚，固不僅以其源出天水舊槧，可以奴視元、明諸刻也。當時印本有曰蘭雪堂，有曰會通館。蘭雪堂爲華堅、華鏡，會通館爲華燧、華煜。蘭雪堂印行者，《春秋繁露》十七卷，見瞿《目》、云末有“正德丙子季夏錫山蘭雪堂華堅允剛活字銅板印行”一條。陸《續跋》。據云：“每葉十四行，每行十三字，版心上有‘蘭雪堂’三字，下有刻工姓名，間有‘活字印行’四字[一]。”《藝文類聚》一百卷，見瞿《目》、云目後有圖記云“乙亥冬錫山蘭雪堂華堅允剛活字銅版校正印行”。森《志》有朝鮮國銅版活字本，乃據華本重擺印者，云每半版十二行，行十九字。末有《蘭雪堂重印藝文類聚後序》，末記“正德乙亥冬後學華鏡謹拜序”。繆《記》。云每葉十四行，每行十三字。目後有墨圖記云“乙亥冬錫山蘭雪堂華堅允剛活字銅板校正印行”。每卷後有圖記“錫山”二字，長記“蘭雪堂華堅活字板印行”十字，均陽文[二]。《蔡中郎文集》十卷，《外傳》一卷，見孫《記》、云目錄後有“正德乙亥春三月錫山蘭雪堂華堅允剛活字銅版印行”二十二字。又一部即影寫此本。瞿《目》、陸《志》。云板心有“蘭雪堂”三字。一部爲覆蘭雪堂本[三]。《元氏長慶集》六十卷，見瞿《目》。校宋本[四]。《白氏長慶集》七十卷，見《天禄琳琅》十、云各卷末俱有“錫山蘭雪堂華堅活字銅板印”記。瞿《目》。云每半葉十六行，行十六字。板心有“蘭雪堂”三字，目錄前後有墨圖記云“錫山”，又“蘭雪堂華堅活字銅板印”二方[五]。會通館印行者，《容齋隨筆》十六卷，《續筆》十六卷，《三筆》十六卷，《四筆》十六卷，《五筆》十卷，見錢《日記》、云明弘治八年錫山華煜序，板心有“會通館活字銅板印”八字。瞿《目》。云板心上方有“弘治歲在旃蒙單閼”八字，下方有“會通館活字(任按，此處脱“銅版”二字。)印”八字。每半葉十八行，行十七字，有邁自序、華燧印書序[六]。《古今合璧事類前集》六十三卷，見范《目》。弘治戊午(十一年)華燧序。標題云“會通館印正古今合璧事類前集”[七]。《文苑英華纂要》八十四卷，見范《目》。首行題“會通館印正文苑英華纂要”，板心有“歲在旃蒙單閼”六字，每半葉十四行，實止七行雙行。吾藏此本，分四大卷，前三卷《纂要》，後一卷《辨證》[八]。《文苑英華辨證》十卷，見孫《記》、云“會通館印正文苑英華辨證十卷"。瞿《目》。云："此本出錫山華氏蘭雪堂,以銅字擺印,特無印記耳。板心有'歲在柔兆攝提格'及大小字數[九]。"《錦繡萬花谷前集》四十卷、《後集》四十卷、《續集》四十卷,見繆《續記》。云："嘉靖乙未(十四年)徽藩崇德書院重刻會通館本[一〇]。"《諸臣奏議》一百五十卷,見瞿《目》。云："錫山華氏會通館本,即依宋本擺印。惟原闕處即連接之爲謬,友人邵朓仙據宋本校正。"[一一]今皆稀見之本。此外有所謂華珵者印《渭南文集》五十卷,見丁《志》。云："明弘治壬戌致光禄署丞事錫山華珵汝德得溧陽本,因托活字摹而傳之[一二]。"又有但稱爲華氏者印桓寬《鹽鐵論》十卷,見瞿《目》。云："舊鈔本,從錫山華氏活字本傳錄[一三]。"華氏一門好事,洵足爲藝苑之美談。然其印行諸書,亦實不能無遺議。嘗取前人之説考之,如《天禄琳琅》十《白氏長慶集》下云："明時活板之書,出於錫山安國家者,流傳最廣。華堅姓名,不見郡邑志乘,蓋與安國同鄉里,因效其以活版製書。其書於一行之中分列兩行之字,全部皆如小注,遂致參差不齊。則其法雖精,而其製尚未盡善也。"[一四]此言其板本不善也。瞿《目》校宋本《元氏長慶集》六十卷,蒙叟跋:"《元集》誤字,始於無錫華氏之活板,謬稱'得水村冢宰所藏宋刻本,因用活字印行'。董氏不學,因之沿誤耳。"嘉靖壬子東吳董氏用宋本翻雕,行款同[一五]。丁《志》明萬曆庚辰茅一相文霞閣刻《蔡中郎集》十一卷後有記云:"《中郎集》余得三本:一出無錫華氏,爲卷十一,得文七十有一首,前後錯雜,至不可句讀;再得陳子器本,襲華之舊。最後得俞氏汝成本,益文二十有一,而損卷爲六。其間亦稍稍補輯遺漏,今而後始睹中郎之完册云。"[一六]黃《記再續》鈔校本《蔡中郎集》十卷云:"頃得惠松崖閱本,係《百三名家》,而所校字多非舊鈔、活字兩本所有。其《太尉橋公碑》中'臨令賂財贓多罪正',惠校云:'案,謝承書臨淄令路芝。'余覆檢活字本云'臨淄令賂之贓多罪正',舊鈔云'臨淄令路之贓多罪正'。今就惠校核之,是惟舊鈔爲近。蓋'路'本未誤,'芝'僅脱'艸'頭。若活字本已譌'路'爲'賂'矣。"[一七]瞿《目》鈔校本《蔡中郎文集》十卷,有顧氏潤賚三跋。其一云:"活字版似據一行書寫本作底子,故'數'譌爲'如','閑'譌爲'困'之類,往往而有。若得宋槧,必多是正也。"[一八]又瞿《目》:《文苑英華辨證》十卷云:"出錫山華氏蘭雪堂,以銅字擺印。是書字句多所脱遺，未爲精善。以其出自宋本，存之。"[一九]又張《志》：宋本趙汝愚《國朝諸臣奏議》一百五十卷跋云："是書除此本外，有明會通館活字本，繆誤不可枚舉。如卷四十六謝泌《論宰相樞密接見賓客疏》，卷六十一傅堯俞《再論朱穎士李允恭疏》，此本俱存上半篇。卷一百廿四蘇轍《乞募保甲優等人刺爲禁軍疏》，存首二行。呂陶《論保甲二弊疏》，存下半篇。卷一百三十三范仲淹《論元昊請和不可許者三大可防者三疏》，存首三葉，活字本俱删去，猶可曰以其殘闕而去之。最可異者，如卷廿六司馬光《論任人賞罰要在至公名體禮數當自抑損疏》'恩雖至厚而人不可妒者何也？衆人'下，此本缺兩頁。活字本於'衆人'下竟直接傅堯俞《上慈聖皇后乞還政疏》'誠贊翊援皇帝於藩邸以繼大統'。卷一百廿四范純仁《乞揀閲保甲疏》'乞並結盤纏赴闕委殿前'下，此本缺兩頁。活字本於'殿前'下竟直接王巖叟《乞免第四等第五等保丁冬教及罷畿内保甲第二疏》'釋然放之也'。不思字句之不貫，不顧文義之隔絶，藉非宋本尚存，奚從訂正其誤。"[二〇]黃《記》宋本《文苑英華纂要》："鈔補甲集中，仍闕第二十八葉。會通館活字本即據缺失之本開雕，并削去第二十九葉首行'初賦'二字，以當十六卷之首葉。苟非宋本，何從知其僞乎。書之不可不藏宋刻如是。"[二一]此言其校勘不善也。蓋華氏當日，隨得隨印，主者既無安桂坡之精鑒，校者亦非岳荆谿之專門。徒以秘本流傳，印行後又多爲人翻刻，故世人耳食，益重其書耳。

【箋證】

[一]瞿《目》卷五《經部·春秋類》著録明活字本《春秋繁露》十七卷，云："漢董仲舒撰，宋樓文獻定本，明錫山華氏以活字銅板印行。是書在宋時已殘佚，歐陽氏、程氏辨之甚詳。至樓氏，蒐采校訂爲八十二篇，原闕三篇。明時又有脱葉、脱字，惟十七卷猶是董子原書舊第也。前有慶曆七年樓郁序，後有嘉定三年樓鑰跋，并附《崇文總目》《中興館閣書目》《郡齋讀書志》、六一先生書後、程大昌書後諸題跋。卷末有'正德丙子季夏錫山蘭雪堂華堅允剛活字銅板印行'一條。"

陸《續跋》卷三亦著録蘭雪堂本《春秋繁露跋》。

[二]瞿《目》卷十七《子部·類書類》著録明活字本《藝文類聚》，云：

"題'唐太子率更令弘文館學士渤海男歐陽詢撰',與宋本同。明陸氏刻本脫去'渤海男'三字,每條惟空一格。此則逐條提行,每半葉十四行,行十三字。目後有墨圖記云:'乙亥冬錫山蘭雪堂華堅允剛活字銅板校正印行。'舊爲吳方山藏書。每卷首有'姑蘇吳岫家藏'朱記。"

繆《記》卷五《類書第七》著錄明活字本《藝文類聚》一百卷,云:"題'唐太子率更令弘文館學士渤海男歐陽詢撰',與宋本同。明本每條空二格,此本逐條提行。每半葉七行,每行十三字。目後有墨圖記云'乙亥冬錫山蘭雪堂華堅允剛活字銅板校正印行'陰文。每卷後有圓記'錫山'二字,長記'蘭雪堂華堅活字板印行'十字,均陽文。收藏有'愛日精廬藏書'朱文方印。"

此外,楊《譜》二編卷七《子部》亦著錄蘭雪堂重印《藝文類聚》一書。

[三] 孫《記》卷三《明版》著錄影寫本《蔡中郎文集》十卷,《外傳》一卷,云:"前有天聖癸亥歐靜序。此即從前蘭雪堂活字銅板本影寫。唯前本'正德乙亥春三月錫山蘭雪堂題識'兩行,前本在目錄後上半葉,此本在下半葉。又脫'正德'二字,行款俱同前本。此本板心上有'蘭雪堂'三字。"

瞿《目》卷十九《集部・別集類》著錄明活字本《蔡中郎文集》,云:"漢左中郎將蔡邕伯喈撰。此十卷本,與宋《志》及陳氏《書錄》合。明華氏得舊鈔,以活字印出。有平陽歐靜序。《文獻通考》載:陳氏曰作'歐陽靜'。未詳孰是。世以此本爲最古。目後有'正德乙亥春三月錫山蘭雪堂華堅允剛活字銅版印行'二行。萬曆間,有徐子器刻本,雖依舊第,而有增删處,失其真矣。"

陸《志》卷六十七《集部・別集類》著錄《蔡中郎文集》兩種:一爲蘭雪堂活字本,云:"案,目後有'正德乙亥春三月錫山蘭雪堂華堅允剛活字銅版印行'二行,每葉版心有'蘭雪堂'三字。"一爲明覆蘭雪堂活字本,徐興公舊藏。

[四] 瞿《目》卷十九《集部・別集類》著錄校宋本《元氏長慶集》,云:"此無名氏傳錄,義門何氏校本。卷首題記云:'壬辰桂月,從義門先生本校正。'義門本出陸敕先、黃俞邰兩家校本,二本又出自楊君謙及蒙叟也。有楊循吉跋曰:'弘治元年,從荐門陸進士士脩借得宋本《元氏集》,命筆生徐宗器模錄原本,未畢,士脩赴都來別,索之甚促,所餘十卷,幾於不成,幸竟留之,遂此深願。九月二十五日始克裝就,藏於雁蕩邨舍之卧讀齋中,永爲珍翫。且近又借得《白氏集》,亦方在錄,可謂聯珠並秀,合璧同輝矣。'何焯跋曰:'余先從趙星瞻得陸敕先丈校本改正誤字,康熙庚辰陽月復於白下得黃俞邰手校本,蒙叟跋在焉。其辭曰:"《微之集》舊得楊君謙鈔本,行間多空字,後得宋刻本,吳中張子昭所藏,始知楊氏鈔本空字,皆宋本,歲久漫滅處,

君謙仍其舊而不敢益也。"嘉靖壬子,東吳董氏用宋本翻雕,行款如一;獨於其空闕字樣,皆妄以己意揣摩填補。此本流傳日廣,後人雖患其譌而無從是正,良可嘅也! 亂後,余在燕都,於南城廢殿得《元集》殘本,向所缺誤,一一完好,暇日援筆改正,豁然如瞖之去目,霍然如疥之失體。《微之集》殘缺四百餘年,而一旦復完,寶玉大弓,其猶有歸魯之徵乎? 著雍困敦之歲皋月廿七日。'又跋曰:'《元集》誤字,始於無錫華氏之活板,謬稱得水村冢宰所藏宋刻本,因用活字印行;董氏不學,因之沿誤耳。'"

[五]《天禄琳琅書目》卷十《明版集部》著録《白氏長慶集》七十一卷,云:"此書目録後并各卷末,俱有'錫山蘭雪堂華堅活字銅版'印記。考明時活版之書,出於錫山安國家者,流傳最廣。華堅姓名,不見郡邑志乘。蓋與安國同鄉里,因效其以活版製書。其書於一行之中分列兩行之字,全部皆如小注,遂致參錯不齊,則其法雖精,而其製尚未盡善也。"

瞿《目》卷十九《集部·別集類》亦著録明活字本《白氏長慶集》,云:"是本出明錫山華氏,以活字銅板印行,前列元稹序。每半葉十六行,行十六字。每卷首注明篇數,板心有'蘭雪堂'三字。目録前後有墨圖記云'錫山',又'蘭雪堂''華堅活字銅板印'二方。"

[六]錢《日記》卷一著録《容齋隨筆》,云:"讀《容齋五筆》活字本,明弘治八年錫山華煜燧序。板心有'會通館活字銅板印'兩行八字。洪公《隨筆》初刻於婺州。至嘉定壬申,從孫伋由贛守擢江西提刑,并《五筆》刻於章貢,別有何異、邱橚前後二序。又十年,伋守建寧後刻此書於郡,自爲跋,題銜稱'嘉定十六年八月,從孫朝議大夫直華文閣,知建寧軍府事新除直華文閣知隆興府江西安撫使'。最後有跋數行,紹定改元之明年臨川周謹書。蓋其時贛本漫不可辨,以建本參考鐫梓。"

瞿《目》卷十六《子部·雜家類》亦著録明活字本,云:"宋時刻本不一,今皆不傳。此明錫山華氏以活字擺印,板心上方有'弘治歲在旃蒙單閼'八字,下方有'會通館活字銅版印'八字。每半葉十八行,行十七字。有邁自序及何異序,華燧印書序。"

[七]范《目》卷三之二《子部·類書類》著録刊本《會(任按,此處脱"通"字)館印正古今合璧事類前集》云"明弘治戊午重刊,錫山華燧序"。

[八]見范《目》卷四之三《集部·總集類》著録會通館刊本《文苑英華纂要》八十四卷。

[九]孫《記》補遺舊寫本著録《會通館印文苑英華辨證》十卷,云:"前有嘉泰四年彭叔夏序。宋本《文苑英華》,每卷本附《辨證》,此則其單行本也。據叔夏序云:'考訂商榷,用功爲多。散在本文,覽者難遍。因會萃其

説,以類而分。各舉數端,不復具載。小小異同,在所弗録。元注頗略,今則加詳。其未注者,仍附此篇,故與附刊《英華》後者詳略不同。”

瞿《目》卷二十三《集部·總集類》亦著録明活字本《文苑英華辨證》,云:“此本出錫山華氏蘭雪堂,以銅字擺印,特無印記耳。板心有‘歲在柔兆攝提格’及大小字數。是書字句多所脱遺,未爲精善,以其出自宋本存之。卷首有‘范印文安’朱記。”

[一〇]見繆《續記》卷五著録《錦繡萬花谷前集》四十卷,《後集》四十卷,《續集》四十卷,云“明徽藩崇德書院重刻會通館本,仍存華燧前序、嘉靖十四年賈詠序”。

[一一]瞿《目》卷九《史部·詔令奏議類》著録校宋本《諸臣奏議》,云:“此錫山華氏會通館本,即依宋本擺印,惟原闕處即連接之爲謬。友人邵胲仙據宋本一一校正,跋其後云:‘會通館活字本,中間譌謬舛踳,幾不可讀。甲申秋七月,假張月霄所藏宋板讎校,缺者補之,譌者正之,以甲之前半篇,接乙之後半篇,而不能句讀者足之,宋板漫漶者闕之,凡雙行夾注者,悉以紅點誌之,歷十月而始蒇事。其趙希潫序一篇,《奏劄》一道,《自叙》一篇,史季温跋一篇,《總目》十三葉,活字本未録。目録一百四葉,俱照宋板録出,以存其真。”

[一二]見丁《志》卷三十《集部·別集類》著録明弘治華氏活字本陳簡莊藏書《渭南文集》。

[一三]瞿《目》卷十三《子部·儒家類》著録舊鈔本《鹽鐵論》,云:“此從錫山華氏活字本傳録。顧澗薲氏以太元書室本、攖寧齋舊鈔本校過,末有澗翁題記云:‘讀此書,貴能得其用。如予者,徒索解於字句間,何足道耶?癸亥八月,重閲一過,記。’又云:‘嘉慶丁卯五月,爲居停主人張古餘先生校刻弘治十四年涂楨本,再讀此。’案,是本當即陽城張氏撰《考證》之底稿也。卷首有‘顧澗薲手校’朱記。”

[一四]《天禄琳琅書目》卷十《明版集部》著録《白氏長慶集》,葉氏所引詳見本節注[五]。

[一五]瞿《目》卷十九《集部·別集類》著録校宋本《元氏長慶集》,詳見本節注[四]。

[一六]丁《志》卷二十三《集部·別集類》著録明萬曆庚辰刊本《漢蔡中郎集》十一卷,云:“此本前有天聖癸亥海陵西齋平陽歐静原序。嘉靖二十七年西京喬世寧、嘉靖戊申南都俞憲、萬曆元年東陽王乾章序,實爲吳興茅一相校刊。後有木記云‘萬曆庚辰秋七月既望,吳興花林東海居士刊於文霞閣中’。又記云:‘《中郎集》,余得三本:一出無錫華氏,爲卷十一,得文七十

有一首,前後錯雜,至不可句讀。再得陳子器本襲華之舊。最後得俞氏汝成本,益文二十有一,而損卷爲六。其間亦稍稍補輯遺漏,今而後始覩中郎之完册云。'"

[一七]見黄丕烈《士禮居藏書題跋再續記》卷下《集類》著録鈔校本《蔡中郎集》十卷。

[一八]瞿《目》卷十九《集部·别集類》著録鈔校本《蔡中郎文集》,云:"黄蕘圃氏於影寫蘭雪堂本以樸學齋舊鈔本參校,用朱筆拈於上下方,復以墨筆寫。顧澗薲氏校語多所訂正,此即逐録本也。顧氏有跋曰:'東漢人文集存於世者,僅此一種,尚是宋以前人所編,其餘無之矣。'又:'此《集》頗與今文家之學有關涉,尤學者所不可廢,此予所以呕呕費日力爲之再三訂正者也。'又跋曰:'丁卯正月校讀一過,凡訂正若干條中,有絶精處,索解人不得矣。'五月再校於江寧,用《後漢書》參訂,又添若干條。又跋曰:'活字版似據一行書寫本作底子,故"數"譌爲"如"、"閑"譌爲"困"之類,往往而有,若得宋槧,必多是正也。'又黄氏自跋曰:'取周香巖家藏舊鈔本校,舊鈔係樸學齋所藏,前無序、有目,分卷多同,行字互有得失,終以舊鈔爲勝。惜舊鈔係行草,筆畫未能明了,故傳活字本以舊鈔校之,參取兩本之勝處可矣。'"

[一九]瞿《目》卷二十三《集部·别集類》著録明活字本《文苑英華辨證》十卷,詳見本節注[九]。

[二〇]見張《志》卷十二《史部·詔令奏議類》著録宋淳祐刊本《國朝諸臣奏議》。

[二一]黄《記》卷六《集類》著録宋刻本《文苑英華纂要》,云:"八册,絳雲、滄葦兩家皆如是云云。此時僅存七册,失其首矣。然就其所存者核之,言其分集則甲之半也,言其列卷則失一至十六也,言其排葉則失一至四十三也,言其裝册則失第一也。余故以素紙空白者留其跡,安知後不遇其舊以補其闕乎?余得此書後,坊間又從郡故家得宋板二部,印本多與此同,一歸默堂查氏,一歸冰雪堂汪氏,彼皆取以鎮宅,未必能假人,故數年來無從借鈔。君子於其所不知,蓋闕如也,余亦守斯意耳。及今戊寅夏孟,獲見會通館印正本,雖止卷第二十五,然宋板所缺恰可補鈔,方歎竹頭木屑,古人豫儲需用之説爲不誣,而余抱殘守闕之功爲不小也。頃寫後跋畢,書友來成議,因書原委如此。宋廛一翁。""余既收得活本,後因勤鈔補之興,并以活本補宋本究未盡善,思借汪本補鈔,恐其靳而不與也。適彼介五柳主人借余舊鈔本《郡齋讀書志》衢本,校其所藏本,遂亦丐五柳借其《纂要》,慨然允諾,鈔補如右。今而後,可謂毫無遺憾,非不知而妄作矣。汪本較余藏本印較後,故闕葉爛板更多,復可從余藏本補之,一舉兩得,方信君子成人之美爲不誣耳。

所鈔補甲集中,仍闕第二十八葉,會通館活字本即據闕失之本開雕,首削去第二十九葉首行'初賦'二字,以當十六卷之首葉,苟非宋本,何從知其僞乎?書之不可不藏宋刻如是。越歲戊寅四月十四日晨起,有書友邵鍾琳攜書二種,就余質證,云是伊友從太倉得來,欲求售者,其一爲七寸板蘇老泉先生《嘉祐集》十四卷,其一爲會通館活字本《文苑英華纂要》也。時余但評其爲明刻善本,因其索值昂,未之留。蘇《集》,四十年前曾於紫陽閣書坊朱秀成處見過,知爲善本。《文苑纂要》,但記余亦有殘書本,於向年探討一番之情事盡忘之矣。及書友去,方命長孫美鏐檢舊藏殘宋復閱,始知會通館活字本,世但有《辨證》,而《纂要》則未之見也。遂重取歸核之,與前所記悉合,惜止一本也。因歎翰墨因緣有如是之深者,念余雖年衰力絀,尚能見聞廣博,益我聰明,天之愛余爲何如耶? 十六日偶記。"

明華堅之世家

《天禄琳琅》十謂華堅姓名不見郡邑志乘,然吾竊疑爲華燧之從子行。按,明華渚撰《勾吳華氏本書·華燧傳》:《本書》三十三承事傳之一。"會通公燧,字文輝。少於經史多涉獵,中歲好校閱異同,輒爲辨證,手録成帙。遇老儒先生,即持以質焉。或廣坐通衢,高誦琅琅,旁若無人。既乃範銅板錫字,凡奇書難得者,悉訂正以行。曰:'吾能會而通之矣。'名其讀書堂曰'會通館',人遂以'會通'稱。或丈之,或君之,或伯仲之,皆曰'會通'云。所著有《九經韻覽》《十七史節要》。其事時茸翁稱色養。德輝按,時茸名方,字守方,以字行。時茸翁嬰足疾,常寢臥,公爲室寢西。每兄弟侍而退,則誦《詩》讀《禮》於斯,以樂翁志。翁既卒,獨廬於墓,著《治喪切問》。祭必率諸子齋於家。修譜,考世系論宗法頗詳。家世以本富,公以劬書,不復經紀爲務,家故少落,公漠如也。居之西數里,有原田積蕪,公仿古井田制,溝洫之,疆界之,會公疾,不得就。然其規制可觀,人謂公具經濟才以此。公六十杖鄉之年,修撰錢福先生壽公序,其言曰:'予嘗與先生同寢處,見其昧爽而興,操觚揮翰,環列四庫書,童子分執,有所采掇,各簡所執以獻,至晚不輟,知其學之博而力之勤也如此。又嘗讀其所著仁、性命及律吕、廟制諸篇,皆舒徐典奥，究極理致，知其見之明而探之深也如此。又嘗讀其所慰伯兄詿誤詩，知其天倫之篤而排難之勇也如此。又嘗聞其少力家蠱，應公役，五十始讀書，而句工筆粹，成一家言，知其志之堅而神之完也如此。'錢先生稱質家言，其頌公也，其有所試哉！公年七十五卒，未劇時，自爲誌與銘，葬西壽山。吏部尚書喬公宇表曰：'會通子者，廬墓以思親，近乎孝；修族譜以諭宗，近乎仁；補遺稅以周人之急，近乎義；較刊群書以廣其傳，近乎文；自爲墓銘以安死生之説，近乎知道。兼此數者，可謂有道君子也矣。'公又別號梧竹氏，會通，從同也。"又邵文莊寶《容春堂集》中有《會通君傳》云："會通君，姓華氏，諱燧，字文輝，無錫人。少於經史多涉獵，中歲好校閱同異，輒爲辨證，手録成帙。遇老儒先生，即持以質焉。既而爲銅字板以繼之，曰：'吾能會而通矣。'乃名其所曰'會通館'。人遂以'會通'稱，或丈之，或君之，或伯仲之，皆曰'會通'云。君有田若干頃，稱本富。後以劬書故，家少落，而君漠如也。三子：堹、奎、壁。"又《無錫縣誌》："華珵，字汝德，以貢授大官署丞。善鑒別古奇器、法書、名畫，築尚古齋，實諸玩好其中。又多聚書，所製活板甚精密。每得秘書，不數日而印本出矣。"《志》雖無堅名，然燧三子皆取土旁爲名，則堅必其猶子，而煜則兄弟也。跋《藝文類聚》之華鏡，以字義推之，則必堅之從子也。蓋五行之次，火生土，土生金。鏡者，金旁字也。惟華珵乃從王旁，別爲一例。珵刻有宋左圭《百川學海》，改竄宋本舊第，爲世所譏。大約華氏所刻書，均不必可據。特以傳世日稀，又無宋本可以比校，故書估藏家展轉推重也。

明安國之世家

安氏亦無錫富人。《常州府志》云："安國，字民泰，無錫人。居積諸貨，人棄我取，贍宗黨，惠鄉里，乃至平海島，濬白茅河，皆有力焉。父喪，會葬者五千人。嘗以活字銅版印《吳中水利通志》。"又《無錫縣志》云："安國，字民泰，富幾敵國。居膠山，因山治圃，植叢桂於後岡，延袤二里餘，因自號桂坡。好古書畫彝鼎，購異書。又西林膠山,安氏園也。嘉靖中,安桂坡穿池廣數百畝,中爲二山,以擬金、焦。至國孫紹芳,即故業大加丹艧,與天下名士游賞其中,二百年來東南一名區也。"德輝按,國之子如山,嘉靖己丑八年。進士,知裕州,均田得體,士民誦德,祀名宦,歷仕至四川僉憲。孫希範,萬曆丙戌十四年。進士,官南京吏部司封郎。以忤輔臣王錫爵,削籍歸。與光祿顧憲成仿龜山講學故址,闢東林書院。闡濂、洛、關、閩之學,暇則纂述諸書切身心性命者。卒之明年,子廣譽、廣居伏闕上疏,白其遺忠。特贈光祿寺少卿,賜卹典,請祀鄉賢。事詳《明史》本傳。明德之後,必有達人,于安國見之矣。又按,希範曾孫紹傑,輯希範年譜。名《安我素先生年譜》。我素,希範之別號也。追述先世云:"其先黃姓,洪武初,諱茂者,姑蘇縣珠里人。贅於長史安明善氏,蒙安姓,四傳封户部員外郎。桂坡公諱安國,多遠略,禦海寇,濬白茅河,皆有力焉。好蓄古圖書,鑄活字銅版,印《顏魯公集》、徐堅《初學記》等書。重建膠山李忠定公祠,蠲田奉祀。邵文莊公寶撰記:足跡遍名山,交遊遍海内,著遊吟稿,載《邑志·行義》。"據紹傑所述,先世印書,殊不明晰。蓋國所印之書,《初學記》爲刻本,《顏魯公集》則活字印本,非《初學記》亦活字印也。《顏魯公集》又有嘉靖二年安國刻本,則在活字印本之後。萬曆中,平原令劉思誠刻本即從之出。半葉十行,行二十字,《四庫全書總目》著錄爲安氏刻本。《提要》云:"萬曆中,真卿裔孫允祚所刊,脱漏舛錯,盡失其舊。獨此本爲錫山安國所刻,然猶元剛原本也。"元剛,留元剛,宋嘉定間守永嘉,得宋敏求編十五卷本殘本十二卷,失其三卷。乃以所見真卿文别爲補遺,并撰次年譜付之,爲後序。後人復即元剛之本分十五卷。安刻諸書,頗爲世重,故詳考其世系,而并辨其後人之誤記者著于篇。是固談書林掌故者所樂聞也。

日本朝鮮活字板

活字版之製,流入外藩最早者,莫如朝鮮、日本。而尤以日本爲最精。以余考之,其盛行已在明初。永樂庚子冬,朝鮮國王命造銅字活板,又命新鑄造大樣銅字印行《十八史略》,事詳森《志·史略》下。《志》又有天順八年，朝鮮國活字印板《爾雅注疏》十一卷[一]；又弘治十年，朝鮮國活字印板《唐鑑音注》二十四卷[二]；嘉靖二十三年甲辰，朝鮮宋麟壽活字印《陳簡齋詩注》十五卷[三]。大抵朝鮮活字本，始行於明初時。余藏有《國語韋昭注》，爲銅活字大字本。後有跋云："我東活字印書之法，始自太宗朝癸未，以經筵古注《詩》《書》《左傳》爲本，命判司平府事李稷等鑄十萬字，是爲癸未字。世宗朝庚子，命工曹參判李蒇等改鑄，是爲庚子字。甲寅，以《孝順事實》《爲善陰騭》等書爲字本，命集賢殿直提學金墩等鑄二十餘萬字，是爲甲寅字。英宗朝壬辰，正宗大王在東宮，仰請大朝，以甲寅字所印《心經》《萬病回春》二書爲字本，鑄十五萬字，藏於芸館，是爲壬辰字。正宗朝丁酉，命平安道觀察使徐命膺，以甲寅字爲本，鑄十五萬字，儲之內閣。又於壬寅，命平安道觀察使徐浩修以本朝人韓構書爲字本，鑄八萬餘字，亦儲之內閣。壬子，命仿中國四庫書聚珍版式，取字典字本，木刻大小三十二萬餘字，名之曰生生字。甲寅，命內閣銅字移藏於昌慶宮之舊弘文館，稱以鑄字所。丙辰，《整理儀軌》將印行，命奎章閣直提學李晚秀、奎章閣原任直閣尹行恁監董，以生生字爲本，鑄大字十六萬，小字十四萬餘，名之曰整理字。分儲七櫃，藏於鑄字所。後六十二年，當寧丁巳，鑄字所失火。戊午，命奎章閣檢校提學金炳冀、奎章閣提學尹定鉉、奎章閣提學金炳國主館。鑄整理大字八萬九千二百三字，小字三萬九千四百十六字，韓構字三萬一千八百二十九字，與燼餘完字十七萬五千六百九十八字，藏於鑄字所。已未，命以整理字印《國語》。蓋鑄字成，試印一書，例也。"按，此跋載高麗活字板始末極詳，固知彼國雖僻處東隅，其文化之所漸被亦久矣。日本銅活字版書傳世爲古者，據森《志》所載，有文禄五年丙申，當明萬曆二十四年。甫庵道喜印《蒙求補注》三卷[四]；慶長四年己亥，當明萬曆二十七年。敕印《論語》《孟子》《大學》《中庸》單經本二十六卷[五]；慶長五年庚子，敕校《貞觀政要》十卷[六]；又足利學奉敕印《七經》《孟子》八種，黃石公《三略》三卷[七]；又十一年丙午，當明萬曆三十四年。敕印《武經七書》[八]；又十二年丁未，當明萬曆三十五年。直江兼續用銅雕活字印《六臣文選注》六十卷[九]；元和四年戊午，當明萬曆四十六年。

那波道圓印《白氏文集》七十一卷^[一〇]；承應二年癸巳，_{當順治十年。}印朱子《小學書》六卷^[一一]。據余所見，有元初七年辛酉，_{當明天啓元年。}敕印《事實類苑》六十三卷^[一二]。據余所藏，有安政二年乙卯，_{當咸豐五年。}江都喜多村學訓堂印《太平御覽》一千卷；明治十八年乙酉，_{當光緒十一年}^[一三]。弘教書院印《釋藏》八千五百三十四卷。又皆煌煌巨册，與吾國武英殿聚珍本相頡頏。近則鉛字風行，又便於銅鑄，石印之法更捷於檢排。機器日新，而古法蕩然，無所師授矣。

【箋證】

[一] 森《志》卷三《史部·別史類》著録足利學藏朝鮮國銅字活板本《十八史略》，云："永樂庚子冬，朝鮮國王命造銅字活板，又命新鑄造大樣銅字，印行此書。詳見宣德九年韓臣等跋，卷首有宣賜之印記。"

森《志》卷二《經部·小學類》著録求古樓藏朝鮮國活字刊本《爾雅注疏》，云："首有天順八年富順胡深序。又有吉水周齊己後序。卷端有'宣賜之記''疏庵''輔臣弼仲''西河後人'四印，共爲朝鮮國人印。又有讀耕齋之家藏印。册皮背題云'嘉靖十六年十月日内賜益陽君懷《爾雅》一件，命降謝恩'。卷末護葉有'辛丑之歲七月信勝記'。信勝，即道春先生也。"

[二] 森《志》卷三《史部·史評類》著録求古樓藏朝鮮國活字刊本《唐鑑音注》，云："首有弘治十年毗陵白昂序，稱吾邑令吕君得此書於秋官徐君朝文，欲以繡諸梓，邑之大學生楊伯川富而好禮，乃捐貲以成之，置於家塾云云。"

[三] 森《志》卷六《集部·別集類》著録求古樓藏朝鮮國刊本《陳簡齋詩注》十五卷，云："劉辰翁評點。本卷首有辰翁序，卷末有嘉靖二十三年甲辰朝鮮柳希春跋，云歲癸卯宋相麟壽出按湖南，多刊書册，而是集亦預焉。末署校正、都邑、刻手等名銜。每卷有'多福文庫'印及'仁正侯藏'印。"

[四] 森《志》卷五《子部·類書類》著録求古樓藏文禄丙申活字刊本《蒙求補注》，云："每卷首有目録。每半板十一行，行十五字。本文併二行大書。卷末有文録五年丙申小春甫庵道喜跋，記活字印行始末。狩谷望之云：'余所見活字諸本，皆慶長已後之鏤板而已。文録之刻，唯於此見之，雖闕本，亦可珍賞也。'"

[五] 森《志》卷二《經部·四書類》著録慶長己亥敕板活字單經本《論語》十卷、《孟子》十四卷、《大學》一卷、《中庸》一卷，云："此本《論》《孟》依古注本，《學》《庸》依朱注本。各經首木格内大書'某經慶長己亥刊行'八字。每半板□行，行□字。文字遒勁，活板之尤佳絶者也。"

　　［六］森《志》卷三《史部·雜史類》著錄慶長五年活字刊本《貞觀政要》，云：“慶長五年，前龍山見鹿苑承兑叟奉神祖教校刊，卷末有承兑叟跋及慈眼久德刊之記。此本係依前本重刊者。”

　　［七］森《志》卷四《子部·兵家類》著錄慶長五年活字刊本《黃石公三略》，云：“此係慶長五年足利學元佶奉神祖命用活字印行。每半板八行，行十七字。末有元佶跋。”

　　［八］森《志》卷四《子部·兵家類》著錄慶長十一年活字刊本《七書》，云：“慶長十一年，元佶奉教活字印行。近藤正齋云，當時單本《七書》不傳，此本就序跋考之，蓋從施氏《講義》錄出者。世又傳整板本即覆刻此本者，又有舊板加點本及萬治二年刊本，俱係坊刻。”

　　［九］森《志》卷六《集部·總集類》著錄慶長丁未活字刊本《文選六臣注》，云：“卷首體式與足利學所藏宋本同，蓋依足利本活字刷印者。目錄首題云‘茶陵前進士陳仁子校補’。考宋本無總目，宋板諸書多然。而此則依陳氏本校補入已不可，輒以爲原於元刻也。卷末有紹興跋文，亦依別本添補者。每半板十行，行二十三字，注雙行，界長八寸二分，幅五寸四分，四周雙邊。此本慶長丁未歲直江兼續用銅雕活字印行，世因稱‘直江板’。嘗見有羅山先生真蹟跋文本云：此本近歲，米澤黃門景勝、陪臣直江、山城寺某，開板於要法寺。余請秋元但馬守泰朝，而後泰朝告景勝而得之以寄余，此可以見概略矣。又有寬永中活字刊本，依此本重刊。”又載福山鹽田屯藏朝鮮國銅雕活字印本《文選注》云：“每半板十行，行十七字。界長八寸三分，幅五寸八分。大板大字體式與前本略同。惜此本殘缺不完，所存僅十九本耳。”

　　［一〇］森《志》卷六《集部·別集類》著錄元和戊午那波道圓活字刊本《白氏文集》，云：“首有《白氏長慶集序》，題‘浙東觀察使元稹字微之述’。序後有目錄，每卷首題‘白氏文集卷第幾’。每半板九行，行十六字。卷末有會昌五年樂天《白氏集》。後記廣順癸丑歲陶穀述龍門重脩白樂天影堂記，及戊午七月那波道圓重刊後序。狩谷望之云，《讀書敏求記》所謂廬山本者，蓋即此本乎。”

　　［一一］森《志》卷四《子部·儒家類》著錄求古樓藏活字刊本《小學書》六卷，云：“宋朱子撰。諸家注釋是書者，概刪去朱子本注。明代陋儒竄亂古書，往往如此。山碕闇齋嘗痛真本失傳，鈔出本注於集成中以刊行。此本承應二年所刊，尚爲朱子原書。憾闇齋之偶不及見焉。”

　　［一二］森《志》卷四《子部·雜家類》著錄元和七年銅板活字本《事實類苑》，云：“元和（任按，葉氏著錄爲“元初”。）七年六月勒鑄造銅字數萬，刷印是書。賜幕府及公卿諸臣即此本也。目錄標題《麻沙新雕皇朝類苑》。目

録末記‘紹興二十三年癸酉歲中元日麻沙書坊印行’，蓋以紹興麻沙本爲原也。每半板十三行，行二十字。界長六寸六分，幅五寸八分，四周雙邊。卷末有元和七年前南禪寺僧瑞保跋。”

[一三] 森《志》卷五《子部·類書類》著録楓山官庫藏宋槧本《太平御覽》，未見葉氏所謂“江都喜多村學訓堂印”。

顔色套印書始於明季盛於清道咸以後

朱墨套印，明啓、禎間，有閔齊伋、閔昭明、凌汝亨、凌濛初、凌瀛初，皆一家父子兄弟刻書最多者也。閔昭明刻《新鐫朱批武經七書》。閔齊伋刻《東坡易傳》《左傳》《老》《莊》《列》三子，《楚辭》《陶靖節》《韋蘇州》《王右丞》《孟浩然》《韓昌黎》《柳宗元》諸家詩集，蜀趙崇祚《花間詞》。凌汝亨刻《管子》。凌濛初、瀛初刻《韓非子》《呂氏春秋》《淮南子》。皆墨印朱批，字頗流動。其一色藍印者，如黃《記》《墨子》十五卷[一]；陸《志》《李文饒集》二十卷，《別集》十卷，《外集》四卷[二]；《邵注四庫簡明目》張登雲刻《呂氏春秋》二十六卷；明萬曆丁亥刻張佳胤《崌崍集》二十七卷[三]。此疑初印樣本，取便校正，非以藍印爲通行本也。他如三色套印，則有《古詩歸》十五卷，《唐詩歸》三十六卷，其間用朱筆者鍾惺，用藍筆者譚元春也。四色套印，則有萬曆辛巳，九年。凌瀛初刻《世說新語》八卷，其間用藍筆者劉辰翁，用朱筆者王世貞，用黃筆者劉應登也。五色套印，明人無之。道光甲午，涿州盧坤刻《杜工部集》二十五卷，其間用紫筆者明王世貞，用藍筆者明王慎中，用朱筆者王士禎，用綠筆者邵長蘅，用黃筆者宋犖也，是并墨印而六色矣。斑斕彩色，娛目怡情，能使讀者精神爲之一振。然刻一書而用數書之費，非有巨貲大力，不克成功。故虞山二馮評點《才調集》，其從子武刻之，以重圈、細圈分別，又以三角、尖點劃明，是亦節省工貲之道。但一經翻刻，則易混淆，固不如套印之易於區別也。

【箋證】

[一] 黃《記》卷四《子類》著録校明藍印銅活字本《墨子》十五卷，云：

"《墨子》向無善本,往時顧抱沖訪書海鹽張氏,曾得明藍印本,歸其從弟千里,歎爲絕佳,自後卻無所遇,因從千里借吳匏菴鈔本,傳錄一本,以備誦讀。頃香巖周丈有伊親託售之書,内有藍印《墨子》,遂丐歸余。其來札云:'此刻與畢刻稍異,彼據《道藏》本,此出自内府,皆本於宋刻,未易優劣也。'余復取吳鈔本相勘,大段同此,而鈔所自出雖未知其何,從其年代較先於此,或可互證也。家藏子書極多宋刻,惟《晏子》《墨子》皆明本之善者,是可喜已。嘉慶丙辰春三月七日,從友人齋頭賞牡丹歸,燒燭書此。蕘翁。"

[二] 陸《志》卷七十《集部·別集類》著錄明刊藍印本《李文饒文集》二十卷,《別集》十卷,《外集》四卷。

[三]《邵注四庫簡明目》卷第十三《子部·雜家類》著錄明萬曆張登雲刊本《吕氏春秋》。又,《邵注四庫簡明目》卷第十八《集部·別集類》著錄明萬曆丁亥刻明張佳胤《崿崍集》。

唐宋人類書刻本

唐宋人類書,宋刻罕傳,惟恃元、明翻刻本相接續,而明刻有善有不善,是當分別觀之。《白帖》原書,注文本略,陸《志》有北宋刊本三十卷云:"題曰:《新雕白氏六帖事類添注出經》,每葉二十六行,每行二十六七字不等,小字雙行,歐書極精。"[一]德輝按,既曰"新添出經",則知白氏原書注文必略。今《白孔六帖》合刻,注文無多,或是據原本。自以《孔帖》合并,宋《孔傳六帖》亦三十卷。《天禄琳琅後編》五有宋刊本,云"乾道丙戌刊於泉南郡齋"。前有泉守韓仲通序,蓋即韓主刻者,二書合併之始。據王應麟《玉海》云:"孔傳亦有《六帖》,今合爲一書,則在南宋末年。"觀陸《志》有南宋刊本殘本《白孔六帖》,益足證應麟之語不謬矣[二]。益無足觀。《北堂書鈔》經陳禹謨重刻,竄改舊文,任意補綴,好古者時恨不見原書。幸朱竹垞、錢遵王所傳易名之《古唐類範》猶在人間,孫星衍又得明陶九成鈔本,屬嚴鐵橋孝廉可均校勘。僅刻陳本竄改太甚者,凡卷一至卷二十六,又卷一百二十二至卷一百六十,共五十五卷。蓋《書鈔》首尾諸卷,其殘缺爲尤甚也。然孫雖屬嚴校勘,終其剞劂之資,出之盧江胡氏。故每卷末有"督理江西通省鹽法道兼管瑞袁臨等處地方盧江胡稷以影宋本校刊"字一行,又有"烏程嚴可均分校"一行。張文襄《書目答問》有校明初寫本《北堂書鈔》五十五卷,云:"嚴可均校四錄堂本,罕見。"[三]德輝按,張《目》以此本屬之嚴氏四錄堂,似未知此書爲胡氏校刻,嚴祇在校人之列也。大約功未及完,版亦渙散。光緒己丑,歸安姚覲元以活字排印七十餘卷,印未竣而姚亦歿。蓋此六十年間,兩刻而兩未成矣。今陶鈔原本,爲南海孔廣陶所藏,孔於光緒戊子付刊。但校者非專門,以校語夾雜注中,閱之令人目炫,是則不過存其書而已。《初學記》卷末之三十卷,原卷久佚,明刻皆以安國桂坡館刻本爲善。而此卷與他卷缺佚,多出臆補。其後晉藩、潘藩、揚州九洲書屋、徐守銘寧壽堂諸本皆從之出,未有善本訂正也。獨陳大科刻本自序云:“南國妄一男子,謬以其意損益之,至竄入宋事什二三。”似即指安刻而言,然所刻亦未可信。今陸心源《群書拾補》以元刻較安刻以下各本,詳略異同之處至八卷之多,而與陳本亦絕不合。世稱乾隆内刻古香齋袖珍本出自元槧,究亦與明本無殊,是固此書一重公案也。《藝文類聚》有明正德乙亥,十年。華鏡蘭雪堂活字印本,又有萬曆丁亥,十五年,王世貞序刻本。二本譌脱,大致相同。自來考據家多重陸采刻小字本及宗文書堂本,以其源出宋槧,文句完全,詳於大字、活字兩本也。《太平御覽》宋本,自明張溥析分五百卷爲二女奩貲,其書久成破鏡。至乾嘉時存三百六十卷,藏黃丕烈士禮居,爲百宋一廛中宋本之冠。後存三百卷,歸之陸心源皕宋樓。陸没後,其子將其書盡售於日本岩猗静嘉堂,中國遂無宋本矣。明人倪燦以活字印五百部,同時即有重刻,前皆有萬曆改元黃正色序。而錯簡誤字,疑似頗多,然有絕勝嘉慶二十三年鮑崇城刻小字本之處。鮑刻自謂所據爲宋本,阮文達元爲作序,亦極稱之,其言無可徵信。此外有嘉慶十四年張海鵬刻大字本,嘉慶十七年汪氏活字印本,近日本安政乙卯校宋活字印本,皆云從宋本舊鈔校勘。以校明刻,時或不逮。蓋明時兩本雖有譌錯,究未擅改,“誤書思之一適”,此邢子才有爲而言也。

【箋證】

[一] 陸《志》卷五十九《子部·類書類》著録明文淵閣舊藏北宋刊本《白氏六帖類聚》,云:“案,此北宋刊本,每葉二十六行,每行二十六七字不等,小字雙行,歐書極精。每卷有目連屬正文。‘匡’‘敬’‘恒’皆缺筆,‘貞’字不缺,蓋宋仁宗時刊本也。版心分十二册,有‘文淵閣印’朱文方印,‘臣筠三晉提邢’朱文方印。徐氏《傳是樓書目》、季滄葦《書目》皆著録。蘇

州汪氏有南宋刊本題曰‘新雕白氏六帖事類添注出經’。”

〔二〕《天祿琳琅書目後編》卷五《宋版子部》著錄《孔氏六帖》,云:“宋孔傳撰。傳,字世文,孔子四十七代孫,中丞道輔之孫。從孔端友南遷,居衢州。官朝散大夫、知撫州。書三十卷,凡一千三百七十一條。前有乾道丙戌韓仲通序,稱‘紹興之初書始成,余守泉南,集此邦儒士周芹、雍希稷、余宗黃氏、林仁壽相與校讎,刊於郡庠云’。今所行《白孔六帖》,合兩家書爲一百卷,而《文獻通考》載《白帖》三十卷,《後六帖》孔傳撰,亦三十卷。其合爲百卷,不知出自何人。而《玉海》載,孔傳亦有《六帖》,今合爲一書,則南宋末已併行矣。此本三十卷,與《通考》符,乃書成初刻本。”

陸《志》卷五十九《子部·類書類》亦有傳是樓舊藏宋刊本《白孔六帖》殘本,云:“案,此南宋白孔合刊。每葉二十行,每行十九字,小字雙行。有‘宋本’二字朱文橢圓印,‘東海’二字朱文長印,蓋傳是樓舊物也。”

〔三〕張文襄《書目答問》有校明初寫本《北堂書鈔》五十五卷,云:“四錄堂本罕見,今通行刻本一百六十卷,乃明陳禹謨刪補者。”

繪圖書籍不始於宋人

徐康《前塵夢影錄》云:“繡象書籍,以宋槧《列女傳》爲最精,顧抱沖得而翻刻。上截圖像,下截爲傳,仿佛武梁造象,人物車馬極古拙,相傳爲顧虎頭繪。按,顧刻無圖,阮福仿宋刻有圖。又顧虎頭畫,亦阮刻推揣之詞,非相傳有此説。徐氏云云,殆誤記耳。元槧則未之見。明代最爲工細,曾見《人鏡陽秋》及鄭世子載堉《樂書》《隋煬艷史》《元人百種曲》首衺、《水滸傳》首本、《隋唐演義》首衺,皆有繪畫。國朝則《萬壽盛典》《南巡盛典》首衺,圖像系上官竹莊、山水皆石谷子畫。即《圖書集成》中有圖數十冊,悉名手所繪,鎸工絶等。自兵劫以來,此種珍本均不得見矣。”又云:“松江沈綺雲所刻宋本《梅花喜神譜》,頗爲博雅君子所賞鑒。沈氏家本素封,有池亭園林之勝。改七薌嘗居停其處,譜中梅花,皆其一手所臨,印本今尚有之。鮑渌飲刻《知不足齋叢書》,亦附刊焉。”吾謂古人以圖、書並稱,凡有書必有圖。《漢書·藝文志》“論語家”有《孔子徒人圖法》二卷,蓋孔子弟子畫像。武梁祠石刻《七十二弟子像》,大抵皆其遺法。而“兵書略”所載各家兵法,均附有圖。《隋書·經籍志》禮類有《周官禮圖》十四卷，又注云：“梁有《郊祀圖》二卷，亡。”又載鄭玄及後漢侍中阮諶等《三禮圖》九卷。“論語類”有郭璞《爾雅圖》十卷，又注云：“梁有《爾雅圖贊》二卷，郭璞撰，亡。”晉陶潛詩云“流觀山海圖”，是古書無不繪圖者。顧自有刻板以來，惟《繪圖列女傳》尚存孤本，而徐氏所未見者，有元大德本《繪圖列女傳》，元板《繪像搜神》前後集，毛扆《秘本書目》著錄，吾友姚子梁觀察文棟有其書。明刻《三教搜神大全》七卷頗精，即此書改名分卷，吾曾仿刻[一]。明仇英《繪圖列女傳》，十六卷，明汪道昆本，劉書增輯。至乾隆時原版猶存，售於鮑以文廷博，始印行之。明顧鼎臣《狀元圖考》，三卷，萬曆己酉刻本，咸豐六年漢陽葉氏重刊行。《增編會真記》繆《續記》云：“四卷，明顧玄緯輯。《校記》一卷，《雜錄》四卷。圖繪字書極精，隆慶元年衆芳書齋校刻本。”等[二]，尚非當時稀有之書，何以未之盡睹。至元人影宋鈔本《爾雅圖》四卷，下卷分前後。有嘉慶六年曾燠仿刻本。金貞祐二年，宋寧宗之嘉定七年。嵩州福昌孫夏氏書籍鋪印行《經史證類大觀本草》三十一卷，宋唐慎微撰。附《本草衍義》二十卷，宋寇宗奭撰。有元大德壬寅，六年。宗文書院重刊本，又有明萬曆丁丑五年。重刊元大德本。金泰和甲子，宋寧宗之嘉泰四年。晦明軒刊《重修政和經史證類備用本草》三十卷，有明成化四年商輅序刻本，又有嘉靖癸未二年。重刊成化本。元李衎《竹譜詳錄》七卷，有鮑廷博《知不足齋叢書》本，繪圖均極精能，不下真本一等。而外此如傳奇雜曲，吾所藏者，明刻《三國志演義》、二十册。前有圖二百四十幅，余藏本不全，繆《續記》有全册[三]。《玉茗堂四夢》及明吳世美《驚鴻記》、單槎仙《蕉帕記》、無名人《東窗記》、高奕《四美記》、閔刻《西廂記》之類，其工緻者尤多。又内府刻《避暑山莊圖詠》二卷，《補蕭雲從離騷全圖》二卷，山水人物，妙擅一時。今雖傳本日希，言藏書者不可不留心采訪矣。

【箋證】

[一] 繆《續記》卷八《小説第十》著錄《增編會真記》四卷，云：“明顧玄緯輯，《校記》一卷，《雜錄》四卷，圖繪字畫極精。隆慶元年衆芳書齋刊本。”

[二] 繆《記》卷二《諸子第三》著錄明覆金刊本《重修政和經史證類備用本草》三十卷，云：“宋曹孝忠撰。金泰和甲子晦明軒本，明成化戊子翻刻。有孝忠序、金麻革序、劉祁跋、宇文虛中跋。每半葉十二行，每行二十三字。”

[三] 繆《續記》卷八《小説第十》著錄明末刊本《三國演義》，云：“與通

行本不同，前有《宗寮姓氏》一卷，二百四十圖，與元人百種曲仿佛。繆尊素太質序，戴易南枝序。”

輯刻古書不始於王應麟

古書散佚，復從他書所引搜輯成書，世皆以爲自宋末王應麟輯《三家詩》始，不知其前即已有之。宋黄伯思《東觀餘論》中有《跋慎漢公所藏相鶴經後》云：“按，《隋·經籍志》《唐書·藝文志》，《相鶴經》皆一卷。今完書逸矣，特馬總《意林》及李善《文選注》、鮑照《舞鶴賦》鈔出大略。今真靜陳尊師所書即此也。而流俗誤録著故相國舒王《集》中，且多舛午。今此本既精善，又筆勢婉雅，有昔賢風概，殊可珍也。”據此，則輯佚之書，當以此經爲鼻祖。今陶九成《説郛》中，尚有其書。錢謙益《絳雲樓書目》亦載有鈔本，雖不知視真靜書如何，要之此風一開，於古人有功不淺。乾嘉以來爲是學者，如余蕭客之《古經解鈎沈》，任大椿《小學鈎沈》，孫馮翼《經典集林》，張澍《二酉堂叢書》，王謨《漢魏遺書鈔》《晉唐地理書鈔》，茆泮林《十種古佚書》，於經、史、子三者各有所取重。然以多爲貴，則嚴可均《上古三代先秦兩漢魏晉南北六朝先唐古文》，黄奭《漢學堂叢書》，馬國翰《玉函山房輯佚書》，皆統四部爲巨編。嚴輯雖名古文，實包經、子、史在内。其搜采宏博，考證精詳，較黄、馬二書尤爲可據。雖斷珪殘璧，不誠書林之巨册乎。至有專嗜漢鄭氏學者，元和惠棟開山於前，曲阜孔廣林《通德遺書》接軫於後，而黄奭復有《高密遺書》之輯，皆不如袁鈞《鄭氏佚書》晚出之詳。余每慨陶九成《説郛》、張溥《漢魏百三家》，所録各書不注出處，所收全集，反多節删，使孫、嚴生當其時，必不如此簡略。後有作者，當必有所取則矣。

叢書之刻始於宋人

叢書舉四部之書而并括之，誠爲便於購求之事。宋人《儒學警悟》《百川學海》二者，爲叢書之濫觴。《儒學警悟》，宋太學俞鼎孫同上舍兄經編。其書分七集：一集爲《石林燕語辨》，卷一之十；_{葉夢得撰，汪應辰辨。}二集爲《演繁露》，卷十一之十六；_{程大昌撰。}三集爲《嬾真子》，卷十七之二十一；_{馬永貞撰。}四集爲《考古編》，卷二十二之三十一；_{程大昌撰。}五集爲《捫虱新話》上集，卷三十二之三十五；六集爲《捫虱新話》下集，卷三十六之三十九；_{陳善撰。}七集爲《螢雪集說》，卷四十上之四十下。每卷題《儒學警悟》，一集至七集止，題與記數皆同。目錄後有“嘉泰辛酉正吉十有五日建安俞成元德父謹跋”一則。二卷有題識云：“壬戌三月初有七日，承議郎前劍州通判俞聞中夢達刊之於家塾。”壬戌爲嘉泰二年。《百川學海》，前人考定爲咸淳癸酉刻，則《儒學警悟》猶在其前。而其通連計卷，不各還各書。近世如吳省蘭《藝海珠塵》、阮文達元《皇清經解》，皆於每卷大題列本名，次行列書名、撰人。板心則本名居中，在魚尾上；書名小字傍列魚尾下。即《四庫全書》鈔本亦然。然統群書爲一書，翻檢未爲不便。而欲列架分類，則有溰散之虞。光緒中，長沙王氏刻《皇清經解續編》，多有主一書爲一種，如《知不足齋》《守山閣》各叢書之例者。王氏泥阮刻之例，不欲別自爲書。因是全書中多有據稿本刊刻，而不能單印單行，是亦恨事也已。

似叢書非叢書似總集非總集之書

有其書似叢書而非叢書，似總集而非總集，如北宋刻《江西詩派》、南宋陳思《群賢小集》及《江湖集》之類是也。自後明俞憲之《盛明百家》，國朝吳之振之《宋詩鈔》，顧嗣立之《元詩選》，皆網羅散失，一朝文獻，賴以得傳。此其例既非張溥《漢魏百三家》之全詩文可以比擬，亦非《全唐詩》《全唐文》之單刻詩文可以類求。欲知一代詩文風氣，蓋舍此無可問途矣。至於《永樂大典》依韻編收，《圖書集成》分類纂錄，並皆册逾萬帙，囊括百家，斯誠簿錄以來之奇聞，道、釋兩藏所卻步。宜乎殘膏剩馥，沾漑後人；斷簡零篇，流傳四裔。唐哉皇哉！古今修撰之宏，未有比於斯二部者。有明、聖清兩朝之文治，謂非成祖、聖祖有以肇造之歟。《永樂大典》有百餘本在萍鄉文芸閣學士廷式家，文故後，其家人出以求售，吾曾見之，皆入聲韻，白紙八行朱絲格鈔，書面爲黄絹裱紙。蓋文在翰林院竊出者也。《圖書集成》原本初印，吾在湘鄉陳篁仙方伯湜家中見之，缺五百餘卷。黄紙印，藍絹面，其中圖畫最精。其書於同治三年克復南京得之，相傳爲粤寇僞王石達開敗後遺棄者。石寇好文，行營必以書籍自隨，亦雅賊也。

宋元明官書許士子借讀

　　刻書以便士人之購求，藏書以便學徒之借讀，二者固交相爲用。宋、明國子監及各州軍、郡學，皆有官書以供衆讀。今其事略可考見者，《天禄琳琅》一《宋版》“《春秋公羊經傳解詁》十二卷”，書中每間數紙，輒有真書木印，曰“鄂州州學官書”，曰“鄂泮官書帶去准盜”[一]。考王應麟《玉海》：“咸平四年六月，詔郡縣有學校聚徒講誦之所，賜《九經》書一部。大觀二年六月，州學藏書閣賜名‘稽古’。”則州郡學置官書，自宋初已然。李心傳《朝野雜記》載：“王瞻叔爲學官，嘗請摹印諸經疏及《經典釋文》，貯郡縣以瞻學。或省係錢各市一本，置之於學。”是南渡後猶重其事。且有准盜之條，官守爲綦嚴矣。《天禄琳琅》三《宋版》“《六臣注文選》”中，有“宋寶慶寶應州印”及“官書不許借出”木記[二]。按，《文獻通考·輿地考》載，宋理宗寶慶間，以逆全之亂，降淮陰郡爲淮安軍，又以寶應縣爲寶應州。是寶應州之名自理宗時始建，故官印於州名之上冠以紀年。自後元、明以來，其制未改。陸《志》、陸《跋》北宋刻大字本《資治通鑑》卷中有“静江路學係籍官書”朱文長印，第六卷前有朱文木記曰：“關借官書，常加愛護，亦士大夫百行之一也。仍令司書明白登簿，一月一點，毋致久假。或損壞去失，依理追償。收匿者聞公議罰。”[三]《天禄琳琅後編》二《宋版》“《大易粹言》”册末，紙背印記云：“國子監崇文閣官書，借讀者必須愛護，損壞闕汙，典掌者不許收受。”[四]《天禄琳琅後編》三《宋版》陸德明《經典釋文》三十卷，云：“每册有蒙古篆官印及紙背國子監崇文閣印記，與《大易粹言》同。”[五]考皇慶二年六月建崇文閣於國子監，見《元史·仁宗本紀》。此蓋當時舊藏，亦即《天禄琳琅後編》所著録之物也。所載印文，“官書”誤作“書籍”。張《志》宋刻《經典釋文》殘本[六]，黃《賦注》淳熙台州公使庫本《顏氏家訓》[七]，錢《記》宋版《黃氏補千家注紀年杜工部詩史》，均有此印記[八]。但以“闕汗”爲“闕失”，此因印文篆字不明晰之故。然《顏氏家訓》今見繆《續記》，正作“闕失”，則《天禄琳琅》誤矣。陸《集》宋本《王狀元集諸家注分類東坡先生詩集》二十五卷、《紀年録》一卷，卷中有“慶元路提學副使邵曬理書籍關防”[九]。據王圻《續文獻通考》，提學副使有收掌書籍之責，可見元時護惜官書之具於功令也。黃《書録》宋本《孟浩然集》卷中有“翰林國史院官書”楷書朱記一。瞿木夫云“此是元時印”，余所見宋刻唐人文集多有此印[一〇]。明時官書見於諸家記載者，錢《日記》云：“黃蕘圃齋中見宋刻《舊唐書》不全本，卷首朱印‘紹興府鎮越堂官書’八字。”黃《書録》、瞿《目》載亦同[一一]。宋陳亮編《歐陽先生文粹》五卷，卷中多正書木印云“安撫提刑汪郎中置到紹興府學官書，許生員關看，不許帶出學門”。顧自宋、元、明累朝嘉惠士林，而制度未爲完備。我朝乾隆時，《四庫》書成，於江浙間建文瀾、文匯、文崇三閣，諭令士子願讀中秘書者，就閣中傳鈔。復乎千載一時，爲漢唐所未有，何論宋元以下也。

【箋證】

　　[一]《天禄琳琅書目》卷一《宋版經部》著録《春秋公羊經傳解詁》，云：“漢何休學。十二卷。休自序。鐫刻年月不載，而字體甚古，於宋孝宗以上諱皆闕筆，知爲南渡後刊。書中每間數紙，輒有真書木印，曰‘鄂州州學官書’，曰‘鄂泮官書，帶去準盗’。考王應麟《玉海》，咸平四年六月，詔郡縣有學校聚徒講誦之所，賜《九經》書一部。大觀二年六月，州學藏書閣賜名‘稽古’，則州郡諸學置官書，自宋初已行之。李心傳《朝野雜記》載王瞻叔爲學官，常請摹印諸經疏及《經典釋文》，許郡縣以瞻學，或省係錢，各市一本，置之於學。是南渡後猶重此舉，且有準盗之條，官守亦綦嚴矣。”

　　[二]《天禄琳琅書目》卷三《宋版集部》著録《六臣注文選》，云：“此書亦前版而摹印在後，墨光少遜，書中有‘寶慶寶應州’印及‘官書不許借出’木記。按，《文獻通考·輿地考》載，宋理宗寶慶間，以逆全之亂，降淮陰郡爲淮安軍，又以寶應縣爲寶應州。是寶應州之名自理宗時始建，故官印於州名之上冠以紀年。此本係北宋時刻版，印於南宋，而稱爲‘官書’，則知爲北宋

官刻,宜其雕槧精良甲於他版也。"

[三] 陸《志》卷二十《史部·編年類》著録元靜江路儒學舊藏北宋刊大字本《資治通鑑》殘本二百二十四卷,云:"每葉二十二行,每行十九字。版心有字數及刻板銜名。每卷首題銜,惟列一朝之首卷,餘卷則無紀年。下注'干支'二字,間附音義於本文。案,胡景參《釋文辨誤》載海陵本、費本各條,核此本音義,知即爲蜀廣都費氏進修堂本,世所謂龍爪本者也。音義與史炤《釋文》(任按,即《資治通鑑釋文》。)微有異同。卷中有'靜江路學係籍官書'朱文長印,'顧仁效水東館考藏圖籍之印'朱文長印。第六卷前有朱文木記曰:'關借官書,常加愛護,亦士大夫百行之一也。仍令司書明白,口薄一月一點,毋致久假或損壞。去失依理追償,收匿者聞公議罰。'"

陸《跋》卷三北宋蜀費氏進修堂大字本《通鑑跋》,云:"每頁二十二行,每行十九字。小字雙行,版心有字數及刊板銜名。宋諱'朗''匡''胤''殷''貞''敬''曙''徵''恒''佶'皆缺避,'桓'字不缺,蓋徽宗時刊本也。宋人所謂龍爪本者是也。自胡梅澗《注》(任按,即《資治通鑑音注》。)行,而史炤《釋文》遂微,然世尚有傳抄者。龍爪本則卷帙繁重,無人重刊,流傳益罕,誠希世之秘笈也。每卷有'靜江學係籍官書'朱文長印,卷六前有朱文木記曰:'關借官書,常加愛護,亦士大夫百行之一也。仍令司書明白,口薄一月一點,毋致久假或損壞。去失依理追償,收匿者聞公議罰。'案,靜江府,宋屬廣南西路靜江路,元屬湖廣省即今廣西桂林府。不曰'路學',而曰'靜江學',蓋宋時靜江學藏書也。"

[四]《天禄琳琅書目後編》卷二《宋版經部》著録淳熙三年雕本《大易粹言》,云:"宋曾穜撰。穜,字獻之,溫陵人,仕履無考。又牒:令具《大易粹言》一部,計二十册,合用紙數、印造上墨錢。下項紙副耗共一千三百張,裝背饒青紙三十張,背青白紙三十張,俊墨糊藥印背匠工食等錢,共一貫五百文足,賃板錢一貫二百文足。本庫印造,見成出賣,每部價錢八貫文足。右具如前。淳熙三年正月日,雕造所貼司胡至和具。杭州路儒學教授李清孫校勘無差。是此本即穜知舒州時書成刊印,至嘉定癸酉,張嗣古以漫漶重修,則在後矣。每册前、後有蒙古篆文官印,册末紙背印記云'國子監崇文閣書籍,借讀者必須愛護,損壞闕污,典掌者不許收受'。按,《元史·仁宗紀》:'皇慶元年二月朔,徙大都學所置周宣王石鼓於國子監。二年六月建崇文閣於國子監。'《明太學志》:'崇文閣,元藏書所。今東講堂有碑存。然則宋籍元藏,與石鼓同時庋置,可云古矣。'"

[五]《天禄琳琅書目後編》卷三《宋版經部》著録《經典釋文》,云:"每册蒙古篆官印及紙背'國子監崇文閣'印記,與《大易粹言》同,又有'文淵閣

印’及書尾‘萬曆三十三年’字樣,卷一末。是元時官書,至明又入中秘也。”

[六] 張《志》卷六《經部·五經總義類》著錄元崇文閣官書宋刊本《經典釋文》殘本一卷,云:“存《春秋左氏音義》之六一卷,蓋全書之卷第二十也。《釋文》自宋槧本、葉氏影宋本外,有通志堂徐氏、抱經堂盧氏兩本。宋本謬誤,觸目皆是。徐、盧兩家誠有撲塵掃葉之功,然亦有宋本不誤,而今本妄改者。卷末有‘國子監崇文閣官書,借讀者必須愛護,損壞闕失,典掌者不許收受’印記。”又小字附注云:“《元史·仁宗紀》曰‘皇慶二年六月,建崇文閣於國子監’。《明太學志》曰‘崇文閣,元藏書之所’。《春明夢餘錄》曰‘國子監彝倫堂,元之崇文閣也’。”

[七] 《百宋一廛賦注》著錄淳熙台州公庫本《顏氏家訓》七卷,云:“每半葉十二行,每行十八字,後附嘉興沈揆《考證》一卷,凡三册,每册首尾有‘省齋’一印、‘共山書院’一印。省齋未詳,共山書院有藏書目錄,柳待制爲之序,稱汲郡張公,不詳其名,延祐三年,參議中書省,錢少詹大昕《補元史藝文志》載之者也。又每册首尾紙背有一長方鈐記,云‘國子監崇文閣官書,借讀者必須愛護,損壞闕失,典掌者不許收受’。皆逸聞也。”

此外,黃《書錄》亦著錄《顏氏家訓》,云:“此書向爲汲古舊藏,後歸北客。康熙甲午義門以厚直購而獲焉。陽湖孫淵如觀察宦於山左得之,後以歸余,余考是書源流,自元以來,班班可考。書分三册,於每册卷首及尾皆有‘省齋’一印、‘共山書院’一印,雖省齋不知何人,而共山書院則元代也。近嘉定錢少詹撰《補元史藝文志》,載有《共山書院藏書目錄》,此即所藏之書可知。每册首尾紙背有長方鈐記,其文云:‘國子監崇文閣官書,借讀者必須愛護,損壞闕失,典掌者不許收受。’皆楷書朱記。以余所見何小山校本《經典釋文·左氏春秋音義》末摹有是印,其文正同,且識云:‘印長二指四寸五分,闊不一指一寸六分。’其度適合。此向所未經表見者,故備著於此。後以示錢少詹,少詹云:‘此淳熙台州公庫本。’”

[八] 《黃氏補千家注紀年杜工部詩史》,見錢曾《讀書敏求記》卷四之中著錄《新刊校正集注杜詩》三十六卷、《目錄》一卷。

[九] 宋本《王狀元集諸家注分類東坡先生詩集》二十五卷、《紀年錄》一卷,陸《集》中未見著錄。

[一〇] 黃《書錄》著錄宋本《孟浩然集》,云:“余始得須溪先生批點《孟浩然集》元刻本,分三卷,自以爲佳矣。及得此宋刻三卷本,方知元本分卷雖同,而强分門類,脫衍甚多,不如宋刻遠甚。元刻但有宜城王士源序,‘宜’誤作‘宜’。序文首句云‘孟浩字浩然’,開卷即錯。通序之錯,不可枚舉。惟宋刻卷首題‘孟浩然詩集序,宜城王士源撰’。序首云‘孟浩然字浩然’,古

人名與字多同者,此其可證。王序後多重序一篇,爲天寶九載正月初三日特進行太常卿禮儀使集賢院修撰上柱國沛國郡開國公韋滔叙。其每卷與元刻異同不可枚舉。元刻脱而宋刻有,此宋刻之妙一也。如《除夕有懷作》,元刻明知《衆妙集》中爲崔塗詩,而猶存之。余觀宋刻卻不如此,此宋刻之妙二也。卷中有翰林國史院官書楷書朱記一,瞿木夫云'此是元時印',余所見宋刻唐人文集多有此印,則在當時諒不下數十種,而今僅存者,亦寥寥矣。"

[一一] 葉氏所引《舊唐書》不全本,見黃《書録》所著録《唐書》,云:"此殘宋本《唐書》,劉昫等修,每卷末有左奉議郎充紹興府府學教授朱倬校正,又有左從政郎紹興府録事參軍徐俊卿校勘,右文林郎充浙東路提舉茶鹽司幹辦公事霍文昭校勘,右文林郎充兩浙東路提舉茶鹽司幹辦公事蘇三勒校勘,左從政郎紹興府録事參軍張嘉賓校勘,又有紹興府鎮越堂官書硃印,則此書刻在紹興府而又藏於紹興府者也。明時翻刻,行款相同,而優孟衣冠,全無神氣矣。唯七十六卷,尚是當時舊刻,但云《唐書》而無'舊'字。'舊'之云者,特以後有《新唐書》,故別言之耳,非向有是名也。"

瞿《目》卷八《史部·正史類》著録宋刊殘本《舊唐書》六十一卷,云:"每半葉十四行,行大字二十五六不等,小字三十、三十一不等。册首間有朱文正書長方印曰'紹興府鎮越堂官書'。考鎮越堂,在紹興府署蓬萊閣之下,宋嘉定辛巳建,當是宋時鈐記也。"

宋元明印書用公牘紙背及各項舊紙

宋時印書,多用故紙反背印之,而公牘尤多。黃《賦注》、黃《書録》:《北山集》四十卷,程俱致道撰,用故紙刷印[一]。錢少詹有跋云:"驗其紙背,皆乾道六年官司簿帳,其印記文可辨者,曰湖州司理院新朱記,曰湖州戸部贍軍酒庫記,曰湖州監在城酒務朱記,曰湖州司獄朱記,曰烏程縣印,曰歸安縣印,曰湖州都商税務朱記,意此《集》板刻於吳興官廨也。"又聊城楊氏海源閣仿宋刻《花間集》十卷,王鵬運跋云:"系用淳熙十一、十二等年册子紙印行,其紙背官銜略可辨識者,曰儒林郎觀察支使措置酒務施,成忠郎監在城酒務買,成□郎本州指使差監拜斛場吳,江夏縣丞兼拜斛場温,□□郎本州指使差監大江渡潘,進□尉差監豬羊櫃董,進義副尉本州指使監公使庫范,鄂州司戸參軍戴,成義郎添差本州排岸差監本津關發收稅劉，信義郎本州准備差使監公使庫朱，除江夏縣丞、鄂州司戶參軍二官，餘皆添差官。此書其刻於鄂州乎？”

　　黃《記》宋本《蘆川詞》二卷云：“宋板書紙背多字跡，蓋宋時廢紙亦貴也。此冊宋刻固不待言，而紙背皆宋時冊籍，朱墨之字，古拙可愛，并間有殘印記文。惜已裝成，莫可辨認，附著之，以待藏是書者留意焉。”[二]又宋本《北山小集》四十卷云：“書友胡益謙持《北山小集》示余，欲一決其宋本與否。余開卷指示紙背曰：‘此書宋刻宋印，子不知宋本，獨不見其紙爲宋時冊子乎？’胡深謂余爲不欺。”[三]瞿《目》宋刊本《洪氏集驗方》五卷云：“其書以淳熙七、八兩年官冊紙背所印，中鈐官印，惜不可識。”[四]莫《錄》宋紹興本《集古文韻》五卷云：“紙背大半是開禧元年黃州諸官致黃州教授書狀。紙背狀中首尾結銜：一曰朝散郎權知黃州軍州事王可大，一曰秉義郎新添差黃州兵馬監押趙善覿，一曰訓武郎黃州兵馬都監兼在城巡檢徐矗，一曰迪功郎黃岡縣尉巡捉私茶鹽礬銅錢私鑄鐵錢兼催綱陸工程，一曰朝奉郎行戶部員外郎吳獵，一曰武略郎添差淮南西路將領張□，一曰學諭章准，一曰學生教諭李起北，一曰學生直學徐灝，一曰升大，失其官及姓，凡十人。其本官結銜則云‘從事郎黃州州學教授呂吾衍’。足見爾時交際儀式。”[五]瞿《目》呂祖謙《皇朝文鑑》一百五十卷云：“紙面俱鈐紙鋪朱記。卷二十五至二十七紙背有字，審是星命家言。其中有‘寶慶二年’云云，的是宋槧宋印也。”[六]陸《續志》影宋鈔本《方言》十三卷，後有無名氏跋曰：“余舊藏子雲《方言》正是此本，而楮墨尤精好，紙背是南宋樞府諸公交承啓劄，翰墨燦然。於今思之，更有東京夢華之感。辛丑五月三日書。”[七]丁《志》唐馮贄《雲仙散錄》一卷云：“宋開禧元禩臨江郭應祥刻，鏤板寬大，字畫端秀，且用嘉泰及開禧等年官印冊紙所印。歷六百數十年，古香襲人。有徐渭仁跋。”又宋巾箱本《歐陽先生文粹》五卷，綿紙，背有宋時公牘并鈐宋印。然余謂不獨宋印如此也，元、明印書亦然[八]。陸《志》北宋刊本《爾雅疏》：“其紙乃元致和、至順中公牘，有蒙古文官印。蓋金入汴京，盡輦國子監秘書監書版而北，事載《北盟會編》及《靖康要錄》。至順上距靖康甫二百年，其版尚存，故有元時印本耳。”[九]又陸《跋》宋刻本《歐公本末》四卷,呂祖謙編,嘉定中嚴陵詹義民刻版,紙背乃延祐四年官冊,蓋元初印本[一〇]。陸《志》北宋蜀刻大字本《漢書》殘本八卷,紙背皆元時公牘[一一]。張《志》元刊本《隋書》八十五卷,紙背係洪武初年行移文冊[一二]。黄《記》元刊本《幽蘭居士東京夢華録》十卷云:"印本當在明初。蓋就其紙背文字驗之,有'本班助教廖,崇志堂西二班學正翁深、學正江士魯考訖,魏克讓考訖,正誼堂、誠心堂西二班民生黄刷卷遠差易中等《論語》《大誥》'云云。雖文字不可卒讀,而所云皆國子監中事,知廢紙爲監中冊籍也。"[一三]又明刻本《僑吳集》十二卷云:"乃弘治中張習重刊本,字跡古雅,與所藏張來儀、徐北郭諸集悉同。惟紙背皆明人箋翰簡帖,雖非素紙印本,然古氣斑斕,亦自可觀。宋元舊本往往如是,又何傷也。"[一四]丁《志》明翻宋本《李端詩集》三卷,云:"用弘治元年至四年蘇州府官冊紙背所印[一五]。"繆《續記》宋刊元修明印本《國語》二十一卷,以成化二十餘年冊紙印行。元西湖書院本《國朝文類》七十卷,明中葉冊籍紙印[一六]。觀此數則,知古時紙料之堅,故可一用再用。而古人愛惜物力之意,亦可於此見之矣。

【箋證】

[一]《百宋一廛賦注》著録《北山小集》四十卷,云:"程俱致道撰,每半葉十行,每行廿字,用故紙刷印。錢少詹有跋云:'驗其紙背,皆乾道六年官司簿帳。其印記文可辨者,曰湖州司理院新朱記,曰湖州户部贍軍酒庫記,曰湖州監在城酒務朱記,曰湖州司獄朱記,曰烏城縣印,曰歸安縣印,曰監湖州都商税務朱記,意此《集》版刻於吳興官廨也。紙墨古雅,洵是淳熙以前物云云。'卷尾有'黄氏淮東書院圖籍'印,未詳其爲何人。上句曰'歸',此曰'返'者,由吾宗以取義也。"

黄《書録》著録《北山小集》云:"此程俱致道所撰《北山小集》四十卷,宋刻宋印,即其紙背之字,已可徵信。余嘗持示錢少詹辛楣先生,先生云,古人公移案牘所用紙,皆精好,事後尚可它用。蘇子美監進奏院,以鬻故紙公錢祀神宴客得罪,可見宋世故紙未嘗輕棄。此宋槧本《北山小集》四十卷,皆用故紙刷印,驗其紙背,皆乾道六年官司簿帳,其印記文可辨者,曰湖州司理院新朱記,曰湖州户部贍軍酒庫記,曰湖州監在城酒務朱記,曰湖州司獄朱記,曰烏程縣印,曰歸安縣印,曰湖州都商税務朱記,意此《集》版刻於吳興官廨也。紙墨古雅，洵是淳熙以前物，讀之殊不忍釋手云云。”

[二]黃《記》卷六《集類》著錄宋本《蘆川詞》，云：“此書出玄妙觀前骨董鋪中。余聞之欲往觀，而主人已許歸竹廠陳君，僅一寓目焉而已。頃從他處買得影鈔舊本，識是刻本行款，讎校之私，卒未能忘情於前所見者，遂託蔣大硯香假之，而竟獲焉。許以十日之期，校補影鈔失真處，何幸如之。庚午七月，丕烈記。”“宋板書紙背多字跡，蓋宋時廢紙亦貴也。此册宋刻固不待言，而紙背皆宋時册籍，朱墨之字，古拙可愛，并間有殘印記文。惜已裝成，莫可辨認，附著之，以待藏是書者留意焉。復翁又記。”

[三]黃《記》卷五《集類》著錄鈔本《北山小集》四十卷，云：“乾隆六十年六月二十日夜，余家因已遣之婢尋物失火，焰起老母房中，以致及余卧室，倉皇奔救，幸勿大患，而器用財賄爲之一空。所貯書籍歸然獨存，是必有神物護持者，余亦以是轉憂爲喜焉。閱兩日，書友胡益謙持《北山小集》示余，欲一決其宋本與否。余開卷指示紙背曰：‘此書宋刻宋印，子不知宋本，獨不見其紙爲宋時册子乎？’胡公深謂余爲不欺，遂議交易。余許其每册一金，卒以物主居奇，倍價易得，復以二金酬之。親朋見者，無不笑余癡呆。余曰：‘天災忽來，身外之物俱盡，所不盡者，唯此書籍耳，則書籍之待儲於余者，益急矣。余曷敢不竭盡心力以爲收藏計？且是《集》流播絕少，寫本不多見，況其爲宋本。’”

[四]瞿《目》卷十四《子部·醫家類》著錄宋刊本《洪氏集驗方》五卷，云：“後有跋云：‘《古集驗方》五卷，皆余平生用之有著驗，或雖未及用而傳聞之審者，刻之姑孰，與衆共之。乾道庚寅十二月十日番陽洪遵書。’每半葉九行，行十六字。‘丸’字避諱，俱作‘圓’。其書以淳熙七、八兩年官册紙背所印，中鈐官印，惜不可識。”

[五]莫《錄》卷一著錄宋紹興本《集古文韻》，云：“每葉十六行，行大字九，約可容小字十八，蓋夏英公《古文四聲韻》五卷之一。紹興乙丑年，僧寶達刻於齊安，而開禧元年後印本。按，此本僅‘上聲’一卷，其有許序及有前序否不可知。而紙背大半是開禧元年黃州諸官致黃州教授書狀。宋黃州猶稱齊安郡，此板在郡學學官以書狀紙背印書，事理之常，故知爲紹興刻、開禧印也。”

[六]瞿《目》卷二十三《集部·總集類》著錄宋刊本《皇朝文鑑》，云：“每卷首題‘皇朝文鑑卷第幾’。每半葉十行，行十九字。板心著字數及刊工人姓名，紙面俱鈐紙鋪朱記。卷二十五至二十七紙背有字，審是星命家言，其中有‘寶慶二年’云云，的是宋槧宋印也。案，是書嘉泰間新安郡齋刊行，嘉定間趙彥适修之。端平初，劉炳又新之。具卷首謝表後有題識二行云：

'此尚是嘉泰時初印本,在未經重修前宋刻致佳,絕無僅有,良足寶貴。'"

[七] 見陸《續志》卷三《經部·小學類》著録影宋鈔本《方言》十三卷。

[八] 見丁《志》卷二十一《子部·小説類》著録宋開禧刊本《雲仙散録》一卷。

[九] 陸《志》卷十二《經部·小學類》著録北宋刊本《爾雅疏》,云:"按,《爾雅單疏》十卷,每頁三十行,每行三十字。宋太祖、太宗、真宗廟諱缺末筆,餘皆不缺,蓋北宋咸平初刊祖本也。其紙乃元致和、至順中公牘,有蒙古文官印。蓋金入汴京,盡輦國子監秘書監書版,而此事載《北盟會編》及《靖康要録》。至順上距靖康甫二百年,其版尚存,故有元時印本耳。北宋時疏與經注本別行,南宋始合爲一。今單疏本之存者,惟《儀禮》《穀梁》及此而三。《儀禮》《穀梁》皆殘缺,不及《爾雅》之完善。《爾雅疏》之存於近古者,乾嘉中黄氏百宋一廛、袁氏五硯樓各有其一。兵燹之後,碩果僅存,余已重雕印行。宋刊書不易得,北宋本尤不易得。北宋刊而完善,尤難之難者。此書與蜀大字本《春秋經傳集解》,皆吾家宋版經部中領袖也。"

[一〇] 陸《跋》卷二宋版《歐公本末跋》云:"宋吕祖謙編。每頁十八行,每行十八字。版心有字數及刊匠姓名。後有嘉定壬申嚴陵詹乂民刻版跋。《四庫》未收,阮文達亦未進呈,其書取歐公著述有關出處行誼、朋友親戚、學術趣向者,掇集成書,故曰'本末'。字兼歐、柳,紙墨精良,紙背乃延祐四年官册,蓋元初印本也。"

[一一] 陸《志》卷十八《史部·正史類》著録明袁忠徹舊藏宋蜀刻大字本《漢書》殘本八卷,云:"蓋高宗時刊本也。紙背皆元時公牘,間有官印。卷中有'尚寶少卿袁忠徹印'朱文長印、'尚寶少卿袁記'朱文長印。"

[一二] 見張《志》卷八《史部·正史類》著録元刊本《隋書》云"明初印本也"。

[一三] 黄《記》卷二《史類》著録元印本《幽蘭居士東京夢華録》十卷,云:"此《幽蘭居士東京夢華録》十卷,東城顧桐井家藏書也。因顧質於張,余以白金二十四兩從張處贖得。裝潢精妙,楮墨古雅,板大而字細,人皆以爲宋刻,余獨謂不然。書中惟'祖''宗'二字空格,餘字不避宋諱,當是元刻中之上駟。至於印本,當在明初,蓋就其紙背文字驗之,有'本班助教廖崇志,堂西二班學正翁深、學正江士魯考訖,魏克讓考訖,正義堂(任按,正義堂,《欽定國子監志》卷二十九作正誼堂。葉氏所寫爲正。)、誠心堂西二班民生黄,刷卷遠差易中等《論語》《大誥》'云云。雖文字不可卒讀,而所云皆國子監中事,知廢紙爲監中册籍也。"

[一四] 黄《記》卷六《集類》著録明刻本《僑吳集》十二卷,云:"乃弘治中

張習重刊本也。就張跋語,鄭有《遂昌山人集》《僑吳集》,是元時實有兩本,今不可得見。所存者重編本耳。近有書賈買得海虞故家書,攜至余家,內有此《集》刊本。字跡古雅,與所藏張來儀、徐北郭諸《集》悉同。惟紙背皆明人箋翰簡帖,雖非素紙印本,然古氣斑斕,亦自可觀。宋元舊本往往如是,又何傷也。"

［一五］丁《志》卷二十四《集部·別集類》著録惠定宇藏明翻宋本《李端詩集》三卷,云:"右明成化時翻宋本。每半葉十行,每行十八字。用弘治元年至四年蘇州府官册紙背,所印古香可愛。"

［一六］繆《續記》卷四《史學第五》著録宋刊元修明印本《國語》二十一卷,云:"每葉二十行,每行二十字。高七寸,廣五寸。黑口,雙邊。版心有字數及刊工姓名,元修之葉版心'國'字作'国'。無字數。考至元廿四年,國子監置生員二百人,延祐二年增置百人。興文署,掌刊刻經史,皆屬集賢院,見《元史·百官志》及《秘書志》。此必南宋監板,入元不全,修補完善,所以板心有監生銜名。此本以成化二十餘年册紙印行,尚在弘治許讚重刻之前,殊爲可寶。"

繆《續記》卷六《詩文第八上》著録元西湖書院刊本《國朝文類》七十卷,云:"元蘇天爵撰。每半葉十行,行十九字。高七寸二分,廣五寸。單邊,黑綫口。上有字數,間有補葉,大黑口,有'吏部重刊'陰文。至正二年杭州路西湖書院刻本,明中葉册籍紙印,間有白紙攙補。前准中書省請刻咨,又移咨江南行省鋟梓。王理、陳旅、王守誠皆有序。目錄後有'儒士葉森點校'一行。此元刻亦易見,惟印本尚清晰,邊闌未剜,較之模糊無字、化方爲圓者略勝耳。"

明以來刻本之希見

藏書家貴宋元本,於近刻則奴僕之,此大惑也。如明人胡維新《兩京遺編》,《四庫書目提要存目》謂其不應收劉劭《人物志》、劉勰《文心雕龍》,以其非兩京書,詆其去取絕無義例。其實此類書在明時刻本中,其精校勝於吳琯《古今逸史》及商維濬《稗海》等書。程榮《漢魏叢書》以外,無與之並轡者也。是書傳本絕少,孫星衍《祠堂書目》影寫數種,等於舊刻名鈔。顧元慶《文房小説》四十家,黃丕烈士禮居僅有《開元天寶遺事》一種,《梅妃傳》一種,云《太真外傳》別一鈔本,《高力士傳》竟無其書。以不得盡有顧刻四十種爲恨。吾藏全册,爲明金孝章俊明舊藏,題籤爲金手書真跡。然此猶明刻也,至同時人刻書亦有不得見者。如毛氏汲古閣刻始一終亥北宋本《説文解字》三十卷，爲顧亭林所未見，故其著《日知録》云：
"《説》文原本次第不可見，今以四聲刻者，徐鉉所定。"按，此指《説文篆
韻譜》。是亭林不知有毛本也。馮己蒼手鈔《汗簡》跋引及始一終亥之《説文》，
不知爲毛刻耶，抑別一舊刻本也。康熙六年，陳上年屬張弨刻明本《廣韻》，
發端於李天生、顧亭林二人，故前校勘人姓名四行，爲陳上年、張
弨、顧炎武、李因篤。乃江藩《漢學師承記·閻若璩傳》述顧千里廣
圻語，以若璩爲亭林門人，云顧刻《廣韻》，前列校勘門人有若璩名，
不知《廣韻》爲陳刻，非顧刻，且若璩並未與聞。是江、顧均不見陳
刻《廣韻》也。顧、閻之學出於朱子，江藩抑於《記》之卷末，故造此言，託之千里，以
誣若璩背棄師門，如《宋學源淵記》詆羅有高負氣干訟之類。亦以陳刻《廣韻》流傳頗稀，
故敢爲此不實之詞，厚誣賢哲。康熙甲申，張士俊澤存堂刻《玉篇》《廣
韻》，此爲考據經學者必備之書，而亦非十分希見之本。陳澧《東塾
讀書記》云："《玉篇》《廣韻》有張士俊本，未見。鄧顯鶴重刻本絶
佳。"東塾負一時重名，而不求板本，毋乃良工示人以璞，非所宜也。
尤可異者，汪中自刻《述學》大字本，書面題"問禮堂藏板"，而其子
喜孫刻《遺書》小字本，絶不道及，即《學行記》詳記《述學》刻本，亦
不知有家刻。阮文達元《車製圖考》二卷，乾隆五十七年文達自刻
單行，後併入《揅經室集》，只一卷。公弟亨《瀛洲筆談》載文達各
書，初不知有此單刻。此皆一家論述，至子不知其父，弟不知其兄，
何有於宋元，何有於未刊行之孤本！憶戊子偕計過山東，於羊流店
逆旅中，見壁間懸有七言楹帖云："購求天下單行本，飽讀人間未見
書。"不知何人聯句，又不知何以爲無名子書之旅館壁間。然此二
語，談何容易！吾嘗戲作三恨詩：《恨不讀〈永樂大典〉》《恨不讀敦
煌石室藏書》《恨不讀〈道藏〉》。三者，《永樂大典》曾見入聲百餘
册，首尾割裂，不能成一完書；敦煌石室藏書，上虞羅叔蘊振玉、吳
縣王幹臣同年仁俊有影摹本數種行世，惜不得其全；《道藏》則關中
之華陰廟、吳中之玄妙觀，數經兵燹，無片紙之存。往年吾輯《淮南
萬畢術》，見《道藏目》有《淮南服玉法》，又有《三十六水法》，亟欲
鈔刻，無從訪求。猶幸於舊書攤頭獲殘本數種，中有宋彭耜《道德
經集注》，搜輯先少保石林公《老子解》一書，差爲幸快之事，世安
得有未見書爲吾飽讀哉！

書林清話箋證卷九

內府刊欽定諸書

足本禮親王《嘯亭雜録》《續録》載有"本朝欽定各書"一則，謹録於右云："列聖萬幾之暇，乙覽經史，爰命儒臣，選擇簡編，親爲裁定，頒行儒宫，以爲士子仿模規範，實爲萬世之巨觀也。今臚列其目於右。經部：《易經通注》四卷。德輝謹按，《四庫總目》九卷，云順治十三年大學士傅以漸、左庶子曹本榮奉敕撰。《日講易經解義》十八卷。謹按，《四庫》同，云康熙二十二年聖祖仁皇帝御定。《御纂周易折中》二十二卷。謹按，《四庫》同，云康熙五十四年聖祖仁皇帝御纂，詔大學士李光地編。《御纂周易述義》十卷。謹按，《四庫》同，云乾隆二十年奉敕撰。《日講書經解義》十三卷，謹按，《四庫》同，云康熙十九年聖祖仁皇帝御定，大學士庫勒納等奉詔編。《欽定書經傳説彙纂》二十四卷。謹按，《四庫》同，云康熙末聖祖仁皇帝敕撰，雍正八年告成，世宗憲皇帝御製序文刊行。《欽定詩經傳説彙纂》二十卷。謹按，《四庫》有序二卷，云康熙末聖祖仁皇帝御定，刻成於雍正五年，世宗憲皇帝製序頒行。《御纂詩義折中》二十卷。謹按，《四庫》同，云乾隆二十年皇上御纂。《欽定周官義疏》四十八卷。謹按，《四庫》同，云乾隆十三年御定。《欽定儀禮義疏》四十八卷。謹按，《四庫》同，云乾隆十三年御定。《欽定禮記義疏》八十二卷。謹按，《四庫》同，云乾隆十三年御定。《日講禮記解義》二十卷。謹按，《四庫》六十四卷，云爲聖祖仁皇帝經筵所講，皆經御定而未及編次成帙。皇上御極之初，乃命取繕書房舊稿校刊頒行。《日講春秋講義》六十四卷。謹按，《四庫》同，云是書爲聖祖仁皇帝經筵舊稿，世宗憲皇帝復加考論，乃編次成帙。《欽定春秋傳説彙纂》三十八卷。謹按，《四庫》同，云康熙三十八年奉敕撰。《御纂春秋直解》十六卷。謹按，《四庫》十五卷，云乾隆二十三年奉敕撰。《御注孝經》一卷。謹按,《四庫》同,云順治十三年世祖章皇帝御撰。《御纂孝經集注》一卷。謹按,《四庫》同,云雍正五年世宗憲皇帝御定。《日講四書解義》二十六卷。謹按,《四庫》同,云康熙十六年聖祖仁皇帝御定。《御纂律吕正義》五卷。謹按,《四庫》同,云康熙五十二年聖祖仁皇帝御定。《御纂律吕正義後編》一百二十卷。謹按,《四庫》同,云乾隆十一年奉敕撰。《御定康熙字典》四十二卷。謹按,《四庫》同,云康熙五十五年聖祖仁皇帝御定。《欽定西域同文志》二十四卷。謹按,《四庫》同,云乾隆二十八年奉敕撰。《御定音韻闡微》十八卷。謹按,《四庫》同,云康熙五十四年奉敕撰,雍正四年告成,世宗憲皇帝御製序文刊刻頒行。《欽定同文韻統》六卷。謹按,《四庫》同,云乾隆十五年奉敕撰。《欽定叶韻彙輯》五十八卷。謹按,《四庫》同,云乾隆十五年奉敕撰。《欽定音韻述微》一百六卷。謹按,《四庫》三十卷,云乾隆三十八年奉敕撰。史部:《欽定明史》三百六十卷。謹按,《四庫》三百三十六卷,云大學士張廷玉奉敕撰,乾隆四年書成。《御批通鑑輯覽》一百二十卷。謹按,《四庫》一百十六卷,附《明唐桂二王本末》三卷,云乾隆三十二年奉敕撰。《御定通鑑綱目三編》四十卷。謹按,《四庫》同,云乾隆四十年奉敕撰。《開國方略》三十二卷。謹按,《四庫》同,云乾隆三十八年奉敕撰。《御定三逆方略》。謹按,《四庫》六十卷,云康熙二十一年大學士勒德洪等奉敕撰。《親征平定朔漠方略》四十八卷。謹按,《四庫》同,云康熙四十七年大學士温達等撰進。《平定金川方略》三十二卷。謹按,《四庫》同,云乾隆十三年大學士來保等恭撰。《平定準噶爾方略前編》五十四卷,《正編》八十五卷,《續編》三十三卷。謹按,《四庫》同,云乾隆三十七年大學士傅恒等恭撰。《平定兩金川方略》一百五十二卷。謹按,《四庫》同,云乾隆四十六年大學士阿桂等恭撰。《臨清紀略》十六卷。謹按,《四庫》同,云乾隆四十二年奉敕撰。《蘭州紀略》。謹按,《四庫》二十卷,云乾隆四十六年奉敕撰。《石峰堡紀略》。謹按,《四庫》二十卷,云乾隆四十九年奉敕撰。《臺灣紀略》。謹按,《四庫》七十卷,云乾隆五十三年奉敕撰。《平定廓爾喀紀略》。《平苗紀略》。《平定三省教匪紀略》。《辛酉工賑紀略》。《太祖高皇帝聖訓》四卷。謹按,《四庫》同,云康熙二十五年聖祖仁皇帝恭編,乾隆四年我皇上敬製序文,宣付剞劂。《太宗文皇帝聖訓》六卷。謹按,《四庫》同,云順治末,世祖章皇帝編次未竟,康熙二十六年聖祖仁皇帝續成,乾隆四年皇上御製序文刊布。《世祖章皇帝聖訓》六卷。謹按,《四庫》同,云康熙二十六年聖祖仁皇帝恭編,乾隆四年皇上御製序文刊布。《聖祖仁皇帝聖訓》六十卷。謹按,《四庫》同,云雍正九年世宗憲皇帝恭編,乾隆六年皇上御製序文刊布。《世宗憲皇帝聖訓》三十六卷,謹按,《四庫》同,云乾隆五年皇上恭編,御製序文刊布。《高宗純皇帝聖訓》三百卷。《上諭內閣》一百五十九卷。謹按,《四庫》同,云雍正七年世宗憲皇帝命和碩莊親王允祿繕錄刊布,以雍正九年告成。皇上即祚,復命和碩和親王弘晝編次,雍正八年至十三年上諭校正續刻,補爲全書,以乾隆六年告成。《硃批諭旨》三百六十卷。謹按,《四庫》同,云雍正十年奉敕撰,乾隆三年告成。《欽定明臣奏議》二十卷。謹按,《四庫》同,云乾隆四十六年奉敕編。《欽定宗室王公功績表傳》十二卷。謹按,《四庫》同,云乾隆四十六年奉敕撰。《欽定蒙古回部王公表傳》六十卷。謹按,《四庫》祇《蒙古王公功績表傳》十二卷,云乾隆四十四年奉敕撰。《欽定八旗滿洲氏族通譜》八十卷。謹按,《四庫》同,云乾隆九年奉敕撰。《欽定勝朝殉節諸臣錄》十二卷。謹按,《四庫》同,云乾隆四十一年奉敕撰。《御定月令輯要》二十四卷。謹按,《四庫》有《圖說》一卷,云康熙五十四年聖祖仁皇帝御定。《大清一統志》五百卷。謹按,《四庫》同,云乾隆二十九年奉敕撰。《欽定熱河志》八十卷。謹按,《四庫》同,云乾隆四十六年奉敕撰。《欽定日下舊聞考》一百三十卷。謹按,《四庫》一百二十卷,云乾隆三十九年奉敕撰。《欽定滿洲源流考》二十卷。謹按,《四庫》同,云乾隆四十三年奉敕撰。《欽定皇輿西域圖志》五十二卷。謹按,《四庫》同,云乾隆二十一年奉敕撰,乾隆二十七年創成初稿,嗣以版章日闢,規制益詳,復增定爲今本。《皇清職貢圖》九卷。謹按,《四庫》同,云乾隆十六年奉敕撰。《欽定盛京通志》一百卷。謹按,《四庫》一百二十卷,云乾隆四十四年奉敕撰。《詞林典故》八卷。謹按,《四庫》同,云乾隆九年命掌院學士鄂爾泰、張廷玉等纂輯是書,乾隆十二年告成,御纂序文刊行。《續詞林典故》□卷。謹按,嘉慶十年敕撰《皇朝詞林典故》六十四卷,蓋即此書,不名續也。《欽定歷代職官表》□□卷。謹按,《四庫》六十三卷,云乾隆四十五年奉敕撰。《欽定大清會典》一百卷。謹按,《四庫》同,云乾隆二十九年奉敕撰。《新定大清會典》□□卷。謹按,此當是嘉慶戊寅新修之本,止八十卷。《大清會典則例》一百八十卷。謹按,《四庫》同,云乾隆二十九年奉敕撰。《新定大清會典則例》一百八十卷。《欽定續文獻通考》二百五十二卷。謹按,《四庫》同,云乾隆十二年奉敕撰。《欽定皇朝文獻通考》二百六十二卷。謹按,《四庫》二百六十六卷,云乾隆十二年奉敕撰。《欽定續通志》一百四十四卷。《欽定皇朝通志》一百卷。謹按,《四庫》二百卷,云乾隆三十二年奉敕撰。《欽定皇朝通典》二百卷。謹按,《四庫》一百卷,云乾隆三十二年奉敕撰。《幸魯盛典》四十卷。謹按，《四庫》同，云康熙二十七年，衍聖公孔毓圻等撰進。《萬壽聖典》一百二十卷。謹按，《四庫》同，云康熙五十二年，聖祖仁皇帝六旬萬壽，内直諸臣所纂録也。《欽定大清通禮》四十卷。謹按，《四庫》五十卷，云乾隆元年奉敕撰，越二十一年告成。《南巡盛典》一百二十卷。謹按，《四庫》同，云乾隆三十五年，大學士管兩江總督高晉等恭撰進。《皇朝禮器圖式》二十八卷。謹按，《四庫》同，云乾隆二十四年奉敕撰，乾隆三十一年又命廷臣重加校補，勒爲此編。《國朝宮史》三十六卷。謹按，《四庫》同，云乾隆七年奉敕撰，乾隆二十四年復命增修，越兩載而告成。《續國朝宮史》□□卷。《欽定滿洲祭神祭天典禮》六卷。謹按，《四庫》同，云乾隆十二年奉敕撰。《八旗通志初集》二百五十卷。謹按，《四庫》同，云雍正五年世宗憲皇帝敕撰，乾隆四年告成，御製序文頒行。《八旗通志二集》□□□卷。謹按，浙江《文瀾閣書目》載此書三百四十二卷、卷首十二卷、《目録》二卷。《集》中檔案至乾隆六十年止，稱高宗爲皇上。蓋嘉慶初元敕修，進御於太上皇者。《大清律例》四十七卷。謹按，《四庫》同，云乾隆五年奉敕撰，御製序文頒行。《欽定天禄琳琅》十卷。謹按，《四庫》同，云乾隆四十年奉敕撰。《御製評鑒闡要》二十卷。謹按，《四庫》十二卷，云乾隆三十六年，大學士劉統勳等編次恭進。　子部：《御撰資政要覽》三卷、《後序》一卷。謹按，《四庫》同，云順治十二年世祖章皇帝御撰。《聖諭廣訓》一卷。謹按，《四庫》同，云聖諭十六條，聖祖仁皇帝所頒；廣訓一萬餘言，世宗憲皇帝推繹。《庭訓格言》一卷。謹按，《四庫》同，云雍正八年，世宗憲皇帝追述聖祖仁皇帝天語，親録成編。《御製人臣儆心録》一卷。謹按，《四庫》入史部，云順治十二年世祖章皇帝御撰。《御製日知薈要》一卷。謹按，《四庫》四卷，云乾隆元年皇上御製。《御定孝經衍義》一百卷。謹按：《四庫》同，云是書爲順治十三年奉敕所修，至康熙二十一年告成，聖祖仁皇帝親爲鑒定，製序頒行。《御定内則衍義》十六卷。謹按，《四庫》同，云順治十三年世祖章皇帝御定。《御纂性理精義》十二卷。謹按，《四庫》同，云康熙五十六年聖祖仁皇帝御定。《御纂朱子全書》六十六卷。謹按，《四庫》同，云康熙五十二年聖祖仁皇帝御定。《御定執法成憲》八卷。謹按，《四庫》同，云雍正六年世宗憲皇帝敕撰，雍正十三年書成奏進，乾隆三年御製序文頒行。《欽定授時通考》七十八卷。謹按，《四庫》同，云乾隆二年奉敕撰，乾隆七年進呈欽定，御製序文頒行。《欽定醫宗金鑒》九十卷。謹按，《四庫》同，云乾隆十四年奉敕撰。《御定曆象考成》四十二卷。謹按，《四庫》同，云康熙五十二年聖祖仁皇帝御定。《御定曆象考成後編》十卷。謹按，《四庫》同，云乾隆二年奉敕撰。《御定儀象考成》三十二卷。謹按,《四庫》同,云乾隆九年奏敕撰,乾隆十七年告成,御製序文頒行。《御定數理精蘊》五十三卷。謹按,《四庫》同,云康熙五十二年聖祖仁皇帝御定。《御定星曆考原》六卷。謹按,《四庫》同,云康熙五十二年聖祖仁皇帝御定,詔大學士李光地等重爲考定,以成是編。《欽定協紀辨方書》三十六卷。謹按,《四庫》同,云乾隆四年奉敕撰,越三年告成,進呈欽定。《欽定佩文齋書畫譜》一百卷。謹按,《四庫》同,云康熙四十七年聖祖仁皇帝御定。《秘殿珠林》二十四卷。謹按,《四庫》同,云乾隆九年奉敕撰。《石渠寶笈》四十四卷。謹按,《四庫》同,云乾隆十九年奉敕撰。《續石渠寶笈》□□卷。謹按,沈初《西清筆記》云,《珠林》《寶笈》二書,乾隆辛亥續編,但未載卷數。《錢録》十六卷。謹按,《四庫》同,云乾隆十五年奉敕撰。《欽定西清古鑒》四十卷。謹按,《四庫》同,云乾隆十四年奉敕撰。《欽定西清硯譜》二十四卷。謹按,《四庫》二十五卷,云乾隆四十三年奉敕撰。《御定古今圖書集成》五千二百卷。謹按,此書《四庫》未著録,據阮元編《天一閣書目》云,乾隆三十九年,御賜《古今圖書集成》一萬卷,聖祖仁皇帝御撰。雍正四年,世宗憲皇帝御製序,略言:皇考命儒臣廣羅群籍,分門別類,統爲一書。經歷歲時,久而未就。特命尚書蔣廷錫等重加編校,凡釐定三千餘卷,增删數十萬言,圖繪精審,考定詳悉。列爲六編,析爲三十二典,其部六千餘,其卷一萬云。蓋是書經兩朝始成。余見原書,板本闊大,圖繪極工。光緒初元,上海書坊有石印、鉛字排印兩種;末年,慈聖取原書付上海石印三百部,時以頒賜内直諸臣。《欽定淵鑒類函》四百五十卷。謹按,《四庫》同,云康熙四十九年聖祖仁皇帝御定。《御定駢字類編》二百四十卷。謹按,《四庫》同,云康熙五十八年,聖祖仁皇帝敕撰,雍正四年告成,世宗憲皇帝製序頒行。《御定分類字錦》六十四卷。謹按,《四庫》同,云康熙六十一年,聖祖仁皇帝御定。《御定子史精華》一百六十卷。謹按,《四庫》同,云康熙末聖祖仁皇帝敕修,雍正五年世宗憲皇帝御定頒行。《御定佩文韻府》四百四十二卷。謹按,《四庫》四百四十四卷,康熙五十年聖祖仁皇帝御定。《御定韻府拾遺》一百十二卷。謹按,《四庫》同,云康熙五十五年聖祖仁皇帝御定。《御注道德經》二卷。謹按,《四庫》同,云順治十三年世祖章皇帝御撰。集部:《聖祖仁皇帝初集》四十卷、《二集》五十卷、《三集》五十卷、《四集》三十六卷。謹按,《四庫》同,云自康熙二十二年癸亥以前爲《初集》,三十六年丁丑以前爲《二集》,五十年辛卯以前爲《三集》。至五十一年壬辰以後六十一年壬寅以前,世宗憲皇帝命和碩莊親王允禄編爲《四集》。通一百七十六卷,合爲一編。《世宗憲皇帝文集》三十卷。謹按,《四庫》同,云凡文二十卷,詩十卷。文分十三體。詩則前七卷曰《雍邸集》,皆康熙壬寅以前作;後三卷曰《四宜堂集》,則御極以後作也。《高宗純皇帝樂善堂全集》三十卷,《御製文初集》三十卷、《二集》四十卷、《餘集》二卷,《御製詩初集》四十四卷、《二集》九十四卷、《三集》一百卷、《四集》一百二十卷、《五集》一百四十卷、《餘集》□卷。謹按,《四庫》:《御製樂善堂文集》定本三十卷,乾隆二十三年協辦大學士戶部尚書蔣溥等奉敕重編。《御製文初集》三十卷、《二集》四十四卷,《御製詩初集》四十八卷、《二集》一百卷、《三集》一百十二卷、《四集》一百十二卷。今上皇帝《味餘書室集》□□卷,《御製文初集》□□卷,《御製詩初集》□□卷、《二集》□□卷。《御定全唐文》一千卷。謹按,嘉慶十九年,文華殿大學士董誥奉敕編輯。《御選古文淵鑒》六十四卷。謹按,《四庫》同,云康熙二十四年聖祖仁皇帝御選,內閣學士徐乾學等奉敕編注。《御定賦彙》一百四十卷,《外集》□□卷,《補遺》二十二卷。謹按,《四庫》一百四十卷、《外集》二十卷、《逸句》二卷、《補遺》二十二卷,云康熙四十五年聖祖仁皇帝御定。《御定全唐詩》九百卷。謹按,《四庫》同,云康熙四十二年聖祖仁皇帝御定。《御定佩文齋詠物詩選》四百八十二卷。謹按,《四庫》四百八十六卷,云康熙四十五年聖祖仁皇帝御定。《御定歷代題畫詩類》一百二十卷。謹按,《四庫》同,康熙四十六年聖祖仁皇帝御定。《御選四朝詩》二百九十二卷。謹按,《四庫》三百一十二卷,宋七十八卷,金二十五卷,元八十一卷,明一百二十八卷。云康熙四十八年聖祖仁皇帝御定,右庶子張豫章等奉敕編次。《御定全金詩》七十四卷。謹按,《四庫》同,云康熙五十年聖祖仁皇帝御定。《御選唐詩》三十二卷。謹按,《四庫》有《附錄》三卷,云康熙五十二年聖祖仁皇帝御定。《御選唐宋文醇》五十卷。謹按,《四庫》五十八卷,云乾隆三年御定。《御選唐宋詩醇》四十七卷。謹按,《四庫》同,云乾隆十五年御定。《皇清文穎》一百二十四卷。謹按,《四庫》同,云康熙中,聖祖仁皇帝詔大學士陳廷敬編錄未竟,世宗憲皇帝復詔續輯,亦未即蕆功,我皇上申命廷臣乃斷自乾隆甲子以前排纂成帙。《續皇清文穎》□□卷。《欽定四書文》四十一卷。謹按,《四庫》同,云乾隆元年內閣學士方苞奉敕編。《御定歷代詩餘》一百二十卷。謹按,《四庫》同,云康熙四十六年聖祖仁皇帝御定,命侍讀學士沈辰垣等蒐羅舊集,定著斯編。《御定詞譜》四十卷。謹按,《四庫》同,云康熙五十四年聖祖仁皇帝御定。《御定曲譜》十四卷。謹按,《四庫》同,云康熙五十四年奉敕撰。謹按,以上所列,至嘉慶止。然嘉慶一朝亦未盡載,蓋著者為當時人,未斷代也。顧如乾隆五十三年,《欽定詩經樂譜全書》三十卷,《樂律正俗》一卷;乾隆二十年,《欽定翻譯五經》五十八卷,《四書》二十九卷;乾隆三十六年,《欽定增訂清文鑒》三十二卷,《補編》四卷,《總綱》八卷,《補總綱》二卷;乾隆四十四年,《欽定滿洲蒙古漢字三合切音清文鑒》三十三卷;乾隆四十六年,《欽定遼金元三史國語解》四十六卷;康熙五十一年,《欽定歷代紀事年表》一百卷;乾隆四十二年,《欽定蒙古源流》八卷;雍正九年,《上諭八旗》十三卷,《上諭旗務議覆》十二卷,《諭行旗務奏議》十三卷;乾隆四十七年,《欽定河源紀略》三十六卷;乾隆十九年,《欽定盤山志》二十一卷;乾隆三十二年,《欽定續通典》一百四十四卷;乾隆五十四年,《欽定八旬萬壽盛典》一百二十卷;乾隆四年,《欽定康濟錄》六卷;乾隆四十三年,《欽定國子監志》六十二卷;乾隆四十一年,《欽定武英殿聚珍板程式》一卷;乾隆三十四年,《欽定校正淳化閣帖釋文》十卷;康熙四十六年,《御批通鑒綱目》五十九卷,《通鑒綱目前編》十八卷,《外紀》一卷,《舉要》三卷,《通鑒綱目續編》二十七卷;乾隆四十八年,《欽定古今儲貳金鑒》六卷;乾隆十四年,《御覽經史講義》三十一卷;康熙四十七年,《欽定廣群芳譜》一百卷;乾隆四十七年,《欽定補繪離騷全圖》二卷;康熙六十一年,《御定千叟宴詩》四卷;乾隆五十五年,《欽定千叟宴詩》三十六卷:均《四庫》著錄之書,不知何以未得悉舉。又如順治《御撰勸善要言》一卷;謹按,原書清文未翻譯,光緒十七年加譯,頒浙江官書局刊行。康熙二十年,《欽定選擇曆書》十卷;一名《萬年曆書》。康熙五十年,《御製避暑山莊圖詠》二卷;雍正十一年,《御製大義覺迷錄》四卷;乾隆《御製擬白居易樂府》四卷;嘉慶□□年,《欽定天祿琳琅書目後編》二十卷;嘉慶元年,《欽定千叟宴詩》三十四卷。謹按,此爲乾隆八旬有五萬壽慶典事,在《四庫全書》告成之後,其書題乾隆六十一年。蓋大内稱嘉慶元、二、三年爲六十一、二、三年也。或在《四庫》修書以前,或在《四庫》成書之後。雖總目未載,在嘉慶時傳本必多。至《欽定四庫全書總目提要》二百卷,《欽定四庫全書簡明目錄》二十卷,以習聞習見之巨册,而紀載缺如,甚矣藏書與讀書之難也。”

四庫發館校書之貼式

乾隆纂修《四庫》時,每書發交館臣,首貼一紙。翰林院儲存底本,往往見之。其式如右,□者,原空字格,填寫數目也。

第　　卷底本　十　　頁				
武英殿於　　　月　　日發出				
分校處於　　月　　日簽出　　處發交謄録　　　寫成				
十　頁於　　月　　日收到寫本於　　月　　　日校畢交覆				
收訖				
覆校處於　　月　　日收於　　月　　　日覆校畢交				
殿				
此卷計　萬　千　百　十　字				
連前共交過　　　萬　千　百　十　字				

按，右式所載收發、簽校、謄録等名目，開館時皆設有專官。總校、分校以翰林編檢爲之。又有繕書處總校官、分校官，則翰林、六部郎中、主事、内閣中書、國子監學録皆有其人。至繕書處收掌官，則止中書科中書、國子監典簿、學正等。武英殿收掌官，僅各部筆帖式，無大臣也。諸人姓名職銜均載《欽定四庫全書》卷首。其簽校各書異同之處，於乾隆四十一年九月三十日奉上諭，令該總裁另爲編次，與《總目提要》一體付聚珍板排刊流傳，即今《武英殿聚珍板叢書》所印《四庫全書考證》一百卷是也。當時簽校或誤，處分甚輕。總裁、總校、分校等按次記過，三月查核，交部議處，原不過薄示懲儆。此見乾隆四十三年五月二十六日上諭，亦載《欽定四庫全書》卷首，可覆按也。

武英殿聚珍板之遺漏

自《武英殿聚珍板叢書》出，於是明《永樂大典》中世所罕見各書，亦已十獲七八矣。然吾猶有恨者，當時編檢諸臣急於成功，各韻散見之古書，既采之未盡，而其與見行刻本有異者，全不知取以校勘。甚有見行者非足本，《大典》中有足本，亦遂忽略檢過，不得補其佚文。可知古今官修之書，潦草大都相類。當時歷城周書昌編修永年，親在館中，獨爲其難。如館臣初未采及之《宋三劉文集》，永年搜輯之，始入《四庫》。自後徐星伯松輯《宋中興禮書》

《續禮書》《宋會要》,趙懷玉輯蘇過《斜川集》,辛啓泰輯《稼軒詩文詞》佚篇。近則文芸閣廷式、繆藝風荃孫從殘冊中搜獲各種尤多,則當時漏略亦可概見矣。

無錫秦刻九經之精善

王士禎《分甘餘話》云:"近無錫秦氏摹宋刻小本《九經》,剞劂最精,點畫不苟。聞其板已爲大力者負之而趨。余曾見宋刻於倪檢討雁園爕。許,與秦刻方幅正同,然青出於藍而青於藍矣。"吾按,秦本亦有翻刻,其原刻不分卷,每葉四十行,行二十七字,上格標載音義。凡《易》二十一葉,《書》二十六葉,《詩》四十七葉,《左傳》一百九十八葉,《禮記》十三葉,《周禮》五十五葉,《孝經》三葉,《論語》十六葉,《孟子》三十四葉,見《天祿琳琅後編》宋版。丁《志》秦刻即據此本。別有重刻秦本,每半葉十四行,行二十八字。其書爲《周易》三卷,《詩經》四卷,《書經》四卷,《春秋》十七卷,《周禮》六卷,《禮記》六卷,《孝經》一卷,《論語》二卷,《孟子》七卷,合五十卷;附《大學中庸章句》一卷,《小學》二卷。或云所據別一南宋巾箱本,原刻字畫精細,幾可亂真,重刻則失之甚遠。此等書在當時爲坊刻,以備場屋童試溫經之用者,故皆止有白文。丁《目》云:"密行小字《五經》,每半葉二十行,行二十七字。行密如櫛,字纖如髮,蓋即秦刻祖本之不全者。"丁謂爲北宋刻,殊失鑒別。年來丁藏已散,此本不知歸於誰氏,爲之嘅然!

納蘭成德刻通志堂經解之一

國初人刻書,亦有高下。納蘭成德之《通志堂經解》表章宋元人遺書,其功誠不可没。然主裁者無卓識,而門户之見過深。凡諸家經解,非程朱一派,則削而不録。又其所刻本有宋元舊本可據,而全不取以校勘。觀何義門焯批閱目録注文,則當時之草草可知矣。若曹寅所刻《小學五種》《棟亭十二種》,又爲内府刻《全唐詩》，則固勝於納蘭成德遠甚。然不如張士俊《澤存堂五種》，摹仿宋刻，極肖極精。自明至國朝，刻工如此之精研者，蓋亦尠矣。

納蘭成德刻通志堂經解之二

《通志堂經解》本爲徐乾學所刻，何焯所校。《通志堂經解目録》屢稱東海，是當時並不屬之納蘭成德也。乾隆五十年二月二十九日奉上諭：“四庫全書館進呈補刊《通志堂經解》一書。朕閲成德所作序文係康熙十二年，計其時成德年方幼稚，何以即能淹通經術？向即聞徐乾學有代成德刻《通志經解》之事。茲令軍機大臣詳查成德出身本末，乃知成德於康熙十一年壬子科中式舉人，十二年癸丑科中式進士，年甫十六歲。徐乾學係壬子科順天鄉試副考官，成德由其取中。夫明珠在康熙年間柄用有年，勢燄薰灼，招致一時名流如徐乾學等互相交結，植黨營私。是以伊子成德年未弱冠，夤緣得取科名，自由關節。乃刻《通志堂經解》，以見其學問淵博。古稱皓首窮經，雖在通儒，非義理精熟畢生講貫者，尚不能單心闡揚，發明先儒之精藴。而成德以幼年薄植，即能廣搜博采，集經學之大成，有是理乎？更可證爲徐乾學所裒輯，令成德出名刊刻，俾藉此市名邀譽，爲逢迎權要之具耳。夫徐乾學、成德二人，品行本無足取，而是書薈萃諸家，典贍賅博，實足以表章六經。朕不以人廢言，故命館臣將版片之漫漶斷爛闕者補刊齊全，訂正譌謬，以臻完善，嘉惠儒林。但徐乾學之阿附權門，成德之濫竊文譽，則不可不抉其隱微，剖悉原委，俾定論昭然，以示天下後世。著將此旨録載書首。”蓋納蘭即明珠之子，當時徐乾學、高士奇與之結納，故徐爲作序，盛推其校刻之功。其言雖不免過於夸侈，然納蘭成德究爲貴介中有才德者。世傳所著《飲水詞》《側帽詞》，饒有宋人風格。平生與無錫詞人顧梁汾貞觀交契。吳漢槎兆騫以科場案牽連，謫戍寧古塔。顧寄吳《金縷曲詞》，爲納蘭見之，讀之泣下。白於明珠，以展轉道地赦歸。其人其事，皆藝林美談。然則《通志堂經解》一書，或不必盡爲徐所代刻。百年公論，後世自有知者。今小説有《紅樓夢》一書,其中寶玉,或云即納蘭。是書爲曹寅之子雪芹孝廉作,曹亦内府旗人。以同時人紀同時事,殆非架空之作。今《通志堂全書》初印者,全部絕少。乾嘉間如孫星衍《孫祠書目》、倪模《江上雲林閣書目》所載,缺種極多。吾藏初印全本兩部,可以睥睨諸君矣。

納蘭成德刻通志堂經解之三

姚元之《竹葉亭雜記》云:"《通志堂經解》,納蘭成德容若校刊,實則崑山徐健庵家刻本也。高宗有'成德借名、徐乾學逢迎權貴'之旨。成德爲明珠之子,徐以其家所藏經解之書,薈而付梓,鑴成德名,攜板贈之,序中絕不一語及徐氏也。書中有宋孫莘老《春秋經解》十五卷,而目録中無之。山東朱鳶湖在武英殿提調時,得是本,以外間無此書,用活字板印之。蓋以《通志堂》未曾付刻也。其時校是本者,爲秦編修敦甫恩復。秦家有通志堂刻本,持以告朱。朱愕然,不知當日目中何以缺此也。秦云,據其所見,爲目中所無者,尚不止此,豈是書有續刻歟?"吾按,是書隨刻隨印,亦隨時排目,故其目録有多寡之不同。據《邵注四庫書目》,亦云林栗《周易經傳集解》三十六卷,當時已經刊成,因栗曾劾朱子,遂燬其板。然則目録與刻書之不合,信有之矣。

【箋證】

《邵注四庫書目》卷第一《經部一》著録林栗《周易經傳集解》三十六卷,云:"路有鈔本,《四庫》著録係曝書亭藏本傳鈔,許氏有舊鈔本,通志堂已刊。因栗與朱子爲難,復毀其板。朱有鈔本三十六卷,缺後四卷。"

國朝刻書多名手寫録亦有自書者

國初諸人刻書,多倩名手工楷書者爲之。如倪燾爲薛熙寫《明文在》,侯官林吉人佶爲王士禎書《漁洋精華録》,爲汪琬書《堯峰文鈔》,爲陳廷敬書《午亭文編》,常熟王子鴻儀爲漁洋書《詩續集》,《香祖筆記》二。均極書刻之妙。徐康《前塵夢影録》云:"乾嘉時,有許翰屏以書法擅名,當時刻書之家,均延其寫樣。如士禮居黄氏、享帚樓秦氏,<small>德輝按,秦爲享帚精舍,不名樓也,此即石研齋。</small>平津館孫氏、藝芸書舍汪氏以及張古餘、吳山尊諸君,所刻影宋本秘籍,皆爲翰屏手書。一技足以名世,洵然。"《録》又云:"嘉慶中,胡果泉方伯議刻《文選》。校書者爲彭甘亭、<small>兆蓀。</small>顧千里,<small>廣圻。</small>影宋寫樣者爲許翰屏,極一時之選。即近時所謂《胡刻文選》也。"又云:"享帚樓刻吕衡州、李翺等《集》,顧澗翁更覓得足本沈亞之等《集》七家,皆用昌皮紙,浼翰屏精寫。不加裝釘,但用夾板平鋪,以便付梓。余曾訪澗翁文孫河之孝廉,曾一見之。今河之久歿,所居亦遭劫,書樣無可訪問矣。"今孫、黄、秦、胡、張、吳諸家所刻書,均不署翰屏姓名。微徐《録》,將湮没不傳矣。同時,長洲有李福爲士禮居寫明道本《國語》,<small>見本書序。</small>吳縣陸損之爲士禮居寫《汪本隸釋刊誤》。<small>士禮居刻本。</small>幸皆於刻本著名,使姓名與書不朽。至黄丕烈寫《季滄葦書目》,余秋室學士集書元周密《志雅堂雜鈔》、金元好問《續夷堅志》、孫承澤《庚子消夏記》《百衲琴》,<small>嘉慶戊午刻。</small>許槤寫元李文仲《字鑑》《六朝文絜》、吳玉搢《金石存》,江元文寫王芑孫《碑版廣例》,顧南雅學士蒓爲錢大昕寫《元史·藝文志》,初刻初印,直欲方駕宋元。其自書己集者,則鄭燮自書《板橋集》,金農自書《冬心集》。而尤以江聲自書篆字《尚書集注音疏》十二卷、《經師系表》一卷、《釋名疏證》八卷、《補遺》一卷,張敦仁草書《通鑒補識誤》三卷,爲刻版中别樹一幟。今則初刻精印,皆不易得矣。

國朝不仿宋刻經史之缺典

國朝官刻家刻書,同有一缺事。如《十三經注疏》《史》《漢》《三國》,皆有北宋、南宋及元刻本傳世。内則登之《天禄琳琅》,外則散見各藏書家書目。既已無本不善,隨刻一種,皆可爲虎賁中郎。乃以天府財力之雄,僅刻岳氏《五經》、淳熙大字本《周易本義》、淳祐本《朱子四書》。史僅古香齋刻袖珍本《史記》，而又移步換形，不知所據何本。外如畢秋帆沅、胡果泉克家、阮文達元，皆位至封疆，性喜校刻古書，而獨不及諸經正史。以顧千里、嚴鐵橋之好事，而不慫恿諸貴人多刻有用之書，此固可怪之事也。然猶幸有張敦仁影刻宋撫州本《禮記鄭注》，和珅刻宋本《禮記注疏》，黃丕烈士禮居刻宋嚴州本《儀禮鄭注》，汪士鍾影刻宋景德本《儀禮單疏》、元泰定本《孝經疏》，汪中影刻宋余仁仲本《春秋公羊解詁》，孔繼涵重刻宋《孟子趙注》諸書，胡刻元本《資治通鑑》，稍可解嘲。不然，則一代典籍之林，幾不能與明人徐、刻《三禮》。王、刻《史記》者。汪、刻《兩漢書》。柯，刻《史記》者。爭光比烈矣。

國朝阮元刻十三經注疏本之優劣

《十三經注疏》，乾隆四年武英殿刻本外，有嘉慶末年阮文達元刻江西南昌學官本。《易》則校以唐《開成石經》本，岳珂刻單注本，錢遵王校單注、單疏兩本，盧文弨傳錄明錢孫保求赤校影宋注疏本，十行九卷本，閩監本，即南監。監本，即北監。毛晉汲古閣本，日本山井鼎物茂卿《七經孟子考文補遺》引古本、足利本、宋本。《書》則校以《唐石經》本，宋《臨安石經》本，岳珂單注本，宋十行本，閩本，監本，明葛鼐永懷堂刻單注本，《七經孟子考文補遺》引宋板本。《詩》則校以《唐石經》本，南宋石經殘本，孟蜀石經殘本，南宋刻十三行、行二十四字小字本，武英殿重刻岳珂單注本，明十行、行十八字本，小注行二十三字。七十卷注疏本，閩本，監本，毛本，《七經孟子考文補遺》引古本。《周禮》則校以《唐石經》本，錢孫保舊藏宋刻單注本，宋槧小字本，附載《音義》；《春官》《夏官》《冬官》，余仁仲本；天、地二《官》，別一宋本；《秋官》以俗本抄補，非佳者，以臧庸據宋刻大字本《秋官》二卷校補。明嘉靖刻單注本，八行十七字，不附音義。惠棟校宋注疏本，附釋音，十行十七字，注雙行二十三字。閩本，監本，毛本。《儀禮》則校以《唐石經》本，宋嚴州刻單注本，明嘉靖徐氏翻宋刻單注本，明鍾人傑刻單注本，明葛鼐永懷堂刻單注本，北宋咸平刻單疏本，十五行三十字。閩本，監本，毛本。《禮記》則校以《唐石經》本，《南宋石經》本，宋岳珂刻單注本,明嘉靖刻單注本,此與《周禮》《儀禮》同爲徐氏刻本。正德修補南宋附刻釋音注疏十行本,閩本,監本,毛本,惠棟據不附釋音宋刻《正義》校汲古閣本,盧文弨、孫志祖校汲古閣本,《七經孟子考文補遺》引宋板本;《釋文》葉林宗影宋抄本,宋淳熙撫州公使庫刻本。《左傳》則校以《唐石經》本,南宋刻《春秋集解》殘本,十行,字數不一。北宋刻小字《集解》殘本,十一行,二十三四五字不一。宋淳熙刻小字附釋音本,十行十八字,注雙行二十二字。宋岳珂刻單注本,宋刻纂圖集解本,十行,行字數不一。宋慶元沈中賓刻《正義》本,八行行十六字,注雙行二十二字。明正德修補宋刻注疏本,十行十七字,注雙行二十三字。閩本,監本,明吳士元、黃錦等重修監本,毛本。《公羊》則校以《唐石經》本,惠棟過録何煌校宋注疏本,明正德修補宋監本,閩本,監本,毛本。《穀梁》則校以《唐石經》本,何焯校宋余仁仲刻單注殘本,明章邱李中麓名開先。藏影宋鈔單疏殘本,何煌校元刻注疏本,明刻十行本,閩本,監本,毛本。《爾雅》則校以《唐石經》本,明吳元恭仿宋刻單注本,八行十七字。元雪窗書院刻單注本,十行十九字,注雙行二十六字。宋刻單疏本,十五行三十字。元刻注疏本,九行二十字。閩本,監本,毛本,惠棟校本,盧文弨校本,《釋文》葉林宗影宋抄本,盧文弨釋文考證本。《論語》則校以漢石經殘字,《唐石經》本,宋《紹興石經》本,日本刻皇侃《義疏》本,陳鱣《論語古訓》引高麗本,明修補宋刻注疏本,十行十七字。閩本,監本,毛本。《孝經》則校以《唐石經》本,石臺石刻本,宋熙寧石刻本,宋岳珂相臺書塾刻單注本,明正德修補元泰定刻注疏本,十行十七字,注雙行二十三字。閩本,監本,毛本。《孟子》則校以宋高宗行書石刻本,何焯校録章邱李中麓藏北宋蜀刻大字單注本,何焯校宋劉氏丹桂堂刻單注巾箱本,何焯校宋岳珂刻單注本,何焯校宋廖瑩中刻本,孔繼涵刻附音義單注本,韓岱雲本,宋刻注疏十行本,閩本,監本,毛本,《七經孟子考文補遺》引古本、足利本。文達收藏既富,門客亦多,所刻諸經,當無遺恨。然是年文達調撫河南,交替之際,不能親自校勘。公子福撰《雷塘盦弟子記》云:"此書尚未刻校完竣,即奉命移撫河南,校書之人不能細心,其中錯字甚多。有監本、毛本不錯而今反錯者,校勘記去取亦不盡善,故大人不以此刻本爲善也。"文達一代碩儒,校刻未遂其志,豈非諸經之不幸哉。自今以往,欲求如當日之會萃諸善本從事校勘,益無後望矣。

經解單行本之不易得

藏書大非易事,往往有近時人所刻書,或僻在遠方,書坊無從購買;或其板爲子孫保守,罕見印行。吾嘗欲遍購前續兩《經解》中之單行書,遠如新安江永之經學各種,近如遵義鄭珍所著遺書,求之二十餘年,至今尚有缺者。鄭書板在貴州,光緒間一託同年友杜翹生太史本崇主考貴州之便,求之不得。後常熟龐劬庵中丞鴻書由湘移撫貴州,託其訪求,亦不可得。兩君儒雅好文,又深知吾有書癖者,而求之之難如此,然則藏書誠累心事矣。他人動侈言宋元刻本,吾不爲欺人之語也。可知藏書一道,縱財力雄富,非一驟可以成功。往者覓張惠言《儀禮圖》、王鳴盛《周禮田賦説》、金榜《禮箋》等書,久而始獲之,其難遇如此。每笑藏書家尊尚宋元,卑視明刻,殊不知百年以内之善本,亦寥落如景星。皕宋、千元,斷非人人所敢居矣。

洪亮吉論藏書有數等

洪亮吉《北江詩話》云:“藏書家有數等:錢少詹大昕、戴吉士震爲考訂家,盧學士文弨、翁閣學方綱爲校讎家,鄞縣范氏天一閣、錢唐吳氏瓶花齋、崑山徐氏傳是樓爲收藏家,吳門黃主事丕烈、鄔鎮鮑處士廷博爲賞鑒家,吳門書估錢景開、陶五柳、湖南書估施漢英爲掠販家。”按,洪氏亦約略言之。吾謂考訂、校讎,是一是二,而可統名之著述家。若專以刻書爲事,則當云校勘家。如順康朝錢謙益絳雲樓、王文簡士禎池北書庫、朱彝尊曝書亭,皆著述家也。毛晉汲古閣,校勘家亦收藏家也。錢曾述古堂、也是園,季滄葦振宜,賞鑒家也。毛氏刻書風行天下,而校勘不精,故不能於校讎分居一席。猶之何焯《義門讀書記》,平生校書最多,亦止可云賞鑒,而於考訂校讎皆無取也。與洪同時者,尚有畢制軍沅經訓堂,孫觀察星衍平津館、岱南閣、五松園,後均入金陵孫忠愍祠堂,著有《孫祠書目》。

書前有印文曰"孫忠愍祠堂藏書記"。粵匪亂後,其書多歸吾縣袁芳瑛臥雪廬,吾見之甚多。馬徵君曰璐叢書樓、玲瓏山館,考訂、校讎、收藏、賞鑒皆兼之。若盧轉運見曾雅雨堂、秦太史恩復石研齋以及張太守敦仁、顧茂才廣圻,則純乎校勘家也。若康熙朝納蘭侍衛成德之《通志堂》,乾隆朝吳太史省蘭之《藝海珠塵》,刻書雖多,精華甚少。然古書賴以傳刻,固亦有功藝林。但求如黃丕烈《士禮居叢書》、鮑廷博《知不足齋叢書》,既精賞鑒,又善校勘,則亦絕無僅有者矣。此外如闕里孔農部繼涵紅榈書屋《微波榭叢書》,李太守文藻《貸園叢書》,收藏亦各名家,校勘頗多有用,是亦當在標舉之列者也。

乾嘉人刻叢書之優劣

洪氏所遺,既已詳舉。而其他成書在後者,當時則有阮文達元《文選樓叢書》,則兼收藏、考訂、校讎之長者也。顧修《讀畫齋》,李錫齡《惜陰軒》,張海鵬《學津討源》《借月山房》《澤古叢鈔》《墨海金壺》,錢熙祚《守山閣》《珠叢別錄》《指海》,楊墨林《連筠簃》,郁松年《宜稼堂》,伍崇曜《粵雅堂》,潘仕誠《海山仙館》,蔣光煦《別下齋》《涉聞梓舊》,錢培名《小萬卷樓》,多者數百種,少者數十種,皆校勘家也。同光以來,則有吳縣潘文勤祖蔭滂喜齋、功順堂,歸安姚觀察覲元咫進齋,陸運使心源十萬卷樓,錢唐丁孝廉丙嘉惠堂,章大令壽康式訓堂,收藏而兼校勘者也。至黎星使庶昌《古佚叢書》,專橅宋元舊槧,海外卷抄,刻印俱精。惜假手楊校官守敬,不免師心自用、英雄欺人之病。惟江陰繆氏《雲自在龕叢書》,多補刻故書闕文,亦單刻宋元舊本,雖平津館、士禮居不能過之。孫、黃復生,當把臂入林矣。近年貴池劉世珩聚學軒刻叢書及仿宋本書,南陵徐乃昌刻《積學齋叢書》及《隨庵叢編》仿宋元本書,南潯劉氏嘉業堂、張氏適園刻叢書,均繆氏主持,勝於楊氏所刊遠矣。

刻鄉先哲之書

會萃鄉邦郡邑之書,都爲叢刻,自明人《梓吳》一書始,樊維城

《鹽邑志林》繼之。國朝嘉慶間,有趙紹祖刻《涇川叢書》,宋世犖刻《台州叢書》,祝昌泰刻《浦城遺書》,邵廷烈刻《婁東雜箸》。道光時,朝有伍元薇刻《嶺南遺書》。同治朝有胡鳳丹刻《金華叢書》,孫衣言刻《永嘉叢書》。光緒朝此風尤盛,如孫福清刻《檇李遺書》,丁丙刻《武林掌故叢編》,又刻《武林先哲遺書》,陸心源刻《湖州先哲遺書》,趙尚輔刻《湖北叢書》,王文灝刻《畿輔叢書》,盛宣懷刻《常州先哲遺書》。力大者舉一省,力小者舉一郡一邑。然必其鄉先輩富於著述,而後可增文獻之光。如《梓吳》《鹽邑志林》,雖有開必先,而卷帙零奇,殊嫌瑣細。《涇川》亦多無用之書,不必爲世傳誦。惟《台州》漸有巨册,《浦城》采集益宏。《婁東》全屬小書,乃以八音分集。《金華》頗多專集,校刻又嫌不精。《武林》卷帙浩繁,濫收山水寺觀志書,未免不知鑒別。惟《常州》出自繆藝風老人手定,抉擇嚴謹,刻手亦工。後有作者,當取以爲師資矣。

古今刻書人地之變遷

王士禎《居易錄》十四云:"陸文裕深《金臺紀聞》云:'葉石林時,印書以杭州爲上,蜀本次之,福建最下。'又云:'比歲京師印板,不減杭州。蜀、閩多以柔木刻之,取其易售,今杭絶無刻。國初蜀尚有板,差勝建刻。今建益下,去永樂、宣德亦不逮矣,唯蘇州工匠稍追古作。'此嘉靖初語也。近則金陵、蘇、杭書坊刻板盛行,建本不復過嶺,蜀更兵燹,城郭邱墟,都無刊書之事,京師亦鮮佳手。數年以來,石門即崇德縣。呂氏,崑山徐氏,雕行古書,頗仿宋槧,坊刻皆所不逮。古今之變,如此其亟也。"吾按,文簡時,金陵、蘇、杭刻書之風,已遠過閩、蜀。乾嘉時,如盧、文弨。鮑、廷博。孫、星衍。黃、丕烈。張、敦仁。秦、恩復。顧、廣圻。阮元。諸家校刻之書,多出金陵劉文奎、文楷兄弟。咸豐赭寇之亂,市肆蕩然無存。迨乎中興,曾文正首先於江寧設金陵書局,於揚州設淮南書局,同時杭州、江蘇、武昌繼之。既刊讀本《十三經》,四省又合刊《廿四史》。天下書板之善,仍推金陵、蘇、杭。自學校一變,而書局并裁,刻書之風移於湘、鄂,而湘尤在鄂先。同光之交,零陵艾作霖曾爲曹鏡初部郎耀湘校刻《曾文正公遺書》及釋藏經典。撤局後,遂領思賢書局刻書事,主之者張雨山觀察祖同、王葵園閣學先謙與吾三人。而吾三人之書,大半出其手刻。晚近則鄂之陶子齡,同以工影宋刻本名。江陰繆氏、宜都楊氏、常州盛氏、貴池劉氏所刻諸書,多出陶手。至是金陵、蘇、杭刻書之運終矣。然湘、鄂如艾與陶者,亦繼起無其人。危矣哉刻書也。

吳門書坊之盛衰

國朝藏書尚宋元板之風,始於虞山錢謙益絳雲樓、毛晉汲古閣。吾家二十五世從祖石君公樹廉樸學齋、林宗公奕寶稼軒,不幸無書目存留。然於錢曾《讀書敏求記》求之,知當日二公好書,其收藏固甚富也。絳雲火後,其書多歸從子曾。述古堂、也是園兩目具存,可以知其淵源授受。凡有載於《敏求記》者,皆其平日一再校讀者也。毛氏式微,其書售之潘稼堂不成,而售之泰興季滄葦振宜。述古堂、也是園之藏本,亦多併之。蓋至是而有明以來藏書家之宋元名抄,於是始一結束。物聚必散,久散復聚,其後毛氏之藏,半由徐乾學傳是樓轉入天府。乾嘉時,則有張金吾愛日精廬、黃丕烈士禮居,專收毛、錢二家之零餘。張氏書目,偶記印章,不盡知其來歷。黃氏時收時賣,見於《士禮居藏書題跋記》者,必一一注明其源流。當時久居蘇城,又值承平無事,書肆之盛,比於京師。今於《記》中考之,有胥門經義齋胡立群、校本《春秋繁露》十七卷,校本《蔡中郎集》十卷。《續記》舊抄本《玄珠密語》下云:"經義齋主人胡姓,鶴名,立群其字也。在書估中爲能識古書之一人。"廟前按,城隍廟也。五柳居陶廷學子蘊輝、宋刻本《鉅鹿東觀集》十卷,宋刻本《三謝詩》一卷。《續記》明刻毛校《王建詩集》八卷。山塘萃古齋錢景凱、宋咸平刊本《吳志》三十卷,元刊本《陳衆仲文集》十卷,校舊抄本《寶晉英光集》十卷。郡城學餘堂書肆、宋刊本《溫國文正司馬公文集》八十卷。玄妙觀前學山堂書坊、《年譜》:抄本《蘆浦筆記》一卷。府東敏求堂、校舊抄本《蘆浦筆記》《楊公筆錄》,不分卷。玄妙觀東閔師德堂、明刻本《戴石屏詩集》

十卷。臬署前書坊玉照堂、元刊本《新刊河間劉守真傷寒直格》三卷、《後集》一卷、《續集》一卷。張子和《心鏡》一卷。臬署前文瑞堂、金本《中州集》十卷。臬轅西中有堂書坊、明本《劉子新論》十卷。醋坊橋崇善堂書肆、元刻《元統題名錄》,不分卷。郡東王府基周姓墨古堂、北宋本《說苑》二十卷。閶門橫街留畊堂、明刻本《衍極》五卷,校明抄本《錄異記》八卷。閶門書業堂、宋刻本《聖宋文選》三十二卷。云:"以新刻《十三經》易之,時閶門書業堂新翻汲古閣《十三經》,每部需銀十四兩。"閶門文秀堂書坊、舊抄本《抱朴子內篇》二十卷、《外篇》五十卷。金閶門外桐涇橋頭書鋪芸芬堂,《續記》元抄本《書經補遺》一冊。玄妙觀前墨林居、校舊抄本《蘆浦筆記》《楊公筆錄》,不分卷。紫陽閣朱秀成書坊、宋刻本《文苑英華纂要》七冊。葑門大觀局、校抄本《紹興十八年同年小錄》不分卷,云彭、宋兩家所開。彭行三,號朗峰;宋亦行三,號曉巖。皆諸生。遺經堂、校舊抄本《建炎時政記》三卷。酉山堂、宋本《孟浩然詩集》三卷。本立堂書坊、舊抄本《古逸民先生集》一卷、《附錄》一卷。王府基書攤高姓、宋本《新雕注解珞琭子三命消息賦》三卷,李燕《陰陽三命》二卷。胡葦洲書肆。明刻《山窗餘稿》一卷。又有書友呂邦惟、宋刻本《三謝詩》一卷,抄本《汪水雲詩》不分卷。郁某、校明抄本《呂衡州文集》五卷。鄭益偕、影宋本《李賀歌詩編》五卷。胡益謙、抄本《北山小集》四十卷。邵鍾麐、明刻校本《半軒集》十二卷,一作邵鍾琳;抄校本《吳都文粹》十卷。沈斐雲、校抄本《吳都文粹》十卷。吳東亭、校明抄本《靈臺秘苑》十五卷。吳立方、《續記》抄本《王子安集》二冊。鄭雲枝、校宋本《禮記》二十卷。書船友曹錦榮、抄本《鐵崖賦稿》一卷。吳步雲、金本《中州集》十卷。鄭輔義、北宋本《新序》十卷。邵寶埔、殘宋本《普濟方》六卷。《續記》殘宋刻本《豫章黃先生外集》,云得諸書船友邵姓,當即一人。估人吳東白、宋本《陶靖節詩注》四卷。華陽橋顧聽玉、宋刻本《湘山野錄》三卷。常熟蘇姓書估、宋刻本《聖宋文選》三十二卷。平湖估人王徵麟、抄本《知非堂稿》六卷。無錫浦姓書估、殘宋本《普濟方》六卷,云為浦二田之後。湖人施錦章、宋本《新定續志》十卷。陶士秀、同上。買骨董人沈鴻紹。校宋本《林和靖詩》四卷。其在外者,有玉峰考棚汗篔齋書籍鋪、《續記》舊抄本《江月松風集》十二卷。揚州藝古堂、舊抄本《鼓枻稿》一卷。武林吳山翫遇賞樓書肆、殘鈔《陽春白雪》十卷。會稽童寶音齋、抄本《汪水雲詩》,不分卷。琉璃廠文粹堂,《續記》宋本《梅花喜神譜》二卷。又有蕭山李柯溪去官業書,僑寓吳中。《續記》鈔本《近事會元》五卷。其時書肆中人,無不以士禮居為歸宿。晚年自開潒喜園書籍鋪於玄妙觀西,《年譜》。是年八月病卒,時道光五年乙酉,年六十三歲。《年譜》。卒後二十餘年,赭寇亂起,大江南北,遍地劫灰。吳中二三百年藏書之精華,掃地盡矣。幸有常熟瞿氏鐵琴銅劍樓保守其孑遺,聊城楊氏海源閣收拾餘燼,蘭陵孫祠書籍歸於吾縣袁氏臥雪廬,江浙間所有善本名抄,又陸續會於湖州陸氏皕宋樓、仁和丁氏善本書室,長篇短冊,猶可旗鼓中原。今則袁氏所蓄,久飽蠹魚。袁書於光緒初元售之德化李盛鐸,戊子、己丑又散之京師,末年以殘冊叢書及零星宋元抄本贈之縣人袁樹勛、衡州程和祥,託以求事。袁、程皆非知書者,書去而事不成。餘則付之市肆字簍,吾收得僅百分之一二耳。陸書售之日本,丁書售之江南圖書館。南北對峙,惟楊、瞿二家之藏。外此如天一閣、持靜齋,子孫亦不能世守。二十年來,藍皮書出,估盧橫行。東鄰西鄰乘我之不虞,圖畫書籍古物,盡徙而入於海外人之手。上海飛鳧客,群翔集於茶坊酒市之中。而吳門玄妙觀前,無一舊書攤,無一書船友。俯仰古今,不勝滄桑之感矣。

都門書肆之今昔

吳門書肆之牌記,書估之姓名,吾既據黃蕘翁《士禮居藏書題跋記》具列於前矣。京師爲人文薈萃之區,二百餘年,廠甸書肆如林,竟無好事如蕘翁其人者,得一書而詳記之,是亦書棚之闕史矣。吾讀李文藻《南澗文集》中有《琉璃廠書肆記》,雖不及蕘翁記載吳門之詳,要亦足備都門之掌錄。按,其文曰:"乾隆己丑五月二十三日,予以謁選至京師,寓百順胡同。九月二十五日,籤選廣東之恩平縣。十月初三日引見,二十三日領憑,十一月初七日出京。此次居京師五月餘,無甚應酬,又性不喜觀劇,茶園酒館足迹未嘗至。惟日借書鈔之,暇則步入琉璃廠觀書,雖所買不多,而書肆之不到者寡矣。出京後,逆旅長夜不能寐,乃追憶各肆之名號及所市書之大略記之。琉璃廠因琉璃瓦窯爲名,東西可二里許。未入廠,東門路北一鋪曰聲遙堂,皆殘破不完之書。予從其中買數種,適有《廣東新語》,或選恩平之兆也。入門爲嵩□堂唐氏,名盛堂李氏,皆路北。又西爲帶草堂鄭氏,同陞閣李氏,皆路南。又西而路北者,有宗聖堂曾氏,聖經堂李氏,聚秀堂曾氏。路南者,有二酉堂、文錦堂、文繪堂、寶田堂、京兆堂、榮錦堂、經腴堂,皆李氏。宏文堂鄭氏,英華堂徐氏,文茂堂傅氏,聚星堂曾氏,瑞雲堂周氏。其先後次第憶或不真,而在南在北則無誤也。或曰,二酉堂自前明即有之,謂之老二酉。而其略有舊書者,惟京兆、積秀二家。餘皆新書,而其裝潢,紙不佳而冊薄。又西而南,轉沙土園北口,路西有文粹堂金氏,肆賈謝姓,蘇州人,頗深於書。予所購鈔本如《宋通鑒長編紀事本末》《蘆浦筆記》《塵史》《寓簡》《乾坤清氣集》《澄水集》《吕敬夫詩集》《段氏二妙集》《禮學彙編》《建炎復辟記》《貢南湖集》《月屋漫稿》《王光庵集》《焦氏經籍志》之屬,刻板如《長安志》《雞肋集》《胡雲峰集》《黃稼翁集》《江湖長翁集》《唐眉山集》之屬,皆於此肆。又北轉至正街,爲文華堂徐氏,在路南。而橋東之肆盡此矣。橋居廠中間,北與窯相對。橋以東街狹,多參以賣眼鏡、煙筒、日用雜物者。橋以西街闊,書肆外惟古董店及賣法帖、裱字畫、雕印章、包寫書稟、刻板、鐫碑耳。近橋左右則補牙、補唇、補眼及售房中之藥者。遇廷試,進場之具如試筆、卷帒、墨壺、鎮紙、弓棚、疊褥備列焉。橋西賣書者才七家。先月樓李氏在路南,多內板書。又西爲寶名堂周氏,在路北。本賣仕籍及律例、路程記,今年忽購得果親王府書二千餘套,列架而陳之。其書裝潢精麗,俱鈐圖記。予于此得梁寅《元史略》《揭文安集》《讀史方輿紀要》等書,皆鈔本;《自警編》半部、《溫公書儀》一部,皆宋槧本。又方望溪所著書原稿,往往有之。又有鈔本《冊府元龜》及明憲宗等《實錄》。又西爲瑞錦堂,亦周氏,在路南。亦多舊書,其地即老韋之舊肆,本名鑒古堂,八年前韋氏書甚多。又郃陽人董姓,同賣法帖其中。吾友趙六吉精於法帖,亦來此,遂客没,其櫬至今未歸。又西爲煥文堂,亦周氏。又西爲五柳居陶氏,在路北,近來始開,而舊書甚多。與文粹堂皆每年購書于蘇州,載船而來。五柳多璜川吳氏藏書,嘉定錢先生云'即吳企晉舍人家物也,其諸弟析產,所得書遂不能守'。又西爲延慶堂劉氏,在路北,其肆賈即老韋前開鑒古堂者也,近來不能購書於江南矣。夏間從內城買書數十部,每部有棟亭曹印其上,又有長白敷槎氏董齋昌齡圖書記,蓋本曹氏而歸於昌齡者。昌齡官至學士,棟亭之甥也。棟亭掌織造、鹽政十餘年,竭力以事鉛槧。又交于朱竹垞,曝書亭之書,棟亭皆鈔有副本。以予所見,如《石刻鋪叙》《宋朝通鑒長編紀事本末》《太平寰宇記》《春秋經傳闕疑》《三朝北盟會編》《後漢書年表》《崇禎長編》諸書皆鈔本,魏鶴山《毛詩要義》《樓攻媿文集》諸書皆宋槧本,餘不可盡數。韋頗曉事,而好持高價。查編修瑩、李檢討鐸,日游其中。數年前,予房師紀曉嵐先生買其書,亦費數千金。書肆中之曉事者,惟五柳之陶、文粹之謝及韋也。韋,湖州人,陶、謝皆蘇州人。其餘不著何許人者,皆江西金溪人也。正陽門東打磨廠,亦有書肆數家,盡金溪人賣新書者也。內城隆福諸寺,遇會期多有賣書者,謂之'趕廟'。散帙滿地,往往不全而價低。朱少卿豫堂日使子弟物色之,積數十年,蓄數十萬卷,皆由不全而至於全。蓋不全者多是人家奴婢竊出之物,其全者固在,日日待之而自至矣。吾友周書昌,遇不全者亦好買之。書昌嘗見吳才老《韻補》爲他人買去,怏怏不快,老韋云:'邵子湘《韻略》已盡采之。'書昌取視之,果然。老韋又嘗勸書昌讀魏鶴山《古今考》,以爲宋人深於經學,無過鶴山。惜其罕行於世,世多不知采用。書昌亦心折其言。韋年七十餘矣,面瘦如柴,竟日奔走朝紳之門。朝紳好書者,韋一見諗其好何等書,或經濟,或辭章,或掌故,能各投所好,得重值。而少減輒不肯售,人亦多恨之。予好書幾與書昌同,不及書昌能讀耳。朝食後即至廠,手翻至鋪,或典衣買之。而積秀堂有楊萬里、洪盤州二《集》鈔本,索錢三十千,庋數日仍還之,而不能釋於念也。延慶劉項生大瘤,人呼之劉噶噠。又西爲博古堂李氏,在路南。其西爲廠西門,門外無鬻書者。"按,南澗此記作於乾隆己丑,在純廟中葉時。迨吾光緒乙酉偕計入都,迄於壬辰通籍,上距己丑,甲子再周。此百年之中,其書肆之開閉幾何,書佑之姓名幾何,皆無可考,惟二酉堂歸然獨存。據其同貿人云:"肆址猶前明故處,而主人則屢易姓矣。"吾官京曹時,士大夫猶有乾嘉餘韻,每於退值或休務日,群集於廠肆。至日斜,各挾數破帙驅車而歸。此景此情,固時時形諸夢寐。甲寅至京,追憶前事,曾作《後買書行》云:有《買書行》,與此并刻於京集中。"好書要仲尼,否則同書肆。斯語載《法言》,自漢書有市。三國逮六朝,迄於隋唐世。皆以鈔寫名，卷軸納諸笥。中唐創雕版，梨棗資刀鋸。天水始右文，蜀杭本羅致。建陽坊刻興，臨安書棚萃。當時視尋常，後世殊珍異。元明承其流，聖清法益備，康雍繕寫工，乾嘉校勘細。洪楊亂中原，回捻同攜貳。中更幾劫灰，五厄罹其二。曾左命世英，所至搜文粹。蘇揚官局開，閩浙踵相繼。精鏤仿宋元，餘亦稱中駟。插架幸苟完，簿録分條例。頗師瞿木夫，（中溶，錢大昕女夫，有藏書題跋，多載乾嘉時仿宋元刻。）近刻搜羅易。盧（文弨）。孫（星衍）。補逸文，顧（廣圻）。黃（丕烈）。發奇秘。堂堂畢（沅）。阮元。翁，朱（彝尊）。何焯。信無愧。歙鮑（廷博）。侈巾箱，讀畫（顧修）。又其次。伍（崇曜）。潘（仕誠）。各效顰，宛若承馨欬。貸園（李文藻）。雅雨堂，（盧見曾）。鼎足微波（孔繼涵）。峙。連筠（楊墨林）。與惜陰，（李錫齡）。同起道光季。北學有南風，矯矯群空驥。齊、魯、吳、越間，轍跡我頻至。獲書捆載歸，充棟無餘地。計偕入京師，欲探酉山邃。日從廠甸游，琳琅啓金匱。路南肆如林，路北居雜廁。贗鼎寓目多，寧作朱崖棄。時有漏網珠，拾之出無意。內城隆福街，比之慈仁寺。客來訪漁洋，約與寺門伺。粵維光緒初，承平日無事。王孫推祭尊，（宗室盛昱。）詒晉熏香媚。潘（文勤）。張（文襄）。振儒風，繆老（荃孫）。傳清秘。丁（丙）。陸心源。勤刻書，詔旨褒嘉惠。同官半書淫，交游重文字。一朝海水飛，變法滋浮議。新學仇故書，假途干禄位。哀哉文物邦，化作傀儡戲。坐觀九鼎沉，人亡邦國瘁。吾衰庶事艱，或咎書為祟。豈知兵燹餘，反獲長恩庇。齎斧倘有餘，罄作收書費。問汝欲何為，老至謀生計。刻書復鬻書，較勝食租税。遠法蕘圃窮，近貪玉簡利。（羅振玉在日本賣書買書，頗獲利市，所刻《玉簡齋叢書》甚精。）從此道人行，不輕去鄉里。連年寇盜侵，幸託此知契。天不喪斯文，或者無人忌。偶憶半生癡，何止六經醉。甘苦託歌謠，聊抵買書記。（李文藻有《琉璃廠書肆記》。）"蓋吾在都時，廠甸書肆皆在路南，僅有二家在路北，與文藻所記迥然不同。惜其間變遷因革之故，莫得而詳也。今則藍皮之書，充牣肆市，西域之韻，篡奪風騷。宋槧貴至千金，插架等於古玩；廖板齒儕十客，牟利甚於榷場。以故鬻書者日見其多，讀書者日見其少。士大夫假雕印而造交會，大都唐仲友之貪污；收藏家因字畫而及古書，無非項子京之賞鑒。吾生也晚，恨不如蕘翁、南澗生際聖明。

後之視今，恐猶有一蟹不如一蟹之嘅者。吾恒言："今日藏書之
人，即昔日焚書之人。"何者？羽陵之蠹，酷于秦灰；藏室之龍，化
于胡地。周末文勝而鼎移，明季社多而國亂。《管子》有云："美
者惡之至。"其今日風尚之謂乎。

書林清話箋證卷十

天禄琳琅宋元刻本之僞

《天禄琳琅後編》所載宋版書，不如前編之可據。如卷四之《史記集解索隱正義》一百三十卷，目録後印“校對宣德郎秘書省正字張末”八分書條記，因定爲元祐時槧。此書不見於各家書目，宋時官刻書又無此體式，其用八分而不用真書，正以掩其詐耳[一]。卷五之《重廣補注黄帝内經素問》二十四卷第四部，每板心有“紹定重刊”四字，宋版亦無此體式。且有元號無年月，即元、明兩監補修宋本諸史不如此含糊。蓋板心四字必書估僞造，加印其上，斷然可知[二]。又《太玄經》十卷，校勘圖後刻“萬玉堂”三字，此爲明仿宋本[三]。卷六《孫可之集》十卷，目録後刻“大宋天聖元年戊辰秘閣校理仲淹家塾”字。考仁宗天聖元年，歲在癸亥，戊辰乃六年。據云“字畫濃重，與通部不同，蓋書估增印作僞”[四]。然既知爲僞而仍列入宋版，不知何故。又《增刊校正王狀元集注分類東坡先生詩》二十五卷，姓氏後有篆書條記“建安虞平齋務本書坊刊”，此爲元刻本，虞氏所刻他書有年號者可證[五]。然則秘閣之藏，鑒賞尚不可據如此，則其他藏書家見聞淺陋，其爲書估所騙者，正不知有幾人也。

【箋證】

[一]《天禄琳琅書目後編》卷四《宋版史部》著録《史記》，云：“漢司馬遷撰，宋裴駰集解，唐司馬貞索隱，並補張守節正義。書一百三十卷。前有駰、貞、守節序，目録後印‘校對宣德郎秘書省正字張末’八分書條記。”

[二]《天禄琳琅書目後編》卷五《宋版子部》著録《重廣補注黄帝内經素問》，云：“每版心有‘紹定重刊’四字。林億等於仁宗嘉祐中奉敕校正。

據表云‘每念旬歲’，是神宗時方告成鋟梓。此則南宋理宗時重雕，版式、字數、尺寸仍照原帙。”

　　[三]《天禄琳琅書目後編》卷五《宋版子部》著録《太玄經》，云：“漢揚雄撰，晉范望解贊。書十卷。前有陸績《述玄》，又唐王涯《説玄》五篇，又《玄圖》一，又《釋文》一卷，説後刻‘右迪功郎充兩浙東路提舉茶鹽司幹辦公事張寅校勘’，圖後刻‘萬玉堂’字，末有跋云：‘宋衷解詁，陸績釋文，共爲一注，范望折衷長短，或加新意就成此注，三家互有得失。’”

　　[四]《天禄琳琅書目後編》卷六《宋版集部》著録《孫可之集》，云：“目録後刻‘大宋天聖元年戊辰，秘閣校理仲淹家塾’字。考仁宗天聖元年，歲在癸亥，戊辰乃六年也。其字畫濃重，與通部不同，蓋書估增印作僞。然此書今所行毛晉汲古閣刻本跋云‘王鏊從内閣鈔出’，則近代無刻本，信矣。”

　　[五]《天禄琳琅書目後編》卷六《宋版集部》著録明秘閣本《增刊校正王狀元集注分類東坡先生詩》，云：“姓氏後有篆書條記‘建安虞平齋務本書仿刊’。版式尺寸相同，而另是一刻，故加‘增刊校正’字樣。”

坊估宋元刻之作僞

　　自宋本日希，收藏家爭相寶貴，於是坊估射利，往往作僞欺人，變幻莫測。總之不出以明翻宋板剜補改换之一途，或抽去重刊書序，或改補校刊姓名，或僞造收藏家圖記鈐滿卷中，或移綴真本跋尾題籤，掩其贗跡。就《天禄琳琅》所辨出者，已有十餘種之多。蓋貢之尚方之時，人人如野人之獻芹，初未嘗有所區別。及經諸臣鑒別，而後涇渭分明。今悉載之，藏書家當取爲秦宮鏡矣。如《明板經部》“《春秋經傳集解》三十卷”，僞作“咸平辛丑刊”五字補印於板心。宋楊甲《六經圖》六册，割去序文并校刊姓氏，以希僞充宋槧。《明板史部》“《史記集解》一百三十卷”，“目録後第三行、四行有割去重補之痕，當是明人所記刻書年月，書估以其形似宋板，故爲割去。此書目録後無‘史記目録終’五字，而有‘校對宣德郎秘書省正字張未’隸書木記，較前書所補之痕增寬一倍。若果爲原版所有，前書何以割去，而補痕寬窄何以不合。按，秘書省正字雖宋代官名，而張未亦無可考。其爲書估欲僞充宋槧，別刊目録，末葉增入木記，彰然矣。”《晉書》一百三十卷，從宋版翻出，目録後仍存

"淳熙丁未季春弘文館校刊"一行,蓋刻是書者竟欲作宋槧爲賈利之資耳。又《明板子部》"《戰國策鮑彪注》十卷",卷末有"嘉定五年夏月世綵堂刊"木記,其左右邊闌墨線,俱就板中分行線痕湊成木記之式,其爲僞造,固已顯然。又《明板集部》"《東坡全集》一百十卷","序後原署姓名,爲書估割去,補刊一行,則云'乾道九年閏正月望選德殿書賜蘇嶠夫'。賜書但賜其書耳,即以年月姓名標識卷中,宜出手書,不應刊印。書估無知妄作,真不直一噱矣。"此外《六臣注文選》六十卷,袁褧刻本,五十六卷末葉標"戊申孟夏十三日李清雕",李宗信、李清疑皆當日剞劂高手,故自署其名。又一部,"末葉李宗信、李清之名,俱被書估割去,袁褧識語亦經私汰。而於六十卷末葉改刊'河東裴氏考訂諸大家善本,命工鋟於宋開慶辛酉季夏,至咸淳甲戌仲春工畢',并於末一行增'把總鋟手曹仁'。其字畫既與前絕不相類,版心墨線亦參差不齊,且考訂'訂'字誤作金旁,則僞飾之跡,顯然畢露矣。"又一部,"卷末僞刊'奉議郎充提舉茶鹽司幹辦公事臣朱奎奉聖旨廣都縣鏤板,起工於嘉定二年歲次己巳,畢工於九年壬子臘月',并標'督工把總惠清',亦係割去原紙,別刊半葉黏接於後。且嘉定九年,係'丙子'而非'壬子',則其作僞益顯然矣。"又一部,"於蕭統序後標'紹聖三年丙子歲臘月十六日秘閣發刊',又於呂延祚表後列曾布、蔡卞等校正銜名,卷六十後復標'紹聖四年十月十五日大學博士主管文字陳瓘督鐫,匠孫和二等工完',皆係別刊半幅黏接。然袁氏識語木記,盡爲割補。"又一部,"卷五十二末葉'戊申孟夏十三日李宗信雕'一行,橅印之時,以別紙掩蓋其上。然'十三'兩字,墨痕猶隱透行間,依稀可辨。板心上方,復以'熙寧四年刊'五字,別刊木記,逐幅鈐印。"又一部,"存序後裴宅印賣一條,其餘識語木記,俱經私汰。卷二十四後僞標'嘉祐改元澄心堂刊'八字。而'祐'字誤作'祜','改'字'己'旁譌作'㠱'。"又一部於序末及卷六十後,僞刊"淳祐二年庚午歲上蔡劉氏刊"隸書木記。又二部,於六十卷後刻"河東裴氏考訂",二"訂"字誤作"金"旁。合計內府所藏《文選》十部,而作僞居八九。此可見袁本雕刻之精,而書估狡獪之奇,亦層見疊出而未有已也。

宋元刻僞本始於前明

宋刻日少，書估作僞，巧取善價，自明已然。明高濂《尊生八箋》，其《燕閒清賞牋》"論藏書"云："宋元刻書，雕鏤不苟，校閱不謬，書寫肥細有則，印刷清朗。況多奇書，未經後人重刻，惜不多見。佛氏、醫家二類更富。然醫方一字差誤，其害匪輕，故以宋刻爲善。"以下言宋本紙墨之佳，見前六卷"宋刻書紙墨之佳"條下，今節去。"又若宋板遺在元印或元補欠缺時，人執爲宋刻。元板遺至國初補欠，人亦執爲元刻。然而以元補宋，其去猶未易辨。以國初補元，内有單邊雙邊之異，且字刻迥然別矣。若國初慎獨齋刻書，似亦精美。近日作假宋板書者，神妙莫測。將新刻摹宋板書，特抄微黄厚實竹紙，或用川中繭紙，或用糊褙方簾綿紙，或用孩兒白鹿紙筒捲，用搥細細敲過，名之曰刮，以墨浸去臭味印成。或將新刻板中殘缺一二要處，或濕黴三五張，破碎重補。或改刻開卷一二序文年號，或帖過今人注刻名氏留空，另刻小印，將宋人姓氏扣填。兩頭角處或用沙石磨去一角，或作一二缺痕。以燈火燎去紙毛，仍用草煙熏黄，儼然古人傷殘舊跡。或置蛀米櫃中，令蟲蝕作透漏蛀孔。或以鐵線燒紅，錘書本子，委曲成眼。一二轉折，種種與新不同。用紙裝襯，綾錦套殼，入手重實，光膩可觀，初非今書仿佛，以惑售者。或札夥囤，令人先聲，指爲故家某姓所遺。百計瞽人，莫可窺測。收藏者當具真眼辨證。"按，高氏説書估作僞之弊，至爲透闢。然究之宋刻真本，刻手、紙料、墨印迥然與元不同。元人補修宋版，明人補修宋元，多見古本書之人，可以望氣而定。如宋元舊板，明時盡貯於國子監。自元迄明，遞有補修。其板至國朝嘉慶時，始燬於江寧藩庫之火。明初印本流傳尚多，試取其紙料、墨色、印工驗之，斷乎不能混入天水。南宋末年刻印之書，轉瞬入元，其氣味便有清濁之異。宋清而元濁，究亦不解其所以然。惟元末明初之書，稍難分別。正統以後，則又判然。南監修板最後印者，板式參差不齊，字跡漫漶難辨。即令工於作僞，無如開卷了然。至所稱扣填姓名，非獨墨色

濃淡各殊,而字行決不能聯貫。且新紙染舊,燥氣未除,初印新雕,
鋒芒未斂。種種無形之流露,可以神悟得之。吾沉溺於此者三十
餘年,所見所藏,頗有考驗。高氏之言,但明其跡,吾所論則純取之
於神理也。

張廷濟蜀銅書范不可據

　　張廷濟《清儀閣題跋》蜀槧《韓文》范跋:"《易》《詩》故不當後
《春秋》《左氏》也。此與今異,真舊本《韓文》矣。墨板始於唐末,
板本《文選》,益州始有。歐陽子書少時所得於州南李氏之《韓集》
後云:'《集》本出於蜀,文字刻畫,頗精於今世俗本。'則此爲孟蜀
敕刊《韓集》,劚銅爲式可知也。"又引蔡澄《雞窗叢話》云:"嘗見骨
董肆古銅方二三寸,今刻本作一二寸。刻《選詩》或《杜詩》《韓文》二三
句,字形反,不知何用。識者謂此名書范,宋太宗初年頒行天下刻
書之式。"按,此范屬之蜀者,以歐陽文忠書少時所得於州南李氏之
《韓集》後有云"集本出於蜀,文字刻畫,頗精於今世俗本"之言耳。
若唐末宋初校刊書籍,鑿銅頒范,事固有之,蔡説自可存證也。又
云:"廖瑩中世綵堂《韓集》原刻本,今在吳門藏書家。己卯之春,黄
友荍圃丕烈孝廉見是范,爲余一檢,亦作'《春秋》謹嚴,《左氏》浮
誇。《易》奇而法,《詩》正而葩'。案,歐陽所見行本,已不如蜀本
之精,況廖刻又後二百年乎? 今讀《進學》一解,鮮有致疑及此。乃
天壤間存此片銅,使知昌黎叙列經典,不少紊於俗刊之手,是可寶
矣。"據此,則是張氏竟視此爲真刻書銅范。余曾見之於長沙故家,
係一方銅片,高及二寸,寬二寸强,厚半寸許。上有反書四行突起,
曰:"《易》奇而法,《詩》正而葩。《春秋》謹嚴,《左氏》浮誇。"裝以
紫檀匣,墊以白綾,張書小楷於白綾,考證頗辨。而銅質砂重,字亦
生硬不匀。竊疑張書是真,銅片是僞。張冠李戴,亦骨董之常。惟
必謂之刻書之范,則未敢附和。蓋此疑古時鎮紙之物,其所以反書
者,由於土模正書,倒注則反。古人范金合土之法,大抵如斯。世
傳泉范、斗檢封,即可引以爲證。蔡説前無所本,張獨信以爲真,是

亦好奇之過。特此銅列經典次序，以《易》《詩》先《春秋》。是所據
《韓文》，似是善本。雖不足資校勘，亦可以廣異聞矣。

日本宋刻書不可據

　　日本友人言，楊氏刻《留真譜》時，往往見他人之舊本書，抽其
中一二葉，以便橅刻，果如所言，則非士君子之行矣。楊從遵義黎
蒓齋星使庶昌爲隨員，曾代其刻《古佚叢書》。内如《太平寰宇記
補闕》六卷，實出僞撰。其中顯而易見者，如江西南道岳州沅江縣，
楚馬殷改爲橋江縣，宋太祖復爲沅江縣。樂史在太宗時，安得尚有
橋江縣之稱。潭州長沙縣所引故事，多見《太平御覽》中。湘潭縣
則全錄衡山縣遺跡，蓋衡山尚屬潭州，而南嶽本在衡山，茲反引於
湘潭。此因湘潭無所據補，割湊成篇，遂於益陽縣後云已殘闕，作
僞之跡亦既顯然。而武岡縣招屈亭後十三條，全與宋王象之《輿地
紀勝》文同。而《紀勝》云引自《類要》，非引自《寰宇記》。彼乃全
無別白，遂使僞證愈明。“義昌”改爲“桂東”，“義章”改爲“宜章”，
《紀勝》云避太宗諱所改。宋本於二縣同不避諱，斷非樂史原書可
知。吾友善化陳芸畦太學運溶作《太平寰宇記辨僞》六卷，逐道指
駁，以爲從《輿地紀勝》及他類書鈔撮而成，使楊見之當無所置辨
矣。吾嘗見楊刻《古文苑》，明是據孫星衍岱南閣仿宋刻重雕，而猥
云宋本。又所著《日本訪書志》中載卷子本佛經各種，大半近百年
内高麗舊鈔。至《留真譜》誤以明翻宋刻爲真宋本之類，殆如盲人
評古董，指天畫地，不值聞者一笑。楊又刻有激素飛青閣雙鉤法
帖，其作用亦同。蓋貌爲好古之人，而實爲孳孳爲利，吾斷其所著
所刻書不足信今而傳後矣。

近人藏書侈宋刻之陋

　　藏書固貴宋元本以資校勘，而亦何必虛僞。如近人陸心源之
以皕宋名樓，自誇有宋本書二百也。然析《百川學海》之各種，強以

單本名之,取材亦似太易。況其中有明仿宋本,有明初刻似宋本,有誤元刻爲遼金本,有宋板明南監印本,存真去僞,合計不過十之二三,自欺欺人,毋乃不可。至宜都楊守敬,本以販鬻射利爲事,故所刻《留真譜》及所著《日本訪書志》,大都原翻雜出,魚目混珠。蓋彼將欲售其欺,必先有此二書,使人取證。其用心固巧而作僞益拙矣。

宋元祐禁蘇黄集板

元祐黨禁,蘇黄詩文翰墨不准刊板流傳,亦二公文厄之極矣。然其時有酷好二公詩文而無所畏者。楊萬里序劉才邵《樵溪居士集》云:"在仁宗時,則有若六一先生主斯文之夏盟;在神宗時,則有若東坡先生傳六一之大宗;在哲宗時,則有若山谷先生續《國風》《雅》《頌》之絶弦。中更群小,崇奸絀正,目爲僻學,禁而錮之。惟我廬陵,有盧溪之王,樵溪之劉,自作金城,以郛此道。自王公游太學,劉公繼至,獨犯大禁,挾六一、坡、谷之書以入盧溪。"楊萬里序又稱:"是時書肆畏罪,坡、谷二書皆燬其板,獨一貴戚家刻印印焉。率黄金斤易坡文十,蓋其禁愈急,其文愈貴也。樵溪諱才邵,字美中;盧溪諱庭珪,字民瞻,皆擢進士第。"然尤奇者,宋太學生丁時起《泣血録》載:金人入汴,據青城,索監書藏經,如《資治通鑑》、蘇、黄《文集》之屬,皆指名取索。當時朝廷行下諸路,盡毀坡、谷著作。奸黨傅會,至欲焚《資治通鑑》,賴有神宗御製序文,乃不敢毀,而敵國之敬重固如此。吾謂二公信有獨嗜。而歐陽、蘇、黄之詩文,至今如日月江河,萬古不廢。豈非山川靈秀之氣,固結不散,有以使之然與。

宋朱子劾唐仲友刻書公案

宋陳騤《中興館閣續録》云:"秘書郎莫叔光上言,今承平滋久,四方之人,益以典籍爲重。凡搢紳家世所藏善本,外之監司郡守搜訪得之，往往鋟版，以爲官書，然所在各自版行。"是宋時士大夫以刻書爲風尚。世傳宋刻書所謂司郡刻者，皆可支領公使庫錢。故此類刻本，又謂之公使庫本。名類甚繁，別已詳記。然朱子劾唐仲友一重公案，世固鮮有知之者。淳熙八年，唐仲友守台州，領公使庫錢刻《荀子》《揚子》二書，爲朱子所彈劾。今《朱子集》載有按知台州唐仲友前後凡六狀。其第六狀云："一據蔣輝供，元是明州百姓。淳熙四年六月内，因同已斷配人方百二等僞造官會事發，蒙臨安府府院將輝斷配台州牢城。差在都酒務著役，月糧雇本州住人周立代役，每日開書籍供養。去年三月内，唐仲友叫上輝，就公使庫開雕《揚子》《荀子》等印板。輝共王定等一十八人，在局雕開。至八月十三日，忽據婺州義烏縣弓手到來台州，將輝捉下，稱被僞造會人黃念五等通取。輝被捉，欲隨前去證對公事，仲友便使承局學院子董顯等三人捉回。仲友台旨：'你是弓手，捉我處兵士，你不來下牒捉人。'當時弓手押回，奪輝在局生活。至十月内，再蒙提刑司有文字來追捉輝。仲友使三六宣教，令輝收拾作具入宅，至後堂名清屬堂安歇宿食，是金婆婆供送飯食。得三日，仲友入來，説與輝稱：'我救得你在此，我有些事問你，肯依我不？'輝當時取覆仲友：'不知甚事言了是。'仲友稱説：'我要做些會子。'輝便言：'恐向後敗獲不好看。'仲友言：'你莫管我，你若不依我説，便送你入獄囚殺，你是配軍不妨。'輝怕台嚴依從。次日見金婆婆送飯入來，輝便問金婆婆：'如何得紙來？'本人言：'你莫管，仲友自交我兒金大去婺州鄉下撩使庵頭封來。'次日金婆婆將描摸一貫文省會子樣入來，人物是接履先生模樣。輝便問金婆婆，言是大營前住人賀選在裏書院描模，其賀選能傳神寫字，是仲友宣教耳目。當時將梨木板一片與輝，十日雕造了，金婆婆用藤箱乘貯，入宅收藏。又至兩日，見金婆婆同三六宣教入來，將梨木板一十片雙面，并《後典麗賦》樣第一卷二十紙，其三六宣教稱：'恐你閑了手，且雕賦板，俟造紙來。'其時三六宣教言説：'你若與仲友做造會子留心，仲友任滿，帶你歸婺州，照顧你不難。'輝開賦板至一月。至十二月中旬，金婆婆將藤箱貯出會子紙二百道，并雕下會子板及土朱靛青樱墨等物付與輝，印下會子二百道了，未使朱印，再乘在箱子内付金婆婆，將入宅中。至次日,金婆婆來,將出篆寫一貫文省并專典官押三字,又青花上寫字號二字,輝是實方使朱印三顆。輝便問金婆婆:'三六宣教此一貫文篆文并官押是誰寫?'金婆婆稱:'是賀選寫。'至十二月末旬,又印一百五十道。今年正月内至六月末間,約二十次共印二千六百餘道。每次或印一百道及一百五十道并二百道。至七月内不曾印造。至七月二十六日,見金婆婆急來報説:'你且急出去,提舉封了諸庫,恐搜見你。'輝連忙用梯子布上後牆,走至宅後亭子上,被趙監押兵士捉住,押赴紹興府禁勘。"此按狀中貼黄之一,可見仲友被劾,僞造會子亦其一節,非專因刻書也。今黎庶昌刻台州大字本《荀子》,板心有蔣輝等名十八人。字仿歐體,想見當時雕鏤之精,不在北宋蜀刻之下。使其居官能飭簠簋,亦豈非當時之賢士哉。

明王刻史記之逸聞

王士禛《池北偶談》二十二云:"明尚寶少卿王延喆,文恪少子也。其母張氏,壽寧侯鶴齡之妹,昭聖皇后同産。延喆少以椒房入宫中,性豪侈。一日,有持宋槧《史記》求鬻者,索價三百金,延喆紿其人曰:'姑留此,一月後可來取直。'乃鳩集善工,就宋版本摹刻,甫一月而畢工。其人如期至索直,故紿之曰:'以原書還汝。'其人不辨真贗,持去。既而復來曰:'此亦宋槧,而紙差不如吾書,豈誤耶?'延喆大笑,告以故。因取新雕本數十部散置堂上,示之曰:'君意在獲三百金耳,今如數予君,且爲君書幻千萬億化身矣。'其人大喜過望。今所傳有震澤王氏摹刻印,即此本也。"按,此説最不可信。以如許巨帙之書,斷非一月所能翻刻完竣,且既欲仿刻以欺鬻書者,則其事當甚秘密。如其廣召刻工,一月藏事,鬻書人豈有不向其索還之理。此可斷其必無之事。今王本《史記》,藏書家尚有流傳,雕鏤誠精,校勘亦善。有延喆跋云:"工始嘉靖乙酉臘月,迄丁亥之三月。"明有年月可稽,並非一月之事。文簡亦藏書家,其時距王刻《史記》時未及百年,豈其書文簡竟未見歟。王本《史記》與柯維熊刻本,同出宋紹興本,故兩本行款相同。惟王本《史記》卷數在小題下,與正文字同。柯本《史記》則《史記》卷數作小字,外加橢圓圈,在小題下傍。

朱竹垞刻書之逸聞

《雞窗叢話》云:"竹垞凡刻書,寫樣本親自校兩遍,刻後校三遍。其《明詩綜》刻於晚年,刻後自校兩遍,精神不貫。乃分於各家書房中,或師或弟子,能校出一譌字者送百錢。然終不免有譌字。《曝書亭集》中亦不免,且有俗體,可知校訂斷非易事也。"今按,竹垞刻書有爲他人校刻者,以張士俊澤存堂所刻《玉篇》《廣韻》《群經音辨》《佩觿》《字鑑》五種爲最精。家刻書則以《曝書亭集》字體整秀疏朗爲悅目,譌字亦絕希。且刻未畢工而竹垞已没,全集爲其孫稻孫刊成,並非竹垞自校自刻,不知《叢話》何所指而云云。《明詩綜》今其板尚存,初印者傳世不多,以通行本校之,亦未必如《叢話》之説,豈蔡氏所見爲初印未校改誤字本耶? 至《日下舊聞》,爲其子昆田校勘,《經義考》爲德州盧見曾、揚州馬曰璐先後合刻,已爲身後之事,更不必論其得失矣。

明以來之鈔本

明以來鈔本書最爲藏書家所秘寶者:曰吴鈔,長洲吴匏庵寬叢書堂鈔本也;曰葉鈔,先十八世族祖崑山文莊公賜書樓鈔本也;曰文鈔,長洲文衡山徵明玉蘭堂鈔本也;曰王鈔,金壇王宇泰肯堂鬱岡齋鈔本也;曰沈鈔,吴縣沈辨之與文野竹齋鈔本也;曰楊鈔,常熟楊夢羽儀七檜山房鈔本也;曰姚鈔,無錫姚舜咨咨茶夢齋鈔本也;曰秦鈔,常熟秦酉巖四麟致爽閣鈔本也;曰祁鈔,山陰祁爾光承爜淡生堂鈔本也;曰毛鈔,常熟毛子晉汲古閣鈔本也;曰謝鈔,長樂謝肇淛在杭小草齋鈔本也;曰馮鈔,常熟馮己蒼舒、馮定遠班、馮彦淵知十兄弟一家鈔本也;曰錢鈔,常熟錢牧齋謙益絳雲樓鈔本,謙益從子錢遵王曾述古堂鈔本,合之謙益從弟履之謙貞竹深堂鈔本,皆謂之錢鈔也。此外,吾家二十五世祖石君公樹廉樸學齋,秀水曹潔躬溶倦圃,崑山徐健庵乾學傳是樓,秀水朱竹垞彝尊潛采堂,吳縣惠定宇棟紅豆齋,仁和趙功千昱小山堂,錢唐吳尺鳧焯繡谷亭,海昌吳槎客騫、子虞臣壽暘拜經樓,歙縣鮑以文廷博知不足齋,錢唐汪小米遠孫振綺堂,皆竭一生之力,交換互借,手校眉批,不獨其鈔本可珍,其手蹟尤足貴。

以吾所知,吳匏庵鈔本,板心有"叢書堂"三字。孫從添《藏書紀要》:匏庵鈔本用紅格,其手書者佳[一]。朱彝尊《曝書亭集·書尊前集後》:吳文定手鈔本,書法精楷,索直三十金[二]。錢曾《敏求記》:《孟子注疏》十四卷[三]。毛《目》:《裔夷謀夏録》一本,《春明退朝録》一本,《國初事跡》一本,《大唐傳載》一本,鈔宋本《賓退録》十卷二本,紅格鈔本《續博物志》一本,紅格鈔本《霏雪録》二本,《南方草木狀》一本[四]。黄《記》:《墨子》十五卷,《嵇康集》十卷[五]。張《志》:劉國器《綱目分注發微》十卷[六]。瞿《目》:宋柳開《河東集》十六卷,范成大《石湖居士文集》三十四卷[七]。黄《續記》:紅格竹紙鈔本《王建詩集》十卷[八]。

家文莊公家鈔本,板心有"賜書樓"三字。《藏書紀要》云:葉文莊鈔本用綠、墨二色格[九]。黄《記》:《梁公九諫》一卷,《張乖崖集》宋鈔缺卷[一○]。瞿《目》:唐《李元賓文集》六卷、《補遺》一卷,繭紙鈔本;《晝上人集》十卷[一一]。

文衡山鈔本,格闌外有"玉蘭堂録"四字。瞿《目》:影宋鈔本《新雕詩品》三卷。文鈔極爲孫從添慶增《藏書紀要》所稱,而鈔本傳者絶少。吾家舊藏衡山曾孫女文俶手鈔本宋王沂孫《碧山樂府》即《玉笥詞》一卷,首葉鈐"玉磬山房"白文長方印,爲絳雲樓火後物,上鈐"遺稿天留"朱文長方印。全卷經秦敦夫太史恩復手校,補録佚詞。於書眉卷尾鈐"鮑氏正本"朱文方印、"知不足齋"白文方印。卷首又鈐"金石録十卷人家"朱文長方印,此即錢曾《敏求記》所云藏宋本《金石録》之馮研祥印也。後來韓小亭泰華、阮文達元皆仿刻此印,與此印不同。蓋此書雖止三十餘葉,其爲國朝以來藏書家寶貴可知。然則文鈔之希見,益可見矣[一二]。

王宇泰鈔本,板心有"鬱岡齋藏書"五字。瞿《目》:樂史《廣卓異記》二十卷[一三]。

沈辨之鈔本,格闌外有"吳縣野竹家沈辨之製"九字。瞿《目》:《山水純全集》一卷[一四]。

楊夢羽鈔本,板心有"嘉靖乙未七檜山房"八字,黄《記》、瞿《目》:宋孔平仲《珩璜新論》一卷[一五]。亦有板心作"萬卷樓雜録"五字者。瞿《目》:《穆天子傳》六卷[一六]。

姚舜咨鈔本,板心有"茶夢齋鈔"四字。范《目》:手鈔宋吕大圭《春秋五論》一卷,明唐寅《漫堂隨筆》一卷[一七]。張《志》、瞿《目》:手鈔馬令《南唐書》三十卷,《唐闕史》二卷[一八]。黄《記》、張《志》、瞿《目》:手鈔《續談助》五卷[一九]。瞿《目》:手鈔《甘澤謠》一卷[二〇]。

秦西巖鈔本,毛《目》:手鈔《亢倉子》一本;《紫青真人注道德經》一本;《西巖山人真蹟》三册六本:一册《考工左國纂》,一册《吕覽節》,一册三子纂《荀子》《淮南子》《揚子》附《文中子》,手鈔《太和正音譜》二本[二一]。板心有"致爽閣"三字,瞿《目》:唐蘇鶚《杜陽雜編》三卷[二二]。或"玄覽中區"四字,張《志》:俞豹文《吹劍録》一卷,《穆天子傳》六卷[二三]。或"又玄齋"三字,張《志》:《唐詩極玄集》二卷[二四]。瞿《目》:姚合《極玄集》二卷[二五]。或"玄齋"二字。

祁爾光鈔本,板心有"淡生堂鈔本"五字。黄《記》:《國朝名臣事略》十五卷[二六]。黄《記》、張《志》:藍格本《勿軒集》八卷[二七]。瞿《目》:《周益公集》二百卷[二八]。張《志》、瞿《目》、丁《志》:元吴海《聞過齋集》四卷[二九]。丁《志》:《淡生堂藏書譜》八册、《藏書訓略》二卷,原本每葉十六行,藍格竹紙本,版心刊"淡生堂藏書目"。又藍格白紙《廣筆疇》一卷,藍格紙鈔《許白雲先生文集》四卷[三〇]。

毛子晉鈔本,《藏書紀要》云:汲古閣印宋精鈔,古今絶作,字畫、紙張、烏絲、圖章追摹宋刻,爲近世無有[三一]。板心有"汲古閣"三字,張《志》:《新刊張小山北曲聯樂府》三卷、《外集》一卷[三二]。瞿《目》:宋華岳《翠微先生南征録》十一卷[三三]。丁《志》:宋高登《東溪詞》一卷,趙磻老《拙庵詞》一卷,李好古《碎錦詞》一卷[三四]。格闌外有"毛氏正本汲古閣藏"八字。張《志》:《雲臺編》三卷[三五]。瞿《目》:宋陳郁《藏一話腴》一卷[三六]。

謝肇淛鈔本,板心有"小草齋鈔本"五字。墨格九行本。張《志》、瞿《目》:宋沈作喆《寓簡》十卷[三七]。瞿《目》:《王黄州小畜集》三十卷[三八]。袁《簿》:宋朱翌《猗覺寮雜記》二卷[三九]。

馮彦淵鈔本,格闌外有"馮彦淵藏本"五字。張《志》:唐《杜荀鶴文集》三卷[四〇]。毛《目》:《李太白集》四本,從絳雲樓北宋板,覓舊紙延馮寶伯影鈔。按,寶伯名武,彦淵子也[四一]。

馮定遠鈔本,格闌外有"馮氏藏本"四字。張《志》:《許丁卯集》二卷、《續集》二卷[四二]。瞿《目》:宋周密《雲煙過眼録》一卷,馮己蒼鈔本,格闌板心均無字[四三]。張《志》、黄《記》:手鈔《近事會元》五卷、《汗簡》七卷[四四]。黄《記》:校明影宋鈔本《元英先生詩集》十卷,後有"崇禎戊辰年六月馮氏空居閣閲"一行,墨格鈔本,有毛晉跋綏萬跋。《華陽國志》十二卷,云:顧澗薲藏空居閣鈔本。《李群玉方干詩集》合裝一本[四五]。

錢牧齋鈔本,板心有"絳雲樓"三字。袁《簿》:墨格本《開國群雄事略》殘稿本三册,緑格本《雙陸譜》一卷、《玄玄棋經》一卷,合裝一本[四六]。

錢遵王鈔本,《藏書紀要》云:錢遵王有五彩著色本《香奩集》、白描《鹵簿圖》

《營造法式》《營造正式》[四七]。格闌外有"虞山錢遵王述古堂藏書"十字，黃《記》：《春秋繁露》十七卷[四八]。張《志》：《何博士備論》一卷，《文昌雜録》六卷[四九]。《續記》：《東家雜記》二卷[五〇]。瞿《目》：《圭塘欸乃集》一卷[五一]。丁《志》：日本刻《孟子音義》一卷[五二]。或"錢遵王述古堂藏書"八字。瞿《目》：《吳越備史》四卷，蔡襄《茶録》一卷，《教坊記》一卷，《北里志》一卷，《青樓集》一卷，《呂和叔集》十卷[五三]。丁《志》：《昭德先生郡齋讀書志》二十卷。均白紙墨格本[五四]。丁《志》：《溫庭筠詩集》七卷、《別集》一卷，藍絲闌精鈔本，半葉十二行，行二十一字[五五]。

　　錢履之鈔本，板心有"竹深堂"三字。張《志》：《李群玉集》三卷、《後集》五卷，鈔陳道人書棚本；唐杜荀鶴《唐風集》一卷[五六]。

　　石君公鈔本，《藏書紀要》云："葉石君鈔本，校對精嚴，可稱盡美。錢遵王鈔録書籍，裝飾雖華，固不及汲古多而精、石君之校而備也。"又云："葉石君所藏書籍，皆手筆校正。臨宋本，印宋鈔，俱借善本改正。博古好學，稱爲第一。葉氏之書，至今爲寶。"[五七]板匡外有"樸學齋"三字。丁《志》：明《王文安英公詩集》五卷，《文集》六卷[五八]。

　　曹潔躬鈔本，板心有"檇李曹氏倦圃藏書"八字。張《志》、瞿《目》：元劉秉忠《藏春集》六卷[五九]。丁《志》：錢惟善《江月松風集》十二卷、《補遺》一卷[六〇]。

　　徐健庵鈔本，板心有"傳是樓"三字。張《志》：魏了翁《周易要義》十卷[六一]。黃《記》：《五代春秋》一卷，每葉二十二行，行二十字，均白紙墨格鈔本[六二]。

　　惠定宇鈔本，格闌外有"紅豆齋藏書鈔本"七字。吾藏《周易本義辨證》手寫稿本，《九經古義》稿本殘本，墨格十行。

　　趙功千鈔本，格闌外有"小山堂鈔本"五字。丁《志》：宋游九言《默齋遺稿》二卷[六三]。

　　吳尺鳧鈔本，板心有"繡谷亭"三字。袁《簿》：《南宋雜事》一卷，稿本，綠格十行本[六四]。

　　朱竹垞、吳槎客、鮑以文、汪小米四家鈔本，皆毛泰紙鈔，無格闌。此外何元錫夢華館鈔本，金檀文瑞樓鈔本，王宗炎十萬卷樓鈔本，多歸丁丙八千卷樓。其餘舊鈔無考者，有穴研齋鈔本，黃《記》：錢遵王藏有馬令《南唐書》三十卷，《何博士備論》一卷，《蘆浦筆記》《楊公筆録》不分卷，徐度《卻掃編》三卷，黃復休《茅亭客話》十卷[六五]。

　　怡顏堂鈔本，板心有"怡顏堂鈔書"五字。張《志》：《柯山夏先生重修尚書詳解》十六卷，《豐清敏公遺事》一卷，《新刊歷代制度詳說》一卷[六六]。黃《記》：《建炎時政記》三卷[六七]。

退翁書院鈔本，江陰繆氏對雨樓刻《詩品》一卷。吾見《漢魏詩錄》一册，不知全錄卷數若干。

篤素居鈔本，黃《記》：校鈔本《薩天錫集》十卷，又一鈔本爲汲古閣藏本，中有毛子晉手鈔處，竹紙墨格，木板心有“篤素居”三字[六八]。

吳興陶氏鈔本，板心有“篤素好齋藏書”六字。丁《志》：依宋鈔本《徐公鉉文集》十卷[六九]。

太原祝氏鈔本，阮《外集》：《通玄真經注》十二卷，云“此太原祝氏依宋板摹寫”[七〇]。皆明末國初人各家藏書，均不知姓名籍里。

又有華亭孫明叔道明，錢《敏求記》：《自號錄》一卷，《臨漢隱居詩話》一卷[七一]。張《志》：《北夢瑣言》二十卷，《廣川書跋》六卷[七二]。瞿《目》：吾丘衍《閒居錄》一卷，《張司業集》八卷，《五國故事》三卷，《蜀檮杌》十卷，《皇宋書錄》三卷[七三]。黃《記》：《衍極》五卷[七四]。陸《志》：《玉峰先生腳氣集》二卷[七五]。丁《志》：《錦里耆舊傳》五卷。按，《臨漢隱居詩話跋》云：“洪武九年丙辰，映雪老人寫于華亭集賢外坡草舍雨窗。時年八十。”計其生年，當在元成宗元貞二年丙申，但不知卒於何年耳。孫星衍、莫晉合撰《松江府志》：“孫道明，字明叔，華亭人，居泗涇。博學好古，藏書萬卷，遇秘書輒手自鈔錄。築映雪齋，延接四方名士校閲藏書爲樂。造一舟曰水光山色，徜徉南浦。自號‘停雲子’，嘗與陶九成共泛。九成製詞，道明即倚簫聲和之，與棹歌相答。”[七六]

吳縣柳大中僉，錢《敏求記》：《沈雲卿集》二卷[七七]。黃《記》：《錄異記》八卷，高似孫《緯略》十二卷，《澠水燕談錄》九卷，《朱慶餘詩集》不分卷[七八]。瞿《目》：《蟹略》四卷，《張貞居先生詩集》四卷、《詞》一卷[七九]。陸《志》：《樂府古題要解》二卷[八〇]。丁《志》：宋王得臣《麈史》三卷[八一]。

錢叔寶穀，黃《記》：馬令《南唐書》三十卷，《道德真經指歸》三十卷，手鈔陶九成《游志續編》一卷[八二]。

錢子功甫允治，楊《錄》：影宋精鈔本《西崑酬唱集》二卷，卷末行書一行云‘萬曆乙丑九月十七日書畢’，下有功甫印，乃錢功甫手鈔也[八三]。

吳方山岫，吳岫鈔用綠印格。毛《目》：《定陵注略》八本，《瀛涯勝覽》一本[八四]。丁《志》：《吕温州文集》十卷[八五]。

先二十五世祖林宗公奕，黃《記》：手錄《李群玉詩集》三卷、《後集》五卷[八六]。瞿《目》：手錄《沈下賢集》十二卷，《古文苑》九卷[八七]。陸《志》：《何水部集》一卷[八八]。

金孝章俊明，黃《記》：手鈔《金石例》十卷[八九]。《續記》：手鈔元人總集《月泉吟社》《谷音》《河汾諸老詩》《中州集》並目録小傳四種[九〇]。按，魏禧《朱參軍家傳》：“吳門之隱君子曰金俊明，余見之，年七十一矣。父曰朱參軍，本姓金氏，名允元。

七歲而孤，母貧不能自存，有姊適朱氏，屬養焉，遂冒朱姓，更名永昌，入貲授綏寧簿。天啓乙丑卒。俊明始爲諸生，亦姓朱氏，名衮，後復姓，更今名，字孝章。"朱彝尊《静志居詩話》："先生平生好録異書，靡間寒暑，仲子侃亦陶繼之。矮屋數椽，藏書滿櫝，皆父子手鈔書也。"習雋等《乾隆蘇州府志》："春草閒房在卧龍街西雙林巷，金俊明孝章所構書齋也。"按，先生當日以勝國遺民，名重一時。汪琬爲撰墓誌，先橫山公爲作傳，皆極推重。今見兩集，不具録。

俊明子亦陶侃，王士禎《居易録》："顧迂客貽所刊《范石湖集詩》三十三卷、《楚詞古賦》一卷，金侃亦陶寫校宋板本也。"《帶經堂詩話》張宗柟附識云："購得《張蜕庵集》，卷尾有李崇系跋云：'從金亦陶手鈔全本借録，凡五卷。'"丁日昌《持静齋書目》：金侃鈔元人詩黄鎮成《秋聲集》四卷，盧琦《圭峰集》五卷，杜本《清江碧嶂集》一卷，胡乘龍《傲軒吟稿》一卷，揭傒斯《揭曼碩詩集》四卷，馬祖常《石田集》五卷，陳泰《所安遺集》一卷，曹伯啓《漢泉漫稿》五卷，元淮《金淵集》一卷，鄭允端《肅雍集》一卷，丁復《檜亭稿》五卷，黄溍《黄文獻公集》五卷，貢性之《南湖詩集》二卷，陳樵《鹿皮子集》四卷，成廷珪《居竹軒集》四卷，馬臻《霞外集》十卷，傅若金《傅汝礪詩集》八卷，虞集《道園學古録》八卷，郭鈺《静思先生集》八卷，云皆其六十歲後手鈔[九一]。

常熟趙清常琦美，黄《記》：手鈔《文房四譜》四卷，《張光弼詩》二卷[九二]。瞿《目》、丁《志》：《東國史略》六卷，宋秦九韶《數書九章》十八卷[九三]。

陸敕先貽典，黄《記》：手鈔陸游《南唐書》十八卷，趙明誠《金石録》十卷[九四]。

曹彬侯炎，黄《記》：《琴川志》十五卷，《契丹國志》十七卷[九五]。吴《記》：《武林舊事》十卷[九六]。

江陰李貫之如一，原名鶚翀，字如一，後以字行。黄《記》：手鈔陶宗儀《草莽私乘》一卷[九七]。

周研農榮起，王士禎《居易録》："《梧溪集》七卷，細書工緻，似鍾太傅，終卷如一，是周研農榮起手録。周江陰老儒，常熟毛子晉刻校古書，多其勘正。"黄《記》：手鈔《衍極》五卷[九八]。蔣光煦《東湖叢記》：手鈔朱性甫《鐵網珊瑚》十四卷[九九]。

崑山先二十四世祖德榮公國華，《黄蕘圃年譜》：手鈔《法帖刊誤》一卷。

石門吕無黨葆中，黄《記》：吾研齋補鈔《小畜集》三十卷，手鈔元劉秉忠《藏春集》六卷，賜書樓蔣氏藏《栟櫚集》二十五卷[一〇〇]。黄《續記》：手鈔《劉後村集》五十卷[一〇一]。

長洲顧云美苓，黄《記》：《林和靖詩集》四卷[一〇二]。瞿《目》：《隸續》二十一卷[一〇三]。

張青芝位，黄《記》：手鈔《歸潛志》八卷，《五代會要》三十卷，《桂林風土記》一卷，《塵史》三卷[一〇四]。瞿《目》：《朱慶餘集》不分卷[一〇五]。陸《志》：《隱居集》

一卷[一〇六]。

位子充之德榮，黃《記》：《蜀鑑》十卷，《湖山類稿》五卷，《汪水雲詩鈔》一卷、《補遺》一卷，《舊宮人詩詞》一卷、《附錄》一卷[一〇七]。

吳枚庵翌鳳，江藩《半氈齋題跋》：“枚庵，長洲庠生，手鈔秘籍數百種。”戴延年《搏沙錄》：“吳枚庵，名翼鳳，吳縣人。酷嗜異書，無力購致，往往從人借得，露鈔雪纂，目爲之眚。”按，枚庵名翌鳳，不作翼鳳，吳縣庠生。黃《記》、陸《志》、丁《志》：手鈔書極多，曾主講湖南瀏陽南臺書院[一〇八]。

其平日以鈔書爲課程，故至今流傳不絕。尤可貴者，馮己蒼舒當甲乙鼎革之交，遁跡於荒村老屋。酷暑如蒸，而手鈔不輟。張《志》：《近事會元》五卷，跋云：“太歲乙酉，避亂於洋蕩之村居。是年閏六月，憂悶無聊，遂手書此，二十日而畢。是書是秦季公所藏，余從孫岷自借鈔之。七月初六日屠守老人記。”《汗簡》七卷，跋云：“右《汗簡》上、中、下各二卷，末卷爲略序、目錄，共七卷。李公建中序爲郭忠恕所撰，引用者七十一家，亦云博矣。崇禎十四年借之山西張孟恭氏，久置案頭，未及鈔錄。今年乙酉，避兵入鄉，居於莫城西之洋蕩村。大海橫流，人情鼎沸，此鄉猶幸無恙。屋小炎蒸，無書可讀，架上偶攜此本，便發興書之，二十日而畢。家人笑謂予曰：‘世亂如此，揮汗寫書，近聞有焚書之令，未知此一編者，助得秦坑幾許虐焰？’予亦自笑而已。猶憶予家有舊鈔《張燕公集》，卷末識云：‘吳元年南濠老人伍德手錄。’此時何時，嘯歌不廢，他年安知不留此洋蕩老人本耶？但此書向無別本，張本亦非曉字學者所書，遺失譌謬，未可意革。李公序云‘趙’字、‘舊’字下俱有‘臣忠恕’字。今‘趙’字下尚存，‘舊’下則亡之矣，確然知其非全本也。既無善本可資是正，而所引七十一家，予所有者僅僅始一終亥本《說文》、古《老子》及《碧落碑》而已，又何從訂其譌謬哉，亦姑存其形似耳。又此書亦有不可余意處，如沔字、汸字、泯字、涸字，俱從水，今沔從丏，汸從方，泯從氏，涸從鹵。膌從月而入脊部，卻從邑而入谷部，駛從馬而入史部，朽從木而入丂部。諸此之類，不可枚舉。大抵因古文字少，未免援文就部以足其數，其實非也。目錄八紙，應在第七卷。今七卷首行尚存‘略敘目錄’四字。古人著書，多有目錄是他人作者。故每云書若干卷，目錄幾卷。即一人所作，目錄亦或在後。徐常侍所校《說文》，其明證也。今人一概移置卷首，非是。今此本目録亦在第七卷,後人知之。書成後,偶餘一紙。信筆書此,以供他年一笑。太歲乙酉閏六月之十日,孱守老人識。"[一〇九]觀此二跋,古人拳拳愛書之心,直與性命爲輕重。吾自遭國變,逃難四方。辛壬癸甲之交,始則避亂於邑之朱亭,居停羅南仙朝慶,患難相依,頗有鈔書之暇。繼而流寓海濱日下,終日嬉遊徵逐,幾席塵封。他時無一卷書之流傳,無一片土之遺跡。以視孱守老人,滋愧甚矣。更何敢侈言繩武,以上希菉竹、樸學二公耶。近時精鈔本,如金山錢熙祚守山閣鈔本,十二行緑格,格闌外有"守山閣鈔本"五字。歸安姚覲元咫進齋鈔本,十三行緑格,板心有"咫進齋"三字。又屬樊榭鷿,鈔書用八行墨格;鈕匪石樹玉,鈔書用十行緑格,皆鈔本中之可貴者。附記於此,以待藏書家留意焉。

【箋證】

[一] 見孫從添《藏書紀要》第三則"鈔録"。

[二] 見朱彝尊《曝書亭集》卷四十三《書尊前集後》。

[三] 錢曾《敏求記》卷一之上著録《孟子注疏》,云:"《孟子注疏》是叢書堂録本。簡端五行爲匏翁手筆。古人於疏注,皆命侍史繕寫,好書之勤若是。間以監本、建本校對,蹉繆脱落,乃知匏翁鈔此爲不徒也。"

[四] 毛《目》著録《裔夷謀夏録》一本,題目下云"叢書堂抄本。三錢"。

毛《目》著録《春明退朝録》一本,云"叢書堂抄本。三錢"。

毛《目》著録《國初事跡》一本,云"叢書堂抄本。三錢"。

毛《目》著録《大唐傳載》一本,云"叢書堂抄本。二錢"。

毛《目》著録《賓退録》十卷二本,云"趙與旹。叢書堂從宋板抄。一兩"。

毛《目》著録《續博物志》一本,云"吳文定公。叢書堂紅格抄本。四錢"。

毛《目》著録《霏雪録》二本,云"叢書堂格舊抄。四錢"。

毛《目》著録《南方草木狀》一本,云"叢書堂抄本。五錢"。

[五] 黄《記》卷四《子部》著録影寫本《墨子》十五卷,云:"此影寫吳匏菴手鈔本《墨子》十五卷,余從顧千里所借嚴氏芳椒堂藏本録出,卷中朱墨兩筆校改,皆仍其舊。是書本出吳郡,不知何時轉入浙江,今得此影鈔,亦可爲中郎之似矣。書此以志緣起。"又云:"初余以此本爲吳文定手鈔,憑張青父跋信之,千里尚猶豫未決,既檢陸其清《佳趣堂書目》有云:'《墨子》十五卷,吳匏菴手鈔,張青父舊藏。'此更信而有徵矣。"

黄《記》卷五《集部》著録舊鈔本《嵇康集》十卷,云:"六朝人《集》存者寥廖,苟非善本,雖有如無。此《嵇康集》十卷爲叢書堂鈔本,且匏菴手自讎校,尤足寶貴。歷覽諸家書目,無此《集》宋刻,則舊鈔爲尚矣。余得此於知不足齋,淥飲年老患病,思以去書爲買參之資,去冬曾作札,往詢其舊藏殘本《元朝秘史》,今果寄余,并以此集及元刻《契丹國志》、活本《范石湖集》爲副,余贈之番餅四十枚。"

[六] 張《志》卷九《史部·編年類》著録叢書堂抄本《綱目分注發微》十卷,云:"宋從政郎安吉州安定書院山長劉國器撰。分注出趙師淵手。其中謬誤經後人糾正者甚多,國器則直以分注爲朱子所作。凡舊史所載,或存或削,均謂具有深意而隨事闡明之,故曰'發微'。《文淵閣書目》著録板心有'叢書堂'三字。"

[七] 瞿《目》卷二十《集部·別集類》著録舊鈔本《河東先生集》十六卷,云:"宋柳開撰。門人張景編集。凡十五卷,末一卷爲景所作《行狀》一篇。舊爲吳文定鈔藏本。版心有'叢書堂'三字。"

瞿《目》卷二十一《集部·別集類》著録舊鈔本《石湖居士文集》,云:"宋范成大撰。陳氏《書録》載《石湖集》一百三十六卷。今僅存《詩集》一種,曰《文集》者,猶仍舊本也。有楊萬里序、男莘跋。舊爲吳文定藏書。板心有'叢書堂'三字。其全《集》嘗刻於嘉泰間,卷末有'奉議郎樞密院編脩官兼實録院檢討官兼資善堂小學教授龔頤正校正'一行。"

[八] 黃《續記》卷下著録明刻毛校本《王建詩集》八卷(任按,葉氏引爲"十卷"。),云:"此毛子晉手校本《王建詩集》八卷本。與余舊藏吳匏庵家鈔本正同,吳本亦藏自汲古閣,而毛所校時合時不合。子晉之依宋刻校正,未知所據何本。此刻相傳爲明代川中刻,刻手既劣,印本復糊塗。幸得子晉手校,加以題跋,且屢經名家收藏。嘉慶癸未六月四日,收於郡廟。前五柳居所收《王建詩集》,以編年計之。此爲第三本。前兩本:一爲影宋綿紙本,有毛仲辛氏一印;一爲叢書堂鈔紅格竹紙本,有汲古閣一印,并有子晉校字。三書同出一源,而久分復合,是一奇也。"

[九] 見孫從添《藏書紀要》第三則"鈔録"。

[一○] 黃《記》卷二《史類》著録舊抄本《梁公九諫》一卷,云:"《梁公九諫》一卷,賜書樓藏舊鈔本,此載諸《讀書敏求記》中者也。今此本有'賜書樓'圖記,字跡又舊,則其爲述古堂物無疑。賜書樓,未知誰氏,余所藏《張乖崖集》宋闕鈔補者,每葉板心皆刻'賜書樓',所鈔字跡,審是明人書,未知即此家否?此本卷中首葉有'辨之'印,此姑餘山人沈與文也;尾葉有一印,其文曰'姑蘇吳岫家藏',此吳方山也,皆吾郡中人,二人皆明嘉靖時人,皆藏書家。則此書之珍重,由來已久。偶爲他邑所得,而仍歸郡中。物之流傳,固自有異,然更得也是翁一番記述,不愈足引重乎?嘉慶癸亥三月朔,黃丕

烈書。"

黄《記》中未見著録宋鈔本《張乖崖集》。

[一一] 瞿《目》卷十九《集部》著録舊鈔本《李元賓文集》六卷、《補遺》一卷,云:"唐李觀撰。是《集》,相傳陸希聲編者三卷,趙昂編《外集》二卷。此本不知何人所編,舊爲崑山葉九來藏書。每葉板心有'賜書樓'三字。葉有手跋曰:'《李元賓集》,凡五十題而闕其一。他如《集》中所載《上李令公放歌行》一篇,《趙員外詩》三十首,皆無可考,則其所不載而散佚者蓋未涯也。尤多舛錯,不可妄爲改竄,姑襲抄之,以須善本。"

瞿《目》卷十九《集部》著録舊鈔本《晝上人集》,云:"唐釋皎然撰,于迪序。舊爲崑山葉氏藏書,板心有'賜書樓'三字,卷末有括蒼山人恭焕題記云:'《晝上人集》二册,乃無錫談學山綽板釘宋鈔本,罄室借録,予與錢子契合,亦借録焉。是《集》人有藏者,不能如此之備云云。'"

[一二] 瞿《目》卷二十四《集部・詩文評類》著録影鈔宋本《新雕詩品》,云:"梁鍾嶸撰。此書見《隋志》,作三卷,唐、宋《志》皆譌作'詩評',《宋志》譌作'一卷'。此本卷後有墨圖記云'慶曆六年京臺岳氏新雕',乃原出北宋刊本。又有'嘉靖六年杏月玉蘭堂主人命録'一行,蓋文氏藏書也。每半葉十行,行十八字。有吳映奎手跋曰:'鍾氏《詩品》三卷,與劉氏《文心雕龍》並爲評騭詩文之倡,其妙達文理,亦與抗衡。是册在乾隆丙午館生水草堂時從書買購得,首尾俱有前人藏印,格闌外又有"玉蘭堂録"四字,蓋猶是文氏小胥影鈔宋槧之本。字蹟雖不工,尚有古意,因手爲補綴重裝,漫書卷尾。'"

[一三] 瞿《目》卷十《史部・傳記類》著録舊鈔本《廣卓異記》,云:"題'朝散大夫行尚書都官員外直史館上柱國樂史撰'。自序謂,嘗以李翱《卓異記》未博,撰《續唐卓異記》三卷,繼復即漢、魏至五代併唐事爲《廣卓異記》。《卓異記》非翱之作。此書蕪雜舛謬,并闌及神仙靈異之事,疑亦非正子筆也。舊爲金壇王氏鈔本,每葉板心有'鬱岡齋藏書'五字。卷首有'周春''松靄'二朱記。"

[一四] 瞿《目》卷十五《子部》三著録舊鈔本《純全集》,云:"題宋翰林書藝局祇候南陽韓拙全翁撰。有自序,又張懷後序。是書共十篇:曰論山,曰論水,曰論林木,曰論石,曰論煙霧風光雪雨,曰論人物橋彴關城寺觀山居舟船四時之景,曰論用筆墨格法氣韻之病,曰論觀畫別識,曰論古今之學者,曰論三古之畫過與不及。別本曰《山水純全集》佚去末篇,此爲明沈辨之鈔藏本,猶全帙也。每葉闌外右角有'吳縣野竹家沈辨之製'九字。"

[一五] 黄《記》卷四《子類》著録舊鈔本《珩璜新論》一卷,云:"去年於

坊間見插架有寄讀之書,偶檢三四種,與易家刻書,歲暮儀成,雨窗無事,因取舊藏七檜山房鈔本經立齋相國手校者,手校此册。原本載毛汲古《珍藏秘本書目》,此册出顧秀野藏,故與毛本相近云。(毛《目》並未載明七檜山房鈔,莫雲卿跋但云中有夾籤,係徐立齋中堂筆。)甲申春正月十有八日,老蘐記。"又云:"七檜山房者,海虞楊夢羽家書齋名也。其藏書所曰萬卷樓,人所共知,七檜山房則人罕知矣。是書後有墨筆題識,出莫廷韓雲卿手,始猶謂是雲卿偶得耳。頃常熟友人陳子准來,觀書於百宋一廛,欲訪海虞顧家藏本,述及是書,云五川身後,因事被累,舉所藏書歸諸莫氏,蓋雲卿爲五川之甥故也。此一段故實,惟海虞人知之,予不之知也。"

　　瞿《目》卷十六《子部》亦著録舊鈔本《珩璜新論》,云:"宋孔平仲撰。其書考證舊聞,語多精核,舊爲楊五川氏鈔藏本。板心有'嘉靖乙未七檜山房'八字。末題云:'借周連陽本,嘉靖三十七年八月鈔始完,中秋後一日巳刻手校畢。五川子記。'又云:'此書最該博,所恨但詳於史而經典獨少,毅父讀史時筆也。'"

　　[一六] 瞿《目》卷十七《子部·小説家類》著録舊鈔本《穆天子傳》,云:"舊題曰'古文',又'晉郭璞注,荀勗校定'。繕爲楊五川藏書,依元刊本傳録。葉心有'萬卷樓雜録'五字。後馮己蒼得之,以錫山秦氏鈔本校過,改正譌字,補録序首結銜五行。屠守老人跋云:'此册爲楊夢羽儀所藏。崇禎己卯,借得錫山秦汝塘操繡石書堂鈔本,并取家所有范欽本校讀一過,兩日始終卷。老眼已昏,燈下更自草草識於空居閣。'今上方朱筆皆其手蹟,可寶也。"

　　[一七] 范《目》卷一之二《經部·春秋類》著録藍絲欄鈔本《春秋五論》一卷,云:"宋溫陵吕大生(任按,葉德輝著録爲"吕大圭"。)述。無序。卷尾小識云:'舊借故編修王堯衢懋中家藏本手録。'堯衢則自其内兄荆川宮諫處得之也。隆慶改元夏六月五日皇山樗老姚咨重録,時年七十有二。"又,卷三之二《子部·小説類》著録藍絲欄鈔本《漫堂隨筆》一卷,云:"明唐寅撰。卷末有跋云:'吳趨唐省元伯虎遺書中有《漫堂隨筆》一卷,所載多元祐間事,雜以幽冥、報應、蕚桃、神奇,余疑爲怪誕。況值歲單雪甚,手凍皴不能運筆,祇摘其涉於倫理者書之。丙辰臘月下旬,皇山人姚咨謹識。'"

　　[一八] 張《志》卷十四《史部·載記類》著録茶夢主人手抄本《南唐書》三十卷,云:"宋馬令撰。板心有'茶夢齋鈔'四字。姚氏手跋曰:'正德辛巳,予聞江陰葉潛夫云,靖江朱生藏有宋刻馬令《南唐書》,許借未往,迄二十餘年。予恒往來於懷,竟無所遇。客歲館於官保秦公,偶鬻書者持元刻陸游《南唐書》來售,殘編斷簡,漫不可讀。姑手録之,以備一家言。今年春,得主洛川張君家塾,暇日,乃出馬令《南唐書》觀之,云是從先公官閩時所録。予

曰,此予二十年前求之未獲者也。遂抱疾録一過,藏諸篋笥,庶爲陸游合璧。若評騭異同,具馬端臨《經籍考》,兹故略云。嘉靖辛丑夏四月晦日,勾吳茶夢道人姚咨跋。'"

瞿《目》卷十《史部·載記類》亦著録舊鈔本《南唐書》,云:"此嘉靖辛丑茶夢主人姚咨從洛川張氏鈔本手録,蓋出自宋本也。葉心有'茶夢齋鈔'四字。咨,字舜咨,亦號皇象山人,無錫人,喜藏書,值善本,手自繕寫,古雅可愛。其自跋云:'正德辛巳,余聞江陰葉潛夫云,靖江朱生藏有宋刻馬令《南唐書》,許借未往,迄今二十餘年,恒往來於懷。今年春,得主洛川張君家塾,暇日,乃出馬令《南唐書》觀之,云是從先公官閩時所録。余曰,此余二十年前求之未獲者也。遂抱疾録一過,藏諸篋笥。嘉靖辛丑夏四月。'"

張《志》卷二十七《子部·小説類》著録茶夢主人手抄本《唐闕史》,云:"唐參寥子高彥休撰。卷首有'姚舜咨'印記。政和三年秋,於東都清平坊傳此書。叙云甲辰歲編次,蓋唐僖宗中和四年也。其間有己書僖號者,或後人追改之。彥休叙事頗可觀,但過爲緣飾,殊有銑谿虬户體,此其贅云。次年三月七日再閱一過,黄長睿父書。"瞿《目》卷十七《子部·小説類》著録舊鈔本《闕史》二卷,云:"題唐參寥子高彥休撰。案,自序作於甲辰歲,爲唐僖宗中和四年。陳氏《書録》謂其爲乾符中人。各家書目所載,書名俱有唐字,此本無之。明茶夢主人手鈔,卷中朱筆,即其所校。卷首有'姚舜咨'朱記。"

[一九] 黄《記》卷四《子類》著録影宋本《續談助》五卷,云:"宋刻本,爲故友秀水令江陰徐君子寅家藏。子寅歿後,其家人售於秦汝立氏。汝立乃余門人汝操之弟,青年癖古,儲蓄甚富,亦友於余。□假而手録,閱三踰月,始訖事,惜乎斷簡缺文,未敢謬補,藏之茶夢閣,以俟善本云。嘉靖壬戌之秋八月二日,皇山人姚咨識,時年六十有八。"又云:"此《續談助》二本,爲茶齋主人手鈔本,真奇書也。卷首有虞山錢曾遵王藏書印,而《敏求記》未載,想亦甚秘之耳。張君子和出此相示,可謂不敢自秘矣。皇山人手鈔書,近始得一《貴耳録》,續又得一手跋之《稽神録》,其筆跡皆與此同,可稱三絶矣。一歲之中,而所見獨夥,余與姚君翰墨因緣抑何深耶。卷二目餘紙有一小印,其文云:'《顔氏家訓》:借人典籍,皆須愛護,先有缺壞,就爲補治。此亦士大夫百行之一也。皇山人述。'余所藏本皆無之,此文不可不著之者,故并志之。庚申冬季,蕘圃丕烈。"

張《志》卷二十五《子部·雜家類》有著録,題目下云"茶夢主人手鈔本、錢遵王藏書"。

瞿《目》卷十六《子部·雜家類》著録影鈔宋本,云:"宋晁伯宇撰。伯宇,字璵庭,中進士第。黄山谷嘗薦於蘇東坡,謂其詩才奇麗。卒官封邱丞。

著有《封邱集》，見王崇慶《開州志》。又晁氏《讀書志》載《封邱集》，謂其世父所作。此書惟見《宋史·藝文志》及《文淵閣書目》，所采諸書，自《十洲記》至《膳夫經》，凡二十種。每種後皆系以跋語，述得書之由。今原書多佚而不傳矣。宋時有刻本。明皇象山人姚咨假以手録，葉心有'茶夢齋鈔'四字。皇象山人手跋云：'《續談助》五卷，宋刻本，爲故友秀水令江陰徐君子寅家藏。子寅殁後，其家人售於秦汝立氏，汝立乃余門人汝操之弟，儲蓄甚富，假而手録，閱三踰月，始訖事。藏之茶夢閣，以俟善本云。嘉靖壬戌秋八月姚咨識。'迄今三百餘年，流轉藏書家，完好如新，可寶也。"

[二〇] 瞿《目》卷十七《子部·小説家類》著録舊鈔本《甘澤謡》，云："唐袁郊撰。是書見晁氏《讀書志》、陳氏《書録》、《文獻通考》，皆云凡九篇，已全。《太平廣記》中反多數篇，非原書也。中有《圓澤傳》一篇，蘇文忠嘗删改而書之，今譌入集中。舊爲楊五川藏本，茶夢主人假而録之，後歸葉石君。有名凱之者，於崇禎庚辰歲假得葉本所録。有楊儀二跋及姚咨跋。"

[二一] 毛《目》著録秦西巖手鈔《亢倉子》一本。紫青真人注秦西巖手鈔《道德經》一本。著録《西巖山人真跡》三册六本，云："一册《考工左國纂》，一册《吕覽節》，一册三子纂，《荀子》《淮南子》《揚子》附《文中子》。著録秦西巖手鈔《太和正音譜》二本。"

[二二] 瞿《目》卷十七《子部·小説家類》著録舊鈔本《杜陽雜編》三卷，云："唐蘇鶚撰并序。黄琴六丈從秦西巖致爽閣鈔本校過，卷首鈐'黄琴六讀書記'印。"

[二三] 張《志》卷二十四《子部·雜家類》著録秦西巖藏夏氏益虞手抄本《吹劍録》一卷，云："宋括蒼俞文豹（任按，葉氏已訂正爲"俞豹文"。）撰。板心有'元覽中區'四字。秦氏手跋曰：'己丑秋，予嘗手録此册，夏君虞逸借觀，竟失去。虞逸雅不自安，復從周見心原本録此，見寄庚寅正月下澣日再識。'孫氏手跋曰：'《吹劍録》前、後二《集》，西巖秦公藏書也。《前集》夏益虞先輩所書，《後集》爲秦公手筆。公手抄甚富，而筆法流潤莫過於是。是蓋老年筆也，寶之寶之。岷自孫江記。'"又，卷二十七《子部·小説類》著録舊抄本《穆天子傳》，云："晉郭璞注。前有荀勗序，序首有結銜五行云：'侍中中書監光禄大夫濟北侯臣勗（一行）、領中書令議郎上蔡伯臣嶠言部（二行）、秘書主書令史譴勳給（三行）、秘書校書中郎張宙（四行）、郎中傅瓚校古文《穆天子傳》已訖，謹並第録（五行）。'世行本無此五行。案，《史記索隱》引《穆天子傳》目録云，傅瓚爲校書郎，與荀勗同校定《穆天子傳》，蓋即指此板心有'元覽中區'四字，蓋秦西巖藏本也。"

[二四] 實見張《續志》卷四《集部·總集類》著録張超然藏秦氏西巖手

抄本《唐詩極玄》二卷,云"板心有'又玄齋'三字",又云:"弗乘手識曰:此
係吾鄉秦酉巖手録,庚寅上元日遵王見贈。"

[二五] 瞿《目》卷二十三《集部·總集類》著録明鈔本《唐詩極玄集》二
卷,云:"唐姚合選。有至元五年蔣易跋。每葉板心有'又玄齋'三字。卷末
有題記四行云:'此係吾鄉秦酉巖手録,庚寅上元日遵王見贈。弗乘。''庚
申九月九日得於虞城肆中。超然。'卷中有'五嶺山人''又玄齋校閱過'二
朱記。"

[二六] 黄《記》卷二《史類》著録校元舊鈔本《國朝名臣事略》十五卷,
云:"《名臣事略》,吾家曾蓄元刻本,乃吴枚菴舊藏物也。中有漫漶,丁卯季
秋蕘圃黄君易去,以香巖書屋精本校爲完璧。余後得此鈔本,中有闕字,與
元本漫漶正同,想即祖前本録出耳,且鈔手甚劣,有全行脱落者。今閒居多
暇,因復從黄君假得校定元本,校讀一過,闕者補之,譌者證之,雖遠遜古刻,
若供翻閲,則猶可爲善本也。嘉慶己巳重陽日,長洲張紹仁記於緑筠廬。"又
蕘夫識語云:"道光癸未春,因友人收得貝潤菴家書,中有舊抄本蘇天爵《名
臣事略》,係王西沚家物,其實是明時淡生堂鈔本也。思購之,以臨元本。元
本原系執經堂物,余同年,承訒菴相讓,故訒菴所留反屬鈔本之校元刻本。
余於去年歲除,料理歲務,以古書爲活計,元刻亦轉歸他所。今從友人易此
舊鈔,從是本手爲校勘,復得補校幾個漏落字。或所據元刻,有初印、後印之
不同,抑淡生主人從義長者改竄,他日仍擬再借元刻一參之。"

[二七] 黄《記》卷五《集類》著録明成化刊本《勿軒集》,云:"《勿軒先
生文集》,舊藏有鈔本藍格者,出淡生堂,甚古雅。近從胥門書肆,於架上獲
此,疊經汲古閣毛氏、孝慈堂王氏收藏,雖明刻,實稀有也。攜歸與鈔本勘
對,彼脱誤多矣。書之明刻而可實者,此爾。"

張《志》卷三十一《集部·別集類》亦著録淡生堂抄本《勿軒先生文集》
六卷,云:"卷首有'山陰祁氏藏書之章''澹生堂經籍記'。板心有'淡生堂
抄本'五字。"蔣《記》卷六亦有著録。

[二八] 瞿《目》卷二十一《集部·別集類》著録舊鈔本《周益公集》二百
卷,云:"宋周必大撰。自序,山陰祁氏藏本。有朱字校過,曠翁筆也。板心
有'淡生堂抄本'五字。卷首有'山陰祁氏藏書之章''曠翁手識''子孫世
珍'及'王昶德甫別字蘭泉'諸朱記。"

[二九] 張《志》卷三十四《集部·別集類》著録淡生堂抄本《聞過齋集》
八卷,云:"卷首有'山陰祁氏藏書之章'。板心有'淡生堂抄本'五字。徐
起、王偁兩序後,一題'歲在辛巳',一題'歲次辛巳',蓋建文三年辛巳也。
革除之後跋,經剜改,故不著年號。"瞿《目》卷二十二《集部·別集類》亦著

録舊鈔本《聞過齋集》四卷,云:“是書每卷分上、下,原本不題作者名,序末有‘吳公名海號魯客’七字。上方馬瑗題云‘此黃蔾洲先生筆也’。舊爲山陰祁氏藏書,板心題‘淡生堂鈔本’。卷首有‘山陰祁氏藏書之章’‘曠翁手識’二朱記。”又,丁《志》卷三十四《集部·別集類》著録季滄葦藏明成化刊本,卻未見葉氏所云乃“淡生堂抄本”。

[三〇] 丁《志》卷十四《史部·目録類》著録原寫本《淡生堂藏書譜》八册、《藏書訓略》二卷,云:“此則曠翁原本,每葉十六行,上截載書名,下截分兩行載卷册、撰人姓氏。藍格竹紙,版心刊‘淡生堂藏書目’,更有‘澹生堂經籍記’‘曠翁手識’‘山陰祁氏藏書之章’‘子孫世珍’等印。”

卷十九《子部·雜家類》著録淡生堂鈔本《廣筆疇》一卷,云:“此書藍格白紙,爲淡生堂鈔本,有‘山陰祁氏藏書之章’‘淡生堂藏書記’‘子孫世珍’及‘澹生堂中儲經籍’。”

卷三十三《集部·別集類》亦著録振綺堂藏淡生堂鈔本《許白雲先生文集》四卷,云:“藍格。版心有‘澹生堂鈔本’五字,並有‘山陰祁氏藏書之章’‘曠翁手識’‘子孫世珍’諸印。”

[三一] 見孫從添《藏書紀要》第三則“鈔録”。

[三二] 張《志》卷三十六《集部·樂府類》著録汲古閣精鈔本《新刊張小山北曲聯樂府》三卷、《外集》一卷,云:“元張可久撰。前有馮子振、高栻題詞兩闋。此本毛氏從元刊本傳録。首頁有毛子晉印,板心有‘汲古閣’三字,當即《祕本書目》所載精鈔《張小山樂府》也。”

[三三] 瞿《目》卷二十一《集部·別集類》著録舊鈔本《翠微先生南征録》十一卷,云:“宋華岳撰。舊爲毛氏鈔藏本,極精,板心有‘汲古閣’三字。”

[三四] 丁《志》卷四十《集部·詞曲類》著録汲古閣鈔本《東溪詞》一卷,云:“此册版心有‘汲古閣’三字。蓋毛晉嘗擬續刻《六十家詞》,當寫而未梓之峡。後跋亦未綴也。”又著録汲古閣鈔本《拙庵詞》一卷,云:“此詞僅十八闋,版心有‘汲古閣’三字,後未綴跋,殆毛子晉續刻六十家未曾付梓之詞也。”又著録汲古閣鈔本《碎錦詞》一卷云:“版心有‘汲古閣’三字,蓋毛氏舊物也。”

[三五] 張《志》卷二十九《集部·別集類》著録汲古閣藏舊抄本《雲臺編》三卷,云:“唐都官郎中鄭谷撰。後附《補遺》十三首及祖無擇撰《墓表》,又《附録》四則,曹鄴等投贈詩八首,則毛氏子晉所輯也。後附毛氏手跋。‘清’字缺末二筆,蓋避家諱。每頁格闌外有‘毛氏正本汲古閣藏’八字。”

[三六] 瞿《目》卷十六《子部》著録舊鈔本《藏一話腴》二卷(任按,葉氏著録爲“一卷”。),云:“宋陳郁撰,邱珂序題。甲集卷上、乙集卷下,舊爲汲

古毛氏鈔藏,楮葉心有‘毛氏正本汲古閣藏’八字。卷首有‘致爽閣’‘虞山錢曾遵王藏書’二朱記。”

[三七]張《志》卷二十四《子部·雜家類》著録舊抄本《寓簡》十卷,云:“宋寓山沈作喆明遠纂。板心有‘小草齋鈔本’五字,卷首有‘晉陵謝氏家藏’圖記,蓋明謝肇淛藏本也。”

瞿《目》卷十六《子部》亦著録舊鈔本《寓簡》十卷,云:“題‘寓山沈作喆明遠纂’。前有自序及嘉靖丁巳陝西布政司左參議南都陳鳳序。明遠爲葉石林弟子,學有原本,所著有《寓山集》《南北國語》,惜皆不傳。此本舊爲晉安謝氏藏書。板心有‘小草齋鈔本’五字。”

[三八]瞿《目》卷二十《集部》著録補鈔宋本《王黄州小畜集》三十卷,云:“宋王禹偁撰。賦、詩十三卷,雜文十七卷。有咸平三年自序。紹興戊辰沈虞卿鏤板。序謂:‘内翰王公,手編文集,簡易醇質,得古作者之體。好事者得之,珍秘不傳。虞卿假守於此,想見其人,因以家笥所藏善本更加點勘,鳩工鏤板,以廣其傳云云。’序後附印書紙墨工價及校正、監雕造銜名八行。宋刊本存卷十二至十六、卷十八至二十四,餘皆石門吕無黨以謝氏小草齋本鈔補全,故後亦録謝肇淛跋。板心有‘吾研齋補鈔’五字。宋本上有‘野竹家’‘吴郡沈文’‘沈辨之’朱記。鈔本有‘惠棟之印’‘字曰定宇’朱記。”

[三九]袁《簿》著録宋朱翌《猗覺寮雜記》二卷,俟考。

[四〇]張《志》卷二十九《集部·別集類》著録舊抄馮氏手校北宋本《杜荀鶴文集》三卷,云:“唐杜荀鶴撰。每頁格闌外有‘馮彦淵撰本’五字。馮氏手跋曰:‘此予家藏南宋板抄本。癸卯春仲,借得隱湖毛氏北宋版,細校一過,異同處悉兩存之。海虞馮武。’葉氏手跋曰:‘馮氏書法爲臨池正傳,此卷其所抄本也,遒勁流麗,出入鍾王,不知何時流落敝篋,半充脈望之腹。頃因曬書檢得,深悲其遭際之失所也。’”

[四一]毛《目》著録《李太白集》,云:“從絳雲樓北宋板覓舊紙,延馮寶伯影抄絳雲樓。原缺一本,因世行本次序不同,無從補入。”

[四二]張《志》卷二十九《集部·別集類》著録馮氏藏舊抄本《丁卯集》二卷、《續集》三卷,云:“唐郢州刺史許渾撰。格闌外有‘馮氏藏本’四字。末有題識云‘崇禎庚午借柳大中本抄’。”

[四三]瞿《目》卷十六《子部·雜家類》著録舊鈔本《雲煙過眼録》,云:“宋周密撰。錢遵王《讀書敏求記》載元至正間夏頤鈔本,此本即從之傳録。卷尾一行云:‘隆慶三年秋八月周曰東重書一過。’首尾不分卷,與世所行四卷者異。其中序次、文字亦互有詳略,殆爲後人增損歟?舊藏邑中馮氏。每葉欄外左角有‘馮氏藏本’四字。卷首有“長樂”“馮舒之印”二朱記。”

[四四] 張《志》卷二十四《子部·雜家類》著録舊抄本《近事會元》五卷，云：“儒家者流，誠資博洽。天下之事，故有本原。苟道聽之未詳，則賓圍而奚解？實繁廣記，以避無稽。嘗謂經籍之淵頗易探討，耳目之接或難周知。上交以退寓鍾陵，静尋近史及諸小説褉記之類，起唐武德而下，盡周人顯德之前。擷細務之所因，庶閒談之引據。如曰小不足講，懵則包羞，聊此篇聯，無誚叢脞。凡五百事，釐爲五卷，目曰《近事會元》。爾時丙申嘉祐改元長至日也。太歲乙酉，避亂於洋蕩之村居。是年閏六月，憂悶無聊，遂手書此，二十日而畢。是書是秦季公所藏，余從孫岷自借鈔之。七月初六日屠守老人記。”黃《記》中未見著録《近事會元》。又查黃《續記》，於卷上《子類》有著録。

張《志》卷七《經部·小學類》著録馮氏己蒼手抄本《汗簡》，云“此本爲吾邑馮氏己蒼手抄”。黃《記》卷一《經類》亦著録舊鈔本《汗簡》三卷、《目録叙略》一卷，云：“《汗簡》一書，錢唐汪立名所刊，出於竹垞藏舊鈔本，舊刻無聞焉。錢遵王《讀書記》謂屠守居士藏書率多善本，此殆是也。《汗簡》，字學中不甚重，潛研老人曾言之，然論古書源流，是書何可廢哉！且屠守居士鈔於明代，較竹垞所藏更舊，因急收之。己巳冬至後二日，復翁識。”

[四五] 黃《記》卷五《集類》著録校明影宋鈔本《元英先生詩集》十卷，云：“崇禎戊辰年六月，馮氏空居閣閱。此卷雖鈔録草率，然尚是先王父遺書授相弟者。予亦分得一黑格條鈔本，並頗有異同，並校一過。歲在甲午，日唯長至，汲古孫綏萬識。”

又，卷二《史類》著録舊鈔本《華陽國志》十二卷，云：“此書無宋刻，則舊鈔貴。兼有郡先輩錢罄室圖記，何義門跋，并朱筆評閱，古色斑斕，令人可愛。紙本霉爛破損，係義門返吳時覆舟，黃流所厄。恐不耐展讀，命工重加裱託，改裝倒摺向外，庶免敝渝之患。予友顧澗薲藏空居閣鈔本，與此同出一源，然楮墨之間，古意稍遜，當讓此本爲甲本。因古書難得，並著之，以見罄室而外，空居亦足競爽也。”

黃《記》卷五《集類》著録舊鈔本《李群玉方干詩集》，云：“《李群玉方干詩集》合裝者，余家向有一本，係空居閣舊藏刻。有書賈持此册來，亦李、方合裝，而二《集》後墨筆題識多同，想同出一源，此則汲古舊藏，審其字跡，似毛本，後於馮本也。初得見是書，時以馮本對勘，鈔無異字，惟此本《方集》多汲古孫綏萬跋語，知取黑格條鈔本及東山席氏刻本一爲校勘者。然其意以黑格爲不足據，而席氏刻余又以爲在舊鈔後，不應據刻改鈔，故遂置之。”

[四六] 袁《簿》著録墨格本《開國群雄事略》殘稿本三册，綠格本《雙陸譜》一卷、《玄玄棋經》一卷合裝一本。俟考。

[四七]見孫從添《藏書紀要》第三則"鈔録",其中論述各家鈔書之不同尤細。

[四八]黃《記》卷一《經類》著録校本《春秋繁露》十七卷,云:"袁壽階借得揚州秦太史藏鈔本,而余轉假以手自校讎者也。鈔本爲影宋,遇宋諱間有缺者,字畫斬方,一筆不苟,信屬宋刻精本。每卷首尾葉最末一行欄格外,有細楷書十字,曰:'虞山錢遵王述古堂藏書。'蓋猶述古舊物矣。余以《永樂大典》本證之,多與此合,知兩本同一源,唯纂輯時稍加點竄,不如此鈔本爲宋刻真面目,若明刻則有毫釐千里之分矣。"

[四九]張《志》卷二十一《子部・兵家類》著録述古堂鈔本《何博士備論》一卷,云:"宋何去非撰。原二十八篇,此本止二十六篇。從陳君子準藏舊抄本補録《鄧禹論》一篇。每頁格闌外有'虞山錢遵王述古堂藏書'一行。"

卷二十四《子部・雜家類》又著録述古堂抄本《文昌雜録》六卷,云:"宋龐元英撰。每頁格闌外有'虞山錢遵王述古堂藏書'一條。"

[五〇]黃《續記》中未見著録《東家雜記》。

[五一]瞿《目》卷二十三《集部》著録舊鈔本《圭塘欸乃集》二卷(任按,葉氏引爲"一卷。"),云:"元許有壬與其弟有孚、子楨唱和之詩。中有《樂府十解》,爲其客馬熙作,又附熙《圭塘補和詩》於後。舊爲錢遵王鈔藏本。格闌左角有'虞山錢遵王述古堂藏書'一行,有周伯琦序,周溥、哈剌台、丁文昇、黃昺、張守正、王翰、王國寶等跋。"

[五二]丁《志》卷四《經部・四書類》著録東瀛翻影宋本《孟子音義》二卷(任按,葉氏引爲"一卷。"),云:"是書版匡外有'虞山錢遵王述古堂藏書'十字。黃蕘圃得之,定爲蜀大字本。東瀛文化十年又翻雕,刻畫精工,何減天水舊槧耶。"

[五三]瞿《目》卷十《史部・載記類》著録舊鈔本《吳越備史》云:"卷末有'錢遵王述古堂藏書'一行。"又,卷十六《子部・譜録類》著録舊鈔本《茶録》一卷,云:"宋蔡襄撰。此書與《茶具圖贊》《蔬食譜》,皆爲錢遵王鈔本,楮墨精絶,疑從宋刻摹寫也。錢氏又附《觴政》《段食良方》《燭夜仙酒法》,以類相次,合爲一册。每卷末一紙,欄外左角有'錢遵王述古堂藏書'八字。"

瞿《目》卷十七《子部・小説類》著録舊鈔本《教坊記》一卷,附《北里志》一卷、《青樓集》一卷,云:"《教坊記》,唐崔令欽撰。所記皆開元中樂部事;其《後記》一篇,則諄諄以聲色示戒。或謂陳直齋斥其鄙俗。今案,《書録解題》中有《北里志》,而無此書,未知何據?《北里志》,唐孫棨撰。《青樓集》,不著撰人姓氏,題'雪蓑釣隱輯'。舊爲述古堂藏書,合裝一册。卷末欄外左角有'錢遵王述古堂藏書'八字。楮墨精絶,審其筆跡,與《茶録》等書似出一手。卷首有"黄氏如琰之印"朱記。"

瞿《目》卷十九舊鈔本《吕和叔文集》云:"題'朝議郎使持節衡州諸軍事守衡州刺史上騎都尉賜緋魚袋吕温撰'。述古堂藍絲闌鈔本。左線外有'錢遵王述古堂藏書'八字,其中六、七兩卷,實馮己蒼所未見者。世傳馮本皆闕。觀《敏求記》題語,知是本猶鈔自絳雲也。"

[五四]丁《志》卷十四《史部·目録類》著録錢遵王鈔本《衢本昭德先生郡齋讀書志》二十卷,云:"後有淳祐己酉游鈞刻置信安郡齋小記。白紙墨格,楷書清整,洵述古堂書籍。有'錢曾之印''遵王'兩印。"

[五五]丁《志》卷二十五《集部·別集類》著録錢遵王精鈔宋本《温庭筠詩集》七卷、《別集》一卷,云:"舊爲述古堂寫本。每半葉十二行,二十一字。詩題低五格。遵王題曰:世傳温李爲側豔之詞,今誦其'雞聲茅店月,人跡版橋霜'及'魚鹽橋上市,燈火雨中船'諸句,豈獨以六朝金粉爲能事者。"

[五六]張《志》卷二十九《集部·別集類》著録錢履之藏精鈔本《李群玉詩集》三卷、《後集》五卷,云:"後有'臨安府棚北大街親睦坊南陳解元宅經籍鋪印'兩行,蓋從宋刊本傳録者。末題嘉靖丁未夏季松逸山居童子王臣録。卷首有'錢履之讀書記'印記,版心有'竹深堂'三字。"

張《志》卷二十九又著録錢履之藏精抄本《唐風集》三卷,云:"卷首有'錢履之讀書記'印記,板心有'竹深堂'三字。"

[五七]見孫從添《藏書紀要》第三則"鈔録"。

[五八]丁《志》卷三十六《集部·別集類》著録樸學齋鈔本《王文安公詩集》五卷、《文集》六卷,云:"舊鈔版匡外有'樸學齋'三字。"

[五九]張《志》卷三十二《集部·別集類》著録曹倦圃藏舊抄本《藏春集》六卷,云:"胡菊圃從天順刊本校并補録。天順五年馬偉、黎近兩序。板心有'攜李曹氏倦圃藏書'八字。"

瞿《目》卷二十二《集部·別集類》著録舊鈔本《藏春詩集》,云:"元劉秉忠撰。題'中書參知政事魯國文定公左山商挺孟卿類集'。有閻復、馬偉、黎近序。舊藏檇李曹氏,板心有'檇李曹氏倦圃藏書'八字。秀水胡菊圃重以天順刊本校過。卷首有題記云:'《集》中止有七言律詩、七言絶句及詩餘,而無古詩及五言律、絶詩,其非全書明矣。'又云:'曹氏書未經點勘,兹借武原張氏清綺齋藏雕本校對,一一改補,因識歲月:乾隆丙戌歲仲秋十日。'卷首有'秀水胡重之印''黄印丕烈''復翁'諸朱記。"

[六〇]丁《志》卷三十四《集部·別集類》著録朱竹垞藏曹氏倦圃鈔本《江月松風集》十二卷、《補遺》一卷,云:"有至元後戊寅陳旅及至元五年淳

安夏溥兩序。此册版心下刊‘檇李曹氏倦圃藏書’八字。又有一印文與版心同。又有‘林壑宛相親’及‘竹垞藏本’二印。”

［六一］張《志》卷一《經部·易類》著録傳是樓鈔本《周易要義》十卷，云“版心有‘傳是樓’三字”。

［六二］黄《記》卷二《史類》著録校鈔本《五代春秋》一卷，云：“甲戌十一月二十九日，偶從坊間借得傳是樓黑格鈔本校一過，鈔本每葉二十二行，每行二十字，計十二番。稍有異字，較此新刻殊勝。”

［六三］丁《志》卷三十一《集部·別集類》著録振綺堂藏小山堂鈔本《默齋遺稿》二卷，云：“烏絲印。闌外有‘小山堂鈔本’五字并‘汪魚亭藏閲書印’。”

［六四］袁《簿》著録《南宋雜事》一卷，俟考。

［六五］黄《記》卷二《史類》著録校鈔本《馬令南唐書》三十卷，云：“余向收得馮氏藏本《南唐書》二册，因家有舊刻，轉歸於周丈香巖。後余適以舊刻歸他所，而案頭反無馬《書》舊本，遂從香巖假歸，命門僕影録一本。録畢，久未取對，日來梅雨淹旬，閒居少客，先用朱筆校録誤之字一過，次臨朱筆校閲語於上方及行間，又次臨朱筆句讀，蓋重其爲馮氏藏本也。馮氏名舒，字已蒼。卷三十後墨筆所録跋語，亦舊時已蒼用朱筆識者也。分本亦照原本，册尾各有‘上黨’長方印，‘馮氏藏本’方印，兹不能摹其篆文，以楷書記其款式而已。”

卷三《子類》著録述古堂鈔本《何博士備論》一卷，云：“丁丑仲秋，湖賈以閩中所刻書數種求售，此《何博士備論》其一也。書爲浦城祝氏留香室開雕，首載《四庫提要》，未有祖之望跋，謂鈔自翰林院所藏。《四庫》副本取對比，大段相同，字句間有異耳。餘書亦皆閩中人著述，開雕於嘉慶辛未，以道遠不通交易，賈人偶得，詫爲奇貨，未之收也。後書賈願以他書相易，率歸之，聊記於此。”又云：“《何博士備論》四卷，載《直齋書録解題·別集類》。此本偶得諸郡故家，通二十六篇，不分卷，未知全否，因其爲穴研齋繕寫，珍之。先是收得穴研齋繕寫諸書，初不知爲誰何，并所鈔時代先後，惟陸游《南唐書》爲虞山錢遵王藏書，則在遵王先矣。他爲宋人説部各種，總得於松江故宦家，有賈人知其由來，謂出於康熙朝明相國家，是亦古物。此册又在郡中故家三次搜羅，共十餘册，惜紙張大小未能一律，裝潢各仍其舊可耳。”

卷四《子類》著録校舊鈔本《蘆浦筆記》《楊公筆録》不分卷，云：“此節録本《蘆浦筆記》較十卷爲勝，鮑刻《知不足齋叢書》本雖讎勘精審，猶遜此，況其他乎？惟余舊藏穴硯齋鈔本，此勝處悉同，此本未可以節文輕棄也。”

卷四《子類》著録校宋本《卻掃編》三卷，云：“《讀書敏求記》云：‘是册原書爲王伯穀家藏宋刻,後歸牧翁,亦付之絳雲一燼中矣。存此摹本,猶有中郎虎賁之想。'據邊王所云,渠所藏影宋本矣。今余聞平湖錢君夢廬新得宋本,急作書往借之,果宋刻,本爲書棚本,不知與絳雲原本同乎？異乎？取校毛刻,多所是正者,首有序文一篇,毛所無也,影寫補之。錢本爲歷來藏書家珍貴,'玉蘭堂''朱塒'二印,文氏也;'乾學''徐健菴'二印,傳是樓也;'季振宜藏書''季振宜字詵兮號滄葦'二印,延令季氏也;'宋筠蘭揮''三晉''提刑'三印,商邱宋氏也,此皆可知者也。余校宋刻後,別取古穴硯齋繕寫本證之,知彼繕寫多同宋刻,特行款殊耳。然有宋刻如此,而繕寫異者,特標之卷中,黑筆是也。"

卷四《子類》著録明鈔校宋本《茅亭客話》,云:"惟毛氏《津逮》中有之,舊本世不多見,鈔本則載於《汲古閣珍藏秘本書目》。余於去秋曾得一宋刻,即《讀書敏求記》所云'太廟前尹家書籍鋪刊行本'也。取校毛刻,多所改正,兼多石京後序一篇,信稱善本。兹又從吳枚菴家得錢馨室藏本,行款雖與宋刻不同,而字之誤者不到十分之一,有一二衍字,或以意擅改;字亦皆與宋刻舊校合,蓋宋刻已經俗人塗抹,後來傳録多本於此,故適同耳。余破兩夜力,復用宋刻真本校勘一過,因題數語於卷尾。"又云:"此書宋刻近亦轉歸他所,所藏唯此及穴硯齋鈔本。無論字之與宋刻合,穴硯齋本爲佳;若要存宋刻面目,則此手校者爲勝矣。舍刻論鈔,二本不相上下也。"

[六六]張《志》卷二《經部·書類》著録舊鈔本《柯山夏先生重修尚書詳解》十六卷,云:"宋夏僎撰。經文下有重言、重意,蓋從宋麻沙坊本傳録者。板心有'怡顏堂鈔書'五字。"

張《志》卷十三《史部·傳記類》著録菉竹堂藏舊抄本《豐清敏公遺事》一卷,云:"宋章貢李朴編次。卷首有'葉氏菉竹堂藏書'印記。板心有'怡顏堂鈔書'五字。"

張《志》卷二十六《子部·類書類》著録舊抄本《新刻歷代制度詳説》十二卷,云:"宋東萊先生呂祖謙伯恭編撰。板心有'怡顏堂鈔書'五字。"

[六七]黃《記》卷二《史類》著録校舊鈔本《建炎時政記》三卷,云:"甲戌季冬,余新知陳仲遵爲余言遺經堂近有舊書一單,大半皆鈔本曾見之書。蓋時迫歲除,無暇爲此冷淡生活,故久不至書坊,即坊友亦久不來也。大除偶過元妙觀前,遂至是坊蹤跡之,檢及是册,苦不知其載於何書目。偶與仲遵談及,謂是書係李忠定公所著,載在《郡齋讀書志》第五卷上廿二葉,并借余鮑氏知不足齋鈔本。因手校一過,鮑本實有可正是本誤處;然每卷脱去起止一行,又每日多接連,空格多作某字,且改'赤'爲'尺',皆非古書面目,究不如此怡顏堂鈔書之爲舊也。"

[六八] 黃《記》卷六《集類》著録校鈔本《薩天錫詩集》十卷,云:"余藏《薩天錫詩集》向有二本:一爲明初黑口而葉石君校補者;一爲舊鈔而八卷,標題《雁門集》者。此小草齋鈔本爲第三本,儲爲篋衍久矣,卻未曾參校。去年又得一舊鈔,爲汲古閣藏本,中有子晉手鈔處,其書爲竹紙黑格,版心有'篤素居'三字,此爲第四本。今春養疴杜門,偶取毛本以校龔本,似毛較勝,蓋毛本鈔在前也。諸體中毛偶有脱失未補,龔卻有之,惟七言絶句中,毛與龔互有存佚,然彼此俱無跡可尋,未知何故,當取葉校及八卷本勘之。"

[六九] 丁《志》卷二十六《集部·別集類》著録王晚聞舊藏依宋鈔本《徐公文集》,云:"一名《騎省集》。序末有迂齋金侃識云,《騎省集》,近世鮮有刻者。此本虞山錢氏於崇禎間從史館印摹南宋本,字頗大,予縮小鈔之。乃吳興陶氏鈔本。格版心刊'篤素好齋藏書'六字,有'十萬卷樓''晚聞居士'兩印。"

[七〇] 阮《外集》卷一著録《通元真經注》十二卷,云:"此是太原祝氏依宋板摹寫者,亦希有之本也,是明時尚有仿宋刊本,今則捨此無從考核矣。"

[七一] 錢曾《讀書敏求記》卷三之上《子部》著録《自號録》一卷,云:"錢塘徐光浦輯宋時名公鉅卿、騷人墨客之號,裒爲一卷。淳祐丁未,其友譚友聞爲序。至正壬寅華亭孫道明手鈔於泗北村居之映雪齋,時年六十有六。予見道明所鈔書不下數十種,皆在崦嵫景迫之年,老而好學,真炳燭之明也。"

卷四之下《集部》著録《臨漢隱居詩話》一卷,云:"宋魏泰道輔撰。洪武九年丙戌,映雪老人寫於華亭集賢外坡草舍雨窗,時年八十。老人即孫道明也。"

[七二] 張《志》卷二十七《子部·小説類》著録精抄本《北夢瑣言》二十卷,云:"富春孫光憲纂集,唐末後梁、後唐石晉時事。此書乃武林忻悦學家藏陝刊舊本,介(任按,疑當作"今"。)歸成芥庵夏隱君。中間刊誤舛譌,如日曰、纂篡、歡歎、雖難、關闕、禍福等字,可以意改。餘不敢强,以俟別本订之。至正二十四年,歲次甲辰五月七日寫起,至二十七日庚寅輟卷,華亭在家道人孫道明識於泗北村居映雪齋,時年六十又八也。"

張《志》卷二十四《子部·藝術類》著録舊抄本《廣川畫跋》六卷,云:"《文獻通考》云《廣川書畫跋》五卷,陳直齋(下闕)逌撰。今所録之本,迺宋末書生傳寫誤(下闕)於作相德作澌不可枚舉。'自一陽節日(下缺)午日輟卷。華亭孫道明明叔謹識,年六十(下闕)。至正乙巳十一月二十三日書於泗北村居。'黃琴六先生手跋曰:'《廣川畫跋》一書,世鮮傳本。愛日廬中藏有舊抄本,是從元人孫道明本録出者。余曾借抄一帙,惜卷中多空格,而末卷後四葉歲久紙敝,每行末有脱去三四字者及傳寫譌謬,間有不可讀處,惜無別本可校。今秋月霄,又得明嘉靖間升菴楊氏刊本,屬余校勘。前有劉大謨序,後有升菴自叙。第楊本譌謬亦多,中脱文有連失一二篇者,及此文錯入他文之尾者二處。惟六卷中脱字尚全,而舊抄亦有脱去全行者四五處,皆據以補完,亦快事也。至兩本字句異同處頗多,而得失亦互見並録之,以俟善讀者之自擇焉。黃廷鑑校訖識。'"

[七三]瞿《目》卷十六《子部·雜家類》著録元鈔本《閒居録》,云:"元吾邱衍撰。案,吾貞白有《學古編》,專論篆印,考覈精詳,此其雜記考辨之語,舊出華亭孫明叔手鈔。明叔,名道明,迺同時友人,親見其手稿録之,書法古雅,圖記重重,可貴也。卷末題識云:'至正十八年戊戌之秋七月旦日,鈔於泗北村居之映雪齋。'余家又別藏一本,爲汲古閣所鈔,即出自是本。卷首末有'映雪孫明叔印''仇仁近氏''辛夷館''季振宜印''滄葦''虞山錢曾遵王藏書'諸朱記。"

瞿《目》卷十九《集部·別集類》著録舊鈔本《張司業詩集》,云:"題'秘書郎國子博士水部員外郎國子司業張籍撰,翰林學士中書舍人張洎編次'。有序。陳氏《書録》云:'張洎所編者名《木鐸集》,十二卷,近湯中以諸本校定爲八卷,序而刻於平江,此即鈔自湯本也。'舊爲孫潛夫藏書,有手跋曰:'此本鈔得久矣,己丑十二月,因用錢宗伯家原本讀一過,其引別書參入者,係宗伯手筆云。又用一鈔本勘定,其本分三卷,五言今體上,七言今體中,樂府爲下,蓋近人分體本也。比此本少二十餘首,字句頗有可參者,亦藏宗伯處。'"

瞿《目》卷十《史部·載記類》著録舊鈔本《五國故事》,云:"不著撰人名氏。紀僞吳楊氏、僞唐李氏、前蜀王氏、後蜀孟氏、僞漢彭城氏、僞閩王氏事蹟,見《直齋書録》,係孫潛夫鈔本。"

瞿《目》卷十《史部·載記類》著録舊鈔本《蜀檮杌》,云:"此書見《直齋書目》。題曰'殿中侍御史裏行新建張唐英次功撰'。是本題'宋張唐英撰'。名下注曰:'字汝功,號黃松子,尚書屯田員外郎。'其書案年紀載前蜀王氏、後蜀孟氏事蹟,間有論語,亦潛夫鈔本。卷首有"潛夫"朱記。"

瞿《目》卷十五《子部·藝術類》著録舊鈔本《皇宋書録》,云:"宋董史撰并序。書作於理宗淳祐壬寅年中,燬於火。至度宗咸淳乙丑歲修校成編,是本出華亭孫氏鈔傳。卷末有'至正丁未三月十四日録辨'一行,惜中多脱文缺字,無從校補。史,字良史,乃從姓得名,有作'董更'者,傳寫之誤。"

[七四]黃《記》卷三《子類》著録校舊鈔本《衍極》五卷,云:"至正二十六年,歲在丙午八月庚戌朔寫起,至十有八日丁卯鈔畢於泗北村居映雪齋,

華亭孫道明叔識。時年七十歲。”又云：“此書在元時當有刻本，世所傳者不過明刻耳。此册尚是元人鈔本録出。”

〔七五〕陸《志》卷五十八《子部·雜家類》著録吳尺鳧藏舊鈔本《玉峰先生腳氣集》二卷，云：“此書迺管而敏家藏本，借録於城南寓舍映雪竹齋，時吳元年，歲在丁未臘月廿八日庚午，華亭孫道明叔父年七十有一。”

〔七六〕丁《志》卷十《史部·載記類》著録振綺堂汪氏舊藏舊鈔本《錦里耆舊傳》四卷（任按，葉氏著録爲“五卷”，誤。），云：“此記王氏、孟氏據蜀時事。四庫館據《書録解題》作‘八卷’，謂起唐懿宗咸通九年。此四卷實起僖宗中和五年或别續補之本。是卷後有朱筆記云：‘《錦里耆舊傳》八卷，自洪武五年七月十五日寫起至廿八日録畢，於華亭集賢泗北村居之映雪齋在家道人。’考《松江府志》，孫道明，字明升，華亭人，居泗涇，藏書萬卷，遇秘本輒手自鈔録。築映雪齋，與陶九成、張伯雨爲友。”又云：“知新繁縣太常博士張約爲之序。是編得之門人秦汝操，秦又得之沈辨之。惜乎！祇後四卷，闕前四卷，未得爲全。嘉靖戊午冬姚舜咨甫識。”又《丁魯齋記》云：“鮑大以文從吳中歸，購得明時鈔本，因爲勘正并録兩跋，正見此書在洪武時尚完好也。驗此，足以見廬山半面目矣。有‘汪魚亭藏閱書’印。”

〔七七〕見錢曾《讀書敏求記》卷四之中著録《沈雲卿集》。

〔七八〕黄《記》卷四《子類》著録校明鈔本《録異記》八卷，云：“右《録異記》一集，凡八卷，十七類，乃五代人杜光庭所纂。得於友人家，假歸録出，仍鈔别本，總計七十翻。時正德己卯三月望後一日，吳門柳僉大中録畢於桐涇别墅之清遠樓中。”

卷四《子類》著録舊鈔本《緯略》十二卷，云：“高似孫續古集諸略，今惟《子略》刻入《百川學海》中，餘不多見；《緯略》但見鈔本，然亦稀有。向曾見明人唐詩手鈔本，在角直嚴二酉家，又見一鈔本出柱國坊王氏，後爲郡人吳有堂所收，聞禾中一殘鈔本亦歸吳處。去春，有京師謝姓託友購此書，余轉商諸吳，索八金，并欲鈔還所缺者，未諧而止。今兹余欲購之，屬坊友之與吳稔者詢之，必如數而始付閱，屢議不果。頃忽有高姓書賈持此示余，其居奇之心遜於吳多矣，索值十二番，無可減者。余嘉其留心代購，並見書付銀，意差雅，猶市道之近情理者，遂如數與之。此書舊藏，不知誰氏，鈔手半爲柳大中筆，校勘評閱朱筆，審是何義門，此又賈人所不及知而余所知者，此余雖善價，而猶以爲可喜者也。”

卷四《子類》著録鈔校本《澠水燕談録》九卷，云：“此亦九卷本也，錢唐何君夢華假余，余得讀之。乾隆甲寅曾得舊鈔本，每葉十八行，行十八字，似從宋本録出，今得此對勘，方知各有佳處。余本出柳大中鈔，此本出貢大章鈔,皆明時愛書之人,柳前於貢,故略勝,且余本係柳所鈔,而此又傳録貢鈔本也。書必對勘,乃知何本之佳,佳處又不致有遺漏,於此益信云。"

卷五《集類》著録宋刻本《朱慶餘詩集》,云:"泰興季振宜滄葦氏珍藏。此唐人《朱慶餘詩集》,目録五葉,詩三十四葉,宋刻之極精者,余以番錢十圓,易諸五柳居。初書主人有札來云:'尊藏書棚本《朱慶餘集》有否,有人託售,價貴。'余即訂其往觀,是日肩輿出金閶,過而訪焉,見案頭有紅綢包,知必是書在其中,故鄭重若斯。攜歸與舊鈔本勘之,雖行款相同,總不及宋刻之真,席氏《百家唐詩》本更無論矣。"又云:"余所藏鈔本有二:一爲舊鈔本,而崇禎年間葉奕校者;一爲柳大中鈔本,而爲毛豹孫藏者。葉所據校謂出於柳氏原本,悉用朱筆校正,然余以柳氏原本核之,實多不合,未知葉之紅筆又何據也。柳本有何義門手校字,如《送陳標》云'滿酌歡僮僕,相隨即馬歸'。何校'歡'爲'勸','即'爲'郎',宋刻不如是也。舊鈔本有葉校字,如《看濤》云'風雨驅□玉',葉校'驅□玉'爲'翻前駐',宋刻亦不如是也。惟兩鈔本多空字,而此宋刻半有填補之字。余以宋刻本羅昭諫《甲乙集》證之,知所空者皆墨釘,妄人不知,謬以意補,去其墨釘耳。從前影寫所據本猶是墨釘,故兩本空字皆合宋刻補字,讀者細辨之,便可得其作僞之跡。至於席刻,何、葉所校盡入行間,諺云'火棗兒糕',非目睹諸家藏本,烏能一訂其是非耶?"

[七九] 瞿《目》卷十六《子部·譜録類》著録舊鈔本《蟹略》,云:"宋高似孫撰并序。嘉靖十年姑蘇柳僉録本。卷首有"黄氏如珽之印""臣存恕""勿之"諸朱記。"

卷二十二《集部》著録舊鈔本《貞居先生詩集》四卷、《詞》一卷,云:"題'句曲外史張雨伯雨撰'。前有姚綬小傳及徐達左序。此明柳大中鈔本,上方著墨筆校語。卷首題記云:'《貞居先生集》有板行者,比斯鈔本十之二耳。近得此本於南濠都太僕家,借歸録之,補以小傳,安愚柳僉識。'"

[八〇] 陸《志》卷一百一十二《集部·總集類》著録明抄本《樂府古題要解》,云:"唐史臣吳競撰。柳氏手跋曰:'正德乙亥七月二十二日録訖。唐史臣吳(諱見前)《樂府古題要解》一小帙。值區區感寒受鬱,亦樂於抄寫,以詩寄興云:"偶病不粒食,抄書二十番。娛生無此癖,守死亦爲冤。把筆頭欹帽,衣緜酒罷樽。時名付流水,此外復何言。"布衣柳僉謹誌。'"

[八一] 丁《志》卷十九《子部·雜家類》著録明鈔本《塵史》三卷,云:"前有政和乙未中元日自序云:自師友之餘論、賓僚之燕談與耳目之所及,苟有所得,輒皆記之。重加刊定,得二百八十四事,類以相從。別爲四十四門,總三卷,名曰《塵史》。後有慶元五年郡守鄱陽洪邁重修一條,蓋出於宋

刊本也。末有記曰：‘《塵史》三卷，原刻本多舛誤，今録此本藏於家。其間可證者改之，可疑者缺之。時嘉靖改元五月十日鈔起，至十八日録竟。’”

[八二] 黄《記》卷二《史類》著録校鈔本《馬令南唐書》，詳見本節注[六五]，未見“錢叔寶谷”語。

黄《記》卷四《子類》著録校宋本《道德真經指歸》十三卷，云：“嘉興刻《道德真經指歸》，是吾邑趙元度本，後從錢功甫得乃翁叔寶鈔本。自七卷訖十三卷，前有總序，後有‘人之饑也’至‘信言不美’四章，與總序相合。其中爲刻本所闕落者尤多，焦弱侯輯《老氏翼》亦未見此本，良可寶也。但未知與《道藏》本有異同否，絳雲餘燼，亂帙中得之，屬遵王遣人繕寫成善本，更參訂之。”

[八三] 楊《録》卷五《集部》下著録影宋精鈔本《西崑酬唱集》，云：“宋初，楊文公與錢、劉二公特刱詩格，組織華麗，一變晚唐詩體而效李義山。取‘玉山册府’之名，名《西崑酬唱》，人因目之曰‘西崑體’。其《南朝》《漢武》等篇，僅見於《瀛奎律髓》，先君每以不得見此爲恨。甲辰三月，同葉君林宗入郡訪朱卧菴之赤，其榻上亂書一堆，大都廢曆及潦草醫方，殘帙中有繕整一册，抽視之，乃《西崑酬唱》也，爲之一驚。卷末行書一行云‘萬曆乙丑九月十七日書畢’。下有‘功甫’印，乃錢功甫手鈔也，因與借歸。”又云：“此書出郡人錢功甫手鈔，余從毛倩斧季印録者也。功甫爲磐石先生子，富於藏書，兼多秘本。此本先公得之江南，亦汲古閣影鈔之致佳者，筆精墨妙，雅可寶玩，誠希世珍也。至是書乃子晉生前所未見者，而卷中有其名字各印，當由斧季補鈐耳。每半葉十二行，行二十字。”

[八四] 見毛《目》著録吴方山手抄《定陵注略》八本。又見著録吴方山手抄《瀛涯勝覽》一本。

[八五] 丁《志》卷二十五《集部·別集類》著録郁泰峰藏舊鈔校本《吕衡州文集》，云：“顧千里跋云：《衡州集》前五卷，係吴方山舊鈔本，後五卷從正嘉時舊鈔本補全。篇目次第與馮己蒼本悉同，且第六、第七兩卷獨全。”未見葉氏所云“吴岫鈔用緑印格”。

[八六] 黄《記》卷五《集類》著録校明鈔本《李群玉詩集》三卷、《後集》五卷，云：“崇禎三年庚午八月從安愚道人鈔本手録，二十二日晚完。震津葉奕。大凡書籍，安得盡有宋刻而讀之，無宋刻則舊鈔貴矣；舊鈔而出自名家所藏，則尤貴矣。即如《李群玉集》，予藏舊鈔本有三本：一葉氏鈔本，一馮氏鈔本，一毛氏鈔本。向因未見宋刻，就此三本核之，如馮本較勝，因有缺處獨全也。去年新得宋本二李，一爲碧雲，一爲群玉，卻未經與諸家鈔本相勘。近因常熟友人屬爲影鈔，遂取諸本讎校，始知葉本行款與宋刻合，上、中、下

三卷,目録及卷中詩大段相近,惟《後集》五卷,宋刻無目録,諸本皆有之,方疑宋本之缺爲憾。及取葉本相校,迥非宋刻可比,卷中之詩不可信,則目録尤不可信,莫如宋刻之無目録者爲存其真也。且馮氏兩本似出一源,而此《後集》之詩又似與宋刻近,與葉本又異;即目録,馮、毛二本亦與葉本異。總之,未見宋刻,諸家各爲異同,無可適從。今校宋刻於葉本上,一存其真,雖宋刻亦有譌舛處,就目驗云,然是非又在善讀者自能辨之耳。所異毛刻諸書,動輒與藏本互異,即如《八唐人集》中本,以意分體,統三卷,及《後集》五卷,一例排次,硬分爲三卷,俾人不知就裏,好古者固當如是耶? 我真極不可解矣。”

[八七] 瞿《目》卷十九《集部》著録舊鈔本《沈下賢文集》,云:“題‘吳興沈亞之下賢’。前有無名氏序云:‘刻於元祐丙寅,此出馮氏鈔本,同里葉奕傳録之。’”

卷二十三《集部》五《總集類》著録影鈔宋本《古文苑》,云:“唐無名氏編。淳熙六年韓元吉刻,有跋。舊爲趙凡夫所藏,孫岷自陸敕先假得,葉林宗鈔自趙本者傳録。又從錢遵王假舊鈔本參校,遂爲是書善本。今陽湖孫氏所刻,即從此出。有孫岷自手跋曰:‘趙凡夫藏宋刻《古文苑》一部,紙墨鮮明,字畫端楷,靈均鉤摹一本,友人葉林宗見而異之,亦録成一册,藏之家塾。辛巳夏,同陸敕先假歸,分諸童子,三日夜鈔畢,但存其款式耳。其宋字形體,葉本已失之也。’又陸敕先手跋曰:‘戊戌五月,借錢遵王鈔本校一過,其筆畫異同處,標識於首,以俟再考。’又跋曰:‘趙靈均臨摹本亦歸林宗。五月十二日并假再校,略無魯魚之謬矣。’”

[八八] 陸《志》卷六十七《集部·別集類》一著録舊抄本《何水部集》,云:“葉氏手跋曰:何鏜,字子端,秦季公之友也。能字,好聚古書帖,嘗擬元人書《何遜集》一卷,筆精墨妙,字字有法,在其季孫士龍處。一旦爲人竊去,此本乃從士龍抄得者。雖無老成,尚有典刑。後人其寶之林宗。”

[八九] 黃《記》卷六《集類》著録手鈔元本《金石例》十卷,云:“會稽夏通叔先生家有《廣川書跋》《廣川畫跋》,王玩草嘗借謄寫,謂此金石至寶也。蓋宋人所編,出名姓,錢鈞羽家藏之。余向收得《金石例》原刻本,板與此正相似,潤貲以爲第三刻,爰取第二刻本易去,以余本歸諸五硯樓,并云小讀書堆有第一刻,余惜未之見也。此本爲試飲堂物,有錢罄室圖章、題識,洵古書,亦名書也。爰從購得周九松所藏第二刻並儲,可云雙璧矣。同收有金俊明手鈔本,似從此本出者,今歸東洞庭鈕非石云。”

[九○] 見黃《續記》卷下著録《金俊明鈔書》。

[九一] 丁日昌《持静齋續增書目》卷五《集部》中著録。

[九二] 黄《記》卷六《集類》著録校舊抄本《文房四譜》，云：“癸酉二月，從吳枚庵借本校吳本。初，命門生拓濟陽生所録朱本。朱本者，朱文有所藏拂水蒙叟本也。蒙叟本，從趙清常本對校者，徐序是蒙叟手録，蓋即《敏求記》中所載本也。趙清常本借録孫唐卿本，當枚庵録是書後，復從李氏借得錢蒙叟原本及趙清常原本，親爲校勘，以朱筆注錢，黄筆注趙，並録錢、趙兩人之跋於後。今余臨校，但注錢、趙而已。此本得諸海鹽家椒升，所云筆之詞賦，又每譜詞賦及易簡後序皆有之，是爲善本。然筆之‘雜説’脱四十五條，硯之‘叙事’脱九條，則又不知何以異也。幸賴吳本足之，吳本有不及此本者，詞句間當再斟酌耳。”又著録鈔校本《文房四譜》，亦云“趙清常本”。

　　卷六《集類》著録舊鈔本《張光弼詩集》二卷，云：“元《張光弼詩》二卷，爲不解事書人强爲解事，作七卷分之，遂失其本來面目，一卷之五卷合作第一卷，六卷之七卷元合作第二卷也。其書借海鹽胡孝轅氏所録。往數年前，聞孫唐卿氏有是《集》，碌碌南北，未及假録，昨歲差旋，往謁孝轅，遂攜之歸，録之以償夙昔。然胡本中頗多泯爛損壞字，尚須假孫氏本補之。《集》有《輦下曲》二首、《宮中詞》二十一首，皆道胡元宮闈中事也。別有國初宗室得所賜元老宮人，言庚申君宮中事，爲作宮詞百，今見《丈園謾録》，惜爲删去五十二章，惟存四十八章，録作一家，亦備一代之遺事云。時天啓二年壬戌正月上元後一日，書於武源山中，連陰雨二十日矣，尚未有晴意，恐復作元年連綿四五月也。清常道人書。趙清常道人，藏書之最著名者。余所得其家書卻鮮，去歲從香巖書屋借鈔其家《脈望館書目》以爲搜訪之助。頃從坊間購歸元人《張光弼詩集》一册，末有清常跋，知爲其手書，余以所見他書字跡證之，益信。隨檢書目，於元人文集門卻未載，或編次失落，抑所録在成書後，皆未可知。《光弼詩》，傳本頗稀，更得清常手鈔，真可寶也。”

　　[九三] 瞿《目》卷十《史部·載記類》著録舊鈔本《東國史略》，云：“不著撰人名氏。乃朝鮮人紀其國之事，故亦名《朝鮮史略》。萬曆間，邑人趙清常得其本，鈔録以傳，中國遂有是書。趙有跋曰：‘《東國史略》六卷，不著姓氏。於燕京馮滄洲仲纓齋頭見之，因借録一册。其書雖簡略，而上下數千年間事歷歷可指諸掌。至如幽奇理亂之跡，不少概見，可謂東國之良史也。滄洲別有《東國通鑑》三十册，爲東明石大司馬星取去，聞其書更精於此，惜不得睹之。馮嘗從事於東征，有全城之功而不見賞，今鬱鬱長安，索五斗米不能如侏儒之飽腹也，悲夫！時萬曆三十八年庚戌季秋朔後三日。’後附《百夷傳》一卷，明餘姚錢古訓編。百夷在雲南之南，越金齒、景東、踰怒江，始至其地。洪武中古訓奉使還，上此書。湖廣參政楊砥爲之序，亦有清常跋云：‘歲庚戌，在京師，閒步刑部街，見此書，遂買之，録一册以隨奚囊，蓋亦山經、水

志之一班云。時萬曆三十八年庚戌十一月十有三日。'"丁《志》卷十《史部·載記類》亦著錄明趙清常鈔本《東國史略》,云:"末有萬曆庚戌清常趙琦美記云:'《東國史略》,於燕京馮滄洲仲繆齋頭見之,因借錄一冊。書雖簡略,而上下數千年事歷歷可指諸掌。可謂東國之良史也。有'琦美印',似係手蹟。別有'松石齋孫從添印''慶增氏馮舒之印''汪魚亭藏閱書'各印。"

瞿《目》卷十五《子部·天文算法類》著錄舊鈔本宋秦九韶《數書九章》,云:"宋秦九韶撰并序。其書分九類,以明實用,故曰《九章》,非舊所謂《九章》也。第一大衍術中詳言'立天元一法',推明數術之原,所謂即形上之義,以通形下之數。李氏《測圓海鏡》所言即本之。其實西法亦出於此。至國朝梅氏而始宣其蘊,則是書爲算家最精微之作。《四庫》著錄本從《永樂大典》錄出。此本卷末有趙清常跋云:'《數書九章》十八卷,宋淳祐間,魯郡秦九韶撰。會稽王應遴堇父借閱鈔本而錄也,予轉假錄之。原無目,予爲增入之。時萬曆十五年新正五日清常道人趙琦美記。'"是書丁《志》中未見著錄。

[九四] 黃《記》卷二《史類》著錄校本陸游《南唐書》三十卷,云:"陸游《南唐書》,向藏顧澗薲臨陸敕先校本,其所據者,蓋錢罄室鈔本也。兹冊爲陸敕先手校本,然其所據又爲錢遵王鈔本矣。聞此書出張青芝山堂,多爲蠹蝕,其上方有闕字,亦飽蠹腹。重爲陸校,命工重裝。初得此書用番錢一枚,若以裝工計之,又多費幾番錢矣。予之愛書,并愛藏書者,後人其諒予苦心哉!"又著錄另一校本陸游《南唐書》二十卷,云:"陸敕先校本藏小讀書堆,傳臨一過,頗多裨益,藏諸篋中久矣。今蕘圃話及此書未得佳本,而余適欲得其重本之《野客叢書》,因舉以相易,蕘圃其姑儲此以俟,特未審遵王所藏、敕先所見是一是二。惜《敏求記》不言其詳也,他時庶乎遇而辨之。乙丑冬日,得陸敕先手校錢遵王鈔本,復取此參一過,目錄校改悉如《敏求記》中云云矣。向時澗薲跋云'特未審遵王所藏、敕先所校者是一是二',今乃豁然頓悟矣。蓋錢遵王之鈔本較善也。"未見著錄《金石錄》。

[九五] 黃《記》卷二《史類》著錄鈔本《琴川志》十五卷,云:"余有同年友常熟張燮子和因欲修《常熟志》,曾屬覓盧鎮《重修琴川志》。轉向書林搜訪,及覓得,而子和已入詞垣,改農部,宦游三四年不獲把晤,此書遂留篋衍。今春子和迎母入都,便過吳門來訪,談及此書云:'志局吾不在其列,雖邑《志》亦不暇流覽也,曷留鄴架乎?'余惟志書多舊本,此《志》洵可收貯,遂命工去其前後部葉之破爛者而重裝之。與玉峰、吳江諸《志》備吾郡屬邑不負郭者之典實,其庶幾矣。此係曹彬侯鈔本,澗薲有《契丹國志》,亦其手鈔,今亦在余處,爰并誌之。"

同卷亦著録元刻本《契丹國志》,未見葉氏所云"曹彬侯炎"語。

[九六]吳《記》卷二著録《武林舊事》,云:"《武林舊事》舊鈔本甚精,録飲先生題云:'癸卯十一月三十日得此於集英堂。'前有鶴谿主人笠澤曹炎之印,彬侯四圖記。前六卷用朱絲細格,中心有山暉艸堂字,楷法端整,似即繕寫付梓者。後有至元後戊寅忻厚德用和父跋。"

[九七]黃《記》卷二《史類》著録明鈔本《草莽私乘》一卷,云:"余性嗜書,非特嗜宋、元、明舊刻也,且嗜宋、元、明人舊鈔焉。如此書載諸《汲古閣珍藏秘書本書目》,估值二錢。平日留心搜訪,絕少舊本,此册爲平湖估人攜示余,因爲明人舊鈔,甚重之,蓋估人亦有所受之也。無論是書本屬史傳記類,爲足收藏,出於名鈔、名藏,尤爲兩美,即其第二跋中所言江上李如一之性情意氣,亦頗可敬可愛。見圖籍則破產以收,獲異書則焚香肅拜;其與人共也,遇秘册必貽書相問,有求假必朝發夕至,且一經名人翻閲則書更珍重,此等心腸斷非外人所能曉其一二。余特爲拈出,知古人之好書有如是者,安得世人儲藏家盡如之,俾讀書種子綿綿不絕邪! 是書之值,幾六十倍於汲古所估,旁觀無有不詫余爲癡絕者。然余請下一解曰:今鈔胥以四五十文論字之百數,每葉有貴至青蚨一二百文者,兹滿葉有字四百四十,如鈔胥值約略相近矣。貴云乎哉! 況其爲名人手鈔也。自來藏書家經年代既久,即有名字翳如之歎,如江上李如一,此外絕無表見,唯所藏諸家書目有江陰李氏得月樓,未知即此人否? 惜目中不載名氏,爲恨爾。"

[九八]黃《記》卷三《子類》著録校舊鈔本《衍極》五卷,云:"周榮起字硯農,江陰老儒,書多手鈔,精六書之學,毛子晉刻較古書,多其刊正,年八十七乃卒。子長源,字鄰侯,亦文士;二女曰禧、祐,皆工畫,禧名尤著云吳翌鳳附志。《衍極》以五卷者爲佳,明神廟時刻猶如此,近傳二卷,非其舊矣。《讀書敏求記》:龍溪令趙敬叔爲之鋟梓以傳。今考陳衆仲書云,又喜趙龍溪之能篤意於斯文,然後喜著書者之託以不朽也。則此書在元時當有刻本,世所傳者不過明刻耳。此册尚是元人鈔本録出,翫吳枚庵跋,識是康熙時人周硯農手鈔。余所藏明刻本,當遜而居乙,惟卷端有李齊序一首,明刻反有,爰補録備覽云。"

[九九]蔣《記》未見著録朱性甫手鈔本《鐵網珊瑚》。

[一○○]黃《記》卷五《集類》著録補鈔宋本《小畜集》三十卷,云:"去冬聞坊友傳言,云有宋刻《王黃州小畜集》流傳郡中,既而遇諸冷攤,果宋刻,其缺者皆吾研齋補鈔,不知誰何也。末有謝肇淛跋,亦未知果爲其手跡,抑係傳録存之。物主居奇議值,未能收得,目雖遇,心未忘,頃又念及,遂重索觀。見卷中遇'留'字皆缺最後一畫,以吕無黨手鈔他書證之,寫'留'字作

'留',疑出吕氏鈔也。余家藏有鈔本,硬分三十卷爲六十二,以沈虞卿後序居前,失去前之自序,并無後之牒文、官衔,則鈔本之不如宋刻遠甚。余信此書爲吕無黨手鈔,以他書證之,始知之。其板心'吾研齋補鈔',向未知此齋爲何人齋名,後晤江鐵君,舉此問之,爲余言其詳,乃知即無黨之齋名也。因有吾研齋小照,故知之。復舉卷中'光輪''恥齋'等印詢之,云'光輪'乃晚村原名,'恥齋'似亦其號也。己所不知而人知之,學之所以貴乎問也,後生輩宜三復斯言。"

卷六《集類》著録校鈔本《藏春詩集》六卷,云:"《藏春詩集》,余向收吕無黨手鈔本,亦出天順刻,每葉十八行,行十六字,疑爲照明刻鈔本,然中多闕字、闕文,必刻本漫漶,故鈔亦如之。頃書友自禾中歸,爲我購此本,出檇李曹氏倦圃藏書,而爲胡菊圃手校者。據菊圃跋,以爲精審之至,所補脱文悉由雕本;所校吕鈔,其善多矣。書三册,其值番餅三枚,重爲裝潢。"

卷五《集類》又著録明刻本《栟櫚集》二十五卷,云:"書有不必宋元舊刻而亦足珍者,此種是也。《述古堂書目》云:鄧肅《栟櫚集》二十五卷,猶是足本。近時傳本則爲十六卷,夫古書失傳,即此可見。是書出郡故家某姓,初攜來時,破損殊不耐觀,命工稍爲整理藏之。頃有書友攜賜書樓蔣氏所藏吕無黨鈔本,頗精雅,并謹慎之至,於漫滅處,皆以細筆畫識之,存其真也。乃取是刻校對,其所識字已有大謬者,或印本尚不及此,而摹寫未的也。擬重購備考,卒以索值貴置之。"

[一〇一] 黄《續記》著録舊鈔本《劉後村集》,云:"此《劉後村集》,余於甲寅夏得之海鹽友人家椒升處,云是吕無黨手鈔得。後又見一刻本,亦是書友從海鹽攜來者,云是宋本。然以余所見好元板書證之,乃元刻也。余友顧抱沖,以緡錢十餘千易之,椒升又攜一半鈔半刻本來。其鈔者與余所藏本字跡相似,其刻者又與抱沖所得本板刻正同。紫陽山長錢竹汀云'《後村集》不止五十卷',今所見俱如是,殆未爲足本。始猶不信是説,及觀華陽顧氏殘本,竟有六十卷字樣。方知竹汀之説爲確,而書之不可以概論也如是如是。"

[一〇二] 黄《記》卷五《集類》著録校宋本《西湖林和靖先生詩集》四卷,云:"《林和靖先生詩集》,余向於郡故藏書家得一鈔本,云是顧云美手鈔,已珍藏之矣。復海鹽友人攜一刻本來,取校鈔本,字句之間實多是正,於鈔本外增多七言律詩六首,洵善本也。"

[一〇三] 瞿《目》卷十二《史部·目録類》著録舊鈔本《隸續》,云:"顧云美氏影鈔元刊本,摹寫甚精。卷四末葉有'泰定乙丑寧國路儒學重刊'一行。"

[一〇四] 黄《記》卷四《子類》著録校舊鈔本《歸潛志》十四卷,云:"此

鈔本《歸潛志》忘其所由來,已袿置之久矣。會有坊友攜示張青芝手鈔八卷本,遂校勘一過,復因張本未全,又從坊間借得十四卷本鈔本,統校之。始悉此本多譌舛,又有錯入他書,凡書鈔本固未可信,苟非他本參校,又何從知其誤耶?且書必備諸本,凡一本即有一本佳處,即如此,固多譌舛矣,而亦有一二處爲他本所不及,故購者必置重沓之本也。"又云:"癸酉仲冬二十有四日,於經義齋書坊見有張青芝手録劉祁《歸潛志》八卷本,取歸與舊藏本對,似較勝。惜無後六卷,因憶是坊架上向有鈔本《歸潛志》全者在,越日復往取之。先校此六卷,實優於向所藏者,遂竭一日半夜力校畢,此當留此全本矣。適春生吳大來訪,余云是青芝所鈔,渠欲轉購之,明日當取張本校前八卷也。"

卷二《史類》著録舊鈔本《五代會要》三十卷,云:"《五代會要》向來止有鈔本行世,余於乾隆己酉仲冬儲之,蓋坊間傳鈔也。曾借嘉定錢少詹本手校之,多所是正,惜寫手草率,校改紛紜,久欲重録而未暇。頃坊友攜張青芝手鈔本售余,缺二十二卷以下,擬借一別本補録,適坊友爲余言某骨董鋪有舊鈔本,因蹤跡得之,出番餅十四枚。舊藏王西沚光禄家,少詹亦經借校,中有夾籤,遂裝裱於後。末一條似西沚筆,並裝之。先爲紅豆齋書,有松崖印,竹垞跋,亦松崖所傳也。"

卷二《史類》著録舊鈔校本《桂林風土記》一卷,云:"余此本係郡先輩張青芝先生手鈔,卷端鈐'張位'小印,即其姓名也。書法工秀,讀書者之藏書,此爲善矣。校顧本畢,案頭又有吳枚菴丈手鈔殘本,自'靈渠'一條後俱缺,其所據本未知云何,無目録,序即在本書前,此其異也。枚菴亦見過張本,而校於文句下者,亦間載江本,江本亦未知誰何。張青芝子充之與枚菴相友善,時互爲通假,故張本亦及之江本。"

卷四《子類》著録校舊鈔本《塵史》三卷,云:"此書脱誤獨多,幾不可讀,當就沈景倩是正。余最喜藏書兼購重本,取其彼此可互勘也。即如此書,收是本後又覆至二本,一爲張青芝手録本,一爲馬寒中家藏本,然皆在此本後,無先是者,且是書已經義門校勘,非復原書面目,即余所校毛斧季本亦不過與義門同時,皆非古本也。"

[一〇五] 瞿《目》卷十九《集部》著録宋刊本《朱慶餘詩集》,云:"此南宋書棚本,卷末有'臨安府睦親坊陳宅經籍鋪印'一行。"

[一〇六] 陸《志》卷六十七《集部·別集類》著録張立人手抄本《貞白先生陶隱居集》一卷,云:"張氏手跋曰:'林宗寫本,今藏聽雲陸氏。余從陸氏借録,乾隆元年嘉平朔日録竟。青芝。'"

[一〇七] 黃《記》卷二《史類》著録明鈔本《蜀鑑》十卷,云:"《蜀鑑》一書,向少傳本,家中所儲,有張充之(青芝子)手鈔者。昨歲五柳主人以殘刻

本見遺，缺首二卷，楮墨古雅，洵爲舊刻。卷端有紅豆書屋印，因檢惠氏《百歲堂藏書目》，於《史部》云：‘《蜀鑑》十卷。（李文子刻，元槧。）’知爲松崖先生家藏本，惜所缺無由補全，心甚悵快。後顧子千里歸江寧，爲予言，伊師張白華先生家有此刻，遂丐歸，影鈔足之。前有方正學序，是明初板矣。爰誌數語於卷首而重裝之。”

黄《記》卷五《集類》著録舊鈔本《湖山類稿》五卷，《汪水雲詩鈔》一卷、《補遺》一卷，《舊宮人詩詞》一卷、《附録》一卷，云：“乙未送春日借張子充之鈔本校録。”

［一〇八］黄《記》、陸《志》、丁《志》云“吴枚庵翌鳳手鈔書極多，曾主講湖南瀏陽南臺書院”，俟考。

［一〇九］張《志》卷二十四《子部·雜家類》著録舊抄本《近事會元》。

張《志》卷七《經部·小學類》著録馮氏己蒼手抄本《汗簡》，詳見本節注［四四］。

古人鈔書用舊紙

古人鈔書，多用舊紙。黄《記》：“宋鈔本《楊太后宮詞》一卷，紙係宋時呈狀廢紙，有官印朱痕可證。”“明人鈔本宋張正之《五行類事占》七卷，其紙皆明代時册籍，紙背間可辨識，蓋猶是嘉靖年間人所鈔也。”［一］張《志》：“述古堂舊鈔本《大金集禮》四十卷，紙質甚鬆，蓋以閣中預備票擬之紙寫録。《敏求記》直以爲金人鈔本，似未的。”［二］陳《跋》：“影宋本《周易集解》，用明時户口册籍紙，上有‘嘉靖五年’等字。既薄且堅，反面印格摹寫，工整絶倫，纖毫無誤。”［三］繆《記》：“明鈔本《册府元龜》一千卷，明棉紙藍格鈔本，紙背皆公牘文字。明時裝二百零二册，每册五卷，首二册爲目録。”［四］縣人袁氏卧雪廬藏書散出，中有《蟋蟀經》《鵪鶉譜》二種，用明時訟狀廢紙。其狀略如今式，稱官府爲老爹臺前，想是今老爺之稱。然今稱長官爲老爺，而稱差役爲老爹，竟不知沿革於何時。《酒經》一種，《虬髯公傳》一種，《柳毅傳》一種，皆明萬曆間未寫過之市肆賑簿廢紙。板心有“萬曆丁丑”字，蓋五年也。行格兩截，板心下有“逢源”二字，不知其爲市店牌記，抑賑簿店之牌記。書背裁去數行，當是寬本改窄者。此數種，亦袁氏舊藏書先後散出市肆者。古人愛惜物力，用無棄材，可以風世，可以考古。自汲古閣、絳雲樓、述古堂以精鈔名，傳是樓、季滄葦繼之，更兼裝潢精雅，古人純樸之風，於是乎掃地盡矣。微論知不足齋、振綺堂力能雇傭選紙者不肯爲之，即寒畯如吳枚庵、張青芝，亦覺視此爲寒傖之甚。反本復古，夢寐思之。

【箋證】

[一] 黃《記》卷五《集類》著錄宋鈔本《楊太后宮詞》一卷，云："汲古閣曾刊入《詩詞雜俎》中，其稿本余今始獲之，所謂潛夫輯本也。毛子晉云：'舊跋潛夫，不知何許人。'余以稿本核之，其爲宋人無疑，紙係宋時呈狀廢紙，有官印朱痕可證，至潛夫之爲何許人，就其跋云寧宗楊后而不系以宋，則可斷爲宋朝人。其標題曰'潛夫輯'，余疑爲周密公瑾，蓋公瑾所撰書皆曰'輯'。"

黃《記》卷三《子類》又著錄張正之明鈔本《五行類事占》七卷，云："嘉慶辛酉秋，坊間收得汪秀峰家書内爲《五行類事占》三册。因憶《讀書敏求記》曾有是書，歸檢之，卷數卻合，知爲舊本，且卷中有'秀水朱氏潛采堂圖書'，又知爲竹垞藏本。第一、二册部面上猶爲竹垞手書，洵可寶也。第三册部面既失，册尾多破損痕，字間有傷殘者。命工重加補綴，俟覓善本足之。其紙皆明代嘉靖時册籍，紙背間可辨識，蓋猶是嘉靖年間人所鈔也。"

[二] 張《志》卷十九《史部·政書類》著錄述古堂藏舊鈔本《大金集禮》四十卷，云："是書紙質甚鬆，蓋以閣中預備稟擬之紙寫錄。《敏求記》直以爲金人鈔本，似未的。何氏手跋曰：此書乃錢遵王故物。康熙己丑，余偶至虞山，得之質庫所鬻褾書中，不知何時何人從文淵閣抄出者。前代稟擬，皆裁此紙作簽。今則彌疎而易壞，爛然其種類一也。何焯記。"

[三] 陳《跋》著錄《宋本周易集解》云："嘉定五年，侃子申之以版復荒老，且字小，不便於覽者，乃將大字刻之漕司，此即從嘉定本影寫者。用明時户口册籍，紙上有'嘉靖五年'等字，既薄且堅，反面印格摹寫，工整絶倫，纖毫無誤。"

[四] 繆《記》卷五《類書第七》著錄明鈔本《册府元龜》，云："明棉紙藍格鈔本。紙背皆公牘文字，明時裝二百零二册。每册五卷，首二册爲目錄。完善無缺，不易得也。"

鈔書工價之廉

古人鈔書工價不可考，惟乾嘉間略見一班。黃《記》：明鈔本

《草莽私乘》一卷下云：“此書載《汲古閣珍藏秘本書目》，估值二錢。是書之值，幾六十倍於汲古所估，旁觀無不詫余爲癡絕者。然余請下一解曰：‘今鈔胥以四五十文論字之百數，每葉有貴至青蚨一二百文者。茲滿葉有字四百四十，如鈔胥值約略相近矣，貴云乎哉。’”[一]因此可見當時傭書之廉，由於食用之儉。今則米珠薪桂，百物艱難。俯仰古今，不免東京夢華之感矣。

【箋證】

[一]黄《記》卷二《史類》著録明鈔本《草莽私乘》，詳見本卷“明以來之鈔本”一節注[九七]。

女 子 鈔 書

古今女子鈔書多者，以吳彩鸞爲最。《列仙傳》云：“吳猛之女彩鸞，遇書生文簫於道，竟許成婚。簫貧不自給，彩鸞寫《唐韻》，運筆如飛，日得一部。售之，獲錢五緡，復寫。如是一載，稍爲人知。遂潛往興新越王山，各跨一虎，陟峰巒而去。”黃庭堅《山谷別集》十一《跋張持義所藏吳彩鸞〈唐韻〉》云：“右仙人吳彩鸞書孫愐《唐韻》，凡三十七葉，此唐人所謂葉子者也。”周密《志雅堂雜鈔》下云：“有吳彩鸞書《切韻》一卷，其書‘一先’爲‘二十三先’‘二十四仙’，不可曉，字畫尤古。”德輝按，此當是隋陸法言《切韻》原本。《宣和書譜》云：“太和中，進士文簫，客寓鍾陵。南方風俗，中秋月夜，婦人相持踏歌，簫往觀焉。而彩鸞在歌場中，簫心悦之。彩鸞諭簫曰：與汝自有冥契，今當往人世矣。簫拙於爲生，彩鸞爲以小楷書《唐韻》，一部市五千錢，爲餬口計。然不出一日間，能了十數萬字。由是彩鸞《唐韻》世多得之。歷十年，簫與彩鸞各跨一虎仙去。《唐韻》字畫雖小，而寬綽有餘，全不類世人筆。今御府所藏正書一十有三：《唐韻·平聲上》《唐韻·平聲下》《唐韻·上聲》《唐韻·去聲》《唐韻·入聲》《唐韻》上下二、《唐韻》六。”樓鑰《攻媿集》跋宇文廷臣所藏吳彩鸞《玉篇鈔》云：“始余讀文簫傳，言吳彩鸞書《唐韻》事，疑其不然。後於汪季路尚書家見之，雖不敢必其一日可辦，然亦奇矣。爲之賦詩,且辨其爲陸法言《切韻》。兹見樞密宇文公所藏《玉篇鈔》,則又過之,是尤可寶也。既謂之‘鈔’,竊以爲如《北堂書鈔》之類,蓋節文耳。以今《玉篇》驗之,果然。不知舊有此《鈔》而書之耶,抑彩鸞以意去取之耶?有可用之字而略之,有非日用之字而反取之。部居如今本,皆以朱字別之,而三字五字,止以墨書。字之次序皆不與今合,皆不可致詰。輒書前歲所與汪氏詩跋於左,庶來者得以覽觀。今《玉篇》唯越本最善,末題吳氏三十一孃寫。問之越人,莫有知者。楷法殊精,豈亦彩鸞之苗裔耶。"元陸友仁《研北雜志》云:"宇文廷臣之孫,家有吳彩鸞《玉篇鈔》,今世所見者《唐韻》耳。其書‘一先’爲‘廿三先’‘廿四仙’,不可曉。又導江迎祥寺有彩鸞書《佛本行經》六十卷,或者以爲特唐經生書也。"王惲《玉堂嘉話》:"吳彩鸞書《龍鱗楷韻》,天寶八年製。後有柳誠懸題云:‘吳彩鸞,世傳謫仙也,一夕書《廣韻》一部,即粥於市,人不測其意。穩聞此説,罕見其書。數載勤求,方獲斯本。觀其神全氣古,筆力遒勁,出於自然,非古今學人可及也。時太和九年九月十五日題。’其册共五十四葉,鱗次相積,皆留紙縫。"《居易録》八。虞集《道園集》三十一。寫韻軒記云:"龍興紫極宮寫韻軒,高據城表,世傳吳仙嘗寫韻於此軒,以之得名。予昔在圖書之府及好事之家,往往有其所寫《唐韻》。凡見三四本,皆硬黄書之。紙素芳潔,界畫精整,結字遒麗,神氣清朗,要皆人間之奇玩也。"王士禎《皇華紀聞》二云:"彩鸞又嘗居安福福聖院,手寫《法苑珠林》百二十軸,其軸粘連處至今不斷。"又《居易録》六云:"唐女仙吳彩鸞,於洪州紫極宮寫《唐韻》,今有寫韻軒,人盡知之。又於安福福聖院寫《法苑珠林》百二十軸,人罕知者,余既筆諸《皇華紀聞》第二卷中。又蜀導江縣迎祥寺有彩鸞書《佛本行經》六十卷,多缺唐諱,陸放翁猶及見之。"據諸書所記,彩鸞書有《唐韻》,有《廣韻》,有《玉篇》,有《法苑珠林》,有《佛本行經》,皆煌煌巨篇,可謂勤矣。元陶九成《書史會要》云:"彩鸞,不知何許人,作楷字,小者至蠅頭許,有大字法書《唐韻》,極有功。近類神仙吳彩鸞,慕彩鸞故名焉。"《居易録》十二云:"按,《唐韻》即女仙吳彩鸞所書,以若所云,似屬二人。南村謬誤耶?"吾按,彩鸞書《唐韻》,元戴侗《六書故》尚引之。南村所見《唐韻》，必吳彩鸞真蹟。款末書名不書姓，故以爲別一人，其實不然也。又陳宏緒《寒夜錄》云：“彩鸞與文簫遇，在文宗太和末。而《法苑珠林》則寫於天寶年間，豈神仙隱顯，原非時代之可限與？”此亦不然，觀柳誠懸所題《龍鱗楷韻》，亦天寶八年書，則與《法苑珠林》同一時製，蓋彩鸞未遇文簫以前之作。至嫁文簫後，不得不隨時好，寫韻自給。以唐人括帖考試，多用韻書，故《唐韻》粥行甚易也。其他女子鈔書者，《研北雜志》云：“顧野王《玉篇》惟越本最善，末題會稽吳氏三十一孃寫，問之越人，無能知者。楷法殊精。”《錢日記》有鈔柳開《河東先生集》十五卷、《附錄》一卷，序後有小字一行云“胥山釐妾沈彩書”。此種鈔本，直可與彩鸞並美。余家舊藏宋王沂孫《碧山樂府》即《花外集》。爲明文端容手鈔，朱彝尊《竹垞詞稿》爲其侍妾徐姬手鈔，竹垞親筆刪改。此皆足補厲太鴻鶚《玉臺書史》之佚聞，不僅書林佳話已也。

藏書家印記之語

藏書與藏法書名畫不同，子孫能讀，貽之；不能讀，則及身而散之，亦人生大快意事，此吾生平所持論也。昔宋穆參軍修，賣書相國寺中，逢人輒曰：“有能讀得韓柳文成句者，便以一部相贈。”人知爲伯長，皆引去。余猶笑其不達，夫欲賣則賣耳，何必問人能讀韓柳文乎。更何必平白贈人，使人聞而引去也。吾嘗憶及古人藏書印記，自唐至近世，各有不同，而亦同爲不達而已。唐杜暹題其藏書卷末云：“清俸買來手自校，子孫讀之知聖道。鬻及借人爲不孝。”見宋周煇《清波雜志》。元趙孟頫書藏書卷後云：“吾家業儒，辛勤置書。以遺子孫，其志何如。後人不讀，將至於鬻。頹其家聲，不如禽犢。苟歸他室，當念斯言。取非其有，毋寧舍旃！”毛晉汲古閣至刻爲印記，鈐於藏書前後。見蔣光煦《東湖叢記》。明祁承爍澹生堂藏書印銘云：“澹生堂中儲經籍，主人手校無朝夕。讀之欣然忘飲食，典衣市書恒不給。後人但念阿翁癖，子孫益之守勿失。”亦見蔣《記》[一]。徐燉題兒陸書軒云：“菲飲食，惡衣服。減自奉,買書讀。積廿年,堆滿屋。手有校,編有目。無牙籤,無玉軸。置小齋,名汗竹。博非廚,記非籝。將老矣,竟不熟。青箱業,教兒陸。繼書香,爾當勖。"見自撰《紅雨樓書目》。錢穀藏書印記云:"百計尋書志亦迂,丁《志》:明弘治刻《新安文獻志》上鈐此印,作"賣衣買書志近迂"。似別一人,不知誰先誰後。愛護不異隋侯珠。有假不還遭神誅,子孫不讀真其愚。"丁《志》作"子孫鬻之何其愚"[二]。見張《志·書上人集》下[三]。青浦王昶藏書印記云:"二萬卷,書可貴。一千通,金石備。購且藏,極勞勩。願後人,勤講肄。敷文章,明義理。習典故,兼游藝。時整齊,勿廢墮。如不材,敢棄置。是非人,犬豕類。屏出族,加鞭箠。述庵傳誡。"見蔣《記》[四]。吳騫藏書印記云:"寒可無衣,饑可無食,至於書不可一日失。此昔人詒厥之名言,是爲拜經樓藏書之雅則。"見丁《志》宋刻鈔配《咸淳臨安志》[五]。陳鱣藏書印記云:"得此書,費辛苦。後之人,其鑒我。"見蔣《記》[六]。諸人皆眷眷於其子孫,究之藏書家鮮有傳及三世者。錢遵王《讀書敏求記》云:"予嘗論魚山絳雲樓,讀書者之藏書也。趙清常脈望館,藏書者之藏書也。清常没,其書盡歸魚山。武康山中,白晝鬼哭,嗜書之精爽若是。"遵王爲此言,宜不以此等癡癖爲然矣。乃其自序《述古堂書目》云:"丙午、丁未之交,胸中茫茫然,意中惘惘然。舉家藏宋刻之重複者,折閱售之泰興季氏。殆將塞聰蔽明,仍爲七日以前之混沌與?抑亦天公憐我佞宋之癖,假手滄葦以破余之惑與?"詞意悽惻,則其篤好何異清常。余自先祖藏書至今,已及三代,吾更增置之,所收幾二十萬卷。諸兒不能讀,濁世不知重。每嘆子孫能知鬻書,猶勝於付之奚媵覆醬瓿褙鞋襪。及吾身而思遵王之遇滄葦其人,蓋猶快意事也。

【箋證】

　　[一]見蔣《記》卷六"藏書印記"。

　　[二]丁《志》卷三十九《集部·總集類》著録朱卧庵藏明弘治刊本《新安文獻志》,云:"明程敏政編。凡南北朝以後文章事蹟有關於新安者皆旁搜博采,分類輯録。前六十卷爲《甲集》,皆先達詩文;後四十卷爲《乙集》,皆先達行實。援據浩繁,排纂不紊。所附考證,亦多詳核。有弘治三年賜進士及第,中順大夫詹事府少詹事兼翰林院侍講學士,同修國史兼經筵官休寧程

敏政自序及《凡例》十三則,《先賢事略》二卷,有'朱卧庵收藏印''朱之赤卧庵所藏'。又'賣衣買書志近迂,愛護不異隋侯珠。有假不返遭神誅,子孫鬻之何其愚'小木記,'人生古來稀,寒士精神明,善堂覽書畫'記,'安樂堂藏書記''宣城李氏''瞿硎石室圖書'諸印記。"

[三] 張《志》卷二十九《集部·別集類》著録錢罄室藏賜書樓鈔本《畫上人集》十卷,云:"首末葉俱有木記云'百計尋書志亦迂,愛護不異隋侯珠。有假不返遭神誅,子孫不寶真其愚(任按,葉氏録爲"子孫不讀真其愚"。)'。蓋錢叔寶家藏書印記也。"

[四] 同本節注[一]。

[五] 丁《志》卷十一《史部·地理類》著録吳氏拜經樓舊藏宋刻鈔配本《咸淳臨安志》九十五卷,云:"有紅藥山房收藏私印、馬思贊之印、漁村子仲安、秀水朱氏、潛采堂圖書。吳氏《拜經樓藏書題跋》曰:"每葉二十行,每行白文二十,注文雙行二十。鮑淥飲得於平湖高氏。凡宋刻二十卷,影宋鈔七十卷,卷首有季滄葦圖記,卷帙與傳是樓板書目相符。蓋東海舊藏原本書八十一卷,淥飲先生從王氏、吳氏影宋補鈔,較竹垞所見多六十五、六十六兩卷。"

[六] 同本節注[一]。

藏書偏好宋元刻之癖

人有癖好,則有偏嗜。宋元人藏宋刻書,明人藏明刻書,此事之至易者也。《天禄琳琅》一《宋版》"《南軒先生張侍講孟子詳說》七卷",後有識語二。一云:"景定五年甲子詔歲二月二十日重裝于元吉山房。"一云:"正統十三年戊辰歲夏四月上旬重裝於吳庠書舍,樂安蔣裕識。"[一] 又六《元版》"《韋蘇州集》十卷",末有劉辰翁跋云:"或謂公詩不琢句,不用事,不鍊詞。不知公之所以爲唐大家者,或謂此也。晴窗檢點,爲之三嘆。辰翁志。"[二] 又《後編》六《宋版》"《韋蘇州集》十卷"末亦有須溪墨蹟跋云:"韋應物居官自愧,閔閔有恤人之心。其詩如深山采藥,飲泉坐石,日晏忘歸。孟浩然如訪梅問柳,偏入幽寺。二人意趣相似,然入處不同,韋詩潤處如石,孟詩如雪,雖淡無采色,不免有輕盈之意。德祐初,初秋看二《集》并記。"[三] 又七《明版》"《文選》",有"世美堂瑯邪王氏珍玩"

朱記。世美堂爲歸有光妻曾大父致謙藏書處也,《震川集》有《世美堂後記》[四]。又《後編》十五《明版》“《三輔黃圖》”前副葉有墨蹟,略云:“此書已蒼先生所贈,先生藏書萬卷,咸手自正定云云,丙申六月遵王記於獨醒堂中[五]。”此皆足爲同時人藏同時刻本之證,初不必偏於宋元也。自錢牧齋、毛子晉先後提倡宋元舊刻,季滄葦、錢述古、徐傳是繼之。流於乾嘉,古刻愈稀,嗜書者衆,零篇斷葉,寶若球琳。蓋已成爲一種漢石柴窯,雖殘碑破器,有不惜重貲以購者矣。昔曹溶序《絳雲樓書目》云:“予以後進事宗伯,而宗伯相待絶款曲。每及一書,能言舊刻若何,新板若何,中間差幾何,驗之纖悉不爽。然太偏性,所收必宋元版,不取近人所刻及鈔本。雖蘇子美、葉石林、三沈《集》等,以非舊刻不入目錄中。”倦圃所言,切中其病。先族祖石君公,癖性亦同。徐乾學作公傳云:“所好書與世異,每遇宋元鈔本,雖零缺單卷,必重購之。世所常行者勿貴也。”黃《記》宋刻本《聖宋文選》云:“近日陽湖孫觀察淵如謂當取家藏宋刻書,盡加塗抹。蓋物既殘毀,時尚弗屬焉。或以不材終其天年,理固然也。”[六]按,孫、黃二人持論,誠爲過激之談,然其癖好宋本之心,亦云至矣。因思古人亦必有之,如宋尤袤《遂初堂書目》,臚載舊監本、秘閣本、杭本、舊杭本、越本、越州本、江西本、吉州本、嚴州本、湖北本、川本、池州本、京本、高麗本,而南宋中盛行之建本、婺州本,絶不一載。豈非以當時恒見之本,而遂不入於目歟。尤有傳爲奇談者,黃《記》《魚玄機集》云:“朱子儋,江陰人。世傳有以愛妾換宋刻《漢書》事,亦好事之尤者。”[七]《遜志堂雜鈔》云:“嘉靖中,朱吉士大韶,性好藏書,尤愛宋時鏤板。訪得吳門故家有宋槧袁宏《後漢紀》,係陸放翁、劉須溪、謝疊山三先生手評,飾以古錦玉籤,遂以一美婢易之,蓋非此不能得也。婢臨行題詩於壁曰:‘無端割愛出深閨,猶勝前人換馬時。他日相逢莫惆悵,春風吹盡道旁枝。’吉士見詩惋惜,未幾捐館。”夫以愛妾美婢換書,事似風雅,實則近於殺風景。此則佞宋之癖,入於膏肓,其爲不情之舉,殆有不可理論者矣。

【箋證】

　　[一]《天禄琳琅書目》卷一《宋版經部》著録《南軒先生張侍講孟子詳

説》,云:"景定五年甲子詔:'歲二月二十日,重裝於元吉山房。'正統十三年戊辰歲夏四月上旬,重裝於吳庠書舍。樂安蔣裕識。右識語二:其一紀宋理宗景定年號而不書名;其一乃明蔣裕,蓋司教於吳者也。後爲崑山徐氏藏本。餘無考。"

[二]《天祿琳琅書目》卷六《元版集部》著録《韋蘇州集》,云:"或謂公詩不琢句,不用事,不鍊詞。不知公之所以爲唐大家者,或謂此也。晴牕點檢,遂爲三歎。辰翁志。(沈明遠補傳後)右識語一。作小行書,用筆高古。"

[三]《天祿琳琅書目後編》卷六《宋版集部》著録《韋蘇州集》,云:"書中有墨蹟跋二:一云'韋應物居官自愧,閔閔有恤人之心,其詩如深山采藥,飲泉坐石,日晏忘歸。孟浩然如訪梅問柳,偏入幽寺。二人意趣相似,然入處不同。韋詩潤處如石,孟詩如雪,雖淡無采色,不免有輕盈之意。德祐初,初秋看二《集》并記。須溪。'一云'韋蘇州詩易讀不易學,比陶之自然又有異趣。須溪評猶仿佛可見,不用意不能似,用意又不復似,是以爲難爾。至正丁酉九月十五日,天全叟題。'以二跋證之,爲宋本無疑。"

[四]《天祿琳琅書目後編》卷七《宋版集部》(任按,葉氏引爲"明版"。)著録《六家文選》,附有木記兩種:一爲橫式豎排樣式,上書"瑯琊王氏珍玩"三行,注有"俱朱文,卷首、每卷首";一爲豎式豎排樣式,上書"瑯琊王氏珍玩"二行,注有"朱文,卷首、每卷首"。

[五]見《天祿琳琅書目後編》卷十五《明版史部》著録《三輔黃圖》。

[六]黃《記》卷六《集類》著録宋刻本《聖宋文選》三十二卷,云:"余續從武進趙司馬懷玉所得是書宋刻全本,幸可鈔補矣。因循未果,至今秋適有人欲購宋刻全本,急倩鈔胥填補墨敝紙渝之處,可備卒讀,至缺卷有五,早令工影寫足之。古書難得,得一兼二,始缺終全,余之獲福於書何幸耶!惜近年力絀,未能愛護勿失,由他書以至宋刻,稍稍失之,竊自慨已。宋刻全本,今雖尚存,然永守勿失者,此本壽命較强,蓋物既殘毀,時尚弗屬焉,或以不材終其天年,理固然也。近日陽湖孫觀察淵如謂當取家藏宋刻書盡加塗抹,過激之談,其以是夫。戊辰冬季小寒後六日,復翁識。"

[七]黃《記》卷五《集類》著録宋刻本《唐女郎魚玄機詩》一卷,云:"朱承爵,字子儋。據《列朝詩集小傳》,知爲江陰人。世傳有以愛妾換宋刻《漢書》事,其人亦好事之尤者。唐女郎何幸而爲其所珍重若斯。"

書林清話跋

　　右《書林清話》十卷，大伯父吏部君所著也。伯父喜治目録版本之學，平時每得一書，即家中已有之重本，但使刻有前後，必取兩本比勘。比勘之後，必有記述、題跋。啓鑅常手自鈔輯，成《郋園讀書志》四卷，呈請伯父，將以授之梓人。適刊是書，不能兼顧，事遂中輟。是書之作，蓋因宗人鞠裳講學撰《藏書紀事詩》，唯采掇歷來藏書家遺聞佚事，而於鏤版緣始，與夫宋元以來官私坊刻三者派別，莫得而詳。於是檢討諸家藏書目録、題跋，筆而録之。於刻本之得失，鈔本之異同，撮其要領，補其闕遺。推而及于宋元明官刻書前牒文、校勘諸人姓名、版刻名稱，或一版而轉鬻數人，雖至坊估之微，如有涉於掌故者，援引舊記，按語益以加詳。凡自來藏書家所未措意者，靡不博考周稽，條分縷晰。此在東漢劉、班，南宋晁、陳以外，別自開一蹊徑也。書成於宣統辛亥，中更兵燹，剞劂之工，刻而復停，今幸全書告成。歷年更多所補益，是固考板本、話遺聞者所當爭睹矣。啓鑅不敏，得受學伯父，粗識簿録之學，因據稿本，取校原引各書，漏載者補之，重衍者乙之，凡五閱月而畢業。寄蘇呈伯父鑒定，付手民改正。深恐挂漏猶多，復率從弟康侯、定侯等助余檢校，又補正數十字，而後斯役也，庶可副伯父撰述之深意云。歲在屠維協洽餘月，從子啓鑅謹識。

書林餘話

書林餘話序

余撰《書林清話》刻成後，以前所采宋、元、明人及近今諸儒説部、筆記涉於刻書之事者，未得編次收入。又已所論述爲前所遺者，拉雜存之書籯。其中或有裨掌故，或足資談助，既不忍割棄，又不成條例，於是略事理董，分上下二卷，名曰《餘話》，謂不足以續前《話》也。癸亥初秋記。

書林餘話卷上

宋無撰人《愛日齋叢鈔》一云："《通鑒》：'後唐長興三年二月辛未，初令國子監校定《九經》，雕印賣之。'又云：'自唐末以來，所在學校廢絶。蜀毋昭裔出私財百萬營學館，且請刻版印《九經》。蜀主從之，由是蜀中文學復盛。'又云：'唐明宗之世，宰相馮道、李愚請令判國子監田敏校定《九經》，刻版印賣，朝廷從之。後周廣順三年六月丁巳，版成，獻之。由是雖亂世，《九經》傳佈甚廣。'此言宰相請校正《九經》印賣，當是前長興三年事，至是二十餘載始辦。田敏爲漢使楚，假道荆南，以印本《五經》遺高從誨。意其廣順以前，《五經》先成。王仲言《揮麈録》云：'毋昭裔貧賤時，嘗借《文選》於交遊間，其人有難色，發憤異日若貴，當版以鏤之遺學者。後仕王蜀爲宰相，遂踐其言刊之。印行書籍，創見於此。事載陶岳《五代史補》。後唐平蜀，明宗命太學博士李鍔書《五經》，仿其製作，刊版於國子監，爲監中印書之始。'仲言自云，家有鍔書印本《五經》，後題'長興二年'。今史云'三年'。中書奏請依石經文字刻《九經》印版，從之。又他書記馮道取西京鄭覃所刊《石經》，雕爲印版，則非李鍔書。仿蜀製作，或別本也。《金石録》又云：'李鶚，五代時仕至國子丞。《九經》印版，多其所書，前輩頗貴重之。'鶚，即鍔也。《猗覺寮雜記》云：'雕印文字，唐以前無之，唐末益州始有墨版。後唐方鏤《九經》，悉收人間所有經史，以鏤版爲正。見兩朝國史。'此則印書已始自唐末矣。按，《柳氏家訓序》：'中和三年癸卯夏，鑾輿在蜀之三年也，余爲中書舍人。旬休，閲書於重城之東南。其書多陰陽雜説、占夢、相宅、九宮五緯之流，又有字書小學，率雕版，印紙浸染，不可盡曉。'葉氏《燕語》，正以此證刻書不始於馮道。而沈存中又謂，版印書籍，唐人尚未盛爲之，自馮瀛王始印《五經》，自後典籍皆爲版本。大概唐末漸有印書，特未能盛印，遂以爲始於蜀也。當五季亂離之際，經籍方有託而流布於四方，天之不絶斯文信矣。"

宋邵伯溫《聞見録》十六云："潞州張仲賓，字穆之。其爲人甚賢，康節先生門弟子也。自言其祖本居襄源縣，十五六歲時猶爲兒戲，父母誨責之，即自奮治生。曰：'外邑不足有立，遷於州。'三年，其資爲州之第一人。又曰：'一州何足道哉。'又三年，豪於一路。又曰：'爲富家而止耶。'因盡買國子監書，築學館，延四方名士與子孫講學。從孫仲容、仲賓同登科，仲安次榜登甲科，可謂有志者也。"

宋邵博《聞見後録》二十云："東坡倅錢唐日，《答劉道原書》云：'道原要刻印《七史》固善，方新學經解紛然，日夜摹刻不暇，何力及此。近見京師經義題"國異政，家殊俗"，國何以言異，家何以言殊？又有其善喪厥善，其厥不同，何也？又説《易·觀卦》本是老鸛，《詩》大、小《雅》本是老鴉，似此類甚衆，大可痛駭。'時熙寧初，王氏之學務爲穿鑿至此。"

宋邵博《聞見後録》五云："唐以前文字未刻印，多是寫本。齊衡陽王鈞，手自細書《五經》，置巾箱中，巾箱《五經》自此始。後唐明宗長興二年，家伯寅公箓竹堂殘鈔本作"三年"。宰相馮道、李愚請令判國子監田敏校正《九經》，刻版印賣，朝廷從之。是雖極亂之世，而經籍之傳甚廣。予曾大父遺書，皆長興年刻本，委於兵火之餘，僅存《儀禮》一部。"

宋孔平仲《珩璜新論》云："昔時文字，未有印版，多是寫本。《齊宗室傳》：'衡陽王鈞嘗手自細寫《五經》，置於巾箱中，巾箱《五經》自此始也。'至後唐明宗長興三年，宰相馮道、李愚請令判國子監田敏校正《九經》，刊版印賣，朝廷從之。是雖在亂世，《九經》傳播甚廣。至周廣順中，蜀毋昭裔又請刻印版《九經》，於是蜀中文字復盛。"

宋蘇軾《仇池筆記》上云："近世人輕以意改書，鄙賤之人，好惡多同，從而和之，遂使古書日就舛譌。孔子曰：'吾猶及史之闕文也。'蜀本《莊子》云'用志不分，乃疑於神'，此與《易》'陰疑于陽'、《禮》'使人疑女於夫子'同。今四方本皆作'凝'。陶潛詩：'采菊東籬下，悠然見南山。'采菊之次，偶見南山，境與意會。今皆作'望南山'。杜子美云：'白鷗没浩蕩……'蓋滅没於煙波間。而宋敏求云：'鷗不解没。'改作'波'。二詩改此兩字，覺一篇神氣索然也。"

宋邵博《聞見後録》十九云："蘇仲虎言，有以澄心紙求刻本無"求"字，曹倦囮藏鈔本有"求"字,今據補。東坡書者。令仲虎取京師印本《東坡集》,誦其詩,即書之。至'邊城歲莫多風雪,強壓香醪與君別',東坡閣筆怒目仲虎云:'汝便道香醪!'仲虎驚懼,久之,方覺印本誤'春醪'爲'香醪'也。"

宋周煇《清波雜誌》云:"印版文字,譌舛爲常,蓋校書如掃塵,旋掃旋生。葛常之侍郎著《韻語陽秋》,評詩一條云:'沈存中云,退之城南聯句,竹影金鎖碎者,日光也。恨句中無"日"字耳。余謂不然。杜子美云:"老身倦馬河堤永,踏盡黄槐綠榆影。"亦何必用"日"字。作詩正要如此。'葛之説云爾。煇考此詩,乃東坡《召還至都門先寄子由》,首云:'老身倦馬河堤永,踏盡黄槐綠榆影。'終篇皆爲子由設,當是誤書'子瞻'爲'子美'耳。此猶可以意會,若麻沙本之差舛,誤後學多矣。"

宋朱彧《萍州可談》云:"姚祐,元符初爲杭州學教授。堂試諸生,《易》題出:'乾爲金,坤亦爲金,何也?'先是福建書籍刊版舛錯,'坤爲釜'遺二點,故姚誤讀作'金'。諸生疑之,因上請。姚復爲臆説,而諸生或以誠告。姚取官本視之,果'釜'也。大慚曰:'祐買著福建本,升堂自罰一直。'其不護短如此。"

宋陸游《老學庵筆記》七云:"三舍法行時,有教官出《易》義題云:'乾爲金,坤又爲金,何也?'諸生乃懷監本《易》至簾前請云:'題有疑,請問。'教官作色曰:'經義豈當上請!'諸生曰:'若公試固不敢,今乃私試,恐無害。'教官乃爲講解大概。諸生徐出監本復請曰:'先生恐是看了麻沙本,若監本則坤爲"釜"也。'教授皇恐,乃謝曰:'某當罰。'即輸罰改題而止。然其後亦至通顯。"又五云:"尹少稷強記,日能誦麻沙版本書厚一寸。嘗於吕居仁舍人坐上記曆日,酒一行,記兩月,不差一字。"

宋車若水《腳氣集》云:"張主一有《春秋集注》《集傳》,予未嘗見。忽得本於瑞州守董華翁,蓋其刻在瑞州,見惠新本也。"

宋費袞《梁溪漫志》六云:"蜀中石刻東坡文字稿,其改竄處甚多。玩味之,可發學者文思,今具注二篇於此。《乞校正陸贄奏議上進劄子》,'學問新'下云,'而臣等才有限而道無窮',于'臣'上塗去'而'字。'竊以人臣之獻忠',改作'納忠'。'方多傳于古人',改作'古賢',又塗去'賢'字,復注'人'字。'智如子房而學剛過',改'學'字作'文'。'但其不幸所事暗君',改'所事暗君'作'仕不遇時'。'德宗以苛察爲明',改作'以苛刻爲能'。'以猜忌爲術,而贄勸之以推誠','好用兵,而贄以消兵爲先;好聚財,而贄以散財爲急',後於逐句首皆添注'德宗'二字。'治民馭將之方',先寫'馭兵'二字,塗去,注作'治民'。'改過以應天變',改作'天道'。'遠小人以除民害',改作'去小人'。'以陛下聖明,若得贄在左右,則此八年之久,可致三代之隆’，自‘若’字以下十八字並塗去，改云‘必喜贊議論，但使聖賢之相契，即如臣主之同時’。‘昔漢文聞頗、牧之賢’，改‘漢文聞’三字作‘馮唐論’。‘取其奏議，編寫進呈’，塗去‘編’字，卻注‘稍加校正繕’五字。‘臣等無任區區愛君憂國感恩思報之心’，改云‘臣等不勝區區之意’。《獲鬼章告裕陵文》，自‘孰知耘耔之勞’而下云，‘昔漢武命將出師，而呼韓來廷，效于甘露，憲宗屬精講武，而河湟恢復，見於大中’，後乃悉塗去不用。‘獷彼西羌’，改作‘憬彼西戎’。‘號稱右臂’，改作‘古稱’。‘非愛尺寸之疆’，改作‘非貪’。自‘不以賊遺子孫’而下云，‘施於沖人，坐守成算，而董氈之臣阿裏骨，外服王爵，中藏禍心，與將鬼章首犯南川’，後乃自‘與將’而上二十六字並塗去，改云‘而西蕃首領鬼章，首犯南川’。‘爰敕諸將’，改作‘申命諸將’。‘蓋酬未報之恩’，改作‘爭酬’。‘生擒鬼章’，改作‘生獲’。其下一聯，初云‘報谷吉之冤，遠同彊漢，雪渭川之耻，尚陋有唐’，亦皆塗去。乃用此二事別作一聯云：‘頡利成擒，初無渭水之耻，郅支授首，聊報谷吉之冤。’末句‘務在服近而柔遠’，改作‘來遠’。”

宋朱弁《曲洧舊聞》四云：“穆修伯長，在本朝爲初好學古文者。始得韓、柳善本，大喜。自序云：‘天既饜我以韓，而又飫我以柳，謂天不予饗，過矣。’欲二家《文集》行於世，乃自鏤版鬻於相國寺。性伉直，不容物。有士人來酬價，不相當。輒語之曰：‘但讀得成句，便以一部相贈。’或怪之，即正色曰：‘誠如此，修豈欺人一作相欺。者。’士人知其伯長也，皆引去。”

宋張邦基《墨莊漫録》四云：“王洙原叔内翰常云，作書册，粘葉爲上，久脱爛，苟不逸去，尋其次第，足可鈔録。屢得逸書，以此獲全。若縫繢，歲久斷絶，即難次序。初得董氏《繁露》數册，錯亂顛倒，伏讀歲餘，尋繹綴次，方稍完復，乃縫繢之弊也。嘗與宋宣獻談之，宋悉令家所録者作粘法。予嘗見舊三館黃本書及白本書，皆作粘葉，上下欄界出於紙葉。後在高郵借孫莘老家書，亦如此法。又見錢穆父所蓄亦如此，多只用白紙作標，硬黃紙作狹籤子。蓋前輩多用此法。予性嘉傳書，他日得奇書，不復作縫繢也。”

宋洪邁《夷堅丙志》十二云：“紹興十六年，淮南轉運司刊《太平聖惠方》版，分其半于舒州，州募匠數十輩，置局於學。日飲酒喧嘩，士人以爲苦。教授林君以告郡守汪希旦，徙諸城南癸門樓上，命懷寧令甄倚監督之。七月十七日，門傍小佛塔高丈五尺，無故傾摧。明旦，天色廓清。至午，黑雲倏起西邊，罩覆樓上，迅風暴雨隨之。時群匠及市民賣物者百餘人，震雷一擊，其八十人隨聲而僕，餘亦驚懾失魄。良久，樓下飛灰四起，地上火珠迸流，皆有琉黃氣。經一時頃，僕者復甦。作頭胡天祐，白于甄令，入按眠。内五匠，曰蘄州周亮，建州葉濬、楊通，福州鄭英，廬州李勝，同聲大叫，踣而死，遍體傷破。

尋詢其罪,蓋此五人尤嗜酒懶惰,急於版成,將字書點畫[寡]多及藥味分兩,隨意更改以誤人,故受此譴。"

宋王明清《投轄録》云:"近歲淮西路漕司下諸州分開《聖惠方》,而舒州刊匠以佐食錢不以時得,不勝忿躁。凡用藥物,故意令誤,不如本方。忽大雷電,匠者六而震死者四。昭昭不可欺也如此。"

明胡應麟《少室山房筆叢》甲部《經籍會通》四云:"今海内書,凡聚之地有四:燕市也,金陵也,閶闔也,臨安也。閩、楚、滇、黔,則余間得其梓。秦、晉、川、洛,則余時友其人。旁諏歷閱,大概非四方比矣。兩都、吳、越,皆余足所歷,其賈人世業者,往往識其姓名,聊紀梗概於後。

燕中刻本自希,然海内舟車輻輳,筐篚走趨,巨賈所攜,故家之蓄,錯出其間,故特盛於他處。第其直至重,諸方所集者,每一當吳中二,道遠故也。輦下所雕者,每一當越中三,紙貴故也。"

又云:"越中刻本亦希,而其地適東南之會,文獻之衷,三吳七閩,典籍萃焉。諸賈多武林龍丘,巧於壟斷。每瞯故家有儲蓄而子姓不才者,以術鉤致,或就其家獵取之。此蓋海内皆然。楚、蜀交通便道,所攜間得新異。關、洛、燕、秦,仕宦橐裝所挾,往往寄鬻市中。省試之歲,甚可觀也。"

又云:"吳會、金陵,擅名文獻,刻本至多,鉅帙類書,咸會萃焉。海内商賈所資,二方十七,閩中十三,燕、越勿與也。然自本方所梓外,他省至者絶寡,雖連楹麗棟,搜其奇秘,百不二三。蓋書之所出而非所聚也。至薦紳博雅,勝士韻流,好古之稱,籍籍海内,其藏蓄當甲諸方矣。"

又云:"凡燕中書肆,多在大明門之右,及禮部門之外,及拱宸門之西。每會試舉子,則書肆列於場前;每花朝後三日,則移於燈市;每朔望并下澣五日,則徙於城隍廟中。燈市極東,城隍廟極西,皆日中貿易所也。燈市歲三日,城隍廟月三日,至期百貨萃焉,書其一也。"

又云:"凡徙,非徙其書肆也。輦肆中所有,税地張幕,列架而書置焉,若棋繡錯也。日昃,復輦歸肆中。惟會試,則税民舍於場前。月餘,試畢賈歸,地可羅雀矣。"

又云:"凡武林書肆,多在鎮海樓之外及湧金門之内。及弼教坊,及清河坊,皆四達衢也。省試,則間徙於貢院前。花朝後數日,則徙於天竺。大士誕辰也,上巳後月餘,則徙於岳墳。遊人漸稠,梵書多鬻於昭慶寺,書賈皆僧也。自餘委巷之中,奇書秘簡,往往遇之,然不常有也。"

又云:"凡金陵書肆,多在三山街及太學前。凡姑蘇書肆,多在閶門内外及吳縣前。書多精整,然率其地梓也。余二方皆未嘗久寓,故不能舉其詳。他如廣陵、晉陵、延陵、就李、吳興,皆間值一二。歙中則余未至也。"

又云："凡刻之地,有三吳也,越也,閩也。蜀本宋最稱善,近世甚希。燕、粵、秦、楚,今皆有刻,類自可觀,而不若三方之盛。其精,吳爲最;其多,閩爲最,越皆次之。其直重,吳爲最;其直輕,閩爲最,越皆次之。"

又云："凡印書,永豐綿紙上,常山柬紙次之,順昌書紙又次之,福建竹紙爲下。綿貴其白且堅,柬貴其潤且厚;順昌堅不如綿,厚不如柬,直以價廉取稱;閩中紙短窄黧脆,刻又舛譌,品最下而直最廉。余筐篋所收,十九此物,即稍有力者弗屑也。"

又云："近閩中則不然,以素所造法演而精之。其厚不異於常,而其堅數倍於昔,其邊幅寬廣亦遠勝之,價直既廉而卷軸輕省。海內利之,順昌廢不售矣。"

又云："餘他省各有産紙,余弗能備知。大率閩、越、燕、吳所用刷書,不出此數者。燕中自有一種紙,理粗龎,質擁腫而最弱,久則魚爛,尤在順昌下,惟燕中刷書則用之。"

又云："惟滇中紙最堅。家君宦滇,得張愈光、楊用修等集。其堅乃與絹素敵,而色理疏慢蒼雜,遠不如越中。高麗繭絶佳,純白滑膩,如舒雪,如匀粉,如鋪玉,惟印記用之。"

又云："凡書之直之等差,視其本,視其刻,視其紙,視其裝,視其刷,視其緩急,視其有無。本視其鈔刻,鈔視其譌正,刻視其精粗,紙視其美惡,裝視其工拙,印視其初終,緩急視其時,又視其用,遠近視其代,又視其方。合此七者,參伍而錯綜之,天下之書之直之等定矣。"

又云："凡本,刻者十不當鈔一,鈔者十不當宋一。三者之中自相較,則不以精粗、久近、紙之美惡、用之緩急爲差。"

又云："凡刻,閩中十不當越中七,越中七不當吳中五,吳中五不當燕中三,此以地論,即吳、越、閩書之至燕者,非燕中刻也。燕中三不當內府一。五者之中自相較,則又以其紙,以其印其裝爲差。"

又云："凡印,有朱者,有墨者,有靛者;有雙印者,有單印者。雙印與朱必貴重用之。凡版漶滅,則以初印之本爲優。凡裝,有綾者,有錦者,有絹者;有護以函者,有標以號者。吳裝最善,他處無及焉。閩多不裝。"

又云："有裝、印、紙、刻絶精,而十不當凡本一者,則不適於用,或用而不適於時也。有摧殘斷裂而直倍于全者,有模糊漶滅而價增於善者,必代之所無與地之遠也。夫不適於時者遇,遇則重;不適於用而精焉,亦遇也。噫!"

又云："葉少蘊云:'唐以前,凡書籍皆寫本,未有模印之法。人以藏書爲貴,人不多有,而藏書者精於讎對,故往往皆有善本。學者以傳録之艱,故其誦讀亦精詳。五代時,馮道始奏請官鏤版印行。國朝淳化中,復以《史記》,

前、後《漢》付有司摹印,自是書籍刊鏤者益多,士大夫不復以藏書爲意。學者易於得書,其誦讀亦因滅裂。然版本初不是正,不無譌誤。世既一以版本爲正,而藏本日亡,其譌謬者遂不可正,甚可惜也。'此論宋世誠然,在今則甚相反。蓋當代版本盛行,刻者工直重鉅,必精加讎校,始付梓人。即未必皆善,尚得十之六七。而鈔録之本,往往非讀者所急,好事家以備多聞,束之高閣而已,以故謬誤相仍,大非刻本之比。凡書市之中無刻本,則鈔本價十倍。刻本一出,則鈔本咸廢而不售矣。"今書貴宋本,以無譌字故。觀葉氏論,則宋之刻本患正在此,或今之刻本當又譌於宋邪? 余所見宋本譌者不少,以非所習不論。

又云:"葉又云:'天下印書,以杭爲上,蜀次之,閩最下。'余所見當今刻本,蘇、常爲上,金陵次之,杭又次之。近湖刻、歙刻驟精,遂與蘇、常爭價。蜀本行世甚寡,閩本最下。諸方與宋世同。"葉以閩本多用柔木,故易就而不精。今杭本雕刻時義亦用白楊木,他方或以烏柏版,皆易就之故也。

又云:"葉少藴云:世言雕版始自馮道。此不然,但監本始馮道耳。《柳玭訓序》言其在蜀時,嘗閱書肆,所鬻字書小學率雕版。則唐固有之。陸子淵《豫章漫鈔》引《揮塵録》云:'毋昭裔貧時,嘗借《文選》不得,發憤云"異日若貴,當版鏤之以遺學者"。後至宰相,遂踐其言。'子淵以爲與馮道不知孰先,要之皆出柳玭後也。載閱陸河汾《燕閑録》云:'隋文帝開皇十三年十二月八日,敕廢像遺經悉令雕版,此印書之始。'據斯説,則印書實自隋朝始,又在柳玭先,不特先馮道、毋昭裔也。第尚有可疑者,隋世既有雕版矣,唐文皇胡不擴其遺制,廣刻諸書,復盡選五品以上子弟入弘文館鈔書何邪? 余意隋世所雕,特浮屠經像,蓋六朝崇奉釋教致然,未及概雕他籍也。唐至中葉以後,始漸以其法雕刻諸書,至五代而行,至宋而盛,於今而極矣。"活板始宋畢昇,以藥泥爲之。見沈氏《筆談》十八卷甚詳。

又云:"遍綜前論,則雕本肇自隋時,行於唐世,擴於五代,精於宋人。此余參酌諸家確然可信者也。然宋盛時,刻本尚希。蘇長公《李氏山房記》謂國初薦紳,即《史》《漢》二書不人有。《揮塵録》謂當時仕宦多傳録諸書。他可見矣。"

又云:"今世欲急於印行者,有活字,然自宋已兆端。《筆談》云:'版印書籍,唐人尚不盛爲之。自馮瀛王始印《五經》,已後典籍皆爲版本。慶曆中,有布衣畢昇,又爲活版。其法用膠泥刻字,薄如錢唇。每字爲一印,火燒令堅。先設一鐵版其上,以松脂蠟和紙灰之類冒之。欲印,則一鐵範置鐵版上,乃密布字印滿鐵範爲一版,待就火煬之。藥稍鎔,則以一平版案其面,則字平如砥。若止印三二本,未爲簡易,若印數十百千本,則極爲神速。常作二鐵版,一版印刷,一版已自布字,此印者纔畢,則第二版已具,更互用之,瞬息可就。每一字皆有數印，如"之""也"等字，每字有二十餘印，以備一版內有重複者。不用，則以紙貼之，每韻爲一貼，木格貯之。有奇字素無備者，旋刻之，以草火燒，瞬息可成。不以木爲之者，木理有疏密，沾水則高下不平，兼與藥相粘不可取。不若燔土，用訖再火，令藥鎔，以手拂之，其印自落，殊不沾汙。昇死後，藥印爲其群從所得，至寶藏之。'右俱《筆談》所載，今無以藥泥爲之者，惟用木稱活字云。"

又云："今人事事不如古，固也。亦有事什而功百者，書籍是已。三代漆文竹簡，冗重艱難，不可名狀。秦、漢以還，浸知鈔錄，楮墨之功，簡約輕省，數倍前矣。然自漢至唐，猶用卷軸。卷必重裝，一紙表裏，常兼數番。且每讀一卷或每檢一事，細閱卷舒，甚爲煩數。收集整比，彌費辛勤。至唐末宋初，鈔錄一變而爲印摹，卷帙一變而爲書册，易成難毀，節費便藏，四善具焉。逆而上之，至於漆書竹簡，不但什百而且千萬矣。士生三代後，此類未爲不厚幸也。"又前代篆隸與今楷書，書工亦有難易也。

又云："洪景盧云：'國初承五季亂離之後，所在書籍印版至少。宜其焚蕩，了無孑遺。然太平興國中，編次《御覽》，引用一千六百九十種，其綱目並載於首卷，而雜書古詩賦又不能具錄。以今考之，無傳者十之七八矣。'此論未然。《太平御覽》蓋因襲唐諸類書，《文思博要》《三教珠英》等，仍其前引書目，非必宋初盡存也。亦有宋世不存而近世往往迸出者，又以鈔拾類書得之。此皆余所目驗，故知之最真。洪以博洽名，而早列清華，或未曉此曲折。諸家亦鮮論及，漫而識之。"

又云："畫家有賞鑒，有好事。藏書亦有二家：列架連窗，牙標錦軸，務爲觀美，觸手如新，好事家類也；枕席經史，沉涵青箱，卻掃閉關，蠹魚歲月，賞鑒家類也。至收羅宋刻，一卷數金，列於圖繪者，雅尚可耳，豈所謂藏書哉！"

又云："王長公小酉館，在弇州園涼風堂後，藏書凡三萬卷。二典不與，構藏經閣貯焉，爾雅樓皆宋刻書皆絕精。余每讀九友歌，輒泠然作天際真人想。"

又云："次公亦多宋梓。一日燕汪司馬，盡出堂中，并諸古帖畫卷列左右，坐客應接不暇，司馬謂此山陰道上行也。司馬公尤好古，彙刻《墳》《雅》諸書，今盛傳於世云。"

又云："鄴下宗正灈父，最蓄書，饒著述，賓客傾四方。嘗餉余秘笈數種，并五言八韻寄余。余時尚十五六，今廿載餘，愧不能萬一副也。頃聞已逝，因錄其詩，志余感云。"北郡詞林冠，申陽藝苑英。斯人誰繼美，之子獨成名。氣撥香山秀，才如瀱水清。鏗然同謝朓，貌矣邁陰鏗。綺麗風應遠，沉冥思更精。建安那用數，大曆詎堪評。著作千秋事，流傳四海名。吾慚下里調，焉敢應同聲。

又云：“黎惟敬博雅好古，嘗罄秘書俸入刻《劉夢得集》。中多是正，較他傳本爲精。余有元人陳君采、柳文肅二《集》，黎過瀺水，並攜去，約刻成寄余。余以二《集》刻本潭滅，因舉贈，俾完此舉。不三載，惟敬下世，遂并二書失之。”

又云：“龍邱童子鳴家，藏書二萬五千卷。余嘗得其目，頗多秘帙，而猥雜亦十三四，至諸大類書則盡缺焉。蓋當時未有雕本，而鈔帙故非韋布所辦，且亦不易遇也。”

又云：“里中友人祝鳴皋，束髮與余同志，書無弗窺。每燕中朔望日，拉余往書市，競錄所無。賣文錢悉輸賈人，諸子啼號凍餒罔顧。惜年僅四十而夭，每念輒損神也。”

又云：“右四君俱余生平同志。余筐篋所藏，往往與互易者。今相率遊岱，故稍記其略，以識余懷。自餘交親中，雅尚甚衆，幸俱健比箸，未敢概及云。”

明胡應麟《少室山房筆叢》云：“永樂中，命胡廣、王洪等輯《永樂大典》二萬二千八百七十七卷，一萬一千九十五册，《目錄》六十卷。其表文載《蟫精雋》中，蓋古今創見書也。惜卷帙繁重未傳云。”

明陸容《菽園雜記》十云：“古人書籍，多無印本，皆自鈔錄。聞《五經》印版自馮道始，今學者蒙其澤多矣。國初書版，惟國子監有之，外郡縣疑未有，觀宋潛溪《送東陽馬生序》可知。宣德、正統間，書籍印版尚未廣。今所在書版日增月益，天下右文之象，愈隆於前已。但今士習浮靡，能刻正大古書以惠後學者少，所刻皆無益，令人可厭。上官多以饋送往來，動輒印至百部，有司所費亦繁，偏州下邑寒素之士，有志佔畢而不得一見者多矣。嘗愛元人刻書，必經中書省看過下所司，乃許刻印。此法可救今日之弊，而莫有議及者，無乃以其近於不厚歟。”

蔡澄《雞窗叢話》云：“國朝著作家，其考訂之精確，自顧亭林、閻百詩兩先生外，當以錢遵王、何義門爲冠。蓋錢、何二公俱能購宋元善本及前輩讎校之本，親自鈔錄勘對。即一字之亥豕，必遍閱群書，互相引證。故其評定諸書，俱爲學者所宗。錢有《讀書敏求記》四册，秘不示人。時竹垞方著《經義考》，欲假其《敏求記》而不肯。竹垞乃以白金銀鼠裘賂其侍書竊出，預備書人二十輩，一日夕錄畢。竹垞之好學，古今所未有也。惜義門無著述流傳，其所評選《制藝》《行遠》諸集，風行海內。”按，《義門讀書記》五十八卷，《四庫全書》著錄，澄殆未見耳。《義門讀書》、《敏求記》跋云：“絳雲未燼之先，藏書至三千九百餘部，而錢遵王所記凡六百有一種，皆紀宋版元鈔及書之次第完闕、古今不同。手披目覽，類而載之，遵王畢生之精華萃於斯矣。書既成，扃之枕中，出入每自攜。靈蹤微露，竹垞謀之甚力，終不可見。既應召，後二年典試江左。遵王會於白下，竹垞故令客置酒高宴，約遵王與偕。私以黃金翠裘與侍書小史啓籥，豫置楷書生數十於密室，半宵寫成而仍返之。當時所錄，并《絕妙好詞》在焉。詞既刻，函致遵王。漸知竹垞詭得，且恐其流傳於外也，竹垞乃設誓以謝之。"又跋云："遵王撰成此書，秘之笈中，知交罕得見者。竹垞檢討校士江南日，龔方伯遍召諸名士大會秦淮河，遵王與焉。是夕，私以黃金青鼠裘予其侍史，啓篋得是編。命藩署廊吏鈔錄，并得《絕妙好詞》。既而詞先刻，遵王疑之，竹垞爲之設誓而謝之，不輕授人也。"義門以同時人記當時事，意必見聞其確。然柯崇樸《絕妙好詞序》略云："往與朱檢討竹垞有《詞綜》之選，摭拾散佚。采摘備至。所不見者數種，周草窗《絕妙好詞》其一也。嗣聞虞山錢子遵王藏有寫本，余從子煜爲錢氏族婿，因得假歸。然傳寫多譌，迨再三參考，始釐然復歸於正。爰鏤版以行之。"據此，則《絕妙好詞》從遵王借鈔，非竊得也。此書既非竊鈔，則《敏求記》之非竊鈔，更可知矣。《敏求記》稿本向藏揭陽丁日昌持靜齋，今已散出，爲吾同年張菊生侍郎元濟所獲。曾借讀一遍，與今刻本門類之出入，文句之異同，大足以資考索。若如義門所云，則是朱刻以前先有改定之正本，恐其事皆傳聞失實也。

嚴元照《蕙櫋雜記》云："成容若侍衛刻《通志堂經解》，徐健菴尚書隸刻，三月而成。侍衛界尚書四十萬金，故急潰于成。通志堂，侍衛之堂名也。《經解》卷帙浩繁，唯方望溪曾遍爲點閱一過。何義門悉以其付刻之原本與本之完缺及校勘失當者錄成一册，沈椒園按察刻行之。錢廣伯曾以刻本示余。"

姚元之《竹葉亭雜記》四云："《駢字類編》書版久不存，人家有藏者，亦據爲奇貨。嘉慶甲戌夏，武英殿奏請清查版片書籍，時同年謝峻生編修爲提調官，查至南薰殿，見爐坑內燒火炕出灰之坑，都中名曰爐坑。有物貯焉，命啓之，版片堆積。審之，則《駢字類編》版也。核版短二千頁，因奏請刻版千補之。版兩面刻字，故只用千版。今此書發賣，士子俱得見之矣。"

又云："武英殿書籍，其存而不發賣者，向貯於殿之後敬思殿。甲戌夏清查，將完好者移貯前殿，其殘缺者變價，符咒等書，悉付之丙。於是敬思殿空爲貯版片之所。"

又云："活字版始造於宋，沈括《筆談》云：'宋慶曆中，畢昇爲活字版，以膠泥燒成。'陸深《金臺紀聞》則云：'毗陵人初用鉛字，視版印尤巧妙。'蓋其始或以泥，或以鉛也。乾隆三十九年，金侍郎簡請廣《四庫全書》中善本，因仿宋人活字版式，鐫木單字二十五萬餘。高宗以活字版之名不雅，賜名曰'聚珍版'。"

阮葵生《茶餘客話》云："萬曆甲午，南祭酒陸可教請刻《永樂大典》，分頒巡方御史，各任一種，校刻彙存，分貯兩雍，以成一代盛事。當時議允，終未頒行。竊謂文皇與穆宗兩番鈔錄，已費不貲，鏤版通行，談何容易耶。"

胡虔《柿葉軒筆記》云："文瀾閣《四庫全書》，書皆鈔本，每葉十六行，行二十一字,長六寸,寬三寸七分。每本用寶二,前曰'古稀天子之寶',後曰'乾隆御覽之寶'。每部首載提要及總纂名,而列總校名於每本之末。其面籤皆用絹,經以綠,史以赤,子以碧,集以淺絳,楠木匣盛之。"

又云:"俞長城選《名家制義》,首載北宋二人,南宋五人。王荆公、蘇穎濱、楊誠齋、陸象山、陳君舉、汪立信、文文山。其文雖不類近代所爲八股,然終不知録自何處。且盡《四書》中文,亦不似宋人所爲,蓋後人譌託,而桐川誤採之也。明朱方字良矩,浙江永康人,正德甲戌進士,官雲南參政。刻《經義模範文》,凡十六篇,内惟張才叔《自靖人自獻於先王》一篇,見《宋文鑑》。張才叔《乃遇汝鳩汝方作汝鳩汝方》《惠迪吉》《巢伯來朝芮伯作旅巢命》《異畝同穎獻諸天子》《念哉聖謨洋洋》《恭默斯道二句》,姚孝寧《反復其道二句》,吴師孟《章子有一於是乎》,張孝祥《作歸禾作嘉禾》《我見舅氏如母存焉》,姚孝寧《聖人亨以享上帝》《利用賓于王》,張孝祥《我心之憂二句》《歸馬于華山之陽二句》《俾以形旁求於天下》,共十五篇。餘亦不知所本。王廷表作序,稱方得自楊升庵,則真僞猶未敢定也。"《明志》有楊慎《經義模範》一卷。

阮文達元《杭州靈隱書藏記》《揅經室三集》二。云:"《周官》諸府掌官契以治藏,《史記》老子爲周守藏室之史,藏書曰藏,古矣。古人韻緩,不煩改字,收藏之與藏室,無二音也。漢以後,曰觀,曰閣,曰庫,而不名藏。隋唐釋典大備,乃有《開元釋藏》之目,釋道之名藏,蓋亦擫儒家之古名也。明侯官曹學佺謂釋道有藏,儒何獨無?欲聚書鼎立。其意甚善,而數典未詳。嘉慶十四年,杭州刻朱文正公、翁覃溪先生、法時帆先生諸集將成,覃溪先生寓書于紫陽院長石琢堂狀元曰:'《復初齋集》刻成,爲我置一部於靈隱。'仲春十九日,元與顧星橋、陳桂堂兩院長暨琢堂狀元、郭頻伽、何夢華上舍、劉春橋、顧簡塘、趙晉齋文學,同過靈隱食蔬筍,語及藏《復初齋集》事,諸君子復申其議曰:'史遷之書,藏之名山,副在京師;白少傅分藏其集於東林諸寺;孫洙得《古文苑》於佛龕;皆因寬閒遠僻之地,可傳久也。今《復初齋》一集尚未成箱篋,盍使凡願以其所著、所刊、所寫、所藏之書藏靈隱者皆裒之,其爲藏也大矣。'元曰:'諾。'乃於大悲佛閣後造木廚,以唐人'鷲、嶺、鬱、岧、嶤'詩字編爲號,選雲林寺玉峰、偶然二僧簿録管鑰之,别訂條例,使可永守。復刻一銅章,遍印其書。而大書其閣扁曰'靈隱書藏'。蓋緣始於《復初》諸集,而成諸君子立藏之議也。遂記之。"

條例

一、送書入藏者,寺僧轉給一收到字票。

一、書不分部,惟以次第分號,收滿"鷲"字號廚,再收"嶺"字號廚。

一、印鈐書面及書首葉,每本皆然。

一、每書或寫腦，或掛綿紙籤，以便查檢。

一、守藏僧二人，由鹽運司月送香鐙銀六兩。其送書來者，或給以錢，則積之以爲修書增廚之用。不給勿索。

一、書既入藏，不許復出。縱有翻閱之人，但在閣中，毋出閣門，寺僧有鬻借霉亂者，外人有攜竊塗損者，皆究之。

一、印內及簿內部字之上，分經、史、子、集填注之，疑者缺之。

一、唐人詩內複"對天"二字，將來編爲"後對""後天"二字。

一、守藏僧如出缺，由方丈秉公舉明靜謹細知文字之僧充補之。

又《焦山書藏記》云："嘉慶十四年，元在杭州立書藏於靈隱寺，且爲之記。蓋謂漢以後，藏書之地，曰觀，曰閣，而不名藏，藏者本於《周禮》宰夫所治，《史記》老子所守，至於《開元釋藏》，乃釋家取儒家所未用之字以示異也。又因史遷之書，藏之名山；白少傅藏集於東林諸寺；孫洙得《古文苑》於佛龕；閒僻之地，能傳久遠，故仿之也。繼欲再置焦山書藏，未克成。十八年春，元轉漕於揚子江口，焦山詩僧借庵巨超、翠屏洲詩人王君柳村豫。來瓜洲舟次，論詩之暇，及藏書事，遂議於焦山亦立書藏。以《瘞鶴銘》'相、比、胎、禽'等七十四字編號，屬借庵簿錄管鑰之。復刻銅章，書樓扁，訂條例，一如靈隱。觀察丁公百川淮。爲治此藏事而蔵之。此藏立，則凡願以其所著、所刊、所寫、所藏之書藏此藏者，皆衷之。且即以元昔所捐置焦山之宋、元鎮江二《志》爲相字第一、二號，以志緣起。千百年後，當與靈隱並存矣。"

條例

一、送書入藏者，寺僧轉給一收到字票。

一、書不分部，惟以次第分號，收滿"相"字號廚，再收"此"字號廚。

一、印鈐書面及書首葉，每本皆然。

一、每書或寫書腦，或掛綿紙籤，以便檢查。

一、守藏僧二人，照靈隱書藏例，由鹽運司月給香鐙銀十兩。其送書來者，或給以錢，則積之以爲修書增廚之用。不給勿索。

一、書既入藏，不許復出。縱有翻閱之人，照天一閣之例，但在樓中，毋出樓門，煙鐙毋許近樓。寺僧有鬻借霉亂者，外人有攜竊塗損者，皆究之。

一、印內及簿內部字之上，分經、史、子、集填注之，疑者闕之。

一、守藏僧如出缺，由方丈秉公舉明靜謹細知文字之僧充補之。

一、編號以"相、此、胎、禽、華、表、留、唯、髥、髴、事、亦、微、厥、土、惟、寧、後、蕩、洪、流、前、固、重、爽、墍、勢、掃、亭、爰、集、真、侶、作、銘"三十五字，爲三十五廚。如滿，則再加"歲、得、於、化、朱、方、天、其、未、遂、吾、翔、也、酒、裹、以、玄、黃、之、幣、藏、乎、山、下、仙、家、石、旌、篆、不、朽、詞、曰、徵、君、丹、楊、外、尉、江、陰、宰"四十二字，爲四十二廚。

又《擘經室集》八卷："四月十日，同顧星橋吏部宗秦、陳古華太守廷慶、石琢堂狀元韞玉。三院長暨朱椒堂兵部爲弼、蔣秋吟太史詩、華秋槎瑞潢、何夢華元錫、王柳村豫、項秋子墉、張秋水鑑。諸君子集靈隱，置書藏、紀事。"五古一首云："《尚書》未百篇，《春秋》疑斷爛。列史志藝文，分卷本億萬。傳之千百年，存世不及半。近代多書樓，難聚易分散。或者古名山，與俗隔厓岸。岩嶢隱靈峰，琳宮敞樓觀。共爲藏書來，藏室特修建。學人苦著書，難殺竹青汗。若非見著録，何必弄柔翰。舟車易遺忘，水火爲患難。子孫重田園，棄此等塗炭。朋友諸黃金，文字任失竄。或以經覆瓿，或以詩投溷。當年無副本，佚後每長嘆。豈如香山寺，全集不散亂。名家勒巨帙，精神本注貫。逸民老田間，不見亦無悶。雖不待藏傳，得藏亦所願。我今立藏法，似定禪家案。諸友以書來，收藏持一券。他年七十廚，卷軸積無算。或有訪書人，伏閣細披看。古人好事心，試共後人論。既泛西湖舟，旋飽蔬筍飯。出寺夕陽殘，鶩嶺風泉渙。"

按，自曹石倉學佺有儒藏之説，言藏書者，每以爲一重公案，然其事固不可行也。乾隆中，歷城周書昌編修永年作《儒藏説》，未知其説如何。桂馥《晚學集·周先生傳》云："先生見收藏家易散，有感於曹石倉及釋道藏，作《儒藏説》。約余賣田築借書園，祀漢經師伏生等，聚書其中，招致來學。苦力屈不就，顧余所得書悉屬之矣。"此文達以前倡儒藏之議者。藏書與刻書本二事，余前撰《清話》未及此。然諸先生殷殷好事之心，所望後之人紹述前修，成此美舉，靈隱、焦山二藏，究不知當日成功如何。讀文達兩記一詩，亦可想見其提倡之至意。今仍補記以告來學，庶得有所觀感云。

書林餘話卷下

《石經》爲經本之祖。自漢熹平刻石立於太學鴻都，當時如漢末人注經，罕見徵引。惟《公羊·昭二十五年傳》："既哭以人爲菑。"何休解詁云："菑，周埒垣也，所以分別内外衛威儀。今太學闕雍作側字。"唐徐彥疏云："今太學闕雍作'側'字者，謂何氏所注者是'菑'字。今漢時太學闕雍所讀者作'側'字，云既哭以人爲側。"阮元《校勘記》云："此即東漢熹平立石之《公羊傳》也。"按，漢末人經注惟此引一條。何劭公與鄭康成、蔡伯喈爲同時人，不知鄭注《禮》時何以不及。據《後漢書·蔡邕傳》："邕乃自書丹於碑，使工鐫刻，立於太學門外。於是後儒晚學，咸取正焉。"據此，知當時太學《石經》，已爲人所重視，劭公偶一引用之耳。自後魏正始立《三體石經》，唐開成立《十二經石經》，孟蜀廣政立《十三經石經》，宋至和立《二體石經》，高宗南渡立御書《石經》于杭州學宫。此皆元明以前舊本。今惟《開成石經》獨存，次則高宗御書各經，十存六七。然《開成石經》一誤於乾符之修改，再誤於後樑之補刊，三誤於北宋之添注，四誤於明人之磨勘。及至版本代興，各相沿誤，去古日遠，僞體難裁。余嘗欲據《唐石經》刊定四誤，別爲善本，以復古而信今。歲月蹉跎，有志未逮。偶從莫楚生觀察處獲見縮刻《唐石經》木本，止《易》《書》《詩》三經，似是未刻完之本。審其避諱缺筆，當刻於嘉、道間，是固先得我心。惜乎未見全經，即此三經亦流傳極尠也。

今世凡刻書，闕文處用白匡或墨塊。白者謂之空白；墨者謂之墨釘，亦謂之墨等，又謂之等字，俗語謂留爲等。此墨等、等字，蓋謂留此以待補刻也。此其由來甚古，《論語》曰：“吾猶及史之闕文也。”《集解》包曰：“古之良史，於書字有疑，則闕之以待知者。”按，史之闕文，見於《春秋》者，桓十四年《經》“夏五”，《左傳》杜預注：“不書月。闕文。”《公羊傳》：“夏五者何，無聞焉爾。”何休《解詁》：“不詳。”《穀梁傳》：“孔子曰：聽遠音者，聞其疾而不聞其舒。望遠者，察其貌而不察其形。立乎定、哀，以指隱、桓。隱、桓之日遠矣，夏五傳疑也。”范寧《集解》：“孔子在於定、哀之世，而録隱、桓之事，故承闕文之疑，不書月，皆實録。”顧其原文下必有空白之處，經孔子修之而始删去。《莊二十四年經》，“郭公”，亦同。蓋郭公下闕其名與事。其上文經云“赤歸於曹”，《左》無傳，《公》《穀》以“赤歸於曹”“郭公”二句連文。《公羊傳》云：“赤歸於曹郭公。赤者何，曹無赤者，蓋郭公也。郭公者何，失地之君也。”《穀梁傳》云：“赤蓋郭公也。何爲名也，禮。諸侯無外歸之義，外歸，非正也。”《左傳》杜預注：“無傳，蓋經闕誤也。自曹羈以下，《公羊》《穀梁》之説既不了，又不可通之于《左氏》，故不采用。”古書有可比例者，如汲塚中《逸周書》《穆天子傳》，其中多方白匡，皆闕文也。前人往往不識。《大戴禮·武王踐祚》“機之銘”，闕“皇皇惟敬□生哃□戕□”。盧辨注：“哃，耻也。言爲君子榮辱之主，可不慎乎。哃，哃罸也。”“□戕□”注：“言口能害口也。機者，人君出令所依，故以言語爲戒也。”此由不識“□”爲闕文，而注以爲“口”字。然文義猶可通也。若明人鍾惺、譚友夏《古詩歸》，則强詞尤爲可笑。譚云：“四‘口’字疊出，妙語不以爲纖。”按，文只三“□”，鍾、譚所見之本，爲“皇皇生敬□□生哃”。鍾云：“讀‘口戕口’三字，竦然骨驚。”此真强作解人，而不顧其立説之穿鑿矣。墨塊之本，則自南宋時已有之。如陳道人書棚刻唐人集，若李建勳《李中丞集》，魚玄機《女郎詩》，麻沙坊刻《纂圖互注四子》，其中墨等頗多，而尤以《莊子》爲甚。又如元大德中所刻《白虎通論》《風俗通義》二書亦然。大德本出於宋嘉定十三年夔府刻本，一切皆仍宋舊。即萬曆十年胡維新《兩京遺編》，又重雕元本，雖版式略小，而行字墨塊處正同。是可見墨塊之存留，自有刻本以來即有此例。然余因此悟用白匡者必出古書鈔本，而刻本因之。用墨塊者則出宋時刻本，在校者猶有訪求善本待補之意，非若白匡之已成闕文，無從校補也。昔嘗疑《禮記·投壺》以○□記鼓節，其○□處，必有文字以分薛鼓、魯鼓之不同。亦如宋刻《姜白石詞》，旁注工尺之例，久而闕佚，故以○□記之。在鄭氏作注時，既不得別本以資校讎，於是釋爲圜者擊鼙，方者擊鼓。孔疏依注敷衍云："以鼓節有圜點，有方點，故以圜者擊鼙，方者擊鼓。若頻有圜點，則頻擊鼙聲，每一圜點，則一擊鼙聲。若頻有方點，則頻擊鼓聲也。"果如所言，則經文何不直截了當言之曰，某時連擊，某時一擊，而必爲此煩瑣難記之○□，使人臨擊鼓時，按圖索譜，如射覆藏鉤之兒戲乎？是知○□必有文字，不得如注疏所云，令人索解不得也。

日本松崎鶴雄書來問版本之事云："書版有雙線、單線、白口、黑口、魚尾、耳子等名，往往見於藏書家書目及諸家題跋文中。不詳其義，亦不知其在版中何處。"乞余答復。余向撰《書林清話》，以爲此等處無關要義，故亦略之。今松崎鶴雄越國修問請益，不敢以其瑣屑置而不言，因爲書復之。略云：書邊四圍之闌爲線，版中上下處爲口，版心有 形爲魚尾，邊闌上有小匡附着兩旁者爲耳子。線有雙、有單，黑口有大、有小。何謂雙線，如四圍邊闌內重出一細線紋者，是謂雙線。若僅有邊闌而無內線者，是謂單線。黑口大小者，版心上下刻一直線，上在魚尾上，下在魚尾下，粗者填滿版心，是謂大黑口。小者刻一微線，是謂小黑口。蓋所以表識版之中心，以便折疊時有準繩也，無此線者，則爲白口。魚尾之黑口亦因之，亦偶有兩歧者。大抵雙線白口多宋版，單線黑口南宋末麻沙本多有之，至元相沿成例。明初承元之舊，故成弘間刻書尚黑口。嘉靖間書多從宋本翻雕，故尚白口。今日嘉靖本珍貴不亞宋、元，蓋以此也。大抵此類版心，書名只摘一字，下刻數目。其白口、小黑口空處上記本葉字數，下記匠人姓名，不全刻書名也。全刻書名在萬曆以後，至我國初猶然。魚尾有雙、有單，雙者上下同，單者上刻一魚尾，下則只刻一橫線紋。亦有版心全係黑口者，則魚尾以外皆粗黑線，如元張伯顏本《文選》及明刻宋章如愚《山堂考索》之類。此則匠人以意爲之，不爲定式也。耳子以識書之篇名，始宋岳珂之刻《九經三傳》，今武英殿之仿刻《五經》本，其式猶存，他書則罕見。若釋藏之所刻支那本，則每半葉一方圍，中無版心、直線，魚口等。明時浙中徑山寺、雲棲寺所刻諸釋經、釋典爲多，初不知其何所依仿。至乾、嘉時，金農刻己作《冬心先生集》，陳鴻壽刻己作《種榆仙館集》，用竹筒式作直線闌，此則不古不今，類於向壁虛造，鏤刻雖精，然吾無取焉爾。

明人刻書，有不見於藏書家志、目、題跋者，如劉氏安政堂所刻書。余撰

《清話》以弘治甲子刻《鍼灸資生經》七卷爲其所刻最早者矣，後見湘陰郭氏養知書屋藏有《四明先生續資治通鑑節要》二十卷，題"宣德己酉京兆安政堂劉氏校刊"一行，則前乎此七十五年，蓋亦書林世業也。獨山莫楚生觀察藏有《淮南高誘注》二十一卷，題"正德己卯劉氏安政堂刻本"；余從子啓藩藏有《分類補注李太白集》二十五卷，題"正德庚辰劉氏安政堂刻本"；余所藏《新刊河間劉守真傷寒直格論方》三卷、《後集》一卷、《别集》一卷，題"嘉靖壬辰仲秋七月劉氏安政堂刊"。此并向所希見者。又王聞遠《孝慈堂書目》載有《孔叢子》七卷，注"安政堂刻本"；莫友芝《知見傳本書目》，宋林亦之《輞山集》，下注"嘉靖安政堂刻本"。則此外所刻，爲前人所未著録，吾輩所未目覩者，不知尚有若干種。明時距今五六百年，見聞不周已如此，況遠而上溯宋元耶。

　　劉洪慎獨齋刻書極夥，其版本校勘之精，亦頗爲藏書家所貴重。余藏有《宋文鑑》一百五十卷，卷一末有牌記，云："皇明正德戊寅慎獨齋刊。"此向來藏書家所未及者。按，洪於是年刻有《十七史詳節》二百七十三卷，已載前撰《清話》。此二書皆卷帙極多者，均於一年之中刻成，可謂勇於從事矣。字體勁秀，行格緊密，二書亦正相類。

　　嘉禾項篤壽萬卷堂刻書精美，惜乎所刻甚少。前《清話》所列僅《鄭端簡奏議》十四卷、《東觀餘論》三卷，如是而已。嘉靖丙寅刻有《廿四史論贊》八十卷，總目後有楷書長方牌記，云"嘉禾項氏萬卷堂梓"，《史記》目後有"嘉禾項氏刊于萬卷堂"一行。其書亦人所罕知者。

　　明洪楩清平山堂刻有宋洪邁《夷堅志》，江陰繆氏藝風堂舊藏其書，在歸安陸心源十萬卷樓刻本之外，世以爲罕見矣。從子啓鋈有宋計有功《唐詩紀事》八十一卷，爲嘉靖乙巳刻本，此亦罕見著録者。

　　明藩芝城藍印活字本《墨子》十五卷，爲嘉靖壬子擺印者。嘉慶中藏吳門黃蕘圃主事丕烈士禮居，載《士禮居藏書題跋記》。記云："續得嘉靖癸丑歲春二月吳興陸穩叙刻本，與此差後一年。叙中有'前年居京師，幸於友人家覓内府本讀之'之語。又云：'别駕唐公視郡，暇訪余於山堂，得《墨子》原本，將歸而梓之。'是又一本矣。今取唐本以勘陸本，殊有不合。知陸所云唐得《墨子》原本者，非陸本也。惟陸本無叙，唐本有陸之叙，後人遂疑唐本出自陸本。其實陸先刻一年，唐後刻一年，實不侔耳。"余按，黃説誤也。陸本即唐本，唐刻而陸叙之。唐自有跋，題"嘉靖甲寅"，蓋刻成後始作跋耳。其有不合者，殆先後校改之故。芝城本雖在嘉靖壬子，似亦出於唐本。緣唐本刻在壬子，書初印出，芝城既據以擺印，故其文多與陸叙本合，必未經校改者。是書刻於壬子，至癸丑春，陸爲作叙；至甲寅，唐自作跋。三本實二本也。余藏此本，前多江藩白賁衲一叙。叙稱："南昌憲伯貞山唐公以所刻《墨》集送予男多炘，多炘持示予。讀大司馬中丞北川陸公前序，暨公所爲序，乃知所以爲墨者，及所以讀《墨子》者。"據此，可證唐、陸非二本，特黄氏所見或無江藩叙者，故不能詳也。《墨子》無宋本，故明刻爲上。藍印活字本，士禮居散出，歸聊城楊致堂河帥以增海源閣。公孫鳳阿舍人保彝攜至京師，爲潘文勤祖蔭借去。文勤薨於位，書遂不復還。世間亦未見第二本矣。

刻《舊唐書》之聞人詮，尚刻有《三禮注疏》。余於滬肆得《儀禮注疏》，每卷首題"直隸學政監察御史餘姚聞人詮校正，直隸常州府知府遂昌應櫃刊行"，蓋當時常州刻本也。聞人詮刻《舊唐書》，世稱善本，亦無第二刻本，故爲藏書家所珍貴。實則譌奪之甚，先祖石君公諱樹廉曾假錢遵王曾述古堂藏至樂堂舊鈔宋本，以校聞人詮本，逐葉異同不少。今此校本藏余從子啓鋆處。先祖手跋者再，逐卷有硃記月日。以此例推，《三禮注疏》亦未必有過於南北兩監本處也。朱彝尊《静志居詩話》十二作聞人銓，云："銓，字邦正，餘姚人。嘉靖丙戌進士，除寶應知縣，擢山西道御史，巡視兩關，歷湖廣按察副使。"又云："邦正著録陽明之門，撰《飲射圖解》，又雕劉昫《舊唐書》行世。津津好古，不易得也。"明淩迪知《萬姓統譜》："聞人姓多餘姚人。"亦有"聞人詮，餘姚人"，而云弘治進士，則誤也。

毛晉家世及其行實，余《書話》考之詳矣。其子五人，襄、褒、袞、表、扆。扆，字斧季，爲陸敕先貽典婿，藏書家多知之。其餘四人，余嘗求其遺事，絕不可得。近日昆山趙君學南以所刻《峭帆樓叢書》見貽，中有陳瑚《從游集》二卷，其下卷采褒、袞、表三人詩。姓名下各系事略云："毛褒，字華伯，常熟人。華伯天性醇謹，所居宅西南有古墓當道，青鳥家以爲來龍處，説華伯夷之，華伯笑不應，加封植焉。弟補仲，早夭。令次子爲其後，視孀婦有加禮，人皆以爲難。家居遵司馬儀，巫祝尼媪無敢造其室者。其爲詩多入隱湖社刻中，予選而梓之。近有《西爽齋唱和集》，人酬一首，尤多警句，予特備録於篇。""袞，字補仲，昆湖子晉先生之仲子也。子晉以能詩好古，藏書鏤版，名滿天下。子四人，克世其家，而補仲尤異敏，不幸羸疾以夭。知與不知，無不惜之。補仲之爲舉子業也，鑱削陳言，刻濯新異，務爲幽深曲折縱橫自喜之論。世俗鈔撮腐爛之習，一切非其所屑。每三六九日課業寶晉齋，同學畢至，補仲輒詼諧啁笑，目中虚無人。或竟日不肯下一字，至篝燈促膝，則落紙如飛，洋洋灑灑，自成一家機軸，雖殫精竭思，無以過也。喜法書名畫，精於賞鑒，有可其意，不惜囊中金購之。又極愛整潔，地灑掃無纖塵，筆床茶具必方列，明窗净几，命童子日揩摩數四，始就坐。入其室者不敢涕唾，比于倪迂清閟閣云。生平無孌童侍女之好，有嫠婦竊窺，歆其美豐儀，疾避之。嘗一夕宿於外,或問之,曰:内有乳媪,吾以謹嫌也。讀書能究心其奥質難曉者,病少間,與予同論六書文字之學,頗見原委。又與瞿有仲極言天文,左旋、右旋、中曆、西曆之辨,必求勝後已。蓋補仲志好高,不肯居人後,使天予之年,進未可量。學未成而化爲異物,是以深爲可惜。卒前一日,予執其手而與之訣,怡然曰:'某無恙也。'語不及身後事,對妻女無苦憐之色。嗚乎! 可哀也已。予是以圖其像,復刻其詩而傳之。""表,字奏叔。管子曰:'士群萃而州處閒燕,少而習焉,長而安焉,不見異物而遷焉。則父兄之教不肅而成,子弟之學不勞而能。'誠哉是言也。汲古主人鏤書萬卷,前人詩集當十之四五。其叔子奏叔,方攻進士業,不暇以詩名。而興會感觸,輒有佳句驚人,出乎意想之外。豈非所謂不勞而能者乎? 憶其初見予,年十二,静秀娟好,如翠竹碧梧,光映左右。當是時即知爲稱其家兒。今易閒矣,吾年漸老,白首無聞。而奏叔學日益進,與梅仙、禹思、寶伯輩淬礪名行,交相有成。取柳詩'爾室'二字顔其齋。讀予《大小學日程》而篤信之,曰:'此作詩之基也。'即更其名爲《聖學入門書》,授之剞劂,以公同志。其勇於好善又與人爲善如此。年雖少,倜儻多能,治家斬斬,早見頭角,舉而措之,可以卜其用焉。"按,陳瑚,字言夏,號確庵,太倉人。有《確庵集》,曾爲子晉作傳。《從游集》皆選其及門弟子詩。褒、衮、表皆從受業者也。梅仙姓錢,名煆,太倉人。禹思姓張,名遹顔,常熟人。寶伯姓馮,名武,常熟人。《從游集》中皆采其詩。毛晉五子,長名襄,此以褒爲伯,衮爲仲,表爲叔,而扆則字斧季。蓋襄早卒,以次遞升。襄無字,殆年未及冠而夭歟。

　　汲古閣刻《四唐人集》,流傳絶少。顧湘撰《汲古閣刻版考》云:"《四唐人集》内,惟《唐英歌詩》一種,最爲善本。即如席氏《百家詩》内亦刻,而空白多至二三百字,令人不可讀。汲古此本,真秘寶也。"又云:"《四唐人集》版,相傳毛子晉有一孫,嗜茗。得洞庭碧蘿春,患無美薪,顧《四唐人集》版曰:'以此作薪,其味當倍佳也。'遂按日劈燒之。"據顧氏云云,其流傳之少,蓋版早燬也。余從子啓藩藏有汲古此本,取校席刻本,缺不及百字。顧氏云二三百字,殆未細校耳。《全唐詩》於所缺者一一臆補,以汲古本校之,無一合者。當時編校諸臣謬妄極矣。汲古本余令啓藩兄弟影印三百部,以廣流傳,今而後可得吳詩真面矣。

　　前載毛氏刻版,有題"緑君亭"者,爲《二家宫詞》《三家宫詞》《洛陽伽藍記》等書。余未知"緑君亭"之名是否爲毛氏題署。近得《陶靖節集》章次本,一詩、二賦、三辭、四記、五傳、六贊、七述、八疏、九祭文、十四八目,前有總評、章評,後有參疑。《集》名下第二行題"明東吳毛晉子晉重訂",未有"天啓乙丑孟秋七月東吳毛晉子晉識",其版式與所刻宫詞一例。然後知

“綠君亭”即毛氏署名，非他氏也。汲古閣又刻有影宋大字本《陶淵明集》，相傳爲東坡手書者，後有毛扆跋，雕刻極精。後來何氏篤慶堂、章氏式訓堂、縣人胡薊門錫燕手書模刻者，皆從之出。未見宋版原書也。

《初學記》以明安氏桂坡館刻大字爲最善。同時又以活字擺印，書之大小與刻本同，此本流傳極罕。余前撰《清話》，考安國世家，據安紹傑輯《安我素希範年譜》云：“安國鑄活字銅版，印《顏魯公集》、徐堅《初學記》等書。”余以爲《初學記》無活字本，謂《年譜》所述不明晰。後從子啓藩得一本，即安氏活字版印者，乃知書本未經目睹，不可臆斷如此。又《太平御覽》有明人黃正色序者，序略云：“吾錫士大夫有好文者，因閩省梓人用活字校刊。始事于隆慶二年，至五年纔印其十之一二。閩人散去，於是浙人倪炳伯文居業于錫，毅然謀於郡邑二三大夫士，協力鳩工，鋟諸梨棗，三閱寒暑。先是孫國子虞允一元力任讎校，忽于隆慶六年捐館，弗克終事。苦於舛譌，同年薛憲副應奎仲子庠生名逢者，出所藏本，俾倪氏繕寫付刻。余既嘉仲子能成人之美，且喜是書得以版行，爲天下公器。”據此，則當時活字本未成，而得倪氏校刻行世。余藏此本，前有萬曆黃正色此序，又有“萬曆甲戌小春吉旦蘇熟後學周堂謹識”。甲戌，萬曆二年也。又藏一活字印本，周堂識後末有字二行，其一行云“閩中饒世仁游廷桂整擺”，其二行云“錫山趙秉義劉冠印行”。其周堂識云：“是集從閩賈饒世仁等購得其半，半在錫邑郡伯顧肖巖、太學秦虹川家。二公，博雅君子也。請於先君，欲合而梓之。先君曰：‘余志也。’遂躬校閱。未幾，而先君作古矣。不肖堂懼先志之未酬，丐諸名碩，考訂釐緝，遂成完書。”又云：“今所得活版僅百餘部，與顧、秦二氏分有之。倘好事者藉稿於茲，更加精校，鋟爲不刊之典，是所願也。”此本目錄卷一、卷四一葉，版心有“宋版校正，閩游氏仝“銅”省字。板活字印一百餘部”，凡十六小字。卷第一，一葉，版心字同。第十一卷，版心小字云“宋板校正，饒氏仝板活字印行壹百餘部”。余在滬市，見一活字印殘本，第一本目錄後有長方牌記，云“太平興國八年十二月刊”，凡十字，作兩行。版心魚尾下有小字云“宋板校正，閩游氏仝板活字印一百餘部”。校余藏本，目錄後無牌記，殆爲一本，于擺印時牌記或印或不印，未注重也。明刻本即據活字印者爲底本，故周堂識刻本、活字印本均載之。因此知活字印本爲全書，黃云“纔印其十之二三”，不確也。近日滬市又出明活字印本《唐人小集》五十家，余見數家，字畫缺蝕不齊整，與華氏會通館活字印本《容齋隨筆》《錦繡萬花谷》相似。藏者故昂其值，爭爲宋本。以余所知，將及百家，不止五十也。明時活字印書如此廣遠，而皆在無錫一邑。至今三百餘年，無錫猶盛行活字印本，此如常熟數百年多藏書家，皆鄉先達流風餘澤，有以興起之也。

　　書版辨宋、元，辨行、字，幾乎無義不盡矣。然其版片之大小，書體字之方圓肥瘦，不可得而知也。宜都楊惺吾教授守敬乃有《留真譜》之作，所謂"留真"者，於宋、元舊本書摹刻一二葉，或序跋，或正卷，藉以留原本之真。雖鑒別未精，而其例則甚善。繆藝風先生亦有續刻，未竟，已歸道山。然"留真"二字，名義殊爲通泛。如金石碑版一切古物，無不可以留真，似非書所專有。或有以爲書影者，差爲名實相副，然猶類於法帖之響拓也。近日瞿良士舉家藏鐵琴銅劍樓所藏宋元本書，步楊、繆之後，每書印影數葉，頗爲壯觀。而其名則緣《留真譜》之舊，因商之于余，余以爲"留真"之稱不善，應易名爲"書範"，即本蜀銅書範之義也。蜀銅書範事無確據，余前撰《清話》已辨之。顧"書範"之名則雅而切，較"留真譜""書影"爲有依據。惜乎余建此議，瞿氏書已印成，不能改也。往年内閣中藏書并歸京師圖書館，其殘葉爲書估所得，好事者每收買之，積成巨册。傅沅叔所獲尤多，中多藏書家自來未著録之版本。余慫恿沅叔摹印傳之，是亦足供好古書者一臠之嘗也已。

　　明遺老龔半千賢，畫名甚重，其一幅之直，貴者百金。日本人尤珍貴之，往往一幅值數百圓番餅銀價。過於文、沈多矣。曩讀周亮工《讀畫録》云："半千酷嗜中晚唐詩，搜羅百餘家，中多人未見本。曾刻廿家於廣陵，惜乎無力全梓，至今珍什笥中。"古人慧命所系，半千真中晚之功臣也。半千所刻唐詩，向未見藏書家目載。余從故家獲一部，釘十四册，不分卷。中唐張籍、孟郊、賈島、張祐、李郢、張繼、韓翃、于鵠、朱慶餘、鮑溶、秦系、張南史、李嘉祐、熊孺登、朱放、歐陽衮、歐陽澥、歐陽玭、江爲、竇叔向、竇常、竇牟、竇群、暢略、竇鞏、陳通方、許稷、歐陽詹、朱長文、朱灣、周匡物、陳翊、潘存實、陳去疾、邵楚萇、吉中孚、張夫人，凡三十七家；晚唐李洞、汪遵、于濆、方干、趙嘏、曹唐、周朴、徐寅、許琳、王貞白、項斯、許棠、温庭筠、裴説、李咸用、楊衡、黄滔、馬戴、翁承贊、朱景玄，凡二十家。《楊衡集》有賢跋云："衡詩出，是余《中晚唐詩紀》中之第七十二家。"據跋，則已刻成七十二家。而此僅中晚五十七家，較周所云爲多，而較跋所稱尚少十五家。不知余所獲爲未全本耶？抑刻成散失耶？其中有一首爲一家，數首爲一家，十餘首爲一家者，似是足數而成。然其網羅散佚、表章古人之心，在《全唐詩》未出以前，其有功于唐賢巨矣。此本殊罕見，其版本行字頗精。余所藏究不知殘缺否耶。

　　乾嘉以來，黄蕘圃、孫伯淵、顧澗蘋、張古餘、汪閬源諸先生影刊宋、元、明三朝善本書，模印精工，校勘謹慎，遂使古來秘書舊槧，化身千億，流布人間。其神益藝林，津逮來學之盛心，千載以下，不可得而磨滅也。然古書形式易得，氣韻難具，諸家刻意求工，所謂精美有餘，古拙終有不及。由於書法一朝有一朝之風氣，刻匠一時有一時之習尚，譬之於文，揚雄之擬經，於詩，束皙之補亡，貌非不似，神則離矣。海通而後，遠西石印之法，流入中原，好事者取一二宋本書，照印流傳。形神逼肖，較之影寫付刻者，既不費校讎之日力，尤不致摹刻之遲延。藝術之能事，未有過於此者。惟其所印者未能遍及四部，成爲巨觀。江陰繆藝風荃孫、華陽王息塵秉恩兩先生，慫惥張菊生同年元濟以商務印書館別舍涵芬樓，徵集海内藏書家之四部舊本書，擇其要者爲《四部叢刊》，即以石印法印之。繆、王二人皆南皮張文襄門下士，初擬按文襄《書目答問》所列諸本付印。詢之於余，余力言其非，以爲文襄《書目》行之海内數十年，稍知讀書者，無不奉爲指南，按目購置。今惟取世不經見之宋元精本縮印小册，而以原書大小尺寸載明書首。庶剞劂所不能盡施，版片所不能劃一者，一舉而兩得之。菊生以爲善也。其時常熟瞿氏鐵琴銅劍樓所藏宋元版書，甲于南北，主人瞿良士啓甲，風雅樂善，得余介紹，慨然盡出所藏，借之影印。京師圖書館之書，則因傅沅叔同年之力，得以相假。江南圖書館所藏，則光緒末年豐潤忠潛端方總督兩江時購自仁和丁氏八千卷樓者，其中亦多宋元舊本，商之齊鎮嚴撫部耀琳，飭司館書者悉選其精善完整之本，在館印出。余又從日本白岩子雲龍平向其國岩崎氏靜嘉堂假得宋本《説文解字》，爲孫氏平津館仿宋刻所自出者，此吾國第一孤本，爲歸安陸氏䣒宋樓售出。今幸珠還，不可謂非快事也。同時，嘉興沈子培方伯同年曾植、江寧鄧正盦編修邦述、獨山莫楚生觀察棠、新建夏劍丞觀察敬觀，皆與其事。輾轉商定，自戊午創議，迄壬戌告成。爲書二千餘册，爲卷一萬有奇，萃歷朝書庫之精英，爲古今罕有之巨帙。《永樂大典》分韻出於支離，《圖書集成》搜輯無此精要。書成，藝風久歸道山，不及見矣。今以余撰《例言》錄存於此，以紀書林一重公案云。

　　昔曹石倉學佺有言：釋道二家，彙刻經典累數萬卷，名爲藏經。至於儒家，獨付闕如，誠爲恨事。張文襄之洞勸人隨舉《書目答問》中一類，刊成叢書，以便學者。二公銳意及此，迄未有成。鄙見以爲昌明國學，端賴流布古書。涵芬樓廣收善本，海内賢達，勉以流通，不吝借甗之助，冀成集腋之功。故不辭力小任重之譏，毅然圖始，區區之意，學者諒之。

　　彙刻羣書，先宜決擇。是編衡量古今，斟酌去取，幾經詳審，始得成書。蓋於存古之中，兼寓讀書之法。不僅如顧千里所云，叢書之意在網羅散佚而已。

　　明世彙刻，如祁承㸁淡生堂《餘苑》、吳琯《古今逸史》，莫不標異名稱，強分種類，如經餘、史餘、合志、分志等目。終非簿錄之恒言，難作刊書典要。今依張海鵬《墨海金壺》、錢熙祚《守山閣叢書》之例，以經、史、子、集爲綱領。其次第則依《四庫全書》。四庫分類，時有失當，茲不復有所出入，從人人習見也。

左圭《百川學海》，別分卷帙，毛晉《津逮秘書》，强立集名，頗涉於紛歧。難於檢閲。夫彙刻群書，述而不作。分卷分集，殊無義例，今所不取。

古書紀載行字，濫觴于明季，孫從添《藏書紀要》亦鄭重言之。其後黃丕烈、孫星衍、顧廣圻諸人，尤斷斷於此致辨。近日楊守敬取宋、元、明版及古鈔本書，每種刻二三葉爲《留真譜》，可以知墨版之沿革，槧法之良窳，例至善也。是編竊師其意，悉從原書影印。一存虎賁中郎之意，一免魯魚三寫之譌，即影印縮小，取便巾箱，必將原版大小寬狹，准工部尺，詳載卷首，以存古書真面。近代影刻舊本，如黃丕烈士禮居重刻明嘉靖徐刻《周禮》，改小原書，黎庶昌《古佚叢書》，摹刻《杜工部草堂詩箋》，移動行款，茲編幸無此弊，識者鑒之。

茲編於宋、元、明初舊刻書，有名家影寫本，有名人手校本。其有益本書，實非淺鮮，今悉附卷後爲校勘記。或有硃墨兩筆校者，則用套版印法，偶録一二部，以存其真。

四部之書，浩如煙海，茲編止擇其急要者登之。經部漢、宋學派分途，宋有《通志堂經解》《經苑》，清有《皇清經解》及《皇清經解續編》等書，久已家藏戶遍，茲恐掛一漏萬，概不泛收。史則正史、編年、地理外，取別雜傳載之最古者。子則九流十家，取其古雅而非出僞託者。詩文集則取其已成宗派者。如漢、魏、六朝，初唐四傑，李、杜、韓、柳、元、白、温、李、皮、陸，宋之歐、梅、蘇、黃、王、曾、朱、陸、陳、葉、范、陸、真、魏，金之遺山，元之虞、楊、範、揭，明之宋、劉、陽明、歸、唐。或詩或文或理學，支分派別，門户高張。今但取其初祖二三家，以概餘子。至明之五子、十子、前後七子，大都聲氣標榜，名實乖違，收不勝收，悉從割愛。

算學、兵書、醫經，在古人爲專門之學，在今日有專科之書。作者層出不窮，後來或更居上。今但取其初祖數種著録，以爲學者道源星宿之資，亦兼取其文辭典奧瑰奇者，足以沾溉學林。采録雖簡，引伸無窮，雖非窺豹全斑，要可嘗鼎一臠。非漏略也。

史部中之《通典》《通志》《通考》，類書中之《太平御覽》《册府元龜》，集部中之《全唐文》《全唐詩》，皆以卷帙繁重，自宜別印單行，茲編概不闌入。史部《藝文》《經籍》諸志，以及古今官私書目，所以辨章古今之學術，藉考典籍之存亡。他日擬彙集諸家藏書記、目、題、跋之屬，別爲一編印行。故兹於書目不錄一部。金石一類，亦同此意。

古書非注不明，然如裴松之之注《三國志》、李善之注《文選》，古今能有幾家。兹編所錄各部，如非宋、元以前舊注，凡近人注本，概不輕用。

宋元舊刻，盡美盡美，但閱世既久，非印本模胡，即短卷缺葉，在收藏家固不以爲疵纇，而以之影印，則於讀者殊不相宜。明嘉隆以前，去宋、元未遠，所刻古書，盡多善本，昔顧亭林已甚重之。況今更閱三四百年，宜求書者珍如拱璧矣。兹之所采，多取明人覆刻宋本。喜其字跡清朗，首尾完具，學者得之，引用有所依據。非有宋、元本不貴，貴此明刻本也。

版本之學，爲考據之先河，一字千金，於經、史尤關緊要。兹編所采用者，皆再三考證，擇善而從。如明徐氏仿宋刻本《三禮》，明人翻宋岳珂《九經》中《三禮》，徐刻《周禮》不如岳本之精，岳刻《儀禮》不如徐本之善，皆非逐一細校，不能定其是非。其他北宋本失傳之書，賴有元、明人翻本，轉出南宋本之上者。若僅以時代先後論，則不免於盲人道黑白矣。兹編於此類頗有鑒衡，非泛泛侈言存古也。

書無論刻本、鈔本。雖大體完善，短葉缺文每不能免。今兹所采，多系舊本，影印之際不加參訂，則“郭公”“夏五”，千載滋疑，學者讀之，不無遺憾。故影印一書，必羅致數本，此殘彼足，互借補全。若數本俱缺，無可取證者，則傳信傳疑，未敢妄作。尚希讀者鑒及微忱。

明祁承爜《藏書約論·鑒書》云：“垂於古而不可續於今者，經也；繁於前代而不及於前代者，史也；日亡而日佚者，子也；日廣而日益者，集也。”諒哉言乎！兹編所錄，集部較多。初本斷自朱明，不涉近代。繼思有清一朝文學，實後進之津梁。張文襄有言，讀書門徑，必須有師，師不易得，即以國朝著述名家爲師。兹之采及近人，亦猶文襄意也。

引取諸本，出於借印者。謹援漢人刻名碑陰之例，著藏者姓氏於目下及本書之首，以不没諸君嘉惠之美意焉。

以上《例言》，余所撰定。後涵芬樓以活字印行，微有增改。南北藏書家善本書，此次已搜羅殆遍。惟聊城楊氏海源閣所藏宋本《四經》《四史》爲最著名之書，當日楊致堂河帥以增得之，以“四經四史”名其齋，可知其珍襲之甚。公子協卿太史紹和，公孫鳳阿舍人保彝，今皆物故，家藏書籍，閉庋閣中，久無人過問，故此編所采四部善本，獨不及楊氏之藏。又日本各圖書館所藏善本尤多，以影印之費不貲，故不能多借。彼國《支那學報》載有神田喜一郎、武内彥雄二君評論,所舉彼國舊本及指摘目載之本不善者,甚中竅窾。余亦屢與菊生商之,勸其不惜巨貲,以成完美。而主者吝惜印費,遷就成書。又其中有徇人請託而采印者,如《孔叢子》《皮子文藪》之類,皆明刻中下乘。徒以藏者欲附庸風雅,思藉此以彰其姓名。且挾成見,先儘涵芬樓所藏,雖有善者,不願借印。故此書售出至一千五百部之多,而實非余滿志躊躇之事。今錄日本神田、武內評論此書者附著於後,亦足見彼國人之深于漢學,在吾國今日殊罕見也。

論《四部叢刊》之選擇底本《支那學》一卷四號　神田喜一郎

《四部叢刊》之刊行,實爲有裨學界之壯舉。吾輩學生,無不同感此福音。今讀其預定書目,大旨合於出版之主旨,四部中重要書籍,已網羅俱盡。其選擇底本,亦尚爲適當。雖然,論吾輩得隴望蜀之願,則如此巨構,於底本之選擇,尤宜格外注意。如《群書治要》不用日本元和二年刊本,而用有顯然臆改形跡之天明七年尾州藩刊本,注意似猶未周。《弘明集》《廣弘明集》之用明汪道昆本,《法苑珠林》之用明徑山寺本,稍稍近似。實則當用高麗藏本。《世說新語》用明嘉趣堂本,亦未爲美善,是應用日本圖書館之南宋本或其翻刻之官版本。《楊誠齋集》爲繆氏藝風堂影宋寫本,想由日本圖書館所有之宋端平本刊本影寫而來,亦不如直用端平本之爲愈。《古文苑》用二十一卷本,亦爲非宜,想因有章樵注故,然不如用孫巨源原本之九卷爲佳。又未確定之底本中,如《春秋經傳集解》之擬用翻宋本,實不及日本圖書館宋嘉定丙子聞人模刊本。《大唐西域記》擬用明刊本,不及日本京都文科大學叢書本。《荀子》擬用明世德堂本,不知何因,與其用此,寧用《古逸叢書》之宋台州本。《范德機詩集》擬用明刊本,則用日本延文辛丑刊本爲較佳。以上云云,因見預定書目,思想偶及,聊復饒舌。幸此書尚須經一兩年始成,竊願於此等處慎思熟審,俾成一完美之大叢書。吾輩認此書爲中國最有價値之空前巨著以介紹於讀者,並略述區區之願望,盼其克底于成也。

説《四部叢刊》《支那學》一卷四號　武內義雄

自清末傳石印法,中國出版界遂開一新紀元。當時多密行細字之書,只便考試攜帶,不甚翻印善本。清亡,科舉全廢,編譯新著,都用活版印行。至近年石印始盛,各書肆出石印書甚夥,翻印舊書之風亦漸盛。於是一時不易得之書,亦得取求如志。而商務印書館所印之《四部叢刊》,尤有價値。

《四部叢刊》實爲中國空前之一大叢書,全部冊數有二千餘冊之多,非以前叢書可比。即其選擇之標舉,亦與向來叢書全然不同。所收之本,悉爲吾輩一日不可缺之物,如經部收《十三經》單注本及《大戴禮》《韓詩外傳》《説文》等,史部收《二十四史》《通鑒》《國語》《國策》。而如同一普通之叢書,如《通志堂經解》《經苑》、正續《皇清經解》《九通》《全唐文》《全唐詩》等,則一切不采。尤可注意者,選擇原本,極爲精細。於宋、元、明初之舊刻,或名家手校本中,務取本文之尤正確者。並即其原狀影印,絲毫不加移易。故原書之面目依然,而誤字除原本外,決無增加之慮。

遜清考證家精究版本,由是靡然從風。宋、元本無論矣,即麻沙本及精本之殘卷零葉,靡不寶貴。《四部叢刊》之印,不效普通收藏家之所爲,但以時代之先後爲尚,以爲翻北宋本之明本,優於南宋或元槧本。同一明版,以徐刻之仿宋《三禮》與明翻之宋岳珂《九經》比較,以爲《周禮》岳本勝徐本,《儀禮》徐本勝岳本,各自擇善而從。此其可喜者也。

舊本之翻刻,如有名之《士禮居叢書》《古逸叢書》,時有改小原版,移動行款之嫌。《四部叢刊》則必影照原本,泯魯魚之弊。名人校勘有裨本書者,悉附卷末。校勘用硃墨兩筆者,亦分刷兩次,以存其真。惟以規爲一定分寸之故,間將原本略爲縮小。亦必詳記原版之寬狹大小於卷首,務不失其典型,此亦是書之勝處。至其甄采之材料,則以商務印書館年内搜集珍秘之涵芬樓藏本爲主,餘則自江南圖書館、北京圖書館、常熟瞿氏鐵琴銅劍樓、江安傅氏雙鑒樓、烏程劉氏嘉業堂、江陰繆氏藝風堂、無錫孫氏小綠天、長沙葉氏觀古堂、烏程蔣氏密韻樓、南陵徐氏積學軒、上元鄧氏群碧樓、平湖葛氏傳樸堂、閩縣李氏觀槿齋、海鹽張氏涉園、嘉興沈氏、德化李氏、杭州葉氏等,名家秘笈,選擇采錄。

清藏書家以吳縣黄丕烈爲第一。黄氏之書,後移於汪士鐘之藝芸精舍。汪没,歸常熟瞿子雍、聊城楊紹和。晚近則陸心源之皕宋樓、丁丙之八千卷樓兩家藏書,稱與瞿、楊相頡頏。《四部叢刊》中收采尤多之江南圖書館藏書,即八千卷樓之物。而鐵琴銅劍樓亦多精本。故瞿、丁兩家之尤者,大多網羅其中。惟楊氏之書則一不入選,陸氏舊本惟擬翻印一種,斯爲憾事。聞楊氏主人耽阿芙蓉,頗斥賣家珍,充其嗜欲,其母嚴扃,不令與人接。陸氏書售諸吾國岩崎氏殆盡,因是不得,理或然歟。是則得瞿、丁兩家之影本,亦不可謂非幸福。而況藝風堂、觀古堂之書,傅增湘、劉承幹有名之秘本,均得藉此書以見之,尤爲無上之眼福也。

按,如上神田喜一郎所評論,實切中采用之失,固無所用其辨白矣。然此編所得前人未見之本，經部中如宋大字《孟子趙岐注》十四卷，康熙時藏梁蕉林相國清標家，後入大内，此次由師傅陳伯潛太保寳琛領出照印。其注中未刪去章指者，乾隆中曲阜孔氏微波榭所刻，僅從鈔本傳得，未見原本也。《周易王弼韓康伯注》九卷、《略例》一卷，爲宋十行不附釋文本，亦阮文達刻《十三經注疏》作《校勘記》時所未見。史部中如宋大字本《五朝名臣言行錄》十卷、《三朝名臣言行錄》十四卷，與世行道光初元洪氏仿宋本迥然不同。子部中如宋本《易林》十六卷，有宋人注者，爲錢謙益絳雲樓火後別存之本。自陸貽典從錢氏校得，後歸黃氏士禮居刊入叢書。其中異文，與明以來刻本大有異同。然自陸氏未將舊注鈔出，已失宋本之舊。今得之京師圖書館，圖書館乃從内閣清理舊藏書所得，世間僅此孤本矣。集部中如唐《沈下賢集》十二卷，爲明翻宋九行十八字本，本附宋吴興《三沈集》後。此雖明翻宋刻，無異第二宋本也。《白氏文集》七十一卷，爲日本元和戊午那波道圓活字印本，是猶存廬山本之舊。《李群玉詩集》三卷、《後集》五卷，爲南宋陳道人書棚本，士禮居舊藏，《四庫全書總目》所著錄者，卷數與此同。世行汲古閣《八唐人集》之《李文山集》只三卷，此真有天壤之别矣。元黃溍《文獻集》，元時初刻本二十五卷，陸氏皕宋樓所藏，後售之日本。錢唐丁氏八千卷樓鈔有副本，視四庫著錄之明刻十卷本爲多。丁書歸江南圖書館，今得印出，世間又多一副本矣。若小學中《說文解字》，汲古閣本行之百餘年，至嘉慶中孫氏平津館仿宋小字刻本出，學者乃恍然悟汲古閣本之非。原本爲青浦王蘭泉司寇昶舊藏，金壇段懋堂大令玉裁借得之，并借周香巖錫瓚所藏宋本互校汲古閣本，撰《汲古閣說文訂》一卷。平津館本乃影寫王蘭泉本付刊，其原本後歸皕宋樓，陸氏子售之日本岩崎氏。今從之借印，并照原式印入《續古逸叢書》，真不下真跡一等也。《說文解字系傳》，爲錢曾述古堂影鈔宋本，乃壽陽祁氏刻本之祖，《讀書敏求記》所詡爲驚人秘笈者也。祁本經校者臆改，余向所不取，以世間無有第二精本，故風行一時。錢氏鈔本本藏上海郁泰峰宜稼堂，揭陽丁禹生中丞日昌以賤值得之，歸其藏書處持静齋。後人不能守，流入滬市，爲湖州張某所得。張固菊生同鄉，吝不允借，後以他書交易借之，遂得印出。鈔手不諳篆文，頗有筆誤。然是書不重在篆而重在注，此本不出，無由證祁本注文之誤。蓋大小徐《說文》二本，毛氏、祁氏有表章之功，而亦有校改之失。今二本祖本皆印出，可謂無毫髮遺憾矣。

書林餘話跋

古人著書，多以一時采輯未廣，積久聞見又多，於是有補續餘閏之作。如宋洪邁《容齋隨筆》，乃至於五筆。王明清《揮塵前錄》，亦有《後錄》《三

録》相繼。次則沈括《夢溪筆談》，皆其先例也。大伯父文選君，昔年既譔
《書林清話》，播傳宇内，已爲當世士大夫所推重。惟是此書殺青以來，間有
歷代刻書掌故、瑣記，爲前書所無者。閲時年餘，又成此《餘話》上下兩卷。
正待編爲巨册，不欲亟付梓民，而客歲以不幸罹難，至是竟成絕筆矣。人亡
國瘁，痛哉言乎！啓崟兄弟丁兹喪亂，重懼遺稿散失，遂乃攜入行笥，悉數來
滬，以待他日授之剞劂。會劉師澹園有印書館之設，亟用活字排印五百部。
同時並印《郋園讀書志》，數亦如之。是役也，歷百餘日而蕆事。其校讎謄
夋，劉師命啓崟及其家子弟分任之。師蓋大伯父入室弟子，故其沉瀿相承，
快睹斯書之流布也。啓崟於家學毫無所得，有媿前修，展讀兹編，惝然若失
者殆累日已。此外遺稿，尚有《四庫全書目録版本考》《説文籀文考證》《經
學通詁》《郋園學行記》《星命真原》《自訂年譜》等書，將漸次編校刊行，庶無
負于大伯父一生精力所繫，得以長留天地間。然則是書之成，固非嚆矢歟？
大伯父耳順力强，使其健在，豈僅如王、如洪、如沈之譔述已哉。戊辰四月，
從子啓崟謹誌。

附録一　李洣《〈書林清話〉校補》

總論刻書之益

日本覆宋大字本《爾雅》　案,《容齋續筆》卷十四:"舊監本《周禮》,其末云:'大周廣順三年癸丑五月,雕造九經畢。前鄉貢三禮郭嵠書。'"《經典釋文》末云:"顯德六年己未三月,太廟室長朱延熙書。"此日本覆宋大字本《爾雅》,末有"將仕郎守國子四門博士李鶚書"一行,款式與《周禮》《經典釋文》同,但佚年月字,蓋源出五代監本也。且《揮麈餘話》亦謂後唐明宗命太學博士李鶚,原書誤"鍔"。書《五經》,倣蜀製作,刊版於國子監,則鶚所書者,其爲監本而非蜀刻,又一顯證。葉氏稱是書爲宋覆蜀本,殆承森立之、楊守敬之譌而不能舉正耳。又,是書"慎"字闕畫,顯出孝宗以後翻雕。葉氏謂"《古逸叢書》倣北宋刻本",亦誤。

左拾遺孫逢吉　案,孫逢吉,字從之,吉州龍泉人。紹熙間官右正言,著直聲。與朱子同列慶元黨禁,《宋史》有傳,但不言其曾爲左拾遺耳。

汲古閣刻書　案,鄭德懋撰《汲古閣校刻書目》《汲古閣刻板存亡考》各二卷,顧湘刊入《小石山房叢書》。

古今藏書家紀版本

《郡齋讀書志》海昌陳氏刻本　案,陳氏,名師曾。再案,是書又有光緒甲申王先謙合校衢、袁二刻本,雖頗便於檢閱,要失原書面目。

《直齋書録解題》　案,是書又有閩覆聚珍版本,光緒九年蘇州局翻刻本。

宋諸家藏書多者三萬卷少者一二萬卷　案,《齊東野語》卷十二:"世間凡物未有聚而不散者,而書爲甚。隋牛弘疏請開獻書之路,極論廢興,述五厄之説,則書之厄也久矣。今姑摭其概言之。梁元帝江陵蓄古今圖書十四萬卷,隋嘉則殿書三十七萬卷,唐惟貞觀、開元最甚,兩都各聚書四部至七萬卷,宋宣和殿、太清樓、龍圖閣、御府所儲,尤盛於前代。今可考者,《崇文總目》四十六類,三萬六百六十九卷,史館一萬五千餘卷,餘不能具數。南渡以來，復加集録，館閣書目五十二類，四萬四千四百八十六卷，續目一萬四千九百餘卷，是皆藏於官府耳。若士大夫之家所藏，在前世如張華載書三十車，杜兼聚書萬卷，韋述蓄書二萬卷，鄴侯插架三萬卷，金樓子聚書八萬卷，唐吳兢西齋一萬三千四百餘卷。宋室承平時，如南都戚氏，歷陽沈氏，廬山李氏，九江陳氏，番陽吳氏、王文康、李文正、宋宣獻、晁以道、劉莊輿，皆號藏書之富。邯鄲李淑五十七類，二萬三千一百八十餘卷，田鎬三萬卷，昭德晁氏二萬四千五百卷，南都王仲至四萬三千餘卷。而類書浩博，若《太平御覽》之類，復不與焉。次如曾南豐及李氏山房，亦皆一二萬卷，然其後靡不厄於兵火者。至若吾鄉故家如石林葉氏、賀氏，皆號藏書之多至十萬卷。其後齊齋倪氏、月河莫氏、竹齋沈氏、程氏、賀氏，皆號藏書之富，各不下數萬餘卷，亦皆失散無遺。近年惟直齋陳氏書最多，蓋嘗仕於莆，傳録夾漈鄭氏、方氏、林氏、吳氏舊書，至五萬一千一百八十餘卷，且仿《讀書志》作解題，極其精詳，近亦散失。至如秀嵓東窗鳳山三李、高氏、牟氏，皆蜀人，號爲史家，所藏僻書尤多，今亦已無餘矣。吾家三世積累，先君子尤酷嗜，至鬻負郭之畝，以供筆札之用，冥搜極討，不憚勞費，凡有書四萬二十餘卷，及三代以來金石之刻一千五百餘種。皮置書種、志雅二堂，日事校讎，居然籯金之富。余小子，遭時多故，不善保藏，善和之書，一旦掃地。因考今昔，有感斯文，爲之流涕，因書以識吾過，以示子孫云。"草窗所述宋世諸家藏書，亦有不止三萬卷者，爰做胡應麟《筆叢》之例，録其全文，以補葉氏所未詳也。

　　《述古堂書目》　案，羅振玉《玉簡齋叢書》據舊鈔本刻，有《也是園書目》十卷。

　　《傳是樓宋元本書目》　案，是書又有羅振玉《玉簡齋叢書》本。

　　《天一閣書目》　案，薛福成刻本乃見存書目，非阮氏編録時之舊觀矣。近羅振玉《玉簡齋叢書》又據舊寫本，刻有《天一閣書目》一卷。

　　《平津館鑒藏書籍記》　案，是書又有德化李氏刻本。

　　《拜經樓藏書題跋記》　案，是書近又有文學山房活字印本。

　　《知聖道齋讀書跋尾》　案，是書近又有文學山房活字印本。又羅振玉《玉簡齋叢書》刻有《知聖道齋書目》四卷。

　　《曝書雜記》　案，《別下齋叢書》本僅二卷，不全。

　　《批注四庫全書簡明目》　案，是書近有邵章家刻本，定名《四庫全書簡明目録標注》，刊成於己未年，其署宣統辛亥十月竣工，蓋避言國變耳。再案，是書初印本首葉欄外有"楊昭儁督印"朱文長方印。昭儁，字潛盦，湘潭人，家梅菴丈弟子，工篆法，時爲平政院掾吏，未幾，客死京師，年才三十也。

　　《持静齋書目》　案，莫友芝撰《持静齋藏書紀要》二卷，文學山房活字印本。江標編《持静齋宋元鈔校本書目》一卷,靈鶼閣刻本。

　　《邵亭知見傳本書目》　案,是書又有國學扶輪社活字印本,附張鈞衡批注。

　　收藏與過眼亦頗多　案,董授經康、羅叔藴振玉、張石銘鈞衡、劉翰怡承幹、袁抱存克文,其收藏與過眼亦頗多。張刻有《適園藏書志》十六卷,並葉氏所漏舉,應補。

　　《群書拾遺》　案,孫詒讓撰《札迻》十二卷,有家刻本,體例略同盧氏之書,應補。

　　《挈經室外集》　案,是書傅以禮編作《挈經室經進書録》四卷,七林書堂刻本。

　　島田翰　案,島田翰又撰《皕宋樓藏書源流考》一卷,光緒丁未武進董氏刻本。

　　王仁俊　案,己未夏,余游京師,與皖人葉姓同客邸,葉得仁俊藏書於其少妻,都二十巨箱,彙載入都,覬獲重價,有正德刻《姑蘇志》,日本刻《千金方》,嘉靖刻《蠛蠓集》《百家唐詩》,皆初印本。余擬購之,不肯零售,而仁俊所箸未刻之稿本頗多,余又爲介于某省長,某方赴官,無意此事,後不知歸何人也。

書 之 稱 本

　　一曰國本　案,此鮑彪注,非高誘也。再案,《戰國策》一曰《國本》,謂紀戰國本末,省文則稱《國本》,猶之古史官記黄帝以來訖春秋諸侯大夫號曰《世本》,《漢書·藝文志》春秋家,《世本》《戰國策》相次著録,其顯證也。葉氏釋爲書本之本,殊失穿鑿。

　　釋氏寫經一行以十七字爲準　案,魏唐人寫經爲余所寓目者,行字多少,初不畫一,《雲麓漫鈔》行十七字之説,未足爲據。

　　猶有□旋風葉　案:稗海本《墨莊漫録》卷三,是條"有"下空一字,乃初刻時誤衍,後經校削者,非原書有缺文也。明刻書類此甚多。

書有刻板之始

　　柳批家訓序　案,《唐書·藝文志》:"《柳氏訓序》一卷,柳批撰。"又,《郡齋讀書志》:"《柳氏序訓》一卷,唐柳批序其祖公綽已下内外事迹,以訓其子孫。"並與薛《五代史》所引書名不合。

刻板盛於五代

　　周廣順六年進印板《九經》顯德二年校《經典釋文》　案,《容齋續筆》卷十四：“予家有舊監本《周禮》，其末云：‘大周廣順三年癸丑五月，雕造《九經》畢，前鄉貢三禮郭嶸書。列宰相李穀、范質，判監田敏等銜於後。’《經典釋文》末云：‘顯德六年三月，太廟室長朱延熙書，宰相范質、王溥如前，而田敏以工部尚書爲詳勘官云云。’”《五代會要》以進《九經》在廣順六年，校《釋文》在顯德二年，並與監本原書不合。意王溥所紀親歷之事，必無舛錯，乃傳寫者互譌其年數耳。

刀刻原於金石

鏤金勒石皆以刀刻字之先河　案，《易·繫辭》：“上古結繩而治，後世易之以書契。”宣尼所稱上古，乃在庖犧以前。書契者，書栔也。蓋古代卜吉以龜，貨貝亦以龜，故其契龜削甲，實爲文字鼻祖。又即刀刻先河，要亦就習用之物奏刀爲之，以箸法數，初無所謂深義。而《河圖》《洛書》託言靈龜者，疑亦邃古契龜之文，藏於河洛之間，爲庖犧所扐獲，爰就契文，演畫八卦，而古史相傳，矜爲神秘耳。他若緯書所紀“倉頡爲帝”，“洛汭之水”，“靈龜負書”，文止二十八字，後李斯識八字，叔孫通識十一字。又黃帝、堯、禹、湯，並得龜書，可識可寫，皆其佐證。近年湯陰古羑里城有龜甲文出土，一時嗜古文奇字者，摹印考釋，定爲殷人刀筆書，足見契龜文字，下迄商周之際，沿而未改，又一明徵。然則契龜削甲，必更古於鏤金勒石矣。葉氏此篇，漏未舉似，故論及之。

版本之名稱

版本二字相連之文　案，《宋史》卷四百三十一《邢昺傳》：“景德二年，上幸國子監閱庫書，問昺經版幾何？昺曰：‘國初不及四千，今十餘萬，版本大備。’”又《崔頤正傳》：“咸平初，諸經版本多舛誤，真宗命擇官詳正。”此“版本”二字，已見北宋之初，前於岳珂二百餘年，至《九經三傳沿革例》所舉天福銅版本，乃偶然聯屬之文，而非板本正稱也。

巾箱本之始

巾箱五經　案，《金樓子》卷二：“使孔昂寫得《前漢》《後漢》《史記》《三國志》《晉陽秋》《莊子》《老子》《肘後方》《離騷》等，合六百三十四卷，悉在一巾箱中，書極精細云云。”其爲細字小裳，又過於衡陽王鈞《五經》本矣。

書肆之緣起

六朝有書肆　案，《金樓子》卷二：“遣州民宗孟堅下都市得書。”所稱都市，即書肆也。至任昉《答劉居士》句，不過采用《法言》，汎譽之耳。

翻板有例禁始於宋人

五件醫書　案，紹聖三年國子監牒文，又見陸《志》。再案，楊守敬仿宋嘉定何大任刊本，即王氏《脈經》一種。葉注疏未標明，不知者將疑爲合刻五件醫書矣。

元刊古今韻會舉要　案，余藏本即繆氏書，有"拜經樓吳氏藏書"朱文大方印，爲繆《記》所漏載。又有"魏塘鍾氏信美齋庚申以後所得書"朱文方印，繆《記》亦敓"信美齋"三字，至鍾氏自刻《春秋穀梁經傳補注》，則署"信美室"也。

南宋臨安陳氏刻書之一

《南宋群賢小集》　案，是書近有古書流通處石印汲古閣影宋鈔本，未縮小，頗精。

其時宗學多立如此　案，"如"應作"於"。再案，《咸淳臨安志》卷十一：宗學在睦親坊，國朝宗子，分爲六宅，宅各有學。《建炎以來朝野雜記》甲集卷六《東都故事》："宗室子皆築大室聚居之，太祖、太宗九王後曰'睦親'，秦王後曰'廣親'，吳宗二王曰'親賢'，神宗五王曰'棣華'，徽宗諸王曰'蕃衍'，凡五宅。"《咸淳志》作"六宅"，當出傳刻之誤。中興後唯"睦親"一宅云云，蓋睦親宅爲北宋宮學，舊稱睦親坊，則南宋宗學所在地也。宗學惟此一所，不得謂爲"多立於此"。

《李丞相詩集》　案，是書近有瞿啓甲頗黎版印本。

鞔鼓橋洪橋子　案，《咸淳臨安志》卷首"京城圖"，有鞔鼓橋、洪福橋，南北相連。卷二十一"橋道類"：洪福橋注清風坊東，汪刻本誤作"清和坊"，今據圖訂正。鞔鼓橋注洪福橋北，此洪福橋即《乾道志》之洪橋，亦即《李丞相詩集》牌子之洪橋子。蓋橋以洪氏得名，本曰洪橋，後衍稱洪府橋，更譌作洪福橋也。在今新市場，距官巷口之睦親坊二里而弱，惟《乾道志》洪橋、紅橋互譌，不審原誤，抑刻誤耳。至《容齋三筆》《李丞相詩集》兩書牌子：一作鞔鼓橋，南河西岸陳宅書籍鋪；一作洪橋子，南河西岸陳宅書籍鋪，實一家刻本也。葉氏所考，輾轉多誤。

南宋臨安陳氏刻書之二

增廣聖宋高僧詩選　案，是書《四庫》未收，葉氏謂"《四庫全書》奉天行宮、浙江文瀾閣均有其全，惜不得好事者鈔出重刻"，殊誤。

宋司庫州軍郡府縣書院刻書

本篇標題 案,司庫上應增"殿院監局"四字。又,"郡府"字嫌複,應刪"郡"字。

官刻醫書 案,北宋官刻醫書,如《太平聖惠方》一百卷,淳化三年御製序引鏤板,見晁《志》、陳《錄》。又《補注神農本草》二十一卷,嘉祐五年八月十二日進呈,奉聖旨鏤板施行。又《圖經本草》二十一卷,嘉祐七年十二月一日進呈,奉聖旨鏤板施行。並見《經史證類大觀本草》卷首奏敕,《重修政和經史證類備用本草》載在卷末。又《脈經》十卷,有"熙寧元年七月十六日進呈,奉聖旨鏤板施行"一行。明仿宋本。又《皇帝三部鍼灸甲乙經》十二卷,熙寧二年四月二十三日進呈,奉聖旨鏤板施行。後列高保衡、孫奇、林億、王安石、趙忭、曾公亮、富弼銜名。明鈔本。又《外臺秘要》四十卷,熙寧二年五月二日准中書劄子,奉聖旨鏤板施行,後列銜名同《甲乙經》,宋刊本。余藏明覆宋本,卷末所載亦同。並見陸《志》。此外,如《神農本草》《黃帝內經》《素問》《黃帝靈樞經》《黃帝太素》《傷寒論》《金匱要略方》《千金方》《千金翼方》《巢氏諸病源候總論》《廣濟方》,皆嘉祐間林億等所校進。雖不審其鏤板年月,要在紹聖元年奉旨開雕小字五書之前,應補。

秘書監本《張邱建算經》、王孝通《輯古算經》 案,"秘書監本"應作"秘書省本",監則省之長官也。再案,張邱建《算經》,毛扆跋:"扆從章邱李氏得《周髀》《緝古》二種,後從黃俞邰又得《九章》,皆元豐七年秘書省刊版,每卷後有秘書省官銜姓名一幅。又一幅宰輔大臣,自司馬相公而下,俱列名於後云云。"葉氏僅數《張邱建》《緝古》二種,餘皆漏之,應補。至毛扆跋所稱算書七種,《孫子》《五曹》《張邱建》《緝古》四部,鮑廷博據汲古閣影宋鈔本,刻入《知不足齋叢書》,卷末均載鏤板年月及秘書監趙彥若等、宰輔司馬光等銜名。《周髀》《九章》《夏侯陽》三部,則有聚珍版本,孔繼涵又合《海島》《五經》《綴術》三部,刻爲《算經十書》也。

兩浙東路茶鹽司熙寧二年刻《外臺秘要》 案,陸《志》是書雖載有"熙寧二年五月二日奉旨鏤板奏劄銜名",然每卷末或題"右從事郎充兩浙東路提舉鹽茶司幹辦公事趙子孟校勘",或題"右迪功郎充兩浙東路提舉鹽茶司幹辦公事張實校勘"。黃《書錄》張實銜名同。卷一末則有"朝奉郎提舉藥局兼太醫令醫學博士裴宗元校正"一行。宗元即大觀中奉敕編校《太平惠民和劑局方》者。陸《志》又有元刊本《局方》,有奉議郎守太醫令兼措置藥局檢閱方書裴宗元銜名。繆《續記》影元鈔本同。今以兩書結銜攷之,其校正《秘要》當在校上《局方》之後。上溯熙寧二年初刻,已四十載。當時宗元未必會與校正之事。蓋宗元所校《秘要》,乃國子監重刊熙寧本。而陸《志》是書又爲南宋翻刻,故各卷均列司幹銜名,惟卷一猶存底本舊款耳。不然,建炎後避高宗嫌諱,始改"勾當公事"爲"幹辦公事"。南渡以前之本,安得有趙子孟等結銜耶? 陸《跋》仞爲熙寧二年祖本,既未稽覈時代,又不詳考職官,何其陋也! 至謂是書哲宗以後諱字不避,更欺人之談,無徵不信矣。葉氏蓋承其譌而不自知耳。再案,陸《志》稱是書四十卷,完善如新。卷中有"武林高瑞南家藏書畫記"朱文長印,而黃《書録》及《賦注》,載是書藏本爲目録及第二十二卷亦有高氏印記,然則陸氏所謂完善者亦誆語也。

　　湖北茶鹽司本亦稱湖北庚司本《漢書》　案,《宋史·職官志》:"紹興十五年詔諸路提舉茶鹽官改充提舉常平茶鹽公事。"陸《志》是書有"提舉湖北路常平茶鹽公事梅世昌"銜名。張孝曾跋亦云,湖北庚司舊刊《西漢史》,庚司即提舉常平司也。葉氏據陸《志》誤節"常平"二字,應增。

　　淮南漕廨本《補漢兵志》　案,是書近有徐乃昌《隨庵叢書》影宋刻本,並將鮑刻校改之字附編札記。

　　明州公庫刻騎省《徐公集》　案,是書應作《徐公文集》,近有徐乃昌影宋刻本。

　　台州公庫刻《顏氏家訓》　案,鮑廷博曾據廉臺田家刻本刊入《知不足齋叢書》。考廉臺之稱,昉於元代,田家本又無宋諱字,其爲元覆宋刻無疑,而錢《記》、黃《録》,猶謂爲宋槧元印者,非徒欺人,實自欺耳。

　　沈圻刻《范忠宣集》　案,陸《志》是書刻於永州郡齋,非台州州學也,應改列郡齋門,並注元天曆重刻本。

　　咸淳七年邵武軍學補修乾道七年刻廖剛《高峰集》　案,是書乾道七年刻,已見前。此重列,應删。但補注"咸淳辛未軍學修補本"於前目下足矣。

附録二　長澤規矩也《〈書林清話〉糾繆并補遺》

　　世所稱爲漢籍版本學之金科玉律者，咸推葉德輝之《書林清話》及我島田翰之《古文舊書考》兩書。而其實二作以不愆舛繆，予曩既屢言之矣。《古文舊書考》中，關於本國儒書開雕之濫觴事項，今春已指陳其妄；至於《書林清話》，則常與吾友本多龍成學士讀之，而正其謬誤，論其謬説，並校其引用原文之不符者。兹逢《書志學》創刊之際，爰公之於此，以得本多君之力不少，特於斯誌其謝忱。

　　前輩引用舊籍，恒但采原書之大意，《書林清話》故亦爾也。故本文於此諸項，除認爲顯屬繆誤者外，餘不多及。惟於原書之刊記識語等重要事，則不之省略。自《清話》成書以後，新刊書目頗夥，今於卷一"古今藏書家紀版本"一節中所舉書目下之原注，爲之補注，其餘則否。此種斟補，僅限於葉氏已用之書目；據葉氏原書目異本之序跋，以論宋元舊刻，其中有難信者。又原目亦有繆誤，凡此種種，今多從略。即如森《志》（案，森立之《經籍訪古志》也。），葉氏用傳抄本與活字本（卷三第二十葉末行）之多不合處，兹亦不注。全篇用漢文體，采其簡也。

《〈書林清話〉糾繆并補遺》卷一

一後　六行　覆以次指捻面　明刊本、《學海類編》本、知不足齋本、《常州先哲遺書》本《梁谿漫志》皆無"捻"字。

二前　二行　借《文選》於交游间　《津逮》本《挥塵餘话》"於"作"于"，下同。

　　　三行　後仕至蜀爲宰　《津逮》本《餘話》"至蜀"作"王蜀"。

　　　四行　載陶岳《五代史補》　《津逮》本《餘話》"載"上有"事"字。

三後　二行　留都沿江才麃氊　靈鶼閣本《前塵夢影録》"麃"亦作"氊"。

　　　四行　當時盜賊蠭起　靈鶼閣本《夢影録》"當"作"其"。

　　　五行　至國初　靈鶼閣本《夢影録》作"至國朝初年"。

有子　靈鶼閣本《夢影録》（“子”）下有“三”字。

四後　五行　袁州本　故宮博物院圖書館有宋刊本,商務印書館所借印本是也。

六行　衢州本　有章氏式訓堂重刻本,又有光緒甲申王先謙刻本,附趙氏《附志》二卷,并《考異》《校補》。

五前　八行　天福銅版本　覆宋本《九經三傳沿革例》“版”作“板”。

監中現行本　覆宋本“現”作“見”。

九行　蜀學重刻大字本　覆宋本“刻”作“刊”。

一〇行　俞紹經家本　覆宋本作“俞韶卿家本”。

後　一行　越中注疏舊本、建有音釋注疏本、蜀注疏本　覆宋本無“舊本”兩字,并“注疏本”之“本”字,“建”下有“本”字,“注”字皆作“註”。

二行　《汲古閣珍藏秘本書》　當補《行素堂目覩書録》附刊本。

六行　雲自在龕刻本　收在《藕香零拾》之内。

一〇行　《傳是樓宋元本書目》　有《玉簡齋叢書》本。

六前　三行　《讀書敏求記》　有石印本,又有《校證》四卷刻本。

後　四行　《祠堂書目》　有《木犀軒叢書》本。

七行　《廉石居藏書記》　有《木犀軒叢書》本。

九行　《涉聞梓舊》刻本　當作“《别下齋叢書》本”。

一一行　近日袖珍活字本　當作“《古學彙刊》本”。（補）《補録》一卷,冷雪盦民國己巳活字印本。

七前　二行　《愛日精廬藏書志》　有初刻本。四卷,嘉慶中木活字印本。

四行　《知聖道齋讀書跋尾》　有蘇州文學山房木活字印本。

八行　緒曾子崇嶧刻本　當作“翁氏茹古閣刊本”。

九行　《結一廬書目》　有《晨風閣叢書》本。

一〇行　《批注四庫全書簡明目》　有宣統三年邵氏家刻本,題“《四庫簡明目録標注》”。

後　一行　《鐵琴銅劍樓書目》　有光緒丁酉董氏誦芬室刻本。光緒三十四年,“三”爲“二”之誤。

三行　《宋元舊本書經眼録》　有光緒十年上海還讀樓刻本。

四行　《邵亭知見傳本書目》　有上海國學扶輪社活字本,又有江安傅氏活字印本,上海掃葉山房石印本。

六行　光緒庚辰年家刻本　“辰”當作“寅”。

七行　《日本訪書志》　（補）有民國十九年活字印本《日本訪書志補》一册。

八行　《留真譜》（補）《二編》八册,民國丁巳家刻本。

八前　三行　《居易録》　又有通行本、石印本、活字印本。

《曝書亭集》　有《四部叢刊》本,日本刊本不全。

四行　《義門讀書記》　有通行本。

六行　《群書拾補》　有石印本。

《抱經堂集》　有《四部叢刊》本。

七行　《竹汀日記抄》　有潘刻五種本。

《思適齋文集》　有文學山房木活字印本。

九行　《挈經室外集》　有民國辛未雙流黄氏濟忠堂刻本,又有石印
本《簡明目録》、石印本《四庫提要》附印本。

一一行　《儀顧堂集》　有光緒戊戌刻二十卷本。

後　一行　《經籍訪古志》　有上海廣益書局活字印本,又有大正十四年
東京廣谷國書刊行會活字印《解題叢書》本。

二行　《古文舊書考》　有民國丁卯北京藻玉堂活字印本。按,葉氏
所未著録目録不尠,今概不補。

九前　四行　《晉書·束晢傳》　按,與原文不全同,凡古人所引用之文,或
略或改,不尠。是以葉氏所引與正史出入者,今不駁。

一一後　三行　十三、十四、十五　陸《跋》作“十三至十五”,下做之。

一三前　五行　《漢書》“中外禔福”　通行本《顔氏家訓》《漢書》下有
“云”字。

後　九行　六百七卷　“六百十八卷”(之)誤。

一四前　一一行　改爲　通行本李《集》改作“解”。

一五前　六行　二十七年　通行本森《志》作“七年”。

一〇行　有籤條　原本作“一條”。

一六前　七行　王褒《童約》　通行本《顔氏家訓》下有“曰”字。

八行　《詩》“伐木滸滸”　通行本《家訓》“詩”下有“云”字。

九行　削脯　通行本《家訓》“脯”作“哺”。

一七後　七行　挺莖淇水側　宋本《御覽》“挺”作“抽”,嘉慶刊本作“挺”。

一八前　四行　無首尾　下脱“題目”二字,其下省文。

後　二行　進表　余所見表文與之異。

二〇前　二行　模勒　聞北宋蜀本《元集》“勒”作“寫”,然則不能爲證。

後　三行　便雜本交錯　通行本《會要》“便”作“使”。

二一前　三行　《五經文字樣》　當作“《五經文字》《九經字樣》”,蓋脱
三字。

　　　後　七行　檢尋稿草　貫《集》"檢尋"作"尋檢"。

　　　　　　　　雕刻成部　貫《集》上有"乃"字。

二二前　二行　上卷　《提要》作"上一卷"。

二五前　一一行　二十五卷　(爲)"二","一"(之)誤,繆《續記》書名下誤
　　　　　　　　刻卷數。

二六前　五行　淳熙　疑"紹熙"(之)誤。

　　　　一一行　宋刊本陸游《渭南文集》　按,丁《志》所著録則係明弘治
　　　　　　　　華氏活字本,葉氏脱注記。

二七前　六行　淳熙甲辰刻板南康郡齋　黃《書録》作"刻版南康郡齋淳熙
　　　　　　　　甲辰歲十二月初十日"。

　　　後　一行　建安余氏模刻　原本卷八末作"建安余氏模刊",卷一第三
　　　　　　　　葉末及卷三末作"静庵余氏模刻",卷二末作"靖庵余氏模
　　　　　　　　刻",卷三第一葉末作"建安余氏模刻",《清話》卷二"宋建
　　　　　　　　安余氏刻書"條亦誤。

　　　　三行　建溪　張《志》、錢《日記》作"建谿"。

《〈書林清話〉糾繆并補遺》卷二

一前　九行　每一集　書影上有"甚至"之二字。

　　　一一行　余嘗言　書影"嘗"作"常"。

二前　七行　嘗以自隨　《西京雜記》一本"嘗"作"常",又出入數字。

　　後　一一行　《名公增修標注隋書詳節》　繆《續記》未載。

四前　一行　韋氏瑞錦堂　"韋"當作"周"。按,李《記》云:"鑑古堂八年
　　　　　　前韋氏書甚多云云。"蓋因此誤。

　　後　一行　宋刻吕祖謙《古文關鍵》　檢森《志》、丁《志》、楊《志》而
　　　　　　未得。

五後　九行　字畫圓活　王刻《天祿琳琅書目》"畫"作"法"。

　　　一〇行　光宗時刻本　陸《續跋》"刻"作"刊"。

六前　五行　陳明卿　《曝書雜記》所引下有"輩"字。

七後　五行　右令　楊《志》"令"作"今"。

一一後　一行　紹興　《禮記正義》有是跋,作"紹熙"。

四一　一行　紹興　(案,係)紹熙(之)誤,《禮記正義》有是跋。

　　　七行　其言曰　原本"曰"作"云"。

　　　　　　紹興辛亥　原本作"紹熙辛亥"。

一三前　八行　家塾　下當有"五經"二字。

一四後　四行　卷二卷三　當作"卷一卷三"。

　　　　六行　建安余氏模刻　"模刻"當作"模刊"。

一六前　九行　刊於勤有書堂　楊《譜》原本"刊"作"於"，上《公》《穀》刊
　　　　　　　記中亦同。

　　　一〇行　《李太白詩集》　按，卷末有"至大庚戌，余志安刊于勤有
　　　　　　　書堂"一行。

　　　一一行　《廉石居記》　《記》無是書，《天禄琳琅》二、孫《記》著録。

　　　　八　張續志　《志》作"建安余氏勤有堂刊"。

　　後　五行　孫《記》、瞿《目》　按，孫《記》無，瞿《目》亦係後印，森《志》
　　　　　　　著録。

　　　一〇行　陸志　《天禄琳琅》八著録，陸《志》無。

一七前　三行　陸《集》　按，陸《集》有校元本《名臣事略》書後一文，未言
　　　　　　　及木記。

　　　　五行　刻於勤有堂　森《志》原本"於"作"于"。

　　　一〇行　刊於勤有堂　《志》"於"作"于"。

　　　　　　　張志　下當補"《天禄琳琅後編》二"七字。

　　　一一行　刊於靜庵　丁《志》原本"於"作"于"，瞿《目》誤記。

　　後　七行　森《志》　楊《譜》亦著録。

　　　　九行　森《志》　森《志》無勤德書堂本，而有雙桂書堂本，楊《志》
　　　　　　　著録"均"字，當削。

一八後　八行　扳之　《齊東野語》"扳"作"報"，此誤。

一九前　八行　卷帙　原文下有"中有晚學者未能曉者"之九字。

　　　一〇行　入梓　原文下有"流行庶使"之四字。

二〇前　二行　《靜佳乙稿》　又有《挽芸居》一首。

　　　　六行　寶刻彙編　"彙"（係）"類"（之）誤。

二二前　七行　俞桂　（案，係）"武"衍（之）誤。

　　　一一行　□□□□□　當作"潤且光芙蓉"。

　　　　　　　慷慨珍□意何永　"□"當作"投"。

　　後　三行　點朱塗黄細商榷　"榷"，原本作"確"。

　　　　七行　生平媿彼倉　予所觀本"媿"作"愧"。

三三後　一行　典型無復覩　"型"作"刑"。

　　　　三行　西湖一葉驚先落　"驚先"一作"西風"。

二四前　六行　爲中都陳道人　下脱"所編"之二字。

二七後　二行　宋末書估　陸《志》"估"作"賈"。

三行　　没於兵　陸《志》"於"作"于"。

二八前　四行　睦親坊書估　丁《志》上有"宋"字，"估"作"坊"。

二九前　四行　陸《志》　瞿《目》亦著録，明刊本。

　後　二行　丁《志》　丁《志》不載木記。

　　　七行　雅琳小橐　丁《志》所載木記作"臨安府棚北大街陳氏書籍
　　　　　　鋪刊行"。

《〈書林清話〉糾繆并補遺》卷三

二表　四行　刻揚雄《太玄經》十卷　《提要》無年號。

　　　五行　丙辰　當作"丙寅"。

　　　　　　《唐書》　《舊唐書》之誤。

　後　五行　影鈔宋本　《記》作"舊鈔本"，書中此類尤多，不復備載。

　　　　　　卷末　《記》作"篇末"，書中此類亦多，"一"行《記》作"八"字。

　　　一〇行　下脱"森《志》補遺"之四字。

　　　一一行　潼州轉運使本　《真賞齋賦》"使"作"司"。

三前　七行　福建漕司本　《天禄琳琅》、瞿《目》"司"俱作"治"。

　　　一一行　前有王夬亨序　原《目》作"前淳祐庚戌王夬亨序"。

　　　　　　結衔稱　原目無"稱"字。

　後　二行　荆湖北路安撫使本　"安撫使"下諸本有"司"字。

　　　三行　張《志》　下當注記"舊鈔本"。

　　　一〇行　爲刻二卷于江東倉臺　《提要》"于"作"於"。

四前　八行　瞿《目》　注記與原文差異。

　後　一〇行　《四庫書目提要》　按，《提要》無"公使庫刻書"之文。

五前　一行　顧《集》　下脱"錢《日記》"之三字。

　　　一一行　陸《志》　陸《志》著録"宋刊二十一卷本"，未言天聖七年刻
　　　　　　書，毛氏影宋鈔二十卷本云："按，末有'明道二年四月初五
　　　　　　日得真本'一行，'天聖七年七月二十日開印'一行。"

　後　四行　陸《跋》　陸《跋》不見。

六前　六行　泉州軍州學　"泉"疑"兗"字誤，蓋因《演繁露》誤。

　　　九行　全州軍州學　"全"（係）"金"（之）誤刻。

　　　一〇行　淳熙丙午嚴州州學刻　按，森《志》著録"紹熙辛亥二年永
　　　　　　州州學刻本"，亦係嘉定改元重刻。疑葉氏誤記，然則當在
　　　　　　《淮海集》之前。

　後　一行　象州軍州學　上脱"淳熙十四年"之五字。

六行　陸《志》　當作"陸《續志》"。

　　　　沈圻　上當有"知永州軍州"之五字。

七前　九行　無年號衢州州學刻《三國志》　按,原本陸《志》所云"衢州録
　　　　事參軍蔡宙",或是明人。

　　　一〇行　《天禄琳琅》十　似當删。

　　　一一行　朱《目》、《結一廬書目》有明刊本,而無宋刊本。

　後　四行　《寇萊公詩集》　陸《志》作"《寇忠愍公詩集》"。

　　　五行　隆興元年重刻　按,原本清刊也。

　　　七行　陸《跋》　當作"陸《續跋》"。

　　　八行　臨川郡齋　上脱"紹興十年"之四字。

　　　一〇行　紹興三十一年　瞿《目》同,陸《志》則作"三十年"。

八前　二行　《孔傳六帖》　《目》作"《孔氏六帖》"。

　　　九行　乾道庚寅　瞿《目》、陸《志》云"洪遵刻書",而無郡齋文字。

　後　二行　丁《志》　無"姑熟"語。

　　　五行　廣德　"德"疑"漢"字誤。

　　　七行　括蒼郡齋　上脱"淳熙五年"之四字。

九前　一行　《文選》雙字　上當補"楊《志》"之二字。

　　　五行　《襄陽耆舊集》　"集"當作"傳"。

　後　二行　影宋鈔本　上當補"均"字,陸《志》亦係鈔本。

　　　一一行　影宋鈔本　上當補"均"字,丁《志》亦係影宋鈔本。

一〇前　六行　又　上當補"陸《志》"之二字。

　　　　八行　丁《志》　當改作"張《志》"之二字,丁《志》則"嘉定壬申刊
　　　　　本"也。

　　後　一行　四十卷　似當作"五十二卷"。

　　　　四行　張《志》、陸《志》　當削,蓋二《志》所云則"嘉定戊辰刊
　　　　　本"也。

　　　　五行　淳熙三年舒州公使庫　《提要》無年號,又未言公使庫,而言
　　　　　郡齋,予以爲當改作"舒州郡齋無年號刻"。

一一前　三行　張《志》　下當補"瞿《目》校宋本"之五字。

　　　　　張《志》、瞿《目》　當削。

　　　　四行　建安郡齋　兩《志》云"寶慶丙戌八月初吉古杭葉晉書于建
　　　　　安堂",未知即建安郡齋否。

　　　　五行　張《志》　下當注記"舊鈔本"之三字。

一二前　四行　陸《志》　檢靜嘉堂藏本,實係明刊。

後　　二行　舊鈔本　　上當補“均”字。

　　　　五行　瞿《目》　亦當注記“舊鈔本”之三字。

　　　　　　　明刊本　　當在“陸《志》”下，“陸《集》”下當注記“影宋鈔本”四字。

　　　　七行　《天禄琳琅後編》七　下當注記“亦見前州軍學本”七字。

　　　　八行　陸《志》　下當注記“舊鈔本”之三字。

一三前　一行　瞿《目》　下當注記“校宋本”之三字。

　　　　九行　瞿《目》　下當補“陸《志》傳鈔閣本”。

　　　　一〇行　張《志》　下當注記“舊鈔本”三之字。

後　　二行　瞿《目》　下當注記“校宋本”之三字。

　　　　　　　寶祐四年　陸《志》作“嘉祐四年江寧府刻”。

一四前　一〇行　明刊本　　上當補“均”字。

後　　三行　黃《記》　下當注記“明刊本”之三字。

　　　　一〇行　陸《志》　下當注記“舊鈔本”之三字。

一五前　八行　龍溪書院　瞿《目》、浙《録》“溪”作“江”。

　　　　一一行　明鈔本　　“刊”誤“鈔”。

後　鷺洲書院　莫《録》標題下誤脱“白”字。按，劉《影》作“白鷺洲書院”，又注文與莫《録》原文不同。

一六前　四行　影宋鈔本　上當補“均”字。

　　　　六行　陸《跋》　上當補“《天禄琳琅》三、錢《日記》元本”之十字。

　　　　八行　元翻宋本　上當補“均”字。

　　　　九行　宋本跋　　當作“影宋明州本”。

後　一行　丁《志》　檢丁《志》“史評類”無此書。

一七前　二行　臨安府雕印　“雕”瞿《目》、張《志》俱作“彫”。

　　　　四行　陸《志》　當作陸《續志》。

　　　　　　　影宋鈔本　上當補“均”字。

　　　　七行　孫《記》　下當注記“元刊本”之三字。

一八後　六行　楊《譜》　上當補“森《志》補遺、楊《志》”。

　　　　八行　瞿《目》　下當補“校宋本楊《録》”之五字。

一九前　七行　張《志》　下當補“楊《録》”。

　　　　八行　傳卿　　“傳”，“傅”誤刻，下同。

　　　　一一行　影寫宋刊本　上當補“均”字。

後　九行　錢《記》　“錢”下脱“日”字。

二〇前　四行　慶元三嗣　“嗣”（係）“祀”（之）誤。

五行　黄《賦注》　疑衍。

一一行　端陽　下脱"日"字。

後　一一行　刻梓於家塾　原《目》"於"作"于"。

二一前　三行　集注五十家　"注"字與下不符,當作"注"。

七行　《論語筆解》　《提要》上有"附"字。

一〇　丁《志》　下當注記"元刊本"三字。

後　九行　碑記　"碑"當作"牌",原文見劉《影》。

二二前　四行　舊鈔本　上當補"均"字。

昨於嘉泰元年春　"於"兩《志》俱作"于",下"手鈔"作"手抄"。

八行　丁《志》　按,丁《志》無年號。

後　一〇行　《老子道德經》　疑或是元明間覆宋刊本。

二三前　一行　眉山文中　疑或是刻工名氏。

五行　瞿《目》　按,瞿《目》無是本。

八行　前、後《漢》　下脱"書"字,此本崇蘭館亦藏一部。

楊《志》　楊《録》著録,疑"録"誤"志"。

一〇行　瞿《目》　下當補注"存五卷"。

二四前　二行　陸《跋》　上當補"陸《志》"二字。

四行　茶陵　記下有"後學"之二字。

後　四行　顧《集》　顧《集》不見此跋,覆刻本序末有此刊記。

五行　楊《志》　二字衍。

七行　陸《續志》　下當注記"傳録本"之三字。

八行　丁《志》　丁《志》云"東瀛翻宋麻沙本",蓋亦日本活字印本。

二五前　四行　月厓書堂　"厓",張《續志》、瞿《目》俱作"崖"。

一〇行　吳元恭校宋本　上當補"均"字,陸《跋》不云吳校本,而其爲吳元恭校宋本明也。

後　一行　日本重刻本　丁《志》作"宋麻沙刊本",蓋係葉氏誤記。

三行　影宋鈔本　上當補"均"字。

陸《志》　下當補"陸《跋》"二字。

六行　《天禄琳琅》六　下當注記"元翻宋本"之四字。

七行　瞿《目》　下當注記"均舊鈔本"之四字。

黄《記》　下當注記"明鈔校宋本"之五字。

朱《目》　下當注記"影宋鈔本"之四字,又當補"繆《續記》"之三字。

一〇行　影宋刻本　當作"影宋寫本",下"《述異記》"下亦同。

二六前 四行 餘不可辦 瞿《目》作"可審"。

一〇行 森《志》補遺 不見。

一一行 《南華真經注》 瞿《目》作"南華真經新傳"。

後 三行 張《志》 下當注記"鈔本"之二字。

九行 文各依類 "文",《外集》作"又",其外微有異同。

二七前 三行 錢《日記》 按,錢《日記》錄宋版不全,《左傳》未稱"種德堂本"。

四行 《楊氏家傳方》 "傳","藏"字誤。

森《志》 下當補"補遺"之二字。

《〈書林清話〉糾繆并補遺》卷四

頁一前 七行 平水閑邪瞶叟述 森《志》"瞶"作"瞶"。

森《志》 下脫"補遺"二字。

後 二行 瞿《目》 下當注記"影鈔元本"四字。

三行 陸《續跋》 下當注記"影鈔元本"四字。

繆《記》 下當注"同上",又此下當補"楊《錄》"二字。

楊《續錄》 下當注記"影金鈔本"四字。

六行 陸《續跋》 下當注記"宋刊本"三字。

泰和丙寅 楊《錄》"丙寅"作"丙辰"。按,泰和有丙寅、戊辰而無丙辰,故葉氏改之。

頁二後 五行 影元刊本 當作"影鈔元刊本"。

八行 瞿《目》 下當補"楊《錄》、森《志》"四字。

九行 丁《志》 下當注記"明人重刊本"五字。

楊《錄》 下當補"《學部館目》"四字。

頁三前 二行 莫《目》 莫《目》無"池州路儒學"文字。

後 一行 《天禄琳琅後編》三元板類 按,卷三則"宋版經部"也。

二行 影元刊本 當作"均影寫元刊本"。

四行 楊《志》 下當注"日本刊本"四字。

五行 《天禄琳琅》六 "六"當作"《後編》十"。

六行 《貞觀政要》 楊《志》所錄,則係舊鈔本。

八行 瞿《目》 按,張《志》有"《隸續》元刊本"。

一一行 陸《志》 下當注記"均舊鈔本"四字。

頁四前 五行 陸《續志》 下當注記"影寫元刊本"五字。

七行 陸《續跋》 下當補"張《志》、丁《志》、《學部館目》"八字。

　　　　　八行　《金史》　上當補"至元五年刻"五字。

　　後　　四行　陸《志》　下當注記"均舊鈔本"四字。

　　　　　六行　張《志》　下當注記"舊鈔本"三字。

　　　　　　　　影元刊本　當作"影寫元刊本"。

　　　　　七行　明弘治刊本　上當有"均"字。

　　　　　一一行　陸《跋》　下當補"張《志》、瞿《目》"四字。

頁五前　五行　《六書故》三十三卷　下當補"見瞿《目》明刊本"六字。

　　　　　十行　陸《志》　下當注記"明刊本"三字。

　　後　　八行　孫《記續編》　當作"孫《記》,同《續編》,《天禄琳琅後編》十"。

　　　　　　　　丁《志》　下當注記"明刊本"三字。

　　　　　一一行　森《志》　下脱"補遺"二字。

　　　　　　　　日本仿刻宋本　當作"日本影刻元刊本"。

頁六前　三行　瞿《目》　上當補"張《志》"二字。

　　　　　九行　瞿《目》　下當補"丁《志》"二字。

　　　　　　　　森《志》　下當注記"朝鮮國活字印本"七字。

　　後　　三行　陸《志》　陸《志》不見。

　　　　　五行　陸《續跋》　又見于楊《譜》。

　　　　　七行　當作森《志》。

頁七前　四行　丁《志》　下當注記"影寫元刊本"五字。

　　　　　九行　楊《譜》　下當補"楊《志》"二字。

　　後　　九行　明翻宋本　疑衍文。

頁八前　三行　《天禄琳琅》十　下當注記"明刊本"三字。

　　　　　六行　浙《録》　浙《録》不見。

　　　　　八行　森《志》　下當補"《學部館目》"四字。

　　後　　二行　瞿《目》　下當注記"舊鈔本"三字。

　　　　　七行　楊《譜》　上當補"楊《志》、繆《記》校元本"七字。

　　　　　一〇行　明仿元本　上當補"均"字。

頁九前　六行　目録有　《天禄琳琅》作"目録後刻"。

　　後　　七行　目録後　陸《續跋》無"録"字。

　　　　　八行　香鑪式　陸《續跋》下有"印"字。

　　　　　一〇行　錢《日記》　錢《日記》不載。

頁十前　一行　陸《續跋》　上當補"《學部館目》"四字。

　　　　　二行　版心有　陸《續跋》"有"上有"間"字。

　　　　　四行　陸《志》　陸《志》係覆刻本。

　　　　　五行　　陸《志》　上下各當注記“舊鈔本”三字。

　　　　　六行　　森《志》　下當注記“舊刊本”三字。

　　　　　　　　　莫《録》　莫《録》不載，下當補“陸《志》影寫元刊本”七字。

　　　　　九行　　皇慶癸丑　繆《續記》“癸丑”作“癸巳”。按，皇慶無癸巳，
　　　　　　　　　是故葉氏改之。

　　後　一行　　瞿《目》　上當補“張《志》”二字。

　　　　　　　　　楊《録》　按，楊《録》所載則係宋本。

　　　　　　　　　丁《志》　下當補“明翻元統刊本、《學部館目》、陸《志》”，十二字。

　　　　　九行　　無元號　森《志》云“首載至元丁卯河東高鳴序”，蓋係至元
　　　　　　　　　中刊本。

頁十一前　三行　　汪氏誠意齋集書堂　按，汪氏所刻《東坡詩》，則明覆元刊
　　　　　　　　　本也。《天禄琳琅目》所録宋本往往不可信。

　　　　　五行　　余彦國　上當補“建安”二字，疑是宋末刊本。

　　　　　九行　　森《志》　下當注記“朝鮮國活字印本”七字。

　　　　　一〇行　熊禾武夷書室　此項似當削。

　　後　一行　　崇川書府　按，《春秋諸傳會通》卷末有“同年虞氏明覆
　　　　　　　　　齋刊”木記，然則崇川書府、明覆齋其實一也。

　　　　　六行　　楊《録》　下當注記“明鈔本”三字。

　　　　　九行　　平陽道參幕　錢《日記》、吳《記》“參”俱作“僉”，可從。

　　　　　一〇行　《天禄琳琅後編》四　疑衍。

頁十二前　二行　　陸《跋》　下當注記“影元鈔本”四字。

　　　　　三行　　繆《記》　當作“繆《續記》”。

　　　　　六行　　楊《譜》　疑衍。

　　　　　九行　　森《志》　下脱“《補遺》”二字。

　　　　　　　　　陸《志》　下當注記“東洋覆宋本”五字。

　　　　　　　　　陸《跋》　下當注記“東洋覆元本”五字。

　　後　一行　　劉震卿　此項當削。按，劉震卿，蓋刻工之名也。

頁十三前　二行　　瞿《目》　下當補“楊《録》”二字。

　　　　　三行　　森《志》　下當補“楊《志》、楊《譜》”四字。

頁十四前　二行　　張《志》　下當注記“影鈔本”三字。

　　　　　五行　　莫《録》　疑衍。

　　　　　六行　　陸《續志》　下當注記“影寫元刊本”五字。

　　　　　一〇行　日新堂刻　當作“日新書堂刻”，瞿《目》無“刻”字。

　　後　五行　　楊《譜》　當作“森《志》”。

八行　張存惠堂　"張"下脱"氏"字。

一一行　《傷寒百證經絡圖》　上當補"傷寒百問"四字。

頁十五前　三行　張《志》　下當注記"影鈔本"三字。

六行　森《志》　下當補"陸《志》"二字。

七行　陸《跋》　下當注記"鈔本"二字。

一一行　與耕堂　當作"與耕書堂"。

後　二行　瞿《目》　疑衍。

五行　建安萬卷堂　此項當削。按，吳《記》、森《志》，俱作宋刊本。又，圖書寮、靜嘉堂文庫各藏一部，皆係宋刊元修本。

一〇行　瞿《目》、陸《志》　下當注"均明刊本"四字。

頁十六前　二行　積慶堂　按，此當在"潘屏山圭山書院"條下，葉氏自注固已言之矣。

四行　德星堂　當作"德星書堂"。按，瞿《影》所載木記有"書"字。

九行　張《志》　疑衍。

一〇行　《和劑局方》　"濟"當作"劑"。

頁十七前　七行　陸《志》　下當注"影元刊本"四字。

一〇行　桃谿　諸《目》"谿"作"溪"。

頁十八後　七行　丁《志》　下當注"影鈔洪武刊本"六字。

頁十九前　五行　陸《志》　下當注"舊鈔本"三字。

後　二行　瞿《目》　瞿《目》作"宋刊本"者誤。

七行　張《志》　下當注"宋賓王手鈔本"六字。

瞿《目》　下當注"舊鈔本"三字。

八行　森《志》　下脱"補遺"二字。

繆《續記》　下當補"影寫元刊本"五字，《記》"元"作"宋"，誤。

頁二十前　六行　森《志》　下當補"楊《志》、楊《譜》"四字。

後　三行　《通鑑綱目大全》五十卷　當作"五十九卷"。

四行　五書刻之　當作"《和劑局方》六書刻之"。

七行　清江書堂新刊　楊《譜》"刊"作"刋"。

頁廿一前　六行　張《志》　下當注記"影鈔本"三字。

九行　葉景逵　原本"逵"作"達"，下同。

一〇行　陸《續志》、丁《志》　下當注記"均影寫元刊本"六字。

一一行　森《志》　下脱"《補遺》"二字。

陸《志》　疑衍。

陸《續跋》　"續"字,疑羨文。

後　　五行　《杜工部詩集》　按,廣勤堂刊本《杜詩》即積慶堂圭山書院刊本之後印本也,舊説非是。

一部云　按,是文與《天禄琳琅目》原文不符。

頁二三前　三行　"雍作甌重九日蒲陽余性初序"云云　原本"重九日"上有"歲"字,"蒲"作"莆","序"作"叙","逵"作"達"如前,"繡"作"綉","於"作"于"。

九行　"宣德四年"四字　米澤圖書館所藏本有此四字,恐係補刻。

頁二四前　一行　監省選編《萬寶詩山》　《藕香零拾》本《破鐵網》"監省"作"省監"。

《書林清話》校補二下

葉氏《書林清話》一書,係其遺著中之巨製,嘉惠同好,甚非淺鮮。然其脱誤之處頗多,余試作補訂。其一至四卷曾於本《志》第一卷發表。惟卷一"古今藏書家紀版本"一項,除就其原有書目加以注記外,並無補遺。此稿曾經浙江圖書館轉譯,載於館刊。經此鼓舞,遂有刊出續稿之意。然該館《文瀾學報》第二期已載有李氏之《校補》二卷;爲免掠美之嫌,乃改變體例,揭載於此。拙稿誠甚瑣屑,然亦似非全無用處也。

至於余之改變體例,實因校勘記之類體裁過於繁瑣之故。又,卷五大都研究明代版本,而余另有編刊明代刊書表之計劃,故暫不發表,以俟他日。余所據之葉書原本係木刻本,其本文之字句有差異時,則注記之。至於其所引之文而不明其出處者則不列舉。

一四三　五　許人納紙墨錢收贖　許人納紙墨價錢收贖。

八　州軍州兼……　知舒州軍州兼……。

一四六　一　宋刻經注疏分合之別　按,葉氏此節,係據《七經孟子考文補遺》原刻本及《訪古志》單行本,其跋文之"紹熙",皆誤作"紹興",自應改正。然越刊八行本注疏中最早刊行之《易》,在紹興時;故可謂合刻之初在紹興。但《禮記》之刊印則在紹熙,考文之誤甚明,楊《志》是也。

一四八　一一　宋刻《纂圖互注經子》　按,此節列舉各書中,有元乃至明初之刊本,而非宋刻者,以無原書可資參照,故概付闕如。如陸《志》之六子,原書非宋刻者甚明,或係明初之刻本也。

一五三　八　時嘉定戊辰季春既望　按,原書下有"刊于一經堂,將諸本校
　　　　　證,並無一字譌舛,建安"等十八字,黃《書録》佚漏,而葉氏因
　　　　　未見原書,故襲其脱誤,葉氏所謂"不言事實"之論,不能成立。

一五五　八　京山李維柱　原作"景",此本已改。按,刊本《天禄琳琅書目》
　　　　　作"景",錢《集》作"京",《蘇州府志》作"京山人",故應從"京"。

一五八　六　陸《志》載　按,陸《志》所載,本係日本所刻舊刊本,故任注
　　　　　《黃詩》一項應删。然此本所據之宋末元初刊本,亦有此誤。

一六〇　四　末有　目録末有。

一六一　四　以及字總數　康熙刊本無此五字。

一七二　四　勝於宋十行本也　按,此真十行本,非宋刊十行本,蓋元翻刻
　　　　　本之誤。

　　　　七　余氏勤有堂本　按,非宋本,係元本,已詳上卷。

一七七　一一　孫《記》、錢《記》　可疑。

一七八　八　所載　按,二字或爲衍文,《廉石居記》"俱見序例"之下,有
　　　　　"據此知明黃佐《南雍志》所載"等字。

一八九　二　今流俗本　今流俗鈔本。

二〇〇　三　讀書跋　未見。

二〇一　五　用鉛字　用銅鉛爲活字。

二〇三　四　見丁《志》　見丁《志》、黃《續記》、張《志》。

二〇三　七　次一行　次一行後。

二〇四　一一　《愛日精廬》　按,嘉慶中,又曾以活字印行《愛日精廬藏書
　　　　　志》四卷。

二〇五　一　朝宗書屋　按,又曾以活字印行《日知録集釋》三十二卷。

二〇六　六　瞿《目》、陸《志》　瞿《目》、張《志》、陸《志》、黃《記》。

　　　　一〇　八字　兩行八字。

　　　　一一　活字印　活字銅版印。

　　　　一一　自序　自序、何異序。

二〇七　二　據宋本校正　據宋本一一校正。

二〇八　一五　鈔補甲集中　所鈔補甲集中。

二一二　一〇　安國所刻然猶……　安國所刻,雖已分十五卷,然猶……

二一六　二　題曰……出經　按,陸《志》原文,有"蘇州汪氏有南宋刊本,
　　　　　題曰:'《新雕白氏六帖事類添注出經》'字樣,列於文末。"而
　　　　　"每葉……極精"等字,見於篇首。此種題記,非陸氏之藏本。

　　　　四　有宋刊本云……　按,此非引用原文,僅取其意而言之。

一五　《初學記》　按,此書係日本秘府所藏之紹興刊本,北平圖書
　　　館已影印。

二二〇　一〇　上古三代……古文　《全上古三代秦漢三國六朝文》。

二二三　八　寶應縣　按,《天禄琳琅》刊本,誤作"印"。

二二四　三　繆《續記》　按,不見有此。

　　　　八　宋陳亮編……　瞿《目》"宋陳亮編……"。

二二五　二　湖州户部贍軍酒庫記　按,黄《書録》同,黄《賦注》(思適齋集
　　　　　本,潘刻五種本)共作"膽"。

　　　　三　湖州都商税務朱記　按,黄《書録》同,黄《賦注》上有"監"字。

二四七　九　閩監本即南監　按,應作"閩本",指李元陽、江以達校刊本,非
　　　　　監本。

二五〇　一〇　洪亮吉《北江詩話》云　按,此引文不忠實。

二六六　一〇　至國初補欠　至國初或國初補欠。

二六七　一　或用沙石……　或粧茅損用砂石……

二六九　六　如《太平寰宇記補闕》六卷實出僞撰　按,此六卷非僞撰,蓋葉
　　　　　氏不知日本秘府藏有宋刊本之故。

二六九　一五　大半近百年内高麗舊鈔　按,此語誣妄,不足辯。

二七〇　一　盲人評古董　按,葉氏詆謗楊氏甚力,然葉氏何爲又屢舉宋
　　　　本?楊氏初無鑑識之明,時爲森立之等所誤。然日久漸明,遂
　　　　悟森等之僞言,多所駁斥。《日本訪書志》《留真譜》中時有失
　　　　考之處,在當時似爲不得已,識者或謂葉氏之鑑識不及楊氏,
　　　　此點暫不置評。若謂葉氏特具識見,則金主亮之荒淫,而《讀
　　　　書志》中謬誤之多,又作何解?又葉氏言"貌爲好古之人,而實
　　　　爲孳孳爲利",實夫子之自道也。至少葉氏於爲利一事,駕乎
　　　　楊氏之上。

二七〇　六　析百川學海之各種　按,所謂宋本之《百川學海》亦係明版,陸
　　　　　氏之宋版書不過百種耳。

二九一　一一　每遇宋元鈔本雖零缺單卷必重購之　每遇宋元抄本收藏古
　　　　　帙零缺單卷必重購之。

附錄三　《書林清話》所涉書目
題跋簡全稱對照表

序號	題 跋 簡 稱	對應的全稱	作 者	被引用次數
1	瞿《目》	《鐵琴銅劍樓藏書目録》	瞿鏞	257
2	陸《志》	《皕宋樓藏書志》	陸心源	237
3	陸《跋》	《儀顧堂題跋》	陸心源	39
4	森《志》	《經籍訪古志》	森立之	106
5	羅《秘録》	《鳴沙山石室秘録》	羅振玉	3
6	《舊書考》	《古文舊書考》	島田翰	2
7	陳《直齋》	《直齋書録解題》	陳振孫	2
8	袁《簿》	《卧雪廬藏書簿》	袁芳瑛	7
9	繆《續記》	《藝風藏書續記》	繆荃孫	57
10	《天禄琳琅》	《天禄琳琅書目》	于敏中等	82
11	黃《書録》	《百宋一廛書録》	黃丕烈	30
12	張《志》	《愛日精廬藏書志》	張金吾	112
13	丁《志》	《善本書室藏書志》	丁丙	226
14	楊《録》	《楹書隅録》	楊紹和	43
15	錢《日記》	《竹汀先生日記鈔》	錢大昕	24
16	繆《記》	《藝風藏書記》	繆荃孫	55
17	陸《續跋》	《儀顧堂續跋》	陸心源	73

續 表

序號	題 跋 簡 稱	對 應 的 全 稱	作 者	被引用次數
18	楊《志》	《日本訪書志》	楊守敬	43
19	楊《譜》	《留真譜》	楊守敬	39
20	孫《記》	《平津館鑒藏書籍記》	孫星衍	53
21	《天禄後編》	《天禄琳琅書目後編》	彭元瑞等	86
22	黃《記》	《士禮居藏書題跋記》	黃丕烈	73
23	《曝書雜記》	《曝書雜記》	錢泰吉	5
24	丁《目》	《持静齋書目》	丁日昌	6
25	莫《目》	《郘亭知見傳本書目》	莫友芝	8
26	《珍藏秘本書目》	《汲古閣珍藏秘本書目》	毛晉	9
27	孫《記》續編	《平津館鑒藏書籍記續編》	孫星衍	2
28	蔣《記》	《東湖叢記》	蔣光煦	8
29	陳編《廉石居記》	《廉石居藏書記》	陳宗彝	6
30	張《續志》	《愛日精廬藏書志續志》	張金吾	10
31	莫《録》	《宋元舊本經眼録》	莫友芝	23
32	陸《續志》	《皕宋樓藏書志續志》	陸心源	9
33	陸《集》	《儀顧堂集》	陸心源	8
34	顧刻《小集》	《南宋群賢小集》	顧修	15
35	《四庫提要》	《四庫全書總目提要》	紀昀等	185
36	陳《目》	《帶經堂書目》	陳樹杓	2
37	浙《録》	《浙江采集遺書總録》	王亶望	10
38	吳《跋》	《拜經樓藏書題跋記》	吳壽暘	5
39	黃《賦注》	《百宋一廛賦注》	黃丕烈	19
40	《學部館目》	《學部圖書館善本書目》	繆荃孫	5

續　表

序號	題　跋　簡　稱	對　應　的　全　稱	作　者	被引用次數
41	孫《記》補遺	《平津館鑒藏書籍記補遺》	孫星衍	2
42	黃《續記》	《士禮居藏書題跋記續記》	黃丕烈	16
43	阮《外集》	《揅經室外集》	阮元	14
44	彭《跋》	《知聖道齋讀書跋》	彭元瑞	6
45	陳《隨筆》	《簡莊隨筆》	陳鱣	2
46	范《目》	《天一閣書目》	范懋柱	18
47	陳《跋》	《經籍跋文》	陳鱣	7
48	朱《目》	《結一廬書目》	朱學勤	18
49	森《志》補遺	《經籍訪古志補遺》	森立之	17
50	邵注《四庫簡明目》	《增訂四庫簡明目錄標注》	邵懿辰	5
51	吳《記》	《繡谷亭熏習録》	吳焯	12
52	黃《記再續》	《士禮居藏書題跋記再續記》	黃丕烈	3
53	楊《續録》	《楹書隅録續録》	楊紹和	2
54	朱《志》	《開有益齋讀書志》	朱緒曾	3
55	錢《記》	《讀書敏求記》	錢曾	7

附録四 《書林清話》各卷所涉書目題跋引用次數表

書目題跋名稱	卷一	卷二	卷三	卷四	卷五	卷六	卷七	卷八	卷九	卷十
1. 瞿《目》	10	21	68	70	28	8	6	18	0	28
2. 陸《志》	3	12	94	60	35	14	4	10	0	5
3. 陸《跋》	1	2	18	12	3	1	0	2	0	0
4. 森《志》	1	7	12	46	31	6	0	3	0	0
5. 羅《秘録》	3	0	0	0	0	0	0	0	0	0
6. 島田翰《古文舊書考》	2	0	0	0	0	0	0	0	0	0
7. 陳《直齋》	2	0	0	0	0	0	0	0	0	0
8. 《九經三傳沿革例》	1	2	1	0	0	0	1	0	0	0
9. 繆《續記》	1	3	9	6	27	3	1	7	0	0
10. 《天禄琳琅》	2	5	25	16	18	8	2	5	0	1
11. 黄《書録》	3	2	20	0	0	2	0	3	0	0
12. 張《志》	4	8	28	38	4	3	1	4	0	22
13. 丁《志》	1	19	50	39	86	0	4	9	1	17
14. 楊《録》	2	2	15	16	1	3	1	2	0	1
15. 錢《日記》	1	1	6	7	3	2	0	3	0	1
16. 繆《記》	1	3	4	7	34	1	1	3	0	1
17. 陸《續跋》	1	6	13	36	7	6	3	1	0	0

續　表

書目題跋名稱	卷一	卷二	卷三	卷四	卷五	卷六	卷七	卷八	卷九	卷十
18. 楊《志》	1	6	7	12	16	1	0	0	0	0
19. 楊《譜》	1	6	6	16	7	3	0	0	0	0
20. 孫《記》	1	5	5	9	22	7	3	2	0	0
21.《天禄琳琅後編》	0	6	34	14	17	5	2	4	1	3
22. 黄《記》	0	2	13	2	6	3	6	7	1	33
23.《曝書雜記》	0	1	1	0	1	0	1	1	0	0
24. 丁《目》	0	1	1	2	0	0	0	0	1	1
25. 莫《目》	0	1	0	1	4	0	2	0	0	0
26. 毛晉《汲古閣珍藏》	0	1	1	0	0	1	1	1	0	4
27. 蔣《記》	0	1	0	0	0	0	2	0	0	5
28. 陳編《廉石居記》	0	1	0	0	3	1	1	0	0	0
29. 張《續記》	0	1	0	0	0	0	0	0	0	0
30. 莫《録》	0	1	6	11	2	2	0	1	0	0
31. 陸《續志》	0	0	3	6	0	0	0	0	0	0
32. 陸《集》	0	1	4	1	1	0	0	1	0	0
33. 顧刻《小集》	0	12	2	0	1	0	0	0	0	0
34.《四庫提要》	0	4	33	11	2	0	5	1	129	0
35. 浙《録》	0	1	3	5	1	0	0	0	0	0
36. 吳《跋》	0	1	0	0	0	4	0	0	0	0
37. 黄《賦注》	0	4	13	0	0	0	0	2	0	0
38.《學部館目》	0	1	0	3	1	0	0	0	0	0
39. 孫《記》補遺	0	1	0	2	1	0	0	0	0	0
40. 黄《續記》	0	1	0	0	0	2	1	0	8	4

續　表

書目題跋名稱	卷一	卷二	卷三	卷四	卷五	卷六	卷七	卷八	卷九	卷十
41. 阮《外集》	0	0	10	2	1	0	0	0	0	1
42. 彭《跋》	0	0	4	1	0	0	1	0	0	0
43. 陳《簡莊隨筆》	0	0	2	0	0	0	0	0	0	0
44. 豐道生《真賞齋賦》	0	0	1	0	0	0	0	0	0	0
45. 傅增湘藏書	0	0	1	0	1	0	0	0	0	0
46. 朱《目》	0	0	3	7	7	0	0	1	0	0
47. 張《續志》	0	1	3	2	2	0	0	2	0	0
48. 范《目》	0	0	1	0	14	0	0	2	0	1
49. 陳《跋》	0	0	1	1	0	4	0	0	0	1
50. 森《志》補遺	0	0	2	10	5	0	0	0	0	0
51. 邵注《四庫簡明目》	0	0	1	0	2	0	0	1	1	0
52. 孔繼涵微波榭刻本跋	0	0	1	0	0	0	0	0	0	0
53. 吳《記》	0	0	1	9	1	0	0	0	0	1
54. 康熙庚寅程宗琇坊刻本	0	0	1	0	0	0	0	0	0	0
55. 黃《記再續》	0	0	1	0	1	0	0	1	0	0
56. 《四庫存目》	0	0	1	0	0	0	0	0	0	0
57. 楊《續録》	0	0	0	1	1	0	0	0	0	0
58. 朱《志》	0	0	0	3	0	0	0	0	0	0
59. 孫《記》續編	0	0	0	1	1	0	0	0	0	0
60. 蕙風簃藏書	0	0	0	2	1	0	0	0	0	0
61. 陳《目》	0	0	0	2	0	0	0	0	0	0
62. 袁《簿》	0	0	0	0	3	0	0	1	0	3
63. 汲古閣校刻《書目》	0	0	0	0	0	1	0	0	0	3

書目題跋名稱	卷一	卷二	卷三	卷四	卷五	卷六	卷七	卷八	卷九	卷十
64. 仁和吳印臣藏書	0	0	0	1	0	0	0	0	0	0
65. 何培元經眼書目	0	0	0	0	2	0	0	0	0	0
66.《錢稿書跋》	0	0	0	0	2	0	0	0	0	1
67.《讀書敏求記》	0	0	0	0	0	2	1	0	0	4

附録五 《書林清話》各卷涉及書目題跋來源表

卷 一

引自文獻	涉及書目題跋	卷數	類 別
瞿《目》	陳大猷《書集傳》十二卷	二	《經部‧書類》
	宋刊本杜佑《通典》二百卷	十二	《史部‧政書類》
	校宋本《管子》二十四卷	十四	《子部‧法家類》
	影宋鈔本《作邑自箴》十卷	十二	《史部‧職官類》
	影鈔宋本孫奭《律》十二卷、《音義》一卷	十二	《史部‧政書類》
	宋刊本《資治通鑑》二百九十四卷	九	《史部‧編年類》
	影宋本《補漢兵志》一卷	十二	《史部‧政書類》
	宋刊本《漢雋》十卷	六	《史部‧史鈔類》
	校宋本《管子》二十四卷	十四	《子部‧法家類》
張《志》	影宋本《聖宋皇祐新樂圖記》三卷	六	《經部‧樂類》
	影宋本《聖宋皇祐新樂圖記》三卷	六	《經部‧樂類》
	王充《論衡》三十卷	二十四	《子部‧雜家類》
	宋刊本趙汝愚《國朝名臣奏議》一百五十卷	一二	《史部‧詔令奏議》
	宋蔡夢弼刻《史記》一百三十卷	八	《史部‧正史類》
楊《錄》	宋麻沙本《類編增廣黃先生大全集》五十卷	五	《集部下》

引自文獻	涉及書目題跋	卷數	類　別
楊《録》	劉克常刻《新箋決科古今源流至論前集》十卷、《後集》十卷、《續集》十卷、《別集》十卷	三	《子部》
楊《志》	元刊本《大廣益會玉篇》三十卷	三	
楊《譜》	元刊本《大廣益會玉篇》三十卷	三	《小學類》
陸《志》	劉嶠刻《温國文正司馬公集》八十卷	查未見	
	宋本陳暘《樂書》	一	《經部·樂類》
	宋刊本唐許嵩《建康實録》二十卷	二三	《史部·別史類》
	元馮福京《昌國州圖志》七卷	三十二	《史部·地理類》
	影宋本《建康實録》二十卷	二十三	《史部·別史類》
陸《跋》	宋刊本《白氏六帖類聚》三十卷	八	
森《志》補遺	元仿宋刻阮文達《繪圖古列女傳》		
《直齋書録解題》	《九經字樣》一卷	三	《經解類》
	《疑獄》三卷	七	《史部·傳記類》
繆《續記》	元趙汸《春秋屬辭》二十五卷、《春秋補注》十卷、《春秋師説》二卷	一	
	宋魏仲立刻本《新唐書》二百二十五卷	四	
《天禄琳琅後編》	《新刊五百家注音辨昌黎先生文集》	三	《宋版·集部》
	宋廖氏世綵堂本《春秋經傳集解》三十卷	一	《宋版·經部》
孫《記》	《唐詩始音輯注》一卷、《正音輯注》六卷、《遺響輯注》七卷	一	《元版》
陸《續跋》	《新刊惠民御院藥方》二十卷	九	《子部·醫家類》
黃《書録》	宋紹興九年刻《文粹》一百卷		
	宋刊本陸游《渭南文集》五十卷		
	宋刊本《産科備要》八卷		

續　表

引自文獻	涉及書目題跋	卷數	類別
錢《日記》	宋蔡夢弼刻《史記》一百三十卷	一	
丁《志》	宋刊本陸游《渭南文集》五十卷	三十	《集部·別集類》

卷　二

引自文獻	涉及書目題跋	卷數	類別
《天祿琳琅書目》	光宗時刻《周易》十卷	一	《宋版·經部》
	宋板《周禮鄭注陸音義》十二卷	一	《宋版·經部》
	《集千家注分類杜工部詩》二十五卷	六	《元版·集部》
	《容齋三筆》十六卷	二	《宋版·子部》
	《容齋隨筆》	二	《宋版·子部》
《天祿琳琅書目後編》	《儀禮圖》	二	《宋版·經部》
	《九經》	三	《宋版·經部》
	《禮記》	二	《宋版·經部》
	陳思《書苑菁華》二十卷	五	《宋版·子部》
	宋鄧椿《畫繼》五卷	五	《宋版·子部》
	唐《常建詩集》二卷	六	《宋版·集部》
吳《跋》	宋林同《孝詩》一卷	五	
莫《目》	王偁《東都事略》一百三十卷	四	《史部四·別史類》
瞿《目》	婺州本《點校重言重意互注尚書》	二	《經部·書類》
	謝枋得明刊本《文章軌範》七卷	二十三	《集部·五總集類》
	影鈔宋本《古文苑》九卷	二十三	《集部·五總集類》
	宋黃倫《尚書精義》五十卷	二	《經部·書類》
	元板《分類補注李太白詩集》二十五卷	十九	《集部·別集類》

引自文獻	涉 及 書 目 題 跋	卷數	類　　別
瞿《目》	《集千家注分類杜工部詩》二十五卷	十九	《集部·別集類》
	《書蔡氏傳輯錄纂注》六卷	二	《經部·書類》
	《國朝名臣事略》十五卷	十	《史部·傳記類》
	《書蔡氏傳旁通》六卷	二	《經部·書類》
	宋葛長庚《瓊琯白玉蟾集》八卷	二十一	《集部三·別集三》
	胡炳文《朱子四書通》二十六卷	六	《經部六·四書類》
	唐《李建勳丞相集》二卷	十九	《集部·別集類》
	宋郭若虛《圖畫見聞志》六卷	十五	《子部三·藝術類》
	《燈下閒談》二卷	十七	《子部·異聞類》
	宋李龏《梅花衲》一卷	二十一	《集部·別集類》
	唐《李群玉詩集》三卷、《後集》五卷	十九	《集部·別集類》
	唐《張蠙詩集》一卷	十九	《集部·別集類》
	唐《周賀詩集》一卷	十九	《集部·別集類》
	唐《李賀歌詩編》四卷、《集外詩》一卷	十九	《集部·別集類》
	唐《朱慶餘詩集》一卷	十九	《集部·別集類》
	宋岳珂《棠湖詩稿》一卷	二十一	《集部·別集類》
森《志》	《纂圖附音重言重意互注周禮》鄭注	一	《經部·禮類》
	呂祖謙《古文關鍵》二卷	查未見	
	謝枋得《文章軌範》七卷	六	《集部·別集類》
	《尚書注疏》	一	《經部·書類》
	元板《分類補注李太白詩集》二十五卷	六	《集部·別集類》
	《輔廣詩童子問》十卷	一	《經部·詩類》
	《廣韻》五卷	二	《經部·小學類》
	《增修互注禮部韻略》五卷	二	《經部·小學類》

續　表

引自文獻	涉 及 書 目 題 跋	卷數	類　別
森《志》補遺	《活人事證方》二十卷		
	《許學士類證普濟本事方》十卷、《後集》十卷		
張《志》	宋段昌武《叢桂毛詩集解》三十卷	三	《經部·詩類》
	宋黄倫《尚書精義》五十卷	二	《經部·書類》
	《國朝名臣事略》十五卷	一三	《史部·傳記類》
	《書蔡氏傳旁通》六卷	二	《經部·書類》
	《儀禮圖》十七卷、《儀禮旁通圖》一卷	四	《經部·禮類》
	漢劉熙《釋名》八卷	七	《經部·小學類》
	唐《李群玉詩集》三卷、《後集》五卷	二九	《集部·別集類》
	李中《碧雲集》三卷	二九	《集部·別集類》
張《續志》	元板《分類補注李太白詩集》二十五卷	四	《集部·別集類》
蔣《記》	《後漢書志》	五	
浙《録》	宋鄭清之《安晚堂集》七卷		
《廉石居記》	元板《分類補注李太白詩集》二十五卷	内篇卷上	
陸《集》	《國朝名臣事略》十五卷	十六	
顧刻小《集》	宋周弼《汶陽端平詩雋》四卷		
	戴復古《石屏詩續集》四卷		
	宋林同《孝詩》一卷		
	宋林希逸《竹溪十一稿詩選》一卷		
	陳必複《山居存稿》一卷		
	劉翼《心遊摘稿》一卷		
	李龏《梅花衲》一卷		
	宋張至龍《雪林删餘》一卷		

續　表

引自文獻	涉 及 書 目 題 跋	卷數	類　別
顧刻小《集》	李龏《翦綃集》一卷		
	劉過《龍洲集》一卷		
	宋陳允平《西麓詩稿》一卷		
	宋高九萬《菊磵小集》一卷		
	戴復古《石屏詩續集》四卷		
《四庫總目提要》	唐康駢《劇談錄》二卷	一百四十二	《子部·小說類》
莫《錄》	《書蔡氏傳輯錄纂注》六卷	二	
丁《志》	宋刻呂祖謙《古文關鍵》二卷	查未見	
	元刻謝枋得《文章軌範》七卷	三十八	《集部·總集類》
	《檀弓叢訓》二卷	二	《經部·禮類》
	元板《分類補注李太白詩集》二十五卷	二四	《集部·別集類》
	《漢書考正》《後漢書考正》六冊	六	《史部·正史類》
	葛長庚《瓊琯白玉蟾集》八卷	三一	《集部十·別集類》
	周弼《汶陽端平詩雋》四卷	三二	《集部十一·別集類十》
	陳世隆《宋詩拾遺》二十三卷	三八	《集部十七·總集類上》
	《增廣聖宋高僧詩選》五卷、《增廣聖宋高僧詩選後集》三卷、《增廣聖宋高僧詩選續集》一卷	三八	《集部十七·總集類上》
	宋鄭清之《安晚堂集》七卷	三十	《集部·別集類》
	宋林同《孝詩》一卷	三十一	《集部·別集類》
	宋周弼《汶陽端平詩雋》四卷	三二	《集部十一·別集類十》
	唐《韋蘇州集》十卷	二四	《集部三·別集類二》
	《唐求詩》一卷	二五	《集部四·別集類三》
	宋王琮《雅林小稿》一卷	三十	《集部九·別集類八》
	戴復古《石屏詩續集》四卷	三十	《集部九·別集類八》

續　表

引自文獻	涉及書目題跋	卷數	類別
丁《志》	宋俞桂《漁溪詩稿》二卷	三十	《集部九·別集類八》
	唐《周賀詩集》一卷	二五	《集部四·別集類三》
	唐女郎《魚玄機詩》一卷	二五	《集部四·別集類三》
	《孟東野詩集》十卷	二五	《集部四·別集類三》
	宋趙與時《賓退錄》十卷	一八	《子部九上·雜家類》
	宋岳珂《棠湖詩稿》一卷	三一	《集部十·別集類九》
楊《志》	宋刻呂祖謙《古文關鍵》二卷	查未見	
	元刻謝枋得《文章軌範》七卷	十三	
	宋槧本祝穆《方輿勝覽》前集四十三卷、後集七卷、續集二十卷、拾遺一卷	六	
	宋槧本《尚書注疏》二十卷	一	
	《活人事證方》二十卷	查未見	
	《許學士類證普濟本事方》十卷,《後集》十卷	十	
	唐李咸用《李推官披沙集》六卷	十四	
楊《錄》	唐《韋蘇州集》十卷	四	《集部上》
	《唐求詩》一卷	四	《集部上》
	唐《羅昭諫甲乙集》十卷	四	《集部上》
黃《記》	殘宋刻本《禮記》二十卷	一	《經類》
	宋刻本《史載之方》二卷	三	《子類》
	宋鈔本《春秋繁露》十七卷	一	《經類》
	殘宋刻本《圖畫見聞志》六卷	三	《子類》
	《孟東野詩集》十卷	五	《集類》
黃《續記》	《孟東野詩集》十卷	卷下	

引自文獻	涉 及 書 目 題 跋	卷數	類　　別
陸《續跋》	宋槧宋印建本《北史》一百卷	五	
	《廣韻》五卷	四	
	梁《江文通集》十卷	一二	
	《孟東野詩集》十卷	一二	
	韋莊《浣花集》十卷	一二	
陸《跋》	宋黄倫《尚書精義》五十卷	一	
	《書蔡氏傳輯錄纂注》六卷	一	
	《書蔡氏傳旁通》六卷	一	
	《漢書》	二	
楊《譜》	京本《點校附音重言重意互注禮記》	一	《經部》
	《增注太平惠民和劑局方》三十卷	八	《醫部》
	《增修互注禮部韻略》五卷	一	《小學》
	《廣韻》五卷	二編一	《小學》
	李咸用《李推官披沙集》六卷	十	《集部》
黄《賦注》	宋釋文瑩《湘山野錄》三卷、《續》一卷		
	唐《張蠙詩集》一卷	查未見	
	唐女郎《魚玄機詩》一卷		
	唐《朱慶餘詩集》一卷		
黄《書錄》	唐《朱慶餘詩集》一卷		
	宋郭若虛《圖畫見聞志》六卷		
繆《記》	元刻葉時《禮經會元》四卷	一	《經學第一》
	《古今韻會舉要》三十卷	一	《小學第一》
	宋趙與時《賓退錄》十卷	二	
	《名公增修標注隋書詳節》二十卷	四	

續　表

引自文獻	涉及書目題跋	卷數	類別
繆《續記》	《春秋經傳集解》三十卷	一	《經學第一》
	明刻蘇批《孟子》二卷	一	《經學第一》
	唐《王建集》十卷	六	
孫《記》	《西山先生真文忠公文章正宗》二十四卷	一	《宋版》
	《增刊校正王狀元集注分類東坡先生詩》二十五卷	一	《元版》
	《集千家注分類杜工部詩》二十五卷	一	《元版》
	漢劉熙《釋名》八卷	一	《宋版》
孫《記》補遺	宋姜夔《白石道人詩集》一卷		《明版》
錢《日記》	宋趙與時《賓退録》十卷	一	
陸《志》	王偁《東都事略》一百三十卷	二三	《史部·別史類》
	黃公紹《古今韻會舉要》三十卷	一七	《經部·小學類六》
	宋黃倫《尚書精義》五十卷	四	《經部·書類》
	宋高承《重修事物紀原》二十六卷、《目録》二卷	五九	《子部·類書類》
	《書蔡氏傳輯録纂注》六卷	四	《經部·書類》
	《國朝名臣事略》十五卷	三七	《史部·傳記類》
	《宋詩拾遺》二十三卷	一一五	《集部·總集類四》
	漢劉熙《釋名》八卷	十二	《經部·小學類一》
	唐《周賀詩集》一卷	七十	《集部·別集類四》
	李中《碧雲集》三卷	七十	《集部·別集類四》
	《孟東野詩集》十卷	六九	《集部·別集類三》
	宋趙與時《賓退録》十卷	五十六	《子部·雜家類二》

續 表

引自文獻	涉 及 書 目 題 跋	卷數	類 別
《學部館目》	宋無撰人《燈下閒談》二卷		《子部·小説類》
張元濟藏書	宋孔平仲《續世説》十二卷	俟考	
丁《目》	王偁《東都事略》一百三十卷	卷上	

卷 三

引自文獻	涉 及 書 目 題 跋	卷數	類 別
陸《志》	《吳志》三十卷	八	《史部·正史類》
	《隋書》八十五卷	十九	《史部·正史類一》
	《外臺秘要方》四十卷	四十四	《子部·醫家類二》
	《元氏長慶集》六十卷	七十	《集部·別集類四》
	《西山先生真文忠公讀書記》甲集三十七卷、乙集十六卷、丁集八卷	四十	《子部·儒家類二》
	《建康實録》二十卷	二十三	《史部·別史類》
	《漢書》一百二十卷	八	《史部·正史類》
	荀悦《申鑒》一卷	三十九	《史部·儒家類一》
	洪邁《容齋隨筆》十六卷、《續筆》十六卷、《三筆》十六卷、《四筆》十六卷、《五筆》十卷	五十六	《子部·雜家類二》
	《騎省徐公集》三十卷	七十二	《集部·別集類六》
	《河南程氏文集》十卷	一百一十三	《集部·別集類》
	《國語》韋昭注二十一卷、宋庠《國語音》三卷	二十四	《史部·雜史類》
	梅聖俞《宛陵集》六十卷	七十五	《集部·別集類九》
	王禹偁《小畜集》三十卷	七十二	《集部·別集類》

續　表

引自文獻	涉 及 書 目 題 跋	卷數	類　別
陸《志》	《眉山唐先生文集》三十卷	七十九	《集部・別集類一三》
	黄裳《演山集》六十卷	七十八	《集部・別集類一二》
	沈括《夢溪筆談》二十六卷	五十七	《史部・雜家類三》
	王溥《五代會要》三十卷	三十五	《史部・政書類》
	廖剛《高峰集》十二卷	八十四	《集部・別集類十八》
	《謝幼槃集》十卷	七十八	《集部・別集類十二》
	沈與求沈忠敏公《龜溪集》十二卷	八十一	《集部・別集類十五》
	賈誼《新書》十卷	三十九	《子部・儒家類一》
	慕容彦逢《摘文堂集》十五卷	七十九	《集部・別集類十三》
	《范忠宣集》二十卷	七十六	《集部・別集類十》
	程公説《春秋分紀》九十卷	八	《經部・春秋類》
	徐積《節孝先生集》三十卷	七十五	《集部・別集類九》
	廖剛《高峰集》十二卷	八十四	《集部・別集類十八》
	《三國志》六十五卷	八	《史部・正史類一》
	《文選》六十卷	一百一十二	《集部・總集類二》
	《杜工部集》二十卷、附《補遺》	六十八	《集部・別集類二》
	《寇萊公詩集》三卷	七十二	《集部・別集類六》
	陳襄《古靈先生集》二十五卷、《年譜》一卷、《附録》一卷	七十四	《集部・別集類八》
	《增廣注釋音辨唐柳先生集》四十三卷、《别集》二卷、《外集》二卷、《附録》一卷	六十九	《集部・別集類三》
	《范文正公集》二十卷、《别集》四卷、《尺牘》二卷	七十三	《集部・別集類七》
	鄭俠《西塘集》二十卷	七十七	《集部・別集類十一》

續　表

引自文獻	涉 及 書 目 題 跋	卷數	類　　別
	《集驗方》五卷	四十六	《子部·醫家類四》
	《史記》	十八	《史部·正史類一》
	劉安世《元城先生盡言集》十三卷	二十五	《史部·詔令奏議類》
	《文選》李善注六十卷、《考異》一卷、《文選雙字》三卷	一百一十二	《集部·總集類二》
	《昭明太子集》五卷	六十七	《集部·別集類一》
	《衛生家寶產科備要》八卷	四十六	《子部·醫家類四》
	《襄陽耆舊集》一卷	二十六	《史部·傳記類一》
	龍學孫公《春秋經解》十五卷	八	《經部·春秋類》
	黃公度《知稼翁集》十二卷	八十三	《集部·別集類十七》
	王璆《續添是齋百一選方》二十卷	四十六	《子部·醫家類四》
陸《志》	陳襄《使遼語錄》一卷	三十四	《史部·地理類六》
	陳舜俞《都官集》十四卷	七十四	《集部·別集類八》
	米芾《寶晉山林集拾遺》八卷	七十七	《集部·別集類八》
	呂祖謙《皇朝文鑒》一百五十卷	一百一十三	《集部·總集類二》
	《雲麓漫鈔》十五卷	五十七	《子部·雜家類三》
	陳傅良《止齋集》五十二卷	八十六	《集部·別集類二十》
	陳傅良《止齋集》四十卷	八十六	《集部·別集類二十》
	《梁溪先生集》一百八十卷、《附錄》六卷	八十	《集部·別集類十四》
	陳旉《農書》三卷、秦觀《蠶書》一卷	四十二	《子部·農家類》
	張浚《紫岩易傳》十卷	一	《經部·易類》
	《越絕書》十五卷	二十八	《史部·載記類》

續　表

引自文獻	涉 及 書 目 題 跋	卷數	類　別
陸《志》	曾慥《類説》六十卷	五十八	《子部·雜家類》
	《朱文公校昌黎先生文集》四十卷、《外集》十卷、《集傳》一卷、《遺文》一卷	六十九	《集部·別集類三》
	潘閬《逍遥詞》一卷	一百一十九	《集部·詞曲類一》
	《皇朝文鑒》一百五十卷	一百一十三	《集部·總集類二》
	《自警編》不分卷	五十八	《子部·雜家類四》
	劉克莊《後村居士集》五十卷	九十	《集部·別集類二十四》
	謝采伯《密齋筆記》五卷、《續》一卷	五十七	《子部·雜家類三》
	《朱子語類》一百四十卷	三十九	《子部·儒家類一》
	唐盧肇《文標集》三卷	七十	《集部·別集類四》
	晁説之《嵩山文集》二十卷	七十七	《集部·別集類十一》
	《錢唐韋先生集》十八卷	七十七	《集部·別集類十一》
	徐積《節孝語録》一卷	三十九	《子部·儒家類一》
	王蘋《著作王先生集》八卷	二十八	《集部·別集類十六》
	龔頤正《芥隱筆記》一卷	五十六	《子部·雜家類二》
	賈昌朝《群經音辨》七卷	十二	《經部·小學類一》
	袁樞《通鑒紀事本末》二百九十卷	二十二	《史部·紀事本末類》
	《建康實録》二十卷	二十三	《史部·別史類》
	真德秀《政經》一卷	四十	《子部·儒家類》
	張九成《横浦心傳録》三卷、《横浦日新》一卷	四十	《子部·儒家類》
	晉二俊《陸士衡集》十卷、《陸士龍集》十卷	六十七	《集部·別集類一》

續　表

引自文獻	涉 及 書 目 題 跋	卷數	類　別
陸《志》	徐自明《宋宰輔編年録》二十卷	三十六	《史部·職官類》
	《開元天寶遺事》二卷	六十二	《子部·小説類》
	蔡邕《獨斷》二卷	五十五	《子部·雜家類一》
	《朱子讀書法》四卷	四十一	《子部·儒家類三》
	吕祖謙《大事記》十二卷、《通釋》三卷、《解題》十二卷	二十	《史部·編年類》
	司馬光《切韻指掌圖》二卷	十六	《經部·小學類五》
	《晦庵先生朱文公文集》一百卷、《續集》十卷、《别集》十一卷	八十五	《集部·别集類十九》
	《建康實録》二十卷	二十三	《史部·别史類》
	施宿《會稽志》二十卷	三十	《史部·地理類》
	葉蕡《聖宋名賢四六叢珠》一百卷	六十	《子部·類書類》
	《文苑英華》一千卷	一百一十二	《集部·總集類》
	《東都事略》一百三十卷	二十三	《史部·别史類》
	《賈誼新書》十卷	三十九	《子部·儒家類》
	重校正朱肱《南陽活人書》十八卷	四十五	《子部·醫家類》
陸《續志》	林師箴《天臺前集》三卷	四	《子部·醫家類》
	李誡《營造法式》三十四卷	三	《史部·政書類》
黄《書録》	《外臺秘要方》四十卷		
	《唐書》二百卷		
	《荀子》楊倞注二十卷		
	《新刊校定集注杜詩》三十六卷		
	朱長文《吴郡圖經續記》三卷		
	《顔氏家訓》七卷		

續　表

引自文獻	涉 及 書 目 題 跋	卷數	類　　別
黄《書録》	《傷寒要旨》一卷、《藥方》一卷		
	《衛生家寶産科備要》八卷		
	《石林奏議》十五卷		
	張詠《乖崖先生文集》十二卷		
	陸游《渭南文集》五十卷		
	《文粹》一百卷		
	《李學士新注孫尚書尺牘》十六卷		
	《後漢書》一百二十卷		
	《老子道德經》四卷		
	《後漢書》一百二十卷		
	《十便良方》四十卷		
黄《賦注》	《新刊校定集注杜詩》三十六卷		
	《傷寒要旨》一卷、《藥方》一卷		
	《衛生家寶産科備要》八卷		
	《石林奏議》十五卷		
	張詠《乖崖先生文集》十二卷		
	陸游《渭南文集》五十卷		
	《文粹》一百卷		
	《顔氏家訓》七卷		
	《陸狀元集百家注資治通鑑詳節》一百二十卷	查未見	
	《後漢書》一百二十卷		
	宋伯仁《梅花喜神譜》二卷	查未見	
	《十便良方》四十卷		

引自文獻	涉 及 書 目 題 跋	卷數	類　　別
《四庫總目提要》	張邱建《算經》三卷	一百七十七	《子部·天文算法類》
	唐王孝通《緝古算經》一卷	一百七	《子部·天文算法類》
	揚雄《太玄經》十卷	一百八	《子部·子部術數類》
	劉牧《易數鉤隱圖》三卷、附《遺論九事》一卷	卷二	《經部·易類》
	洪适《隸續》二卷	八十六	《史部·目録類》
	衛湜《禮記集説》一百六十卷	二十一	《經部·禮類》
	曾穜《大易粹言》十二卷	三	《經部·易類》
	蘇洵《嘉祐集》十六卷	一百五十三	《集部六·別集類六》
	撫州州學刻謝薖《竹友集》十卷	一百五十五	《集部八·別集類八》
	孫甫《唐史論斷》三卷	八十八	《史部·史評類》
	黃裳《演山集》六十卷	一百五十五	《集部八·別集類八》
	《蔡忠惠集》三十六卷	一百五十二	《集部五·別集類五》
	《西山真文忠讀書記》甲集三十六卷、乙集下二十卷、丁集八卷	九十二	《子部·儒家類》
	徐積《節孝先生集》三十卷	一百五十三	《集部六·別集類六》
	王安石《臨川集》一百卷	一百五十三	《集部六·別集類六》
	《周易義海撮要》十二卷	三	《經部·易類》
	吳仁傑《兩漢刊誤補遺》十卷	四十五	《史部·正史類》
	曾穜《大易粹言》十卷	三	《經部·易類》
	程公許刻其兄公説《春秋分紀》九十卷	二十七	《經部·春秋類》

續 表

引自文獻	涉 及 書 目 題 跋	卷數	類 別
《四庫總目提要》	真德秀《心經》一卷	九十二	《子部·儒家類》
	朱鑒《詩傳遺説》六卷	十五	《經部·詩類》
	吕祖謙《大事記》十二卷、《通釋》三卷、《解題》十二卷	四十七	《史部·編年類》
	袁燮《絜齋家塾書鈔》十二卷	十一	《經部·書類》
	陳淳《北溪集》五十卷、《外集》一卷	一百六十一	《集部·別集類十四》
	袁樞《通鑑紀事本末》四十二卷	四十九	《史部·紀事本末類》
	蘇頌《新儀象法要》三卷	一百六	《子部·天文算法類》
	《新刊五百家注音辨昌黎先生文集》四十卷、《外集》十卷、《別集》一卷、《論語筆解》十卷;卷首《昌黎先生序傳碑記》一卷、《看韓文綱目》一卷、《引用書目》一卷、《評論詁訓音釋諸儒名氏》一卷、《韓文類譜》七卷;後附《許渤序》《昌黎文集後序》五篇	一百五十	《集部·別集類》
	《新刊五百家注音辨唐柳先生文集》二十一卷、《附録》二卷、《外集》二卷、《新編外集》一卷、《龍城録》二卷;前載《看柳文綱目》一卷、宋文安禮《柳先生年譜》一卷、《評論詁訓諸儒名氏》一卷;後附《柳先生序傳碑記紀》一卷、《文集後序》五篇	一百五十	《集部·別集類》
	《增修互注禮部韻略》五卷	四十二	《經部·小學類》
	趙蕤《長短經》十卷	一百十七	《子部·雜家類》
	魏天應《論學繩尺》十卷	一百八十七	《集部·總集類》
	《十先生奥論》四十卷	一百八十七	《集部·總集類》
	《釣磯立談》一卷	六十六	《史部·載記類》
	《曲洧舊聞》十卷	一百二十一	《子部·雜家類》

續　表

引自文獻	涉及書目題跋	卷數	類　別
《四庫存目》	《新刊精選諸儒奧論策學統宗前編》五卷、《後集》八卷、《續集》七卷、《別集》五卷	一百九十一	《集部·總集類》
陳鱣《簡莊隨筆》	《春秋經傳集解》三十卷		
《天禄琳琅書目》	《鶡子知言》一卷、《後録》一卷	六	《元版·子部》
	《新刊校定集注杜詩》三十六卷	三	《宋版·集部》
	《歐陽文忠六一居士集》五十卷、《續刻》五十卷	三	《宋版·集部》
	程大昌《演繁露》六卷	二	《宋版·子部》
	《春秋經傳集解》三十卷、附陸德明《音義》五卷、聞人模《經傳識異》三卷	一	《宋版·經部》
	《文選》六十卷	十	《明版·集部》
	鮑彪《戰國策》十卷	二	《宋版·史部》
	《謝宣城集》五卷	三	《宋版·集部》
	《增廣注釋音辨唐柳先生集》四十三卷、《別集》二卷、《外集》二卷、《附録》一卷	六	《元版·集部》
	蘇轍《欒城集》八十四卷	三	《宋版·集部》
	《唐詩紀事》八十一卷	九	《明版·子部》
	陳旉《農書》三卷、秦觀《蠶書》一卷	二	《宋版·子部》
	程公許刻其兄公説《春秋分紀》九十卷	一	《宋版·經部》
	《新唐書糾繆》二十卷	二	《宋版·史部》
	《四書朱子集注》二十六卷	一	《宋版·經部》
	朱子《楚辭集注》八卷(應有《辨證》二卷、《後語》六卷、此殘本不全)	三	《宋版·集部》
	蔡節《論語集説》十卷	四	《影宋鈔經部》

引自文獻	涉 及 書 目 題 跋	卷數	類 別
《天禄琳琅書目》	吕本中《童蒙訓》二卷	七	《明版·經部》
	趙彦肅《復齋易説》六卷	四	《影宋鈔經部》
	《春秋經傳集解》三十卷	一	《宋版·經部》
	《新刊五百家注音辨昌黎先生文集》四十卷、《外集》十卷、《别集》一卷、《論語筆解》十卷;卷首《昌黎先生序傳碑記》一卷、《看韓文綱目》一卷、《引用書目》一卷、《評論詁訓音釋諸儒名氏》一卷、《韓文類譜》七卷、後附《許渤序》《昌黎文集後序》五篇	三	《宋版·集部》
	《新刊五百家注音辨唐柳先生文集》二十一卷、《附録》二卷、《外集》二卷、《新編外集》一卷、《龍城録》二卷;前載《看柳文綱目》一卷、宋文安禮《柳先生年譜》一卷、《評論詁訓諸儒名氏》一卷;後附《柳先生序傳碑記紀》一卷、《文集後序》五篇	三	《宋版·集部》
	宋人《選青賦箋》十卷	三	《宋版·集部》
	《北户録》三卷	六	《元版·子部》
《天禄琳琅書目後編》	《春秋經傳集解》三十卷	三	《宋版·經部》
	徐積《節孝先生文集》三十卷	六	《宋版·集部》
	《吕氏家塾讀詩記》三十二卷	二	《宋版·經部》
	曾穜《大易粹言》十二卷	二	《宋版·經部》
	孫甫《唐史論斷》三卷	八	《影宋鈔諸部》
	秦觀《淮海集》四十九卷	七	《宋版·集部》
	《朱文公校正昌黎先生集》四十卷、《外集》十卷、《遺文》一卷	六	《宋版·集部》
	張洽《春秋集注》十一卷	三	《宋版·經部》
	《文選》	七	《宋版·集部》
	《孔傳六帖》二十卷	五	《宋版·子部》
	《大戴禮記》十三卷	二	《宋版·經部》

引自文獻	涉 及 書 目 題 跋	卷數	類　別
《天禄琳琅書目後編》	《文選雙字》三卷、《昭明太子集》五卷	六	《宋版·集部》
	洪邁《唐人萬首絶句》一百一卷	七	《宋版·集部》
	《自警編》不分卷	五	《宋版·子部》
	《朱子語類》一百四十卷	五	《宋版·子部》
	《孔氏六帖》三十卷	五	《宋版·子部》
	秦觀《淮海集》四十九卷	五	《宋版·集部》
	《潛虚》一卷	十	《元版·子部》
	賈昌朝《群經音辨》七卷	三	《宋版·經部》
	《韋蘇州集》十卷	五	《宋版·集部》
	范祖禹《帝學》八卷	五	《宋版·子部》
	《群經音辨》七卷	三	《宋版·經部》
	林鉞《漢雋》十卷	四	《宋版·史部》
	《群經音辨》七卷	三	《宋版·經部》
	《漢官儀》三卷	五	《宋版·子部》
	《論語何晏集解》附《音義》十卷	三	《宋版·經部》
	《論語》二十卷	八	《影宋鈔諸部》
	《孟子》十四卷	八	《影宋鈔諸部》
	《史記索隱》三十卷	四	《宋版·史部》
	《漢雋》七册	十五	《明版·史部》
	《三蘇文粹》六十二卷	六	《宋版·集部》
	王宗傳《童溪易傳》三十卷	二	《宋版·經部》
	《新纂門目五臣音注揚子法言》十卷	五	《宋版·子部》
	《温公書儀》十卷	二	《宋版·經部》
	《春秋經傳集解》	三	《宋版·經部》
	《説文解字韻譜》五卷	三	《宋版·經部》

續　表

引自文獻	涉 及 書 目 題 跋	卷數	類　別
陸《跋》	《外臺秘要方》四十卷	七	
	《漢書》一百二十卷	二	
	《國語》韋昭注二十一卷、宋庠《國語音》三卷	三	
	蘇洵《嘉祐集》十六卷	查未見	
	《西山真文忠讀書記》甲集三十六卷、乙集下二十卷、丁集八卷	六	
	鄭俠《西塘集》二十卷	十一	
	《史記》	二	
	胡致堂《讀史管見》三十卷	五	
	真德秀《政經》一卷	六	
	晉二俊《陸士衡集》十卷、《陸士龍集》十卷	十	
	《新唐書》二百五十卷	二	
	胡致堂《讀史管見》八十卷	五	
	李誡《營造法式》三十四卷	四	
	《資治通鑑》二百九十四卷	七	
	《歐公本末》四卷	二	
	《後漢書》一百二十卷	二	
	《賈誼新書》十卷	六	
陸《續跋》	《范忠宣集》二十卷	十二	
	呂祖謙《皇朝文鑒》一百五十卷	十四	
	《越絕書》十五卷	七	
	《皇朝文鑒》一百五十卷	十四	
	沈括《夢溪筆談》二十六卷	十	

續　表

引自文獻	涉 及 書 目 題 跋	卷數	類　別
陸《續跋》	賈昌朝《群經音辨》七卷	四	
	孫覺《春秋經解》十五卷	二	
	袁樞《通鑑紀事本末》二百九十卷	七	
	《群經音辨》七卷	四	
	《宋書》一百卷、《魏書》一百十四卷、《梁書》五十六卷、《南齊書》五十九卷、《北齊書》五十卷、《周書》五十卷、《陳書》三十六卷	五	
	寇約刻其叔宗奭《本草衍義》二十卷	九	
	《陸狀元集百家注資治通鑑詳節》一百二十卷	六	
	《東都事略》一百三十卷	七	
	曾慥《類説》五十卷	十	
	《後漢書》一百二十卷	三	
陸《續志》	《方言》十三卷	三	《經部·四書類》
	《陸狀元集百家注資治通鑑詳節》一百二十卷	三	《史部·正史類》
楊《譜》	《事類賦》三十卷	一	《經部》
	《春秋經傳集解》三十卷、附陸德明《音義》五卷、聞人模《經傳識異》三卷	一	《經部》
	寇約刻其叔宗奭《本草衍義》二十卷	八	《醫部》
	《周禮鄭注》十二卷	二	《經部》
	《鉅宋重修廣韻》五卷	三	《經部》
	《春秋經傳集解》三十卷	一	《經部》
《邵注四庫簡明目》	《宋書》一百卷		
	《魏書》一百十四卷		

續　表

引自文獻	涉 及 書 目 題 跋	卷數	類　別
《邵注四庫簡明目》	《梁書》五十六卷		
	《南齊書》五十九卷		
	《北齊書》五十卷		
	《周書》五十卷		
	《陳書》三十六卷		
《傅沅叔增湘藏書》	《東觀餘論》不分卷		
豐道生《真賞齋賦》	《三國志》		
繆《記》	《玉峰志》三卷、《續》一卷	三	
	《新唐書》二百二十五卷	四	
	《新雕皇宋事實類苑》七十八卷	五	
繆《續記》	《作邑自箴》十卷	四	
	黃沃刻其父公度《知稼翁集》十二卷	六	
	《毛詩正義》四十卷	一	
	王灼《頤堂先生文集》五卷	六	
	《新刊淮南鴻烈解》二十一卷	二	
	《卻掃編》三卷	二	
	《曲洧舊聞》十卷	查未見	
	《述異記》二卷	八	
	《春秋經傳集解》三十卷	一	
孫《記》	黃伯思《東觀餘論》二卷	二	《明版》
	《資治通鑑》二百九十四卷	一	《元版》
	寇約刻其叔宗奭《本草衍義》二十卷	一	《宋版》

續　表

引自文獻	涉及書目題跋	卷數	類　別
孫《記》	祝穆《方輿勝覽前集》四十三卷、《後集》七卷、《續集》二十卷、《拾遺》一卷	一	《明版》
	《附釋音禮記注疏》六十三卷	一	《宋版》
錢《日記》	《漢書》一百二十卷	一	
	《顏氏家訓》七卷	一	
	《衛生家寶産科備要》八卷	一	
	《新唐書》二百二十五卷	一	
	《史記》一百三十卷	一	
	《後漢書》一百二十卷	一	
	宋伯仁《梅花喜神譜》二卷	一	
	《春秋經傳集解》三十卷	查未見	
楊《録》	《建康實録》二十卷	二	《史部》
	《禮記》鄭注二十卷	一	《經部》
	《花間集》十卷	五	《集部下》
	蘇洵《嘉祐集》十六卷	五	《集部下》
	楊侃《兩漢博聞》十二卷	二	《史部》
	《史記》	二	《史部》
	米芾《寶晉山林集拾遺》八卷	五	《集部下》
	蔡襄《忠惠集》三十六卷	查未見	
	《乖崖先生文集》十二卷	五	《集部下》
	邵子《擊壤集》十五卷	五	《集部下》
	《增廣黃先生大全文集》五十卷	五	《集部下》
	《前漢書》一百二十卷	二	《史部》
	《後漢書》一百二十卷	二	《史部》

續　表

引自文獻	涉　及　書　目　題　跋	卷數	類　　別
楊《錄》	《履齋示兒編》二十三卷	三	《子部》
	《漢書》一百二十卷	二	《史部》
	《新刊國朝二百家名賢文粹》一百九十七卷	五	《集部下》
范《目》	呂祖謙《新唐書略》三十五卷	二之一	《史部·史鈔類》
張《志》	《建康實錄》二十卷	十一	《史部·別史類》
	《騎省徐公集》三十卷	三	《集部·別集類》
	《孝肅包公奏議集》十卷	十二	《史部·詔令奏議類》
	劉安世《元城先生盡言集》十三卷	十二	《史部·詔令奏議類》
	《襄陽耆舊集》一卷	十三	《史部·傳記類》
	賀鑄《慶湖遺老詩集》九卷、《拾遺》一卷、《補遺》一卷	三十	《集部·別集類》
	呂祖謙《皇朝文鑒》一百五十卷	三十五	《集部·總集類》
	陳傅良《止齋集》四十卷	三十一	《集部·別集類》
	《吳越春秋》十卷	十四	《史記·載記類》
	《越絕書》十五卷	十四	《史記·載記類》
	曾慥《類説》六十卷	二十五	《子部·雜家類》
	謝采伯《密齋筆記》五卷續一卷	二十四	《子部·雜家類》
	《錢唐韋先生集》十八卷	三十	《集部·別集類》
	其祖綱《華陽集》四十卷	三十一	《集部·別集類》
	胡銓《忠簡先生文選》九卷	三十一	《集部·別集類》
	《蘆浦筆記》十卷	二十四	《子部·雜家類》
	徐自明《宋宰輔編年錄》二十卷	十八	《史部·職官類》
	《西漢文類》五卷	三十五	《集部·總集類》
	李誡《營造法式》三十四卷	十九	《史部·政書類》

續　表

引自文獻	涉及書目題跋	卷數	類　別
張《志》	《史記》一百三十卷	八	《史部·正史類》
	蘇頌《新儀象法要》三卷	二十三	《子部·天文演算法類》
	《陸狀元集百家注資治通鑑詳節》一百二十卷	九	《史部·編年類》
	《文苑英華》一千卷	三十五	《集部·總集類》
	巾箱本《禮記》五卷	四	《經部·禮類》
	《後漢書》一百二十卷	八	《史部·正史類》
	重校正朱肱《南陽活人書》十八卷	二十二	《子部·醫家類》
	《北户録》三卷	十七	《史部·地理類》
	程俱《班左誨蒙》三卷	二十六	《子部·類書類》
張《續志》	葉适《習學記言》五十卷	三	《子部·雜家類》
	《增廣黄先生大全文集》五十卷	四	《集部·別集類》
	《資治通鑑綱目》五十九卷	二	《子部·編年類》
森《志》	《荀子》二十卷	四	《子部·儒家類》
	《集韻》十卷	二	《經部·小學類》
	《唐柳先生集》四十五卷、《外集》一卷、《附録》一卷	六	《集部·別集類》
	《樂書》二百卷	二	《經部·樂類》
	小字本《漢書》一百二十卷	三	《史部·正史類》
	《史記正義》一百三十卷	三	《史部·正史類》
	《前漢書》一百二十卷	三	《史部·正史類》
	《附釋音毛詩注疏》二十卷	一	《經部·詩類》
	《東都事略》一百三十卷	三	《史部·別史類》
	《鉅宋重修廣韻》五卷	二	《經部·小學類》
	《春秋經傳集解》三十卷	二	《經部·春秋類》

續　表

引自文獻	涉 及 書 目 題 跋	卷數	類　別
森《志》補遺	《仁齋直指方論》二十六卷、《小兒方論》五卷、《傷寒類書活人總括》七卷、《醫學真經》一卷		
	《楊氏家傳方》二十卷		
	《增廣太平惠民和劑局方》十卷		
朱《目》	《文選》六十卷	四	《集部·別集類》
	《茅亭客話》十卷	三	《子部·小說家類》
	《卻掃編》三卷	三	《子部·雜家類》
陸《集》	《自警編》	二十	
	《錢唐韋先生集》十八卷	十七	
	徐鉉《騎省集》三十卷	十七	
	《九經排字直音前集》一卷、《後集》一卷	十六	
顧《集》	附《釋文》四卷	十四	
	《韓非子》二十卷	九	
李濱刻《外集》跋	唐柳宗元《柳州集》三十卷	俟考	
毛《目》	衛湜《禮記集說》一百六十卷		
陳《跋》	大字本朱子《四書集注》十九卷		
鮑廷博知不足齋重刻本	錢文子《補漢兵志》一卷		
瞿《目》	孫奭等《律文》十二卷、《音義》一卷	十二	《史部·政書類》
	《資治通鑑》二百九十四卷	九	《史部·編年類》
	《唐書》二百卷	八	《史部·正史類》
	《臨川王先生文集》一百卷	二十	《集部·別集類二》
	桑世昌《蘭亭考》十二卷	十二	《史部·目錄類》

引自文獻	涉及書目題跋	卷數	類 別
瞿《目》	《作邑自箴》十卷	十二	《史部五·職官類》
	《張子語録》三卷、《後録》三卷	十三	《子部·儒家類》
	《龜山先生語録》四卷、《後録》二卷	十三	《子部·儒家類》
	《吕氏家塾讀詩記》三十二卷	三	《經部·詩類》
	《新刊校定集注杜詩》三十六卷	十九	《集部·別集類》
	附《釋文》四卷	六	《經部·五經總義類》
	《司馬太師温國文正公傳家集》八十卷	二十	《集部·別集類》
	蘇洵《嘉祐集》十六卷	二十	《集部·別集類》
	《孝肅包公奏議集》十卷	九	《史部·詔令奏議類》
	《文選》六十卷	二十三	《集部五·總集類》
	陳襄《古靈先生集》二十五卷、《年譜》一卷、《附録》一卷	二十	《集部·別集類》
	《集驗方》五卷	十四	《子部·醫家類》
	楊侃《兩漢博聞》十二卷	十	《史部·史鈔類》
	《魏鄭公諫録》五卷	三	《史部三·傳記類》
	《文選》李善注六十卷	二十三	《集部五·總集類》
	《衛生家寶產科備要》八卷	十四	《子部·醫家類》
	鮑彪《戰國策校注》十卷	九	《史部·雜史類》
	《陶淵明集》一卷	十九	《集部·別集類》
	吕祖謙《皇朝文鑒》一百五十卷	二十三	《集部·總集類》
	林鉞《漢雋》十卷	十	《史部·史鈔類》
	朱子《楚辭集注》八卷、《辨證》二卷	十九	《集部·楚辭類》
	胡致堂《讀史管見》三十卷	十二	《史部·史評類》
	《越絶書》十五卷	十	《史部·載記類》

引自文獻	涉 及 書 目 題 跋	卷數	類　別
	呂本中《童蒙訓》三卷	十三	《子部·儒家類》
	《四書章句集注》二十六卷	六	《經部·四書類》
	袁樞《通鑑紀事本末》四十二卷	九	《史部·紀事本末類》
	《絳帖釋文》二卷	十二	《史部·目録類》
	《錢唐韋先生集》十八卷	二十	《集部·别集類》
	《老學庵筆記》十卷	十六	《子部·雜家類》
	袁樞《通鑑紀事本末》二百九十卷	九	《史部·紀事本末類》
	鄭獬《郧溪集》二十八卷	二十	《集部·别集類》
	《説苑》二十卷	十三	《子部·儒家類》
	周渭《彈冠必用集》一卷	十五	《子部·術數類》
	《晦庵先生朱文公易説》二十三卷	一	《經部·易類》
瞿《目》	楊伯岩《六帖補》二十卷	十七	《子部·類書類》
	蔡邕《獨斷》二卷	十六	《子部·雜家類》
	陳淳《北溪集》五十卷、《外集》一卷	二十一	《集部·别集類三》
	《資治通鑑》二百九十四卷	九	《史部·編年類》
	《文粹》一百卷	二十三	《集部·總集類》
	《張先生校正楊寶學易傳》二十卷	一	《經部·易類》
	《西漢文類》五卷	二十三	《集部·總集類》
	《通典》二百卷	十二	《史部·政書類》
	大字本《資治通鑑》二百九十四卷	九	《史部·編年類》
	新雕《詩品》三卷	二十四	《集部·詩文評類》
	《管子》二十四卷	十四	《子部·法家類》
	蘇頌《新儀象法要》三卷	十五	《子部·天文算法類》

續　表

引自文獻	涉及書目題跋	卷數	類　別
瞿《目》	《李學士新注孫尚書尺牘》十六卷	二十一	《集部·別集類》
	《括異志》十卷	十七	《子部·小説類》
	《老子道德經》四卷	十八	《子部·道家類》
	《淮海先生文集》二十六卷	二十	《集部·別集類》
	《重校添注柳文》四十五卷、《外集》二卷	查未見	
	巾箱本《禮記》五卷	四	《經部·禮類》
	《三蘇文粹》七十卷	二十三	《集部·總集類》
	《中説》十卷	十三	《子部·儒家類》
	李燾《經進六朝通鑑博議》十卷	十二	《史部·史評類》
	《資治通鑑綱目》五十九卷	九	《史部·編年類》
	重校正朱肱《南陽活人書》十八卷	十四	《子部·醫家類》
	《北戶録》三卷	十一	《史部·地理類》
	《續幽怪録》四卷	十七	《子部·小説類》
	《甲乙集》十卷	十九	《集部·別集類》
	王雱《南華真經注》二十卷、附《拾遺》一卷	十八	《子部·道家類》
	《十便良方》四十卷	十四	《子部·醫家類》
	《春秋經傳集解》三十卷	五	《經部·禮類》
	《説文解字韻譜》五卷	七	《經部·小學類》
彭《跋》	賈昌朝《群經音辨》七卷	一	
	《文選》六十卷	二	
丁《志》	《資治通鑑》二百九十四卷	七	《史部·編年類》
	《臨川王先生文集》一百卷	二十七	《集部·別集類》
	《元氏長慶集》六十卷	二十五	《集部·別集類》

續　表

引自文獻	涉 及 書 目 題 跋	卷數	類　別
丁《志》	《太平聖惠方》一百卷	十六	《子部·醫家類》
	《建康實録》二十卷　　　·	七	《史部·別史類》
	衛湜《禮記集説》一百六十卷	二	《經部·禮類》
	李復《潏水集》十六卷	二十八	《集部·別集類》
	《文選》六十卷	三十八	《集部·總集類》
	吕本中《東萊先生詩集》二十卷	三十	《集部·別集類》
	《宣和奉使高麗圖經》四十卷	十二	《史部·地理類》
	楊侃《兩漢博聞》十二卷	十	《史部·史鈔類》
	《大戴禮記》十三卷	二	《經部·禮類》
	《昭明太子集》五卷	二十三	《集部·別集類》
	米芾《寶晉山林集拾遺》八卷	二十八	《集部·別集類》
	陳傅良《止齋集》五十二卷	三十	《集部·別集類》
	《唐摭言》十五卷	二十一	《子部·小説家》
	陳傅良《止齋集》四十卷	三十	《集部·別集類》
	《老學庵筆記》十卷	十九	《子部·雜家類》
	晁公武《郡齋讀書志》二十卷	十四	《史部·目録類》
	楊仲良《皇朝通鑒紀事本末》一百五十卷	七	《史部·紀事本末類》
	晁説之《嵩山文集》二十卷	二十八	《集部七·別集類六》
	《漢書》一百二十卷	六	《史部·正史類》
	《錢唐韋先生集》十八卷	二十七	《集部·別集類》
	《埤雅》二十卷	五	《經部·小學類》
	《陸士衡集》十卷、《陸士龍集》十卷	二十三	《集部·別集類》
	《宋宰輔編年録》二十卷	十三	《史部·職官類》

續　表

引自文獻	涉及書目題跋	卷數	類　別
丁《志》	程大昌《禹貢山川地理圖》二卷	一	《經部·書類》
	陸游《渭南文集》五十卷	三十	《集部·別集類》
	《小兒衛生總微論方》二十卷	十六	《子部·醫家類》
	方岳《秋崖先生小稿》八十三卷	三十一	《集部·別集類》
	《文粹》一百卷	三十八	《集部·總集類》
	胡致堂《讀史管見》八十卷	查未見	
	《文粹》一百卷	三十八	《集部·總集類》
	李誡《營造法式》三十四卷	十三	《史部·政書類》
	姚鉉《文粹》一百卷	三十八	《集部·總集類》
	王灼《頤堂先生文集》五卷	三十	《集部·別集類》
	王庭珪《盧溪先生集》五十卷	二十九	《集部·別集類》
	《五百家注音辨昌黎先生文集》四十卷	二十四	《集部·別集類》
	祝穆《方輿勝覽前集》四十三卷、《後集》七卷、《續集》二十卷、《拾遺》一卷	十一	《史部·地理類》
	李燾《經進六朝通鑒博議》十卷	十四	《史部·史評類》
	《新雕皇宋事實類苑》七十八卷	十九	《子部·雜家類》
	《漢書》一百二十卷	六	《史部·正史類》
	賈誼《新書》十卷	十五	《子部·儒家類》
	《二十先生回瀾文鑒》十五卷	三十八	《集部·總集類》
	《澠水燕談錄》十卷	二十一	《子部·小說家類》
	《北戶錄》三卷	十二	《子部·地理類》
	《卻掃編》三卷	十九	《子部·雜家類》
	《篋中集》一卷	二十八	《集部·總集類》
	《述異記》二卷	二十	《子部·小說類》

續 表

引自文獻	涉 及 書 目 題 跋	卷數	類 別
吳《記》	《本草衍義》二十卷	四	《子部》
莫《録》	《漢書》一百二十卷	一	
	《建康實録》二十卷	三	
	《韓昌黎集》四十卷、《外集》十卷	一	
	桓寬《鹽鐵論》十卷	一	
	《文場資用分門近思録》二十卷、《後録》十四卷	一	
	《春秋經傳集解》三十卷	一	
浙《録》	《春秋傳》二十卷	乙集	
	朱子《四書集注》十九卷	未見著録	
	陳淳《北溪集》五十卷、《外集》一卷	《壬集》	
黃《記》	《吳志》三十卷	二	《史類》
	《司馬太師溫國文正公傳家集》八十卷	五	《集類》
	《溫國文正司馬公文集》八十卷	五	《集類》
	《衛生家寶産科備要》八卷	三	《子類》
	《説苑》二十卷	三	《子類》
	《開元天寶遺事》二卷	四	《子類》
	《管子》二十四卷	三	《子類》
	《增廣黃先生大全文集》五十卷	五	《集類》
	《後漢書》一百二十卷	二	《史類》
	《重校添注柳文》四十五卷、《外集》二卷	五	《集類》
	《茅亭客話》十卷	四	《子類》
	《續幽怪録》四卷	四	《子類》
	《寒山拾得詩》一卷	五	《集類》

引自文獻	涉 及 書 目 題 跋	卷數	類 別
黃《記再續》	《李學士新注孫尚書尺牘》十六卷		
錢《記》	《顏氏家訓》七卷	三之上	
程宗瑃仿刻本	王先生《十七史蒙求》十六卷		
阮《外集》	《脈經》	三	
	《律文》十二卷、《音義》一卷	四	
	《隸韻》十卷	四	
	《續世説》十二卷	一	
	《皇朝通鑒紀事本末》一百五十卷	一	
	《漢官儀》三卷	一	
	《左氏摘奇》十二卷	一	
	《新刊精選諸儒奧論策學統宗前編》五卷	三	
	《知不足齋叢書》	一	
	《新增詞林要韻》一卷	三	
丁《目》	《韓昌黎集》四十卷、《外集》十卷		
	《鹽鐵論》十卷		
杨《志》	《齊民要術》十卷	七	
	《脈經》十卷	九	
	《集韻》十卷	四	
	《春秋經傳集解》三十卷、附陸德明《音義》五卷、聞人模《經傳識異》三卷、《經傳識異》三卷	一	
	《方輿勝覽前集》四十三卷、《後集》七卷、《續集》二十卷、《拾遺》一卷	六	
	《周禮鄭注》十二卷	一	
	《鉅宋重修廣韻》五卷	三	

引自文獻	涉及書目題跋	卷數	類　別
孔繼涵微波榭刻本跋	《孟子趙歧注》附《音義》十卷	俟考	

卷　四

引自文獻	涉及書目題跋	卷數	類　別
瞿《目》	《重刊增廣分門類林雜説》十五卷	十七	《子部·類書類》
	《新刊韻略》五卷	七	《經部·小學類》
	《經史證類大全本草》三十一卷	十四	《子部·醫家類》
	《本草衍義》二十卷	十四	《子部·醫家類》
	《李賀歌詩編》四卷	十九	《集部·別集類》
	《資治通鑑》二百九十四卷	九	《史部·正史類》
	《漢書》百二十卷	八	《史部·正史類》
	《後漢書》一百二十卷	八	《史部·正史類》
	《隋書》八十五卷	八	《史部·正史類》
	《北史》一百卷	八	《史部·正史類》
	《困學紀聞》二十卷	十六	《子部·雜家類》
	《隸釋》二十七卷	十二	《史部·目録類》
	《隸續》七卷	十二	《史部·目録類》
	《北溪先生大全文集》五十卷	二十一	《集部·別集類》
	《河防通議》二卷	十一	《史部·地理類》
	《馬石田文集》十五卷	二十二	《集部·別集類》
	《玉海》二百卷	十七	《子部·類書類》
	《詞學指南》四卷	十七	《子部·類書類》

續　表

引自文献	涉及書目題跋	卷數	類　別
瞿《目》	《金史》一百三十五卷	八	《史部·正史類》
	《金陵新志》十九卷	十一	《史部·地理類》
	《吕氏春秋》二十六卷	十六	《子部·雜家類》
	《白虎通德論》十卷	十六	《子部·雜家類》
	《風俗通義》十卷	十六	《子部·雜家類》
	《易裨傳》二卷	一	《經部·易類》
	《通志》二百卷	九	《史部·編年類》
	《通鑒總類》二十卷	十	《史部·史鈔類》
	《五代史記》七十五卷	八	《史部·正史類》
	《新箋決科古今源流至論前集》十卷、《後集》十卷、《續集》十卷、《別集》十卷	十七	《子部·類書類》
	《山堂考索前集》六十六卷、《後集》六十五卷、《續集》五十六卷、《別集》二十五卷	十七	《子部·類書類》
	《文獻通考》三百四十八卷	十二	《史部·政書類》
	《皇元風雅》三十卷	二十三	《集部·總集類》
	《文獻通考》三百四十八卷	十二	《史部·政書類》
	《國朝文類》七十卷、《目録》三卷	二十三	《集部·總集類》
	《蜀漢本末》三卷	九	《史部·别史類》
	《止齋先生文集》五十二卷	二十一	《集部·别集類》
	《金陀粹編》二十八卷、《續編》三十卷	十	《史部·傳記類》
	《豫章羅先生文集》十七卷	二十一	《集部·别集類》
	《世醫得效方》二十卷、《目録》一卷	十四	《子部·醫家類》
	《春秋經傳闕疑》四十五卷	五	《經部·春秋類》
	《史記集解索隱正義》一百三十卷	八	《史部·正史類》

引自文獻	涉 及 書 目 題 跋	卷數	類 別
瞿《目》	《爾雅郭注》三卷	七	《經部・小學類》
	《翰苑英華中州集》十卷、《中州樂府》一卷	廿三	《集部・總集類》
	《范德機詩集》七卷	二二	《集部・別集類》
	《新編翰林珠玉》六卷	二二	《集部・別集類》
	《范文正集》二十卷、《別集》四卷	二十	《集部・別集類》
	《春秋諸傳會通》二十四卷	五	《經部・春秋類》
	《春秋屬辭》十八卷、《春秋左傳補注》十卷、《春秋師説》三卷	五	《經部・春秋類》
	《詳音句讀明本大字毛詩》四卷	三	《經部・詩類》
	《蜀漢本末》三卷	九	《史部・別史類》
	《朱子詩集傳附録纂疏》二十卷	三	《經部・詩類》
	《注陸宣公奏議》十五卷	八	《史部・詔令奏議類》
	《漢唐事箋對策機要前集》十二卷、《後集》八卷	十七	《子部・類書類》
	《詩經疑問》七卷、《附録》一卷	三	《經部・詩類》
	《春秋胡氏傳纂疏》三十卷	五	《經部・春秋類》
	《詩傳通釋》二十卷	三	《經部・詩類》
	《針灸四書》八卷	十四	《子部・醫家類》
	《續宋中興編年資治通鑑後集》十五卷	九	《史部・編年類》
	《續宋編年資治通鑑》十八卷	九	《史部・編年類》
	《隆平集》二十卷	九	《史部・紀事本末類》
	《重刊明本書集傳附音釋》六卷	二	《經部・書類》
	《新刊補注釋文黄帝内經素問》十二卷	十四	《子部・醫家類》
	《新刊黄帝靈樞經》十二卷	十四	《子部・醫家類》

引自文献	涉 及 書 目 題 跋	卷數	類　別
瞿《目》	《朱子成書》十卷	十三	《子部·儒家類》
	《傷寒直格》三卷、《後集》一卷、《續集》一卷、《別集》一卷	十四	《子部·醫家類》
	《詩集傳音釋》二十卷	三	《經部·詩類》
	《增修互注禮部韻略》五卷	七	《經部·小學類》
	《傷寒直格方》三卷、《後集》一卷、《續集》一卷、《心鏡》一卷	十四	《子部·醫家類》
	《道德經河上公章句》四卷	十八	《子部·道家類》
	《静修集》二十二卷、《補遺》二卷	二十二	《子部·別集類》
	《增廣太平惠民和劑局方》十卷、《指南總論》三卷	十四	《子部·醫家類》
	《新刊王叔和脈經》十卷	十四	《子部·醫家類》
	《針灸資生經》七卷、《後編》一部	十四	《子部·醫家類》
	《集千家注分類杜工部詩》二十五卷、附《文集》二卷	十九	《集部·別集類》
莫《録》	《新刊韻略》五卷	查未見	
	《資治通鑑》二百九十四卷	二	
	《玉海》二百卷、《詞學指南》四卷	二	
	《皇元風雅前集》六卷、《後集》六卷	附録卷一	
	《史記集解附索隱》一百三十一卷	二	
	《續宋編年資治通鑑》十八卷	二	
	《朱子詩集傳附録纂疏》二十卷	二	
	《伯生詩續編》三卷	二	
	《詩經疑問》七卷、《附録》一卷	查未見	
	《春秋胡氏傳纂疏》三十卷	二	
	明州本排字《九經直音》二卷	一	

續　表

引自文獻	涉 及 書 目 題 跋	卷數	類　別
黃《記》	《歌詩編》四卷		
	《東坡樂府》二卷		
莫《目》	《三國志》六十五卷	四	《史部·正史類》
繆《記》	《新刻韻略》五卷	一	《小學第二》
	《北史》一百卷	四	《史學第五》
	《新箋決科古今源流至論前集》十卷、《後集》十卷、《續集》十卷、《別集》十卷	五	《類書第七》
	《新編古今事文類聚前集》六十卷、《後集》五十卷、《續集》二十八卷、《別集》三十二卷、《新集》三十六卷、《外集》十五卷、《遺集》十五卷	五	《子部·類書類》
	《松雪齋集》十卷、《外集》一卷、《附錄》一卷	七	《集部·別集類》
	《河汾諸老詩集》八卷	六	
	《太玄經》十卷	二	《諸子第三》
	《增廣太平惠民和劑局方》十卷、《指南總論》三卷	二	《諸子第三》
繆《續記》	《校正千金翼方》三十卷、《目錄》一卷	二	《諸子第三》
	《翰苑英華中州集》十卷	六	《詩文第八上》
	《詩傳通譯》二十卷	一	《經學第一》
楊《錄》	《新刊圖解校正地理新書》十五卷	三	《子部》
	《道德寶章》一卷	三	《子部》
	《丹淵集》四十卷、《拾遺》二卷、《附錄》一卷	五	《集部下》
	《後漢書》一百二十卷	二	《史部》
	《樂書》二百卷、《目錄》二十卷,附《樂書正誤》一卷	一	《經部》

引自文獻	涉 及 書 目 題 跋	卷數	類　　別
楊《録》	《通鑒總類》二十卷	二	《史部》
	《稼軒長短句》十二卷	五	《集部下》
	《大廣益會玉篇》三十卷	一	《經部》
	《國朝文類》七十卷、《目録》三卷	五	《集部下》
	《范文正集》二十卷、《別集》四卷	五	《集部下》
	《山海經》十卷	三	《子部》
	《三家詩考》六卷	一	《經部》
	《東坡樂府》二卷	五	《集部下》
	《新箋決科古今源流至論前集》十卷、《後集》十卷、《續集》十卷、《別集》十卷	三	《子部》
	《增刊校正王狀元集注分類東坡先生詩》二十五卷	五	《集部下》
	《集千家注分類杜工部詩》二十五卷	四	《集部上》
楊《續録》	《滏水文集》二十卷	四	《集部》
楊《志》	《傷寒論》十卷	九	
	《唐律疏議》三十卷	五	
	《貞觀政要》十卷	五	
	《脈經》十卷	九	
	《禦藥院方》十一卷	十	
	《新刊續添是齋百一選方》二十卷	十	
	《經史證類大觀本草》三十卷	九	
	《增修互注禮部韻略》五卷、《廣韻》五卷	四	
	《伊川易解》六卷、《系辭精義》二卷	一	
	《韻府群玉》二十篇	四	
	《大廣益會玉篇》三十卷	三	
	《廣韻》五卷	三	

續　表

引自文獻	涉　及　書　目　題　跋	卷數	類　別
丁《目》	《新刊圖解校正地理新書》十五卷	上	
	《金陵新志》十九卷	下	
《四庫總目提要》	《經史證類大觀本草》三十卷	一百三	《子部·醫家類》
	刻張栻《南軒易説》三卷	三	《經部·易類》
	《越絕書》十五卷	六十六	《史部·載記類》
	《吳越春秋》十卷	六十六	《史部·載記類》
	《風俗通義》十卷、《附録》一卷	一百二十	《子部·雜家類》
	王申子《大易緝説》十卷	四	《經部·易類》
	洪适《隸釋》二十七卷、《隸續》七卷	八十六	《史部·目録類》
	《經史證類大觀本草》三十一卷、《目録》一卷	一百三	《子部·醫家類》
	《世醫得效方》二十卷	一百四	《子部·醫家類》
	胡方平《易學啓蒙通釋》二卷	三	《經部·易類》
	《明州本排字九經直音》二卷	三十三	《經部·五經總義類》
	李心傳《丙子學易編》一卷	三	《經部·易類》
陸《跋》	《資治通鑑》二百九十四卷	三	《史部》
	胡三省《通鑑釋文辨誤》十三卷	三	《史部》
	《隋書》八十五卷	二	《史部》
	徐天祐《吳越春秋音注》十卷	四	《史部》
	《北史》一百卷	二	《史部》
	《南史》八十卷	二	《史部》
	《鮑彪注國策》十卷	三	《史部》
	《通典》二百卷	四	《史部》
	杜佑《通典》二百卷	四	《史部》

續　表

引自文獻	涉 及 書 目 題 跋	卷數	類　別
陸《跋》	《續宋中興編年資治通鑑》十五卷	三	《史部》
	《新刊續添是齋百一選方》二十卷	七	《醫家》
	《續宋中興編年資治通鑑》十五卷	三	《史部》
陸《集》	胡一桂《朱子詩集傳附録纂疏》二十卷	十六	
陸《續跋》	《新刊韻略》五卷	四	《經部·小學類》
	《經史證類大觀本草》三十卷	九	《子部·醫家類》
	沈棐《春秋比事》二十卷	三	《經部·春秋類》
	張洽《春秋集傳》二十二卷	三	《經部·春秋類》
	《王秋澗先生全集》一百卷	十三	《集部·別集類》
	《困學紀聞》二十卷	十	《子部·雜家類》
	《玉海》二百卷附《詞學指南》四卷	十一	《子部·類書類》
	《通志》二百卷	七	《史部》
	《山堂考索前集》六十六卷、《後集》六十五卷、《續集》五十六卷、《別集》二十五卷	十一	《子部·類書類》
	《書集傳纂疏》六卷	一	《經部·書類》
	《文獻通考》三百四十八卷	七	《史部·政書類》
	《廣韻》五卷	四	《經部·小學類》
	《筠溪牧潛集》七類	十三	《集部·別集類》
	《集千家注分類杜工部集》二十五卷	十二	《集部·別集類》
	《新刊惠民禦院藥方》二十卷	九	《子部·醫家類》
	《翰苑英華中州集》十卷、《中州樂府》一卷	十四	《集部·總集類》
	《周易集説》十卷	一	《經部·易類》
	虞集《新編翰林珠玉》六卷	十三	《集部·別集類》

引自文献	涉 及 書 目 題 跋	卷數	類　別
	《政府奏議》二卷	七	《史部·詔令奏議類》
	李廉《春秋諸傳會通》二十四卷	三	《經部·春秋類》
	《春秋屬辭》十八卷	三	《經部·春秋類》
	《春秋左傳補注》十卷	三	《經部·春秋類》
	《春秋師説》三卷	三	《經部·春秋類》
	《尚書輯録纂注》六卷	一	《經部·書類》
	《纂圖新增群書類要事林廣記前集》二卷、《後集》二卷、《續集》二卷、《別集》二卷、《新集》二卷、《外集》二卷	十一	《子部·類書類》
	《詩傳通釋》二十卷	二	《經部·詩類》
	《宋季三朝政要》五卷、《附録》一卷	六	《史部》
陸《續跋》	《續宋中興編年資治通鑑後集》十五卷	六	《史部》
	《續宋編年資治通鑑》十八卷	六	《史部》
	《廣韻》五卷	四	《經部·小學類》
	《新刊冷齋夜話》十卷	十	《子部·雜家類》
	《楚國文憲公雪樓程先生文集》三十卷、《附録》一卷	十三	《集部·別集類》
	《趙子昂詩集》七卷	十三	《集部·別集類》
	《傷寒直格方》三卷、《後集》一卷、《續集》一卷	九	《子部·醫家類》
	張子和《心鏡》一卷	九	《子部·醫家類》
	《藝文類聚》一百卷	十	《子部·類書類》
	《新刊韻略》五卷	七	《經部·小學類》
張《志》	《漢書》百二十卷	八	《史部·正史類》
	《後漢書》一百二十卷	八	《史部·正史類》

續　表

引自文獻	涉及書目題跋	卷數	類別
張《志》	《三國志》六十五卷	八	《史部·正史類》
	張洽《春秋集傳》二十二卷	五	《經部·春秋類》
	《王秋澗先生全集》一百卷	三十三	《集部·別集類》
	《困學紀聞》二十卷	二十四	《子部·雜家類》
	《馬石田文集》十五卷	三十三	《集部·別集類》
	《金陵新志》十九卷	十六	《史部·地理類》
	《道園類稿》五十卷	三十三	《集部·別集類》
	《燕石集》十五卷	三十四	《集部·別集類》
	《靜修先生文集》三十卷	三十二	《集部·別集類》
	《申齋劉先生文集》十五卷	三十三	《集部·別集類》
	《濤南遺老集》四十五卷	三十二	《集部·別集類》
	《五代史記》七十五卷	八	《史部·正史類》
	《書集傳纂疏》六卷	二	《經部·書類》
	《金陀粹編》二十八卷、《續編》三十卷	十三	《史部·傳記類》
	《爾雅郭注》三卷	七	《經部·小學類》
	《尹文子》二卷	二十四	《子部·名家類》
	《史記集解索隱正義》一百三十卷	三十五	《史部·正史類》
	《翰苑英華中州集》十卷	三十五	《集部·總集類》
	《中州樂府》一卷	三十六	《集部·詩文評類》
	《政府奏議》二卷	十二	《史部·詔令奏議類》
	《尚書表注》二卷	二	《經部·書類類》
	《春秋諸傳會通》二十四卷	四	《經部·春秋類》
	《朱子詩集傳附錄纂疏》二十卷	三	《經部·詩類》
	《注陸宣公奏議》十五卷	十二	《史部·詔令奏議類》

引自文献	涉 及 書 目 題 跋	卷數	類　　別
張《志》	《揭曼碩詩》三卷	三十三	《集部・別集類》
	《漢唐事箋對策機要前集》十二卷、《後集》八卷	二十六	《子部・類書類》
	《詩傳通釋》二十卷	三	《經部・詩類》
	《針灸四書》八卷	二十二	《子部・醫家類》
	《續宋中興編年資治通鑑後集》十五卷	九	《史部・編年類》
	《重刊明本書集傳附音釋》六卷	二	《子部・類書類》
	《新刊補注釋文黃帝内經素問》十二卷	查未見	
	《新刊黃帝靈樞經》十二卷	二十二	《子部・醫家類》
	《詩集傳音釋》二十卷	三	《經部・詩類》
	《增修互注禮部韻略》五卷	七	《經部・小學類》
	《静修集》二十二卷、《補遺》二卷	三十二	《集部・別集類》
	《新刊王叔和脈經》十卷	二十二	《子部・醫家類》
張《續志》	《李長吉歌詩》四卷、《外集》一卷	四	《集部・別集類》
	《集千家注分類杜工部詩集》二十五卷	四	《集部・別集類》
	《周易程朱先生傳義附録》十七卷	一	《經部・易類》
《天禄琳琅書目》	《漢書》百二十卷	五	《元版・史部》
	《困學紀聞》二十卷	六	《元版・子部》
	《通志》二百卷	五	《元版・史部》
	《類編標注文公先生經濟文衡前集》二十五卷、《後集》二十五卷、《續集》二十二卷	六	《元版・子部》
	《道命録》十卷	六	《元版・子部》
	《文選補遺》四十卷	十	《明版・集部》
	《類編層瀾文選前集》十卷、《後集》十卷、《續集》十卷、《別集》十卷	六	《元版・集部》

引自文獻	涉　及　書　目　題　跋	卷數	類　別
《天禄琳琅書目》	《增刊校正王狀元集注分類東坡先生詩集》三十二卷、《紀年録》一卷	六	《元版·集部》
	《纂圖分門類題注荀子》二十卷	六	《元版·子部》
	《新編古賦解題前集》十卷、《後集》八卷	六	《元版·集部》
	《詩苑珠叢》三十卷	十	《元版·子部》
	《詩傳通釋》二十卷	五	《元版·經部》
	《唐國史補》三卷	五	《元版·史部》
	《千家注分類杜工部詩集》	六	《元版·集部》
	《集千家注分類杜工部詩》二十五卷、《文集》二卷	十	《明版·集部》
	《分類補注李太白詩集》二十五卷	六	《元版·集部》
《天禄琳琅書目後編》	《春秋集傳》二十二卷	三	《宋版·經部》
	《鮑彪注國策》十卷	九	《元版·史部》
	《孔叢子》七卷、《附録》一卷	十	《元版·子部》
	《春秋諸傳會通》二十四卷	八	《元版·經部》
	《史記集解附索隱》一百三十一卷	四	《宋版·史部》
	《增修詩學集成押韻淵海》二十卷	十	《元版·子部》
	《新增説文韻府群玉》二十卷	十	《元版·子部》
	《童溪先生易傳》三十卷	二	《宋版·經部》
	《隆平集》二十卷	四	《宋版·史部》
	《分類補注李太白詩》廿五卷	十一	《元版·集部》
	《新刊冷齋夜話》十卷	十	《元版·子部》
	《增刊校正王狀元集注分類東坡先生詩》二十五卷	六	《宋版·集部》
	《五倫書》六十二卷	十六	《明版·子部》

續 表

引自文獻	涉 及 書 目 題 跋	卷數	類 別
錢《日記》	《北史》一百卷		
	《經史證類大觀本草》三十一卷、《目録》一卷	一	
	《爾雅郭注》三卷	一	
	《史記集解附索隱》一百三十一卷	八	
	《朱子詩集傳附録纂疏》二十卷	一	
	《文場備用排字禮部韻注》五卷	查未見	
	《考證自序》	一	
阮《外集》	《注陸宣公奏議》十五卷	五	
	《群書通要》七十三卷	三	
森《志》	《鮑彪注國策》十卷	三	《史部·雜史類》
	《標題句解孔子家語》三卷	四	《子部·儒家類》
	《廣韻》五卷	二	《經部·小學類》
	《書集傳纂疏》六卷	一	《經部·書類》
	《韻府群玉》二十卷	五	《子部·類書類》
	《廣韻》五卷	二	《經部·小學類》
	《集千家注分類杜工部集》二十五卷	六	《集部·別集類》
	《禮記集説》十六卷	一	《經部·禮類》
	《史記集解索隱正義》一百三十卷	三	《史部·正史類》
	《皇元風雅前集》六卷、《後集》六卷	六	《集部·總集類》
	《孔子家語》三卷	四	《子部·儒家類》
	《宋季三朝政要》六卷	三	《史部·編年類》
	《玉篇》三十卷	二	《經部·小學類》
	《漢書》一百二十卷	三	《史部·正史類》

引自文獻	涉 及 書 目 題 跋	卷數	類　別
森《志》	《周易傳義》十卷	一	《經部·易類》
	《大廣益會玉篇》三十卷	二	《經部·小學類》
	《説苑》二十卷	四	《子部·儒家類》
	《春秋集傳釋義大成》十二卷	二	《經部·春秋類》
	《宋季三朝政要》五卷、《附録》一卷	三	《史部·編年類》
	《續宋編年資治通鑑》十八卷	三	《史部·編年類》
	《王狀元集百家注分類東坡先生詩》二十五卷、《東坡紀年録》一卷	六	《集部·別集類》
	《孟子集注》十四卷	二	《經部·四書類》
	《集千家注批點杜工部詩集》二十卷	六	《集部·別集類》
	《五百家注音辨昌黎先生文集》四十卷	六	《集部·別集類》
	《增修互注禮部韻略》五卷	二	《經部·小學類》
	《明州本排字九經直音》二卷	二	《經部·小學類》
	《直音傍訓周易句解》十卷	一	《經部·易類》
	《廣韻》五卷	二	《經部·小學類》
	《四書章圖纂釋》二十卷	二	《經部·四書類》
	《古今事文類聚前集》六十卷	五	《子部·類書類》
	《書集傳》六卷	一	《經部·書類》
	《論語集注》十卷	二	《經部·四書類》
	《春秋經傳集解》三十卷	二	《經部·春秋類》
	《初學記》三十卷	五	《子部·類書類》
	《埤雅》二十卷	三	《經部·小學類》
	《韻府群玉》二十卷	五	《子部·類書類》

引自文獻	涉 及 書 目 題 跋	卷數	類　別
森《志》補遺	《銅人腧穴針灸圖經》五卷		
	《經史證類大觀本草》三十一卷		
	《校正千金翼方》三十卷		
	《聖濟總録》二百卷、《目録》一卷		
	《風科集驗名方》二十八卷		
	《世醫得效方》二十卷、《目録》一卷		
	《重修政和經史類證備用本草》三十卷、《目録》一卷		
	《和濟局方圖注本草藥性歌括總論》四卷		
	《禦藥院方》十一卷		
	《新編類要圖注本草》四十二卷、《序例》五卷、《目録》一卷		
	《新刊續添是齋百一選方》二十卷		
	《脈要秘括》二卷		
	《增廣太平惠民和劑局方》十卷、《指南總論》三卷		
	《新刊黃帝明堂針灸經》一卷		
	《傷寒百證經絡圖》九卷		
	《新刊補注釋文黃帝内經素問》十二卷		
	《新刊黃帝靈樞經》十二卷、《增廣太平惠民和濟局方》十卷、《指南總論》三卷、《圖經本草》一卷		
	《新刊王叔和脈經》十卷		
	《針灸資生經》七卷		

續　表

引自文獻	涉及書目題跋	卷數	類　別
丁《志》	《後漢書》一百二十卷	六	《史部·正史類》
	《隋書》八十五卷	六	《史部·正史類》
	《新唐書》二百二十五卷	六	《史部·正史類》
	《三國志》六十五卷	六	《史部·正史類》
	《北史》一百卷	六	《史部·正史類》
	《南史》八十卷	六	《史部·正史類》
	《遼史》一百六十卷	六	《史部·正史類》
	《勤齋集》八卷	三十三	《集部·別集類》
	《大戴禮記》十三卷	二	《經部·禮類》
	《鮑彪注國策》十卷	八	《史部·雜史類》
	《通志》二百卷	七	《史部·別史類》
	《唐詩鼓吹》十卷	三十八	《集部·總集類》
	《經史證類大觀本草》三十一卷、《目錄》一卷	十六	《子部·醫家類》
	《國朝文類》七十卷、《目錄》三卷	三十八	《集部·總集類》
	《方是閒居士小稿》二卷	三十一	《集部·別集類》
	《豫章羅先生文集》十七卷	二十九	《集部·別集類》
	《增補文選六臣注》六十卷	三十八	《集部·總集類》
	《夢溪筆談》二十六卷	十九	《子部·雜家類》
	《禮記集說》十六卷	二	《經部·禮類》
	《松雪齋集》十卷、《外集》一卷、《附錄》一卷	三十三	《集部·別集類》
	《范德機詩集》七卷	三十三	《集部·別集類》
	《皇元風雅前集》六卷、《後集》六卷	三十八	《集部·總集類》
	《政府奏議》二卷	八	《史部·詔令奏議類》

續　表

引自文献	涉 及 書 目 題 跋	卷數	類　別
丁《志》	《春秋屬辭》十八卷	三	《經部·春秋類》
	《春秋左傳補注》十卷	三	《經部·春秋類》
	《春秋師説》三卷	三	《經部·春秋類》
	《注陸宣公奏議》十五卷	八	《史部·詔令奏議類》
	《增修詩學集成押韻淵海》二十卷	二十	《子部·類書類》
	《精選東萊先生左氏傳博議句解》十六卷	三	《經部·春秋類》
	《春秋金鑰匙》一卷	三	《經部·春秋類》
	《宋季三朝政要》五卷、《附録》一卷	七	《史部·雜史類》
	《續宋中興編年資治通鑑後集》十五卷	七	《史部·編年類》
	《續宋編年資治通鑑》十八卷	七	《史部·編年類》
	《聯新事備詩學大成》三十卷	二十	《子部·類書類》
	《楚國文憲公雪樓程先生文集》三十卷、《附録》一卷	三十三	《集部·別集類》
	《針灸資生經》七卷	十六	《子部·醫家類》
	《集千家注分類杜工部詩》二十五卷、附《文集》二卷	二十四	《集部·別集類》
朱《志》	《金陵新志》十九卷	三	《史部·地理類》
	《爾雅郭注》三卷	一	《經部·小學類》
	《注陸宣公奏議》十五卷	二	《史部·奏議類》
朱《目》	《五代史記》七十五卷	二	《史部·正史類》
	《皇鑒箋要》六十卷	三	《子部·類書類》
	《山堂考索前集》六十六卷、《後集》六十五卷、《續集》五十六卷、《別集》二十五卷	三	《子部·類書類》
	《國朝文類》七十卷、《目録》三卷	四	《集部·總集類》

續　表

引自文獻	涉及書目題跋	卷數	類　別
朱《目》	《爾雅郭注》三卷	一	《經部·小學類》
	《注陸宣公奏議》十五卷	四	《集部·奏議類》
	《易傳會通》十四卷	一	《經部·易書類》
陸《志》	《後漢書》一百二十卷	十八	《史部·正史類》
	《隋書》八十五卷	十九	《史部·正史類》
	《吳越春秋音注》十卷	二八	《史部·載記類》
	《北史》一百卷	六十九	《集部·別集類》
	《陸宣公集》二十二卷	二十五	《史部·詔令奏議類》
	《春秋集傳》二十二卷	八	《經部·春秋類》
	《王秋澗先生全集》一百卷	九十七	《集部·別集類》
	《困學紀聞》二十卷	五十六	《子部·雜家類》
	《修詞鑒衡》二卷	一百一十八	《集部·詩文評類》
	《北溪先生大全文集》五十卷	八十八	《集部·別集類二二》
	《論孟集注考證》十卷	十	《經部四·書類》
	《金陵新志》十九卷	三十二	《史部·地理類》
	《金石例》十卷	一百一十八	《集部·詩文評類》
	《呂氏春秋》二十六卷	五十五	《子部·雜家類》
	《宋史》四百九十六卷	十九	《史部·正史類二》
	《勤齋集》八卷	九十九	《集部·別集類》
	《禮書》一百五十卷	七	《經部·禮類》
	《燕石集》十五卷	一〇二	《集部·別集類》
	《靜修先生文集》三十卷	九六	《集部·別集類》
	《檜亭集》九卷	一〇一	《集部·別集類》

引自文献	涉　及　書　目　題　跋	卷數	類　　別
	《鮑彪注國策》十卷	二四	《史部·雜史類》
	《禮經會元》四卷	六	《經部·禮類》
	《金陵新志》十五卷	三十二	《史部·地理類四》
	《通典》二百卷	三	《史部·政書類》
	《通鑒總類》二十卷	二十八	《史部·史鈔類》
	《經史證類大觀本草》三十一卷	四十五	《子部·醫家類》
	《本草衍義》二十卷	四十五	《子部·醫家三》
	《山堂考索前集》六十六卷、《後集》六十五卷、《續集》五十六卷、《別集》二十五卷	六十	《子部·類書二》
	《新編古今事文類聚前集》六十卷、《後集》五十卷、《續集》二十八卷、《別集》三十二卷、《新集》三十六卷、《外集》十五卷、《遺集》十五卷	六十	《子部·類書類》
陸《志》	《書集傳纂疏》六卷	四	《集部·書類》
	《文獻通考》三百四十八卷	三五	《史部·政書類》
	《國朝文類》七十卷、《目録》三卷	一一六	《集部·總集類》
	《方是閒居士小稿》二卷	八九	《集部·別集類》
	《金陀粹編》二十八卷、《續編》三十卷	二六	《史部·傳記一》
	《重修政和經史類證備用本草》三十卷、《目録》一卷	四五	《子部·醫家類三》
	《松雪齋集》十卷、《外集》一卷、《附録》一卷	九六	《集部·別集三十》
	《翰苑英華中州集》十卷、《中州樂府》一卷	一百一十五	《集部·總集類》
	《范德機詩集》七卷	一〇〇	《集部·別集三四》
	《新編翰林珠玉》六卷	一〇〇	《集部·別集三四》
	《春秋諸傳會通》二十四卷	一	《經部·春秋二》

引自文獻	涉 及 書 目 題 跋	卷數	類　別
陸《志》	《新刊續添是齋百一選方》二十卷	四六	《子部·醫家類》
	《朱子詩集傳附録纂疏》二十卷	五	《經部·詩類》
	《尚書輯録纂注》六卷	四	《經部·書類》
	《注陸宣公奏議》十五卷	二五	《史部·詔令奏議類》
	《纂圖新增群書類要事林廣記前集》二卷、《後集》二卷、《續集》二卷、《別集》二卷、《新集》二卷、《外集》二卷	六十	《子部·類書類》
	《詩傳通釋》二十卷	五	《經部·詩類》
	《增廣太平惠民和劑局方》十卷	四六	《子部·醫家類》
	《續宋中興編年資治通鑑後集》十五卷	二一	《史部·編年類》
	《續宋編年資治通鑑》十八卷	二十	《史部·編年類》
	《大廣益會玉篇》三十卷	一三	《經部·小學類》
	《隆平集》二十卷	二三	《史部·別史類》
	《集千家注分類杜工部詩集》二十五卷	六八	《集部·別集類》
	《皇元風雅前集》六卷、《後集》六卷、《前集》	一一六	《集部·總集五》
	《新刊冷齋夜話》十卷	五七	《子部·雜家三》
	《趙子昂詩集》七卷	九六	《集部·別集三》
	《傷寒直格方》三卷、《後集》一卷、《續集》一卷,《心鏡》一卷	四七	《子部·醫家類五》
	《静修集》二十二卷、《補遺》二卷	九六	《集部·別集類三十》
	《藝文類聚》一百卷	五九	《子部·類書類一》
浙《録》	《南軒易説》三卷	《甲集》	
	《記纂淵海》一百九十五卷	《庚集》	
	《古今源流至論前集》十卷、《後集》十卷、《續集》十卷、《別集》十卷	《辛集》	
	《四書疑節》十二卷	《丙集》	
	《太平金鏡策》八卷	《壬集》	

續　表

引自文獻	涉 及 書 目 題 跋	卷數	類　別
陸《續志》	《春秋比事》二十卷	二	《經部·春秋類》
	《風科集驗名方》二十八卷	四	《子部·醫家類》
	《春秋胡氏傳纂疏》三十卷	二	《經部·春秋類》
	《針灸資生經》七卷	四	《子部·醫家類》
吳《記》	《呂氏春秋》二十六卷	四	《子部·雜家類》
	《通志》二百卷	二	《正史·載記類》
	《金陀粹編》二十八卷、《續編》三十卷	二	《正史·載記類》
	《書集傳鄒季友音釋》六卷	查未見	
	《春秋諸傳會通》二十四卷	一	《群經·小學類》
	《史記集解附索隱》一百三十一卷	二	《正史·載記類》
	《大廣益會玉篇》三十卷	一	《群經·小學類》
	《四書經疑問對》八卷	一	《群經·小學類》
	《王狀元集百家注分類東坡先生詩》二十五卷	五	《集部·別集類》
	《周易程朱先生傳義附錄》	一	《群經·小學類》
	《王梅溪集百家注東坡先生詩集》一卷	五	《集部·別集類》
楊《譜》	《校正千金翼方》三十卷、《目録》一卷	初編卷七	《醫部》
	《廣韻》五卷	初編卷三	《小學部》
	《書集傳》六卷	初編卷一	《經部》
	《論語注疏》二十卷	初編卷二	《經部》
	《史記集解索隱正義》一百三十卷	初編卷四	《史部》
	《玉篇》三十卷	初編卷三	《小學部》
	《春秋集傳釋義大成》十二卷	初編卷三	《經部》
	《新增説文韻府群玉》二十卷	初編卷三	《經部》
	《新編方輿勝覽》七十卷	初編卷四	《史部》

續　表

引自文獻	涉及書目題跋	卷數	類別
楊《譜》	《直音傍訓尚書句解》□卷	初編卷一；二編卷一	《經部》
	《增修互注禮部韻略》五卷	初編卷一	《經部》
	《書集傳》六卷	初編卷一	《經部》
	《大廣益會玉篇》三十卷	初編卷三	《小學部》
仁和吳印臣鈐轄昌綬藏書	《增修妙選群英草堂詩餘前集》卷上、《後集》卷下	俟考	
臨桂況周頤蕙風簃藏書	《鄭所南先生文集》十六篇一卷	俟考	
	《清隽集》一卷	俟考	
	《百二十圖詩》一卷	俟考	
	《錦殘餘笑》一卷	俟考	
陳《跋》	《禮記集說》十六卷	俟考	
《學部館目》	《通鑒續編》二十四卷		《史部上·編年類》
	《續宋中興編年資治通鑑後集》十五卷		《史部上·編年類》
	《朱子成書》		《子部·儒家類》
陳《目》	《通鑒續編》二十四卷		
	《周易程朱先生傳義附録》十七卷		
北京韓氏翰文齋書肆	《周易程朱傳義》十四卷、《音訓》《毛詩朱氏集傳》八卷	俟考	

卷　五

引自文獻	涉及書目題跋	卷數	類別
丁《志》	《自警編》九卷	十九	《子部·類書》
	《靜修先生文集》三十卷	三十三	《集部·別集十一》

引自文獻	涉　及　書　目　題　跋	卷數	類　別
丁《志》	《貞觀政要》十卷	八	《史部·詔令奏議類》
	《四書》二十六卷	四	《經部·四書類》
	《宋文鑒》	三十八	《集部·別集類》
	《初學記》三十卷	二十	《子部·類書》
	《元文類》七十卷	三十八	《集部·總集類》
	張九韶《理學類編》八卷	十五	《子部·儒家類》
	《大廣益會玉篇》	五	《經部·小學類》
	《天原發微》	十七	《子部·術數類》
	《新刊袖珍方大全》四卷	十六	《子部·醫家類》
	張景《醫説》十卷	十六	《子部·醫家類》
	《焦氏易林》	十七	《子部·術數類》
	《四書朱注》二十六卷	四	《經部·四書類》
	《抱樸子内篇》二十卷、《外篇》五十卷	二十二	《子部·道家類》
	嚴粲《詩緝》三十六卷	二	《經部·詩類》
	《書傳會選》六卷	一	《經部·書類》
	《法藏碎金録》十卷	二十二	《經部·書類》
	《洰詞》十二卷	三十六	《集部·別集類》
	《述古書法纂》十卷	十七	《子部·藝術雜記類》
	《宋史全文續資治通鑑》三十六卷，附《宋季朝事實》二卷	七	《史部·編年類》
	《韓詩外傳》十卷	二	《經部·詩類》
	《雲仙雜記》十卷	二十一	《子部·小説類》
	《初學記》三十卷	二十	《子部·類書類》
	《史記集解索隱正義》一百三十卷	六	《史部·正史類》

引自文獻	涉及書目題跋	卷數	類別
丁《志》	《文選注》六十卷	三十八	《集部·總集類》
	《昭德新編》三卷	十八	《子部·雜録類》
	晁沖之《具茨集》一卷	二十八	《集部·別集類》
	《韓文》四十卷、《外集》十卷、《集傳遺文》二卷	二十四	《集部·別集類》
	《舊唐書》二百卷	六	《史部·正史類》
	《史記索隱正義》一百三十卷	六	《史部·正史類》
	《前漢書》一百二十卷	六	《史部·正史類》
	《後漢書》一百二十二卷	六	《史部·正史類》
	《五代史記》七十四卷	六	《史部·正史類》
	《分類補注李太白詩集》三十卷	二十四	《集部·別集類》
	《曹子建集》十卷	二十三	《集部·別集一》
	《河東先生集》四十五卷、《外集》二卷、《附録》二卷、《集傳》一卷、《後序》一卷	二十四	《集部·別集三》
	《歐陽先生文粹》二十卷、《補遺》十卷	二十七	《集部·別集類》
	《韓昌黎集》四十卷、《外集》十卷	二十四	《集部·別集類》
	《鄭端簡奏議》十四卷	八	《史部·詔令奏議類》
	《東觀餘論》三卷	十八	《子部·雜録類》
	《研北雜識》二卷	十九	《子部·雜家類》
	程大昌《演繁露》十六卷、《續》六卷	十八	《子部·雜録類》
	《事類賦》三十卷	二十	《子部·類書類》
	元好問《中州集》十卷、《中州樂府》一卷	三十八	《集部·別集類》
	《侯鯖録》八卷	二十一	《子部·雜家類》
	《經史證類大全本草》三十一卷	十六	《子部·醫家類》

引自文獻	涉 及 書 目 題 跋	卷數	類 別
丁《志》	《陳龍川先生集》三十卷	三十一	《集部·別集類》
	《袖珍方大全》四卷	十六	《子部·醫家類》
	《錦繡萬花谷前集》四十卷	二十	《子部·類書類》
	《爾雅注》三卷	十五	《經部·小學類》
	《國語》二十一卷	七	《史部·雜史類》
	《新刊補注釋文黃帝内經素問》十二卷	十六	《子部·醫家類》
	《素問入式運氣論奥》三卷	十六	《子部·醫家類》
	《素問内經遺編》一卷	十六	《子部·醫家類》
	《新增説文韻府群玉》二十卷	二十	《子部·類書類》
	《詩經疏義》二十卷	二	《經部·詩類》
	《宋濂學士文集》二十六卷	三十五	《集部·別集類》
	《止齋集》二十六卷	三十	《集部·別集類》
	《書經集注》十卷、《序》一卷	一	《經部·書類》
	《禮記集説》三十卷	二	《經部·禮類》
	《寶峰先生文集》二卷	三十二	《集部·別集類》
	《京本排韻增廣事類氏族大全》二十八卷	二十	《子部·類書類》
	《侯鯖録》八卷	二十一	《子部·雜家類》
	《雲笈七簽》	二十二	《子部·道家類》
	《山堂群書考索前集》六十六卷	二十	《子部·類書類》
	《文獻通考》三百四十八卷	十三	《史部·政書類》
	《璧水群英待問會元》八十二卷	二十	《子部·類書類》
	《容春堂集》六十六卷	三十六	《集部·別集類》
	《標題補注蒙求》三卷	二十	《子部·類書類》

引自文獻	涉 及 書 目 題 跋	卷數	類　別
丁《志》	《事文類聚》	二十	《子部·類書類》
	陳子桱《資治通鑑綱目外紀》一卷、金履祥《通鑑前編》十八卷、朱子《通鑑綱目》五十九卷、商輅《通鑑續編》二十七卷	七	《史部·編年類》
	《荊川先生文集》十七卷、《外集》三卷、《附錄》一卷	三十七	《集部·別集類》
	《楚辭章句》十七卷	二十三	《集部·總集類》
	《槎翁詩》八卷	三十五	《集部十四·別集類十三》
	《蔡忠惠集》三十六卷	二十六	《集部·別集類》
	徐煩輯《外紀》十卷	二十六	《集部·別集類》
	《忠武王集》一卷	二十九	《集部·別集類》
	《巢氏諸病源候總論》五十卷	十六	《子部·醫家類》
	《孫真人備急千金要方》九十三卷、《目錄》一卷	十六	《子部·醫家類》
	《京本校正注釋音文黃帝内經素問靈樞集注》十五卷	十六	《子部·醫家類》
	《澗穀精選陸放翁詩集前集》十卷	三十	《集部·別集類八》
	《須溪精選後集》八卷、《別集》一卷	三十	《集部·別集類八》
	《文選》六十卷	三十八	《集部·總集類》
	《武夷藍山先生詩集》八卷	三十五	《集部·別集類》
	《敬齋古今黈》十二卷	十九	《子部·雜家類》
	《誠齋先生易傳》二十卷	一	《經部·易類》
	《元氏長慶集》六十卷	二十五	《集部四·別集類三》
	《中興以來絕妙好詞》十卷	十	《集部·詞曲類》
	《蔡中郎集》十一卷	二十三	《集部三·別集類一》

續 表

引自文獻	涉 及 書 目 題 跋	卷數	類 別
丁《志》	《濟北晁先生雞肋集》七十卷	二十八	《集部·別集類》
	《樂城集》五十卷、《後集》二十四卷、《三集》十卷、《應詔集》十二卷	二十七	《集部·別集類》
	《古今合璧事類備要前集》六十九卷、《後集》八十一卷、《續集》五十六卷、《別集》九十四卷、《外集》六十六卷	二十	《子部·類書類》
	《新刊簮纓必用翰苑新書前集》十二卷、《後集》七卷、《別集》二卷、《續集》八卷	查未見	
	《春堂集》六十六卷	三十六	《集部·別集類》
陸《跋》	《説苑》二十卷	六	
	《西溪叢語》三卷	八	
陸《續跋》	《文選》六十卷	十三	
	《東觀餘論》三卷	十	
	《越絶書》十五卷	七	
	《考古圖》十卷	十	
	《事林廣記外集》二卷	十三	
	《廣韻》五卷	四	
瞿《目》	《病機氣宜保命集》三卷	十四	《子部·醫家類》
	《譚子化書》六卷	十六	《子部·雜家類》
	《孝肅包公奏議集》十卷	九	《史部·詔令奏議類》
	《文選》六十卷	二十三	《集部·總集類》
	《新書》十卷	十三	《子部·儒家類》
	《法藏碎金録》十卷	十八	《子部·釋家類》
	《雲仙雜記》十卷	十七	《子部·小説類》

引自文獻	涉　及　書　目　題　跋	卷數	類　　別
瞿《目》	《清異録》二卷	十七	《子部·小説類》
	《戰國策》十卷	九	《史部·雜史類》
	《太玄經》	十五	《子部·術數類》
	《龜山楊文靖集》三十五卷	二十一	《集部·別集類》
	《傅汝礪詩集》八卷	二十二	《集部·別集四》
	《宋之問集》二卷	十九	《經部·別集類》
	《性理大全》七十卷	九	《史部·編年類》
	《朱子資治通鑑綱目集覽》五十九卷	九	《史部·編年類》
	《天原發微》五卷	十五	《子部·術數類》
	《韻補》五卷	七	《經部·小學類》
	《曲洧舊聞》十卷	十六	《子部·雜家類》
	《詩經疏義》二十卷	三	《經部·詩類》
	《韓文正宗》二卷	十	《集部·別集類》
	《禮記集説》三十卷	四	《經部·禮類》
	《隆平集》二十卷	九	《史部·別史類》
	《洛陽伽藍記》五卷	十一	《史部·地理類》
	《雲笈七籤》一百二十二卷	十八	《子部·道家類》
	《巢氏諸病源候總論》五十卷	十四	《子部·醫家類》
	《中興以來絶妙好詞》十卷	二十四	《集部·詞曲類》
阮《外集》	《重編白玉蟾文集》六卷、《續集》二卷	一	
繆《記》	《楚辭集注》八卷	六	《詩文第八上》
	《元文類》七十卷	六	《詩文第八上》
	《史記》一百三十卷	四	《史學第五》
	《誠齋易傳》	一	《經學第一》

引自文獻	涉 及 書 目 題 跋	卷數	類 別
	《昭明太子文集》五卷	六	《詩文第八上·別集類》
	《史記集解索隱》一百三十卷	四	《史學第五》
	《前漢書》一百二十卷、《後漢書》一百二十二卷	四	《史學第五》
	《文選注》六十卷	六	《詩文第八》
	《西溪叢語》三卷	二	《子部·儒家類》
	《奇姓通》四十卷	五	《子部》
	《長慶集》六十卷	六	《詩文第八上》
	《劉賓客佳話録》一卷	八	《小説第十》
	《雲仙散録》十卷	八	《小説第十》
	《揚子》十卷	二	《諸子第三·儒家類》
繆《記》	《文中子》十卷	查未見	
	《全幼心鑒》八卷	二	《諸子第三·醫家類》
	《錦繡萬花谷前集》四十卷、《後集》四十卷、《續集》四十卷、《别集》三十卷	五	《類書第七》
	《初學記》	五	《類書第七》
	《重訂校正唐荆川先生文集》十二卷	七	《詩文第八下》
	《世説新語》三卷	八	《小説第十》
	《山堂群書考索前集》六十六卷、《後集》六十五卷、《續集》五十六卷、《别集》二十五卷	五	《類書第七》
	《文獻通考》三百四十八卷	四	《史學第五》
	《西漢文鑒》二十一卷	六	《詩文第八》
	《明一統志》九十卷	三	《地理第四》
	《蘇長公外紀》十卷	四	《史學第五》

續　表

引自文獻	涉及書目題跋	卷數	類別
繆《記》	《路史前紀》九卷	四	《史學第五》
	《重刊分類補注李詩全集》二十五卷	六	《詩文第八上》
	《重校正唐文粹》一百卷	六	《詩文第八上》
	《南村輟耕録》三十卷	八	《小說第十》
	《敬齋古今黈》十二卷	二	《諸子第三》
	《誠齋先生易傳》二十卷	一	《經學第一》
	《南唐書》	四	《史學第五》
	《太玄經》	二	《諸子第三》
	《古今合璧事類備要前集》六十九卷	五	《類書第七》
繆《續記》	《史通》二十卷	四	《史學第五》
	《文選》六十卷	六	《詩文第八上》
	《文選注》六十卷	六	《詩文第八上》
	《錦繡萬花谷前集》四十卷	五	《類書第七》
	《史記集解索隱正義》一百三十卷	四	《史學第五》
	《論衡》三十卷	二	《諸子第三》
	《韓昌黎集》四十卷	六	《詩文第八上》
	《鄭端簡奏議》十四卷	四	《史學第五》
	《劇談録》二卷	八	《小說第十》
	《國語》二十一卷、《後編》十七卷	四	《史學第五》
	《南部新書》十卷	八	《小說第十》
	《友會叢談》十卷	八	《小說第十》
	《三國志》六十五卷	四	《史學第五》
	《侯鯖録》八卷	八	《小說第十》
	《皇元風雅前集》六卷、《後集》六卷	六	《詩文第八上》

續 表

引自文獻	涉 及 書 目 題 跋	卷數	類 別
	《增修箋注妙選群英草堂詩餘前集》二卷、《後集》二卷	七	《詩文第八下》
	《楚辭集注》八卷	六	《詩文第八上》
	《類證注釋錢氏小兒方訣》十卷	二	《諸子第三》
	《陳氏小兒病原方論》四卷	未見	
	《吟窗雜録》五十卷	七	《詩文第八下》
	《新編事文類聚翰墨大全》一百二十五卷	五	《類書第七》
	《陶靖節集》六卷	六	《詩文第八上》
繆《續記》	《洛陽伽藍記》五卷	三	《輿地第四》
	《楚辭章句》十七卷	六	《詩文第八上》
	《類箋王右丞詩集》十卷、《文集》四卷	六	《詩文第八上》
	《宣和博古圖》三十卷	八	《藝術第九》
	《忠經·孝經·小學》十卷	俟考	
	《妙絶古今》四卷	六	《詩文第八上》
	《類編分類夷堅志》十一卷	八	《小説第十》
	《繪圖增編會真記》四卷	八	《小説第十》
	《史通》二十卷	四	《史學第五》
《廉石居記》	《韓詩外傳》十卷	内篇卷上	《經學》
	《雲仙雜記》	内篇卷上	《小説部》
	《十七史詳節》二百七十三卷	内篇卷上	《史學》
《天禄琳琅書目》	《重修政和經史證類備用本草》三十卷	九	《明版·子部》
	《初學記》三十卷	九	《明版·子部》
	《大戴禮記》十三卷	九	《明版·子部》
	《文選注》六十卷	十	《明版·集部》

續　表

引自文獻	涉 及 書 目 題 跋	卷數	類　別
《天禄琳琅書目》	《舊唐書》二百卷	八	《明版·史部》
	《論衡》三十卷	九	《明版·子部》
	《歐陽先生文粹》二十卷、《補遺》十卷	十	《明版·集部》
	《東觀餘論》三卷	九	《明版·子部》
	《事類賦》三十卷	九	《明版·子部》
	《朱子資治通鑑綱目集覽》五十九卷	五	《元版·史部》
	《水經》四十卷	八	《明版·史部》
	《山海經》十八卷	八	《明版·史部》
	《初學記》三十卷	九	《明版·子部》
	《象山先生集》二十八卷、《外集》五卷	六	《元版·集部》
	《事類賦》三十卷	九	《明版·子部》
	《博古圖》三十卷	八	《明版·史部》
	《秦漢印統》八卷	八	《明版·史部》
	《考古圖》十卷	八	《明版·史部》
	《吳越春秋音注》十卷	八	《明版·史部》
《天禄琳琅書目後編》	《宋文鑒》一百五十卷	二十	《明版·集部》
	《性理大全》七十卷	十六	《明版·子部》
	《唐文粹》一百卷	十九	《明版·集部》
	《詩緝》三十六卷	十二	《明版·經部》
	《書傳會選》六卷	十二	《明版·經部》
	《世説新語》三卷	十六	《明版·子部》
	《韓昌黎集》四十卷、《外集》十卷	十八	《明版·集部》
	《農書》三十六卷	十六	《明版·子部》
	《太玄經》十卷	五	《宋版·子部》

引自文獻	涉 及 書 目 題 跋	卷數	類 別
《天禄琳琅書目後編》	《戰國策校注》十卷	四	《宋版·史部》
	《荀子》二十卷	十六	《明版·子部》
	《博雅》十卷	十三	《明版·經部》
	《六經圖》六卷	十三	《明版·子部》
	《山堂群書考索前集》六十六卷、《後集》六十五卷、《續集》五十六卷、《別集》二十五卷	十七	《明版·子部》
	《十七史詳節》二百七十三卷	十五	《明版·史部》
	《董仲舒集》一卷	十八	《明版·集部》
	《資治通鑑綱目》五十九卷	十四	《明版·史部》
陸《志》	《劉因静修先生集》三十卷	九十六	《集部·別集類三十》
	《新書》十卷	三十九	《子部·儒家類一》
	《宋文鑒》一百五十卷	一〇三	《集部·總集類》
	《天原發微》五卷	五十	《子部·術數類二》
	《至書》一卷	四十	《子部·儒家類二》
	《西湖百詠》一卷	九十三	《集部·別集二十七》
	《素書》一卷	四十二	《子部·兵家類》
	《鶡子》一卷	五十五	《子部·雜家類》
	《公孫龍子》一卷	五十五	《子部·雜家類》
	《亢倉子》一卷	六十六	《子部·道家類》
	《元真子》一卷	六十六	《子部·道家類》
	《天隱子》一卷	六十六	《子部·道家類》
	《無能子》一卷	六十六	《子部·道家類》
	《抱樸子内篇》二十卷、《外篇》五十卷	六十六	《子部·道家類》
	《初學記》三十卷	五十九	《子部·類書類一》

引自文獻	涉　及　書　目　題　跋	卷數	類　　別
陸《志》	《史記集解索隱正義》一百三十卷	十八	《史部·正史類》
	《世説新語》三卷	六十二	《子部·小説類一》
	《史記索隱正義》一百三十卷	十八	《史部·正史類》
	《論衡》三十卷	五十七	《子部·雜家三》
	《河東先生集》四十五卷、《外集》二卷、《附録》二卷、《集傳》一卷、《後序》一卷	六十九	《經部·別集三》
	《西溪叢語》三卷	五十六	《子部·雜家二》
	《儀禮注》十七卷	六	《經部·禮類一》
	《韓昌黎集》四十卷、《外集》十卷	六十九	《集部·別集三》
	《研北雜識》二卷	五十八	《子部·雜家四》
	《後漢書》一百二十卷	十八	《史部·正史類一》
	《傅汝礪詩集》八卷	一〇三	《集部·別集三十七》
	《嵇中散集》十卷	六十七	《集部·別集三十七》
	《錦繡萬花谷前集》四十卷、《後集》四十卷、《續集》四十卷、《別集》三十卷	五十九	《子部·類書類一》
	《嵇中散集》十卷	六十七	《集部·別集三十七》
	《增刊校正王狀元集諸家注分類東坡先生詩》三十卷	七十六	《集部·別集一百》
	《越絶書》十五卷	二十八	《史部·載記類》
	《素書》一卷	四十二	《子部·兵家類》
	《易林》四卷	五十一	《子部·術數三》
	《雲笈七籤》一百二十二卷	六十六	《子部·道家類》
	《山堂群書考索前集》六十六卷、《後集》六十五卷、《續集》五十六卷、《別集》二十五卷	六十	《子部·類書類二》
	《十七史詳節》二百七十三卷	二十八	《史部·載記類》

引自文獻	涉　及　書　目　題　跋	卷數	類　　別
陸《志》	《讀史管見》八十卷	三十八	《史部·史評類》
	《敬齋古今黈》十二卷	五十八	《子部·雜家類四》
	《韓詩外傳》十卷	五	《經部·詩類》
	《古今合璧事類備要前集》六十九卷、《後集》八十一卷、《續集》五十六卷、《別集》九十四卷、《外集》六十六卷	六十	《子部·類書二》
	《雅頌正音》五卷	一百一十七	《集部·總集六》
張《志》	《新書》十卷	二十一	《子部·儒家類》
	《至書》一卷	二十二	《子部·儒家類》
	《宋史全文續資治通鑑》三十六卷	九	《史部·編年類》
	《清異録》二卷	查未見	
張《續志》	《新刊京本詳增補注東萊先生左氏博議》二十五卷	一	《經部》
	《洛陽伽藍記》五卷	二	《地理》
錢《日記》	《宋文鑒》一百五十卷	一	
	《史記索隱正義》一百三十卷	一	
	《前漢書》一百二十卷	一	
	《後漢書》一百二十二卷	一	
陸《集》	《史記集解索隱》一百三十卷	十六	
《錢稿書跋》	《史記》一百三十卷	俟考	
	《史記索隱正義》一百三十卷	俟考	
《四庫總目提要》	《雲仙雜記》十卷	一百四十	《子部·小説類》
	《濟北晁先生雞肋集》七十卷	一百五十四	《集部·別集類七》

續　表

引自文獻	涉 及 書 目 題 跋	卷數	類　別
森《志》	《史記集解索隱》一百三十卷	三	《史部·正史類》
	《宋季朝事實》二卷	三	《史部·正史類》
	《鹽鐵論》十卷	四	《子部·儒家類》
	《論衡》三十卷	四	《子部·雜家類》
	《長慶集》六十卷	六	《集部·別集類》
	《長慶集》七十一卷	六	《集部·別集類》
	《太玄經》十卷	四	《子部·術數類》
	《後漢書》一百二十卷	三	《史部·正史類》
	《廣韻》五卷	二	《經部·小學類》
	《論語集注》十卷	二	《經部·四書類》
	《道德經》二卷	五	《子部·道家類》
	《沖虛至德真經》八卷	五	《子部·道家類》
	《錦繡萬花谷前集》四十卷、《後集》四十卷、《續集》四十卷、《別集》三十卷	五	《子部·類書類》
	《呂氏春秋》十六卷	四	《子部·雜家類》
	《韻府群玉》二十卷、《附錄》一卷	五	《子部·類書類》
	《增廣注釋音辨唐柳先生集》四十二卷、《別集》二卷、《外集》二卷、《附錄》一卷	六	《集部·別集類》
	《鹽鐵論》十二卷	四	《子部·儒家類》
	《纂圖互注老莊列三子》二十卷	五	《子部·道家類》
	《初學記》三十卷	四	《子部·類書類》
	《楚辭章句》	六	《集部·楚詞類》
	《十八史略》二卷	三	《史部·別史類》

續　表

引自文獻	涉　及　書　目　題　跋	卷數	類　別
森《志》補遺	《子午流注經》三卷、《補遺》一卷		
	《衛生寶鑒》二十四卷、《補遺》一卷		
	《類證注釋錢氏小兒方訣》十卷		
	《陳氏小兒病原方論》四卷		
	《類證注釋錢氏小兒方訣》十卷、《陳氏小兒病原方論》四卷		
	《增證陳氏小兒痘疹方論》二卷		
	《外科精要》		
	《濟世産寶論方》二卷		
	《新刊演山省翁活幼口議》二十卷		
	《針灸資生經》七卷		
	《注解傷寒百證歌發微論》四卷		
	《類證增注傷寒百問歌》四卷		
	《新刊銅人針灸經》七卷、《補遺》一卷		
	《衛生寶鑑》二十四卷、《補遺》一卷		
	《醫説》十卷		
	《脈經》十卷		
	《類證活人書括》四卷		
	《孫真人備急千金要方》九十三卷、《目録》一卷		
孫《記》	《宋文鑒》一百五十卷	二	《明版》
	《千金寶要》六卷	二	《明版》
	《昭明太子文集》五卷	二	《明版》
	《顏魯公文集》十五卷、《補遺》一卷	二	《明版》
	《大戴禮記》十三卷	二	《明版》

續　表

引自文獻	涉及書目題跋	卷數	類　　別
孫《記》	《新纂門目五臣音注揚子法言》十卷	一	《宋版》
	《舊唐書》二百卷	二	《明版》
	《前漢書》一百二十卷	二	《明版》
	《後漢書》一百二十二卷	二	《明版》
	《論衡》三十卷	二	《明版》
	《河東先生集》四十五卷、《外集》二卷、《附錄》二卷、《集傳》一卷、《後序》一卷	二	《明版》
	《東觀餘論》三卷	二	
	《唐文粹》一百卷	二	
	《嵇中散集》十卷	二	《明版》
	《初學記》三十卷	二	《明版》
	《秦漢印統》八卷	二	《明版》
	《世說新語》三卷	二	《明版》
	《宣和博古圖》三十卷	二	《明版》
	《巢氏諸病源候總論》五十卷	二	《明版》
	《張説之文集》二十五卷	二	《明版》
孫《記》續編	《資治通鑑節要》廿卷		《明版》
	《中説》十卷		《宋版》
孫《記》補遺	《新刊四明先生高明大字續資治通鑑》二十卷		《明版》
	《類聚古今韻府群玉續編》四十卷		《明版》
莫《錄》	《宋文鑒》一百五十卷	附錄卷一	
	《西溪叢語》三卷	二	
莫《目》	《漢書》一百卷	四	《史部·正史類》
	《韓詩外傳》十卷	二	《經部·詩類》

續　表

引自文獻	涉 及 書 目 題 跋	卷數	類　別
莫《目》	《避暑録話》四卷	十	《子部·雜家類》
	《大復集》二十六卷	十五	《集部·別集類》
楊《志》	《初學記》三十卷	十一	《子部·類書類》
	《拾遺記》十卷	八	《子部·小説家類》
	《晉書》一百三十卷	五	
	《瀛奎律髓》四十九卷	十三	
	《國語補音》三卷	五	
	《算書五種》七卷	七	
	《廣韻》五卷	三	
	《大廣益會玉篇》三十卷	三	
	《廣韻》五卷	三	
	《楚辭章句》十七卷	十二	
	《大唐新語》十卷	八	
	《事文類聚》一百十七卷	十一	
	《巢氏諸病源候總論》五十卷	九	
	《黃氏日鈔》九十七卷	七	
	《墨子》六卷	七	
黃《記》	《抱朴子内篇》二十卷、《外篇》五十卷	四	《子類》
	《西溪叢語》三卷	四	《子類》
	《中州集》十卷	五	《集類》
	《中州樂府》一卷	五	《集類》
	《長安志》二十卷、《長安志圖》三卷	二	《史類》
	《鹽鐵論》十卷	三	《子類》
	《雅頌正音》五卷	六	《集類》

續　表

引自文獻	涉及書目題跋	卷數	類　別
黃《記再續》	《王狀元荆釵記》全卷	卷下	《集類》
楊《譜》	《韓詩外傳》十卷	一	《經部》
	《拾遺記》十卷	六	《子部》
	《皇元風雅前集》六卷、《後集》六卷	九	《集部》
	《廣韻》五卷	三	《小學部》
	《大廣益會玉篇》三十卷	三	《小學部》
	《呂氏春秋》二十六卷	五	《子部》
	《晏子春秋》八卷	五	《子部》
楊《錄》	《長安志》二十卷、《長安志圖》三卷	二	《史部》
楊《續錄》	《畫鑒》一卷	三	《子部》
朱《目》	《史記集解索隱正義》一百三十卷	二	《史部》
	《文選注》六十卷	四	《集部》
	《史記索隱正義》一百三十卷	二	《史部》
	《論衡》三十卷	三	《子部》
	《漢書》一百二十卷	二	《史部》
	《後漢書》一百二十卷	二	《史部》
	《楚辭章句》十七卷	四	《集部》
范《目》	《初學記》三十卷	三之二	《子部·類書類》
	《四書集注》十四卷	一之二	《經部·四書類》
	《後漢書》一百二十卷	二之一	《史部·正史類》
	《春秋胡傳》三十卷	一之二	《經部·春秋類》
	《爾雅注》三卷	一之二	《經部·小學類》
	《璧水群英待問會元選要》八十二卷	三之二	《子部·類書類》

續　表

引自文獻	涉 及 書 目 題 跋	卷數	類　別
范《目》	《埤雅》二十卷	一之二	《經部·小學類》
	《禮記集説》三十卷	一之二	《經部·禮類》
	《四書集注》二十六卷	一之二	《經部·四書類》
	《資治通鑑綱目》五十九卷	二之一	《史部·編年類》
	《十七史詳節》二百七十三卷	二之一	《史部·史鈔類》
	《類箋王右丞詩集》十卷、《文集》四卷	四之一	《集部·別集類》
	《文選》六十卷	四之三	《集部·總集類》
	《中興以來絶妙好詞》十卷	四之四	《集部·詞曲類》
《邵注四庫目》	《國語韋昭解》二十一卷	五	《史部·雜史類》
	《初學記》三十卷	十四	《子部·類書》
錢《記》	《漢武故事》二卷	二	《史部·傳記類》
吳《記》	《詩經疏義》二十卷	一	《群經小學》*
浙《録》	《黄氏日鈔》九十七卷	巳集	
《學部圖書館目》	《事類賦》三十卷	查未見	
顧廣圻《思適齋集》	《爾雅注》三卷	十四	
袁《簿》	《道德經》二卷	俟考	
	關尹子《文始真經》（九篇）一卷	俟考	
	《洞靈真經》（九篇）一卷	俟考	
	《通玄真經》（十二篇）一卷	俟考	
	《尸子》（二篇）一卷	俟考	
	《子華子》二卷	俟考	
	《鶡子》（十四篇）一卷	俟考	
	《墨子》（十四篇）一卷	俟考	

續　表

引自文獻	涉 及 書 目 題 跋	卷數	類　別
袁《簿》	《公孫龍子》(六篇)一卷	俟考	
	《鬼谷子》(十三篇)一卷	俟考	
	《沖虛真經》二卷	俟考	
	《南華經》二卷	俟考	
	《荀子》三卷	俟考	
	《揚子》(十三篇)一卷	俟考	
	《文中子》(十篇)一卷	俟考	
	《抱朴子》二卷	俟考	
	《劉子》(五十五篇)一卷	俟考	
	《素書》(六篇)一卷	俟考	
	《玄真子》(三篇)一卷	俟考	
	《天隱子》(八篇)一卷	俟考	
	《無能子》(三十四篇)一卷	俟考	
	《資治通鑑綱目》五十九卷	俟考	
	《淮海集》四十卷、《後集》六卷	俟考	

卷　六

引自文獻	涉 及 書 目 題 跋	卷數	類　別
《天禄琳琅書目》	《監本纂圖重言重意互注點校毛詩》二十卷	一	《宋版·經部》
	《京本附釋音纂圖互注重言重意周禮》十二卷	一	《宋版·經部》
	《京本纂圖附音重言重意互注春秋經傳集解》三十卷	一	《宋版·經部》
	《纂圖互注荀子》二十卷	二	《宋版·子部》

引自文獻	涉　及　書　目　題　跋	卷數	類　　　別
《天禄琳琅書目》	《纂圖互注南華真經》十卷	二	《宋版·子部》
	《資治通鑑考異》	二	《宋版·史部》
	《周易》	一	《宋版·經部》
	《南華真經》	二	《宋版·子部》
	《新刊訓詁唐昌黎先生文集》	三	《宋版·集部》
	《訓詁柳先生集》	三	《宋版·集部》
	《韓集》	三	《宋版·集部》
	《唐文粹》	三	《宋版·集部》
	《唐書》二百二十五卷	二	《宋版·史部》
《天禄琳琅書目後編》	《漢雋》	四	《宋板·史部》
	《大易粹言》壹部	二	《宋版·經部》
	《纂圖附釋音重意重言互注尚書》十三卷	二	《宋版·經部》
	《春秋經傳集解》三十卷	三	《宋版·經部》
	《纂圖互注列子沖虛至德真經》八卷	五	《宋版·子部》
	《説文解字韻譜》五卷	三	《宋版·經部》
錢《日記》	《史記》	一	
	《儀禮注》	一	
	《漢書》	一	
	《司馬温公集》	一	
	《列子》	一	
陸《志》	《會稽志》一部	三十	《史部·地理類》
	《二俊文集》	七十二	《集部·別集類》

引自文獻	涉　及　書　目　題　跋	卷數	類　別
陸《志》	《小畜集》	七十二	《集部·別集類》
	《纂圖互注禮記》二十卷	七	《經部·禮類二》
	《禮記舉要圖》一卷	七	《經部·禮類二》
	《纂圖互注荀子》二十卷	三九	《子部·儒家類一》
	《纂圖互注老子道德經》二卷	六六	《子部·道家類》
	《纂圖互注南華真經》十卷	六六	《子部·道家類》
	《東萊先生詩律武庫》三十卷	一一三	《集部·總集二》
	《纂圖互注揚子法言》十卷	三九	《子部·儒家類一》
	《讀史管見》八十卷	三十八	《史部·史評類》
	《玉楮詩稿》八卷	九十	《集部·別集類二四》
	《山谷黃先生大全詩注》二十卷	七六	《經部·別集類十》
	《管子》二十四卷	四二	《子部·兵家類》
	《三蘇先生文粹》七十卷	一一一	《集部·總集類一》
瞿《目》	《點校重言重意互注尚書》十三卷	二	《經部·書類》
	《京本附釋音纂圖互注重言重意周禮》十二卷	四	《經部·禮類》
	《纂圖互注揚子法言》十卷	十三	《子部·儒家類》
	《纂圖互注南華真經》十卷	十八	《子部·道家類》
	《新編近時十便良方》十卷	十四	《子部·醫家類》
	《古今絕句》三卷	二十三	《集部·別集類》
	《西漢文類》五卷	二十三	《集部·別集類》
張《志》	《續世説》一部	二七	《子部·小説類》
	《附釋音纂圖重言重意互注毛詩》	三	《經部·詩類》
	《文苑英華》一千卷	三十五	《集部·總集類》

續　表

引自文獻	涉 及 書 目 題 跋	卷數	類　　別
森《志》	《纂圖附釋音重言重意互注周易》九卷	一	《經部·易類》
	《纂圖附音重言重意互注周禮鄭注》十二卷	一	《經部·禮類》
	《京本點校附音重言重意互注禮記》二十卷	一	《經部·禮類》
	《纂圖互注揚子法言》十卷	四	《子部·儒家類》
	《纂圖互注南華真經》十卷	五	《子部·道家類》
吳《跋》	《京本附釋音纂圖互注重言重意周禮》十二卷	一	《群經小學》
	《纂圖互注荀子》二十卷	四	《諸子雜家》
	《纂圖互注老子道德經》二卷	四	《諸子雜家》
	《纂圖互注文中子》十卷	四	《諸子雜家》
黃《書録》	《點校重言重意互注尚書》十三卷		
	《後漢書》一百二十卷		
	《李翰林全集》三十卷		
	《楊誠齋易傳》二十卷		
陳《跋》	《點校重言重意互注尚書》十三卷	一	
	《監本纂圖重言重意互注點校毛詩》二十卷	一	
	《京本附釋音纂圖互注重言重意周禮》十二卷	一	
楊《志》	《尚書注疏》二十卷	一	
繆《記》	《新唐書》二百五十卷	四	
繆《續記》	《監本纂圖重言重意互注點校尚書》十三卷	一	《經部》
	《春秋經傳集解》三十卷	一	《經部》

引自文獻	涉 及 書 目 題 跋	卷數	類　別
黃《記》	《京本附釋音纂圖互注重言重意周禮》十二卷	一	《經類》
	《東萊先生詩律武庫》三十卷	六	《集類》
	《公羊解詁》十二卷	一	《經類》
	《春秋繁露》十七卷	一	《經類》
	《輿地廣記》三十六卷	二	《史類》
	《新定續志》十卷	二	《史類》
	《吳郡圖經續記》三卷	二	《史類》
	《歷代紀年》十卷	二	《史類》
	《編年通載》四卷	二	《史類》
	《東京夢華録》十卷	二	《史類》
	《新序》十卷	三	《子類》
	《列子》八卷	四	《子類》
	《説苑》二十卷	三	《子類》
	《新序》十卷	三	《子類》
	《管子》二十四卷	三	《子類》
	《棠陰比事》一卷	三	《子類》
	《史載之方》二卷	三	《子類》
	《緯略》十二卷	四	《子類》
	《珩璜新論》一卷	四	《子類》
	《太平御覽》三百六十卷	四	《子類》
	《陶靖節詩注》四卷	五	《集類》
	《三謝詩》三卷	五	《集類》

續 表

引自文獻	涉 及 書 目 題 跋	卷數	類 別
黃《記》	《王右丞集》十卷	五	《集類》
	《孟浩然集》三卷	五	《集類》
	《甲乙集》十卷	五	《集類》
	《朱慶餘集》不分卷	五	《集類》
	《唐女郎魚玄機集》一卷十二葉	五	《集類》
	《林和靖詩集》四卷	五	《集類》
	《溫國司馬文正公集》八十卷	五	《集類》
	《參寥子詩集》十二卷	五	《集類》
	《吳禮部集》二十卷	六	《集類》
	《中州集》十卷	六	《集類》
	《東坡樂府》二卷	六	《集類》
	《樂府新編陽春白雪》十卷	六	《集類》
	《賓退錄》十卷	四	《子類》
	《姚少監文集》六卷	五	《集類》
黃《續記》	《監本纂圖重言重意互注點校毛詩》二十卷	卷上	《經類》
	《遊志續編》	卷上	《史部》
	《韓非子》二十卷	卷上	《子部》
	《鑒誡錄》	卷上	《子部》
	《曹子建集》十卷	卷下	《集部》
	《嘉祐集》十五卷	卷下	《集部》
	《渭南文集》五十卷	卷下	《集部》
	《普濟本事方》殘本六卷	查未見	

續　表

引自文獻	涉 及 書 目 題 跋	卷數	類　　別
黃《記再續》	《魏鶴山集》一百二十卷		
楊《録》	《監本纂圖重言重意互注點校毛詩》二十卷	一	《經部》
	《後漢書》	二	《史部》
	《類編增廣黃先生大全文集》五十卷	五	《集部下》
陸《跋》	《王右丞集》十卷	十	
陸《續跋》	《京本附釋音纂圖互注重言重意周禮》十二卷	二	
	《纂圖互注荀子》二十卷	九	
	《纂圖互注揚子法言》十卷	九	
	《纂圖互注老子道德經》二卷	十一	
	《北史》一百卷	五	
丁《志》	《監本纂圖重言重意互注禮記》二十册	二	《經部·禮類》
	《監本纂圖春秋經傳集解》三十卷	三	《經部·春秋類》
	《纂圖互注揚子法言》十卷	十五	《子部·儒家類》
	《纂圖互注南華真經》十卷	二十二	《子部·道家類》
楊《譜》	《京本點校附音重言重意互注禮記》二十卷		
	《監本纂圖重言重意互注論語》二十卷		
	《春秋經傳集解》三十卷		
《廉石居記》	《京本纂圖附音重言重意互注春秋經傳集解》三十卷	内篇卷上	《經部》
莫《録》	《京本纂圖附音重言重意互注春秋經傳集解》三十卷	一	
	《纂圖互注老子道德經》二卷	一	

引自文獻	涉 及 書 目 題 跋	卷數	類 別
孫《記》	《纂圖互注荀子》二十卷	一	《宋版》
	《纂圖互注揚子法言》十卷	一	《宋版》
	《纂圖互注老子道德經》二卷	一	《宋版》
	《纂圖互注南華真經》十卷	一	《宋版》
	《纂圖互注列子沖虛至德真經》八卷	一	《宋版》
	《纂圖互注文中子》十卷	一	《宋版》
《讀書敏求記》	《王右丞集》十卷	四之上	
	《營造法式》三十六卷	二之上	
《汲古閣珍藏秘本書目》	《周易集解》十本		
	《周易兼義》八本		
	《禮記集説》四十二本		
	《太和正音譜》二本		
	《絳帖平》二本		
	《杜工部集》十本		
	《宋詞一百家》精抄		

卷　七

引自文獻	涉 及 書 目 題 跋	卷數	類 別
黄《記》	《後漢書》	二	《史類》
	《東坡樂府》	六	《集類》
	《稼軒長短句》十二卷	六	《集類》
	《宋提刑洗冤録》	三	《子類》
	《山窗餘稿》一卷	六	《集類》

引自文獻	涉及書目題跋	卷數	類別
黃《記》	《後漢書陳鱣跋》	二	《史類》
	《南唐書》	二	《史類》
《讀書敏求記》	《增廣音注丁卯詩集》	四之中	
	《文選李善注》	四之下	
	《南唐書》	二之上	
孫《記》	《文選李善注》	一	《元版》
	《玉海》二百卷	一	《元版》
	《戰國策》十卷	一	《元版》
	《論衡》三十卷	二	《明版》
瞿《目》	《纂圖互注揚子法言》	十三	《子部·儒家類》
	《增廣音注丁卯詩集》	十九	《集部·別集類》
	《漢泉曹文貞公詩集》十卷	二十二	《集部·別集類》
	《文選》	二十三	《集部·總集類》
	《繪圖列女傳》	查未見	
	吳萊《淵穎吳先生集》十二卷	二十二	《集部·別集類》
	《茅山志》十五卷	十一	《史部·地理類》
	《鐵崖文集》五卷	二十二	《集部·別集類》
	《雲仙雜記》十卷	卷十七	《子部·小說類》
《天祿琳琅書目》	《歐文忠公文集》一百五十三卷、《年譜》一卷、《附錄》五卷	六	《元版·集部》
	《山海經》十八卷	五	《元版·史部》
《天祿琳琅書目後編》	《元豐類稿》五十卷	十一	《元版·集部》
	《歐陽文忠公集》一百五十三卷	十一	《元版·集部》
	《續博物志》十卷	十一	《元版·集部》
	《文心雕龍》十卷	十一	《元版·集部》

續 表

引自文獻	涉 及 書 目 題 跋	卷數	類 別
陸《志》	《清容居士集》五十卷	九八	《集部·別集類三二》
	《漢泉曹文貞公詩集》十卷	九八	《集部·別集類三二》
	《曹漢泉集》五卷	一九	《史部·正史類二》
	《周易集説》	二	《經部·易類二》
	《宋史》	一九	《史部·正史類二》
	《豫章羅先生文集》	八二	《集部·別集類一六》
陸《續跋》	《禮記纂言》三十六卷	四	
	《六書正譌》五卷	四	
	楊桓《書學正韻》三十六卷	四	
	楊桓《六書統》二十卷	四	
	《六書溯源》十三卷	四	
	《元槧周易集説跋》	一	
《四庫總目提要》	《文選》	一百八十六	《集部·總集類》
	《繪圖列女傳》	五十七	《史部·傳記類》
	《説郛》一百二十卷	一百二十三	《子部·雜家類》
	胡文焕《格致叢書》	一百三十四	《子部·雜家類》
	陳繼儒《秘笈新書》	一百三十四	《子部·雜家類》
	《野客叢書》三十卷,附《野老記聞》一卷	一百十八	《子部·雜家類》
《珍藏秘本書目》	《兩漢策要》		
《東湖叢記》	《文選李善注》	五	

引自文獻	涉及書目題跋	卷數	類　別
《廉石居記》	《金陵新志》十五卷		
楊《録》	《五經文字》	一	《經部》
張《志》	《鐵崖文集》	三十四	《集部·別集類》
黃《續記》	《温文州集》	卷下	《集部》
丁《志》	《禮記集説》	二	《經部·禮類》
	《和靖先生詩集》二卷	二六	《經部·別集類》
	《豫章羅先生文集》	二九	《經部·別集類》
	《野客叢書》三十卷	一八	《子部·雜史類》
繆《記》	《野客叢書》三十卷	二	《諸子第三》
繆《續記》	《陶靖節集》六卷	六	《詩文第八上》
莫《目》	《野客叢書》三十卷	十	《子部·雜家類》
	《洛陽伽藍記》	五	《史部·地理類》

卷　八

引自文獻	涉及書目題跋	卷數	類　別
《天禄琳琅書目》	《白氏長慶集》七十卷	十	《明版·集部》
	《白氏長慶集下》	十	《明版·集部》
	《勾吳華氏本書·華燧傳》	十	《明版·集部》
	《春秋公羊經傳解詁》十二卷	一	《宋版·經部》
	《六臣注文選》	三	《明版·集部》
《天禄琳琅書目後編》	《毛詩》四卷	二	《宋版·經部》
	《孔傳六帖》	五	《宋版·子部》
	《大易粹言》册末	二	《宋版·經部》
	《經典釋文》三十卷	三	《宋版·經部》

引自文獻	涉 及 書 目 題 跋	卷數	類 別
莫《録》	《集古文韻》五卷	一	
繆《記》	《欒城集》五十卷、《後集》二十四卷、《三集》十卷	六	《詩文第八上》
	《劉漫塘先生文集》二十二卷	六	《詩文第八上》
	《蘭雪堂重印藝文類聚後序》	五	《類書第七》
	《重修政和經史證類備用本草》三十卷	二	《子部第三·醫家類》
繆《續記》	《帝學》八卷	二	《諸子第三》
	《顔魯公集》十五卷、《補遺》一卷	六	《詩文第八上》
	《魏鶴山先生大全集》一百九卷	六	《詩文第八上》
	《錦繡萬花谷前集》四十卷、《後集》四十卷、《續集》四十卷	五	《類書第七》
	《增編會真記》	八	《子部·小説十》
	《三國志演義》	八	《子部·小説十》
	《國語》二十一卷	四	《史部·編年類》
	《國朝文類》七十卷	六	《詩文第八上》
瞿《目》	《小字録》一卷	十七	《子部·類書類》
	《顔魯公集》十五卷、《補遺》一卷	十九	《集部·別集類》
	《魏鶴山先生大全集》一百九卷	二十一	《集部·別集類》
	《石湖居士集》三十四卷	二十一	《集部·別集類》
	《小字録》不分卷	十七	《子部·類書類》
	《春秋繁露》十七卷	五	《經部·春秋類》
	《藝文類聚》一百卷	十七	《子部·類書類》
	《蔡中郎文集》十卷、《外傳》一卷	十九	《集部·別集類》
	《元氏長慶集》六十卷	十九	《集部·別集類》

引自文獻	涉 及 書 目 題 跋	卷數	類　別
瞿《目》	《白氏長慶集》七十卷	十九	《集部·別集類》
	《容齋隨筆》十六卷、《續筆》十六卷、《三筆》十六卷、《四筆》十六卷、《五筆》十卷	十六	《子部·雜家類》
	《文苑英華辨證》十卷	二十三	《集部·總集類》
	《諸臣奏議》一百五十卷	九	《史部·詔令奏議類》
	《鹽鐵論》十卷	十三	《子部·儒家類》
	《文苑英華辨證》十卷	二十三	《集部·總集類》
	《舊唐書》不全本	八	《史部·正史類》
	《歐陽先生文粹》五卷	二十	《集部·別集類》
	《洪氏集驗方》五卷	十四	《子部·醫家類》
	《皇朝文鑒》一百五十卷	二十三	《集部·總集類》
黃《記》	《開元天寶遺事》二卷	四	《子類》
	《墨子》十五卷	四	《子類》
	《小字錄》不分卷	四	《子類》
	《文苑英華纂要》	六	《集類》
	《墨子》十五卷	四	《子類》
	《蘆川詞》二卷	六	《集類》
	《北山小集》四十卷	五	《集類》
	《幽蘭居士東京夢華錄》十卷	二	《史類》
	《僑吳集》十二卷	六	《集類》
楊《錄》	《開元天寶遺事》二卷	三	《子部》
	《墨子》十五卷	三	《子部》

續　表

引自文獻	涉 及 書 目 題 跋	卷數	類　別
黄《書録》	《孟浩然集》		
	《舊唐書》不全本		
	《北山集》四十卷		
黄《賦注》	《顔氏家訓》		
	《北山集》四十卷		
丁《志》	《開元天寶遺事》二卷	二一	《子部·小説類》
	《顔魯公集》十五卷、《補遺》一卷	二四	《集部·別集類》
	《魏鶴山先生大全集》一百九卷	三一	《集部·別集類》
	《石湖居士集》三十四卷	三十	《集部·別集類》
	《曹子建集》十卷	二三	《集部·別集類》
	《唐太宗皇帝集》二卷	二四	《集部·別集類》
	《玄宗皇帝集》二卷	二四	《集部·別集類》
丁《志》	《李嶠集》三卷	二四	《集部·別集類》
	《張説之集》八卷	二四	《集部·別集類》
	《錢考功集》十卷	二四	《集部·別集類》
	《劉隨州集》十卷	二四	《集部·別集類》
	《戴叔倫集》二卷	二四	《集部·別集類》
	《羊士諤集》二卷	二四	《集部·別集類》
	《二皇甫集》五卷	三八	《集部·別集類》
	《李嘉祐集》二卷	二四	《集部·別集類》
	《渭南文集》五十卷	三十	《集部·別集類》
	《蔡中郎集》十一卷	二三	《集部·別集類》
	《雲仙散録》一卷	二一	《子部·小説類》
	《歐陽先生文粹》五卷	二七	《集部·別集類》
	《李端詩集》三卷	二四	《集部·別集類》

續　表

引自文獻	涉 及 書 目 題 跋	卷數	類　別
張《志》	《襄陽耆舊集》一卷	一三	《史部·傳記類》
	《國朝諸臣奏議》一百五十卷	一二	《史部·詔令奏議類》
	《經典釋文》殘本	六	《經部·五經總義類》
	《隋書》八十五卷	八	《史部·正史類》
張《續志》	《顏魯公集》十五卷、《補遺》一卷	查未見	
	《魏鶴山先生大全集》一百九卷	四	《集部·別集類》
森《志》	《墨子》十五卷	四	《子部·雜家類》
	《十八史略》	三	《史部·別史類》
	《蒙求補注》三卷	五	《子部·類書類》
	《論語》	二	《經部·四書類》
	《孟子》	二	《經部·四書類》
	《大學》	二	《經部·四書類》
	《中庸》	二	《經部·四書類》
	《貞觀政要》十卷	三	《史部·雜家類》
	《武經七書》	四	《子部·兵家類》
	《文選注》六十卷	六	《集部·總集類》
	《白氏文集》七十一卷	六	《集部·別集類》
	《小學書》六卷	四	《子部·儒家類》
	《事實類苑》六十三卷	四	《子部·雜家類》
	《太平御覽》一千卷	五	《子部·類書類》
	《釋藏》八千五百三十四卷	查未見	
陸《志》	《顏魯公集》十五卷、《補遺》一卷	六八	《集部·別集二》
	《魏鶴山先生大全集》一百九卷	八八	《集部·別集二》
	《襄陽耆舊集》一卷	二六	《史部·傳記類》

引自文獻	涉 及 書 目 題 跋	卷數	類 別
陸《志》	《杜審言集》二卷	六八	《集部·別集二》
	《蔡中郎文集》十卷、《外傳》一卷	六七	《經部·別集二》
	《白帖》原書	五九	《子部·類書一》
	《白孔六帖》	五九	《子部·類書一》
	《資治通鑑》	二十	《史部·編年類一》
	《爾雅疏》	一二	《經部·小學類一》
	《漢書》殘本八卷	一八	《史部·正史類一》
陆《續志》	《方言》十三卷	三	《經部·小學類》
朱《目》	《石湖居士集》三十四卷	四	《集部》
袁《簿》	《玉臺新詠》十卷	查未見	
錢《日記》	《太平御覽》一千卷	一	
	《容齋隨筆》十六卷、《續筆》十六卷、《三筆》十六卷、《四筆》十六卷、《五筆》十卷	一	
	《舊唐書》	一	
陸《跋》	《通鑑跋》	三	
	《歐公本末》四卷	二	
陸《續跋》	《春秋繁露》十七卷	三	
孫《記》	《蔡中郎文集》十卷	三	
孫《記》補遺	《文苑英華辨證》十卷		
范《目》	《古今合璧事類前集》六十三卷	三	《子部·類書類》
	《文苑英華纂要》八十四卷	四	《集部·總集類》
黃《記再續》	《蔡中郎集》十卷		

引自文獻	涉 及 書 目 題 跋	卷數	類 別
錢《記》	《黃氏補千家注紀年杜工部詩史》	卷四之中	
《邵注四庫簡明目》	《呂氏春秋》二十六卷	十三	《子部·雜家類》
	《崛崍集》二十七卷	十八	《集部六·別集類五》
《書目答問》	《北堂書鈔》五十五卷		
陸《集》	《王狀元集諸家注分類東坡先生詩集》二十五卷、《紀年錄》一卷	查未見	

卷 九

引自文獻	涉 及 書 目 題 跋	卷數	類 別
《邵注四庫目》	《周易經傳集解》三十六卷	一	《經部·易類》

卷 十

引自文獻	涉 及 書 目 題 跋	卷數	類 別
《天祿琳琅書目後編》	《史記集解索隱正義》一百三十卷	四	《宋版·史部》
	《重廣補注黃帝內經素問》二十四卷第四部	五	《宋版·子部》
	《太玄經》十卷	五	《宋版·子部》
	《孫可之集》十卷	六	《宋版·集部》
	《增刊校正王狀元集注分類東坡先生詩》二十五卷	六	《宋版·集部》
	《南軒先生張侍講孟子詳說》七卷	一	《宋版·經部》
	《韋蘇州集》十卷	六	《宋版·集部》
	《三輔黃圖》	十五	《明版·史部》

續　表

引自文獻	涉及書目題跋	卷數	類　別
《天禄琳琅書目》	《六臣注文選》六十卷	三	《宋版·集部》
	《南軒先生張侍講孟子詳説》七卷	一	《宋版·經部》
	《韋蘇州集》十卷	六	《元版·集部》
《藏書紀要》	《鉋庵鈔本》	第三則	鈔録
	葉文莊鈔本	第三則	鈔録
	《香奩集》	第三則	鈔録
	《鹵簿圖》	第三則	鈔録
	《營造法式》	第三則	鈔録
	葉石君鈔本	第三則	鈔録
《讀書敏求記》	《孟子注疏》十四卷	卷一之上	
	《金石録》	卷一之下	
	《自號録》一卷	卷三之上	
	《臨漢隱居詩話》一卷	卷四之下	
	《沈雲卿集》二卷	卷四之中	
毛《目》	《裔夷謀夏録》一本		
	《春明退朝録》一本		
	《國初事蹟》一本		
	《大唐傳載》一本		
	《賓退録》十卷二本		
	《續博物志》一本		
	《霏雪録》二本		
	《南方草木狀》一本		
	《亢倉子》一本		
	《紫青真人注道德經》一本		

續　表

引自文獻	涉 及 書 目 題 跋	卷數	類　別
毛《目》	《酉岩山人真跡》三册六本		
	《李太白集》四本		
	《定陵注略》八本		
	《瀛涯勝覽》一本		
黄《記》	《墨子》十五卷	四	《子類》
	《嵇康集》十卷	五	《集類》
	梁公《九諫》一卷	二	《史類》
	《張乖崖集》	查未見	
	《珩璜新論》一卷	四	《子類》
	《續談助》五卷	四	《子類》
	《國朝名臣事略》十五卷	二	《史類》
	藍格本《勿軒集》八卷	五	《集類》
	《汗簡》七卷	一	《經類》
	《元英先生詩集》十卷	五	《集類》
	《春秋繁露》十七卷	一	《經類》
	《五代春秋》一卷	二	《史類》
	《南唐書》三十卷	二	《史類》
	《何博士備論》一卷	三	《子類》
	《蘆浦筆記》	四	《子類》
	《楊公筆錄》	四	《子類》
	《卻掃編》三卷	四	《子類》
	《茅亭客話》十卷	四	《子類》
	《建炎時政記》三卷	二	《史類》
	《薩天錫集》十卷	六	《集類》

續　表

引自文獻	涉 及 書 目 題 跋	卷數	類　別
黃《記》	《衍極》五卷	三	《子類》
	《録異記》八卷	四	《子類》
	《緯略》十二卷	四	《子類》
	《澠水燕談録》九卷	四	《子類》
	《朱慶餘詩集》不分卷	五	《集類》
	《南唐書》三十卷	二	《史類》
	《道德真經指歸》三十卷	四	《子類》
	《遊志續編》一卷	查未見	
	《李群玉詩集》三卷、《後集》五卷	五	《集類》
	《金石例》十卷	六	《集類》
	《文房四譜》四卷	三	《子類》
	《張光弼詩》二卷	六	《集類》
	《南唐書》十八卷	二	《史類》
	《金石録》十卷	查未見	
	《琴川志》十五卷	二	《史類》
	《契丹國志》十七卷	二	《史類》
	《草莽私乘》一卷	二	《史類》
	《衍極》五卷	三	《子類》
	《小畜集》三十卷	五	《集類》
	劉秉忠《藏春集》六卷	六	《集類》
	《栟櫚集》二十五卷	五	《集類》
	《林和靖詩集》四卷	五	《集類》
	《歸潛志》八卷	四	《子類》
	《五代會要》三十卷	二	《史類》

續　表

引自文獻	涉　及　書　目　題　跋	卷數	類　別
黃《記》	《桂林風土記》一卷	二	《史類》
	《塵史》三卷	四	《子類》
	《蜀鑒》十卷	二	《史類》
	《湖山類稿》五卷	五	《集類》
	《汪水雲詩鈔》一卷、《補遺》一卷	五	《集類》
	《舊宮人詩詞》一卷、《附錄》一卷	五	《集類》
	《楊太后宮詞》一卷	五	《集類》
	《草莽私乘》	二	《史類》
	《聖宋文選》	六	《集類》
	《魚玄機集》	五	《集類》
《黃薲圃年譜》	《法帖刊誤》一卷	俟考	
錢《日記》	《河東先生集》十五卷、《附錄》一卷		
陳《跋》	《周易集解》		
繆《記》	《册府元龜》一千卷	五	《金石第六》
張《志》	劉國器《綱目分注發微》十卷	九	《史部·編年類》
	《南唐書》三十卷	十	《史部·載記類》
	《唐闕史》二卷	二七	《子部·小説類》
	《續談助》五卷	二五	《子部·雜家類》
	《吹劍錄》一卷	二四	《子部·雜家類》
	《穆天子傳》六卷	二七	《子部·小説類》
	《勿軒集》八卷	三一	《集部·別集類》
	《聞過齋集》四卷	三四	《集部·別集類》
	《新刊張小山北曲聯樂府》三卷、《外集》一卷	三六	《集部·詩文評類》

引自文獻	涉 及 書 目 題 跋	卷數	類 別
張《志》	《雲臺編》三卷	二九	《集部·別集類》
	《寓簡》十卷	二四	《子部·雜家類》
	《杜荀鶴文集》三卷	二九	《集部·別集類》
	《許丁卯集》二卷、《續集》二卷	二九	《集部·別集類》
	《近事會元》五卷	二四	《子部·雜家類》
	《汗簡》七卷	七	《經部·小學類》
	《何博士備論》一卷	二一	《子部·兵家類》
	《文昌雜録》六卷	二四	《子部·雜家類》
	《李群玉集》三卷、《後集》五卷	二九	《集部·別集類》
	《藏春集》六卷	三二	《集部·別集類》
	《周易要義》十卷	一	《經部·易類》
	《柯山夏先生重修尚書詳解》十六卷	二	《經部·書類》
	《豐清敏公遺事》一卷	一三	《史部·傳記類》
	《新刊歷代制度詳説》一卷	二六	《子部·類書》
	《北夢瑣言》二十卷	二七	《子部·小説類》
	《廣川書跋》六卷	二三	《子部·藝術類》
	《近事會元》五卷	二四	《子部·雜家類》
	《畫上人集》	二十九	《集部·別集類》
	《大金集禮》四十卷	一九	《史部·政書類》
張《續志》	《唐詩極玄集》二卷	四	
瞿《目》	《河東集》十六卷	二十	《集部·別集類》
	《石湖居士文集》三十四卷	二十一	《集部·別集類》
	《李元賓文集》六卷、《補遺》一卷	十九	《集部·別集類》
	《畫上人集》十卷	十九	《集部·別集類》

引自文獻	涉 及 書 目 題 跋	卷數	類 別
瞿《目》	《新雕詩品》三卷	二十四	《集部·詩文評類》
	《廣卓異記》二十卷	十	《史部》
	《山水純全集》一卷	十五	《子部三》
	《珩璜新論》一卷	十六	《子部》
	《穆天子傳》六卷	十七	《子部·小説類》
	《南唐書》三十卷	十	《史部·載記類》
	《唐闕史》二卷	十七	《子部·小説類》
	《續談助》五卷	十六	《子部·雜家類》
	《甘澤謠》一卷	十七	《子部·小説類》
	《杜陽雜編》三卷	十七	《子部·瑣記類》
	《極玄集》二卷	二十三	《集部·總集類》
	《周益公集》二百卷	二十一	《集部·別集類》
	《聞過齋集》四卷	二十二	《集部·別集類》
	《翠微先生南征録》十一卷	二十一	《集部·別集類》
	宋陳郁《藏一話腴》一卷	十六	《子部·雜家類》
	《寓簡》十卷	十六	《子部·雜家類》
	《小畜集》三十卷	二十	《集部·別集類》
	《雲煙過眼録》一卷	十六	《子部·雜家類》
	《圭塘欸乃集》一卷	二十三	《集部·總集類》
	《吳越備史》四卷	十	《史部·載記類》
	《茶録》一卷	十六	《子部·譜録類》
	《教坊記》一卷	十七	《子部·小説類》
	《北裏志》一卷	十七	《子部·小説類》
	《青樓集》一卷	十七	《子部·小説類》

續 表

引自文獻	涉 及 書 目 題 跋	卷數	類 別
瞿《目》	《呂和叔集》十卷	十九	《集部·別集類》
	《藏春詩集》六卷	二十二	《集部·別集類》
	《閒居録》一卷	十六	《子部·雜家類》
	《張司業集》八卷	十九	《集部·別集類》
	《五國故事》三卷	十	《史部·載記類》
	《蜀檮杌》十卷	十	《史部·載記類》
	《皇宋書録》三卷	十五	《子部三·藝術類》
	《蟹略》四卷	十六	《子部·譜録類》
	《張貞居先生詩集》四卷、《詞》一卷	二十二	《集部·別集類》
	《沈下賢集》十二卷	十九	《集部·別集類》
	《古文苑》九卷	二十三	《集部五·總集類》
	《東國史略》六卷	十	《史部·載記類三》
	《數書九章》十八卷	十五	《子部·天文算法類》
	《隸續》二十一卷	十二	《史部·目録類》
	《朱慶餘集》不分卷	十九	《集部·別集類》
范《目》	《春秋五論》一卷	一	《經部·春秋類》
	《漫堂隨筆》一卷	三	《子部·小説類》
丁《志》	《聞過齋集》四卷	三四	《集部十三·別集類十二》
	《澹生堂藏書譜》八册	十四	《史部·目録類》
	《藏書訓略》二卷	十四	《史部·目録類》
	《廣筆疇》一卷	十九	《子部·雜家類》
	《許白雲先生文集》四卷	三三	《集部十二·別集類十一》
	《東溪詞》一卷	四十	《集部二十·詞曲類》

續 表

引自文獻	涉 及 書 目 題 跋	卷數	類 別
丁《志》	《拙庵詞》一卷	四十	《集部二十·詞曲類》
	《碎錦詞》一卷	四十	《集部二十·詞曲類》
	《孟子音義》一卷	四	《經部·四書類》
	《昭德先生郡齋讀書志》二十卷	十四	《史部·目錄類》
	《溫庭筠詩集》七卷	二五	《集部四·別集類三》
	《王文安英公詩集》五卷、《文集》六卷	三六	《集部十五·別集類十四》
	《江月松風集》十二卷、《補遺》一卷	三四	《集部十三·別集類十二》
	《默齋遺稿》二卷	三十一	《集部十·別集類九》
	《徐公鉉文集》十卷	二十六	《集部五·別集類四》
	《錦裏耆舊傳》五卷	十	《史部九》
	《麈史》三卷	一九	《子部·雜家類》
	《呂衡州文集》十卷	二五	《集部四·別集類三》
	《東國史略》六卷	十	《史部十·載記類》
	宋秦九韶《數書九章》十八卷	十五	《子部·天文算法類》
	《新安文獻志》	三九	《集部十八·總集類下》
	《咸淳臨安志》	十一	《史部·地理類》
袁《簿》	《猗覺寮雜記》二卷	俟考	
	《開國 群雄事略》殘稿本三冊	俟考	
	綠格本《雙陸譜》一卷	俟考	
	《玄玄棋經》一卷合裝一本	俟考	
	《南宋雜事》一卷	俟考	
阮《外集》	《通玄真經注》十二卷	一	

續 表

引自文獻	涉 及 書 目 題 跋	卷數	類 別
黄《續記》	《王建詩集》十卷	卷下	
	《月泉吟社》《谷音》《河汾諸老詩》《中州集》並目録小傳四種	卷下	《金俊明鈔書》
	《近事會元》五卷	卷上	《子類》
	《劉後村集》五十卷	卷下	
陸《志》	《玉峰先生腳氣集》二卷	五十八	《子部·雜家類》
	《樂府古題要解》二卷	一一二	《集部·總集類》
	《何水部集》一卷	六十七	《集部·別集類一》
	《隱居集》一卷	六十七	《集部·別集類二》
楊《録》	《西昆酬唱集》二卷	五	《集部下》
《曝書亭集》	《曝書亭集·書尊前集後》	四十三	
丁《目》	黄鎮成《秋聲集》四卷	未見著録	
	盧琦《圭峰集》五卷	未見著録	
	杜本《清江碧嶂集》一卷	未見著録	
	胡乘龍《傲軒吟稿》一卷	未見著録	
	揭傒斯《揭曼碩詩集》四卷	未見著録	
	馬祖常《石田集》五卷	未見著録	
	陳泰《所安遺集》一卷	未見著録	
	曹伯啓《漢泉漫稿》五卷	未見著録	
	元淮《金淵集》一卷	未見著録	
	鄭允端《蕭雍集》一卷	未見著録	
	丁複《檜亭稿》五卷	未見著録	
	黄溍《黄文獻公集》五卷	未見著録	
	貢性之《南湖詩集》二卷	未見著録	

引自文獻	涉　及　書　目　題　跋	卷數	類　　別
丁《目》	陳樵《鹿皮子集》四卷	未見著録	
	成廷珪《居竹軒集》四卷	未見著録	
	馬臻《霞外集》十卷	未見著録	
	傅若金《傅汝礪詩集》八卷	未見著録	
	虞集《道園學古録》八卷	未見著録	
	郭鈺《静思先生集》八卷	未見著録	
吳《記》	《武林舊事》十卷	二	
蔣《記》	朱性甫《鐵網珊瑚》十四卷	未見著録	
	《澹生堂藏書記》	六	藏書印記

注：黄《書録》、黄《賦注》、丁《目》、森《志》補遺等無卷數、部類。

參 考 文 獻

一、專著類

1. 《直齋書録解題》，(宋) 陳振孫撰，徐小蠻、顧美華點校，上海古籍出版社，1987 年版。

2. 《郡齋讀書志校證》，(宋) 晁公武撰，孫猛校證，上海古籍出版社，1990 年版。

3. 《文獻通考·經籍考》，(元) 馬端臨撰，中華書局，1986 年版。

4. 《明代書目題跋叢刊》，馮惠民、李萬健等選編，書目文獻出版社，1980 年版。

5. 《千頃堂書目》，(清) 黄虞稷撰，瞿鳳起、潘景鄭整理，上海古籍出版社，1990 年版。

6. 《遼金元藝文志》，(清) 倪燦、錢大昕等撰，商務印書館，1958 年版。

7. 《明史藝文志》，(清) 張廷玉等撰，商務印書館，1959 年版。

8. 《虞山錢遵王藏書目録彙編》，(清) 錢曾著，瞿鳳起編，古典文學出版社，1958 年版。

9. 《天禄琳琅書目》十卷，(清) 于敏中等撰，中華書局，1995 年版。

10. 《拜經樓藏書題跋記》，(清) 吳壽暘撰，中華書局，1995 年版。

11. 《四庫全書總目》，(清) 永瑢等撰，中華書局，1965 年版。

12. 《增訂四庫簡明目録標注》，(清) 邵懿辰撰，邵章續録，上海古籍出版社，1959 年版。

13. 《鐵琴銅劍樓藏書目録》，(清) 瞿鏞撰，中華書局，1990 年版。

14. 《鄭堂讀書記》，(清) 周中孚撰，中華書局，1993 年版。

15. 《書目答問補正》，張之洞撰，范希曾補正，上海古籍出版社，2001 年版。

16. 《萬卷精華樓藏書記》，(清) 耿文先撰，中華書局，1993 年版。

17. 《嘉業堂藏書志》，繆荃孫、吳昌綬、董康撰，吳格整理校點，復旦大學出版社，1997 年版。

18. 《藏園訂補邵亭知見傳本書目》,(清)莫友芝撰,傅增湘訂補,傅熹年整理,中華書局,1993 年版。

19. 《藏園群書經眼録》,傅增湘撰,中華書局,1983 年版。

20. 《販書偶記》,孫殿起録,上海古籍出版社,1982 年版。

21. 《販書偶記續編》,孫殿起録,上海古籍出版社,1980 年版。

22. 《剛伐邑齋藏書志》,袁榮法撰,"國立"中央圖書館特藏組,1988 年版。

23. 《中國古籍善本書目》,顧廷龍主編,上海古籍出版社,1996 年版。

24. 《中國叢書綜録》,上海圖書館編,上海古籍出版社,1982 年版。

25. 《中國叢書綜録續編》,施廷鏞編撰,北京圖書館出版社,2003 年版。

26. 《續修四庫全書總目》,中國科學院圖書館整理,齊魯書社,1999 年版。

27. 《"國立"故宮博物院善本古籍書目》,"國立"故宮博物院,1983 年版。

28. 《中國善本書提要》,王重民撰,上海古籍出版社,1983 年版。

29. 《美國哈佛大學哈佛燕京圖書館中文善本書志》,沈津著,上海辭書出版社,1999 年版。

30. 《清代内府刻書目録解題》,故宮博物院圖書館、遼寧省圖書館編著,紫禁城出版社,1995 年版。

31. 《中國科學院圖書館藏中文古籍善本書目》,中國科學院圖書館編,科學出版社,1994 年版。

32. 《湖北省圖書館館藏古籍稿本提要》,陽海清等編,華中理工大學出版社,1998 年版。

33. 《北京大學圖書館藏古籍善本書目》,北京大學圖書館編,北京大學出版社,1999 年版。

34. 《北京圖書館古籍善本書目》,北京圖書館編,書目文獻出版社,1987 年版。

35. 《越南漢喃文獻目録提要》,劉春銀等編,"中央"研究院中國文哲研究所,2002 年版。

36. 《中國館藏日人漢文書目》,王寶平主編,杭州大學出版社,1997 年版。

37. 《中國館藏和刻本漢籍書目》,王寶平主編,杭州大學出版社,1995 年版。

38. 《漢籍在日本的流布研究》,嚴紹璗著,江蘇古籍出版社,1992 年版。

39. 《藏書紀事詩補正》,(清)葉昌熾撰,王欣夫補正,上海古籍出版社,1999 年版。

40. 《藏園群書題記》,傅增湘撰,上海古籍出版社,1989 年版。

41. 《四庫提要辨證》,余嘉錫撰,中華書局,1980 年版。

42. 《四庫全書總目提要補正》,胡玉縉撰,中華書局,1964 年版。

43. 《文字學概要》,裘錫圭著,商務印書館,1990 年版。

44. 《中國古文獻學史》,孫欽善撰,中華書局,1994 年版。

45. 《近三百年古籍目録舉要》,嚴佐之撰,華東師範大學出版社,1994 年版。

46. 《蛾術軒篋存善本書録》,王欣夫撰,上海古籍出版社,2000 年版。

47. 《郎園先生全書》一百二十八種,葉啓倬輯,1935 年長沙葉氏觀古堂刻本。

48. 《天一閣書目》,范欽撰,上海古籍出版社,1986 年版。

49. 《清人書目題跋叢刊》,中華書局,1995 年版。

50. 《木犀軒藏書題記及書録》,李盛鐸撰,張玉範編,北京大學出版社,1985 年版。

51. 《章氏四當齋藏書目》,章鈺撰,顧廷龍編,民國間排印本。

52. 《嘉業堂藏書志》,繆荃孫、吳昌綬等編撰,復旦大學出版社,1997 年版。

53. 《寶禮堂宋本書録》,潘宗周撰,張元濟編,民國間印本。

54. 《著硯樓讀書記》,潘景鄭著,遼寧教育出版社,2002 年版。

55. 《中國印刷史》,張秀民著,上海人民出版社,1989 年版。

56. 《古籍版本學概論》,嚴佐之撰,華東師範大學出版社,1989 年版。

57. 《中國古籍版本學》,曹之撰,武漢大學出版社,1989 年版。

58. 《古籍版本鑒定叢談》,魏隱儒、王金雨撰,印刷工業出版社,1984 年版。

59. 《古籍版本學概論》,李致忠撰,北京圖書館出版社,1998 年版。

60. 《徽州刻書與藏書》,劉尚恒著,廣陵書社,2003 年版。

61. 《文獻學講義》,王欣夫撰,上海古籍出版社,1986 年版。

62. 《清代目録提要》,來新夏著,齊魯書社,1997 年版。

63. 《古書版本鑒定》,李致忠著,文物出版社,1997 年版。

64. 《明代版刻綜録》,杜信孚著,江蘇廣陵古籍刻印社,1983 年版。

65. 《中國古籍印刷史》,魏隱儒著,印刷工業出版社,1984 年版。

66. 《古代版印通論》,李致忠著,紫禁城出版社,2000 年版。

67. 《中國藏書通史》,傅璇琮、謝灼華撰,寧波出版社,2001 年版。

68. 《張秀民印刷論文集》,張秀民著,印刷工業出版社,1988 年版。

69. 《校讎廣義》,程千帆、徐有富撰,齊魯書社,1998 年版。

70. 《歷代刻書考述》,李致忠著,巴蜀書社,1990 年版。

71. 《中國目録學》,昌彼得、潘美月著,臺灣文史哲出版社,1986 年版。

72. 《中國私家藏書史》,范鳳書著,大象出版社,2001 年版。

73. 《國家圖書館藏古籍題跋叢刊》,國家圖書館編,北京圖書館出版社,2002 年版。

74.《中國版本文化叢書》,任繼愈主編,江蘇古籍出版社,2002 年版。

75.《中國版本目錄學書籍解題》,(日) 長澤規矩也著,書目文獻出版社,1990 年版。

76.《版本通義》,錢基博著,商務印書館,1935 年版。

77.《古書版本常談》,毛春翔著,上海古籍出版社,2002 年版。

78.《古籍版本學》,黃永年著,江蘇教育出版社,1997 年版。

79.《古籍印本鑒定概說》,陳正宏、梁穎著,上海辭書出版社,2005 年版。

80.《葉德輝評傳》,杜邁之、張承宗著,岳麓書社,1986 年版。

81.《葉德輝觀古堂藏書研究》,蔡芳定著,臺北花木蘭文化工作坊出版,2005 年。

82.《葉德輝集》,王逸明主編,北京學苑出版社,2007 年版。

83.《葉德輝生平及學術思想研究》,張晶萍著,湖南師範大學出版社,2008 年版。

84.《葉德輝〈書林清話〉研究》,蔡芳定著,新北花木蘭文化出版社,2011 年版。

85.《葉德輝年譜》,王逸明、李璞編著,北京學苑出版社,2012 年版。

86.《葉德輝文獻學考論》,沈俊平著,臺北臺灣學生書局有限公司,2012 年版。

87.《葉德輝傳》,文鳴著,岳麓書社,2019 年版。

88.《葉德輝致松崎鶴雄書劄》,孫俊整理,鳳凰出版社,2021 年版。

二、論文類

1.《〈書林清話〉管窺》,王曉娟,《康定民族師範高等專科學校學報》,2006 年第 6 期。

2.《論葉德輝〈書林清話〉的文獻學價值》,肖小雲,《湖南大學學報》,2005 年第 2 期。

3.《葉德輝和他的〈書林清話〉》,袁慶述,《中國文學研究》,2003 年第 1 期。

4.《評清末目錄學名作〈書林清話〉》,那成英,《青海民族研究》,2002 年第 2 期。

5.《論〈書林清話〉的學術創獲》,彭文靜,《湘潭師範學院學報》,2002 年第 4 期。

6.《從〈書林清話〉看葉德輝的出版思想》,戚福康,《學海》,2001 年第 6 期。

7. 《整理古籍豈能忽視標點符號?——點校本〈書林清話〉標點糾誤》,漆永祥,《中國典籍與文化》,1999 年第 4 期。

8. 《葉德輝贈曹庚笙〈觀古堂藏書目〉題跋》,張承宗,《文獻》,1990 年第 3 期。

9. 《葉德輝〈雙梅景闇叢書〉及〈書林清話〉、〈書林餘話〉評述》,彭玲,《圖書與情報》,1995 年第 2 期。

10. 《葉德輝及其所編三部書:〈雙梅景闇叢書〉、〈書林清話〉、〈書林餘話〉》,彭清深,《社會科學戰線》,1995 年第 3 期。

11. 《淺析葉德輝六書次序觀》,劉淵,《安徽文學》,2007 年第 2 期。

12. 《葉德輝的兩個日本弟子》,劉嶽兵,《讀書》,2007 年第 5 期。

13. 《簡評 1979 年以來的葉德輝研究》,祝新生,《牡丹江大學學報》,2007 年第 3 期。

14. 《〈遼東詩壇〉所載葉德輝死事》,王雨霖,《書屋》,2006 年第 1 期。

15. 《葉德輝與日本學者的交往及其日本想像》,張晶萍,《廈門大學學報》,2006 年第 4 期。

16. 《葉德輝的校勘之功及校勘之法》,文庭孝、劉曉英,《高校圖書館工作》,2006 年第 4 期。

17. 《葉德輝與圖書編纂學》,劉孝平,《四川圖書館學報》,2005 年第 1 期。

18. 《葉德輝研究之我見》,張晶萍,《船山學刊》,2004 年第 3 期。

19. 《從〈翼教叢編〉看葉德輝的學術思想》,張晶萍,《湖南大學學報》,2004 年第 4 期。

20. 《葉德輝的歷史文獻學成就論略》,李安,《湖南師範大學社會科學學報》,2003 年第 3 期。

21. 《葉德輝和他的〈觀古堂藏書目〉》,袁慶述,《船山學刊》,2003 年第 1 期。

22. 《是是非非葉德輝》,張晶萍,《書屋》,2003 年第 7 期。

23. 《簡論葉德輝的藏書印與用印思想》,彭文靜,《常德師範學院學報》,2002 年第 2 期。

24. 《葉德輝與〈四部叢刊〉》,沈俊平,《古籍整理研究學刊》,2002 年第 2 期。

25. 《清末藏書家葉德輝及其學術思想》,那成英,《青海民族學院學報》,2002 年第 2 期。

26. 《葉德輝及其藏書》,彭文靜,《忻州師範學院學報》,2002 年第 1 期。

27. 《題葉德輝影寫元刻〈修辭鑒衡〉》,于天池,《北京師範大學學報》,2001

年第 1 期。

28. 《葉德輝印〈通曆〉一書簡介》, 張承宗, 《河南大學學報》, 1985 年第 1 期。

29. 《葉德輝所刻叢書的研究》, 沈俊平, 《圖書與情報》, 2001 年第 2 期。

30. 《略論葉德輝及其校勘學》, 沈俊平, 《圖書館理論與實踐》, 2000 年第 6 期。

31. 《葉德輝版本目錄學工作概述》, 沈俊平, 《圖書館建設》, 2000 年第 6 期。

32. 《葉德輝觀古堂藏書述略》, 沈俊平, 《中國典籍與文化》, 2000 年第 3 期。

33. 《思想觀念與社會角色的錯位: 戊戌前後湖南新舊之爭再思——側重王先謙和葉德輝》, 羅志田, 《歷史研究》, 1998 年第 5 期。

34. 《葉德輝的版本思想與方法》, 王晉卿, 《湘潭大學社會科學學報》, 1998 年第 5 期。

35. 《葉德輝的刻書思想及其實踐》, 王晉卿, 《圖書館》, 1997 年第 4 期。

36. 《葉德輝之死》, 朱健, 《書屋》, 1997 年第 4 期。

37. 《"第一舊本"〈山谷集〉及葉德輝的〈跋〉》, 詹八言, 《九江師專學報》, 1996 年第 2 期。

38. 《葉德輝在歷史文獻學上的成就》, 唐餘輝, 《湘潭師範學院學報》, 1996 年第 4 期。

39. 《葉德輝的藏書思想與方法》, 王晉卿, 《湘潭大學社會科學學報》, 1996 年第 3 期。

40. 《葉德輝〈光復坡子街地名記〉補注》, 程千帆、楊翊强, 《中國文化》, 1996 年第 1 期。

41. 《從葉德輝之死談到黃興的流血革命和胡元倓的磨血革命》, 龔育之, 《中國文化》, 1996 年第 2 期。

42. 《葉德輝的目錄學思想與方法》, 王晉卿, 《圖書館》, 1994 年第 4 期。

43. 《收藏之指南　汲古之修綆——試說葉德輝的〈觀古堂藏書十約〉》, 王建, 《山東圖書館季刊》, 1994 年第 1 期。

44. 《〈書林清話〉得失談》, 彭清深, 《青海民族學院學報》, 1993 年第 3 期。

45. 《〈書林清話〉的史料價值》, 黎曉群, 《圖書館》, 1991 年第 2 期。

46. 《評〈書林清話〉》, 袁逸, 《圖書館雜誌》, 1983 年第 4 期。

47. 《讀〈書林清話〉》, 徐雁, 《圖書情報研究》, 1986 年第 4 期。

48. 《葉德輝及其歷史文獻學研究》, 朱新民著, 李紹平指導, 湖南師範大學

2005 年碩士學位論文。

49. 《葉德輝文獻學研究》,劉孝平著,曹之指導,武漢大學 2005 年碩士學位論文。

50. 《學者、衛道士、紳士葉德輝及其命運》,瞿宛林著,姜濤指導,中國社會科學院 2004 年碩士學位論文。

51. 《葉德輝觀古堂藏書研究》,蔡芳定著,潘美月指導,"國立"臺灣大學 1982 年碩士學位論文。

52. 《葉德輝的政治思想與活動》,洪妙娟著,陳華指導,"國立"清華大學 1986 年碩士學位論文。

53. 《葉德輝〈郋園讀書志〉補正〈四庫全書總目提要〉》,羅瑛,《中國典籍與文化》,2008 年第 2 期。

54. 《葉德輝的〈説文解字〉研究》,劉淵著,袁慶述指導,湖南師範大學 2007 年碩士學位論文。

55. 《〈書林清話〉研究》,王曉娟著,袁慶述指導,湖南師範大學 2007 年碩士學位論文。

56. 《民國時期古籍版本學研究》,杜少霞著,王國强指導,鄭州大學 2007 年碩士學位論文。

57. 《葉德輝〈郋園讀書志〉研究》,羅瑛著,徐有富指導,南京大學 2008 年博士學位論文。

58. 《葉德輝的思想與學術研究》,張晶萍著,陳先初指導,湖南大學 2008 年博士學位論文。

59. 《〈書林清話〉研究》,孫曦之著,時永樂指導,河北大學 2008 年碩士學位論文。

60. 《葉德輝〈書林清話〉略論》,張鳳蓮著,魯毅指導,湖北大學 2008 年碩士學位論文。

61. 《論葉德輝的藏書成就及其藏書思想》,石月煒著,田建平指導,河北大學 2009 年碩士學位論文。

62. 《葉德輝〈書林清話〉版本學思想研究》,江瑞芹著,董恩林指導,華中師範大學 2009 年碩士學位論文。

63. 《傳先哲之精蘊　啓後學之困蒙——葉德輝刻書活動研究》,田育才著,王之江指導,南開大學 2010 年碩士學位論文。

64. 《清代版本學史稿》,江曦著,杜澤遜指導,山東大學 2011 年博士學位論文。

65. 《藏與用:清代藏書思想研究》,王雷著,程焕文指導,中山大學 2011 年博士學位論文。

66. 《〈郋園讀書志〉研究》，陸倩倩著，時永樂指導，河北大學 2013 年碩士學位論文。

67. 《葉德輝詩歌研究》，潘傑著，黃仁生指導，復旦大學 2018 年碩士學位論文。

68. 《葉德輝刻書述論》，鄧照華著，陳尚君、高克勤指導，復旦大學 2019 年碩士學位論文。

致　謝

掩卷而思,此書的出版,歷時甚長,可謂勞心勞力,幾多興奮,幾多辛酸,唯有親歷者可體之。每當面對困難,或者心生懈怠之時,筆者一想到自己的工作是在發明葉德輝的學術思想,是在實踐和弘揚葉德輝嚴謹細緻、實事求是的治學精神,心中便會亮堂起來,求學之心既立,定當矢志不渝。相信這是一條光明大道,儘管也會遇到一些坎坷與荆棘。一路走來,也覺欣慰,此書得以結成,必須感謝衆多關心和支持我的師友。

回想當年來滬上求學,親炙於嚴佐之先生門下,攻讀博士學位。在導師指導下,詳研數千年流略,管窺文獻學門徑,於版本目録學研究有所收穫。嚴先生長於辨章學術,考鏡源流,在版本目録學方面造詣宏深。他引我入門,導我研讀,教我撰述。先生嚴謹的治學精神、勤勉的工作態度、磊落的處事風格,時刻感染和影響着我。在先生的鞭策下,我不敢懈怠,旭日窗前,深更燈下,日與縹緗作伴,終於完成博士論文的撰寫。此外,華東師範大學古籍所的幾位前輩學者,劉永翔、朱傑人、戴揚本、顧宏義諸師,也對我悉心指導、熱情鼓勵、無私幫助,使我能夠充滿信心、堅定信念、超越自我。

幸運的是,在研究過程中,得到了國家社科基金後期項目資助、全國高校古委會項目資助、上海市研究生教育改革項目資助、華東師範大學文化傳承項目資助、華東師範大學中文系古籍所資助,上海古籍出版社余鳴鴻、朱濛丹老師在百忙之中爲本書的出版工作付出了辛勞。在研究過程中,我曾到國家圖書館、上海圖書館、南京圖書館、浙江圖書館等地訪書,得到工作人員的熱心幫助,也參考了《書林清話》諸家整理點校本,在此一併致謝。

外子秦静良承擔了大量的文字核校和考證的任務,數次通讀文本,提出了修改建議,同時也一直鼓勵我不懈地奮鬥和進取,使我有足夠的毅力和勇氣完成此項研究。

《〈書林清話〉箋證》爲後續的深入研究提供了資料基礎,在條件允許的情況下,筆者打算以《書林清話》史源考爲切入點,總結葉氏在版本目録、校勘、刻書與藏書諸方面的思想和成就,探究該書編纂的學術背景、體例方法、史料來源以及在版本學史上的地位與影響。擬對不同時期的刻書家詳加分類,深入探索;對葉氏著述的深入研究,尚待繼續進行;葉氏所涉的諸多版本,尚需拍攝書影,以給讀者直觀的印象。這是下一步的工作打算。

　　限於水平,錯誤之處在所難免,敬請專家和讀者批評指正!

　　　　　　　　　　　　　　　　　　　　　任莉莉
　　　　　　　　　　　　　　　　　　2024 年 1 月 8 日

圖書在版編目（CIP）數據

書林清話箋證／任莉莉箋證. —上海：上海古籍
出版社，2024.5
ISBN 978-7-5732-1160-6

Ⅰ.①書… Ⅱ.①任… Ⅲ.①圖書史—中國—古代
Ⅳ.①G256.1

中國國家版本館 CIP 數據核字（2024）第 089199 號

2012 年國家社科基金後期資助項目（12FZS002）
2012 年全國高等院校古籍整理研究工作委員會直接資助項目（1238）
2022 年華東師範大學文化傳承創新研究專項項目（2022ECNU－WHCCYJ－10）

書林清話箋證
任莉莉 箋證
上海古籍出版社出版發行
（上海市閔行區號景路 159 弄 1－5 號 A 座 5F 郵政編碼 201101）
（1）網址：www.guji.com.cn
（2）E-mail：guji1@guji.com.cn
（3）易文網網址：www.ewen.co
上海商務聯西印刷有限公司印刷
開本 787×1092 1/16 印張 45.75 插頁 2 字數 720,000
2024 年 5 月第 1 版 2024 年 5 月第 1 次印刷
ISBN 978－7－5732－1160－6
Ⅰ·3836 定價：198.00 元
如有質量問題，請與承印公司聯繫